왜
서양이
지배하는가

지 난 2 0 0 년 동 안
인 류 가 풀 지 못 한 문 제

왜
서양이
지배하는가

이언 모리스 지음 | 최파일 옮김

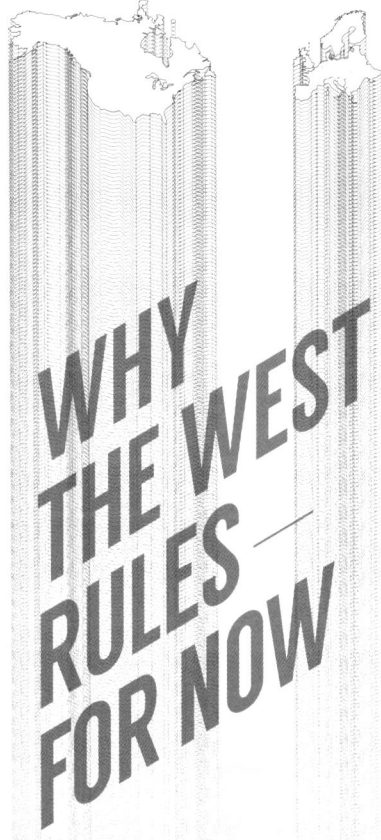

글항아리

캐시에게

세 권의 책이 한 권으로 합쳐졌다. 모든 내용이 사실인 흥미진진한 소설을 읽는 기분이다. 지난 1만 년간 역사상 중요 인물들에게 일어난 온갖 사건에 대한 흥미롭고도 역사적인 논증 그리고 미래에 관한 설득력 있는 예측을 만날 수 있다. 읽고 배우고 즐기라!

_재러드 다이아몬드 UCLA 지리학 교수, 『총, 균, 쇠』『문명의 붕괴』저자

우리가 만날 수 있는 '역사의 통일장 이론'에 가장 근접한 것. 대작이다.

_니얼 퍼거슨 하버드대 역사학·비즈니스스쿨 교수,
『니얼 퍼거슨의 시빌라이제이션』『콜로서스』저자

비전은 눈부시고 문장은 거부하기 힘들다. 영국 셰필드부터 중국 상하이

까지, 자신이 어떻게 지금의 모습으로, 지금의 자리에 존재하게 되었는지 뿐만 아니라 자녀와 손자들이 앞으로 어떻게 될지를 알고 싶은 사람은 모두 이 책을 읽어야 한다.

_안토니 파그덴 UCLA 정치학·역사학 교수, 『전쟁하는 세상』 『민족과 제국』 저자

어마어마한 범위의 자료와 권위 있는 견해들을 한데 모아 동양과 서양의 관계에 관한 신선하고 날카로운 시각을 제시하는 논의와 종합적 테제를 담은 뛰어난 저작이다. 중국이 부상하고 세계 인구는 정체되어 있는 지금, 수천 년 인류 역사에서 얻은 교훈으로 놀랍고도 두려운 결론을 내린다.

_앤드루 마 영국의 저널리스트·정치평론가,
『현대 영국의 역사A History of Modern Britain』 저자·BBC 「앤드루 마 쇼」 진행자

이언 모리스가 분석한 세계 지배의 역사는 기상천외한 이야기에서나 볼 법한 이색적인 아이디어로 이목을 집중시킨다. 『왜 서양이 지배하는가』는 흥미로운 드라마이자 통합적인 역사 이론을 향해 내딛은 주요한 한걸음이다.

_리처드 랭엄 하버드대 인간진화생물학 교수, 『요리 본능』 저자

깊이 있는 사유를 촉발하며 거침없는 박진감이 있다. 폭넓은 주제를 다루면서도 세부적으로는 엄밀하다.

_조너선 펜비 영국의 언론인·중국 전문가, 『CHINA—중국의 70가지 경이』 저자

변화의 모든 양상을 다룬 최신 정보가 페이지를 넘길 때마다 등장하는 놀라운 결과물이다. 그렇다면 앞으로는 어떻게 될 것인지에 대한 질문이 떠오른다. 새로운 인구의 이동은 어떠한 미래를 탄생시킬 것인가? 유럽은 중대한 변화를 겪을 것인가? 수백만의 이민자는 유럽 이외의 세계에 일련의 새로운 법칙을 도입할 것인가? 유럽이 모든 이주민을 흡수하던 때가 있었다. 이제 이주민들이 법칙을 좌우하게 될른지 모른다. 서양이 계속해서 세계를 지배할 수도 있겠지만, 지배의 양상은 상당히 뒤바뀌게 될 것이다.

_데이비드 랜즈 하버드대 경제학과 명예교수, 「국가의 부와 빈곤」 저자

이언 모리스는 탁월한 비전과 시야로 재러드 다이아몬드와 데이비드 랜즈와 같은 저명한 학자와 어깨를 나란히 한다. 세계화하는 역사의 모습은 다시는 이전과 같을 수 없을 것이다. 그는 묻는다. '그래서 어떻다는 건가?' 대답은 이것 하나뿐이다. '사실인즉, 꿩장한 사건이다.'

_폴 카트리지 케임브리지대 고전학부 교수, 「알렉산더 대왕」 「스파르타 이야기」 저자

마침내 가벼운 터치를 지닌 뛰어난 역사가가 출현했다. 모두 기뻐할 일이다.

_존 줄리어스 노리치 영국의 역사가 · 여행작가,
「비잔티움 연대기」 「지중해 5000년의 문명사」 저자

인류 역사 5만 년을 관통하는 비범하고 흥미로운 조망.

_「워싱턴 포스트」

이언 모리스는 명민한 사상가이자 걸출한 작가다. 그는 역사라는 거대한 게임을 꿰뚫어 우리를 안내하는 빛나는 지적 유머 감각을 지녔다.

_『뉴욕타임스 북리뷰』

폴 케네디의 『강대국의 흥망』(1987)에 견줄 만큼 많은 독자가 선택할 빼어난 책이다. 케네디의 장대한 서사와 같이 모리스의 『왜 서양이 지배하는가』는 역사적 사건과 함께 대단히 중요한 이론을 활용해 현시대의 불안을 지적한다. 이 책은 중요한 저작이다. 도전적이고 고무적이며 명쾌하다. 역사에서 배울 것이 없다고 생각하는 이에게 일독을 권한다.

_『이코노미스트』

이언 모리스의 이번 책은 왜 과거를 학술적으로 추적하는 한 권의 책이 미래학에 대한 달콤한 작품 100권보다 가치 있는지를 명백하게 입증한다. 모리스는 고고학의 가장 최근 연구 성과와 지난날 연구되었던 고전 모두에 해박한 현존하는 가장 출중한 고대사 연구자다. 그는 왜 '서양'을 형성한 사회들이 '나머지 세계'를 한 번이 아니라 두 번에 걸쳐, 특히 1500년 이후의 근대 세계에서는 지대한 격차로 앞서나갔는지에 대해 담대하고 독창적인 답변을 제공하는 한 권짜리 세계사를 쓰는 일, 오늘날 극소수의 학자만이 시도할 엄두를 낸 이 일을 훌륭하게 해냈다. 상당한 박식함을 가벼운 필치로 전달함으로써—즉, 평범한 독자에게 즐거움을 주는 위트와 명료함이 잘 드러나는 글을 통해—모리스는 직접 고안한 독창적인 '사회발전지수'를 답변의 토대로 삼는다.

_『포린 어페어스』

새로운 역사학의 전범을 제시하는 혁신적인 저술이다. 읽는 재미가 있으며 논의는 설득력이 있다.

_『파이낸셜 타임스』

꽉 찬 내공과 정력적인 노력으로 왜 서양의 제도가 세계를 지배하는지를 고찰한다. 경제학과 과학을 넘나드는 인상적인 통섭적 연구를 유려한 문체로 읽는 재미도 갖추고 있다. '인류 역사에 대한 거대 담론'에 두드러지게 기여하는 수작.

_『커커스 리뷰』

포괄적 비교역사학에 도발적이고 독창적인 공헌을 한 저서. 이 책은 다양한 사유와 발상으로 가득한 멋진 향연장이다. 이언 모리스는 모든 지적 영역을 장악해 원대한 업적을 성취해냈다.

_『인디펜던트』

근래에 들어 필적할 만한 책이 없는 논픽션이다.

_『비즈니스 스탠더드』

이언 모리스는 흥미로운 일화와 궁금증을 유발하는 서술, 획기적인 분석을 통해 물리적 지리와 그것이 사회발전과 맺는 양방향적 관계가 인류 역사를 지배해온 권력 핵심부의 이동을 설명한다는 독특한 주장을 펼친다.

놓쳐서는 안 되는 책.

_『샌디에이고 유니언 트리뷴』

기념비적인 작품이다. 이언 모리스는 고고학과 고대사에서 얻은 통찰로 과거가 어떻게 미래에 영향을 미치는지에 대한 강렬한 비전을 제시하는 재기 넘치는 저자다.

_『버펄로 뉴스』

당신이 올해, 아니 앞으로 10년간 단 한 권의 역사책을 읽고자 한다면 이 책이 바로 그 책이다.

_『플로리다 타임스 유니언』

베이징의 앨버트

1848년 4월 3일 런던, 빅토리아 여왕은 머리가 지끈거렸다. 여왕은 나무 부두에 이마를 대다시피 한 채 20분째 무릎을 꿇고 있었다. 그녀는 화가 났고 두려웠으며 눈물을 참으려고 애쓰느라 지친 상태였다. 이제 비가 내리기 시작했다. 가랑비가 드레스를 적시는 가운데 여왕은 자신이 덜덜 떨고 있는 게 두려움 탓이라고 사람들이 오해하지 않기만 바랄 뿐이었다.

여왕의 남편 앨버트 공은 바로 옆에 있었다. 팔을 뻗기만 하면 그녀는 그의 어깨에 손을 얹거나 그의 젖은 머리칼을 부드럽게 쓰다듬을 수 있었을 것이다. 앞으로 닥칠 일에 맞서 마음을 단단히 먹게 할 만한 일은 뭐든 할 요량이었다. 시간이 이대로 멈추기만 한다면, 아니 빨리 흘러가버렸으면. 여기가 아닌 다른 곳에 있었으면!

그렇게 그들은 기다렸다. 빅토리아와 앨버트, 웰링턴 공작과 태반이 넘는 궁정 사람들은 빗속에서 무릎을 꿇은 채 기다렸다. 아무래도 강에서 무슨 문제가 생긴 게 틀림없었다. 동인도 독East India dock에 입항하기에는 중국 함대의 기함이 너무 컸다. 기영 총독은 자신의 이름을 딴 작은 장갑기선 기영호를 타고 런던으로 위풍당당하게 입성하고 있었지만 그 배조차도 블랙월의 부두에는 정박하기가 벅찰 만큼 컸다. 여섯 척의 예인선이 기영호를 끌었고 주변은 온통 어수선했다. 기영 총독은 기분이 언짢았다.

빅토리아 여왕은 부두 위에서 조촐한 중국 악대를 흘깃 보았다. 그들의 비단 예복과 우스꽝스러운 모자는 한 시간 전에는 매우 화려해 보였지만 이제는 영국의 빗줄기에 흠뻑 젖어 있었다. 악대는 네 차례나 동양풍의 불협화음을 울려댔지만 그때마다 금방 연주를 그쳤다. 그러나 다섯 번째 연주는 멈추지 않았다. 빅토리아는 가슴이 두근거렸다. 기영이 마침내 뭍으로 올라온 모양이었다. 지금까지 머릿속에 그려온 일이 이제 현실이 되고 있었다.

기영의 대사가 그들 코앞에 섰다. 상당히 가까웠기에 빅토리아는 대사가 신은 신발의 바늘땀까지 볼 수 있을 정도였다. 일은 일사천리로 진행되었고 요란한 의전 행사 따위는 거의 없었다. 그녀의 시녀들보다 일 처리가 훨씬 더 세련된 것 같았다.

대사는 베이징의 공식 포고문을 단조롭게 읽어내려갔다. 빅토리아는 어떤 내용인지 이미 들어 알고 있었다. 천하의 모범이자 문화를 숭상하는 위대한 도광제[청나라의 제8대 황제 선종. 도광은 연호]는 청 제국의 종주권을 받들고자 하는 영국 여왕의 염원을 잘 알고 있다는 것을. 여왕은 조공과 세금을 바치고 최고의 예를 표하며, 또 청 제국의 가르침을 받고자 한다는 것을. 그리고 황제는 그녀의 영토를 청 제국의 속국 가운데 하나로 인정하기로 했으며 영국인이 중국의 방식을 따르는 것을 허락한다는 것을.

그러나 영국인 가운데 실제로 무슨 일이 일어났는지 모르는 사람은 없었다. 처음에 중국인은 환영받았다. 그들은 영국의 선박이 입항하지 못하도록 대륙의 항구를 봉쇄한 나폴레옹과의 전쟁에 자금을 댔다. 그러나 1815년 이후 중국인은 영국의 항구에서 중국 상품을 갈수록 낮은 가격에 팔았고 결국 랭커셔의 면방직 공장은 문을 닫을 수밖에 없었다. 영국이 반발해 관세를 인상하자 중국인은 자랑스러운 영국 해군의 전함을 불태우고 넬슨 제독을 죽였으며 남부 해안을 따라 늘어선 항구를 모조리 약탈했다. 대략 8세기 동안 영국은 모든 정복자를 물리쳤지만 이제 빅토리아의 이름은 역사에서 영원히 치욕으로 남게 될 것이었다. 그녀의 재위는 살인, 약탈, 납치, 패배, 불명예, 죽음으로 점철되었다. 그리고 드디어 도광제의 의지에 사악한 기획을 덧씌운 기영이 한층 더 위선을 드러내려 몸소 이곳으로 온 것이다.

적절한 순간에, 빅토리아 옆에 무릎을 꿇고 앉아 있던 통역관이 여왕만 들을 수 있을 정도로 작고 완벽하게 궁정인다운 기침을 했다. 그것은 신호였다. 기영의 부하가 낭독하던 포고문이 여왕에게 종속국 통치자의 지위를 부여한다는 부분에 이르자 빅토리아는 푹 숙이고 있던 머리를 들어 조국의 치욕을 의미하는 야만족의 모자와 예복을 받았다. 그리고 처음으로 기영을 대면했다. 전혀 예상치 못한 지적이고 활기차 보이는 중년 남성의 모습이었다. 저 사람이 그녀가 그렇게 두려워하던 그 괴물이 맞을까? 기영도 처음으로 빅토리아를 보았다. 그는 즉위 당시의 여왕을 그린 초상화를 본 적이 있지만 눈앞의 그녀는 그가 예상했던 것보다 더 평범하고 몸집이 있어 보였다. 그리고 젊어 보였다. 그것도 굉장히. 그녀는 비에 흠뻑 젖어 있었고 부두에 대고 있던 얼굴 여기저기에는 나무조각과 약간의 진흙이 묻어 있었다. 그녀는 제대로 머리를 조아려 예를 갖추는 법도 몰랐던 것이다. 세련되지 못한 인간들 같으니!

이제 가장 끔찍한 공포의 순간, 상상할 수 없는 순간이 왔다. 기영 뒤에서 두 관리가 걸어나와 큰절을 한 뒤 앨버트를 일으켜세웠다. 빅토리아는 소리를 내거나 조금이라도 움직여서는 안 된다는 것을 알고 있었다. 실은 그 자리에 그대로 얼어붙어버려서 뭔가 항의를 하려고 해도 불가능했을 것이다.

그들은 앨버트를 끌고 갔다. 그는 매우 위엄 있게 천천히 걷다가 멈춰서 빅토리아를 돌아봤다. 그 눈길 속에 모든 것이 담겨 있었다.

빅토리아 여왕은 정신을 잃었다. 중국인 수행원이 그녀가 부두에 쓰러지기 전에 붙들었다. 비록 서양 오랑캐의 여왕일지라도 그런 순간에 다치는 모습은 보기 좋지 않으리라. 마치 얼이 빠진 사람처럼, 짧은 숨을 몰아쉬며 딱딱하게 얼굴이 굳은 채로 앨버트는 제2의 조국[그는 독일 출신이었다]을 떠나갔다. 건널판을 올라 문이 잠긴 화려한 선실로, 다름 아닌 황제에 의해 자금성에서 가신으로 봉해지기 위해 중국으로 떠났다.

빅토리아 여왕이 의식을 회복했을 때 앨버트는 이미 떠나고 없었다. 이제야 그녀는 온몸을 들썩이며 크게 흐느꼈다. 앨버트가 베이징에 닿으려면 반년은 걸릴 것이고 돌아오는 데도 그만큼이 걸릴 것이다. 게다가 황제가 알현을 허락할 때까지 그 야만인들 사이에서 몇 달이나 몇 년을 더 기다려야 할지도 모른다. 그녀는 무엇을 해야 할까? 그녀 혼자서 어떻게 자국민을 보호할 수 있을까? 중국인이 지금까지 그들에게 저지른 일을 뒤로하고 어떻게 이 사악한 기영과 얼굴을 마주할 수 있단 말인가?

앨버트는 돌아오지 않았다. 그는 베이징에 도착해서 유창한 중국어와 유교 경전들에 대한 해박한 지식으로 조정 대신들을 감탄하게 만들었다. 그러나 얼마 지나지 않아 땅이 없는 농장 일꾼들이 들고일어나 잉글랜드 남부 전역에서 탈곡기를 부수고 있다는 소식이 들려왔다. 그리고 유럽의 수도 절반이 참혹한 시가전에 휩싸였다는 소식이 이어졌다. 며칠 뒤 황제는 앨버트 같은 인재는 안전하게 영국 바깥에 머무는 것이 좋을 것 같다는 기영의 서신을 받았다. 이 모든 폭력 사태는 중국 제국뿐 아니라 근대로의 고통스러운 이행과도 크게 관련이 있었지만 그렇게 사납게 날뛰는 사람들한테서 위험을 감수할 필요는 없었다.

그리하여 앨버트는 자금성에 머물렀다. 그는 영국식 의복을 벗어던지고 변발을 길렀으며 해가 갈수록 중국 경전에 대한 지식도 깊어졌다. 그는 점점 늙어갔고 호사스러운 감옥 안에서 13년을 보낸 뒤 마침내 삶을 포기했다.

지구 반대편에서는 빅토리아 여왕이 난방이 잘 안되는 버킹엄 궁전의 내실에서 세상과 접촉을 끊고 영국의 식민지 통치자들을 모르는 체했다. 기영은 그녀 없이 영국을 다스렸다. 수많은 이른바 정치가가 그와 거래하기 위해서라면 기꺼이 땅바닥이라도 길 기세였다. 1901년 빅토리아가 세상을 떴을 때 국장은 없었다. 사람들은 중국 제국 이전 시대의 마지막 유물이 소멸한 데 대해 그저 어깨를 한번 으쓱하고 쓴웃음을 지었을 뿐이었다.

발모럴 성의 루티

물론 현실에서 일은 이렇게 일어나지 않았다. 위의 장면은 나의 상상일 뿐이다. 그 가운데 일부만이 실제로 일어난 일이다. 기영이라는 중국 배가 실제로 존재했으며 1848년 4월 런던 동인도 독에 실제로 입항했다. 그러나 런던으로 중국 총독을 싣고 간 장갑함은 아니었다. 진짜 기영호는 그냥 화려하게 장식된 평범한 중국정크선이었을 뿐이다. 몇 년 전, 이 자그마한 배를 매입한 영국인 사업가는 기영호를 본국에 보내면 대단히 재미난 구경거리가 될 거라 생각했다. 빅토리아 여왕과 앨버트 공, 웰링턴 공작은 실제로 강가에 나오긴 했지만 그들의 새로운 주인 앞에 머리를 조아리기 위해서는 아니었다. 그보다는 영국에 최초로 모습을 드러낸 중국 배를 구경하기 위한 구경꾼으로 왔을 뿐이다.

배는 실제로 광저우 총독의 이름을 따 명명되었다. 그러나 기영이 1842년 영국 해군을 섬멸하고 영국의 항복을 받아들인 적은 없었다. 실제로는 같은 해에 자그마한 영국 해군 전대가 눈앞의 중국 정크 전함을 모조리 침몰시키고 해안의 포대를 잠재운 뒤 베이징과 쌀이 풍부한 양쯔 강 유역을 연결하는 대운하를 봉쇄해 수도를 아사시키겠다고 위협하자 중국은 항복 조건을 놓고 협상에 나섰다.

그리고 도광제는 실제로 1848년에 중국을 통치했다. 그러나 도광제는 빅토리아와 앨버트를 떼어놓지 않았다. 사실 국왕 부처는 이따금 빅토리아가 우울한 심사에 빠져들 때가 있긴 했지만 1861년 앨버트가 숨을 거둘 때까지 지극히 행복한 결혼 생활을 영위했다. 현실에선 빅토리아와 앨버트가 도광제의 가슴을 미어지게 했다.

역사는 흔히 허구보다 더 기이하다. 빅토리아의 동포들은 도광제를 파멸시키고 그의 제국을 산산조각냈다. 가장 영국적인 악습인 바로 차 한 잔(아니, 정확히 말하자면 수십억 잔) 때문에 말이다. 1790년대 남아시아를 마치 사적인 영지인 양 경영하던 영국 동인도회사는 1만 톤이 넘는 양의 중국 찻잎을 매년 런던으로 실어날랐다. 이윤은 막대했지만 문제가 하나 있었다. 중국 정부가 차를 수출하는 대신 영국에서 생산된 제품을 수입하는 데 관심이 없었던 것이다. 중국이 원한 것은 오로지 은이었으며 동인도회사는 무역을 유지하기 위한 충분한 자금을 모으는 데 애를 먹고 있었다. 그래서 중국 정부가 원하는 게 무엇이든지 간에 중국 사람들은 뭔가 다른 것, 바로 아편을 원한다는 사실을 깨달았을 때 영국 상인들은 환호했다. 가장 질 좋은 아편은 동인도회사가 지배하는 인도에서 재배되었다. 광저

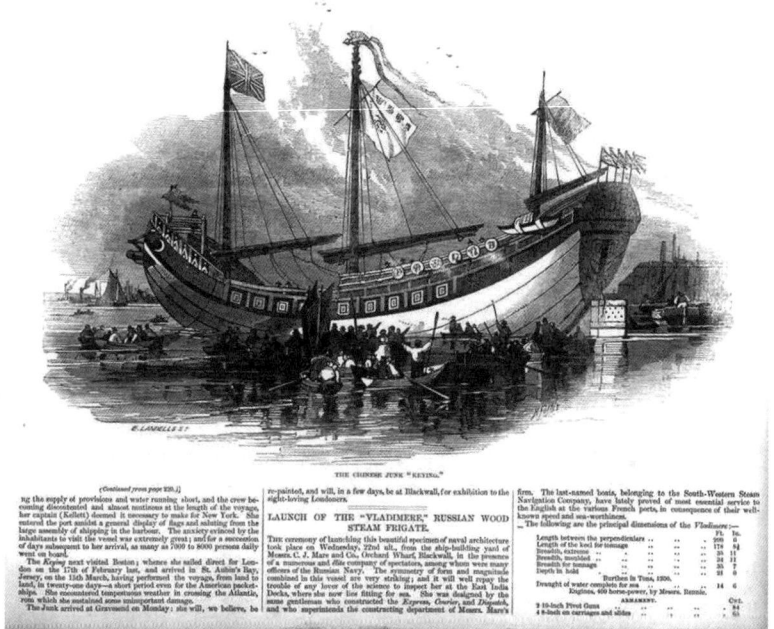

THE CHINESE JUNK "KEYING."

(Continued from page 239.)

ng the supply of provisions and water running short, and the crew becoming discontented and almost mutinous at the length of the voyage, her captain (Kellett) deemed it necessary to make for New York. She entered the port amidst a general display of flags and saluting from the large assembly of shipping in the harbour. The anxiety evinced by the inhabitants to visit the vessel was extremely great; and for a succession of days subsequent to her arrival, as many as 7000 to 8000 persons daily went on board.

The *Keying* next visited Boston; whence she sailed direct for London on the 17th of February last, and arrived in St. Aubin's Bay, Jersey, on the 15th March, having performed the voyage, from land to land, in twenty-one days—a short period even for the American packet-ships. She encountered tempestuous weather in crossing the Atlantic, from which she sustained some unimportant damage.

The Junk arrived at Gravesend on Monday; she will, we believe, be

re-painted, and will, in a few days, be at Blackwall, for exhibition to the sight-loving Londoners.

LAUNCH OF THE "VLADIMERE," RUSSIAN WOOD STEAM FRIGATE.

THE ceremony of launching this beautiful specimen of naval architecture took place on Wednesday, 22nd ult., from the ship-building yard of Messrs. C. J. Mare and Co., Orchard Wharf, Blackwall, in the presence of a numerous and élite company of spectators, among whom were many officers of the Russian Navy. The symmetry of form and magnitude combined in this vessel are very striking; and it will repay the trouble of any lover of the science to inspect her at the East India Docks, where she now lies fitting for sea. She was designed by the same gentleman who constructed the *Express*, *Courier*, and *Dispatch*, and who superintends the constructing department of Messrs. Mare's

firm. The last-named boats, belonging to the South-Western Steam Navigation Company, have lately proved of most essential service to the English at the various French ports, in consequence of their well-known speed and sea-worthiness.

The following are the principal dimensions of the *Vladimere*:—

	Ft.	In.
Length between the perpendiculars ..	209	0
Length of the keel for tonnage ..	179	8½
Breadth, extreme ..	35	11
Breadth, moulded ..	34	11
Breadth for tonnage ..	35	7
Depth in hold ..	21	0
Burthen in Tons, 1200.		
Draught of water complete for sea ..	14	6
Engines, 400 horse-power, by Messrs. Rennie.		

ARMAMENT.

	Cwt.
2 10-inch Pivot Guns	84
4 8-inch on carriages and slides	65

[도판 I.1] 실제 기영호: 1848년 런던 사람들이 보트를 타고 연안으로 나가 기영호를 구경하고 있다. 『일러스트레이티드 런던 뉴스』 1848년 4월 1일자.

우—외국인과의 교역이 허용된 중국 항구—에서 무역상은 아편을 팔아 은을 얻었고, 그 은으로 차를 구입한 뒤 영국으로 가져가 팔아 훨씬 더 큰 이익을 남겼다.

그러나 사업에서 흔히 그렇듯이 한 가지 문제에 대한 해결책은 또 다른 문제를 낳았다. 인도인은 복용하는 식으로, 영국인은 물에 녹여서 음용하는 식으로 아편을 매년 10~20톤가량 소비했다(그 가운데 일부는 아기의 울음을 그치게 하고 달래는 데 사용되었다). 복용이든 음용이든, 두 방식은 신체에 가벼운 마취 효과를 가져와 괴짜 시인에게 영감을 주거나 몇몇 백작이나 공작이 새로운 난봉 행각에 빠져들도록 자극했지만 특별히 걱정할 만한 수준은 아니었다. 반면 중국인은 아편을 담배로 피웠다. 이런 아편 소비방식의 차이는 코카 잎사귀를 씹는 것과 정제 코카인 파이프를 피우는 것 사이의 차이와 다르지 않았다. 영국인 아편 거래상들은 이러한 차이점을 어떻게든 간과하려고 했지만 도광제는 이를 그냥 넘기지 않고 1839년 아편과의 전쟁을 선포했다.

그것은 도광제의 마약단속총책 임칙서와 광저우에서 주재중인 영국의 수석 무역감독관 찰스 엘리엇 대위 간의 개인적인 대결로 급속히 비화된 기묘한 전쟁이었다. 엘리엇은 자신이 밀리고 있다는 것을 깨닫자 무역상들을 설득해서 1700톤이라는 엄청난 양의 아편을 임칙서에게 넘겨주도록 했다. 그는 영국 정부가 손실을 보상해줄 것이라고 보증함으로써 상인들의 동의를 이끌어냈다. 상인들은 엘리엇이 실제로 이러한 약속을 할 만한 권한이 있는지 알 수 없었지만 아무래도 상관없이 그러한 제안을 덥석 받아들였다. 임칙서는 임칙서대로 아편을 몰수하는 데 성공했고 엘리엇은 체면을 지켰으며 차 무역은 지속됐다. 그리고 상인들은 아편 값으로 (이윤과 운송비까지 포함해) 최고가를 받았다. 모두가 이긴 게임이었다.

모두가, 그러니까 영국 수상 멜본 경만 제외하면 말이다. 아편 거래상들의 손실을 보상할 200만 파운드를 마련해야 하는 처지에 놓인 멜본 경은 이긴 게 **아니었다**. 일개 해군 대위가 수상을 이런 식으로 난처하게 만든다는 것은 말도 안 되는 일이리라. 하지만 엘리엇은 자신이 업계에 기댈 수 있다는 사실을 알고 있었고 그들은 정부가 손실을 보상하게끔 의회에 로비할 수 있었다. 그리하여 개인적, 정치적, 재정적 이해관계가 멜본 주위에서 복잡하게 돌아갔다. 결국 그는 업자들에게 돈을 토해낸 뒤 중국 정부가 몰수한 아편 값을 영국 정부에 배상하도록 원정군을 파견하는 것 외에 달리 선택의 여지가 없었다.

영 제국 역사에서 과히 아름다운 순간은 아니었다. 오늘날과의 비유가 정확히 일치하는 것은 아니지만, 미국 마약단속국이 대규모 급습을 감행하자 티후아나 카르텔이 멕시코 정부를 압박해 샌디에이고로 쳐들어가 백악관에 군사 작전 비용과 더불어 압수한 코카인의 시중 가격만큼(이윤과 운임도 더해서) 마약왕들한테 배상하라고 요구한 격이었다. 거기다가 근처의 멕시코 함대가 카탈리나 섬을 향후 작전을 위한 기지로 점거하고, 미 의회가 티후아나 마약왕들에게 로스앤젤레스와 시카고, 뉴욕 마약 시장에 대한 독점 권한을 부여할 때까지 워싱턴을 봉쇄하겠다고 위협하는 상황도 가정해보라.

물론 차이점은 멕시코는 샌디에이고를 폭격할 능력이 없는 반면 1839년 영국은 원하는 것은 뭐든 할 수 있었다는 것이다. 영국 전함은 중국의 방어 시설을 가볍게 제압했고 기영은 무역과 선교에 중국 문호를 개방하는 굴욕적인 조약에 서명했다. 도광제의 부인들은 내가 이 글 서두에서 상상한 광경처럼 런던으로 끌려가지 않았지만 '아편전쟁'이 도광제를 파멸시켰다는 점에는 변함이 없었다. 그는 3억 명의 백성을 저버렸고 2000여 년의 역사를 배반했다. 그는 패배자라고 느낄 만했다. 중국은 산산조각나고 있었다. 아편 중독자 수는 솟구쳤고 국가는 통제력을 상실했

[도판 I.2] 좋지 않은 시절: 1842년 양쯔 강에서 영국의 배가 중국의 정크선을 격파하는 모습. 세계 최초로 선체 전부를 철판으로 만든 군함 네메시스호가 위용을 드러내고 있다.

으며 풍습은 무너지고 있었다.

이러한 불확실한 세상에 광저우 외곽에서 성장한, 실패한 문관 지망생 홍수전이라는 이가 등장했다. 홍수전은 어려운 문과 시험을 치르고자 네 차례나 광저우로 먼 길을 떠났지만 그때마다 낙방했다. 1843년 결국 그는 쓰러져 고향 마을로 실려왔는데, 열에 들뜬 꿈결 속에서 천사들에 이끌려 하늘나라로 갔다. 거기서 그의 형이라는 사람을 만났고, 두 사람은 어깨를 나란히 맞대고 길게 수염을 기른 아버지의 눈길 아래서 마귀들과 싸웠다.

마을의 누구도 이 꿈의 뜻을 풀이할 수 없었고 홍수전도 몇 년간 꿈에 관해 까맣게 잊고 지낸 듯하다. 그러던 어느 날 다시 과거 시험을 보러가 던 홍수전은 광저우로 가는 여행길에 받은 작은 책을 펼쳤다. 그 책은 기 독교의 성전을 요약한 것이었다. 홍수전은 그것이 자신이 일전에 꾼 꿈을 해석할 열쇠를 쥐고 있다는 것을 깨달았다. 꿈속에서 형이라는 사람은 분 명히 예수였고, 따라서 홍수전은 하느님의 중국인 아들이었으며, 그와 예 수가 천국에서 악마를 쫓아낸 것이었다. 더 나아가 홍수전이 지상에서도 악마를 몰아내는 것이 하느님의 뜻이라고 그 꿈은 말하는 것 같았다. 복 음주의적 기독교와 유교를 짜깁기한 홍수전은 '태평천국'을 선언했다. 성 난 농민과 도적들이 그의 기치 아래 모여들었다. 1850년이 되자 그의 오합 지졸 군대는 그에 맞서 파견된 지리멸렬한 관군을 연달아 무찔렀고 그는 급진적인 사회개혁을 추진함으로써 신의 뜻을 따랐다. 토지를 재분배하고 남녀평등을 법제화했으며 심지어 전족도 폐지했다.

1860년대 초 미국인이 세계 최초의 현대전에서 대포와 연발총으로 동 족상잔을 벌이는 동안 중국인은 역사상 마지막 재래식 전쟁에서 단도와 죽창으로 똑같은 일을 벌이고 있었다. 순전히 참상만을 놓고 볼 때 전통 적 버전은 현대적 버전을 크게 능가했다. 2000만 명이 죽었는데 대부분 이 기아와 질병 탓이었다. 서양의 외교관과 장군들은 혼란을 이용해 동아시아로 더 깊숙이 밀고 들어왔다. 1854년 캘리포니아와 중국 사이의 석탄 공급 기지를 찾던 미국의 매슈 페리 부제독은 일본의 문호를 강제로 개방시켰다. 1858년 영국과 프랑스, 미국은 중국으로부터 새로운 특권을 얻어냈다. 아버지 도광제를 파멸시키고 이젠 홍수전과의 전쟁을 이용하고 있는 이 서양 오랑캐들을 함풍제는 당연히 증오할 만했다. 그래서 새로 체결한 조약에서 발을 빼려고 애썼지만 함풍제가 곤경에 처하자 영국과 프랑스 정부는 거절할 수 없는 제안을 했다. 그들은 베이징으로 진격했고 함풍제는 인근의 별장 지역으로 치욕스럽게 후퇴해야만 했다. 유럽인은 그의 아름다운 여름 궁전[청나라 때의 화려한 황실 정원인 원명원]을 불태워서 마음만 먹는다면 자금성에도 똑같은 짓을 할 수 있다는 사실을 황제에게 똑똑히 가르쳐주었다. 함풍제는 백기를 들었다. 아버지보다 더 처참하게 만신창이가 된 그는 은신처를 뜨거나 관리들을 만나기를 거부했고 마약과 섹스에 빠져들었다. 그리고 1년 뒤 세상을 떠났다.

앨버트 공은 함풍제를 뒤따라 몇 달 만에 별세했다. 열악한 배수 시설이 질병을 옮긴다며 수년 동안 영국 정부를 설득하는 운동을 벌여왔음에도 불구하고 앨버트는 윈저 성의 고약한 하수도를 타고 퍼진 티푸스 때문에 목숨을 잃은 것으로 보인다. 더욱 안타까운 사실은 빅토리아 여왕—앨버트처럼 현대적인 배관 시설에 반했던—이 부군이 세상을 뜨는 순간 욕실에 있었다는 것이다.

일생의 연인을 잃은 빅토리아 여왕은 우울한 심사에 더 깊이 침잠해 들어갔다. 그러나 그녀는 철저히 혼자는 아니었다. 영국군 장교들은 그녀에게 베이징의 원명원에서 약탈한 진기한 보물 가운데 최고의 것을 선사했다. 베이징산産 강아지였다. 여왕은 그에게 루티Looty['전리품'이란 뜻]라는 이름을 붙여주었다.

고착

왜 역사는 앨버트가 베이징으로 끌려가 공자를 공부하는 대신 루티를 발모럴 성으로 데려가 빅토리아 여왕과 함께 늙어가게 하는 경로를 따랐을까? 왜 중국의 배가 템스 강을 거슬러올라오는 대신 1842년 영국의 배가 양쯔 강 입구로 대포를 쏘며 쳐들어왔을까? 단도직입적으로 말해서, 왜 서양이 세계를 지배하는가?

서양이 '지배한다rule'고 말하는 것은 너무 강한 표현일지도 모른다. 결국 우리가 어떻게 '서양'을 정의하든지(이 사안은 뒤에 가서 다시 논의할 것이다) 1840년대 이래로 서양인은 딱히 세계 정부를 이끌고 있지 않으며 자신들의 뜻을 관철하는 데도 수시로 실패한다. 우리 가운데 나이가 지긋한 많은 이는 1975년 사이공(현재의 호찌민 시)에서 미국의 불명예스러운 철수와 1980년대 일본 공장들이 서양의 경쟁상대를 동종사업 분야에서 몰아내던 것을 기억한다. 심지어 그보다 더 많은 이가 지금 우리가 구입하는 것은 모두 중국에서 만들어진다는 사실을 인식하고 있다. 그러나 지난 100여 년간 아시아에서 서양으로가 아니라 서양에서 아시아로 군대가 파견되었다는 사실 또한 분명하다. 동아시아 정부들은 서양의 자본주의와 공산주의 이론과 씨름해왔지만 서양 정부들은 유교나 도교의 노선에 따라 국가를 통치하려고 시도해본 적이 없다. 동양인은 흔히 영어를 통해 언어의 장벽을 넘어 소통한다. 유럽인이 만다린[표준 중국어]이나 일본어로 대화하는 경우는 드물다. 한 말레이시아 변호사가 영국의 저널리스트 마틴 자크에게 직설적으로 표현한 적이 있다. "나는 당신들의 옷을 입고 당신들의 언어로 말하며 당신들의 영화를 본다. 오늘이 며칠이든 간에 그건 당신들이 그렇게 정했기 때문이다."[1]

이러한 실례는 무수히 열거할 수 있다. 빅토리아의 군인들이 루티를 서양으로 데려온 이래로 서양은 역사상 유례가 없는 전 지구적 지배를 유지해왔다.

나의 목표는 그 이유를 설명하는 것이다.

언뜻 봐서는 그다지 어려운 임무를 떠맡은 것 같지 않다. 산업혁명이 동양이 아니라 서양에서 일어났기 때문에 서양이 세계를 지배한다는 설명에 거의 모든 사람이 동의한다. 18세기에 영국의 산업가들은 증기와 석탄에 의한 에너지를 세상에 내놓았다. 공장, 철도, 포함砲艦은 19세기 유럽인과 미국인에게 전 지구적으로 영향력을 행사할 수 있는 능력을 부여했다. 비행기와 컴퓨터, 핵무기 덕분에 20세기에 그들의 후손은 그러한 우위를 고착화했다.

물론 지금까지 일어난 모든 일이 그렇게 될 수밖에 없었다는 뜻은 아니다. 1843년 엘리엇 대위가 멜본 경을 압박하지 않았다면 영국은 그해에 중국을 공격하지 않았을지도 모른다. 흠차대신 임칙서가 해안 방어에 좀 더 신경을 썼다면 영국군은 그렇게 쉽게 승리하지 못했을 수도 있다. 그러나 그것은 문제가 언제 위기로 격화되었는지, 그리고 누가 왕위에 앉아 있거나 선거에서 이겼거나 군대를 이끌었는지와 상관없이 19세기에 서양은 언제나 이기게 된다는 뜻이다. 영국의 시인이자 정치가 힐레어 벨록은 이것을 1898년에 이렇게 멋지게 요약했다.

무슨 일이 생기든 우리한테는
맥심 기관총이 있지만 저들한테는 없다네.[2]

자, 이야기 끝!

물론 이것이 결코 이야기의 끝이 아니라는 것만 제외하고 말이다. 벨록의 설명은 다시 새로운 질문을 던질 뿐이다. 다른 세계는 맥심 기관총이 없었을 때 **왜** 서양은 맥심 기관총을 갖고 있었는가? 이것이 내가 던지는 첫 번째 질문이다. 왜냐하면 그에 대한 답변은 왜 오늘날 서양이 지배하는지를 설명해주기 때문이다. 그리고 그 답변을 통해 우리는 두 번째 질문을 던질 수 있다. 사람들이 왜 서양이 지배하는지에 대해 관심이 있는 이유 가운데 하나는 이러한 지배가 지속될 것인지 그렇다면 얼마나 오랫동안 그리고 어떤 방식으로 지속될 것인지, 다시 말해 앞으로 어떻게 될 것인지 알고 싶어하기 때문이다.

이 질문은 20세기가 저물어가고 일본이 주요 강대국으로 부상하면서 점점 더 무시하기 힘들어졌다. 그리고 21세기 초가 되자 피할 수 없게 되었다. 중국의 경제 규모는 6년마다 두 배씩 커지고 있고 아마도 2030년 전에 세계 최대가 될 것이다. 2010년 초 내가 글을 쓰고 있는 지금 대부분의 경제학자들은 세계경제의 엔진에 시동을 다시 걸 곳으로 미국이나 유럽이 아닌 중국을 바라보고 있다. 중국은 2008년 초호화 하계 올림픽을 개최했고 두 '타이코노트taikonaut[우주를 뜻하는 중국어 타이쿵太空과 우주 비행사를 뜻하는 영어 애스트러노트astronaut의 합성 신조어]', 즉 중국인 우주비행사들이 우주 유영을 했다. 중국과 북한은 둘 다 핵무기를 보유하고 있으며 서양의 전략가들은 미국이 부상하는 중국 권력에 어떻게 적응할 것인지 걱정한다. 서양이 최고의 위치에서 얼마나 오래 버틸지는 뜨거운 화두다.

전문 역사가는 형편없는 예언가로 악명 높아서 대부분 아예 미래에 대해서 이야기하는 것 자체를 거부한다. 나는 왜 서양이 지배하는지를 곰곰 생각할수록 파트타임 역사가인 윈스턴 처칠이 대부분의 전문 역사가보다 훨씬 더 사태를 잘 이해했다는 생각이 든다. 처칠은 "더 멀리 되돌아볼 수 있다면 그만큼 앞을 더 잘 내다볼 수 있다"[3]고 주장했다. 이러한 노선을 좇아(설사 처칠이 내 답변을 좋아하지 않을지라도) 나는 왜 서양이 지배하는지를 알면 21세기에 상황이 어떻게 될지를 이해하는 데도 상당한 도움이 될 것이라 제안한다.

물론 왜 서양이 지배하는지 추측해본 사람이 내가 처음은 아니다. 이 질문은 족히 250년은 묵은 질문이다. 18세기 전에는 이 질문이 거의 제기되지 않았다. 당시에는 솔직히 그 질문이 별 의미가 없었기 때문이다. 17세기 유럽의 지성들이 처음으로 진지하게 중국에 대해 생각하기 시작했을 때 대다수는 동양의 오랜 역사와 세련된 문명 앞에서 작아졌다. 그리고 서양에 무슨 관심이라도 보인 소수의 동양인은 그럴 만도 하다고 생각했다. 몇몇 중국 관료는 서양의 기발한 시계와 악마 같은 대포, 정확한 달력을 칭찬했지만 그것들만 뺀다면 별 볼 일 없는 이 외국인을 본받을 만한 이유가 별로 없다고 여겼다. 볼테르 같은 프랑스 철학자들이 그들을 칭송하는 시를 쓰고 있다는 것을 18세기 중국 황제들이 알았다면 그들은 그것이야말로 프랑스 철학자들이 마땅히 할 일이라고 생각했을지도 모른다.

그러나 공장 연기가 처음으로 잉글랜드의 하늘을 뒤덮기 시작한 그 순간부터 유럽의 지성들은 자신들에게 문제가 하나 생겼음을 깨달았다. 그러나 문제치고는 그리 나쁜 문제가 아니었다. 그들이 세계를 정복해나가는 것 같았는데, 어떻게 그렇게 되었는지를 몰랐던 것이다.

유럽의 혁명가, 반동가, 낭만주의자, 현실주의자들은 왜 서양이 주도권을 잡게 되었는지 추측하느라 열을 올리면서 정신없을 정도로 엄청난 양의 이론과 예측을 쏟아냈다. 왜 서양이 지배하는가라는 질문을 시작하는 최적의 방식은 두 가지 개략적인 사고 진영으로 나누는 것일 텐데, 나는 이 두 진영을 각각 '장기고착long-term lock-in' 이론파와 '단기우연short-term accident' 이론파라고 부르겠다. 말할 것도 없이 모든 이론이 한 진영이나 다른 진영에 딱 들어맞지는 않지만 이러한 구분은 문제의 핵심에 집중하는데 여전히 유용한 방식이다.

장기고착이론 뒤에 놓인 공통적 관념은 태곳적부터 어떤 결정적 요인이 동양과 서양 사이에 대단히 크고 변경 불가능한 차이를 만들어내 산업 혁명이 서양에서 일어나도록 결정했다는 것이다. 장기론자들은 그것이 정확히 어떤 요인이었는지 그리고 그 요인이 언제 작용하기 시작했는지를 두고—강하게—의견을 달리한다. 어떤 이들은 기후나 지형, 혹은 자연 자원 같은 물질적 힘을 강조한다. 다른 이들은 그보다는 무형의 요소들, 즉 문화나 정치, 종교 등을 지적한다. 물질적 힘을 선호하는 사람들은 대체로 '장기'를 정말로 굉장히 긴 시간으로 본다. 일부는 빙하기가 끝나는 1만 5000년 전으로 거슬러올라간다. 그보다 더 멀리 잡는 이들도 소수 있다. 문화를 강조하는 사람들은 보통 장기를 그보다는 짧게, 약 1000년 전 중세나 그리스의 사상가 소크라테스와 중국의 위대한 현인 공자가 활동한 시기인 2500년 전으로 잡는다. 그러나 장기론자들이 동의할 수 있는 한 가지는 1840년대 상하이로 쳐들어간 영국인과 10년 뒤 일본의 항구를 강제로 개방한 미국인은 1000년 전부터 굴러가기 시작한 일련의 사건의 수레바퀴를 의식하지 못한 행위자에 불과하다는 것이다. 장기론자들은 베이징의 앨버트와 발모럴 성의 루티 시나리오를 대조함으로써 이 책을 시작한 것 자체가 한마디로 바보 같다고 말할 것이다. 빅토리아 여왕은 항상 이길 수밖에 없다. 이는 불가피했다. 그건 헤아릴 수 없을 만큼 오랜 세대 동안에 이미 고착된 결과다.

왜 서양이 지배하는지를 두고 대략 1750년부터 1950년 사이에 제시된 거의 모든 설명은 장기고착 테마의 변형이었다. 가장 인기 있는 버전은 한마디로 유럽인이 다른 사람들보다 문화적으로 더 우월해서라는 설명이다. 로마 제국이 저물어가던 시절 이래로 대부분의 유럽인은 그들의 뿌리를 신약성서로까지 거슬러올라가면서 자신들을 무엇보다도 우선적으로 기독교도라고 여겼지만, 왜 서양이 이제서야 세계를 지배하게 되었는지를 설명하면서 몇몇 18세기 유럽의 지성은 기독교를 대체하는 계보를 그리기 시작했다. 그들은 2500년 전 고대 그리스인이 이성과 창의성, 자유로 구성된 독특한 문화를 창조했다고 주장했다. 이것이 유럽을 여느 지역과는 다른 (더 훌륭한) 궤도에 올려놓았다. 동양도 자기만의 사상적 전통이 있다는 것은 그들도 인정했지만 동양의 전통은 너무 뒤죽박죽이고 보수적이며 위계적이라 서양의 사고와 경쟁할 수 없었다. 많은 유럽인은 문화가 그렇게 만들었기 때문에 그들이 나머지 사람들을 정복하고 있다고 결론 내렸다.

1900년이 되자 서양의 경제적, 군사적 우월성을 받아들이려고 애쓰던 동양의 지성들은 흔히 이 이론에 경도되었지만 물론 약간의 왜곡이 없지 않았다. 페리 부제독이 도쿄 만에 도착한 지 20년 만에 '문명개화' 운동은 프랑스의 계몽사상과 영국의 자유주의 고전을 일본어로 번역했고 민주주의와 산업화, 여성해방을 통해 서양을 따라잡는 것을 지지했다. 일부는 심지어 영어를 국어로 채택하기를 원했다. 후쿠자와 유키치 같은 지식인이 1870년대에 주장한 것처럼 문제는 장기적이었다. 오랫동안 일본 문화의 근원이었던 중국이 먼 옛날에 이미 끔찍하게 길을 잘못 들었다는 것이다. 그 결과 일본은 단지 '반문명화'된 상태다. 그러나 후쿠자와는 문제가 장기적이긴 하지만 고착되지는 않았다고 주장했다. 중국을 거부함으로써 일본은 완전히 문명화될 수 있으리라는 것이다.

그와 반대로 중국의 지식인은 자신들을 거부하는 길밖에 없었다. 1860년대의 '자강' 운동은 중국의 전통이 근본적으로는 건전하다고 주장했다. 중국은 그저 증기선 몇 척을 건조하고 서양 대포를 약간 구입하면 될 뿐이라는 것이다. 하지만 이것은 착각이었음이 드러난다. 1895년 근대화된 일본 군대가 대담한 행군을 감행해 중국의 요새를 기습했고 그곳의 서양 대포를 장악한 뒤 중국의 기선을 향해 포문을 돌렸다. 문제는 적절한 무기를 갖추는 것 이상이라는 사실이 분명했다. 1900년이 되자 중국의 지식인은 일본의 선례를 따라 진화와 경제학에 관한 서양의 저작을 번역했다. 후쿠자와처럼 그들도 서양의 지배는 장기적이긴 하지만 고착되지는 않았다고 결론 내렸다. 자신의 과거를 거부함으로써 중국도 따라잡을 수 있으리라.

그러나 서양의 일부 장기론자는 동양이 할 수 있는 것은 전혀 없다고 생각했다. 그들이 주장하기를, 문화는 서양을 최고로 만들었지만 서양의 지배를 설명하는 궁극적인 요인은 아닌데, 문화 자체가 물질적 원인을 갖고 있기 때문이다. 일부는 동양이 너무 덥거나 병들어서 서양만큼 혁신적인 문화를 발전시킬 수 없다고 주장했다. 그게 아니라면 어쩌면 동양에는 그냥 사람이 너무 많다. 과잉인구가 잉여물을 모두 소비하고 생활수준을 계속 낮게 유지해 자유롭고 진취적인 서양 사회 같은 것이 출현할 가능성을 막는다는 것이다.

장기고착이론은 온갖 정치적 색채를 띠고 등장했지만 카를 마르크스의 버전이 가장 중요하고 영향력이 컸다. 영국 군인들이 루티를 발모럴 성에 풀어주던 바로 그 시절에 마르크스—당시 『뉴욕 데일리 트리뷴』에 중국에 관한 칼럼을 기고하던—는 정치가 서양의 지배를 고착시킨 진짜 요인이라고 주장했다. 수천 년 동인 동양의 국가들은 너무 중앙집권적이고 강력했기 때문에 근본적으로 역사의 흐름이 멈춰버렸다는 것이다. 유럽은 고대로부터 봉건제를 거쳐 자본주의로 진보했으며 프롤레타리아혁명이 공산주의의 도래를 예고하려는 참이지만 동양은 전제정의 호박琥珀 속에 갇혀 진보적인 서양의 궤도를 공유할 수 없었다. 역사가 마르크스의 예언과 어긋나자 이후의 공산주의자들(특히 레닌과 그의 추종자들)은 혁명적 전위가 동양을 고대의 잠에서 흔들어 깨울 수 있다고 주장함으로써 마르크스의 이론을 개선했다. 그러나 레닌주의자들은 그러한 혁명은 화석화된 옛 사회를 쳐부술 때만 일어난다고 주장했다. 어떤 희생을 치러서라도 말이다. 이 장기고착이론은 마오쩌둥과 폴 포트, 북한의 김일성 부자가 자국민에게 그토록 어마어마한 참사를 자행하게 만든 유일한 요인은 아니지만 거기에 상당히 무거운 책임을 지고 있다.

역사가들이 장기고착 스토리에 들어맞지 않는 것 같은 사실을 발견하고 장기론자들이 이에 맞춰 이론을 조정하면서 20세기 내내 서양에서는 복잡한 춤사위가 펼쳐졌다. 예를 들어, 누구도 이제 유럽의 위대한 지리상의 발견 시대가 막 닻을 올리던 시기에 중국의 항해 능력이 훨씬 더 선진적이었고 중국 선원들이 인도와 아라비아, 동아프리카 어쩌면 오스트레일리아의 해안을 이미 알고 있었다는 사실을 반박하지 않는다.* 1405년 난징에서 스리랑카로 항해했을 때 환관 정화 제독은 거의 300척에 달하는 배를 이끌었다. 그 가운데는 식수를 실은 배와 발전된 방향타와 방수 구획실, 정교한 신호 장치를 갖춘 거대한 '보물선'도 있었다. 2만7000명의 선원들 가운데 180명은 의원과 약제사였다. 반대로 1492년 카디스에서 출항했을 때 크리스토퍼 콜럼버스는 세 척의 배에 단 90명의 선원을 이끌었을 뿐이다. 그의 배 가운데 가장 큰 것도 배수량이 정화가 이끈 배의 배수량의 30분의 1에 간신히 미치는 정도였다. 약 25미터 길이의 선체는 정화의 배의 주 돛대보다 짧았고, 그 배의 방향타보다 가까스로 두 배 더 길 뿐이었다. 콜럼버스에게는 식수선도 제대로 된 선의船醫도 없었다. 정화에게는 자석 나침반이 있었고 6.5미터 길이의 해도를 채울 만큼 인도양에 대해서도 잘 알았다. 콜럼버스는 가려고 하는 곳은 둘째 치고 자신이 현재 어디

---

* 일부는 중국 선원들이 심지어 15세기에 아메리카에 도달했다고 생각한다. 그러나 내가 제8장에서 설명하려고 하는 것처럼 이러한 주장들은 아무래도 공상에 불과한 것 같다. 이러한 공상적인 여행을 뒷받침하는 것 가운데 그나마 증거라고 할 만한 것은 2006년에 베이징과 런던에서 전시된 세계지도인데 이 중국 지도는 원래 1418년에 작성된 원본의 1763년 사본이라고 알려져 있다. 지도는 15세기 다른 진짜 중국 지도들과 무척 다를 뿐 아니라 캘리포니아를 섬으로 묘사한 세부에 이르기까지 18세기 프랑스 세계지도들과 굉장히 비슷하다. 18세기 중국 지도 제작자가 15세기 지도와 새로 입수한 프랑스 지도를 합쳤을 가능성이 가장 크다. 지도 제작자는 누구를 속이겠다는 의도는 없었을지 모르지만, 선정적인 발견에 목마른 21세기 지도 수집가들은 기꺼이 속아준다.

있는지도 거의 몰랐다.

서양의 지배가 까마득한 과거에 이미 고착되어 있었다고 상정하는 사람들을 망설이게 할지도 모르지만 여러 중요한 책은 정화도 결국 장기고착이론에 부합한다고 주장한다. 우리는 그저 더 정교한 버전의 이론이 필요할 뿐이다. 예를 들어 경제학자 데이비드 랜즈는 그의 뛰어난 저서 『국가의 부와 빈곤』에서 질병과 인구 덕분에 언제나 유럽이 중국보다 결정적으로 우위에 설 수 있었다는 생각을 다시금 꺼내들었는데, 조밀한 인구는 중국에 중앙집권적 정부가 들어서는 데 유리했고 통치자가 정화의 원정을 이용할 만한 유인을 감소시켰다고 주장함으로써 오래된 이야기를 조금 비튼다. 경쟁상대가 없었기 때문에 대부분의 중국 황제는 자신이 더 큰 부를 쌓는 것보다는 상인과 같은 탐탁지 않은 집단이 무역을 통해 부유해질 가능성을 걱정했다. 그리고 국가가 매우 강력했기 때문에 이런 우려할 만한 관행을 근절할 수 있었다. 중국은 1430년대에 원양 항해를 금지했고 1470년대에 정화의 기록을 파기했던 것 같은데, 그와 더불어 중국의 위대한 탐험의 시대도 종말을 고했다.

생물학자이자 지리학자인 재러드 다이아몬드는 고전이 된 저작 『총, 균, 쇠』에서 유사한 주장을 펼쳤다. 책의 핵심 목표는 중국부터 지중해 지역까지 이어지는 위도상에 위치한 고대 사회들이 왜 최초의 문명을 잉태했는지를 설명하는 것이지만, 다이아몬드는 중국 대신 유럽이 근대 세계를 지배하게 된 원인을 지리적인 요인에서 찾는다. 그는 유럽의 소왕국들이 정복자에 맞서는 것을 용이하게 해주고 정치적 분열에 유리하게 작용한 반면, 중국의 둥근 해안선은 군소 제후들에 맞선 중앙집권적 통치자에게 더 유리했기 때문이라고 주장한다. 그 결과 달성된 정치적 통합은 15세기 중국의 황제들이 정화의 경우와 같은 원정을 금지하게 만들었다.

반대로 분열된 유럽에서는 군주들이 콜럼버스의 정신 나간 제안을 몇

번이고 거절했지만 그는 매번 제안을 들어줄 다른 누군가를 찾을 수 있었다. 정화에게 콜럼버스처럼 여러 선택지가 있었더라면 에르난 코르테스가 1519년 멕시코에서 불운한 몬테수마[고대 멕시코의 황제로 에스파냐의 멕시코 침략 시 아스테카 왕국의 지배자였다] 대신 중국 총독을 만났을지도 모른다. 그러나 장기고착이론에 따르면 질병이나 인구, 지리 같은 거대한 비인격적 힘들이 그러한 가능성을 배제한다.

그러나 최근에 몇몇 사람은 정화의 원정을 비롯한 다른 무수한 사실이 장기 모델에 끼워맞추기에는 너무 불편하다는 인상을 받기 시작했다. 이미 1905년에 일본은 러시아 제국을 물리침으로써 동양의 나라들이 유럽과 전쟁터에서 경쟁할 수 있다는 사실을 입증해 보였다. 1942년 일본은 서양 세력을 태평양에서 거의 다 몰아낸 적이 있고 1945년 처참한 패배에서 되살아나 이번에는 방향을 틀어 경제 대국이 되었다. 다들 알다시피 1978년 이래로 중국도 유사한 경로를 따르고 있다. 2006년 중국은 미국을 꺾고 세계에서 가장 거대한 탄소배출국가가 되었고 심지어 2008년 금융위기의 가장 어두운 순간에도 중국 경제는 서양의 정부들이 최고의 호황기에도 부러워할 만한 경제성장률을 기록했다. 어쩌면 옛 질문을 내던지고 새로운 질문을 던지는 것이 나을지도 모른다. **왜** 서양이 지배하는가가 아니라 서양이 지배**하기는 하는가**라고 말이다. 이에 대한 답변이 '아니오'라면 실제로 존재하지도 않는 서양의 지배에 대해 고래의 설명들을 추구하는 장기고착이론은 다소 무의미해 보인다.

이러한 불확실성에 대한 한 가지 결과로 일부 서양 역사가는 왜 서양이 과거에는 지배했지만 지금은 지배하지 않는지를 설명하는 완전히 새로운 이론을 발전시켰다. 나는 이 이론을 단기우연 모델이라고 부른다. 단기 논의들은 장기 논의들보다 더 복잡한 경향이 있고 이 진영 내부에는 격렬한 이견들이 존재한다. 그러나 단기론자들이 모두 동의하는 것이 하나 있다.

장기론자들의 주장이 상당히 많이 틀렸다는 것이다. 서양은 까마득한 과거 이래로 전 지구적 지배에 고착되지 않았다. 1800년 이후, 아편전쟁 전야에나 서양은 동양보다 일시적으로 앞서나가기 시작했고 그조차도 대체로 우연에 따른 것이었다. 베이징의 앨버트 시나리오는 결코 바보 같은 이야기가 아니라는 것이다. 그런 일이 쉽사리 일어날 수도 있었다.

운 좋게 얻어내다

캘리포니아의 오렌지 카운티는 급진적 학문 연구 활동보다는 보수 정치와 잘 다듬어진 야자수, 존 웨인의 오랜 거주지(현지 공항의 이름은 존 웨인이 골프 코스 위로 날아다니는 비행기를 싫어했음에도 불구하고 그의 이름을 딴 것이다)로 더 잘 알려져 있지만, 1990년대에 그곳은 지구의 역사에서 단기 우연이론의 진원지가 되었다. 캘리포니아대 어바인 캠퍼스의 두 역사학자(왕궈빈과 케네스 포머런츠)와 한 사회학자(왕펑)가 어느 분야—생태나 가족 구조, 기술과 산업이나 금융과 제도, 생활수준이나 소비자 취향—를 살펴보든지 간에 19세기까지도 동양과 서양 사이의 유사점은 차이점을 크게 능가했다고 주장하는 획기적인 책들을 썼다.*

그들이 맞는다면 왜 앨버트가 동양으로 향하는 대신 루티가 런던으로 왔는지에 대한 설명은 벽에 부딪힌다. 오랫동안 독자적 노선을 추구해온 경제학자 안드레 군더 프랑크(그는 선사시대부터 라틴아메리카 금융에 이르기까지 온갖 주제로 서른 권이 넘는 책을 저술했다) 같은 일부 단기론자는 우발

---

* 왕궈빈은 2005년 어바인을 떠났지만 그곳에서 불과 65킬로미터 떨어진 캘리포니아대 로스앤젤레스 캠퍼스로 자리를 옮겼다. 왕펑은 제임스 리와 공저자인데, 리 역시 어바인에서 65킬로미터 밖에 떨어져 있지 않은 패서디나에 있는 캘리포니아공과대학에서 가르친다.

적 사건이 개입하기 전까지 사실은 동양이 서양보다 산업혁명을 일으키기에 더 유리한 위치에 있었다고 주장한다. 프랑크는 유럽은 "중국 중심의 세계질서에서 멀리 떨어진 주변적인 반도"[4]에 불과했다고 결론 내린다. 진짜 부가 존재하는 아시아 시장에 접근하려고 필사적인 유럽인은 1000년 전에 십자군을 일으켜 중동을 때려부수며 그곳에 진출하려고 했다. 이것이 먹히지 않자 일부는 콜럼버스처럼 서쪽으로 항해하여 카타이Cathay[과거 유럽인이 중국을 부르던 또 다른 이름. '거란'의 와전으로 추정되며 마르코 폴로의 『동방견문록』을 통해 널리 알려졌다]에 도달하려고 했다.

그 시도도 수포로 돌아갔다. 아메리카가 가로막고 있었기 때문인데, 프랑크의 견해에 따르면 콜럼버스의 커다란 실수는 세계체제에서 유럽의 위치가 변화하는 새로운 계기를 마련한다. 16세기 중국의 경제는 급성장하고 있었지만 지속적인 은 부족에 시달렸다. 미국에는 은이 넘쳐났다. 그래서 유럽인은 아메리카 원주민으로 하여금 15만 톤이 족히 넘는 귀금속을 페루와 멕시코 광산에서 채굴하게 하여 중국의 수요에 부응했다. 아메리카에서 나온 은 가운데 3분의 1은 중국으로 흘러들어갔다. 프랑크가 표현한 대로 은, 잔학 행위, 노예제로 서양은 "아시아 경제 기차에서 3등석"[5]에 올라탈 수 있었지만 서양이 "달리는 기차에서 아시아를 밀어내려면" 여전히 더 많은 일이 일어나야 했다.

프랑크는 서양의 부상이 궁극적으로 유럽인의 진취성보다는 1750년 이후 "동양의 쇠퇴"에 더 크게 기인한다고 생각했다. 그는 동양의 쇠퇴가 은 공급이 감소하면서 시작되었다고 생각한다. 은 공급의 감소는 아시아에서 정치적 위기를 촉발했지만 유럽에는 정신이 번쩍 들게 하는 자극을 제공했는데, 유럽은 수출할 은이 바닥나자 아시아 시장에서 은 이외에 경쟁력 있는 상품을 생산하는 공장을 기계화했다. 프랑크에 따르면 1750년 이후 인구 성장은 유라시아 양 끝에서 서로 다른 결과를 낳으면서 부를 양극화하고 정치적 위기를 낳았으며 중국에서 혁신을 저해한 반면 영국의 새로운 공장에 더 값싼 노동력을 제공했다. 동양이 무너지자 서양에서 산업혁명이 일어났다. 원래대로라면 중국에서 일어나야 마땅한 현상이었다. 하지만 산업혁명이 영국에서 일어났기 때문에 서양은 세계를 물려받았다.

그러나 다른 단기론자들은 의견이 다르다. 사회학자 잭 골드스톤(몇 년간 캘리포니아대 데이비스 캠퍼스에서 가르치면서 단기이론가들을 지칭하기 위해 '캘리포니아 학파'란 말을 만들어냈다)은 동양과 서양이 대략 1600년까지 똑같이 잘(혹은 형편없이) 자리잡고 있었으며 각각 고대의 전통을 수호하는 정교한 사제 집단을 갖춘 거대한 농업 제국에 의해 지배되었다고 주장한다. 17세기에 잉글랜드부터 중국에 이르기까지 전역에서 발생한 전염병과 전쟁, 왕조의 교체는 이러한 사회를 붕괴 직전으로 몰아갔지만 대부분의 제국이 회복되어 엄격한 전통 사상을 다시금 강요한 반면 유럽 서북부의 프로테스탄트는 가톨릭 전통을 부정했다.

골드스톤은 그러한 반발 행위가 서양을 산업혁명의 길로 나아가게 했다고 주장한다. 케케묵은 이데올로기의 굴레에서 벗어난 유럽의 과학자들이 지연의 작동 기제를 매우 효과적으로 밝혀내자 '할 수 있다'는 정신의 이 실용적인 문화를 공유한 영국의 기업가들은 석탄과 증기를 활용하는 법을 터득했다. 1800년에 이르자 서양은 나머지 세계보다 결정적으로 앞서나가게 되었다.

골드스톤에 따르면 이러한 과정들은 모두 고착되지 않았는데, 사실 몇몇 사건은 세계를 완전히 바꿔놓을 수도 있었다. 예를 들어, 1690년 보인 전투에서 어느 가톨릭 병사의 머스킷 총알이 영국 왕위 요구자이자 프로테스탄트인 오렌지 공 윌리엄이 입고 있던 코트 어깨 부위를 찢고 지나갔다. 윌리엄은 "그만하길 다행이다"[6]라고 말한 것으로 전해진다. 정말이지 그만하길 다행이라고 골드스톤은 말한다. 만약 그 총알이 몇 인치만 더 낮게 관통했더라면 영국은 가톨릭으로 남고 프랑스가 유럽을 지배하고 산업혁명은 일어나지 않았을지도 모르지 않은가?

어바인에 있는 케네스 포머런츠는 한발 더 나간다. 그가 보기에 역사상 일어난 산업혁명은 사실 거대한 요행수에 불과하다. 1750년 무렵 동양과 서양은 둘 다 생태학적 파국으로 나아가고 있었다. 인구가 기술력보다 더 빨리 성장하고 있었고 사람들은 농업을 확대하고 집약화하고, 상품을 운송하고, 사회 조직을 개편하는 방식으로 가능한 것은 이미 거의 다 시도했다. 그들은 가능한 기술력의 한계에 도달하기 직전이었고 19세기와 20세기에 전 지구적인 경기후퇴와 인구 쇠퇴를 예상할 만한 이유가 충분했다.

그러나 지난 200년은 이전 역사를 다 합친 것보다 더 큰 경제성장을 이룩했다. 포머런츠는 그의 중요 저서 『거대한 분기』에서 그 이유가 서유럽, 무엇보다 영국이 그저 운이 좋았기 때문이라고 설명한다. 프랑크처럼 포머런츠는 서양의 행운이 아메리카의 우연한 발견과 함께 시작되었다고 보는데, 아메리카의 발견으로 생산의 공업화에 유인을 제공하는 교역체제가 창출되었기 때문이다. 그러나 프랑크와 달리 그는 1800년까지도 유럽의 행운이 여전히 실패할 수도 있었다고 주장한다. 포머런츠는 영국의 조야한 초기 증기기관에 충분한 연료를 제공할 만한 규모의 나무가 성장하려면 매우 넓은 공간, 사실 사람으로 넘쳐나는 서유럽에 남아 있는 공간보다 훨씬 더 넓은 공간이 필요했을 것이라고 지적한다. 그러나 두 번째 행운이 개입했다. 전 세계에서 마침 영국만이 빠르게 기계화되는 산업을 갖췄을 뿐 아니라 석탄 매장지가 편리한 곳에 있었던 것이다. 1840년에 이르러 영국인들은 석탄 내연 기계를 양쯔 강으로 쳐들어갈 수 있는 장갑 전함을 비롯해 생활의 모든 분야에 응용하고 있었다. 영국이 당시 석탄에서 얻고 있는 에너지에 맞먹으려면 6만 제곱킬로미터의 삼림을 매년 태워야 했을 것이다(물론 영국에는 그만한 삼림지대가 존재하지 않았다). 화석연료 혁명이 시작되면서 생태학적 파국을 피할 수 있었고(그게 아니라면 적어도 21세기로 미뤄졌다) 서양은 갑자기 모두의 예상을 뛰어넘어 지구를 지배하게 되었다. 장기고착은 존재하지 않았다. 최근에 일어난 별난 사건에 불과했던 것이다.

전 지구적 재앙을 피한 포머런츠의 요행 이론부터 팽창하는 세계경제 안에서 일시적으로 권력이 이동했다는 프랑크의 이론에 이르기까지, 서양의 산업혁명에 대한 다양한 단기 설명들 사이의 차이는 장기이론에서 이를테면 다이아몬드와 마르크스 논의 사이의 간극만큼 넓다. 그러나 두 학파 내부의 모든 논쟁에도 불구하고 둘 **사이**에 형성된 전선이 세계가 어떻게 돌아가는지에 대해 설명하는 가장 극명하게 대립되는 이론을 낳는다. 어떤 장기론자들은 수정주의자들이 조잡하고 정치적으로 올바른 유사類似 학문 활동을 하고 있을 뿐이라고 말한다. 어떤 단기론자들은 장기론자들이 친서양 옹호론자거나 심지어 인종주의자라고 대꾸한다.

그렇게 많은 전문가가 그렇게 판이한 결론에 도달할 수 있다는 사실은 문제에 접근하는 방식이 뭔가 잘못되었다는 것을 암시한다. 이 책에서 나는 장기론자와 단기론자들이 역사의 모습을 잘못 이해해왔으며, 따라서 부분적이고 모순적인 결론에만 도달했을 뿐이라는 사실을 제시하려고 한다. 우리에게 필요한 것은 다른 시각이다.

역사의 모습

역사의 모습이란 표현을 통해 내가 의미하는 바는 장기론자와 단기론자 모두 서양이 지난 200년간 전 세계를 지배해왔다는 사실에 동의하나 그 이전의 세계가 어떠했는지에 대해서는 의견을 달리한다는 것이다. 모든 논의는 전근대 역사에 대한 각자 다른 평가를 중심으로 돌아간다. 이 논란에 종지부를 찍는 유일한 방법은 역사의 전반적 '모습'을 확정하기 위해 이 근대 이전 시기들을 살펴보는 것이다. 기준선을 확정해야만 우리는 왜 역사가 실제로 그렇게 진행되었는지에 관해 생산적으로 논의할 수 있다.

그러나 이것은 거의 아무도 하고 싶어하지 않는 일인 것 같다. 왜 서양이 지배하는지에 관해 글을 쓰는 대부분의 전문가는 경제학이나 사회학, 정치학, 근대사에 배경지식을 갖고 있다. 기본적으로 그들은 현재나 최근의 사건에 관한 전문가다. 그들은 보통 지난 몇 세대에 초점을 맞추며 기껏해야 500년 전으로 거슬러올라가고, 근대 이전 역사를 다룬다고 하더라도 간단하게만 다룰 뿐이다. 논쟁의 핵심 쟁점이 서양의 우위를 확립한 요인들이 이전 시대에 이미 존재했는지 아니면 근대에 급작스럽게 등장했는지인데도 말이다.

소수의 사상가는 이 질문에 매우 다르게 접근하여 까마득한 선사시대에 초점을 맞춘 다음 잽싸게 근대로 건너뛰면서 가운데 수천 년에 대해서는 거의 언급하지 않는다. 지리학자이자 역사가인 앨프리드 크로즈비는 이러한 학자들 다수가 당연시 여기는 것을 명시적으로 표현한다. 즉 선사시대 농업의 발명은 매우 중요하지만 "그 시대와 콜럼버스를 비롯한 항해가들을 대양으로 내보낸 사회가 발전한 시대 사이의 대략 4000년 동안에는 **그전에 일어난 일들과 관련해** 중대한 사건은 별로 일어나지 않았다".[7]

내 보기에 이런 견해는 잘못된 것이다. 우리 연구를 선사시대나 근대에만 국한한다면 우리는 답을 찾을 수 없을 것이다(우리가 선사와 근대 사이 4000년 기간에만 국한할 경우에도 답을 찾을 수 없으리라는 것도 덧붙인다). 왜 서양이 지배하는가라는 질문에 답하려면 우리는 인류 역사 전체를 하나의 이야기로 일별함으로써 역사의 전반적 모습을 규정해야 한다. 그런 작업을 거친 뒤에야 비로소 왜 역사가 그런 모습을 띠게 되었는지 논의할 수 있다. 이것이 내가 다소 다른 학문적 기술을 동원해 이 책에서 하려는 작업이다.

나는 고고학자이자 고대사 역사가로 교육받았고 기원전 1000년대 고전기 지중해 지역을 전공했다. 1978년 잉글랜드 버밍엄대에서 공부를 시작했을 때 내가 만난 대부분의 고전학자는 2500년 전에 창조된 고대 그리스인의 문화가 독특한 서구적 생활방식을 만들어냈다는 장기이론에 전적으로 만족하는 것 같았다. 그들 가운데 일부(대부분은 연배가 높은 사람)는 이 그리스 전통이 서양을 다른 지역보다 더 좋게 만들었다고 거리낌 없이 말할 정도였다.

내가 기억하는 한 1980년대 초에 케임브리지대에서 그리스 도시국가의 기원을 두고 석사 연구를 시작할 때까지 이런 이야기 가운데 어느 것도 문제라는 생각은 들지 않았다. 석사 연구를 위해 나는 다른 지역의 유사한 도시국가 형성 과정을 연구하는 고고인류학자들과 함께하게 되었다. 그들은 그리스 문화가 유례없으며 민주적이고 합리적인 독특한 서양 전통을 열었다는 구식 관념을 공공연히 비웃었다. 사람들이 흔히 그렇듯이 나는 두 가지 모순적 관념을 수년간 유지해왔다. 하나는 그리스 사회가 다른 고대 사회들과 같은 노선을 따라 진화했다는 것이고, 다른 하나는 그리스 사회로부터 독특한 서양만의 궤도가 시작되었다는 것이다.

1987년 시카고대에서 첫 교편을 잡으면서 양자 사이 균형을 잡는 일은 더 어려워졌다. 나는 고대 아테네부터 (마침내는) 공산주의의 붕괴까지 다루는 시카고대의 저명한 서양 문명사 프로그램에서 가르쳤다. 학생들보다 하루라도 더 앞서나가고자 나는 이전보다 훨씬 더 진지하게 유럽의 중세사와 근대사 연구서들을 공부해야만 했고, 그리스가 서양에 전수해주었다는 자유와 이성, 창의성이 매우 오랜 시간 동안 허울뿐인 이상이었다는 사실을 인식하지 않을 수 없었다. 이것을 이해하려고 나는 인류의 과거 단면들을 점점 더 폭넓은 차원에서 주목하게 되었다. 그리고 유례없다는 서양의 경험과 세계 다른 지역, 특히 중국과 인도, 이란의 위대한 문명의 역사들 사이에 매우 강한 유사성이 존재한다는 사실을 알고 놀랐다.

교수들은 행정적 부담에 대해 불평하기를 좋아하지만 1995년 스탠퍼드대로 옮겨갔을 때 나는 위원회에서 활동하는 것이 나만의 좁은 연구 분야 너머에서 무슨 일이 벌어지고 있는지를 파악하는 좋은 길이 될 수 있다는 것을 금방 깨닫게 되었다. 그 이후로 나는 스탠퍼드대의 사회과학역사연구소와 고고학 센터를 관장해왔고 고전학과 학과장과 문리대 선임 부학장을 역임하면서 대규모 고고학 발굴사업을 감독해왔다. 이런 자리들은 물론 엄청난 서류작업과 두통을 수반했지만 유전학부터 문예비평에 이르기까지 왜 서양이 지배하는지를 설명하는 데 관련이 있을지도 모를 모든 분야의 전문가를 만날 수 있는 기회도 제공했다.

나는 한 가지 커다란 교훈, 즉 이 질문에 대답하기 위해서는 넓은 맥락에 초점을 맞추는 역사가의 자세와 먼 과거를 이해하는 고고학자의 자세, 비교방법론을 적용하는 사회과학자의 자세를 결합한 넓은 접근 태도가 필요하다는 것을 배웠다. 우리는 여러 분야의 전문가로 구성된 팀을 끌어모아 광범위한 영역에 걸친 전문적 지식을 깊게 공유함으로써 이러한 결합을 성취할 수 있고, 사실 그것이 내가 시칠리아에서 고고학 발굴 작업을 감독하기 시작했을 때 한 일이다. 나는 우리 연구팀이 발견한 탄화된 씨앗을 분석할 수 있는 식물학에 문외한이며, 저장 용기의 잔여물을 파악하는 화학에도 문외한이고, 경관지형 생성 과정을 재구성할 수 있는 지질학에도 문외한이고, 그 밖에 없어서는 안 될 전문 분야들에도 문외한이기 때문에 그러한 작업을 수행하는 전문가들을 찾았다. 발굴 작업 감독은 쇼에 출연할 재능 있는 아티스트들을 한자리에 끌어모으는 일종의 학문적 단장인 셈이다.

이런 작업방식은 다른 연구자들이 활용할 수 있는 데이터를 축적하는 것이 목표인 발굴 보고서를 써내기엔 좋지만 일반적으로 위원회에서 펴내는 책들은 커다란 질문들에 통합적인 답변을 발전시키는 데는 그리 좋지 않다. 따라서 여러분이 지금 읽는 책에서 나는 **다분야적**multidisciplinary 접근보다는 **학제간**interdisciplinary 접근법을 채택했다. 앞쪽에서 전문가 집단들을 지원하는 대신 혼자서 무수한 분야의 전문가들이 발견한 사실을 한데 모아 해석했다.

이런 작업은 온갖 종류의 위험(피상성, 학문적 편견, 일반적인 실수)을 야기한다. 나는 앞으로도 평생 중세 문헌을 읽어온 사람처럼 중국 문화를 정치하게 파악하거나, 유전학자처럼 인간 진화의 최신 연구 성과를 따라가지는 못할 것이다(『사이언스』는 13초마다 웹사이트를 업데이트한다고 한다. 이 문장을 입력하는 동안 나는 벌써 뒤쳐졌을 것이다). 그러나 다른 한편으로 자신들의 연구 분야 내에 머물러 있는 사람은 커다란 그림을 보지 못할 것이다. 저자 한 명이 모든 것을 수행한 학제간 연구는 이 같은 책을 쓰는 최악의 방법일지도 모른다. 단 다른 모든 방법들을 제외하고 말이다. 내게는 이런 연구방식이 확실히 그나마 제일 나은 방법인 것 같지만 내 생각이 맞는지는 결과를 보고 독자들이 판단해야 할 것이다.

그럼 결과는? 나는 이 책에서 왜 서양이 지배하는가라고 묻는 것은 사실은 내가 '사회발전social development'이라고 부르는 것에 대한 질문이라고 주장한다. 여기서 사회발전이란 기본적으로 일을 처리하는 사회의 능력, 자신의 목표에 맞게 물리적, 경제적, 사회적, 지적 환경을 형성해내는 사회의 능력을 의미한다. 서양의 관찰자는 대체로 사회발전을 의문의 여지 없이 선善이라고 당연하게 받아들였다. 그들은 발전이란 진보(이거나 진화, 혹은 역사발전)이며 진보—신을 향한 것이든 풍요를 향한 것이든 혹은 인민의 낙원을 향한 것이든 간에—란 삶의 핵심이라고 암묵적으로 그리고 흔히 명시적으로 말해왔다. 요즘에는 그러한 믿음이 그리 명백하지 않은 것 같다. 사회발전이 수반한 환경 파괴, 전쟁, 불평등, 환멸 등이 사회발전이 야기한 혜택들을 크게 능가한다고 느끼는 사람이 많다.

그러나 사회발전에 우리가 어떠한 도덕적 비난을 던진다 하더라도 그 현실은 부인할 수 없다. 오늘날 거의 모든 사회는 100년 전의 사회보다 더 발전했고(내가 이전 문단에서 정의한 의미에서) 오늘날 일부 사회는 다른 사회보다 더 발전했다. 1842년 냉혹한 진실은 영국이 중국보다 더 발전한 사회였으며 매우 발전해서 사실, 그 영역이 전 지구적이었다는 것이다. 과거에도 제국은 차고 넘쳤지만 그들의 영역은 항상 지역적이었다. 그러나 1842년에 영국의 제조업자들은 자신의 상품으로 중국을 넘쳐나게 할 수 있었고 영국의 산업가들은 세계 어느 곳의 전함보다 화력이 우세한 장갑전함을 건조할 수 있었으며 영국의 정치가들은 지구 반 바퀴를 돌아 원정대를 파견할 수 있었다.

왜 서양이 지배하는가라고 묻는 것은 진짜로는 두 가지 질문을 던지는 것이다. 우리는 왜 서양이 세계의 다른 어느 지역보다 더 발전했는지—다시 말해 원하는 것을 더 잘 해낼 수 있는지—와 왜 서양이 지난 200년간 그렇게 높은 수준으로 발전해서 역사상 최초로 소수의 나라가 전 지구를 지배할 수 있게 되었는지, 이 둘을 모두 알 필요가 있다.

나는 이 질문들에 답하는 유일한 길이 사회발전 수준을 측정해—문자 그대로—역사의 모습을 보여주는 그래프를 그려내는 것이라고 본다. 일단 그 작업을 수행하면 우리는 장기고착이론이나 단기우연이론이나 역사의 모습을 잘 설명해주지 않는다는 사실을 알게 될 것이다. 첫 번째 질문—왜 서양의 사회발전 수준이 다른 지역 수준보다 더 높은가—에 대한 답변은 최근의 사건들에서 찾을 수 없다. 서양은 지난 1만5000년 가운데 1만4000년 동안 세계에서 가장 발전한 지역이었다. 그러나 다른 한편으로 서양의 우위가 그렇게 먼 과거에 이미 고정된 것은 아니었다. 550년부터 1775년까지 1000년 넘게 동양은 더 높은 사회발전지수를 기록했다. 서양의 지배는 수천 년 전에 미리 결정되지도 않았지만 최근의 우발적 사건들의 결과도 아니다.

장기나 단기이론들 그 자체는 왜 서양의 사회발전이 다른 이전 사회들과 비교해 그렇게 높은 수준까지 도달했는가라는 두 번째 질문에도 답변하지 않는다. 앞으로 살펴보겠지만 1800년 무렵에야 비로소 서양의 사회발전지수는 놀라운 속도로 상승하기 시작했다. 그러나 이러한 지수 호전 그 자체는 꾸준히 가속되는 사회발전이라는 매우 장기적인 패턴이 보이는 가장 최근의 실례일 뿐이다. 장기와 단기는 함께 움직인다.

이것이 왜 우리가 서양의 지배를 단지 선사시대만 살펴보거나 아니면 지난 몇백 년간만을 살펴봐서는 설명할 수 없는가에 대한 이유다. 질문에 답하기 위해서 우리는 과거 전체를 이해해야 한다. 그러나 사회발전지수의 상승과 하락을 추적해 그래프로 보여주는 것은 역사의 모습을 드러내고 무엇을 설명해야만 하는지를 보여주지만 그래프 그 자체가 설명을 해주지는 않는다. 서양의 지배를 설명하기 위해서는 세부 사항을 파고들어가야 한다.

나태, 두려움, 탐욕

"역사: 명사. 대체로 악당인 지배자와 대체로 바보인 군인이 야기한, 대부분은 중요하지 않은 사건에 대한 대체로 틀린 기록."[8] 때때로 앰브로즈 비어스의 코믹한 정의에 동의하지 않기란 힘들다. 역사란 그저 안 좋은 일의 연속처럼 보일 수도 있다. 놀라운 위업을 달성하거나 닥치는 대로 만행을 저지른 천재와 바보들, 폭군과 낭만주의자들, 시인과 도둑들이 뒤죽박죽 섞여 있는 이야기 말이다.

그런 사람들이 이어지는 페이지 곳곳을 장식할 것이고 또 실제로 그래야만 한다. 결국엔 이 세상에서 살아가고 죽고 창조하고 싸우는 존재는 거대한 비인격적 힘들이 아니라 피와 살로 이루어진 개인들이다. 나는 이 모든 시끄러운 혼란과 소동 이면으로 과거는 그럼에도 불구하고 강한 패턴을 띠고 있으며 역사가는 적절한 도구를 통해 그 패턴을 알아낼 수 있고 심지어 설명할 수도 있다고 주장할 것이다.

나는 세 가지 도구를 활용할 계획이다.

첫째는 생물학이다.* 생물학은 인간이 진정으로 무엇인지를 즉, 인간은 영리한 침팬지라는 사실을 가르쳐준다. 우리는 동물계의 일부이고 동물계 자체도 거대 유인원부터 아메바까지 아우르는 더 거대한 생명의 왕국 가운데 일부다. 이 매우 명백한 진실은 세 가지 중요한 결론을 이끌어낸다.

하나. 모든 생명체와 마찬가지로 우리는 주변 환경으로부터 에너지를 얻고 그러한 에너지를 우리 자신으로 전환시킬 수 있기 때문에 생존한다.

둘. 모든 지능이 뛰어난 동물과 마찬가지로 우리도 호기심이 많은 피조물이다. 우리는 먹을 수 있는 것인지 갖고 놀 수 있는 것인지, 그것들을 개선할 수 있는지를 궁금해하면서 끊임없이 뭔가를 만지작거린다. 우리는 단지 다른 동물보다 만지작거리는 것을 훨씬 더 잘할 뿐이다. 깊이 사고할 수 있도록 주름이 많으며 처리 속도가 빠른 커다란 뇌와 말을 하기에 적합한 무한히 유연한 성대, 도구를 가지고 작업할 수 있도록 다른 손가락과

---

* 생물학은 방대한 분야다. 나는 생물학 중에서 분자생물학/세포생물학 부문보다 생태생물학/진화생물학 부문에 의존했다.

마주보는 엄지손가락을 갖고 있기 때문이다.

그렇긴 하지만 인간은—다른 동물처럼—당연히 모두 똑같지 않다. 어떤 이는 다른 이보다 환경으로부터 더 많은 에너지를 얻는다. 어떤 이는 다른 이보다 번식을 더 많이 한다. 누군가는 다른 이보다 호기심이 더 많거나 더 창의적이거나 영리하거나 실용적이다. 그러나 우리의 동물적 특성의 세 번째 결론은 인간들로 구성된 큰 집단은 개별 인간들과 대조적으로 모두 **비슷비슷하다**는 것이다. 한 집단 내에서 임의로 추출된 두 사람은 서로 매우 다를 수도 있지만 여러 사람이 모여서 이루어진 두 개별 집단은 꽤 닮았다. 그리고 내가 이 책에서 하는 것처럼 수백만 명 규모의 집단을 비교하면 각각은 활기차고 생산력이 뛰어나며 호기심이 많고 창의적이고 영리하고 말하기를 좋아하고 실용적인 사람들을 비슷한 비율로 포함하고 있을 가능성이 크다.

이 세 가지 다소 상식적인 관찰은 역사의 경로를 많이 설명해준다. 수천 년 동안 사회발전지수는 일반적으로 증가해왔고 이것저것 만지작거리는 우리의 성향 덕분에 일반적으로 가속도로 증가해왔다. 좋은 아이디어는 더 좋은 아이디어를 낳고, 일단 떠오른 좋은 아이니어를 우리는 대체로 잘 잊지 않는다. 그러나 앞으로 살펴보겠지만 생물학은 사회발전의 전 역사를 설명하지 못한다. 때때로 사회발전은 전혀 상승하지 않으면서 장기간 정체되기도 한다. 심지어 때로 후퇴하기도 한다. 우리가 영리한 침팬지라는 사실을 아는 것만으로는 설명이 충분하지 않다.

두 번째 도구인 사회학이 등장할 차례다.* 사회학은 무엇이 사회 변화를 야기하는지 가르쳐줌과 동시에 사회 변화가 무엇을 야기하는지도 가르쳐준다. 영리한 침팬지가 앉아서 물건을 만지작거리는 것과 그들의 아이디어가 유행하여 사회를 바꾸는 것은 또 다른 문제다. 사회 변화는 일종의 촉매를 요구하는 것 같다. 위대한 SF 작가 로버트 하인라인은 언젠가 "진보는 일을 하면서 더 쉬운 길을 찾는 게으른 남자에 의해 이루어진다"⁹고 말한 적이 있다. 우리는 나중에 이 책에서 하인라인의 이 이론이 부분적으로 옳다는 것을 알게 될 것이다. 왜냐하면 게으른 여자도 게으른 남자만큼 중요하며, 나태는 발명의 **유일한** 어머니가 아니고, 종종 '진보'는 발생하는 일에 대한 다소 긍정적인 어감의 표현이기 때문이다. 그러나 만약 이 이야기를 좀 더 구체화한다면 나는 하인라인의 통찰력 있는 언급이 사회 변화의 원인에 대해 우리가 구할 수 있는 가장 훌륭한 한 문장짜리 요약이 된다고 생각한다. 사실, 나는 그보다는 덜 간결한 버전으로서 나만의 '모리스 이론'을 제시하며 책을 시작하려고 한다. "변화는 일을 하는 데 더 쉽고 더 이득이 많고 더 안전한 길을 찾는, 게으르고 탐욕스럽고 두려움에 떠는 사람들에 의해 야기된다. 그리고 그들은 자신이 무슨 일을 하고 있는지 거의 모른다." 역사는 압력이 가해질 때 변화가 시작된다는 것을 가르쳐준다.

탐욕스럽고 게으르고 두려움에 떠는 사람들은 안락과 가능한 한 적게 일하는 것과 안전 사이에서 자신에게 맞는 균형을 추구한다. 그러나 그것이 이야기의 끝은 아닌데, 성공적으로 번식하고 에너지를 획득하면서 필연적으로 인간은 이용 가능한 자원(물질적 자원만이 아니라 지적이고 사회적인 자원도 포함한)에 압력을 가하기 때문이다. 사회발전지수가 증가하면 추가적인 사회발전을 저해하는 바로 그 힘을 낳는다. 나는 이것을 '발전의 역설paradox of development'이라고 부른다. 성공은 새로운 문제를 만들어낸다. 그 문제에 대한 해법은 또 다른 새로운 문제를 만들어낸다. 흔히 하는

＊ 나는 여기서 '사회학'이란 표현을 더 일반적으로는 사회과학이라 불리는 학문들의 약칭으로 사용하며, 각 사회 간의 차이점에 초점을 맞추기보다는 모든 사회가 돌아가는 방식을 일반화하는 학문 분과에 주로 기댄다. 이 정의는 사회학, 인류학, 경제학, 정치학 사이의 전통적인 학문 구분을 뛰어넘으며 생물학과 사회과학이 교차하는 영역들, 특히 인구학과 심리학을 크게 강조한다.

말로 인생은 눈물의 골짜기인 것이다.

발전의 역설은 끊임없이 작동하면서 사람들에게 힘든 선택을 강요한다. 사람들은 종종 그러한 도전에 맞서는 데 실패하고 사회발전은 정체되거나 심지어 후퇴한다. 그러나 다른 때에는 나태와 두려움, 탐욕이 결합하여 어떤 사람들로 하여금 모험을 히도록 밀어붙이며 게임의 규칙을 바꾸는 혁신을 이끌어낸다. 적어도 모험가 가운데 몇몇이 성공하고 대부분의 사람이 성공적인 혁신을 채택하면 한 사회는 자원의 병목현상을 통과할지도 모르며 사회발전 수준은 지속적으로 상승할 것이다.

사람들은 매일 그러한 문제를 직면하고 해결한다. 그것이 바로 마지막 빙하기 이래로 사회발전 수준이 일반적으로 계속 상승하는 이유다. 그러나 앞으로 알게 되겠지만 어떤 시점에서 발전의 역설은 진정으로 혁신적인 변화로만 뚫을 수 있는 단단한 천장을 만들어낸다. 사회발전은 이러한 천장에 구속되며 필사의 경주를 펼친다. 우리는 사회가 문제 해결에 실패할 때 끔찍한 재앙들—기아, 전염병, 통제 불가능한 이주, 국가실패—이 한꺼번에 사회에 밀어닥치기 시작해 정체를 후퇴로 바꾸는 실례를 줄줄이 목격하게 될 것이다. 그리고 기아와 선염병, 이주, 국가실패에 기후변화처럼 사회를 교란하는 다른 힘들이 가세하고(나는 이 다섯 가지를 통틀어 '묵시록의 다섯 기수five horsemen of the apocalypse'라고 부른다), 후퇴는 수 세기에 걸쳐 파국적인 붕괴와 암흑시대로 탈바꿈한다.

생물학과 사회학, 이 두 가지를 통해 역사의 모습은 대부분 설명 가능하다. 다시 말해 우리는 왜 사회발전 수준이 일반적으로 상승하는지, 왜 어떤 시기에는 더 빠르게 상승하고 어떤 시기에는 더 느리게 상승하는지 그리고 왜 때로는 하락하는지를 설명할 수 있다. 그러나 이러한 생물학적이고 사회학적인 법칙들은 언제 어디서나 적용되는 불변의 상수다. 당연히 두 학문은 우리에게 전체로서의 인류에 대해 설명하지, 한 지역의 사람들이 다른 지역의 사람들과 비교해 왜 그렇게 매우 다르게 살아왔는지는 설명하지 않는다. 그것을 설명하기 위해서 나는 이 책 전반에 걸쳐 우리에게 세 번째 도구, 즉 지리학이 필요함을 논증할 것이다.*

위치, 위치, 위치

"전기biography의 기술은 지리학geography과 다르다"[10]고 1905년에 재담가 에드먼드 벤틀리는 말한 적이 있다. "전기는 사내 녀석chap들에 관한 것이지만 지리학은 지도map에 관한 것이다." 오랫동안 사내 녀석들―영국적 의미에서는 상류계급 사내들―은 역사가들이 들려주는 이야기를 지배해왔기에 역사가 전기와 거의 구별이 안 될 지경이었다. 20세기 들어 역사가들이 여자와 하층계급 남자, 아이도 '사내'로 인정해 그들의 목소리도 첨가해주면서 그러한 경향은 약화되었지만 나는 이 책에서 한걸음 더 나가고자 한다. (커다란 집단에 속한 그리고 새롭고 더 포괄적인 의미에서) 사내들이 대체로 비슷하다는 사실을 인식하고 나면 남은 것은 이제 지도가 아닐까?

많은 역사가가 이러한 주장에 빨간 보자기를 본 싸움소처럼 반응한다. 여러 사람이 내게 말했다. 소수의 위인이 동양과 서양에서 역사가 각각 다르게 전개되도록 결정했다는 구식 관념을 거부하는 것과 문화, 가치, 신념은 중요하지 않다고 말하며 서양이 지배하는 이유를 전적으로 난폭한 물질적 힘에서 찾으려는 것은 완전히 다른 문제라고. 그러나 그것이 대략 내가 이 책에서 시도하려는 일이다.

---

* 지리학은 생물학과 사회학처럼 방대하고 느슨하게 정의된 분야다(사실, 너무 느슨하게 정의되어서 1940년대 이후로 지리학이 학문 분과가 아니라고 판단한 많은 대학이 지리학과를 폐쇄해왔다). 나는 물리적 지리학보다 인문/경제 지리학에 더 크게 의존했다.

나는 동양과 서양이 지난 1만5000년간 같은 사회발전 단계를 같은 순서로 겪어왔다는 사실을 보여줄 것이다. 왜냐하면 동양과 서양은 같은 종류의 역사를 만들어내는, 같은 종류의 인간들이 살아왔던 곳이기 때문이다. 그러나 나는 동양과 서양이 같은 시기에 혹은 같은 속도로 같은 발전 단계를 밟지는 않았다는 사실도 제시하려고 한다. 이를 통해 생물학과 사회학은 전 지구적 유사성을 설명하는 반면 지리학은 지역적 차이를 설명한다는 결론을 도출할 것이다. 그런 의미에서 왜 서양이 지배하는지를 설명하는 것은 지리다.

직설적으로 말해 이런 결론은 상상할 수 있는 가장 강경한 장기고착이론처럼 들리며 확실히 지리를 그런 방식으로 주목해온 역사가들이 존재해왔다. 이런 사고는 적어도, 흔히 역사의 아버지로 불리는 기원전 5세기 그리스인 헤로도토스까지 거슬러올라간다. 그는 "온화한 고장은 온화한 인물을 낳는다"[11]고 주장했다. 그리고 이후에 등장한 일련의 결정론자처럼 헤로도토스도 지리 덕분에 자신의 고국은 위대한 운명을 타고났다고 결론 내렸다. 아마도 이 기후 결정주의의 가장 놀라운 실례는 예일대 지리학자 엘즈워스 헌팅턴일 텐데 그는 1910년대에 대량의 통계자료를 정리해 자신의 고향 마을 코네티컷 주 뉴헤이븐이 사람들의 위대성을 자극하는 이상적인 기후를 지녔음을 제시했다(그에 따르면 잉글랜드의 기후만이 뉴헤이븐보다 더 좋았다). 반대로 그는 "너무 한결같이 자극적인"[12] 캘리포니아—내가 사는 곳이다—의 기후는 높은 정신이상 비율만 낳았을 뿐이라고 결론 내렸다. 헌팅턴은 "캘리포니아 사람들은 한계까지 몰아대서 그 가운데 일부는 심하게 지쳐서 쓰러져버리는 말에 비유할 수 있을 것이다"[13]라는 말로 독자들을 안심시켰다.

이런 종류의 사고를 조롱하기는 쉽지만, 지리가 왜 서양이 지배하는지를 설명한다고 말할 때 나는 다소 다른 생각을 품고 있다. 지리적 차이는 장기적 결과를 낳지만 이런 결과들이 결코 고착된 것은 아니며, 한 사회발전 단계에서 지리적 이점으로서 중요한 것이 다른 단계에서는 무관하거나 명백히 불리한 점이 될 수도 있다. 결국 지리는 사회발전을 추진하는 한편 사회발전은 지리의 의미를 규정한다고 말할 수 있으리라. 양자는 쌍방향적 관계다.

이를 조금 더 구체적으로 설명하기 위해서―그리고 책의 나머지 부분에 대해 재빠른 길잡이를 제공하는 차원에서―나는 2만 년 전, 마지막 빙하기에서 가장 추웠던 시점으로 되돌아가고자 한다. 그 당시 지리는 굉장히 중요했다. 수 킬로미터 두께의 빙하가 북반구 대부분을 덮고 있었고 사람이 거의 살 수 없는 건조한 툰드라 지대가 빙하 주변을 둘러싸고 있었으며 오직 적도 인근에서만 소규모 인류 집단이 수렵과 채집을 통해서 생존하고 있었다. 남부(사람이 살 수 있는 곳)와 북부(사람이 살 수 없는 곳) 사이의 구분은 극단적인 반면 남부 내에서 동양과 서양 사이의 구분은 상대적으로 미미했다.

빙하기의 종결은 지리의 의미를 바꿔놓았다. 북극과 남극은 여전히 추웠고 적도는 물론 여전히 더웠지만 이 양 극단 사이에 위치한 여섯 지역―제2장에서 내가 최초의 핵심부라고 부를 지역―에서는 더 따뜻해진 날씨와 현지의 지리가 결합하면서 인간이 길들일 수 있는(여기서 '길들인다domesticate'는 것은 인간에게 유용하도록 유전적으로 변형된 유기체가 궁극적으로는 오직 인간과의 공생을 통해서만 생존할 수 있는 시점에 이를 때까지 유기체를 유전적으로 개량한다는 뜻이다) 동식물의 진화가 유리해졌다. 길들여진 동식물은 더 많은 식량을 의미했고 그것은 다시 더 많은 사람을, 더 많은 사람은 더 많은 혁신을 의미했다. 그러나 사육/품종개량domestication은 그러한 과정을 추진하는 바로 그 자원들에 대한 압박이 높아짐을 의미한다. 발전의 역설이 곧장 작동했다.

이 핵심 지역들은 빙하기 동안 비교적 따뜻하고 사람이 거주할 수 있는 대표적인 지역이었지만 이제 이 지역들은 세계 나머지 지역과, 그리고 서로 간에도 구분되는 독자적인 특색을 점점 더 띠게 되었다. 지리는 이 여섯 지역 모두에 유리했지만 이 여섯 지역 사이에서도 유리함의 정도는 달랐다. 한 핵심부, 서부 유라시아의 이른바 측면구릉지대Hilly Flanks는 길들이기 좋은 동식물이 풍부하게 집중되어 있었다. 인간 집단은 대체로 엇비슷하기 때문에 자원이 가장 풍부하고 길들이는 과정이 가장 용이한 이곳에서 사육/품종개량으로 나아가는 움직임이 시작되었다. 기원전 9500년 경의 일이다.

일반적인 상식이라고 기대하는 것을 따라 이 책에서 나는 '서양'이라는 표현을 유라시아 중심부의 이 최서단(그리고 가장 이른 시기에 성립된) 지역에서 유래한 모든 사회를 가리키는 것으로 썼다. 서양은 오래전에 서남아시아*에 있는 최초의 핵심부에서 팽창하여 지중해 분지와 유럽을 포괄하게 되었고 지난 몇 세기 동안에는 미국과 오스트랄라시아[오스트레일리아를 포함한 남태평양 제도 전체를 뜻한다]도 포함하게 되었다. 이 책을 통해 분명히 드러나기를 바라는데, 이런 상식적인 방식대로 '서양'을 정의하는 것은 (자유나 합리성, 관용 같은 이른바 독특한 '서양적' 가치라는 것을 선정한 다음 이러한 가치가 어디서 유래했고 어느 곳이 이러한 가치를 지니고 있는지를 논의하는 방식보다) 지금 우리가 사는 세계를 이해하는 데 중대한 의미를 띤다. 나의 목표는 최초의 서양 핵심부[서남아시아를 뜻한다]에서 유래한 몇몇 특정 사회 집단—무엇보다 북아메리카의 사회들—이 왜 현재 지구를 지배하고 있는지, 다시 말해 서양의 다른 지역에 위치한 사회들이나 다른 핵심부에서 유래한 사회들, 그도 아니면 세계의 나머지 사회들이 아니라 왜 그

---

* 19세기 이래로 사람들이 다소 헛갈리게 '중동'이라고 부르는 지역이다.

사회들이 현재 지구를 지배하고 있는지를 설명하는 것이다.

같은 논리를 따라 나는 '동양'을 유라시아 핵심부 가운데 가장 동쪽에 위치한(그리고 두 번째로 오래된) 핵심부에서 유래한 모든 사회를 가리키는 용어로 쓴다. 동양도 오래전인 기원전 7500년경 작물 재배가 시작된 중국 황허 강과 양쯔 강 사이에 위치한 최초의 핵심부에서 확장되어 오늘날 북쪽의 일본부터 남쪽의 인도차이나 여러 나라까지 뻗어 있다.

다른 핵심부—오늘날의 뉴기니 지역인 동남부 핵심부, 현대 파키스탄과 인도 북부에 위치한 남아시아 핵심부, 사하라 사막 동부에 위치한 아프리카 핵심부, 멕시코와 페루에 위치한 신세계의 두 핵심부—에서 유래한 사회들도 저마다 매력적인 역사가 있다. 이 책에서 이들 핵심부를 되풀이해서 다루긴 하겠지만 동양과 서양을 비교하는 일에 최대한 꾸준히 초점을 맞출 것이다. 빙하기가 끝나고 세계에서 가장 발전한 사회들은 대체로(거의 어느 시기나) 서양의 최초 핵심부나 동양의 최초 핵심부에서 유래한 사회였기 때문이다. 베이징의 앨버트가 발모럴의 루티에 대한 그럴듯한 대안이 될 수 있는 반면 쿠스코나 델리 혹은 뉴기니의 앨버트는 별로 개연성이 없다. 그러므로 왜 서양이 지배하는지를 설명하는 가장 효과적인 방법은 서양과 동양 간의 비교에 집중하는 것이며, 나는 이 책에서 바로 그러한 작업을 시도했다.

이런 방식으로 책을 쓰는 데에는 몇 가지 희생이 따른다. 세계 각지를 모두 살펴보는 더 제대로 된 전 지구적 서술은 더 풍성하고 미묘한 차이를 드러낼 수 있을 것이며 남아시아와 아메리카, 또 다른 지역의 문화가 문명에 기여한 공로를 온전하게 평가할 수 있을 것이다. 그러나 그러한 지구적인 버전의 서술 또한 결점, 특히 초점이 흐려지는 결점을 안게 될 것이며 이 책보다 심지어 더 많은 분량을 필요로 할 것이다. 18세기 영국에서 가장 날카로운 재치를 자랑한 새뮤얼 존슨은 모두가 『실낙원』에 찬사를 보내기는 하지만 "누구도 그 책이 그보다 더 길기를 바라지는 않는다"[14]라고 꼬집은 바 있다. 밀턴에게 적용되는 이 말은 내가 위에서 언급한 지구적인 버전의 서술을 고집한다면 이 책에 더 잘 적용될 것이다.

지리가 정말로 역사에 대한 헤로도토스 스타일의 장기고착 관점의 설명을 제공한다면 나는 기원전 9500년경에 서양 핵심부에서 그리고 기원전 7500년경에 동양 핵심부에서 사육/개량화가 시작되었다는 사실을 지적하고 재빨리 이 책을 끝마칠 수도 있을 것이다. 서양의 사회발전은 동양보다 2000년 이상 계속 앞서나갔을 것이며 서양은 동양이 여전히 글쓰기를 발견하고 있는 동안 산업혁명을 경험했으리라. 그러나 그런 일은 분명히 일어나지 않았다. 앞으로 보게 되듯이 지리는 역사를 고정시키기 않았는데, 지리적 이점은 항상 궁극적으로는 오히려 발전을 저해하기 때문이다. 지리적 이점은 사회발전을 추진하지만 그 과정에서 사회발전은 지리의 의미를 변화시킨다.

사회발전 수준이 상승하면서 핵심부는 때로는 이주를 통해 때로는 핵심부 이웃 지역 사람들의 모방이나 독자적 혁신을 통해 팽창한다. 구 핵심부에서 잘 작동하는 방식들 ―그러한 방식들이 농경과 촌락 생활이든 도시와 국가든 대제국이든 아니면 중공업이든 간에― 은 새로운 사회와 환경으로 퍼져나갔다. 이러한 방식들은 새로운 배경에서 때로는 융성하고 때로는 그럭저럭 유지되며 때로는 새로운 환경에서 작동하기 위해 크게 수정되기도 한다.

이상하게 보일지도 모르지만 사회발전 과정에서는 흔히 더 선진적인 핵심부로부터 들여오거나 핵심부를 모방한 방법들이 잘 작동하지 않는 곳에서 가장 큰 진보가 일어난다. 옛 방법들을 새로운 환경에 맞게 조정하려는 노력이 때로는 사람들로 하여금 새로운 돌파구를 마련하도록 강요하기 때문이다. 또 사회발전의 한 단계에서는 별로 중요하지 않았던 지리적 요인들이 때로는 다른 단계에서는 중요하기 때문이다.

예를 들어 5000년 전 포르투갈과 에스파냐, 프랑스와 영국이 유럽 대륙에서 대서양 방면으로 돌출해 있다는 사실은 커다란 지리적 약점이었다. 이 지역들이 진짜 사건이 벌어지는 중심 무대인 메소포타미아*와 이집트에서 매우 멀리 떨어져 있다는 것을 의미했기 때문이다. 그러나 500년 전 사회발전 수준이 얼마나 상승했는지, 지리의 의미도 변했다. 예전에는 결코 건널 수 없던 대양을 횡단할 수 있는 새로운 종류의 배들이 탄생하면서 대서양 방면으로 돌출해 있다는 사실이 갑작스럽게 크나큰 플러스 요인이 되었다. 이집트나 이라크의 배가 아니라 포르투갈, 에스파냐, 프랑스, 영국의 배들이 아메리카와 중국, 일본으로 항해를 하기 시작했다. 해상무역으로 세계를 하나로 묶기 시작한 이들은 서유럽인이었고 서유럽의 사회발전 수준은 급등하여 동지중해의 구 핵심부를 능가하게 된다.

나는 이러한 패턴을 '후진성의 이점advantages of backwardness'**15이라고 부르는데, 후진성의 이점은 사회발전 그 자체만큼 오래된 것이다. 한 예로 농경을 하던 촌락들이 도시로 탈바꿈하기 시작했을 때(서양에서는 기원전 4000년 직후, 동양에서는 기원전 2000년 직후) 최초에 농경의 출현에 유리하게 작용한 특정한 토양과 기후와의 인접성은 교역로로 이용되거나 경작지에 물을 댈 수 있는 커다란 강에 대한 접근성보다 덜 중요해졌다. 그리고 국가가 계속 팽창하면서 커다란 강에 대한 접근성은 특정한 금속 산지나 더 장거리 교역로, 인력의 공급원에 대한 접근성보다 덜 중요해졌다. 사회

---

* 메소포타미아는 이라크를 가리키는 고대 그리스식 지명(문자 그대로는 '강과 강 사이'라는 의미)이다. 역사학자와 고고학자들은 관례적으로 637년의 아랍 침공 이전 시기에는 '메소포타미아'라는 지명을, 그 연도 이후에는 '이라크'라는 지명을 사용한다.

** 이 표현은 경제학자 알렉산더 거셴크론한테서 빌려왔다(비록 거셴크론은 이 표현을 살짝 다른 의미로 쓰기는 하지만).

발전 수준이 변화하면 사회발전이 요구하는 자원도 변한다. 그러면 한때 중요하지 않았던 지역들이 자신의 후진성에서 새로운 이점을 찾아낼 수도 있다.

후진성의 이점이 어떻게 전개될지를 미리 내다보기란 항상 어려운 법이다. 모든 후진성이 다 똑같지는 않다. 예를 들어 400년 전 많은 유럽인의 눈에는 카리브 해 지역의 활발한 플랜테이션이 북아메리카의 농장보다 미래가 더 밝아보였다. 지나고 보니 우리는 왜 아이티가 서반구에서 가장 빈곤한 지역으로, 미국은 가장 부유한 지역으로 바뀌었는지를 알 수 있지만 그러한 결과를 예측하는 것은 매우 힘들다.

그러나 후진성의 이점이 가져오는 한 가지 명백한 결과는 각 핵심부 안에서 가장 선진적인 지역은 시간에 따라 이동한다는 사실이다. 서양에서 가장 선진적인 지역은 (초기 농경인 시대에는) 측면구릉지대였다가 국가가 등장하면서 남쪽으로 이동해 메소포타미아와 이집트의 나일 강 유역으로 옮겨갔고 무역과 제국이 더 중요해지면서 다시 서쪽으로 이동하여 지중해 유역으로 옮겨갔다. 동양의 핵심부에서 가장 선진적인 지역은 황허 강과 양쯔 강 사이에 위치한 지역에서 북쪽의 황허 깅 유역으로 이동한 다음 다시 서쪽의 웨이허 강[웨이수이라고도 하며, 황허 강의 가장 큰 지류다] 유역과 진秦나라 땅으로 이동했다.

두 번째 결과는 사회발전에서 서양의 우위가 유동적이었다는 것인데, 한편으로는 이러한 필수적 자원들—야생식물과 동물, 강, 교역로, 인력—이 각 핵심부마다 다른 방식으로 분포되어 있었기 때문이고, 다른 한편으로는 서양과 동양 양쪽의 핵심부에서 팽창의 과정과 새로운 자원을 결합하는 과정이 폭력적이고 불안정해서 발전의 역설을 과열 상태로 몰아갔기 때문이다. 예를 들어 기원전 2000년대 서양 국가들이 성장하자 지중해는 상업의 교통로가 되었을 뿐 아니라 혼란을 야기하는 힘들이 퍼져나가는 고속도로가 되기도 했다. 기원전 1200년 무렵 서양의 국가들은 통제력을 상실했고 이주와 국가실패, 기아와 전염병이 핵심부 전체의 붕괴를 초래했다. 지중해 같은 내해가 없는 동양은 그와 비견할 만한 붕괴를 겪지 않았고 기원전 1000년이 되자 사회발전에서 서양의 우위는 급격히 줄어들었다.

이후 3000년간 동일한 패턴이 지속적으로 변화하는 결과들과 더불어 반복적으로 재연되었다. 지리는 세계에서 어느 지역의 사회발전 수준이 가장 빠르게 상승할지를 결정했지만 상승하는 사회발전 수준은 지리가 의미하는 바를 바꾸었다. 시기에 따라 동유라시아와 서유라시아를 잇는 광활한 스텝 지대, 중국 남부의 비옥한 곡창 지대, 인도양, 대서양이 모두 결정적으로 중요한 역할을 했다. 그리고 17세기 대서양의 중요성이 부상했을 때 대서양을 이용하기에 가장 좋은 위치에 있던 사람들 ─ 처음에는 주로 영국인 그다음은 아메리카에 있는 과거 영국의 식민지 개척자 ─ 은 새로운 종류의 제국과 경제를 창출하고 화석연료 안에 갇혀 있던 에너지를 해방시켰다. 나는 바로 그 점이 왜 서양이 지배하는지를 설명하는 이유라고 주장하려고 한다.

계획

나는 이하의 장을 3부로 나눴다. 제1부(1~3장)는 가장 기본적인 논점들을 다룬다. 서양이란 무엇인가? 우리는 이야기를 어디서 시작하는가? '지배'가 의미하는 바는 무엇인가? 누가 세계를 이끌거나 지배한다는 것을 우리는 어떻게 알 수 있는가? 제1장에서는 진화와 지구상에서 현생 인류의 확산에 관한 이야기의 생물학적 근거를 제시한다. 제2장에서는 빙하기 이후 동양과 서양의 최초 핵심부의 형성과 성장을 추적한다. 제3장에서는 이야기에서 잠시 벗어나 사회발전을 정의하고 동양과 서양 간의 차이점을 측정하기 위해 그 개념을 어떻게 사용할 것인지를 설명한다.*

제2부(4~10장)에서는 동양과 서양의 차이점과 유사성을 설명하는 것이 무엇인지 끊임없이 질문하면서 양자의 이야기를 세세하게 따라간다. 제4장에서는 최초 국가들의 등장과 기원전 1200년까지 이어지는 몇 세기 동안 서양의 핵심부를 파괴한 혼란을 살펴본다. 제5장에서는 동양과 서양 최초의 대제국들과 그들의 사회발전 수준이 농업 경제에서 가능한 한계까지 어떻게 올라갔는지 따져본다. 제6장에서는 150년경 이후 유라시아를 휩쓴 거대한 붕괴를 논의한다. 제7장에서는 전환점에 도달하여, 동양의 핵심부가 새로운 변경 지대/주변부를 열어젖히고 사회발전에서 우위를 차지하는 과정을 살펴본다. 약 1100년에 이르러 동양은 다시 농업 사회에서 가능한 한계를 압박하게 되며, 제8장에서 이 압력이 어떻게 두 번째 거대한 붕괴를 촉발하는지를 살펴본다. 제9장은 동양과 서양의 제국들이 되살아나면서 스텝 지대와 대양 너머에서 창출한 새로운 변경 지대/주변부를 묘사하며 서양이 어떻게 동양과의 발전 격차를 줄였는지를 설명한다. 마침내 제10장에서는 산업혁명이 어떻게 서양의 우위를 지배로 전환했는지, 그리고 그것이 초래한 막대한 결과를 살펴본다.

제3부(11~12장)는 역사가들에게 가장 중요한 질문으로 시선을 돌린다. 즉, 그래서 어떻다는 것인가? 우선 제11장에서 나는 지난 1만5000년 동안 일어난 온갖 자잘한 일들의 이면에는 두 가지 법칙체계—생물학과 사회학—가 지구적 규모에서 역사의 모습을 결정하는 반면, 세 번째 법칙체계

---

* 나는 이 책의 부록과 나의 개인 웹사이트인 www.ianmorris.org에 더 기술적인 내용을 제시할 것이다.

—지리—는 동양과 서양이 이룬 발전의 차이를 결정했다는 나의 논의를 종합한다. 장기고착이나 단기우연이 아니라 이 세 가지 법칙의 끊임없는 상호작용이 앨버트를 베이징으로 보내는 대신 루티를 발모럴로 보냈다.

이런 식의 논의는 역사가들이 일반적으로 과거에 대해 이야기하는 방식이 아니다. 대부분의 학자는 물질적 현실 세계의 딱딱한 표면 대신 문화나 신념, 가치, 제도, 전적으로 우연적인 사건에서 역사에 대한 설명을 찾지, 법칙을 이야기하며 곤란을 자처하는 이는 거의 없을 것이다. 그러나 나는 제12장에서 이러한 대안적인 설명 요소들 가운데 일부를 검토한(그리고 기각한) 다음, 한걸음 더 나아가 역사의 법칙은 사실 앞으로 무슨 일이 일어날지 제법 잘 짐작하게 해준다고 주장하려고 한다. 역사는 서양의 지배와 함께 끝나지 않았다. 발전의 역설과 후진성의 이점은 여전히 작동 중이다. 사회발전을 추진한 혁신과 사회발전을 끌어내리는 혼란/파행 간의 경주는 여전히 진행중이다. 사실 나는 그 경주가 어느 때보다 더 뜨겁다고 주장할 참이다. 새로운 종류의 발전과 혼란은 지리뿐만 아니라 생물학과 사회학도 변형시킬 것이라고 약속—혹은 위협—한다. 우리 시대의 중대한 질문은 서양이 계속 지배할 것인가 아닌가가 아니다. 그보다는 재앙이 우리를—영원히—덮치기 전에 인류 전체가 전적으로 새로운 종류의 존재로 거듭남으로써 돌파구를 마련할 것인가이다.

제1부

1

동 양 과 서 양 이 전 에

서양이란 무엇인가?

새뮤얼 존슨은 "런던이 지겨운 사람은 인생이 지겨운 사람이다. 런던에는 인생이 제공할 수 있는 것이 모두 있기 때문이다"[1]라고 말했다. 때는 1777년이었고 존슨 박사의 근거지 런던은 온갖 사상의 조류와 갖가지 새롭고 근사한 발명품들로 활기를 띠고 있었다. 런던에는 성당과 궁전, 공원과 강, 대저택과 빈민가가 있었다. 무엇보다도, 그곳에는 살 것들, 이전 세대 사람들은 꿈에도 생각지 못했던 상품들이 있었다. 세련된 귀부인과 신사들은 옥스퍼드 가에 새로 들어선 상점가 바깥에 세운 마차에서 내려 우산—1760년대의 발명품으로, 영국인이 금세 그들의 생활에서 결코 떼려야 뗄 수 없는 것으로 인식하게 될 물건—이나 역시 같은 시기에 등장한 핸드백이나 칫솔 같은 색다른 물건을 구할 수 있었다. 보수주의자들은 기겁하겠지만 상인들은 커피하우스에서 몇 시간씩 지냈고 가난한 이들도

64

차를 "필수품"[2]이라고 불렀으며 농장주의 부인들은 집안에 피아노를 들여놓았다.

영국인은 바야흐로 그들이 다른 사람들과 다르다고 느끼기 시작했다. 1776년 스코틀랜드의 현자 애덤 스미스는 『국부론』에서 영국을 장사꾼의 나라라고 불렀는데, 찬사의 의미였다. 스미스는 그들 자신의 안녕에 대한 영국인의 지대한 관심이 모두를 더 부유하게 만들고 있다고 주장했다. 영국과 중국의 차이를 생각해보라. 중국은 "오랫동안 세계에서 가장 부유한, 다시 말해, 가장 비옥하고 교양이 넘치며 근면하고 인구가 가장 많은 나라"였지만 이미 "그 나라의 법과 제도가 허용하는 한도의 부를 축적했다". 한마디로 중국은 막다른 길에 부딪혔다. 스미스는 "일꾼과 주인의 이해관계 대립은 곧 중국인을 다른 사람들과 같은 최하층으로 전락시킬 것"이라고 예측했으며, 그에 따라 "중국 하층민의 빈곤 수준은 유럽에서 가장 가난한 국가의 빈곤 수준을 크게 밑돌 것이다. (…) 다른 나라 사람들이 몸에 좋은 음식을 반기듯이 중국의 하층민은 아무 썩은 고기, 이를테면 반쯤 부패해 악취가 나는 죽은 개나 고양이의 시체도 반길 것이다".[3]

존슨과 스미스의 말은 일리가 있었다. 비록 산업혁명은 1770년대에서야 막 시작되었지만 잉글랜드의 평균 소득은 중국보다 이미 높았고 더 균등하게 분배되어 있었다. 서양의 지배를 설명하는 장기고착이론들은 흔히 이러한 사실로부터 시작한다. 이러한 이론들은 서양의 우위는 산업혁명의 결과라기보다는 원인이며 서양이 앞서나가게 된 이유를 설명하기 위해서는 시간상 산업혁명보다 더 멀리, 어쩌면 그보다 훨씬 더 까마득한 과거로 거슬러올라가야 한다고 주장한다.

과연 그럴까? 내가 서문에서 언급한 바 있는 책 『거대한 분기』의 저자인 역사가 케네스 포머런츠는 애덤 스미스와 이후 그를 따라 서양을 치켜세운 모든 이는 사실 비교를 잘못하고 있다고 주장한다. 포머런츠가 지적한 대로 중국은 유럽 대륙 전체만큼이나 방대하고 지역마다 천차만별이다. 그러므로 스미스의 시절 유럽에서 가장 발전된 지역인 잉글랜드를 골라 중국 전역의 평균 발전 수준과 비교했을 때 잉글랜드가 더 높은 점수를 받더라도 놀랄 일은 아니다. 마찬가지로 우리가 거꾸로 양쯔 강 삼각주 유역(1770년대 중국에서 가장 발전한 지역)과 유럽 전역의 평균 발전 수준을 비교한다면 양쯔 강 유역이 더 높은 점수를 받을 것이다. 포머런츠는 18세기 잉글랜드와 유럽의 후진 지역 혹은 양쯔 강 삼각주 유역과 중국의 후진 지역보다 잉글랜드와 양쯔 강 삼각주 유역이 공통점(초기 자본주의, 급성장하는 시장, 복잡한 노동 분업)이 더 많다고 주장한다. 이러한 논의는 장기이론가들의 논리가 엉성해서 현상을 거꾸로 분석한다는 결론으로 이어진다. 포머런츠는 18세기 잉글랜드와 양쯔 강 삼각주 유역이 그렇게 유사했다면 서양의 지배에 대한 설명도 이 시기 이전이 아니라 **이후**에서 찾아야 할 것이라고 생각한다.

포머런츠가 제기한 논점의 한 가지 함의는 분명하다. 왜 서양이 지배하는지를 알려면 우선 '서양'이란 무엇인지를 알아야 한다. 그러나 우리가 그러한 질문을 던지자마자 논의는 꼬이게 된다. 우리 대다수는 '서양'이란 무엇인지 직관적으로 이해한다. 누군가는 서양을 민주주의 그리고 자유와 동일시한다. 혹자는 기독교와 동일시한다. 또 다른 이는 여전히 세속적 합리주의와 동일시한다. 사실 역사가 노먼 데이비스는 학자들이 서양을 정의하는 방식이 최소 열두 가지나 된다는 사실을 발견했으며 그가 보기에 서양이란 학자들의 "고무줄 지리학"[4]에 의해서만 하나로 묶여 있을 뿐이다. 각 정의는 서양을 다른 모습으로 그리며 포머런츠가 불평한 딱 그대로 혼란을 야기한다. 데이비스는 서양이 "사실상 서양에 대한 특정 논의를 옹호하는 저자들이 적절하다고 생각하는 어떤 방식으로도 규정될 수 있다"고 말하는데, 따지고 들어가면 "서양 문명이란 본질적으로 그러한 저자들의 이해관계를 증진하도록 고안된 지적 구성물의 혼합"이란 소리다.

데이비스의 주장이 맞는다면 왜 서양이 지배하는가라고 묻는 것은 서양을 규정하는 특정 가치를 자의적으로 선택해서 특정 국가군이 이러한 가치를 예시한다고 주장한 다음 원하는 결론이 무엇이든 간에 우리에게 유리한 결론을 도출하기 위해 그러한 국가군을 역시 자의적으로 선택한 '비유럽' 국가군과 비교하는 일에 불과하다. 그렇게 도출한 결론에 동의하지 않는 사람들은 서양적 특성을 대표하는 다른 가치와 그러한 가치를 예시하는 다른 국가군, 그리고 다른 대조군을 선택하기만 하면—자연히—앞서와 다른 결론이지만 마찬가지로 그 자신에게 유리한 결론을 도출할 수 있다.

이런 식으로는 논의가 무의미하므로 나는 다른 식으로 접근하고자 한다. 전체 과정의 끝에서 시작하는 대신에 다시 말해, 무엇이 서양의 가치를 구성하는지를 상정하고 그러한 가치의 원류를 찾고자 시간을 거슬러올라가는 대신에 처음으로 돌아가서 시작하려고 한다. 처음부터, 세계 여러 지역에서 서로 뚜렷이 구별되는 생활방식이 나타나는 것을 확인할 수 있는 지점까지 시간의 흐름에 따라 역사를 살펴볼 것이다. 그다음 이렇게 확연히 구별되는 지역들 가운데 최서단 지역을 '서양', 최동단 지역을 '동양'이라고 지칭할 것이며 서양과 동양을 있는 그대로, 가치 평가의 대상이 아니라 지리학적 명칭으로 취급할 것이다.

처음으로 돌아가 시작해야 한다는 말은 쉽지만 시작점을 찾는 일은 어려운 문제다. 앞으로 보게 되겠지만 (큰 집단으로서) 사람들은 다르지 않다는, 내가 서론에서 제시한 주장을 거부하고 그 대신 한 지역의 사람들이 다른 지역의 사람들보다 유전적으로 더 우월하다고 여기는 학자들도 있다. 그들이 보기에 까마득한 과거에 동양과 서양의 생물학적 분기점으로 제시할 만한 시점이 여러 군데 존재한다. 더욱이 까마득한 옛날부터 한 지역이 다른 지역보다 문화적으로 줄곧 우월했다고 쉽사리 결론을 내릴 만한 시점도 존재한다. 우리는 이러한 생각을 주의 깊게 검토해야 한다. 우리가 시작부터 발을 잘못 내디디면 과거의 모습, 따라서 미래의 모습도 모조리 잘못 그리게 될 것이기 때문이다.

태초

모든 문화에는 우주가 어떻게 시작되었는지에 관해 각자 나름대로의 이야기가 있지만 근자에 우주물리학자들은 태초에 관한 이야기의 새로운 과학적 버전을 제시해주었다. 정확히 어떻게 생겨났는지에 관해서는 이견을 보이지만 이제 대부분의 전문가는 시공간이 130억 년 전에 생겨났다고 생각한다. 지배적인 '팽창' 이론은 처음에 밀도가 무한하고 무한히 작은 한 점에서 우주가 빛의 속도보다 더 빠른 속도로 팽창했다고 주장하는 반면 경쟁 이론인 '순환' 이론은 현재의 우주가 이전의 우주가 붕괴하면서 폭발해 생겨났다고 주장한다. 두 학파는 우리 우주가 여전히 팽창하고 있다는 데 동의하지만 팽창론자들은 우주가 계속 팽창하고 별들이 멀어져서 결국에는 무한히 어둡고 차가운 우주가 되리라고 예측하는 데 반해 순환론자들은 우주가 다시 수축한 뒤 폭발하여 또 다른 새로운 우주가 생겨날 것이라고 주장한다.

수년간 고등수학 교육으로 다져진 사람이 아니라면 이러한 이론들을 제대로 이해하기는 어려울 테지만 다행스럽게도 우리의 질문에 답하기 위해 그렇게 먼 옛날로까지 거슬러올라갈 필요는 없다. 방향도 없고 자연법칙도 존재하지 않은 순간에는 동양과 서양도 존재하지 않았다. 또한 45억 년 전 태양과 지구가 생성되기 전에 동양과 서양은 유용한 개념이 아니었다. 아마도 지구의 지각이 형성된 다음부터나 적어도 대륙판이 현재의 위치와 유사한 곳에 도달한 다음부터나 동양과 서양에 대해 이야기할 수 있을 텐데, 여기서 우리는 이미 지구 역사의 마지막 몇백만 년 전 시점에 도달했다. 하지만 사실 이 모든 논의는 요점에서 벗어난 것이다. 동양과 서양은 우리가 이 반죽에 또 다른 성분, 바로 인간을 첨가하지 않는다면 이 책에서 다루는 질문에 아무런 의미도 띨 수 없다.

　초기 인류를 연구하는 고인류학자들은 심지어 역사가들보다 더 논쟁을 좋아한다. 고인류학 분야는 아직 역사가 짧고 빠르게 변모하고 있으며 새로운 발견이 끊임없이 기존에 정립된 사실을 뒤집는다. 만약 두 고인류학자를 한방에 넣어두면 인류의 진화에 관한 세 가지 이론을 들고 나올 공산이 크며, 그들 뒤로 방문이 닫힐 무렵이면 그 세 이론도 모두 시대에 뒤떨어지게 될 것이다.

　인류와 인류 이전 간의 경계도 당연히 모호하다. 어떤 고인류학자는 직립보행을 할 수 있는 유인원이 출현하는 대로 인류에 대해 논의할 수 있다고 생각한다. 엉덩이뼈 화석과 발가락뼈 유해로부터 추정하건대 일부 동아프리카 유인원은 600만 년이나 700만 년 전에 이러한 직립보행을 시작한 것 같다. 그러나 대부분의 전문가는 이 같은 관점은 기준점을 너무 낮게 설정한 것이라고 여긴다. 사실, 일반적인 생물학적 구분은 뇌의 크기가 400~500시시[cc, 세제곱센티미터]에서 대략 630시시(현재 우리 뇌 크기의 절반 수준이다)로 증가하고 직립보행 유인원이 돌을 맞부딪혀 조야한 도구를 만들어낸 최초의 증거를 합쳐 호모Homo(라틴어로 '사람'이란 뜻) 속屬을 정의한다. 두 과정은 두 다리로 직립한 동아프리카 유인원 사이에서 대략 250만 년 전에 시작되었다. 탄자니아 올두바이 협곡(지도 1.1)의 유명한 발굴자 루이스 리키와 메리 리키는 상대적으로 뇌가 크고 도구를 사용할 줄 아는 이 유인원에게 라틴어로 '손재주가 있는 사람'이란 뜻인 호모하빌리스Homo habilis라는 이름을 붙였다.

동양과 서양의 구별은 호모하빌리스가 최초로 지구상을 걷던 시절에는 별 의미가 없었다. 첫째, 이 종족은 동아프리카 수풀 밖을 벗어난 적이 없으며 따라서 아무런 지역적 차이도 아직 발전하지 않았다. 둘째, '지구상을 걸었다'는 표현은 사실 지나치게 후한 표현이다. 도구를 사용한 인간의 발과 발목은 우리의 발과 발목과 같으며 그들은 분명히 지상을 걷기는 했지만 긴 팔로 보건대 나무 위에서도 긴 시간을 보냈던 것 같다. 이들은 유별난 유인원이긴 했지만 그 이상은 아니었다. 호모하빌리스의 석기가 동물 뼈에 남긴 흔적을 보면 이들이 식물 외에 고기도 먹었다는 사실을 알 수 있다. 하지만 호모하빌리스는 여전히 먹이사슬에서 상당히 낮은 단계에 있었던 것 같다. 일부 고인류학자는 수렵 인류 이론을 옹호하면서 호모하빌리스가 막대기와 쪼갠 돌조각만으로 무장한 채 사냥감을 죽일 수 있을 만큼 영리하고 용감했다고 추정하지만, 다른 이들은 (좀 더 설득력 있게) 호모하빌리스를 (사자 같은) 진짜 포식자 주변을 따라다니며 포식자가 먹고 남긴 고깃점을 처리하는 청소 동물 인류로 추정한다. 미시적 연구는 동물 뼈에 남아 있는 호모히빌리스의 도구의 흔적이 직어도 하이에나 이빨 자국보다는 먼저 생겼다는 사실을 보여준다.

2만5000세대 동안 호모하빌리스는 이 자그마한 세상 한구석에서 나무 사이를 활보하며 돌쩌귀를 쪼개서 석기를 만들고, 서로 머리칼과 털을 손질해주고 짝짓기를 하며 살았다. 그러다가 대략 180만 년 전 그들은 지상에서 자취를 감췄다. 우리가 아는 한 이러한 현상은 다소 갑작스레 일어났다. 물론 인류 진화 연구에서 난점 가운데 하나는 발견물의 연대를 정확히 추정하기 어렵다는 것이다. 대부분의 연대 측정은, 화석 뼈나 도구가 발견된 암석층이 반감기가 알려진 불안정한 방사성동위원소를 함유하고 있다는 사실에 의존해 흔히 방사성동위원소의 붕괴 비율과 반감기

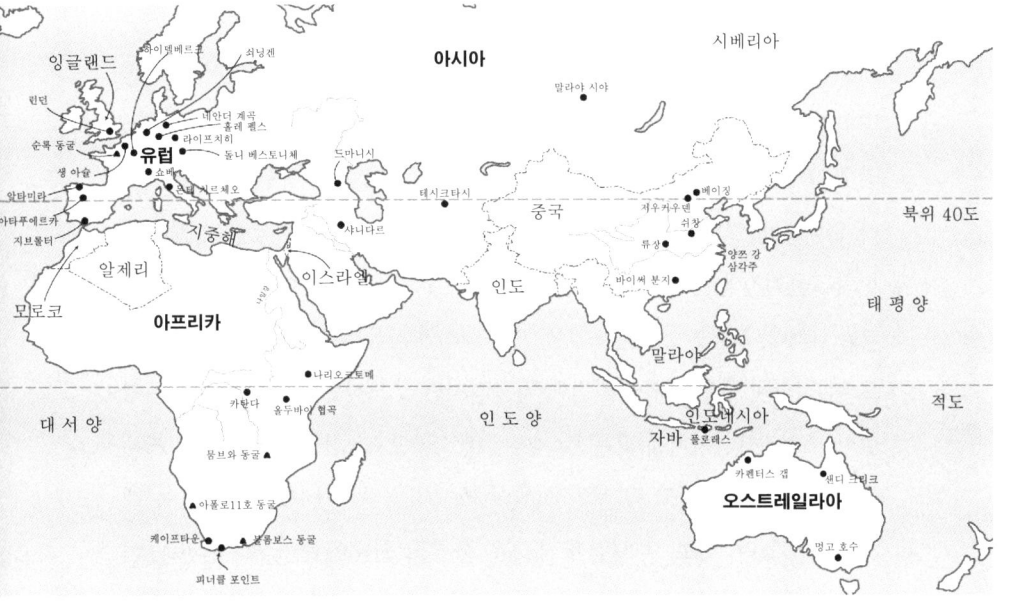

[**지도 1.1**] '동양'과 '서양'이 별다른 의미가 없던 시절: 이 장에서 언급되는 구세계의 여러 장소들.

간의 차이를 측정함으로써 발굴물의 연대를 측정한다. 그러나 이렇게 측정한 연대에는 수만 년의 오차가 생길 수 있기 때문에 호모하빌리스의 세상이 갑자기 종식되었다고 할 때 '갑자기'란 몇 세대나 몇천 세대를 의미할 수도 있다.

1840년대와 1850년대에 자연선택에 대해 고찰한 찰스 다윈은 미세한 변화가 서서히 축적되면서 자연선택에 의한 진화가 작동한다고 생각했지만 1970년대에 생물학자 스티븐 제이 굴드는 오랜 기간 동안 별다른 변화가 없다가 일련의 사건이 한꺼번에 변화를 촉발한다고 주장했다. 오늘날 진화생물학자들은 점진적 변화(비판자들이 표현하는 바에 따르면 느린 걸음에 의한 진화)와 "단속 평행론(도약에 의한 진화)"[5] 가운데 어느 쪽이 일반 모델로 더 적합한지에 관해서 의견이 엇갈리지만 호모하빌리스의 소멸에는 확실히 후자가 더 이치에 맞는 것 같다. 약 180만 년 전 동아프리카의 기후는 건조해지고 있었고 탁 트인 초원이 호모하빌리스가 거주하던 숲을 대체하고 있었다. 바로 그 시점에 새로운 종류의 원숭이 인간, 즉 원인猿人이 도구를 사용하는 인간의 자리를 차지했다.*

나는 이 새로운 원인에게 명칭을 붙이는 것을 자제하고 당분간은 그냥 그들이 호모하빌리스보다 더 큰 뇌, 일반적으로 800시시 용량의 뇌를 가졌다는 것만 지적하겠다. 그들은 호모하빌리스와 달리 침팬지를 닮은 긴 팔이 없는데, 그들이 거의 모든 시간을 땅에서 보냈다는 것을 의미하는 듯하다. 그들은 또 호모하빌리스보다 키가 컸다. 투르카나 소년으로 알려진, 케냐 나리오코토메에서 발견된 150만 년 전 유골은 키가 약 152센티

---

* 타잔과 제인 분위기를 풍기는 이 '원숭이 인간ape-man'이라는 표현은 내가 어렸을 적에 교과서에서 애용되었다. 오늘날 고인류학자들은 이 표현에 깔보는 느낌이 담겨 있다고 여기지만 나로서는 이 표현이 현생인류 이전의 사람족hominid[사람속과 침팬지속 및 그 조상을 포함하는 족이다]의 모호한 위상을 훌륭하게 포착하는 것 같고 확실히 다른 학술용어보다 발음하기가 덜 어렵다.

미터가량 되는 어린이의 유골로, 만약 어른으로 성장했다면 약 183센티미터에 달했을 것이다. 더 큰 만큼 투르카나 소년의 뼈는 호모하빌리스의 뼈보다 덜 튼튼한데, 그와 그의 동료들이 완력보다는 지능과 도구에 더 의존했음을 암시한다.

우리 대부분은 영리함은 좋은 것이라고 자명하게 여긴다. 만약 호모하빌리스가 이런 방향으로 변해갈 잠재성이 있었다면 그들은 '갑자기' 더 키가 크고 두뇌가 더 큰 생물체로 변신하기 전까지 왜 50만 년 동안이나 꾸물거렸던 것일까? 가장 그럴 듯한 설명은 세상에 공짜 점심 같은 것은 없다는 사실이다. 커다란 뇌를 굴리는 일은 비싸게 먹힌다. 현재 우리의 두뇌는 일반적으로 우리 신체 무게의 2퍼센트를 차지하지만 우리 신체가 소비하는 전체 에너지 가운데 20퍼센트를 소비한다. 커다란 뇌는 다른 문제도 야기한다. 커다란 뇌를 담으려면 커다란 두개골이 필요한데 사실 워낙 커서 오늘날 여성은 그렇게 커다란 머리가 달린 아이를 산도産道 밖으로 밀어내느라 고생한다. 여성은 이 어려움을 사실상 조산의 형태로 해결한다. 만약 태아가 (다른 포유류처럼) 완전히 자립할 수 있을 때까지 자궁 속에 머무르게 되면 머리가 너무 커져서 산모의 몸 밖으로 빠져나올 수 없을 것이다.

그러나 커다란 뇌가 출산을 위험하게 하고 양육하는 데 오래 걸리며 섭취하는 열량의 5분의 1을 소모하더라도 괜찮다. 어쨌거나 같은 양의 에너지를 이용해 손톱과 발톱이나 더 많은 근육, 커다란 치아를 기르는 것보다는 더 낫기 때문이다. 지능은 치아나 근육 같은 대안들 어느 것보다 훨씬 더 유익한 요소다. 그러나 더 큰 두뇌를 만들어낸 유전적 변이가 추가적인 에너지 손실을 상쇄할 만큼 충분한 이점을 어째서 수백만 년 전에 원인에게 제공했는지는 그렇게 분명하지 않다. 더 영리하다는 것이 이 회색 뇌세포들을 유지하는 비용을 지불하기에 충분할 만큼 혜택이 있지 않았다면 머리 좋은 유인원은 더 멍청한 그들의 친척보다 생존에 성공적이지 못했을 것이며, 그들의 영리한 유전자도 인구상에서 재빨리 사라졌을 것이다.

어쩌면 우리는 그것을 날씨 탓으로 돌려야 할지도 모른다. 비가 내리지 않고 원인이 거주하던 나무가 말라 죽기 시작하면서 더 머리 좋고 어쩌면 더 사회적인 돌연변이들이 더 유인원 같은 친척들에 비해 상대적으로 유리한 고지를 차지하게 되었을지도 모른다. 나무가 사라진 초원 앞에서 후퇴하는 대신 똑똑한 유인원은 초원에서 생존하는 방법을 찾았고, 눈 깜짝할 사이에(진화의 시간 척도에서 보자면 그렇다는 소리다) 한줌의 돌연변이들은 그들의 유전자를 전체 유전자 풀에 퍼트려서 더 둔하고 몸집이 작고 숲을 사랑하는 호모하빌리스를 완전히 대체했다.

동양과 서양의 시작?

그들의 안마당이 북적거려서든 집단 간에 다툼이 생겨서든 아니면 그저 호기심이 많아서든 간에 새로운 원인은 동아프리카를 벗어난 최초의 유인원이었다. 그들의 뼈는 아프리카 남단부터 아시아의 태평양 연안까지 전역에서 발견된다. 그렇다고 카우보이 영화에 나오는 것 같은 거대한 이주의 물결을 상상해서는 안 된다. 그들은 분명히 스스로 무엇을 하고 있는지 거의 의식하지 못하고 있었으며 이 광대한 거리를 가로지르는 것은 그보다 더 광대한 시간대를 요구했다. 올두바이 협곡에서 남아프리카의 케이프타운까지는 먼 길—3200킬로미터—이지만, 이 거리를 10만 년(대략 그 정도 시간이 걸린 것 같다)만에 주파하려면 원인은 자신의 채집 범위를 1년에 32미터씩만 넓혀나가면 된다. 그들은 같은 속도로 북쪽으로 천천히 이동해 아시아의 문턱에 닿았을 텐데, 2002년 발굴팀은 조지아 공화국의 드마니시에서 호모하빌리스와 그보다 더 신생인 원인의 특성이 결합된 170만 년 된 두개골을 발견했다. 중국에서 나온 석기와 자바(당시에는 여전히 아시아 본토에 연결되어 있었다)에서 나온 화석 뼈는 거의 그만큼 오래된 것 같은데, 아프리카를 떠난 뒤 원인이 속도를 내어 1년에 평균 130미터라는 기막힌 속도로 이동했다는 것을 뜻한다.*

원인이 동아프리카를 떠나 따뜻한 아열대 위도대로 퍼져나가 중국까지 도달한 뒤에야 우리는 동양과 서양의 생활방식 구분을 현실적으로 고려해볼 수 있는데, 어쩌면 바로 이 시점에서 동양과 서양을 구분할 수도 있을 것 같다. 160만 년 전에 이르면 고고학적 증거들에서 동양의 패턴과 서양의 패턴이 분명히 나타난다. 그렇지만 그러한 차이점이 매우 중요해서 그러한 차이점 뒤에 뚜렷하게 구별되는 생활방식이 존재했다고 가정해도 될 정도인가?

하버드대의 고고학자 핼럼 모비어스가 머리 좋은 신생 원인의 뼈가 새로운 종류의 박편 석기[구석기시대 돌조각으로 만든 석기]와 함께 종종 발견된다는 사실에 주목한 1940년대 이래로 고고학자들은 이 동양과 서양의 차이점을 인식해 왔다. 고고학자들은 이러한 도구들 가운데 가장 특징적인 것을 '아슐리안 주먹도끼'('도끼'라고 부르는 것은 도끼날과 닮았기 때문이다. 그러나 이름과 달리 이 도구는 분명히 자르고 찌르고 두들기고 찍는 데 사용되었다. 또 '주먹'도끼라고 부르는 이유는 그것이 나무 막대기에 부착되기보다는 손에 직접 쥐는 형태이기 때문이다. '아슐'은 이 석기들이 처음으로 대량 발견된 프랑스의 작은 마을 생 아슐의 이름을 딴 것이다)라고 부른다. 이 도구를 예술 작품이라 부르는 것은 지나친 처사겠지만 이 도구에 나타나는 단순한 좌우

---

* 실제로는 좋은 채집 장소를 찾아 한 번에 몇 킬로미터를 이동한 다음 몇 년씩 그곳에 머물렀을 것이다.

대칭은 종종 '손재주가 있는 사람'의 더 조야한 박편과 찍는 도구보다 훨씬 아름답다. 모비어스는 아슐리안 주먹도끼가 아프리카와 유럽, 서남아시아에는 흔한 반면 동아시아나 동남아시아에서는 발견되지 않은 사실에 주목했다. 동쪽 지역들에서는 아슐리안 주먹도끼 대신 아프리카의 호모하빌리스와 연결된 아슐 문화 이전 유물들과 훨씬 비슷한 더 투박한 도구들이 나왔다.

이른바 모비어스 라인(지도 1.2)이 실제로 동양의 생활방식과 서양의 생활방식 사이 분리의 시작을 표시하는 것이라면, 모비어스 라인은 또한 기가 막힌 장기고착이론, 다시 말해 원인이 아프리카를 빠져나오자마자 서남아시아와 아프리카에 위치한, 기술적으로 앞선/아슐리안 주먹도끼/서양 문화 그리고 동아시아에 위치한, 기술적으로 뒤처진/박편과 찍개[자갈돌의 한쪽 면을 떼어 날을 만들어서 물건을 찍는 데 쓴 인류 최초의 돌연장]/동양 문화로 분리되었다고 주장하는 이론을 제공하는 셈이다. 우리는 오늘날 서양이 세계를 지배하는 것도 당연하다고 결론 내려도 되리라. 서양은 150만 년 동안 기술적으로 앞서왔으니까.

그러나 모비어스 라인을 설정하는 일은 그것을 설명하는 것보다 더 쉽다. 가장 이른 시기의 아슐리안 주먹도끼는 약 160만 년 전 아프리카에서 발견된 것이지만 그보다 10만 년 전 조지아 드마니시에는 이미 원인이 존재했다. 최초의 원인은 분명히 아슐리안 주먹도끼가 일반적인 도구가 되기 이전에 아프리카를 떠나서 아슐 문화 이전 기술을 아시아를 가로질러 들고간 반면 서양/아프리카 지역은 아슐 도구들을 발전시켜 나갔다.

그러나 지도 1.2를 잠깐 살펴보면 모비어스 라인이 아프리카와 아시아를 나누지 않는다는 것을 알 수 있다. 라인은 사실 인도 북부를 관통한다. 이것은 사소하지만 중요한 사항이다. 최초의 이주자들은 아슐리안 주먹도끼가 발명되기 **전**에 아프리카를 떠났으므로 그 이후에 주먹도끼를 아프

[**지도 1.2**] 서양과 동양의 시작? 이 지도는 100만 년 전 서양의 주먹도끼 사용 문화와 동양의 박편과 찍개 사용 문화를 구분하는 모비어스 라인을 보여준다.

리카에서 서남아시아와 인도로 가져간 이주의 물결이 틀림없이 있었을 것이다. 따라서 우리는 새로운 질문을 던져야 한다. 왜 그 이후 원인의 이주 물결은 아슐 문화 기술을 더 동쪽으로 가져가지 않았을까?

가장 설득력 있는 답변은 모비어스 라인이 기술적으로 앞선 서양과 뒤처진 동양 사이 경계를 표시하기보다는 단지 주먹도끼를 만드는 데 필요한 종류의 돌에 접근하기 편한 서양 지역과 그러한 돌이 드물고 좋은 대안 ―이를테면 대나무처럼 튼튼하지만 훗날 발굴될 수 있을 만큼 오래 보존되지는 않는― 을 쉽게 구할 수 있는 동양 지역을 구별할 뿐이라는 것이다. 이 해석에 따르면 주먹도끼 사용자들은 모비어스 라인을 넘어 서서히 이동하는 동안 아슐 도구들을 점차 내버렸는데, 망가진 도구들을 대체할 수 없었기 때문이다. 그들은 오래된 냇돌[바닷가, 강, 하천 등에 있는 매끈하게 닳은 돌]만 있으면 만들 수 있는 찍개와 박편을 여전히 제작했지만 이전에 석기 주먹도끼로 했던 일들을 하기 위해서는 대나무를 이용하기 시작했을 수도 있다.

일부 고고학자는 중국 남부 바이써 분지에서 나온 유물이 이러한 추측을 뒷받침한다고 생각한다. 약 80만 년 전 거대한 운석이 이곳에 충돌했다. 어마어마한 규모의 재난이 발생했고 강렬한 화염이 수백만 제곱킬로미터의 숲을 태웠다. 운석 충돌 전에 바이써 분지의 원인들은 찍개와 박편, 그리고 (아마도) 대나무를 사용했을 것이다. 그러나 화재 이후 돌아왔을 때 그들은 아슐 도구와 다소 비슷한 주먹도끼를 만들기 시작했다. 이 이론에 따르면 화재가 대나무를 모두 불살라버렸기 때문인데, 그 과정에서 사용 가능한 자갈들이 지면에 노출되었다. 몇 세기 뒤 초목이 다시 자라면서 현지인은 주먹도끼를 내버리고 다시 대나무로 돌아갔다.

만약 이 추측이 맞는다면 동아시아 원인은 여건이 주먹도끼 제작에 유리할 경우 이런 도구를 제작할 만한 능력이 충분했지만 보통은 주먹도끼를 만들지 않았는데, 그 이유는 대안을 더 쉽게 구할 수 있었기 때문이다. 돌로 만든 주먹도끼와 대나무 도구는 그저 똑같은 일을 할 수 있는 다른 도구일 뿐이었고 모로코에 살았든 말레이시아의 말라야에 살았든지 간에 원인은 모두 비슷한 방식으로 살았다.

이 설명은 꽤 일리가 있지만 이 분야가 선사시대 고고학인 만큼 모비어스 라인을 다른 식으로 설명하는 해석도 물론 존재한다. 지금까지 나는 아슐리안 주먹도끼를 사용한 원인의 이름을 밝히기를 꺼렸지만 이 시점부터 우리가 원인들에게 붙이는 명칭은 중요해진다.

1960년대 이래로 대부분의 고고학자는 180만 년 전 아프리카에서 진화한 새로운 종을 호모에렉투스Homo erectus('직립 인간')라고 불렀고, 이 종족이 아열대 위도대를 떠돌아 태평양 연안으로 퍼져나갔다고 추측해왔다. 그러나 1980년대 일부 전문가는 아프리카에서 발견된 호모에렉투스의 두개골과 동아시아에서 발견된 두개골 사이의 미묘한 차이에 집중했다. 사실 다른 두 종의 원인을 조사하고 있는 것이 아닐까 의심했던 그들은 180만 년 전 아프리카에서 진화한 뒤 먼 길을 따라 중국까지 퍼진 원인에게 새로운 학명 호모에르가스테르Homo ergaster('일하는 인간')를 부여했다. 이 학설에 따르면 호모에르가스테르가 동아시아에 도달한 다음에야 호모에렉투스가 호모에르가스테르로부터 진화했다. 그러므로 호모에렉투스는 아프리카와 서남아시아, 인도에 분포한 호모에르가스테르와 구별되는 순수한 동아시아 종이다.

만약 이 학설이 맞는다면 모비어스 라인은 도구 형태에서 사소한 차이를 표시하는 데 그치지 않는다. 라인은 초기 원인을 둘로 나누는 유전적 분수령인 셈이다. 사실 이것은 우리가 모든 장기고착이론의 어머니라고 부를 만한 가능성을 제기한다. 동양과 서양은 다르다. 동양인과 서양인이 ―그것도 100만 년 이상― 다른 인종으로 존재했기 때문이다.

최초의 동양인: 베이징원인

선사시대 유골 분류를 둘러싼 이 기술적 논쟁은 잠재적으로 우려스러운 함의를 띠고 있다. 인종주의자들은 흔히 편견과 폭력, 심지어 인종 학살도 정당화하는 세부 사항에 열성적으로 달려든다. 여러분은 이런 종류의 이론을 애써 논의하는 것 자체가 그런 편협한 사고에 무게를 실어주는 것밖에 안 된다고 느낄 수도 있다. 어쩌면 이런 이론은 그냥 무시해버리는 게 좋을지도 모른다. 그러나 내 생각에 그런 태도는 잘못되었다. 인종차별 이론은 경멸해 마땅하다고 선언하는 것만으로는 충분하지 않다. 만약 우리가 진정으로 인종주의를 거부하고 싶다면 그리고 사람들이 (큰 집단으로 봤을 때) 정말로 대체로 같다고 결론 내리고 싶다면 그건 인종주의가 잘못된 것이기 때문이지, 단지 오늘날 우리 대다수가 인종주의를 싫어해서라는 식이 되어서는 안 된다.

기본적으로 우리는 150만 년 전에 지구상에 단지 한 종류의 원인만이 존재했는지—그러니까 원인들이 아프리카부터 인도네시아까지 (큰 집단으로 봤을 때) 대체로 똑같았다는 뜻—아니면 모비어스 라인 서쪽에 별개의 호모에르가스테르 종이 그리고 라인 동쪽에 또 다른 호모에렉투스 종이 존재했는지 알지 못한다. 추가적인 연구만이 이 문제를 해결해줄 것이다. 그러나 지난 100만 년 안에 서로 뚜렷이 구별되는 별개의 원인이 동양과 서양에서 **진화했다는 사실**은 의심의 여지가 없다.

여기에는 지리가 큰 상관이 있었을 것이다. 약 170만 년 전 아프리카를 빠져나온 원인은 아열대 기후에 잘 적응되어 있었지만 북쪽으로 이동해 유럽과 아시아 내륙으로 깊이 들어가면서 더 길고 혹독한 겨울을 맞아야 했다. 대략 북위 40도대(포르투갈 끝부터 베이징까지 뻗어 있다. 지도 1.1 참고)에 진출하자 아프리카의 선조처럼 야외에서 생활하는 것은 점점 더 불가능해졌다. 우리가 아는 한 오두막을 짓고 옷감을 만드는 일은 그들의 지능의 한계를 벗어났지만 그들은 적어도 한 가지 대처법은 생각해낼 수 있었다. 바로 동굴로 몸을 피하는 것이다. 그러므로 우리가 모두 어렸을 적 한 번쯤 들어본 동굴인간이 탄생했다.

동굴에 거주하는 것은 원인에게 일장일단이 있었는데, 뼈를 부술 만한 이빨이 난 곰과 사자만한 하이에나들과 심심찮게 공간을 공유해야 했기 때문이다. 그러나 동굴은 고고학자들에게는 하늘이 내려준 선물이나 다름없다. 동굴은 선사시대 퇴적물을 잘 보존하여, 추운 기후에 적응하기 위한 변이들이 일어나면서 구세계 서쪽과 동쪽 원인들의 진화 과정이 어떻게 갈라져나가기 시작했는지를 추적할 수 있게 해주기 때문이다.

동양의 원인을 이해하기 위해서 가장 중요한 장소는 베이징 근처, 딱 위도 40도선에 위치한 저우커우뎬으로 약 67만 년 전부터 41만 년 전까지 인류가 이따금씩 거주한 곳이다. 그곳의 발굴에 관한 사연은 그 자체로 한 편의 이야기이며 에이미 탄의 훌륭한 소설 『접골사의 딸』의 부분적 배경이기도 하다. 유럽과 미국, 중국의 고고학자들이 1921년부터 1931년까지 이곳의 땅을 파헤치는 동안 유적지 주변 언덕은 민족주의자와 공산주의자, 잡다한 토착 군벌 간 참혹한 내전의 최전선이 되었다. 발굴자들은 종종 포격 소리에 맞춰 일했으며 유물을 베이징으로 가져가기 위해 강도와 검문소를 피해야 했다. 발굴 프로젝트는 일본이 중국을 침략하고 저우커우뎬이 공산주의자들의 기지가 된 다음, 일본 군인들이 발굴팀 일원 세 명을 고문하고 살해하자 결국 중단되었다.

그후 상황은 갈수록 악화되었다. 1941년 1월 일본과 미국 간의 전쟁이 확실시되자 발굴팀은 안전을 위해 유물을 뉴욕으로 실어나르기로 결정했다. 기술자들은 커다란 상자 두 개에 유물을 포장한 뒤 베이징 주재 미국 대사관에서 차가 와서 실어가기를 기다렸다. 차가 왔는지, 차가 실제로 왔다면 상자를 어디로 가져갔는지 확실히 아는 사람은 아무도 없다. 한 이야기에 따르면 폭탄이 진주만에 떨어지던 바로 그때 일본 병사들이 유물을 호송하던 미국 해병들을 중간에 가로막아 체포하고 그 귀중한 유물을 버렸다고 한다. 그 암울한 시절에 사람 목숨은 파리 목숨이었고 돌멩이와 뼈가 담긴 상자 몇 개에는 아무도 신경 쓰지 않았다.

그러나 만사가 허사로 돌아간 것은 아니었다. 저우커우뎬팀은 그들이 발견한 사실을 꼼꼼하게 기록해 책으로 펴냈고 뼈를 본뜬 석고 모형을 뉴욕으로 보냈다(데이터 백업의 중요성을 보여주는 초창기 실례다). 이 자료들은 60만 년 전의 베이징원인(발굴자들이 저우커우뎬 원인에게 붙인 이름이다)이 투르카나 소년처럼 키가 크고 호리호리한 아프리카인으로부터 갈라져나와 추위에 더 적합하고 다부진 체격으로 변했다는 것을 보여준다. 베이징원인은 키가 대개 160센티미터이며 오늘날의 유인원보다 털이 적다. 물론 우리가 오늘날 큰길에서 베이징원인과 마주친다면 틀림없이 당황스럽겠지만 말이다. 베이징원인은 세로로 짧고 넓적한 얼굴과 낮고 평평한 이마, 두툼한 일자 눈썹이 특징이며 위턱은 크지만 아래턱은 거의 없다.

베이징원인과 대화하기는 무척 어려운 일이리라. 우리가 아는 한 호모에렉투스의 기저신경절(현대인이 몇 가지 입의 동작을 조합함으로써 무수한 종류의 발화를 가능하게 하는 뇌의 일부분)은 거의 발달하지 않았다. 투르카나 소년의 잘 보존된 유골에 남아 있는 신경관(척수를 감싸는) 너비는 현대인의 신경관과 견주어 4분의 3밖에 안 되는데, 이는 그가 우리처럼 말할 수 있는 만큼 호흡을 정확하게 조절하지 못했으리라는 사실을 암시한다.

그렇긴 하지만 다른 발견들은 구세계 동양의 원인이 나름대로 의사소통을 했음을—간접적으로—암시한다. 1994년 자바 섬 근처 플로레스라는 작은 섬에서 80만 년 전 것으로 보이는 석기가 발굴됐다. 80만 년 전 플로레스 섬은 19킬로미터 너비의 대양을 사이에 두고 본토와 분리된 분명한 섬이었다. 그렇다면 틀림없이 호모에렉투스는 배를 만들고 수평선 너머로 항해하여 플로레스 섬에 정착할 만큼 의사소통을 할 수 있었을 것이다. 그러나 다른 고고학자들은 배를 만들 줄 아는 호모에렉투스라는 관념에 경악하며 이 '도구'는 도구가 아닐 수도 있다고 반박한다. 어쩌면 자연적 과정을 거쳐 쪼개진 돌조각의 모양을 보고 도구로 착각한 것에 불과할 수도 있다는 것이다.

고고학적 논쟁이 흔히 그렇듯이 이 논쟁은 쉽게 교착상태에 빠질 수도 있었지만 2003년 플로레스 섬에서는 한층 더 놀라운 증거가 출토되었다. 해저 수심 측량으로 여덟 구의 유해가 드러났는데, 모두 기원전 1만 6000년경 어른의 유해로 추정되며 키가 120센티미터 이하였다. 피터 잭슨의 3부작 영화 「반지의 제왕」의 1부가 막 개봉했을 때라 기자들은 곧장이 선사시대 소인들을 J. R. R. 톨킨의 텁수룩하고 왜소한 종족에 빗대어 '호빗'이라고 불렀다. 동물군이 포식자가 없는 섬에 고립되면 흔히 왜소한 형태로 진화하는데, 아마 호빗들도 그런 식으로 작아진 것 같다. 그러나 기원전 1만6000년까지 호빗 크기로 줄어들려면 원인은 플로레스 섬에 수천 세대 전에, 1994년 발견된 석기가 암시하듯이, 어쩌면 무려 80만 년 전에 정착했음이 틀림없다. 이는 역시 호모에렉투스가 바다를 건널 만큼 의사소통을 할 수 있었음을 암시한다.

그렇다면 저우커우뎬의 원인은 아마도 침팬지나 고릴라들보다 의사소통을 더 잘할 수 있었을 테고, 동굴에서 발견된 퇴적물을 보면 그들은 불도 피울 줄 알았던 것 같다. 베이징원인은 적어도 한 차례는 야생마의 머리를 불에 구웠다. 말의 두개골에 남아 있는 절단된 상흔은 원인들이 지방이 풍부한 말의 혀와 뇌를 먹으려고 했다는 것을 보여준다. 그들은 어쩌면 상대방의 뇌도 좋아했을지 모른다. 1930년대 발굴자들은 뼈의 골절 패턴으로부터 식인 풍습과 심지어 머리 사냥 풍습까지도 추론했다. 1980년대 석고 모형 연구는 두개골에 남아 있는 대부분의 상흔이 베이징원인보다는 실제로는 선사시대 대형 하이에나의 이빨 자국이라는 것을 밝혔지만 한 두개골만은 석기의 흔적을 뚜렷이 보여준다.

오늘날 큰길에서 베이징원인과 맞닥뜨리는 대신 타임머신을 타고 50만 년 전 저우커우뎬으로 갈 수 있다면 우리는 어리둥절하고 깜짝 놀랄 만한 경험을 만끽할 것이다. 어쩌면 우리는 동굴인간들이 여러 몸짓과 불퉁거리는 소리로 의사소통하는 광경을 목격할 수도 있겠지만 그들에게 말을 걸 수는 없으리라. 그들에게 그림을 그려보여서 다가갈 수도 없었을 것이다. 침팬지와 마찬가지로 호모에렉투스에게도 미술이 의미가 있었다는 증거는 없다. 구세계 동양에서 진화한 베이징원인은 우리와 매우 달랐다.

최초의 서양인: 네안데르탈인

그러나 베이징원인이 구세계 서양에서 진화하고 있던 원인과도 달랐을까? 유럽에서 나온 가장 오래된 증거는 1994년 에스파냐 아타푸에르카의 여러 동굴에서 발견된 80만 년 전(호모에렉투스가 배를 타고 가 플로레스 섬을 식민화했을지도 모를 시기와 대강 일치한다)의 것이다. 어떤 면에서 아타푸에르카의 증거는 저우커우뎬의 증거와 다소 비슷하다. 아타푸에르카에서 발견된 많은 뼈에는 도축장에서 사용하는 것과 똑같이 생긴 석기로 잘린 자국이 수두룩했다.

식인 풍습을 암시하는 이야기들이 신문의 머리기사를 장식했지만 고인류학자들은 아타푸에르카가 저우커우뎬과 다른 점에 더 흥분했다. 아타푸에르카에서 나온 두개골은 호모에렉투스의 두개골보다 뇌를 담는 부분이 더 크며 다소 현대인을 닮은 코뼈와 광대뼈를 가지고 있다. 고인류학자들은 새로운 종이 출현중이라고 결론 내렸고 호모안테케소르Homo antecessor('조상 인간')라는 학명을 붙였다.

호모안테케소르는 1907년으로 거슬러올라가는 일련의 발견을 이해하는 데 도움이 된다. 1907년 독일의 모래 채취장에서 작업하던 일꾼들이 이상한 턱뼈를 찾아냈다. 인근 대학 도시의 이름을 따 하이델베르크인이라 명명된 이 종은 호모에렉투스와 무척 비슷하지만 머리는 우리와 더 비슷해서 높고 둥근 두개골과 약 1000시시 부피의 뇌―호모에렉투스의 평균치인 800시시보다 훨씬 크다―를 가졌다. 80만 년 전, 추운 북쪽 땅에 진입한 원인이 임의적 유전자 변형이 활발해질 수 있는, 이전과 크게 다른 기후와 직면하면서* 마치 구세계 전역에서 진화의 속도가 갑자기 빨라진 것처럼 보인다.

여기서 우리는 마침내 이론의 여지가 없는 사실과 만나게 된다. 하이델베르크인이 출현하고 베이징원인이 저우커우뎬의 보금자리를 지배하던 60만 년 전이 되자 구세계의 동쪽과 서쪽에서 분명하게 다른 호모 종들이 존재했다는 것이다. 동양에서는 뇌가 작은 호모에렉투스가, 서양에서는 뇌가 큰 호모안테케소르와 하이델베르크인이 출현했다.**

뇌에서 크기가 전부는 아니다. 아나톨 프랑스는 하이델베르크인보다 크지 않은 뇌를 가지고 1921년 노벨 문학상을 수상했다. 그래도 어쨌든 하

---

* 그렇긴 하지만 하이델베르크인은 유럽뿐만 아니라 아프리카에서도 살았다. 일부 고인류학자는 유럽에서 기원한 하이델베르크인이 퍼져나가 아프리카로 돌아온 것으로 추정하기도 하지만 다른 학자들은 호모하빌리스나 호모에르가스테르처럼 하이델베르크인이 국지적 기후변화에 적응해 아프리카에서 진화한 뒤 북쪽으로 퍼져나갔다고 추정한다. 하이델베르크인과 다소 비슷한 뼈들은 중국에서도 발견되었지만 그 증거는 논쟁의 여지가 더 크다.

** 그리고 물론, 그 수는 알 수 없지만 플로레스 호빗처럼 현대에 후예를 남기지 못하고 멸종한 인간종도 존재했다. 다른 새로운 종이 2010년 중앙아시아 고산 지대에서 발견되었는데, 예상대로 '예티[히말라야 산맥에 출몰한다고 알려진 전설 속의 설인]'라고 명명되었다.

이델베르크인은 이전 원인이나 당대의 베이징원인보다 훨씬 영리했던 듯하다. 하이델베르크인이 출현하기 전에 석기는 100만 년 동안 거의 변하지 않았지만 기원전 50만 년에 이르자 하이델베르크인은 더 가는, 따라서 더 가벼운 도구를 제작했고 부드러운 (아마도 나무) 망치를 이용했으며 돌멩이들을 서로 부딪쳐 더 정교한 박편을 얻었다. 이것은 손과 눈 사이의 한층 뛰어난 협조를 암시한다. 또 하이델베르크인은 보다 특화된 도구를 만들었다. 쳐서 원하는 대로 도구를 만들어낼 수 있는 특수한 형태의 원석을 마련하기 시작했는데, 이는 주변 환경으로부터 원하는 것이 무엇이고 그것을 어떻게 얻을 수 있는지를 생각하는 문제에서 하이델베르크인이 호모 에렉투스보다 훨씬 뛰어났음을 의미한다. 하이델베르크인이 위도 40도선보다 훨씬 북쪽에 있는 하이델베르크에서 생존했다는 사실 자체가 이전 원인보다 더 영리한 원인이 존재했다는 증거다.

저우커우뎬의 거주자는 67만 년 전과 41만 년 전 사이의 기간에 거의 변하지 않았지만 서양의 원인은 이 시기에 계속해서 진화했다. 만약 여러분이 아타푸에르카에 있는 에스파냐 동굴 속으로 대부분은 엎드린 채로 가끔은 로프를 이용하여 수백 미터를 기어들어가면 뼈 구덩이라는 적절한 이름이 붙은 12미터 깊이의 지하, 현재까지 발견된 유적지 가운데 원인의 뼈가 가장 많이 모여 있는 곳에 도달하게 된다. 1990년대 이래로 4000개 이상의 뼛조각이 이곳에서 발견되었는데, 56만4000년 전부터 60만 년 전 사이의 것들이다. 대부분은 십대나 젊은이의 뼈다. 그들이 지상에서 그렇게 깊이 내려온 곳에서 무엇을 하고 있었는지는 여전히 수수께끼지만 더 오래된 아타푸에르카 유적지들과 마찬가지로 뼈 구덩이는 굉장히 다양한 인간의 유해를 포함하고 있다. 에스파냐 발굴자들은 그들 대부분을 하이델베르크인으로 분류하지만 많은 외국 출신의 학자는 그들이 다른 종과 더 닮았다고 생각한다. 네안데르탈인 말이다.

가장 유명한 이 동굴인간은 1856년 네안더Neander 계곡(네안데르탈 Neanderthal의 탈Tal/Thal은 독일어로 '계곡'이란 뜻이다)의 채석장에서 작업하던 인부들이 그 지역의 교사에게 그들이 발견한 정수리 두개골과 뼛조각 열다섯 개를 보여주면서 최초로 확인되었다(1990년대 발굴 조사팀은 인부들의 쓰레기장에서 62개의 뼛조각을 더 찾아냈다). 교사는 그것들을 해부학자에게 보여주었고 해부학자는 대단히 '절제된' 표현을 사용해 그 뼛조각들이 "게르만족 이전" 시대의 것이라고 표명했다.

아타푸에르카의 발견들은 네안데르탈인이 25만 년에 걸쳐 서서히 출현했다는 것을 시사한다. 이것은 몇몇 돌연변이가 하이델베르크인보다 더 많이 번식하여 하이델베르크인을 대체할 수 있는 여건을 조성하는 기후변화나 새로운 지역으로의 팽창을 암시하기보다는 여러 종류의 원인이 나란히 발달하면서 나타나는 유전자 부동genetic drift●의 경우일 수도 있다. '고전적' 네안데르탈인은 20만 년 전에 출현하여 이후 10만 년 동안 유럽 대부분 지역과 동쪽의 시베리아까지 퍼져나갔지만 우리가 아는 한 중국이나 인도네시아에는 도달하지 않았다.

네안데르탈인은 베이징원인과 대체 얼마나 다를까? 전형적인 네안데르탈인은 동양의 원인과 키가 같고 경사진 이마와 약한 턱 때문에 더 원시인처럼 생겼다. 도구로 사용해서 흔히 닳아 있는 큰 앞니는 앞으로 툭 튀어나온 얼굴에 박혀 있고 커다란 코는 아마도 빙하기 유럽의 차가운 공기에 적응한 결과일 것이다. 엉덩이와 어깨가 더 넓은 네안데르탈인은 베이징원인보다 더 건장하다. 그들은 레슬링 선수처럼 강했고 마라톤 선수처럼 지구력이 뛰어났으며 사나운 싸움꾼이었던 듯하다.

● 특정한 유전자의 보존과 절멸의 변화 때문에 일어나는 집단의 유전자 발현 빈도 변화를 가리키는 생물학 용어. 효과가 클수록 유전자 다양성은 낮아진다.

대부분의 원인보다 뼈가 더 무거웠는데도 네안데르탈인은 부상을 자주 입었다. 사실 현대에서 그들의 골절 패턴과 가장 유사한 사례는 전문 로데오 기수다. 10만 년 전 지구상에는 날뛰는 서부 야생마가 없었으니까(현재의 말은 기원전 4000년 이후에 진화한 것이다) 고인류학자들은 네안데르탈인이 자기들끼리 혹은 야생 동물과 싸우다 다쳤을 것이라고 자신 있게 추정한다. 그들은 꽤 열성적인 사냥꾼이었다. 네안데르탈인의 뼈 속에 남아 있는 질소 동위원소를 분석한 결과 그들이 육식을 매우 즐겼고 고기에서 얻은 단백질 비율이 굉장히 컸음이 밝혀졌다. 고고학자들은 네안데르탈인이 베이징원인처럼 동족을 먹음으로써 단백질을 얻은 게 아닌가 오랫동안 의심해왔는데, 1990년대 프랑스에서 발견된 증거는 이러한 추측을 의심의 여지없이 입증했다. 네안데르탈인 여섯 명의 뼈가 붉은 사슴 다섯 마리의 뼈와 함께 발견된 것이다. 원인과 사슴은 매우 똑같은 방식으로 다루어졌다. 포식자는 우선 석기를 이용해 먹이(원인과 사슴)를 조각낸 다음 살을 발라내고 마지막으로 뇌와 골수를 파먹기 위해 두개골과 장골을 박살냈다.

지금까지 내가 강조한 세부 사항만 보면 네안데르탈인은 베이징원인과 그리 달라 보이지 않지만 여기에는 그 이상으로 주목할 점이 있다. 한 가지는 우선 네안데르탈인이 큰 뇌, 심지어 우리보다 더 큰 뇌를 가졌다는 점이다. 네안데르탈인의 뇌 용량은 평균 1520시시인 반면 우리의 경우 1350시시다. 그들은 또한 투르카나 소년보다 신경관이 더 넓고, 따라서 더 굵은 척수 덕분에 손놀림이 보다 섬세했다. 네안데르탈인의 석기는 베이징원인의 석기보다 더 뛰어나며 특수한 긁개와 날, 찌르개 등등 더 다양했다. 시리아에서 발견된 야생 당나귀의 목에 박힌 뾰족한 찌르개에 남아 있는 타르의 흔적은 그것이 나무 막대기에 부착된 창끝이었음을 암시한다. 도구가 닳은 흔적을 보면 네안데르탈인이 대체로 나무를 자르는 데 도구를 사용했음을 알 수 있는데, 그들이 자른 나무 가운데 오늘날까지 남아 있는 것이 거의 없지만 독일 침수지 쇠닝겐에서는 야생말의 뼈 무더기 근처에서 아름답게 깎인 2미터 길이의 창이 함께 발견되었다. 이 창은 던지기보다는 찌르기 좋도록 무겁게 만들어졌다. 그토록 영리했음에도 불구하고 네안데르탈인이 투척 무기를 사용할 만큼 서로 협조가 가능하지는 못했던 모양이다.

무시무시한 동물에 가까이 접근해야 할 필요성이 로데오 선수의 상처와 같은 네안데르탈인의 상처를 설명해줄지도 모르지만 일부 증거, 특히 이라크 샤니다르 동굴에서 나온 증거는 전적으로 다른 특성을 암시한다. 한 남자 해골은 이 남자가 오른쪽 팔뚝과 왼쪽 눈을 잃었음에도 불구하고 여위고 약한 팔과 불구의 다리로 수년 동안 생존했음을 보여준다(진 오엘의 베스트셀러 소설 『동굴 곰의 씨족』에서 크림 반도를 무대로 살아가는 네안데르탈인 무리의 정신적 지도자이자 불구인 크레브는 이 유골에 바탕을 둔 캐릭터다). 샤니다르에서 출토된 또 다른 남자는 오른쪽 발목에 심각한 관절염을 앓았지만 그 역시 적어도 찔린 상처가 그를 끝장내기 전까지는 그럭저럭 살아갈 수 있었다. 뇌가 더 크다는 사실은 허약하고 부상당한 이들이 스스로 살아나가는 데 분명히 도움이 되었다. 네안데르탈인은 분명히 불을 피울 수 있었고 동물 가죽으로 옷을 만들 수도 있었을 것이다. 그렇지만 샤니다르의 인간이 신체가 건강한 친구나 가족의 도움 없이 살아갈 수 있었으리라고 보기는 어렵다. 증거에 가장 엄격한 과학자들도 네안데르탈인이 —이전 호모에렉투스 종과 동시대 저우커우뎬의 원인과 대조적으로— 우리가 '인간성'이라고 부를 수밖에 없는 것을 보여주었다는 데 동의한다.

일부 고인류학자는 네안데르탈인이 커다란 뇌와 넓은 신경관 덕분에 우리와 그런대로 비슷하게 말을 할 수 있었으리라고 생각하기도 한다. 현대인처럼 그들도 혀를 고정시켜주고 말을 하는 데 필요한 복잡한 후두의 동작을 돕는 설골이 있었다. 이에 동의하지 않는 학자들은 네안데르탈인의 뇌가 크기는 하지만 우리의 뇌보다 길고 납작한 사실에 주목하여 언어를 관장하는 부위가 덜 발달했을 것이라고 추측한다. 비록 관련 부위가 하단에 남아 있는 두개골이 단 세 개뿐이라서 조심스럽긴 하지만 그들은 네안데르탈인의 후두가 목에서 매우 위쪽에 있었던 것 같다고 지적하는데, 그렇다면 설골이 있다 하더라도 네안데르탈인은 무척 좁은 음역대의 소리만 낼 수 있었을 것이다. 어쩌면 그들은 단음절만을 소리 낼 수 있었거나("나 타잔, 너 제인"이라고 부를 만한 언어 모델) "이리 와" "사냥 가자" "석기를 만들자/저녁 먹자/같이 자자" 같은 중요한 생각을 몸짓과 소리를 결합해 표현할 수 있었을 것이다('동굴 곰의 씨족' 언어 모델. 그 소설에서 네안데르탈인은 정교한 수화를 구사한다).

2001년, 유전학이 이 문제를 정리해줄 수 있을 듯 보였다. 과학자들은 3세대에 걸쳐 언어 통합운동장애라는 언어장애를 앓은 한 영국인 가족이 FOXP2라는 유전자에 돌연변이를 공유하고 있음을 발견했다. 이 유전자는 뇌가 발화와 언어를 관장하는 과정에 영향을 주는 단백질을 암호화한다. 그렇다고 FOXP2가 '언어 유전자'라는 뜻은 아니다. 언어는 셀 수 없이 많은 유전자가 협력하는 복잡한 과정을 수반하는데 정확히 어떤 방식으로 작동하는지는 아직까지 파악되지 않았다. FOXP2는 유전학자들의 주의를 끌게 되었는데 때로 한 가지만 잘못되어도 시스템 전체가 망가지기 때문이다. 생쥐가 2센트짜리 전선만 갉아먹어도 2000달러짜리 차가 꿈쩍하지 않게 된다. FOXP2가 제대로 기능하지 않으면 뇌의 정교한 언어 신경계가 꽉 막히고 만다. 그래도 일부 고인류학자는 어쩌면 FOXP2를 생성하는 임의 유전자 변이와 관련 유전자들이 현대인에게 네안데르탈인을 비롯한 이전 인류에는 없었던 언어 기능을 선사했을 것이라고 주장했다.

그런데 그후 이야기가 더 흥미진진해졌다. 이제 모두가 알고 있듯이 디옥시리보핵산, 즉 DNA는 생명체의 기본 단위이며 2000년에 유전학자들은 현대인의 게놈 지도를 완성했다. 그보다는 덜 알려졌지만 앞서 1997년에 독일 라이프치히에서는 과학자들이 마치 영화 「쥐라기 공원」의 한 장면처럼 1856년 네안더 계곡에서 발견된 원조 네안데르탈인의 팔에서 DNA를 추출했다. 이것은 굉장한 위업인데 DNA는 생명체가 죽는 즉시 분해되기 시작하므로 그렇게 오래된 유해에서는 매우 미미한 단편만 남아 있게 된다. 내가 아는 한 라이프치히 연구팀은 동굴인간의 유전자를 복제해 네안데르탈 공원을 열 계획은 없지만* 2007년 네안데르탈인의 게놈 지도를 작성하는 작업―2009년에 완료되었다 ― 은 놀라운 발견을 낳았다. 네안데르탈인도 FOXP2 유전자를 가지고 있었던 것이다!

이것은 네안데르탈인도 우리만큼 수다스러웠다는 것을 의미할 수도 있다. 아니면 FOXP2가 언어 능력의 핵심이 아니라는 뜻일 수도 있다. 언젠가는 확실히 알게 되겠지만 지금 우리가 할 수 있는 일은 네안데르탈인 간 상호작용의 결과를 살펴보는 것뿐이다. 그들은 이전의 원인보다 더 큰 무리를 지어 살았고 더 효율적으로 사냥을 했으며 더 오랜 기간 동안 한 영역에 머물렀고 이전의 원인이 할 수 없었던 방식으로 서로를 보살폈다.

그들은 또한 죽은 사람들 일부를 의도적으로 매장했고 어쩌면 무덤 위에서 의식을 거행했을 수도 있다. **만약** 우리가 증거를 제대로 해석한 것이라면 인간의 특징 가운데 가장 인간다운 특징인 종교 활동의 가장 이른 실례인 셈이다. 예를 들어, 샤니다르에서 여러 시신은 분명히 매장되었으며 한 무덤의 흙에는 꽃가루가 집중적으로 섞여 있었는데 일부 네안데르

※ 하버드대의 한 인류학자는 네안데르탈인 게놈 지도의 발표를 반기면서 3200만 달러만 투자하면 현대인의 DNA를 유전적으로 수정한 뒤 침팬지의 세포에 삽입해 진짜 네안데르탈인 아기를 만들어낼 수 있다고 주장했다. 여기에 필요한 기술은 아직 등장하지 않았지만 그때가 오더라도 기술을 적용하는 일은 더 생각해봐야 할지도 모른다. 스탠퍼드대의 내 동료이자 세계적인 고인류학자인 리처드 클라인이 기자에게 "그럼 그 네안데르탈인을 하버드대에 넣을 건가요 아니면 동물원에 넣을 건가요?"6라고 반문한 것처럼 말이다.

탈인이 사랑하는 이의 시신을 꽃 무덤 위에 안치했다는 의미일 수도 있다. (그보다는 덜 낭만적인 일부 고고학자는 무덤이 쥐구멍으로 벌집투성이라는 사실과 쥐들이 흔히 자신들의 보금자리로 꽃을 가져간다는 사실을 지적한다.)

두 번째 경우는 1939년 로마 근처 몬테치르체오에서 건설 인부들에 의해 5만 년 전 낙석으로 막힌 동굴이 드러난 것이다. 인부들은 고고학자들에게 네안데르탈인 두개골이 둥그렇게 놓인 돌무더기 중앙 바닥에 놓여 있었다고 증언했지만 전문가들이 확인하기 전에 인부들이 두개골을 치워버리는 바람에 많은 고고학자가 이 주장에 의심을 품는다.

마지막으로 우즈베키스탄의 테시크타시 유적이 있다. 여기서 모비어스(모비어스 라인의 그 모비어스다)는 소년 해골을 발견했는데, 그 해골이 대여섯 쌍의 야생 염소 뼈로 둘러싸여 있었다고 말했다. 그러나 테시크타시의 매장지에는 염소 뼈가 가득하며 모비어스는 이 특정 발굴물이 의미 있는 패턴으로 배열되었다는 것을 의심하는 사람들을 설득시킬 만한 현장을 담은 사진이나 그림을 결코 공개하지 않았다.

이 문제를 해소하기 위해서는 더 명확한 증거가 필요하다. 자고로 아니 땐 굴뚝에 연기가 날 리 없는 법이라고, 나는 네안데르탈인이 정말로 일정한 종교 생활을 영위했다고 생각하는 쪽이다. 심지어 그들 사이에는 『동굴 곰의 씨족』에 등장하는 이자나 크레브 같은 여주술사나 샤먼이 있었을 수도 있다. 그러나 그러한 추측이 맞든지 그르든지 간에 내가 앞서 언급한 타임머신이 우리를 저우커우뎬과 샤니다르로 데려간다면 우리는 동양의 베이징원인과 서양의 네안데르탈인이 지녔던 습성의 진정한 차이를 눈으로 직접 확인할 수 있으리라. 또한 서양이 동양보다 더 발전했다는 결론을 피하기 힘들 것이다. 이것은 모비어스 라인이 형성된 160만 년 전에도 사실이었을지 모르지만 10만 년 전에는 확실하게 사실이었다. 다시금 인종주의적 장기고착이론의 유령이 고개를 쳐든다. 현재의 유럽인은 유전적으로 우수한 네안데르탈 인종의 후계자이고 아시아인은 미개한 호모에렉투스의 후손이기 때문에 오늘날 서양이 지배하는 것일까?

아기 걸음마

아니다.

역사가들은 간단한 질문에 길게 꼬인 답변을 내놓기를 좋아하지만 이번 사안은 정말로 단순하고 명쾌한 것 같다. 유럽인은 우수한 네안데르탈인으로부터 유래하지 않았고 아시아인도 열등한 호모에렉투스로부터 유래하지 않았다. 대략 7만 년 전에 등장한 새로운 호모 종―바로 우리―이 아프리카에서 나와 기존의 다른 종들을 완전히 대체한 것이다.* 우리와 같은 종, 호모사피엔스Homo sapiens('지혜로운 사람')는 그 과정에서 네안데르탈인과 분명히 종간교배를 했다. 현대 유라시아인은 네안데르탈인과 유전자의 1~4퍼센트를 공유하는데, 프랑스에서부터 중국까지 어느 곳이든 똑같이 1~4퍼센트다.** 물론 진화는 계속되어 지역별로 피부색, 얼굴형, 키, 유당lactose 내성과 그 밖의 수많은 변이가 우리가 지구상에 퍼지기 시작한 이래로 2000세대에 걸쳐 나타났다. 그러나 본질을 따져보면 이런

---

* 플로레스 섬의 '호빗'처럼 일부 고립된 집단은 아마도 최근까지 살아남았을 것이다. 16세기에 플로레스 섬에 도착했을 때 포르투갈 선원들은 작고 털이 무성하며 말을 거의 못 하는 동굴인간들을 봤다고 주장했다. 실제로 소인들을 목격했다는 주장이 있고 100년이 넘게 흐른 지금에도 유사한 소인들이 여전히 자바에 존재한다는 말이 있다. 그들의 털 가운데 한 올이 최근 입수되어 DNA 조사를 거쳤지만 완전히 현대인의 것임이 판명되었다. 일부 인류학자는 점점 줄어들고 있는 자바의 숲에서 언젠가는 현생인류 이전의 이 마지막 유물을 만나게 될 것이라고 믿는다. 나는 회의적이라고 밝혀야겠다.

** 그러나 아프리카에 머문 호모사피엔스는 네안데르탈인과 종간교배를 하지 않았고 현대 아프리카인에게는 네안데르탈인 DNA가 전혀 없다. 이것이 의미하는 바는 앞으로 더 탐구해봐야 한다.

차이는 사소하다. 어디로 가든 무엇을 하든 사람들은 (넓은 집단으로 봤을 때) 비슷비슷하다.

우리 종의 진화와 지구 정복은 인류의 생물학적 단일성을 확립했고, 따라서 왜 서양이 지배하는지에 대한 모든 설명의 출발선이다. 인류의 생물학적 단일성은 인종에 근거한 이론을 배제한다. 그러나 이러한 과정의 압도적 중요성에도 불구하고 현생인류의 기원은 많은 부분 다소간 불분명하다. 1980년대에 이르러 고고학자들은 우리와 그럭저럭 동일한 골격 구조를 가진 인류가 약 15만 년 전에 동부와 남부 아프리카 곳곳에서 최초로 출현했다는 사실을 알게 되었다. 새로운 종은 이전의 원인보다 이마 아래 부분이 들어가 얼굴이 더 평평했다. 그들은 치아를 도구로 사용하는 경우가 드물었고 길고 근육이 덜 발달한 팔다리와 넓은 신경관, 발성에 유리한 후두가 있었다. 그들의 두뇌 용량은 네안데르탈인보다 약간 작았지만 정수리가 더 높고 둥글기 때문에 발성과 언어중추 및 엄청난 양의 연산 작업을 동시에 수행할 수 있는 겹겹이 쌓인 뉴런 막을 위한 공간이 충분했다.

이 유골은 가장 초기의 호모사피엔스가 꼭 우리처럼 걸을 수 있었다는 것을 암시하지만—묘하게도—고고학은 그들이 10만 년 동안 고집스럽게 말하기를 거부했다고 주장한다. 호모사피엔스의 도구와 행동은 이전 원인의 경우와 매우 닮았고—역시 다른 원인과 마찬가지로 그러나 우리와는 무척 다르게—그들은 일을 하는 딱 한 가지 방식만 있었던 듯하다. 아프리카 어느 곳을 파헤치든 고고학자들은 계속해서 딱히 흥미롭지 않은 똑같은 종류의 유물만 찾아낸다. 그러니까 그들이 5만 년 전 이후의 호모사피엔스 유적지를 발굴하는 게 아니라면 말이다. 보다 최근의 이 유적지에서 호모사피엔스는 온갖 흥미로운 일을 상당히 다양한 방식으로 하기 시작했다. 예를 들어, 고고학자들은 기원전 5만 년부터 기원전 2만5000년 사이 이집트 나일 강 유역에서 사용된 석기 가운데 최소한 여섯 가지의 특징적인 양식을 찾아낸 반면 그 이전에는 딱 한 가지 방식만이 남아프리카부터 지중해 연안까지 전역에 우세했다.

인간은 양식을 발명해냈다. 석기를 저런 식이 아니라 이런 식으로 떼어내면서 이제 이웃과는 다른 집단이 형성되었다. 석기를 또 다른 방식으로 떼어내는 것은 그들의 위 세대와 다른 새로운 세대를 형성했다. 이 같은 움직임은 영화를 볼 수도 없고 지도에서 자신의 위치를 찾아주거나 이메일을 확인할 수 없는 4년 된 휴대전화를 꺼내들면 마치 화석처럼 느껴지는 요즘 우리의 기준에 비하면 굼벵이 걸음이었지만, 그때까지 일어난 변화에 비교하면 일약 대변혁이라고 할 만하다.

머리를 초록색으로 물들이거나 새 피어싱을 하고 집에 오는 여느 십대라면 기꺼이 주장하듯이 자신을 드러내는 가장 좋은 방법은 자신을 꾸미는 것이지만 5만 년 전에는 어느 누구도 그렇게 생각하지 않았던 것 같다. 당시에는 거의 모두가 그렇게 꾸미고 다녔다. 기원전 5만 년 이후에 형성된 아프리카 유적지마다 고고학자들은 뼛조각과 동물 이빨, 상아로 만든 장신구를 발견한다. 이것들은 단지 우리가 발굴할 수 있게 잔존한 것에 불과하다. 우리가 익히 아는 다른 형태의 개인적 장식—머리 모양이나 화장, 문신, 의복—도 성행했을 가능성이 크다. 그다지 유쾌하지 않은 한 유전자 연구는 우리 몸의 피를 빨며 의복에 붙어사는 이가 최초의 패셔니스타들에게 일종의 작은 보너스로서 5만 년 전부터 진화한 것이라고 주장했다.

"인간이란 얼마나 오묘한 작품인가?" 친구인 로젠크란츠와 길덴스턴이 자기를 염탐하러 오자 햄릿은 숨 가쁘게 외친다. "그 숭고한 이성! 그 무한한 능력! 그 감탄스러운 거동과 자태! 행동은 천사 같고 이해력은 신과 같다."[7] 그리고 이 모든 측면에서 원인과는 또 얼마나 다른가? 기원전 5만 년에 이르자 현생인류는 선조와는 완전히 다른 차원에서 사고하고 행동하고 있었다. 뭔가 굉장한 일이, 매우 심오하고 마법과도 같은 일이 일어났던 것 같아서 1990년대에 보통은 냉정하기 짝이 없는 과학자들마저도 화려한 수사의 날갯짓을 펼칠 정도였다. 어떤 과학자는 대약진*을 이야기했고, 어떤 과학자는 인류 문명의 여명이나 심지어 인간 의식의 빅뱅을 운운했다.

그러나 이 모든 드라마에도 불구하고 대약진 이론은 언제나 다소 불만족스러웠다. 이 이론은 하나가 아니라 두 가지 변환을 상정하는데, 첫 번째 변환(약 15만 년 전)은 현생인류의 신체 구조를 생성했지만 아직 현대인과 같은 행동방식은 창출하지 않았고 두 번째 변환(약 5만 년 전)은 현대인과 같은 행동방식을 만들어냈지만 신체 구조상의 변화는 없었다. 가장 인기 있는 설명은 두 번째 변환—대약진—이 순전히 신경학적 변화와 함께 시작되었다는 것이다. 신경학적 변화를 통해 새롭게 재정비된 뇌는 현대적인 언어 활동이 가능해졌고 새로운 언어 활동은 다시 행동에서 혁명을 가져왔다는 것인데, 이 뇌의 재정비를 구성하는 것이 정확히 뭔지는 (그리고 어째서 두개골에서는 그와 관련한 변화가 없었는지는) 여전히 수수께끼였다.

진화론에서 어떤 우월한 힘이 진흙으로 빚은 활기 없는 원인에 한줄기 신성을 불어넣는 식으로 초자연적 개입의 여지를 남겨두는 곳이 있다면 분명 이 부분이다. (지금보다 훨씬) 젊었을 때 나는 아서 C. 클라크의 공상과학소설 『2001년 스페이스 오디세이』(그리고 인상적이긴 하나 내용을 따라가기는 힘든 스탠리 큐브릭의 영화도)의 서두 부분을 특히 좋아했다. 신비로

---

* 이것은 1957년 중국의 산업화와 집단화라는 자신의 급진적 실험을 묘사하기 위해 마오쩌둥이 만들어낸 표현이다. 그의 실험은 세계사에서 최악의 재앙 가운데 하나였고 1962년 그가 실험 중단을 선언할 때까지 약 3000만 명이 아사한 것으로 추정된다(여기에 대해서는 제10장에서 다시 논의할 것이다). 그런고로 '대약진'은 완전한 현생인류의 등장을 묘사하기에는 다소 기이한 표현이지만 어쨌거나 이 표현은 인기를 끌었다.

운 수정 거석이 우주에서 지구로 떨어지는데, 아사로 멸종하기 직전인 우리 행성의 원인을 한 단계 업그레이드해주러 온 것이다. 거석이 머릿속에 영상을 보내주며 돌멩이 던지는 법을 가르쳐주자 지구인 무리의 우두머리 원인인 '달을 바라보는 자'는 밤마다 클라크가 "호기심이 가득한 촉수가 이전까지 사용한 적 없는 두뇌의 샛길을 따라 기어오는 느낌"[8]이라고 부른 것을 느낀다. "그의 단순한 두뇌의 원자들이 새로운 패턴으로 변형되고 있는 중이었다"[9]고 클라크는 말한다. 그러자 거석의 임무는 끝났다. 달을 바라보는 자는 버려진 뼈다귀를 집어든 뒤 그걸로 새끼 돼지의 머리를 때려부순다. 우울하게도, 인간 의식의 빅뱅에 관한 클라크의 비전은 전적으로 죽이는 일에 치중해서 달을 바라보는 자가 경쟁 무리의 우두머리 원인인 '외귀'를 죽이는 대목에서 절정에 이른다. 그다음 독자가 알게 되는 것은 우리가 우주 공간에 와 있다는 것이다.

클라크는 소설 『2001년 스페이스 오디세이』의 배경을 300만 년 전으로 설정했는데 호모하빌리스에 의한 도구의 발명을 설명하기 위해서였던 것 같다. 그러나 나는 언제나, 착한 거석이 진짜로 뭔가 좋은 일을 하려면 완전한 현생인류가 출현한 시기가 더 낫다고 생각했다. 대학에서 고고학을 공부할 무렵이 되자 나는 그와 같은 것들을 말하지 않는 법을 배우게 되었지만, 전문가들의 설명은 클라크의 설명보다 흡인력이 떨어진다는 느낌을 떨쳐버릴 수 없었다.

내가 대학생이었던 저 까마득한 옛날에 고고학자들이 안고 있던 큰 문제는 단순히 그들이 20만 년 전과 5만 년 전 사이의 유적지를 그렇게 많이 발굴하지 않았다는 것이다. 그러나 1990년대에 걸쳐 새로운 발견이 축적되자 우리에게 거석이 전혀 필요하지 않다는 사실이 분명해졌다. 사실 대약진Great Leap Forward 이론 그 자체가 몇만 년에 걸친 일련의 걸음마 전진 Baby Steps Forward으로 해소되기 시작한 것이다.

우리는 이제 놀랄 만큼 현대적인 행동의 흔적을 보여주는 5만 년 이전 시기의 장소를 여러 곳 안다. 2007년 남아프리카 해안에서 발굴된 동굴 피너클 포인트를 예로 들어보자. 호모사피엔스는 약 16만 년 전 이곳으로 이주해왔다. 이 사실 자체가 흥미롭다. 이전의 원인은 일반적으로 해안 지역을 기피했는데 아마도 그곳에서 식량을 얻는 법을 몰라서였을 것이다. 그러나 호모사피엔스는 해변으로 향했을 뿐 아니라―두드러지게 현대적인 행동이다―그곳에 도착하자 조개를 채취해서 껍질을 열어 요리를 해먹을 만큼 영리했다. 그들은 돌을 쪼개서 고고학자들이 세석인細石刃, bladelet이라고 부르는, 투창 날이나 화살촉으로 안성맞춤인 작고 가벼운 박편 돌촉을 만들었는데 베이징원인이나 유럽의 네안데르탈인은 결코 만들지 못한 것이다.

　　아프리카의 다른 몇몇 장소에서도 사람들은 그와는 다르지만 역시나 현대적으로 보이는 행위에 몰두했다. 약 10만 년 전 잠비아의 뭄브와 동굴에서 사람들은 아늑한 보금자리를 만들기 위해 평평한 판석으로 화로를 만들었는데 그들이 그곳에 둘러앉아 이야기를 나누는 모습을 쉽게 상상할 수 있다. 남쪽 끄트머리부터 북쪽의 모로코와 알제리까지 아프리카 해안의 수십 곳에서도(심지어 아프리카 바로 바깥 이스라엘에서도) 사람들은 자리에 앉아 참을성 있게 타조 알껍데기를 자르고 갈아서 구슬을 만들었고, 그런 구슬 가운데는 지름이 6.4밀리미터에 불과한 것도 있었다. 9만 년 전이 되자 콩고 카탄다의 사람들은 뼈를 깎아서 작살을 만드는 진짜 어부가 되었다. 그러나 이 가운데 가장 흥미로운 발굴 현장은 아프리카 남해안의 블롬보스 동굴인데, 이곳에서 발굴자들은 조개껍질 구슬과 더불어 7만 7000년 된 황토(철광석의 일종) 막대기를 발견했다. 황토는 물건을 붙이거나 돛을 방수하는 등 각종 작업에 이용될 수 있다. 그러나 최근에는 나무 껍질이나 동굴 벽, 사람들의 피부에 대담한 붉은 선을 만족스럽게 표현해주는 그림 재료로 특히 인기가 있다. 황토는 피너클 포인트에서 53조각이 출토되었고 기원전 10만 년에 이르면 대부분의 아프리카 발굴 현장에서 나타나는데, 초기 인류가 그림을 좋아했다는 뜻일 수도 있다. 그러나 블롬보스 황토 막대기에서 진짜 놀라운 점은 누군가가 그 위에 기하학적 문양을 새겨서 이론의 여지없이 세계에서 가장 오래된 예술 작품, 그것도 더 많은 예술 작품을 만들어내기 위해 제작된 예술 작품이 탄생했다는 사실이다.

이 발굴 현장마다 우리는 한두 가지 현대적 행위의 흔적을 찾을 수 있지만 기원전 5만 년 이후에 흔해지는 행위들 전부를 발견하지는 못했다. 현대적으로 보이는 행위가 점진적으로 축적되어서 완전히 우세해졌다는 흔적도 없다. 그러나 고고학자들은 대체로 기후변화에 의해 추진된, 언뜻 보기에는 걸음마로 보이는 이 행위들이 완전한 현생인류로 나아가는 과정이라는 점을 설명하는 길을 이미 찾아가고 있다.

과거 1830년대에 지리학자들은 유럽과 북아메리카 일부에서 발견된 수 킬로미터에 걸친 길고 구부러진 분괴층分壞層선이 (성경에서 말하는 대홍수에 의해 생겨났다는 이전의 생각과 달리) 틀림없이 암설[풍화작용으로 파괴되어 생긴 바위 부스러기]을 밀어내는 대빙원에 의해 생성되었다는 사실을 알아냈다. 정확히 어째서 빙하기가 생겨났는지를 이해하기까지는 그로부터 50년이 더 흘러야 했지만 어쨌든 '빙하기'라는 개념이 생겨난 것이다.

지구의 공전 궤도는 완벽한 원형이 아니다. 다른 행성들의 중력도 지구를 끌어당기기 때문이다. 수만 년에 걸쳐 지구의 궤도는 거의 원형에서 (지금과 같은) 타원형에 가까워졌다가 다시 원형으로 돌아간다. 지구가 자전축을 중심으로 2만6000년 주기로 요동치는 대로 자전축의 기울기도 4만1000년 주기로[21.5도와 24.5도 사이] 이동한다. 과학자들은 제1차 세계대전 당시 억류되어 있는 동안 일일이 손으로 써서 이 주기를 계산한 세르비아 수학자의 이름을 따서 이 주기를 밀란코비치 주기라고 부른다(그에 대한 억류는 매우 신사적인 방식이어서 밀란코비치는 하루 종일 헝가리 과학아카데미 도서관에서 마음대로 지낼 수 있었다). 이 운동 주기는 정신을 차릴 수 없을 만큼 복잡한 방식으로 끝없이 결합하지만 이 운동 주기에 따라 지구는 대략 10만 년 주기로 평균보다 태양 복사량이 약간 늘어나고 연교차도 약간 늘어났다가 다시 태양 복사량이 평균보다 약간 밑돌고 연교차도 약간 줄어들게 된다.

만약 밀란코비치 주기가 두 가지 지질학적 추세와 상호작용하지 않는다면 그 가운데 어느 것도 그리 문제가 되지 않을 것이다. 첫 번째 추세는 지난 5000만 년에 걸친 대륙 이동으로 인해 육지 대부분이 적도 북쪽으로 이동한 것이다. 북반구에는 대체로 육지가, 남반구에는 대체로 바다가 위치함에 따라 태양 복사량에 따른 계절 변동의 효과가 증대되었다. 둘째 추세는 같은 기간 동안 화산 활동이 줄곧 감소했다는 것이다. 현재 우리 대기 중에는 공룡 시대보다 이산화탄소가 적고 (당분간은 그렇다) 이 때문에 지구는—상당히 오랫동안 매우 최근까지—꾸준히 차가워졌다.

지구의 역사 대부분에 겨울은 극지방에 눈이 내려 이 눈이 얼어붙을 만큼 추웠지만 일반적으로 태양이 여름에 이 얼음을 녹였다. 그러나 1400만 년 전 감소하는 화산 활동이 지구를 크게 식혀서 광활한 땅덩어리가 자리잡고 있는 남극에서는 여름의 태양도 더 이상 얼음을 녹일 수 없게 되었다. 육지가 없는 북극에서는 얼음이 더 쉽게 녹았지만 275만 년 전이 되자 기온이 떨어져 그곳 역시 연중 얼음이 남아 있게 되었다. 이것은 크나큰 결과를 가져왔는데, 이제 밀란코비치 주기에 따라 지구에 태양 복사량이 줄어들고 연교차가 감소할 때마다 북극의 빙원이 북쪽의 유럽과 아시아, 아메리카로 확장하여 더 많은 물을 가둬 지구를 건조하게 만들고, 해수면을 낮춰 예전보다 많은 태양 복사열을 반사하면 다시 기온이 더 떨어지게 된다. 그렇게 지구는 빙하기에 접어들었다. 그러다가 지구가 요동치고 기울어지고 회전해 따뜻한 위치로 되돌아오자 빙하가 물러갔다.

계산방식에 따라 지금까지 40~50차례 빙하기가 존재했는데, 기원전 19만 년부터 기원전 9만 년까지 — 인류 진화에서 결정적인 시기 — 존재한 두 차례 빙하기는 특히 심했다. 예를 들어 말라위 호수에는 기원전 13만 5000년에 오늘날의 20분의 1에 해당하는 물만 차 있었다. 거친 환경은 틀림없이 생존을 위한 규칙을 변화시켰을 테고 어쩌면 그것이 왜 지능에 유리한 변이가 활발해졌는지를 설명할지도 모른다. 또 우리가 이 시기 유적지를 거의 발견하지 못하는 이유를 설명할 수도 있다. 대부분의 원인은 아마 멸종했을 것이다. 일부 고고학자와 유전학자는 사실 기원전 10만 년경에 2만 명이 채 못 되는 호모사피엔스만이 생존해 있었을 것이라고 추정한다.

이 새로운 이론이 맞는다면 인구 위기는 한꺼번에 여러 가지 일을 했을 것이다. 한편으로는 유전자 풀을 감소시킴으로써 돌연변이가 번성하게 했을 것이다. 그러나 다른 한편으로는 만약 호모사피엔스의 무리가 감소했다면 그들은 더 쉽게 멸종했을 것이며 그들과 함께 어떤 유리한 돌연변이도 사라져버렸을 것이다. 만약 (이 시기 것으로 알려진 유적지가 적다는 사실에서 보듯이) 무리가 감소했다면 호모사피엔스 집단은 그만큼 서로 만날 기회가 줄어들었을 것이고, 따라서 유전자와 지식을 공유할 기회도 더 적었을 것이다. 우리는 10만 년 동안 자그마한 원인 무리들이 적대적이고 예측하기 힘든 환경에 직면해 아프리카에서 간신히 살아나갔으리라 추측해야 할 것이다. 그들 집단은 좀처럼 서로 만나거나 교배하거나 물건과 정보를 교환하지 않았을 것이다. 일부 집단은 우리와 매우 비슷한 인간을, 다른 집단은 그렇지 않은 인간을 낳는 식으로 유전적 변이는 이 고립된 일단의 사람들 안에서 활발했을 것이다. 일부 집단은 작살을 고안해내고 일부는 구슬을 만들었지만 대다수는 그 가운데 어느 것도 만들지 않았고 멸종의 불안은 계속해서 그들을 따라다녔다.

호모사피엔스에게 어두운 시절이었지만 약 7만 년 전에 그들의 운수는 변했다. 아프리카 동부와 남부가 더 따뜻하고 습해져서 수렵과 채집이 용이해졌고 인간은 식량 자원만큼 서둘러 번식했다. 현대적인 호모사피엔스는 무수한 시련과 실수, 멸종의 위기를 겪으며 족히 10만 년간 진화해왔지만 기후 조건이 개선되자 가장 유리한 변이를 가진 인구 집단이 덜 영리한 인간의 번식을 능가하며 본격적으로 증가하기 시작했다. 거석이나 대약진 같은 것은 없었다. 엄청난 생식 활동과 아기들이 있었을 뿐이다.

몇천 년 안에 초기 인류는 생물학적인 수준에서, 또 인구학적 수준에서 임계점에 도달했다. 그러나 그렇게 흔히 멸종해버리는 대신 현생인류 집단은 유전자와 노하우를 공유하면서 집단 간 일정한 접촉을 유지할 만큼 성장해 수가 많아졌다. 변화는 누적적으로 진행되고 호모사피엔스의 행동은 다른 원인의 행동과 급속하게 갈라져나갔다. 일단 그런 과정이 시작되자 동양과 서양 사이에서 생물학적 구분이 뚜렷했던 시절도 얼마 남지 않게 되었다.

다시, '아웃 오브 아프리카'

기후변화는 좀처럼 단순하지 않다. 아프리카 동부와 남부 호모사피엔스의 고향이 7만 년 전 점차 습해지는 동안 북아프리카는 건조해졌다. 우리 선조들은 자신들의 생활권 안에서 재빠르게 증가하고 있었지만 북쪽 방면으로 퍼져나가지는 않았다. 대신 자그마한 무리들이 오늘날의 소말리아에서 지질학적 육교[두 대륙을 잇는 가늘고 긴 실제 또는 가상의 육지. 동식물의 분포 경로가 된다]를 건너 남부 아라비아로 흘러들어갔고 다시 이란까지 진출했다(지도 1.3). 적어도 우리가 추측하는 이동 경로는 그렇다. 남아시아에서는 상대적으로 고고학적 탐사가 별로 이뤄지지 않았지만 우리는 자그마한 무리들의 현생인류가 이 길을 따라 움직였다고 추정해야 한다. 기원전 6만 년에 이르면 그들이 인도네시아에 도달해 배를 타고 약 80킬로미터 거리의 개빙 구역[부빙이 수면의 10분의 1 이하인 구역]을 건너 남부 오스트레일리아의 멍고 호수까지 흘러들었기 때문이다. 이주자들은 아프리카를 떠났을 때 이전의 호모에렉투스/호모에르가스테르보다 50배 빨리 이동하여 이전 원인의 연평균 이동속도 32미터와 비교해 1.6킬로미터 이상을 기록했다.

5만 년 전과 4만 년 전 사이 두 번째 이주의 물결이 이집트를 거쳐 서남아시아와 중앙아시아로 이동했고 그곳에서 다시 유럽으로 퍼져나갔다. 정교한 날과 뼈바늘을 만들 만큼 영리한 이 현생인류는 몸에 맞게 자르고 꿰매어 옷을 지어 입었고 매머드의 상아와 가죽으로 집을 지어 시베리아의 황량한 언 땅마저도 보금자리로 탈바꿈시켰다. 기원전 1만5000년경 인간은 시베리아와 알래스카를 잇는 육교를 걷거나 육교 가장자리를 따른 짧은 항해를 통해 아니면 그 두 가지 과정을 모두 이용해 알래스카로 건너갔다. 기원전 1만2000년에 이르자 그들은 오리건의 동굴에 분석糞石(과학자들이 똥을 가리킬 때 쓰는 말)을 남겼고 칠레의 산에 해초를 남겼다(일부 고고학자는 인간이 당시 유럽과 아메리카를 잇는 빙원의 가장자리를 따라 대서양을 횡단했다고도 생각하지만, 이것은 아직 추정에 불과하다).

동아시아에서의 상황은 이보다는 다소 불분명하다. 중국의 광시 좡족 자치구 류장에서 발견된 완전한 현생인류 두개골은 6만8000년 전 것일 수도 있지만 이 연대 추정에는 약간의 기술적 문제가 있으며 논쟁의 여지가 없이 가장 오래된 화석은 기원전 4만 년으로 거슬러올라간다. 더 많은 발

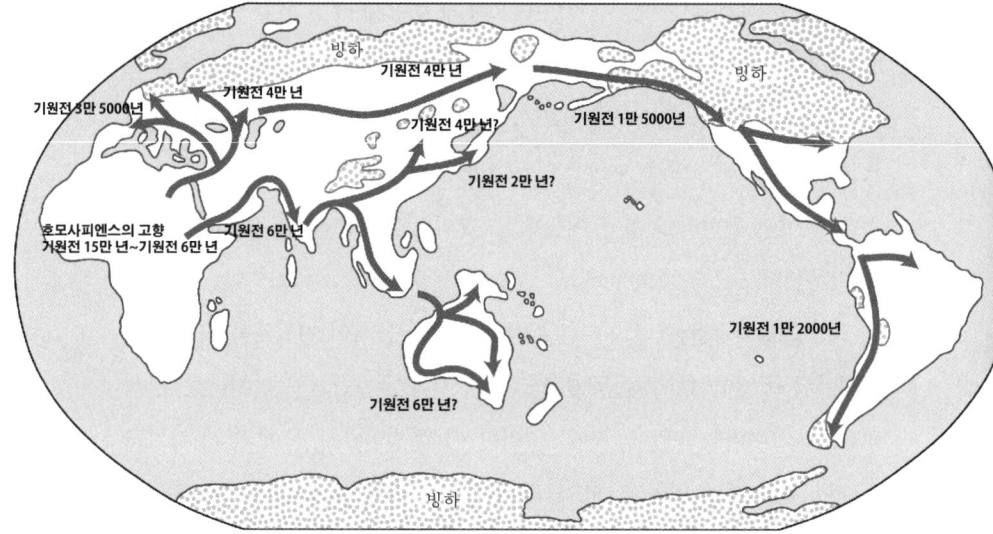

[지도 1.3] 단일성이 회복된 인류: 대략 12만 년 전과 6만 년 전 사이에 완전한 현생인류가 아프리카 밖으로 퍼져나갔다. 지도 위의 숫자는 인간이 세계 각지에 도달한 시기를 가리키며 해안선은 약 2만 년 전 후기 빙하기 때의 모습이다.

굴 작업은 현생인류가 중국에 상대적으로 일찍 혹은 늦게 도달했는지*에 대한 문제를 해소해줄 것이지만 어쨌든 2만 년 전까지 일본에 도달한 것은 확실하다.

신인류는 가는 곳마다 대참사를 야기했던 것 같다. 이전의 원인이 결코 발을 디디지 않았던 대륙은 호모사피엔스가 도착했을 때 대형 사냥감으로 가득했다. 뉴기니와 오스트레일리아에 진출한 최초의 인류는 180킬로그램이나 되는 날개 없는 새들과 1톤이나 되는 도마뱀과 마주쳤다. 기원전 3만5000년이 되자 이 동물들은 모두 멸종했다. 멍고 호수와 다른 몇몇 발굴 현장에서 나온 증거는 인간이 기원전 6만 년경에 그곳에 도착했다는 사실을 암시하는데, 그렇다면 약 2만5000년간 인간과 대형동물군이 공존한 셈이다. 그러나 일부 고고학자는 이 연대를 반박하고 대신 인류가 4만 년 전에 도달했다고 주장한다. 그렇다면 인간이 도착하자마자 큰 짐승들이 급격히 사라졌다고 의심해볼 수 있다. 아메리카 대륙에서는 1만5000년 전 최초의 이주자들이 낙타와 코끼리, 거대한 땅나무늘보와 마주쳤다. 4000년 안에 이 동물들 역시 모두 멸종했다. 호모사피엔스의 도래와 거대 동물들의 멸종 사이 우연의 일치는 아무리 약하게 표현해도 굉장하다고밖에 할 수 없다.

인류가 이 동물들을 사냥해서 멸종시켰다거나 서식권 밖으로 몰아냈다는 직접적 증거는 없으며 이들의 멸종을 설명하는 대안(기후변화나 혜성 충돌 같은)도 풍부하다. 그러나 현생인류가 원인이 이미 차지하고 있던 환경에 진입했을 때 원인이 멸종했다는 사실에 대해서는 별로 논쟁의 여지가 없다. 현생인류가 기원전 3만5000년에 이르러 유럽에 진입하자 1만 년

---

* 중국의 몇몇 고고학자는 현생인류가 중국에서 독자적으로 진화했다고 생각한다. 이 의견에 대해서는 이하에서 다시 논의한다.

안으로 네안데르탈인은 대륙의 변두리 산악 지대를 제외하고 지상에서 자취를 감췄다. 우리에게 알려진 네안데르탈인의 유적 가운데 가장 최근 것은 남부 에스파냐의 지브롤터에서 발굴된 것으로, 기원전 2만5000년경의 것으로 추정된다. 15만 년 동안 유럽을 지배한 네안데르탈인은 그냥 사라져버렸다.

그러나 현생인류가 어떻게 원인을 대체했는지에 대한 자세한 과정은 서양의 지배에 대한 인종적 설명이 일리가 있는지를 따져보는 데 결정적이다. 우리는 우리 선조들이 지적 능력이 떨어지는 종을 적극적으로 죽였는지 아니면 식량을 둘러싼 경쟁에서 그들을 그저 능가했을 뿐인지 아직 모른다. 대부분의 장소에서 현생인류의 유적지는 네안데르탈인과 연관된 유적지를 단순히 대체할 뿐이라(두 종의 유물이 서로 섞이지 않았다는 의미) 변화가 갑작스러웠음을 짐작할 수 있다. 주요한 예외는 프랑스의 순록 동굴인데, 그곳에서는 네안데르탈인의 거주 국면과 현생인류의 거주 국면이 3만3000년 전부터 3만5000년 전 사이에 번갈아 나타났던 것 같고 네안데르탈인 유적층에는 오두막의 석조 기반과 뼈로 만든 도구, 동물 이빨로 만든 목걸이 등이 있다. 발굴자들은 네안데르탈인이 그러한 것들을 현생인류로부터 배웠으며 의식의 여명으로 나아가고 있었다고 주장했다. 프랑스 네안데르탈인 유적지 여러 곳에서 황토가 발견된 것(한 동굴에서는 9킬로그램이 발견되었다)도 같은 방향을 시사하는지 모른다.

우람하고 눈썹이 낮은 네안데르탈인이 더 잽싸고 말수가 많은 새로운 사람들이 몸에 그림을 그리고 오두막 짓는 것을 구경한 뒤 서투른 손길로 그러한 행동을 따라하려고 애쓰거나 아니면 갓 잡은 고기를 반짝이는 장신구와 교환하는 모습을 상상하기란 어렵지 않다.『동굴 곰의 씨족』에서 진 오엘은 네안데르탈인은 그저 "다른 이들"의 일에 끼어들지 않으려고 애쓰는 반면 현생인류는 "평평한 이마들"인 네안데르탈인을 얕잡아보면서 쫓아내는 광경을 그렸다. 그러나 다섯 살짜리 현생인류 고아 소녀 에일라만은 예외였는데 네안데르탈인 동굴 곰 씨족은 에일라를 받아들여 혁신적인 결과를 얻게 된다. 물론 이 모든 내용은 공상에 불과하지만 다른 이들의 추측 못지않게 그럴 듯하다(물론 순록 동굴에서 네안데르탈인과 현생인류의 유물이 겹쳐서 나타나는 현상에 대한 가장 경제적인 설명은 허술한 발굴 작업 탓이라고 주장하며, 평평한 이마들이 다른 이들로부터 배웠다는 직접적 증거가 없음을 지적하는 현실적인 고고학자들의 의견을 따르지만 않는다면 말이다).

사안의 핵심은 성性이다. 만약 현생인류가 이종 간의 교배 없이 구세계 서양에서 네안데르탈인을, 동양에서 호모에렉투스를 대체했다면 현재 서양의 지배를 선사시대의 생물학적 차이로 거슬러올라가는 인종 이론은 분명 틀렸다. 그러나 정말로 그런 일이 일어났을까?

1930년대 이른바 과학적 인종주의의 전성기에 일부 형질 인류학자는 현대 중국인의 두개골과 베이징원인 사이에 유사성(정수리 부위의 작은 돌기, 상대적으로 평평한 얼굴 상단부, 들어간 턱, 삽 모양 앞니)이 있기 때문에 유럽인보다 미개하다고 주장했다. 이 인류학자들은 오스트레일리아 원주민의 두개골도 100만 년 전의 인도네시아 호모에렉투스와 유사점—목 근육과 접합된 두개골 뒷면의 돌기들, 시렁 같은 눈썹, 들어간 이마, 커다란 치아—이 많다고 지적했다. 이 (서양의) 학자들은 현대의 동양인은 더 원시적인 이 원인에서 유래한 반면 서양인은 발달한 네안데르탈인에서 유래했고, 그러한 사실이 왜 서양이 지배하는지를 설명할 수 있다고 주장했다.

오늘날은 누구도 저런 식으로 조야하게 표현하지 않지만 왜 서양이 지배하는가라는 질문을 진지하게 고려한다면 우리는 호모사피엔스가 현생인류 이전의 인간들과 교배했을 가능성과 동양 사람이 서양 사람보다 생물학적으로 덜 발달했을 가능성을 직시해야 한다. 우리는 호모사피엔스가 서양의 네안데르탈인, 동양의 베이징원인과 유전자를 결합했는지 가르쳐줄 성교중인 동굴인간을 발굴하지는 못할 테지만 다행스럽게도 그럴 필요가 없다. 그런 밀회가 있었다면 우리는 우리 몸에서 그 결과를 관찰할 수 있을 것이다.

우리는 각자 조상 모두로부터 DNA를 물려받았는데, 이론상으로는 유전학자들이 살아있는 사람들의 DNA를 전부 조사해서 현재로부터 가장 가까운 인류의 공통 조상으로 거슬러올라가는 가계도를 그릴 수 있다는 뜻이다. 그러나 우리 몸의 DNA 가운데 절반은 모계로부터, 절반은 부계로부터 물려받았기 때문에 현실적으로는 유전 정보를 구분하기가 굉장히 까다롭다.

유전학자들은 미토콘드리아 DNA에 집중함으로써 이 문제를 우회하는 영리한 방법을 찾아냈다. 대부분의 DNA가 유성생식을 통해 복제되는 것과 달리 미토콘드리아 DNA는 전적으로 여자들에 의해서만 전달된다(남자들도 어머니로부터 미토콘드리아 DNA를 물려받지만 후손에 전달하지는 않는다). 옛날 옛적 우리는 모두 같은 미토콘드리아 DNA를 갖고 있었고 따라서 내 몸과 여러분의 몸 안의 미토콘드리아 DNA 간의 차이는 성적 결합이 아니라 임의적 유전자 변이의 결과임이 틀림없다.

1987년 유전학자 레베카 칸이 이끄는 연구팀은 세계 곳곳에 사는 사람들의 미토콘드리아 DNA를 연구한 책을 발표했다. 그들은 연구 데이터 안에서 약 150가지 유형을 구분했고 통계 수치를 어떻게 배열하더라도 세 가지 핵심 결과가 지속적으로 산출됨을 확인했다. 첫째, 다른 어느 곳보다 아프리카에서 유전적 다양성이 가장 크다. 둘째, 나머지 세계의 유전적 다양성은 아프리카 내 다양성의 일부에 불과하다. 셋째, 가장 멀리 거슬러올라가는—그러므로 가장 오래된—미토콘드리아 DNA 계보는 모두 아프리카에서 기원한다. 결론은 불가피하다. 현재 우리 인류가 공유하는 가장 가까운 여자 조상은 틀림없이 아프리카에 살았다는 것이다. 그녀에게는 금세 아프리카 이브라는 이름이 붙여졌다. 칸과 동료들이 살펴보았듯이 그녀는 "한 운 좋은 어머니"[10]였다. 미토콘드리아 DNA에서 표준변이율에 따라 계산한 결과 연구팀은 이브가 20만 년 전에 살았다고 결론 내렸다.

1990년대 내내 고인류학자들은 칸의 연구팀이 내린 결론을 놓고 논쟁했다. 어떤 이는 그들의 방법에 의문을 제기했고(데이터 수치를 배열하는 방식은 수천 가지가 있고 이론적으로는 모두 똑같이 타당하다), 또 다른 이는 그들의 증거를 의심했지만(처음 연구에서 '아프리카인' 대부분은 사실 아프리카계 미국인이었다), 표본이나 수치를 아무리 재배열하더라도 결과는 매번 똑같이 나왔다. 후속 연구들로 결론에서 기껏 달라진 것은 이브가 살았던 시기가 15만 년 전으로 약간 가까워졌다는 것뿐이었다. 기술이 발전해 유전학자들이 Y염색체에서 세포핵 DNA를 검사할 수 있게 된 1990년대 말이 되자 논쟁에 쐐기를 박는 차원에서 아프리카 이브는 동반자를 얻게 되었다. 미토콘드리아 DNA처럼 Y염색체도 유성생식과 상관없이 복제되지만 부계를 통해서만 전달된다. 이 연구는 Y염색체 DNA도 아프리카에서 유전적 다양성이 가장 크고 계보도 가장 오래되었다는 사실을 발견했고, 아프리카 아담이 6만 년 전과 9만 년 전 사이에 살았으며 비非아프리카계 변형들의 기원은 5만 년 전이라고 지적했다.* 2010년에 유전학자들은 한 가지 세부 사항을 추가했다. 호모사피엔스는 아프리카를 떠나자마자 네안데르탈인과 많이 성교했고, 그다음 이 유전자 조합을 나머지 지역으로 전파했다는 것이다.

그러나 일부 고인류학자는 서양의 호모사피엔스와 네안데르탈인 사이에 관찰되는 골격상의 유사성 그리고 동양의 호모사피엔스와 호모에렉투스 사이에 관찰되는 골격상의 유사성보다 유전자가 더 중요하지는 않다고 주장하며 여전히 의심을 버리지 않는다. 아웃 오브 아프리카 모델 대신 그들은 '다지역' 모델을 제안한다[아프리카 기원설과 다지역 기원설이다]. 어쩌면 최초의 아기 걸음마는 실제로 아프리카에서 일어났을 수도 있다고 그들도 인정하지만 그후 아프리카와 유럽, 아시아 간의 인구 이동은 매우 급속한 유전자 흐름gene flow·을 촉진하여 한 지역의 유리한 변이들이 몇천 년 안에 전 지역에 퍼졌다. 그 결과 조금씩 다른 현생인류 종이 세계 여러 지역에서 동시에 진화했다. 이는 골격상 증거와 유전적 증거를 동시에 설명해줄 것이며 동양인과 서양인이 생물학적으로 실제로 다르다는 것을 의미한다.

많은 이론이 그렇듯이 다지역 기원설도 논쟁에서 양쪽 모두에 이용될 수 있는데, 일부 중국 과학자는—『차이나 데일리』가 표현한 대로—"현대 중국인은 아프리카 대신 오늘날의 중국 영토라 할 만한 곳에서 기원했기"[11]때문에 중국은 예외적이라고 주장해왔다. 그러나 1990년대 후반 이래로 증거들은 꾸준히 이 다지역 기원설에 불리하게 기울어왔다. 동아시아의 고대 DNA는 상대적으로 분석이 거의 되지 않았으며 하물며 그러한 분석 결과가 다지역 기원설 옹호자들을 고무하지도 않는다. 한 Y염색체 연구자는 심지어 "데이터는 동아시아에서 해부학적 현생인류의 기원에 그곳 사람족이 조금이라도 기여했을 가능성을 뒷받침하지 않는다"[12]고 결론 내린다.

---

* 아프리카 아담이 아프리카 이브보다 10만 년 뒤에 살았다는 사실이 이상하게 느껴질 수도 있는데, 사실 이 이름들은 아무 의미가 없다. 아프리카 아담과 이브가 최초의 호모사피엔스 남자와 여자가 아니란 소리다. 그들은 오늘날 우리가 유전적으로 추적할 수 있는 가장 최근의 공통 조상이다. 평균적으로 남자는 여자와 똑같은 수의 후손을 낳지만(분명히 우리에게는 모두 아빠 한 명과 엄마 한 명이 있으니까) 일부 아버지는 수십 명의 아이를 낳기 때문에 남자 한 명이 낳는 아이 수 평균값은 여자 한 명이 낳는 아이 수 평균값보다 분산이 크다. 결국 아이가 없는 남자들의 유전자 풀이 여자의 경우보다 상대적으로 크다는 사실은 남자의 유전적 계보가 여자의 유전적 계보보다 더 쉽게 단절될 수 있음을 의미하며, 따라서 현재 남아 있는 부계 후손은 모계보다 더 최근의 조상에서 만날 수밖에 없다.

• 한 집단에서 다른 집단으로 유전자가 이동하는 과정을 말한다. 집단에 새로운 유전적 변이를 제공하거나 집단 간의 유전적 차이를 줄이는 특징이 있다. 일반적으로 이동성이 높은 생물일수록 유전자 흐름이 빠른 경향을 보인다.

유럽에서 네안데르탈인 미토콘드리아 DNA에 대한 초기 연구들은 네안데르탈인과 인류(2만4000년 전 유골이든 살아 숨쉬는 현재 유럽인이든)의 미토콘드리아 DNA가 조금도 일치하지 않는 것을 발견하고서 네안데르탈인과 호모사피엔스가 이종교배를 전혀 하지 않았다는—어쩌면 할 수 없었다는—결론을 시사했다. 이제 완전한 네안데르탈인 게놈 분석은 이러한 결론이 너무 나간 것이며, 네안데르탈인이 우리의 DNA에 작은 흔적을 남길 만큼 한때는 호모사피엔스 사이에서 정열을 불러일으켰음을 보여준다. 그러나 그 흔적은 프랑스부터 중국에 걸쳐 완전히 똑같다는 사실도 보여주었다. 유라시아 어디서나 사람들은 (더 큰 집단으로서) 다들 비슷비슷하다.

논쟁은 여전히 이어지며 최근 2007년에도 저우커우뎬과 쉬창에서 새롭게 발굴된 것들은 중국에서 현생인류가 호모에렉투스로부터 진화했음이 틀림없다는 증거로 요란스럽게 선전되었다. 그러나 이 발견을 알리는 출판물이 인쇄되고 있는 와중에도 다른 학자들은 다지역 기원설의 폐기에 확실한 쐐기를 박는 것처럼 보였다. 그들은 6000개가 넘는 두개골의 측정값에 정교한 다중회귀분석●을 수행해서 기후 변수를 통제하면 전 세계의 두개골 형태 간 차이는 사실 DNA 증거와 일치한다는 것을 보여주었다. 지난 6만 년간 우리가 아프리카에서 나와 널리 퍼지면서 이전 50만 년에 걸쳐 출현한 모든 유전적 차이는 깨끗하게 지워져버렸다.

서양 지배의 토대를 생물학에 두는 인종 이론은 실제적인 아무런 근거가 없다. 커다란 집단으로서 사람들은 우리가 어느 지역 사람이든 다 비슷비슷하며 우리는 우리의 아프리카 조상들로부터 부단히 움직이는 창조적인 정신을 물려받았다. 생물학 그 자체는 왜 서양이 지배하는지를 설명할

● 어떤 변수가 다른 변수에 의해 설명된다고 보고 그 함수관계를 조사하는 통계적인 해석 방법을 '회귀분석'이라 하는데, 독립변수가 두 개 이상인 모형으로 분석하는 회귀분석을 다중회귀분석이라 한다.

수 없다.

선사시대 피카소들

이제, 인종 이론이 틀리다면 동양과 서양은 **과연** 어디에서 시작되었을까? 여기에 대한 답변은 100년이 넘게 많은 유럽인에게 명백했던 것 같다. 생물학을 끌어오지 않더라도 그들은 자신 있게 주장했다. 한마디로 현생인류 같은 것이 존재하던 시절 이래로 유럽인은 동양인보다 문화적으로 언제나 우월했다는 것이다. 그들에게 확신을 심어주는 증거는 1879년에 나타나기 시작했다. 그보다 20년 전에 찰스 다윈의 『종의 기원』이 출간되면서 화석 수집이 신사들의 점잖은 취미 가운데 하나가 되자 같은 계급의 다른 많은 일원과 마찬가지로 돈 마르셀리노 산스 데 사우투올라도 에스파냐 북부에 있는 자신의 소유지에 동굴인간을 찾으러 갔다. 하루는 알타미라 동굴에 갔는데 딸이 졸졸 따라왔다. 여덟 살짜리에게 고고학은 그리 재미있지 않아서 사우투올라가 바닥에 눈길을 고정하고 있는 동안 어린 마리아는 놀면서 주위를 뛰어다녔다. 오랜 세월이 흐른 뒤 인터뷰를 했을 때 마리아는 "나는 갑자기 동굴 천장에 그려진 사람과 여러 모양을 알아봤어요"라고 말했다. 그녀는 숨 가쁘게 외쳤다. "아빠, 여기 봐요. 소가 있어요!"[13]

모든 고고학자는 "세상에!"의 순간을 꿈꾼다. 절대적인 경이의 순간, 경외감을 불러일으키는 도저히 믿기 힘든 발견 앞에서 시간이 정지하고 모든 것이 아득해지는 순간 말이다. 실제로 그런 체험을 하는 고고학자는 그리 많지 않으며, 지금까지 사우투올라와 같은 체험을 한 고고학자는 없을 것이다. 사우투올라는 들소와 사슴, 겹겹이 그려진 다양한 색깔의 동물들이 6미터에 걸쳐 동굴 천장에 그려진 것을 보았다. 어떤 것은 몸을 웅크리고 있고 어떤 것은 뛰어다니고 있었으며 어떤 것은 펄쩍 뛰어오르고 있었다(도판 1.4). 동물 하나하나가 모두 아름답고 감동적으로 묘사되어 있었다. 세월이 흐른 뒤에 동굴에 방문했을 때 피카소는 깜짝 놀랐다. 그는 "우리 가운데 누구도 이렇게 그릴 수 없다" "알타미라 이후로 모든 것은 데카당스다"라고 말했다.

사우투올라의 첫 반응은 웃음을 터트리는 것이었지만 곧 "그림에 홀딱 빠져서 거의 말을 잇지 못할 정도였다"[14]고 마리아는 회고했다. 그는 이 그림들이 정말로 고대의 것이라는 사실(가장 최근의 연구에서 일부 그림은 2만5000년 이상 된 것이라는 결과를 얻었다)을 점차 확신하게 되었다. 그러나 1879년 당시에는 아무도 그 사실을 몰랐다. 사실, 1880년 리스본에서 열린 인류학·선사시대 고고학 국제학회에서 사우투올라가 이 장소를 소개했을 때 전문가들은 그를 비웃으며 몰아냈다. 동굴인간은 그런 예술 작품을 만들어낼 수 없다는 것을 모두들 알고 있었으며, 그들은 사우투올라가 거짓말쟁이거나 잘 속는 사람이라는 데 동의했다. 사우투올라는 이런 반응을—마땅히—자신의 명예에 대한 공격으로 받아들였다. 그는 낙담한 채 8년 뒤에 숨을 거뒀다. 사우투올라의 "세상에!" 순간은 그의 인생을 망가트린 셈이다.

1902년이 되어서야 사우투올라의 주요 비판자가 실제로 알타미라를 방문해 공개적으로 비난을 철회했고 그 이후로 선사시대 그림이 그려진 동굴 수백 곳이 발견되었다. 그 가운데 가장 장관인 프랑스의 쇼베 동굴은 최근인 1994년에 발견되었는데, 너무나도 잘 보존되어 있어서 마치 화가가 순록 고기 한 점을 뜨려고 잠깐 자리를 떴다가 언제든 곧 돌아올 것만 같다. 쇼베 동굴의 그림 가운데 하나는 3만 년 전 것으로, 서유럽 현생 인류의 가장 초기 흔적 가운데 하나다.

[도판 1.4] "알타미라 이후 모든 것은 데카당스다…" 1879년 여덟 살배기 마리아 산스 데 사우투올라에 의해 발견된 기가 막힌 들소 천장화의 일부. 마리아의 발견은 아버지의 삶을 망가트렸고 피카소의 숨을 멎게 했다.

이러한 동굴벽화 같은 것이 세계 다른 곳에서는 발견된 적이 없다. 아프리카를 떠난 현생인류의 이주는 모비어스 라인의 의해 생겨난 모든 차이와 이전 원인 종들 간의 모든 생물학적 차이를 일소했다. 그렇다면 우리는 3만 년 전 에스파냐 북부와 프랑스 남부를 선사시대 피카소들로 채운 독특하고 창조적인 문화를 특별한 (그리고 우월한) 서양 전통의 진정한 시작으로 삼아야 할까?

이에 대한 대답은 어쩌면 다소 놀라울 수도 있지만 얼어붙은 남극 불모지에 있다. 매년 남극에 내리는 눈은 이전에 내린 눈을 덮고 단단하게 눌러서 얇은 얼음층을 형성한다. 이 얼음층은 고대 기후의 연대기와 같다. 기후학자들은 각 얼음층을 분리해 두께를 측정함으로써 눈이 얼마나 많이 내렸는지 알 수 있다. 또 산소 동위원소들 간의 안정화 비율을 찾으면 기온을 알 수 있으며, 이산화탄소와 메탄의 양을 비교하면 온실효과를 파악할 수 있다. 그러나 얼음층 안으로 시추 구멍을 뚫어 코어[시추기에 의해 채취된 흙, 바위, 광물의 원통형 채취 샘플]를 채취하는 일은 과학이 맡은 가장 어려운 임무 가운데 하나다. 2004년 유럽 연구팀이 남극 얼음층에서 거의 3킬로미터 깊이의 코어를 채취하는 데 성공했는데, 3킬로미터면 몇몇 원인의 눈에 네안데르탈인은 아직 나타나기도 전인 74만 년 전이라는 어마어마한 과거로 거슬러올라가는 것이다. 겨울 기온이 섭씨 영하 50도까지 떨어지고 평소에도 섭씨 영하 25도 이상으로 올라가지 않는 날씨에서 1999년 과학자들은 시추 드릴이 걸려서 움직이지 않아 처음부터 다시 시작해야 했고 마지막 몇백 미터를 파기 위해서는 비닐봉투에 에탄올을 채워 만든 임시변통 드릴을 이용해야 했지만, 결국 해냈다.

이 과학의 슈퍼맨과 슈퍼우먼들이 얼음에서 추출해낸 결과로 한 가지 사실이 분명해졌다. 알타미라 화가들이 살았던 세상은 추웠다는 것이다. 기온은 현생인류가 아프리카를 떠난 뒤 다시 떨어지기 시작해서 2만 년 전 무렵—그 어느 때보다도 많은 화가가 황토와 목판을 동굴 벽에 칠하던 시절—에 마지막 빙하기가 극한의 절정에 이르렀다. 이 시기 평균기온은 최근 평균기온보다 약 섭씨 8도가 낮았다. 그러한 기온 차이는 어마어마한 결과를 낳았다. 수 킬로미터 두께의 빙하가 아시아 북부와 유럽, 아메리카를 뒤덮었고 엄청난 양의 물을 가두면서 해수면이 오늘날보다 90미터 이상 낮았던 것이다. 아프리카에서 잉글랜드나 오스트레일리아, 아메리카까지 한 번도 바다를 구경하지 않고 걸어갈 수 있었다. 물론 이런 곳을 방문하고 싶은 마음이 딱히 들지는 않았을 테지만. 빙하의 가장자리에서는 바람이 윙윙거렸고 겨울에는 꽁꽁 얼어붙고 여름에는 황량하고 광막한 스텝 지대 위로 먼지 폭풍이 휘몰아쳤다. 적도에서 40도 이내에 있는, 그나마 가장 덜 엄혹한 지역들도 짧은 여름과 미미한 강수량, 대기중 이산화탄소 농도의 감소로 식물의 생장이 제한되었고 (인간을 포함한) 동물의 개체 수가 낮은 수준으로 유지되었다. 상황은 현생인류가 아프리카를 떠나기 전 최악이었던 시절만큼 나빴다.

오늘날 열대지방에 해당하는 곳에서의 삶은 시베리아에서보다 낫긴 했지만 고고학자들은 어느 지역을 살펴보든 사람들이 빙하기에 다들 유사한 방식으로 적응했음을 발견한다. 그들은 자그맣게 무리를 지어 살았다. 더 추운 환경에서는 열 명 남짓도 큰 집단이었다. 온화한 지역에서는 그보다 두 배 많은 사람이 함께 살았다. 그들은 식물들이 언제 다 익는지 또 어디서 자라는지, 동물들이 계절의 변화를 앞두고 언제 이동하는지 어느 길목에서 기다리고 있다가 동물을 잡으면 좋은지를 터득했다. 그들은 동식물을 따라 대지를 떠돌았다. 이런 것을 터득하지 못한 사람은 굶어죽었다.

그렇게 작은 무리들은 번식을 하는 데 애를 먹었을 것이다. 엄혹한 환경에서 살아가는 오늘날의 수렵채집인처럼 그들도 이따금 결혼 상대를 교환하고 물건과 이야기를 주고받고 어쩌면 그들의 신과 정령, 조상들에 대해 이야기하기 위해 한곳에 모였을 것이다. 이러한 모임은 연중 가장 짜릿한 행사였으리라. 물론 이것은 추측이지만 많은 고고학자는 이러한 축제의 날에 서유럽의 화려한 동굴벽화가 그려졌을 것이라 생각한다. 모두가 저마다 가장 좋은 가죽과 구슬을 걸치고 얼굴에 그림을 그렸으며 신성한 만남의 장소를 능력이 닿는 대로 가장 아름답게 꾸며서 그곳을 진정 특별한 곳으로 만들었다.

그러나 여기서 명백한 질문이 하나 떠오르는데—만약 이러한 삶의 냉혹한 현실이 아프리카와 아시아, 유럽 전역에 걸쳐 적용되었다면—왜 그런 찬란한 벽화들이 서유럽 동굴에서만 발견되는가? 유럽인이 다른 누구보다 문화적으로 더 창조적이라는 전통적인 답변은 꽤나 말이 되는 것 같지만 질문을 바꿔보는 것이 더 좋을 듯하다. 유럽 미술의 역사는 쇼베 동굴부터 샤갈까지 이어지는 걸작 목록의 연속이 아니다. 동굴벽화는 기원전 1만1500년 이후 바닥나고 다시 그에 필적할 만한 것이 나오기까지는 수천 년의 세월이 흘러야 했다.

3만 년 된 유럽 창조성의 전통에서 서양 지배의 뿌리를 찾는 것은 명백히 잘못되었다. 이 전통이 사실 수천 년 동안 말라붙어 있었다고 한다면 말이다. 어쩌면 우리는 왜 동굴벽화의 전통이 끝났는지를 물어야 하지 않을까? 일단 우리가 그러한 질문을 던지기 시작하면 선사시대 유럽의 놀라운 유적들도 다른 특별한 서양의 전통과 마찬가지로 지리 그리고 기후와 크게 관련이 있다는 사실이 눈에 들어오기 때문이다.

빙하기 거의 내내 에스파냐 북부와 프랑스 남부는 순록떼가 여름 초지에서 겨울 초지로 이동했다가 다시 돌아오는 탁월한 사냥터였다. 그러나 1만5000년 전 기온이 오르기 시작하자 (여기에 대해서는 제2장에서 자세히 논의할 것이다) 순록은 겨울에 이곳 남쪽 깊숙한 곳까지 이동하지 않게 되었고 사냥꾼들은 그들을 따라 북쪽으로 갔다.

서유럽 동굴벽화가 같은 시기에 쇠퇴하게 된 것은 우연일 리 없다. 동물 지방으로 밝힌 등과 황토 막대기를 들고 지하로 기어내려가는 화가들은 점점 줄어들었다. 1만3500년 전 무렵 마지막 화가가 동굴을 떠났다. 그는 깨닫지 못했을 테지만 그날 고대의 전통은 죽음을 맞았다. 동굴에는 어둠이 내려앉았고 수천 년 동안 박쥐와 똑똑 떨어지는 물방울만이 무덤 속 같은 고요를 깨트릴 뿐이었다.

기원전 1만1500년 이후에 사냥꾼들이 북쪽으로 물러가는 순록떼를 따라가면서 어째서 동굴벽화도 꾸준하게 북쪽으로 옮겨가지 않았을까? 어쩌면 북유럽 사냥꾼들이 그림을 그리기에 그렇게 편리한 동굴이 없었다는 매우 적절한 이유 때문은 아닐까? 에스파냐 북부와 프랑스 남부에는 깊은 석회암 동굴이 무척 많지만 북유럽에는 훨씬 적다. 선사시대 부족들이 만남의 장소를 꾸미기 위해 기울인 노력의 산물은 만약 사냥터와 깊은 동굴이 있는 장소가 일치하지 않는다면 오늘날 우리가 찾을 수 있도록 남아 있는 경우가 극히 드물다. 그러한 행복한 우연의 일치가 일어나지 않을 때마다 사람들은 지상 근처나 심지어 지상에서 모였다. 2만 년간 바람과 햇볕, 비에 노출된 그들의 예술 작품이 남긴 흔적은 거의 남아 있지 않다.

그러나 "거의 남아 있지 않다"는 것은 "전혀 남아 있지 않다"와 다르고 때로 운이 좋을 때도 있다. 아폴로 11호라는 멋진 이름이 붙은 나미비아의 동굴에는 코뿔소와 얼룩말 그림이 그려진 판석들이 천장에서 떨어져 나와 1만9000년 전과 2만6000년 전 사이에 형성된 퇴적물 아래 보존되었고 몇몇 오스트레일리아의 실례는 그보다 더 오래되었다. 샌디 크리크[오스트레일리아 남부의 작은 도시]의 동굴 벽에 새겨진 그림 일부 위에 쌓인 광물 퇴적물은 2만5000년 전 것으로 추정되며 안료의 파편들은 2만6000년에서 3만2000년만큼 오래된 것이다. 카펜터스 갭[오스트레일리아 서북부에 위치한 암석보호구]에서 벽화가 그려진 동굴 벽의 일부는 4만 년 된 거주지 잔해에 떨어져서 심지어 쇼베 동굴보다 더 오래되었다.

아프리카나 오스트레일리아의 실례들 가운데 어느 것도 프랑스와 에스파냐에서 발견된 최고의 작품들과 미학적으로 비교가 되지 않는다. 게다가 깊지만 벽화가 없는 동굴도 서유럽 바깥에 적지 않다(2만 년 전 사람이 다시 거주하기 시작한 저우커우뎬도 마찬가지다). 모든 예술적 전통은 똑같이 뛰어나다는 주장은 둘째 치고 모든 인간이 동굴 예술에 똑같은 노력을 기울였다고 주장하는 것은 어리석은 일이리라. 그러나 고고학자들이 다른 어느 지역보다 유럽에서 가장 열심히 오랫동안 동굴벽화를 찾아왔다는 사실과 보존 문제를 감안한다면 다른 대륙에 뭐라도 남아 있다는 사실은 어디에서나 모든 현생인류가 예술을 창조하려는 욕구를 공유했다는 사실을 가리킨다. 동굴벽화를 위한 조건이 서유럽만큼 좋지 않은 곳에서는 사람들이 에너지를 다른 매체에 쏟았을지도 모를 일이다.

지도 1.5는 동굴 예술이 서유럽에 몰려 있는 반면 인간과 동물을 묘사한 석조상과 점토상, 뼈 조각상은 동쪽에 더 흔하다는 사실을 멋지게 보여준다. 출판할 경제적 여건만 허락된다면 이 책에 독일부터 시베리아까지 전역에서 발견된 대단히 근사한 작은 조각상 사진을 수십 장 실을 수도 있다. 그러나 그렇게 하기는 불가능하므로 가장 최근인 2008년에 독일의 홀레 펠스에서 발견된 작품 사진을 싣는 데 만족해야겠다(도판 1.6). 머리는 없지만 엄청나게 큰 가슴이 달린 5센티미터 크기의 이 자그마한 여자 조각상은 3만 5000년 전 매머드 상아로 만든 것이다. 같은 시기 시베리아 바이칼 호수 인근 말라야 시야에서는 사냥꾼들이 오랜 시간을 들여 뼛조각 위에 여러 동물 그림을 새겼다. 기원전 2만 5000년에 이르자 최대 120명에 달하는 무리가 체코 공화국의 돌니 베스토니체에 있는 매머드 뼈와 가죽으로 만든 오두막에 모여 동물들과 역시 커다란 가슴이 달린 여자를 묘사한 작은 점토상을 수천 개 만들었다. 동아시아에서 예술적 기록은 드물

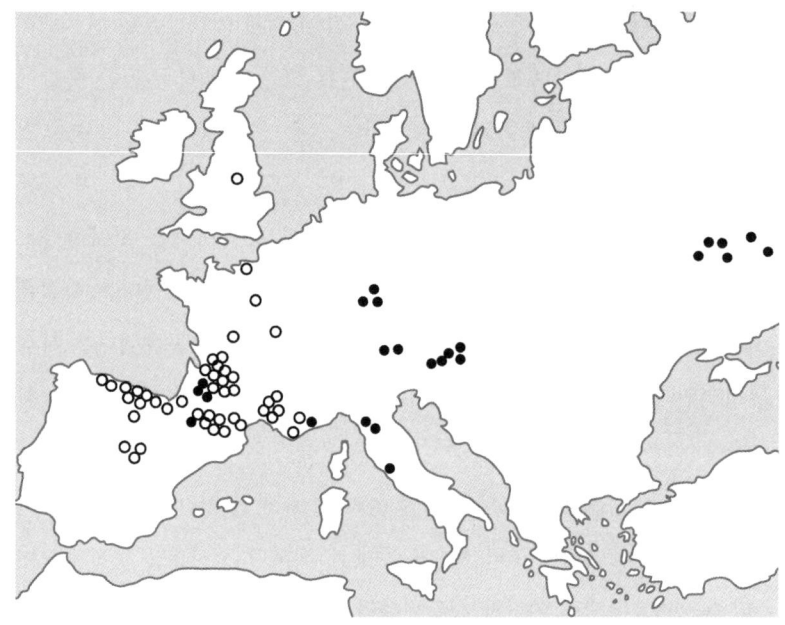

[**지도 1.5**] 서양 문화의 시작? 흰 동그라미는 1만2000년이나 그 이상 된 동굴벽화가 발견된 곳을 가리키며 검은 동그라미는 같은 시기에 제작된, 휴대가 가능한 예술품이 발견된 곳을 보여준다.

지만 가장 이른 시기의 것—2009년 쉬창에서 발견된 자그마한 새 모양 조각상으로, 약 15만 년 전 것으로 추정되며 사슴뿔로 만들어졌다—은 매우 정교해서 향후 발굴 작업이 중국에서도 융성하던 빙하기 예술의 전통을 밝혀줄 것이라 확신해도 좋다.

쇼베와 알타미라의 벽화를 가능케 한 조건이 결여된 빙하기 서유럽 바깥의 사람들은 분명히 자신들의 창조성을 표현할 다른 출구를 찾아냈다. 이전의 원인이 어떤 창조적 욕구를 느꼈는지에 대해서는 극히 미미한 증거만 존재하지만, 상상력은 호모사피엔스에게 내장되어 있었던 듯하다. 1만 5000년 전에 이르자 인간들은 세상에서 의미를 추구하는 정신적 능력과 이러한 의미들을 미술과 (물론 우리가 관찰할 수는 없지만 아마도) 시, 음악, 춤으로 나타내는 기술을 갖췄다. 다시금 (커다란 집단으로 봤을 때) 사람들은 어디에서나 모두 엇비슷했던 것 같다. 화려한 장관에도 불구하고 알타미라는 서양을 나머지 세계와 구분해주지 않았다.

최초의 원인이 아프리카를 떠난 뒤 기술적, 지적, 생물학적 차이들은 150만 년 넘게 축적되면서 구세계를 네안데르탈인/호모사피엔스 서양과 호모에렉투스 동양으로 나누었다. 10만 년 전 무렵 서양은 상대적으로 앞선 기술을 갖췄고 심지어 약간의 인간성에 대한 암시마저 엿볼 수 있는 반면 동양은 점점 더 뒤처지는 것처럼 보였다. 그러나 6만 년 전 완전한 현생인류가 아프리카에서 나오면서 이 모든 차이를 일소해버렸다. 2만 년 전 마지막 빙하기가 절정에 달했을 때 '동양'과 '서양'은 단지 태양이 뜨고 지는 방향에 불과했다. 영국에서부터 시베리아까지 흩어져 있던—그리고 (상대적인 의미에서) 곧 아메리카로 건너가게 되는—작은 인간 집단들은 동양과 서양을 나누기보다는 둘을 통합했다. 초목이 무르익고 동물이 오고 가는 대로 무리들은 저마다 방대한 지역을 떠돌며 먹을 것을 찾고 사냥을

[도판 1.6] 예술 충동: 3만5000년 된 5센티미터 크기의 머리 없는
조각상. 거대한 가슴이 달린 "비너스"는 매머드 상아로 만들어졌으
며 2008년 독일 홀레 펠스에서 발견되었다.

했다. 저마다 자신들의 영역을 속속들이 알았을 테고 그들이 아는 바위와 나무에 대해 하나도 빠트리지 않고 이야기했으리라. 저마다의 예술과 전통, 도구와 무기, 정령과 귀신이 있었다. 그리고 그들은 신이 그들을 사랑한다는 것을 분명히 알고 있었다. 그 모든 역경에도 불구하고 그들이 여전히 살아 있었기 때문이다.

인간은 그렇게 춥고 건조한 세계에서 가능한 수준까지 도달했다. 그리고 어쩌면 상황은 그대로였을 것이다. 인간의 발아래 있던 지구가 요동치지 않았다면 말이다.

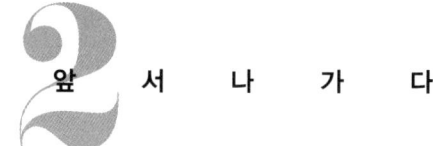

서 양 이 **2** 앞 서 나 가 다

지구온난화

2만 년 전 모닥불 주위에 둘러앉아 추위에 몸을 떨던 동굴인간들은 몰랐을 테지만 그들의 세상은 다시 따뜻해지기 시작했다. 다음 1만 년에 걸쳐 기후변화와 급속히 발달한 인간의 두뇌가 지리를 변형시키며 오늘날까지 지속되는 지역마다 특징적인 생활방식을 탄생시키게 된다. 동양과 서양이라는 구분이 의미를 띠기 시작한 것이다.

지구온난화의 결과는 상상을 초월했다. 기원전 1만7000년 무렵 2~3세기 안에 북아메리카와 유럽, 아시아를 뒤덮은 빙하가 녹으면서 해수면이 12미터 상승했다. 오늘날 흑해의 파도가 철썩거리는 터키와 크림 반도 사이 지역(지도 2.1)은 빙하기 동안 움푹 들어간 분지였지만 이제 빙하의 유거수[토양으로 침투되지 못하고 지표면을 흐르는 물]가 그곳을 지구상에서 가장 큰 민물호수로 탈바꿈시켰다. 어느 시점에서는 물이 매일 15센티미터씩 상승할 만큼 노아의 방주 이야기에 버금가는 홍수였다.* 태양이 뜰 때마다 호숫가는 1.6킬로미터씩 전진했다. 현대의 그 어떤 자연현상과도 감히 비교조차 할 수 없다.

변화하는 지구의 궤도는 온난화와 냉각화, 풍요와 궁핍 사이를 왕복하는 격렬한 시소운동을 촉발한다. 도표 2.2는 제1장에서 언급된 남극에서 추출한 얼음 코어에서 두 가지 산소 동위원소 사이의 비율이 기후가 변화함에 따라 가파르게 오르내리고 있음을 보여준다. 녹아내린 빙하가 얼음장 같은 물을 바다로 쏟아내지 않게 된 기원전 1만4000년경 이후에야 세계는 분명히 온난화를 향해 모두를 위한 두 걸음을 내디딘 다음 다시 한 걸음 후퇴했다. 기원전 1만2000년 무렵 이 발걸음은 뜀박질로 바뀌고 한 사람의 수명에 해당하는 기간 만에 지구는 약 섭씨 3도 정도 따뜻해지면서 요즘에 우리가 알고 있는 기온에 1~2도 이내로 접근하게 되었다.

중세 기독교도들은 우주를 신부터 가장 보잘것없는 지렁이까지 이어지는 '존재의 대사슬'로 생각하기를 좋아했다. 성 안의 부자와 문 밖의 가난한 사람 모두 영원한 질서 속에 각자의 자리가 있었다. 그러나 우리는 결코 영원하지 않은 '에너지의 대사슬'을 생각하는 편이 더 나을 듯하다. 중력에너지는 우주를 구성한다. 에너지는 우주 원시 수프[원시 수프는 생명을 발생시킨 유기물의 혼합 용액을 이르는 용어로, 생명탄생의 가설로 제시된 바 있다]를 수소와 헬륨으로 바꾼 다음 다시 이 단순한 원소들을 별로 바꾼다. 우리의 태양은 중력에너지를 전자기에너지로 전환시키는 거대한 핵 반응

---

* 1999년 『노아의 홍수』란 책에서 지질학자 윌리엄 라이언과 월터 피트먼은 흑해의 홍수가 성경의 이야기에 영감을 주었다는 가설을 제시했다. 그들은 흑해 홍수를 기원전 5600년경으로 추정했지만 최근의 연구는 분지가 기원전 1만6000년에서 기원전 1만4000년 사이에 민물에 의해서 침수된 뒤 기원전 7400년 무렵에 지중해가 범람하면서 바닷물로 바뀌었을 것이라고 추정한다. 그렇게 이른 시기의 대재앙이 노아 이야기에 영감을 주었을 것 같지는 않으며, 오늘날의 페르시아 만에 해당하는 지역의 침수가 고대 문헌에 등장하는 홍수 설화의 더 그럴 듯한 원천일지도 모른다.

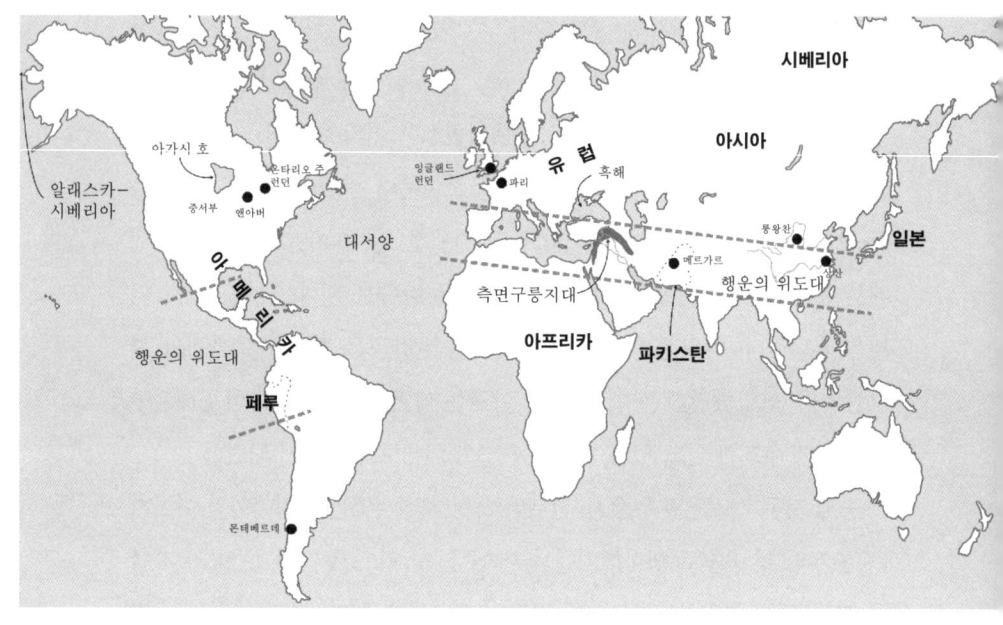

[**지도 2.1**] 큰 그림: 지구적 차원에서 살펴본 이 장의 이야기.

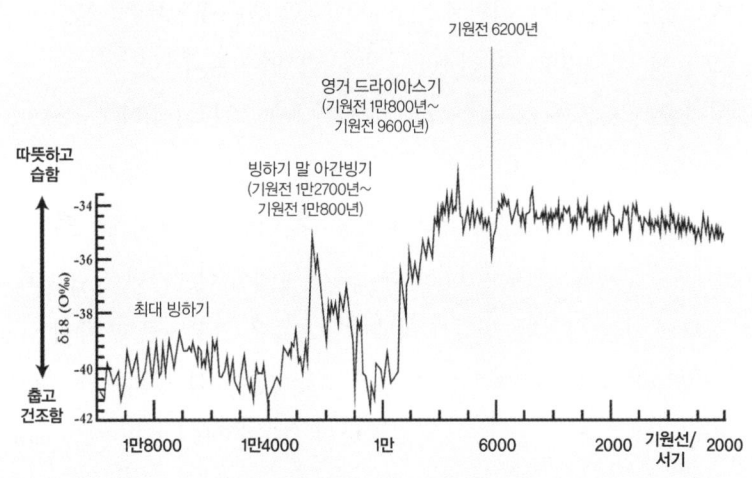

[도표 2.2] 얼음이 간직한 이야기: 남극의 얼음덩어리 안에 갇힌 공기 방울에 포함된 산소 동위원소 간 비율은 지난 2만 년 동안 따뜻하고 습한 기후와 춥고 건조한 기후 간의 변동을 보여준다.

기처럼 작동하며 지구상의 식물은 전자기에너지의 극히 일부를 광합성하여 화학에너지로 바꾼다. 그다음 동물이 식물을 섭취하고 신진대사를 통해 화학에너지를 운동에너지로 전환한다. 태양과 다른 행성의 중력 간 상호작용은 지구의 궤도를 형성하여 우리가 얼마나 많은 전자기에너지를 얻을 수 있는지, 식물이 얼마나 많은 화학에너지를 만들어낼 수 있는지 결정하며 그로부터 동물이 얼마나 많은 운동에너지를 만들어낼 수 있는지를 비롯해 그 밖의 다른 모든 것을 결정한다.

기원전 1만2700년경 지구는 에너지의 대사슬에서 도약했다. 더 많은 햇빛은 더 많은 식물과 동물 그리고 얼마나 많이 먹고 일하고 재생산할 것인지 등 인간에게 더 많은 선택을 제공했다. 개인과 작은 집단들은 이러한 선택을 나름대로 조합했을 테지만 전체적으로는 자신들이 에너지의 대사슬에서 상승하기 위해 의존하는 동식물이 하는 방식대로 대응했다. 다시 말해 그들은 번식했다. 기원전 1만8000년경에 생존한 인류(아마도 50만 명 정도였을 것이다) 1명당 기원전 1만 년경에는 12명이 존재했다.

사람들이 지구온난화를 어떻게 경험했는지는 그들이 어디에서 살았느냐에 달려 있다. 남반구는 대양이 기후변화의 충격을 완화했지만 북반구는 극적인 대조를 경험했다. 흑해가 생성되기 이전 분지에서 활동하던 채집인에게는 온난화가 재앙이었고 해안가 평야에서 살아가던 사람들에게는 상황이 조금 나았다. 빙하기 세상에서 그들은 가장 풍성한 채집 식량을 누렸지만 더 따뜻한 기후는 더 높은 해수면을 뜻했다. 파도가 조상들의 수렵지를 조금씩 잠식해 들어옴에 따라 그들은 매년 후퇴했고 그러다 마침내 모든 것이 끝났다.* 그러나 북반구 사람들 대부분에게 에너지의 대사슬 위쪽으로 이동하는 것은 철저하게 좋은 쪽이었다. 사람들은 동식물을 따라 이전에는 너무 추워서 생존이 불가능했던 북쪽 지역으로 이동할 수 있었고 기원전 1만3000년경(정확한 연대는 논쟁거리다)에 이르자 인류는 이전 원인은 결코 밟아본 적 없는 아메리카 땅 사방으로 뻗어나갔다. 기원전 1만1500년경에 이르자 사람들은 아메리카 대륙 남단에 도달했고 산맥을 넘어서 우림 지대로 밀고 들어갔다. 인류는 지구의 상속자가 되었다.

---

* 어떤 사람들은 아틀란티스보다 더 풍요로운 경이적인 문명들이 빙하기 해안 평야에서 융성했으나 기원전 1만2700년 상승하는 바다가 그들을 집어삼킨 이후로 잊혔다고 믿는다. 고고학자들은 일반적으로 이러한 생각을 무시하는데, 그들이 진실을 감추려고 해서가 아니라 그러한 생각이 그럴듯하지 않아서다. 다른 것은 차치하고라도 그러한 생각은 내륙의 고지대(여전히 수면 위에 있는 지역들) 사람들이 사라진 도시들과 교류하거나 그들의 위업을 모방한 적이 없다는 것을 믿으라고 요구한다. 100년이 넘는 발굴 작업에도 불구하고 사라진 문명들의 멋진 유물은 전혀 출토되지 않았다. 저인망 어부들은 빙하기 석기와 매머드 뼈를 해저에서 꾸준히 긁어올리고 있지만 그보다 더 발전된 인공물은 끈질기게 모습을 드러내지 않고 있다.

에덴동산

지구온난화의 가장 큰 수혜자는 구세계의 대략 북위 20도부터 35도까지, 신세계의 남위 15도에서 북위 20도까지에 걸쳐 있는 '행운의 위도대'에서 살았다(지도 2.1을 보라). 빙하기에 이 기후대에 밀집해있던 동식물은 기원전 1만2700년 이후 급격하게 증가했고 채집인들이 죽으로 끓여 먹거나 빻아서 빵을 만들 수 있게 종자가 크게 진화한 야생 곡물—서남아시아의 보리와 밀, 호밀 그리고 동아시아의 쌀과 기장—이 아시아 양단에서 특히 증가했던 것 같다. 그들은 곡식이 여물 때까지 기다려서 밀짚이나 보릿단을 흔든 다음 떨어지는 이삭을 줍기만 하면 되었다. 오늘날 서남아시아산 야생 곡물을 이용한 실험은 단 1만 제곱미터 면적의 땅에서 식용 가능한 낟알을 1톤이나 얻을 수 있다는 사실을 보여주었다. 수확에 소비되는 에너지 1칼로리 당 50칼로리의 식량을 얻을 수 있었다. 채집 활동의 황금 시대였다.

먹을 것이 드물었기 때문에 빙하기에 수렵채집인은 작은 무리로 벌판을 떠돌며 먹을 것을 샅샅이 훑었지만 그들의 후손은 이제 방식을 바꾸기 시작했다. (벌이나 돌고래, 앵무새, 우리와 가장 가까운 친척인 유인원이든 뭐든 간에) 신체 대비 뇌가 큰 다른 여러 동물처럼 인간은 본능적으로 무리를 짓는 것 같다. 우리는 사회적이다.

어쩌면 뇌가 큰 동물들은 집단이 개체보다 눈과 귀가 더 많고, 따라서 적을 더 잘 발견할 수 있다는 것을 알 만큼 똑똑하기 때문에 군집하게 된 것이 아닐까? 아니면 어떤 진화론자들이 주장한 대로 군집 생활은 커다란 뇌보다 먼저 출현했고, 뇌과학자 스티븐 핑커가 "인지적 군비경쟁"[1]이라고 부르는 것을 시작했을 수도 있다. 인지적 군비경쟁 아래 다른 동물들이 무슨 생각을 하는지 알아내는—친구와 적, 누가 자기와 함께하고 누가 그렇지 않은지를 지속적으로 파악하는—동물들은 그러한 일에는 함량 미달인 뇌를 가진 동료보다 더 빠르게 번식했다.

어떤 식이든 우리는 서로를 좋아하도록 진화했고 우리 조상들은 더 크고 영구적인 집단을 형성함으로써 지구가 에너지의 대사슬 위쪽으로 이동하면서 생겨난 기회를 활용했다. 기원전 1만2500년이 되자 행운의 위도대 안에서 40~50명의 사람이 함께 사는 것은 더 이상 드물지 않았고 일부 무리는 100명을 넘기도 했다.

빙하기에 사람들은 흔히 야영을 했고 구할 수 있는 대로 식물을 먹고 사냥감을 잡은 다음 새로운 지역을 찾아 끊임없이 이동했다. 우리는 새처럼 자유롭다느니 정처 없이 떠돈다느니 운운하며 방랑 생활을 예찬하지만 에너지의 대사슬이 정착을 진지한 가능성으로 제시했을 때 단란한 가정이 틀림없이 우리에게 더 강하게 호소했다. 중국에서 사람들은 일찍이 기원전 1만6000년부터 토기를 만들기 시작했고(몇 주마다 근거지를 옮길 계획이라면 좋지 않은 생각이다) 기원전 1만1000년 무렵에 페루 고원에서 수렵채집인들은 담을 쌓고 깨끗하게 지냈는데 고도로 유동적인 사람들에게는 쓸데없는 일이지만 한 지역에 몇 달씩 사는 사람들에게는 지극히 합리적인 일이다.

군집과 정착 생활에 대한 가장 뚜렷한 증거는 고고학자들이 측면구릉지대라고 부르는, 서남아시아의 티그리스 강, 유프라테스 강, 요르단 강 유역의 완만하게 구릉진 활 모양 지대에서 찾을 수 있다. 나는 이 장의 대부분을 인류 최초로 수렵채집 생활양식에서 대대적으로 탈피하면서 서양이 탄생한 이 지역을 설명하는 데 할애할 것이다.

● 냉전시대 미국과 소련이 군비경쟁을 벌였듯이 모든 생물이 서로 잡아먹히지 않기 위해 경쟁적으로 방어 수단을 발전시키고 이를 통해 공진화하는 과정을 말한다.

오늘날 이스라엘의 원형 집자리인 아인 말라하(지도 2.3을 보라. 아이난이라고도 한다) 유적지는 당시 어떤 일들이 일어났는지를 가장 잘 예시해준다. 기원전 1만2500년 무렵 이제는 잊힌 이들이 그곳에 돌로 벽을 쌓고 다듬은 나무 둥치로 지붕을 받치는 기둥을 세워 원형의 반지하 집을 지었는데 때로는 폭이 9미터에 달했다. 타다 남은 음식 부스러기들을 살펴보면 사람들이 여무는 시기가 제각각인 견과류와 여러 식물을 놀라울 만큼 다양하게 채집해 회반죽을 발라 방수가 되는 구덩이에 저장했으며 그것들을 돌절구로 갈았음을 알 수 있다. 마을 여기저기에는 그들이 남긴 사슴과 여우, 새 그리고 (무엇보다도) 가젤의 뼈가 널려 있다. 고고학자들은 가젤의 이빨을 좋아하는데, 가젤의 이빨은 여름과 겨울에 법랑질[이의 표면을 덮어 상아질을 보호하는 단단한 물질]의 색깔이 다른 멋진 특징이 있어서 동물이 연중 어느 시기에 죽었는지를 쉽게 알 수 있기 때문이다. 아인 말라하에서는 두 가지 색깔의 이빨이 모두 나오므로 사람들이 그곳에서 1년 내내 거주했을지도 모른다. 우리는 같은 시기에 이와 같은 거주지를 측면 구릉지대 밖에서는 찾을 수 없다.

더 큰 집단으로 정착하는 것은 사람들이 서로 간에 그리고 주변의 세계와 관계를 맺는 방식을 틀림없이 변화시켰을 것이다. 과거에 인간은 식량을 따라 지속적으로 이동해야 했다. 그들은 물론 자신들이 머무른 곳에 대한 이야기를 들려주었을 것이다. 이 동굴은 내 아버지가 돌아가신 곳이고, 저곳은 우리 아들이 오두막을 불태웠던 곳이고, 저 샘은 정령들이 말을 하는 곳이다, 등등. 그러나 아인 말라하는 단순히 그런 순회지 가운데 하나가 아니었다. 그곳에 살았던 마을 사람들에게는 그곳이 **유일한** 곳이었다. 여기서 그들은 태어나 자라고 죽었다. 몇 년 동안 다시는 찾지 못할지도 모르는 곳에 죽은 자를 남겨두고 가는 대신 그들은 이제 그들의 집과 집 사이에 심지어는 집 안에 죽은 자를 묻었고, 그 특정한 장소에 조상

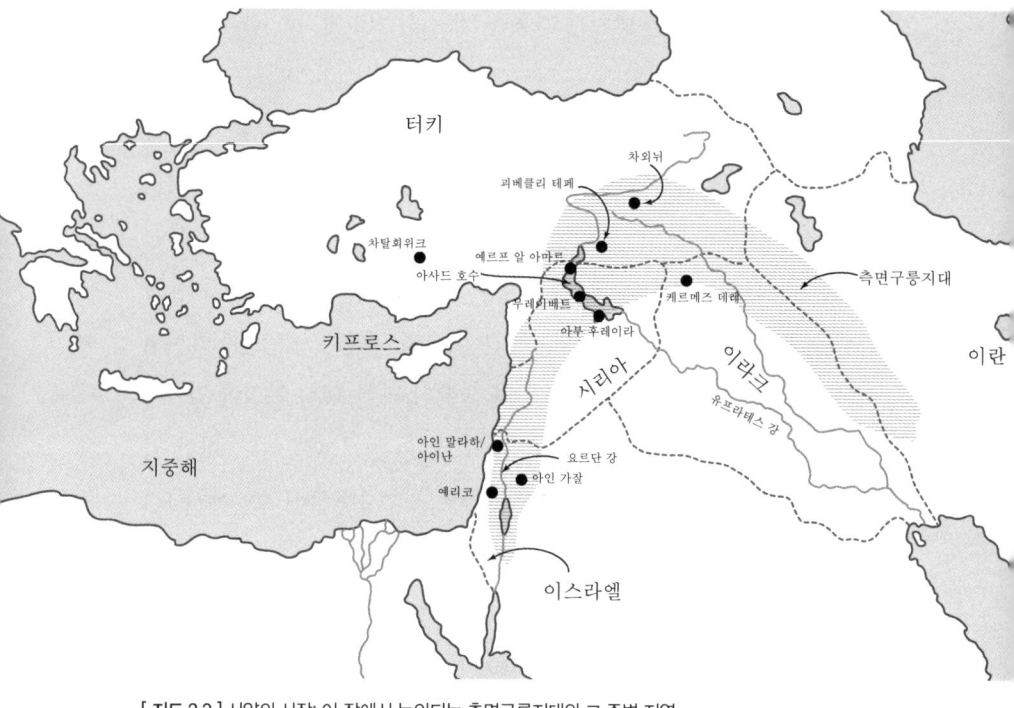

[**지도 2.3**] 서양의 시작: 이 장에서 논의되는 측면구릉지대와 그 주변 지역.

들이 뿌리내리게 했다. 사람들은 집을 가꿨고 몇 번이고 다시 지었다.

그들은 오물에 대해서도 신경 쓰기 시작했다. 빙하기 채집인은 야영지에 음식 찌꺼기를 그대로 내버려두는 지저분한 사람들이었다. 하긴 왜 아니겠는가? 구더기가 꾀고 청소동물들이 나타날 무렵에는 새로운 식량을 구할 곳을 찾아 이미 그곳을 뜨고 없을 텐데 말이다. 그러나 아인 말라하에서는 사정이 달랐다. 이 사람들은 아무 데도 가지 않을 것이며 자신들이 버린 쓰레기와 함께 살아야 했다. 발굴자들은 아인 말라하에서 수천 마리의 생쥐와 쥐의 뼈를 찾아냈는데, 빙하기에는 지금 우리가 아는 형태와 다르게 존재했던 동물들이다. 이전의 청소동물들은 더 넓은 식량 전략 차원에서 인간이 남긴 쓰레기를 고려해야 했다. 인간이 뼈와 각종 나무 열매를 동굴 바닥에 어질러놓고 떠난다면 그건 물론 좋은 보너스였지만 이 식량 공급원에 의존하던 이전 시절의 쥐들은 인간이 돌아와 동굴에 식량을 채워주기 한참 전에 다들 굶어죽었으리라.

영구적인 마을은 설치류의 생존 규칙을 바꾸었다. 이제 향기롭고 맛 좋은 쓰레기더미를 언제든 구할 수 있게 되었고 인간의 바로 눈앞에서 살아갈 수 있는 작고 교활한 생쥐와 쥐들은 사람의 주의를 끄는 크고 공격적인 놈들보다 이 새로운 환경에서 더 잘 생존했다. 몇십 세대 만에(1세기면 충분하리라. 결국 생쥐는 생쥐답게 번식한다) 설치류는 인간과 동거할 수 있도록 사실상 유전적으로 변형되었다. (인간과 같이 살아가는) 교활한 쥐새끼들은 호모사피엔스가 네안데르탈인을 대체했듯이 커다란 (야생) 조상들을 완전히 대체했다.

집 안의 설치류는 인간이 저장해놓은 식량과 물에 배설물을 남겨 질병의 전파를 가속함으로써 끝없는 쓰레기 선물에 보답했다. 인간은 바로 그 때문에 쥐를 혐오하게 되었다. 우리 가운데 일부는 심지어 생쥐를 무서워하기까지 한다. 그러나 가장 무서운 청소동물은 늑대였고, 늑대 역시 쓰레기의 유혹을 거부하기 힘들었다. 대부분의 인간은 무시무시한 '야성의 부름'[늑대개 벅을 주인공으로 한 미국 작가 잭 런던의 소설 제목] 타입 괴물들이 주변에 얼쩡거릴 때의 문제점을 잘 알기 때문에 설치류와 마찬가지로 이 경우에도 더 작고 덜 위협적인 동물들이 인간과 더불어 가장 잘 지냈다.

오랫동안 고고학자들은 순한 늑대 새끼를 애완용으로 키우고 그것들을 다시 교배해 인간에게 사랑받는 만큼 인간을 따르는 순한 강아지를 번식시키는 식으로 인간이 적극적으로 개를 길들여왔다고 여겨왔으나, 근래의 연구는 인간의 의식적인 개입보다는 다시금 자연선택이 작용했다는 가설을 지지한다. 그러나 어떤 방식이든 간에 늑대와 쓰레기, 인간 사이의 상호작용은 인간이 남긴 부스러기를 두고 자신들과 경쟁할 뿐만 아니라 질병도 퍼트리는 설치류를 처치할 능력이 있고 심지어 진짜 늑대들과도 싸울 수 있는 개라는 동물을 탄생시켰고, 개는 인간의 가장 친한 친구라는 자리를 차지하게 된다. 기원전 1만1000년 무렵 한 노파가 아인 말라하에 묻혔는데 노파는 한 손을 강아지 위에 얹은 채였고 둘 다 잠에 빠진 듯 웅크리고 있었다.*

일용할 양식

이 책의 서론에서 나는 "진보란 쉬운 길을 찾는 게으름뱅이들에 의해 이뤄진다"는 SF작가 로버트 하인라인의 재치 있는 문장을 역사는 더 쉽고 더 이득이 되고 더 안전한 길을 찾는, 게으르고 탐욕스럽고 겁에 질린

---

* 감동적인 광경이다. 강아지가 어떻게 주인과 함께 묻히게 되었을까 궁금해하지만 않는다면 말이다.

사람들(스스로 하고 있는 일의 정체를 좀처럼 모르는 사람들)에 의해 만들어진다는 일반적인 사회학 이론으로 확장시켰다. 이 원리는 빙하기 말 측면구릉지대에서 맹렬하게 시동을 걸기 시작해서 세계 다른 어느 지역보다도 더 고도의 사회발전을 이끌어내면서 서양 특유의 생활방식을 창조했다.

여기에 대해 우리는 여자들을 칭송(하거나 비난)할 수 있으리라. 현대의 수렵채집 사회에서 여자들은 대부분 식물을 채집하는 일을 담당하는 반면 남자들은 사냥을 더 많이 한다. 여자들의 무덤에서는 제분 도구가, 남자들의 무덤에서는 창과 화살촉이 더 많이 나오는 경향을 고려할 때 선사시대에도 상황은 비슷했을 것이며, 따라서 지금까지 이 책을 지배해온 질문―다른 곳들과 구별되는 서양만의 생활방식이 언제, 어디서부터 시작되었는가―에 대한 답변도 1만5000년 전 측면구릉지대에 살았던 여자들의 창의성에서 찾아야 할 것이다.

야생 곡물은 한해살이식물이다. 1년 안에 자라서 종자를 맺고 죽으면 이듬해 이 종자가 새로운 초본으로 자란다는 뜻이다. 식물이 무르익으면 이삭가지(개별 종자들이 달려 있는 작은 줄기)가 약해져서 종자가 하나씩 땅으로 떨어지고 땅에서 종자를 보호하는 껍질이 벗겨지면 종자가 발아하게 된다. 1만5000년 전 채집인에게 그러한 종자를 수확하는 가장 단순한 방법은 바구니를 가져다 식물을 흔들어서 거의 여문 종자들을 바구니에 떨어트리는 것이었다. 유일한 문제는 모든 장소마다 모든 야생 곡물의 모든 종자들이 저마다 다른 시기에 여문다는 것이었다. 만약 이삭을 주워모으는 사람들이 그해에 그곳에 늦게 오면 대부분의 종자는 이미 땅에 떨어져 발아하거나 새의 모이가 되어버린다. 반대로 너무 일찍 오면 이삭가지가 여전히 튼튼해서 대부분의 종자는 줄기에 꼭 붙어 있기에 흔들어서 털어낼 수 없다. 어느 쪽이든 대부분의 작물을 수확할 수 없었을 터. 물론 그곳을 여러 차례 방문할 수도 있지만 그러면 다른 곳을 방문할 시간이 줄어들 것이다.

　게으름(한 장소에서 다른 장소로 이동하기 싫음)이나 탐욕(그저 더 많은 식량을 원함) 혹은 두려움(굶주림에 대한 두려움 혹은 다른 사람이 먼저 그곳에 갈지도 모른다는 생각)이 영감을 제공했는지는 알 수 없지만 여자일 가능성이 큰 누군가가 좋은 생각을 해냈다. 가장 좋은 종자를 가져와 특별히 기름진 땅에 심어 보자! 잘 돌보면—땅을 갈고 잡초를 뽑고 어쩌면 물도 주고—해마다 그곳에서 나는 것에 의존할 수 있고 심지어 수확량이 더 많을 수도 있다. 브라보.

　이에 관한 가장 이른 시기의 직접적 증거는 역시 측면구릉지대에서 나왔는데 간접적으로 바트당 덕분이다. 바트당은 이라크 사담 후세인의 잔인한 정치집단으로 가장 잘 알려져 있지만 원래 1963년 옆 동네 시리아에서 먼저 정권을 잡았다. 그들은 경쟁자들을 숙청한 뒤 시리아를 근대화하는 작업에 착수했다. 이 근대화 프로젝트에는 오늘날 시리아의 전기 대부분을 생산하는 80킬로미터 너비의 아사드 호수를 만들기 위해 유프라테스 강에 댐을 건설하는 일이 큰 비중을 차지했다. 댐 건설로 측면구릉지대 심장부가 침수될 것을 예상한 시리아 고대 유물 담당 장관은 곧 파괴될 유적지를 연구하자는 국제적 캠페인을 벌였다. 1971년 영국 연구팀이 아부후레이라 언덕을 탐사했다. 고고학자들은 지면에서 발견된 것들을 토대로 그곳에 기원전 7000년경 마을이 존재했음을 알아냈고 발굴 결과를 세세한 사항까지 풍부하게 기록으로 남겼다. 그러나 한 도랑에서 이 마을이 기원전 1만2700년경으로 거슬러올라가는 더 오래된 정착지의 잔해 위에 세워졌다는 것이 드러났다.

　이것은 굉장한 보너스였다. 물이 점점 차오르면서 발굴자들은 시간과 싸웠고 시리아 군대가 1973년 욤 키푸르['10월전쟁' '제4차 중동전쟁'으로도 불린다]/라마단 분쟁 당시 이스라엘과 싸우기 위해 인부들을 징발해가자 전쟁과도 싸웠다. 발굴 현장이 마침내 물에 모두 잠겼을 때 발굴팀은 최초의 마을 가운데 45제곱미터가 조금 넘는 면적을 발굴했을 뿐이었다. 손바닥만한 면적에 불과하지만 고고학에서 가장 중요한 현장 가운데 하나다. 그들은 반지하에 둥그렇게 들어선 오두막들과 숫돌, 아궁이, 탄화된 종자 수천 개를 발견했다. 대부분은 야생종이었지만 알차고 실한 소량의 호밀 종자도 눈에 띄었다.

이 종자들은 아부 후레이라의 사람들이 땅을 가는 데 괭이를 사용했음을 암시한다. 그들은 종자를 단순히 땅 위에 흩뿌리기보다는 땅 속에 심었고, 이런 파종방식은 땅 위로 솟아나오기 어려운 작은 묘목보다 땅 위로 쉽게 솟아나오는 큰 묘목에 유리했다. 선사시대 경작자들이 기른 것을 모두 먹어치웠다면 이것은 별로 중요하지 않았겠지만 이듬해에 심을 종자 일부를 남겼다면 큰 종자가 약간 더 많이 남게 될 것이다. 처음에는 눈에 띌 만큼 차이가 크지 않았겠지만 경작자들이 이 과정을 자주 반복한다면 종자의 평균 크기가 서서히 커지면서 '정상적인' 종자의 의미도 달라졌을 것이다. 고식물학자들(고대 식물화석이나 흔적을 연구하는 사람들)은 이 큰 종자를 야생종 그리고 오늘날 우리가 먹는 완전한 개량종과 구분해서 '재배종'[2]이라고 부른다.

아인 말라하 사람들이 노파와 작은 강아지를 매장한 기원전 1만1000년경이 되자 아부 후레이라 사람들은 호밀을 여러 차례 되심어서 더 큰 씨앗을 얻고 있었다. 당시에는 그리 대단한 일이 아니었겠지만 (고고학자들의 최악의 말장난을 빌리자면) 그것은 서양이 자라나오게 되는 씨앗임이 드러난다.

실낙원

지구 반대편에는 강아지와 호밀에 냉담한 채 빙하가 계속 녹고 있었다. 그보다 10만 년 전 빙하의 전진은 광활한 미국 중서부 평원을 생성하면서 북아메리카를 깨끗이 뒤덮었다. 빙하가 후퇴하자 수풀이 점점 우거지던 이 평원은 모기가 들끓는 드넓은 습지가 되었다. 생태학자들은 땅이 너무 축축해서 나무가 도저히 곧게 설 수 없는 곳이란 의미에서 '술 취한 삼림지대'라고 부른다. 바위와 아직 녹지 않은 얼음 능선이 빙하에서 녹은 유거수를 광대한 호수에 가두었다. 지질학자들은 이 가운데 가장 큰 호수를, 과거에 전 지구적인 빙하기가 있었다는 것을 1830년대에 최초로 인식한 스위스 과학자의 이름을 따 아가시 호(지도 2.1)라고 부른다. 기원전 1만 800년경 아가시 호는 서부 평원을 65만 제곱킬로미터 가까이 뒤덮었는데, 오늘날 슈피리어 호 면적의 네 배다. 그후 불가피한 사건이 발생했다. 상승하는 기온과 상승하는 수위가 호수 물이 넘치지 않도록 저지하던 얼음 돌출부를 약화시킨 것이다.

호수 가장자리 돌출부 붕괴는 현대의 많은 재난 이야기와 극명한 대조를 보이는 오랜 시간에 걸친 지각변동이었다. 예를 들어 도통 개연성이 떨어지는 영화 「투모로우」에서 데니스 퀘이드는 지구온난화가 이튿날 만년설 붕괴를 야기하리라는 것을 알아차린 (그걸 알아차린 사람은 그가 유일한 모양이다) 과학자 잭 홀을 연기한다. 백악관에 호출된 그는 대통령에게 초강력 폭풍으로 기온이 섭씨 영하 100도까지 떨어져서 북유럽 해안에 열대 해수를 공급하며 영국 런던이 캐나다 온타리오 주의 런던과 같은 겨울을 맞는 것을 막아주는 멕시코 만류가 차단될 것이라고 말한다. 홀은 초강력 폭풍이 새로운 빙하기를 촉발해 북아메리카 지역 대부분에서 사람이 살 수 없게 될 것이라고 주장한다. 당연히 대통령은 미심쩍어 하고 아무런 조치도 취하지 않는다. 몇 시간 뒤 폭풍이 휘몰아쳐 홀의 아들이 뉴욕에 갇히게 되고 영웅적 행위가 뒤따른다.

이후 영화가 어떻게 진행되는지를 이야기해서 스포일러를 발설하지는 않겠지만 적어도 실제로 기원전 1만800년경 아가시 호가 멕시코 만류를 차단했을 때 상황은 다소 다르게 전개되었다는 것만은 언급해야겠다. 초강력 폭풍은 발생하지 않았지만 호수의 물이 대서양으로 빠져나간 1200년 동안 세상은 다시 빙하기의 기후 조건으로 후퇴했다(지질학자들은 기원전 1만800년과 9600년 사이 시기를 이 시기 토탄[땅속에 묻힌 시간이 오래되지 않아 완전히 탄화하지 못한 석탄] 지대에 흔했던 북극 드라이아스라는 물에 젖은 작은 꽃잎의 이름에서 따 '영거 드라이아스기'라고 부른다). 측면구릉지대에 터 잡은 마을을 먹여 살리고 쓰레기더미를 가능케 하고 우리에게 개와 생쥐를 선사한 야생 곡물은 갈수록 가늘어지고 수확량이 줄었으며 종자 크기도 작아졌다.*

인류는 에덴동산에서 쫓겨났다. 연중 거주하는 마을을 떠난 대다수의 사람은 빙하기의 가장 추운 시점에 그들의 조상처럼 더 작게 무리를 지어 다음 식사거리를 찾아 언덕을 떠도는 옛 생활로 복귀했다. 측면구릉지대에서 나온 동물 뼈들은 기원전 1만500년경에 이르자 사람들이 가젤을 과도하게 사냥하면서 가젤의 크기가 점점 작아졌다는 것을 암시하고, 인간 치아의 법랑질은 어린 시절 만성적인 영양실조 상태였음을 가리키는 물결무늬를 어김없이 보여준다.

---

* 일부 고고학자는 다르게 본다. 그들은 기원전 1만1000년경으로 추정되는 북아메리카 여러 유적지에서 발견된 작은 유리구슬과 탄소, 이리듐은 고열, 즉 혜성의 꼬리 잔해가 지구와 충돌하면 발생하는 그런 종류의 고열에 의해서만 생성될 수 있다고 주장한다. 이 고고학자들은 빙하가 서서히 녹았다기보다는 북극에서의 갑작스러운 폭발이 멕시코 만류의 흐름을 차단했다고 추측한다. 그러나 그것조차도 영화 「투모로우」와 같은 초강력 폭풍을 생성하지는 못했을 것이다.

지금까지 이런 규모의 또 다른 파국은 없었다. 사실, 이와 상응하는 예를 찾으려면 공상과학소설로 눈길을 돌려야 한다. 1941년 당시 작가로서의 경력을 막 시작한 아이작 아시모프는 「해질녘」이라는 단편을 잡지 『놀라운 공상과학소설』에 발표했다. 그는 소설의 배경을 태양이 여섯 개 뜨는 라가시라는 행성으로 설정했다. 라가시인들이 어디를 가든 태양이 적어도 하나는 빛나고 있기 때문에 그곳은 언제나 낮이다. 2049년에 한 번씩 여섯 개의 태양이 공전하는 달과 일직선상에 위치해 일식이 발생하는 날만 제외하면 말이다. 그날이 오자 하늘이 어두워지고 별이 떴다. 겁에 질린 사람들은 미쳐버렸다. 일식이 끝났을 때 라가시인은 자신들의 문명을 파괴하고 야만의 상태로 전락해버린 상태였다. 다음 2049년에 걸쳐 그들은 서서히 문명을 재건하고 다시금 어둠이 깔리면 모든 과정이 반복된다.

영거 드라이아스기는 「해질녘」의 속편처럼 보인다. 지구의 궤도운동은 지구가 꽁꽁 얼어붙었다가 해동되기를 반복하는 극단적 변동을 야기하며 몇천 년마다 역사를 처음부터 다시 시작하게 만드는 아가시 호의 범람 같은 재난을 일으킨다. 「해질녘」이 뛰어난 소설이긴 하지만 (전미공상과학소설작가협회에서는 그 작품을 역대 최고의 공상과학소설로 선정했으며 내 의견이 도움이 될지는 모르겠지만 어쨌든 나도 거기에 한 표 던진다) 역사적 사고에 그리 좋은 본보기는 아니다. 진짜 세계에서는 영거 드라이아스기조차도 「해질녘」과 같이 이전의 것을 완전히 무無로 돌려놓지는 못했다. 그보다는 사실, "같은 강물에 발을 두 번 담글 수는 없다"[3]는 ― 아시모프보다 2500년 전에 쓴 ― 고대 그리스 철학자 헤라클레이토스의 견해를 따르는 것이 나을 것이다. 그것은 유명한 역설이다. 두 번째로 물에 발을 담글 때는 처음에 발을 적셨던 강물은 이미 바다로 흘러가버려서 강은 더 이상 같은 강이 아닌 것이다.

마찬가지로 우리도 똑같은 빙하기를 두 번 겪을 수는 없다. 기원전 1만

800년경 아가시 호가 붕괴했을 때 측면구릉지대의 마을들은 더 이상 이전 빙하기 때의 사회와 같지 않았다. 아시모프의 라가시인과 달리 자연이 그들의 세상을 뒤집어놓았을 때 지구인은 미쳐버리지 않았다. 그 대신 그들은 특별히 인간적인 기술인 창의성을 적용해 그들이 기존에 이룩한 것을 토대로 새로운 것을 건설했다. 영거 드라이아스기는 시계를 거꾸로 돌리지 않았다. 그런 일은 여태까지 없었다.

일부 고고학자는 「해질녘」과 같은 순간은커녕 영거 드라이아스기가 오히려 혁신을 가속화했다고 주장한다. 모든 과학기술과 마찬가지로 아부 후레이라에서 나온 최초의 재배종 호밀 종자의 연대를 측정하는 데 사용된 기술도 오차 범위를 내재하고 있다. 현장의 발굴자들은 앞서 언급한 커다란 호밀 종자의 연대 범위 중간값은 영거 드라이아스기 이전인 기원전 1만1000년경이지만 그 종자들이 영거 드라이아스기가 **시작되고 나서** 500년 뒤에 재배되었을 가능성도 충분하다는 점을 지적한다. 아부 후레이라의 여자들이 호밀을 재배하게 된 것은 게으름이나 탐욕 때문이 아닐 수도 있다. 어쩌면 두려움 때문이 아니었을까? 기온이 떨어지고 야생에서 구할 수 있는 식량이 감소하자 아부 후레이라의 사람들은 실험을 통해 곡물을 잘 보살피면 더 큰 씨앗을 더 많이 얻을 수 있다는 사실을 알아차렸을지도 모른다. 한편으로 춥고 건조한 날씨는 곡물 재배를 어렵게 한다. 다른 한편으로 더 엄혹한 날씨는 작물 재배의 유인을 증가시킨다. 일부 고고학자는 영거 드라이아스기에 식량을 찾아 떠돌던 사람들이 종자를 담은 자루를 들고 다니면서 유망해 보이는 장소에 흩뿌리는 모습을 상상하기도 한다.

추가적인 발굴 조사는 이러한 상상이 맞는지를 가르쳐주겠지만 우리는 이미 측면구릉지대의 사람들이 모두 기후적 재난에 맞서 식량을 찾아 떠도는 방식으로 복귀하지는 않았다는 것을 알고 있다. 아부 후레이라 바로 상류에 있는 무레이베트에서 프랑스 발굴자들은 기원전 1만 년경에 형성된 새로운 마을을 발견했다. 그들은 아사드 호가 현장을 집어삼키기 전 가장 이른 시기의 유적층을 고작 2.3제곱미터 발굴했을 뿐이지만 그것만으로도 마을 주민들이 1년 내내 마을에 버틸 수 있을 만큼 충분한 야생식물과 가젤을 그러모을 수 있었다는 사실을 알아내기에 충분했다. 그리고 기원전 1만 년에서 기원전 9500년에 세워진 것으로 추정되는 집에서 고고학자들은 뜻밖의 것을 발견했다. 현대 황소의 전신인 183센티미터 크기의 사나운 야생 소 오로크스의 뿔들이 어깨뼈 두 개와 같이 점토 탁자에 박혀 있었던 것이다.

영거 드라이아스기 이전의 발굴 현장 어디에서도 이와 같이 기묘한 유물은 나오지 않았지만 기원전 1만 년 이후의 마을들은 온갖 놀라운 물건들로 넘쳐난다. 예를 들어, 1986년 불도저 작업 중 드러난 이라크 북부의 유적지 케르메즈 데레를 보자. 작은 도랑 두 곳만이 발굴될 수 있었지만 그 가운데 한 곳은 야생 식량을 준비하던 곳으로, 아인 말라하나 아부 후레이라에서 드러난 곳과 매우 비슷했다. 그러나 다른 도랑에서는 가내 활동의 증거가 나오지 않았다. 대신 둥근 방 세 개가 연달아 있었는데 지름이 각각 3.5~4.5미터이고 고대의 지상 높이에서 1.5미터 깊이로 파여 있었다. 첫 번째 방은 회반죽이 발라져 있었고 네 개의 기둥이 한 줄로 세워져 있었는데, 기둥들이 매우 바짝 붙어 있어서 방안을 돌아다니기 어려울 정도였다. 기둥 가운데 하나는 아주 멀쩡했다. 석재 골조에 회반죽을 바른 다음 찰흙으로 만든 그 기둥은 점점 좁아지다가 끝부분이 기묘하게 튀어나와서 양식적으로 묘사된 어깨가 달린 인간의 몸통 조각상처럼 보였다. 방은 수 톤의 흙으로 채워져 있었고(아무래도 의도적인 듯하다) 커다란 동물 뼈와 돌 구슬 같은 독특한 물건도 여러 개 눈에 띄었다. 그다음 새로운 방이 거의 같은 장소에 첫 번째 방처럼 파여 있었다. 그 방도 역시 회반죽이 발라져 있었고 수 톤의 흙으로 채워져 있었다. 세 번째 방도 같은 장소였고 회반죽이 발라져 있었으며 흙으로 채워져 있었다. 이 마지막 방에 사람들은 흙을 몇 양동이 부은 다음 턱뼈가 없는 사람 해골 여섯 개를 바닥 바로 위에 얹어 놓았다. 해골들은 상태가 나빴는데 그곳에 묻히기 전에 오랫동안 여러 손을 거쳤음을 시사한다.

이 사람들은 대체 무엇을 하고 있었던 걸까? 고고학자들 사이에서는 자신들이 파낸 게 뭔지 모를 때면 무조건 종교적인 것이라고 말한다는 단골 농담이 있다(시칠리아에서 종교적인 것으로 추정되는 유적 현장 발굴을 방금 마친 나로서는 이 농담이 더 이상 재미있지 않다는 것을 고백해야겠다). 문제는 물론 우리가 과거의 신앙들을 파낼 수는 없다는 것이다. 그렇다고 고고학자들이 선사시대 종교에 대해 말할 때 이야기를 지어내고 있다는 말은 아니다.

인간에게 관심이 있고 인간도 자신에게 관심이 있기를 기대하는, 강력하고 초자연적이며 정상적인 상황에서는 비가시적인 존재에 대한 믿음이 바로 종교라는 매우 상식적인 정의를 따른다면(이러한 정의는 굉장히 많은 사회에 적용되는 것처럼 보여서 일부 진화심리학자는 종교가 인간의 두뇌에 내장되어 있다고 생각한다), 우리는 옛날 사람들이 신성한 세계와 교통하기 위해 치른 제의의 흔적을 반드시 이해하지는 못한다 하더라도 인식할 수는 있을 것이다.

제의는 문화마다 고유한 것으로 특히 악명 높다. 우리가 언제, 어디에 있느냐에 따라 전능한 존재들이 우리의 소청을 듣게 하려면, 특정한 바위 오른편에 살아 있는 흰 염소의 피를 부어야만 한다거나 신을 벗은 채 무릎을 꿇고 특정 방향으로 기도를 올려야만 한다거나 아니면 성생활을 하지 않는 검은 옷을 입은 남자에게만 잘못을 고백해야만 한다는 등등 목록은 끝이 없다. 그러나 그러한 놀랄 만한 다양성에도 불구하고 제의에는 어떤 공통적인 요소들이 있다. 많은 제의가 특별한 장소(산꼭대기, 동굴, 독특한 건물), 사물(그림, 조상彫像, 귀중하거나 이국적인 물건), 움직임(행진, 순례), 의상(극도로 격식을 갖추거나 반대로 누더기만 걸치거나)을 요구하며, 이 모든 요소는 상궤를 벗어난다는 느낌을 강화한다. 흔히 독특한 음식을 동반하는 잔치도 제의에 일반적이다. 정신 상태의 변화를 유도하는 금식도 마찬가지다. 잠 안 자기, 고통, 반복적인 주문과 춤이나 약물도 모두 같은 기능을 하며 진짜로 신성한 사람들을 무아지경이나 발작, 환영을 보는 상태로 빠트릴 수도 있다.

이러한 장소들은 그 모든 요소를 가지고 있다. 기이한 지하 방, 의인화된 기둥, 턱이 없는 두개골. 종교에 관한 고고학에서 모든 것은 추측이긴 하지만 이것들이 영거 드라이아스기에 대한 종교적 반응이라고 인식하지 않기란 어려운 것 같다. 세상은 꽁꽁 얼어붙었고 초목은 죽어가며 가젤은 사라지고 있었다. 신과 정령, 조상에게 도움을 구하는 것보다 더 자연스러운 일이 어디 있겠는가? 특별한 사람들을 찾아내 특별한 장소를 만들어 신과의 소통을 꾀하는 것보다 더 일리가 있는 일이 어디 있겠는가? 케르메즈 데레의 성소는 도움을 요청하는 소리의 볼륨을 키우는 확성기처럼 보인다.

그래서 기원전 9600년경 영거 드라이아스기가 끝나고 세상이 따뜻해졌을 때 측면구릉지대는 그보다 3000년 전 주요 빙하기가 끝나고 세상이 따뜻해졌을 때와 같지 않았다. 지구온난화는 같은 사회에 두 번 발생하지 않는다. 아인 말라하 같은 이전 온난화 시기의 발굴 현장들은 사람들이 자연이 주는 풍성한 선물을 그저 기쁘게 이용했다는 인상을 주지만 기원전 9600년 이후에 측면구릉지대에 들어선 마을에서는 사람들이 자원을 진지하게 종교에 투자했다. 기원전 9600년 이후의 많은 발굴 현장에는 인간과 오로크스의 두개골을 정성을 들여 다룬 흔적과 공동체의 성소처럼 보이는 커다란 지하 방이 여러 곳 있다. 이제는 다른 많은 발굴 현장과 마찬가지로 아사드 호 아래서 잠들어 있는 시리아의 예르프 알 아마르에서 프랑스 고고학자들은 방이 여러 개인 집 열 채가 커다란 지하 방을 중심으로 세워진 것을 발견했다. 인간의 두개골이 탁자 위에 놓여 있었고 방 가운데에는 머리가 없는 해골이 있었다. 그것은 섬뜩하리만치 인간 제물처럼 보인다.

이러한 발굴 현장 가운데 가장 어마어마한 규모를 자랑하는 곳은 터키 동남부를 한눈에 내려다보는 언덕 꼭대기에 있는 괴베클리 테페다. 1995년 이래로 독일과 터키 발굴팀은 이곳에서 지하의 방 네 개를 파냈는데, 방의 지름은 9미터이며 깊이가 3미터에 달하는 것도 있었고 기원전 9000년경이나 더 이전 것으로 추정된다. 더 앞선 시기의 케르메즈 데레의 더 작은 방들처럼 이곳도 의도적으로 흙으로 채워져 있었다. 각 방에는 T자 모양 돌기둥들이 있는데 일부는 2미터에 달하며 동물 조각으로 장식되어 있다. 자기지질학적 조사는 땅속에 아직도 열다섯 개의 방이 더 남아 있다는 것을 밝혀냈다. 그렇다면 현장에는 다해서 약 200개의 돌기둥이 있을 수도 있는데 상당수가 8톤이 넘는다. 채석장에서는 50톤 나가는 8미터 길이 기둥이 미완성인 채로 발견되기도 했다.

사람들은 단순한 석기에 지나지 않는 것을 가지고 이 모든 일을 해냈다. 우리는 이 특정한 언덕 꼭대기가 왜 그렇게 성스러운 장소였는지 영영 알 수 없겠지만 그곳은 확실히 그 지방의 성역, 어쩌면 수백 명이 다 같이 모여 몇 주일 동안 기둥을 깎고 방으로 끌고 가서 세우는 축제를 위한 장소였던 것으로 보인다. 어쨌거나 한 가지만은 확실하다. 인류 역사상 그때까지 그렇게 많은 집단이 함께 일한 적은 없었다.

인간들은 기후변화의 수동적 희생자가 아니었다. 그들은 역경에 맞서 신과 조상을 끌어오는 재간을 발휘했다. 그리고 우리 대부분은 이러한 신과 조상이 실제로 존재했을지 의심하지만 제의는 어쨌거나 일종의 사회적 접착제로써 얼마간 이롭게 작용했을 것이다. 화려한 성소에서 치르는 대규모 제의가 신의 원조를 이끌어낼 것이라고 신실하게 믿는 사람들은 분명히, 아무리 힘든 시절이더라도 꿋꿋하게 견디고 똘똘 뭉칠 가능성이 더 크다.

기원전 1만 년경 측면구릉지대는 나머지 세계와 비교해 두드러져 보였다. 대부분의 지역에서 대부분의 사람들은 2004년 이래로 발굴중인 중국 룽왕찬의 경우처럼 여전히 동굴과 야영지 사이를 떠돌았다. 룽왕찬에서 선사시대 사람들의 활동을 알 수 있는, 남아 있는 유일한 흔적은 군데군데 땅바닥이 둥그렇게 모닥불에 탄 흔적뿐이다. 이곳에서 나온 닳은 이판암 조각은 단순한 돌삽일 수도 있다. 어쩌면 경작이 시작되었음을 의미할 수도 있지만 아부 후레이라에서 나온 실한 호밀 씨앗 같은 것은 없으며 하물며 무레이베트와 케르메즈 데레의 거대한 기념물 같은 것은 말할 필요도 없다. 아메리카에서 가장 건물다운 건물은 묘목을 구부리고 가죽을 씌워 만든 작은 오두막으로, 칠레의 몬테베르데에서 세심한 발굴자들이 발견한 것이다. 한편 인도 전역에서 고고학자들은 그만한 것도 발견하지 못해서 드문드문 발견되는 석기들만이 인간의 활동을 가리키는 유일한 흔적이다.

특징적인 서양 세계가 모습을 갖춰가고 있었다.

달라진 낙원

기원전 9600년 지구는 다시 따뜻해지고 있었고 이 시기 측면구릉지대 사람들은 초목을 최대한 이용하는 법을 이미 알고 있었다. 그들은 재빨리

(이전 시기의 기준에서 보면, 어쨌든) 농경을 재개했다. 기원전 9300년이 되자 요르단 강 계곡 발굴 현장에서 나온 밀과 보리 종자는 야생종보다 눈에 띄게 컸고 사람들은 수확량을 늘리기 위해 무화과나무를 개량했다. 세계에서 가장 오래된 곡식 창고인 흙으로 지은 저장소들은 너비와 높이가 각각 3미터이며 기원전 9000년경 요르단 강 계곡에서 유래했다. 그때쯤이면 경작이 오늘날의 이스라엘 땅부터 터키 동남부에 이르기까지의 측면구릉지대 가운데 적어도 일곱 군데에서 이뤄지고 있었고 기원전 8500년에는 커다란 종자에서 자란 곡물이 이 지역 전역에서 일반적이었다.

변화는 사실 현대의 기준에서 보면 매우 느렸지만 다음 1000년에 걸쳐 측면구릉지대는 갈수록 세계의 다른 어느 지역과도 다르게 변화한다. 이 지역의 사람들은 인간의 도움 없이는 스스로 번식할 수 없는 완전히 개량된 작물을 얻기 위해 저도 모르게, 식물들을 유전적으로 변형시키고 있었다. 개의 경우와 마찬가지로 우리가 이 식물들이 필요한 만큼 이 식물들도 우리가 필요했다.

동물과 마찬가지로 식물도 DNA가 한 세대에서 다음 세대로 복제될 때 임의적 돌연변이가 일어나기 때문에 진화한다. 가끔 변이는 식물의 번식 가능성을 높인다. 이런 현상은 터를 잡은 마을이 크고 사나운 늑대보다 작고 온순한 늑대에게 유리한 입지를 제공했을 때나 경작으로 인해 작은 종자보다 큰 종자가 유리해질 때처럼 환경 역시 변화하고 있을 때 특히 흔하다. 나는 다 익은 종자들이 저마다 다른 시점에 땅에 떨어지고 속을 감싸고 있던 겉껍질이 벗겨지면 발아하여 야생 곡물들이 번식한다는 것을 이미 언급했다. 그러나 몇몇—100만이나 200만 종 중 하나—식물은 한 유전자 안에서 종자를 식물 본체와 연결하는 이삭가지와 종자를 보호하는 겉껍질을 강화하는 임의 변이를 일으킨다. 이 종자들은 여물면 땅에 떨어지지 않으며 외피도 부서지지 않는다. 종자는 말 그대로 수확하는 사람이 와서 자기를 가져가주길 기다린다. 수확자라는 존재가 있기 전에 변종들은 종자가 땅에 떨어질 수 없어서 매년 번식하지 못한 채 죽을 수밖에 없었고, 따라서 이것은 가장 불리한 변이였다. 인간이 와서 식물을 털어 떨어진 곡물을 주워가도 똑같은 일이 발생했다. 변종 종자들은 땅에 떨어지지 않았고 다시금 변종은 번식하지 못하고 죽게 된다.

고식물학자들은 대체 무슨 일이 일어나 이 상황을 변화시켰는지 열띤 논쟁을 벌이지만 가장 그럴 듯한 설명은 역시 오래된 탐욕이 개입했다고 보는 것이다. 가장 좋은 초목이 자란 장소에 애써서 괭이질을 하고 잡초를 뽑고 물을 주고나서, 여자들은(다시금 여자들이라고 가정하자) 곡물에서 마지막 한 톨까지 가져가려고 했을 것이다. 그러려면 곡물을 여러 번 털기 위해 각 장소를 여러 차례 방문해야 했을 테고 일부 고집 센 종자들은 —강한 이삭가지가 달린 변종들— 아무리 털어도 떨어지지 않았을 것이다. 그럴 때는 말을 듣지 않는 곡식단을 뽑아서 통째로 집으로 들고 오는 게 가장 자연스럽지 않을까? 따지고 보면 밀단이나 보릿단은 그리 무겁지 않으니 끝끝내 말을 듣지 않는 곡물을 만났을 때 나라면 틀림없이 그렇게 하겠다.

만약 무작위로 추출한 종자를 다시 옮겨 심는다면 여자들은 변종 종자와 더불어 정상적인 종자도 가져왔을 것이다. 사실, 적어도 일부 정상적인 종자들은 이미 땅에 떨어져 주워갈 수 없었을 테니 변종이 실제보다 약간 더 **많은 비율**을 차지했을 것이다. 매해 옮겨 심을 때마다 그들은 경작지에서 변종의 비율을 조금씩 늘려갔을 것이다. 이것은 분명히 괴로울 정도로 느린 과정이었고 정작 이 일에 관여한 사람들의 눈에 띄지도 않았을 테지만 쓰레기장에서 생쥐에게 일어난 일과 마찬가지로 극적인 진화의 소용돌이를 촉발했다. 들판에 자란 곡식 100~200만 포기당 수확하는 사람을 기다려야 하는 변종 한 포기를 얻는 대신, 사람들은 몇천 년 안에 유전적으로 변형된 개량종만을 **전적으로** 얻게 됐다. 발굴된 증거들은 심지어 기원전 8500년 무렵에 완전히 개량된 밀과 보리는 여전히 알려지지 않았음을 시사한다. 그러나 기원전 8000년경에 이르면 측면구릉지대에서 발견된 종자의 절반은 수확자가 와서 거두어야 하는 튼튼한 이삭줄기에 달린 것이었고 기원전 7500년경이 되자 사실상 모든 종자가 튼튼한 이삭가지에 여문 것들이었다.

게으름, 탐욕, 두려움은 지속적인 개선을 가져왔다. 사람들은 밭에 곡물을 심고난 이듬해에 단백질이 풍부한 콩을 심으면 식단을 다양화할 뿐만 아니라 토질을 회복시킨다는 사실을 발견했다. 그런 과정을 거쳐 사람들은 렌즈콩과 이집트콩의 품종을 개량했다. 거친 맷돌에 갈아 만든 빵에는 가는 모래가 많이 섞여 있었고 사람들의 치아는 모래 탓에 뭉툭하게 닳았다. 그래서 사람들은 불순물을 체로 걸러냈다. 그들은 곡물로 식사를 준비하는 새로운 방법을 찾아냈고 찰흙을 구워 물이 새지 않는 그릇을 만들어 요리할 때 사용했다. 현대의 농업 종사자들로부터 유추해내는 것이 틀리지 않는다면, 여자들은 이러한 혁신의 대부분이나 전부를 이끌었을 것이며 옷감을 짜서 옷을 만드는 법도 터득했을 것이다. 가죽옷과 털옷은 밀려났다.

여자들이 식물을 길들이는 동안 남자들은 (아마도) 동물을 맡았을 것이다. 기원전 8000년경 오늘날의 이란 서부에서 목축인은 염소를 매우 효과적으로 길들여서 더 크고 온순한 종이 진화했다. 기원전 7000년 이전에 살았던 목축인은 야생 소 오로크스를 오늘날 우리가 아는 것과 비슷한 순한 소로 탈바꿈시켰고 멧돼지를 돼지로 길들였다. 다음 몇천 년에 걸쳐 그들은 고기를 얻으려고 아직 다 자라지 않았을 때 모든 동물을 죽이는 대신 일부는 길러서 털과 젖을 얻고 더 나아가—가장 유용하게도—가축에 멍에를 씌워 바퀴 달린 수레를 끌게 하는 법을 터득했다.* 이전에는 무언가를 옮긴다는 것은 들어서 나르는 것이었지만 멍에를 씌운 소는 인간의 견인력보다 세 배나 많이 끌 수 있었다. 기원전 4000년경이 되자 동식물의 개량은 소가 끄는 쟁기에서 결합되었다. 사람들은 이후로도 여러 가지 실험을 계속했지만 산업혁명기에 석탄과 증기를 동력화함으로써 인간이 이 조합에 중대한 새로운 에너지원을 추가하기까지는 거의 6000년의 세월이 흘러야 했다.

측면구릉지대의 초창기 농부들은 사람이 사는 방식을 변화시켰다. 장거리 비행기 여행에서 우는 아기 옆자리에 앉아갈 일을 생각하면 벌벌 떠는 우리 같은 사람들은 먹을 것을 찾아 아기들을 업고 해마다 툭하면 수천 킬로미터를 걷는 여자 채집인의 처지를 생각해봐야 한다. 당연한 일이지만 그들은 아이를 많이 원하지 않았다. 의식적으로든 무의식적으로든 여자들은 아이가 서너 살이 넘을 때까지 젖을 먹임으로써(젖을 먹이면 배란을 막을 수 있다) 다음 임신 때까지 일정한 간격을 둔다. 빙하기에 채집인도 유사한 전략을 따랐지만 정주하게 되면서 그럴 필요성이 점점 사라졌다. 아이가 추가적 노동력을 제공하면서 사실 아이를 더 많이 낳는 것이 이득이 되었고, 최근의 골격 연구는 초창기 촌락에서 여자들은 식량을 저장하고 한곳에 머물면서 평균적으로 7~8명의 아이를 낳은 반면(그 가운데 4명은 돌을 넘겼을 것이며 어쩌면 3명은 생식가능연령에 도달할 때까지 생존했을 것이다) 이리저리 떠돌던 그들의 조상들은 5~6명을 낳았다고 말한다. 더 많은 식량을 재배할수록 더 많은 아이를 먹일 수 있었다. 물론 더 많은 아이를 먹일수록 더 많은 식량을 재배해야 하는 것도 사실이지만.

---

* 이것은 너무도 당연한 일처럼 들리지만 동물의 목을 조르지 않으면서 동시에 마부가 제어할 수 있게 멍에를 씌워 수레를 끌게 하는 것은 보기보다 훨씬 어려운 일이다.

인구가 급증했다. 기원전 8000년경 몇몇 마을은 거주민이 500명이었던 것으로 보이는데, 아인 말라하 같은 영거 드라이아스기 이전 자그마한 촌락의 열 배에 달하는 규모였다. 기원전 6500년경 오늘날 터키 차탈회위크에 해당하는 곳에서는 아마도 주민이 3000명에 달했던 것 같다. 이러한 곳들은 '근육강화제 주사를 맞은' 마을이었고 그러한 표현이 담고 있는 온갖 문제를 안고 있었다. 차탈회위크에서 나온 퇴적물에 대한 현미경 분석은 사람들이 집 옆에 쓰레기와 분뇨를 그냥 내다버렸고 악취가 진동하는 이 진흙탕을 밟고 지나다녔다는 것을 보여준다. 이런 지저분함에 수렵채집인들은 기겁했겠지만 쥐와 파리, 벼룩들은 분명히 신이 났을 것이다. 우리는 흙바닥에 다져진 분뇨 조각들로부터 사람들이 가축을 집안에 두었음을 알 수 있으며 요르단의 아인 가잘 지역에서 나온 인간의 유골은 기원전 7000년경에 이르면 결핵이 가축에서 인간으로 전염되었음을 보여준다. 정착하여 더 많은 식량을 재배하는 것은 출산율을 증가시키지만 한편으로 먹여야 할 입과 공유해야 할 세균이 늘어난다는 것을 의미하며, 그 두 가지 모두 사망률을 증가시켰다. 새로운 촌락들은 각각 몇 세대 동안 급성장한 뒤 출산율과 사망률이 서로 균형을 이루게 되었을 것이다.

그러나 그런 온갖 불결함에도 불구하고 분명히 그것이 사람들이 원하는 삶이었다. 작은 수렵채집인 집단들의 지리적 지평은 넓었지만 사회적 지평은 협소했다. 풍경은 변해도 얼굴들은 변하지 않았다. 초창기 농부의 세계는 정반대였다. 하루면 다 돌아볼 수 있는 자기가 태어난 마을 안에서 평생을 보낼 수도 있지만, 그 장소란 얼마나 대단한 곳인가? 그곳은 신들이 모습을 드러내는 성소, 오감을 즐겁게 하는 축제와 잔치, 바닥에는 회반죽을 바르고 지붕은 물이 새지 않는 튼튼한 집에 사는, 수다스럽고 참견하기 좋아하는 이웃들로 가득한 곳이다. 이러한 건물들은 오늘날 사람들의 눈에는 비좁고 연기가 자욱하며 냄새 고약한 광에 불과하겠지만 축축한 동굴을 곰과 공유하거나 나뭇가지 위에 씌운 가죽 아래서 옹기종기 둘러앉아 비를 피하던 것에 비하면 엄청난 발전이었다.

초창기 농부들은 풍경을 길들였고 그것을 여러 동심원으로 분해했다. 가장 안쪽에는 가정이, 그 바깥에는 이웃이, 그 바깥에는 경작지가, 그 바깥에는 여름과 겨울 사이 목동이 철 따라 가축을 몰고 가는 방목지가 있었다. 그리고 그 너머에는 무서운 동물과 그것들을 사냥하는 야만인들, 그 외에 각종 괴물들이 사는 거칠고 길들여지지 않은 세계가 있었다. 몇몇 발굴 작업에서는 적어도 증거로 믿는 사람의 눈에는, 작은 길로 구획된 약간은 들판 지도처럼 보이는 선이 새겨진 석판이 발견되었다. 기원전 9000년경, 지금은 아사드 호 아래 잠긴 예르프 알 아마르와 주변 지역의 마을 주민들은 뱀과 새, 농장의 가축들과 추상적 기호를 작은 돌 표지에 새겨서 일종의 원시적인 형태의 문자를 실험했던 것 같다.

그러한 정신적 구조를 세계에 부과함으로써 측면구릉지대 사람들은 이를테면 자신들을 '길들였다'. 그들은 심지어 사랑의 의미도 새롭게 만들었다. 남편과 아내, 부모와 자식 간의 사랑은 수백만 년 전부터 우리 안에 심어진 자연스러운 감정이지만 농경은 이러한 관계들에 새로운 힘을 주입했다. 이전의 채집인들은 잘 익은 식물과 사냥감, 안전한 동굴을 찾는 법을 가르치며 자신들의 지식을 젊은이들과 언제나 공유했다. 그러나 농부들은 더 실질적인 것을 물려줄 수 있었다. 성공하기 위해서 사람들은 이제 재산, 즉 우물이나 담장, 도구 같은 투자 대상은 말할 것도 없고 집과 논밭, 가축이 필요했다. 최초의 농부들은 식량을 나누고 어쩌면 다 함께 모여서 요리를 하는, 틀림없이 매우 공동체적이었을 테지만 기원전 8000년경이 되자 그들은 각자 저장실과 부엌이 따로 있는 더 크고 복잡한 집을 짓기 시작했고 어쩌면 각자 소유하도록 땅도 나누었을지도 모른다. 삶은 세대 간에 재산을 전달하는 기본 단위로서 작은 가족 집단에 점점 더 초점이 맞춰졌다. 자식들은 이러한 물질적 유산이 필요했는데, 그렇지 않다면 곧 가난과 직면했기 때문이다. 재산을 물려주고 물려받는 것은 생사가 달린 문제가 되었다.

조상에 대한 집착이라고밖에 할 수 없는 것들을 가리키는 표지가 있다. 어쩌면 기원전 1만 년 케르메즈 데레의 턱뼈가 없는 해골도 이러한 흔적이라고 볼 수 있는데 농경이 발전하면서 조상숭배도 가속화되었다. 집의 방바닥 아래 여러 대에 걸쳐 조상의 시신을 차곡차곡 묻는 일이 흔해졌고, 시신들은 재산과 후손 사이의 연결고리를 물리적으로 표현하듯이 서로 뒤섞였다. 어떤 사람들은 한술 더 떠서 살이 썩은 시신을 파내 두개골을 제거하고 머리 없는 시신을 다시 묻었다. 그들은 회반죽을 이용해 두개골 위에 얼굴 모형을 빚고 눈구멍에 조개껍데기를 붙인 다음 머리카락과 같은 세부를 상세하게 그려 넣었다.

남자들의 세상이었던 1950년대 고고학계의 여장부였던 캐슬린 케넌은 요르단 강 서안 지구에 있는 예리코의 유명한 유적지를 발굴하면서 이러한 공포 영화풍의 관습을 최초로 상세하게 기록했다. 이제 회반죽으로 빚은 두개골은 수십 군데의 정착지에서 발견된다. 우리로서는 사람들이 다시 땅에 묻은 두개골만 발견할 수 있기 때문에 나머지 두개골이 어떻게 되었는지는 분명하지 않다. 발견된 두개골 대부분은 구덩이 안에 놓여 있었지만 차탈회위크에서 발견된 기원전 7000년경의 젊은 여자의 유해는 회반죽을 바르고 무려 세 차례나 빨간 물감으로 덧칠한 두개골을 가슴에 안고 있었다.

시체와의 그런 친밀함은 우리 대부분에게는 속이 메스꺼워지는 일이지만 측면구릉지대의 초창기 농부들에게는 무척 중요했던 모양이다. 대부분의 고고학자는 그러한 풍습은 조상이 가장 중요한 초자연적 존재였음을 보여준다고 생각한다. 조상은 재산을 물려주었고 그러한 재산이 없다면 산 자들은 굶어죽을 것이다. 그에 대한 보답으로 산 자들은 그들을 기렸다. 조상을 섬기는 제사는 재산 전달 과정에 성스러운 분위기를 덧입히면서 사람들 간의 소유 재산 차이를 정당화했을 것이다. 또한 사람들은 조상을 불러내어 언제 작물을 심고 어디에서 사냥을 하는 것이 좋은지, 이웃을 습격해야 할 것인지 말 것인지를 묻는 식으로 두개골을 강령술降靈術[죽은 자의 영혼과의 커뮤니케이션을 통한 예언이나 점술]에 사용했을 것이다.

　조상숭배는 측면구릉지대 전역에서 크게 번성했다. 차탈회위크에서는 거의 모든 집의 지하에 시체가 묻혀 있었고, 벽과 방바닥은 회반죽을 바른 조상의 두개골로 도배가 되어 있었다. 아인 가잘에서는 갈대를 엮고 회반죽을 발라 만든 실물 크기 입상과 흉상이 들어 있는 구덩이 두 개가 발견되었다. 어떤 것들은 머리가 두 개였으며 대부분은 커다랗고 부리부리한 눈이 그려져 있었다. 가장 눈길을 끄는 것은 터키 동남부 차외뉘에서 발견된 기원전 8000년경의 유적으로, 발굴자들이 '죽은 자들의 집'이라고 부른 곳이다. 이곳에서는 66개의 두개골과 400개 이상의 해골이 제단 뒤에 감춰져 있었다. 화학자들은 제단 위의 침전물이 인간과 동물의 피가 응고된 헤모글로빈 결정체라는 사실을 확인했다. 더 많은 인간의 피가 점토 주발에 굳어 있었고 다른 두 곳의 건물에도 피로 얼룩진 제단이 있었는데, 한 곳에는 제단 위에 인간의 얼굴 형상을 띤 조각이 새겨져 있었다. 상상이 꼬리를 물게 된다. 제단에 묶여 몸부림치는 희생자, 예리한 돌날로 희생자의 급소를 파헤치고 잘 모셔두기 위해 톱으로 희생자의 머리를 썰어내는 사제들, 희생자의 피를 받아 마시는 숭배자들…… 꼭 난도질하는 공포 영화의 한 장면 같지 않은가?

　하지만 아닐 수도 있다. 고고학자들이 발굴해낸 증거들 가운데 어느 것도 그러한 상상의 나래를 뒷받침하지도 반박하지도 않는다. 그러나 여전히 조각상들과 '죽은 자들의 집'은 사람들로 하여금 초자연적 존재에 접근할 수 있는 특권이 자신들에게 있다는 점을 믿게 만드는 데 성공한 종교 전문가들의 출현을 의미하는 듯하다. 어쩌면 그들은 무아지경이나 발작 상태에 빠졌을지도 모른다. 아니면 그저 자신들이 본 환영을 더 잘 묘사할 수 있는 사람들이었는지도 모를 일이다. 이유가 무엇이었든 사제들은 제도화된 권위를 누린 최초의 사람들이었을 것이다. 어쩌면 바로 이 시점에서 위계질서가 확립되기 시작했는지도 모른다.

이러한 결론의 사실 여부를 떠나 위계질서는 가정 **내**에서 가장 빠르게 발전했다. 나는 이미 수렵채집 사회에서 남자는 사냥에 주력하고 여자는 채집에 주력하며 서로 다른 성 역할을 수행했다는 사실을 언급했는데, 오늘날 인간 집단에 대한 연구는 동식물의 개량화가 여성을 집안에 매이게 하면서 성별 분업을 더욱 심화시킨다고 주장한다. 사망률과 출산율이 높은 상황에서 대부분의 여자는 일생 대부분을 임신인 상태로 또 아이들을 돌보며 보내게 되었고, 농경에서의 변화들—여자들 자신들이 최초로 이끌어냈을 변화들—은 그러한 경향을 강화했다. 개량된 곡물은 대부분의 야생 식량보다 더 많은 공정을 요구했고 이삭을 털고 갈아서 빵을 굽는 공정은 아이들을 돌보면서 집에서 할 수 있기 때문에 이러한 일들은 자연스레 여자들의 일이 되었다.

농경 생활 초기처럼 토지가 풍부하지만 노동력은 부족할 때 사람들은 보통 남녀가 함께 괭이질을 하고 잡초를 뽑으면서 넓은 지역을 여유롭게 경작한다. 만약 기원전 8000년 이후 측면구릉지대에서처럼 인구가 증가하는 반면 경작지 면적은 증가하지 않으면 거름을 주고 쟁기질을 하고 심지어 물까지 대면서 단위 면적당 최대한의 수확량을 짜내기 위해 토지를 더 집약적으로 경작하는 것은 당연하다. 이 모든 임무를 수행하려면 상반신의 힘이 강해야 한다. 상당수의 여자도 남자만큼 힘이 세지만 농업이 강화되면서 갈수록 남자들은 옥외 활동을, 여자들은 실내 활동을 지배하게 된다. 성인 남성은 밭에서 일하고 사내애들은 가축을 돌본다. 아녀자들은 갈수록 선명하게 대조되는 가사 영역을 담당한다. 아부 후레이라에서 발굴된 기원전 7000년경 것으로 추정되는 유해 162구에 대한 연구는 현저한 성별 차이를 드러냈다. 남자와 여자 모두 등골뼈 위쪽이 넓어졌는데 아무래도 머리에 무거운 짐을 지면서 생겨난 변화인 듯하다. 반면 오랜 기간 무릎을 꿇고 있으면 나타나는 발가락 관절염 증상은 여자에게만 보였는데 곡물을 갈 때 발가락을 지지대 삼아 힘을 주기 때문이다.

김을 매고 돌을 골라내고 거름과 물을 주고 쟁기질을 하는 것은 모두 수확량을 증가시켰고, 평범한 땅뙈기가 아닌 잘 가꾸어진 밭을 물려받는 것은 가정의 형편을 좌우했다. 기원전 9600년 이후로 종교가 발달하는 방식은 사람들이 조상과 상속에 대해 걱정했다는 것을 시사하며, 바로 이 시점에 그들이 다른 제도들을 통해 제의를 강화하기 시작했다고 추정해도 될 듯하다. 그렇게 많은 것이 걸려 있는 상황에서 이러한 농경문화의 남자들은 자신들이 앞으로 재산을 물려받게 될 자식들의 진짜 아버지라는 사실을 확인하고 싶어한다. 성에 대해 다소 분방한 채집인의 태도는 혼전 딸의 처녀성과 아내의 혼외 활동에 대한 남자들의 강박적 근심에 자리를 내주었다. 전통적 농경 사회에서 남자들은 전형적으로 재산을 상속받은 뒤 서른 살 무렵에 결혼하는 반면 여자들은 일반적으로 일탈을 경험할 시간을 실컷 누리기 전인 열다섯 살 무렵에 결혼한다. 이러한 결혼 패턴이 농경의 여명기에서 유래한 것인지는 확실하지 않지만, 아무래도 그런 듯하다. 이를테면 기원전 7500년경 아버지의 권위 아래서 자란 여자아이는 십대가 되면 아버지의 권위를 자기 아버지뻘인 남편의 권위로 대체하게 된다. 이미 좋은 토지와 가축을 거느린 사람들이 역시나 똑같이 행복한 처지의 사람과 결혼해 재산을 합치면서 결혼은 부의 원천이 된다. 부자는 더 부자가 된다.

물려받을 만한 재산이 있다는 것은 훔쳐갈 만한 재산이 있다는 뜻이며, 따라서 기원전 9000년 이래로 측면구릉지대에 요새와 조직적인 싸움에 대한 증거가 우후죽순처럼 등장한다는 사실은 분명히 우연의 일치가 아니다. 오늘날 수렵채집인의 삶이 폭력적이라는 것은 익히 알려져 있다. 격렬한 감정을 제어할 진정한 위계질서가 없는 곳에서 젊은 사냥꾼들은 살인을 종종 다툼을 해소하는 합리적인 방식으로 간주한다. 여러 집단에서 살인은 주요 사망 원인이다. 그러나 마을에서 함께 살아가려면 사람들은 그들 사이의 폭력을 관리하는 법을 깨우쳐야 했다. 그리고 폭력을 관리하는 법을 배운 사람들은 번창하게 되었을 것이고, 폭력을 적절하게 이용해 다른 공동체로부터 재산을 빼앗아올 수도 있었을 것이다.

여기에 대한 가장 놀라운 증거는 여호수아가 나팔을 불자 성벽이 무너져내렸다는 성경 이야기의 배경으로 유명한 예리코에서 나왔다. 50년 전 예리코를 발굴했을 때 케넌은 정말로 벽을 발견했다. 그렇지만 여호수아의 성벽은 아니다. 여호수아는 기원전 1200년경 사람이지만 케넌은 그보다 8000년은 더 오래되어 보이는 방어 시설을 발견했다. 케넌은 이 방어 시설을 기원전 9300년경에 세워진 높이 3.6미터, 두께 1.5미터의 보루로 추정했다. 1980년대의 새로운 연구는 아무래도 그녀가 착각한 것 같으며 케넌의 '요새'란 사실 각기 다른 시기에 세워진 여러 개의 작은 담이고 아마도 시냇물을 막기 위한 둑이었을 것으로 추정했다. 그러나 케넌의 두 번째 중대 발견인 7.6미터 높이의 돌탑은 정말로 방어 시설일 수도 있다. 최첨단 무기라는 것이 끝에 뾰족한 돌조각을 매단 막대기인 상황에서 그것은 아닌 게 아니라 막강한 보루였을 것이다.

측면구릉지대를 벗어나면 사람들은 방어할 만한 것이 별로 없었다. 기원전 7000년에도 이 지역 바깥의 사람들은 대체로 철 따라 이동하는 채집인이었고, 오늘날 파키스탄에 있는 메르가르나 양쯔 강 유역 삼각주에 있는 상산 같은 마을에 사람들이 정착하기 시작했을 때에도 이곳들은 예리코에 비하면 단순한 곳이었다. 만약 이 시기 지구상 다른 곳의 수렵채집인을 데려다가 차외뉘나 차탈회위크에 떨어트려놓았다면 그들은 어리둥절해하지 않았을까? 동굴이나 옹기종기 들어선 작은 오두막은 온데간데없고 대신 튼튼한 집과 커다란 식량 저장고와 강력한 예술, 종교 기념물로 채워진 분주한 동네가 눈앞에 펼쳐진 셈이었다. 그들은 땀 흘려 일하고, 일찍 죽고, 달갑잖은 각종 세균과 함께 살아야 했을 것이다. 부자와 가난뱅이가 어깨를 맞부딪히며 살아가고 남자가 여자 위에 그리고 부모가 자식 위에 군림하는 상황에 분통을 터트리거나 기뻐했으리라. 심지어 어떤 사람들은 제사에서 다른 사람들을 살해한 권리를 갖고 있다는 사실도 발견했을지 모른다. 그리고 사람들이 왜 이 온갖 괴로움을 자처하는지 그들이 궁금해하는 것도 당연했으리라.

가서 번성하라

선사시대 측면구릉지대에서 위계질서와 단조로운 고역이 탄생한 순간으로부터 시계를 빨리 돌려 1967년 파리로 가보자.

따분한 낭테르 교외 지구에 있는 파리 대학 캠퍼스를 관리하는 중년 남성들—차탈회위크까지 이어지는 가부장제 전통의 계승자들—에게는 젊은 아가씨가 기숙사 방으로 젊은 총각을 초대해서는 (또는 그 반대도) 안 된다는 것이 너무도 당연한 일 같았다. 그러한 규정은 젊은이들에게 결코 당연해 보이지 않았던 것 같지만 300세대 동안 십대들은 그러한 규정을 따르며 살아야 했다. 그러나 더는 아니었다. 겨울이 다가오고 학생들은 자신들의 애정 생활을 감독하려는 연장자들의 권리에 도전했다. 1968년

1월, 이제는 유럽의회의 존경받는 녹색당 의원이지만 당시에는 "빨갱이 대니"로 통하는 학생운동가였던 다니엘 콩방디는 젊은이들의 품행 감독관을 히틀러 청년단의 감독관에 비유했다. 그해 5월에 학생들은 일련의 시가전에서 무장한 진압경찰에 맞섰고, 파리 시내는 바리케이드와 불타는 차량들로 마비되었다. 드골 대통령은—만약 제2의 바스티유의 날이 도래한다면—군대가 자기편에 설 것인지를 떠보기 위해 비밀리에 장군들과 회동했다.

미시간대 출신의 젊은 인류학 교수 마셜 살린스가 등장할 차례다. 살린스는 사회진화에 관한 여러 편의 뛰어난 글과 베트남전에 대한 비판으로 명성을 얻었다. 이제 그는 앤아버(살린스의 표현에 따르면 "골목길밖에 없는 자그마한 대학 도시".[4] 매정하게 들리지만 틀린 말은 아니다)를 뒤로하고 인류학 이론과 학생 급진주의의 메카인 콜레주 드 프랑스에서 2년을 보내기로한다. 파리운동의 위기가 심화되는 가운데 살린스는 프랑스 지성계에 발을 걸치고 있는 사람이라면 반드시 읽어야할 잡지인 『현대』에 원고를 보냈다. 그 글은 지금까지 쓰인 인류학 논문 가운데 가장 영향력 있는 논문이된다.

"탁아소와 대학, 여타 감옥들의 문을 열어라."[5] 학생 급진주의자들이 낭테르의 벽에 휘갈겨 쓴 구호다. "교사와 시험 때문에 경쟁은 여섯 살 때부터 시작된다."[6] 살린스의 원고는 학생들에게 뭔가를 제시했다. 살린스가 내놓은 것은 해답이 아니었고 무정부주의자들도 그런 것을 원한 것 같지는 않지만("현실주의자가 되어라. 불가능한 것을 요구하라"[7]가 그들의 구호 가운데 하나였다), 어쨌든 그의 글은 적어도 약간의 격려는 되었다. 살린스가 제기하는 핵심 논점은 부르주아 사회가 "달성 불가능한 것, 바로 **끝없는 욕망**의 전당을 세웠다"[8]는 것이다. 우리는 자본주의적 규율에 굴복해 돈을 벌기 위해 경쟁하고 그 돈으로 실제로는 우리가 원하지 않는 것을 구매함으로써 끝없는 욕망을 추구한다. 살린스는 우리가 수렵채집인으로부터 무언가를 배울 수 있다고 말한다. "세계에서 가장 원시적인 종족은 소유물이 거의 없지만 **그렇다고 가난뱅이는 아니다**"[9]라고 설명한다. 역설처럼 들리는 말이다. 살린스는 채집인이 일반적으로 일주일에 21시간에서 35시간밖에 일하지 않는다고 주장했는데, 파리 노동자의 노동시간보다 짧고 내 생각엔 파리 학생의 학업시간보다도 짧을 것이다. 수렵채집인은 차나 텔레비전이 없지만 그것들이 당연히 갖고 싶은 것이라는 생각도 하지 않았다. 그들의 생활 수단은 몇 안 되었지만 그들의 욕망은 그보다 더 적었으며, 따라서 살린스는 수렵채집 사회를 "최초 풍요 사회"라고 결론 내렸다.

살린스의 논점은 일리가 있다. 그는 농경의 대가가 노동과 불평등, 전쟁이라면 왜 농경이 채집 생활을 대체했는지 자문한다. 어쨌거나 농경이 채집 생활을 대체한 것은 분명한 사실이다. 기원전 7000년이 되자 농경은 측면구릉지대를 완전히 지배하게 되었다. 이미 기원전 8500년에 경작된 곡물이 키프로스로 전파되었고, 기원전 8000년경에 이르면 터키 중부에 도달했다. 기원전 7000년이 되면 완전히 개량된 작물들이 이 지역 전체에 도달했고 동쪽으로 퍼져 파키스탄에 도달했다(또는 그곳에서 독자적으로 개량된 것일 수도 있다). 경작 곡물은 기원전 6000년에 그리스와 이라크 남부, 중앙아시아에 도달했고 기원전 5000년에 이집트와 중유럽, 기원전 4000년에는 대서양 연안에 도달했다(지도 2.4).

고고학자들은 왜 이러한 일이 일어났는지에 대해 수십 년 동안 논쟁해왔지만 별다른 합의에 이르지 못했다. 한 예로 이 주제에 대한 최근의 권위 있는 논평 끝 부분에 케임브리지대의 그레임 바커는 자신이 내릴 수 있는 가장 포괄적인 결론이란 "그들이 아는 세계에 대한 유사한 응전들 속에서 다양한 방식으로, 다양한 속도로, 다양한 이유로"[10] 농경인이 채집인을 대체했다는 것이라고 말했다.

대서양

발트 해

기원전 4000년

폴란드

기원전 5000년

중유럽

기원전 4000년 파리 분지

기원전 6000년

기원전 5000년

기원전 6000년

기원전 6000년

기원전 6000년

기원전 7000년

기원전 6000년

기원전 7000년

터키

기원전 8000년

그리스

기원전 7000년

키프로스

기원전 8500년

기원전 9000년 측면구릉지대

지중해

기원전 5000년

이집트

[**지도 2.4**] '가서 번성하라' 버전 1.0: 측면구릉지대로부터 서쪽으로 대서양 연안까지 개량 종자의 전파, 기원전 9000년~기원전 4000년.

그러나 대체 과정이 혼란스러울지언정—전 대륙에 걸쳐 수천 년이라는 시간 동안 진행된 과정인데 당연하지 않은가?—결국 가장 중요한 것은 에너지의 대사슬에서 지구가 상승한다는 것을 기억한다면 우리는 이 과정의 상당 부분을 이해할 수 있다는 사실이다. 궤도의 변화는 지구가 태양의 전자기에너지를 더 많이 받는다는 것을 의미한다. 광합성은 그렇게 생겨난 더 많은 양의 에너지 가운데 일부를 화학에너지(즉, 더 많은 식물)로 전환한다. 신진대사는 그렇게 생겨난 더 많은 화학에너지 가운데 일부를 운동에너지(곧, 더 많은 동물)로 전환한다. 농경을 통해 인류는 식물과 다른 동물로부터 에너지를 훨씬 더 많이 추출해 이용할 수 있다. 그에 따라 해충과 포식자, 기생충도 이렇게 새로이 얻어낸 에너지를 농부한테서 최대한 뽑아냈지만 그러고도 남아 있는 에너지는 여전히 많았다.

인간은 식물이나 다른 동물처럼 번식에서 잉여 에너지의 주요 배출구를 찾아냈다. 높은 출생률은 새로운 마을이 급속하게 생겨나 이용 가능한 토지를 마지막 한 뼘까지 철저하게 경작하고, 결국에는 기아와 질병이 증가해 출산율을 상쇄하게 되는 것을 의미한다. 그러면 에너지 획득과 소비는 대체로 균형을 이루게 된다. 일부 마을은 이런 식으로 절대 빈곤 상태의 가장자리에 계속 머물면서 정체되었다. 다른 마을에서는 소수의 대담한 이들이 완전히 새롭게 시작하기로 결심했다. 그들은 같은 계곡이나 평원에 있는 임자 없는 땅(어쩌면 덜 좋은 땅)을 찾아 한 시간 정도 걸어나가거나 사람들한테 전해들은 적이 있는 푸른 풀밭을 찾아 수백 킬로미터를 떠돌았으리라. 심지어 바다도 건넜으리라. 틀림없이 많은 모험가가 실패했을 것이다. 헐벗고 굶주린 생존자들은 꼬리를 내린 채 기진맥진하여 고향으로 기어들어왔으리라. 그러나 어떤 사람들은 성공했다. 인구는 폭발적으로 성장하다가 결국 사망자 수가 출생자 수를 따라잡게 되거나 아니면 일단의 무리가 집단에서 떨어져나가 '식민지'를 만들었다.

새로운 영토로 뻗어나간 대부분의 농부는 그곳에 이미 살고 있는 채집인을 발견했다. 가축 습격, 머리 가죽 벗기기, 대결(양측 모두 활과 화살을 들고 하는)로 구성된 옛 서부영화 같은 장면을 상상하고 싶어지지만 현실은 그보다 극적이지 않았으리라. 고고학적 조사는 각 지역에서 최초의 농부들이 흔히 현지의 채집인들과 떨어진 다른 장소에 정착했다고 주장하는데, 최상의 경지와 채집 장소가 좀체 일치하지 않기 때문임이 거의 확실하다. 적어도 처음에는 농부와 채집인이 대체로 서로를 무시했을 수도 있다.

　물론 궁극적으로 채집 행위는 사라졌다. 오늘날 잘 다듬어진 토스카나의 풍경이나 도쿄의 교외에서 배회하는 수렵인이나 채집인을 구경하기란 불가능하다. 농경 인구는 급속도로 증가했고 최상의 땅을 채우는 데는 단 몇 세기밖에 걸리지 않아서 결국엔 채집인이 있는 (농부들이 보기에는) 변두리로 진출하는 수밖에 없는 상황이 왔다.

　그다음 무슨 일이 일어났는지를 두고 두 가지 주요 이론이 존재한다. 첫 번째 이론은 기본적으로 농부들이 최초 풍요 사회를 파괴했다고 주장한다. 질병도 한몫했을지 모른다. 쥐와 가축, 터를 잡은 마을을 고려할 때 확실히 농부들은 수렵채집인보다 덜 위생적이었다. 그렇다고 1492년 이후 수백만 명의 아메리카 원주민을 몰살한 전염병 같은 것을 상상해서는 안 된다. 농부와 채집인의 병원病原 집단은 건널 수 없는 대양이 아니라 단지 몇 킬로미터 폭의 숲으로 분리되어 있을 뿐이었기 때문에 양자는 그렇게까지 분리되지 않았다.

　그러나 대량 학살이 없었다 하더라도 숫자의 힘은 결정적이었다. 현대의 여러 식민지 변방에서처럼 채집인도 싸우기로 작정했다면 외딴곳의 촌락은 파괴할 수 있겠지만 더 많은 식민지 이주자가 계속해서 들이닥쳐 저항을 압도했을 것이다. 반대로 채집인은 도망가는 쪽을 택했을 수도 있지만 그들이 아무리 멀리 후퇴하더라도 결국에는 새로운 농부들이 도착해 더 많은 나무를 베어내고, 가는 곳마다 세균을 퍼트리면서 채집인은 끝내 농부들이 도저히 이용할 수 없는 땅인 시베리아나 사하라 같은 오지에 정착할 수밖에 없었다.

반면 두 번째 이론은 이러한 일들은 일어나지 않았다고 말하는데, 지도 2.4에 나타난 대부분의 지역에서 최초의 농부들은 측면구릉지대에서 온 이주민의 후손이 아니기 때문이다. 그들은 현지의 수렵채집인이 스스로 정착해 농부가 된 경우였다. 살린스는 농경을 최초 풍요 사회에 비교해 영 재미없는 삶처럼 표현했지만 아무런들 채집인이 두 가지 생활양식을 두고 양자택일이라는 단순한 선택에 직면했을 것 같지는 않다. 자신의 쟁기를 내던지고 걸어나간 농부는 경계선을 넘어 채집인의 영역으로 건너가지 않았다. 그보다 농사를 덜 집약적으로 짓는 (어쩌면 쟁기질을 하고 거름을 주는 대신 괭이질을 하는) 사람들이 있는 곳으로, 그다음에는 그보다 농사를 덜 짓는 (어쩌면 숲의 일부를 태워서 그 땅을 경작하고, 잡초들이 다시 자라면 다른 곳으로 이동하는) 사람들이 있는 곳으로, 종국에 가서는 전적으로 사냥과 채집에 의존하는 사람들에게 갔을 것이다. 아이디어와 사람들, 세균은 이 넓은 접촉 지대를 가로질러 오갔다.

더 집약적인 농사법을 실행하는 이웃들이 자신들의 채집 생활양식이 달려 있는 동물들을 쫓아내고 야생식물을 죽이고 있다는 사실을 채집인들이 깨달았을 때 이 무뢰배를 공격하거나 그들로부터 도망치는 대신 채집인도 대세에 합류하여 자신들의 농경을 강화하는 방법도 있었다. 채집 생활을 완전히 포기하고 농경을 선택하는 대신 채집 활동에 보내는 시간을 다소 줄이고 텃밭 가꾸기에 약간 더 많은 시간을 보내기로 했을 수도 있다. 나중에 그들은 잡초를 뽑기 시작할 것인가, 그다음에는 밭을 갈 것인가, 거름을 줄 것인가를 차차 결정해야 했을 테지만 이러한 과정은—앞장의 이미지를 반복하자면—최초 풍요 사회에서 고된 노역과 만성적 질병으로 단 한 번에 크게 도약한 것이라기보다는 일련의 걸음마가 결합한 것이다. 수백 년에 걸쳐 그리고 수천 킬로미터에 걸쳐 노동을 강화한 사람들은 대체로 늘어갔고 옛 방식을 고수하는 사람들은 줄어들어갔다. 그 과정에서 농경 '프런티어'가 조금씩 전진했다. 누구도 위계 사회와 노동시간 증가를 선택하지 않았고 여자들도 발가락 관절염을 기꺼이 받아들이지 않았다. 그런 일들은 그들이 의식하지 못하는 사이에 서서히 생겨났다.

아무리 많은 석기나 불에 탄 종자, 집 토대를 발굴한다 하더라도 고고학자들은 결코 어느 쪽 이론도 입증하지 못하겠지만, 다시금 유전학이 (부분적으로나마) 이 문제를 해결해주었다. 1970년대에 스탠퍼드대의 루카 카발리스포르차는 유럽의 혈액형 집단과 세포핵 DNA에 대한 방대한 연구조사에 착수했다. 연구팀은 유럽 동남부에서 서북부로 유전자 빈도의 일관된 변화 패턴을 발견했으며(지도 2.5), 그 패턴이 지도 2.4가 나타내는 농경의 확산에 대한 고고학적 증거들과 꽤 잘 들어맞는다는 사실을 지적했다. 그의 결론은 한마디로 서아시아에서 이주해온 사람들이 유럽에 농경을 도입했고, 그들의 후손이 채집 생활을 하는 원주민을 거의 대체해 잔존 원주민은 북쪽과 서쪽 깊숙이 밀려났다는 것이다.

고고학자 콜린 렌프루는 언어학도 카발리스포르차의 가설을 지지한다고 주장했다. 그는 최초의 농부들이 유럽인의 유전자를 서남아시아인의 유전자로 대체했을 뿐 아니라 유럽의 원래 언어들도 바스크어 같은 몇몇 고립된 구어만 제외하고 측면구릉지대에서 유래한 인도유럽어들로 대체되지 않았을까 추측한다. 최초 풍요 사회를 종식시킨 축출의 드라마는 현대 유럽인의 몸에 각인되어 있으며 그들이 입을 열 때마다 재연되고 있는 셈이다.

처음에 새로운 증거는 학자들 사이의 논쟁만 키웠을 뿐이다. 언어학자들은 곧장 렌프루의 견해를 반박했는데, 만약 6000년이나 7000년 전에

[**지도 2.5**] 핏속에 새겨진 이야기: 방대한 세포핵 DNA 표본에 바탕을 둔 유럽인의 유전적 구성에 대한 루카 카발리스포르차의 해석. 그는 자신이 가정한 측면구릉지대 출신 식민지 이주자들과 현대 유럽인의 유전적 유사성 정도를 가장 낮은 상관도부터 완전한 일치까지를 여덟 단계로 표시한 (조사 결과의 통계학적 처리에서 1차 중요 요소를 측정하고 95퍼센트 표본의 편차를 감안하여) 이 지도가 측면구릉지대 출신 식민지 이주자들이 유럽 전역에 농경을 전파했음을 보여준다고 결론 내렸다. 그러나 많은 고고학자와 일부 유전학자는 카발리스포르차에 동의하지 않는다.

고대어에서 분화하기 시작했다면 오늘날 유럽어 사이의 차이가 훨씬 클 것이라고 주장했다. 1996년 브라이언 사이크스가 이끄는 옥스퍼드 연구팀은 유전학 분야에서 카발리스포르차의 연구 결과를 반박했다. 사이크스는 카발리스포르차가 연구한 세포핵 DNA 대신 미토콘드리아 DNA를 살펴보았다. 그는 지도 2.5에서와 같은 동남−서북 방향 진행 대신, 패턴이 너무 뒤죽박죽이라 지도상에 쉽게 표현될 수 없다는 점과 여섯 개 집단의 유전자 계열 가운데 한 집단만이 서아시아에서 온 농경 이주민과 연관이 있을 가능성이 있다는 점을 밝혔다. 사이크스는 다른 다섯 집단은 그보다 훨씬 더 오래되었으며 대부분 2만5000년 전에서 5만 년 전 사이 아프리카에서 유럽으로 이주한 사람들로 거슬러올라간다고 주장했다. 이러한 연구 결과들은 모두 유럽 최초의 농부들이 측면구릉지대에서 이주해온 후손이라기보다는 주로 채집 생활을 하다가 정착 생활을 택한 원주민이었다는 사실을 가리킨다고 결론 내렸다.

카발리스포르차와 사이크스 연구팀은 『미국 인간유전학 저널』 1997년호에서 격렬한 논쟁을 벌였지만 그 이후로 양측의 입장 차이는 서서히 좁혀지고 있다. 카발리스포르차는 이제 서아시아 이주민 농부들이 유럽인 DNA의 26~28퍼센트를 차지한다고 계산하며, 사이크스는 그 수치를 20퍼센트에 가깝게 잡는다. 유럽 최초의 농부들 가운데 세 명이나 네 명이 원주민의 후손이라면 한 명은 서남아시아 이주민의 후손이라는 설명은 과도한 단순화이지만 그렇게 틀린 말도 아니다.

예정설

카발리스포르차나 렌프루의 주장 혹은 사이크스의 대안 가운데 어느 것도—심지어 그들의 주장 가운데 부상한 타협안조차—낭테르의 대학생들을 그리 기쁘게 하지는 못했을 텐데, 이 이론들은 모두 농경의 승리를 불가피한 것으로 간주하기 때문이다. 유전학과 고고학 연구는 경쟁이 시험이나 교사와는 별로 상관이 없다는 것을 암시한다. 경쟁은 언제나 우리 곁에 있어왔기 때문이다. 결국 만사는 대체로 그렇게 되어야만 하는 대로 진행되어 왔다는 결론이 나온다.

그렇지만 정말 그럴까? 사람들은 그래도 자유의지를 갖고 있지 않은가? 게으름과 탐욕, 두려움은 역사의 원동력일지도 모르지만 우리는 그 가운데서 각자 선택을 하게 된다. 만약 유럽 최초의 농부들 가운데 4분의 3이나 그 이상이 채집 원주민에서 유래했다고 할 때 선사시대 유럽인 가운데 충분한 수가 경작의 집약화에 반대했다면 분명히 역사 궤도로부터 이탈하여 농경을 중단할 수도 있었을 것이다. 그렇다면 어째서 그런 일은 일어나지 않았을까?

이따금 그런 일이 일어났다. 오늘날의 폴란드부터 파리 분지까지 걸친 지역 전역에서 기원전 5200년이 되기 몇백 년 전에 전진하던 농경의 물결은 멈춰섰다(지도 2.4). 1000년 동안 농부들은 자신들과 발트 해 사이에 마지막으로 남은 80~90킬로미터의 땅을 거의 침범하지 않았고 더 집약적인 농경을 시도한 발트 해 채집인도 거의 없었다. 이곳에서 채집인은 자신들의 생활방식을 지키기 위해 싸웠다. 농경과 채집을 가르는 단층선을 따라 우리는 요새화된 여러 정착지와 머리 전면과 왼쪽에 둔기를 맞은 외상으로—돌도끼를 든 오른손잡이를 상대로 한 정면 대결에서 볼 수 있는 바로 그런 부상이다—죽은 젊은이들의 유해를 발견할 수 있다. 심지어 여러 집단 무덤은 소름 끼치는 학살의 유물일지도 모른다.

우리는 7000년 전 북유럽 평원의 가장자리를 따라 어떤 영웅적 행위와 잔학상이 전개되었는지 결코 알 수 없겠지만 지리와 경제도 문화와 폭력만큼 농경/채집의 경계선을 확정하는 데 큰 역할을 했을 것이다. 발트 해의 채집인은 쌀쌀한 에덴동산에서 살았다. 그곳에서는 풍부한 수산자원이 1년 단위 마을에 거주하는 조밀한 인구를 지탱해주었다. 고고학자들은 작은 촌락 주변에 쌓인 다량의 조개껍질 무더기와 잔치에서 남은 음식을 발굴해냈다. 천혜의 자원이 풍부한 덕분에 이곳의 채집인은 두 마리 토끼(이 경우는 조개)를 다 잡을 수 있었던 모양이다. 그러나 채집인의 수가 농부들에게 맞설 정도는 되었지만 그렇게 많지는 않았기 때문에 그들은 먹고살기 위해 결국 농경 생활로 이행해야 했다. 그와 동시에 농부들은 원래 측면구릉지대에서 개량된 식물종과 동물종이 이 북쪽 끄트머리에서는 잘 자라지 않는다는 것을 알게 되었다.

솔직히 말해 우리는 어째서 농경이 기원전 4200년 이후에 마침내 북쪽까지 진출하게 되었는지 모른다. 어떤 고고학자들은 배출 요인을 강조한다. 농부들의 숫자가 불어나 반대 세력을 완전히 압도해버렸다는 것이다. 다른 이들은 채집 사회 내의 위기가 북쪽으로 침범의 길을 열었다고 주장하면서 흡인 요인을 강조한다.● 그러나 어떤 식으로 귀결되었든지 간에 발트 해의 예외적 실례는 일단 농경이 측면구릉지대에 등장하자 최초 풍요 사회는 살아남을 수 없었다는 법칙을 입증하는 것 같다.

이렇게 말한다고 해서 내가 자유의지의 실재를 부정하는 것은 아니다. 비록 많은 사람이 그러한 유혹에 굴복해버렸지만 자유의지를 부정하는 것은 어리석은 짓이리라. 한 예로 위대한 레프 톨스토이는 역사에서 자유의지를 부정하는 묘한 여담을 달아 소설『전쟁과 평화』를 마무리했다. 내가 '묘한' 여담이라고 말한 이유는 정작 톨스토이의 소설은 고통스러운 결

● 지리학과 인구학에서 사람들이 원래의 거주지를 떠나게 만드는 조건과 새로운 곳으로 사람들을 끌어들이는 조건을 각각 배출 요인과 흡인 요인이라고 한다

정들(혹은 우유부단함)과 급작스러운 마음의 변화, 적지 않은 어리석은 실수, 그에 따른 종종 중대한 결과들로 가득 차 있기 때문이다. 그런데도 톨스토이는 "자유의지란 인간 역사의 법칙에 대해 우리가 모르는 것을 가리키는 표현일 뿐이다"[11]라고 말하며 다음과 같이 부연한다.

> 인간의 자유의지를 역사적 사건에 영향을 미칠 수 있는 것으로 인식하는 것은 (…) 천문학에서 한 자유로운 힘이 천체를 움직이는 것이라고 믿는 것과 같다. (…) 만약 자유롭게 움직이는 물체가 단 하나라도 있다면 케플러와 뉴턴의 법칙은 유효하지 않으며 천체의 운동에 대한 이해는 더 이상 존재하지 않을 것이다. 만약 어떤 움직임 하나라도 자유의지에 기인한 것이라면 단 하나의 역사 법칙도, 역사적 사건들에 대한 어떠한 이해도 존재하지 않을 것이다.

이것은 헛소리다. 물론 고도의 헛소리긴 하지만 어쨌든 여전히 헛소리다. 선사시대 어느 채집인이라도 언제든 일을 덜 하는 쪽을 선택할 수 있었고 어느 농부라도 자신의 밭에서 걸어나오거나 맷돌을 내버리고 도토리를 줍거나 사슴을 사냥할 수 있었을 것이다. 일부는 분명히 그 편을 택했고, 그 같은 선택은 그들의 삶에 중대한 결과를 가져왔다. 그러나 장기적으로 그러한 선택은 별로 중요하지 않았는데, 자원을 둘러싼 경쟁에서는 계속 농사를 짓거나 더 열심히 농사를 짓는 사람들이 그렇지 않은 사람들보다 더 많은 에너지를 획득했다는 것을 의미하기 때문이다. 농부들은 계속해서 더 많은 자식과 가축을 먹이고 더 많은 땅을 차지하고 채집인에 비해서 앞날을 대비하는 데 더 철저했다. 여건만 적절하다면 기원전 5200년 발트 해 주변에서 우세했던 채집 사회의 경우처럼 농경의 확산 속도가 더뎌서 거의 굼벵이 걸음 수준에 그칠 수도 있었다. 그러나 그러한 상황이 영원히 지속될 수는 없었다.

농경은 분명히 지엽적인 장애(예를 들어, 과도한 방목 탓에 요르단 강 유역은 기원전 6500년과 기원전 6000년 사이에 사막으로 변한 듯하다)에 봉착했지만 새로운 영거 드라이아스기 같은 기후적 재난만 제외한다면 세상의 모든 자유의지도 농경 생활양식이 확산되어 농경에 적합한 마지막 남은 구석자리까지 모두 차지하는 것을 저지할 수 없었다. 영리한 호모사피엔스와 안정적인 온난습윤한 기후, 거기에 개량종으로 진화할 수 있는 동식물의 결합으로 인해 이러한 과정은 세상에서 가장 불가피한 일이 되었다.

기원전 7000년이 되자 유라시아 대륙 서단의 역동적이고 팽창하는 농경 사회들은 지구상의 그 무엇과도 같지 않았고, 따라서 이 시점에서 '서양'과 나머지 세계를 구분하는 것이 가능하다. 그러나 서양이 나머지 세계와 다르긴 했지만 그 차이는 영구적이지 않았고 다음 몇천 년에 걸쳐 사람들은 행운의 위도대에 위치한 예닐곱 지역에서 독자적으로 농경을 발명하기 시작했다(지도 2.6).

측면구릉지대 너머에서 농경에 대한 가장 확실하고 오래된 증거는 중국에서 찾을 수 있다. 쌀 재배는 양쯔 강 유역에서 기원전 8000년과 기원전 7500년경 사이에, 기장 재배는 중국 북부에서 기원전 6500년경에 시작되었다. 기장은 기원전 5500년 무렵에 완전히 개량되었고 쌀은 기원전 4500년에 이르러 완전히 개량되었으며 돼지는 기원전 6000년과 기원전 5500년 사이에 가축화되었다. 최근의 발견은 경작이 신세계에도 거의 비슷한 시기에 시작되었음을 가리킨다. 재배된 호박은 페루 북부 난초크 유역에서 기원전 8200년경에 이르러 완전한 개량종으로 진화하였고 멕시코 오악사카 유역에서는 기원전 7500년에서 기원전 6000년경에 이르러 개량된 호박이 출현했다. 땅콩은 기원전 6500년에 이르러 난초크에 등장했고 고고학적 증거들은 야생 테오신트[남미에 자생하는 볏과 식물의 일종]가 오악

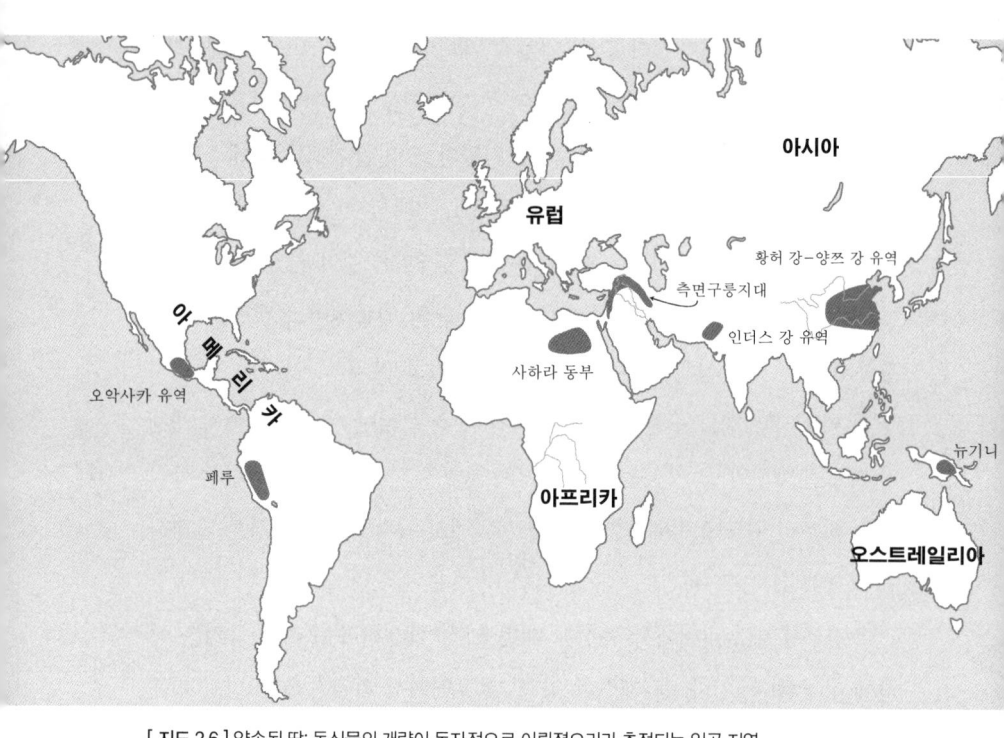

[**지도 2.6**] 약속된 땅: 동식물의 개량이 독자적으로 이뤄졌으리라 추정되는 일곱 지역

사카에서 개량종 옥수수로 진화한 시기가 기원전 5300년경임을 가리키지만, 유전학자들은 진화 과정이 실제로는 이미 기원전 7000년경에 시작되었으리라고 추측한다.

중국과 신세계에서 개량화는 틀림없이 측면구릉지대와는 달리 독자적으로 발생한 사건이지만 파키스탄의 인더스 강 유역에서는 상황이 그보다 더 복잡하다. 개량된 보리와 밀, 가축화된 양과 염소는 모두 기원전 7000년경 메르가르에서 갑작스레 출현하는데, 너무 갑작스럽게 출현해서 고고학자 상당수가 측면구릉지대에서 온 이주민들이 이것들을 함께 데려왔으리라 생각한다. 밀의 출현은 특히 의미심장하다. 지금까지 누구도 이 개량종 밀이 메르가르 인근의 어느 야생종에서 진화한 것인지 확인하지 못했기 때문이다. 식물학자들은 이 지역을 아직 철저하게 탐사하지 못했으며(파키스탄 군대조차도 이 거친 부족 지역을 쑤시고 다닐 만한 배짱은 없다), 따라서 아직 놀라운 발견들이 기다리고 있을 수도 있다. 그러나 현재의 증거는 인더스 강 유역의 농경이 측면구릉지대에서 파생되었다는 것을 시사하며 우리는 이 지역이 금방 제 갈 길을 가기 시작해 기원전 5500년에 이르러 현지의 제부[머리에 뿔이 있고 등에 혹이 있는 소]가 가축화되었고 기원전 2500년에 이르러서는 정교하고 문자가 발달한 도시 사회가 출현했다는 사실에 주목해야 한다.

사하라 사막 동부는 기원전 7000년 무렵에 지금보다 훨씬 비가 많이 내렸기에 강력한 몬순 장맛비가 여름마다 호수의 물을 채웠지만 여전히 사람이 살기에는 혹독한 곳이었다. 역경은 분명히 이곳에서 발명의 어머니였다. 소와 양은 이곳 야생에서 살아남을 수 없었지만 채집인은 호수에서 호수로 동물들을 몰고 다니면서 생존을 이어나갈 수 있었다. 기원전 7000년부터 기원전 5000년 사이에 채집인은 목축인으로 탈바꿈했고, 그들의 야생 소와 양은 더 크고 온순한 가축이 되었다.

기원전 5000년에 이르자 농경은 다른 두 고지대에서도 출현하고 있었는데, 한 곳은 라마나 알파카가 가축으로 방목되고 퀴노아[명아주속의 1년초 식물]가 진화하여 수확자의 손길을 기다리고 있는 페루였고, 다른 한곳은 뉴기니였다. 뉴기니의 증거는 인더스 강 유역의 증거처럼 논쟁의 여지가 있지만 이제는 기원전 5000년에 이르러 고지대 사람들이 숲을 태우고 습지의 물을 빼고 바나나와 타로[열대 지방에서 자라는 토란의 일종]를 개량하고 있었다는 것이 분명한 듯하다.

이 지역들은 저마다 매우 다른 역사를 겪었지만 측면구릉지대처럼 각각 오늘날까지 이어지는 특징적인 경제적, 사회적, 문화적 전통을 위한 출발점이 되었다. 여기서 마침내 우리는 제1장부터 우리를 계속 따라다녔던 질문, 즉 서양을 어떻게 정의할 것인가라는 질문에 대답할 수 있다. 우리는 제1장에서 역사가 노먼 데이비스가 서양에 대한 다양한 정의들을 가리켜 "고무줄 지리학"이라고 꼬집으며 그가 표현한 대로 "저자들의 이해관계를 더 증진하기 위해 고안된" 정의들을 비판한 것을 살펴보았다. 데이비스는 서양에 대해 이야기하기를 아예 거부하면서 빈대 잡으려다 초가삼간 태우는 오류를 저지르고 말았다. 그러나 고고학이 선사하는 시간적 깊이 덕분에 우리는 이제 이 질문에 대답을 더 잘할 수 있다.

현대 세계의 위대한 문명들은 모두 빙하기 말에 일어난 개량화라는 이 최초의 에피소드로 거슬러올라간다. 데이비스가 묘사한 대로 서양의 정의를 둘러싸고 학자들이 옥신각신한다고 해서 분석적 범주로서 '서양'을 거부할 필요는 없다. 서양은 단순히 지리학적 표현으로서, 유라시아 서단에 위치한 개량화 과정의 핵심부인 측면구릉지대에서 유래한 사회들을 가리킨다. 농경이 측면구릉지대를 예외적인 곳으로 만드는 기원전 1만 1000년경 이전에, 다른 곳과 구별되는 지역으로서 '서양'을 언급하는 것은 의미가 없다. 그 개념은 다른 농경 핵심부가 출현하기 시작하는 기원전 8000년 이후에야 중요한 분석적 도구가 되기 시작한다. 기원전 4000년이 되자 서양은 측면구릉지대에서 팽창하여 유럽 대부분을 포함했고 최근 500년간 서양의 식민주의자들은 그 범위를 아메리카 대륙, 오스트레일리아와 뉴질랜드, 시베리아로까지 확장시켰다. 당연히 '동양'은 기원전 7500년경에 중국에서 발전하기 시작한 개량화의 동단 핵심부에서 유래한 사회들을 의미한다. 우리는 두 지역과 비길 만한 신세계와 남아시아, 뉴기니, 아프리카 전통에 대해서도 이야기할 수 있다. 왜 서양이 지배하는지 묻는 것은 실제로는 중국이나 멕시코, 인더스 강 유역이나 사하라 동부, 페루나 뉴기니에서 유래한 사회가 아니라 왜 측면구릉지대에서 유래한 사회들이 이 행성을 지배하게 되었는가를 묻는 것이다.

한 장기고착이론이 금방 머릿속에 떠오른다. 측면구릉지대의 사람들—최초의 서양인들—이 다른 어느 지역보다 몇천 년 앞서 농경을 발전시킨 것은 그들이 더 똑똑했기 때문이라는 설명 말이다. 그들은 유럽 전역으로 퍼져나가면서 그들의 영리함을 유전자와 언어를 통해 확산시켰다. 1500년 이후 유럽인이 지구의 다른 지역을 식민화하기 시작했을 때에도 마찬가지였다. 그래서 지금 서양이 세계를 지배하는 것이다.

제1장에서 논의한 인종주의 이론처럼 이런 설명은 진화학자이자 지리학자인 다이아몬드가 『총, 균, 쇠』에서 설득력 있게 제시한 이유들 때문에 분명히 틀렸다. 다이아몬드는 한마디로 자연이 불공평했다고 본다. 농경은 다른 지역들보다 몇천 년 앞서 측면구릉지대에서 출현했지만, 그곳에 살던 사람들이 유별나게 영리해서가 아니라 그곳의 지리적 특성이 처음부터 유리한 출발점을 제공했기 때문이다.

다이아몬드는 오늘날 세계에 20만 종의 식물이 존재하지만 몇천 종 정도만이 식용 가능하며 몇백 종만이 품종개량의 가능성을 갖고 있다는 것에 주목한다. 사실 오늘날 우리가 섭취하는 칼로리의 절반 이상이 곡물,

무엇보다도 밀과 옥수수, 쌀, 보리, 수수에서 나온다. 원래 이 곡물들이 진화해 나온 야생식물들은 지구상에 골고루 퍼져 있지 않다. 가장 크고 영양분이 많은 종자들이 자라는 식물 56종 가운데 32종이 서남아시아와 지중해 연안 지역에 자생한다. 반면 동아시아에는 6종, 중앙아메리카에는 5종, 사하라 이남 아프리카에는 4종, 북아메리카에는 4종, 오스트레일리아와 남아메리카에는 각 2종, 서유럽에는 1종만이 자생한다. 만약 사람들이 (큰 집단으로 봤을 때) 대략 엇비슷하다고 한다면 세계 곳곳의 채집인은 대강 비슷하게 게으르고 탐욕스럽고 겁에 질려 있었을 것이고, 결국 측면구릉지대의 사람들이 누구보다 개량화에 제일 먼저 착수할 가능성이 압도적으로 클 수밖에 없다. 그들이 작업을 할 수 있는 유망한 원자재를 더 많이 보유하고 있었기 때문이다.

측면구릉지대는 다른 이점도 누렸다. 보리와 밀을 개량하려면 한 차례의 유전자 변형만 필요하지만 테오신트를 옥수수와 가깝게 개량하려면 수십 번의 유전자 변형이 요구된다. 기원전 1만4000년경 북아메리카에 진입한 사람들은 다른 사람들보다 딱히 더 멍청하거나 게으르지 않았고 밀 대신 테오신트를 개량하려고 함으로써 실수를 저지른 것도 아니다. 신세계에 야생 밀 따위는 존재하지 않았다. 이주민들은 구세계에서 개량된 작물을 들여올 수도 없었다. 그들은 아시아와 아메리카를 잇는 육교가 있을 동안에만 아메리카에 들어올 수 있었다. 그러나 기원전 1만2000년경에 해수면이 상승해 육교가 잠기기 전에 사람들이 아메리카로 넘어갔을 때는 가져갈 만한 개량된 식량 작물이 없었다. 개량된 식량 작물이 있었을 때는 육교가 이미 바닷물에 잠긴 뒤였다.*

---

* 그와 반대로 비非 식량 작물을 가져간 증거는 남아 있다. 2005년의 DNA 연구는 아메리카로 건너간 최초의 이주민들이 용기로 쓰기 위해 아시아에서 재배된 호리병박을 가져갔다고 주장했다.

작물에서 동물로 눈길을 돌려봐도 측면구릉지대는 크게 유리했다. 세계적으로 대형 포유류(무게 45킬로그램 이상)는 148종이 존재한다. 1900년대까지 그중 14종만이 가축으로 길들여졌다. 14종 가운데 7종은 서남아시아가 원산지였고 세계에서 가장 중요한 가축 5종(양, 염소, 소, 돼지, 말) 가운데 말을 제외한 4종의 야생 조상은 측면구릉지대에서 살았다. 동아시아에는 잠재적인 가축화 동물 14종 가운데 5종이 있었고 남아메리카에는 단 1종만 있었다. 북아메리카, 오스트레일리아, 사하라 이남 아프리카에는 이런 동물들이 전혀 없었다. 아프리카는 물론 대형 포유류로 넘쳐나지만 사자나 기린 같은 동물을 가축화하는 데는 명백한 어려움이 존재한다. 사자는 여러분을 잡아먹을 테고 기린은 사자보다도 빠르니까.

그렇다면 우리는 측면구릉지대 주민들이 인종적으로나 문화적으로 우월해서 농경을 발명했다고 가정해서는 안 된다. 그들이 사는 곳에는 개량화가 가능한 (그리고 더 용이한) 동식물이 더 많았기 때문이고, 따라서 그들이 제일 먼저 그것들을 길들였다. 중국에서 동식물의 군집 여건은 그보다는 덜 유리했지만 그래도 사람들에게 유리한 편이었다. 중국에서 개량화는 측면구릉지대보다 아마 2000년 뒤에 시작된 것 같다. 길들일 만한 것이라고는 소와 양밖에 없었던 사하라의 유목민은 500년을 더 기다려야 했고, 사막에서는 작물을 재배할 수 없으므로 그들은 결코 농부가 되지 않았다. 뉴기니의 고지대인은 사하라 사람들과는 정반대의 문제에 직면했다. 식물 종이 협소하고 가축으로 길들일 만한 큰 동물은 전혀 없었던 것이다. 그들은 사하라 사람들보다 2000년을 더 기다려야 했고 결코 유목민이 되지 않았다. 사하라와 뉴기니에서 농경 핵심부는 측면구릉지대와 중국, 인더스 강 유역, 오악사카와 페루에서와는 달리 도시와 문자 문명권으로 발전하지 못했다. 그들이 열등해서가 아니라 천연자원이 부족했기 때문이다.

아메리카 원주민은 아프리카인이나 뉴기니인보다 자원이 더 많았지만 측면구릉지대와 중국 사람들보다는 부족했다. 오악사카와 안데스 주민들은 재빨리 움직여서 영거 드라이아스기 말 2500년 이내에 작물을 재배했다(그러나 동물은 길들이지 않았다). 개를 제외하고 그들이 길들일 만한 유일한 동물인 칠면조와 라마를 가축화하는 데는 그보다 몇백 년이 더 걸렸다.

오스트레일리아인은 가장 제한된 자원만 보유했다. 최근의 발굴 조사는 그들이 뱀장어 양식을 시도했다는 것을 보여주며, 몇천 년만 더 기다렸다면 독자적으로 가축화에 성공하고 농경 생활양식을 창조해낼 수 있었을지도 모른다. 그러나 실상 18세기에 유럽의 식민지 개척자들이 그곳 주민들을 제압하고 측면구릉지대에서 일어난 최초의 농업혁명에서 유래한 밀과 양을 도입했다.

지금까지 살펴보았듯, 아닌 게 아니라 사람들은 어디서나 똑같았다. 지구온난화는 모두에게 덜 일하는 것, 이전과 똑같은 양만큼 일하고 더 많이 먹는 것, 비록 더 많이 일해야 할지라도 아이를 더 많이 낳는 것 사이에서 새로운 선택의 길을 열어주었다. 새로운 기후 조건은 사람들에게 더 큰 집단을 이루고 덜 떠돌아다니는 생활이라는 새로운 선택도 제시했다. 정착해서 더 많은 자식을 낳고, 더 열심히 일하는 쪽을 선택한 사람들은 세계 곳곳에서 그와 다른 선택을 한 사람들을 몰아냈다. 자연은 그저 이 모든 과정이 서양에서 더 일찍 시작되게 했을 뿐이다.

에덴의 동쪽

어쩌면 장기고착이론의 지지자들도 그렇다고 동의할지 모른다. 어쩌면 사람들은 어느 곳에서나 실제로 다들 비슷하고, 어쩌면 지리가 서양인의 작업을 더 쉽게 만들어줬을지도 모른다. 그러나 역사에는 기후와 종자의 크기 말고도 중요한 것들이 많다. 덜 일하기와 덜 먹기, 더 큰 가족 꾸리기 사이에서 사람들이 한 선택의 세부 사항도 분명히 중요하다. 이야기의 결말은 흔히 첫머리에 이미 쓰여져 있으며 어쩌면 서양이 오늘날 세계를 지배하는 것은 측면구릉지대에서 수만 년 전에 창조된 문화, 이후 모든 서양 사회가 유래하게 된 그 조상 문화가 세계의 다른 핵심부에서 창조된 문화들보다 더 풍부한 잠재력을 지니고 있었기 때문은 아닐까?

그렇다면 서양 바깥에서, 기록이 가장 잘 남아 있고 가장 오래되었으며 (우리 시대에) 가장 강력한 문명인 중국에서 시작된 문명을 살펴보자. 우리는 왜 서양 사회가 지구를 지배하게 되었는지를 설명하기 위해 중국 최초의 농경문화가 서양 최초의 농경문화와 얼마나 달랐으며, 그러한 차이점이 서양과 동양이 서로 다른 궤도를 걷게 만들었는지 알아낼 필요가 있다.

최근까지 고고학자들은 중국의 초기 농경에 대해 거의 알지 못했다. 많은 학자가 심지어 오늘날 중국 식단의 아이콘이랄 수 있는 쌀이 중국이 아니라 타이에서 유래했다고 생각할 정도였다. 1984년 양쯔 강 유역에서 자생하는 야생 쌀의 발견은 쌀이 결국에는 이곳에서 개량되었을 수도 있다는 것을 보여주었지만 직접적인 고고학적 확증은 아직까지 우리 손에 들어오지 않았다. 문제는 빵을 굽는 사람들이 불가피하게 빵의 일부를 태워버려서 고고학자들이 발견할 수 있도록 불에 탄 밀이나 보리를 남겨주는 반면 쌀을 요리하는 적합한 방법인 끓이는 조리법에서는 그러한 행운을 좀체 기대할 수 없다는 것이다. 따라서 고고학자들이 고대의 쌀을 찾아내는 것은 훨씬 더 어려운 일이다.

그러나 옛사람들의 다소 기발한 발명 덕분에 고고학자들은 곧 이 장애를 헤쳐나올 수 있게 되었다. 1988년 양쯔 강 유역의 펑터우 산에서 발굴자들은 기원전 7000년경에 토기장이들이 가마에서 토기를 구울 때 토기

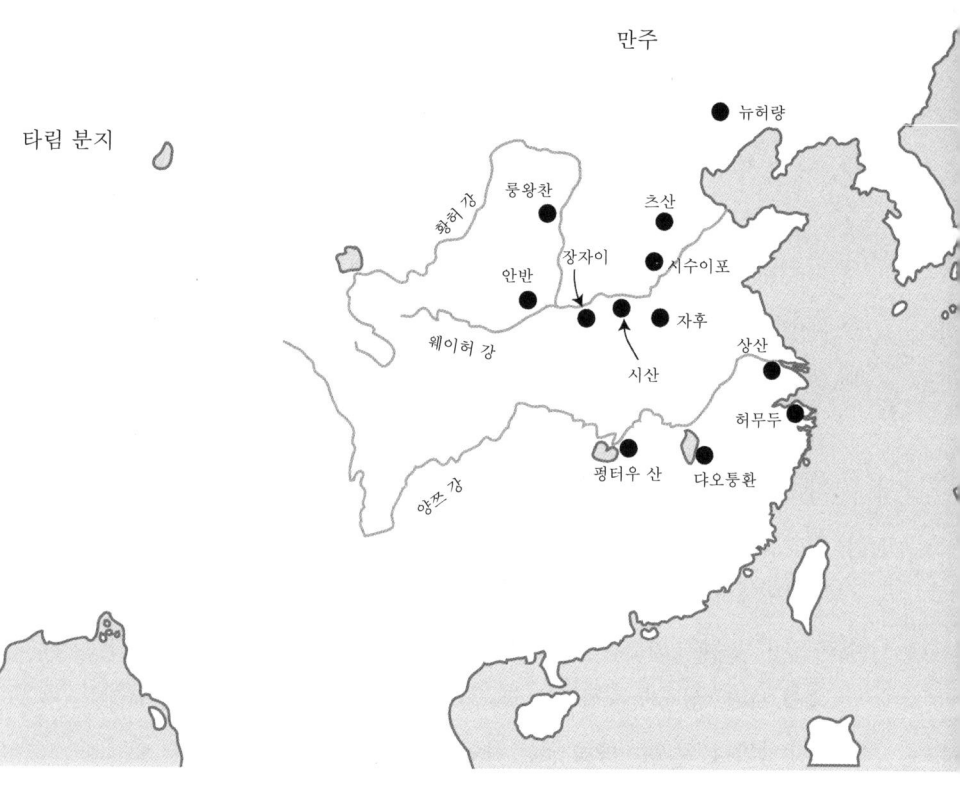

타림 분지

만주

뉴허량

룽왕찬

츠산

안반

장자이

시수이포

자후

웨이허 강

시산

상산

허무두

펑터우 산

댜오퉁환

황허 강

양쯔 강

[**지도 2.7**] 동양의 시작: 이 장에서 논의하는 오늘날 중국에 위치한 유적지.

가 갈라지는 것을 막기 위해 찰흙에 쌀겨와 볏단을 섞어넣기 시작했다는 사실에 주목했고, 면밀한 연구를 통해 이 작물들이 재배되고 있었다는 확실한 증거를 찾아냈다(지도 2.7).

그러나 진짜 돌파구는 베이징대의 옌원밍 교수가 세계 그 누구보다도 열혈 현장 연구자인 미국의 고고학자 리처드 맥니시와 1995년부터 한 팀을 이뤘을 때 찾아왔다(1940년대 멕시코에서 발굴 작업에 처음 참여한 맥니시는 구덩이에서 5683일을 보내 경외감마저 자아내는 기록을 세웠고—내 작업 시간의 거의 10배에 가까운 시간이다—2001년 82세의 나이로 벨리즈에서 발굴 작업 도중 사고로 사망했을 때 여전히 부츠를 신은 채였다. 전하는 말에 따르면 그는 앰뷸런스에 실려 병원으로 가는 내내 앰뷸런스 운전사에게 고고학에 대해 이야기했다고 한다). 맥니시는 중국 학계에 초기 농경 연구에 필요한 전문 지식을 도입했을 뿐 아니라 고식물학자 데버러 피어솔도 함께 데려왔고, 피어솔은 다시 새로운 과학기술을 도입했다. 고고학 유물층에 쌀은 거의 남아 있지 않지만 모든 식물은 지하수에서 미량의 이산화규소를 흡수한다. 이산화규소는 식물세포의 일부를 형성하고 식물이 썩으면 토양에 식물석이라고 하는 세포 형태의 미세한 돌을 남긴다. 식물석에 대한 면밀한 연구는 인간이 쌀을 섭취했는지뿐만 아니라 그것이 개량되었는지 여부도 밝혀줄 수 있다.

옌원밍과 맥니시는 양쯔 강 유역 인근의 댜오퉁환 동굴에 5미터 깊이의 구덩이를 팠고 피어솔은 그곳에서 나온 식물석에서, 기원전 1만2000년이 되자 사람들이 야생 쌀을 뽑아서 동굴로 가져오고 있었다는 사실을 규명했다. 세상이 따뜻해지면서 야생 밀과 보리, 호밀이 번성한 측면구릉지대와 유사하게 이 시기도 수렵채집인의 황금시대였다. 아부 후레이라에서 호밀이 진화하던 방식대로 쌀도 개량종 형태로 진화하고 있었다는 흔적은 이 식물석에서 찾아볼 수 없지만, 영거 드라이아스기는 분명히 서양에서만큼 양쯔 강 유역에서도 처참한 결과를 낳고 있었다. 야생 벼는 기원전 1만500년경이 되자 댜오퉁환에서 자취를 감췄고, 기원전 9600년이 지나 기후가 회복된 뒤에야 다시 모습을 드러냈다. 아마도 곡물을 끓이는 용기로 사용되었을 조야한 토기 조각들도 그 무렵(측면구릉지대에서 토기가 최초로 출현하기 2500년 전)에 흔해졌다. 기원전 8000년경이 되자 식물석이 커지기 시작했는데, 사람들이 야생 벼를 재배하고 있었다는 분명한 표시다. 기원전 7500년이 되자 댜오퉁환에서 완전한 야생종과 완전한 재배종 곡물은 똑같이 흔했지만 기원전 6500년이 되자 완전한 야생종은 사라졌다.

2001년 이후 양쯔 강 삼각주 여러 곳에서 진행된 발굴 조사는 이러한 연대표를 뒷받침한다. 기원전 7000년이 되자 황허 강 유역의 사람들은 분명히 기장을 재배하기 시작했다. 양쯔 강과 황허 강 사이에 위치한 놀라운 유적지 자후에서는 사람들이 벼와 기장을 재배했고 아마도 기원전 7000년에 이르러서는 돼지도 가축으로 길렀던 것 같다. 츠산에서는 큰 기장 종자 110톤이 기원전 6000년경에 일어난 불에 그슬린 채 80군데의 저장 구덩이에 고스란히 보존되어 있었다. 일부 구덩이 바닥에서는 기장 아래에 (아마도 제물로 희생된 것으로 추정되는) 개와 돼지의 뼈가 온전하게 발견되었는데, 중국에서 가축으로 사육된 동물을 보여주는 가장 이른 시기 증거 가운데 하나다.

서양에서처럼 개량화는 동식물과 기술 전반에서 수 세기에 걸친 무수한 작은 변화를 수반했다. 양쯔 강 삼각주에 위치한 허무두의 고지하수위[샘을 파서 일정 깊이에 이르면 물이 침출하여 고이게 되는데, 이 물이 고이는 최상부의 수면]에는 막대한 양의 물에 젖은 쌀뿐만 아니라 나무와 대나무 연장이 보존되어 있어 고고학자들에게 노다지나 다름없었는데, 모두가 기원전 5000년과 그 이후에 유래한 것이었다. 기원전 4000년이 되자 벼는 완전히 개량되어 서양의 밀과 보리처럼 인간 수확자에 의존하게 되었다. 허무두의 사람들은 또한 물소를 가축으로 길들였고 물소의 견갑골을 삽으로 이용했다. 중국 북부 웨이허 강 유역에서는 고고학자들이 기원전 5000년부터 수렵 사회에서 완전한 농경 사회로 꾸준히 변화한 증거를 기록해오고 있다. 변화는 사용된 도구들에서 가장 분명하게 드러났다. 사람들이 숲에서 단순하게 빈터를 개간하는 것에서 영구적인 밭을 경작하는 쪽으로 옮아가자 도끼는 돌삽과 돌괭이로 대체되었고 농부들이 토양을 더 깊이 갈면서 삽도 점점 커졌다. 양쯔 강 유역에서는 범람에 대비해 쌓은 논둑과 더불어 논이 확인되는데 기원전 7500년까지 거슬러올라가기도 한다.

기원전 7000년경 자후의 유적지처럼 초창기 중국의 마을들은 작고 대략 원형에 가까운 반지하 오두막과 맷돌, 집과 집 사이의 매장지를 갖추고 있어서 측면구릉지대 최초의 마을들과 꽤 비슷해 보인다. 50명에서 100명 사이의 사람들이 자후에 살았다. 한 오두막이 다른 오두막보다 약간 더 컸지만 유물들이 매우 일정하게 분포되어 있는 것으로 보아 재산과 성에 따른 구별은 아직 미미했던 것 같고 요리와 저장은 마을 공동으로 이루어졌다. 이것은 기원전 5000년경에 이르러 변화했는데, 일부 마을은 거주민이 150명에 달했고 도랑으로 보호되어 있었다. 증거들이 가장 잘 남아 있는 이 시기 유적지인 장자이에서는 오두막들이 커다란 잿더미 두 개가 쌓인 탁 트인 공간을 바라보고 있는데 이 잿더미들은 어쩌면 마을 집단 제의의 잔해일 수도 있다.

장자이의 희생 제물—만약 그것들이 희생 제물이라면—은 서양인이 이미 수천 년 동안 지어온 성소에 비하면 약과처럼 보이지만 자후의 무덤에서 발견된 두 가지 놀라운 유물은 이곳에서도 종교와 조상이 측면구릉지대 못지않게 매우 중요했음을 암시한다. 첫 번째 유물은 붉은머리두루미의 날개 뼈를 깎아 만든 30개가 넘는 피리인데 모두 평균 이상으로 부유한 남자들의 무덤에서 발견되었다. 다섯 개는 여전히 불 수 있는 상태였다. 가장 오래된 것은 기원전 7000년경의 것인데 대여섯 개의 구멍이 있고, 매우 정교한 악기라고 할 순 없지만 오늘날의 중국 민요를 연주할 수 있다. 기원전 6500년이 되자 구멍이 일곱 개인 피리가 일반적이었고 음조도 통일되었는데 어쩌면 여러 명의 연주자들이 함께 연주했다는 뜻일 수도 있다. 기원전 6000년경의 한 무덤에서 나온 구멍 여덟 개짜리 피리 가운데 어떤 것은 현대의 가락도 연주가 가능하다.

모두 흥미로운 증거다. 그러나 피리의 온전한 의미는 갑골이 들어 있는 24기의 남자들의 무덤을 고려한 다음에야 비로소 뚜렷해진다. 갑골 가운데 14개에는 간단한 기호가 새겨져 있다. 기원전 6250년경 것으로 추정되는 한 무덤에서는 죽은 자의 머리가 제거되고(차탈회위크를 연상시킨다!) 대신 갑골 16개로 대체되어 있는데 2개에는 기호가 새겨져 있다. 이 기호들 가운데 일부는—적어도 몇몇 학자의 눈에는—5000년 뒤 상나라의 왕들이 사용한 중국 최초의 완전히 발전된 문자체계인 상형문자와 굉장히 닮았다.

상나라의 비문에 대해서는 제4장에서 다시 다룰 것이므로 여기서는 자후의 기호(기원전 6250년경)와 중국 최초의 진정한 문자체계(기원전 1250년경) 사이의 공백은 예르프 알 아마르에서 발견된 이상한 기호(기원전 9000년경)들과 메소포타미아에서 발견된 최초의 온전한 문자(기원전 3300년경) 간의 공백만큼 길지만, 중국의 경우 양자의 연속성에 대한 증거가 더 많다는 사실만을 지적하고자 한다. 수십 곳의 유적지에서 기호가 새겨진 괴상한 그릇이 출토되었는데 특히 기원전 5000년 이후의 유적지에서 발견된다. 그럼에도 불구하고 자후의 무덤에서 발견된 조잡하게 긁힌 자국들이 5000개가 넘는 상나라 상형문자의 직접적 전신인지를 둘러싸고 전문가들의 견해는 크게 엇갈린다.

연계성을 지지하는 논의에 특히 유리한 사실은 상나라의 무수한 문자들도 갑골에 새겨졌다는 것이다. 상나라의 왕들은 제사에서 이 갑골을 이용해 미래를 점쳤고, 이러한 풍습의 흔적은 확실하게 기원전 3500년까지 거슬러올라간다. 자후를 발굴한 사람들은 이제 이런 질문을 던진다. 혹시 갑골과 문자, 조상, 점복, 사회적 권력의 결합이 기원전 6000년 이전에 시작된 것은 아닐까? 공자님의 말씀을 읽은 사람은 누구나 알고 있듯이 중국에서 음악과 제사는 기원전 1000년에 함께 나타난다. 혹시 자후 무덤에서 나온 피리와 갑골, 문자는 조상과 대화할 수 있는 전문가들이 그보다 5000년 전에 출현했다는 증거일 수도 있지 않을까?

그렇다면 굉장한 연속성일 것이며 그에 상응하는 실례가 존재한다. 이 장 앞부분에서 나는 요르단의 아인 가잘에서 발견된 기원전 6000년경 것으로 추정되는, 크고 부리부리한 눈과 머리 두 개가 달린 독특한 조각상들에 대해 언급했다. 미술사가 드니즈 슈만트베세라트는 기원전 2000년경에 메소포타미아의 문헌에 묘사된 신들이 그 조각상들과 무척 닮았다는 사실을 지적했다. 동양과 서양 양쪽에서 최초의 농부들의 종교를 구성하는 요소들 가운데 일부는 어쩌면 대단히 오래 존속되었는지도 모른다.

자후의 발견 이전에도 하버드대의 장광즈—1960년대부터 2001년 사망할 때까지 미국에서 중국 고고학의 대부였던—는 중국 최초의 진정한 권력자들은 다른 사람들로 하여금, 자신들이 동물 그리고 조상과 대화하고 두 세계 사이를 여행할 수 있으며 하늘과의 의사소통을 독점할 수 있다고 믿게 만든 샤먼이라고 주장해왔다. 장광즈가 이러한 이론을 제시한 1980년대에 입수 가능한 증거에 따르면, 그러한 전문가들은 중국의 사회가 급속하게 변화하고 일부 마을이 읍성town으로 탈바꿈하던 시기인 기원전 4000년까지만 거슬러올라갈 수 있었다. 기원전 3500년에 이르자 일부 공동체는 3000년 전 아인 가잘이나 차탈회위크의 주민 수와 비슷하게 2000~3000명이 거주했고, 몇몇 공동체는 다진 흙을 층층이 쌓아올려

(중국에는 좋은 건축 석재가 귀하다) 방어 시설을 건설하는 데 수천 명의 인력을 동원할 수 있었다. 이 시기 가장 인상적인 건축물은 시산에 있는 두께가 3~4.5미터이고 길이가 1.5킬로미터가 넘는 흙벽이다. 오늘날에도 일부 벽은 곳곳에 2.5미터 높이로 서 있다. 벽의 기반 아래에서 발견된 점토 항아리에 담긴 어린이 유골 일부는 어쩌면 희생 제물이었을 수도 있으며, 정주지 안에 위치한, 재로 가득 찬 무수한 구덩이에는 몸부림을 암시하는 자세의 성인 유해가 이따금 동물 뼈와 함께 묻혀 있었다. 이러한 유해들은 터키 차외뉘에서 발견된 것과 같은 제의적 살인을 의미할 수도 있으며, 그러한 소름 끼치는 제의가 중국에서 기원전 5000년까지로 거슬러간다는 것을 가리키는 약간의 증거도 있다.

기원전 3500년경에 이르러 샤먼이 지도자가 되었다는 장꽝즈의 이론이 맞는다면, 그들은 이제 몇몇 읍성에서 나타나던 최대 379제곱미터에 이르는 커다란 집(고고학자들은 다소 거창하긴 하지만, 종종 이 집들을 '궁전'이라고 부른다)에 살았을 수도 있다. 이 집들에는 회반죽을 바른 바닥과 커다란 중앙 난로, 동물 뼈(혹시 희생 제물?)가 묻힌 재 구덩이가 있었다. 한 집에는 홀처럼 생긴 하얀 대리석 물건이 있었다. 가장 흥미로운 '궁전'은 안반에 있는 읍성 중앙의 높은 곳에 세워진 것이다. 이 집에는 돌기둥 받침이 있으며 재로 가득 찬 구덩이들로 둘러싸여 있는데, 일부 구덩이에는 빨갛게 칠해진 돼지의 턱뼈가, 일부 구덩이에는 천으로 싼 돼지의 머리뼈가, 또 다른 구덩이에는 큰 코와 턱수염이 달려 있고 괴상한 뾰족 모자(핼러윈 마녀 모자와 매우 닮았다)를 쓴, 점토로 만든 작은 조각상이 들어 있었다.

고고학자들은 두 가지 측면에서 이 작은 조각상에 흥분했다. 첫째, 작은 조각상을 만드는 전통은 수천 년 동안 지속되었고, 기원전 1000년경 세워진 것으로 추정되는 궁전에서 발견된 그와 매우 비슷한 조각상의 모자에는 무巫라는 한자가 새겨져 있었다. 무는 '종교적 중개자'를 의미하며 일부 고고학자는 안반에서 나온 것을 비롯해 이 작은 조각상들이 모두 샤먼을 나타낸다고 결론 내린다. 둘째, 많은 조각상이 중국인이 아니라 뚜렷하게 코카서스 인종을 닮았다. 유사한 조각상들이 안반부터 중앙아시아의 투르크메니스탄까지, 훗날 중국과 로마를 잇는 비단길이 되는 경로 전역에서 발견되었다. 샤머니즘은 오늘날에도 시베리아에 강하게 남아 있다. 얼마간의 돈을 내면 무아지경에 빠진 영매가 지금도 정령을 불러내 모험심 많은 관광객의 미래를 점쳐준다. 안반의 작은 조각상들은 중앙아시아의 대자연에서 유래한 샤먼이 기원전 4000년경에 중국 전통의 종교적 권위에 편입되었다는 것을 가리키는지는 모른다. 일부 고고학자는 이 작은 조각상들을 기원전 1만 년경으로 거슬러올라가는 측면구릉지대의 샤먼이 매우 먼 거리를 거쳐 동양에 영향을 미친 증거로 생각하기도 한다.

다른 단편적 증거들도 이러한 연관성이 전적으로 가능하다는 것을 시사한다. 가장 놀라운 증거는 타림 분지에서 나온 여러 구의 미라인데, 서양인에게 거의 알려지지 않았다가 1990년대 중반 『디스커버』와 『내셔널지오그래픽』, 『사이언티픽 아메리칸』, 『고고학』 등의 잡지에 대대적으로 소개되면서 널리 알려졌다. 미라에 나타나는 코카서스 인종의 특징은 사람들이 기원전 2000년경에 이르러 실제로 중앙아시아나 심지어 서아시아에서 중국의 서북부 변경 지대로 이동했다는 사실을 의심의 여지없이 입증하는 것 같다. 믿기지 않을 만큼 기가 막힌 행운의 일치인지 타림 분지에 묻힌 사람들에게도 안반에서 나온 작은 조각상처럼 턱수염과 커다란 코가 달려 있었다. 게다가 미라들은 뾰족한 모자도 좋아했다(한 무덤에는 양모 모자가 열 개 들어 있었다).

몇몇 특이한 발견에 과도하게 흥분하기는 쉬운 법이지만 다소 터무니없는 이론을 제쳐둔다면, 종교적 권위는 초기 중국에서도 초기 측면구릉지대에서만큼 중요했던 것 같다. 아직도 의심스럽다면 1980년대 이뤄진 두

가지 굉장한 발견들이 의심을 말끔히 해소해줄 것이다. 시수이포에서 발굴 작업을 하던 고고학자들은 기원전 3600년경의 무덤에 묻힌 성인 남성의 유해 양옆에 대합조가비로 쌓아 만든 용과 호랑이 그림을 발견하고 깜짝 놀랐다. 무덤 주변에는 대합조가비로 만든 무늬가 더 많이 있었다. 한 무늬는 용머리가 달린 호랑이의 등에 사슴이, 머리에는 거미가 있는 모습이었다. 또 다른 것은 사람이 용에 올라타 있는 모습이었다. 장광즈는 무덤의 주인이 샤먼이었고 무덤 내부의 장식은 그가 하늘과 이승 사이를 오가는 것을 도운 동물의 정령을 나타낸다고 해석했다.

멀리 북동쪽 만주에서 이뤄진 발견은 고고학자들을 더한층 놀라게 했다. 뉴허량에서 기원전 3500년과 기원전 3000년 사이의 것으로 추정되는 여러 종교의 유적군이 5제곱킬로미터에 걸쳐 발견된 것이다. 유적지 중심에는 발굴자들이 '여신의 신전'이라고 부른 18미터 길이의 기이한 반지하 회랑이 있었고 회랑 안에는 사람과 돼지, 용의 형상이 결합된 동물 및 다른 동물들을 묘사한 조각상이 있었다. 적어도 여섯 개의 조각상은 실물 크기이거나 그보다 더 큰, 책상다리를 하고 앉아 있는 벌거벗은 여자의 모습이었다. 보존 상태가 가장 좋은 조각상은 입술이 빨갛게 칠해져 있고, 옥으로 옅은 파란색 눈동자를 박아넣은 것이었다. 옥은 중국 전역에서 사람들이 가장 선호하는 사치품이 되어가고 있었고 조각하기가 어려운 귀한 돌이었다. 중국에서 파란 눈은 드물기 때문에 이 조각상을 코카서스 인종으로 보이는 안반의 작은 조각상 그리고 타림 분지의 미라들과 연결시키고 싶어진다.

뉴허량은 외진 곳임에도 불구하고 신전 주변에는 대여섯 군데의 무덤군이 흩어져 있다. 신전에서 30미터 떨어진 흙무더기들 가운데 일부는 고분인데, 부장품 가운데는 옥 장신구도 있으며, 그 가운데 하나는 또 다른 돼지-용 조각상에 박혀 있다. 고고학자들은 증거 부족에 따른 온갖 기발한 상상력을 동원하여 이곳에 묻힌 남녀들이 사제나 족장이었는지를 두고 논쟁해왔다. 둘 다였을 가능성이 꽤 크다. 그러나 그들이 누구였든지 간에 소수의 죽은 자를 옥 부장품과 함께 묻는다는 발상은 중국 전역에 크게 유행했고 기원전 4000년이 되자 실제로 사자死者를 숭배하는 풍습이 일부 묘지에 출현하기 시작했다. 동양의 핵심부 사람들도 측면구릉지대의 사람들처럼 조상들에게 관심이 컸던 모양이지만 관심을 표현하는 방식은 달랐다. 즉 서양은 사자의 머리를 제거한 채 산 사람들 가운데 계속 모시는 방식이었고, 동양은 사자를 묘지에서 기리는 방식이었다. 그러나 유라시아의 양단에서 가장 많은 정력이 투여된 활동은 신 그리고 조상과 연관된 행사들이었고 진정한 최초의 권력자는 조상과 정령들이 사는 보이지 않는 세계와 소통하는 사람들이었던 것으로 보인다.

기원전 3500년이 되자 그보다 수천 년 전에 서양에서 창조된 것과 다소 유사한—고된 노동과 식량 저장, 요새화, 조상을 기리는 제의, 여자와 젊은이가 남자와 어른에게 종속되는 것 등을 수반하는—농경 생활양식은 동양의 핵심부에 확고하게 자리를 잡았던 듯하고 주변으로 확산되고 있었다. 동양에서 농경의 확산 또한 서양과 유사하게 진행되었던 것 같다. 적어도 전문가들 사이에서 논쟁은 서양의 경우나 동양의 경우나 유사한 형태를 띤다. 일부 고고학자는 양쯔 강과 황허 강 사이에 위치한 핵심 지역의 사람들이 동아시아 전역으로 이주하면서 농업을 도입했다고 생각한다. 다른 학자들은 현지의 채집인 집단들이 정착해 동식물을 길들이고 교류하면서 넓은 지역에 걸쳐 점점 더 유사한 문화를 발전시켰다고 생각한다. 언어학적 증거는 유럽에서와 마찬가지로 이견이 분분하지만 논쟁을 해소할 만한 유전적 데이터는 아직 충분하지 않다. 확실하게 말할 수 있는 것은 기원전 6000년이 되자 만주의 채집인이 넓은 마을에 살면서 기장을 기르고 있었다는 것뿐이다. 기원전 4000년에 벼는 양쯔 강 유역 상류에서까지 재배되고 있었고, 기원전 3000년에는 타이완과 홍콩 부근에서, 기원전 2000년에는 타이와 베트남에서도 재배되었다. 그쯤이면 말레이 반도로 퍼져나가 남중국해 너머 필리핀과 보르네오 제도에도 전파되었다(지도 2.8).

서양에서 농경이 확산될 때처럼 동양에서도 약간의 장애물이 나타났다. 식물석은 기원전 4400년이 되면 벼가, 기원전 3600년에 되면 기장이 한국에 알려졌으며 일본에는 기원전 2600년에 기장이 도달했다는 것을 보여주지만 다음 2000년간 한국인과 일본인은 이 신기한 먹을거리를 대체로 무시한다. 북유럽인처럼 해안에 거주한 한국인과 일본인에게는 거대한 패총으로 둥그렇게 둘러싸인 넓고 영구적인 마을을 지탱해줄 수산자원이 풍부했다. 이 풍요로운 채집인은 정교한 문화를 발전시켰지만 농경에 뛰어들고 싶은 마음은 없었던 모양이다. 기원전 5200년과 기원전 4200년 사이 1000년 동안 발트 해의 수렵채집인들처럼 그들도 자신들의 땅을 빼앗으려고 하는 식민지 이주자들을 쫓아낼 만큼 수가 많았지만 (그만큼 결연하기도 했다) 그렇다고 수가 아주 많지는 않았기 때문에 결국에는 굶주림에 떠밀려 먹고살기 위해 농경에 뛰어들 수밖에 없었다.

한국과 일본에서 농경으로의 전환은 금속 무기의 등장과 관련이 있는데, 한국에서 기원전 1500년경에 청동기가, 일본에서는 기원전 600년경에 철기가 출현했다. 발트 해의 풍요로운 채집 사회를 끝장낸 것이 배출 요인인지 흡인 요인인지를 두고 논쟁하는 유럽 고고학자들처럼 일부 아시아 학자는 이 금속 무기가 농경을 도입한 침입자들의 것이라고 생각하는 반면 다른 학자들은 내부적 변화가 채집 사회를 크게 변형시켜 농경과 금속 무기가 갑자기 인기를 끌게 되었다고 주장한다.

기원전 500년이 되자 논은 일본의 남쪽 섬 규슈에서 흔해졌지만 농경의 확산은 일본의 주도土島인 혼슈에서 또 한 번 장애에 부닥치게 된다. 식

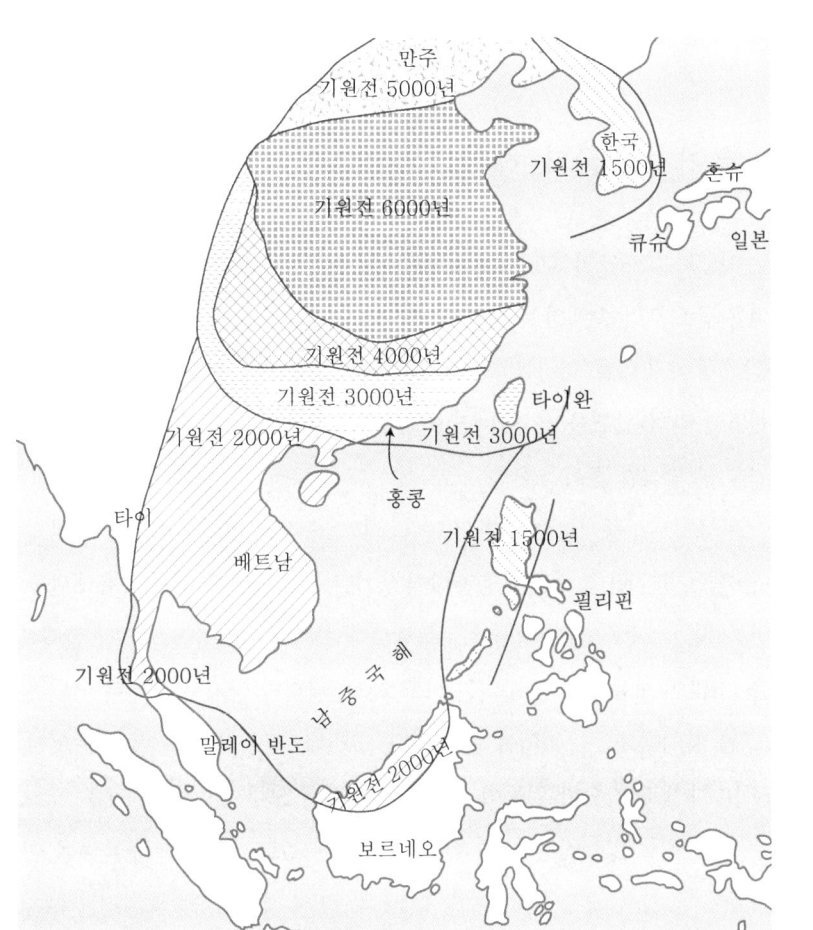

[**지도 2.8**] 가서 번성하라, 버전 2.0: 기원전 6000년~기원전 1500년 양쯔 강-황허 강 유역에서 시작된 농경의 확산 경로

량 채집의 기회가 특히 풍부한 북쪽의 홋카이도에서 농경이 확립되기까지
는 다시 1200년이 걸린다. 그러나 종국에는 동양에서도 서양에서처럼 농
경이 채집을 완전히 대체하게 된다.

끓이기와 굽기, 해골과 무덤

이 모든 것을 어떻게 이해해야 할까? 확실히 동양과 서양은 사람들이
먹는 음식부터 숭배하는 신에 이르기까지 달랐다. 누구도 자후와 예리코
를 혼동하지 않을 것이다. 그러나 문화적 차이가 왜 서양이 지배하는지를
설명할 만큼 강했을까? 아니면 이러한 문화적 전통은 같은 일을 하는 단
지 다른 방식일 뿐이었을까?

도표 2.9는 증거를 요약한 것이다. 세 가지 점이 특히 두드러지는 것 같
다. 첫째, 1만 년 전 측면구릉지대에 생겨난 문화와 이후 거기서 유래한 서
양 사회들이 동양에서 생겨난 문화권보다 실제로 사회발전을 위한 잠재력
을 더 많이 보유했다면, 우리는 도표 2.9에 나타난 양자 사이에서 어느 정
도 큰 차이를 볼 수 있어야 할 것이다. 그러나 그런 것은 찾아볼 수 없다.
사실, 대체로 비슷한 일들이 서양과 동양에서 모두 일어났다. 양 지역 모
두 개를 길들였고 작물을 경작했으며 대형(45킬로그램 이상) 동물들을 가
축화했다. 양쪽 모두 '완전한' 농경 사회(완전히 개량된 품종과 재산, 위계질
서가 확립된 다수확─노동집약체계)가 점진적으로 발전했으며 커다란 마을
(100명 이상이 거주)이 등장했고 200~300년이 지난 뒤 읍성(1000명 이상이
거주)이 나타냈다. 양 지역에서 사람들은 정교한 건물과 방어 시설을 짓고,
최초의 문자체계를 실험했으며, 토기에 아름다운 무늬를 그려넣고 호화로
운 무덤을 건설하고, 조상을 숭배하여 인간을 제물로 희생시켰고, 농경 생

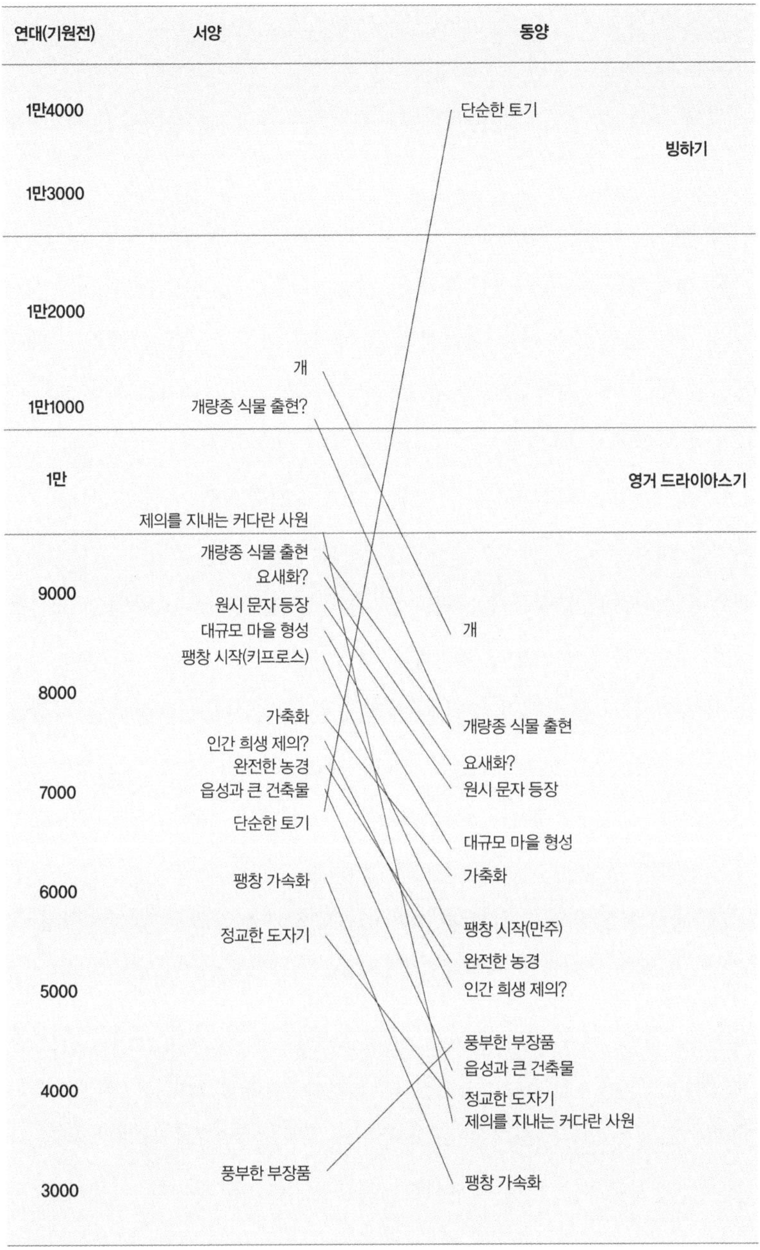

연대(기원전)	서양	동양
1만4000		단순한 토기
		빙하기
1만3000		
1만2000		
1만1000	개	
	개량종 식물 출현?	
1만		영거 드라이아스기
	제의를 지내는 커다란 사원	
9000	개량종 식물 출현	개
	요새화?	
	원시 문자 등장	
	대규모 마을 형성	
	팽창 시작(키프로스)	
8000		
	가축화	개량종 식물 출현
	인간 희생 제의?	요새화?
7000	완전한 농경	원시 문자 등장
	읍성과 큰 건축물	
	단순한 토기	대규모 마을 형성
6000	팽창 가속화	가축화
		팽창 시작(만주)
5000	정교한 도자기	완전한 농경
		인간 희생 제의?
		풍부한 부장품
4000		읍성과 큰 건축물
		정교한 도자기
		제의를 지내는 커다란 사원
3000	풍부한 부장품	팽창 가속화

[도표 2.9] 동양과 서양의 태동기 비교

활양식을 점진적으로 전파시켰다(처음에는 확산 속도가 느렸지만, 2000년이 지난 뒤에는 가속이 붙었고 종국에는 가장 풍요로운 채집인마저 압도했다).

둘째, 비슷한 일이 서양과 동양에서 모두 일어났을 뿐 아니라 대체로 비슷한 순서대로 일어났다. 나는 두 지역의 병행 발전을 도표 2.9에 선을 이어 표현했다. 서양이 먼저 발전하고 약 2000년 뒤 동양도 뒤따라오는 식으로 대부분의 선은 비슷한 각도로 기울었다.[*] 이는 동양과 서양의 발전이 동일한 문화적 논리를 따랐음을 강하게 암시한다. 유라시아 양단에서 동일한 원인이 동일한 결과를 낳았다는 소리다. 유일한 진짜 차이점은 이 과정이 서양에서 2000년 먼저 시작되었다는 것뿐이다.

셋째, 그러나 내가 제시한 두 가지 요점이 **전적으로** 사실은 아니다. 여기에는 예외가 있다. 조잡한 토기는 서양보다 동양에서 7000년 먼저 출현했으며 호화로운 무덤은 1000년 먼저 등장했다. 반대로 서양인은 조상을 기리는 성소를 동양인보다 6000년 먼저 지었다. 이러한 차이 때문에 서양과 동양이 각자 특징적인 문화적 궤적을 걷게 되었다고 주장하는 사람은 토기와 무덤, 성소가 왜 그렇게 중요한지를 설명해야 하며 그것들이 그렇게 중요하지 않다고 믿는 사람들은 (예를 들어 나처럼) 왜 그 세 가지 요소가 일반적인 패턴에서 벗어나는지를 설명해야 한다.

왜 토기가 동양에서 그렇게 일찍 나타났는지에 대한 고고학자들의 의견은 대체로 일치한다. 그곳에서 구할 수 있는 식량은 끓이는 조리법이 매우 중요했기 때문이다. 동양 사람들은 불을 땔 수 있는 그릇이 필요했고, 따라서 토기 제조법을 일찍이 터득했다. 이 설명이 맞는다면 토기 그 자체에 초점을 맞추기보다는 음식 준비의 차이가 동양과 서양이 서로 다른 발전 경로를 따르도록 고착시켰는지를 물어야 할 것이다. 이를테면 서

---

[*] 평균은 1700년에 약간 못 미치며, 중간값은 2250년이다.

양의 조리법이 더 많은 영양분을 제공해서 사람들을 더 튼튼하게 만들었을지도 모른다. 그러나 그 같은 주장은 별로 설득력이 없다. 유골 연구는 서양과 동양의 농경 핵심부에서의 삶에 대해 다소 암울한 그림을 제시한다. 17세기 영국 철학자 토머스 홉스가 비슷하게 표현한 대로 가난하고 끔찍하고 짧은 삶이었다(물론 반드시 잔혹할 필요까지는 없었지만). 동양과 서양 양쪽에서 초기 농부들은 영양실조에 시달렸고 발육이 덜 되어 왜소했으며 기생충을 달고 살았고 치아 상태가 나빴고 일찍 죽었다. 양 지역에서 농업 수준이 향상되자 식단도 점차 개선되었다. 종국에는 두 지역에서 모두 더 발달된 우수한 요리법이 등장했다. 끓이기에 의존한 동양의 조리법은 동서양 조리법의 여러 차이점 가운데 한 가지일 뿐이지만 전반적으로 영양 상태에서 동서양 간의 유사성은 차이점을 크게 압도한다.

혹은 음식을 준비하는 다른 방식이 다른 패턴의 식사와 다른 가족 구조를 낳아 장기적으로 다른 결과를 초래했을지도 모른다. 그러나 이번에도 그런 일이 실제로 일어났는지는 결코 분명하지 않다. 동양과 서양 양쪽에서 최초의 농부들은 식량을 공동으로 저장하고 준비해 다 함께 먹었던 것으로 보이고, 다음 몇천 년에 걸쳐서야 이러한 일들을 가족 수준에서 하는 방향으로 옮겨갔다. 다시금 동서양의 유사성이 차이점을 압도한다. 동양에서 토기가 일찍 발명된 사실은 확실히 흥미로운 차이점이긴 하지만 그러한 차이가 왜 서양이 지배하는지를 설명하는 데 딱히 관련이 있는 것 같지 않다.

동양에서 정교한 무덤이 일찍이 눈에 띄는 것과 그보다 더 일찍이 서양에서 정교한 성소가 두드러지게 출현한 것에 대해서는 어떻게 설명해야 할까? 이러한 발전은 사실, 서로를 비추는 거울상인 것 같다. 우리가 앞서 본 대로 무덤과 성소는 모두 농경이 발전하면서 사자로부터의 상속이 경제 생활에서 가장 중요한 요소가 되던 시기에 조상에 대한 집착이 커진 현상과 긴밀하게 연관되어 있다. 우리는 그 이유를 아마도 결코 알 수 없겠지만 아무튼 서양인과 동양인은 조상에게 감사하고 그들과 접촉하는 다른 방식을 들고 나왔다. 일부 서양인은 분명히 친지의 해골을 여기저기로 돌리고 건물을 소머리와 기둥으로 채우고 그 안에 인간을 제물로 바치면 효험이 있을 것이라 기대했다. 동양인은 일반적으로 친지의 무덤에 옥을 깎은 동물 조각상을 같이 묻고 무덤을 숭배하며 결국에는 다른 사람들의 머리를 베고 그들을 무덤 속에 같이 던져넣는 쪽이 더 낫다고 생각했다. 사람들마다 처방은 다르지만 결과는 비슷했다.

도표 2.9에서는 두 가지 결론을 끌어낼 수 있다. 첫째, 서양과 동양의 핵심부에서 초기 발전은 대부분 유사했다. 나는 석기의 양식부터 사람들이 섭취한 동식물에 이르기까지 온갖 사항에서 진짜 존재하는 차이점을 얼버무리고 싶은 생각은 없지만, 이러한 차이들 가운데 어떤 것도 우리가 논의해온 장기고착이론, 다시 말해 빙하기 이후에 서양 문화가 발전해온 방식이 서양에 더 큰 잠재력을 가져왔고 따라서 왜 서양이 지배하는지를 설명한다는 가설을 크게 뒷받침하지 않는다. 그러한 생각은 맞지 않는 것 같다.

도표 2.9에 제시된 증거에 맞서 유효한 장기고착이론이 있다면 그것은 가장 단순한 형태의 것, 다시 말해 지리적 여건 덕분에 서양은 2000년 먼저 발전하기 시작했고 출발에서의 우위를 계속 유지하여 산업화에 먼저 도달했으며, 따라서 지금 세계를 지배한다는 설명일 것이다. 이 이론을 검증하기 위해서는 현재 우리의 동서양 비교를 더 최근의 시기로 확장시켜서 정말로 역사가 그렇게 진행되었는지 확인해봐야 한다.

간단하게 들리지만 도표 2.9가 주는 두 번째 교훈은 문화 사이의 비교가 까다로운 문제란 것이다. 중요 발전 항목을 두 단으로 나눠 열거하는 것은 시작에 불과하다. 도표 2.9에서 변칙 사항들을 설명하기 위해서 우리는 끓이기와 굽기, 해골과 무덤을 더 넓은 맥락에서 살펴봐야 했고 그것들이 선사시대 사회에서 어떤 의미였는지를 파악해야 했다. 여기서 곧장 고고학 연구에서 가장 중심적인 문제인 사회들 사이의 비교연구 문제에 직면하게 된다.

19세기 유럽의 선교사와 관리들이 식민지의 민족들에 관한 정보를 수집하기 시작했을 때 그들이 보고한 기괴한 관습에 학자들은 경악했다. 인류학자들은 이러한 행위들을 체계적으로 분류했고 지구상에서 이러한 행위들이 어떻게 분포되어 있는지, 그러한 행위들이 더 문명화된 (그들에 따르면 더 유럽인 같다는 뜻이었다) 행위로의 진화 과정을 어떻게 설명해주는지 추측했다. 그들은 열성적인 대학원생들을 이국적인 지방에 보내 더 많은 사례를 수집하게 했다. 이 총명한 젊은이들 가운데 한 명이 런던에서 연구 중이던 폴란드인 브로니슬라프 말리노프스키였다. 1914년 제1차 세계대전이 발발했을 때 말리노프스키는 트로브리안드 군도에서 조사중이었다. 집으로 돌아갈 배를 구할 수 없게 되자 그는 그 상황에서 가능한 유일한 합리적 방안을 따랐다. 한동안 텐트 안에서 시무룩하게 지내다가 여자친구를 사귀었던 것이다. 그 결과 1918년이 되자 그는 트로브리안드 문화를 속속들이 이해하게 되었다. 그는 자신을 가르치는 교수들이 산더미 같은 책에만 의존하는 연구에서 무엇을 놓치고 있는지를 깨달았다. 진짜 인류학은 여러 관습이 어떻게 맞물리는지를 설명하는 학문이라는 것이다. 비교는 온전하게 작동하는 문화 대 문화의 차원에서 이루어져야지, 맥락에서 떨어져나온 개별 관습들을 일대일로 비교해서는 안 된다. 똑같은 행동일지라도 다른 맥락에서는 다른 의미를 띨 수도 있기 때문이다. 예를 들어, 얼굴에 문신을 새기면 캔자스에서는 반항아가 되지만 뉴기니에서는 관례에 순응하는 사람일 뿐이다. 마찬가지로 똑같은 사고방식이 다른 문화에서는 다른 형태를 띨 수 있다. 서양에서 해골을 여기저기로 돌리는 것과 동양에서 옥을 땅에 묻는 것이 똑같이 조상에 대한 공경을 표현하는 것처럼 말이다.

말리노프스키는 도표 2.9를 싫어했을 것이다. 아마도 그는 우리가 온전하게 작동하는 두 문화에서 잡다한 몇 가지 관습을 뽑아낸 다음 어느 쪽이 더 잘하고 있었는지를 평가할 수는 없다고 역설했을 것이다. 그뿐인가? 틀림없이 우리는 "서양이 앞서나가다" 같은 제목을 단 장이 있는 책도 쓸 수 없다. 말리노프스키라면 대체 "앞서나가다"라는 게 어떤 의미인가라고 물었으리라. 매끄럽게 하나로 연결된 삶의 그물에서 특정 관습들을 분리해내 서로 비교하는 것을 우리는 대체 어떻게 정당화할 수 있을까? 그리고 만약 우리가 현실의 단편들을 분리해낼 수 있다고 하더라도 어떤 단편들을 비교해야 할지 어떻게 알 수 있을까?

모두 좋은 질문이며 우리가 왜 서양이 지배하는지를 설명하고자 한다면 결코 피해가서는 안 되는 질문이다. 비록 여기에 대한 답변을 추구하는 과정에서 지난 50년간 인류학이 완전히 분열되고 말았지만. 약간 두렵긴 하지만 나는 이제 이 험난한 분야로 뛰어들려고 한다.

3 과 거 를 평 가 하 는 방 법

진화하는 고고학

문화인류학자들이 제2장 끝 부분에 묘사한 사회진화에 반기를 들기 시작했을 때 사회진화는 아직은 다소 새로운 개념이었다. 단어의 현대적 의미는 기껏해야, 독학으로 박학다식한 영국의 사상가가 된 허버트 스펜서가 「진보의 법칙과 원인」이라는 에세이를 출판한 1857년으로 거슬러올라갈 뿐이다. 스펜서는 별난 인물이었다. 한때 철도 기술자가 되려고도 해봤고 당시 막 탄생한 잡지인 『이코노미스트』의 편집자를 거치기도 했으며 여류 소설가 조지 엘리엇과 연인 사이이기도 했다(그 가운데 어느 것도 그에게 맞지 않았다. 그는 결코 안정적 직업이 없었으며 평생 결혼도 하지 않았다). 그러나 그의 에세이는 하룻밤 사이에 일대 돌풍을 불러일으켰다. 그 에세이에서 스펜서는 "과학이 헤아릴 수 있는 가장 먼 과거부터 어제의 참신한 물건에 이르기까지 모든 과정은 본질적으로 진보이며, 동질적인 것에서 이

질적인 것으로 전환되는 과정"[1]이라고 설명했다. 그는 진화란 사물이 단순하게 시작해서 점점 복잡해지는 과정이며, 만물을 완벽하게 설명한다고 주장했다.

연속적인 분화를 통해 단순성에서 복잡성으로 나아가는 것은 우리가 추론을 통해 거꾸로 더듬어갈 수 있는 우주 최초의 변화들 그리고 우리가 귀납적으로 확립할 수 있는 최초의 변화들에서 볼 수 있는 것과 유사하다. 그것은 지구의 지질학적 진화와 기후적 진화에서도 찾아볼 수 있다. 지구상의 단세포생물의 발현에서도, 각종 유기체의 증식에서도 찾아볼 수 있다. 문명화된 개인의 차원에서든 인종들의 집합으로서든 인류의 진화에서도 찾아볼 수 있다. 정치적, 종교적, 경제적 조직에 관한 사회의 진화에서도 찾아볼 수 있다. 일상생활의 환경을 구성하는 끝없는 인간 활동의 구체적이고 추상적인 온갖 산물의 진화에서도 찾아볼 수 있다.

스펜서는 이후 40년 동안 지질학, 생물학, 심리학, 사회학, 정치학, 윤리학을 모조리 합쳐 단일한 진화론으로 묶기 위한 연구에 매진했다. 그의 시도는 매우 성공적이어서 1870년에 그는 아마도 영어권에서 가장 영향력 있는 철학자였을 것이며, 일본과 중국의 지식인들이 서양이 이룩한 것을 이해해야 한다고 생각했을 때 가장 먼저 번역한 저자가 되었다. 그 시대의 위대한 지성들은 모두 그의 사상에 경의를 나타냈다. 1859년에 출간된 찰스 다윈의 『종의 기원』 초판에는 "진화"라는 표현이 없었다. 2판과 3판에도 마찬가지였고 4판과 5판에서도 찾아볼 수 없었다. 그러나 1872년 6판을 낼 때가 되자 다윈도 이제 스펜서가 대중화시킨 그 용어를 빌릴 필요성을 느꼈다.*

스펜서는 단순사회(지도자가 없이 떠도는 무리)에서 복합사회(정치 지도자가 있는 안정적 마을)로, 복합사회에서 이중복합사회(교회와 국가, 복잡한 노동 분화, 학문이 있는 집단)로, 이중복합사회에서 삼중복합사회(로마 제국이나 빅토리아시대 영국과 같은 위대한 문명)로, 사회가 네 단계의 분화를 거쳐 진화해왔다고 믿었다. 비록 단계를 어떻게 분류해야 할지를 두고 이론가마다 의견이 분분했지만 이 도식체계는 금방 인기를 얻었다. 누군가는 미개 상태에서 야만을 거쳐 문명으로의 진화를 이야기했고 누군가는 마술에서 종교를 거쳐 과학으로의 진화를 선호했다. 1906년이 되자 넘쳐나는 용어의 홍수는 사람을 짜증나게 할 정도가 되어 사회학의 창시자 막스 베버는 "다른 누군가에 의해 사용되는 전문용어를 두고 그것이 마치 자기 칫솔이라도 되는 양 행세하는 현대 저자들의 자만심"[2]에 대해 불평했다.

그러나 어떤 이름표를 갖다붙였든지 간에 그들은 모두 똑같은 문제에 직면했다. 그들은 자신들이 틀림없이 맞는다는 직감이 있었지만 그것을 입증할 명확한 증거는 거의 없었다. 그에 따라 학문으로서 새롭게 모양을 갖춰가던 인류학이 자료를 제공하려고 나섰다. 이들의 생각은 다음과 같은 식이었다. 어떤 사회는 다른 사회보다 덜 진화했다. 석기와 다채로운 관습을 갖고 있는 아프리카나 트로브리안드 식민지의 부족들은 이를테면 살아있는 조상인 셈이며, 삼중복합사회의 문명화된 사람들이 선사시대에 그랬을 것임이 틀림없는 모습을 반영한다. 인류학자들이 할 일이란 (말라리아와 기생충, 고마워할 줄 모르는 원주민을 상대해야 하는 것을 제외한다면) 현장에 가서 열심히 공책에 기록하는 것뿐이었고, 그러면 그는 (그 시절에는

---

* 그렇긴 하지만 진화에 대한 다윈의 관념은 스펜서와 달랐다. 스펜서는 진화가 모든 것에 적용되고 진보하는 것이며, 우주 만물을 완벽하게 만들 것이라고 믿었다. 다윈은 진화를 생물학에 국한했으며 "수정을 동반한 유전"이라고 정의하고, 수정은 임의적인 유전적 돌연변이에 의해서 이뤄지기 때문에 진화는 방향성이 없고 단순한 것에서 복잡한 것을 만들어낼 수도 있지만 때로는 그렇지 않을 수도 있다고 이해했다.

어쩌다가 '그녀'도 있었다) 집에 돌아와 진화 이야기의 남은 빈틈을 메울 수 있다.

말리노프스키가 거부한 것은 이런 식으로 이미 짜인 연구방식이었다. 하지만 한편으로는 이런 쟁점이 제기된 것 자체가 이상한 일이다. 사회진화론자들이 인류 진보의 과정을 상세히 기술하기를 원했다면, 현대의 인류 집단들을 인류학적으로 관찰한 자료를 토대로 그들이 과거의 잔재라 추정하는 간접적인 방식 대신 고고학적 자료들, 실제 선사시대 사회가 남긴 물리적 유물을 가지고 하는 직접적 방식을 왜 선택하지 않았단 말인가? 답은 간단하다. 1세기 전 고고학자들은 아는 것이 별로 없었다. 진지한 발굴 작업이 이제 막 시작되었을 뿐이었고, 따라서 사회진화론자들은 고고학 보고서의 빈약한 정보에다 고대 문헌에서 찾은 부수적 세부 사항, 두서없이 그러모은 민족지학 보고서를 결합하는 수밖에 없었다. 따라서 사회진화론자들의 재구성이 억측이 난무하는 '믿거나 말거나'식의 이야기에 불과하다는 것을 말리노프스키와 그와 뜻이 맞는 인류학자들이 폭로하는 것은 너무도 쉬운 일이었다.

고고학은 젊은 학문이다. 3세기 전만 해도 역사에 대한 가장 오래된 증거—중국의 오경, 인도의 베다, 구약성서, 그리스 시인 호메로스의 작품—는 기껏해야 기원전 1000년으로 가까스로 거슬러올라갈 뿐이었다. 이 걸작들 이전 시기에 대해서는 모든 것이 암흑에 싸여 있었다. 땅을 파헤치는 단순한 행위가 모든 것을 바꿨지만 그러기까지는 시간이 걸렸다. 1799년 이집트를 침공했을 때 나폴레옹은 일군의 학자를 데려갔고, 그들은 고대 문헌 수십 가지를 옮겨 적거나 프랑스로 가지고 왔다. 1820년대 프랑스 언어학자들이 이 상형문자 문헌들에 담긴 비밀을 밝혀내면서 기록된 역사에 갑작스럽게 2000년을 추가했다. 이에 질세라 1840년대 영국의 탐험가들은 오늘날 이라크 땅의 폐허가 된 도시들 아래로 굴을 뚫거나 혹은 밧줄에 매달려 이란 산악지대에 새겨진 국왕의 비문들을 필사했다. 1840년대가 끝나기 전이 되자 학자들은 옛 페르시아어와 아시리아어, 바빌로니아의 지혜를 읽을 수 있게 되었다.

스펜서가 진보에 관해 글을 쓰기 시작한 1850년대에 고고학은 여전히 학문보다는 현실 세계의 인디애나 존스들이 활약하는 모험에 가까웠다. 1870년대에 이르러서야 고고학자들은 발굴 작업에 지질학의 층서 원칙(유적지의 토양에서 가장 위쪽에 있는 지층은 분명히 그 아래에 있는 층보다 더 나중에 생겼을 것이라는 상식적인 식견. 우리는 이제 유적층의 순서를 이용해 과거에 일어난 사건들의 순서를 재구성할 수 있다)을 적용하기 시작했고 층서 분석은 1920년대에서야 주류가 되었다. 고고학자들은 자신들이 발굴한 것의 연대를 추정하기 위해 여전히 발굴 장소와 고대 문헌에 언급된 사건을 연결시키는 방식에 의존했고, 따라서 1940년대까지 세계 대부분의 지역에서 발견된 유물들은 막연한 추측과 어림짐작의 세계에서 떠돌고 있었다. 그런 상황은 핵물리학자들이 뼈와 숯, 기타 유기물에 들어 있는 불안정한 탄소 동위원소의 붕괴를 이용해 유물이 얼마나 오래되었는지를 측정하는 탄소연대측정법을 발견하면서 끝났다. 고고학자들은 선사시대를 순서대로 배열하기 시작했고 1970년대가 되자 선사시대를 설명하는 전 지구적인 관점의 뼈대가 잡혀갔다.

내가 대학원생이던 1980년대에 여전히 한두 명의 원로 교수들은 자신들이 학생이었을 때는 선생들로부터 현장 작업에 빠트려서는 안 되는 연장은 턱시도 한 벌과 작은 리볼버 권총 한 자루뿐이라는 충고를 들었다고 말하곤 했다. 교수님들의 말을 믿어야 할지 나는 아직도 확신이 서지 않지만 이야기의 진실이 무엇이든 제임스 본드의 시대는 1950년대가 되자 확실히 죽어가고 있었다. 진정한 돌파구들은 점점 더, 사실을 파헤치고 선사시대로 더 깊이 파고들어가며 전 지구로 퍼져나가고 있던 일군의 전문가가 견디는 단조로운 일과에서 나왔다.

박물관 수장고는 유물로 넘쳐나고 도서관의 서가는 기술 논문의 무게에 짓눌려 삐걱거리고 있었지만 일부 고고학자는 근본적인 질문—**이 모든 게 무엇을 의미하는가?**—에 대한 답변이 여전히 오리무중이라는 사실을 걱정했다. 1950년대의 상황은 1850년대의 상황을 뒤집어놓은 꼴이었다. 한때 거대 이론이 자료를 찾던 형국에서 이제 자료들이 이론을 소리 높여 부르짖고 있었다. 고생스레 얻어낸 결과들로 무장한 20세기 중반의 사회과학자들, 특히 미국의 사회과학자들은 이론화에서 또 다른 기회가 왔다고 여기고 있었다.

스펜서처럼 시대에 뒤떨어진 '고전적인' 사회진화론자들보다 더 앞서나간다는 것을 보여주기 위해 신新사회진화론자라고 자처한 일부 사회과학자들은 연구에 이용할 수 있는 사실을 많이 보유하는 것은 물론 멋진 일이지만 대량의 증거 그 자체가 문제의 일부가 되었다고 주장하기 시작했다. 중요한 정보는 고고학자와 인류학자들의 난삽한 이야기체 보고서나 역사 기록 속에 묻혀 있었다. 19세기의 무수한 유형분류체계를 넘어서 사회에 관한 통일 이론을 창조하기 위해 신사회진화론자들은 이 이야기들을 숫자로 전환할 필요가 있다고 느꼈다. 차별점을 측정하고 점수를 매김으로써 그들은 사회들에 순위를 매긴 다음 점수와 가능한 설명 사이의 상관관계를 찾을 수 있었다. 마침내 그들은 지금까지 고고학에 투자된 시간과 돈을 가치 있게 만들지도 모르는 질문들에 고개를 돌릴 수 있었다. 사회가 진화하는 데는 한 가지 방식만이 존재하는가, 아니면 여러 가지 방식이 존재하는가? 개별적인 진화 단계별로 여러 사회를 묶을 수 있는가? (만약 그렇다면 사회는 어떻게 한 단계에서 다음 단계로 옮겨가는가?) 인구나 기술(혹은 지리도)처럼 한 가지 특징이 모든 것을 설명할 수 있는가?

1955년 인간관계영역 자료라는, 연방 정부가 지원하는 방대한 자료 수집 프로젝트에 참여하고 있던 인류학자 라울 나롤은 그가 사회발전 지표라고 묘사한 작업을 최초로 진지하게 시도했다. 전 세계에서 전前산업사회 30곳을 무작위로 추출한 (현재 존재하는 사회와 과거에 존재했던 사회가 섞여 있다) 그는 이 사회들이 어떻게 차별되는지 파악하고자 자료를 샅샅이 뒤졌다. 사회의 최대 거주지 규모가 얼마나 큰지, 장인들이 얼마나 전문화되어 있는지, 사회 안에 얼마나 많은 하위 집단을 포함하고 있는지 등에 사회들 사이의 차별점이 반영되어 있다고 생각한 것이다. 분석 결과를 표준 서식으로 전환한 나롤은 점수를 발표했다. 가장 밑에는 1832년 다윈에게 큰 인상을 남긴 티에라 델 푸에고 섬의 야간 부족이 있었다. 다윈은 그들을 "지구상의 어느 지역보다도 가장 낮은 수준의 발전 단계에 존재하고 있다"[3]고 묘사한 바 있다. 야간 부족은 최대 63점 가운데 12점만을 얻었다. 점수표의 맨 꼭대기는 58점을 기록한 에스파냐 정복 이전의 아즈텍 부족이 차지했다.

다음 20년 동안 다른 인류학자들도 이 점수 매기기 게임을 시도했다. 각자 다른 범주와 자료군, 수학 모델, 점수 산정 기술을 사용했음에도 불구하고 그들의 전산업사회 분석 결과는 87퍼센트에서 94퍼센트 사이에서 일치했고, 이것은 사회과학에서 대단히 고무적인 수치였다.[4] 스펜서가 죽은 지 50년 뒤, 진보에 관한 그의 에세이가 나온 지 100년 뒤에 신사회진화론자들은 사회진화의 법칙을 입증할 태세였다.

쪼개지는 인류학

그래서 어떻게 되었는가? 만약 신사회진화론자들이 임무를 잘 수행해서 사회진화에 관해 모든 것을 설명했다면 우리는 모두 그에 관한 이야기를 들어봤을 것이다. 당장 더 중요하게는 그들은 이미 왜 서양이 지배하는가라는 문제에 답변을 내어놓았으리라. 결국 그 질문은 동양과 서양 사회들의 상대적인 발전 수준에 관한 것이 아닌가? 장기고착이론가들이 주장하는 것처럼 서양이 이미 오래전에 앞서나가기 시작했을까 아니면 단기우연이론가들의 주장처럼 서양의 우위는 최근의 일일까? 만약 신사회진화론자들이 사회발전 정도를 측정할 수 있다면 우리는 도표 2.9와 같은 복잡한 다이어그램을 만지작거릴 필요가 없으리라. 그냥 빙하기가 끝난 뒤부터 다양한 시기에 서양과 동양의 점수를 계산하고 비교해 어느 이론이 현실에 더 잘 맞는지를 살펴보면 되지 않을까? 그런데 왜 아무도 그런 작업을 하지 않았을까?

내 생각에는 신사회진화론이 안에서 붕괴했기 때문인 것 같다. 나롤이 계산 잣대를 들이댄 1950년대 이전에도 사회들을 비교 평가하려는 시도는 많은 인류학자에게 순진한 태도로 비쳤다. 암호화된 데이터가 적힌 펀치 카드와 통계에 관한 난해한 논쟁, 창고만한 크기의 컴퓨터들에 둘러싸인 "법과 질서를 부르짖는 무리(비판가들이 나롤과 그의 동류를 지칭한 표현)"는 땅을 파는 고고학자나 수렵채집인을 인터뷰하는 인류학자의 현실과 묘하게 유리되어 있는 것처럼 보였고, 1960년대 들어 시대가 변화하기 시작하자 이제 신사회진화론은 우스꽝스럽다기보다는 명백한 해악처럼 보였다. 이를테면 내가 제2장에서 언급한 "최초 풍요 사회"를 다룬 글의 저자인 인류학자 마셜 살린스는 1950년대에 사회진화론자로 경력을 시작했지만 1960년대에는 "베트남인의 투쟁에 대한 공감 심지어는 찬탄과 더불어 미국의 전쟁에 대한 도덕적, 정치적 반감은 진화적 발전과 경제결정론으로 이루어진 인류학의 기반을 약화시킬 수도 있다"[5]고 결론 내렸다.

파리에서 살린스가 수렵채집인이 사실은 가난하지 않았다고 주장한 1967년이 되자 새 세대의 인류학자들—미국 민권운동과 반전운동, 여성

운동으로 경험을 쌓았고 많은 경우 반문화운동에도 발을 담고 있던―은 훨씬 더 강경한 입장을 내세웠다. 그들은 신사회진화론자들이 진짜 하고 있는 일이란 서양인을 얼마나 닮았는지를 따라 비서양 사회의 순위를 매기고 있는 것일 뿐이며, 그러한 측정을 하는 서양인은―놀랍게도!―언제나 자신들에게 가장 좋은 점수를 매긴다고 주장했다.

1980년대에 고고학자 마이클 섕크스와 크리스토퍼 틸리는 "진화이론들"은 "쉽게 자기정당화의 이데올로기로 빠지거나 다른 문화들과 관련하여 서양의 우위를 확인하며, 이때 다른 문화들의 일차적 중요성은 현재 우리 '문명'에 대한 대조군으로서 기능하는 것"[6]이라고 주장했다. 많은 비판가 역시 이 수치에 대한 믿음이 서양인 스스로의 만족을 위해 하는 무해한 숫자 놀음에 그친 것이 아니라고 여겼다. 그들에 따르면 사회진화론은 융단폭격과 베트남전쟁, 군산복합체를 낳은 오만함의 핵심이었다. 린든 B. 존슨 대통령은 물러가라! 수학에만 의존하는 오만한 자민족중심주의 교수들도 물러가라!

연좌데모와 비방은 학문적 논쟁을 흑백 대립의 대결로 탈바꿈시켰다. 일부 사회진화론자에게 그들의 비판가들은 도덕적으로 파산한 상대주의자들이었다. 일부 비판가에게 사회진화론자들은 미 제국주의의 앞잡이였다. 1980년대와 1990년대 내내 인류학자들은 교수 채용과 종신재직권, 연구원생 입학허가위원회 등을 둘러싸고 반대편의 경력을 망가트리고 학계를 양분시키면서 격하게 싸웠다. 미국 유명 대학들의 인류학과는 마치 망가진 결혼 생활과 비슷한 정도로까지 변질되었고, 수년에 걸친 상호 비방에 마침내 파경을 맞은 부부들은 각자 제 갈 길을 가기 시작했다. "우리는 더 이상 상대방 이름조차 부르지 않는다"[7]고 1984년 한 저명한 인류학자는 한탄했다. 극단적인 경우에는―내가 있던 스탠퍼드대였다―인류학자들이 1998년 공식적으로 갈라서서 사회진화론을 옹호하는 쪽은 인류

과학 분과를, 반대편은 문화사회인류학 분과를 설립했다. 두 학과는 각자 교수를 채용하고 해임했으며 학생들도 따로 뽑아 교육시켰다. 한쪽의 구성원이 다른 쪽 구성원을 반드시 인정해야 할 필요는 없었다. 그들은 심지어 학과를 "스탠퍼드화하다stanfordize"라는 새로운 단어를 탄생시켰을 정도였다.

스탠퍼드화의 불행—말하는 사람이 누구냐에 따라서는 행운일 수도 있었다—은 전문 학회에 참석한 인류학자들의 술자리를 수년 동안 즐겁게 해주었지만 스탠퍼드화는 사회과학의 크나큰 지적 난제에 해법이 되지 못했다.* 왜 서양이 지배하는지를 설명하려면 우리는 이 쟁점을 둘러싼 양측의 논증을 대면해야 한다.

사회진화에 대한 비판가들은 법과 질서 무리가 오만한 실수를 저질렀다고 지적한 점에서 분명 옳았다. 허버트 스펜서처럼 세상 만물에 대해 모두 설명하려고 시도하다가 그들은 어느 것에 대해서도 거의 아무것도 설명하지 못했던 것 같다. 신사회진화론자들이 실제로 무엇을 측정하고 있었는가를 두고 혼란이 컸으며, 사회에서 진화하고 있다고 여겨지는 것이 무엇인가를 두고 학자들이 동의할 때조차도 (대부분의 경우 스펜서가 가장 선호한 '분화'의 관념을 고수할 때였다) 세계의 사회들에 점수를 매겨 순위표에 일렬로 세우는 것이 실제로 무슨 성과가 있는지는 항상 분명하지 않았다.

비판가들은 점수표가 개별 문화의 특수성을 가림으로써 현실을 드러내주기보다는 오히려 흐리게 만든다고 주장했다. 1990년대에서 민주주의의 기원을 연구하면서 나는 확실히 그러한 지적이 옳다는 것을 깨달았다. 민주정을 발명한 고대 그리스 도시국가들은 실제로 매우 특수했다. 많은

---

* 2007년 스탠퍼드대 당국은 이 결별을 알아차리고 강제적으로 두 번째 결혼식을 진행하여 두 인류학 분과를 재결합시켰다.

시민은 신이 어떻게 생각하는지 사제들에게 묻기보다는, 진리를 찾는 최상의 방법은 모든 남자가 언덕 한 귀퉁이에 모여서 토론한 뒤 투표하는 것이라고 진심으로 믿었다. 고대 그리스의 차별점에 점수를 주는 것은 민주주의가 어디서 왔는지를 설명해주지 않으며, 그리스의 특수성을 사회발전지표 어딘가에 묻어버리는 것은 그들의 독특한 업적에 두어야 할 주의를 돌려버림으로써 실제로 이해를 더 어렵게 만들 수 있다.

그러나 이는 사회발전지수가 시간낭비라는 뜻은 아니다. 단지 사회발전지수가 그 특정 질문에는 잘못된 도구라는 뜻일 뿐이다. 왜 서양이 지배하는가를 묻는 것은 **다른 종류**의 질문, 수천 년의 역사를 아우르고 수백만 제곱킬로미터의 영역을 살펴보고 수십억 명의 사람을 한자리에 가져와야 하는 거대한 비교연구적인 질문이다. 이 임무에 사회발전지수는 정확히 우리에게 필요한 도구이다. 장기고착이론과 단기우연이론은 결국 '동양'과 '서양'이 유의미한 개념으로 존재해온 1만 년 안팎의 시간에 걸쳐 동양과 서양이 이룬 사회발전의 전반적인 모습에 대한 의견 차이다. 장기론자와 단기론자들은 이 문제에 집중하여 상대방의 논증에 직접적으로 맞서는 대신 흔히 서로 다른 부분을 보고 각자 다른 증거를 이용하며 자신들의 용어를 다른 방식으로 규정한다. 법과 질서 무리의 선례를 따라 방대한 사실을 단순히 점수로 환원하는 것에는 단점이 있지만, 모두가 동일한 증거를 직시하게 만드는 한 가지 큰 장점도 있기 때문에 놀라운 결과를 가져온다.

무엇을 측정할 것인가?

첫 단계는 우리가 측정해야 하는 것이 정확히 무엇인지를 알아내는 것이다. 여기서 서양의 지배를 만방에 보여준 아편전쟁에 참전한 로버트 조슬린 경의 말에 귀를 기울이는 것도 나쁘지 않다. 1840년 7월 푹푹 찌는 어느 일요일 오후 그는 양쯔 강 하구를 봉쇄하는 항구 딩하이에 영국 배들이 접근하는 것을 지켜보면서 "전함들이 도시를 향해 포문을 열고 일제히 사격하자 나무가 쓰러지고 집이 무너졌으며 해안에서 사람들의 신음이 들려왔다. 아군의 포격은 9분간 지속되었다. (…) 우리는 사람들이 자취를 감춘 해변에 상륙했고 시신 몇 구와 활과 화살, 부러진 창과 대포만이 유일하게 해변을 지키고 있었다"[8]라고 썼다.

서양 지배의 가장 직접적인 원인은 바로 여기에 있다. 1840년이 되자 유럽의 배와 대포는 동양 세력이 전장에 내보낼 수 있는 어느 것도 가볍게 무시할 수 있었다. 그러나 물론 서양의 지배가 부상하는 데 군사력만 뒷받침된 것은 아니었다. 1840년 영국 함대의 또 다른 장교 아미니 마운틴은 딩하이의 중국군을 중세시대의 기록에서 튀어나온 인물에 비유했다. 그는 "마치 그 오래된 필사본 속의 인물들이 뼈와 살을 갖추고 현실에 되살아난 것처럼, 그들은 지난 수 세기 동안 세계가 성취한 전진과 온갖 현대적인 관습, 발명품, 개선된 변화에 대해서는 전혀 의식하지 못한 채 내 눈앞에서 돌아다니고 행동하고 있었다"[9]라고 적으며 사색에 잠겼다.

마운틴은 배와 항구를 날려버리는 것은 서양의 지배를 설명하는 가장 인접한 원인, 서양의 장점이 길게 연결된 사슬의 마지막 고리에 불과하다는 것을 이해했다. 더 근본적인 원인은 영국의 공장들이 포탄과 뛰어난 대포, 원거리 항해가 가능한 전함을 생산해낼 수 있고, 영국 정부가 지구 반대편에서 수행되는 원정을 기획하고 자금을 대며 지휘할 수 있다는 점이었다. 그리고 영국인이 그날 오후 딩하이를 휩쓸고 진입할 수 있었던 궁극적 원인은 자연환경으로부터 에너지를 추출하는 데 성공했고, 그 에너지를 자신들의 목적 달성을 위해 사용하는 데 성공했다는 점이었다. 이 모든 것은 서양인이 어느 누구보다도 에너지의 대사슬에서 높은 곳으로 올라갔을 뿐 아니라 매우 높이 올라갔기 때문에―역사상 과거의 어느 사회들과도 달리―자신들의 위력을 전 세계에 행사할 수 있었다는 사실로 정리될 수 있다.

이 에너지의 대사슬을 올라가는 과정은 1950년대 나롤 이래로 진화인류학자들의 전통을 따라 내가 '사회발전'이라고 부르는 것―기본적으로, 일을 처리하고자 물리적, 지적 환경을 제어하는 집단의 능력*―의 토대다. 더 딱딱하게 표현하면 사회발전이란 사람들이 의식주를 해결하고 재생산하며 주변의 세계를 설명하고, 공동체 내부의 분쟁을 해소하고 다른 공동체를 희생시켜 자신들의 세력을 확장하며, 다른 집단의 세력 확장 시도에 맞서 스스로를 방어하는 데 이용하는 모든 생존 수단, 기술적, 조직적, 문화적 성과들이다. 말하자면 사회발전은 일을 처리해내는 한 사회의 능력을 가늠하며, 원칙적으로 시공을 초월하여 비교될 수 있다.

이 논의를 계속하기에 앞서 최대한 강력한 어조로 짚고 넘어갈 문제가 하나 있다. 사회발전을 측정하고 비교하는 것은 대상이 되는 사회들에 대해 도덕적 판단을 내리는 것이 아니라는 사실이다. 한 예로, 21세기 일본은 에어컨 냉방과 전산화된 공장, 북적거리는 도시들의 나라다. 그곳에는 자동차와 비행기, 도서관과 박물관, 고도의 의료 서비스, 글을 읽고 쓸 줄 아는 인구가 있다. 현대 일본인은 그러한 이기를 전혀 누리지 않던 1000년 전 조상보다 자신들의 물리적, 지적 환경을 더 철저하게 통제하고 있다. 따라서 현대 일본이 중세 일본보다 더 발전했다고 말하는 것은 틀린 소리가 아니다. 그러나 그 사실이 현대 일본인이 중세 일본인보다 더 영리하고 더

---

* 심리학자들은 '사회발전'이란 용어를 매우 다르게 사용해서, 어린이가 자라면서 사회의 규범을 습득하는 것을 지칭한다.

훌륭하고 (더 행복한 것은 고사하고) 더 운이 좋다는 함의를 띠지는 않는다. 사회발전에 따르는 도덕적이거나 환경적인 비용 및 그 외의 비용에 대해서도 전혀 이야기하지 않는다. 사회발전은 중립적인 분석 범주다. 사회발전을 측정하는 것과 사회발전을 칭찬하거나 비난하는 것은 별개다.

나는 이 장 뒤에서 사회발전 측정은 왜 서양이 지배하는가에 대한 질문에 답변하기 위해 우리가 설명해야 하는 것이 무엇인지를 보여준다고 주장할 것이다. 사실, 나는 만약 사회발전을 측정하는 방법을 강구하지 않는다면 그 질문에 결코 대답하지 못할 것이라고 주장할 것이다. 그러나 우리는 우선 측정 지표를 만드는 과정에 길잡이가 될 원칙을 세워야 한다.

오늘날 가장 존경받는 과학자 앨버트 아인슈타인보다 더 좋은 출발점을 찾을 수는 없을 것 같다. 아인슈타인은 "과학에서 문제는 최대한 간단하게 제시되어야 하지만 필요 이상으로 간단하게 제시되어서는 안 된다"[10]라고 말했다고 한다. 그러니까 과학자들은 자신들의 생각을 현실에서 검증될 수 있는 핵심 요점으로 압축해야 하고 검증을 수행할 수 있는 가능한 한 가장 간단한 방법을 찾아내 딱 그것만 하면 된다는 것이다. 그보다 더 해서도 안 되고, 덜 해서도 안 된다.

아인슈타인 자신의 상대성이론이 유명한 사례다. 상대성은 중력이 빛을 휘게 한다는 것을 의미하며—만약 이 이론이 맞는다면—태양이 지구와 다른 별 사이를 통과할 때마다 태양의 중력이 별에서 나오는 빛을 휘어지게 해서 별의 위치가 조금씩 바뀌는 것처럼 보인다는 의미다. 이러한 정의는 이론을 검증할 수 있는 쉬운—태양이 너무 밝아서 우리가 태양 근처의 별들을 볼 수 없다는 사실만 제외한다면—실험을 제공한다. 그러나 1919년 영국의 천문학자 아서 에딩턴이 아인슈타인의 경구에 입각해 재치 있는 해법을 들고 나왔다. 에딩턴은 일식 동안 태양 근처의 별들을 관측함으로써 아인슈타인이 예측한 만큼 실제로 별들이 이동하는지를 측정할 수 있다는 것을 깨달았다.

에딩턴은 남태평양으로 가서 관측한 뒤 아인슈타인의 예측이 맞았다고 발표했다. 격렬한 논쟁이 뒤따랐다. 아인슈타인의 이론을 뒷받침하는 관측 결과와 부정하는 관측 결과 사이의 차이가 미미했으며, 에딩턴이 1919년 당시 사용 가능한 도구들을 성능이 한계에 다다르도록 이용했기 때문이다. 그러나 상대성이론의 복잡성에도 불구하고* 천문학자들은 측정 대상과 방법에 대해 동의할 수 있었다. 당시에 에딩턴이 측정을 제대로 했는지 안 했는지만이 문제였다. 그러나 천상의 지고한 별들의 움직임으로부터 잔혹한 딩하이 포격으로 되돌아오면, 인간 사회를 다루는 문제가 훨씬 더 까다롭다는 것을 즉시 눈치챌 수 있다. 사회발전에 점수를 부여하기 위해 우리는 과연 무엇을 측정해야 할까?

아인슈타인이 이론적 본보기를 제공한다면 유엔 인간개발지수로부터는 현실적인 본보기를 얻을 수 있는데, 특히 유엔 인간개발지수는 우리의 질문에 대답하는 데 도움이 될 지수와 공통점이 많기 때문이다. 유엔 개발 프로그램은 국가가 국민에게 잠재력을 실현할 기회를 얼마나 잘 제공하고 있는지를 측정하는 지수를 고안해냈다. 프로그램의 경제학자들은 인간개발이란 실제로 무엇을 의미하는지 자문하는 것으로 시작해서 그것을 평균 기대수명, 평균 교육 수준(문자해독 수준과 입학률로 표현된다), 평균 소득이라는 세 가지 핵심 항목으로 요약했다. 그다음 그들은 세 가지 항목을 결합해 인간개발이 전혀 없다는 의미의 0부터 (그럴 경우 모두 죽게 될 것이다) 조사가 실시된 해의 실현 가능성을 감안한 완벽한 상태를 나타내는 1까지, 각 국가에 점수를 부여하는 복잡한 가중체계를 고안했다(여러분

---

* 런던에 있는 왕립천문학회의 한 회원이 에딩턴에게 축하 인사를 하면서 세계에서 아인슈타인의 이론을 진정으로 이해하고 있는 단 세 명 가운데 한 명이라고 추켜세우자 에딩턴은 한참 동안 잠자코 있다가 마침내 입을 열었다. "나머지 한 명이 누군지 궁금하군요."[11]

이 궁금해할까봐 이야기하자면 내가 이 책을 쓰고 있는 지금 입수 가능한 최근 지수인 2009년 지수에서는 노르웨이가 0.971점을 받아 1위를, 0.340점을 기록한 시에라리온이 꼴찌를 기록했다[12]).

이 지수는 아인슈타인의 규칙을 만족시키는데, 선정된 항목 세 가지가 아마도 유엔이 조사할 수 있는 가장 단순한 항목임과 동시에 인간개발이 의미하는 것을 잘 포착하기 때문이다. 그러나 경제학자들은 여전히 유엔 인간개발지수에 불만이 많다. 무엇보다도 분명한 것은 기대수명과 교육, 소득만이 우리가 측정할 수 있는 유일한 것이 아니라는 점이다. 세 가지 항목은 상대적으로 정의하기가 쉽고 문서 기록을 제공하기 용이하다는 이점이 있지만(행복과 같은 일부 잠재적 항목은 그 점에서 훨씬 더 어려울 것이다) 우리가 살펴볼 수 있는 다른 항목들(이를테면 실업률이나 영양 상태, 주택 공급 등등)도 틀림없이 존재하며 다른 점수 결과를 산출할지도 모른다. 유엔이 고른 항목들이 최상이라고 동의하는 경제학자들조차도 때로는 그것들을 통합해 단일한 인간개발 점수로 합산하는 것은 주저한다. 그들은 그 세 가지 항목은 전혀 다르며, 한 덩어리로 묶는 것은 웃기는 일이라고 말한다. 다른 경제학자들은 선택된 변수와 그것들을 합산하는 것에 불만이 없지만 유엔의 통계학자들이 각 항목에 가중치를 부여하는 방식은 마음에 들어하지 않는다. 이들은 점수가 객관적으로 보일 수도 있지만 실제로는 굉장히 주관적인 것이라고 지적한다. 다른 비판가들은 여전히 인간개발에 점수를 매긴다는 생각 자체를 거부한다. 그들은 인간개발지수가 아이슬란드 국민과 노르웨이 국민이 지상 최고의 행복에 96.8퍼센트만큼 근접해 있고, 시에라리온 사람들보다 2.9배만큼 행복하다는 인상을 준다고 말한다. 물론 두 가지 내용 모두 사실이 아닐 것이다.

그러나 온갖 비판에도 불구하고 인간개발지수는 매우 유용한 것으로 드러났다. 지수는 구호기관들이 기금을 가장 유용하게 쓸 수 있는 나라를 선정하는 데 보탬이 되었고, 심지어 비판가들도 단순히 지수가 존재한다는 것만으로도 모든 것이 더 가시적으로 드러나면서 논쟁을 앞으로 나아가게 한다는 데 대체로 동의한다. 지난 1만5000년에 걸친 사회발전지수도 유엔 지수와 동일한 문제(와 그 밖에 더 많은 문제)에 직면하지만 마찬가지로 그와 유사한 이점도 제공하는 것 같다.

유엔 경제학자들처럼 우리도 아인슈타인의 규칙을 따르는 것을 목표로 삼아야 한다. 지수는 사회의 여러 국면 가운데 가능한 최소의 국면들만을 측정해야 하며(간단하게!) 동시에 여전히 위에서 정의된 사회발전의 주요 특징을 포착해야 한다(**너무** 간단하게 만들면 안 된다!). 우리가 측정하는 사회의 각 국면은 여섯 가지 상식적 기준을 충족시켜야 한다. 첫째, 적절해야 한다. 사회발전이 무엇인지를 말해줘야 한다는 뜻이다. 둘째, 문화로부터 독립적이어야 한다. 이를테면 문학과 예술의 수준은 사회발전을 측정하는 유용한 잣대라고 말할 수도 있겠지만, 이러한 분야에서 판단은 문화적 구속을 받기로 악명 높다. 셋째, 항목은 각각 독립적이어야 한다. 예를 들어, 만약 우리가 한 나라의 인구수와 재산을 항목으로 이용한다면 세 번째 항목으로 그 나라의 1인당 재산을 이용해서는 안 된다. 이 세 번째 항목은 앞의 두 가지 항목의 산물일 뿐이기 때문이다. 넷째, 항목은 적절하게 기록에 의해 뒷받침되어야 한다. 이것은 우리가 수천 년 전의 과거를 살펴볼 때 무시 못 할 문제가 된다. 이용 가능한 증거들이 서로 크게 다르기 때문이다. 특히 까마득한 과거의 경우, 잠재적으로 유용한 몇몇 항목에 대해서 아는 것이 거의 없다. 다섯째, 항목은 믿을 만해야 한다. 곧 증거들의 의미에 대해 전문가들이 대체로 동의해야 한다는 뜻이다. 여섯째, 항목은 편리하게 다룰 수 있어야 한다. 이것은 가장 중요하지 않은 기준이지만 만약 어떤 것에 대한 증거를 구하기가 어려워질수록 또는 결과를 계산하는 데 시간이 오래 걸릴수록 그 항목의 유용성은 떨어진다.

완벽한 항목 같은 것은 없다. 우리가 고른 각각의 항목은 저마다 한 가지 기준에서 다른 기준보다 더 나을 수밖에 없다. 그러나 여러 선택지를 따져보면서 몇 년을 보낸 뒤에 나는 이 여섯 가지 기준에 가장 잘 맞는다고 생각하는 네 가지 항목을 골라냈다. 기대수명과 교육, 소득이라는 유엔의 항목이 아이슬란드나 노르웨이, 시에라리온에 관해 우리가 알아야 하는 모든 것을 말해주지는 않듯이, 이 항목도 동양과 서양 사회를 나타내는 포괄적인 그림에 뭔가를 덧붙여주지는 않는다. 그러나 왜 서양이 지배하는지를 알기 위해 설명되어야만 하는 장기적 패턴들을 보여주면서 사회발전의 단면들을 잘 포착한다.

나의 첫 번째 항목은 에너지 획득이다. 직접 농사를 짓지는 않는 병사와 선원들을 먹이기 위해 동식물로부터, 중국으로 배를 실어갈 바람과 석탄으로부터, 중국인 수비대에게 포탄을 날릴 화약으로부터 에너지를 추출할 수 없다면 영국군은 1840년에 결코 딩하이에 도착하지 못했을 것이며, 그곳 항구를 산산이 날려버릴 수도 없었으리라. 에너지 획득은 사회발전에 있어 근본적이다. 얼마나 근본적이냐면, 1940년대 저명한 인류학자 레슬리 화이트는 인류의 모든 역사를 방정식 하나로 환원했을 정도였다. 그는 $E \times T \rightarrow C$라는 방정식을 발표하며 E는 에너지, T는 기술, C는 문화라고 설명했다.[13]

이것은 들리는 것만큼 그렇게 터무니없는 소리가 아니다. 화이트는 정말이지 에너지 곱하기 기술이 공자나 플라톤, 네덜란드의 거장 렘브란트나 중국 산수화가 범관과 같은 예술가들에 대해 우리가 알아야 할 모든 것을 가르쳐준다고 주장한 것이 아니다. '문화'를 이야기할 때 화이트는 사실 내가 사회발전이라고 부르는 것과 다소 비슷한 것을 의미했다. 그러나 그렇다고 하더라도 그의 공식은 우리의 목적에는 너무 단순하다. 딩하이를 설명하기 위해서는 더 많은 것을 알아야 한다.

세상의 모든 에너지를 획득한다 하더라도, 만약 영국인이 획득한 에너지를 체계적으로 조직하지 못했다면 영국 함대를 딩하이로 데려가지는 못했을 것이다. 빅토리아 여왕의 아랫사람들은 병사를 모집해 그들에게 급료를 주고 물자를 보급해야 하며, 그들이 지도자를 따르게 만들고 일단의 기타 까다로운 임무를 수행하게 만들어야 했다. 우리는 이 조직화 능력을 측정해야 한다. 어느 시점까지는 조직화 능력이 스펜서의 오래된 개념인 '분화'와 겹치지만, 1960년대 신사회진화론자들은 분화를 직접적으로 측정하는 것이나 비판가들을 만족시킬 수 있도록 분화를 정의하는 것조차 사실상 불가능함을 깨달았다. 조직화 능력과 밀접하게 연관되어 있지만 측정하기가 더 쉬운 대용물이 필요하다.

두 번째 항목으로 내가 선택한 것은 도시성urbanism이다. 어쩌면 이상하게 보일 수도 있다. 따지고 보면 런던이 큰 곳이라는 사실이 멜본 경이 맞닥뜨린 조세 징수의 흐름이나 영국 해군의 지휘 구조를 직접적으로 반영하지는 않는다. 그러나 더 깊이 파고들어가면 이 선택이 그렇게까지 이상하지는 않을 것이다. 인구 300만 도시를 지탱하려면 놀라운 조직이 필요했다. 누군가가 도시로 음식과 물을 들여오고 폐기물을 배출해야 하며 일자리를 제공하고 법과 질서를 유지하며 화재를 진압하고 대도시라면 매일같이 끊이지 않는 기타 각종 업무를 수행해야 했다.

오늘날 세계의 거대도시 가운데 일부는 범죄와 불결한 환경, 질병으로 몸살을 앓은 채 제 기능을 하지 못하는, 악몽과도 같은 상태라는 것은 분명히 사실이다. 기원전 1세기 로마에는 100만 명이 거주했다. 로마에도 이따금 정부를 마비시키는 거리의 깡패들이 있었고 사망률이 매우 높아서 매달 1000명이 넘는 시골 사람들이 부족한 수를 채우기 위해 로마로 이주해야 했다. 그러나 (2006년 미국 HBO방송의 시리즈 「로마」에서 멋지게 되살아난) 로마의 온갖 부정과 악행에도 불구하고 그 도시를 유지하기 위해 필요한 조직은 이전 사회들의 능력 일체를 크게 능가하는 것이었다. 도쿄(인구 3500만)는 고사하고 라고스(1100만)나 뭄바이(1900만)를 운영하는 것이 로마 제국의 능력의 한계를 훨씬 벗어나는 것과 마찬가지다.

그래서 사회과학자들은 도시성을 조직화 능력의 대략적 지침으로 꾸준하게 이용한다. 완벽한 척도는 아니지만 확실히 유용한 대략적 지침이다. 우리의 경우, 사회에서 대도시들의 규모는 지난 몇백 년간 산출된 공식적 통계뿐 아니라 고고학적 기록을 통해서도 추적할 수 있고, 이를 통해 빙하기까지 조직화에 대한 대략적 수준을 짐작할 수 있다는 추가적 이점도 있다.

물리적 에너지를 발생시키고 조직하는 것과 더불어, 영국군은 물론 엄청난 양의 정보를 처리하고 전달해야 했다. 과학자와 기업가들은 지식을 정확하게 전달해야 했다. 대포 제작자, 조선공, 군인, 선원들은 점점 더 문서로 작성된 설명서, 도안, 지도를 읽어야 했다. 편지가 아시아와 유럽 사이를 왕래해야만 했다. 19세기 영국의 정보기술 수준은 오늘날 우리가 당연하게 여기는 것에 비하면 조악했지만(광저우에서 런던까지 도착하는 데 개인 서신은 석 달이 걸렸고 정부 발송 문서는 어째서인지 넉 달이 걸렸다), 이미 18세기 수준보다 크게 발전했으며 18세기 정보기술 수준도 이전 17세기에 비해 크게 앞선 것이었다. 정보처리는 사회발전에 중대하며, 따라서 세 번째 항목으로 사용한다.

마지막으로 그리고 안타깝게도, 앞선 항목들 못지않게 중요한 것은 전쟁 수행 능력이다. 영국인이 에너지를 얼마나 잘 추출해서 조직하고 전달하든 1840년에 문제를 처리한 것은 결국 이 세 가지 특징을 파괴의 방향으로 돌린 그들의 능력이었다. 나는 제1장에서 클라크가 『2001년 스페이스 오디세이』에서 진화와 살인 기술을 동일시한 것을 두고 투덜거렸지만, 군사력을 포함하지 않은 사회발전지수는 아무 쓸모가 없을 것이다. 중국 공산당 의장 마오쩌둥이 남긴 유명한 말이 있다. "모든 공산주의자는 정치권력은 총구에서 나온다는 사실을 인식해야 한다."[14] 1840년대 이전에 어느 사회도 군사력을 전 지구상에 행사할 수는 없었고, 누가 세상을 '지배'하는가라고 묻는 것은 무의미했다. 그러나 1840년대 이후에 이것은 세상에서 가장 중요한 질문이 된 것 같다.

유엔 인간개발지수와 마찬가지로, 다른 조합이 아니라 이 항목들의 조합이 사회발전을 측정하는 궁극적인 기준이라고 말해줄 심판은 없으며, 역시 유엔 지수와 마찬가지로 이 항목들을 바꾸면 점수 역시 바뀔 것이다. 그러나 다행스럽게도 내가 지난 몇 년간 살펴본 대안 항목 가운데 어느 것도 점수를 크게 변화시키지 않았으며 어느 것도 전반적 패턴을 변형시키지 않았다.*

만약 에딩턴이 예술가였다면 감상이 고통스러울 만큼 세상을 세세하게 묘사하는 거장이었을지도 모른다. 사회발전지수를 만드는 것은 벌목용 전기톱을 가지고 나무둥치에서 덩치 큰 회색 곰을 깎아내는 예술에 가깝다. 이런 수준의 임시변통 해법을 보았더라면 아인슈타인의 흰머리가 더 희게 세어버렸을 테지만 문제가 다르면 오차 범위도 다르기 마련이다. 전기톱 예술가에게 유일하게 중요한 문제는 깎아낸 나무둥치가 곰처럼 보이는가 하는 것이기 때문이다. 마찬가지로 비교연구 역사가에게는 지수가 사회발전 역사의 전반적 모습을 보여주는가만이 중요하다. 그것은 물론 지수가 드러내는 패턴과 역사 기록의 세부 사항을 서로 비교해 역사가들이 스스로 판단해야 할 문제다.

---

* 나는 또한 가장 큰 정치 단위 내의 인구 규모와 (성인 체격으로 대표되는) 생활 수준, 수송 속도, 가장 큰 건물의 규모에 대한 데이터도 수집했다. 이 항목들은 저마다 문제를 안고 있어서 내가 최종적으로 선택한 네 가지 항목보다 덜 유용한 듯했지만 다행스럽게도 그 네 가지 항목과 동일한 패턴을 보여주었다.

역사가들이 그러한 비교 작업을 하도록 고무한다면 사실 지수는 최상의 공헌을 하는 것인지도 모른다. 논쟁의 여지는 많다. 다른 항목이나 다른 점수 부여방식이 더 효과적일 수도 있다. 그러나 숫자들을 솔직하게 제시하면 우리는 어디서 실수가 끼어들었는지, 그것을 어떻게 수정할 수 있는지에 집중할 수 있다. 이 작업이 천체물리학은 아니겠지만 어둠 속에서 서성거리는 것보다는 훨씬 낫다.

어떻게 측정할 것인가?

이제 약간의 숫자를 들고나올 차례다. 2000년 세계의 상황을 설명하는 숫자를 찾기는 쉽다(2000은 상당히 유용한 어림수이기 때문에 나는 이 연도를 지수의 종점으로 사용하려고 한다). 유엔의 다양한 프로그램은 매년 통계 요약본을 발표한다. 예를 들어, 미국인 한 명은 1년에 평균 8320만 킬로칼로리를 섭취하는 데 비해 일본인은 평균 3800만 킬로칼로리를 섭취한다. 미국인의 79.1퍼센트가 도시에 사는 반면 일본인의 66퍼센트가 도시에 산다. 미국인 1000명당 375개의 인터넷 호스트[네트워크상의 다른 컴퓨터와 통신을 가능하게 하는 컴퓨터]가 있는 반면 일본의 경우 인구 1000명당 75개에 불과하다. 국제전략연구소가 매년 발표하는 연차보고서 『군사 균형』은 현재까지 우리가 파악할 수 있는 한에서 각 국가의 보유 병력과 무기 수, 병력과 무기의 성능, 거기에 투자된 비용 등을 알려준다. 숫자의 홍수에 빠져 죽을 지경이다. 그러나 이 통계 수치들은 우리가 수치를 어떤 식으로 조직할 것인지를 결정하기 전까지는 지수로 변환되지 않는다.

'가능한 한 단순하게' 프로그램을 고수해서 나는 1000점을 2000년도에 얻을 수 있는 사회발전지수의 최고치로 설정하고 이 점수를 나의 네 가지 항목에 똑같이 배분했다. 1956년 최초의 현대적인 사회발전지수를 발표했을 때 라울 나롤도 그의 세 가지 항목에 똑같은 점수를 배분했는데, 그가 표현한 대로 "한쪽에 더 많은 점수를 부여해야 할 이유가 딱히 없기 때문"[15]이다. '될 대로 되어라'식인 것처럼 보이지만 각 항목에 동일한 가중치를 부여하는 데는 사실 좋은 이유가 있다. 사회발전지수를 계산하는 데 한 항목에 더 많은 점수를 부여해야 할 이유가 생긴다 하더라도, 그 가중치가 1만5000년의 시간대 전체에 걸쳐 타당하다거나 동양과 서양에 똑같이 잘 적용된다는 근거는 없을 것이다.

2000년도에 각 항목마다 가능한 최고 점수를 250점으로 설정하고 나면 우리는 역사 단계마다 동양과 서양에 어떻게 점수를 부여할 것인지를 결정해야 하는 가장 까다로운 지점에 도달한다. 수반되는 모든 계산을 일일이 설명하지는 않겠지만(데이터와 복잡한 주요 문제 일부를 요약해 책 맨 뒤 부록에 덧붙였고, 더 상세한 설명은 내 개인 웹사이트 www.ianmorris.org에 올렸다) 요리에 비유하자면 주방을 얼른 둘러본 다음 조리 과정을 더 상세히 설명하는 것이 유용할 듯하다. (이 설명이 필요 없다고 생각하는 사람은 물론 다음 장으로 넘어가도 된다.)

도시성이 가장 간단한 항목일 것 같다. 물론 여기에도 어려움이 없지는 않다. 먼저 도시성의 정의를 내려야 한다. 도시성이라고 할 때 우리는 무엇을 의미하는가? 어떤 사회과학자는 도시성을 특정 규모(예를 들어 1000명) 이상의 거주지에 사는 인구 비율로 정의한다. 다른 학자들은 도시부터 자그마한 촌락에 이르기까지 여러 등급의 거주지에 걸쳐 사람들이 분포되어 있는 상태로 정의한다. 그러나 또 다른 학자들은 한 나라에 속한 지역 사회의 평균 크기로 정의하기도 한다. 모두 유용한 접근이지만 증거의 성격이 계속 변하기 때문에 이 책에서 살펴보고 있는 시간대 전체에 적용하기는 어렵다. 나는 시기별로 동양과 서양에서 가장 크다고 알려진 거주지의 크기라는 더 단순한 기준으로 가기로 했다.

가장 큰 도시 크기에 집중하는 것은 정의 문제를 완전히 해결해주지 않는다. 우리는 여전히 도시의 경계를 어떻게 규정할 것인지를 결정해야 하고, 그 경계 안의 인구수에 대한 서로 다른 범주의 증거를 어떻게 결합할 것인지도 결정해야 한다. 이러한 작업은 불확실성을 최소로 줄여준다. 숫자를 가지고 씨름하면서 나는 도시와 마을 사이의 인구 분포에 대한 가장 믿을 만한 추정이나 도시들의 평균 규모 같은 다른 기준을 가장 큰 도시 규모와 결합하는 것이 작업의 어려움을 크게 증가시키지만 전반적인 점수는 거의 변화시키는 않는다는 사실을 깨달았다. 따라서 훨씬 더 많은 추측을 수반하는 더 복잡한 측정방식이 대략 같은 계산 결과를 낳았기 때문에 나는 단순하게 도시 크기라는 기준을 고수하기로 했다.

2000년, 대부분의 지리학자는 도쿄를 인구 2670만이 사는, 세계에서 가장 큰 도시로 분류한다.* 그렇다면 도쿄는 조직화/도시성에 배정된 최고 점수 250점을 받고 여타 모든 계산에서도 인구 10만6800명(2670만을 250으로 나눈 수치)은 1점을 받게 된다. 2000년 서양에서 가장 큰 도시 뉴욕의 인구는 1670만 명이므로 156.37점을 받는다. 100년 전의 데이터는 그만큼 정확하지는 않지만 역사가들은 모두 당시 도시들이 훨씬 더 작았다는 데 동의한다. 서양에서 1900년 런던의 주민은 약 660만이었고(61.80점), 당시 동양에서 여전히 가장 큰 도시였던 도쿄의 인구는 175만으로 16.39점을 받는다. 1800년에 이르면 역사가들은 식량 공급과 납세 기록, 도시가 차지하는 물리적 공간, 도시 안의 주거 밀집도, 각종 일화들을 비롯해 여러 종류의 증거를 결합해야 하는데, 대부분은 베이징이 세계에

---

* 218쪽에서 내가 제시한 도쿄 인구수 3500만은 2009년 통계이며, 이는 2000년과 2009년 사이에 동양의 조직화/도시화 점수가 250점에서 327.72점으로 뛰어올랐다는 것을 뜻한다. 이 장 뒷부분과 제12장에서 사회발전의 가속화 문제를 다시 다룰 것이다.

서 가장 큰 도시였다는 데 동의하며 대략 110만 명이 거주했을 것이라 추정한다(10.30점). 서양에서 가장 큰 도시는 이번에도 런던이며 86만1000명이 거주했다(8.06점).

시간을 거슬러올라갈수록 오차 범위도 넓어지지만 700년부터 1700년까지 1000년 동안 가장 큰 도시들이 중국에 있었던 것은 분명하다(그다음으로는 일본의 도시들이 바짝 뒤따른다). 800년부터 1200년 사이에 처음에는 장안, 그다음 카이펑, 나중에는 항저우가 인구 100만 명(약 9점)에 가깝거나 100만 명을 넘어선 반면, 서양의 도시들은 50만 명 이하였다. 몇 세기 이전에는 상황이 정반대였다. 기원전 1세기에 100만 명이 거주한 로마는 의심의 여지없이 세계적인 메트로폴리스였던 반면 중국의 장안은 50만 명 정도가 살았던 것 같다.

선사시대로 거슬러올라가면 증거는 물론 더 모호해지고 숫자는 작아지지만 체계적인 고고학적 조사와 소규모 지역의 상세한 발굴 조사를 결합하면 도시 규모에 대해 적절한 감을 잡을 수 있다. 앞서 언급한 대로 이 작업은 전기톱 예술과 무척 닮았다. 가장 일반적으로 받아들여지는 추정치도 10퍼센트 정도 빗나갈 수 있지만 그보다 더 빗나가지는 않을 것이다. 그리고 우리가 동양과 서양의 유적지에 동일한 측정방식을 적용하고 있으므로 전반적 추세는 꽤 믿을 만할 것이다. 이 체계에서 1점을 얻으려면 10만 6800명이 거주해야 하므로 1000명이 약간 넘으면 0.01점을 얻을 것이다. 나는 0.01점을 지수에 포함시킬 수 있는 유의미한 최저 점수라고 생각한다. 제2장에서 살펴봤듯이 서양에서 가장 큰 마을은 기원전 7500년경에 이 수준에 도달했고, 동양에서 가장 큰 마을은 기원전 3500년경에 이 수준에 도달했다. 이 시기 전에는 서양과 동양의 점수는 모두 0점이다(점수표는 부록에서 확인할 수 있다).

여기서 잠시 에너지 획득에 대해서 이야기하는 것이 좋을 듯한데, 이

쪽은 매우 다른 문제들을 제기한다. 에너지 획득에 대해 생각하는 가장 간단한 방법은 1일 섭취 킬로칼로리로 측정되는 1인당 에너지 소비량 관점에서 생각하는 것이다. 도시성 점수 산출과 같은 과정을 따라 이번에도 2000년에서 시작하는데, 이 해에 미국인 한 명은 하루에 평균 22만 8000킬로칼로리를 소모했다. 그 수치는 역사상 분명히 가장 높은 수치이며, 따라서 서양은 최고 점수 250점을 얻는다(앞서 이야기했듯이 나는 에너지를 획득하고 도시를 건설하고 정보를 전달하고 전쟁을 수행하는 우리의 능력에 판단을 내리는 데는 관심이 없다. 그 능력들을 측정하는 데만 관심이 있을 뿐이다). 2000년 동양에서 1인당 최고 소비량은 일본인이 하루에 소비하는 10만4000킬로칼로리로, 114.04점을 얻는다.

에너지 사용에 관한 공식 통계 자료는 동양에서는 1900년으로, 서양에서는 1800년으로밖에 거슬러올라가지 않지만, 다행스럽게도 여기에는 제2의 해법이 존재한다. 인간의 신체는 얼마간의 기본적인 생리적 욕구를 충족시켜야 한다. 하루에 약 2000킬로칼로리의 음식을 섭취하지 않으면 제대로 활동할 수 없다(만약 신장이 더 크거나 육체적으로 더 활동적이라면 더 많이 섭취해야 하고, 그렇지 않다면 덜 섭취해도 된다. 현재 미국인 1인당 1일 평균 음식 섭취량은 3460킬로칼로리인데 특대 사이즈 허리둘레가 처참하게 보여주듯이 우리에게 필요한 양을 크게 초과한다). 만약 하루에 2000킬로칼로리보다 훨씬 적게 섭취하면 신체는 점점 기능을 상실하고—근력, 시력, 청력 등등—결국 죽게 된다. 평균 음식 섭취량은 장기적으로 1인당 1일 2000킬로칼로리보다 한참 아래로 내려갈 수 없으며, 따라서 최저 점수는 약 2점이다.

그러나 실제로는 최저 점수가 언제나 2점 이상인데, 인간이 소비하는 에너지의 대부분은 식량 형태가 아니기 때문이다. 우리는 제1장에서 저우커우뎬의 호모에렉투스가 50만 년 전에 이미 요리를 위해 불을 피웠으리라 추정되며, 10만 년 전 네안데르탈인은 틀림없이 불을 피웠고 동물 가죽을 걸쳤다는 사실을 살펴보았다. 네안데르탈인의 생활양식에 대해서 아는 것이 거의 없기 때문에 우리의 추측이 정확할 수는 없지만 식량 이외의 에너지 공급원에 접근함으로써 네안데르탈인은 1일 음식 섭취량 외에 추가적으로 1000킬로칼로리 이상을 분명히 소비했으므로 합계 3.25점을 얻게 된다. 현생인류는 네안데르탈인보다 요리를 더 많이 하고 옷을 더 많이 걸치고 나무와 잎사귀, 매머드 뼈, 동물 가죽 등으로 집도 지었다. 다시금 이것들은 식물이 태양의 전자기에너지로부터 만들어내는 화학에너지에 의존한 것이다. 20세기의 세계에서 기술적으로 가장 단순한 수렵채집인 사회도 식량과 비식량 에너지원을 합쳐 하루에 최소 3500킬로칼로리를 획득한다. 더 추운 기후를 감안하면 빙하기 말 그들의 먼 조상은 틀림없이 평균 4000킬로칼로리에 가까운 에너지가 필요했을 것이고, 그러니까 적어도 4.25점을 얻었을 것이다.

어느 고고학자가 이 추정치들을 두고 꼬투리를 잡을까 우려스럽긴 하지만, 빙하기 사냥꾼의 4.25점과 오늘날 가솔린과 전기를 마구 써대는 서양의 250점 사이에는 엄청난 간극이 존재한다. 그 사이에 대체 무슨 일이 일어난 걸까? 고고학자, 역사가, 인류학자, 생태학자들의 중지를 모으면 제법 괜찮은 그림을 얻을 수 있다.

1971년 『사이언티픽 아메리칸』의 편집자들은 지구과학자 얼 쿡에게 기고를 의뢰하여 「산업사회에서 에너지의 흐름」이라는 제목의 글을 실었다. 얼 쿡의 글에는 이후에 여러 지면에 게재되는 다이어그램이 실렸는데, 수렵채집인과 초기 농경인(우리가 제2장에서 만난 기원전 5000년경 서남아시아의 농부들을 말한다), 선진 농경인(서기 1400년경의 서북유럽인), 산업인(1860년 무렵의 서유럽인), 20세기 후반 '기술' 사회들에서 1인당 에너지 소비량에 대한 가장 믿을 만한 추정치를 식량(고기를 먹기 위해 키우는 동물의 사료 포함),

주거와 상업, 공업과 농업, 수송이라는 네 가지 범주로 나눠 보여준다(도표 3.1).

쿡의 추정치는 역사가, 인류학자, 고고학자, 경제학자들이 수집한 결과와의 비교에서 근 40년간 놀랄 만큼 잘 버텨왔다.* 추정치는 물론 출발점에 불과하지만 우리는 동양과 서양의 역사에서 시기마다 남아 있는 상세한 증거를 이용해 실제 사회들이 이 지표들로부터 얼마나 다른지 파악할 수 있다. 때때로 우리는 문헌 정보에 의지할 수도 있지만 마지막 몇백 년을 제외하고 대부분의 시기 동안은 고고학적 발견들—인간과 동물의 뼈, 가옥, 농사 도구, 개간과 관개의 흔적, 장인의 작업장에서 발굴한 유물과 교역품, 수레와 배, 길—이 더 중요하다.

때때로 도움은 예기치 못한 방면에서 찾아오기도 한다. 제1장과 제2장에서 중요하게 등장한 얼음 코어는 기원전 마지막 몇 세기 동안 대기오염이 7배 증가했다는 것도 보여주는데, 대체로 에스파냐에서 로마인들의 채광 작업 탓이며 지난 10년간 토탄 습지와 호수에서 나온 침전물에 대한 연구는 이러한 그림을 확인해준다. 유럽인은 1세기에 13세기보다 9~10배 많은 구리와 은을 생산했는데, 여기서는 금속 생산 과정에 포함되는 에너지 수요 즉, 광산을 파는 인력, 광재[광석을 제련하고 남은 찌꺼기]를 실은 수레를 끄는 동물, 도로와 항구를 건설하고 배에 짐을 싣고 내리며 금속을 도시로 운반하는 데 투여되는 인력과 축력, 광석을 분쇄하는 물레방아, 무엇보다도 갱도를 떠받치는 목재와 대장간의 연료로 사용되는 나무를 모두 고려해야 한다. 이 독립적인 증거 덕분에 우리는 다른 시기들 사이

---

* 나는 쿡이 제시한 수치들 가운데 실질적으로 한 가지만 수정했다. 나는 그가 식물종 개량이 시작된 뒤 서남아시아에서의 에너지 획득 증가율을 과대평가했으며, '초기 농경' 시대 1인당 1일 에너지 획득량으로 그가 주장한 1만2000킬로칼로리라는 숫자는 그가 원래 설정한 시기인 기원전 5000년보다는 기원전 3000년에 더 잘 들어맞는다고 생각한다.

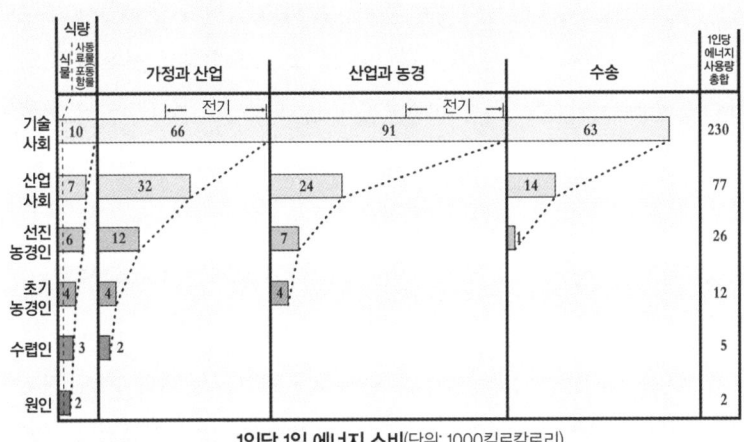

1인당 1일 에너지 소비(단위: 1000킬로칼로리)

[도표 3.1] 숫자로 표현한 에너지의 대사술: 호모하빌리스 시대부터 1970년 미국까지 1인당 1일 에너지 획득량에 대한 지구과학자 쿡의 추정치.

의 산업 활동 수준을 비교할 수 있다. 11세기—중국의 문헌이 제철업 인부들의 끊임없는 수요 때문에 카이펑 인근의 산림이 헐벗게 되었다고 말하는 시기로서, 역사상 최초로 석탄이 중요한 동력원으로 등장하는 시기—에 이르러서야 얼음 코어의 오염도는 로마시대 수준으로 회복되며 검은 연기를 뿜어내는 19세기 영국의 공장 굴뚝이 도래하고 나서야 대기오염은 로마시대 수준을 심각하게 능가하게 된다.

　다시금 나는 우리가 전기톱 예술을 하고 있다고는 것을 강조하고 싶다. 예를 들어 나는 1세기 로마시대 전성기에 1인당 1일 에너지 획득량을 약 3만1000킬로칼로리로 산정한다. 이 수치는 쿡이 계산한 선진 농경사회의 2만6000킬로칼로리를 훨씬 초과하지만 고고학 연구는 로마인이 18세기 이전의 유럽인보다 고기를 더 많이 먹고 도시를 더 많이 건설했으며 더 큰 무역선을 더 많이 이용했다는(그리고 다른 일들도 더 많이 했다는) 사실을 분명히 보여준다. 그렇다 하더라도 로마인의 에너지 획득 수준은 틀림없이 내 추정치보다 5퍼센트 높거나 낮을 수 있다. 그러나 내가 부록에서 설명하는 이유에 따라, 오차가 10퍼센트를 초과하는지는 않을 것이며 20퍼센트를 초과할 일은 없다. 쿡의 작업틀과 상세한 증거는 추산 작업을 꽤 엄격하게 통제하며, 도시성 점수와 마찬가지로 모든 경우들에서 동일한 사람이 추측을 하면서 동일한 원칙을 적용한다면 오차는 적어도 일정할 것이다.

정보기술과 전쟁 수행 능력도 그 나름대로 어려움을 제기하지만(부록에서 간단하게 논의하며 내 웹사이트에서 더 상세하게 설명했다) 도시성과 에너지 획득에서와 동일한 원칙을 적용하면 역시 동일한 오차를 보일 것이다. 부록에서 논의한 이유들 때문에 근본적인 패턴에 유의미한 차이를 만들려면 점수들은 체계적으로 15퍼센트나 20퍼센트까지 잘못되어야 할 것이지만, 그러한 커다란 오차 범위는 역사적 증거들과 양립하지 않는 것 같다. 그러나 결국 이를 확실히 알 수 있는 유일한 방법은 다른 역사가들이 어쩌면 다른 항목을 선택해 다른 방식으로 점수를 매겨서 자신들의 숫자를 제시하는 것이다.

50년 전 철학자 칼 포퍼는 과학에서 진보란 한 연구자가 한 가지 아이디어를 던져놓으면 다른 연구자들이 달려들어 이를 논박하고 그 과정에서 더 좋은 아이디어들이 생겨나면서 갈지자걸음을 걷는 "추측과 반증"[16]의 문제라고 주장했다. 나는 역사에도 같은 방식이 적용된다고 생각한다. 증거에 충실한 지수라면 대체로 나의 지수와 동일한 패턴을 보일 것이라고 확신하며, 만약 내가 틀렸다면 그리고 다른 사람들이 이 체계가 미흡하다고 느낀다면 바라건대 내 실패가 다른 사람들이 더 좋은 해답을 찾아내도록 고무할 것이다. 한 번 더 아인슈타인을 인용하자면, "어느 이론이 그보다 더 포괄적인 이론으로 나가는 길을 가리키고, 그 후속 이론 안에서 계

속 살아남을 때 (…) 이론의 운명에서 이보다 더 좋은 일은 있을 수 없으리라".[17]

언제, 어디를 측정할 것인가?

두 가지 기술적 쟁점이 남아 있다. 첫째, 점수를 얼마나 자주 계산해야 할까? 원한다면 우리는 1950년대 이후로 사회발전 변화를 연 단위나 월 단위로 추적할 수도 있다. 그러나 그럴 필요가 있을지는 의심스럽다. 결국 우리는 매우 긴 시기에 걸쳐 역사의 전반적인 모습을 보려고 하는 것이니까. 이를 위해서라면—내가 이제 보여주려는 것처럼—사회발전의 맥박을 세기마다 재는 것이 충분한 세부 정보를 제공할 것이다.

그러나 우리가 빙하기 말로 향해 가는 동안 세기 단위로 사회발전을 확인하는 것은 가능하지도, 특별히 바람직하지도 않다. 우리는 기원전 1만 4000년의 상황과 기원전 1만3900년(그 점에 대해서라면 1만3800년도 마찬가지다)의 상황 사이에서 딱히 크나큰 차이점을 볼 수 없는데, 한편으로는 좋은 증거가 충분하지 않기 때문이고 또 한편으로는 변화가 그야말로 매우 느리게 일어났기 때문이다. 따라서 나는 변동 척도를 적용한다. 기원전 1만4000년부터 기원전 4000년까지는 사회발전을 1000년마다 측정한다. 기원전 4000년부터 기원전 2500년까지는 증거의 질이 나아지고 변화의 속도도 빨라지므로 500년마다 측정한다. 기원전 2500년부터 기원전 1500년 사이에는 단위를 250년으로 줄이고, 마지막으로 기원전 1400년부터 서기 2000년까지는 세기별로 측정한다.

이런 방식에는 위험도 따르는데 가장 뚜렷한 위험은 과거로 거슬러갈 수록 더 매끄럽고 점진적인 변화상이 나타날 것이라는 점이다. 1000년이나 500년마다 점수를 계산함으로써 우리는 흥미로운 것을 놓치게 될 것이다. 그러나 현실을 냉정하게 직시하면 사실 우리가 보유한 증거의 연대를 내가 제시한 시간 범위보다 훨씬 더 정확하게 추정할 수 있는 경우는 극히 드물다. 나는 이 문제를 묵살하고 싶지 않으며 제4장부터 제10장까지 이야기를 풀어나가는 동안 최대한 공백을 메우려고 노력할 것이다. 하지만 내가 여기서 사용하는 작업틀이 현실성과 정확성 사이에서 가장 적절한 균형을 유지하는 것 같다.

또 다른 쟁점은 어디를 측정할 것인가다. 앞 문단을 읽는 동안 여러분은 내가 '서양'과 '동양'에서 점수를 계산할 때 대체 세계의 어느 부분을 이야기하고 있는 것인지에 대해 말을 아낀다는 인상을 받았을지도 모른다. 나는 어느 때는 미국을 언급하다가 어느 때는 영국을 언급했고 때로는 일본을 언급했다. 제1장에서는 비교 역사가들이 흔히 자그마한 잉글랜드와 드넓은 중국을 대충 비교한 뒤 1750년에 서양이 이미 동양을 앞서나갔다고 결론 내림으로써 분석 과정을 왜곡한다는 역사가 케네스 포머런츠의 불평을 인용했다. 포머런츠는 같은 크기의 단위를 비교해야 한다고 주장했다. 나는 제1장과 제2장에서 서양과 동양을 측면구릉지대와 양쯔 강과 황허 강 유역에서 일어난 서양과 동양 최초의 농업혁명으로부터 유래한 사회들이라고 명시적으로 정의함으로써 이 문제에 대응했다. 그러나 그러한 정의가 포머런츠가 제기한 문제를 일부만 해소한다는 것을 인정해야겠다. 나는 제2장에서 농경이 시작된 뒤 5000년 남짓 동안 서양과 동양의 극적인 팽창과 측면구릉지대나 양쯔 강 유역 같은 핵심부와 북유럽이나 한국 같은 주변부 사이에 종종 존재하는 사회발전상의 차이점을 묘사했다. 그럼, 사회발전지수를 위한 점수를 계산할 때 동양과 서양의 어느 부분에 초점을 맞춰야 할까?

동양과 서양 전역을 살펴볼 수도 있다. 그럴 경우, 이를테면 1900년의 점수는 절걱거리는 기관총과 연기를 내뿜는 공장이 있는 산업화한 영국에다가 러시아의 농노와 멕시코의 페온[빚 때문에 채권자의 노예로 일하는 사람], 오스트레일리아의 목장 노동자, 광대한 서양 권역 구석구석의 여타 집단을 모조리 합친 것이 될 테지만 말이다. 그다음 우리는 서양 전역에 대한 모종의 평균 사회발전지수를 산출해내야 할 것이고, 동양에도 똑같은 계산 방법을 적용하고, 다시 이전 시기마다 같은 계산을 반복해야 한다. 이러면 계산이 너무 복잡해져서 사실상 실행 불가능하게 될 것이며 어쨌거나 다소 무의미하리라는 의심이 든다. 왜 서양이 지배하는지를 설명하려고 할 때 가장 중요한 정보는 보통 두 지역에서 최고로 발전한 부분, 즉 고도로 밀접한 정치적, 경제적, 사회적, 문화적 상호작용으로 결합된 핵심부에서 나온다. 사회발전지수는 이러한 핵심부 내에서 변화들을 측정하고 비교해야 한다.

제4장~제10장에서 보게 되듯이, 핵심부는 시간에 따라 이동하고 변했다. 서양의 핵심부는 기원전 1만1000년부터 약 서기 1400년까지 지리적으로 매우 안정적이었는데, 이탈리아를 포함한 로마 제국이 핵심부를 서쪽으로 끌어당긴 기원전 250년부터 서기 250년까지 500년간을 제외하고 지중해 동쪽 끝에 확고하게 자리잡고 있었다. 그때를 제외하면 서양의 핵심부는 오늘날의 이라크와 이집트, 그리스에 의해 형성되는 삼각형 안에 항상 자리잡고 있었다. 1400년 이후로 서양의 핵심부는 끊임없이 북쪽과 서쪽으로 이동해서 처음에는 북부 이탈리아로, 그다음에는 에스파냐와 프랑스로, 그리고 범위를 넓혀 영국과 벨기에, 네덜란드와 독일을 포괄하게 되었다. 1900년이 되면 대서양 양안에 걸쳐 있게 되고 2000년이 되면 북아메리카에 확고히 자리잡는다. 동양에서 핵심부는 1850년까지 최초의 황허 강과 양쯔 강 지대에 줄곧 머물렀다. 물론 핵심부의 무게중심은 기원전 4000년 이후 북쪽에 있는 황허 강의 중앙 평원을 향해 이동하다가 서기

500년부터 남쪽의 양쯔 강 유역으로 돌아오고, 다시 1400년이 지나면서 서서히 북쪽으로 이동하게 된다. 그후 동양의 핵심부는 팽창해서 1900년이 되면 일본을, 2000년이 되면 중국 동남부를 포함하게 된다(지도 3.2). 지금으로서는 모든 사회발전지수가 이 핵심부 안의 사회들을 반영한다는 것만을 언급하려고 한다. 왜 핵심부가 이동하는지는 제4장부터 제10장까지 우리의 주요 관심사 가운데 하나가 될 것이다.

과거의 패턴

게임 규칙에 대한 설명은 여기까지다. 이제 몇몇 계산 결과를 살펴보자. 도표 3.3은 빙하기 말 지구가 따뜻해지기 시작한 이후로 지난 1만 6000년간의 지수를 보여준다.

예비 작업을 모두 마쳤다. 뭐가 보이는가? 솔직히 말해 별로 없다. 여러분의 시력이 나보다 특별히 좋은 게 아니라면 말이다. 동양과 서양을 나타내는 선이 너무 바짝 붙어 달리기 때문에 두 선을 구별하기도 쉽지 않거니와, 기원전 3000년이 될 때까지 바닥에서 거의 떨어지지도 않는다. 심지어 그 이후로도 딱히 큰 변화가 일어나는 것 같지 않다가 몇 세기 전에 이르러서야 마침내 두 선은 갑작스레 90도에 가깝게 방향을 틀어 수직 상승한다.

그러나 다소 실망스러워 보이는 이 그래프는 실은 매우 중요한 두 가지 사항을 가르쳐준다. 첫째, 동양과 서양의 사회발전 양상은 많이 다르지 않았다. 우리가 보고 있는 이 척도에서는 대부분의 역사 동안 두 그래프의 선을 구분하기도 어렵다. 둘째, 마지막 몇 세기에 심대한 변화, 역사상 가장 빠르고 크나큰 변화가 발생했다.

더 많은 정보를 얻기 위해 우리는 다른 방식으로 지수를 들여다봐야 한

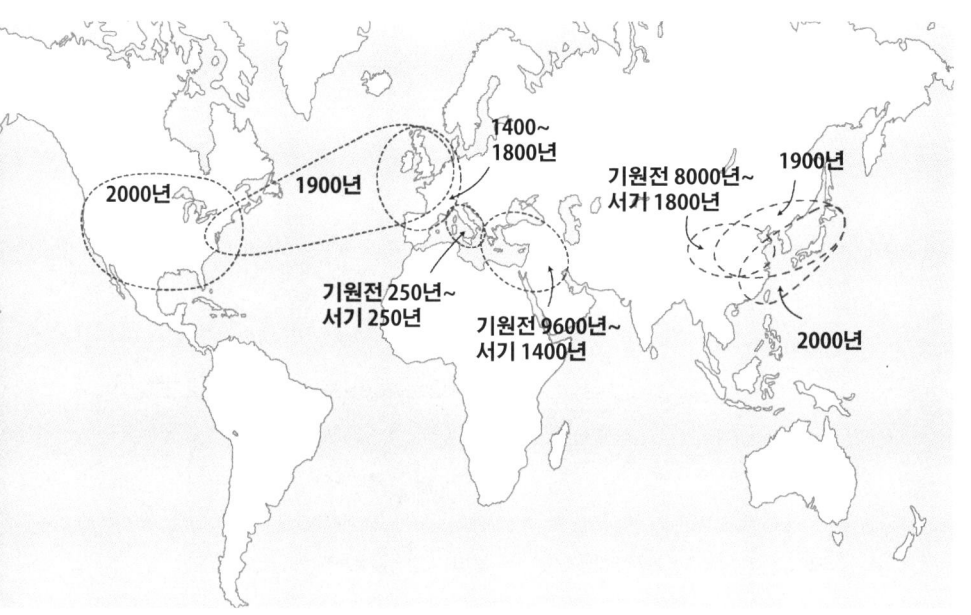

[**지도 3.2**] 권력 중심의 이동: 빙하기 말 이후로 서양권과 동양권 내에서는 선진적 핵심부들이 때로는 느리게 때로는 빠르게 이동해왔다.

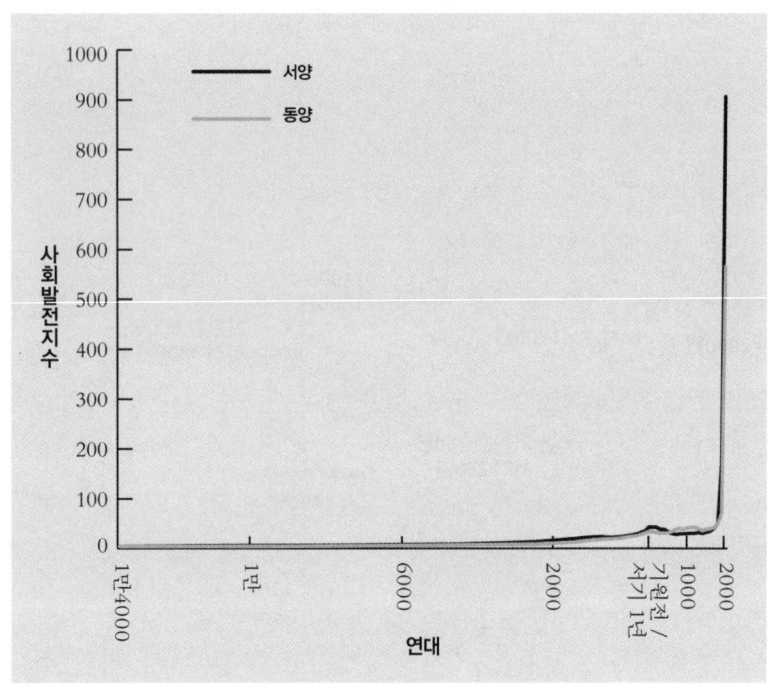

[도표 3.3] 지수 매기기: 기원전 1만4000년 이후 동양과 서양의 사회발전.

다. 도표 3.3의 문제는 20세기 동양과 서양의 상승 곡선의 변화가 너무 극적이라 세로축에 서기 2000년의 지수(서양은 906.38점, 동양은 565.44점)를 포함하는 높은 눈금을 매기기 위해 이전 시기의 훨씬 낮은 지수는 맨눈으로는 거의 알아볼 수 없을 만큼 압축되어 표현된다는 것이다. 이것은 이전까지의 성과에 단순히 더해지는 것이 아니라 그것을 배가시키는 식으로 성장이 가속화하는 패턴을 보여주려고 하는 모든 그래프를 괴롭히는 문제다. 다행스럽게도 이 문제를 해결하는 편리한 방법이 있다.

커피를 마시고 싶은데 돈이 없다고 상상해보자. 나는 우리 동네의 토니 소프라노[미국 드라마 「소프라노스」의 주인공으로, 마피아다]한테 1달러를 빌

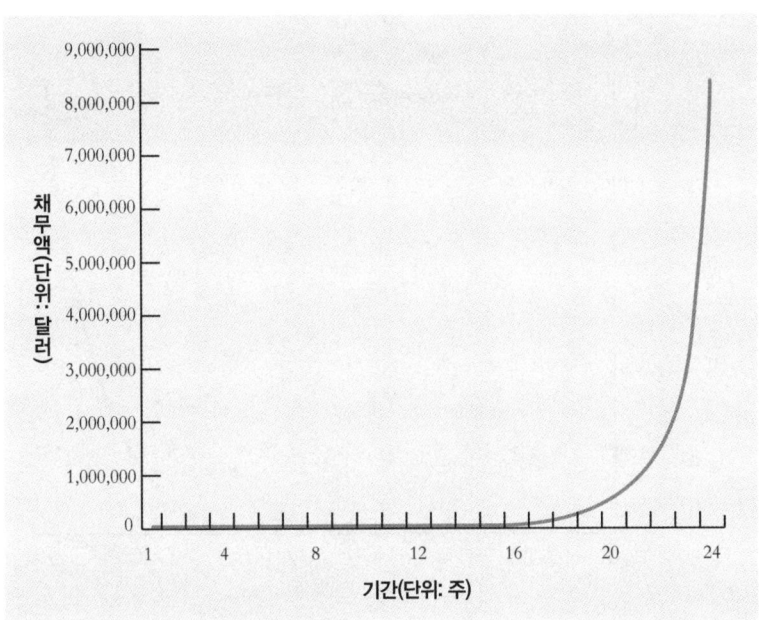

[도표 3.4] 800만 달러짜리 커피 한 잔: 일반적인 그래프에 표현된 복리 이자. 커피 값은 14주에 걸쳐 1달러에서 8192달러까지 치솟지만 재정적 참사를 향해 달려가는 움직임은 17주가 될 때까지 눈에 들어오지 않는다.

린다(아직 1달러면 커피 한 잔을 살 수 있던 때가 배경이라고 치자). 그는 물론 내 친구니까 내가 일주일 안으로 빚을 갚으면 이자를 물리지 않겠다고 한다. 그렇지만 기한을 넘기면 내 빚은 일주일마다 두 배가 된다. 두말할 필요도 없이 나는 기한이 다가오자 나타나지 않았고 이제 나는 그에게 2달러를 빚지게 된다. 신중한 재정 관리 쪽으로는 소질이 없기 때문에 나는 또 한 주를 그냥 보내버리고 이제 4달러를 빚지게 된다. 그다음 한 주가 또 지나간다. 이제 그가 갖고 있는 약속어음은 8달러짜리가 된다. 나는 시내를 지나치고 편리하게도 친구와의 약속을 잊어버린다.

도표 3.4는 내 채무 상황을 보여준다. 도표 3.3처럼 오랫동안 딱히 볼

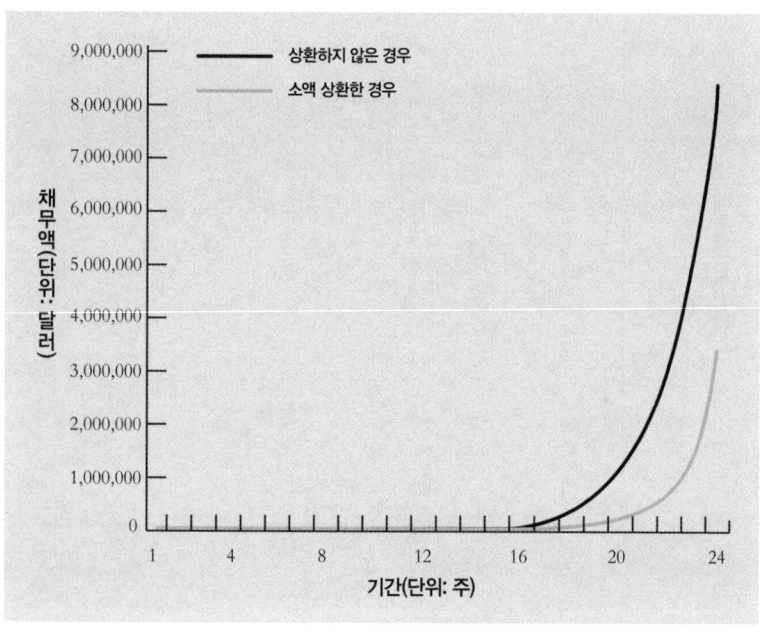

[도표 3.5] 미흡한 재정 계획을 보여주는 미흡한 방식: 검은색 선은 도표 3.4와 동일한 채무액 증가를 보여주는 반면 회색 선은 5주부터 9주까지 소액 상환했을 때 채무액의 증가를 보여준다. 이 일반적인(1차 선형) 그래프에서는 그 결정적인 상환이 드러나지 않는다.

것이 없다. 이자를 가리키는 선은 14주쯤에 이르러서야 눈에 들어오기 시작하는데, 이제 나는 8192달러라는 어마어마한 금액을 빚지게 된다. 빚이 3만2768달러로 치솟는 16주차에 그래프선은 마침내 바닥을 탈출해 솟구친다. 깡패들이 내 뒤를 쫓는 24주가 되면 나는 826만608달러를 빚지게 된다. 참 비싸기도 한 커피 한 잔 값이다.

물론 이런 기준에서 처음 몇 주 동안 내 채무 금액의 증가는—1달러에서 2달러, 2달러에서 4달러, 4달러에서 8달러—정말이지 별거 아니었다. 그러나 그 운명적인 커피 한 잔 이후 한 달쯤 지나 빚이 16달러일 때 내가 그 고리대금업자의 졸개와 맞닥뜨렸다고 하자. 내 수중에는 16달러가 없

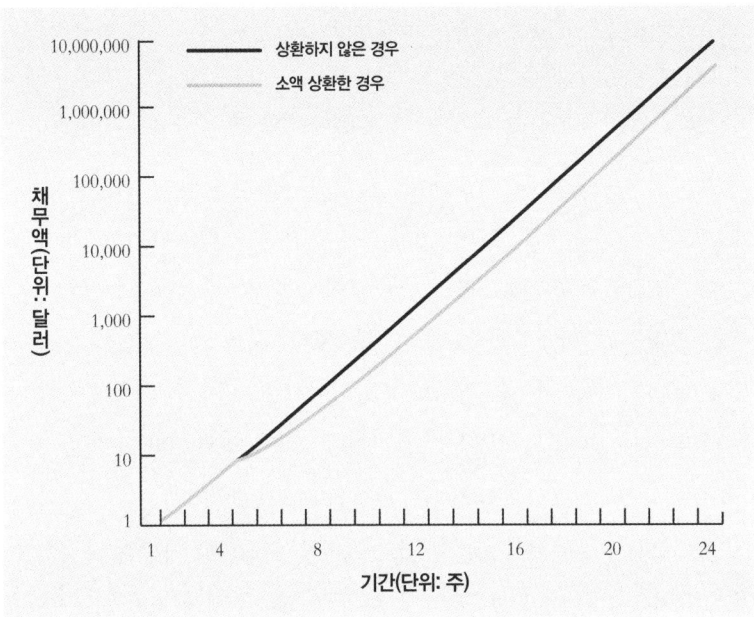

[도표 3.6] 파멸로 직행하는 길: 로그선형 그래프에서 채무액의 증가. 검은색 선은 중도 상환이 전혀 없을 때 빚이 꾸준히 배가되는 것을 보여주는 반면 회색 선은 5주에서 9주까지 소규모 상환의 영향과 다시 상환을 중지했을 때 빚이 배가되는 양상을 보여준다.

었지만 그래도 5달러를 갚는다고 가정해보자. 신상이 걱정된 나는 1주일에 5달러씩 한 달간 빚을 더 갚다가 금방 잊어버리고 다시 지불을 중지한다. 도표 3.5의 검은색 선은 내가 빚을 전혀 갚지 않았을 때를 보여주고 회색 선은 5주간 5달러씩을 갚았을 때 빚이 증가하는 양상을 보여준다. 내 커피 값은 여전히 300만 달러가 넘어가게 되지만 그래도 내가 빚을 전혀 갚지 않았을 때의 절반에 못 미친다. 그 5달러짜리 상환이 결정적이었지만 그레프 상으로는 알 수가 없다. 도표 3.5에서는 회색 선이 어째서 검은색 선보다 훨씬 덜 상승하는지를 알 길이 없다.

　도표 3.6은 내가 파멸해가는 사연을 다른 방식으로 보여준다. 통계학자

들은 도표 3.4와 3.5를 1차 선형 그래프라고 부르는데, 가로축과 세로축의 척도가 선형 증가값●으로 커지기 때문이다. 그러니까 한 주는 가로축에서 똑같은 간격을 차지하고 1달러도 세로축에서 똑같은 간격을 차지한다는 말이다. 반대로 도표 3.6은 통계학자들이 로그선형 그래프라고 하는 것이다. 시간은 가로축에서 여전히 선형 척도로 표현되지만 세로축은 나의 빚을 로그함수로 표현한다. 다시 말해. 그래프 세로축의 첫 눈금 사이의 간격은 내 빚이 1달러에서 10달러로 10배 증가한 것을 보여준다. 첫 번째 눈금과 두 번째 눈금 사이의 간격도 10달러에서 100달러로 10배 증가한 것을 나타낸다. 그다음 간격도 100달러에서 1000달러로 10배 증가한 것을 나타내며, 그런 식으로 꼭대기 1000만 달러까지 표현된다.

정치가와 광고 종사자들은 통계로 우리를 호도하는 기술을 예술의 경지로 끌어올렸다. 이미 한 세기 반 전에 영국의 수상 벤저민 디즈레일리는 이를 참다못해 "세상에는 세 가지 거짓말이 있다. 거짓말, 새빨간 거짓말, 그리고 통계"[18]라고 말한 바 있다. 도표 3.6은 디즈레일리의 말을 입증하는 것 같다는 인상을 줄 수도 있다. 그러나 도표 3.6이 진짜 하는 일은 도표 3.4와 3.5와는 다른 방식으로 내 채무의 다른 측면을 집중 조명하는 것이다. 1차 선형 그래프는 내 채무 상황이 얼마나 나쁜지만을 잘 보여준다. 반면 로그선형 그래프는 일이 어쩌다 그렇게 악화되었는지를 잘 보여준다. 도표 3.6에서 검은색 선은 매끄럽게 곧장 상승하면서 아무런 상환도 하지 않을 경우 내 빚은 매주 배가되어 꾸준하게 급증하는 것을 보여준다. 회색 선은 4주 동안 배가된 뒤, 매주 5달러씩 5주간의 상환으로 채무액이 증가하는 속도가 잠시 주춤하지만 그 상환이 증가 속도를 상쇄하지는 못

● 일직선으로 나타나는 독립변인을 한 단위 변화시키면 종속변인이 항상 일정한 양만큼 주어진 방향으로 변화하는 성질

한 것을 보여준다. 내가 상환을 중단하자 내 빚은 다시 매주 배가되고 회색 선은 다시 검은색 선과 평행선을 그리며 상승하지만 검은색 선만큼 아찔한 수준으로까지 상승하지는 않는다.

　정치가나 통계학자들이 **항상** 거짓말을 하지는 않는다. 단지 정책이나 수치를 제시하는 완벽하게 중립적인 방식 같은 것이 없을 뿐이다. 모든 언론 기사나 그래프는 하나같이 현실의 특정 측면을 부각하고 다른 측면을 축소한다. 따라서 기원전 1만4000년부터 서기 2000년까지 사회발전지수를 로그선형 그래프로 나타낸 도표 3.7은 같은 지수를 1차 선형 그래프로 나타낸 도표 3.3과 매우 다른 인상을 심어준다. 도표 3.7에는 도표 3.3에서 눈에 들어오는 것보다 훨씬 더 많은 일이 벌어지고 있다. 최근 몇 세기 동안 사회발전지수의 급증은 여전히 매우 뚜렷하고 생생하게 표현된다. 아무리 통계적 장난을 친다 해도 그러한 측면을 결코 가릴 수는 없을 것이다. 그러나 도표 3.7은 도표 3.3에서 받는 인상과 달리 그렇게 높은 사회발전지수가 하늘에서 갑자기 뚝 떨어진 것이 아니라는 것을 보여준다. 두 선이 하늘로 치솟기 시작할 때쯤이면(서양은 1700년경, 동양은 1800년경) 두 지역에서 지수는 이미 그래프 왼쪽에서보다 이미 10배 가까이 증가한 것을 알 수 있다. 도표 3.3에서는 거의 알 수 없었던 차이점이다.

　도표 3.7은 왜 서양이 지배하는지를 설명하기 위해서는 여러 질문에 한꺼번에 대답해야 한다는 것을 보여준다. 우리는 왜 사회발전지수가 1800년 이후에 급등해 국가들이 자신들의 힘을 전 지구적으로 행사할 수 있는 수준(대략 100점대)에 도달했는지를 설명해야 한다. 사회발전이 그런 높은 수준에 도달하기 전에는 지구상 가장 강력한 사회조차도 자신들의 구역만 지배할 수 있었지만, 19세기의 새로운 기술과 제도들은 과거의 지역적 지배를 세계적인 지배로 탈바꿈시켰다. 우리는 물론 왜 서양이 그러한 문턱에 도달한 최초의 지역인지도 설명해야만 한다. 그러나 이러한 질문들 가운데

어느 것이든 대답하기 위해서는 왜 사회발전지수가 이미 이전 1만4000년에 걸쳐 그만큼 증가해왔는지도 이해해야만 한다.

도표 3.7이 보여주는 것은 그게 끝이 아니다. 도표 3.7은 마지막 몇천 년에 도달하기 전까지 서양과 동양의 점수가 사실 그렇게 분간하지 못할 정도는 아니라는 것도 보여준다. 서양의 지수는 기원전 1만4000년 이래로 90퍼센트가 넘는 기간 동안 동양보다 높았다. 이는 단기우연이론가들에게 꽤나 불리한 문제가 아닐 수 없다. 서기 1800년 이후 서양이 앞서나가는 현상은 장기적 표준으로의 복귀이지 기이한 변칙 상황이 아니다.

도표 3.7은 단기우연이론을 반드시 반박하지는 않지만 설득력 있는 단기이론은 서기 1700년 이후의 사건들뿐만 아니라 빙하기 말까지 거슬러 올라가는 장기패턴도 설명하면서 좀 더 정교해질 필요가 있다는 것을 보여준다. 그러나 이 패턴들은 한편으로 장기고착이론가들도 성급히 기뻐할 수는 없다는 것을 보여준다. 도표 3.7은 서양의 사회발전지수가 동양보다 **항상** 높지는 않았다는 것을 분명히 드러낸다. 두 선은 기원전 1000년대 대부분에 걸쳐 거의 수렴하며 서기 541년에 교차한 뒤 동양은 1773년까지 서양보다 더 높이 상승한다(믿기지 않을 만큼 정확한 이 연도들은 물론 내가 산출한 사회발전지수가 한 치의 오차도 없이 정확하다는 그다지 가능성 없는 가정에 기댄다. 가장 현명한 표현은 동양의 지수가 서기 6세기 중반에 서양의 점수보다 높아졌고 서양은 18세기 후반에 다시 앞서나가기 시작했다는 것이다). 서양이 빙하기 말부터 거의 대부분의 시기 동안 앞서나갔다는 사실이 단기우연이론을 반증하지 않듯이, 동양과 서양의 점수가 고대에는 수렴하고 그후 동양의 사회발전이 1200년간 앞서나간다는 사실은 장기고착이론을 반증하는 것은 아니다. 그러나 이번에도 이러한 결과는 설득력 있는 장기고착이론이라면 더 정교해져야 하며 지금까지 제시된 것보다 더 광범위한 증거를 설명해야 한다는 것을 뜻한다.

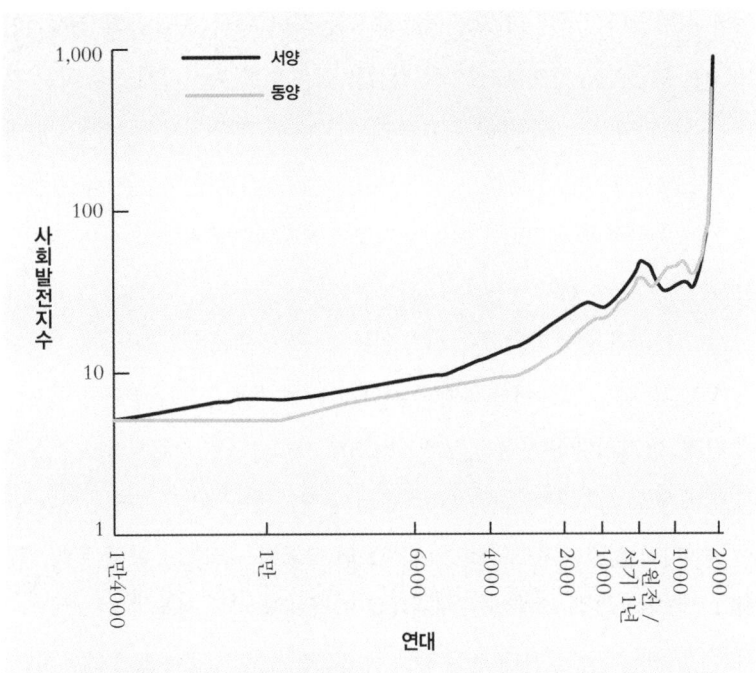

[도표 3.7] 로그선형 그래프로 나타낸 기원전 1만4000년부터 서기 2000년까지 사회발전. 서양과 동양의 상대적 증가 속도와 서기 1800년 이전 수천 년 동안 발생한 변화의 중요성을 부각시키는 이 그래프가 아마도 사회발전지수를 보여주는 가장 유용한 방식일 것이다.

그래프에 대한 논의를 마치기에 전에 지적할 패턴이 몇 가지 더 있다. 이 패턴들은 도표 3.7에서도 보이지만 도표 3.8에서 더 뚜렷하다. 이것은 전형적인 1차 선형 그래프지만 기원전 1600년부터 서기 1900년까지 3500년만을 다룬다. 서기 2000년의 어마어마한 지수를 잘라내고 더 이전 시기의 지수들을 실제로 볼 수 있을 만큼 세로축을 충분히 늘리고 시간에 따른 변화를 더 뚜렷하게 파악할 수 있도록 시간대를 단축해 보자.

이 그래프에서는 두 가지 특징이 특히 인상적이다. 첫째, 서기 1세기에 서양의 지수가 43점 부근에서 정점을 찍은 다음 서기 100년 이후에 서서히 하락한다. 약간 더 오른쪽으로 이동하면 중국 송나라의 전성기인 1000년 부근에 동양이 42점으로 정점을 찍은 다음 유사하게 하락하는 것을 볼 수 있다. 더 오른쪽으로 이동하면 1700년 부근에서 동양과 서양의 지수가 모두 40점으로 낮아지지만 이번에는 그 자리에 머무는 대신 속도를 올리기 시작한다. 100년 뒤 산업혁명이 시작되면서 서양의 선은 그래프 천장까지 치솟게 된다.

로마 제국과 송나라를 좌절시킨 일종의 '40 저점 문턱'이라는 게 존재했던 것일까? 나는 서론에서 동양과 서양이 18세기에 똑같이 생태학적 병목에 갇혔고, 그러한 병목현상은 필연적으로 사회발전을 정체시키고 감소시킬 수밖에 없었을 것이라는 포머런츠의 주장을 언급했다. 그러나 그런 일은 일어나지 않았는데, 포머런츠에 따르면 영국이—뛰어난 판단에 의거해서라기보다는 운이 좋아서—신세계를 약탈해서 얻은 산물과 화석연료에서 나온 에너지를 결합해 전통적인 생태학적 한계를 돌파했기 때문이다. 사회발전지수가 40점을 찍었을 때 혹시 로마 제국과 송나라도 유사한 병목현상에 맞닥뜨렸지만 돌파할 수 없었던 것은 아닐까? 만약 그렇다면 지난 2000년 동안 역사에서 지배적인 패턴은 18세기에 매우 특별한 일이 일어나기 전까지는, 대제국들이 40점이라는 낮은 천장까지 힘겹게 올라간 다음 다시 떨어지는 장기적인 경향이었으리라.

도표 3.8에서 눈길을 끄는 두 번째 특징은 우리가 수평선과 더불어 수직선도 이끌어낼 수 있다는 것이다. 수직선을 그릴 수 있는 가장 명백한 지점은 서기 1세기로, 서양과 동양의 점수가 동시에 정점을 찍은 시기다. 물론 동양의 점수는 서양보다 낮았다(34.13점 대 43.22점). 여기서는 서양이 40점대 천장에 닿았다는 것에 집중하기보다는 두 지역이 도달한 수준에 상관없이 로마 제국과 한나라의 사회발전지수를 떨어트리고, 두 구세계의 종말에 영향을 미친 몇몇 사건을 찾아보는 것이 더 좋을 것 같다.

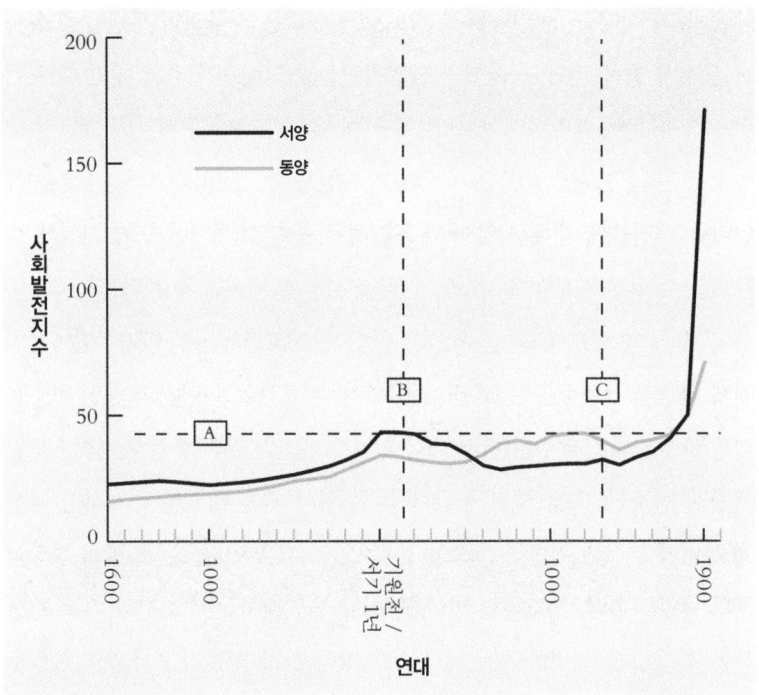

[도표 3.8] 시공간에 펼쳐진 그래프 선들: 1차 선형 그래프에 표현된, 기원전 1600년부터 서기 1900년까지 3500년간의 사회발전. 점선 A는 서기 1세기 서양의 로마 제국과 서기 1100년경 동양의 송나라의 사회발전이 지속되는 것을 저지했을지도 모르는 43점 부근의 유력한 문턱을 나타내며, 동양과 서양은 똑같이 서기 1700년경에 그 문턱을 돌파하게 된다. 점선 B는 서기 초반의 몇 세기 동안 동양과 서양의 지수 하락 사이에 있었을지도 모르는 연관성을, 점선 C는 서기 1300년 부근에 있었을지도 모르는 또 다른 동서양 연관성을 보여준다.

  우리는 서기 1300년 부근에 또 다른 수직선을 그을 수 있는데, 동양과 서양의 지수가 다시 유사한 패턴을 따르는 시기로, 이번에는 서양의 지수가 훨씬 낮다(30.73점 대 42.66점). 동양의 지수는 이미 100년간 미끄러지고 있었지만 서양도 이제 하락세에 합류했고 두 선은 1400년이 지나 다시 상승세를 타기 시작해 1700년 부근에서 더 급격하게 속도를 올린다. 다시금 18세기 초반에 40점 천장에 닿았다는 것에 초점을 맞추기보다는 14세기에 동양과 서양을 동일한 발전 경로로 밀어넣은 지구적인 사건들을 살펴보는 것이 좋을 것이다. 어쩌면 산업혁명은 포머런츠가 결론 내린 대로 어떤 요행 때문에 서양에서 먼저 일어난 게 아니라 동양과 서양이 그러한 혁명으로 가는 경로에 같이 놓여 있었기 때문일 수도 있다. 그리고 14세기에 일어난 사건들에 대해 서양이 대응한 방식들이 18세기에 도약 지점에 도달하는 데 미미하지만 결정적인 우위를 서양에 부여한 것은 아닐까?

내 생각에 도표 3.3과 도표 3.7, 3.8은 장기고착이론과 단기우연이론의 진짜 약점을 조명해주는 것 같다. 소수의 이론가는 이야기의 출발점인 농업혁명에 초점을 맞추는 반면 대다수는 이야기의 거의 끝인 마지막 500년에만 주목한다. 그들은 그 중간에 놓인 수천 년을 대부분 무시하기 때문에 우리가 역사의 전반적 모습을 볼 수 있을 때 튀어나오는 폭발적 성장과 둔화, 붕괴, 수렴, 주도권의 변화, 동서양을 연결하는 수직선과 가로 천장 같은 특징들을 설명하려는 시도조차 거의 하지 않는다. 단도직입적으로 말해 장기와 단기 가운데 어느 접근법도 우리에게 왜 서양이 지배하는지를 가르쳐줄 수 없다. 사정이 그렇다면 그 질문 뒤에 도사리고 있는 다른 질문, 앞으로 어떻게 될 것인가라는 질문에 대한 답변도 기대할 수 없다.

스크루지의 질문

찰스 디킨스의 「크리스마스 캐럴」 절정에서 미래의 크리스마스 유령은 스크루지를 잡초가 무성한 교회 묘지로 데려간다. 유령은 아무도 돌보지 않는 묘비를 말없이 가리킨다. 스크루지는 묘비 위에 새겨진 이름이 자신의 이름이라는 것을 본다. 그는 아무도 자신을 찾지 않은 채 그곳에 홀로 영원히 누워 있게 되리라는 것을 알게 된다. 그리고 "이것들은 앞으로 닥칠

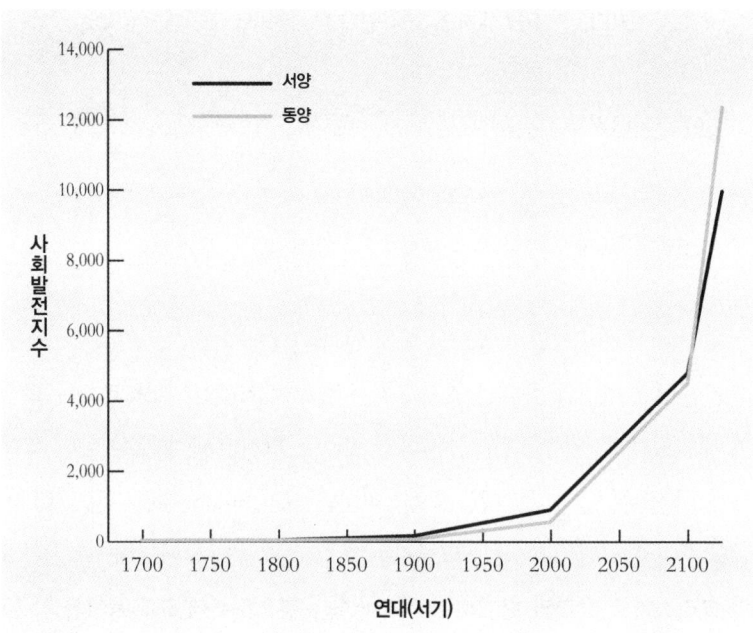

[도표 3.9] 앞으로의 전망? 만약 우리가 20세기 동양과 서양의 사회발전지수 증가율을 22세기에 적용하면 2103년에 동양이 다시 주도권을 잡게 된다는 것을 알 수 있다(로그선형 그래프에서 동양과 서양의 그래프 선은 일정한 증가율을 반영하면서 1900년부터 죽 곧게 뻗을 것이다. 이것은 1차 선형 그래프이기 때문에 두 선은 급격하게 꺾여서 상승한다).

일의 환영인가 아니면 혹시 일어날지도 모르는 일의 환영일 뿐인가?"[19]라고 외친다.

　우리 역시 동양과 서양의 20세기 사회발전지수 증가율을 따라 앞날을 예상한 도표 3.9에 대해 그런 질문을 던지는 것도 나쁘지 않을 것 같다.* 동양의 선은 서양의 선과 2103년에 교차한다. 2150년이 되면 서양의 지배는 끝이 나고 그 화려한 영화도 니네베[메소포타미아의 북부 티그리스 강가에 있던 고대 아시리아의 수도]와 티레[레바논 남부의 도시로, 기원전 12세기 무렵 페니키아 지중해 무역의 중심지였다]처럼 막을 내리게 된다.

서양의 묘비명은 스크루지의 묘비명만큼 분명해 보인다.

서양의 지배

1773~2103

여기에 편히 잠들다

그러나 이것이 정말로 앞으로 닥칠 일의 환영일까?

자신의 묘비명과 마주한 스크루지는 털썩 주저앉아 유령의 손을 붙잡고 애원한다. "선량한 영혼이여! 바뀐 삶으로 당신이 내게 보여준 이 환영들을 바꿀 수 있다고 말해주시오!" 미래의 크리스마스 유령은 아무런 대답도 하지 않았다. 그러나 스크루지는 스스로 해답을 찾아냈다. 그는 과거의 크리스마스 유령과 현재의 크리스마스 유령으로부터 교훈을 얻어야 했기 때문에 그 둘과 함께 불편한 밤을 보내야 했다. 스크루지는 "그들이 내게 가르쳐준 교훈을 결코 잊지 않겠소"라고 약속한다. "제발, 이 묘비명을 지울 수 있다고 말해주시오!"

나는 서론에서 왜 서양이 지배하는지에 대해 특히 앞으로 어떻게 될지에 대해 글을 쓰는 사람 가운데 경제학자나 현대의 역사가, 혹은 일종의 정치 전문가가 아니라는 점에서 소수파라고 언급했다. 스크루지 이야기에 과도하게 빗댄다는 위험을 무릅쓰고서 나는 이 논쟁에서 역사가들의 부재는 우리가 오로지 현재의 크리스마스 유령과만 이야기하는 실수를 낳았다고 말하고 싶다. 우리는 과거의 크리스마스 유령을 데려와야 한다.

이를 위해 나는 역사가가 되어 이 책의 제2부(4~10장)에서 마지막 몇천

---

* 내가 서기 2000년에 설정한 최대 지수 1000점은 물론 앞으로 사회발전이 도달할 최고 지수라는 뜻은 아니다. 내 계산에 따르면 2000년부터 지금 이 책을 쓰고 있는 2010년 사이에 서양의 사회발전지수는 906점에서 1060점으로 올랐으며 동양은 565점에서 680점으로 올랐다.

년에 걸친 서양과 동양의 이야기를 들려주고, 왜 사회발전지수가 그런 식
으로 변화했는지 설명해볼 것이다. 제3부(11~12장)에서는 이 두 이야기를
한데 모을 것이다. 이러한 작업은 우리에게 왜 서양이 지배하는지를 가르
쳐줄 뿐 아니라 앞으로 세계가 어떻게 될지도 가르쳐 줄 것이다.

제2부

동 양 이 **4** 따 라 잡 다

방 안의 코끼리

옛날 옛적에 동남아시아에서 코끼리를 만난 장님 여섯 명에 대한 이야기가 있다. 한 사람은 코끼리의 코를 붙든 다음 뱀이라고 말한다. 다른 이는 꼬리를 만져보고 밧줄이라고 생각한다. 세 번째 장님은 코끼리 다리에 기댄 다음에 나무라고 생각한다. 그리고 또 다른 사람은 또 다른 이야기를 한다. 서양의 지배를 둘러싼 장기고착이론과 단기우연이론에 대해 읽을 때 이 우화를 떠올리지 않기란 쉽지 않은 일이다. 장님처럼 장기론자와 단기론자들은 코끼리의 일부만 만져본 다음에 그것을 전체인 양 착각한다. 반대로 사회발전지수는 우리 눈에 씌운 콩깍지를 벗겨준다. 뱀이니 밧줄이니 나무 같은 난센스는 더 이상 있을 수 없다. 모두들 자신이 그저 한 마리의 거대한 엄니가 달린 동물에 매달려 있음을 깨달아야 한다.

도표 4.1은 제2장에서 우리가 막연하게 살펴본 것들을 요약한다. 마지

막 빙하기 말기의 기후와 생태는 사회발전이 동양보다 서양에서 더 일찍 나타나게 일조했고, 영거 드라이아스기의 파국에도 불구하고 서양은 확연하게 앞서나갔다. 물론 기원전 1만 년 이전의 시기를 다룰 때 우리의 전기톱 예술은 무척 조잡했지만 그럭저럭 쓸 만했다. 동양에서는 4000년이 넘는 기간 동안 사회발전에서 측정할 만한 어떤 변화도 찾아보기 힘들고, 심지어 기원전 1만1000년에 이르러 기원전 1만4000년에 비해 분명히 사회발전지수가 더 높아진 서양에서도 변화의 미묘한 차이를 감지하기란 어렵다. 지수가 던져주는 실마리는 흐릿하고 가물가물하지만 약간의 실마리라도 없는 것보다는 나은데, 이 실마리는 매우 중요한 사실을 드러낸다. 바로 장기고착이론이 예측한 대로 서양이 출발부터 우위를 보여서 그 우위를 유지했다는 것이다.

그러나 기원전 5000년부터 기원전 1000년까지 이야기를 이어가는 도표 4.2는 그 이전보다는 문제가 그리 간단하지 않다. 도표 4.2는 말하자면 밧줄과 뱀만큼 도표 4.1과 다르다. 밧줄과 뱀처럼 두 그래프는 비슷한 점이 있다. 두 그래프에서 동양과 서양은 처음 시작했을 때보다 더 높은 지수로 마감했으며, 양쪽에서 모두 서양의 지수가 동양보다 더 높다. 그러나 차이점도 그만큼 두드러진다. 우선 그래프의 선들은 도표 4.1보다 도표 4.2에서 더 급격하게 상승한다. 기원전 1만4000년부터 기원전 5000년 사이 9000년 동안 서양의 지수는 2배 증가했고 동양은 3분의 2만큼 증가했지만, 다음 4000년 사이에—도표 4.1에서 다루는 기간의 절반에 채 못 미치는 기간 동안—서양의 지수는 3배로 뛰었고 동양은 2.5배 늘어났다. 두 번째 차이점은 역사상 처음으로 기원전 1300년을 기점으로 서양에서 사회발전지수가 떨어지는 것이 실제로 목격된다는 것이다.

이 장에서 나는 이러한 사실들은 설명하고자 한다. 발전 속도 증가와 기원전 1300년 이후 서양의 쇠퇴가 사실 동일한 과정의 양면임을 제시하

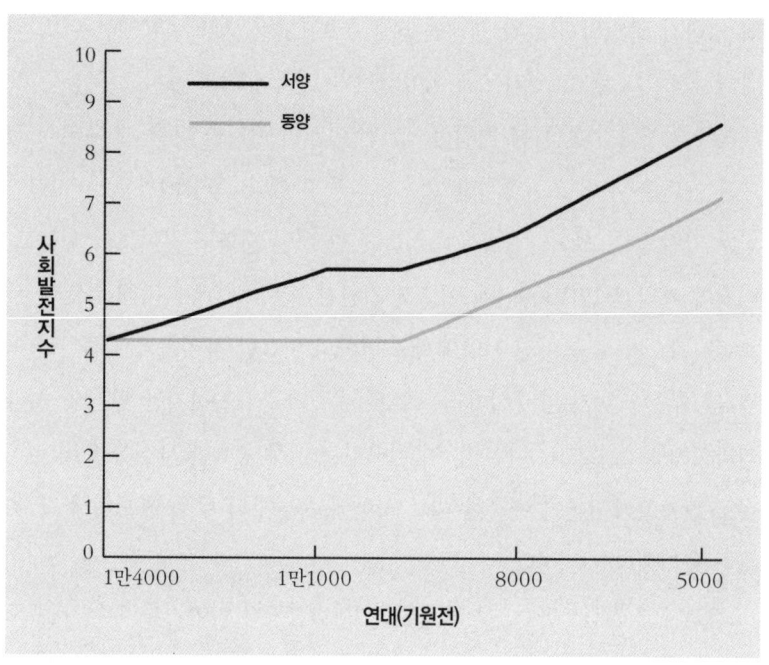

[도표 4.1] 지금까지의 상황: 제2장에서 묘사한 대로 기원전 1만4000년부터 기원전 5000년 사이 사회발전에서 서양이 초기 우세를 보인다.

려고 하며, 이를 '발전의 역설'이라고 부를 것이다. 다음 장들에서 우리는 이 역설이 어째서 서양이 지배하는지를 설명하고, 이후에 어떤 일이 전개되는지를 가르쳐주는 데 중요한 역할을 하게 됨을 볼 것이다. 그러나 그전에 우리는 먼저 기원전 5000년과 기원전 1000년 사이에 정확히 무슨 일이 일어났는지를 들여다봐야 한다.

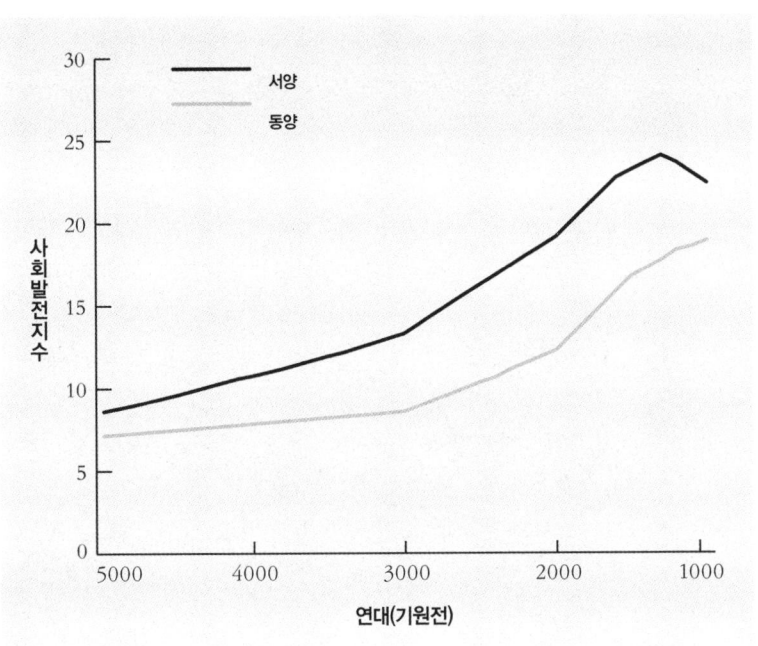

[도표 4.2] 위로 쭉쭉 뻗어나가며 간격이 점점 멀어지다가 다시 좁혀지는 양상. 기원전 5000년부터 기원전 1000년 사이 동양과 서양 사회발전의 가속, 분기, 수렴.

신과의 핫라인

　기원전 1만4000년과 기원전 5000년 사이 서양에서 사회발전지수는 두 배로 증가했고 촌락은 측면구릉지대의 출발점에서 중앙아시아와 대서양 연안으로 널리 퍼져나갔다. 그러나 기원전 5000년에 이르러서도 농업은 측면구릉지대에서 단지 며칠 거리에 불과한, 오늘날 우리가 이라크라고 부르는, '강 사이의 땅'을 뜻하는 메소포타미아를 거의 건드리지 못했다(지도 4.3).

　어찌 보면 그리 놀랄 일이 아니다. 2003년 이후로 쏟아지는 뉴스 화면

[**지도 4.3**] 기원전 5000년~기원전 1000년, 서양 핵심부의 팽창: 이 장에서 언급되는 장소와 지역들.

덕분에 우리는 이라크의 척박한 자연환경에 상당히 친숙해졌다. 여름 기온은 섭씨 50도까지 치솟고 비가 거의 내리지 않으며 사방이 사막으로 둘러싸여 있다. 농부들이 애초에 그곳을 정착지로 삼기로 했다는 것 자체를 상상하기도 힘들거니와 기원전 5000년경 메소포타미아는 지금보다 더 더웠다. 지금보다 더 습하기도 했는데 농부들에게 주요 문제는 물을 어디서 구할 것인가보다는 물을 어떻게 관리할 것인가였다. 인도양에서 불어오는 몬순 바람이 약간의 비를 가져왔지만 농경을 뒷받침하기에는 턱없이 부족했다. 그러나 농부들이 티그리스 강과 유프라테스 강의 여름 홍수를 통제할 수 있고, 수확량을 증대할 알맞은 시기에 작물에 물을 댈 수 있다면 가능성은 무한했다.

유럽을 가로질러 눈길이 닿는 곳마다 농경 생활양식을 전파한 사람들이나 농사를 짓는 이웃으로부터 농경을 받아들인 사람들은 새로운 환경에서 농사가 가능하도록 끊임없이 기존의 방식을 손봤다. 측면구릉지대에서 강우에 기반한 농업에 맞게 발전한 기술을 메소포타미아의 관개농업에서 통하게 하려면 단순한 손보기 이상이 필요했다. 농부들은 사실상 처음부터 다시 시작해야 했다. 20세대 동안 그들은 운하와 도랑, 저수지를 개선하고 서서히 메소포타미아의 한계지를 거주가 가능할 뿐 아니라 실제로 여태까지의 측면구릉지대보다 더 비옥한 곳으로 변모시켰다. 그들은 지리의 개념을 바꾸고 있었다.

경제학자들은 때로 이러한 과정을 '후진성의 이점'의 발견이라고 부른다. 선진 핵심부에서 작동하는 기술을 덜 발전한 주변부에서 활용하기 위해 받아들일 때, 그곳에서 도입한 변화는 때로 그러한 기술이 더 잘 작동하게 만들어 주변부가 그 나름대로 새로운 핵심부가 된다. 기원전 5000년이 되자 이러한 과정은 정교한 운하들이 세계에서 가장 큰 촌락들, 어쩌면 4000명 정도가 정주한 촌락 몇 군데를 지탱하고 있는 남부 메소포타미아에서 일어나고 있었다. 그만한 인구는 훨씬 더 정교한 사원을 건설할 수 있으며, 에리두 같은 곳에서는 기원전 5000년부터 기원전 3000년까지 기본 설계는 동일하지만 2000년의 세월을 거치면서 점점 커지고 더 화려해지면서 동일한 토대 위에 차곡차곡 쌓인 여러 사원의 흔적을 추적할 수 있다.

많은 이점이 메소포타미아에 누적되면서 측면구릉지대의 구 핵심부 사람들은 범람한 평야 지대의 역동적인 새 사회를 본받기 시작했다. 기원전 4000년 무렵 남서부 이란에 있는 측면구릉지대의 평원에 자리잡은 수사의 주민들은 길이 15미터, 높이 9미터의 벽돌 기단을 쌓아서 심지어 에리두를 능가했다. 비록 고고학적 기술에서 섬세한 면이 다소 모자란 19세기 발굴자들이 유적지를 난장판으로 만들고 증거를 망가트리긴 했지만, 이 기단은 아마도 거대한 사원을 떠받쳤던 듯하다. 그러나 그 19세기 고고학자들조차도 세계 최초 가운데 하나인 구리 장식과 인장, 점토판, 일부 학자는 '사제-왕'으로 해석하는 그림을 비롯해, 점점 더 복잡해지는 사회 조직의 표지를 놓칠 수는 없었을 것이다. 고고학자들은 흔히 지역의 수장이 수사에 살았다고 추정하는데, 수사는 그곳에서 떨어진 주변 촌락들보다 훨씬 컸다. 수사에서 멀리 떨어진 마을 주민들은 어쩌면 신을 모시기 위해, 수사의 족장을 그들의 군주로 인정하고 식량을 장신구 및 무기와 교환하기 위해 수사로 왔을 것이다.

물론 아닐 수도 있다. 그렇게 형편없이 발굴된 유적지에서 뭔가를 알아내기는 힘들다. 그러나 고고학자들은 이 시기를 이해하기 위해 수사에 의존할 수밖에 없다. 당대의 메소포타미아 마을은 유프라테스 강과 티그리스 강이 6000년 동안 범람해 쓸려온 진흙 아래 깊숙이 묻혀 있어서 연구가 어렵기 때문이다(게다가 1979년 이슬람혁명 이후 이란이나 1990년 사담 후세인의 쿠웨이트 침공 이후 이라크에서는 물론 새로운 연구가 거의 진행되지 못했다). 기원전 4500년 이후에 유프라테스 강과 티크리스 강을 따라 과거와 비교할 만한 변화가 분명히 일어났겠지만 기원전 3800년 이후 나타난 변화만이 고고학자들에게 뚜렷하게 가시화된다.

마을이 대체 왜 점점 더 커지고 복잡해졌는지는 여전히 논쟁거리다. 농부들이 최초로 메소포타미아로 이동한 기원전 6000년에 지구는 끊임없이 변화하는 공전궤도와 불안정한 자전궤도 가운데에서 가장 따뜻하고 습한 지점에 도달했지만 기원전 3800년이 되면 세계는 다시 서늘해지기 시작했다. 여러분은 메소포타미아 농부들에게 좋은 소식이라고 짐작할지도 모른다. 하지만 틀렸다. 서늘한 여름은 인도양에서 불어오는 비를 머금은 몬순[인도양에서 남아시아 전역으로 부는 계절풍]이 약해지는 것을 의미하기 때문이다. 비가 불규칙적으로 이전보다 드문드문 내리면서 메소포타미아는 오늘날 우리가 CNN 뉴스에 보는 대로 바짝 마른 땅으로 바뀌기 시작했다. 여러 요인이 상호작용해서 상황은 더 악화되었다. 봄철 비가 감소하자 작물이 생장하는 기간이 짧아졌고, 이는 다시 유프라테스 강과 티그리스 강이 매년 여름 범람하기 전에 작물이 여문다는 것을 의미했다. 2000년에 걸쳐 메소포타미아 농부들이 고생스럽게 구축한 시스템은 더 이상 작동하지 않았다.

기후변화는 메소포타미아인에게 어려운 선택을 강요했다. 모래가 경작지를 잠식해오는 가운데 그들은 현실을 외면한 채 지금껏 해오던 대로 할 수도 있었지만 수수방관의 대가는 기근과 굶주림, 어쩌면 아사일 수도 있었다. 어쩌면 그들은 몬순에 덜 의존하는 지역으로 이주할 수도 있었을 테지만 농부들이 잘 가꾼 땅을 포기한다는 것은 쉬운 일이 아니다. 어쨌거나 측면구릉지대—그들이 갈 데가 확실한 곳—는 이미 마을로 차고 넘쳤다. 2006년 시리아 북동부 텔 브라크에서 고고학자들은 아무래도 학살의 희생자로 추정되는 젊은이들이 안장된 기원전 3800년 무렵의 거대한 무덤 두 기를 발굴했다. 인구가 밀집되고 폭력적인 측면구릉지대로 이주하는 것은 그리 매력적인 선택지가 아니었을지도 모른다.

충분한 수의 메소포타미아인이 그곳을 뜨거나 아무런 일도 하지 않았다면 이 새로운 핵심부는 붕괴했으리라. 그러나 세 번째 대안이 나타났다. 사람들은 마을을 버릴 수도 있었지만 메소포타미아에 머무르면서 몇몇 대도시로 모여들었다. 얼핏 보기에는 이해가 안 되는 선택 같다. 수확량이 떨어지고 있는데 더 좁은 공간으로 사람을 몰아넣는 것은 상황을 악화시킬 것이기 때문이다. 그러나 몇몇 메소포타미아인은 더 많은 사람이 모여서 함께 일한다면 더 큰 관개시설을 운영할 수 있을 테고, 작물이 익는 시기까지 홍수로 불어난 물을 더 많이 저장할 수 있으리라고 생각한 것 같다. 그들은 땅에서 구리를 파내는 더 많은 광부, 장신구와 무기, 도구를 만드는 더 많은 대장장이, 이러한 상품을 주변으로 나르는 더 많은 상인을 먹일 수 있다. 메소포타미아인은 대단히 성공을 거두어서 기원전 3000년이 되자 청동(구리와 약간의 주석 합금)은 석기 무기와 대부분의 석기 도구를 대체했고 전사와 일꾼들의 효율성을 급격히 증가시켰다.

그러나 그러한 수준에 도달하기 위해서는 조직이 필요했다. 해답은 중앙집권화였다. 기원전 3300년이 되자 사람들은 작은 점토판에 자신들의 활동을 매우 정교하게 기록하고 있었다. 대부분의 고고학자는 이를 상징문자(비록 극소수의 서기 엘리트만이 읽을 줄 알았겠지만)라고 부른다. 그러한 고도로 복잡한 활동을 뒷받침할 수 없는 작은 마을들은 벽에 부딪힌 반면 우루크 같은 곳은 아마도 2만 명이 거주하는 진정한 도시로 탈바꿈했다.

메소포타미아인은 관리와 회의, 보고서를 발명했다. 오늘날 우리의 삶을 괴롭히는 골칫거리이자 인류의 원대한 위업에 관한 서사에 도통 어울리지 않는 소재들이다. 그러나 다음 몇 장에서 분명해지듯이, 그것들은 종종 사회발전의 가장 중요한 동인이었다. 조직은 측면구릉지대와 황허 강 유역을 따라 있는 마을을 도시와 국가, 제국으로 변모시켰다. 조직의 실패는 몰락을 가져왔다. 관리자들은 우리의 이야기에서 영웅이자 악당들이다.

몬순이 건조해지면서 탄생한 관리화 과정은 분명 깊은 상처를 남긴 경험이었으리라. 지치고 지저분하고 굶주린 사람들의 행렬이 마치 오클라호마 사람들[1930년대 미국 대공황 시기 서부로 몰려들었던 이주 농민들]처럼, 하지만 뉴딜 정책은 고사하고 고물 자동차도 없이 흙먼지가 이는 하늘 아래서 우루크를 향해 천천히 발걸음을 떼는 모습이 그려진다. 아니면 토지나 작물을 징발하려고 하는 거만한 관료들에게 물자를 내놓지 않으려는 성난 마을 주민들의 모습을 상상할 수도 있다. 폭력 사태가 심심찮게 발생했을 것이다. 우루크는 금방 산산조각 날 수도 있었다. 어쩌면 무수한 다른 라이벌 마을들은 그렇게 되었으리라.

우리는 우루크의 여러 어려움을 헤쳐나간 고대 관리자들의 사연을 영영 알 수 없겠지만 고고학자들은 관리자들이 사원과 연계되어 있었으리라고 추측한다. 상당수 증거가 마치 원뿔형 천막을 서로 떠받치는 기둥처럼 이러한 추정을 뒷받침한다. 일례로, 사원을 발굴하면 흔히 '빗살무늬토기'라고 알려진 동일한 크기의 그릇이 무더기로 발견되는데 아마 음식을 배분하는 용도로 쓰였을 것이다. 그리고 문자체계가 그러한 정보를 기록할 수 있을 만큼 발전한 시기에 이르면 사원이 광대한 관개용지와 그곳의 노동력을 통제했음을 확인할 수 있다.

우후죽순처럼 들어선 사원들은 거대한 기념물로 커져가면서 사원을 건설한 주변 지역 사회를 압도했다. 기다란 계단이 수백 미터 높이에 위치한 성역으로 이어졌고, 전문가들은 그곳에서 신의 조언을 구했다. 우리가 제2장에서 본 기원전 1만 년의 사당들이 정령에게 메시지를 전달하는 확성기였다면, 기원전 4000년 우루크의 웅장한 성소들은 레드 제플린

[1960~1970년대를 풍미한 영국 록밴드. 저자는 레드 제플린의 명곡 「천국으로 가는 계단Stairway to Heaven」을 염두에 두고 있는 것 같다]에 버금가는 확성장치였다. 그 소리를 못 들었다면 신은 귀머거리였을 것이다.

처음에 나를 고고학으로 이끈 것은 신을 향한 이러한 외침들이었다. 1970년 부모님은 나에게 20세기 초반 영국 에드워드시대의 고전인 이디스 네스빗의 작품을 각색한 「철도 위의 아이들」이라는 영화를 보여주셨다. 나는 영화도 마음에 들었지만 그보다는 영화가 상영되기 전 나온 짧은 필름에 (그 당시 하던 말로) "완전히 뿅 가고" 말았다. 그때까지 나는 아폴로 11호에 마음이 뺏겨서 우주비행사가 되고 싶었지만 그날 저녁에 에리히 폰 데니켄의 책 『신들의 전차』에 기반한 (일종의) B급 다큐멘터리 영화를 보고나서 고고학이야말로 내가 갈 길임을 깨달았다.

클라크의 『2001년 스페이스 오디세이』(이 책도 『신들의 전차』와 같이 1968년에 출판되었다)처럼 데니켄도 우주 외계인이 고대에 지구를 방문해 인간에게 어마어마한 비밀을 가르쳐주었다고 주장했다. 그러나 데니켄은 a) 이 이야기가 소설이 아니며 b) 외계인은 여전히 계속 이곳을 방문하고 있다고 주장한다는 점에서 클라크와 달랐다. 스톤헨지와 이집트의 피라미드 건설 뒤에는 외계인들이 있었다. 성경과 인도의 서사시들은 외계인의 우주선과 핵무기를 묘사한 것이다. 데니켄은 고대 문명의 많은 왕이 하늘의 초인간적 존재와 이야기한다고 주장한 이유는 옛날의 왕들이 하늘의 초인간적 존재와 **실제로** 이야기했기 때문이라고 주장했다.

(조심스럽게 말해서도) 증거는 빈약하지만 논증은 확실히 경제적이다. 많은 사람이 그러한 주장을 믿으며 데니켄의 책은 6000만 부나 팔렸다. 그는 여전히 많은 팬을 거느리고 있다. 불과 몇 년 전에도 나는 바비큐 그릴 앞에서 조용히 내 할 일만 하고 있다가 이러한 사실을 숨기는 고고학자들만의 비밀 도당에 속해 있다는 비난을 들었다.

과학자들은 세상에서 경이를 앗아가버린다는 비난을 심심찮게 듣지만 보통은 경이를 대신해 진실을 밝히려는 의도에서 그렇게 한다. 이 경우 문제가 되는 진실은 호모사피엔스의 진화를 설명하기 위해 영화 「2001년 스페이스 오디세이」 같은 장면이 필요하지 않듯이, 메소포타미아의 신에 가까운 국왕들을 설명하기 위해 우주인이 필요하지 않다는 것이다. 종교 전문가들은 농경이 시작된 이래로 언제나 중요했고 모든 흔적은 위대한 존재들이 비를 가져가버려서 인류를 저버린 것처럼 보이는 이때에 메소포타미아인이 자신들에게 해야 할 일을 지시하는 신과 특별히 접촉하고 있다고 주장하는 사제들에게 본능적으로 의존했다는 것을 가리킨다. 조직은 그처럼 힘든 시기에 생존의 열쇠였으며 사제들이 말하는 대로 할수록 (사제들이 타당하게 건전한 조언을 해준다고 가정한다면) 상황은 더 나아졌을 것이다.

두 과정은 분명 서로 피드백 작용을 했을 것이며 과정의 진행 논리는 데니켄의 논리처럼 순환적이지만 훨씬 더 설득력이 있다. 신과 특별히 접촉하고 있다고 주장하는 야심만만한 사람들은 신이 자신들의 청을 듣게 하려면 멋진 사원과 정교한 의식, 막대한 재물이 필요하다고 말했다. 일단 그들이 원하는 것을 얻게 되면 그들은 돌아서서 멋진 사원과 정교한 의식, 막대한 재물을 가리키며 그것들이야말로 자신들이 신에 가깝다는 증거라고 가리켰다. 하긴 신이 총애하는 사람이 아니라면 누가 그런 것들을 거머쥘 수 있었겠는가? 서기들이 그러한 일을 기록할 수 있게 된 시기인 기원전 2700년경에 이르자 메소포타미아의 왕들은 심지어 자신들이 신의 후손이라고 주장했다. 우루크에서처럼 신과 직접 소통하는 사람들에게 권력을 맡기는 것은 (추측컨대) 때로 기적 같은 효과를 낳았다. 그리고 흔히 그랬겠지만 물론 실패했을 때는 고고학자들이 파헤칠 만한 것을 별로 남기지 않았다.

우루크는 단순한 도시가 아니라 세금을 부과하고 공동체 전체를 구속하는 결정을 내리고 그러한 결정을 무력으로 뒷받침하는 중앙집권적 기구를 갖춘 국가가 되었다. 소수의 남자들(보아하니 여자는 없었던 것 같다)이 최고의 위치를 차지했고 전사와 지주, 상인, 글을 읽고 쓸 줄 아는 관료들로 구성된 더 큰 집단이 그들을 보좌했다. 거의 모든 이에게 국가의 등장은 자유를 포기하는 것을 뜻했지만 그것은 어려운 시절의 성공에 따르는 대가였다. 그러한 대가를 치를 공동체는 국가 성립 이전 사회에서보다 더 많은 사람과 부, 권력을 동원할 수 있었다.

기원전 3500년 이후에 도시와 국가는 사회발전 수준을 끌어올렸고 그다음, 측면구릉지대에서 촌락들이 한때 그랬던 것처럼 바깥으로 퍼져나갔다. 우루크 스타일의 물질문화(빗살무늬토기와 점토 서판, 화려한 사원들)는 시리아와 이란으로 퍼져나갔다. 이러한 일이 어떻게 일어났는지에 대한 논쟁은 농경의 최초 전파 과정에 관한 논쟁과 비슷하다. 아마도 인구가 밀집하고 고도로 조직화된 메소포타미아 남부에서 정착민이 적고 중앙집중화도 덜한 북부로 식민화가 일어났을 것이다. 예를 들어 북부 시리아의 하부 바카비라는 누군가 우루크 주변 지역을 그대로 복제해 1500킬로미터 떨어진 곳에 옮겨놓은 것처럼 보인다. 반대로 텔 브라크는 우루크에서 발명된 관습 가운데 일부만을 취사선택한 지역공동체처럼 보인다. 간신히 입에 풀칠하며 살아가는 마을 주민들은 우루크의 성공을 지켜보며 사제들이 스스로 왕이 되어가는 것을 용인했을지도 모른다. 야심 많은 사제들은 우루크의 종교 지도자들이 잘나가는 것을 보고 어쩌면 자신들에게도 유사한 권력을 달라고 마을 사람들을 어르고 달래거나 위협했을 것이다. 어떤 식이었든 간에 촌락 생활을 선호한 사람들은 수천 년 전 농경에 저항한 수렵채취인들처럼 국가 형성에 저항하기가 힘들다는 사실을 깨달았으리라.

피와 살을 갖게 된 신들

기원전 5000년경 메소포타미아 평야에서 최초의 농부들이 작물을 재배하기 위해 땀 흘리고 있는 동안 그보다 더 대담한 사람들이 요르단 강 계곡을 벗어나 시나이 사막을 가로질러 나일 강 유역에서 그들의 운을 시험하고 있었다. 이집트는 재배할 만한 자생식물이 거의 없고 농경을 받아들이는 데서 측면구릉지대에 뒤처졌지만 일단 적절한 종자와 동물이 수입되자 새로운 생활방식이 꽃피기 시작했다. 나일 강은 매년 작물에 꼭 맞는 시기에 범람했고 빗물을 머금은 거대한 오아시스들은 오늘날은 사막이 된 내륙 깊숙한 곳까지 농경을 지탱했다.

그러나 이러한 이점은 기원전 3800년경 몬순의 후퇴가 메소포타미아보다 이집트에 더 큰 타격을 안겼다는 것을 의미한다. 많은 이집트인이 오아시스를 버리고 나일 강 유역으로 몰려들었다. 그곳은 물은 풍부하지만 땅은 귀한 곳으로, 상上이집트*에서 계곡이 좁아지는 곳은 특히 땅이 부족했다. 메소포타미아에서처럼 관리가 답이었다. 발굴된 무덤들은 상이집트의 촌락 지도자들이 군사적 역할과 종교적 역할을 모두 떠맡았다는 점을 시사한다. 성공적인 족장들은 자신들이 다스리는 마을이 많은 땅을 차지하면서 부유해졌다. 성공적이지 못한 족장들은 사라져갔다. 기원전 3300년이 되자 소규모 국가들이 수립되었다. 이 나라들에는 초기 국왕—그들에게 이 호칭이 너무 거창하지 않다면—이 (메소포타미아 건축물을 본 딴, 금과 무기류, 메소포타미아 수입품이 함께 묻힌) 무덤 속에 잠들어 있는 화려한 매장지가 남아 있다.

---

* 지도의 위쪽이 북쪽이라는 것에 익숙한 우리 같은 사람들에게는 혼란스럽게도 이집트인은 방위를 나일 강 중심으로 생각했다. 나일 강은 남부의 상이집트에서 북부의 하이집트로 흘러간다.

이집트 왕국들은 서로 싸웠고 기원전 3100년이 되자 한 왕국만이 살아남게 되었다. 그 시점에 국왕의 기념물 규모는 폭발적으로 커졌고 독특한 이집트 상형문자 기록이 갑작스레 출현했다. 문자는 메소포타미아에서처럼 협소한 서기 집단에 국한되었을 테지만 처음부터 이집트 문헌은 관료적 활동만이 아니라 이야기도 다뤘다. 한 놀라운 부조는 나르메르라는 상이집트의 왕이 기원전 3100년경 하ᅡ이집트를 정복했다고 말하며, 또 다른 부조는 전갈 왕*이라는 인물의 관련성을 시사한다. 이후의 문헌은 메네스라는 정복자를 언급하기도 한다(어쩌면 나르메르와 동일인일 수도 있다). 그러나 세부 사항은 혼란스러울지라도 기본적 사실은 분명하다. 기원전 3100년 무렵 나일 강 유역은 당시까지 세계에서 가장 거대한, 어쩌면 100만 명의 신민을 거느린 왕국으로 통합된 것이다.

기원전 3100년 이후, 상이집트의 물질문화는 나일 강 유역을 따라 급속히 퍼져나갔다. 수천 년 전에 이루어진 농경의 확대와 당대 메소포타미아에서 행해진 우루크 문화의 전파처럼 하이집트인은 (자발적으로 또는 경쟁의 필요에 의해) 상이집트인의 생활양식을 모방했을지도 모른다. 그러나 이번에는 국가로 조직화된 상이집트 인구가 마을에 기반한 하이집트의 민족보다 더 빠르게 증가했으며, 정치적 통합은 부분적으로 남부에서 북부로의 식민화로 이루어졌다는 뚜렷한 증거가 있다.

양자 사이의 많은 공통점에도 불구하고 기원전 3500년 이후 메소포타미아에서 우루크의 팽창과 기원전 3300년 이후 상이집트의 팽창은 다른 결과를 낳았다. 첫째, 나르메르/메네스/전갈 왕이 하이집트를 정복하던 바로 그 시기인 기원전 3100년경에 우루크의 팽창은 갑작스레 종말을 고

---

* 안타깝게도 영화 「스콜피온 킹」은 우리가 조금이나마 알고 있는 진짜 전갈 왕과 어쩌다가라도 닮은 구석이 전혀 없다.

했다. 도시 자체가 불에 탔으며 우루크 양식의 물질문화가 발달한 새로운 지역 대부분이 버려졌다. 원인은 비밀에 싸여 있다. 고대의 문헌이 더 많은 정보를 기록하기 시작한 기원전 2700년경, 이제는 자칭 수메르인인 남부 메소포타미아인은 35개의 도시국가로 분열되었으며 도시국가마다 각자 신에 가까운 왕이 있었다. 우루크의 와해로 서양의 주요 핵심부는 이집트의 통합 왕국만이 남았다.

어째서 이집트와 메소포타미아가 다른 길을 가게 되었는지는 미제로 남아 있다. 어쩌면 단일한 유역과 삼각주, 몇몇 오아시스로 구성되고 주위가 온통 사막으로 둘러싸인 이집트가 강이 두 개이고 지류가 많아서 끈질기게 저항할 수 있고 존속 가능한 라이벌 왕국들로 가득한 언덕 지대로 둘러싸인 메소포타미아보다 정복과 유지가 더 쉬워서였을 수도 있다. 아니면 나르메르와 기타 등등이 이제는 이름이 전해지지 않는 우루크의 왕들보다 그저 더 뛰어난 결정을 내렸는지도 모를 일이다. 그도 아니라면 완전히 다른 요인이 결정적이었을 수도 있다(이 문제에 대해서는 아래에서 다시 다룰 것이다).

메소포타미아와 이집트 사이에는 이것 말고도 더 큰 차이가 있다. 수메르 왕들이 스스로를 **신과 같다고** 주장한 반면 이집트 왕들은 스스로를 **신이라고** 주장했다. 데니켄의 책에서 파생되어 나온 영화와 TV 시리즈 〈스타게이트〉는 간단한 설명을 제시한다. 나르메르와 동료들은 진짜 우주인이었던 반면 우루크의 왕들은 우주인의 친구였을 뿐이라는 것이다. 그러나 이런 주장은 단순한 만큼 매력적이긴 하지만 증거가 전혀 없을뿐더러 반대로 파라오(이집트 왕을 부르는 말)가 사실 그들의 신성한 이미지를 조장하기 위해 여러 일을 했다는 것을 암시하는 증거는 많다.

오늘날 우리는 대체로 자기신성화를 정신병으로 취급하는데, 5000년 전에도 결코 가볍게 보아 넘길 일은 아니었다. 그렇다면 어떻게 그러한 일이 일어났을까? 나르메르와 그의 친구들은 아무런 기록도 남기지 않았기에(신은 자신에 대해 설명할 필요가 없다) 우리에게 가장 유용한 단서는 훨씬 뒤 마케도니아의 알렉산드로스 대왕에 관한 이야기에서 얻을 수 있다. 알렉산드로스는 기원전 332년 이집트를 정복한 뒤 자신을 파라오라고 선포했다. 휘하 장군들과의 권력투쟁에 휘말린 그는 이전의 파라오처럼 자신이 진짜 신이라는 소문을 퍼트리는 방법이 유용함을 깨달았다. 이러한 주장을 진지하게 받아들이는 마케도니아인이 별로 없자 알렉산드로스는 더 세게 나갔다. 그의 군대가 오늘날의 파키스탄에 이르자 그는 그곳의 현자 열 명을 불러다 놓고—목숨을 위협해서—자신의 가장 난해한 질문에 대답하도록 시켰다. 일곱 번째 현자 앞에 이르렀을 때 알렉산드로스는 "인간은 어떻게 신이 될 수 있는가?"[1]라고 물었다. 철학자는 간단하게 "인간이 할 수 없는 일을 함으로써"라고 대답했다. 알렉산드로스가 머리를 긁적이며 궁금해하는 모습이 쉽게 그려진다. "최근에 내 주변 사람들 중에서 아무도 할 수 없는 일을 해낸 사람이 있던가?" 어쩌면 알렉산드로스 스스로 답했을지도 모르는 답변은 뻔하다. "그래, 나야. 나는 얼마 전 페르시아 제국을 무너트리지 않았나? 일개 인간이라면 할 수 없는 일이지. 나는 신이니까 내 뜻에 거스르는 친구들을 죽이는 일에 그만 언짢아해야 해."

어쩌면 알렉산드로스나 그의 추종자들이 이 모든 이야기를 지어냈을 수도 있지만 어느 면에서는 일화의 사실 여부보다는 기원전 320년에 왕이 자신의 신성을 선전하는 최상의 방법은 초인적인 군사적 위업에서 나왔다는 사실이 더 중요하다. 우리로서는 이러한 전략이 그보다 3000년 전에도 이미 가장 주효한 전략이 아니었을까 짐작만 할 수 있을 뿐이지만 나일 강 유역 지대를 통일하면서 전갈 왕과 나르메르, 메네스(앞서 언급했듯 나르메르와 메네스는 동일 인물일지도 모른다)는 확실히 일개 인간에게 기대할 수 없는 일을 했다. 어쩌면 신에 가까운 왕과 위대한 정복자의 융합은 자기신성화를 그럴 듯하게 만들었을 것이다.

이것만이 파라오가 거둔 대성공은 아니었다. 상이집트의 초기 왕은 우루크의 왕처럼 사람들로 하여금 자신들의 자원을 양도하고 중앙집권적 관리를 받아들이게 하면서 틀림없이 경영 기술을 발전시켰을 테지만, 이제는 나일 강 유역 전역의 현지 지배층을 흡수하여 현지의 관리자로 활용하게 되었다. 파라오는 전략적으로 상이집트와 하이집트 사이에 위치한 멤피스에 새 수도를 건설하고 지역의 유지들이 그를 찾아오게 만들었다. 멤피스에서 파라오는 체제를 계속 유지하고자, 체제 내로 편입된 소귀족들에게 유인책을 제공하면서 후원을 베풀었다. 현지의 영주들은 농부들한테서 세금을 거둬들였는데, 농부들의 생계를 유지할 수 있는 한에서 최대한 많이 뜯어낸 세금 수입을 지휘 계통에 따라 올려보내면 그 대가로 국왕의 호의가 아래로 내려왔다.

파라오의 성공은 부분적으로는 정치 공작과 상부상조에, 또 부분적으로는 화려한 의례에 의존했는데 후자에 관해서라면 단순히 신의 친구인 것보다는 그 자신이 신인 것이 분명 일을 더 쉽게 만들었다. 어느 지역 거물이 신을 위해서 일하는 것을 거부하겠는가? 그러나 확실하게 안전을 보장하기 위해 파라오는 강력한 상징 언어도 창조했다. 기원전 2700년 직후 조세르 왕의 화가들은 상형문자를 새기고 신이자 왕을 나타내는 양식들을 설계했는데, 이는 이후 500년간 유지되었다. 조세르는 불멸의 존재도 죽는 것으로 비춰진다는 사실이 신학적으로 미묘한 사안이라는 것을 알았기에 이집트 왕권의 궁극적 상징, 바로 성스러운 시신을 안치하는 피라미드를 설계했다. 기원전 2550년경에 건립된 쿠푸 왕의 140미터 높이 대피라미드는 서기 1880년 독일의 쾰른 대성당이 밀어내기 전까지 세계에서 가장 높은 건물이었다. 약 100만 톤이 나가는 쿠푸 왕의 피라미드는 여전히 가장 무거운 건물이다. 무수한 노동자가 수십 년 동안 건설 작업에 동원되어 돌을 캐고 나일 강을 따라 석재를 실어날라 건설지까지 끌고 왔다. 피라미드 기슭에 있는 이른바 직공 마을은 당시 세계에서 가장 큰 도시 가운데 하나였다. 일꾼들을 먹이고 배치하려면 관료제의 범위와 규모가 비약적으로 발전해야 하며 작업조에 들어가는 것은 어쩌면 그때까지 한 번도 마을을 떠난 적이 없는 주민들에게 인생을 변화시키는 경험이었을 것이다. 피라미드 이전에 파라오의 신성을 의심하는 이가 있었더라면 피라미드 이후에는 분명 아무도 의심하지 않았으리라.

메소포타미아의 수메르 도시국가들도 유사한 방향으로 나아갔지만 더 느리게 그리고 더 조심스럽게 나아갔다. 기록에 따르면 각 도시는 많은 일부일처 가족을 포함한 "가구들households"로 나뉘었다. 각 가구의 꼭대기에는 토지와 노동력을 관리하는 한 가정family이 있으며, 다른 가정의 일부는 밭에서 일하고 일부는 수공업 분야에서 일하면서 배급되는 식량에 대한 할당량을 채웠다. 가장 크고 부유한 가구는 이론적으로는 신이 다스리는 가구였으며 아마도 수천 마지기의 땅과 수백 명의 일꾼을 부렸으리라. 신 밑에서 이런 가구들을 다스리는 사람은 보통 도시의 지도자였고 국왕은 도시 수호신 가구의 가장이었다. 국왕의 임무란 도시 수호신의 이해를 도모하는 것이었다. 만약 국왕이 일을 잘한다면 그의 신도 잘나갈 것이다. 반대로 국왕의 업무능력이 떨어지면 신의 주가도 떨어진다.

기원전 2500년 이후 이런 상황이 문제가 되기 시작했다. 농경이 발전하면서 사람들은 더 큰 가정을 부양할 수 있게 되었고, 인구가 성장하자 좋은 토지를 차지하기 위한 경쟁이 치열해지고 경쟁에서 이기기 위한 더 효과적인 방법들이 속속 등장했다. 어떤 도시는 다른 도시를 물리치고 그곳을 차지했다. 여기에 깔린 신학적 함의는 이집트의 신-국왕의 죽음처럼 골치 아픈 문제였다. 만약 국왕이 수호신의 이해관계를 돌본다면, 다른 신 밑에서 일하는 국왕이 그를 밀어낸다는 것은 무슨 의미일까? 어떤 사제들은 종교적 위계질서를 세우고 신들의 이해관계를 국왕으로부터 분리하는 '신전—도시' 이론을 내놓았다. 성공적인 국왕들은 자신들이 신의 단순한 대리인에 그치지 않는다는 주장으로 대응했다. 기원전 2440년 무렵 한 국왕은 자신이 수호신의 아들이라고 선언했으며 우루크의 길가메시 왕이 영생을 찾아 이승 너머로 여행하면서 겪은 모험을 묘사한 시들이 퍼지기 시작했다. 이 시들이 합쳐져서 현존하는 가장 오래된 문학 작품인 걸작『길가메시 서사시』가 탄생했다.

통치자들은 위엄을 과시할 새로운 수단을 찾았는데, 메소포타미아에서 발견된 가장 큰 유적지인 우르의 영묘는 아마도 그 가운데 하나일 것이다. 우르의 무덤에서 출토된 어마어마한 금장품과 은장품은 파라오의 피라미드처럼 무덤의 주인이 단순한 인간 이상의 지위를 누렸음을 암시한다. 독살되어 푸아비 왕비의 저승길을 함께한 74명의 순장자들을 보면 신과의 관계를 둘러싼 통치자들 간의 열띤 경쟁이 평범한 수메르인에게는 반갑지 않은 소식이었음을 짐작할 수 있다.

갈등은 기원전 2350년경 전면에 부각되었다. 격렬한 쿠데타와 무력 정복, 재산과 신성한 권리의 혁명적인 재편이 뒤따랐다. 기원전 2334년 사르곤(다소 수상쩍게도 사르곤이란 '합법적 통치자'란 뜻이다. 그는 권력을 잡은 다음에 이 이름을 얻었을 것이다)이라는 남자가 아카드라는 새로운 도시를 세웠다. 아카드는 바그다드 아래에 묻혀 있는 것 같고—놀랄 일도 아니지만—아직 발굴되지 않았지만 다른 지역의 점토판은 사르곤이 다른 수메르 왕들과 싸우는 대신 5000명의 직업군인에게 줄 보수를 마련할 때까지 시리아와 레바논을 약탈했다고 말한다. 그후 그는 다른 수메르인에게 눈길을 돌려서 외교와 무력을 통해 수메르 도시들을 복속했다.

교과서는 종종 사르곤을 세계 최초의 제국 건설자라고 부르기도 하지만 사르곤과 사르곤의 아카드 후계자들이 한 일은 8세기 전 이집트의 왕국을 통합한 사람들이 한 일과 사실 그렇게 다르지 않다. 사르곤 자신은 신이 되지 않았지만 그의 손자 나람신은 기원전 2240년경 반란을 진압한 뒤 여덟 명의 수메르 신이 자신도 그들과 동등한 신의 반열에 오르기를 바란다고 선언했다. 수메르 예술가들은 나람신을 전통적으로 신성의 표상인 뿔이 나고 실제보다 훨씬 큰 인물로 묘사하기 시작했다.

기원전 2230년이 되자 수메르와 이집트에 위치한 서양의 두 핵심부는 측면구릉지대에 있는 원래의 핵심부를 크게 압도했다. 생태학적 문제에 직면하자 사람들은 도시를 만들었다. 도시들 사이의 경쟁이 발생하자 그들은 신이나 신의 지위를 누리는 국왕이 통치하고 관료제가 경영하는 강력한 국가를 탄생시켰다. 핵심부의 생존경쟁이 사회발전지수를 위로 끌어올리면서 여러 도시로 이루어진 네트워크가 시리아와 레반트 지역의 단순한 촌락을 넘어서 이란을 통과해 오늘날의 투르크메니스탄 접경 지대로까지 퍼져나갔다. 크레타 섬에도 곧 궁전이 건립되리라. 위풍당당한 석조 신전이 몰타 섬에 우뚝 솟는다. 요새화된 읍성이 에스파냐의 동남부 해안에 군데군데 등장하기 시작한다. 더 먼 북쪽과 서쪽에서는 농부들이 생태학적으로 적합한 장소를 남김없이 차지했으며, 서양 세계의 가장 끄트머리 대서양의 파도가 철썩이는 브리튼 섬의 차가운 해안에서는 사람들이 약 3000만 시간의 노동을 투입해 가장 수수께끼에 싸인 기념비적인 건축물 스톤헨지를 세웠다. 기원전 2230년경 지구를 방문한 데니켄의 우주인이라면 외계인의 개입이 더 이상 필요하지 않다고 결론 내렸을지도 모른다. 이 영리한 침팬지들은 사회발전 수준을 꾸준히 위로 끌어올리고 있었다.

와일드 웨스트

50년이 지나 지구를 다시 방문한 외계인들은 충격을 받았을지도 모른다. 서양 핵심부의 한쪽 끝에서 다른 쪽까지 국가들이 와해되고 있었고 사람들은 서로 싸우며 고향을 뜨고 있었다. 다음 1000년 동안 일련의 분열 사태(각종 끔찍한 학살과 재난, 피란 생활과 곤궁 등을 모두 아우르는 중립적 어감의 표현)는 서양을 걷잡을 수 없는 궤도로 몰아넣었다. 대체 누가 그리고 무엇이 사회발전을 중단시켰는가라는 질문에 우리는 놀라운 답변을 얻게 된다. 사회발전 그 자체가 혼란의 원인이었던 것이다.

처지를 개선하려는 사람들이 의존하는 주요 방법 가운데 하나는 언제나 정보와 재화, 그 자신을 이동시키는 것이다. 여기서는 흔한 것이 저쪽에서는 드물 수도―그리고 귀중할 수도―있다. 그 결과 공동체를 묶는 점점 더 복잡한 연결망이 출현해 모든 사회 수준에서 작동하게 된다. 4000년 전 신전과 궁전은 가장 좋은 땅을 차지하고 있었고 중앙집권적 관료제는 토지를 농민들에게 나눠주는 대신 각자 필요한 것을 모두 재배하려고 했다. 관리들은 토지를 꽉 틀어쥐고 있으면서 사람들에게 재배할 작물을 지시했다. 좋은 경작지를 보유한 마을은 밀만 경작하는 반면 언덕배기에 있는 마을은 포도나무를 재배하고 다른 마을은 야금업만을 전문적으로 할 수도 있었다. 관료들은 필요한 만큼 우선 단물을 빼먹고 일부는 위급 상황을 대비해 비축한 뒤 나머지는 주민들에게 배급해주면서 생산물을 재분배할 수 있었다. 이러한 과정이 기원전 3500년 우루크에서 시작되었고 1000년이 지나자 당연한 일이 되었다.

국왕들은 이익이 되는 선물을 주고받았다. 금과 곡물이 풍부한 이집트의 파라오는 이런 물품들을 레바논 도시의 하급 통치자에게 주고 답례로 향기로운 삼나무를 선물받았다. 이집트에는 좋은 목재가 귀했기 때문이다. 적절한 선물을 주지 않는 것은 어마어마한 실례였다. 선물 교환은 경제만이 아니라 지위 불안과 심리적 요인에 뿌리를 두고 있었지만 재화와 사람, 사상을 매우 효과적으로 이동시켰다. 이러한 교환 사슬의 양 끝에 위치한 국왕과 중개 상인은 부유해졌다.

오늘날 우리는 왕이나 독재자, 정치 관료들이 사람들에게 할 일을 지시하는 '명령 경제'는 비효율적이라고 간주하지만 대부분의 초기 문명은 명령 경제에 의존했다. 어쩌면 시장을 돌아가게 하는 방법과 신뢰가 부족한 세계에서는 그것이 최선이었을 것이다. 그러나 명령 경제가 유일한 선택은 결코 아니며 국왕과 사제들의 사업과 더불어 신분이 미천한 상인들의 독자적인 교역도 항시 번창했다. 이웃끼리는 빵과 치즈를 교환하거나 아이를 봐주는 대가로 변소를 파주는 식의 물물교환이 이루어졌다. 도시와 시골 주민들은 장에서 거래했다. 땜장이들은 솥과 냄비를 당나귀에 싣고 장을 돌았다. 사막이나 산과 만나면서 들판이 점차 사라지는 왕국의 가장자리에서는 마을 주민들이 빵과 청동 무기를 양치기나 몰이꾼들의 우유와 치즈, 양털, 가축과 교환했다.

이런 활동을 묘사한 가장 유명한 기록은 구약성서다. 야곱은 오늘날의 서안 지구에 해당하는 헤브론 근처 언덕에서 잘나가는 양치기였다. 그는 열두 명의 아들을 두었지만 열한 번째 아들 요셉을 편애하여 그에게 알록달록한 색깔의 외투를 주었다. 이를 시샘한 열 명의 형은 요란하게 차려입은 아버지의 금지옥엽을 이집트를 향해 가던 노예 상인한테 팔아버렸다. 몇 년이 지나 헤브론에서 식량이 귀해졌을 때 야곱은 막내를 뺀 아들 열 명을 이집트로 보내 곡물을 사오도록 시켰다. 그들은 알아차리지 못했지만 그곳에서 그들이 마주친 총독은 노예로 시작하여 파라오의 신하로 출세한(물론 강간 미수 혐의로 잠시 옥고를 치른 뒤 말이다. 강간 미수 혐의도 당연히 모함이었다) 동생 요셉이었다. 상인들을 신뢰하기 힘든 시절이었음을 보여주는 완벽한 실례로, 정체를 감춘 요셉이 짐짓 형들을 첩자로 의심하며 감옥에 처넣겠다고 했을 때 형들은 놀라지 않았다. 그러나 이야기는 야곱과 그의 아들들이 모든 가축을 이끌고 이집트로 이주하면서 행복하게 끝난다. "그리고 그들은 그곳에서 재산을 쌓고 많은 자식을 낳아 크게 번성했다"[2]고 그 고마운 책은 말한다.

요셉의 이야기는 기원전 16세기가 배경인 것 같다. 그때쯤이면 이제는 이름이 잊힌 사람들이 똑같은 필사본을 2000년째 따르고 있었다. 상인과 일꾼으로 온 시리아 사막 출신의 아모리인과 이란 산악 지대 출신의 구티인은 메소포타미아의 도시에서 흔히 볼 수 있는 친숙한 얼굴이었다. 나일 강 유역에서 아시아인도 마찬가지로 흔한 얼굴이었다. 근동 사람들을 뭉뚱그려 부르는 이집트인의 경멸조 표현을 빌리자면 나일 강 유역에서 "아시아 녀석들Asiatics"도 역시 친숙한 얼굴이었다. 사회발전 수준이 높아지면서 핵심부의 경제, 사회, 문화가 인근 지역의 경제, 사회, 문화와 긴밀하게 엮이고 핵심부가 팽창하며 중심부가 주변 환경을 제어할 수 있는 능력이 증가했다. 그리고 이것이 다시 사회발전을 추진했다. 그러나 복잡성이 증대하면 그만큼 위험도도 증가했다. 이는 사회발전에 내재한 역설의 핵심이며 지금도 마찬가지다.

기원전 2200년경, 신이자 왕인 나람신의 똑같이 신성한 아들인 샤르칼리샤리가 아카드에 있는 왕좌에 앉아 메소포타미아의 대부분 지역을 지배하던 무렵 무언가가 잘못되기 시작했고, 예일대의 고고학자 하비 와이스는 시리아의 텔 레일란 유적을 발굴한 뒤 그에 대한 해답을 찾았다고 생각한다. 텔 레일란은 기원전 2300년 무렵인 사르곤 시대에 2만 명이 거주했지만 1세기 뒤 유령도시가 되었다. 이에 대한 설명을 찾던 중 와이스 발굴팀의 지질학자들은 텔 레일란과 인근 지역의 토양을 현미경으로 분석한 결과, 토양의 침전물 양이 기원전 2200년 무렵에 급격히 증가했다는 사실을 발견했다. 아마도 강수량이 감소하면서 관개수로가 토사로 막힌 것 같고, 이 때문에 사람들은 뿔뿔이 흩어졌다.

수천 킬로미터 떨어진 나일 강 유역에서도 무언가가 잘못되기 시작했다. 요셉 이야기에서 파라오는 수확량을 예측하기 위해 해몽가들에게 의존했지만 실제 파라오들은 강의 범람을 측정해서 풍년과 흉년을 미리 알려주는 '나일 강 수위계Nilometer'라는 도구가 있었다. 측정 결과 일부를 기록한 문서들은 홍수 수위가 기원전 2200년경에 급격히 떨어졌음을 보여준다. 이집트도 역시 건조해지고 있었던 것이다.

그보다 앞선 기원전 3800년경 건조해진 기후는 우루크를 더 위대하게 만들고 이집트를 통일한 전쟁을 촉발했지만 기원전 3000년경 초반 더 복잡하게 서로 연결된 사회에서 텔 레일란 같은 지역을 버리고 떠난다는 결정은 아모리인과 아시아인을 먹여 살리는 일자리를 빼앗는다는 것도 의미했다. 요셉의 형들이 곡물을 사러 이집트에 왔다가 그곳에 아무도 없다는 것을 발견하게 되는 꼴이었을 것이다. 그들은 헤브론으로 돌아가 굶어죽는 도리밖에 없다고 아버지에게 알리거나 파라오의 왕국 안쪽으로 더 깊숙이 들어가서 가능하면 자신들의 물건이나 노동력을 식량과 교환하고, 그것이 불가능하면 싸우거나 훔쳐서 식량을 구해야 했을 것이다.

상황이 다르다면 아카드와 이집트의 민병대들은 그런 골칫덩이들(관점에 따라 경제 이민 혹은 범죄자로 해석할 수 있다)을 몰살할 수 있었을 테지만 기원전 2200년이 되자 이러한 무장 집단 자체가 와해되고 있었다. 일부 메소포타미아인은 아카드 왕들을 잔인한 정복자로 여겼고 소위 신성하다는 샤르칼리샤리가 문제에 제대로 대처하지 못하자 기원전 2190년경 여러 사제 가문은 왕에게 협조하지 않게 되었다. 왕의 군대는 와해되었고 장군들은 저마다 왕을 참칭했다. 아모리인 일단이 전 도시를 장악했다. 10년도 안 돼 제국은 붕괴했다. 마을들은 각자 살길을 찾아야 했다. 어느 수메르

연대기 작가가 표현한대로 "그럼 대체 누가 왕이고 누가 왕이 아니란 말인가?"[3]

이집트에서도 궁정과 귀족 사이의 긴장이 고조되었고 60년간 권좌를 지킨 페피 2세는 이러한 도전들에 무력하다는 것이 드러났다. 페피 2세의 궁정인들이 국왕에 맞서는 음모나 서로를 노리는 음모를 꾸미는 동안 지방의 토호들 역시 독자 노선을 추구했다. 기원전 2160년경 하이집트에 새로운 왕조를 수립한 쿠데타가 일어났을 무렵 이집트에는 군벌들과 시골을 휘젓고 다니는 제어 불가능한 아시아 출신 무리들이 넘쳐났다. 설상가상으로 상이집트 테베의 아멘 신전 대사제들은 갈수록 자신들에게 더 거창한 호칭을 붙였고, 결국에는 하이집트 왕국의 파라오와 간헐적인 내전 상태에 빠지게 되었다.

기원전 2150년경이 되자 이집트와 아카드는 줄어드는 농민들의 수확물을 차지하기 위해 범법자, 그리고 자기들끼리 다투는 군소국가의 집합체로 전락했다. 일부 군벌은 번영했지만 남아 있는 기록의 전반적인 분위기는 절망적이다. 위기의 물결이 핵심부 너머로 퍼져나갔다는 암시도 찾을 수 있다. 고고학자들이 서로 다른 두 지역에서 일어난 사건들이 서로 관련이 있는지를 파악하기란 어려운 일이며 단순한 우연의 일치일 가능성을 과소평가해서는 안 되겠지만, 기원전 2200년과 기원전 2150년 사이에 그리스의 거대한 왕궁들이 화재로 파괴되고 몰타 섬의 신전들이 종말을 맞고 에스파냐 해안의 요새들이 버려진 사건들 사이에서 더 큰 패턴을 감지하지 않기란 힘든 일이다.

서양 핵심부의 더 크고 복잡한 시스템은 사람과 재화, 정보의 지속적인 흐름에 의존했고 갑작스러운 변화들―텔 레일란의 건조화 혹은 페피의 노쇠 같은―은 이러한 흐름을 교란했다. 기원전 2200년 이후 가뭄과 이민 같은 교란 요인들이 **반드시** 혼란을 초래할 필요는 없었지만 그것들은 사실상 역사의 주사위를 굴렸다. 적어도 단기적 측면에서는 무슨 일이든 일어날 수 있었을 것이다. 페피가 요셉 같은 자문관의 조언을 따랐다면 어려운 시기를 자신에게 유리하게 이용할 수도 있었으리라. 샤르칼리샤리가 장군, 사제들과 협상을 더 잘했다면 그의 제국은 더 오래 버틸 수 있었으리라. 그러나 그런 일이 일어나는 대신 메소포타미아에서 발생한 중요한 결과는 도시국가 우르가 아카드의 붕괴를 틈타서 오늘날 우리에게 더 잘 알려진 새로운 제국을 수립했다는 사실이다. 비록 아카드보다는 작지만 강박적일 정도로 꼼꼼한 관료들이 엄청난 분량의 세금 영수증을 발부한 덕분이었다. 우르의 세금 영수증은 지금까지 4만 장이 알려져 있고, 아직도 수천 장이 연구를 기다리고 있다.

기원전 2094년 우르의 권좌를 차지한 슐기는 스스로 신이라 선언했고 개인숭배 현상을 제도화했다. 심지어 그는 우르에 '슐기 찬가'라는 새로운 음악 형식도 선보였는데 노래 실력부터 예지력에 이르기까지 자신이 만능임을 자찬하는 이 찬가에서 슐기는 북한의 독재자겸 영화감독 김정일과 섬뜩할 만큼 닮아보인다. 그러나 슐기의 여러 재능에도 불구하고 그가 죽은 지 불과 몇 년 만인 기원전 2047년에 그의 제국도 무너졌다. 기원전 2030년대에 습격이 심각한 문제가 되자 우르는 아모리인을 막기 위해 160킬로미터가 넘는 성벽을 쌓았지만 기원전 2028년 도시들은 우르의 조세체계에서 이탈하기 시작했고 국가 재정은 기원전 2020년 무렵 붕괴했다. 아카드의 몰락을 재연하듯 기근이 제국을 휩쓸자 일부 장군이 우르를 위해 식량을 징발하려고 애쓰는 동안 다른 장군들은 각자 독자적인 왕국을 선포했다. "굶주림이 물처럼 도시를 채웠다"고 「우르 애가」라는 수메르 시는 표현한다. "사람들은 마치 물에 둘러싸인 듯 포위되었고 그들은 숨을 쉬기 위해 헐떡거렸다. 왕은 왕궁에 홀로 버려진 채 거친 숨을 몰아쉬었고 주민들은 무기를 내던졌다……"[4] 기원전 2004년 침략자들이 우르를 약탈하고 그곳의 마지막 왕을 노예로 끌고 갔다.

그러나 메소포타미아가 분열되는 동안 이집트는 다시 뭉쳤다. 이제 독자적인 왕으로 행세하게 된 상이집트 테베의 대사제들은 기원전 2056년 주요 경쟁자를 물리쳤고 기원전 2040년 나일 강 유역 전역을 장악했다. 기원전 2000년이 되자 이집트는 신과 동일한 국왕 아래 통합되고 메소포타미아는 기껏해야 신에 가까운 왕이 지배하는 도시국가들로 분열되면서 서양의 핵심부는 1000년 전과 무척 유사해 보였다.

이 시점이 되자 서양 핵심부의 현기증 나는 질주는 사회발전을 추진하는 근본적인 힘들의 일부를 4000년도 더 전에 이미 고스란히 드러내보였다. 사회발전은 클라크의 거석 기념물이나 데니켄의 외계인에 의해 인류에게 부여된 선물이나 저주가 아니다. 그것은 우리 스스로가 만드는 것이며, 단지 우리 자신이 선택하는 방식이 아닐 뿐이다. 내가 서론에서 주장한 대로 요는 우리가 게으르고 탐욕스럽고 두려워하기 때문에 항상 더 쉽거나 더 유익하거나 더 안전한 길을 찾는다는 것이다. 우루크의 발흥부터 테베의 이집트 재통일에 이르기까지 게으름과 탐욕 혹은 공포가 위로 향하는 사회발전의 모든 움직임을 이끌었다. 그러나 사람들은 사태를 자신들이 원하는 대로 밀고 갈 수는 없다. 미는 동작은 매번 이전의 동작 위에서 이루어진다. 사회발전은 누적적이며 바른 순서에 따라 진행되어야 하는 단계들이 쌓여서 달성된다. 기원전 3100년 무렵 우루크의 수장들은 정복왕 윌리엄이 중세 잉글랜드에 컴퓨터를 만들어낼 수 없듯이 슐기 치하의 우르가 자랑하던 그런 관료제를 조직할 수 없었다. 미국 속담처럼 여기에서 거기로 건너뛸 수 있는 게 아니다. 이러한 누적적 패턴은 왜 사회발전지수가 증가할 때 계속 가속도가 붙는지도 설명해준다. 각 혁신은 이전의 혁신 위에서 이루어지며 이후의 혁신에 기여한다. 즉 사회발전지수가 높아질수록 점수가 더 빨리 올라갈 수 있다.

그러한 혁신의 진행 과정은 결코 순조롭지 않았다. 혁신은 변화를 의미하며 기쁨과 고통을 똑같이 초래한다. 사회발전은 승자와 패자를, 부자와 빈자라는 새로운 계급을, 남녀노소 간에 새로운 관계를 탄생시킨다. 후진성의 이점이 이전에 주변부에 머물렀던 이들에게 새로운 힘을 부여하면서 완전히 새로운 핵심부를 만들어내기도 한다. 사회발전의 성장은 점점 더 커지고 복잡해지고 관리하기 힘들어지는 사회들에 의존한다. 그러므로 역설, 즉 사회발전이 바로 사회발전을 저해하는 바로 그 힘을 창출한다는 역설이 발생한다. 그런 힘이 통제를 벗어날 때—그리고 특히 변화하는 환경이 불확실성을 증대시킬 때—기원전 2200년경처럼 혼란과 파괴, 붕괴가 뒤따를 수 있다. 그리고 우리가 다음 장들에서 보듯이 사회발전의 역설은 왜 장기고착이론이 틀릴 수밖에 없는지를 대부분 설명해준다.

한 형제

기원전 2200년 이후에 서양의 핵심부를 휩쓴 혼란에도 불구하고 이때가 결코 황혼의 순간은 아니었다. 기원전 2200년 이후의 붕괴는 도표 4.2의 그래프에 나타나지도 않는다.* 그래프가 혼란상의 규모를 축소해 표현했는지도 모르지만 그렇다 하더라도 한 가지는 분명하다. 기원전

---

* 한편으로는 우리의 고고학적 데이터가 치밀하지 못하기 때문이며, 또 한편으로는 순전히 기술적인 이유 때문이다. 자료가 매우 단편적이라 나는 기원전 3000년대의 사회발전 수준을 250년간격으로 측정했고, 기원전 2250년 시점과 기원전 2000년 시점은 혼란 시기를 상당 부분 피해갔다. 둘째, 서양 지역은 메소포타미아와 이집트에 각각 중심부를 두었고 두 지역의 붕괴 패턴은 미세하게 다른 리듬을 따랐다. 기원전 2100년에 이집트의 사회발전은 기원전 2200년보다 더 낮았지만 이 시기 메소포타미아는 최초의 붕괴에서 회복했다. 기원전 2000년 무렵에 메소포타미아 지역은 다시 붕괴했지만 이번에는 이집트 사회가 회복되었다.

2000년에 이르자 서양의 사회발전지수는 기원전 3000년보다 50퍼센트 가까이 높아졌다는 것이다. 사회발전지수는 계속해서 올라갔고 서양의 사회들은 갈수록 커지고 복잡해졌다.

핵심부도 다른 식으로 변화했다. 기원전 2000년 이후에 메소포타미아 통치자들은 두 번 다시 신을 자처하지 않았고, 심지어 이집트에서도 파라오의 자신감은 얼마간 줄어들었다. 기원전 2000년대의 조각상과 시가들은 파라오를 기원전 3000년대의 파라오보다 더 호전적이며 세상사에 싫증이 나고 실망한 인물로 묘사한다. 그리고 틀림없이 연관된 과정의 일환이겠지만 국가권력도 축소되었다. 왕궁과 신전은 여전히 중요했지만 이제 민간 부문이 전보다 넓은 토지를 차지하고 많은 교역을 담당했다.

그러나 어째서 혼란이 시계를 되돌리지 않았을까? 가장 중요한 이유로 위기를 거치는 동안 주변부는 기존의 후진성에서 새로운 이점을 발견해 핵심부로 밀고 들어왔고 핵심부는 그런 주변부를 끌어들이면서 계속 팽창했다는 사실을 들 수 있다. 이란부터 크레타에 이르기까지 사람들은 이집트와 메소포타미아 스타일의 왕궁과 재분배 경제를 도입해, 강우에 의존하는 농업을 경영하고 유동적이며 폭력이 빈발하는 변경 지대에 맞게 변형시켰다. 전반적으로 변경 지대의 왕들은 관개농업에 의존하는 핵심부의 통치자들보다 군사력에 더 크게 의존했고 신성을 그렇게 자주 들먹이지 않았다. 어쩌면 이집트와 수메르의 통치자들이 그렇게 위대해 보이는 상황에서 신과 같아 보이기는 힘들었을 것이다.

다시금 높아지는 사회발전 수준은 지리의 의미를 바꿔놓았다. 방대한 하천 유역에 대한 접근성은 기원전 3000년대의 발전에서 결정적이었지만 기원전 2000년대에는 구 핵심부의 북쪽 가장자리에 사는 것이 더 큰 이점이 되었다. 기원전 4000년경 오늘날의 우크라이나 지역에 살던 사람들은 말을 가축으로 길들였고 2000년 뒤부터 오늘날의 카자흐스탄 스텝 지대에 거주한 말 사육사들은 이 힘센 짐승에게 멍에를 씌워 바퀴가 둘 달린 가벼운 전차를 끌게 했다. 핵심부는 전차를 타고 돌아다니는 스텝 지대의 몇몇 목동에게 그다지 신경 쓰지 않았지만, 만약 수천 대의 전차에 돈을 쓸 만한 자원을 보유한 누군가가 이 전차를 손에 넣게 된다면 이야기가 다르다. 전차는 (검과 샌들sword-and-sandal 영화, 즉 대서사극 장르의 영화감독들이 즐겨 묘사하는 방식처럼) 돌진해서 적진을 돌파하는 탱크가 아니지만, 빠르게 움직이는 전차에 올라탄 다수의 궁수로 구성된 군대가 등장하자 보병끼리 엎치락뒤치락하는 구식 전투는 한물가버렸다.

전차의 강점은 분명해 보이지만 한 가지 전술적 시스템을 가지고 지금까지 잘해온 군대들은 흔히 새로운 시스템에 적응하는 데 느리다. 잘 훈련된 전차병 군단을 창설하는 것은 완전히 새로운 엘리트 집단에 권력을 부여하면서 보병으로만 구성된 군대 간 서열을 혼란에 빠트릴 것이며, 비록 증거는 단편적이지만 기존의 위계질서에 단단히 고착된 이집트인과 메소포타미아인은 새로운 전투 시스템 도입에 내키지 않아 꾸물거렸던 듯하다. 기원전 2200년 이후 코카서스에서 북부 메소포타미아와 시리아로 이주한 것으로 보이는 수수께끼에 싸인 후르리인 같은 새로운 북부 국가들은 더 유연했다. 스텝 지대와의 연관성 덕분에 후르리인은 신무기에 더 쉽게 접근할 수 있었고 더 느슨한 그들의 사회구조도 신무기 채택에 장애가 덜 되었을 것이다. 후르리인도 서부 이란의 카시트인, 아나톨리아*의 히타이트인, 오늘날 이스라엘과 요르단의 힉소스인, 그리스의 미케네인과 마찬가지로 이집트나 메소포타미아 도시 바빌론처럼 잘 조직되어 있지 않았지만 한동안은 별문제가 되지 않았다. 전차는 과거 주변부 민족에게 전쟁

---

* 고대 역사가들은 일반적으로 오늘날의 터키 지역을 그리스식 이름인 아나톨리아('동방의 땅'이란 뜻)라고 불렀는데 튀르크인—원래 중앙아시아에서 왔다—이 서기 11세기에야 아나톨리아에 정착했기 때문이다.

수행 능력에서 큰 우위를 가져왔기 때문에 그들은 더 오래되고 부유한 이웃을 약탈하거나 심지어 정복할 수 있었다. 힉소스인은 꾸준히 이집트로 진출했고 기원전 1720년경 자신들의 도시를 세웠으며 기원전 1674년 이집트의 권좌를 차지했다. 기원전 1595년 히타이트인은 바빌론을 약탈했고 이내 카시트인도 메소포타미아의 도시들을 정복했다. 기원전 1500년이 되자 후르리인은 미타니라는 왕국을 건립했으며 미케네인은 크레타를 정복했다(지도 4.4).

격변의 시기였지만 장기적으로 이 격변들은 사회발전 수준을 끌어내리기보다는 핵심부를 확장하는 데 기여했을 뿐이다. 메소포타미아에서는 노예화, 강제 이주, 학살, 약탈이 발생했지만 그 결과 북부 이주민들이 현지 통치자들을 대체했을 뿐이다. 기원전 1552년 테베 주도의 반란이 힉소스 왕조를 몰아낸 이집트에서는 그런 반란조차도 많은 변화를 가져오지 못했다. 그러나 기원전 1500년에 이르자 새로운 왕국들이 구 핵심부의 북쪽 주변부를 중심으로 생겨나더니 급속히 발전하여 확장된 구 핵심부를 위협해왔다. 거대한 국가들이 이제 매우 긴밀하게 연계되어 있었기에 역사가들은 다음의 300년을 '국제적 시대'라고 부른다.

교역이 성행했다. 왕가의 기록들은 온통 교역에 관한 이야기로 가득 차 있으며 이집트의 아마르나에서 발견된 기원전 14세기의 서신들은 바빌론과 이집트의 국왕들, 아시리아와 미타니 같은 신생 강대국의 군주들, 그리고 히타이트인이 서로의 지위를 다투고 선물을 요구하고 공주들을 정략결혼시켰다는 사실을 보여준다. 그들은 공유하는 외교 언어를 창조했고 서로를 "한 형제"라고 불렀다. 강대국 클럽에서 배제된 2급 통치자들은 자신들을 "종복"이라고 불렀지만 지위는 재교섭될 수 있었다. 예를 들어, (그리스로 추정되는) 아히야와는 애매모호한 강대국이었다. 아르마나 문서고에는 아히야와에서 온 서신은 없지만 한 히타이트 국왕은 기원전 13세

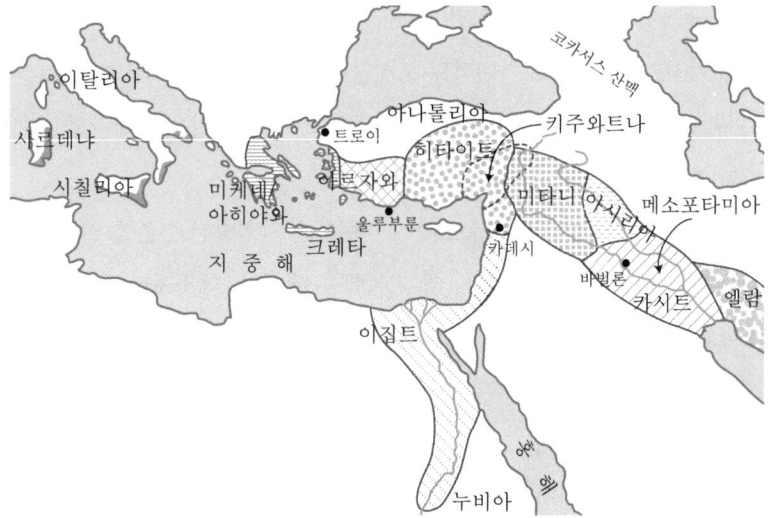

[**지도 4.4**] 형제들: 기원전 1350년 무렵 국제적 시대, 서양 핵심부의 왕국들. 히타이트와 미타니가 키주와
트나를 집어삼켰으나 히타이트와 아시리아가 아직 미타니를 파괴하기는 전이다. 시칠리아와 사르데냐, 이
탈리아에서 회색 부분은 미케네 문명의 그리스 도기가 발견된 곳이다.

기 조약에서 "자신과 동일한 지위의 왕들"을 언급하면서 "이집트의 왕, 바빌로니아의 왕, 아시리아의 왕 그리고 아히야와의 왕"[5]을 열거하고는 다시 생각해보고 목록에서 아히야와 왕을 지운다. "형제들"이 서로 간에 더 연관되어 있을수록 형제간의 경쟁관계도 더 심각해졌다. 기원전 18세기 힉소스의 침공은 이집트 지배층에게 크나큰 정신적 상처를 남겼고 절대 건널 수 없는 사막 덕분에 외침으로부터 안전하리라는 이집트인의 믿음은 산산조각 났다. 또 다시 실패를 반복하지 않고자 그들은 다소 불안정한 민병대를 직업 장교와 최신 전차 군단을 갖춘 상비군으로 전환시켰다. 기원전 1500년이 되자 그들은 지중해 해안의 시리아까지 진출하면서 곳곳에 요새를 건설했다.

기원전 1400년에 이르자 고대의 군비경쟁이 발발했고 재빠르게 움직인 자들이 승리했다. 기원전 1350년과 1320년 사이에 히타이트와 아시리아가 미타니 왕국을 집어삼켰다. 아시리아는 바빌로니아의 내전에 개입했고 기원전 1300년이 되자 히타이트는 또 다른 이웃 국가 아르자와를 멸망시켰다. 히타이트와 이집트의 왕들은 시리아의 도시국가들을 자신들의 지배 아래 두고자 첩보 활동과 비밀 작전으로 얼룩진 심각한 냉전을 벌였다. 기원전 1274년이 되자 냉전은 열전이 되었고 당시까지 세계에서 가장 커다란 두 군대—아마도 각각 3만 명의 보병과 5000대의 전차로 구성된—가 카데시에서 맞붙었다. 이집트의 파라오 람세스 2세는 아무래도 덫에 걸려든 것 같았다. 그러나 그는 신이었기 때문에 물론 아무런 문제가 되지 않았다. 무려 일곱 곳이나 되는 신전에 새겨진 기록에서 람세스는 자신이 람보 스타일로 미친 듯이 날뛰었다고 말한다.

국왕 폐하(람세스)는 적 하티(히타이트의 또 다른 이름)의 전군을 쓰러트렸다. 하티의 족장들, 형제들과 더불어 하티와 함께 전투에 참가한 다른 나라의 모든 족장은 물론이고 하티의 보병과 전차병들이 우수수 쓰러져 겹겹이 쌓였다. 폐하께서는 그들을 그 자리에서 모조리 도륙했다. 그들은 폐하의 말 앞에 널브러졌다. 폐하는 혼자였다. 그 옆에는 아무도 없었다.[6]

그러자 "하티의 저열한 우두머리"가 화친을 구걸해왔다고 (아무렴) 람세스는 말한다.

신이자 왕인 파라오의 허풍에서 전쟁의 역사만을 추려내는 것은 까다로운 일이지만 우리의 다른 모든 증거는 그의 허세와는 반대로 람세스가 그날 히타이트의 매복에서 간신히 벗어났음을 시사한다. 히타이트인은 계속 해안을 따라 진출해오다가 기원전 1258년 아나톨리아 동남부 산악 지대에서 아시리아와 그리고 아나톨리아 서해안의 그리스 모험가들과 새로운 싸움에 휘말리고 나서야 발길을 멈췄다. 일부 역사가들은 5세기 뒤에 쓰인 호메로스의 『일리아스』는 그리스 연합군이 히타이트에 예속된 도시 국가인 트로이를 포위한 기원전 1220년대의 전쟁을 미약하게 반영한 것이라고 생각한다. 트로이의 동남쪽에서는 더 끔찍한 포위전이 벌어지고 있었는데, 전쟁은 기원전 1225년 아시리아가 바빌론을 약탈하면서 끝났다.

이 전쟁들은 잔혹한 투쟁이었다. 패배는 절멸, 즉 남자들은 학살되고 여자와 아이들은 노예로 끌려가며 도시는 잔해만 남게 되어 역사 속에서 완전히 잊히는 결과를 의미할 수도 있었다. 그러므로 모든 것이 승리를 위해 희생되었다. 선임자보다 훨씬 더 부유하고 철저하게 군사화한 엘리트들이 부상했고, 그들의 내분은 더 첨예해졌다. 왕은 왕궁을 요새화하거나 하층민이 자신들의 평안을 방해하지 않을 완전히 새로운 도시를 건설했다. 세금과 강제 노역에 대한 요구가 급격히 증가했고, 귀족은 화려한 생활방식을 유지할 재원을 마련하고자 돈을 빌렸으며, 농부는 목숨을 연명하고자 수확물을 저당잡히면서 부채가 눈덩이처럼 불어났다. 왕들은 스스로를 백성의 목자로 묘사했지만 그들을 보호하기보다는 그들의 양털을 깎는 데 더 많은 시간을 보냈다. 그들은 노동력을 차지하기 위해 싸웠고 건설 프로젝트에 부려먹기 위해 정복한 민족들을 통째로 끌고 갔다. 파라오의 도시에서 고생하는 히브리인, 그렇게 높은 기대를 품고 이집트로 이주한 야곱의 아들들의 먼 후손은 단지 이러한 노예 인구들 가운데 가장 유명한 예일 뿐이다.

기원전 1500년 이후에 국가권력은 그렇게 성장했고 서양의 핵심부는 국가권력과 함께 팽창했다. 그리스에서 만들어진 도기는 시칠리아와 사르데냐, 북부 이탈리아 바닷가에서 발견되었고 더 귀중한 (그러나 고고학적으로 덜 눈에 띄는) 다른 재화들도 장거리를 이동하고 있었다. 아나톨리아 해안으로 뛰어든 고고학자들은 당시 교역의 기구들에 관한 놀라운 단편들을 발견했다. 예를 들어, 기원전 1316년 무렵 울루부룬에서 난파한 배는 10톤 분량의 청동을 만들기에 충분한 구리와 주석은 물론이고 열대 아프리카에서 온 흑단과 상아, 레바논산 삼나무, 시리아산 유리, 그리스와 오늘날의 이스라엘 지역에서 제작된 무기를 싣고 있었다. 한마디로 이윤이 될 만한 것은 무엇이든 배가 항해하는 경로를 따라 있는 항구에 들를 때마다 화물만큼 다종다양한 선원들에 의해 한 번에 조금씩 선적되었던 것 같다.

지중해의 연안 지대는 핵심부로 이끌리고 있었다. 청동 무기가 매장된 부유한 무덤은 촌락의 우두머리들이 사르데냐와 시칠리아에서 점차 왕으로 바뀌고 있었다는 사실을 가리키며, 기록을 보면 이런 섬 마을의 젊은이들이 출셋길을 찾아 핵심부의 전쟁에 용병으로 출전하기 위해 고향을 떠났다는 사실을 알 수 있다. 사르데냐인은 바빌론은 물론이고 심지어 오늘날의 수단 지역까지 진출했는데, 그곳에서는 이집트 군대가 금을 찾아 남하하면서 현지 국가를 무너뜨리고 길목마다 이집트의 신전을 건립했다. 핵심부에서 그보다 더 멀리 떨어진 스웨덴에서도 족장들이 핵심부에서 궁극적 지위의 상징인 전차와 함께 매장되었고 다른 중요한 수입 군사 장비—특히 예리한 청동검—들을 치명적 용도로 사용하고 있었다. 지중해가 새로운 변경 지대로 바뀌면서 높아지는 사회발전 수준은 다시금 지리의 의미를 바꾸어 놓았다. 기원전 4000년대에 관개사업과 도시의 등장으로 이집트와 메소포타미아의 광대한 유역은 측면구릉지대의 구 핵심부보다 더 가치 있는 부동산이 되었고, 기원전 2000년대 장거리 무역의 폭발로 지중해의 넓은 물길에 대한 접근성은 더더욱 귀중해졌다. 기원전 1500년 이후 혼란스러운 서양의 핵심부는 전적으로 새로운 팽창의 시대로 접어들었다.

천하의 만곽

고고학자들은 흔히, 내가 '이집트 선망'이라고 생각하는 그런 병을 앓는다. 우리가 어디서, 무엇을 발굴하든지 간에 이집트에서 발굴중이라면 더 좋은 것을 찾아낼 수 있지 않을까 아쉬워하는 증상 말이다. 그래서 이 이집트 선망이 다른 직업군의 사람들에게도 위력을 미친다는 사실을 깨닫는 것은 위안이 된다. 1995년 중국의 최고위 과학행정가 가운데 한 명인 쏭젠 국무위원 겸 국가과학위 주임이 이집트를 공식 방문했다. 그는 고고학자들이 이집트의 고대 문명이 중국보다 더 오래되었다고 말하자 기분이 썩 좋지 않았고, 중국으로 귀국하자마자 이 문제를 살펴보기 위한 3왕조 연대기 프로젝트에 착수했다. 4년 동안 200만 달러를 쓴 뒤 프로젝트팀은 다음과 같은 발굴 연구 결과를 발표했다. 이집트의 고대 문명은 정말로 중국보다 더 오래되었다. 그러나 이제 우리는 적어도 그게 정확히 얼마나 더 오래되었는지를 알게 되었다.

제2장에서 본 바와 같이 농경 생활양식은 기원전 9500년경, 중국보다 족히 2000년 전부터 서양에서 발전하기 시작했다. 기원전 4000년이 되자 농경은 이집트와 메소포타미아 같은 한계지까지 퍼져나갔고 몬순이 기원전 3800년 이후 남쪽으로 이동하자 이 새로운 농부들은 생존을 위해 도시와 국가를 탄생시켰다. 동양에도 건조한 한계 지역은 풍부했지만 농경은 기원전 3800년이 될 때까지 거의 나타나지 않았고, 따라서 더 서늘하고 건조한 기후의 도래도 도시나 국가의 등장으로 이어지지 않았다. 그보다는 온난하고 습윤한 양쯔 강과 황허 강 유역이 좀 더 건조하고 견딜 만하게 바뀌어 살기가 나아졌을 것이다. 오늘날에는 상상하기 어렵지만 황허 강 유역 대부분은 기원전 4000년경에 아열대림 지대였다. 오늘날에는 차로 꽉 막힌 베이징의 거리를 코끼리들이 활보하고 다녔던 것이다.

이집트와 메소포타미아와 같은 도시와 국가로 이행하는 대신 기원전 4000년대 중국은 눈에 확 띄지는 않지만 꾸준하게 인구가 성장했다. 숲이 개간되고 새로운 마을이 들어섰다. 오래된 마을은 읍성으로 성장했다. 에너지를 더 잘 획득할수록 인구도 늘었고 인구압도 덩달아 증가했다. 따라서 서양인처럼 그들도 이런저런 실험을 시도하면서 경지에서 더 많은 것을 뽑아내고, 사람들을 더 효율적으로 조직하고 다른 사람들한테서 원하는 것을 빼앗을 수 있는 새로운 방법을 찾았다. 갈등을 시사하는, 흙으로 다진 두터운 방어 시설들이 넓어진 유적지 둘레로 속속 들어섰고, 일부 정착지들이 더 조직적으로 배치된 방식을 보면 공동체 수준의 계획이 존재했음을 짐작할 수 있다. 가옥들이 점점 커졌고 그 안에서 많은 집기가 발견되었는데, 생활 수준이 느리지만 천천히 높아지고 있었음을 가리킨다. 그러나 가옥들 사이의 차이 역시 커졌다. 어쩌면 더 부유한 농부들이 주변의 이웃과 스스로를 구분하고 있었다는 뜻일 수도 있다. 일부 고고학자는 가옥 내에서 집기의 분배 상태로 볼 때 성별 구분도 나타나고 있었다고 추정한다. 몇몇 지역에서, 특히 산둥에서(지도 4.5) 일부 주민—대부분 남자—은 다른 사람들보다 더 많은 부장품과 함께 커다란 무덤에서 안식처를 찾았으며 심지어 몇몇 소수는 정교하게 조각된 옥 장신구도 지니고 있었다.

이 옥 장신구들이 아름답기야 하지만 기원전 2500년경의 중국 유적지를 발굴하는 고고학자들이 이집트 선망이라는 묘한 쓰라림을 느끼지 않기란 분명 어려웠으리라. 그들은 대피라미드나 왕의 비문을 발견하지 못했다. 고고학자들이 발견한 것은 최초의 도시와 국가가 등장하기 직전인 기원전 4000년경 서양의 중심부 유적지에서 고고학자들이 발굴한 것과 더 비슷하다. 동양은 서양과 유사한 길을 따라 움직이고 있었지만 적어도 1500년은 뒤쳐져 있었다. 그리고 계속 그런 일정표에 맞춰 기원전 2500년과 기원전 2000년 사이 동양은 서양이 기원전 4000년과 기원전 3500년 사이에 겪은 것과 다소 비슷한 변환을 경험했다.

광대한 강 유역 전역을 따라 변화의 발걸음은 속도를 내고 있었지만 한편으로 흥미로운 패턴이 등장했다. 가장 급속한 변화들은 가장 비옥하고 광대한 평야 지대가 아니라 인구 밀집지에서 나타났는데, 그런 곳에서는 사람들이 마을 내에서 자원을 둘러싼 투쟁에서 지거나 마을 간 전쟁이 일어나더라도 도망쳐서 새로운 살 곳을 찾기가 힘들었다. 예를 들어, 고고학자들은 산둥의 작은 평야 지대 가운데 한 곳에서 기원전 2500년과 기원전 2000년 사이에 새로운 정착 패턴이 나타나고 있음을 발견했다. 대략 5000명의 주민이 거주하는 커다란 읍성이 성장하고 있었고 주변으로 작은 위성 읍성이 들어섰으며 각 위성 읍성 주변으로는 역시 작은 위성 마을이 들어섰다. 그보다 대략 1500년 이전의 이란 남서부의 수사 주변에 대한 연구에서도 유사한 패턴이 발견되었다. 어쩌면 한 공동체가 정치적 지

[**지도 4.5**] 동양 핵심부의 팽창, 기원전 3500년~기원전 1000년: 이 장에서 언급되는 지역들.

배력을 장악했을 때 항상 그런 방식으로 일이 흘러가는지도 모른다.

장례식 때 받은 호화로운 선물들을 바탕으로 판단하건대 몇몇 사람은 기원전 2500년 이후 산둥 지방에서 진정한 왕이라는 지위를 향해 힘겹게 나아가고 있었던 것 같다. 몇몇 무덤에는 굉장히 화려한 옥 장신구들이 함께 묻혀 있었고, 한 무덤에서는 왕관과 무척 닮아 보이는 터키석 머리 장신구가 출토되었다. 그러나 가장 눈길을 끄는 발견은 딩궁에서 출토된 소박한 질그릇 조각이다. 언뜻 보기에 별로 대단치 않은 이 회색 도기의 파편이 처음 출토되었을 때 발굴자들은 다른 출토품과 함께 그냥 양동이에 휙 던져 넣었지만 나중에 연구실에서 깨끗하게 닦아내자 후대의 중국 문자와 관련이 있긴 하지만 그와는 다른 열한 가지 기호들이 사금파리 표면에 새겨져 있는 것을 발견했다. 이 기호들은 혹시 파손되기 쉬운 표면에 새겨진 광범위한 글자 가운데 빙산의 일각 아닐까? 산둥의 왕들도 1000년 전 우루크의 왕들처럼 업무를 담당하는 관료를 두었던 것일까? 어쩌면 그럴 수도 있다. 그러나 다른 고고학자들은 비문이 확인된 방식이 이례적임을 지적하며 혹시 연대 추정이 잘못되었거나 심지어 조작이 아닌지 의심했다. 추가적인 발견만이 이 문제를 매듭지어줄 것이다. 그러나 문자가 있든 없든, 산둥의 공동체들을 다스린 사람은 분명히 강력한 권력을 휘둘렀다. 기원전 2200년이 되자 인신공양이 흔해졌고 몇몇 무덤은 조상숭배의 대상이 되었다.

이 최고위층은 누구였을까? 펀허 강 유역에서 640킬로미터 떨어진 타오쓰가 일부 단서를 제공해줄지도 모른다. 이곳은 이 시기 것으로 알려진 가장 넓은 정착지로, 어쩌면 1만 명 정도가 거주했을 수도 있다. 흙으로 다져진 거대한 기반은 중국 최초의 궁전을 떠받쳤을지도 모르지만, 물론 유일한 직접적 단서는 파괴된 벽에서 떨어져 나와 구덩이 아래서 발견된 장식 파편뿐이다(여기에 대해서는 곧 다시 다룰 것이다).

타오쓰에서는 수천 기의 매장지가 발굴되었으며, 이것은 상하가 뚜렷한 계서제階序制를 암시한다. 십중팔구는 약간의 부장품만 묻힌 자그마한 무덤이다. 대충 10기 가운데 1기 정도가 다른 무덤보다 더 크지만 약 100기 가운데 1기(항상 남자의 무덤이다)는 어마어마하게 크다. 일부 거대 무덤은 용이 그려진 꽃병과 옥 장신구, 희생 제물로 바쳐지긴 했지만 사람이 먹은 흔적은 없는 통돼지 등을 비롯해 200가지의 부장품이 출토되었다. 제2장에서 논의한 선사시대 공동묘지 자후와 놀랄 만큼 유사하게 이곳의 매우 화려한 무덤에도 악기가 함께 묻혀 있었는데, 악어가죽을 씌운 점토나 나무 북, 커다란 돌 종, 기이해 보이는 구리 종 등이 출토되었다.

제2장에서 자후에 대해 이야기하면서 나는 동양의 왕들이 술과 음악, 반복적인 제의를 통해 자신들이 영적 세계를 여행하고 조상 그리고 신들과 대화를 했다고 스스로 믿는(다른 이들도 그렇게 믿게 만든) 선사시대 샤먼에서 발전했다는 고고학자 장광즈의 이론을 언급했다. 자후는 장광즈가 이 이론을 발전시켰을 때 아직 발굴되지 않았으므로 그는 샤머니즘에 대한 증거를 기원전 3500년으로까지 거슬러올라갈 수밖에 없었다. 그러나 그는 타오쓰와 유사한 유적지를 지적하면서 고대 중국의 종교적 상징과 국왕의 상징이 하나로 결합하게 된 것은 기원전 2500년과 기원전 2000년 사이라는 견해를 제시했다. 그러나 그로부터 2000년 뒤에도 제사에 관한 유교의 교본인『주례』는 여전히 타오쓰 무덤에서 발견된 유형의 기구를 지배층의 제사를 위한 적절한 제기로 열거한다.

장광즈는『주례』와 비슷한 시기에 쓰인 다른 문헌도 기원전 2000년 이전의 시대에 대한 기억들을 반영한다고 믿는다. 이와 관련해 가장 중요하지만 물론 한편으로 가장 수수께끼 같기도 한 문장은 기원전 239년에 진나라 재상 여불위가 유익한 내용들을 모아 펴냈다는『여씨춘추』에서 찾을 수 있다.* "하늘의 도리는 둥글고 땅의 도리는 네모지다. 삼황오제는 이를 본보기로 삼는다."⁷ 삼황오제란 상제의 후손이라고 전해지며 이 왕들 가운데 마지막 왕인 우는 황허 강이 범람했을 때 배수로를 파서 인간들을 구했다고 여겨진다. 또 다른 문헌은 "우가 없었다면 우리는 모두 물고기가 되었으리라"⁸고 말한다. 전설에 따르면 주민들은 감사한 마음에 우를 왕으로 추대했고, 우는 중국 최초로 전적으로 인간에 의한 왕조인 하 왕조를 세웠다.

책의 정확성을 자신한 여불위는 저잣거리에 천금을 걸어두고 누구든 이 책에서 한 자라도 보태거나 뺄 수 있는 사람에게 그 돈을 주겠다고(천만다행으로 오늘날의 출판업자들은 더 이상 작가에게 이런 조건을 요구하지 않는다) 약속했다고 한다. 그러나 여불위의 감동적인 확신에도 불구하고 우 왕에게는 홍수에서 인류를 구한 나무랄 데 없는 인간의 서양 버전인 노아와 비슷한 수준의 신빙성밖에 없는 듯하다. 대부분의 역사가는 삼황오제를 전적으로 허구라고 생각한다. 그러나 장광즈는 여불위의 책이 기원전 3000년대 후반, 즉 왕권과 유사한 것이 동양에서 형성되던 시기에 대해 비록 왜곡된 형태로나마 진실한 정보를 담고 있다는 견해를 제시한다.

장광즈는 삼황오제가 하늘은 둥글고 땅은 네모지다는 것을 통치 본보기로 삼았다는 것, 그리고 기원전 2500년경 양쯔 강 삼각주 지역의 부유한 무덤에서 출현한 뒤 타오쓰와 기타 지역으로 퍼져나간 옥으로 만든 일종의 그릇인 종琮이 여불위의 이야기와 관련성이 있다고 본다. 종은 위로 동그란 구멍이 난 네모난 블록으로, 동그라미와 네모는 하늘과 땅의 결합을 나타낸다. 네모와 동그라미는 1912년 중국의 마지막 왕조가 무너질 때

---

* "춘추Springs and Autumns"는 중국 역사서에서 인기 있는 제목으로 사실 '세월'을 뜻한다. 아마 영어로는 "연대기Annals"가 더 적절한 번역어일 것이다.

까지 지속적으로 왕권의 강력한 상징이었다. 베이징 자금성의 인파를 뚫고 왕궁의 어두운 내부를 들여다본다면 여러분은 똑같은 상징—왕좌의 네모난 토대와 둥근 천장—이 끊임없이 반복되어 있는 것을 확인할 수 있으리라.

장광즈는 어쩌면 이승과 영적 세계를 왕래한다고 주장하며 자신들의 권력을 상징하고자 종을 사용한, 고대 사제—국왕에 대한 기억들이 여불위 시대에까지 살아남은 것일 수도 있다고 주장한다. 그는 기원전 2500년에서 기원전 2000년을 "옥으로 된 종의 시대, 샤머니즘과 정치가 결합한 시대, 샤머니즘에 대한 독점을 바탕으로 지배층이 출현한 시대"[9]라고 부른다. 가장 화려하고 눈길을 끄는 종은 분명히 왕실의 보물이었을 것이다. 가장 커다란 실례인 영령과 동물의 이미지가 새겨진 종에는 고고학자들에 의해 '킹콩King Cong[종이 중국어 병음으로 콩cong인 데서 비롯한 것이다]'이라는 명칭이 붙었다(고고학자들의 유머감각이란 무척 뻔하다).

장광즈의 주장이 맞는다면 기원전 2500년과 기원전 2000년 사이에 종교 전문가들은 그보다 1000년 전 메소포타미아에서처럼 옥과 음악, 흙으로 다진 기반 위에 세운 신전을 신을 향한 확성기 삼아 지배계급으로 변신했다. 한 유적지에는 심지어 종과 비슷하게 생긴 사당도 있다(물론 너비가 6미터에 불과하고 낮은 토대 위에 세워진 무척 작은 건물이다).

기원전 2300년이 되자 타오쓰는 궁전과 건물 기반, 신과 같은 지위로 나아가는 중인 족장들을 갖추고서 한창 성장해가는 우루크와 유사해 보였다. 그러다 갑자기 성장을 멈췄다. 지배층의 복합 단지는 파괴되었다. 궁전의 흔적이라고는 앞서 언급한 쓰레기장 구덩이에서 발견된 채색 벽의 파편만 남은 것은 그 때문이다. 사지가 잘리거나 무기가 박힌 40구의 유골이 예전 궁전이 있던 자리의 구덩이에 버려졌고 가장 큰 무덤 가운데 일부는 도굴되었다. 타오쓰는 이전 크기의 절반으로 줄어들었고 커다란 새로운

읍성이 바로 몇 킬로미터 옆에 성장했다

고고학에서 흔히 불만스러운 점 가운데 하나는 옛날 사람들이 무엇을 했는지에 대한 결과는 알 수 있지만 그 원인은 모른다는 것이다. 우리는 이야기를 늘어놓을 수는 있지만(야만인들이 타오쓰를 불태웠다! 내전이 타오쓰를 파괴했다! 내분이 타오쓰를 두 쪽 냈다! 이웃들이 타오쓰를 약탈했다! 등등) 무엇이 맞는지는 거의 분간할 수 없다. 이 경우 우리가 할 수 있는 최선은 타오쓰의 몰락이 더 커다란 과정의 일부라고 보는 것이다. 기원전 2000년이 되자 산둥에서 가장 넓은 거주지들은 버려졌고 인구는 중국 북부 전역에 걸쳐 감소하고 있었다. 물론 바로 같은 시기에 가뭄과 기근, 정치적 혼란이 이집트와 메소포타미아를 덮쳤다. 기후변화가 구세계 전역에 위기를 초래한 것일까?

만약 타오쓰가 이집트의 나일 강 수위계처럼 황허 강 수위계를 이용해 범람 수위를 기록했다면 혹은 중국의 고고학자들이 시리아의 텔 레일란에서와 같은 미세형태학적 연구를 수행했다면 우리는 어쩌면 이 질문에 답할 수 있으리라. 그러나 이런 종류의 증거들은 존재하지 않는다. 우리는 이에 관한 정보를 얻기 위해 이런 사건이 일어나고 2000년 뒤에 작성된 문헌들을 뒤져야 할지도 모른다. 물론 삼황오제와 관련한 이야기처럼 문헌의 저자들이 그처럼 먼 옛날에 대해 얼마나 잘 알고 있었는지 확인할 수는 없겠지만 말이다.

『여씨춘추』에서 여불위는 "우왕의 치세 때 천하에 1만 개의 곽郭이 있었다"[10]고 말한다. 영어로는 "chiefdom"으로 번역할 수 있는 곽은 담으로 둘러싸인 읍성에 기반한 작은 정치 단위인데, 고고학자들은 곽을 기원전 2500년부터 기원전 2000년 사이 황허 강 유역을 묘사하는 꽤 적절한 표현이라고 여긴다. 일부 학자는 한발 더 나아가 우왕이 실존했으며 그가 만곽의 시대를 끝내고 하나라의 지배를 확립했다고 주장한다. 문헌의 자료들은 심지어 기후적 요인도 제공한다. 비록 황허 강 유역이 메소포타미아 스타일의 황진 지대(모래 폭풍이 부는 지대)는 아니지만 10년 중 9년 동안 폭우가 쏟아졌다고 이야기하면서 우왕이 황허 강 유역의 물을 다스려야 했다는 것이다. 그와 유사한 일이 분명 일어났을 수 있다. 20년 전까지도 황허 강이 곳곳에서 마르기 시작하면 사람들은 어김없이 이를 "중국의 슬픔"이라고 불렀는데, 황허 강은 거의 매년 범람하며 평균 1세기에 한 번씩 물길을 바꾸어 무수한 농민들을 죽거나 다치게 했기 때문이다.

어쩌면 우왕의 이야기는 기원전 2000년 무렵의 실제 재난에 근거했을 수도 있다. 아니면 그냥 민간설화에 불과할지도 모른다. 우리로서는 알 길이 없다. 그러나 다시금, 변화의 원인들은 모호할지라도 그 결과는 분명했다. 산둥의 읍성들과 펀허 강 유역은 기원전 2000년이 되자 되살아났고(타오쓰에는 높이 6미터, 너비 60미터에 이르는 어마어마한 기단부도 있었다) 후진성의 이점—서양의 역사에서 매우 중요한—이 이제 발휘되면서, 더욱 인상적인 기념물들이 이전의 벽지인 '이뤄 강 유역'[이허 강과 뤄허 강은 둘 다 황허 강의 지류이며, 이 둘을 합쳐 이뤄 강 유역으로 부른다]을 채우기 시작했다.

이유를 밝혀줄 만한 충분한 증거는 없지만 이뤄 사람들은 단순히 타오쓰를 모방하지 않았다. 대신 그들은 완전히 새로운 건축양식을 창조했다. 그들은 1000년 전 중국 북부에서 전형적이었던 어느 각도에서든 쉽게 눈에 띄고 접근 가능한 거대한 건물들을, 지붕이 있는 회랑으로 안마당을 둘러싸고 몇 군데에만 입구를 둔 사방이 막힌 궁전으로 대체했다. 그다음 그들은 이 궁전들을 다져서 굳힌 높은 흙담 안으로 숨겨넣었다. 건축물을 해석하는 일은 까다로운 일이지만 이뤄 양식은 사제들의 지도력이 이뤄 강 유역의 더 유동적인 변경까지 퍼져나가면서 지배자와 피지배층 사이의 관계가 새롭고 어쩌면 더 위계적인 방향으로 변모했다는 것을 가리키는지도 모른다.

한 공동체가 다른 경쟁상대를 모두 제치고, 공동체 지배자들의 무력에 의지해 자신의 의사를 관철하고 신민으로부터 세금을 거둘 수 있는 국가로 변모한 이런 순간을 동양에서의 우루크의 순간이라고 생각할 수도 있다. 그러한 공동체는 기원전 1900년과 기원전 1700년 사이에 주민 2만 5000명이 거주하는 진정한 도시로 폭발적으로 성장한 얼리터우였다. 많은 중국의 고고학자는 얼리터우가 성군 우왕이 건립했다는 하나라의 수도라고 믿는다. 그러나 비중국계 고고학자들은 하나라에 대한 문헌상의 언급이 얼리터우가 버려지고 1000년이 지난 뒤에야 등장한다는 점을 지적하며, 전체적으로 중국 학자들의 견해에 동의하지 않는다. 그들은 하나라가—우왕과 더불어—허구일 가능성을 주장한다. 이런 비판가들은 중국 학자들이 좋게 말해서는 신화를 쉽게 믿어버린다고, 나쁘게 말해서는 중국 문명의 기원을 최대한 멀리까지 잡음으로써 현대 중국의 국가 정체성을 강화하고 중국 정부의 프로파간다 역할을 한다고 비판한다. 으레 그렇듯이 이런 논쟁은 꼴사나워진다.

이 논쟁은 우리가 여기서 논의하는 문제들에서 크게 벗어나 있지만 그렇다고 완전히 피할 수는 없다. 나로 말하자면, 우왕에 대한 이야기들이 대부분 민간전승이라 하더라도 하나라가 실제로 존재했고 얼리터우가 그 수도였을 것으로 생각한다. 다음 부분에서 살펴보겠지만 우리가 후대 중국 역사가들의 이야기가 정확한지 확인할 때마다 그들이 이름들을 제법 정확하게 전했다는 것은 분명하다. 나는 우왕과 하나라에 관한 기록들이 없는 이야기를 완전히 지어낸 것이라고는 도저히 믿을 수가 없다.

그러나 진실이 무엇이든 우왕과 하나라 혹은 얼리터우를 지배한 누군가는 전례 없는 규모의 노동력을 동원하여 흙으로 다진 기단부 위에 새로운 폐쇄형의 궁전과 어쩌면 조상을 모시는 사당도 지을 수 있었을 것이다. 1번 궁전을 받치는 기단부를 완성하려면 분명 대략 수십 년에 걸친 작업이 필요했을 것이다. 그곳에서 400미터 떨어진 곳에서 고고학자들은 도가니와 광재, 청동을 주조하는 거푸집이 8000제곱미터에 걸쳐 여기저기 흩어져 있는 것을 발견했다. 구리는 기원전 3000년 이래로 인간에게 알려져 있었으나 이후로도 오랫동안 신기한 물건으로 여겨졌고, 주로 자잘한 장신구를 만드는 데 사용되었다. 얼리터우가 기원전 1900년경 자리를 잡았을 때 청동기는 여전히 드물었고 돌과 뼈, 조개껍질이 기원전 1000년대 넘어서까지 계속 일반적이었다. 얼리터우의 대장간은 초기 기술 활동에서 양적 도약이나 다름없었다. 대장간은 틀림없이 도시의 성공에 크게 이바지했을 무기와 장인들이 쓸 도구를 쏟아냈고 타오쓰에서 나온 이전 시기의 종과 같은 뛰어난 제례용 기물들도 제작했는데, 터키석 눈동자와 동물, 뿔을 박아넣은 명패, 지름이 30센티미터 혹은 그보다 조금 더 나가는 제기 등이 있다. 얼리터우에서 발명된 물건들(삼발이 술잔 가爵, 솥단지 정鼎, 컵 작爵, 술을 데우는 주전자 호盉)은 종교적 메시지를 전달하는 동양에서 궁극의 확성기가 되면서 옥 종을 대체하고 이후 수천 년 동안 동양의 제례를 지배하게 된다.

이 대단한 제기들은 얼리터우에서만 발견되었다. 국왕은 이승과 초자연적 세계의 중개자라는 주장으로부터 왕권이 유래했다는 장광즈의 주장이 맞는다면 청동 제기들은 아마도 얼리터우의 권력에서 청동검만큼 중요했을 것이다. 얼리터우의 국왕은 가장 소리가 큰 확성기를 갖고 있었다. 보잘것없는 곽의 군주들은 신령들이 가장 잘 들을 수 있는 사람과 협력하는 편이 이리 있다고 결론 내렸을지도 모른다.

그러나 국왕에게 청동 제기들은 도구이면서 동시에 골칫거리였으리라. 제기들은 굉장히 비쌌고 엄청난 규모의 장인들과 막대한 양의 구리와 주석, 연료가 필요했다. 그러나 이뤄 강 유역에서는 이 모두가 부족했다. 소왕국(정착 패턴에 대한 추정을 바탕으로 일부 고고학자는 얼리터우의 면적이 약

5200제곱킬로미터에 이르렀으리라고 산정한다)을 설립하는 것과 더불어 얼리터우는 닥치는 대로 원자재를 찾아 식민 이주자를 파견했을 수도 있다. 예를 들어, 얼리터우에서 서쪽으로 160킬로미터 떨어진, 구리가 풍부한 구릉지 둥샤펑에는 얼리터우 형태의 토기와 구리를 제련하고 남은 잔해가 무더기로 발견되었지만 궁전이나 화려한 무덤은 없으며 청동 제기는 고사하고 제기를 주조하는 거푸집도 출토되지 않았다. 어쩌면 고고학자들이 엉뚱한 곳을 파헤치고 있어서 아직 발견하지 못했을 수도 있지만 그곳의 발굴 작업은 오래되었다. 아무래도 구리가 둥샤펑에서 채굴, 제련된 다음 동양 최초의 식민 정권인 얼리터우로 보내졌을 가능성이 크다.

최고 조상

후진성에는 이점이 있지만 불리한 점도 있는데, 주변부가 구 핵심부로 밀고 들어오자마자 유사하게 밀고 들어오려는 새로운 주변부와 직면하게 될 때 특히 그렇다. 얼리터우는 기원전 1650년경에 이르러 동양에서 가장 눈부신 도시였고 그곳의 신전들에는 청동 솥단지가 반짝이며 종소리가 메아리쳤지만 황허 강 너머로 하루만 걸어가도 모험심에 찬 얼리터우의 도시인은 서로 다투는 족장들과 요새로 이루어진 폭력적 세계에 발을 들여놓게 되었으리라. 대도시에서 65킬로미터밖에 안 떨어진 구덩이에서 발견된 유골 두 구는 머리 가죽을 벗겨낸 흔적을 의심의 여지없이 보여준다.

얼리터우와 이 거친 변경 지대 사이의 관계는 균형을 무너트릴 일이 발생하기 전까지는 교역과 약탈이 양자에게 모두 이득이 되는 메소포타미아의 아카드 제국과 아모리인의 관계와 다소 비슷했을 것이다. 동양에서 균형을 무너트리는 일은 기원전 1600년경에 얼리터우에서 불과 8킬로미터 떨어진 곳에 세워진 옌스라는 요새의 형태로 나타났다. 후대의 문헌은 이 시기에 상商이라는 새로운 집단이 하나라를 무너트렸다고 말한다. 옌스에서 발견된 가장 이른 시기의 유물들은 얼리터우 양식의 재료들과 황허 강북쪽의 전통이 결합된 것이며, 대부분의 중국 고고학자는(그리고 이번에는 다른 나라의 고고학자들도) 상나라가 기원전 1600년경에 황허 강을 건너 얼리터우를 물리친 뒤, 자신들에게 굴복하긴 했지만 여전히 더 세련된 적들을 지배하기 위해 옌스를 세웠다고 믿는다. 옌스가 대도시로 활짝 꽃피면서 얼리터우는 몰락했고 기원전 1500년경 어쩌면 이전의 적들을 그렇게 가까이서 감시할 필요가 없다고 결론 내린 상나라의 왕은 동쪽으로 80킬로미터 떨어진 신도시 정저우로 옮겨갔다.

얼리터우가 할 수 있는 것은 뭐든 정저우는 더 잘할 수 있거나 아니면 적어도 더 크게 할 수 있었던 것 같다. 정저우는 얼리터우와 같은 크기의 내성이 있었을뿐더러 각각 흙벽을 두른 2.5제곱킬로미터 면적의 교외 지구도 여러 군데 거느리고 있었다. 한 추산에 따르면 이 공사를 위해서 8년간 1만 명의 노동자가 투입되었을 것이다. "벽을 쌓는 소리에 지축이 흔들렸다." 훗날의 시는 성벽 공사를 이렇게 묘사한다. "사람들은 쿵쿵 다지고 / 쾅쾅 두들기고 / 정과 끌로 깎고 새겼다."[11] 정저우는 각종 둔탁한 굉음과 소음, 정과 끌이 맞부딪히는 소리로 가득했으리라. 도시는 한군데가 아니라 여러 군데의 청동 주조소가 필요했는데, 그 가운데 한 곳의 쓰레기장만 해도 3만2000제곱미터에 달했다. 정저우의 제기들은 계속해서 얼리터우의 전통을 따랐지만 자연히 더 크고 화려해졌다. 기원전 1300년경에 (아마도 전쟁통에) 급하게 땅에 묻힌 한 청동 솥단지는 높이가 90센티미터이고 무게가 90킬로그램이나 나간다.

정저우는 얼리터우의 식민주의도 확대했다. 양쯔 강 너머 640킬로미터 떨어진 퉁링에서 광부들은 구리를 찾아 계곡을 파헤치면서 암반에 100여장의 널빤지를 박아넣어 수직굴을 뚫고 20만 톤의 암재를 쌓아 풍경을 변화시켰다. 그들이 남긴 물건들(매우 잘 보존되어서 고고학자들은 심지어 나무와 대나무로 만든 도구와 갈대로 엮은 자리까지 찾아냈다)은 상나라의 수도에서 나온 것과 똑같이 생겼다. 우루크 양식의 물질문화가 메소포타미아를 거쳐 기원전 3500년 이후에 널리 퍼져나갔을 때 몇몇 지역은 도시 안에 길을 낸 모양까지 그대로 우루크를 복제한 것 같았다. 마찬가지로 상나라의 식민 이주자들도 퉁링부터 상의 핵심부까지 이어지는 가장 편한 경로에 걸쳐 있는 판룽청에 궁전과 화려한 무덤, 원숙한 상나라 양식의 청동 제기를 다 갖춘 일종의 정저우 축소판을 세웠다.

그러나 기원전 1250년경에야 상은 우리에게 진짜 흥미로워진다. 전설에 따르면 1899년(기원전이 아니라 서기) 국자감 제주 왕의영의 한 친척이 말라리아에 걸려서 하인을 보내 중국의 전통 약재인 부패한 거북이 등껍질을 사오도록 시켰다.* 왕의영의 병든 친척은 교육을 받은 사람이었고, 하인이 가져온 거북이 등껍질에 일련의 기호가 새겨져 있는 것을 보자 이것이 고대 한자의 한 형태일 것이라 짐작했다. 그는 다른 의견을 들어보고자 왕의영에게 등껍질을 보냈고 왕의영은 이 갑골문자가 상왕조시대로 거슬러 올라간다고 추측했다.

더 많은 등껍질을 구입한 왕의영은 문자 해독에 빠른 진전을 보였지만 그 속도로는 모자랐다. 1900년 여름 서양인에 대한 대중의 분노가 의화단운동으로 터져나왔다. 서태후는 의화단원을 후원하여 왕의영을 비롯한 관료들이 민병대를 이끌도록 임명했다. 의화단원은 외국 공사관을 포위

---

* '전설에 따르면'이라고 표현한 이유는 제1장에서 언급한 선사시대 대규모 유적지 저우커우뎬의 발굴로 이어진 유물의 발견 역시 같은 해에 같은 방식으로 시작되었다고 하기 때문이다. 베이징의 소요로 발이 묶인 한 독일 박물학자가 약재상에 나온 "용의 뼈"가 인간의 치아임을 알아차린 일이 계기가 되었다고 하는데 우연의 일치치고는 다소 미심쩍다.

했으나 2만 명의 외국—일본, 러시아, 영국, 미국, 프랑스—군대가 베이징을 덮쳤다. 참사에 휘말려 완전히 몰락한 왕의영은 부인, 며느리와 함께 독약을 삼킨 채 우물에 몸을 던졌다.

글자가 새겨진 왕의영의 거북이 등껍질은 옛 친구의 손에 들어가게 되었다. 10년 뒤에 그도 역시 관직에서 쫓겨나 중국의 황량한 서쪽 오지에 유배되어 죽음을 맞이하게 되지만 해독한 문자들은 1903년에 책으로 나올 수 있었다. 책은 갑골 유행을 촉발했다. 외국인 학자, 중국인 학자 할 것 없이 앞다투어 거북이 등껍질을 사들였다. 베이징의 노동자가 하루에 은 5그램을 벌던 그 시절에 갑골문자 한 자당 은 85그램을 지불할 정도였다. 안 좋은 소식은 이러한 폭발적 관심사가 무장한 패거리들이 감자밭에서 고대 갑골문 조각을 놓고 총질을 해대는 식의 무분별한 불법 도굴에 불을 지폈다는 것이었다. 그러나 좋은 소식은 대단했다. 이 불탄 갑골문이 중국에서 가장 오래된 글자라는 왕의영의 추측이 맞았을 뿐 아니라 기원전 1세기 역사가 사마천이 상나라의 마지막 통치자로 열거한 사람들과 정확히 일치하는 왕들의 이름이었음이 밝혀진 것이다.

골동품 상인들이 갑골의 출처를 비밀로 하려고 했지만 곧 모두가 갑골이 안양에서 나왔다는 것을 알게 되었고, 1928년 중국 정부는 최초의 공식적 유적 발굴 작업에 착수했다. 안타깝게도 이 작업도 저우커우뎬의 베이징원인 발굴 때와 똑같은 문제에 봉착했다. 군벌과 도적들이 유적지 인근에서 싸웠고 사제 권총으로 무장한 도굴꾼들이 경찰과 총격전을 벌였으며 일본군이 다가오고 있었다. 1만7000점, 당시로서 최대 규모인 갑골문이 출토된 구덩이는 1936년 발굴 기간이 마감되기 한 시간 전에 발견되었다. 이곳을 다시 찾지 못하리라 생각한 고고학자들은 이 유물을 파내기 위해 이후 나흘을 밤낮으로 애썼다. 그들이 발견한 유물은 이후 10년에 걸친 전쟁통에 대부분 사라졌지만 청동 그릇과 갑골문은 1949년 공산당이 대륙을 장악한 뒤 타이완으로 넘어갔다. 그리고 그 모든 고생은 헛되지 않았다. 안양 발굴 작업은 초기 중국의 역사를 바꿔놓았다.

발굴 조사는 안양이 기원전 1300년경에 세워진, 상나라의 마지막 수도였다는 사실을 보여주었다. 1997년에야 위치가 확인된, 성벽에 둘러싸인 거주지는 거의 8제곱킬로미터에 달하지만 정저우와 마찬가지로 주변의 교외 지역에 비하면 턱없이 작다. 사원과 공동묘지, 청동 주조소는 내성 너머로 맨해튼의 3분의 1 넓이인 대략 30제곱킬로미터에 걸쳐 흩어져 있다. 2004년에 발굴된 한 주조소는 4만 제곱미터에 달하지만 이 제례적 풍경의 핵심에는 갑골문에 기록된 내용의 주조를 이루는 다른 활동이 자리하고 있었다. 조상들을 구슬려 도움을 얻으려는 왕들의 노력 말이다.

발굴된 갑골문은 무정 왕(기원전 1250~기원전 1192)의 오랜 치세에서 시작되었는데, 우리는 갑골문에 담긴 정보로부터 갑골문을 만들어낸 제사의 모습을 짜맞출 수 있다. 왕은 안양을 가로질러 흐르는 강 맞은편의 거대한 무덤에서 조상들의 혼령을 불러내 질문을 던진다. 그는 뜨겁게 달군 막대기로 거북 등껍질이나 짐승의 뼈를 눌러서 금이 갈라지면 그 뜻을 풀이하고 전문가들이 이 '신탁의 뼈' 위에 점의 결과를 새겼다.

제사는 무정을 최고 조상으로 만들었으며 최근에 죽은 왕들의 혼령을 위한 모임을 주최하여 혼령들로 하여금 그들의 조상들을 불러모으도록 하고, 그 조상들은 다시―정말 심각한 문제가 발생했을 때는―상제에 이르기까지 모든 혼령을 한자리에 불러모은다. 말없는 거북이가 조상들의 목소리를 들려준다는 발상은 제2장에서 논의한 자후 유적지처럼 6000년 전으로까지 거슬러올라갈 수도 있지만 상나라의 왕들은 물론 자후 사람들보다 갑골문을 더 크게 잘 만들었다. 고고학자들은 안양에서 20만 점이 넘는 신탁의 뼈를 발견했으며 갑골문 분야를 선도하는 서양학자 데이비드 키틀리는 무수한 거북이와 소가 희생되어 원래 약 200만에서 400만 점의 갑골문이 만들어졌을 것이라고 추정한다. 제사에는 얼큰한 주연도 포함되었는데, 아마도 왕이나 주술사가 혼령들과 이야기할 수 있는 적절한 정신 상태를 만들기 위해서였을 것이다.

상나라의 왕은 전임자가 조상신이 되는 것을 기념하는 화려한 장례식을 통해 혼령들의 환심을 사려고 했다. 기원전 1300년부터 기원전 1076년까지 제위에 머문 각 왕을 안장한 여덟 기의 왕릉과 더불어 기원전 1046년 제위에 있을 당시 상나라가 멸망하여 완공되지 못한 주왕 신의 아홉 번째 능도 발견되었다. 왕릉은 모두 도굴되었지만 여전히 사람을 압도하는데 이집트 기준에 비교하면 미미하기 짝이 없는 몇천 톤의 흙무더기 때문이 아니라 상나라 장례만의 진짜 특색인 바로 폭력 때문이다.

고대 중국의 문헌은 지배층의 장례에서 '죽음을 뒤따르는' 사람에 대해 이야기하지만 발굴자들이 안양에서 찾아낸 것은 그들의 예상을 뛰어넘었다. 무정의 안식처로 추정되는 1001호 무덤에는 약 200구의 유해가 묻혀 있었다. 이 가운데 수직굴 바닥에서 발견된 9구는 죽은 개, 일부러 부러트린 청동 칼날과 함께 각자 구덩이에 안치되었고 11구는 갱도 주변의 선반에 놓여 있었으며 73구에서 136구에 이르는 시체(도막 난 시체 일부만으로는 정확히 계산하기 어렵다)는 무덤으로 진입하는 경사로에 흩어져 있었다. 그 외에 80구의 시체가 무덤 옆 지표면에서 더 발견되었다. 지금까지 약 5000기의 순장 구덩이가 무덤 주변에서 확인되었는데, 흔히 살해된 인간(대부분 남자인데 일부는 고된 노동으로 관절이 다 닳았다)과 (새부터 코끼리에 이르는) 동물의 유해가 수백 구 묻혀 있다. 이 불운한 인간들은 조용히 세상을 뜰 수 없었다. 어떤 이들은 머리가 잘렸고, 어떤 이들은 사지가 절단되거나 허리가 잘렸다. 또 다른 이들은 여전히 몸이 묶인 채 몸부림치고 있는 상태로 발견되었는데, 분명히 생매장되었을 것이다.

숫자는 어마어마하다. 갑골문은 1만3052차례의 제의적 살해를 언급하는데 지금까지 발견된 갑골문은 전체의 5~10퍼센트에 불과하다는 키틀리의 계산이 맞는다면 도합 25만 명이 죽은 셈이다. 평균적으로 150년간 매일 4~5명이 살해된 셈이다. 그러나 실제로는 이들은 대규모 장례식에서 한꺼번에 살해되었으므로 난자당한 사람들이 비명을 지르며 죽어가는 살육의 향연으로 점철된 장례식은 문자 그대로 피로 물들었을 것이다. 대략 3000년 뒤 멕시코의 아스테카 왕들은 사로잡은 포로를 피에 굶주린 신 케찰코아틀에게 바치려는 구체적 목적을 띠고 전쟁을 벌였다. 상나라도 특히 그들이 강족이라고 부르는 부족을 상대로 조상을 위해 똑같이 그런 전쟁을 벌였을 수도 있는데 7000명이 넘는 강족 사람들이 갑골문에 희생자로 기록되어 있다.

무정과 그의 측근은 이런 장례에서 죽음을 초래하면서 서양의 대왕들처럼 다른 세계의 혼령들과 이야기를 했다. 그들을 왕으로 만든 것은 숭배와 전쟁의 결합이며 국왕을 조상신으로 바꾸는 장례식은 전쟁의 상징주의로 가득 차 있다. 이미 도굴을 당했음에도 1004호 무덤(기원전 1160년경에 죽은 늠신 왕의 무덤으로 추정된다)에는 여전히 731개의 창촉과 69개의 도끼, 141개의 투구가 담겨 있었다. 무정이 상제에게 직접 말을 하는 경우는 보통 싸움에 관해서였다. "41일에 금을 갈라 점을 침." 전형적인 갑골문의 문장이다. "우리가 마방을 공격하면 하늘이 우리를 도울 것이다."[12]

서양 기준으로 상나라의 군대는 작았다. 갑골문에 언급된 가장 큰 규모도 카데시 전투 때 람세스 군대의 3분의 1에 불과한 1만 명이다. 비문의 지명들도 무정이 황허 강 유역의 자투리땅과 판룽청 같은 멀리 떨어진 몇몇 식민지만을 직접 다스렸음을 시사한다. 세금을 걷고 관료제의 의해 운영되는 이집트 통합 왕국 같은 나라는 아니었던 것 같지만 안양에 조공을 바치는 느슨한 동맹 집단을 다스렸던 것 같다. 조공에는 가축과 백마, 점복에 쓸 뼈와 등껍질, 심지어 희생 제의를 위한 인간도 포함되어 있었다.

역대 상나라의 왕들을 열거한 기원전 1세기 역사가 사마천의 설명에 따르면 초기 중국사는 무척 단순하게 보인다. 치수 사업을 한 우왕으로 정점에 달한 성군들 이후 순서대로 하나라와 상나라, 주나라가 들어섰다(3왕조 연대기 프로젝트의 그 3왕조다). 이 3왕조로부터 중국이 발전했고 그 외의 것들은 언급할 가치가 없었다. 그러나 고고학 연구는 얼리터우와 안양이 과연 당대에 비길 데가 없었다는 것을 보여줌과 동시에 사마천의 설명은 현실을 과도하게 단순화했다는 것도 보여준다. 이집트나 바빌로니아처럼 하나라와 상나라도 십수 개의 이웃 국가들을 상대해야 했다.

고고학자들은 이 다른 나라들, 특히 중국 남부와 동부의 인상적인 유적들을 이제야 조금씩 파헤치고 있다. 1986년까지도 우리는 양쯔 강 내륙 쓰촨에서 기원전 1200년경 부유한 왕국이 번성했다는 사실을 거의 몰랐다. 그러나 그후 고고학자들은 싼싱두이에서 보물로 가득한 구덩이 두 기를 발견했다. 수십 개의 청동 종과 커다랗게 부릅뜬 눈에 관을 쓴 180센티미터 크기의 남자 조각상 한 쌍, 조각상보다 두 배 크며 섬세한 금속 열매와 잎사귀, 새들로 장식된 가지가 무성하며 정교한 청동 "정령 나무" 등이 출토되었다. 발굴자들은 잃어버린 왕국을 우연히 발견하여 2001년 진사 근처에서 대규모 도시가 드러났다. 일부 예측에 따르면 2010년대와 2020년대 세계의 고속도로와 주택 건설 사업의 절반이 중국에서 진행될 것이라고 한다. 굴착기보다 한 발 앞서 현장으로 달려가는 긴급구조 고고학자들이 다음에 무엇을 찾아낼지는 알 수 없는 일이다.

우리는 히타이트인, 아시리아인, 이집트인을 별개의 민족으로 쉽게 구분한다. 그들만의 언어가 담긴 고대 문헌이 보전되어 있으며 우리 스스로가 여러 민족 국가로 구성된 서양이라는 관념에 익숙하기 때문이다. 그러나 동양에서는 중화Chineseness가 하왕조와 함께 시작되어 사방으로 뻗어나갔다는 사마천의 이야기 때문에 오늘날 중국이라는 단일한 근대 국가의 경계 안에 존재했던 이 초기 국가들이 '항상' 중국 민족이었다고 생각하기 십상이다. 그러나 현실을 들여다보면 고대 동양과 서양 모두 신앙과 관습, 문화적 형식을 일부 공유하고 다른 측면에서는 상이한 국가들이 북적대는, 다소 비슷한 네트워크가 존재했을 것이다. 그들은 교역하고 싸우고 경쟁하며 팽창했다. 증거가 쌓여갈수록 고대 동양과 서양에서 사회발전지수가 올라가는 과정도 점점 더 유사하게 보인다. 어쩌면 한때 안양에도 이집트 아마르나의 점토 서판처럼 낯선 말로 이야기하는 외국의 지배자들과의 외교 서신을 기록한 비단과 대나무를 보관하는 목조 회관이 있었을지도 모른다. 진사의 왕은 산둥의 지배자들을 자신과 동급으로 취급할지에 대해 의견을 교환하면서 무정을 '형제'라고 불렀을지도 모른다. 심지어 무정은 어느 순진한 상나라의 공주를 양쯔 강 유역의 작은 궁정으로 시집보냈을 수도 있다. 그곳에서 공주는 가족과 사랑하는 사람들과 떨어진 채 무더위에 땀을 흘려가며 아이를 낳았을까? 물론 우리는 영영 알 수 없을 것이다.

산산이 부서지다

데니켄의 우주인을 다시금 이야기에 끌어들여보자. 앞서 내가 언급한 대로 우주인은 기원전 2200년 이후 이집트와 메소포타미아의 붕괴에 깜짝 놀랐을지라도 기원전 1250년경 비행접시를 타고 지구 궤도로 돌아왔을 때 무정과 람세스 2세의 세계를 보고는 만족스러워했을 것이다. 이번에는 그들의 작업이 진정 잘된 것 같았다. 서양의 사회발전지수는 기원전 5000년경보다 거의 세 배나 높은 24점에 도달했다.

평균적인 이집트인과 메소포타미아인은 기원전 5000년경의 1일

8000킬로칼로리에 비교해 1일 2만 킬로칼로리의 에너지를 활용했을 것이며, 이집트의 테베나 바빌론 같은 대도시의 인구는 약 8만 명에 달했을 것이다. 문해 능력을 갖춘 수천 명의 서기가 있었고 도서관이 빠르게 들어섰다. 가장 규모가 큰 군대는 5000대의 전차를 동원할 수 있었고 한 국가가 곧 핵심부 전역에 걸쳐 제국을 건설하리라고 추측해도 무리는 없었을 것이다. 각자 궁전과 신전, 신에 가까운 왕이 있는 새로운 국가들이 이탈리아와 에스파냐, 그 너머에서 발전할 것이다. 그다음 핵심부의 제국은 그 거대한 영토가 지도 4.3을 채울 때까지 이 나라들을 곧 집어삼킬 것이다. 동양은 계속해서 서양의 발전 수준에 1000~2000년 뒤쳐져 쫓아갈 것이다. 서양과 같은 붕괴를 겪을 테고 서양 역시 더 많은 혼란에 직면할 것이다. 그러나 앞선 에피소드처럼 이러한 혼란 상태가 사회발전의 흐름을 딱히 늦추지는 못하리라. 서양은 여전히 우위를 유지하며 몇천 년 안에 화석연료를 찾아내 전 지구적 지배로 나아가리라.

따라서 그리스부터 오늘날 우리가 가자 지구라고 부르는 곳까지 서양 핵심부의 거의 모든 주요 도시들이 기원전 1200년 무렵에 불길에 휩싸였을 때 우주인은 기원전 2200년이나 기원전 1750년과 같은 또 다른 혼란 사태를 짐작했을 것이다. 분명 큰 사태이긴 하지만 장기적으로는 걱정할 것은 없었다. 서기들이 기록할 틈이 없을 정도로 재난이 너무 갑작스럽게 궁전들을 뒤덮었을 때도 우주인이 걱정에 잠 못 이루는지 않았을 것이다.

그리스 필로스의 파괴된 궁전에서 발견된 기원전 1200년 무렵의 범상치 않은 점토판은 "파수꾼들이 해안을 경비하고 있다"[13]는 불길한 문장으로 시작한다. 서둘러 쓰인 게 분명한, 같은 유적지에서 나온 또 다른 서판은 위기 상황을 타개하기 위한 인신공양을 묘사하고 있는 것 같지만 이야기를 끝맺지 않은 채 중단되어 있다. 고고학자들은 시리아 해안의 부유한 무역 도시 우가리트에서 서기들이 점토판을 쌓기 전에 건조시킬 요량으로

가마에 넣어둔 점토 서신 한 묶음을 발견했다. 누군가가 와서 기록들을 챙겨가기 전에 우가리트는 약탈당했다. 도시의 마지막 날을 기록한 이 서신들의 내용은 암울하다. 히타이트 왕한테서 온 한 편지는 간절하게 식량을 구한다. 그는 "생사가 걸렸다"[14]고 말한다. 또 다른 편지에서 우가리트 왕은 그의 병사와 배가 히타이트인을 지원하러 떠나 있는 동안 "적선이 이곳에 나타나 내 도시를 불태우고 내 땅에서 악행을 저질렀다"[15]고 쓴다.

주위는 온통 어둠으로 뒤덮였지만 이집트가 여전히 건재하는 한 희망은 남아 있었다. 자신을 기리기 위해 세운 신전에서 파라오 람세스 3세는 우가리트의 이야기를 그대로 가져온 듯한 비문을 세웠다. "낯선 나라의 사람들이 섬에서 음모를 꾸몄다. 어느 땅도 그들의 무기 앞에서 버틸 수 없다." 이 외국인들—람세스는 "바다의 민족들"이라고 부른다—이 히타이트와 키프로스, 시리아를 덮쳤다. 기원전 1176년에는 이집트를 쳐들어왔다. 그러나 그들은 이 신인 동시에 왕인 파라오 람세스 3세를 계산에 넣지 않았다.

> 그들은 나의 땅에 발을 들여놓았지만 후손들은 그렇지 못할 것이며 그들의 심장과 영혼도 영영 끝장났다. (…) 그들은 끌려가서 옥에 갇히고 해변에 버려지고 죽임을 당했고, 그들의 시체는 머리부터 발끝까지 아무렇게나 쌓였다. (…) 나는 이집트를 언급하는 것마저 꺼리게 만들었다. 그들이 그들의 땅에서 내 이름을 언급하면 불태워지기 때문이다.[16]

람세스 3세가 언급한 바다의 민족들은 아마도 필로스와 우가리트 이야기에 등장하는 악당들일 것이다. 람세스는 바다의 민족들 가운데 'Shrdn' 'Shkrsh' 'Dnyn' 'Prst'가 있다고 말한다. 이집트 상형문자는 모음을 기록하지 않았기 때문에 이 이름들이 누구를 가리키는지 확인하는 작업이 역사가들 사이에서 활발하다. 대부분은 'Shrdn'은 사르데냐인을 가리키는 고대 명칭인 "셰르덴Sherden"이라고 추정하며 'Shkrsh'는 "시켈Sikels", 즉 시칠리아인을 가리키는 이집트어 "셰클레시Sheklesh"라고 생각한다. 'Dnyn'은 그보다는 분명하지 않지만 "다나오스인Danaans", 즉 훗날 호메로스가 그리스인을 지칭할 때 쓰는 이름을 뜻하는 것으로 보인다. 'Prst'의 경우는 근거가 좀 더 확실하다. 'Prst'는 "펠레세트Peleset", 즉 성경에 등장하는 유명한 블레셋 사람을 가리키는 이집트어다.

이것은 여러 지중해 민족이 뒤섞인 칵테일이라고 할 만한데, 역사가들은 이들이 무엇 때문에 나일 강 삼각주로 몰려왔는지를 두고 끝없이 논쟁한다. 근거는 단편적이지만 일부 고고학자는 기원전 1300년 이후 서양 핵심부 전역에서 기온이 올라가고 강수량이 감소한 흔적을 지적한다. 그들은 가뭄이 기원전 2200년의 시나리오를 재연해 이주와 국가의 실패를 촉발했다고 주장한다. 다른 학자들은 지진이 핵심부를 혼란에 빠트리고 약탈의 기회를 제공하면서 변경 지대의 습격자들을 핵심부로 끌어들였다고 생각한다. 사람들이 싸우는 방식에도 변화가 생겼다. 베는 것이 가능한 새로운 칼과 더 치명적인 투창은 주변부의 가볍게 무장한 비정규 보병 무리들이 핵심부의 빛나는 그러나 경직된 전차 군대를 무찌르는 데 필요한 무기를 제공했을 수도 있다. 질병도 일익을 담당했을지 모른다. 기원전 1320년대 끔찍한 역병이 이집트부터 히타이트까지 퍼져나갔다. 한 기도문은 "하티의 땅 전체가 죽어가고 있다"[17]고 말한다. 남아 있는 기록은 다시는 역병을 언급하지 않지만, 문서 기록이 더 잘 남아 있는 시기의 역병과 다르지 않다면 당시의 역병도 틀림없이 여러 차례 되풀이되었을 것이다. 기원전 1200년에 이르렀을 때 핵심부의 인구는 분명히 감소하고 있었다.

냉정하게 진실을 직시하자면 우리는 위기의 구체적 원인을 도통 모른다. 그러나 근본적인 메커니즘, 즉 핵심부와 팽창하는 주변부 사이의 갑작스러운 관계의 역전은 분명해 보인다. 이전에도 흔히 그랬던 것처럼 팽창은 양날의 검이다. 지중해 지역의 새로운 변경은 한편으로 급증하는 사회 발전에 기름을 부었지만, 다른 한편으로 후진성의 새로운 이점을 드러내면서 기존 질서에 도전하는 혼란 요인—이주와 용병, 대처하기 힘든 새로운 전술—을 야기했다. 그리고 기원전 13세기에 핵심부의 강대국들은 그들이 만들어낸 변경에 대한 통제력을 상실하기 시작했다.

떠밀려서든 이끌려서든, 그 원동력이 기후변화든 지진이든 전장에서의 변화든 역병이든, 사람들은 물밀듯이 핵심부로 쏟아져들었다. 이미 기원전 1220년에 람세스 2세는 이집트의 국경 지대를 요새화하고 이주민들은 면밀히 통제되는 도시에 정착시키거나 군대에 입대시켰지만 그것만으로는 충분하지 않았다. 기원전 1209년 파라오 메르넵타는 셰르덴과 셰클레시와도 싸워야 했으며 기원전 1170년대에 람세스 3세는 이들과 다시 대적해야 했을 뿐 아니라 서쪽에서 이집트를 침략해온 세력에 합류한 리비아인과 아카이와샤—어쩌면 그리스에서 온 아히야와인들?—와도 맞서야 했다.

승리한 메르넵타는 죽은 적의 숫자를 세면서 할례를 받지 않은 음경 6239개를 잘라냈다고 의기양양하게 기록하지만 그가 숫자를 세고 있을 때조차 폭풍은 북쪽을 휩쓸고 있었다. 그리스와 히타이트, 시리아의 도시들이 불탔다. 후대의 전설은 이 무렵에 그리스로의 이주를 언급하지만 고고학적 증거는 그리스 바깥으로의 이주도 암시한다. 기원전 12세기에 블레셋 사람들이 정착한 가자 근방에서 발견된 도기는 그리스에서 나온 꽃병과 흡사하며 블레셋 사람들이 그리스 피란민 출신이라는 점과 더 많은 그리스인이 키프로스에 정착했다는 점을 시사한다.

유린된 지역에서 빠져나온 피란민이 합류하면서 이주민은 눈덩이처럼 불어났을 것이다. 즉흥적인 약탈과 싸움이 곳곳에서 동시다발적으로 벌어지는 무정형적인 이동이었던 것 같다. 시리아의 붕괴는 아무래도 아람인이라는 민족을 메소포타미아로 떠밀었던 듯하며, 승리했다는 람세스의 주장에도 불구하고 왕년의 바다의 민족들은 이제 이집트에 정착했다. 그리스처럼 이집트도 이주민 유입과 더불어 유출도 경험했다. 성경의 출애굽기, 즉 모세와 이스라엘 사람들이 이집트에서 빠져나와 결국 오늘날의 서안 지구에 정착하는 이야기는 이러한 혼란기를 반영한 이야기일 수도 있다. 성경 이외에 이스라엘에 대한 언급이 최초로 등장하는 기록이 "황량한 불모의"[18] 땅을 떠났다는 기원전 1209년 메르넵타의 선언이 새겨진 비문이라는 사실은 우연의 일치가 아닐지도 모른다.

기원전 1220년대에서 시작된 어마어마한 이주 규모는 이전의 혼란을 압도하지만 기원전 1170년까지도 비행접시에서 지구를 내려다본 외계인은 여전히 이 짤막한 일화의 결말도 이전처럼 끝날 것이라고 내다볼 만한 근거가 있었다. 따지고 보면 이집트는 유린당하지 않았으며 메소포타미아에서 아시리아인은 라이벌 국가들이 무너지자 실제로 왕국을 확장했다. 그러나 기원전 12세기가 저물어가는 동안 격변은 지속되었고 이 혼란이 완전히 새로운 것이라는 사실이 서서히 분명해졌다.

그리스에서 기원전 1200년 이후에 파괴된 궁전들에는 사람이 다시 살지 않았고 옛 관료제는 사라졌다. 꽤 부유한 귀족들은 옛 생활방식이라 할 만한 것을 고수했고 흔히 산악 지대나 작은 섬처럼 쉽게 방어할 수 있는 곳으로 옮겨갔지만 파괴의 새로운 물결은 기원전 1125년경 그들을 덮쳤다. 대학원생이었을 때는 나는 이러한 유적지 가운데 한 곳인 파로스섬*의 쿠쿠나리에스의 언덕 위 요새 터를 발굴하면서 (고고학의 매력을 느꼈을 뿐만 아니라 장래에 내 아내가 될 사람도 만나면서) 두 배의 행운을 누렸다. 그곳의 족장은 뛰어난 전망과 멋진 해변, 상아 상감으로 장식된 옥좌 등 훌륭한 라이프스타일을 누렸지만 기원전 1100년경 재난이 그를 덮쳤다. 그곳 주민들은 침략자들에게 던질 돌맹이를 비축해두었고 가축을 성벽 뒤로 끌고 왔지만(우리는 잔해 속에서 당나귀 뼈를 발견했다) 누군가 ─ 그가 누구인지는 결코 알 수 없었다 ─ 성채 요새를 강습하자 화염 앞에서 달아났다. 유사한 광경이 그리스 전역에서 재연되었고 기원전 11세기에 생존자들은 단순한 진흙 움막만을 지었다. 인구와 수공업 기술 수준, 기대수명이 모두 감소했다. 암흑시대가 시작되었다.

그리스는 극단적인 경우지만 히타이트 제국도 유사한 경험을 겪었고 이집트와 바빌론은 이주민과 습격자를 통제하려고 안간힘을 썼다. 기근이 퍼지면서 주민들은 농토를 내버렸다. 농부들이 세금을 낼 수 없으니 국가는 군사를 일으킬 수 없었다. 군사가 없으니 습격을 막을 수 없었고 지방의 권력자들은 저마다 군주를 자처하게 되었다. 기원전 1140년에 이르러 오늘날의 이스라엘 땅에 자리한 이집트 제국은 점차 소멸되었다. 급료를 받을 수 없게 된 수비대의 병사들은 소농이나 강도가 되었다. 이 시기 붕괴에서 이스라엘인의 역할에 대해 이야기한 구약성서의 「사사기」는 "그때에는 이스라엘에 왕이 없으므로 사람마다 자기 소견에 따라 행하였더라"[19]라고 적는다.

기원전 1100년이 되자 이집트 자체가 와해되고 있었다. 테베가 떨어져 나갔다. 이주민들은 나일 강 삼각주에 공국을 건설했다. 얼마 안 있어 공식적인 신이자 왕인 람세스 11세는 기원전 1069년에 왕좌를 장악한 대신으로부터 지시를 받는 처지가 되었다. 수 세기 동안 그림자에 불과한 이집트의 파라오 가운데 전장에 거대한 군대를 내보내거나 기념비를 세우거나 심지어 많은 기록을 남긴 파라오는 거의 없었다.

---

* 1983년부터 1989년까지 자신의 발굴 작업에 너그러이 우리를 초청해준 아테네고고학협회의 데메트리오스 스킬라르디 박사에게 다시금 고마움을 표하고 싶다.

처음에는 가장 큰 승자처럼 보였던 아시리아도 아람인의 이동이 증가하면서 지방에 대한 통제력을 상실했다. 기원전 1100년에 이르자 농토는 아무도 돌보지 않게 되었고 국고는 바닥이 났으며 기아가 만연했다. 관리들이 점점 글을 쓰지 않게 되고 기원전 1050년 이후 기록이 완전히 중단되면서 상황을 파악하기는 점점 더 힘들어진다. 그때쯤이면 아시리아의 도시들은 텅 비고 제국은 과거의 기억일 뿐이었다.

서양의 핵심부는 기원전 1000년까지 축소되었다. 사르데냐, 시칠리아, 그리스는 더 넓은 바깥 세계와 대체로 단절되었고 전사 족장들은 히타이트와 아시리아 제국의 시체에서 각자 몫을 차지했다. 도시는 시리아와 바빌로니아에서 살아남았지만 우가리트 같은 기원전 2000년대의 국제적인 중심지에서 한참 줄어든 안타까운 축소판에 불과했다. 작은 국가 집단이 이집트에 잔존했지만 이 나라들은 람세스 2세의 영광스러운 제국보다 훨씬 허약하고 가난했다. 그리고 최초로 사회발전지수가 실제로 떨어졌다. 수치는 모든 측면에서 하락했다. 기원전 1000년에 이르러 사람들은 기원전 1250년경의 사람들보다 더 적은 양의 에너지를 획득하고 더 작은 도시에 살았으며 더 약한 군대를 전장에 내보냈고 문자도 덜 사용했다.

전차 ― 데니켄의 '신들의 전차'가 아니라

기원전 1200년경 무정이 여전히 왕좌를 지키고 있는 동안 상나라의 지배층은 장례식 때 부술 만한 새로운 대상을 발견했다. 바로 전차다. 전차들은 안양에서 기원전 11세기와 기원전 12세기 무덤 20~30군데에서 발견된다(물론 도살된 말과 마부까지 포함해서 한꺼번에 출토되었다). 상나라의 전차들은 그보다 500년 전 서양 핵심부에서 등장한 것과 매우 비슷해서 대부분의 고고학자는 양쪽이 기원전 2000년경 카자흐스탄에서 발명된 전차와 기원을 공유하는 게 틀림없다는 데 동의한다.* 전차가 후르리인에게 도달해 서양의 권력 균형을 바꾸는 데는 2~3세기가 걸렸다. 더 먼 거리를 통과해 황허 강 유역에 닿는 데는 8세기가 걸렸다.

이집트인과 바빌로니아인처럼 상나라 사람들도 새로운 무기를 채택하는 데 더뎠다. 틀림없이 그들은 상나라의 북쪽과 서쪽에 거주하는, 그들이 계족과 강족이라고 부르는 부족들로부터 전차에 대해 배웠을 것이며, 갑골문은 이 이웃 부족들이 전투에서 전차를 사용했음을 언급한다. 무정의 시대에 상나라 사람들은 전차를 사냥할 때만 이용했고, 그때에도 그다지 능숙하게 다루지는 못했다. 가장 상세한 기록은 무정이 코뿔소를 추격하다 당한 충돌 사고를 전한다. 그는 멀쩡하게 걸어서 나왔지만 왕자 양은 심하게 다쳐서 일단의 갑골문은 그에게 고통을 안겨주는 귀신을 쫓아내기 위해 벌인 노력을 기록한다. 100년 뒤 상나라는 전투에서 약간의 전차를 활용했지만, 히타이트나 이집트에서처럼 전차를 한곳에 집결하기보다는 아마도 장교들이 병사들 사이로 타고 돌아다니는 용도인 듯 보병들 사이에 흩어놓았다.

상나라와 서북쪽 이웃 부족들과의 관계는 500년 전 메소포타미아인이 후르리인과 히타이트인과 가졌던 관계와 다소 비슷하다. 메소포타미아처럼 상나라도 이웃끼리 싸우도록 부추기기도 하고 그들과 교역을 하기도 하고 또 싸우기도 했다. 이러한 이웃들 가운데 하나인 주나라는 기원전 1200년경에 처음으로 갑골문에 적으로 언급된다. 그다음 그들은 동맹국으로 등장하지만 기원전 1150년에 이르면 다시 적이 되었으며 웨이허 강 유역에 살고 있었다. 상나라와 다툼과 화해를 반복하는 동안 주나라도 그

---

* 실질적 차이점은 중국의 전차는 서양 전차보다 바퀴살이 더 많다는 것뿐이다.

들에게 맞는 상나라의 문화 요소를 채택하고 자신들에게 적합하게 변형시켰던 듯하다. 기원전 1100년경에 이르자 그들은 궁전과 청동기, 점복, 웅장한 무덤을 모두 갖춘 그들만의 국가를 형성하고 있었다. 주나라의 한 귀족은 상나라 방식대로 자신의 장례식에서 전차와 마부를 함께 묻게 했고, 심지어 주나라의 왕이 상나라의 공주와 결혼하기도 했다. 그러나─다시금 전차를 모는 이웃 후르리인과 히타이트인을 상대하던 메소포타미아인처럼─상나라는 상황을 통제할 수 없게 되었다. 주나라는 서북쪽 부족들과 동맹을 맺었던 것으로 보이고 기원전 1050년이 되자 다름 아닌 위대한 상나라의 수도 안양을 위협했다.

고대 서양 국가들처럼 상나라도 상황이 악화되자 다소 빠르게 와해되었다. 갑골문은 상나라의 지배층 내부 역학관계가 기원전 1150년경 이래로 혼란에 휘말리면서 왕권이 더 강력해졌지만, 한편으로는 국왕을 뒷받침하는 귀족들의 지원이 약화되었음을 암시한다. 기원전 1100년이 되자 남부의 상나라 식민지들이 떨어져나간 듯하며 상나라 본토와 가까운 많은 동맹 부족이 (주나라처럼) 상나라에서 이탈했다.

기원전 1048년 상나라 주왕 신은 주나라의 공격을 막기 위해 여전히 800명의 제후를 동원할 수 있었지만 2년 뒤가 되자 상황은 판이해졌다. 주나라 무왕은 300대의 전차를 집결한 다음 방향을 돌려 배후에서 안양을 쳤다. 당대의 시로 추측되는 글은 이 주나라의 전차가 결정적이었다고 말한다.

전차는 빛나고
나란히 짝을 이룬 하얀 배들(말을 말한다)은 거칠었다
아, 저 무왕이
재빨리 위대한 상나라를 치매

주왕 신은 자결했다. 무왕은 상의 지도자들 일부는 자기편으로 끌어들였고 일부는 처형했으며 주왕 신의 아들은 자신의 봉신으로 왕위에 남겨두었다. 무왕의 정치적 수습책은 제5장에서 보게 되듯이 곧 난관에 봉착하지만, 그때가 되면 사회발전에서 동양과 서양의 격차는 급격히 줄어든다. 서양은 농업과 마을, 도시, 국가 측면에서 동양보다 2000년 먼저 출발했지만 기원전 3000년대와 기원전 2000년대를 거치면서 서양의 우위는 꾸준히 감소되어 1000년의 격차밖에 나지 않았다.

1920년대까지도 서양의 고고학자들 대부분은 왜 중국이 따라잡기 시작했는지 안다고 생각했다. 중국인들이 거의 모든 것을—농경, 도기, 건축, 야금술, 전차—서양으로부터 베꼈기 때문이라는 것이다. 카이로의 해부학자 그래프턴 엘리엇 스미스 경은 이러한 견해에 매우 열성적이어서 '이집트 선망'에 악명을 심어주기까지 했다. 세계 어디를 둘러보고 무엇—피라미드, 문신, 난쟁이와 거인에 대한 이야기—을 보든지 엘리엇 스미스는 이집트 원형의 모사품으로 보았다. 이집트의 "태양의 자손들"[21]이 태양거석숭배('태양과 돌') 문화를 전 세계에 전파했다고 확신했기 때문이다. 우리 모두는 아프리카인일 뿐 아니라 이집트인인 셈이었다.

이러한 견해 가운데 일부는 당시에도 어리석어 보였고, 1950년대 이래로 고고학자들은 엘리엇 스미스의 주장 대부분을 꾸준히 부정해왔다. 동양의 농경은 독자적으로 발생했다. 동양인은 서양인보다 1000년 전에 도기를 사용했다. 동양에는 자신만의 거대 건축물 전통이 있다. 심지어 인신공양도 독자적인 동양의 발명이다. 그러나 이러한 모든 발견에도 불구하고 몇 가지 중요한 아이디어, 무엇보다도 청동 야금술은 분명히 서양에서 동양으로 건너왔다. 얼리터우에서 그렇게 중요했던 그 금속이 중국에서 처음 출현한 곳은 발전된 이뤄 강 유역이 아니라 서북쪽으로 훨씬 멀리 떨어진 건조한 바람이 휩쓸고 지나가는 신장 지구인데, 앞서 타림 분지 매장지에서 언급한 바 있는 서양인으로 보이는 민족에 의해 스텝 지대를 가로질러 유입된 듯하다. 앞서 살펴보았듯이 전차도 스텝 지대에서 서양의 핵심부에 도달한 지 500년 뒤에 같은 식으로 동양에 도입되었다.

그러나 서양에서 동양으로의 전파가 중국이 격차를 줄일 수 있었던 원인의 일부를 설명하긴 하지만 단연코 가장 중요한 요인은 동양의 모방이 아니라 서양의 붕괴이다. 기원전 1200년에 동양의 사회발전은 여전히 서양에 1000년 정도 뒤쳐져 있었지만 서양 핵심부의 내부 붕괴는 실질적으로 지난 6세기 사이의 성취를 말끔히 지워버렸다. 기원전 1000년에 이르러 동양의 사회발전지수는 서양에 비해 몇백 년밖에 뒤지지 않았다. 기원전 1200년에서 기원전 1000년 사이에 발생한 거대한 서양의 붕괴는 우리의 이야기에서 첫 번째 전환점을 예고한다.

묵시록의 기수

그러나 서양의 핵심부가 대체 왜 무너졌는지는 역사의 가장 큰 수수께끼로 남아 있다. 내가 빈틈없는 답변을 갖고 있다면 물론 지금쯤 언급했겠지만 현실은 안타깝게도 무슨 요행수가 전적으로 새로운 증거를 제공하지 않는 한 우리는 영영 알 수 없을 것이다.

그래도 이 장에서 묘사한 사회발전의 붕괴를 체계적으로 살펴보면 이 문제가 다소간 규명된다. 도표 4.6은 내가 보기에 가장 중요한 특징을 요약한 것이다.

기원전 3000년 무렵 서양에서 우루크의 팽창을 무위로 돌린 혼란과 기원전 2300년 동양의 타오쓰에 대해서는 아는 바가 거의 없으므로 이 두 곳은 우리 논의에서 제외해야 하겠지만, 남은 네 가지 격변 사례는 둘씩 짝지을 수 있다. 첫째 사례—기원전 1750년 이후 서양의 위기와 기원전 1050년 무렵 동양의 위기—는 말하자면 인재였다. 전차를 이용한 전투는 권력 균형에 변화를 가져왔다. 야심만만한 신생 국가들이 중심부로 밀고 들어왔고 폭력과 이주, 체제 교체가 뒤따랐다. 양쪽 다 주요 결과는 사회발전지수는 계속해서 상승하는 가운데 이전의 주변부 집단으로의 권력 이동이었다.

둘째 사례—기원전 2200년~기원전 2000년과 기원전 1200년~기원전 1000년 서양의 위기—는 퍽 다른데, 가장 분명하게는 자연이 인간의 어리석음에 따른 결과를 심화시켰기 때문이다. 기후변화는 대체로 인간의 통제를 넘어서며, 이 시기의 기근은 적어도 부분적으로 기후변화 탓이다(물론 성경의 요셉 이야기를 참고한다면 계획의 부족도 상황 악화에 일조했다고 할 수 있을 것이다). 이 둘째 사례의 혼란은 앞엣것보다 훨씬 더 심각했으며, 우리는 여기서 다음과 같은 잠정적 결론을 도출할 수 있다. 묵시록의 네 기수—기후변화, 기근, 국가의 실패, 이주—는 함께 오며, 특히 질병이라는 다섯 번째 기수가 합류할 때 혼란은 붕괴로 바뀔 수 있고 때때로 사회발전 수준을 끌어내리기까지 한다.

그러나 우리는 기후변화 뒤에 놓인 궤도의 경사와 요동이 곧장 붕괴를 **초래**했다고 단정할 수 없다. 기원전 2200년 무렵 서양의 핵심부를 할퀴고 간 가뭄은 기원전 1200년경 것보다 극심했던 것 같지만 핵심부는 기원전 2200년과 기원전 2000년 사이에 그럭저럭 헤쳐나간 반면 기원전 1200년과 기원전 1000년 사이에는 무너지고 말았다. 기원전 3800년 언저리에 시작된 가뭄은 기원전 2200년이나 기원전 1200년의 가뭄보다 더 끔찍했을 수도 있지만 동양에 상대적으로 별로 영향을 끼치지 않았고, 사실 서양에

연대(기원전)	이주	국가실패	기근	질병	기후변화
서양					
3100		X			
2200	X	X	X		X
1750	X	X			
1200	X	X	X	?X	X
동양					
2300		X			
1050	X	X			

[도표 4.6] 묵시록의 다섯 기수: 기원전 3100년~기원전 1050년 발생한 다양한 차원의 재앙을 표시한 것이다.

서는 사회발전 수준을 밀어올리기까지 했다.

이는 두 번째 결론을 암시한다. 붕괴는 자연의 힘과 인간의 힘 사이의 상호작용에서 발생한다는 것을 말이다. 이 결론을 좀 더 구체화할 수도 있다. 더 크고 복잡한 핵심부는 기후변화나 이주와 같은 파괴적인 힘들이 철저한 붕괴를 촉발할 위험도를 증가시켜서 더 크고 위협적인 격변을 발생시킨다고. 기원전 2000년 무렵 서양의 핵심부는 궁전과 신에 가까운 왕, 이집트부터 메소포타미아까지 전역을 아우르는 재분배 경제와 더불어 이미 거대했다. 가뭄과 더불어 시리아 사막과 자그로스 산악 지대에서 나온 이주의 물결이 이 지역의 내외적 관계를 흔들자 결과는 끔찍했지만 이집트와 메소포타미아의 두 중핵 지역은 그렇게 긴밀하게 연결되지 않았고 각각 독자적으로 버티거나 무너졌다. 기원전 2100년이 되자 이집트는 부분적으로 붕괴했지만 메소포타미아는 되살아났다. 그리고 기원전 2000년경 메소포타미아가 부분적으로 붕괴했을 때 이집트는 되살아났다.

그와 대조적으로 기원전 1200년에 핵심부는 아나톨리아와 그리스로 확장되어 중앙아시아의 오아시스 지역까지 도달했고, 심지어 수단에까지 이르렀다. 이주는 아무래도 불안정한 새로운 지중해 변경 지대에서 시작된 듯하지만 기원전 12세기에 민족들은 이란부터 이탈리아까지 어디에서나 이동중이었다. 그들이 굴린 눈덩이는 이전의 어느 것보다 훨씬 컸고 이전보다 더 긴밀하게 연결된 핵심부를 가로질러 굴러갔으며 핵심부에는 더 많은 골칫거리가 기다리고 있었다. 습격자들은 우가리트에서 작물을 불태웠다. 국왕이 히타이트를 도우러 군대를 보냈기 때문이다. 한 지역의 재난은 1000년 전에는 불가능했던 방식으로 다른 지역의 재난을 악화시켰다. 한 왕국이 무너지면 다른 왕국도 영향을 받았다. 대혼란은 기원전 11세기 너머로 확대되었고 마침내 모두를 끌어들였다.

사회발전의 역설—사회발전이 사회발전을 저해하는 바로 그 힘들을 생성하는 경향—은 핵심부가 클수록 그만큼 자신에게 큰 문제를 만들어낸다는 것을 의미한다. 이는 우리 시대에도 무척 친숙한 문제다. 서기 19세기 국제 금융의 등장은 유럽과 아메리카의 자본주의 국가들을 밀접하게 결부시켰고 그 어느 때보다 사회발전을 가속화했지만 한편으로 1929년 미국의 주식시장 거품이 붕괴했을 때 나머지 나라들까지 모두 추락하는 것도 가능해졌다. 그리고 지난 50년간 금융상품의 정교화가 어마어마한 속도로 진행되자 2008년 미국 금융시장의 새로운 거품 붕괴가 문자 그대로 전 세계를 뿌리까지 뒤흔들게 되었다.

이는 매우 우려스러운 뜻밖의 결론이지만 우리는 이 초기 국가들이 겪은 고난의 역사로부터 세 번째, 더 낙관적인 결론도 도출할 수 있다. 더 크고 복잡한 핵심부는 더 크고 위협적인 혼란을 초래하지만 위기에 대응하는 더 많고 정교한 해법도 제공한다. 세계의 금융 지도부는 1929년에는 상상할 수 없었던 방식으로 2008년의 붕괴에 맞섰으며, 내가 이 글을 쓰고 있는 현재(2010년 초) 1930년대와 같은 붕괴는 피한 듯하다.

사회발전 수준이 올라갈수록 커지는 혼란의 위협과 정교해지는 방어책 사이의 경주가 촉발된다. 기원전 2200년과 기원전 1200년경에 서양에서 벌어진 것처럼 도전은 때때로 이용 가능한 대응책을 압도한다. 지도자들이 실수를 해서든 제도가 실패해서든 그저 조직과 기술이 없어서든 문제는 통제권을 벗어나고 혼란은 붕괴로 전환되며 사회발전은 후퇴한다.

기원전 1200년~기원전 1000년의 붕괴 이전에 서양의 사회발전은 동양의 사회발전을 1300년 동안 크게 앞서나갔다. 서양의 우위가 영구적이라고 믿을 만한 합당한 이유가 많았다. 붕괴 이후에 서양의 우위는 종이 한 장 차이에 불과해졌다. 그러한 역행이 한 차례 더 생긴다면 격차는 완전히 사라질 수도 있다. 기원전 5000년과 기원전 1000년 사이에 그토록 자주 그리고 난폭하게 전개된 사회발전의 역설은 아무것도 영원하지 않다는 것을 보여주었다. 단순한 장기고착이론은 왜 서양이 지배하는지를 설명해주지 못한다.

막 상 **5** 막 하

단조로움의 이점

도표 5.1은 가장 단조로운 그래프일지도 모른다. 도표 4.2와 달리 커다란 분기나 중단, 수렴은 없다. 두 선이 거의 1000년 동안 나란히 평행선을 달릴 뿐이다.

그러나 도표 5.1이 플레인 바닐라plain vanilla[전형적이거나 단순한 것을 이르는 영어 표현]일망정 거기서 **일어나지 않은** 것들이야말로 우리 이야기에서 결정적이다. 우리는 제4장에서 서양 핵심부가 기원전 1200년경 붕괴했을 때 사회발전에서 우위가 급격하게 축소된 것을 보았다. 서양의 사회발전지수가 기원전 1300년경의 점수인 24점까지 힘겹게 다시 올라가는 데는 5세기가 걸렸다. 만약 서양이 이 수준(24점대)에 도달했을 때 다시 붕괴했다면 동서양 간 격차는 완전히 사라졌을 것이다. 다른 한편으로 동양의 사회발전지수가 24점에 도달했을 때 동양이 붕괴했다면 기원전 1200년 이

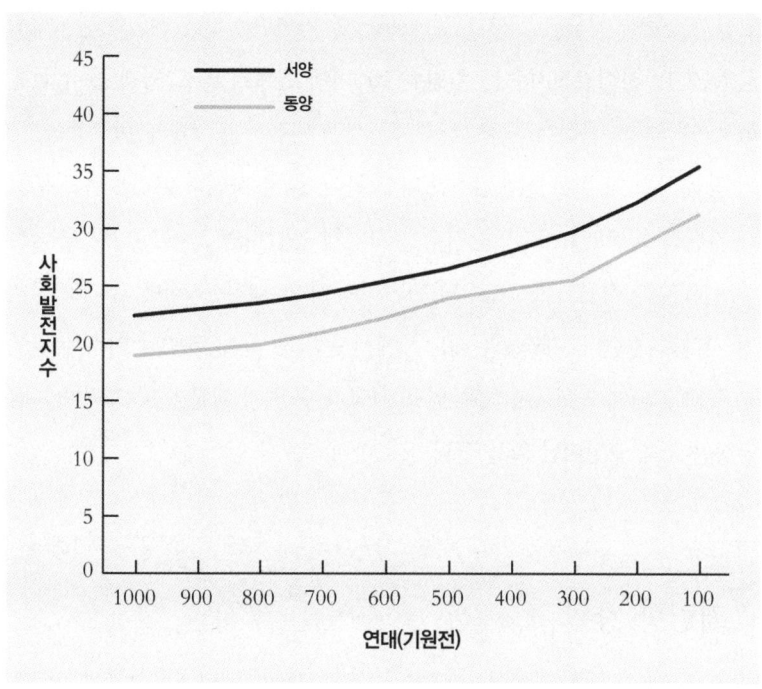

[**도표 5.1**] 역사상 가장 썰렁한 그래프? 기원전 1000년~기원전 100년의 사회발전

전 서양의 우위는 회복되었을 것이다. 도표 5.1이 보여주듯이 현실에서 그런 일은 일어나지 않았다. 동양과 서양의 사회발전지수는 나란히 계속 상승하며 막상막하의 경주를 벌였다. 기원전 500년대 전후는 역사의 전환점 가운데 하나다. 그때 역사가 전환되지 않았기 때문이다.

그러나 도표 5.1에서 **일어난** 일들도 중요하다. 기원전 1000년부터 기원전 100년 사이에 사회발전지수는 동양과 서양 양쪽에서 거의 두 배로 뛰었다. 서양의 사회발전지수는 35점을 넘었다. 콜럼버스가 대서양을 건널 때보다 율리우스 카이사르가 루비콘 강을 건널 때 점수가 더 높았다.

왜 서양 핵심부는 다시 24점에 도달한 기원전 700년경에 붕괴하지 않앗을까? 동양 핵심부 역시 24점에 도달한 기원전 500년경에 왜 붕괴하지 않았을까? 사회발전지수는 기원전 100년에 이르자 왜 그렇게 높이 상승했을까? 왜 그 시점에 동양 핵심부와 서양 핵심부는 그렇게 비슷했을까? 이 장에서는 이 질문들에 답해보려고 한다. 물론 자연히 따라오는 질문들 —기원전 100년에 사회발전지수가 그렇게 높았다면 고대 로마나 중국은 왜 신세계를 식민화하지 않았을까?—에 대한 대답은 제9장과 제10장까지 기다려야 한다. 제9장과 제10장에서 우리는 서기 1500년 이후에 일어난 일과 고대에 일어나지 않은 일을 비교할 수 있기 때문이다. 그러나 지금 당장은 고대에 **일어난** 일을 살펴봐야 한다.

저렴한 왕위

간단히 말해 동양과 서양의 핵심부는 지속적인 팽창 자체가 야기하는 교란 요인보다 계속해서 한발 앞서나가게 해주는 새로운 제도를 발명함으로써, 자신들을 재편하여 기원전 1000년대에 붕괴를 피했다.

국가를 운영하는 데는 기본적으로 두 가지 방법이 있는데, 각각 고가 전략과 저가 전략으로 부르기로 한다. 고가 전략은 이름이 암시하는 대로 비싸게 먹힌다. 고가 전략에서는 봉급을 받는 대가로 관료제나 군대에서 일하는 부하들을 마음대로 부리면서 권력을 중앙으로 집중시키는 지도자가 있다. 봉급을 주려면 수입이 많아야 하는데, 관료의 주요 임무는 세금을 통해 그 수입을 창출하는 것이고, 군대의 임무는 그 징수를 강제적으로 집행하는 것이다. 목표는 수지 균형을 맞추는 것이다. 많은 세수가 나가지만 그보다 더 많은 세금이 들어오면 통치자와 그의 부하들은 그 차액으로 살아간다.

저가 모델은 싸다. 이 모델에서 지도자는 거대한 세수가 필요 없다. 많이 안 쓰기 때문이다. 그들은 다른 사람들이 대신 일을 하게 한다. 돈을 써서 군대를 부리는 대신 통치자는 자신의 재산으로 군사를 일으키는 현지 지배층―친척일 수도 있다―에 의존한다. 통치자는 전리품을 함께 나눔으로써 이 영주들에게 보상한다. 전쟁에서 계속 승리하는 통치자는 저가 수지 균형을 맞출 수 있다. 수입이 많이 들어오지는 않지만 나가는 것은 그보다 더 적고 지도자와 그들의 친척은 그 차액으로 살아간다.

기원전 1000년대 동양과 서양에서 가장 큰 사건은 저가 전략 국가에서 고가 전략 국가로의 이동이었다. 국가는 우루크 시절부터 줄곧 그쪽으로 이동하고 있었다. 기원전 3000년대 중반 이집트의 파라오는 이미 피라미드를 건설할 만큼 거대한 관료제적 권력을 휘두를 수 있었고, 1000년 뒤에 파라오의 후예는 전차를 운용하는 혼성 군대를 조직했다. 그러나 기원전 1000년대 국가들의 규모와 범위에 비하면 이전의 모든 노력은 왜소해 보였다. 따라서 이 장의 주된 내용은 국가 활동―관리와 전쟁―이다.

동양과 서양의 국가들은 기원전 1000년대에 고가 전략으로 나아가면서 다른 경로를 따랐지만 두 경로 모두 평탄하지 않았다. 서양 국가들보다 훨씬 더 나중에 생성된 동양 국가들은 기원전 1000년 무렵 스펙트럼상에서 여전히 저가 전략 쪽에 더 가까웠다. 상나라는 안양으로 거북이와 말을 보내고 이따금 전쟁에 모습을 내비치는 동맹들로 구성된 느슨한 집합체였다. 주나라 무왕이 기원전 1046년 상나라를 무너트렸을 때 주나라는 어쩌면 그보다 더 느슨했을 수도 있다. 무왕은 상나라를 병합하지 않았는데, 그곳을 다스리도록 맡길 사람이 없었기 때문이다. 그는 상나라에 꼭두각시 왕을 세우고 웨이허 강 유역의 본거지로 돌아가버렸다(지도 5.2).

이는 잘 작동하면 이전의 적을 통제하는 저렴한 수단이지만, 저가 조직에서 끊이지 않는 문제인 형제간의 대립으로 금방 무위로 돌아가고 말았

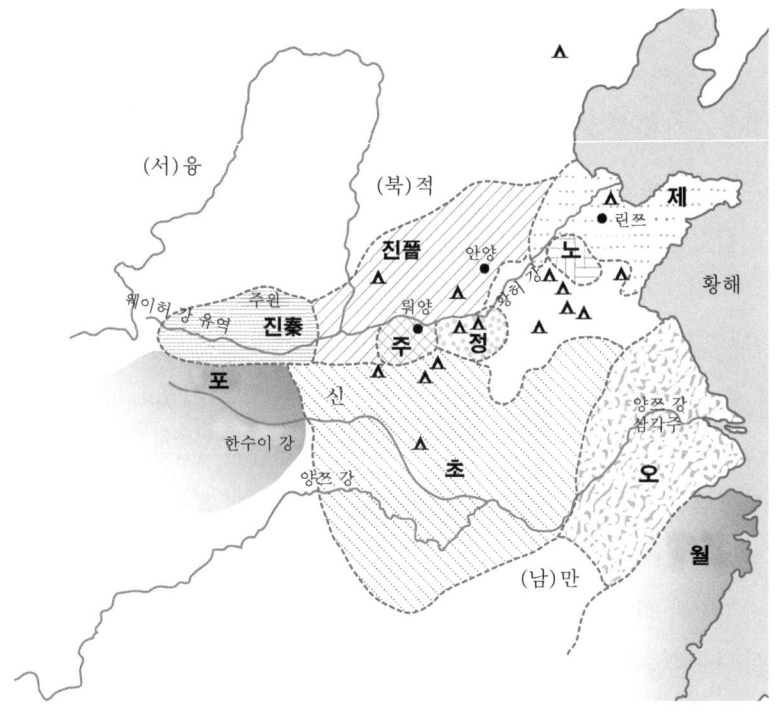

(서)융

(북)적

진쯸

안양

린쯔

제

노

웨이허 강 유역   주원

진秦

뤄양

주

정

황해

포

신

초

양쯔 강
삼각주

오

한수이 강

양쯔 강

월

(남)만

[**지도 5.2**] 동양의 저가 왕위: 이 장에서 언급되는 기원전 1000년대 전반기 장소들. 세모꼴은 주나라의 주요 봉건 제후국을 나타낸다.

다. 무왕은 가족에게 기댈 수 없었다. 그는 형제 셋과 아들 하나를 남기고 기원전 1043년에 죽었다. 당연히 승자가 남긴 주나라의 공식 사서에 따르면 무왕의 아들 성왕이 너무 어려서 나라를 다스릴 수 없었기 때문에 무왕의 아우 주공 단이 섭정으로 성왕을 보필하게 되었다(많은 역사가는 실제로는 주공이 쿠데타를 일으켰을 것이라고 생각한다). 그러자 무왕의 두 형은 상나라의 유신들에 합세하여 주공에게 저항했다.

기원전 1041년 주공은 이 내전에서 승리하여 형들을 죽였지만 무왕이 바란 대로 상나라를 저가 방식으로 통치할 수도 없고 그렇다고 그들이 다시 모반을 꾸미게 내버려둘 수도 없다는 사실을 깨달았다. 그는 멋진 저가 해법을 들고 나왔다. 주나라의 왕족을 보내 황허 강 유역을 따라 사실상 독립적인 도시국가를 세우도록 하는 것이었다(어느 고대 사서의 말을 믿느냐에 따라 이 도시국가의 수는 26개에서 73개 사이로 다양하다). 이 도시국가들은 주공에게 세금을 바치지 않았지만 주공 역시 그들에게 그곳을 다스리는 대가로 보수를 지불하지 않아도 되었다.

주나라 통치는 그야말로 '패밀리 비즈니스'였다. 패밀리 비즈니스 가운데 가장 유명한 마피아 사업과 공통점이 많은 사업이었다. 실질적으로 주왕실의 '보스 중의 보스'인 국왕은 주원의 광대한 영지에서 살아가며 그곳을 기초적인 관료제로 다스린 반면 그의 봉신들 ─ 마피아 용어로는 '정식 일원'[원문에서는 'made men'] ─ 은 그들만의 요새화된 도시에서 살았다. 국왕이 요청하면 이 제후들은 전차와 병사를 이끌고 나타나 국왕에게 무력을 제공했고 그러면 국왕은 적을 갈취할 수 있었다. 싸움이 끝나면 갱들은 전리품을 나눠가지고 집으로 돌아갔다. 모두가 행복했다(약탈당한 적들만 빼고).

마피아 조직 '라 코사 노스트라'처럼 주나라 왕도 행동대장의 충성심을 붙들어 놓기 위해 물질적 인센티브만이 아니라 정서적 인센티브도 제공했다. 사실, 국왕은 정통성에 큰 무게를 뒀는데 흔히 국왕과 갱을 구분하는 것은 그 정통성뿐이다. 왕은 봉신들로 하여금 자신이―가문의 수장이자 점복과 조상숭배에 정통한 사람, 이승과 신성한 세계 사이의 중개자로서 ―그들에게 요구할 권리가 있다는 것을 납득시켰다.

왕이 친족의 충성심에 더 많이 의지할수록 물론 그는 전리품을 덜 나눠가져도 되었다. 주나라 왕은 왕위에 관한 새로운 이론을 적극적으로 설파했다. 지상의 통치자를 선택하는 하늘의 상제가 그의 전권을 유덕한 주 왕실에 부여했는데 상 왕실의 패덕을 더 이상 눈 뜨고 볼 수 없었기 때문이라는 것이다. 주 무왕의 덕성에 관한 이야기들은 매우 정교하게 발전하여 기원전 4세기가 되면 맹자는 주 무왕이 상나라와 싸우는 대신 그저 "나는 전쟁을 하려는 것이 아니라 백성들에게 평화를 가져다주러 왔노라" 고 선언하자 그 즉시 "백성들이 땅에 머리를 조아리는 소리가 산이 무너지는 소리와 같았다"[1]고 주장할 정도였다.

그런 바보 같은 소리를 믿을 주나라 제후는―있다손 치더라도―거의 없었을 테지만 주나라의 천명사상은 제후들이 왕의 뜻을 따르게 만들었다. 그러나 이 사상은 거꾸로 이용될 수도 있었다. 만약 주 왕실이 덕으로 다스리지 않는다면 하늘은 그가 내린 천명을 철회하여 다른 사람에게 부여할 수도 있었다. 그리고 만약 제후들이 아니라면 대체 누가 왕의 행동이 하늘의 뜻에 부합하는지 그렇지 않은지를 판단할 수 있단 말인가?

주나라의 귀족들은 조상을 기리는 제사 때 사용하는 청동 제기에 그들이 받은 영예를 새기기 좋아해서 물질적 보상과 심리적 보상의 조합을 근사하게 드러냈다. 한 예로, 한 제기는 주 성왕(재위 기원전 1042~기원전 1021)이 제후로 봉하고 봉토를 하사함으로써 그의 추종자를 한 '일원'으로 받아들인 정교한 의식을 묘사한다. 제기의 비문은 "저녁에 봉신은 '일을 처리해주는' 가신들과 200가구, 왕이 모는 전차와 말을 사용할 수 있는 은 사, 청동 마구, 각종 의관과 신발을 하사받았다"[2]고 적는다.

문제없이 잘 돌아가는 동안 주나라의 돈벌이는 매우 효율적이었다. 왕은 꽤 거대한 군대(기원전 9세기에 수백 대의 전차를 운용할 수 있었다)를 동원할 수 있었고 주나라를 둘러싸고 있는 '오랑캐들'로부터 보호금을 뜯어내는 것이 선조들이 바라는 뜻이라는 일반적인 합의를 이끌어냈다. 주나라 영역 안의 농민들은 이민족의 공격으로부터 갈수록 안전해졌고 농사를 지어 성장하는 도시들을 먹여 살렸다. 농민들에게 세금을 물리는 대신 제후들은 부역을 감면해주었다. 주나라의 토지제도는 이론상으로 땅을 우물 정井자 모양으로 나누어 여덟 가구가 각각 바깥자리 땅을 경작하고, 돌아가면서 가운데 땅을 경작해 제후에게 바치는 방식이었다[정전제라고 한다]. 현실은 물론 훨씬 복잡했을 테지만 농민들의 노동력과 약탈, 보호금의 결합으로 지배층은 부유해졌다. 그들은 으리으리한 무덤에 묻혔고 상나라의 귀족들보다 순장은 덜 했지만 전차는 더 많이 묻었다. 엄청난 수의 청동 제기(지금까지 1만3000점 정도의 청동 제기가 발굴, 보고되었다)를 주조해 비문을 새겼으며, 비록 문자는 여전히 지배층의 도구였지만 상나라 시대의 협소한 사용을 너머 널리 쓰였다.

그러나 이 시스템에는 한 가지 약점이 있었다. 주나라의 봉건제는 꾸준한 승전에 의존했다. 통치자들은 한 세기 가까이 성공을 구가했지만 기원전 957년 주 소왕은 실패했다. 실패는 누구도 자세히 적고 싶은 이야기가 아니라서, 우리는 기원전 296에 함께 묻혔다가 거의 6세기 뒤에 무덤이 도굴되었을 때 다시 빛을 보게 된『죽서기년』에서 지나가는 말로 언급되는 내용만을 간신히 알 수 있을 뿐이다. 『죽서기년』에 따르면 두 대제후가 왕을 따라 주나라의 남쪽 변방에 자리한 초나라를 치러 갔다. 책은 "하늘이 어두워지고 날씨가 사나워졌다. 꿩과 토끼가 두려움에 떨었다. 왕의 여섯 군대는 한수이 강에서 목숨을 잃었고 왕도 죽었다"[3]고 말한다.

주나라는 한꺼번에 군대와 왕, 신비한 천명을 잃어버렸다. 주 왕실도 결국엔 그리 유덕하지 않은 모양이라고 제후들은 결론 내린 것 같다. 문제는 더 심각해졌다. 기원전 950년 이후 황허 강 동쪽 끝에서 발견된 청동 제기의 비문은 주나라에 대한 충성을 더 이상 천명하지 않았으며, 주나라 왕이 봉신의 충성을 유지하려고 안간힘을 쓰는 가운데 서쪽의 '오랑캐들'에 대한 통제를 잃으면서 서융이 주나라의 도시를 위협해오기 시작했다.

새롭게 정복한 영토의 공급이 떨어져가자 영토를 둘러싼 지배층 사이의 갈등이 증대했다. 저가 국가의 와해에 직면해 기원전 950년 이후 주 목왕은 관료제를 건설하면서 고비용 해법에 눈길을 돌렸다. 일부 주나라 왕은(누군지는 확실하지 않다) 관료들을 이용해 가문 사이에 땅을 이전했는데, 충성을 보상하고 배신을 벌하기 위해서였던 것 같지만 귀족들은 반발하고 나섰다. 청동 제기에 새겨진 짤막한 비문의 이야기를 짜맞춰보면 누군가가 기원전 885년에 이왕을 폐위시켰다가 '여러 제후'가 그를 복위시켰던 것 같다. 그러자 이왕은 이 제후들 가운데 가장 강력한 제나라 애공과 전쟁을 벌였고, 기원전 863년에 그를 산 채로 가마에 넣어 삶아 죽였다. 기원전 842년에는 '여러 제후'가 반기를 들어 여왕厲王은 배신한 행동대장들이 보스를 없애려고 할 때 보스가 '전시 상태에 돌입하는' 것과 유사하게 망명을 떠났다.

유라시아 반대편 끝에서는 서양의 왕들도 기원전 10세기와 기원전 9세기에 저가 국가를 수립하고 있었다. 서양 핵심부가 기원전 1200년 이후의 침체에서 어떻게 빠져나왔는지는 그 침체가 어떻게 시작되었는지와 마찬가지로 불분명하지만 절체절명의 상황에서 발휘되는 창의성이 일조했을 것이다. 장거리 교역의 붕괴로 사람들은 다시 현지의 자원에 의존해야 했고 일부 필수품—무엇보다도 청동을 만드는 데 필수적인 주석—은 많은 곳에서 아예 구할 수가 없었다.* 따라서 서양인은 청동을 대신해 철을 사용하는 법을 배웠다. 오랫동안 세계에서 가장 선진적인 야금술의 본거지였던 키프로스 섬의 대장장이들은 이미 기원전 1200년 이전에 지중해 전역에서 발견되는 검붉은 철광석에서 유용한 금속을 추출하는 법을 터득했지만 청동을 구할 수 있는 한 철은 여전히 색다른 품목일 뿐이었다. 주석 공급이 바닥나자 모든 게 달라졌다. 철을 만들거나 못 만들거나 둘 중 하나인 형국이었다. 기원전 1000년이 되자 새롭고 저렴한 금속, 즉 철이 그리스부터 오늘날의 이스라엘 지역까지 전역에서 사용되었다(지도 5.3).

과거 1940년대에 유럽 고고학계의 거목인 고든 차일드는 "값싼 철은 농업과 산업을 민주화했고 전쟁도 민주화했다"[4]고 말한 바 있다. 그로부터 60년을 더 발굴하고 연구한 지금 우리는 이 민주화가 정확히 어떻게 일어났는지에 대해 여전히 분명하게 아는 것이 별로 없지만 철을 쉽게 구할 수 있었던 덕분에 기원전 2000년대보다 기원전 1000년대에 금속 무기와 금속 도구가 훨씬 흔해졌다는 점에서 차일드의 주장은 확실히 틀리지 않으며, 교역로가 부활했을 때 누구도 무기나 도구를 만들기 위해 청동으로 되돌아가지 않았다.

암흑기가 끝난 뒤 서양 핵심부에서 최초로 되살아난 곳은 이스라엘로 보이는데, 구약성서는 기원전 10세기에 이스라엘의 다윗 왕과 솔로몬 왕이 이집트와 맞닿은 곳부터 유프라테스 강에 이르는 곳까지 뻗어 있는 '통일왕국'을 탄생시켰다고 말한다. 수도 예루살렘은 번창했고 솔로몬은 저 멀리 시바(지금의 예멘으로 추정됨)의 여왕을 맞아 성대한 주연을 베풀었으며 지중해 너머로 교역을 위한 사절단을 파견했다고 한다. 국제적 시대의 왕국들보다 더 작고 허약했지만 세금을 거둬들이고 주변에서 공물을 받아낸 통일왕국은 동시대 주나라의 패밀리 비즈니스보다 더 중앙집권적이

---

* 서양 핵심부의 주요 주석 산지는 아나톨리아 동남부였다.

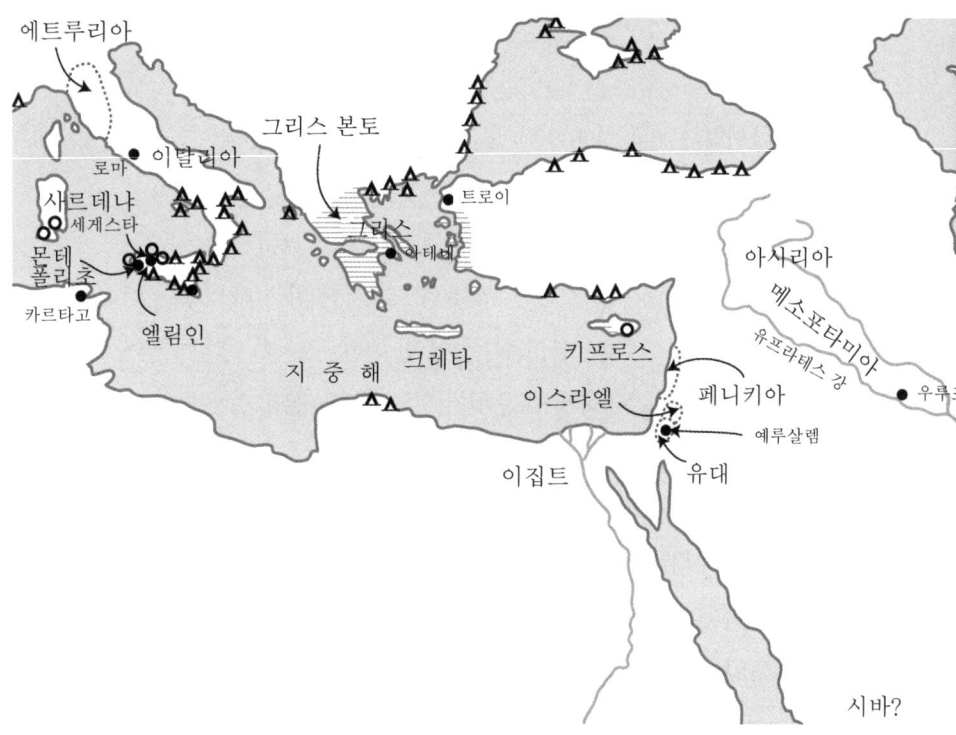

에트루리아

로마
이달리아
그리스 본토
사르데냐
세게스타
트로이
몬테
폴리초
아테네
카르타고
엘림인
아시리아
메소포타미아
유프라테스 강
키프로스
우루크
지중해
크레타
이스라엘
페니키아
이집트
예루살렘
유대
시바?

[**지도 5.3**] 서양의 저가 왕위: 이 장에서 언급되는 기원전 1000년대 전반기 장소들. 세모꼴은 그리스의 주요 식민지를, 동그라미는 페니키아의 주요 식민지를 나타낸다. 그리스 본토는 가로줄로 칠한 곳이다.

었던 것 같다. 통일왕국은 왕국의 구성원인 이스라엘 민족과 유대 민족이 기원전 931년경 솔로몬의 죽음과 함께 갑작스레 갈라지기 전까지 어쩌면 당시 세계에서 가장 강력한 국가였을 수도 있다.

그러니까 이 일련의 사건이 실제로 일어났다면 말이다. 많은 성서 연구가는 통일왕국 같은 것은 없었다고 믿는다. 그들은 모든 이야기가 환상에 지나지 않으며, 수 세기가 지나 이스라엘 사람들이 그 시절 자신들의 비참한 처지를 위안하기 위해 꾸며낸 것이라고 주장한다. 확실히 고고학자들은 성경이 말한 다윗 왕과 솔로몬 왕의 거대한 건축 프로젝트에 대한 증거를 찾는 데 애를 먹었고, 논쟁은 우려스러울 만큼 격화되었다. 세상살이라는 게 흔히 그렇듯이 가장 헌신적인 고고학자라도 고대 도기의 연대 추정에 관한 세미나에서 깜빡 조는 수가 있지만, 1990년대 한 고고학자가 보통 기원전 10세기 것으로 추정되는 도기가 사실은 기원전 9세기에 만들어진 것이라고 주장했을 때─그 말은 이전에 기원전 10세기 솔로몬 왕의 건물로 추정된 거대한 건물들도 연대를 100년 뒤로 밀어야 하며, 그것은 다시 솔로몬의 왕국이 평범하고 보잘것없는 곳이며 구약성서의 이야기는 틀렸다는 뜻이다─그는 엄청난 분노를 사서 경호원을 고용해야 했을 정도였다.

성서 고고학은 골치 아픈 분야다. 경호원이 없는 관계로 나는 잽싸게 빠져나올 생각이다. 성서의 이야기는 제4장에서 논의한 하나라와 상나라에 대한 중국의 전승처럼 과장되었을 수는 있겠지만, 완전히 지어낸 이야기일 것 같지는 않다. 그리고 서양 핵심부의 다른 지역에서 나온 증거도 기원전 10세기 후반에 서양 핵심부가 한창 되살아나고 있었다는 점을 가리킨다. 기원전 926년 이집트의 왕좌를 차지한 리비아의 군사 지도자 셰숑크 1세는 옛 이집트 제국을 회복하려는 시도로 보이는 일환으로 군대를 이끌고 유대(오늘날 이스라엘 남부와 서안 지구)를 침략했다. 셰숑크 1세는 실패했지만 북쪽에서는 더 강력한 세력이 역시 꿈틀거리고 있었다. 암흑기에 100년 동안 공백이 있었던 아시리아의 왕실 기록은 기원전 934년에 아슈르단 2세 아래 다시 명맥을 이으면서 우리에게 주나라쯤은 천사처럼 비춰지는 깡패 국가를 엿볼 기회를 제공한다.

아슈르단은 아시리아가 암흑기에서 회복중이라는 사실을 잘 의식하고 있었다. 그는 "궁핍과 굶주림, 기근 앞에서 도시와 집을 버리고 다른 곳으로 떠난 아시리아의 지친 백성들을 다시 데려왔다. (…) 백성들을 도시와 집에 정착시켰다. (…) 그들은 평화롭게 살았다"[5]고 썼다. 어떤 면에서 아슈르단은 자신을 아시리아의 수호신 아슈르의 지상 대표자로 인식한다는 측면에서 지난 2000년간 죽 그렇게 해온 메소포타미아 왕들만큼 구식 왕이었다. 그러나 아슈르는 암흑기 동안 변신했다. 그는 진노한 신, 실로 매우 진노한 신이 되었다. 비록 그 자신은 최고신이라는 것을 알고 있었지만 대다수의 인간은 이를 몰랐기 때문이다. 아슈르단의 임무는 온 세상을 아슈르의 사냥터로 바꿈으로써 사람들이 이 점을 깨닫게 하는 것이었다. 그리고 아슈르를 위한 사냥이 아슈르단을 부유하게 만든다면 그 역시 나쁠 것 없었다.

아시리아의 심장부에서 국왕은 작은 관료제를 이끌었고 '하늘의 아들'이라 불리는 총독들을 임명해 거대한 영지와 노동력을 하사했다. 이런 고가 관행은 국제적 시대의 통치자라면 누구나 친숙했을 테지만 아시리아 왕의 진짜 권력은 저가 자원에서 나왔다. 아슈르 신을 위한 사냥을 하는 군대에 돈을 주기 위해 아시리아에 세금을 부과하는 대신, 국왕은 병사 충원을 하늘의 아들들에게 의존했고—주나라의 왕이 봉건 제후들에게 그랬던 것처럼—전리품과 이국적 선물을 주고 국왕의 의례에서 한자리를 마련해줌으로써 그들에게 보답했다. 하늘의 아들들은 이 위상을 지렛대 삼아 30년 임기의 직위를 얻어내 실질적으로 자신들의 영지를 세습 봉토로, 노동력을 농노로 전환시켰다.

주나라의 통치자처럼 아시리아 왕의 존립도 제후들의 호의에 달려 있었지만 그들이 계속 전쟁에서 이기는 한 문제될 것은 없었다. 하늘의 아들들은 주나라의 봉신들보다 훨씬 큰 규모의 군대를 제공했고(왕가의 공식 기록에 따르면 기원전 870년대에 5만 명의 보병을, 기원전 854년에 10만 명이 넘는 보병과 수천 대의 전차를 제공했다), 상대적으로 고가 자원인 국왕의 관료제는 이 많은 무리의 군대를 이동시키고 먹이는 병참을 맡았다.

당연한 일이지만 아시리아의 더 작고 약한 이웃 통치자들은 도시가 불타는 동안 뾰족한 막대기 끝에 꿰이는 쪽보다는 일반적으로 보호를 사들이는 쪽을 선호했다. 아시리아인의 제안은 보통 그들이 거절할 수 없는 것이었고, 아시리아가 항복한 왕을 식민주의자로 대체하는 주나라의 전략을 따르는 대신 그대로 권좌에 남겨두었기 때문에 더욱 거절할 수 없었다. 패배한 왕은 심지어 수익을 올릴 수도 있었다. 다음 전쟁에서 아시리아에 군대를 빌려주면 전리품을 한몫 챙길 수 있었던 것이다.

그러나 피후견 국왕들이 거래에서 손을 떼고 싶은 유혹을 느낄 수도 있기에 아시리아는 신성한 공포를 심어주는 데 온 힘을 기울였다. 항복한 사람들은 아슈르 신을 섬길 필요는 없었지만 아슈르가 천상을 지배하고 다른 신들에게 명령을 내린다고 인정해야 했다. 결국 반란은 정치적 범죄 행위일 뿐 아니라 아슈르 신에 반하는 종교적 범죄 행위가 되므로 아시리아인은 반란자를 최대한 잔혹하게 처벌하는 것 외에 달리 도리가 없었다. 아시리아 왕은 궁전을 끔찍한 잔학 행위를 묘사한 장면들로 꾸몄고, 학살 목록을 작성하며 기뻐하는 아시리아 국왕들을 보고 있노라면 금세 정신이 멍해진다. 한 예로, 기원전 870년 무렵에 반란자를 처단한 아슈르나시르팔 2세의 이야기를 들어보자.

나는 반란 도시의 성문에 커다란 탑을 세운 뒤 반란을 일으킨 모든 족장의 피부를 벗겼으며 벗겨낸 피부로 탑을 덮었다. 일부는 탑 안에 가두었고 일부는 탑 위 말뚝에 박았으며 일부는 탑 주변의 말뚝에 묶었다. (…)
많은 포로를 불태우거나 산 채로 잡아갔다. 일부는 코와 귀, 손가락을 베었고 다수의 눈알을 뽑았다. 살아 있는 사람들이 산더미처럼 쌓였고 베어낸 머리도 산더미처럼 쌓였다. 나는 도시 주변의 나무 둥치에 베어낸 머리를 내걸었다. 젊은이와 처녀들은 불에 태웠다. 20명의 남자는 산 채로 잡아 모두 궁전에 가두었다. 나머지 전사들은 사막에서 남김없이 해치웠다.[6]

기원전 9세기, 주나라의 지배는 와해되고 있었고 아시리아는 암흑기 이후 되살아나고 있는 가운데 동양과 서양 핵심부의 정치적 운명은 서로 다른 방향으로 나아가고 있었지만, 양쪽 모두 끊임없는 전쟁과 성장하는 도시, 더 많은 교역, 국가를 운영하는 새로운 저가 전략을 체험하고 있었다. 그리고 기원전 8세기에 그들은 다른 공통점도 찾아냈다. 양쪽 모두 값싼 왕위의 한계를 발견한 것이다.

변화의 바람

속담에도 이르듯이 아무에게도 이롭지 않은 바람이란 없다. 이 속담이 지구 자전축의 미세한 요동으로 북반구 전역에 더 세찬 겨울바람이 불게 된 기원전 800년경보다 더 잘 들어맞은 적도 없었다(지도 5.4). 겨울에 주로 부는 바람이 대서양에서 불어오는 '편서풍'인 서부 유라시아에서 이것은 겨울비가 많이 내린다는 뜻이었다. 가장 흔한 사망 요인이 덥고 건조한 기후에 번성하는 소화기 계통 바이러스였고 겨울바람이 풍작에 필요한 비를 충분히 내려주지 않을 수도 있다는 것이 농부들의 큰 걱정인 지중해 지

[**지도 5.4**] 시린 겨울바람: 기원전 1000년대 초기 기후변화.

역 사람들에게는 좋은 소식이었다. 질병과 배고픔보다는 추위와 비가 나았다.

그러나 새로운 기후 시스템은 춥고 습한 지역에서 창궐하는 호흡기 질환이 주요 사망 요인이며 농업상의 주요 문제는 짧은 여름 생육 기간인 알프스 이북 사람들에게는 나쁜 소식이었다. 기원전 800년과 기원전 500년 사이에 기후가 바뀌면서 북유럽과 서유럽에서는 인구가 감소했지만 지중해에서는 증가했다.

중국에서 겨울바람은 주로 시베리아에서 불어오므로 기원전 800년 이후 겨울바람이 더 강해지자 더 춥고 건조해졌다. 홍수를 감소시켜 양쯔 강과 황허 강 유역의 농사가 더 쉬워지고 두 유역의 인구를 증가시켰을 수도 있지만 황허 강 북쪽의 건조한 고원에서의 삶은 점점 더 힘들어졌다.

이러한 네 가지 넓은 패턴 안에서 무수한 지역적 변형이 존재했지만 주요 결과는 제4장에서 본 기후변화의 에피소드들과 같았다. 지역 사이 힘의 균형이 변화했고 사람들은 기후변화에 대처해야 했다. 한 표준적인 고기후학 교과서의 저자는 이 시절에 대해 이야기하면서 "만약 그와 같은 기후 시스템의 변화가 오늘날 일어난다면 사회적, 경제적, 정치적 결과는 파국에 가까울 것이다"[7]라고 적는다.

동양과 서양 모두 인구가 증가하면서 이전과 똑같은 양의 토지로 더 많은 입을 먹여 살려야 했다. 이런 상황은 갈등과 혁신을 동시에 가져왔다. 두 가지 모두 지배자에게는 잠정적으로 좋을 수 있었다. 더 많은 갈등은 친구들을 돕고 적을 처단할 더 많은 기회를 뜻했고 더 많은 혁신은 더 큰 재산이 생겨남을 뜻했으며 갈등과 혁신 뒤에 자리한 원동력, 즉 더 많은 사람은 더 많은 노동력과 전사, 약탈을 의미했다.

통제력을 유지하는 왕에게는 이 모든 좋은 일이 일어날 수 있지만 기원전 8세기 저가 국왕은 통제력을 유지하는 것이 어렵다는 사실을 깨달았다. 새로운 기회를 이용하기에 가장 유리한 입지에 있는 최고의 승자는 흔히 지방 보스들, 즉 저가 국왕이 일을 처리할 때 의지하는 총독과 영주, 수비대 지휘관들이었다. 국왕에게는 나쁜 소식이었다.

기원전 770년대 동양과 서양의 국왕은 똑같이 봉신들에 대한 통제력을 상실했다. 기원전 945년 이후 그럭저럭 통일되어 있던 이집트 왕국은 기원전 804년 세 개의 제후령으로 쪼개졌고 기원전 770년이 되자 10여 개의 사실상 독립 공국으로 분해되었다. 기원전 823년에 아시리아의 샴시아다드 5세는 제위를 물려받기 위해 싸워야 했고 그다음 그의 피후견 국왕과 총독들에 대한 통제력을 상실했다. 일부 하늘의 아들들은 심지어 이름을 걸고 전쟁을 벌였다. 아시리아 학자들은 기원전 783년부터 기원전 744년까지 걸친 이 시기를 '휴지기' 즉, 국왕은 이름뿐이고 쿠데타가 횡행하며 총독들이 마음대로 할 수 있었던 시기라고 부른다.

지방의 귀족과 군소 제후들, 그리고 작은 도시국가들에게 이 시기는 황금기였다. 가장 흥미로운 경우는 오늘날의 레바논 연안 지대에 줄줄이 들어선 도시국가의 집합체인 페니키아인데, 기원전 10세기에 서양 핵심부가 되살아난 이래로 이집트와 아시리아 사이에 상품을 실어나르며 중개상으로 번영해왔다. 그러나 그들의 부가 아시리아의 주의를 끌자 기원전 850년에 페니키아인은 보호금을 지불했다. 일부 역사가는 이런 상황이 페니키아인으로 하여금 평화를 사기 위한 이윤을 찾아서 지중해로 진출하게 만들었다고 생각한다. 다른 학자들은 성장하는 지중해 인구와 새로운 시장의 매력이 더 중요하지 않았을까 생각한다. 어느 쪽이었든지 간에 기원전 800년이 되자 페니키아인은 본거지를 떠나 훨씬 멀리까지 항해했고 키프로스에 무역을 위한 소규모 거주지를 마련했다. 심지어 크레타 섬에는 작은 신전도 건립했다. 기원전 750년이 되자 호메로스는 자신의 청중이 "배로 유명한 페니키아인들, 검은 선체마다 아기자기한 물건을 무수히 싣고 오며 이익을 좇아 쉴 새 없이 움직이는 이들"[8]을 당연히 알 거라고 (그리고 그들을 신뢰하지 않을 거라고도) 생각했다.

그러나 이 가운데 그리스 인구가 가장 빠르게 성장했고 배고픈 그리스 인은 페니키아의 탐험가와 무역상의 발자취에 이끌렸을지도 모른다. 기원 전 800년이 되자 누군가가 그리스 도기들을 남부 이탈리아로 실어나르고 있었고, 기원전 750년이 되면 페니키아인과 마찬가지로 그리스인도 서부 지중해에 영구적으로 정착하게 되었다(지도 5.3). 두 집단은 모두 강을 통 해 내륙의 시장으로 접근할 수 있는 좋은 항구를 선호했지만 페니키아인 보다 훨씬 많은 수가 건너온 그리스인은 농부로도 정착해서 연안 지대의 가장 좋은 땅을 얼마간 차지했다.

원주민 집단은 때로 저항했다. 이탈리아의 에트루리아와 사르데냐의 부족민처럼 일부는 식민주의자들이 건너오기 전에 이미 마을에 살면서 장거리 교역을 하고 있었다. 이제 그들은 도시와 기념물을 세우고 저가 국 가를 조직했으며 집약 농경을 했다. 그들은 그리스 모델(그리스인이 기원전 800년에서 기원전 750년 사이에 페니키아인으로부터 채택한 것이다)을 바탕으 로 알파벳을 만들었다. 이 알파벳은 이전의 대부분의 문자보다 배우기 쉬 웠다. 이전 문자들은 수백 가지 기호가 필요했고 각각의 기호는 자음과 모 음이 합쳐진 음절을 나타냈다. 수천 가지 기호가 필요하고 각 기호가 개별 단어를 나타내는 이집트 상형문자나 중국의 한자보다도 쉬웠다. 가장 믿 을 만한 추산에 따르면 기원전 10세기에 아테네 남성의 10퍼센트가 단순 한 문장을 읽거나 자기 이름을 쓸 수 있었다. 이전 시기 동양이나 서양 어 디보다도 더 높은 수치다.

우리는 기원전 1000년대 유럽으로 향한 도시와 국가, 무역과 문자의 확 산에 대해 그보다 4000~5000년 전에 일어난 농경의 확산(제2장에서 살펴 보았다)보다 훨씬 많이 알고 있지만 각각의 경우에 어떤 일이 일어났는지에 대한 논의는 농경의 확산에 관한 논의와 유사하다. 일부 고고학자는 기원전 1000년대 동부 지중해로부터의 식민화가 서쪽에서 도시와 국가의 부상을 야기했다고 주장한다. 다른 학자들은 원주민들이 식민화에 대항하여 자신들의 사회를 변형시켰다고 맞선다. 후자에 속하는 학자들은 대부분 젊은 학자들인데 때로 전자 집단이 현대 식민체제의 자칭 문명화 사명에 대한 향수를 고대 세계에 투영한다고 비난한다. 한편 대부분이 그들보다 위 세대인 전자 집단 가운데 일부는 비판가들이 과거에 실제로 무슨 일이 일어났는지보다는 억압받는 사람들의 투사로 자처하는 데 관심이 더 많을 뿐이라고 대꾸한다.

이런 중상과 비난은 고대 이스라엘 고고학이 야기한 분노에 비하면 물론 약과이지만(내가 아는 한 아직까지 누구도 경호원이 필요하지는 않았다) 고고한 고전학계 기준에서 보면 격렬한 논란거리라고 할 만하다. 어쨌거나 나도 이 논쟁에 이끌려서 2000년부터 2006년까지 몬테폴리초라는 시칠리아의 유적지에서 발굴 작업을 하며 여름을 보냈다.* 이곳은 엘림인이라는 토착민이 기원전 650년부터 기원전 535년까지 거주했던 마을이다. 이 마을은 우리가 발굴한 현장에 있는 언덕 꼭대기에서 페니키아 식민지와 그리스 식민지를 볼 수 있을 정도로 두 식민지와 무척 가까웠기 때문에 서부 지중해의 도약을 야기한 것이 식민화와 토착 발전 가운데 어느 쪽인지 시험하기에 안성맞춤인 곳이었다. 그리고 7년 동안 여름마다 돌을 고르고 모종삽으로 흙을 파고 체질을 하고 개수를 세고 무게를 재고 엄청난 양의

---

* 이 기회를 빌려 발굴 작업을 지원해준 분들께 다시금 감사드린다. 나와 함께 발굴 작업을 감독한 세바스티아노 투사(전前트라파니 지방 고고학 감독관), 크리스티안 크리스티안센(예테보리대), 크리스토퍼 프레스코트(오슬로대), 마이클 콜브(노던일리노이대), 에마 블레이크(애리조나대), 로셀라 질리오와 카테리나 그레코 감독관, 살레미의 주민들(특히 조반니 바스코네와 니콜라 스파뇰로), 스탠퍼드 프로젝트를 가능하게 해준 많은 후원자 그리고 프로젝트에 참여한 모든 학생과 스태프에게 감사하다.

파스타를 먹은 끝에 우리가 내린 결론은, 두 가지 과정이 모두 작용했다는 것이었다.

이것은 물론 몇천 년 전 농경의 확산에 관해 고고학자들이 도달한 결론과 매우 비슷하다. 두 경우 모두 핵심부와 주변부에서 사회발전지수는 상승했다. 무역상과 식민 이주민들은 경쟁상대한테 밀려나서든지 아니면 매력적인 기회에 이끌려서든지 핵심부를 떠났고 주변부의 일부 사람들은 적극적으로 핵심부의 관습을 모방하거나 아니면 독자적으로 자신들만의 버전을 만들어냈다. 그 결과, 핵심부의 시스템이 이전의 시스템과 겹쳐지고 주변부의 사람들이 자신들만의 새로운 방식을 추가하고 자신들의 후진성에서 이점을 발견하는 과정에서 변형되면서 더 높은 수준의 사회발전이 핵심부로부터 확산되었다.

몬테폴리초에서 현지의 주도권은 분명히 중요했다. 우선 우리가 발굴한 엘림인 마을은 기원전 6세기에 독자적인 도시국가를 수립한 세게스타에서 온 같은 엘림인에 의해 파괴된 것이 아닌가 추측된다. 그러나 그리스 식민주의자들의 도래도 역시 결정적이었는데, 세게스타 국가 형성은 부분적으로는 땅을 차지하기 위한 그리스인의 경쟁에 대한 대응이었고 그리스 문화에 크게 영향을 받았다. 세게스타의 귀족들은 그리스인에게 심각한 경쟁상대가 되기 위해 애썼고, 이를 위해 그리스 관습을 많이 차용했다. 사실 그들이 기원전 430년대에 그리스 양식의 완벽한 실례를 보여주는 신전을 지었기에 많은 미술사가는 세게스타인이 아테네의 파르테논신전을 설계한 건축가들을 고용했을 거라고 추측한다. 세게스타인은 그리스신화에도 자신들을 끼워넣어서 (로마인도 그랬듯이) 트로이가 함락되면서 피란 온 아이네이아스의 후손을 자처했다. 기원전 5세기가 되자, 카르타고(페니키아 정착지)나 시라쿠사(그리스 정착지) 같은 서부 지중해의 식민 도시들은 구 핵심부의 어느 곳에도 꿀리지 않았다. 에트루리아의 사회발전도 이 식민 도시들에 그렇게 뒤처지지 않았고 엘림인 같은 수십 개의 부족 집단들도 거기서 많이 뒤쳐져 있지 않았다.

인구가 증가하면서 주변부의 팽창과 더불어 핵심부의 국가가 해체되는 다소 유사한 과정이 동양에서도 벌어졌다. 기원전 810년 무렵 주나라의 선왕은 제후들에 대한 통제력을 상실했고 더 부유해지고 강력해진 제후들은 갈수록 그와 협력해야 할 필요성을 느끼지 못했다. 주원에 위치한 선왕의 수도[호경을 말한다. 오늘날의 시안 부근이다]는 파벌 싸움에 휘말려들었고 서북부에서 온 침략자들은 왕국 깊숙한 곳까지 쳐들어왔다. 기원전 781년 선왕의 아들 유왕이 제위를 계승했을 때 그는 더 이상 상황이 악화되는 것을 막아보려고 버릇없는 봉신들 그리고 지나치게 강력한 선왕의 대신들과 정면대결을 꾀했던 것 같고, 그들은 그들대로 유왕의 큰아들 및 그의 어머니와 손을 잡고 음모를 꾸몄던 것으로 보인다.

이 시점에서 이야기는 우리의 무수한 고대 문헌에 넘쳐나는 설화 수준으로 전락한다. 기원전 1세기 위대한 역사가 사마천은 이전에 어느 주나라 왕이 용의 침이 담긴 1000년 묵은 상자를 열자 그 안에서 검은 도마뱀이 나왔다는 기괴한 이야기를 전한다. 사마천은 이유를 자세히 설명하지 않지만, 아무튼 왕은 궁녀들 여러 명을 발가벗긴 뒤 그 괴물을 향해 소리를 지르도록 시켰다. 도망을 치는 대신 도마뱀은 그들 가운데 한 명을 임신시켰고 도마뱀 딸을 낳은 궁녀는 딸을 내다버렸다. 이와는 아무 상관없는 다른 문제로 왕의 진노를 산 남녀 한 쌍이 수도에서 도망치던 길에 이 도마뱀 아이를 주나라에 반기를 든 제후 국가 중 하나인 포나라에 데려갔다.

이 기이한 이야기의 요점은 기원전 780년에 포나라 사람들이 유왕에게 중매를 서기로 하여 그에게 용의 자식—이제는 아름다운 아가씨로 성장한 포사—을 첩으로 보냈다는 것이다. 유왕은 매우 기뻐했고 이듬해 포사는 그에게 아들을 선사했다. 그래서 유왕은 자신의 큰아들과 정실부인을 폐하려고 했던 것 같다.

유배된 아들은 또 다른 불온한 제후 국가로 도망치고 유왕의 최고위 신하들이 폐위된 태자에 합류한 기원전 777년 전까지는 모든 게 괜찮았다. 이 시점에서 일단의 봉신은 주나라가 융(단순히 '적대적인 이국 사람'이란 뜻이다)이라고 부르는 서북쪽의 민족과 동맹을 맺었다['견융'이라고도 하는 서융을 말한다].

이 모든 일에 조금도 신경 쓰지 않은 유왕은 어떻게 하면 포사를 웃게 만들 수 있을까(출생 배경을 생각해보면 놀랄 일도 아니지만 그녀는 다소 유머 감각이 없는 사람이었다)라는 당면 과제에만 주의를 기울였다. 딱 한 가지만이 효과가 있는 것 같았다. 유왕의 선대왕들은 망루를 세워서 만약 서융이 공격해오면 북소리와 봉화로 다른 제후들에게 알리게 했고, 그러면 신호를 받은 제후들이 부하를 이끌고 왕을 구하러 오게 되어 있었다. 사마천은 다음과 같이 기록했다.

유왕은 봉화에 불을 붙이고 커다란 북을 두드렸다. 봉화는 침입자들이 가까이 왔을 때만 피워올리므로 여러 제후가 왕을 구하러 왔다. 제후들이 도착했지만 침입자의 모습이 보이지 않자 포사가 웃음을 터뜨렸다. 왕은 기뻐서 여러 차례 그렇게 봉화에 불을 붙였다. 그후로 봉화 신호를 믿을 수 없어지자 제후들은 점점 오는 것을 꺼리게 되었다.[9]

유왕은 늑대가 왔다고 거짓말을 한 양치기 소년의 원조였고, 기원전 771년 서융과 신나라가 진짜로 쳐들어왔을 때 많은 제후가 봉화를 무시했다. 반란자들은 유왕을 죽였고 수도를 불태웠으며 유배되었던 큰아들을 평왕으로 즉위시켰다.

이 이야기를 진지하게 받아들이기는 힘들지만 많은 역사가는 이 이야기에 실제로 일어난 사건들에 대한 기억이 담겨 있다고 생각한다. 이집트와 아시리아의 통치자들이 통제력을 상실한 기원전 770년대에 중국에서도 마찬가지로 인구 성장, 기승을 부리는 지역 세력, 왕가 내 세력 다툼, 외부의 압력 등이 더해져 이집트나 아시리아의 경우보다 더 심각한 세력 역전을 가져왔던 것 같다.

기원전 771년 유왕의 말로를 수수방관한 제후들은 그저 자신들의 권력을 과시하고 평왕을 간판으로 세운 뒤 왕가를 계속 무시하기를 원했는지도 모른다. 1970년대 이래로 고고학자들은 웨이허 강 유역 곳곳에서 엄청난 수의 청동 제기를 발굴하고 있는데, 청동 제기를 그곳에 묻기로 했던 것을 보면 제후들은 서융이 유왕의 궁전에서 전리품을 챙겨 고향으로 돌아가는 대로 주나라로 복귀할 생각이었던 것 같다. 만약 그렇게 생각했다면 그들은 대단히 착각한 것이었다. 서융은 그곳에 눌러 앉을 생각이었고, 제후들은 평왕을 황허 강 유역에 위치한 뤄양의 망명 정부에 수장으로 세워야 했다.* 주나라 왕은 이제 웨이허 강 유역의 영지를 상실해버렸기 때문에 천자라 할지라도 아무런 힘이 없었고 가장 강력한 '봉신'인 정나라의 제후들은 이전까지 왕이었던 이들을 시험하기 시작했다. 기원전 719년 한 제후는 주 왕실의 태자를 인질로 데려갔고 기원전 707년 또 다른 제후는 심지어 왕을 활로 쏘기까지 했다[둘 다 정나라의 3대 군주인 정 장공이다].

기원전 700년이 되자 주나라 조정은 이전 제후국들(한 고대 문헌은 제후국이 148개나 존재했다고 말한다)의 공작, 백작, 후작, 자작들의 관심사 밖으

---

* 역사가들은 전통적으로 기원전 1046년~기원전 771년을 서주西周시대라고 부른다. 주 왕실이 동쪽으로 천도한 기원전 771년부터 기원전 481년이나 기원전 453년 혹은 기원전 403년(역사가마다 종료 시점을 다르게 잡는다)까지는 동주東周시대라고 한다. 여기다가 역사가들은 이 시대 구분을 더 헷갈리게 만들어서, 흔히 기원전 722년~기원전 481년은 공자의 역사서 『춘추』에서 이름을 따 춘추시대, 기원전 480년~기원전 221년은 전국시대라고 부른다.

로 밀려나다시피 했다. 유력 '봉신'들은 여전히 주나라 왕을 대신하여 일을 한다고 주장했지만 사실은 주나라 왕과 상의 없이 마음대로 조약을 맺고 파기하면서 패권을 놓고 서로 다퉜다. 기원전 667년에 일시적으로 지배적 위치를 누린 제 환공은 심지어 경쟁상대들을 회담장으로 불러들였고 그들은 환공을 맹주로 인정했다(물론 그들은 환공과 여전히 싸웠고 그 외의 다른 제후들과도 계속해서 싸웠다).● 이듬해 환공은 주나라 왕을 협박해 자신을 백伯으로 임명하게 했는데 '우두머리 제후'를 뜻하는 백은 (이론적으로는) 주 왕실의 이해관계를 대변했다.

환공은 대체로 중국의 한족이 오랑캐로 간주하는 민족들의 공격으로부터 약소국을 보호함으로써 지위를 얻었는데, 북쪽에는 융과 적, 남쪽에는 만이라고 알려진 집단이 있었다.●● 그러나 이러한 전쟁들의 주요 (그리고 틀림없이 의도하지 않았을) 결과는 서부 지중해에서 페니키아와 그리스인의 식민화와 다소 유사하여 서융과 북적, 남만 세력을 핵심부로 끌어들이고 그 과정에서 핵심부가 거대하게 팽창한 것이었다.

기원전 7세기에 핵심부의 북쪽 가장자리를 따라 들어선 국가들은 서융과 북적을 동맹으로 끌어들였고 이러한 유대를 가문 사이의 혼인으로 강화했다. 서융과 북적의 많은 지도자가 주나라의 문학에 정통하게 되었고, 크게 성장한 제나라나 진晉나라, 진秦나라 같은 변경 지역 나라와 의도적으로 가까이했다. 남쪽에서는 기원전 7세기에 두 진나라와 싸우면서 일부 남만 세력이 그들만의 대국가인 초나라를 수립했다. 기원전 650년이

● 중국에서 나라나 제후 사이에 맺는 회합이나 맹약을 회맹會盟이라 하며, 회맹의 맹주盟主가 된 자를 패자霸者라고 한다. 춘추오패春秋五霸는 춘추시대 가장 강력한 패자 다섯 명을 가리키며 오백五伯이라고도 한다.

●● 중국의 역사서는 주변의 이민족을 뭉뚱그려 단순히 오랑캐라고 불렀는데 오랑캐란 언어, 풍습 따위가 다른 이민족, 이방인을 낮잡아 이르는 말이다. 전통적으로 이 오랑캐를 방위에 따라 동이東夷, 서융西戎, 남만南蠻, 북적北狄이라고 일컬었다.

되자 초나라는 회맹에 참가하는 국가간 공동체의 정식 일원이 되었다. 그리고 아이네이아스의 후손이라고 주장한 서양의 세게스타인이나 로마인과 다소 비슷하게 초나라의 수장들도 자신들이 동양 핵심부의 다른 국가들과 마찬가지로 주나라의 식민지로 출발했다고 말하기 시작했다. 기원전 600년이 되자 핵심부와 남방의 요소를 결합한 초나라만의 독자적인 물질문화가 출현했다.

초나라가 매우 강력한 세력으로 성장했기 때문에 기원전 583년에 진晉나라는 다른 남만 민족들과 동맹을 맺어 초나라의 배후를 위협할 적대 세력을 형성했다. 기원전 506년에 이 동맹 가운데 하나인 오나라가 초나라의 군대를 격파할 만큼 강력해졌는데 사실 오나라의 세력이 매우 강해서 기원전 482년에 진 정공은 오왕 부차에게 패자의 지위를 내주어야 했고, 부차는 초나라 왕들처럼 이제 자신이 주 왕실의 후손이라고 주장했다. 그 무렵 또 다른 남쪽 국가인 월나라가 강대국으로 부상했다. 월나라의 제후들은 이데올로기적으로 오나라를 한 수 앞서려고 하여 중국 왕조 가운데 가장 오래된 왕조인 하나라의 후손이라고 주장했다. 기원전 473년 월나라의 군대가 수도를 포위하자 오왕 부차가 목을 맨 뒤 월왕 구천이 패자의 지위를 차지했다. 이러한 정치적 분열에도 불구하고 동양 핵심부는 서양 핵심부만큼 극적으로 팽창했다.

고가 전략을 향해

기원전 750년~기원전 500년은 역사가 전환하지 않았다는 점에서 전환점이었다. 기원전 750년에 서양의 사회발전지수는 기원전 1200년에 대붕괴가 일어나기 직전의 점수인 24점을 향해 가고 있었고 기원전 500년 동양의 사회발전지수도 마찬가지였다. 기원전 1200년 무렵처럼 기후가 변화하고 여러 민족이 이주하며 갈등이 격화되고 새로운 국가들이 핵심부로 밀고 들어오는 사이 오래된 국가들은 와해되고 있었다. 새로운 붕괴가 전적으로 가능했지만 양쪽 핵심부는 직면한 도전을 처리할 경제적, 정치적, 지적 자원을 발전시키면서 스스로를 재편했다. 그래서 도표 5.1의 그래프가 그렇게 단조로워 보이면서 동시에 흥미로운 것이다.

먼저 아시리아의 변화를 살펴보자. 티글라트 필레세르 3세라는 이름으로 기원전 744년에 왕위를 찬탈한 한 벼락출세자는 기원전 780년대 이래로 동일한 책략을 구사해온 다른 왕위 찬탈자들과 처음에는 별로 다를 게 없어 보였지만 20년이 채 지나지 않아 아시리아를 망가진 저가 국가에서 단숨에 역동적인 고가 국가로 변신시켰다. 합법화로 나아가는 일부 마피아 단원처럼 그 과정에서 그는 자신도 개조하여 갱단 두목에서 위대한 (그러나 잔인한) 왕이 되었다.

그의 비결은 하늘의 아들들을 거래에서 배제하는 것이었다. 티글라트 필레세르는 제후들로부터 군대를 제공받는 대신 자신에게 보수를 받고 오로지 자신에게만 충성하는 상비군을 창설하여 이를 달성했다. 남아 있는 문헌은 그가 이를 어떻게 달성했는지 설명하지 않지만 어쨌든 그는 전쟁 포로를 압박하여 자신만의 개인적인 군대를 설립했다. 전투에서 이기면 티글라트 필레세르는 전리품을 제후들과 나누는 대신 그 전리품으로 자신의 병사들에게 직접 보수를 지불했다. 그다음 그는 군대의 지원을 받아 귀족 세력을 와해시켰고 고위직을 세분하여 그 자리를 포로로 잡은 환관들로 채웠다. 환관은 두 가지 이점이 있었는데, 첫째 그들은 지위를 물려줄 아들을 낳을 수 없었고, 둘째 전통적인 귀족 계층에게 매우 천시당했기 때문에 국왕에 반하는 귀족들의 반란을 이끌 리가 없었다. 무엇보다도 티글라트 필레세르는 국가를 운영하기 위해 관료제를 거대하게 확대하여 이전 지배층을 제쳐두고 전적으로 자신에게만 충성하는 행정관리들을 탄생시켰다.

이 모든 일에는 돈이 많이 들었기에 티글라트 필레세르는 자신의 재정을 제도적으로 정비했다. 시시때때로 나타나 헌금을 요구하며 이민족들을 갈취하는 대신 그는 정기적인 공납, 기본적으로 세금을 요구했다. 만약 그의 피후견 국왕이 따지려고 하면 티글라트 필레세르는 그를 아시리아 총독으로 교체했다. 예를 들어, 기원전 735년에 이스라엘의 베가 왕은 세금 반란에서 다마스쿠스와 다른 시리아 도시들에 합세했다(지도 5.5). 티글라트 필레세르는 양떼 우리 안의 늑대처럼[10] 그들에게 달려들었다. 기원전 732년 다마스쿠스를 파괴하고 총독을 세웠으며 이스라엘의 비옥한 북부 유역을 병합했다. 불만스러운 베가의 신민들은 그를 암살했고 친 아리시아 국왕 호세아를 대신 왕위에 앉혔다.

티글라트 필레세르가 기원전 727년 사망할 때까지는 모든 일이 잘 굴러갔다. 새로운 아시리아 체제가 티글라트 필레세르와 함께 죽었다고 생각한 호세아는 공납을 중단했지만 티글라트 필레세르의 제도들은 지도부의 변화에서 살아남을 만큼 견고했음이 드러났다. 기원전 722년 아시리아의 새로운 왕 샬마네세르는 이스라엘을 쑥대밭으로 만들고 호세아 왕을 죽였으며 총독을 세우고 수만 명의 이스라엘인을 잡아갔다. 사실 기원전 934년과 기원전 612년 사이에 아시리아는 대략 450만 명의 사람들을 강제 이주시켰다. 강제 이주자들은 아시리아의 군대를 충원하고 도시를 건설했으며 강물을 막고 나무를 심고 올리브를 가꾸고 운하를 파는 등 제국의 생산성을 높이는 거대 사업을 수행했다. 고향에서 쫓겨난 사람들의 노동력이 니네베와 바빌론을 먹여 살렸고 두 도시는 10만 명이 거주하는 대도시로 성장하면서 이전의 도시들을 압도하며 사방에서 들어오는 자원을 흡수했다. 사회발전지수가 치솟았다. 기원전 700년이 되자 아시리아는 역

코카서스 산맥

이탈리아

그리스

카르타고

지중해

리디아

**페르시아
제국**

**아시리아
제국**

우라르투

아시리아

니네베

메디아

페니키아

다마스쿠스

이스라엘

수에즈 운하

유대

예루살렘

바빌론

엘
페르

이집트

나일 강

누비아

[**지도 5.5**] 최초의 고가 제국들. 점선은 기원전 660년 무렵 아시리아 제국의 최대 판도를 나타내며 실선은
기원전 490년 무렵 페르시아 제국의 최대 판도를 나타낸다.

사상 과거 어느 국가보다 강력했다.

티글라트 필레세르는 기원전 8세기의 붕괴를 저지함으로써 역사의 경로를 바꾸었을까? 한때 역사가들은 주저 없이 그렇다고 대답했지만 오늘날 대부분은 특별한 위인의 의지에 너무 많은 영광을 돌리기를 꺼린다. 이 경우에는 아마도 오늘날의 역사가들이 맞을 것이다. 가차 없음에 위대함이라는 꼬리표를 붙인다면 티글라트 필레세르는 위대했을지도 모르지만 그렇다고 특별하지는 않았다. 기원전 8세기 말 서양 핵심부 전역에서 통치자들은 자신들이 처한 곤경에 대한 해법으로 중앙집권화를 생각해냈다. 오늘날의 수단 땅에서 온 누비아인은 티글라트 필레세르가 아시리아의 왕좌를 차지하기도 전에 이집트를 다시 통일했고 다음 30년에 걸쳐 티글라트 필레세르라면 알아봤을 개혁을 실행했다. 기원전 710년이 되자 자그마한 유대 왕국의 히스기야 왕도 같은 일을 추진하고 있었다.

이것은 단 한 명의 천재가 역사를 바꾸기보다는 절박한 사람들이 떠오른 발상은 모조리 시도해보는 가운데 결국 최상의 해법이 성공하는 식이었다. 중앙집권화로 가든지 목숨을 잃든지 둘 중 하나였다. 지방의 수장들을 통제하지 못한 통치자는 통제에 성공한 이들에게 짓밟혔다. 아시리아를 걱정한 히스기야 왕은 유대 왕국을 강화해야 한다고 느꼈다. 히스기야의 세력을 걱정한 아시리아의 새로운 왕 센나케리브[성서에는 '산헤립'으로 등장한다]는 그를 저지해야 한다고 느꼈다. 기원전 701년 센나케리브는 유대 왕국을 약탈하고 유대인들을 끌고 갔다. (구약성서에서 말하는 대로) 주의 천사가 아시리아 군대를 쳤기 때문인지 아니면 (센나케리브의 기록이 전하는 대로) 히스기야가 더 많은 조공을 바치기로 했기 때문인지는 알 수 없지만 예루살렘은 건드리지 않았다.

어느 쪽이든 승전을 거둘수록 센나케리브는 냉엄한 새로운 현실과 직면해야 했다. 아시리아가 거둔 승전은 하나같이 새로운 적을 만들어낼 뿐이었다. 티글라트 필레세르가 기원전 730년대 초에 북부 시리아를 병합하자 다마스쿠스와 이스라엘이 반기를 들었다. 기원전 732년부터 기원전 722년 사이에 샬마네세르가 다마스쿠스와 이스라엘을 정복하자 이번엔 유대 왕국이 최전방 적대국이 되었다. 기원전 701년 유대 왕국을 협박한 것은 이집트를 위협적 존재로 만들었을 뿐이어서 기원전 670년대에 아시리아는 재빨리 나일 강 유역을 점령했다. 그러나 이집트는 너무 멀리 떨어진 나라라는 사실이 드러났고 10년 뒤 이집트에서 물러났을 때 아시리아는 제국의 경계 전역에 걸쳐 골치를 썩고 있었다. 북쪽의 주적인 우라르투 왕국을 파괴하자 아시리아는 이제 코카서스 방면의 끔찍한 습격에 노출되었다. 남쪽의 주적인 바빌론 약탈은 그보다 더 동남쪽에 있는 엘람인과의 전쟁만 촉발했을 뿐이다. 기원전 640년대에 엘람인 정벌은 자그로스 산맥의 메디아인이 새로운 위협으로 부상하고 바빌로니아가 세력을 회복할 기회를 허락했을 뿐이다.

대단한 영향력을 발휘한 책 『강대국의 흥망』에서 예일대의 역사가 폴 케네디는 과거 500년 동안 거대한 전쟁을 치러야 할 필요성 때문에 유럽 국가들은 끊임없이 과잉 팽창해야만 했고, 그럼으로써 자신들의 세력 기반을 약화시켜서 끝내는 붕괴했다고 주장했다. 막대한 세수의 유입과 직업 군대, 관료제를 통해 고가 모델로 도약했음에도 불구하고, 또 모든 경쟁상대를 물리쳤음에도 불구하고 아시리아는 그러한 제국적 과잉 팽창의 상징으로 끝나고 말았다. 기원전 630년이 되자 제국은 사방에서 축소되고 있었고 기원전 612년 메디아와 바빌로니아 동맹이 니네베를 약탈하고 제국을 분할했다.

아시리아의 갑작스러운 몰락은 우리가 제4장에서 본 패턴을 반복했다. 그러한 패턴에서 군사적 변혁은 이전의 주변부 민족들에게 핵심부로 밀고 들어올 기회를 제공하면서 핵심부를 확장한다. 메디아인은 다수의 아시리아 제도와 정책을 채택했다. 바빌로니아는 다시금 강대국이 되었다. 이집트는 레반트에서 오랫동안 잃어버린 제국을 되살리기 위해 애쓰고 있었다. 아시리아의 잔해를 차지하기 위한 드잡이도 팽창의 동학을 존속시켰다. 기원전 550년 페르시아의 군벌 키루스는 파벌 싸움에 휘말린 메디아 왕국을 힘들이지 않고 무너트렸다(메디아 왕은 다소 어리석게도 예전에 살해당한 자기 아들의 살을 먹게 강요한 장군을 키루스에 맞서 내보냈다. 장군이 재빨리 패배하고 군대가 무너지자 키루스가 왕국을 장악했다).

앞선 아시리아의 왕처럼 페르시아의 지배자들도 자신들이 신의 사명을 수행하고 있다고 믿었다. 그들이 보는 바에 따르면 페르시아 왕국의 아케메네스 왕가는 어둠과 악의 세력과 끝없이 대결하고 있는 빛과 진실의 신인 아후라마즈다의 지상의 이해관계를 대변했다. 그들은 다른 민족의 신들도 그들이 추구하는 대의의 정당성을 인정하여 그들이 이기기를 바란다고 확신했다. 그래서 기원전 539년 바빌론을 함락했을 때 키루스 왕은 바빌로니아 신들을 저버린 썩은 지배자들의 손아귀에서 신들을 해방시키기 위해 왔다고 주장했다. 키루스 왕이 기원전 586년에 바빌로니아인에게 끌려간 유대인을 예루살렘으로 돌려보내는 후속 조치를 취하자 구약성서의 저자들은 심지어 자신에 대한 키루스의 대단한 평가를 확인해주기까지 했다. 구약성서의 저자들은 그들의 신이 키루스를 "나의 목자 (…) 나의 기름받은 자"로 여기며 "그의 오른손을 잡고 열국으로 그 앞에 항복하게 하며 열왕의 허리띠를 풀게 하리라"[11]고 주장했다.

키루스 왕은 에게 해, 오늘날의 카자흐스탄과 아프가니스탄, 파키스탄의 국경선에까지 군대를 이끌고갔다. 그의 아들 캄비세스는 이집트를 쳐서 점령했는데, 그다음 사마천의 『사기』에 등장하는 어느 이야기 못지않게 기괴한 이야기에서 그의 먼 친척인 다리우스가 기원전 521년 왕위를 거머쥔다. 그리스 역사가 헤로도토스에 따르면 캄비세스는 아우인 스메르디스가 자신에게 대항하는 음모를 꾸몄다고 꿈을 잘못 풀이하여 스메르디스를 암살한다. 그러나 경악스럽게도 한 사제—그도 이름이 스메르디스이고 죽은 스메르디스와 똑같이 생겼다—가 스메르디스 행세를 하며 왕위를 빼앗는다. 캄비세스는 본국으로 돌아가 이 거짓(과 자신이 아우를 죽였다는 사실)을 폭로하기 위해 말에 올라타다가 그만 허벅지를 찔려 죽고 만다. 한편 가짜 스메르디스는 그의 아내 중 한 명이 그가 귀가 없다는 사실을 발견해 정체가 들통 난다(가짜 스메르디스의 귀는 예전에 벌을 받았을 때 잘려나갔다). 그후 일곱 명의 귀족이 가짜 스메르디스를 살해하고 왕위를 놓고 시합을 벌인다. 지정된 장소에 각각 데리고 온 말 가운데 해가 뜰 때 가장 먼저 울음소리를 내는 말의 주인이 왕이 되는 것이었다. 다리우스가 (속임수를 써서) 이긴다.

놀랍게도 왕을 선출하는 방법으로 이만한 게 없었는데,* 다리우스는 재빨리 자신이 새로운 티글라트 필레세르임을 입증했다. 어쩌면 약 3000만 명의 신민이 거주했을 수도 있는 왕국에서 거둬들이는 세입을 매우 효과적으로 극대화했기 때문에 헤로도토스는 "페르시아인은 다리우스가 (…) 모든 것마다 이문을 남기는 장사꾼 같다고 말하기를 좋아했다"[12]고 적는다.

다리우스는 돈을 좇았고 돈은 그를 서쪽으로 이끌었으며, 그곳에서는 상승하는 사회발전 수준이 지중해 변경 지대를 부활시켰다. 기원전 500년이 되자 궁전이나 신전을 위해 일하는 대신 독자적으로 사업을 하게 된 무역상들은 활기찬 경제를 창출했고 해상 운임을 매우 낮춰서 사치품뿐만 아니라 부피가 큰 상품을 운송해서도 이익을 남길 수 있었다. 기원전 600년 무렵 서부 아나톨리아의 리디아의 사람들은 무게를 보증하기 위해

---

* 이 이야기가 사실이라면 말이다. 대부분의 역사가는 다리우스가 사실 진짜 스메르디스를 살해하고 그 주변의 사제 일당을 타도했다는 의혹을 제기한다.

금속 뭉치를 틀에 맞춰 찍어내기 시작했고 다리우스의 시대가 되자 이 혁신적 발명품—주화—이 널리 유통되면서 상업 활동을 가속했다. 생활 수준도 높아졌다. 기원전 400년이 되자 그리스인은 3세기 전 선조보다 평균 약 25~50퍼센트 더 많이 소비했다. 집이 커졌고 식단은 다양해졌으며 수명은 길어졌다.

다리우스는 페르시아의 최초 함대를 운영하는 데 페니키아인을 고용하고 지중해와 홍해를 잇는 일종의 수에즈 운하를 파 그리스 도시들에 대한 통제력을 거머쥐면서 지중해 경제에 접근했다. 헤로도토스에 따르면 그는 이탈리아를 자세히 살피기 위해 스파이를 파견했고 심지어 카르타고를 공격하는 것도 고려했다고 한다.

기원전 486년 다리우스가 사망했을 무렵 서양의 사회발전지수는 기원전 1200년 무렵에 도달한 24점보다 10퍼센트 이상 앞서 있었다. 이집트와 메소포타미아에서 관개농업은 꾸준하게 생산량을 증가시켰다. 바빌론은 거주민이 15만 명에 달했던 것 같다(도시가 굉장히 커서 헤로도토스는 키루스가 도시를 점령했을 때 일부 주변 지역으로 소식이 전달되기까지는 며칠이 걸렸다고 전한다). 페르시아 군대는 어마어마하게 커서 (이번에도 헤로도토스에 따르면) 그들이 물을 마시자 온 강물이 말라버릴 지경이었다고 한다. 그리고 우리가 앞서 보았듯이 아테네 남성 10명 가운데 1명은 자신의 이름을 쓸 줄 알았던 것 같다.

동양의 점수도 24점을 향해 가고 있었으며, 기원전 8세기 이래로 서양에서 볼 수 있는 것과 매우 유사한 국가를 재조직하고 중앙집권화하는 과정도 한창 진행되고 있었다. 기원전 771년 이래로 주 왕실의 권위가 붕괴된 것은 이전 제후 국가의 통치자들에게 은총이자 저주였다. 왕실의 권위가 사라지자 그들은 자유롭게 서로 다툴 수 있었고, 아닌 게 아니라 격렬하게 다퉜지만 붕괴는 거기서 그치지 않았다. 주나라 왕에게 의무를 지고 있지만 왕이 병력을 자신들에게 의존한다는 사실을 이용하여 제멋대로 굴던 과거의 제후들은 이제 그들 자신의 귀족들이 그들과 조금도 다르지 않게 제멋대로 군다는 사실을 발견했다. 한 가지 해법은 티글라트 필레세르가 군대를 전쟁 포로로 채운 것처럼 국정에 귀족을 제치고 외부인을 기용하는 것이었다. 주나라 세계의 변방에 위치한 네 대국(진나라, 제나라, 초나라, 진나라. 지도 5.2를 보라)은 기원전 7세기에 이런 정책을 실시하기 시작했고 점점 강해졌다.

이미 기원전 690년에 황허 강 유역의 다른 나라들보다 동주 시대의 귀족적 규범에 덜 얽매인 초나라는 국왕에게 직접 보고하는 총독을 둔 새로운 행정구역을 설립했다. 다른 나라들도 이를 모방했다. 일찍이 기원전 660년에 진晉 헌공은 더 과격한 해법을 시도하여, 진나라 유력 가문의 수장들을 학살한 뒤 그들보다 더 고분고분하기를 기대하며 재상들을 임명했다. 다른 국가들도 이를 모방하기 시작했다. 기원전 594년 노魯 선공은 귀족들을 제쳐낼 또 다른 방도를 찾아냈다. 그는 농민들의 부역을 경감함으로써, 실질적으로 그들이 부치는 땅에 대한 소유권을 부여했고 그 대가로 농민들은 군역과 세금을 그에게 직접 바쳤다. 두말할 필요도 없이 다른 국가들도 앞다투어 이 정책을 모방했다.

선구적인 통치자들은 더 큰 군대를 창설하고 더 혹독한 전쟁을 치렀으며, 서양의 경우와 마찬가지로 경제성장을 철저히 이용했다. 농민들은 토지가 자기 것이 되자 토질을 개선하기 위해 열심이었고 더 좋은 품종을 개발하고 소가 끄는 쟁기에 투자함으로써 수확량을 증대시켰다. 철제 농기구가 널리 퍼졌고 기원전 5세기가 되자 대장장이들은 풀무를 이용해 철광석을 1530도까지 가열하는 법을 터득했는데, 이 온도에서 철이 녹아 주조될 수 있었다.* 오나라의 장인들은 심지어 철에서 탄소 함유량을 조절하여 강철을 제조해냈다.

도시가 폭발적으로 성장했고—노나라의 린쯔는 기원전 500년경에 주민이 5만 명에 달했을 것이다—서양에서처럼 도시민의 수요는 도시에 식량을 공급하는 민간 상인의 활동을 촉진했다. 기원전 625년 노나라의 재상은 교역이 더 용이해지도록 국경 검문소를 폐지했다. 수상 무역이 성행했고 진晉나라와 뤄양의 주 왕실은 서양과는 관계 없이 독자적으로 청동 주화를 도입했다. 역시 서양과 유사하게 동양의 경제성장은 생활 수준을 향상시켰지만 불평등도 배가됐다. 기원전 6세기 초 10퍼센트에서 100년 뒤 20퍼센트에 이르기까지 세율이 서서히 높아졌다. 제후들은 궁전에 얼음 저장고를 지었지만 농민들은 점차 빚더미에 나앉게 되었다.

기원전 6세기에 경제가 본격적으로 팽창하기 시작했을 때 서양의 국왕들은 이미 권력을 재천명하고 있었지만 동양에서는 경제성장이 지배자들의 문제점을 악화시키고 있을 뿐이었는데, 다루기 힘든 귀족들을 대체한 대신들도 보통 강력한 가문 출신이었기 때문이다. 대신들은 흔히 그들의 주인들보다 경제성장의 과실을 누리기에 더 좋은 위치에 있었고 어김없이 경쟁상대로 발전했다. 기원전 562년 노나라의 세 권문세가는 실질적으로 노나라의 제후를 유명무실하게 만들어버렸고 기원전 480년이 되자 한 가문이 국가를 장악했다. 진晉나라에서 대신들은 50년에 걸쳐 삼파전의 내전을 벌여 기원전 453년 나라가 세 조각이 났다.

그러나 이 시기 지배자들은 (그리고 그들을 권력에서 몰아낸 대신들은) 해법을 찾아냈다. 세도가 출신 대신들이 그들을 대체한 귀족들만큼 골칫거리라면 아예 나라 밖으로 나가 다른 나라에서 관리들을 모집하는 게 어떨까? 사士[선비]로 알려진—영어로는 보통 "gentlemen"으로 번역된다—이

---

* 기원전 1세기가 되자 주철은 중국에서 흔해졌다. 서양에서는 서기 14세기까지 철광석을 섭씨 900도까지 가열해서 얻어낸 부드러운 '괴철(이긴 쇳물)'을 반복적으로 두들겨서 제조하는 연철이 유일했다.

임용 관리들은 정치적 연줄이 부족하여 제후들의 경쟁상대가 될 수 없었다. 선비의 상당수는 사실 매우 미천한 집안 출신이었고 애초에 그들이 관직에서 출셋길을 찾은 것도 그 때문이었다. 선비의 급증은 중앙집권화와 식자 계층의 확산을 가리킨다. 수천 명의 선비가 자리가 날 때마다 이 나라에서 저 나라를 떠돌며 한적한 군현의 관아에서 두루마리를 뒤적이고 숫자를 따졌다.

운 좋은 소수의 선비는 제후의 눈에 들어 높은 자리까지 올랐다. 흥미롭게도 서양의 관료제와는 대조적으로 당대 문학을 장식하게 된 인물들은 선비를 고용한 군주가 아니라 바로 이들이었는데, 군주가 정도를 벗어나지 않게 간언을 하여 훌륭한 통치자가 되도록 돕는 유덕한 인물로 그려진다. 기원전 300년 무렵에 편찬된 역사 주석서인 『춘추좌씨전』은 그런 인물들에 대한 이야기로 가득하다. 내가 가장 좋아하는 인물은 진 영공의 재상이었던 조돈이다. 『춘추좌씨전』은 다소 절제된 화법을 구사하여 "영공은 진정한 군주가 아니었다"고 말한다. "그는 궁중누각에서 지나가는 사람들에게 쇠뇌를 쏘며 그들이 도망치는 모습을 구경했다.* 그의 요리사가 곰 발바닥 요리를 준비했을 때 제대로 삶아지지 않자 영공은 그를 죽이고 시체를 바구니에 넣어 궁녀에게 알현실을 거쳐 나르도록 시켰다."[13]

조돈이 영공의 잘못을 나무라자 마침내 군주는 이 귀찮은 조언자의 입을 다물게 하려고 자객을 보냈다. 그러나 자객이 동틀녘에 조돈의 집에 다

---

* 여기에는 문제가 하나 있다. 조돈 이야기의 배경은 기원전 610년 무렵인데 쇠뇌는 기원전 5세기 중반 무렵에나 흔해지기 때문이다. 일부 역사가는 그러한 이야기상의 모순으로부터 『춘추좌씨전』이 사실은 수 세기 동안 되풀이되면서 이야기에 조금씩 살이 붙은 민담집으로, 일반화된 이상을 표현할 뿐 우리에게 실제 재상이나 통치자들에 대해 알려주는 것은 거의 없다고 생각한다. 그러나 이는 너무 회의적인 시각일 수 있다. 조돈 이야기의 상당 부분은 분명 현실성이 없지만 『춘추좌씨전』의 편찬자는 쓸 만한 출처에 접근할 수 있었던 것으로 보이며 적어도 우리가 제도적, 지적 변화상을 얼마간 느낄 수 있게 해준다.

다랐을 때 이 존경스러운 선비는 이미 의관을 갖춰 입고 열심히 공무중이었다. 그렇게 훌륭한 사람을 살해해야 한다는 당혹감과 군주의 명을 어기는 것에 대한 수치심 사이에서 고민하던 자객은 이 상황을 벗어날 유일한 방도를 택해 나무에 머리를 부딪쳐 자결하고 말았다.

더 많은 사건이 뒤따랐다. 영공이 매복을 놓았지만 영공의 하인이 조돈을 공격하는 개를 한 방에 때려눕혀서 조돈은 위기를 벗어날 수 있었는데, 그 하인은 수년 전 조돈이 기아에서 구제해준 사람이었음이 드러난다. 『춘추좌씨전』의 모든 이야기처럼 결국 영공은 응분의 벌을 받았다. 물론 이런 교훈적 이야기에서 흔히 그렇듯이 조돈은 이를 막지 못했다는 비난을 들었다.

그러나 다른 (아마도 품행이 더 뛰어난) 군주들은 번영했고 새로운 양식의 건축물은 기원전 5세기 점점 커져가던 그들의 권력을 말해준다. 이전 주나라 왕들은 흙을 다져 만든 대략 1미터 높이에 불과한 기반 위에 궁전을 지은 반면 이제 제후들은 위로 뻗어가면서 가장 문자 그대로의 의미에서 '고가' 전략을 추구했다. 초나라의 한 궁궐은 150미터 높이의 기단 위에 세워졌다고 하며 (도저히 믿기지 않지만) 구름까지 가 닿았다고 전해진다. 북부의 또 다른 궁궐은 '중천대中天臺'라고 불렸다. 군주들은 궁궐을 요새화했는데 아무래도 적국만큼 그들의 백성들도 두려워한 것 같다.

기원전 450년이 되자 동양의 군주들은 서양의 군주들처럼 세금을 올리고 영구적인 군대를 수립하고 이러한 복잡한 업무를, 자신에게만 충성하지만 그들의 죽음에도 영향을 받지 않을 만큼 독립적인 관료제를 통해 운영하면서 고가 모델로 나아가고 있었다. 경제는 급성장했고 사회발전지수는 24점을 넘어섰다. 서양에서는 핵심부가 팽창했고 페르시아 제국이 핵심부 대부분을 통일했다. 동양에서도 유사한 과정이 진행되고 있었다. 기원전 771년 주 왕실이 몰락하고 등장한 148개의 국가는 기원전 450년이 되자 14개만이 살아남았고 그 가운데 단 네 나라—진晉, 진秦, 초, 제—만 무대를 지배했다.

제4장에서 나는 데니켄의 우주인이 기원전 1250년에 핵심부가 계속 팽창하고 단일한 제국이 각 핵심부에서 출현하리라고 예언하는 모습을 상상했다. 기원전 450년 무렵에 지구에 되돌아왔다면, 우주인은 자신들이 맞았다고 느꼈을지도 모른다. 그들의 예측은 결국 틀리지 않았다. 단지 시기만 잘못 잡았을 뿐이다.

고전

그들은 또한 지구인들이 초월적 존재와 핫라인이라도 있는 것처럼 행세하는 일에 흥미를 잃은 것을 보며 재미있었을지도 모른다. 수천 년 동안 신과 같은 왕들은 가장 보잘것없는 마을 주민부터 지구라트[고대 메소포타미아의 신전]에서 산 제물을 바치거나 집단 매장지에서 포로를 학살하면서 하늘과 접촉하는 지배자들까지, 그 모두를 이어주는 일련의 제의 연쇄를 통해 도덕적 질서를 확고히 했다. 그러나 신과 같은 왕들이 이제 최고경영자로 일신하면서 이 세계에서 마법은 사라지고 있었다. 기원전 7세기 그리스 시인 헤시오도스는 "내가 일찍 죽거나 아니면 나중에 태어났더라면 좋았을 것을 (…) 지금은 진정으로 철의 시대이기에 (…) 하얀 예복을 걸친 아름다운 정의의 여신과 의분의 여신[그리스신화의 디케와 아스트라이아를 말한다]은 넓은 길의 지상을 떠나 인간을 버리고 올림포스에 있는 불멸의 신에 합류한다. 필멸의 존재인 인간에게는 쓰라린 슬픔이 남겨질 것이며 악에 맞서 더 이상 도움의 손길을 구할 수 없으리라"[14]고 쓰면서 불평했다.

그러나 그것은 사물을 보는 한 가지 방식일 뿐이다. 에게 해의 기슭에서 황허 강의 분지까지, 다른 사상가들은 세상이 어떻게 돌아가는지를 설명하는 급진적이고 새로운 관점을 발전시키고 있었다. 그들은 변방에서 발언했다. 대부분은 사회적으로는 지배층의 말단부에 위치했고 지리적으로는 권력의 변두리에 위치한 약소국 출신이었기 때문이다.* 절망하지 말라고 (대체로) 그들은 말했다. 우리는 이 더럽혀진 세상을 초월하기 위해 신과 같은 왕이 필요하지 않다고, 구원은 우리 안에 있지 타락하고 폭력적인 지배자의 손아귀에 있지 않다고 말했다.

제2차 세계대전 말 자기 시대의 도덕적 위기를 해명하려고 애쓰던 독일 철학자 카를 야스퍼스는 기원전 500년 무렵의 시대를 "축의 시대"라고 불렀는데 역사가 전환하는 축을 형성한 시기란 뜻이다. 야스퍼스는 축의 시대에 "오늘날 우리가 알고 있는 인간이 출현했다"[15]고 거창하게 선언한다. 축의 시대에 쓰인 저작들―동양의 유교와 도교 경전, 남아시아의 불교와 자이나교 경전, 서양의 그리스 철학 문헌과 구약성서(그리고 구약성서의 후신인 신약성서와 코란도)―은 고전, 즉 지금까지 무수한 사람들의 삶의 의미를 규정해 시대를 초월한 걸작이 되었다.

이것은 글을 전혀 혹은 거의 남기지 않은 부처나 소크라테스 같은 사람들에게는 대단한 위업이었다. 때로는 훨씬 후대 사람인 그들의 후계자들은 그들의 말을 기록하거나 윤색하거나 완전히 지어내기도 했다. 창시자들이 진짜로 어떤 생각을 했는지 흔히 아무도 알지 못했으며 격렬하게 반목한 그들의 후계자들은 협의회를 열고 파문을 주고받으며 상대방을 더 먼

---

* 물론 모두가 그렇지는 않았다. 자이나교의 창시자 마하비라(대략 기원전 497~기원전 425)는 인도에서 가장 강력한 국가인 마가다국 출신이었다. 일부 역사가가 축의 시대 사상가들에 포함시키는 조로아스터는 페르시아가 여전히 서양 핵심부에서 변두리에 불과했을 때―아마도 기원전 1400년부터 기원전 600년 사이에―생존하긴 했지만 어쨌든 이란 출신이었다(여기서 조로아스터는 논의하지 않는다. 그에 대한 증거가 너무 뒤죽박죽이기 때문이다).

암흑의 세계로 내동댕이쳤다. 지금까지 현대 문헌학의 위대한 승리는, 이 후계자들이 갈라서고 싸우고 저주하고 서로 박해하는 틈틈이 성전을 그렇게나 여러 차례 쓰고 또 고쳐 썼기 때문에 교리의 원래 의미를 찾아 문헌을 낱낱이 걸러내는 작업이 사실상 불가능함을 보여준 것이다.

축의 문헌은 또한 매우 각양각색이다. 어떤 것은 모호한 경구를 모은 책이다. 어떤 것은 재치 넘치는 대화편이다. 또 어떤 것은 시가이거나 역사서, 격렬한 논쟁서다. 어떤 문헌은 이 모든 장르를 모조리 뒤섞었다. 여기에다가 마지막 시험대로, 이 고전들은 그들의 궁극적 주제인 초월적 영역을 규정할 수 없다고 입을 모은다. 니르바나—문자 그대로는 '꺼짐'을 의미하며 이승의 모든 정념이 촛불을 불어 끄듯 완전히 사라진 마음 상태를 가리킨다—는 설명될 수 없다고 부처는 말한다. 설명하려는 시도조차도 당치 않다. 공자에게 인仁이란—영어로 흔히 "humaneness"로 번역된다—마찬가지로 언어를 초월한다. "우러러볼수록 높아지고 헤아리려할수록 그 뜻을 헤아리기 힘들다. 내 앞에 인이 있는가 하면 갑자기 내 뒤에 있으며 (…) 인에 대해서 말할 때 누가 주저하지 않을 수 있겠는가?"[16] 마찬가지로 칼론kalon, 즉 '선'을 설명해달라고 하자 소크라테스는 설명을 단념해버렸다. "나는 선을 설명할 수 없다. 만약 설명하려고 하면 오히려 웃음거리가 될 것이다."[17] 그가 할 수 있는 일이란 우화를 들려주는 것뿐이다. 선이란 우리가 실제로 착각하는 그림자를 던지는 불꽃과 같다고. 예수도 똑같이 천국에 대해 빗대어 말했고 똑같이 우화를 즐겼다.

이 가운데 가장 정의하기 어려운 것은 도道인데 도교 신자들이 따르는 이 '길'이란 다음과 같다.

도를 도라고 할 수 있으면 진정한 도가 아니요
이름을 이를 수 있으면 진정한 이름이 아니며 (…)

둘 다 오묘하다고 할 수 있도다.

오묘하고 더욱 오묘하니

모든 현묘한 이치의 문이로다!¹⁸

고전들이 모두 동의하는 두 번째 사안은 초월에 도달하는 법이다. 유교와 불교, 기독교와 그 밖의 종교 사상에는 물론 자동차 범퍼에 붙이는 슬로건 이상의 의미가 있긴 하지만 내가 이 장을 쓰는 동안 즐겨 찾은 카페 바깥에서 본 차에 붙은 슬로건은 이런 주제들을 꽤 멋지게 요약해준다. "연민이 혁명이다." 윤리적으로 살고 욕망을 버리고 남이 자신에게 해주기를 바라는 대로 남을 대한다면 세상이 바뀌리라. 모든 고전은 다른 뺨도 내밀라고 촉구하며 이런 자제심에 따라 자신을 다스리는 기술을 가르친다. 부처는 명상을 이용했으며 소크라테스는 대화법을 선호했다. 유대교의 랍비는 학습을 권장했다.* 공자도 랍비의 방법에 동의하며 예악을 꼼꼼하게 따를 것도 덧붙였다. 그리고 각자 전통 안에서 일부 신봉자는 신비주의에 기운 반면 다른 이들은 현실적이고 서민적인 노선을 취했다.

언제나 이러한 과정은 신과 같은 왕에게 의존하지 않는, 심지어 그 문제라면 신에게도 의존하지 않는, 초월을 향한 개인적인 내면의 방향 전환, **자기 변화**의 과정이었다. 사실, 초자연적인 힘이란 축의 사상에서는 흔히 핵심이 아니다. 공자와 부처는 신에 대해 논의하기를 거부했다. 소크라테스는 비록 신을 공경한다고 고백했지만 부분적으로는 아테네의 신들을 믿지 않는다는 이유로 유죄 선고를 받았다. 그리고 랍비는 유대인에게 신은 감히 형언할 수 없기에 그의 이름을 부르거나 그를 과도하게 찬양해서는 안 된다고 경고했다.

---

* 랍비 학교는 특히 기원전 1세기와 서기 첫 몇백 년 동안 번성했다.

축의 사상에서 왕은 신보다 처지가 더 나빴다. 도가 사상가와 부처는 대체로 왕에게 무관심했지만 공자와 소크라테스, 예수는 왕의 윤리적 허물을 공공연하게 질타했다. 축의 비판은 사회 고위층의 심기를 어지럽혔으며 출생과 부, 성별, 인종, 사회계급에 대해 제기된 새로운 질문들은 적극적으로 반문화적인 의미를 띨 수도 있었다.

동양과 서양, 남아시아의 고전에서 이러한 유사성을 골라내면서 나는 그러한 종교적 사상 가운데 마찬가지로 존재하는 진정한 차이를 얼버무리려는 것이 아니다. 아무도 불교의 삼장三藏(불교 경전의 세 묶음)을 플라톤의 『국가』나 공자의 『논어』로 착각하지는 않겠지만 공자의 『논어』를 도가의 『장자』나 법가의 『상군서』처럼 경쟁하는 다른 중국 고전과 착각하지도 않을 것이다. 기원전 500년~기원전 300년까지의 시기는 중국 전통에서 백가쟁명의 시대이며 나는 잠시 이 한곳의 전통 안에서 놀랄 만큼 광범위한 사상을 들여다보려고 한다.

공자는 기원전 11세기 주공을 덕의 모범으로 삼았고 주공 시대의 의례 체제를 복귀시킴으로써 그 시대의 높은 도덕을 되살리는 일을 자신의 목표로 삼았다. "나는 새로 만들어내는 것이 아니라 전하는 것일 뿐이다. 나는 옛 시대를 숭상하는 사람이다"라고 공자는 말했다. 그러나 고고학 연구는 공자가 실제로는 먼 옛날의 주공 시대에 대해 잘 몰랐다는 점을 시사한다. 광범위한 지배층의 모든 일원에게 위계질서 안에서 각자의 위치를 부여함으로써 주나라 사회에 면밀하게 등급이 매겨진 엄격한 의례를 만들어낸 것은 주공이 아니라 더 후대에 일어난 기원전 850년 무렵의 전반적인 '의례 혁명'이었다. 그후 기원전 600년 무렵에 매우 강력한 소수의 사람들이 자신들을 나머지 지배층과 구분하며 막대한 재산과 함께 매장되기 시작하면서 의례는 다시 변화했다.

학식이 뛰어나지만 특별히 부유하지는 않은 선비였던 공자는 기원전

850년과 기원전 600년 사이에 꽃핀 안정적인 법도와 의례를 이상화하고 그러한 이상을 주공에게 투영하면서 아마도 그러한 두 번째 변화에 반발하고 있었는지도 모른다. 공자는 "자신을 삼가고 예를 따르는 것"은 "인을 행하는 것"[19]이라고 주장했다. 이는 조상보다 살아 있는 가족을 더 신경 쓰고 허례허식 대신 꾸밈없는 공경을 높이 사고 출생이 아니라 덕을 숭상하고 단순한 차림으로 의례를 행하고 전례를 따르는 것을 뜻했다. 공자는 자신이 단 한 명의 군주라도 인을 행하도록 설득할 수 있다면 모두가 그의 모범을 따라 세상이 평화롭게 되리라고 주장했다.

그러나 기원전 5세기 사상가 묵자는 이러한 주장에 전혀 동의하지 않았다. 그가 보기에 공자는 인을 잘못 이해했다. 인이란 **선을 행하는 것**이지 **선한 것**이 아니며 자신의 가족만이 아니라 모두를 사랑하는 것이다. 묵자는 예악과 주공을 배격했다. 그는 사람들이 굶주리고 폭력으로 고통받고 있는데도 유학자들은 "거지처럼 행동하며 생쥐처럼 음식을 비웃고 숫염소처럼 추파를 던지며 거세된 돼지처럼 비척거리며 걷는다"고 말했다. 묵자는 거친 옷을 걸치고 한데서 잠을 자고 귀리죽을 먹으면서 가난한 사람들과 함께했으며 보편적 연민과 엄격한 평등주의를 결합한 겸애兼愛를 설파했다. "다른 사람의 처지를 자신의 처지처럼 여기고 다른 가족을 자기 가족처럼 여기고 다른 사람을 자기처럼 여겨라." 또 "이 세상의 화禍와 약탈, 억울함과 미움은 모두 겸애가 부족해서 생긴다"고도 주장했다. 묵자는 신발이 해지도록 걸어다니면서 전쟁을 방지하고자 외교를 주장했다. 심지어 부당하게 공격받은 나라를 방어하도록 그를 광신적으로 추종하는 젊은이 180명을 싸움터에 내보기기도 했다.[20]

그러나 보통 도가 사상가로 분류되는 사상가들은 유학자들에게 별반 감명을 받지 못했듯이 묵자의 사상에도 감명을 받지 못했다. 그들은 낮에서 밤으로, 기쁨이 슬픔으로, 삶에서 죽음으로 변천하듯이 우주의 도는 변화라고 주장했다. 어느 것도 고정되어 있지 않으며 어느 것도 규정될 수 없다. 사람은 고기를 먹고 사슴은 풀을 뜯고 지네는 뱀을 먹으며 올빼미는 쥐를 먹는다. 어느 것이 가장 잘 먹는다고 누가 말할 수 있겠는가? 유학자들이 진리라 하는 것을 묵가 사상가들은 거짓이라 하지만 실제로는 모든 것이 다른 모든 것과 서로 통한다. 도가 어디로 이끄는지는 아무도 알 수 없다. 우리는 도와 하나가 되어야 하지만 표 나는 활동, 즉 인위人爲를 통해서는 도에 이르지 못한다.

도가의 대표자인 장자는 또 다른 위대한 도가 사상가 열자에 대한 일화를 들려준다. 수년 동안 도를 추구한 열자는 그가 아무것도 배운 것이 없음을 깨닫고 귀향한다.

3년 동안 그는 밖으로 나가지 않았다. 그는 아내를 위해 밥을 차리고 돼지를 마치 사람인 양 돌봤다. 그는 자신의 공부에 전혀 관심을 보이지 않았다. 그는 욕망을 내버리고 이치를 추구했다. 그의 몸이 마치 땅 그 자체가 된 듯했다. 삼라만상 가운데 그는 만물의 근원에 둘러싸이고 그와 합일에 이르렀다.[21]

장자는 열자가 공자와 묵자의 행동주의를 우스꽝스럽게, 더 나아가 위험한 것으로 비치게 했다고 여겼다. 장자는 누군가가 공자에게 "이 한 세대의 고통을 참을 수 없어서 밖으로 나가 앞으로 태어날 만대에게 곤경을 끼친다. 그대는 이런 비참함을 안기기로 작정했는가 아니면 자신이 무엇을 하고 있는지 정녕 깨닫지 못했는가? (…) 잘못된 것은 해를 끼칠 수밖에 없고 인위는 반드시 잘못될 수밖에 없다"고 말하는 모습을 그린다. 반면 묵자는 장자에게 "이 세상에서 선한 사람 가운데 한 명"으로 비치긴 하지만 인생에서 즐거움을 없애버린 사람이었다. "묵자를 따르는 이들은 거친 베옷과 가죽을 걸치고 나막신과 짚신을 신고 밤낮으로 일하면서, 그런 쉬지 않는 활동을 자신들의 최고의 위업으로 여긴다." 그러나 이런 인위는 "고된 삶과 하찮은 죽음"만을 낳았다. "묵자는 이런 삶을 견딜 수 있다 하더라도 이 세상의 나머지 사람들이 어찌 그렇게 살기를 바랄 수 있겠는가?"[22]

묵가는 유가를 거부했고 장자는 유가와 묵가를 거부했지만 이른바 법가 전통은 그 모두를 거부했다. 법가 사상은 축의 사상에 반하는 대안 가운데 하나로, 마키아벨리보다 더 마키아벨리적이다. 법가가 보기에 인이나 겸애나 도는 모두 핵심을 놓쳤다. 현실을 초월하려는 것은 어리석은 짓이다. 신과 같은 왕은 국가를 운영하고 효율성을 추구하는 왕에게 무릎을 꿇었고 우리도 그러한 지도에 발맞춰야 한다. 기원전 4세기 진秦나라의 재상이자 법가의 지도자였던 상앙에게 목표는 인이 아니라 '부국강병'이었다. 그는 남이 내게 해주길 바라는 대로 남을 대우해서는 안 된다고 말했다. "대업을 이루기 위하여 적이 부끄러워서 감히 할 수 없는 일을 한다면 나는 유리한 고지에 서게 되기" 때문이다. 선한 사람이 되거나 선을 행하지 말라. "선한 사람들을 다스리는 데 악한 사람을 이용하는 나라는 항상 질서를 누리고 강해진다." 의례나 인위, 혹은 숙명론에 시간을 낭비하지 말라. 대신 엄벌(참수형, 생매장, 노역)을 내리는 포괄적인 법률을 제정하고 이 법을 모든 사람에게 엄격하게 적용하라. 법가 사상가들은 법은 목수의 직각자처럼 어지러운 인물들을 순응시킨다고 즐겨 말했다.[23]

중국의 축의 사상은 신비주의부터 권위주의까지 다양한 범위에 걸쳐 있었으며 끊임없이 진화하고 있었다. 한 예로, 기원전 3세기 학자 순자는 유가와 묵가의 사상, 도가를 결합하였고 법가와의 절충 지대를 추구했다. 다수의 법가 사상가는 묵가의 노동 윤리와 도가 사상가들이 현실을 받아들이는 자세를 환영했다. 수 세기에 걸쳐 사상은 만화경처럼 복잡한 그림을 그리며 끊임없이 뒤섞였다.

남아시아와 서양의 축의 사상에서도 대부분 마찬가지였다. 나는 이 전통은 상세하게 다루지 않겠지만 작은 그리스 땅만 잠깐 살펴봐도 부글부글 끓어오르는 사상의 도가니라는 느낌을 받을 수 있다. 기원전 1200년 이전 그리스에서 신성한 왕권이라는 관념은 서남아시아보다 약했던 것 같고 기원전 700년이 되면 그리스인은 그러한 관념을 단호히 거부했다. 어쩌면 그래서 그리스인은 내세와 접촉하는 지배자가 부재한 상황에서 좋은 사회란 어떠해야 하는가라는 문제에 축의 시대의 다른 이들보다 더 철저하게 마주하게 된 것이 아닐까?

그리스인이 내놓은 방안은 집단 정치를 통해 덕을 추구하는 것이었다. 만약 아무도 초자연적인 지혜에 접근할 수 없다면 각자가 보유한 제한된 지식을 모두 모아서 (남성) 민주주의를 수립하는 게 어떨까? 이것은 매우 독창적인 사고방식이었고—묵자도 그런 생각은 하지 못했다—장기고착 이론가들은 그리스의 남성 시민에 국한된 민주주의의 발명이 서양과 나머지 세계를 결정적으로 분리한다고 심심찮게 주장한다.

여기까지 책을 읽은 사람은 내가 이런 견해에 동의하지 않는다고 하더라도 놀라지 않을 것이다. 서양의 사회발전지수는 그리스인이 투표를 시작하기 전에 이미 1400년 동안 동양의 사회발전지수보다 높았고 서양의 우위는 그리스 민주정의 황금기인 기원전 4세기와 기원전 5세기에 거의 변하지 않았다. 로마 제국이 민주정을 불필요하게 만든 기원전 1세기에야 동양에 대한 서양의 우위는 급격히 높아지게 된다. 이러한 그리스 분리 이론에서 그보다 더 심각한 문제는 (6~9장에서 더 분명해지겠지만) 민주정이 고전기 그리스부터 미국 독립혁명과 프랑스혁명이 일어날 때까지 2000년 동안 서양 세계에서 완전히 자취를 감춘다는 사실이다. 확실히 19세기 급진주의자들은 근대 민주주의가 어떻게 굴러갈 것인가를 둘러싼 논쟁에서 고대 아테네가 유용한 근거라는 점을 발견하긴 했지만 서양에서 고전기 그리스부터 건국의 아버지들[조지 워싱턴, 벤저민 프랭클린, 토머스 제퍼슨 등 미국을 건국한 정치 지도자를 가리킨다]까지 죽 이어지는 민주적 자유의 정신을 발견하기 위해서는 역사를 지극히 선별적으로 독해하려는 매우 초인적인 노력이 필요하다(참, 건국의 아버지들은 흔히 '민주주의'란 단어를 비하하는 뜻으로, 중우정치보다 한 발짝 앞설 뿐인 것을 가리키는 용어로 사용했다).

어쨌거나 축의 사상에서 그리스의 진정한 공헌은 민주주의자들이 아니라 소크라테스를 필두로 한 민주정의 비판자들로부터 나왔다. 소크라테스는 그리스에 민주정이 필요하지 않으며 민주정이란 모든 것을 외양만 보고 판단하는 사람들의 무지를 합쳐놓은 것에 불과하다고 주장했다. 그가 보기에 그리스에 필요한 것은 자신 같은 사람들, 중요한 단 한 가지 문제—선의 본성—에 관해서 자신들이 아무것도 모른다는 것을 아는 사람들이다. 그런 사람들만이 철학적 논증으로 다져진 이성을 통해 선을 이해할 수 있다(과연 누구라도 선을 이해하는 것이 가능하다면 말이다. 소크라테스는 확신하지 못했다).

소크라테스의 제자였던 플라톤은 스승이 생각하는 좋은 사회에 대한 두 가지 버전을 내놓았는데 『국가』는 어느 유학자한테도 좋을 만큼 이상적이고 『법률』은 상앙을 흐뭇하게 할 만큼 권위주의적이다. 아리스토텔레스(플라톤의 제자)도 인간적인 『윤리학』부터 냉정하고 분석적인 『정치학』까지 유사한 영역을 다룬다. 파르메니데스와 엠페도클레스 같은 공상가들이 신비주의 측면에서 도가 사상가들에 필적한 것처럼 소피스트로 알려진 기원전 5세기의 철학자 가운데 일부는 상대주의 측면에서 도가 사상가들과 견줄 만했다. 그리고 프로타고라스는 묵자처럼 평민의 열렬한 옹호자였다.

이 책 서론에서 나는 오늘날 서양이 세계를 지배하는 것은 그리스가 민주정을 발명한 사실 그 자체 때문이 아니라 그리스가 합리적이고 역동적인 독특한 문화를 창조한 반면 고대 중국은 반계몽적이고 보수적이었기 때문이라고 주장하는 또 다른 장기고착이론을 언급했다.* 나는 이 이론 역시 틀렸다고 생각한다. 이런 생각은 동양과 서양, 남아시아 사상의 특정 요소를 과도하게 부각시키고 내부적 다양성을 무시한다. 동양의 사상도 얼마든지 서양의 사상만큼 합리적이고 자유주의적이며 현실적이고 냉소적일 수 있다. 서양의 사상도 동양의 사상만큼 신비주의적이며 권위주의적이고 상대주의적이며 반계몽주의적일 수 있다. 축의 사상의 진정한 통일성은 다양성의 통일성에 있다. 동양과 서양, 남아시아 사상의 그 모든 차이점에도 불구하고 관념과 논의, 대립의 **폭**은 각 지역마다 놀랄 만큼 유사하다. 축의 시대에 사상가들은 그들이 황허 강 유역에 있든 갠지스 평원에 있든 동지중해의 도시에 있든, 동일한 지형을 논쟁 터전으로 삼았다.

과거와의 진정한 분리는 이러한 **전체적인** 지적 지형의 형성이지, 지적 지형 안의 (그리스 철학과 같은) 어느 한 가지 특성 덕분이 아니다. 서양의 사회발전지수가 처음으로 24점에 도달한 기원전 1300년에는 아무도 축의 논쟁을 벌이지 않았다. 그나마 가장 근접한 후보자는 기원전 1364년과 기원전 1347년 사이에 이집트의 파라오였던 아크나톤인데, 그는 이집트의 전통적인 신을 일소하고 자신과 부인 네페르티티, 태양을 상징하는 아톤 신의 삼위일체를 내세웠다. 그는 아톤 신에게 바치는 신전으로 가득한 신도시를 건설했고 뇌리를 떠나지 않는 매혹적인 찬가를 지었으며 매우 독특한 예술양식을 고취했다.

100년 동안 이집트학자들은 아크나톤이 대체 무엇을 했는지에 대해 논쟁을 거듭해왔다. 혹자는 그가 일신교를 발명하려 했다고 생각한다. 다름

---

* 일부 지성사가와 많은 뉴에이지 신봉자는 이런 주장을 거꾸로 뒤집어 동양과 서양의 이분법을 고수하면서도 동양/남아시아의 사상이 인간 정신을 해방시키는 반면 서양의 추상적 관념은 인간 정신을 구속한다고 주장한다.

아닌 저명한 석학 지그문트 프로이트는 히브리인이 이집트에 있는 동안 모세가 아크나톤으로부터 이 개념을 훔쳐왔다고 주장했다. 확실히 아크나톤의 찬가 「아톤 신을 찬양하라」와 구약성서의 시편 104편 '조물주 여호와를 찬양하라'는 굉장히 유사하다. 그러나 아크나톤의 종교적 혁명은 결코 역사 전환의 축이 아니었다. 아크나톤의 개념에는 개인적 초월이 들어설 자리가 없었다. 아크나톤은 한갓 인간이 아톤 신을 섬기는 것 자체를 금지시키면서 파라오를 이전보다 더욱 이 세계와 신의 세계를 잇는 다리로 부각시켰다.

오히려 아톤 신 숭배는 신이자 동시에 국왕인 존재가 확고하게 자리잡은 사회에서 중대한 지적 변화를 이끌어내기 어려움을 극명하게 보여줄 뿐이다. 아크나톤의 새로운 종교는 추종자를 낳지 못했고, 그가 죽자마자 사람들은 옛 신을 복귀시켰다. 아크나톤의 신전은 파괴되었고 그의 혁명은 1891년 고고학자들이 그의 도시를 파낼 때까지 잊혔다.

그렇다면 축의 사상이 도표 5.1을 그렇게 재미없게 만든 비밀 재료일까? 기원전 1000년대 중반 사회발전지수가 24점에 도달했을 때 공자와 소크라테스, 부처가 어떤 지적 한계를 뛰어넘도록 사회를 인도한 것일까? 반면 기원전 2000년대에는 그러한 천재들이 없었기 때문에 사회발전이 가로막혔던 것일까?

아마도 아닐 것이다. 무엇보다도 연대가 그러한 가설에 어긋난다. 서양에서는 기원전 8세기에 아시리아가 고가 국가가 되었고 사회발전지수가 24점을 넘어가고 있었지만 300년 뒤 소크라테스가 등장하기 전까지는 축의 사상이라 할 만한 요소가 별로 눈에 띄지 않는다. 동양에서는 축의 사상과 고가 국가 수립 사이의 시기가 좀 더 근접한다. 진, 초, 제, 진, 네 나라가 기원전 500년 무렵 24점에 도달한 바로 그 시기는 공자가 가장 왕성하게 활동하던 시기이지만, 동양에서 축의 사상의 중심 물결은 더 나중인 기원전 4세기와 기원전 3세기로 밀려왔다. 그리고 부처의 생몰 연대를 기원전 5세기 후반으로 수정한 최근의 견해가 맞는다면 그곳에서도 고가 국가의 형성이 축의 사상의 출현을 앞서는 것 같다.

지리도 가설에 어긋난다. 주요 축의 사상가들은 그리스나 이스라엘, 부처의 고향인 사카족 나라나 공자의 노나라처럼 작은 주변부 공동체 출신이다. 정치적 후진 지역에서 탄생한 초월적 돌파구가 어떻게 강대국의 사회발전에 영향을 미쳤을지 연관성을 생각하기 어렵다.

마지막으로 논리도 이러한 가설에 어긋난다. 좋게 말하면 위대한 왕과 그들의 관료에 무관심했고 흔히는 대놓고 그들의 권력을 적대시한 축의 사상은 고가 국가에 대한 반발이었다. 사회발전지수의 상승에 미친 축의 사상의 진정한 공헌은 모든 거대 국가가 축의 사상을 순화하고 통치 수단으로 바꾸는 법을 터득한 기원전 100년대 후반에야 가능하지 않았을까 한다. 동양에서는 한나라가 유학을 완전히 순화시켜 충성스러운 관료제 집단의 지도 이념으로 삼아 유학이 국가의 공식 이데올로기가 되는 수준에 이르렀다. 인도에서는 자신의 폭력적 정복 전쟁에 진심으로 충격을 받은 모양인지 아소카 대왕이 기원전 257년 무렵에 불교로 개종하였지만 어째서인지 전쟁을 완전히 포기하지는 않았다. 그리고 서양에서는 로마인이 처음에는 그리스 철학을 무력화했고 그다음 기독교를 제국의 버팀목으로 탈바꿈시켰다.

축의 사상 안의 더 합리적 지류는 법, 수학, 과학, 역사학, 논리학, 수사학을 장려했고 덕분에 사람들은 세계를 지성을 통해 통제하는 능력을 키웠지만 도표 5.1 뒤에 숨은 진정한 원동력은 빙하기 말 이래로 그래왔던 것과 똑같았다. 게으름과 탐욕, 두려움에 사로잡힌 사람들은 일을 하는 데 더 쉽고 더 이득이 되고 더 안전한 길을 찾았고 그 과정에서 더 강력한 국가를 건설하고 더 먼 곳까지 가서 교역을 했으며 더 커다란 도시에 정착했다. 이어지는 다섯 장에서 수차례 반복될 패턴에서 사회발전지수가 올라가면 새로운 시대는 새로운 시대에 필요한 문화를 얻었다. 축의 사상은 사람들이 고가 국가를 탄생시키고 세계에서 마법을 제거할 때 발생하는 여러 결과 가운데 하나였을 뿐이다.

첨단 제국들

축의 사상이 국가 재구조화의 원인이라기보다 결과라는 사실에 증거가 더 필요하다면 동양 핵심부의 서쪽 가장자리에 위치한 호전적 국가 진秦나라를 보면 된다(지도 5.6). 일종의 외교책략 실용서인『전국책』의 익명 저자는 "진나라는 (야만인들인) 서융, 북적과 같은 풍습을 가졌다"고 말했다. "진나라는 호랑이나 늑대의 심장을 가졌다. 탐욕스럽고 이익을 좇고 믿을 수 없으며 예나 의무, 덕행을 모른다."[24] 그러나 유학자들이 숭상하는 모든 것의 정반대였음에도 불구하고 진나라는 동양 핵심부의 변두리에서 폭발적으로 성장하여 기원전 3세기에 핵심부 전역을 정복했다.

그와 다소 유사한 일이 유라시아 반대편 끝에서도 일어났는데, 서양 핵심부의 가장자리 출신인 로마인이 — 이들도 역시 수시로 늑대에 비유되었다 — 서양 핵심부를 전복하고 그들을 야만인이라 부른 철학자들을 노예로 삼은 것이다. 기원전 167년 로마에 인질로 끌려간 그리스의 교양인 폴리비오스는 이 모든 일을 동향 사람들에게 설명하기 위해 42권짜리『역사』를 썼다. 그는 "어떻게 고작 53년만(기원전 220~기원전 167)에 로마인이 사람이 사는 세계 거의 전부*를 지배하게 되었는지, 역사상 유례가 없는 이 일을 알기를 원치 않을 만큼 편협하거나 게으른 사람이 있을까?"[25]라고 썼다.

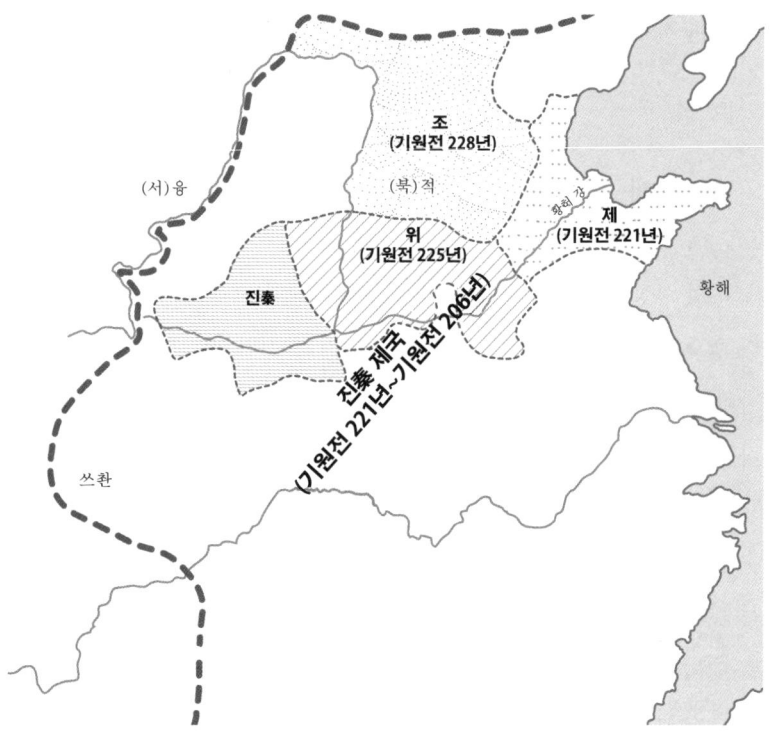

(서)융

조
(기원전 228년)

(북)적

위
(기원전 225년)

진秦

제
(기원전 221년)

황해

진秦 제국
(기원전 221년~기원전 206년)

쓰촨

[**지도 5.6**] 진나라의 승리: 기원전 300년~기원전 221년 전국시대의 동양(괄호 속 연도는 주요 국가들이 진나라에 멸망한 시기를 가리킨다).

진나라와 로마는 공통점이 많았다. 후진성의 이점에 대한 기가 막힌 실례였고, 구 핵심부에서 창출된 조직화 방식과 폭력이 난무하는 변경 지대에서 갈고닦은 군사적 방법론을 결합했다. 수백만 명을 학살하고 노예로 삼았으며 그들의 땅도 빼앗았다. 또 과거 어느 때보다 사회발전지수를 빠르게 끌어올렸다. 진나라와 로마는 우리가 폭력의 역설이라고 부를 만한 것도 예시한다. 피의 강물이 마른 뒤 진나라와 로마의 제국주의 아래서 동양과 서양의 사람들은 대부분 더 잘 살게 된 것이다.

진나라와 로마에게 성공의 비결은 간단했다. 바로 쪽수였다(진나라와 로마는 다른 길을 통해 목표에 도달했지만 둘 다 경쟁상대들보다 군대를 일으키고 먹이고 교체하는 일에 더 뛰어났을 뿐이다).

동양에서 진나라는 수 세기 동안 패권을 놓고 다투는 여섯 강대국** 가운데 가장 약한 국가였다. 토지세를 기원전 408년에 도입한 진나라는 고가 조직으로 뒤늦게 이행하기 시작했다. 그 무렵이면 끊임없는 전쟁 탓에 다른 국가들은 국민들을 징집하고 세금을 부과하고 법가의 방법을 이용해 국민을 다스릴 수밖에 없었다. 지배자들은 세수를 증가시키기 위해 할 수 있는 모든 수단을 동원했고 이를 모방하지 않으면 파멸만이 기다리고 있었기 때문에 최상의 관행은 재빨리 전파되었다. 기원전 430년 무렵 위나라는 작물의 수확량을 증가시키고자 노동력을 동원해 방대한 관개수로를 파기 시작했다. (궁극적으로는 진나라를 포함해) 다른 나라들도 이를 따랐다. 조나라와 위나라가 귀중한 관개용지를 보호하기 위해 장성을 쌓자 다른 나라들도 뒤따랐다.

※ 그러니까 폴리비오스가 아는 세계 전부다. 그는 진나라가 무슨 일을 하고 있는지 전혀 몰랐다.

※※ 기원전 6세기의 네 강대국(진, 제, 초, 진)은 진晉나라가 내전 끝에 세 나라(한, 위, 조)로 쪼개지면서 여섯 개 강대국이 되었다. 일부 역사가는 오늘날의 베이징 부근에 있던 연燕나라를 일곱 번째 강대국으로 꼽기도 한다.

기원전 4세기에 진나라는 다른 나라들을 따라잡았다. 기원전 340년대에 상앙은 진나라의 통치자에게 어떻게 하면 진나라를 규율과 감시의 악몽 같은 세상으로 바꿀 수 있는지를 조언하면서 이름을 떨쳤다.

(상앙은) 사람들을 열 명씩, 또 다섯 명씩 나눠서 서로를 감시하고 책임지게 하였다. 범법 행위를 보고하지 않은 사람은 누구든 두 동강이 날 것이지만 보고한 사람은 적의 수급을 가져온 사람과 동일한 보상을 받을 것이다.[26]

이것은 권위주의적인 망상에 불과한 것이 아니었다. 진나라의 지방관의 무덤에서 발견된 죽간 기록은 진나라의 법이 매우 잔인할 만큼 철저하게 실행되었음을 보여준다.

위안이 될지는 모르겠지만, 상앙도 제 꾀에 제가 넘어가 결국에는 손목과 발목이 수레에 묶인 채 사지가 찢어지는 거열형을 당했다. 그 무렵이면 법가 사상에 바탕을 둔 고가 국가가 승리를 거두었고 동양 핵심부는 병영이 되었다. 기원전 500년에는 3만 명이면 대군으로 여겨졌지만 기원전 250년이 되자 10만 명은 보통이 되었다. 20만 명도 특별할 게 없었고 진짜 강력한 군대는 그보다는 두 배는 되어야 했다. 전쟁 사상자도 그에 상응해 엄청나게 증가했다. 한 문헌은 기원전 364년에 진나라 군대가 위나라 병사 6만 명을 죽였다고 말한다. 숫자는 아마도 과장되었겠지만 진나라 병사들이 수급으로 보수를 받았기 때문에(문자 그대로다. 병사들은 보너스를 받기 위해 잘라낸 귀도 내놓았다) 그 숫자는 진실에서 그다지 멀지 않을 것이다.

전장에 풀려나온 무력이 너무도 경악할 만한 수준이었기 때문에 기원전 361년 강대국들은 의견 차이를 조율할 정기적인 협의회를 열었고 기원전 350년대에 '책사'로 알려진 고용 외교관들이 등장했다. 한 사람이 여러 강대국을 돌며 헨리 키신저가 부럽지 않은 교묘한 책략의 그물을 짜면서 나라마다 돌아가며 재상을 지낼 수도 있었다.

윈스턴 처칠은 "한없이 협상하는 것이 치고받고 싸우는 것보다 언제나 낫다"[27]고 말했지만 기원전 4세기에 완력은 여전히 협상을 제칠 수 있었다. 진나라가 문제였다. 공격을 어렵게 하는 산악 지대 국경 뒤에 안전하게 자리잡고 있으면서 핵심부 가장자리에 있다는 입지를 자유롭게 살려 더 서쪽에 있는 국가 없는 사회에서 사람들을 끌어와 병력을 증강할 수 있었던 진나라의 군대는 끊임없이 핵심부로 압박해 들어왔다. 『전국책』은 "진나라는 '천하'의 철천지원수"이고 "온 세상을 집어삼키려고 한다"[28]고 썼다.

다른 나라들은 진나라에 맞서서 힘을 합쳐야 한다는 것을 인식했지만 수 세기에 걸친 전쟁으로 크나큰 불신이 쌓였기에 서로의 등에 칼을 꽂는 행위를 그만둘 수 없었다. 기원전 353년과 기원전 322년 사이에 위나라는 일련의 제휴를 이끌었지만 위나라가 자신들보다 강해질 것을 두려워한 동맹국은 몇 차례 승리를 거두면 매번 위나라로 창끝을 돌렸다. 위나라는 바람맞은 연인이나 지도자처럼 대응하여 옛 적인 진나라로 마음을 돌렸다. 기원전 310년과 기원전 284년 사이에 제나라가 새로운 동맹을 몇 차례 이끌었지만 위나라처럼 다른 동맹국에 의해 밀려났을 뿐이다. 그다음 초나라가 그 자리를 이어받았다. 기원전 269년 초나라는 진나라를 상대로 두 차례 큰 승리를 거두었고 모두의 가슴에 희망의 불씨가 되살아났지만, 그 승리는 너무 미미했고 이미 너무 늦었다. 진나라의 정왕은 끔찍한 새 전략을 발견했다. 다른 나라들이 군대를 재건할 수 없을 때까지 무조건 사람을 많이 죽이는 것이다. 진나라는 전사자 수라는 개념을 발명해냈다.

진나라의 장군들은 다음 30년간 약 100만 명의 적군을 죽였다. 참담한 학살의 기록들이 역사서를 채우다가 기원전 234년 진나라가 초나라 병사 10만의 목을 베었다는 이야기와 함께 갑자기 끝난다. 그 이후로 적이라고 할 만한 나라가 남아 있지 않았고 각 나라가 줄줄이 항복한 이야기가 학살의 이야기를 대체했다.

싸우는 것도 협상하는 것도 통하지 않자 남아 있는 진나라의 적들은 암살에 희망을 걸었다. 기원전 227년 한 자객이 정왕의 경호원들을 교묘하게 구슬려 왕에게 접근한 뒤 그의 팔을 붙들고서 독이 묻은 단검으로 찌르려고 했지만 왕의 소매만 찢어졌을 뿐이었다. 정왕은 기둥 뒤로 몸을 피한 채 우스꽝스러울 만큼 긴 의례용 칼을 칼집에서 빼내려고 버둥거리다가 결국 자객을 난자했다.

더 이상 암살의 기회는 없었고 기원전 221년 마지막 독립국인 제나라가 무너졌다. 정왕은 이제 첫 황제란 뜻인 '시황제始皇帝'라는 새로운 칭호로 불렸다. 진시황은 "나는 첫 황제다. 나의 후계자들은 2대 황제, 3대 황제로 불릴 것이며 그렇게 만대까지 끝없이 이어지리라"[29]라고 부르짖었다. 아무도 토를 달지 않았다.

제국으로 가는 로마의 길은 그와 달랐다(지도 5.7). 다리우스가 제위를 차지한 기원전 521년에 페르시아는 이미 당시 서양 핵심부 대부분을 통일했지만 지중해 변경 지대의 부에 접근하려는 페르시아의 욕망에 놀란 이 지역 나라들은 줄줄이 수비 전형을 형성해 페르시아에 대항했고 궁극적으로 페르시아 제국을 멸망시키는 세력이 탄생했다.

그리스와 이탈리아 도시들은 이미 크게 발전하여 에너지 획득과 정보 기술 분야에서는 높은 점수를 기록하고 있었지만, 조직화와 군사력 분야에서는 아직 부족했다. 이 나라들과 하나씩 맞붙는 한 다리우스는 이들을 위협해 복속시킬 수 있었지만 위협 그 자체가 도시국가들로 하여금 서로 협력해 서서히 조직화된 군사력을 선보일 수 있게 만들었다.

그리하여 다리우스의 아들 크세르크세스가 대군을 이끌고 그리스를 침공한 기원전 480년에 아테네와 스파르타는 잠시 의견 차이를 접어두고 페르시아에 함께 맞섰다. 역사가 헤로도토스는 (그리고 다소 다른 식으로 영

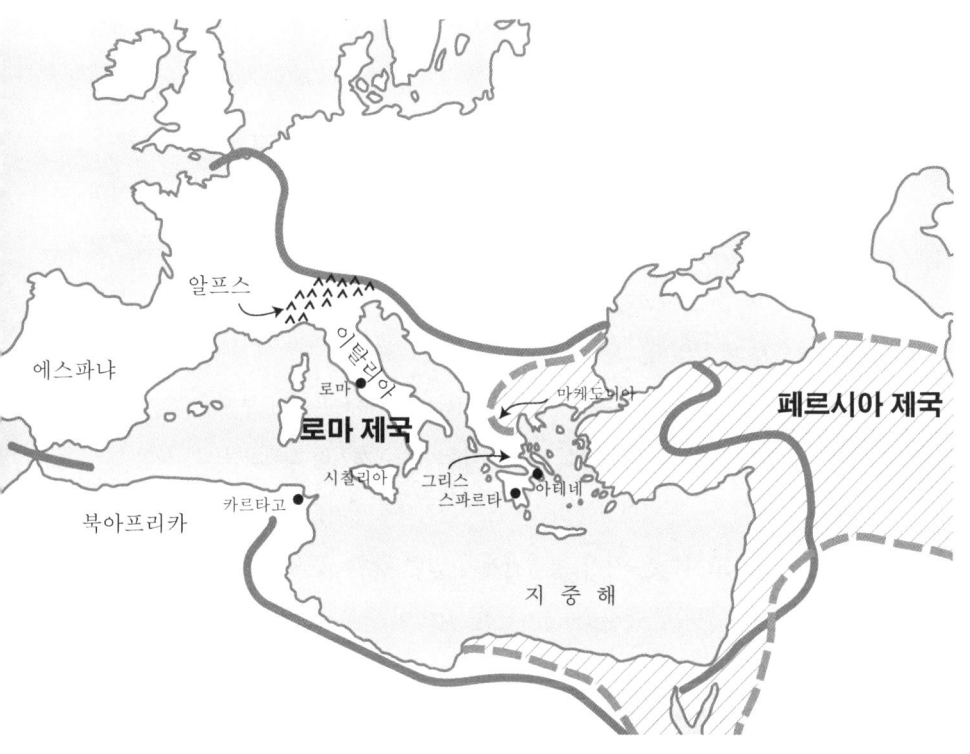

[그림 5.7] 서양의 고대 제국들: 기원전 500년~기원전 1년, 페르시아 제국부터 로마 제국까지. 점선은 기원전 490년 무렵 페르시아 제국의 서쪽 최대 확장 판도를 보여주며 실선은 기원전 1년 로마 제국의 판도를 보여준다.

화 「300」도) 그리스의 놀라운 승리를 역사에 길이 남게 만들었고 이 전쟁으로 아테네는 도시국가 동맹의 맹주인 강대국이 되었다. 동양의 국가들이 진나라에 맞서 동맹을 맺으려 한 상황과 다소 유사하게 아테네의 권력은 페르시아의 권력보다 스파르타를 더욱 두렵게 만들었고, 기원전 431년 펠로폰네소스 전쟁(투키디데스에 의해 역사에 길이 남게 되었지만 아직까지 영화는 없다)으로 알려진 끔찍한 아테네와 스파르타의 갈등이 터져나왔다. 전투에서 지고 굶주림에 지쳐가던 아테네인이 함대를 넘겨주고 도시 성벽을 허문 기원전 404년이 되자 시칠리아와 카르타고가 전쟁에 말려들었고 전쟁의 촉수는 지중해 지역 일부, 특히 마케도니아를 그리스의 경제적 종속국으로 바꾸었다.

마케도니아는 자원은 풍부하지만(특히 목재와 은이 풍부했다) 혼란스러운 일종의 고대 바나나 공화국[바나나 플랜테이션처럼 제한적인 1차 산업에 의존하고 정치적으로 불안정한 약소국을 경멸적으로 일컫는 표현]이었다. 50년 동안 그리스 도시들은 각자 경쟁관계에 있던 왕위 요구자들을 후원하고 마케도니아의 정치를 불륜과 근친상간, 살인이 난무하는 통속극으로 전락시키면서 마케도니아에 사사건건 간섭했지만 기원전 359년 마케도니아판 티글라트 필레세르라 할 수 있는 필리포스 2세가 왕위를 차지했다. 필리포스 왕은 후진성의 이점을 설명해줄 사회과학자가 필요 없었다. 본능적으로 알고 있었다. 그는 그리스의 제도를 넓고 부유하지만 무정부적인 자신의 왕국에 맞게 조정했다. 은을 채굴하고 용병을 고용했으며 방종한 귀족 계급이 자신과 손을 잡게 만든 뒤 그리스 도시들을 간단히 무시해버렸다. 기원전 336년 (소문에 따르면 술 취한 필리포스의 광태 아니면 동성애 윤간으로 끝난 치정 싸움 또는 그 둘 다에 격분한) 의문의 자객이 그를 쓰러트리지만 않았다면 필리포스는 페르시아에게도 틀림없이 똑같이 했을 것이다. 필리포스의 아들 알렉산드로스는 한순간도 주저하지 않고 필리포스의 계획을

4년 만에 완수했다(기원전 334~기원전 330). 그는 페르시아 왕을 죽음으로 몰아넣고 그의 신성한 도시를 불태웠으며 인도 국경까지 진군했다. 그의 군대가 더 이상 전진하지 않겠다고 거부한 다음에야 그는 정복을 멈췄다.

알렉산드로스는 마법이 사라진 새로운 세상의 자식이었고(그의 개인교사 가운데 한 명은 아리스토텔레스였다) 신이나 다름없는 왕의 자리를 대신하는 것이 얼마나 어려운 일인지 깨닫지 못했던 것 같다.* 독실한 페르시아인은 그들의 왕이 암흑과 영원한 투쟁을 벌이는 아후라마즈다의 지상의 현현이라고 생각했다. 따라서 알렉산드로스는 악의 대리자임이 틀림없다. 페르시아인으로 하여금 자신이 신과 같다고 믿게 하려는 알렉산드로스의 처절한 노력 뒤에는 분명 이러한 이미지 문제가 자리하고 있었을 것이다. 시간이 지나면 이런 전략이 성공할 수 있었을지도 모르지만 알렉산드로스가 페르시아인에게 자신의 신성을 각인시키려 할수록 그리스인과 마케도니아인의 눈에는 점점 더 미친 것처럼 보였다. 게다가 시간이 부족했다. 기원전 323년 어쩌면 독살되었을 수도 있는 알렉산드로스가 급사했고 휘하 장군들은 내전을 벌여 제국을 분해해 점차 각자 (신성으로 슬슬 옮겨가는) 왕이 되었다.

결국 그 왕국 중 하나가 진나라의 경로를 따라 다른 왕국을 모두 정복했을지도 모르지만 알렉산드로스의 후계자들은 그들의 대왕처럼 시간이 부족했다. 기원전 4세기에 마케도니아는 그리스의 갈등에 이끌려들어가고 있었고 그리스 제도를 자신의 필요에 맞게 조정했으며 그리스인을 패배시킨 뒤 당대의 대제국을 파괴했다. 2세기에 로마는 사실상 그 시나리오

---

* '자리를 대신한다fill one's shoes'는 비유적 의미가 아닌 '신발을 대신 신는다'는 문자 그대로의 의미에서도 그렇다. 알렉산드로스는 페르시아 왕보다 30센티미터는 더 작았고 처음 왕좌에 올랐을 때 발이 바닥에 닿지도 않았다. 왕좌에 앉은 알렉산드로스의 발이 신성한 위엄과는 거리가 멀게 달랑거리면 궁정인이 황급히 발받침을 갖다놔야 했다.

를 그대로 재연했다.

로마는 주변부의 식민화와 사회발전이 결합해 어떻게 핵심부를 확대하는지를 보여주는 완벽한 실례다. 로마는 기원전 8세기 이후로 그리스에 강하게 영향을 받아왔지만 주변 지역과의 국지적 대립을 통해 강력해졌으며 고가와 저가 전략이 묘하게 결합된 조직을 창조했다. 귀족적인 원로원이 커다란 사안을 대부분 결정한 반면, 중간층 자영농이 지배적인 민회는 전쟁과 평화와 관련한 사안에 투표했다. 진나라처럼 로마도 고가 국가로 이행하는 데 더뎠다. 기원전 406년에야 병사들에게 봉급을 지불하기 시작했고, 아마도 그 시기에 처음으로 조세제도를 마련했던 것 같다. 수 세기 동안 로마 정부의 예산은 대체로 약탈에 의존했고 패배한 적에게 세금을 물리는 대신 그들과 거래를 하여 더 많은 전쟁을 치를 병사를 얻어냈다.

로마인은 그리스인처럼 신과 같은 왕을 꺼렸지만 정복과 신성 사이의 연결고리를 너무도 잘 이해하고 있었다. 진정한 상승장군들은 백마가 끄는 전차에 올라타 로마 시내를 관통하는 개선 행렬과 각종 성스러운 이미지로 뒤범벅된 성대한 개선식으로 환영받았지만, 이 개선식에는 개선장군의 귀에 "너도 한갓 인간임을 잊지 말라"[30]고 속삭이는 노예들이 함께했다. 개선식은 사실상 신성한 왕위를 가두어 강력한 정복자를 하루 동안 신으로 만들어주었지만 그 이상은 아니었다.

기원전 3세기에 그리스인에게는 이런 체제가 구식으로 비쳤지만 고가 전략과 저가 전략의 결합은 진나라에 버금가는 규모의 인력을 동원할 수 있었다. 기원전 480년 그리스를 침공할 당시 페르시아는 아마도 20만 명의 병력을 동원했던 것 같지만 그 군사를 잃은 다음 국고를 다시 채우기까지는 수십 년이 걸렸다. 로마는 그러한 제약에 직면하지 않았다. 한 세기 동안의 전쟁은 로마에 이탈리아의 모든 인력을 제공했고 기원전 264년 원로원은 서부 지중해를 장악하기 위해 카르타고와의 거대한 투쟁에 돌입했다.

　카르타고는 로마의 첫 함대를 폭풍우가 부는 곳으로 유인해―수만 명의 선원과 함께―바다 속에 수장시켰다. 그러자 로마는 더 큰 함대를 건조했다. 이것도 2년 뒤 또 다른 폭풍우에 바다 속에 가라앉아서 로마는 세 번째 대함대를 파견했지만 그것도 역시 잃었다. 네 번째 함대가 마침내 기원전 241년 전쟁에서 승리했는데, 카르타고가 막대한 손실을 감당할 수 없었기 때문이다. 카르타고는 회복하는 데 23년이 걸렸고 그 결과 카르타고의 장군 한니발은 코끼리를 이끌고 알프스산맥을 넘어 로마를 배후에서 쳤다. 기원전 218년부터 기원전 216년까지 한니발은 10만 명의 로마 병사를 죽이거나 사로잡았지만 로마는 그저 더 많은 군사를 일으켜 소모전으로 그를 서서히 약화시켰다. 그리고 진나라처럼 로마는 잔인성의 의미를 재정의했다. 폴리비오스는 "로마의 관습은 그들이 마주친 모든 생명체를 하나도 남김 없이 모조리 전멸시켰고 (…) 따라서 로마인에게 함락된 도시에서는 흔히 사람의 시체만이 아니라 토막난 개와 사지가 잘린 다른 동물의 사체도 볼 수 있다"[31]고 적었다. 결국 카르타고는 기원전 201년 항복했다.

　원로원에는 전쟁이 협상보다 더 나아보였다. 딱 여름 한 철을 쉰 뒤 로마는 동부 지중해의 알렉산드로스 후계 왕국들에 눈길을 놀렸고, 기원전 167년까지 이들을 모두 격파했다. 이후 한 세대에 걸친 게릴라들과의 험난한 전쟁은 로마군단을 에스파냐와 북아프리카, 북부 이탈리아로 이끌었다. 로마는 서양의 유일한 초강대국이 되었다.

최초의 접촉

기원전 200년이 되자 동양과 서양은 빙하기 이후 그 어느 때보다 공통점이 많아졌다. 둘 다 수백만의 신민을 거느린 단일한 대제국의 지배를 받았다. 두 지역 모두에서 축의 사상으로 교육받은 교양 있고 세련된 지배층이 고도로 생산적인 농민들과 정교한 교역망을 이용한 물자 공급에 의존해 대도시에서 생활했다. 그리고 양 핵심부에서 사회발전지수는 기원전 1000년보다 50퍼센트나 높았다.

이 장은 사람들은 (커다란 집단으로서) 어디서나 모두 똑같다는 원리를 훌륭하게 예증한다. 광활한 중앙아시아와 인도양으로 분리된 동양과 서양은 사실상 서로 고립된 채 개별적이지만, 유사한 역사를 경험했고 빙하기 말에 길들일 수 있는 동식물이 많이 분포했다는 지리적 이점에서 기인한 사회발전에서의 우위를 서양이 근소하게 유지하고 있다는 사실에서만 주로 차이가 났다.

그러나 이 장은 또한 두 번째 중요 원리를 예증한다. 바로 지리가 사회발전 경로를 결정하는 한편, 사회발전 또한 지리의 의미를 변화시킨다는 원리 말이다. 핵심부의 팽창은 동양과 서양을 섞어서 하나의 지구적인 이야기로 엮어내면서 양자의 거리를 점차 좁혀가고 있었다. 이것은 매우 극적인 결과를 낳게 된다.

마케도니아의 알렉산드로스 대왕이 군대를 이끌고 펀자브에 도달한 기원전 326년까지도(지도 5.8) 가장 학식이 뛰어난 동양인과 서양인은 서로의 존재에 대해 몰랐다. 알렉산드로스는 곧 세계를 에워싸고 있는 거대한 강 오케아노스에 발을 담그게 될 것이라고 부하들을 안심시켰다(오케아노스 대신 요새화된 도시들로 뒤덮인 갠지스 평원이 눈앞에 펼쳐지자 그들은 군사반란을 일으켰다).

[**지도 5.8**] 동양과 서양 사이: 기원전 1000년대 후반에 인도양과 비단길, 초원길에 걸쳐 동양과 서양을 연결하는 무역망.

알렉산드로스는 뒤로 돌아 고향으로 향했지만 다양한 불평분자들을 정착자로 남겨두었다. 오늘날의 아프가니스탄 땅에서 그런 집단 가운데 하나가 박트리아 왕국을 수립했는데 기원전 150년이 되자 박트리아는 갠지스 평원 일부를 정복하고 그리스와 인도 문화의 놀라운 융합을 시작했다. 한 인도 문헌은 그리스어로 말하는 박트리아 왕과 불교 승려 사이의 대화를 전하며 대화를 나눈 뒤 국왕이 다수의 신민과 함께 불교로 개종했다고 말한다.

박트리아가 흥미로운 데는 놀라운 이유가 있다. 기원전 130년 무렵 박트리아 왕국의 해체가 동양과 서양의 기록에 모두 나타나는 최초의 역사적 사건이기 때문이다. 박트리아 왕국의 잔해와 조우한 중국 조정의 사신은 몇 년 만에 놀라운 이야기, 특히 중앙아시아의 말에 관한 이야기를 황제에게 가져갔고 기원전 101년 중국의 한 원정대가 이곳에 진출하며 전투를 치렀다. 일부 역사가는 중국 원정대에 맞선 현지 병력 중에 이역만리 메소포타미아 전장에서 붙잡힌 뒤 무수한 사람의 손을 거쳐 마침내 중앙아시아 산악 지대에서 중국 병사들과 전투를 벌인 로마인 전쟁 포로들도 있었을 것이라 추측한다.

그보다 덜 낭만적인 역사가들은 그로부터 2세기가 더 흐른 뒤에야 중국인과 로마인이 실제로 만났다고 생각한다. 중국 왕조의 공식 역사서(『후한서』를 말한다)에 따르면 97년 중국의 장수가 "부관 감영을 파견해 서쪽 바다 연안을 따라갔다가 되돌아오도록 명했다"[32]. 정확히 어디였든지 간에 그 먼 바닷가에서 감영은 "대진大秦" 왕국을 방문했는데 웅장한 그곳이 중국인에게는 그들 제국의 먼 그림자처럼 비쳤기 때문이다. 그가 말한 서쪽 바다가 지중해이고 대진이 로마를 가리키는지는 여전히 수수께끼다. 가장 낭만적이지 않은 역사가들은 오로지 대진의 왕 안둔(분명 로마 황제 마르쿠스 아우렐리우스 안토니우스를 말한다)의 사신이 중국의 수도 뤄양에 닿은

166년에야 중국인과 로마인이 마침내 한 공간에 있게 되었다고 생각한다.

그러나 그보다 앞서 남아 있는 대부분의 문헌을 기록한 학식 있는 지배층의 눈에는 너무 천해서 딱히 인식되지(주목 받지) 않은 사람들—이를테면 노예— 사이에 더 유익한 만남이 있었는지도 모른다. 2010년 유전학자들은 남부 이탈리아 바냐리에 묻힌 한 남자의 유골에서 채취한 미토콘드리아 DNA를 분석한 결과, 그의 모계 조상이 동아시아에서 왔다고 발표했다. 고고학자들은 매장을 둘러싼 상황을 볼 때 그가 농경 노예로 짐작된다고 덧붙였다. 어떤 비참한 사연으로 그나 그의 조상이 고향에서 그렇게 멀리 떨어진 곳까지 오게 되었는지는 아무도 모른다.

멸시받았던 두 번째 떠돌이 집단은 상인, 곧 동아시아 노예를 이탈리아로 데려간 상인이었다. 세계의 모습과 각종 기이한 사물과 현상을 기술한 대저술을 남긴 로마의 귀족 대★ 플리니우스(그는 79년에 베수비오 화산의 폭발에 너무 정신이 팔린 나머지, 흘러내리는 용암을 피하지 못해 죽었다)는 매년 이집트의 홍해 해안에서 출발하여 스리랑카로 가는 무역선 선단을 그나마 언급해주었고, 실제로 플리니우스와 대략 동시대의 한 무역선 기록이 남아 있다. 『홍해 항해』라는 제목의 이 그리스어 책은 일종의 무역상을 위한 안내서로, 인도양의 여러 항구와 바람을 상세히 묘사한다.

로마의 무역상들은 확실히 인도에 흔적을 남겼다. 18세기에 영국과 프랑스의 식민주의자들이 인도에 정착하기가 무섭게 사람들은 그들에게 고대 로마 주화를 가져오기 시작했지만, 1943년에 이르러서야 고대 무역상들의 교류 규모가 뚜렷하게 드러났다. 그해 여름—제2차 세계대전이 한창이며 영국의 인도 지배 종식이 눈앞에 보이던 시기에—수십 년간 인도의 문화유산을 무시해온 영국 식민성省은 인도의 고고학 연구를 대대적으로 점검할 때라고 여겼다. 식민성은 재빨리, 미영 연합군이 막 이탈리아를 침공한 살레르노 해변에서 모티머 휠러 준장을 빼내 고고학적으로 이집트

만큼 풍성한 389만 제곱킬로미터의 영역을 관리하도록 뉴델리에 떨어뜨려놨다.

휠러는 다소 전설적인 인물이었다. 그는 양차 대전에 모두 참전했고 세 대륙에 걸친 여성 편력을 자랑했으며 로마시대 유적지에서 주도면밀한 발굴 조사로 영국 고고학계에 혁명을 가져왔다. 그래도 역시 이 임명에는 탐탁지 않다는 반응이 팽배했다. 인도 민족주의자들은 영 제국은 틀림없이 무너지기 직전인데 부처의 나라보다는 영국에 있는 진흙투성이 로마 유적지에 더 어울릴, 예편한 블림프 대령[영국 만화에 등장하는 단순무식하고 보수적인 군인 캐릭터. 시대착오적인 영국 제국주의를 풍자한다] 같은 인물을 왜 새삼 앞혀다 놓으려 하느냐고 반문했다.

휠러는 자신의 능력을 입증해야 했고 (영국인에게는 봄베이로 알려진) 뭄바이에 도착하자마자 고고학 유적지를 정신없이 순회했다. 하루는 우기를 앞두고 무더위가 한창인 첸나이(식민지 시기 마드라스)에 도착했지만 관공서가 문을 닫은 것을 발견하고 현지의 박물관에서 시간을 보내기로 했다. 아래 인용문은 그의 회상록 일부다.

> 작업실 찬장에 놓인 열대 지역에서는 볼 수 없는 이상하게 생긴 도기의 긴 손잡이와 목 부분을 쥐고 있었다. 그 그릇을 들여다보면서 뉴델리의 국민회의에서 나온 도발적 질문을 떠올린 기억이 난다. "로마시대 영국이 대체 인도와 무슨 상관인가?" 여기에 완벽한 답변이 있었다.[33]

휠러는 해안에서 130킬로미터 떨어진 아리카메두(퐁디셰리)에서 출토된 로마시대 포도주 단지의 파편을 쥐고 있었다. 그는 야간열차를 타고 아리카메두에 있는 프랑스 공사관에 가서 술을 곁들인 아침식사를 길게 한 뒤 로마인을 찾으러나섰다.

공공도서관의 내실에는 박물관용 상자가 서너 개 있었다. 나는 한껏 기대를 품고 다가가 땀투성이 손으로 먼지를 걷어내고 상자 안을 들여다보았다. 한 달 새 두 번째로 내 눈은 휘둥그레졌다. 10여 점의 로마 암포라(포도주 단지) 파편과 로마 등잔 일부, 로마 인타글리오(카메오 브로치), 다량의 인도 유물 —사금파리, 구슬, 테라코타—그리고 고전기 고고학 교육을 받은 사람이 라면 절대 착각할 수 없는 적색 유약 도기 파편이 가득 담겨 있었다.[34]

적색 도기 파편을 호주머니에 넣어 뉴델리로 돌아왔을 때 휠러는 항공 사진을 들여다보며 전시 업무를 하고 있던 영국 고고학계의 두 거물과 작 은 보너스처럼 우연히 마주쳤다. 그는 아리카메두 박물관에서 가져온 적 색 유약 도기를 가리키며 "나는 아무렇지도 않은 듯 아레초 도기 조각을 꺼냈다. 반응은 만족스러웠다. 가치를 알아보는 사람을 만나니 어린애처 럼 어찌나 기분이 뿌듯한지"[35]라고 적는다.

추후 발굴 조사는 이내 기원전 200년이 되자 지중해의 물품이 아리카 메두(와 다른 여러 항구에) 도달했다는 것을 보여주었다. 상품은 다음 3세기 동안 대량으로 증가했고, 최근 이집트 홍해 해안에서 벌어진 발굴 작업에 서도 인도 밖에서는 나올 수 없는 말린 코코넛과 쌀, 후추 등이 발견되었 다. 서기 1세기가 되자 상품은 중국과 인도를 오갔고, 동남아시아로도 이 동하고 있었다.

동양과 서양이 대양을 넘어 손을 잡았다고 말하는 것은 과장이리라. 이는 연결망이라기보다는 한쪽 끝에서 다른 쪽까지 이어진 무척 가는 거 미줄 몇 가닥에 불과했다. 한 무역상이 이탈리아에서 이집트로 포도주를 실어간다. 또 다른 무역상이 육로를 통해 그 포도주를 홍해로 가져간다. 그럼 세 번째 상인이 포도주를 아라비아로 나른다. 네 번째 상인은 포도 주를 싣고 인도양을 건너 아리카메두로 간다. 거기서 그는 그보다 더 많은 손을 거쳐 황허 강 유역에서 온 비단을 파는 현지의 상인과 한 자리에 앉았을지도 모른다.

그러나 그것은 시작이었다. 『홍해 항해』는 "틴Thin"이라는 곳을 언급하는데(아무래도 '진'나라가 와전된 이름인 것 같다), 거기에서 중국을 지칭하는 서양의 표현 '차이나China'가 탄생했다. 그리고 한 세대 뒤에 알렉산드로스라는 그리스인이 시나이Sinae라는 곳을 방문했다고 주장했는데, 이 역시 중국을 말하는 것 같다. 기원전 100년이 되자 부분적으로는 중국이 박트리아로 군사적 진출을 한 덕분에 그 유명한 비단길을 따라 비단과 향신료가 서쪽으로, 금은이 동쪽으로 이동하고 있었다. 무게가 가볍고 비싼 상품—이를테면 물론 비단—만이 8000킬로미터에 걸쳐 6개월 동안 운송되고도 이문이 남았지만 한두 세기 만에 로마에서는 자존심이 있는 귀족 여인이라면 누구도 비단 숄을 두르지 않은 모습을 보이고 싶지 않을 정도가 되었고 중앙아시아의 상인들은 중국 전역의 대도시에 지점을 차렸다.

동양과 서양의 핵심부를 다스리는 부유한 귀족에게는 이 최초의 접촉에 기뻐할 일이 많았지만 걱정거리도 적지 않았는데, 이동중인 사람들 가운데 일부는 심지어 상인보다 더 고약해 보였기 때문이다. 이 사람들에 대해 390년경 로마의 역사가 암미아누스는 "몸집이 땅딸막하고 팔다리가 튼튼했으며 목이 굵었는데 워낙 끔찍하고 흉측하게 생겨서 두 발 달린 짐승이라고 해도 될 정도다"[36]라고 쓴다. 그의 묘사를 더 읽어보자.

> 그들의 생김새는 소름 끼치긴 하지만 여전히 사람은 사람인데, 그들의 생활은 매우 거칠어서 불을 사용하지 않고 요리도 하지도 않는다. 그들은 풀뿌리와 함께 자신들의 허벅지와 말의 등 사이에 끼워넣어 살짝 덥힌 반쯤 숙성된 고기를 먹고산다.

이 사람들은 유목민으로, 암미아누스 같은 지주에게는 완전히 낯설었다. 우리는 기원전 3500년경에 말을 길들이고 기원전 2000년경에 말이 끄는 전차를 탄생시켜 기원전 1750년 이후에 서양 핵심부를 혼란에 빠트리고 500년 뒤에는 동양에 도달한 중앙아시아의 목축인 사이에서 이미 그들의 조상을 만난 적이 있다. 말 등에 올라 말을 달리는 것은 말을 탈것에 매다는 일보다 더 쉽게 느껴지지만, 기원전 1000년 무렵이 되어서야 더 큰 말의 육종, 마구의 향상, 말 위에 올라탄 채로 발사할 수 있는 작고 강력한 활의 발명 등이 결합해 비로소 완전히 새로운 생활방식, 즉 기마유목생활 nomadism이 탄생했다. 기마와 유목은 다시금 지리를 변형시켰고 몽골부터 헝가리까지(두 지명 모두 유목민족의 이름을 딴 것이다) 끝없이 뻗은 메마른 평원 지대를 동양과 서양을 잇는 "초원길"로 서서히 바꾸었다.

어떤 의미에서 이 초원의 유목민은 대제국의 가장자리를 따라 살아가는, 비교적 유동적이고 후진적인 다른 어느 민족들, 구약성서의 야곱과 그의 아들들로까지 거슬러올라가는 그런 민족들과 별반 다르지 않았다. 그들은 가축과 가죽을 정착 사회의 생산품과 교환했다. 도처에서 이익이 생겨날 수 있었다. 중국 비단과 페르시아 카펫은 시베리아 파지리크에 있는 기원전 5세기경의 화려한 무덤을 장식했고, 기원전 9세기에 아시리아인은 스텝 지대에서 말과 활을 수입해 전차를 기병으로 대체했다.

그러나 도처에서 문제가 생길 수도 있었다. 파지리크 무덤에서는 비단과 카펫과 더불어 철제 무기와 머리 가죽을 벗겨낸 해골에 금박을 입혀 만든 잔도 무더기로 출토되었는데, 교역과 싸움 사이의 경계가 미미했음을 암시한다. 특히, 춥고 건조한 기후가 목초지를 스텝 지대로 전환시킨 기원전 800년 이후에는 장거리를 따라 가축을 신속하게 몰 수 있고 다음 장소에 도착해서 싸울 수 있는 목축인이 크게 유리했다. 전 부족이 말 등에 올라타 겨울 방목지와 여름 방목지 사이로 수백 킬로미터를 왕복했다.

이들의 이동은 도미노효과를 불러일으켰다. 기원전 8세기에 마사게타이라는 집단이 오늘날의 카자흐스탄을 가로질러 서쪽으로 이동하는 길목에 스키타이인과 맞닥뜨렸다. 스키타이인은 농부들이 채집 영역으로 침투했을 때의 선사시대 수렵채집인이나 그리스 식민 이주자들이 해안에 상륙했을 때의 시칠리아 주민들이 직면한 똑같은 선택 앞에 놓았다. 맞서 싸우기 위해 자신들을 조직하고 심지어 왕을 선출하면서 자기 땅에서 물러서지 않거나 도망가거나 둘 중 하나였다. 굴복해 볼가 강을 넘어 도망친 이들은 이미 그곳에 살고 있던 키메르인에게 '싸우거나 도망치거나'라는 똑같은 선택을 강요했다.

기원전 710년대에 일단의 키메르 피란민이 서양 핵심부로 침투하기 시작했다. 그들은 수가 많지 않지만 그래도 상당한 피해를 끼칠 수 있었다. 농업국가에서 대다수 농민은 몇몇 병사를 먹여 살리기 위해 들판에서 땀 흘려 일해야 했다. 전쟁이 한창일 때 로마와 진나라는 6명 가운데 1명을 징병했겠지만 평화 시에는 20명에 1명 징병할까 말까였다. 대조적으로 유목민은 모든 남자가 (그리고 많은 여자도) 말과 활 사이에서 태어나 길러져 전사가 될 수 있었다. 이것은 비대칭 전쟁의 원조 격이라고 할 수 있다. 대제국은 자금과 군수장교, 공성용 무기가 있었지만, 유목민은 속도를 보유했고 사람들에게 공포를 불러일으킬 수 있었으며 그들의 희생자인 정주민이 종종 자기들끼리 싸우기 바쁘다는 이점도 누렸다.

이 시기에 기후변화와 사회발전 수준의 상승이 결합하여 다시금 서양 핵심부의 변경 지대에 교란을 가져왔고, 그 결과 다시금 폭력과 격변이 난무했다. 기원전 700년 무렵에 서양에서 여전히 최강대국이었던 아시리아 제국은 경쟁상대와 싸움에서 도움의 손길을 찾아 키메르인을 핵심부로 불러들였다. 처음에는 이 방법이 잘 먹혔다. 기원전 695년 터키 중부에 위치한 프리기아의 미다스 왕, 하도 부자여서 그리스 전설에서 손에 닿는 것은 무엇이든 황금으로 바꾸었다고 나오는 그 미다스 왕은 키메르인이 도시를 포위해오자 자살하고 말았다.

그러나 프리기아 같은 완충국을 제거함으로써 아시리아인은 그들의 심장부를 유목민의 습격에 노출시켰고, 기원전 650년이 되자 스키타이인은 사실상 북부 메소포타미아를 장악하게 되었다. 그들의 "폭력과 무법은 총체적 혼란으로 이어졌다"고 그리스 역사가 헤로도토스는 쓴다. "이리저리 말을 달리며 하나도 남김없이 재산을 강탈해가는 그들은 한갓 강도와 다르지 않았다."[37] 유목민은 아시리아 제국을 불안정하게 만들었고 메디아와 바빌로니아가 기원전 612년 니네베를 약탈하는 것을 도왔으며 그뒤에는 메디아에도 눈길을 돌렸다. 기원전 590년이 되어서야 비로소 메디아는 그렇게 교활하고 재빠르게 움직이는 적을 어떻게 상대해야 하는지를 알게 되었는데, 헤로도토스에 따르면 주연에서 유목민의 지도자를 술에 취하게 한 다음 살해하는 것이었다.

메디아와 바빌로니아, 페르시아의 왕들은 유목민을 상대하는 여러 가지 방법을 실험했다. 한 가지 방안은 아무것도 안 하는 것이지만, 그러면 유목민의 습격이 변경 지방을 폐허로 만들어 세수를 감소시켰다. 유목민을 매수하는 것은 또 다른 방안이었지만 보호금을 내는 것은 습격당하는 것만큼 비싸게 먹힐 수도 있었다. 세 번째 방안은 스텝 지대를 쳐서 유목민의 생존에 필요한 목초지를 점령하는 선제공격이었지만 비용이 더 많이 들고 위험 부담이 컸다. 방어해야 할 것이 별로 없는 유목민은 수목이나 물이 없는 불모지로 후퇴하여 침략자의 보급이 바닥날 때까지 기다렸다가 그들을 유인하여 몰살시킬 수 있었다.

페르시아 제국의 창건자 키루스 왕은 기원전 530년에 마사게타이족을 상대로 선제공습을 감행했다. 앞선 메디아인처럼 그도 포도주를 가지고 싸웠다. 그는 마사게타이 전위대가 그의 진지를 약탈하게 내버려둔 뒤 그들이 술에 취하자 모조리 몰살시키고 마사게타이 여왕의 아들을 사로잡았다. 토미리스 여왕은 키루스를 위협했다. "네가 피에 굶주려 있긴 하나 (…) 내 아들을 돌려주고나서 네 부하들을 그대로 이끌고 내 땅에서 나가라 (…) 그렇지 않으면 우리의 신 태양을 걸고 맹세하건대 네가 들이킬 수 있는 것보다 더 많은 피를 선사할 것이다."³⁸ 약속대로 토미리스는 페르시아를 물리치고 키루스의 목을 베어 그의 머리를 피가 흥건한 자루에 담았다.

순조롭지 못한 출발이었지만 기원전 519년 페르시아의 다리우스는 페르시아인이 "뾰족한 모자를 쓴 스키타이인"이라고 부른 연맹을 무찌른 뒤 조공을 부과하고 꼭두각시 왕을 세움으로써 선제공습 전략이 통할 수 있다는 것을 보여주었다. 5년 뒤 그는 이 전략을 다시 시도하여 도나우 강을 건너 다른 스키타이인을 우크라이나까지 추격했다. 우리 시대의 무수한 비대칭 전쟁처럼 어느 쪽이 이겼다고 말하기는 힘들다. 헤로도토스는 이 공습이 대참사였고 다리우스가 살아서 빠져나온 게 운이 좋았다고 여겼지만 스키타이인은 두 번 다시 페르시아를 위협하지 못했고 따라서 분명히 뭔가는 일이 잘 풀렸다.

전차가 중국에 도달하는 데 서양보다 더 오래 걸렸듯이 스텝 지대에서 온 기마병들이 동양에서 어쩔 수 없는 현실이 되기까지는 시간이 더 걸렸지만, 유목민의 도미노효과가 그곳까지 도달하자 그 효과는 역시 지독했다. 기원전 8세기 주나라에 대한 서융의 공격 뒤에는 아마도 동쪽으로 확산된 유목생활양식이 영향을 미쳤을 것이며, 기원전 7세기와 기원전 6세기에 진秦나라와 진晉나라에 흡수된 북방 민족들은 동쪽으로 이주해오는 유목민에 맞서 싸우는 것 대신 동화를 택한 것이 틀림없다. 북방 민족들이 동화를 선택했을 때 유목민의 침입과 중국 여러 나라의 팽창 압력이 결합되어 서양에서와 마찬가지로 완충국들이 사라졌다.

이제 조나라가 변경 지대가 되었다. 스키타이인을 직면한 아시리아 제국처럼 조나라는 이웃국가들과의 싸움에 곧장 기마 유목민을 고용했고 자국민을 기병으로 양성했다. 조나라는 서양에서는 거의 사용되지 않은 반反유목민 전략인 소모전 전략도 개발했는데 유목민이 국경 안으로 들어오지 못하게 막는(막지 못한다면 적어도 습격하는 곳과 교역하는 곳으로 장소를 구분하여 그곳으로 유목민을 유도하는) 장성을 쌓는 것이었다. 이 전략은 유목민과 싸우는 것이나 보호금을 지불하는 것보다 효과가 더 나았다. 기원전 3세기에 장성은 급증했다. 진시황 때 세워진 장성*은 1만 리(3200킬로미터)에 걸쳐 뻗어 있었고 (전설에 따르면 어쨌거나) 장성 1미터를 쌓을 때마다 일꾼 한 명의 목숨이 사라졌다고 한다.

그런 부류의 사람답게 진시황은 장성 건설에 들어가는 희생에 전전긍긍하며 잠 못 이루지 않았다. 사실 그는 장성 건설을 대단히 높이 사서 이 방어 전략을 무기로 전환시키기까지 했는데 장성을 연장하여 전통적으로 유목민이 방목하는 방대한 목초지를 에워싼 것이다. 그러고는 기원전 215년 진시황의 선제공격이 뒤따랐다.

만리장성은 분명한 신호를 보냈다. 지리의 의미가 다시금 바뀌고 있다는 신호를. 도표 5.1에서 사회발전지수의 단조로운 상방운동을 추진한 힘 —에너지 획득량의 증가, 더 효율적인 조직, 문자해독능력의 확산, 갈수록 치명적이 되어가는 군대—은 세계를 변형시키고 있었다. 기원전 200년이 되자 하나의 대제국이 각 핵심부를 지배했고 제국의 전사와 무역상은 이 핵심부들 사이에 위치한 공간에 더 깊숙이 도달하고 있었다. 스텝 지대는 동양과 서양을 분리하는 광대한 장벽에서 둘 사이를 연결하는 고속도

---

* 현재 우리가 베이징에서 당일치기 여행으로 방문할 때 만나게 되는 상징적인 석조 장벽은 진나라 때 세워진 만리장성이 아니다(현재 볼 수 있는 것은 대부분 16세기 명나라 때 세워진 것이다). 게다가 만리장성은 달은 고사하고 지구 궤도를 도는 우주선에서도 보이지 않는다.

로가 되었고 개별적이지만 유사한 각각의 역사 대신에 동양과 서양의 핵심부는 서로 엮이기 시작했다. 아직은 극소수의 상품과 사람들, 사상만이 유라시아의 한쪽에서 반대편 끝으로 이동하고 있었지만 새로운 지리적 현실이 모습을 갖춰가고 있었다. 이 새로운 현실은 다음 몇 세기에 걸쳐 기원전 200년에 핵심부들을 지배하고 있던 대제국들을 휩쓸고 사회발전지수의 상승 추세를 역전시키며 서양의 우위를 종결짓게 된다. 발전의 역설이 완전히 새로운 국면에 접어들고 있었다.

6 쇠 퇴 와 몰 락

최선의 선택

"가능한 모든 세상 가운데 최선인 이 세상에서 모든 것은 최선이다"[1]라고 팡글로스 박사는 거듭 말한다. 볼테르의 재미난 고전 『캉디드』에 나오는 말이다. 매독에 시달리고 한쪽 눈과 한쪽 귀를 잃었으며 노예가 된 데다가 교수대에 매달렸을 뿐 아니라 한 번도 아니라 두 차례나 지진을 겪었음에도 불구하고 팡글로스는 자신의 이야기를 고수한다.

팡글로스는 물론 당대 철학의 어리석음을 조롱하는 볼테르의 작은 농담이지만 역사는 팡글로스 박사의 낙관주의가 실현된 버전을 다수 제시한다. 서기 첫 몇 세기에 동양과 서양의 핵심부를 지배한 대제국들은 그런 이야기가 특히 풍부했던 것 같다. 한 중국 시인은 "천자가 성대한 행차를 거행할 때면 모든 것이 찬란하게 빛난다"고 쓰면서 "무한한 기쁨이 만대에 가득하다"[2]고 덧붙인다. 로마 제국에서 살았던 그리스 웅변가 아리스티데

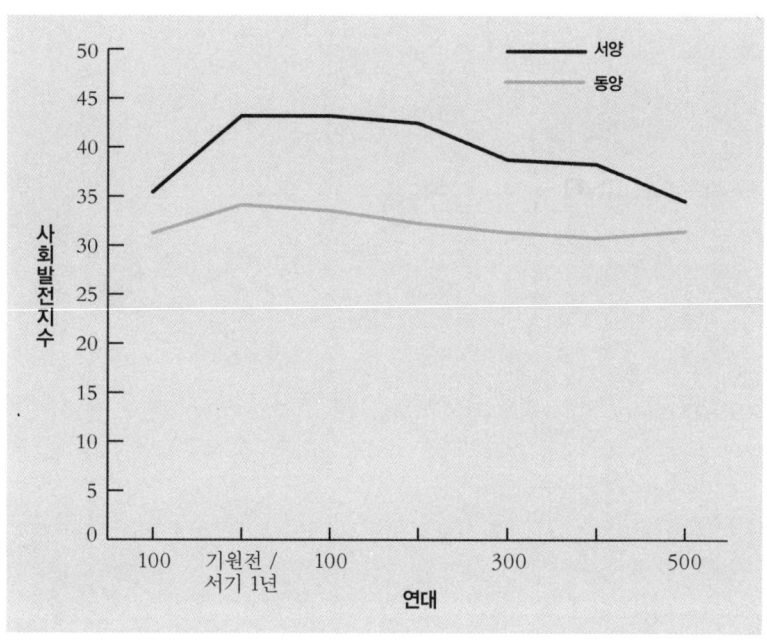

[도표 6.1] 구세계적인 불황: 고대 제국들의 절정과 쇠퇴, 몰락. 기원전 100년~서기 500년.

스의 열광적 찬사는 한술 더 뜬다. 그는 "제국의 영속을 위해 전 문명 세계가 함께 기도한다. 모든 신이시여, 이 제국과 이 도시가 영원토록 번영하고 돌멩이가 바다에 뜨고 나무에서 더 이상 새싹이 트지 않을 때까지 이 도시가 사라지지 않게 해주소서!"[3]라고 열변을 토한다.

그럼 이 팡글로스들은 도표 6.1을 보고 무슨 생각을 했을까? 기원전 1년과 서기 1년 부근에서 정점을 찍은 뒤 사회발전지수는 동양과 서양에서 모두 떨어진다. 이번 하락은 완전히 새로운 규모의 붕괴였다. 유라시아 양단에 영향을 미치며 이전 어느 때보다 폭넓을 뿐만 아니라 더 길게 지속되었고 더 심각하기도 했다. 몇 세기가 지나도록 사회발전지수 그래프 선은 바닥을 기면서 400년까지 동양의 사회발전지수는 10퍼센트, 500년까지 서양의 사회발전지수는 20퍼센트 감소시킨다. 이 장에서는 사회발전에서 1만4000년에 걸친 서양의 우위가 종식됨을 알리는 이런 일이 어떻게 일어났는지를 알아본다.

새로운 세계질서

고대 제국들이 항상 팡글로스들로 넘쳐나지는 않았다. 내가 제5장에서 언급한 폭력의 역설—전쟁이 궁극적으로는 평화와 번영을 가져온다는 사실—이 분명해지기 전까지 수백 년에 걸친 전쟁과 수백만 명의 죽음이 필요했다. 그리고 통일전쟁이 끝나자마자 초강대국 진나라와 로마 제국은 끔찍한 내전에 눈길을 돌렸다. 진나라는 내전에 즉시 돌입했고 로마는 서서히 내전에 끌려들어갔다.

진나라의 중앙집권적이고 억압적인 제도는 정복 사업에는 훌륭했지만 통치에는 그다지 뛰어나지 않다는 것이 드러났다. 기원전 221년 마지막 적을 격파한 뒤 진시황은 모든 남성을 계속 징병했지만 이제는 싸움 대신 건설 작업에 투입했다. 그들은 수천 킬로미터의 길을 닦고 운하를 팔 때처럼 때로는 생산적이었지만 때로는 그렇지 않다. 사마천은 진시황이 자신의 신성을 확신했고 불로장생을 약속하는 돌팔이 의사들에게 재산을 쏟아 부었는데도—어쩌면 보험 차원에서—70만 명을 동원하여 36년에 걸쳐 자신의 무덤을 건설하게 했다고 말한다(그곳에서 죽은 사람의 무덤 100기가 발굴되었다).

(대부분 발굴되지 않은) 52제곱킬로미터의 고분군은 이집트 선망에 대한 중국의 답변이다. 오늘날 진시황릉은 황릉을 지키는 6000개가 넘는 실물 크기의 토기 병마용으로 가장 잘 알려져 있는데, 1974년 우물을 파던 작

업반에 의해 우연히 발견되었다. 병마용은 세계의 고고학적 불가사의 가운데 하나지만 더욱 놀라운 사실은 오늘날 전 세계에서 찾아오는 박물관 관람객을 감탄시키는 그 병마용을 사마천은 진시황의 무덤을 묘사할 때 언급조차 하지 않았다는 것이다. 병마용에 대한 언급을 아낀 사마천은 대신 무덤 지하에 왕국의 여러 강줄기를 그대로 묘사한 수은 채운 강으로 둘러싸인 너비 360미터의 청동 궁전이 있었다고 설명한다(1981년과 2003년에 실시된 지구화학적 조사에서 무덤 위의 토양이 수은 층을 크게 들어올렸다는 사실이 확인되었다). 그는 시황제에게 자식을 선사하지 않은 모든 후궁과 무덤의 비밀을 알고 있는 장인들 그리고 아마도 제국의 최고위 관료 100명까지도 기원전 210년 황제와 함께 묻혔다고 말한다.

진시황의 과대망상증적 정책은 사회 각계각층에서 저항을 불러일으켰다. 귀족들이 불만을 표시하자 진시황은 그들을 강제로 수도로 이주시켰다. 유생들이 불만을 표시하자 그들 460명을 생매장했다. 농민들이 불평하자 그는 그들을 반 토막 냈다.*

공포정치는 진시황의 죽음과 거의 동시에 내부에서 붕괴하고 말았다. 기원전 209년 어느 날, 이야기에 따르면 큰비가 내려 두 하급 관리가 징병된 이들을 제시간에 수비대에 인도하지 못했다. 지각에 대한 벌은 물론 죽음이었다. "지금 상황에서 그대로 있으나 도망치나 죽기는 매한가지다." 사마천은 두 관리 중 한 명이 이렇게 말했다고 전한다. "우리가 반란을 일으켜도 마찬가지로 죽음을 맞게 될 것이다. 어쨌거나 우리는 죽은 목숨이다. (반란을 일으켜) 나라를 위해 싸우다 죽는 게 더 낫지 않을까?"[4]

예상대로 두 반란자는 곧 죽음을 맞았지만 그들의 반란은 전국으로 번

---

* 적어도 유학자들의 주장은 그렇다. 많은 현대 역사가는 유생들이 이야기를 윤색하지 않았을까 의심한다. 그러나 농민들을 반 토막 냈다는 주장만큼은 반론의 여지가 없는 것 같다.

졌다. 몇 달 만에 전국시대가 재연되었다. 기원전 206년이 되자 진나라는 끝장났고 반란은 끔찍한 내전이 되었다. 다시금 4년간의 학살 끝에야 농민 출신 군벌 유방이 홀로 남게 되었다. 그는 한 왕조를 개국해 전쟁포로 8만 명의 목을 베고 만방에 평화를 선언한 뒤 마침내 고제高帝('드높은 황제')라는 새로운 이름을 얻었다.*

로마는 진나라와 정반대의 문제를 앓았다. 로마의 제도는 평화 시 통치에는 부적합하게 너무 중앙집권적이라기보다는 오히려 너무 분산되어 있었다. 부유한 원로로 구성된 원로원과 가난한 시민으로 구성된 민회는 제국이 아니라 도시국가를 운영하기 위해 진화한 것으로, 산더미 같은 약탈과 노예의 군대, 승전이 만들어낸 갑부 장군 무리에 대처할 수 없었다. 기원전 133년 한 정책을 둘러싼 분쟁에서 존엄하신 원로들은 앉아 있던 나무 벤치를 때려부순 뒤 의자 다리를 이용해 서로를 죽도록 두들겨 팼으며, 기원전 80년대가 되자 실제로 누가 제국을 다스리고 있는지 아무도 확실히 알 수 없었다.

진나라처럼 갑작스럽게 붕괴하는 대신 로마는 50년간 간헐적인 내전 상태에 빠졌다. 군대는 점점 더 국가가 아니라 장군들에게 충성하게 되었고, 원로원이 승승장구하는 장군들을 처리하는 유일한 방법은 약한 이민족을 공격하도록 멀리 파견하거나(장군들의 권력만 키워주는 꼴이었다) 새로운 장군에게 힘을 실어줘 이전 장군들을 공격하게 하는 것이었다(원로원에 대한 새로운 도전자만 양산할 뿐이었다). 기원전 45년 율리우스 카이사르는 유

---

* 중국 황제는 매우 다양한 방식으로 불린다. 각자 본래 이름이 한두 가지 이상 있으며(유방은 유계라고도 불렸다), 적어도 한 가지 이상의 '묘호'(유방은 고제가 되었으나 고조高祖로도 알려져 있는데 '높은 시조'라는 뜻이다)를 받는다. 혼란을 피하기 위해 나는 앤 팔루딘의 유용한 책 『중국 황제 연대기』[국내에는 『중국 황제』로 출간된 바 있다]에서 사용된 묘호를 따랐다. 같은 묘호를 사용한 황제가 여럿 있을 때는 묘호 앞에 (한 무제나 양 무제처럼) 왕조 이름을 덧붙였다.

력한 신성들을 모두 물리치는 데 성공했지만 이듬해 암살자의 손에 쓰러졌다. 그러자 운명의 수레바퀴가 다시 돌기 시작했고, 마침내 기원전 30년 옥타비아누스가 안토니우스와 클레오파트라를 이집트까지 추격하자 두 사람은 그곳에서 스스로 목숨을 끊었다. 끝없는 전쟁에 지친 로마 지배층은 일개 시민인 척 행동하는 옥타비아누스(그는 자신에게 '가장 존엄한 자'라는 뜻인 아우구스투스란 새로운 이름을 붙였다)가 명령하는 대로 뭐든 하겠다고 동의했다. 이 기묘한 타협책은 모두의 체면을 살릴 수 있었고 기원전 27년 아우구스투스는 공화국이 회복되었다고 선언한 뒤 황제로서 통치에 착수했다.

기원전 1년이 되자 동양과 서양의 핵심부 전역은 단일한 제국의 지배 아래 있었지만 이러한 결과가 필연적이지만은 않았다. 한 왕조의 창시자 고조는 사실 마지막 남은 적과 동양 핵심부를 나눠갖기로 합의했지만 약속을 깨고 라이벌을 죽인 뒤 기원전 202년에 다 차지했다. 그리고 기원전 30년대 지중해 지역도 로마에서 옥타비아누스가 지배하는 서쪽의 라틴어권과 이집트에서 안토니우스와 클레오파트라가 지배하는 동쪽의 그리스어권으로 분할될 것처럼 보였다. 한 고조가 더 명예로웠거나 안토니우스가 주색잡기에 덜 빠졌어도 이 장의 이야기는 다르게 시작되었을 것이다. 남아시아에서는 상황이 다르게 흘러갔다. 기원전 1000년과 기원전 600년 사이에 작은 도시와 국가들이 갠지스 강 유역에서 발달한 뒤 서양과 동양 핵심부에서처럼 고가 국가로 이행했다. 기원전 3세기에 아마도 당대 세계 최대의 국가였을 (물론 진나라가 곧 능가하게 되지만) 마우리아 제국이 이 국가들을 집어삼켰다. 그러나 로마나 중국처럼 승승장구하는 대신 이 제국은 다음 몇백 년에 걸쳐 점차 붕괴된다. 아우구스투스 시대가 되자 남아시아는 다시금 엎치락뒤치락하는 소왕국의 집결지가 되었다.

"행복한 가정은 모두 비슷비슷하지만 불행한 가정은 각자 사연이 다르다"[5]는 유명한 말을 톨스토이가 남긴 바 있다. 제국들도 마찬가지다. 제국이 해체되는 방식은 무수히 많지만—패전, 불만이 쌓인 총독, 통제할 수 없는 대귀족, 절망적인 농민, 무능력한 관료—제국이 결속력을 유지하는 방법은 하나, 타협뿐이다. 한나라와 로마의 통치자들은 여기에 확실한 재능을 보여주었다.

고조가 기원전 202년 내전에서 승리할 수 있었던 것은 '제국'의 3분의 2를 반+독립적인 왕국으로 지배하도록 다른 군웅 열 명과 거래했기 때문이다. 새로운 내전을 방지하기 위해 제국은 이 봉신 왕들을 평정할 필요가 있었다. 하지만 너무 급히 움직여 그들을 위협하면, 너무 느리게 움직여서 왕들을 너무 강하게 놔둘 때와 마찬가지로 제국이 피해야만 하는 바로 그 내전을 촉발할 수도 있었다. 그러나 한나라의 황제들은 딱 들어맞는 속도로 움직였고, 기원전 100년까지 의외로 반란을 거의 겪지 않으면서 이 왕국들을 해체했다.

한나라의 황제들은 진시황만큼 과대망상적이지는 않았지만 물론 그들도 그런 쪽으로 능력을 뽐낼 기회가 있었다. 한 예로, 한 경제는 기원전 141년 자신만의 병마용과 함께 묻혔다(비록 크기는 진시황릉 안 병마용의 3분의 1이었지만 숫자는 6배 많았다). 그러나 위대한 정복자 한 무제 같은 일부 예외를 제외하고 한나라 황제들은 비록 속세와 초자연적 세계 사이의 중개자로서 상나라와 주나라의 왕이 맡았던 역할은 여전히 고수했지만 불멸이나 신성을 주장하는 것은 꺼렸다.

그들은 이러한 노선을 매우 신중하게 조정했다. 권문세가와 잘 지내려면 (비록 귀족들의 부와 왕실의 성공을 결부하는 실용적인 조치도 도움이 되었지만) 왕실의 신성에서 후퇴할 필요가 있었다. 유학자들을 회유하기 위해서는 이상화된 유교 모델에 따라 위계질서가 확립된 우주 안에 황제의 지위를 끼워맞출 줄 알아야 했다(그와 더불어 또 다른 실용적 조치로 귀족 가문 사이의 연줄이 아니라 유교 경전에 대한 지식을 관직 등용 요건으로 삼았다). 방대한 시골 지역에서도 왕권을 유지하기 위해서는 그와는 또 다른 것이 요구되었는데, 조상과 신을 연결하는 다리로서 축의 시대 이전 군주의 지위 일부와 군역 축소, 잔인한 진나라 법률 완화, 시의적절한 세금 감면과 같은 좀 더 현실 생활에 밀착된 조치를 결합하는 것이었다.

타협은 평화와 통합을 낳았고 평화와 통합은 동양 핵심부를 점차 단일한 실체로 엮어냈다. 동양 핵심부의 통치자들은 그곳을 중국(세계의 중심에 위치한 '한가운데 왕국'이란 뜻)이나 천하('하늘 아래 모든 것'이란 뜻인데, 그 경계 너머의 것은 중요하지 않았다)라고 불렀고, 이 시점에서 동양 핵심부를 현대 서양인이 '진Qin'나라에 대한 잘못된 발음으로 '차이나China'라고 부르는 단일한 실체로 받아들여지기 시작했다. 거대한 문화적 차이들은 천하에 여전히 남아 있었지만 동양 핵심부는 중국이 되어가기 시작한 것이다.

로마도 유사한 타협안을 추구했다. 기원전 30년에 내전이 종결되었을 때 승리한 아우구스투스는 징병된 이들을 제대시키고 변경에 직업 군인을 배치했다. 한나라의 황제들처럼 그도 군대가 그의 체제를 위협할 수 있다는 사실을 알았지만 중국의 통치자들이 군대를 죄수와 이방인으로 채우면서 어떤 의미에서 주류 사회 바깥으로 밀어낸 데 반해 아우구스투스와 그의 후계자들은 친구보다 적을 더 가까이에 두기로 했다. 군대를 사회의 중심 제도로 만들었지만, 그들의 직접적 통제 아래 있는 제도였다.

전쟁은 전문가들의 전유물이 되었고 다른 이들은 모두 평화의 기술로 주의를 돌렸다. 중국처럼 로마도 속국의 왕들을 흡수했고 귀족들의 번영과 왕국의 번영을 결부시켰다. 황제는 아슬아슬한 외줄타기를 하면서 귀족을 상대할 때는 동류 가운데 으뜸일 뿐인 것처럼, 군대를 상대를 할 때는 총사령관처럼, 그들의 통치자가 신령스럽기를 기대하는 제국의 각 지역을 상대할 때는 신처럼 행세했다. 그들은 '하루 동안 신'이라는 타협을 '죽으면 신'이라는 전략으로 대체했다. 이 이론에 따르면 황제는 살아 있을 때는 그저 뛰어난 인물에 불과했다가 죽으면 신성의 품에 안기게 되어 있었다. 베스파시아누스 황제 같은 사람들은 그 논리가 우스꽝스럽다고 여겼다. 쓰러진 그는 죽어가면서 궁정인들에게 "내가 신이 되려나 보군"[6]이라는 농담을 던졌다.

서기 1세기가 되자 그리스 로마 문화가 발전하고 있었다. 부자들은 요르단 강에서 라인 강까지 여행하는 동안 비슷하게 생긴 도시들을 거치면서 똑같이 생긴 금 접시에 대접한 밥을 먹고 친숙한 그리스 비극을 관람하고 호메로스와 베르길리우스를 암시하는 재치 있는 인용구를 읊조리고 그들의 세련된 소양을 이해할 줄 아는 비슷한 부류의 사람들을 어디서나 만날 수 있었다. 원로원은 갈수록 지방의 명사들을 인정하게 되었고 지방의 거물들은 라틴어와 그리스어 비문을 세웠으며 들판의 농부들도 자신을 로마인으로 생각하기 시작했다.

타협은 저항을 약화시켰다. 여기에 대한 고대 문헌을 인용하면 좋겠지만 1979년 코미디 영화 「몬티 파이턴의 브라이언의 삶」만큼 이를 잘 요약하는 것도 없다. 유대인민전선 의장 레그는 그다지 열성적이지 않은 추종자들에게 반反로마 분노를 부추기려고 하다가 그들이 제국의 혜택(특히 포도주)에 더 관심이 많다는 사실을 발견한다. 레그는 로마 제국에 대해 제기된 질문 가운데 분명히 가장 유명해진 질문을 던진다. "좋아. 그럼 위생과 의약품, 교육, 포도주, 공공질서, 관개사업, 상수도 시스템, 공중보건 말고 로마인이 대체 우리한테 해준 게 뭐지?" 자유의 투사들은 잠시 생각하더니 그 가운데 한 명이 조심스럽게 손을 든다. "평화를 가져왔다?" 이 바보 같은 답변에 기가 막힌 레그는 대답한다. "오, 평화라고? (…) 닥쳐!"[7]

레그는 답변의 의미를 이해하지 못했다. 평화는 모든 것을 변화시켰고 유라시아 양 끝에 번영을 가져왔다는 것을. 양 제국에서 인구가 급증했고 경제는 더 빠르게 성장했다. 가장 근본적인 수준에서 우리가 어떤 식으로 계산하든—총생산, 토지 단위 생산량, 노동 단위 생산량—농업 생산량이 증가했다. 한나라와 로마의 법률은 지주와 농민 모두에게 재산상 더 큰 안정성을 보장해주었다. 사회 전 수준에 걸쳐 농장주는 개간된 새로운 토지를 차지하고 관개와 배수 시설을 확대하고 노예를 사거나 일꾼을 고용하고 더 많은 거름과 더 좋은 농기를 사용했다. 이집트의 기록은 로마시대 농부들이 종자 450그램당 4.5킬로그램의 밀을 수확할 수 있었다는 것을 보여주는데, 전근대 농업에서 어마어마한 수준이었다. 중국의 경우 통계가 남아 있지 않지만 고고학적 유물과 농서의 기록을 보면 그곳에서도 특히 황허 강 분지에서 수확량이 높았다는 것을 알 수 있다.

농부와 장인들이 에너지 획득 능력을 한계까지 조용히, 너무나도 조용히 밀어붙이고 있었기 때문에 사실, 남아 있는 문헌을 작성한 귀족들은 그에 대해 거의 언급도 하지 않는다. 인류의 전 역사에서 이전에 사용된 사실상 모든 에너지는 근력이나 바이오매스 연료에서 나왔지만, 이제 네 가지 잠재적으로 혁명적인 에너지원, 바로 석탄과 천연가스, 수력과 풍력에 접근하기 시작했다.

앞의 두 가지는 여전히 매우 주변적으로만 이용되었지만—소수의 중국 대장장이들은 주조소에서 석탄을 사용했고 쓰촨의 제염업자들은 대나무관으로 흘려보낸 천연가스를 태워서 소금물을 증발시키는 데 이용했다—세 번째와 네 번째 에너지원은 달랐다. 기원전 1세기 로마인과 중국인은 모두 물레방아를 고안해 곡물을 빻는 제분소를 돌리고 불가마에 불을 땔 때는 풀무를 작동시키는 데 이용했다. 이에 관해 알려진 가장 인상적인 실례는 서기 100년 직후에 바르브갈에 세워진 물레방아인데 열여섯 개의 수차가 연결되어 대략 힘센 수소 열두 마리가 내는 힘과 같은 30킬로와트의 동력을 발생시켰다(포드의 T모델 자동차가 전속력으로 달릴 때와 같은 구동력이다). 대부분의 물레는 그보다 훨씬 작았지만 평균적인 로마의 물레방아도 열 명의 장정이 발로 바퀴를 돌릴 때 내는 힘과 같은 힘을 발생시켰다.

그러나 수력과 풍력의 이용에서 가장 중요한 발전은 새로운 물레방아가 아니라 오래된 항해술의 향상에 기인했다. 만약 농장이나 주조소에서 잠재적 구매자에게 상품을 운송할 수 없다면 아무도 수천 톤의 밀이나 수천 갤런의 포도주나 수십억 개의 쇠못을 굳이 생산하려 들지 않을 것이다. 더 크고 좋고 저렴한 선박(과 항구와 운하)이 쟁기나 물레방아만큼 중요했다. 교역과 산업은 함께 성장했다.

난파선 숫자의 증가와 2005년 페니도 벨로 호수의 퇴적물에 대한 연구를 바탕으로 한 납 오염도를 표시한 도표 6.2는 서양에서의 그러한 추세를 깔끔하게 보여준다(고대의 운송에 관해 남아 있는 기록이 없기 때문에 난파선 수를 이용했다. 시간이 지날수록 선장들의 실력이 이해할 수 없이 크게 퇴보해 배를 암초로 모는 게 아니라면 난파선은 항해 횟수를 짐작할 수 있는 가장 적절한 대체 지표다. 그래프의 검은색 선은 은 제조 과정의 부산물인 납의 오염 수준을 보여주는데, 납은 지구화학자들이 연구하기 가장 쉬운 동위원소이기 때문에 지표로 이용되었다). 두 선은 기원전 1세기에 정점에 도달할 때까지 나란히 상승하면서 교역과 산업이 얼마나 밀접하게 연결되어 있는지 (그리고 고대 로마는 환경의 황금기는 아니었다는 사실도) 보여준다.

우리는 도표 6.2에 대응하는 동양의 그래프를 비교해볼 수 없는데, 중국 고고학자들이 수집한 데이터량이 충분하지 않기 때문이다. 그러나 동양의 자료도 기원전 300년 이후에 동양 핵심부의 교역이 성행했다는 것을 암시하지만, 단 서양 핵심부만큼은 아니었다. 이를테면 최근의 한 연구는 로마 제국이 한나라보다 화폐 유통량 측면에서 대략 두 배였으며, 가장 부유한 로마인은 가장 부유한 한나라 사람보다 두 배 부자였다는 결론을 제시했다.

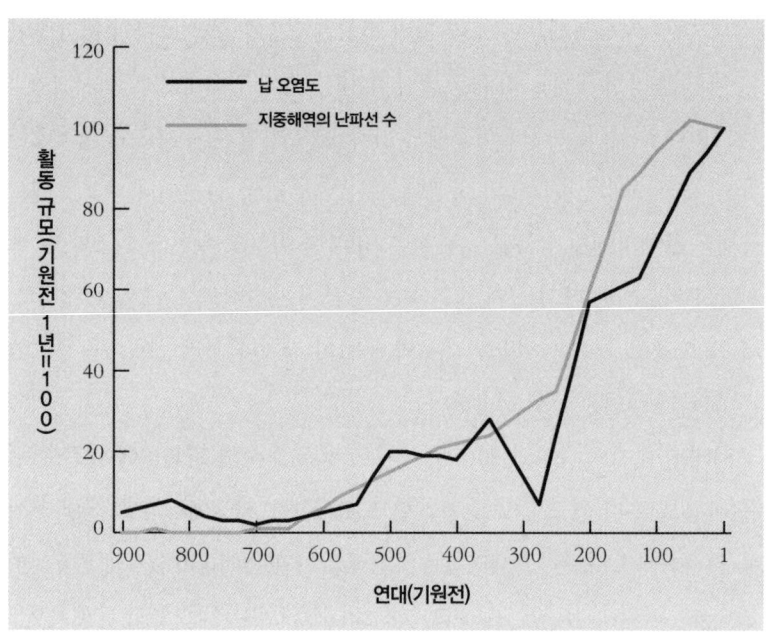

[도표 6.2] 상품과 서비스: 지중해역의 난파선 수와 에스파냐 페니도 벨로 호수에서 납 오염도의 병행 증가. 난파선 수와 납의 양은 같은 수직축에서 비교할 수 있도록 기원전 1년의 활동 규모를 100으로 잡아 조정했다.

지리가 아마도 교역 규모의 차이와 큰 관계가 있는 것 같다. 로마 제국에서는 주민의 90퍼센트가 지중해에서 16킬로미터 거리 이내에 거주했다. 서양 핵심부의 팽창은 기원전 2000년대 지중해 분지로 사회발전과 혼란을 똑같이 가져왔지만, 기원전 1세기에 일단 로마가 지중해 해안선 전역을 정복하자 혼란에 종지부를 찍었다. 바다는 이제 거의 모든 이를 연결하는 값싼 해상 운송의 기회를 제공했으며 사회발전지수가 치솟았다.

한나라에서는 바다나 커다란 강 주변에 거주하는 사람의 비율이 그보다 적었고 강을 이용한 항해가 항상 가능하지는 않았다. 로마의 군사적 팽창은 새로운 경제적 개척 지대를 확보했고 농부들은 새롭게 정복된 땅에 가장 선진적인 기술을 적용해 작물을 생산하여 이탈리아와 그리스의 도시에 내다팔 수 있었지만 지중해와 같은 수로가 부족한 상황에서 진나라와 한나라의 정복은 이러한 새로운 시장 개척이 훨씬 작은 규모로 이뤄질 수밖에 없었다. 몇몇 한나라 황제는 황허 강과 웨이허 강의 여러 강바닥을 준설하고 여건이 가장 안 좋은 구간은 운하를 통해 우회함으로써 운송을 개선하고자 정력적인 노력을 기울였지만 중국에 지중해가 없는 문제를 극복하기 위해서는 몇 세기가 더 흘러야 했다.

두 가지 다소 유사한 힘이 동양과 서양의 경제성장 뒤에 버티고 있었는데, 하나는 경제를 위에서 견인하는 힘이고, 또 하나는 밑에서 경제를 추진하는 힘이다. 견인 요인은 국가의 성장이었다. 로마와 한나라의 정복자들은 방대한 지역에서 세금을 거둬들였고 세수 대부분을 변경을 따라 배치한 군대(로마에는 35만 명, 중국에는 적어도 20만 명의 군인이 있었던 것 같다)와 거대한 수도(로마 시에는 약 100만 명이, 한나라의 장안에는 약 50만 명이 거주했던 것 같다)에 사용했다. 양쪽 모두 식량과 상품, 돈을 부유하고 세금을 내는 지방에서 굶주리고 세수를 집어삼키는 인구가 집중된 지역으로 이동시킬 필요가 있었다.

로마 교외의 유적지 몬테테스타초('사금파리 산')는 서양에서 이러한 견인 요인의 규모를 예시한다. 깨진 질그릇 조각이 46미터 높이로 쌓인 이 잡초 무성한 둔덕은 진시황의 봉분보다는 덜 극적이지만 골수 고고학자들에게는 이집트 선망에 대한 이탈리아의 답변이다. 2500만 개라는 어마어마한 숫자의 저장 단지들이 3세기에 걸쳐 이곳에 버려졌다. 대부분은 에스파냐 남부에서 로마로 올리브기름—750만 리터 분량—을 운송하는 데 사용되었는데, 로마의 도시민은 올리브기름을 음식에 넣거나 몸을 씻고* 등잔을 밝힐 때 썼다. 몬테테스타초 위에 올라서면 각종 욕구에 굶주린 인간들이 무엇을 할 수 있는지 경외감에 사로잡히게 된다. 이것은 로마의 쓰레기로 만들어진 인공 둔덕 가운데 하나일 뿐이다.

두 번째 힘, 경제를 위로 추진하는 힘은 기후변화라는 익숙한 힘이었다. 기원전 800년 이후 지구냉각화는 저가 국가를 대혼돈 속에 내던졌고 수 세기에 걸친 팽창을 촉발했다. 기원전 200년이 되자 계속되는 궤도 변화는 기후학자들이 로마 온난기라고 부르는 시대를 알렸다. 이것은 겨울 바람을 약화시켰지만—지중해의 농부와 중국의 대하 유역의 농부에게는 안 좋은 소식이었다—부분적으로는 앞선 지구냉각화에 대한 대응으로 생성된 고가 제국은 이제 동양과 서양 사회에 기후변화에서 살아남을 뿐 아니라 그것을 활용하는 끈질긴 생명력도 안겨주었다. 힘든 시절은 다양화와 혁신을 추구하는 유인을 증가시켰다. 사람들은 물레방아와 석탄을 가지고 실험을 했고 상품을 이동시킴으로써 지역적 이점을 활용했다. 고가 국가들은 주민들이 부유해질수록 세금도 더 많이 낼 수 있다는 매우 합리적인 가정 아래 이러한 활동을 통해 수익을 올릴 수 있도록 도로와 항구를 제공했고 군대와 법전은 수익의 안전성을 보장했다.

고가 제국은 옛 심장부 너머의 지역으로도 진출했는데 온난기 덕분에 농업 생산성이 높아진 이 지역은 서양의 경우, 프랑스와 루마니아, 비가 많이 내리는 잉글랜드 같은 지역이었고 동양의 경우는 만주와 한국, 중앙아시아였다. 제국들은 의식하지 못한 채 실질적으로 분산 투자를 통한 위험 감소를 시도한 셈이었는데, 온난한 지역에는 불리한 기후변화가 한랭한 지역에는 유리했기 때문이다. 지중해 덕분에 무역상이 지역 간에 상품을 이동시키기가 쉬웠던 로마에서는 기후변화의 혜택이 확실히 컸다. 커

---

* 비누가 없던 시절 여유가 있는 사람들은 기름을 바른 뒤 문질러서 몸을 깨끗하게 했다. 모두의 취향에 다 맞지는 않았을 테지만 오줌을 치약으로 이용하는 것(비록 조롱조이기는 하지만 한 로마 시인이 언급한 내용이다)에 비교하면 확실히 위생적이었다. 진짜 비누와 치약은 1000년이 지나 중국에서 발명되었다.

다란 강들이 이용에 덜 편리한 중국에서는 혜택이 분명 더 작았을 테지만 여전히 실질적 혜택이 존재했다.

온갖 전쟁과 노예화, 학살의 결과는 이 장을 연 팡글로스풍의 열광을 낳은 풍요의 시기였다. 풍요의 산물은 불균등하게 분배되었지만―철학자나 왕보다는 농민이 훨씬 많았다―이전 어느 시대보다 더 많은 사람이 생존했고 더 큰 도시에 살았으며 전반적으로 더 오래 살고 더 잘 먹고 그 어느 때보다 더 많은 것을 가졌다.

1970년대 잉글랜드에서 처음 고고학 발굴 조사를 나가기 시작했을 때 나는 여러 로마시대 유적지를 발굴했다. 콘크리트(또 다른 로마의 발명품)를 부어 만든 거대한 기반을 곡괭이로 치우고 산더미처럼 쏟아져나오는 유물이 뒤로 밀리지 않도록 쫓기듯이 현장일지를 작성해야 하는 무척 진이 빠지는 작업이었다. 그후에 나는 기원전 700년 무렵의 그리스 사회를 주제로 박사 논문에 착수했고, 1983년 처음으로 그 시대의 유적지를 발굴하게 되었다. 그때 발굴 조사는 충격적이었다. 그 시대 사람들은 가진 게 없었다. 녹슨 쇳조각 몇 개라도 발견하면 대단한 수확이었다. 이전 시기 사람들과 비교해 로마인은 소비자의 천국에서 살았다. 나중에 로마 제국의 서부 속주가 된 지역에서 1인당 소비는 기원전 800년 무렵 거의 최저 수준에서 600~700년 뒤에 50퍼센트 이상 증가했던 듯보인다.

앞서 언급한 대로 그렇게 잘 수량화되지는 않았지만 유사한 과정이 동양에서도 뚜렷하게 진행중이었다. 양 핵심부에서 사람들은 오늘날의 기준에서 볼 때 여전히 절망적일 만큼 가난했지만―아이들 가운데 절반이 5세가 되기 전에 죽었고 50세를 넘기는 사람은 거의 없었으며 영양 상태가 나빠서 성인은 우리보다 15센티미터 작았다―그 이전까지와 비교할 때 이 시기는 황금기였다. 고대 제국들에 팡글로스 박사가 바글바글했던 것도 당연하다.

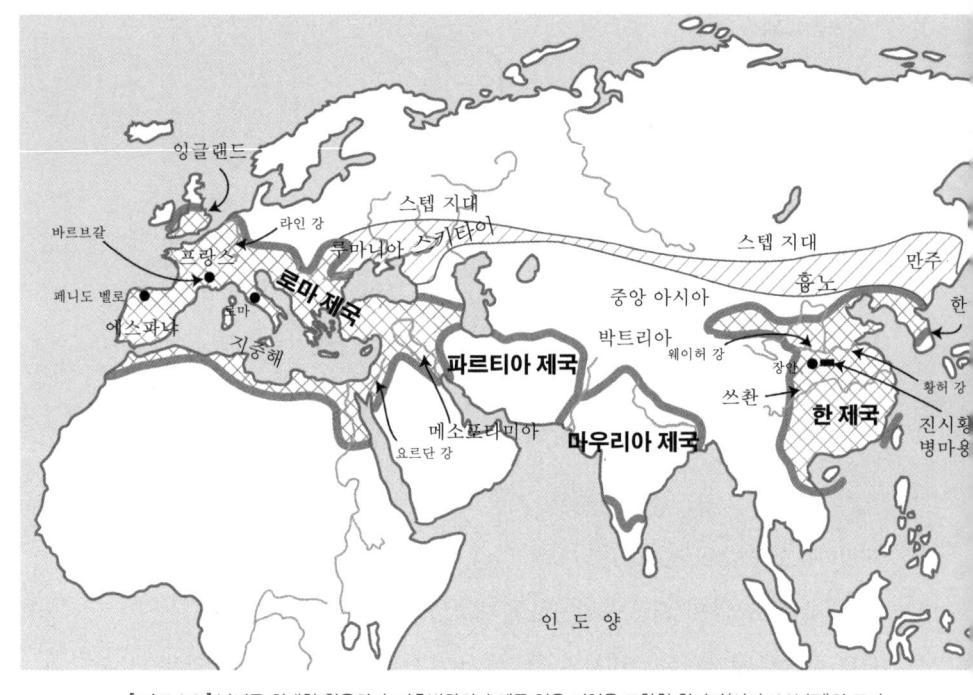

[**지도 6.3**] 날씨를 최대한 활용하기: 기후변화의 수혜를 입은 지역을 포함한 한나라(서기 100년경)와 로마 제국(서기 117년경)의 최대 판도.

구세계 교환

그러나 팡글로스들이 볼 수 없었던 것은 핵심부 내부에서 치솟는 사회 발전이 제국의 경계를 넘어 세계를 변화시키고 있었다는 사실이다. 제국이 강성할 때는 기원전 6세기 페르시아의 다리우스 대왕과 기원전 3세기의 진시황이 동서로 길게 뻗은 광대한 중앙아시아 스텝 지대를 통제한 것처럼 변경 지대의 민족들에게 제국의 뜻을 관철할 수 있었다. 그러나 제국이 약해지면 유목민들이 밀고 들어왔다. 서양에서 알렉산드로스 대왕의 장군들이 기원전 300년 이후에 페르시아 제국의 잔해 위에 세운 후계 국가들은 그들의 빛나는 전임자의 위력에 결코 필적하지 못했고, 스키타이인이 곧 박트리아와 인도 북부를 약탈하게 되었다. 또 다른 중앙아시아 집단인 파르티아는 이란을 침투하기 시작했다. 그리고 마케도니아 왕국이 기원전 200년 이후 로마 침공의 압박을 견디지 못하고 와해되자 파르티아는 이 기회를 놓치지 않았다.

파르티아인은 서양 핵심부로 밀고 들어온 이전의 유목민들과 달랐다. 스키타이인 같은 유목민은 농경 제국으로부터 보호금을 뜯어내거나 그곳을 약탈해서 부유해졌다. 고가 국가를 정복하고 정신없을 정도로 복잡한 관료제를 운영하는 데 관심이 없는 그들은 기본적으로 강도였다. 그와 대조적으로 파르티아 기마인은 반半유목민이었다. 그들은 중앙아시아 스텝 지대의 내륙 불모지가 아니라 가장자리 출신이었고, 수 세대 동안 농부들과 나란히 살아왔다. 파르티아의 지배자들은 자신들의 군사력을 뒷받침하는 기마 전통을 유지하면서 동시에 짓밟힌 농민들로부터 세금을 뜯어내는 법을 알았다. 그리고 기원전 140년이 되면 그들은 구 페르시아 제국 대부분을 느슨하게 통합된 자신만의 저가 왕국으로 전환시켰다.

파르티아 군주들은 키루스와 다리우스의 적자로 자처하기를 좋아했으며, 서양의 고급 문화에 열성적으로 동화했지만 사실 그들의 왕국은 본질적으로 느슨하게 통합된 저가 국가였다. 비록 유목 기마병의 힘을 망각한 어떤 로마인에게든 순간적으로 따끔한 맛을 보여줄 수 있었지만 파르티아 왕국은 결코 로마의 존재를 위협하지 못했다. 파르티아의 기마병들은 도망치는 척하다가 안장 위에서 몸을 홱 돌려 추격자에게 날리는 '파르티아 화살'로 유명했다. 이러한 전술 덕분에 파르티아는 로마 장군 크라수스를 물리칠 수 있었고 크라수스는 기원전 53년 경솔한 공격으로 자신의 목숨과 군대를 잃었다. 서양 문화의 예찬자인 파르티아 국왕은 장수들이 크라수스의 머리를 가져왔을 때 그리스 비극을 관람하고 있었다. 그는 주연 배우가 이 소름 끼치는 기념품을 대사에 끼워넣었을 때 농담을 알아먹을 수 있을 만큼 교양이 풍부했다.

그러나 스텝 지대 서쪽 끝의 파르티아를 상대할 때 로마가 겪은 문제는 스텝 지대 동쪽 끝의 흉노를 상대한 중국과 비교하면 아무것도 아니었다. 그곳에서 기원전 215년 진시황의 선제공격은 재난을 가져왔다. 유목민들에게 겁을 주기는커녕 오히려 스텝 지대의 정치적 혁명을 촉발하여, 반목하던 흉노 부족들이 연합해 세계 최초의 유목민 제국을 건설하는 계기를 제공한 것이다. 파르티아인처럼 기마 귀족에게 보수를 지불할 수 있도록 농민에게 세금을 물리는 대신 흉노의 군사 지도자 묵돌선우는 그의 초저가 국가를 전적으로 중국을 약탈함으로써 그리고 그렇게 약탈한 비단과 포도주로 하급 부족장의 충성을 매수함으로써 운영했다.

묵돌선우의 타이밍은 탁월했다. 그는 기원전 209년, 진시황의 사망 직후에 흉노족의 지도자가 되었고 9년 동안 중국의 내전을 이용해 중국을 맘껏 약탈했다. 기원전 200년 더 이상은 참을 수 없다고 느낀 한 고조는 대군을 이끌고 스텝 지대를 침공했으나 유목민과 싸우는 일은 중국의 제위를 놓고 경쟁상대들과 싸우는 일과 다르다는 것만 깨달았다. 흉노족은 중국 병사들이 허허벌판에서 아사하도록 내버려둔 채 퇴각했고 묵돌선우가 방향을 틀어 매복을 놓았을 때 한 고조의 군사 3분의 1은 동상에 걸려 손가락을 잃었다. 황제는 간신히 성한 몸으로 빠져나올 수 있었지만 전쟁에서 흔히 그렇듯이 그의 부하 대부분은 처지가 훨씬 열악했다.

소모전, 무대응, 선제 조치 모두 흉노족을 상대로 소용이 없다는 것을 깨닫자 한 고조는 네 번째 전략을 들고나왔다. 결혼을 통해 묵돌과 가문 간 결합을 추진한 것이다. 그는 진주를 박아넣은 이불과 옥수로 지은 장안의 궁궐 규방*에서 맏딸을 끌어낸 다음 묵돌의 아내로 시집보내 스텝 지대의 펠트 천막 안에서 하염없이 가는 세월을 헤아리도록 했다.[8] 1000년 뒤에도 중국의 시인들은 여전히 사나운 기마인 틈에 홀로 버려진 한나라 공주의 비탄한 심정을 노래했다.

이 왕실 간 결혼은 중국의 학자들이 완곡하게 "조화로운 친족 정책[화친책]"이라고 부른 정책을 개시했고, 사랑만으로 충분하지 않을 경우를 대비해 한 고조는 매년 황금과 비단 '선물로 묵돌의 환심을 샀다. 불행하게도 사실 선물은 효과를 보지 못했다. 흉노는 선물을 받은 뒤에도 피해의 비용이 전쟁에 나서는 비용보다 적은 한 안심한 채 약탈을 하면서 값을 계속 올렸고 한나라의 황제들은 아무것도 할 수 없었다.

화친책은 갈수록 가격이 비싸지면서 60년간 지속되다가 결국 기원전 130년대 한나라 조정은 화친책을 놓고 격렬하게 양분되었다. 한쪽은 기원전 200년의 대참사를 기억하면서 인내를 촉구했다. 다른 쪽은 피를 부르짖었다. 기원전 135년 신중한 태후가 죽자 젊은 한 무제는 피비린내를 풍기는 쪽에 가담했다. 기원전 129년부터 기원전 119년까지 매년 그는 무수

---

* 이것은 시가집 『초사』가 기원전 208년 장안의 궁전을 설명하면서 그 화려함을 묘사할 때 사용한 표현이다. 안타깝게도 아직까지 언급된 사치품은 출토되지 않았다.

한 군사를 황야로 보냈고 매년 절반 정도가 간신히 귀환했다. 인명과 재정 손실은 가공할 정도였고 무제의 비판가들—역사서를 쓰는 학식 있는 지배층—은 그의 선제 조치가 재앙이었다고 결론 내렸다.

그러나 한 무제의 원정은 페르시아의 다리우스가 400년 전 스키타이인을 상대로 수행한 원정처럼(그 역시 사가들은 실패라고 평가했다) 유목민 문제를 바꿔놓았다. 부하들과 나눌 선물과 약탈의 기회를 빼앗기고 방목지가 지속적으로 위협받는 가운데 흉노족 지배자들은 동맹에 대한 통제력을 상실했고 서로 싸우기 시작했다. 기원전 51년 그들은 한나라의 지배를 인정했고 약 1세기 뒤에 두 부족 집단으로 갈라졌다. 한쪽은 북쪽으로 물러났고 다른 쪽은 중국 제국 안에 정착했다.

서기 1세기가 되자 로마와 한나라는 유목민을 상대로 주도권을 쥐게 되었다. 한나라는 '이이제이以夷制夷' 정책을 쓰기 시작해서 다른 유목민들에 맞선 군사적 서비스의 대가로 남쪽 흉노족에게는 살 곳을 (그리고 지속적인 '선물도) 주었다. 초원길을 따라 이동하는 대부분의 움직임을 동유럽의 숲과 산, 농장들 덕에 피할 수 있었던 로마는 파르티아의 (반半)유목민만을 직접적으로 대면했고, 심지어 그곳에서도 유목민에게 훨씬 유리한 스텝 지대가 아니라 메소포타미아의 운하와 도시들 사이에서 상대했다. 유목민 문제에 황제들이 진지하게 임할 때면 로마의 군대는 언제든 파르티아의 저항을 가볍게 물리칠 수 있었다.

그렇다 하더라도 로마의 동부나 중국의 북부 변경은 완전히 정리되지 않았다. 114년 로마는 메소포타미아에서 파르티아인을 축출했고 서양 핵심부 전역을 통제하게 되었지만 117년에 다시금 메소포타미아 지역을 포기했다. 2세기 로마는 네 차례 더 메소포타미아 지역에 들이닥치지만 그때마다 번번이 땅을 도로 내주었다. 한마디로 메소포타미아는 너무 멀고 유지가 어려운 지역이었다. 반대로 중국은 흉노족을 제국의 영역 안으로 끌어들이는 것이 점진적으로 국경을 지도상의 단순한 선에서 유동적인 변경 지역, 사람들이 마음대로 오가는 거친 북방, 정부의 법령이 거의 통하지 않고 법률적 세부 사항보다는 말을 잘 듣는 칼 한 자루가 더 중요한 곳으로 전환하는 것이라는 사실을 깨달았다.

유목민 제국과 농경 제국이 점점 더 얽혀들어감에 따라 유라시아의 지리가 변화하고 세계도 조금씩 줄어들고 있었다. 가장 가시적인 결과는 우크라이나부터 몽골까지 상인들이 동양과 서양의 사상과 예술, 무기를 손에서 손으로 전달하며 동일한 물질문화를 공유하는 거대한 지대가 탄생한 것이다. 그러나 동서양을 왕래하는 가장 중요한 것은 눈으로 볼 수 없는 것이었다.

구세계 농부들이 마을로 몰려들기 시작한 이래로 수천 년 동안 고약한 병원균 집단이 진화해왔다. 대부분의 병원균은 전염성이 컸고 많은 종류가 매우 치명적이었다. 서로의 숨을 호흡하고 서로가 마시는 물을 더럽히는 대규모 인구는 질병을 빠르게 전파시켰지만 그러한 사람들이 수적으로 많다는 것은 또한 많은 사람이 질병에 저항하는 항체를 가지고 있다는 것을 의미했다. 수천 년 동안 이 사람들은 유전자 풀을 통해 면역체계를 전파해왔다. 임의적 유전자 변이는 여전히 잠재적 질병을 삽시간에 들불 번지듯 인구를 휩쓰는 치명적 질병으로 바꿀 수 있었지만, 그다음 숙주와 바이러스는 둘 다 생존할 수 있는 새로운 균형을 찾게 된다.

생소한 세균 집단에 처음 노출된 사람들은 이 소리 없는 살인자에 맞설 방어체계가 거의 없다. 가장 유명한 실례는 지리학자이자 역사가인 앨프리드 크로즈비가 '콜럼버스 교환'[9]이라고 부른 것으로, 1492년 신세계 정복 이후 유럽이 가져온 의도하지 않은 끔찍한 결과를 말한다. 완전히 분리된 질병 풀이 유럽과 아메리카 대륙에서 진화해왔다. 아메리카에도 매독처럼 달갑잖은 그들만의 질병이 있었지만 드문드문 분포한 아메리카 인구는 유럽의 풍부한 미생물 레퍼토리와 경쟁할 수 없었다. 식민 지배를 받게 된 원주민들은 전염병학적으로 무경험자였다. 홍역과 뇌막염부터 천연두와 티푸스에 이르기까지—그리고 그 사이의 다수 질병들이—유럽인이 도착했을 때 원주민의 신체를 공격하여 세포를 파괴하고 끔찍한 방법으로 원주민을 죽였다. 얼마나 많은 사람이 죽었는지 아무도 확실히 알지 못하지만 콜럼버스 교환은 적어도 신세계 주민 넷 중 세 명의 수명을 단축시켰을 것이다. "원주민이 새로운 사람들에게 땅을 내주기를 신이 눈에 띄게 바라시는 것 같다"[10]고 한 16세기 프랑스인은 생각했다.

유사하지만 더 균형 잡힌 '구세계 교환'이 서기 2세기 일어났던 것 같다. 서양과 남아시아, 동양 핵심부는 수천 년 전 농경이 시작된 이래로 각자 독자적인 치명적 질병 조합을 진화시켜왔고 기원전 200년이 되자 이 질병들은 서로 다른 행성에서 온 것이나 다름없게 되었다. 그러나 갈수록 많은 상인과 유목민이 핵심부를 연결하는 사슬을 따라 이동하면서 질병 풀도 서로 합쳐지면서 모두에게 참혹한 결과를 일으키기 시작했다.

중국의 문헌은 161~162년 서북부 변경에서 유목민과 싸우는 군대에 정체 모를 역병이 터져 병사 3분의 1이 죽었다고 기록한다. 165년에 고대 문헌은 다시금 병영에서의 발병을 언급하지만, 이번에는 로마 쪽 기록이며 파르티아를 상대로 한 원정중, 중국의 발생지로부터 6500킬로미터 떨어진 시리아에 있는 군사 기지에서의 역병을 묘사하고 있다. 역병은 171년과 185년 사이에 다섯 차례 더 중국을 찾아오며 그 기간 동안 로마 제국도 그만큼 자주 역병에 시달린다. 상세한 기록이 남아 있는 이집트에서는 유행성 전염병이 인구의 4분의 1 이상을 죽였던 것 같다.

이 고대의 질병이 대체 무엇이었는지를 파악하기는 어려운데, 지난 2000년에 걸쳐 바이러스가 계속 진화해왔기 때문이기도 하지만 고대의 저자들이 전염병을 답답할 정도로 모호하게 묘사한 이유가 크다. 오늘날 작가 지망생들이 『바보들을 위한 시나리오 작성법』 같은 책을 사서 틀에 박힌 영화나 TV쇼를 대량으로 찍어낼 수 있는 것처럼 고대 작가들도 좋은 역사서라면 정치와 전투, 전염병이 들어 있어야 한다는 것을 알고 있었다. 그들의 독자들도 우리가 영화를 보러갈 때처럼 이 플롯 구성 요소가 어떠해야 하는지에 대해 뚜렷한 기대가 있었다. 역병은 일어나기 전에 우선 불길한 전조가 있어야 하며 그다음 소름 끼치는 증상과 어마어마한 수의 사망자를 낳아야 한다. 썩어가는 시체들, 법과 질서의 와해, 비탄에 젖은 과부와 홀아비, 부모와 자식들에 대한 묘사도 필수다.

역병이 휩쓸고 간 곳을 묘사하는 가장 쉬운 길은 다른 역사가의 책에서 역병 대목을 들어낸 다음 그냥 지명과 이름만 바꾸는 것이다. 서양에서 역병 묘사의 원형은 기원전 430년 아테네를 강타한 역병에 대한 투키디데스의 목격담이다. 2006년 한 DNA 연구는 이것이 장티푸스의 일종이었다고 주장하지만 투키디데스의 서술만으로는 분명하지 않다. 그리고 또 다른 역사가들이 그의 (물론 생생한) 산문을 1000년 동안 재탕하고 나면 그들이 묘사한 전염병에 대해 분명한 것은 거의 남지 않게 된다.

이러한 불확실성의 안개에도 불구하고 로마와 중국의 문헌은 2세기에 역병을 전혀 언급하지 않는 인도의 문헌과 극명하게 대조된다. 역병에 대한 언급의 부재는 그저 수백만 명의 가난한 사람들의 죽음처럼 일상적인 사건에 대한 교양 계급의 관심 부재를 반영할지도 모르지만, 역병이 실제로 인도를 비켜갔을 가능성이 더 크며, 이는 구세계 교환이 인도양 교역로보다는 주로 비단길과 초원길을 따라 퍼졌다는 것을 뜻한다. 그것은 확실히 전염병이 중국과 로마에서 시작된 정황, 즉 변경 지대 병영에서 발생한 정황과도 일치한다.

미생물 교환의 메커니즘이 어떤 식이었든 끔찍한 전염병은 180년대 이후 계속해서 세대마다 재발했다. 서양에서 최악의 시기는 한동안 로마 시에서 매일 5000명이 죽어나간 251~266년이다. 동양에서 가장 암울한 시기는 310년과 322년 사이인데 이번에도 서북부에서 시작되었고 (보고에 따르면) 서북부 주민 거의 모두가 사망했다. 살아남은 의사의 묘사를 보면 이 역병은 홍역이나 천연두처럼 보인다.

> 최근에 머리와 얼굴, 몸통에 부스럼이 나는 역병으로 고생하는 사람들이 많다. 이 부스럼은 단기간에 온몸으로 퍼진다. 하얀 고름 같은 것이 들어 있는 종기처럼 생겼다. 이 고름 물집이 사라지면서 다시 새 종기가 생기기도 한다. 초기에 치료하지 않으면 환자는 보통 죽는다. 회복된 사람에게는 자줏빛 흉터가 남는다.[11]

구세계 교환은 참혹한 결과를 낳았다. 도시가 축소되고 교역은 쇠퇴하고 세수가 감소하고 땅은 버려졌다. 그리고 이것으로도 충분하지 않다는 듯 각종 증거는—토탄 늪지, 호수 퇴적물, 얼음 코어, 나무 나이테, 산호초 내 스트론튬 대 칼슘 비율, 심지어 조류의 화학적 성질까지—로마 온난기가 끝나면서 기후마저 인류에게 등을 돌리고 있었다는 것을 시사한다. 평균기온은 200년과 500년 사이에 섭씨 1.1도만큼 떨어졌고, 기후학자들이 중세 한랭기라고 부르는 서늘해진 여름이 대양에서 수증기 증발을 감소시켜 몬순 계절풍을 약화시키면서 강우량도 덩달아 감소했다.

다른 상황에서라면 번영하던 동양과 서양 핵심부는 기원전 2세기 로마 온난기가 시작되었을 때처럼 기후변화에 효과적으로 대응했을지도 모른다. 그러나 이번에는 질병과 기후변화—제4장에서 그렇게 두드러지게 등장한 묵시록의 다섯 기수 가운데 둘—가 함께 말을 달리고 있었다. 그것이 무엇을 의미하는지 그리고 기아와 이민, 국가실패라는 다른 세 기수가 두 기수에 합류하게 될지는 사람들이 어떻게 반응하느냐에 달려 있었다.

천명을 잃다

모든 조직과 마찬가지로 한나라와 로마 제국도 특정한 문제를 해결하기 위해 진화해야만 했다. 그들은 모든 경쟁상대를 물리치고 단순한 기술로 광대한 영역과 거대한 인구를 다스리고, 부유한 지방에서 변경의 군대와 대도시에 밀집한 인구로 식량과 세수를 이동시키는 법을 터득했다. 그러나 두 제국은 이 모든 것을 각자 살짝 다른 방식으로 수행했으며, 그 차이가 한나라와 로마 제국이 구세계 교환에 대응하는 방식을 결정했다.

가장 중요한 것은 두 제국이 군대를 취급하는 방식이었다. 기원전 120년대부터 계속해서 흉노족에 맞서기 위해 한나라는 거대한 기마 부대를 발전시켰고 갈수록 유목민을 많이 모집했으며 서기 1세기 이이제이 정책을 연마함에 따라 이 유목민 다수를 제국 경계 내에 정착시키게 되었다. 이것은 흉노족 전사들이 한나라의 감독을 거의 받지 않으며 살아가는 변경 지대를 군사화하면서, 제국 내부를 탈군사화하는 이중의 결과를 낳았다. 수도를 제외하고는 중국 심장부에서 군사를 거의 발견할 수 없게 되었고 중국 땅에서 모집되는 군사는 더 없었다. 중국의 귀족들은 수도에서 멀리 떨어진 곳에 주둔하며 '야만족'들을 지휘하는 장교로 복무하는 데서 얻을 게 별로 없다고 생각했다. 전쟁이란 멀리 떨어진 이방인들이 황제를 위하여 대신 수행하는 것이 되었다.

황제에게 긍정적인 점은 강력한 귀족 세력이 더 이상 자신을 상대로 군대를 이용할까 걱정할 필요가 없어졌다는 것이었다. 안 좋은 점은 말썽을 일으키는 귀족이 나타났을 때 혼을 내줄 매가 더 이상 없다는 것이었다. 결과적으로 군사력에 대한 국가의 독점이 약화되자 귀족은 지역의 농민을 괴롭히기 쉬워졌고 농민의 토지를 빼앗아 사적인 영지처럼 다스리는 거대한 사유지를 형성했다. 농민으로부터 잉여생산물을 뽑아내는 데도 한계가 있을 수밖에 없었고, 따라서 지주가 그렇게 가까이 있고 황제는 그렇게 멀리 있는 상황에서 더 많은 잉여생산물이 지대 형태로 지방의 주인 수중에 들어갔고 장안에 보내는 세금은 날로 줄어갔다.

이에 황제는 귀족이 보유할 수 있는 토지의 규모와 귀족의 토지를 경작하는 농민의 수를 제한하며 (세금을 부과할 수 있는) 소규모 자영농에게 토지를 재분배하고 쇠, 소금, 술과 같은 필수품에 대한 전매제도를 실시해 현금을 조달하면서 반격을 가했다. 그러나 서기 9년 왕망이라는 재상이 제위를 찬탈한 뒤 모든 토지를 국유화하고 노예제와 농노제를 폐지하면서 이제부터 국가만이 금을 소유할 수 있다고 선언하자 황제와 지주 사이의 힘겨루기는 결정적 국면에 접어들었다. 그의 마오이즘에 가까운 집중화는 즉시 붕괴했지만 농민 봉기가 제국을 뒤흔들었고 30년대 질서가 회복되었을 때 한나라의 정책은 새로운 면모를 보이게 된다.

왕망을 대체한 광무제(재위 25~57)는 옛 왕실과의 연계에서 권력을 이끌어내는 가문이 아니라 자산가 출신이었다. 한나라의 권위를 회복하기 위해서는 동료 유력자들과 긴밀히 협력할 필요가 있었고, 따라서 그는 지주들의 전성기를 열면서 그들과 운명을 같이했다. 국왕만큼 부유해지고 수천 명의 농민을 거느리게 되면서 이 호족들은 국가와 귀찮은 징세인을 사실상 무시했다. 이전의 한나라 황제는 말썽을 일으키는 지주들을 감시할 수 있게 장안으로 불러들였지만 광무제는 반대로 지주들의 세력이 가장 강하고 유력 귀족들이 조정을 감시할 수 있는 뤄양으로 천도했다(지도 6.4).*

지배층은 국가의 권한을 축소하기 시작했고 국가의 가장 큰 예산 항목

---

* 역사가들은 흔히 기원전 202년~서기 9년 시기를 수도 장안이 서쪽이 있었다 하여 서한西漢이라고 부르고, 25~220년 시기를 수도 뤄양이 동쪽에 있었다 하여 동한東漢이라고 부른다. 어떤 역사가들은 전한前漢과 후한後漢이라는 용어를 선호한다.

인 군대로부터 꾸준하게 멀어졌다. 1세기 후반이 되자 흉노족은 더 이상 위협이 되지 못했고 원래 흉노족과 싸우기 위해 창설된 거대한 기병 군대는 스스로 건사해야 했는데, 자신들이 보호해야 하는 농민들을 도리어 약탈했다는 뜻이다. 150년 무렵이 되자 이론적으로 한나라의 봉신인 남흉노는 다소간 독립국가가 되었다.

중국인이 서부 변경 부근의 농부와 목축인을 뭉뚱그려 지칭한 강족에 의해 제기된 새로운 위협에 맞서 군대를 재편하려는 노력도 별로 없었다. 어쩌면 로마 온난기의 온화한 날씨 덕분에 강족의 수는 세대를 거듭하며 성장해왔고 작은 집단들이 중국 서부 지방으로 진출해 가능하면 땅을 차지하고 불가능하면 싸우거나 빼앗기 시작했다.

이들을 통제하려면 변경에 유목 기마병이 아니라 수비대를 주둔시켜야 했지만 뤄양의 지주들은 수비대에 돈을 대려 하지 않았다.

일부 신하는 서부 지방을 아예 포기하고 강족을 내버려두자고 제안했지만 다른 신하는 도미노효과를 우려했다. 한 조신은 이렇게 말했다. "양주를 잃게 되면 그다음 삼보•가 우리 국경이 된다. 삼보의 백성이 안쪽으로 이주하면 그다음 홍농이 국경이 된다. 홍농의 백성이 안쪽으로 이주하면 뤄양이 국경이 될 것이다. 이런 식으로 계속 나가면 우리는 동쪽 해안에 갇히게 될 테고 그 바닷가가 우리 국경이 될 것이다."[12]

여기에 설득된 조정은 끝까지 버티며 수비대에 거금을 썼지만 강족의 침투는 계속되었다. 94년, 그리고 다시금 108년에 강족은 서부의 넓은 지역을 차지했다. 110년 강족 전반을 휩쓴 반란이 일어났고, 150년이 되자 강족은 흉노처럼 뤄양의 통제를 한참 벗어나게 되었다. 서부와 남부 양쪽

• 장안 주변의 행정구역을 말한다. 장안 및 그 동부를 경조윤京兆尹, 북부를 좌풍익左馮翊, 서부를 우부풍右扶風이라 한다.

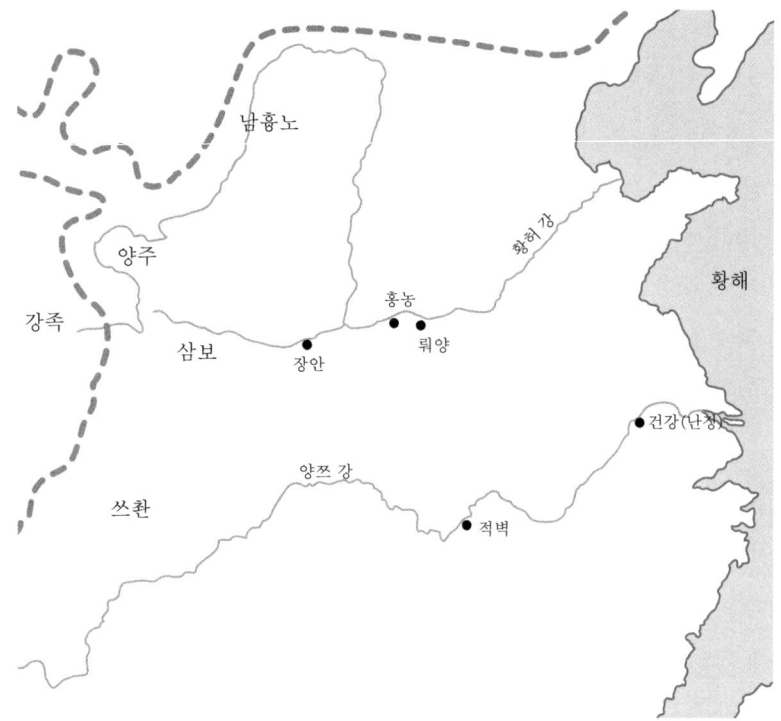

[**지도 6.4**] 25~220년 한나라의 멸망. 이 장에서 언급된 지명들.

변경에서 자구책을 마련해야 하는 현지 지주들은 그들에게 딸린 농민을 민병대로 전환시켰고 그들을 파견한 정부가 방치한 지방관들도 스스로 능력껏 군사를 일으켰다(그리고 물론 병사들에게 급료를 주기 위해 지방을 약탈했다).

한나라가 천명을 잃었다고 생각하지 않기란 힘들었을 것이고, 145년 세 가지 개별적 반란이 새로운 왕조를 요구했다. 그러나 대토지를 소유한 지배층에게는 전망이 그렇게 나쁘지 않았다. 제국은 더 작아졌고 납세는 줄어들고 있었으며 군대는 어느 정도 사유화하고 있었지만 생산성은 어느 때보다 높았고 제국의 징세인은 그들을 건드리지 않았으며 전쟁은 먼 곳의 풍문일 뿐이었다. 결국엔 모든 것이 최선이었던 것이다.

중국의 팡글로스들은 이런 상황에서 160년대 구세계의 교환이 터져나왔을 때 갑자기 정신을 번쩍 차리게 되었다. 역병은 강족이 제국으로 진입해오던 서북부를 유린하고 그곳을 가로질러 전파되었다. 한나라 조정은 강력한 지도력으로 대응하기보다는 내부에서 무너졌다.

뤄양의 궁궐에 있는 자리를 채운 수백 명의 관료는 이론상으로는 오로지 황제의 뜻을 실행하기 위해서 살았지만 실제로는 (많은 시대의 관리가 그렇듯이) 각자의 이해관계가 있었다. 대부분은 지주 가문 출신이었고 흔히 (전쟁을 치르기 위해 자금을 마련하는 것처럼) 지주들이 싫어하는 일을 하지 않을 구실을 찾아내는 데 대단히 유능했다. 자기만의 계획이 있는 황제라면 그들을 우회하여 일을 추진할 방도를 찾아야 했다. 일부 황제는 친척들, 특히 여러 처가의 친척들을 끌어들여 일을 수행했고 다른 황제는 제5장에서 그 이점을 언급한 바 있는 환관에게 의존했다. 노회한 황제는 친인척과 환관을 모두 이용해 좋은 결과를 얻었지만 이 대리인들도 역시 자신들만의 계획이 있었고 황제가 그다지 노회하지 않다는 것을 확인하려고 애썼다. 사실 그들이 얼마나 미리 손을 잘 썼는지 88년 이후에 열네 살이 넘은 왕자가 살아남아 제위를 계승한 적이 없을 정도였다. 조정의 정치는 재상과 환관, 소년 황제의 인척들 사이의 권모술수로 전락했다.

168년, 한나라에 리더십이 가장 필요한 바로 그 순간에 궁궐의 환관들은 새롭게 옹립된 열두 살짜리 황제 영제의 인척들에 맞서는 쿠데타를 일으켰다. 20년 가까이 전염병이 창궐하고 흉노와 강족이 침입하는 동안 조정은 수천 명의 목숨을 앗아가고 정무를 마비시키면서 숙청과 역숙청을 단행했다. 부패와 무능이 극에 달했다. 부당한 처사는 봉기에 불을 댕겼고 군대를 동원하거나 지휘할 수 없었던 영제의 조종자들은 지역의 유력자들에게 군사를 일으키고 필요하다고 생각하는 조치를 할 수 있는 권한을 부여했다.

사람들은 세상이 어쩌다 이런 카오스 상태로 추락하게 되었는지 설명을 요구했지만 유가의 의례도 도가의 신비주의도 답을 내놓지 못할 때, 선지자를 자처하는 사람들이 간극을 채우기 마련이었다. 황허 강 유역에서 한 의사가 '죄가 병을 낳으며 죄를 고백하면 건강해진다'고 설파하자 수많은 추종자가 그를 따랐다. 170년대에 그는 한걸음 더 나갔다. 한 왕조 자체가 죄악과 역병의 궁극적 원인이라는 것이다. 왕실은 물러나야 한다! 그는 "육십갑자의 새로운 해가 시작되면 세상이 크게 길해지리라"[13] 하고 선언했다.

그러나 세상은 크게 길해지지 않았다. 대신 4월 3일 새로운 갑자년이 도래했지만 상황은 더 나빠졌다. 비록 친한파 군대들이 반란군(머리에 두른 두건 때문에 황건적이라고 불렸는데 노란색은 새로운 시대를 상징했다)을 진압했지만 그를 모방한 사람들이 중국 여기저기서 튀어나왔다. 하늘도 노한 듯하여 황허 강이 크게 범람해 농민 36만5000명의 터전을 빼앗았다. '오두미도(죄를 고백하고 쌀 다섯 두를 바치면 병이 낫는다고 약속한)'의 난은 쓰촨을 독립적인 도교 신정국가로 탈바꿈시켰다. 강족은 대혼란을 놓치지 않고 중국 서부를 다시 약탈했다. 이러한 위협을 저지해야 하는 임무를 맡은 특임 사령관들은 스스로 독립적인 군벌이 되었다. 그리고 조정이 행동에 나서면 상황만 더 나빠질 뿐이었다.

189년 영제는 가장 강력한 군벌 동탁을 소환했지만 동탁은 "신의 휘하에 있는 한족과 야만족 병사들이 모두 신에게 와서 (…) '우리의 군량이 끊기고 처자식들은 굶주림과 추위에 죽게 될 것입니다'라고 말하며 제 수레를 가로막고 저를 보내려 하지 않았습니다"[14]라고 답장을 써보냈다. 영제가 계속 고집하자 동탁은 뤄양으로 귀환하기는 했지만 군대도 같이 끌고 와서 황제에게 도전했다. 동탁이 뤄양에 가까워 오는 가운데 영제가 편리하게도 세상을 떠났고, 영제의 첫째 황후 주변의 조정 대신(새로운 황제로 열세 살짜리를 밀었다)과 환관들(여덟 살짜리를 밀었다)은 서로를 제거하기 시작했다. 동탁은 뤄양을 침공해 환관들을 학살하고 큰 아이를 살해한 뒤 작은 아이를 헌제로 옹립했다. 그후 뤄양에 불을 지른 그는 이제 무엇을 할지 고민했다.

한 왕실은 더 이상 국가를 통제하지 못했지만 동탁도 마찬가지였는데, 황제가 정점에서 관리하는 고가 권력은 끝장난 반면 그의 모호하고 신성한 저가 권력은 끈질기게 남아 있었기 때문이다. 헌제가 살아 있는 한 누구도 감히 스스로 황제라 칭하지 못했고 누구도 감히 소년 왕을 없애려 들지 않았다(그러나 군벌은 만만한 사냥감이라 동탁은 192년 죽임을 당했다). 권력의 실세들이 헌제를 꼭두각시 삼아 티격태격하는 동안 제국은 개인 영지로 와해되었고 흉노와 강족이 변경을 장악했으며 그렇게 단단해 보이던 고가 제도는 허공에 사라진 것 같았다.

"갑옷을 하도 오랫동안 입어 안에 이가 슬었다"고 이따금 시를 짓기도 한 군웅 조조는 197년 이후 어느 적엔가 이렇게 읊었다.

만대가 끊어지고

하얀 뼈들이 들판에 드러나니

천 리를 가는 동안 수탉 울음소리 한 번 들리지 않네.

백에 하나만 살아남는다고 생각하니

애가 끓는다.[15]

조조는 애끓는 심사를 오랫동안 잘 다스렸으나, 결국 헌제를 납치한 뒤 소년 황제를 조종해 자신을 중국 북부[화북]의 주요 세도가로 세웠다.

조조는 복잡한 인물이었다. 그는 자신을 예부터 내려오는 역할인 현명한 조언자로 생각하며 한 왕실을 회복하려고 애썼을 수도 있다. 지주들이 옛 고가 국가의 기반을 약화시키는 것을 지켜본 그는 병사들을 식민지에 정착시켜 일부는 농사를 짓는 동안 나머지는 전쟁에 대비해 훈련을 하는 방식으로 군사적 문제를, 사대부의 관등을 1품부터 9품까지 나눠 능력에 따라 지위를 정하는 방식으로 정치적 문제를 해결하려고 힘썼다. 1000년 전 아시리아의 티글라트 필레세르처럼 그도 유력자들을 배제해나가고 있었고 적벽대전에서 수군이 전멸하기 전까지는 다시금 천하를 통일할 것처럼 보였다.

그러나 이러한 노력에도 불구하고 조조는 (대체로 14세기 대하소설 『삼국지연의』 탓에) 주로 한나라를 멸망시킨 괴물로 기억된다. 20세기 중국 경극에서 하얀색 분칠을 하고 눈가를 검게 칠한 가면을 쓴 조조를 연기한 배우들은 언제나 관객의 미움을 한 몸에 받는 악한이었고, 1990년대에 조조는 최첨단을 달려 무수한 비디오 게임에서 악당으로 등장하며 컴퓨터 스크린에 모습을 비췄다. 그는 TV판 「삼국지연의」(84부작)에 악당으로 나오며 더 큰 화면에도 모습을 드러냈고, 아시아에서 가장 많은 제작비가 투자된 영화를 통해 초대형 스크린에까지 등장했다(8000만 달러가 들어간 영화 「적벽대전」 1부는 2008년 베이징 올림픽에 맞춰 개봉되었다).

조조의 악명은 그 자신의 악행보다는 그의 사후 일어난 일들과 더 관련이 있다. 적벽대전 이후 세 군웅 사이에 새로운 균형이 형성되었고, 220년 이후 조조의 아들이 마침내 헌제에게 양위를 요구하자 중국은 바야흐로 삼국시대로 접어들었다. 그러나 조조가 세운 나라가 항상 가장 강성했다. 조조의 나라는 265년에 경쟁국 가운데 하나를 평정한 뒤 국호를 새롭게 진晉*이라 하고 거대한 육군과 함대를 일으켜 280년 마침내 천하 통일을 완수했다.

　다음 10년 동안, 후한 이후의 붕괴는 잠깐의 탈선처럼 보였는데, 기후 변화와 이민, 기아가 국가붕괴를 초래했지만 사회발전에는 거의 영향을 끼치지 못한 기원전 2200년이나 기원전 1750년 이후 서양 핵심부에서 일어날 일들과 비견될 수 있을 듯하다. 그러나 한나라의 멸망은 엄청난 장기적 결과를 초래하면서 사실, 기원전 1200년경 서양의 붕괴와 훨씬 유사했다는 것이 금방 드러나게 된다.

　전장의 승리만으로 살아남은 군웅의 숫자를 하나로 줄일 수는 있었지만 그것만으로는 중국의 근본적인 문제를 변화시킬 수 없었다. 귀족 세력은 변함없이 강고했고 급속하게 조조의 군사 식민지와 능력주의의 기반을 약화시켰다. 전염병이 여전히 창궐했고 중세 한랭기는 황허 강 유역 농부들의 삶뿐만 아니라 흉노와 강족의 삶도 어렵게 했다. 265년과 287년 사이에 25만 명의 중앙아시아인이 진 제국 경계 안에 정착했다. 진나라는 이따금 그들이 제공하는 인력을 반기기도 했지만 때로는 한마디로 그들에게 도저히 맞설 수가 없었다.

　이런 맥락에는 황제의 애정 생활 같은 사소한 일들이 엄청난 중요성을

＊　진나라는 기원전 8세기부터 기원전 5세기까지의 전국시대 국가 이름 가운데 하나다. 220∼589년의 분열기에 새롭게 탄생한 대부분의 국가는 자신들의 지배를 정당화하고자 옛 국호를 다시 썼는데, 이런 관행이 오늘날 학생들을 헷갈리게 하리란 생각은 안 한 모양이다.

띨 수 있다. 다소 경솔하게도 진의 황제는 스물일곱 명의 아들을 두었는데 서기 289년 그가 사망하자 몇몇 아들은 그들이 찾아낼 수 있는 가장 거친 유목민족을 고용해 서로 다투기 시작했다. 절대 바보가 아닌 유목민들은 그들이 받는 보수에만 만족할 필요가 없다는 사실을 금방 깨달았다. 그들은 원하는 대로 가격을 부를 수 있었다. 304년 흉노의 한 부족장은 원하는 값을 받지 못하자 새로운 왕국을 수립하고 있다고 밝히며 압박 수위를 높였다. 그래도 진나라는 여전히 그가 원하는 것을 모두 주지 않았다. 결국 그의 아들은 311년 뤄양을 불태우고 진 왕실의 능을 훼손하는 한편 황제를 포로로 잡아다가 주연에서 술 시중을 시켰다. 여전히 마땅한 전리품을 받지 못했다고 느낀 흉노족은 316년 장안도 파괴했고, 새로운 진의 황제를 붙잡아 이번에는 술을 따르는 일뿐만 아니라 잔을 씻는 일까지 시켰다. 몇 달 뒤 놀이에 싫증난 흉노족은 황제와 그의 친척들을 살해했다.

진이 멸망했다. 흉노와 강족 무리는 북부를 마음껏 약탈했고 진의 조정은 수백만 명의 추종자를 이끌고 양쯔 강 유역의 건강(오늘날의 난징)으로 도망쳤다. 그들이 포기한 북부 지방은 세계에서 가장 선진적인 농업의 본거지였지만 높은 사망률(전염병이 강타했다)과 이민율이 결합하여 다수의 지역이 다시 황무지가 되고 말았다. 그것은 스텝 지대에서 들어온 유목민에게는 좋았지만 남아 있는 농경 공동체에게는 기아가 고개를 쳐들고 있다는 뜻이었다. 더 좋았던 시절에는 현지의 향신이나 국가가 개입해 원조를 해줄 수도 있었지만 이제는 어디서도 도움을 구할 수 없었다. 메뚜기 떼가 마을 사람들이 아직까지 생산해내던 잉여농산물을 모두 먹어치우면서 고난이 극에 달했다. 스텝 지대 이주민에게 실려왔을 수도 있는 새로운 전염병이 취약해진 인구에 더 큰 화를 가져왔다. 장안이 불탄 이듬해인 317년에 천연두가 중국에 처음으로 등장했던 것으로 보인다.

흉노와 강족 부족장들이 이 불모의 땅에서 치른 전쟁은 고가 국가 사이의 충돌보다는 거대한 노예 습격[사람들을 붙잡아가서 노예로 쓸 목적으로 벌이는 습격. 고대 전쟁의 핵심 관행이었다]에 가까웠다. 지배자들은 새로운 수도 주변의 영역으로 한꺼번에 수십만 명의 농민을 몰아넣은 다음 그곳에서 농노들이 밭을 갈아 직업 기병 군대를 먹여 살리게 했다. 한편 기병들은 스텝 지대에서 새로운 무기—제대로 된 안장, 등자, 갑옷을 입은 기사를 태우고 보호구를 착용한 채 돌진할 수 있는 더 커다란 말—를 도입해 보병을 사실상 구시대의 유물로 만들어버렸다. 남쪽으로 도망가지 않은 중국 귀족들은 언덕으로 피신했고 그들에게 딸린 농민들은 들판을 휩쓰는 기병들로부터 유일한 피란처를 제공하는 거대한 방책 뒤로 몰려들었다.

중국 북부에 수립되고 있는 새로운 국가들(중국 역사가들이 멸시하며 이른 '다섯 오랑캐족의 열여섯 나라' 즉 5호16국)은 매우 불안정했다. 한 예로 350년 한 나라는 중국 원주민들이 내륙 아시아인들은 학살하는 광란의 인종청소 와중에 붕괴했다. "죽은 이의 수가 20만이 넘었다"[16]고 공식 역사서는 말한다. "성벽 밖에 산더미처럼 쌓인 시체는 승냥이와 늑대, 들개의 먹이가 되었다." 다른 부족장들은 이 같은 사태가 남긴 권력의 진공 상황에 몰려들었다. 383년이 되자 한동안 한 군웅이 중국 전체를 통일할 것처럼 보였다. 그러나 그가 건강에 접근하는 동안 사소해 보이는 패배가 갑자기 겁에 질린 패주로 탈바꿈했고 394년이 되자 그의 나라 전체가 사라졌다.

파괴된 장안에서 남하한 피란민들은 317년에 건강에서 '동진東晉'*을 수립했다. 북부의 강도 국가들과 달리 동진은 화려하고 세련된 조정을 자랑하며 모름지기 중국 왕실이라면 어떻게 살아야 하는지 체면을 차려줬다. 일본과 인도차이나에 사신을 보냈고 뛰어난 문학과 예술을 향유했으며 무엇보다도 가장 놀랍게도 1세기 동안 존속했다.

그러나 표면의 화려함 이면으로 동진도 북부의 여느 나라들처럼 격렬하게 분열되어 있었다. 남쪽으로 피란온 과거 북쪽의 호족들은 황제의 뜻을 따르는 데 관심이 별로 없었다. 일부 피란 귀족은 건강에 무리 지어 살면서 조정에 기생하는 기회주의자가 되었고, 다른 귀족들은 양쯔 강 분지를 식민화하여 이 덥고 습한 새로운 고국에 영지를 개척했다. 그들은 토착민을 몰아낸 뒤 숲을 베어버리고 늪지의 물을 빼내 피란 농민들을 농노로 정착시켰다.

고질적 갈등이 어디서나 터져나왔다. 북쪽에서 피란온 새로운 귀족들은 남쪽에 뿌리내리고 있던 가문과 반목했다. 온갖 지위의 귀족들은 중간 유력자들과 맞서 대립했다. 부유한 지배층과 중간 지배층 모두 농민들을 쥐어짰다. 지위 고하를 막론한 모든 중국인이 토착민을 산지와 숲으로 밀어냈다. 공세에 시달리는 건강의 조정에 모두가 반기를 들었다. 잃어버린 북녘 땅에 대한 절절한 시를 읊어댔지만 남부의 지주들은 정작 재정복을 가능케 할지도 모를 권력을 내놓거나 세금을 내려는 열의를 보이지 않았다. 그들은 천명을 잃어버렸다.

끔찍한 혁명[17]

기원전 12세기의 위기와 달리 구세계 교환으로 야기된 위기는 유라시아 차원이었으며 이 교환에서 서양 쪽 구성 요소는 어쩌면 근대 역사 서술의 첫째가는 걸작으로 꼽히는 에드워드 기번의 『로마 제국 쇠망사』에 영감을 주었을지도 모른다. 기번은 자신의 주제가 "영원히 기억될 것이며 지구상의 모든 민족에 의해 (1770년대에도) 여전히 감지되는 혁명"[18]이라고 단언

---

* 280년부터 316년까지 장안에서 중국 전역을 지배한 '서진西晉'과 구별하고자 그렇게 부른다.

했다. 그의 말이 맞았다. 오직 그의 생애 동안에만 서양의 사회발전지수는 로마 제국 치하에 도달했던 아찔한 정점을 다시 회복했다.

로마와 한나라의 황제들은 유사한 문제에 직면했지만 각자 다른 해법을 시도했다. 내전을 두려워한 중국의 통치자들은 군대를 무력화했는데, 하긴 그들에게는 당시 강력한 호족들에 맞설 무기가 거의 없기도 했다. 반면 로마의 통치자들은 군대를 장악해 친척들에게 지휘를 맡겼으며 시민들로 군대를 구성했다. 이로 인해 민간인들은 황제에 반기를 드는 것이 힘들어졌지만 군인들은 쉬워졌다.

이러한 체제를 운영하려면 기술이 필요하지만 상당수의 로마 통치자들의 정신이 온전치 못했기 때문에 주기적인 내전은 불가피했다. 칼리굴라의 난행과 자신의 애마를 콘술[로마 공화정 시대의 최고 관직]로 지명한 결정도 이미 도가 지나쳤지만 원로원 의원들에게 노래를 부르게 강요하고 심기를 거스르는 사람은 닥치는 대로 죽이는 것은 해도 너무했다. 68년 군대 내 세 파벌이 각각 황제를 옹립했고 문제를 정리하기 위해 잔혹한 내전이 뒤따랐다. 역사가 타키투스는 "이제 제국의 비밀이 드러났다. 황제가 로마 밖에서 옹립될 수 있다는 사실이"[19]라고 적었다. 군인이 있는 곳이라면 어디서든 새로운 황제가 탄생할 수 있었다.

그러나 로마의 해법은 변경 지대를 보존했다(지도 6.5). 라인 강과 도나우 강 너머 게르만족은 중국 서쪽 경계를 따라 분포한 강족처럼 1세기 인구 성장을 겪었다. 인구가 성장하자 게르만족은 서로 싸우고 로마의 도시들과 교역하면서 강을 건너 제국으로 슬쩍 들어왔다. 이 모든 활동에도 불구하고 더 강력한 왕을 중심으로 한 더 큰 집단으로의 조직화가 합리적이었다. 한나라처럼 로마도 갈수록 침투가 잦아지는 국경 문제에 방벽을 세우고(가장 유명한 것은 브리튼 섬을 가로지는 하드리아누스 방벽이다) 교역을 감시하고 반격하는 것으로 대응했다.

161년 마르쿠스 아우렐리우스가 황제가 되었을 때 로마는 여전히 튼튼했다. 아우렐리우스는 그의 열정의 대상, 즉 철학을 추구할 앞날을 그리고 있었지만 그 대신 구세계 교환에 맞닥뜨렸다. 최초의 심각한 전염병은 그가 제위에 오른 해에 중국 서북쪽 변경 지대의 병영에서 발생했고, 바로 그해 파르티아가 시리아를 침공해 아우렐리우스는 군대를 그곳에 집결해야 했다. 병사들이 북적이는 병영은 질병이 퍼져나가기 안성맞춤이어서 165년 역병(천연두? 홍역? 문헌의 기록은 언제나처럼 막연하다)이 그곳을 휩쓸었다. 역병은 167년, 멀리 북쪽과 동쪽의 인구가 도나우 강 너머로 밀고 들어오면서 새롭고 강력한 게르만 연맹을 형성하던 바로 그 시점에 로마에 도달했다. 아우렐리우스는 나머지 인생—13년—을 그들과 싸우며 보냈다.*

중국과 달리 로마는 2세기 변경 전쟁에서 승리했다. 만약 패배했다면 로마도—한나라처럼—180년대에 위기에 빠져들었을 것이다. 그렇기는 해도 아우렐리우스의 승리는 변화의 결과가 아니라 변화의 속도에만 영향을 미쳤을 뿐이며, 결국 군대만으로는 붕괴를 저지할 수 없다는 점을 시사한다. 전염병의 무지막지한 사망률은 경제를 대혼란에 빠트렸다. 식량 가격과 농업 임금이 급등했고 덕분에 전염병은 살아남은 농부들, 생산성이 떨어지는 경지를 버리고 옥토에 집중할 수 있는 농부들에게는 이득을 가져왔다. 그러나 농경이 축소되고 세금과 임대 수입이 감소하자 더 큰 차원에서 경제 지표는 폭락하기 시작했다. 지중해의 난파선 수는 200년 이후 급격하게 감소했으며 얼음 코어와 호수 퇴적물, 늪지의 오염도도 250년을 기점으로 같은 추세를 따랐다(도표 6.6). 그때가 되자 모두가 쪼들리고 있었다. 200년 이후에 거주지에서 소와 돼지, 양의 뼈는 점점 크기가 작아지

---

* 그 와중에 저녁에는 짬을 내어 스토아철학의 고전인 『명상록』을 썼다.

방벽

영국

라인 강

게르만족

고트족

갈리아

방벽

도나우 강

로 마 제 국

페니도 벨로

에스파냐

로마

사산 왕조
페르시아 침입

지 중 해

아나톨리아

시리아

그리스

팔미라

파르티아/
사산 왕조 페르시아

이집트

[**지도 6.5**] 로마의 3세기 위기. 점으로 덮인 부분은 게르만족과 고트족, 페르시아의 침입이 흔했던 지역이다.

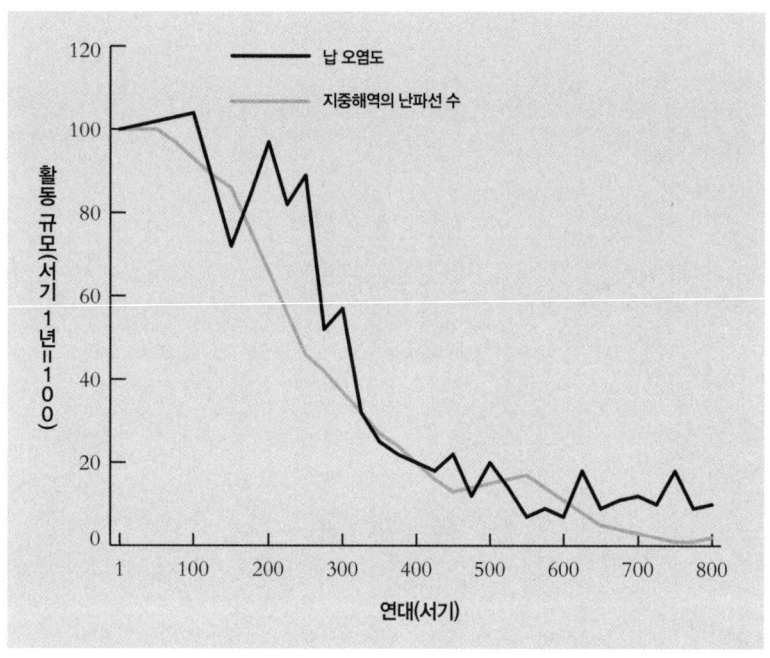

[도표 6.6] 쇠퇴와 하락: 서기 1~1000년 지중해 난파선 수와 에스파냐 페니도 벨로 호수 바닥의 납 오염도. 그래프의 하락세는 도표 6.2에 나타난 기원전 1000년~기원전 1년의 상승세를 거꾸로 보여준다. 도표 6.2에서처럼 난파선의 수와 납 함유량을 같은 수직축에서 비교할 수 있도록 서기 1년의 수량을 100으로 잡아 조정했다.

고 드물어지며 생활 수준의 하락을 암시했고, 220년대가 되면 부유한 도시 거주자들도 웅장한 건물과 비석을 갈수록 세우지 않게 되었다.

아우렐리우스 황제의 승전 50년 뒤 어쨌거나 로마는 변경에 대한 통제력을 잃었다. 기원전 1세기에 흉노족을 상대로 한 승리가 역설적으로 한나라가 국경을 통제하기 어렵게 만든 것처럼 로마가 거둔 일련의 성공은 파르티아를 매우 약화시켜서 220년대에 페르시아에서 봉기가 일어나기도 전에 왕국이 몰락했다. 새롭게 등장한 사산 왕조 페르시아는 훨씬 더 중앙집권적인 고가 국가를 창업했고 244년 로마 군대를 무찌르고 군대를 이끌던 황제도 제거했다.

무너지는 동부 전선을 떠받치기 위해 병력과 자금을 긴급 수혈하자 로마는 도나우 강과 라인 강 변경을 제대로 방어할 수 없었다. 작은 패거리로 가축을 훔치러 몰래 넘어오는 대신 이제 수백, 수천의 전사 집단이 국경선을 밀고 들어와 마을을 불태우고 약탈하고 주민들을 노예로 끌고갔다. 발트 해안에서 발칸 반도로 갓 이주한 고트족은 그리스까지 침략했고 251년 또 다른 로마 황제를 죽였다. 그 무렵 더 많은 전염병이 속출했는데, 어쩌면 이러한 민족 이동으로 전파되었을지도 모른다. 마침내 페르시아를 상대로 다시금 군대를 동원한 259년에 로마는 새로운 바닥을 찍었다. 발레리아누스 황제가 생포되어 우리에 갇힌 채 노예처럼 누더기를 걸치고 온갖 끔찍한 고문을 당하며 1년을 버텼다. 로마인은 발레리아누스의 꺾이지 않는 기상이 억류자들에게 감명을 주었다고 주장했지만, 실은 페르시아인이 중국 황제를 사로잡은 흉노족처럼 결국에는 따분해졌던 것 같다. 그들은 발레리아누스의 가죽을 벗겨서 수도의 성벽에 내걸었다.

구세계 교환과 사산 왕조 페르시아의 부상은 로마의 위상을 변화시켰다. 인구가 감소하고 경제가 휘청거리던 바로 그 순간에 황제는 그 어느 때보다 군대와 돈이 절실했다. 처음 떠오른 (그리고 그다지 묘안은 아닌) 착상, 즉 새로운 군대에 가치가 떨어진 통화를 지불하는 방식은 화폐를 쓸모없게 만들면서 경제의 붕괴만 가속했을 뿐이었다. 중앙 정부의 실패에 경악한 군대는 문제에 직접 나서서 새로운 황제들을 정신없는 속도로 옹립했다. 이전의 황제들과 달리 이들에게는 주변을 감싸는 신성한 분위기가 없었다. 2년을 넘긴 이가 드물었고 모두 다 칼에 스러졌다.

군대의 파벌들이 속주를 방어하기는커녕 서로 싸우는 데 더 많은 시간을 보내자 지방의 유력자들이 중국에서와 마찬가지로 제 갈 길을 가기 시작해 농민들을 종속시켜 민병대로 조직했다. 시리아의 무역 도시 팔미라는 페르시아를 격퇴했다. 이론상으로 로마를 대신해서였지만 그곳의 여왕 제노비아(군대를 직접 지휘하고 시 의회에 수시로 갑옷을 입고 참석했다)는 그 다음 로마로 눈을 돌려 이집트와 아나톨리아를 침공했다. 제국의 다른 쪽 끝에서는 라인 지방의 속주가 '갈리아 왕국'으로 독립을 선언하며 갈리아 (오늘날의 프랑스) 지방과 브리튼, 에스파냐를 가져갔다.

270년이 되자 로마는 220년에 끝장나 삼국으로 분열된 중국처럼 보였다. 그러나 온갖 파란에도 불구하고 로마의 상황은 사실 그보다는 덜 끔찍했다. 260년대에 팔미라와 갈리아 지방을 페르시아와 게르만족이 떠맡으면서 제국에 숨 쉴 틈을 주었고 지중해 주변의 도시들—제국의 재정적 근간—은 대체로 안전하게 남아 있었다. 상품이 계속 바다로 이동하는 한 돈이 제국의 궤짝으로 계속 들어왔고 제위에 앉은 현실적인 군 인사들은 제국을 회복시키고 재건할 수 있었다. 이전 황제들이 길렀던 철학자 풍 수염과 늘어뜨린 머리채를 깨끗하게 면도한 턱과 바짝 깎은 머리로 일신한 새 황제들은 자신들이 여전히 통제하는 지역에서는 세금을 대폭 인상하고 무장 기병들을 중심으로 기동 타격대를 조직한 다음 적들에게 달려들었다. 로마는 272년 팔미라를 분쇄하고 274년에는 갈리아 지방을, 282년에는 게르만족 전사 집단 대부분을 진압했다. 297년에는 심지어 페르시아의 하렘 여인들을 생포해 발레리아누스에 대해 얼마간 복수했다.

디오클레티아누스 황제(재위 284~305)는 새로운 세계에 제국을 적응시키는 행정, 재정, 국방 개혁을 통해 이러한 사태의 반전을 철저히 활용했다. 군대는 대략 두 배로 불어났다. 변경의 불안은 완전히 진정되지 않았지만 로마는 이제 게르만족의 습격은 종심 방어[이중, 삼중으로 진지를 배치하여 계속적으로 적의 진출을 차단하는 전법]로 무디게 하여, 페르시아 왕국은 지속적인 포위전으로 지치게 하여 패전보다 승전을 더 많이 거뒀다. 이 모든 활동을 처리하기 위해 디오클레티아누스는 그의 임무를 네 권역으로 분할해 한 황제와 부황제가 서부 속주를, 다른 황제와 부황제가 동부 속주를 다스리게 했다. 예상대로 복수의 통치자들은 2자, 3자, 4자간 내전을 벌였는데, 290년대 중국의 진 제국 시대 27자간 내전과 비교하면 아닌 게 아니라 안정 상태였다.

새로운 제국이 모습을 갖춰가고 있었다. 의사결정과정이 서부 속주에서는 변경 부근의 전진 기지로, 동부 속주에서는 웅장한 신도시 콘스탄티노플로 옮겨가면서 로마는 더 이상 수도가 아니었다. 그러나 결국에는 제아무리 조직을 재편하더라도 제국의 근본적 문제를 해결할 수는 없었다. 그렇게 오랜 세월에 걸쳐 일구어낸 경제적 통합이 흔들리고 있었던 것이다. 동부 속주는 곡물과 포도주, 올리브기름 무역이 다시금 부를 사회 밑바닥까지 확산시키면서 4세기에 활기를 되찾았지만, 서부의 속주는 이러한 순환회로에서 차츰 멀어져갔다. 서유럽의 대지주들은 '그들 소유의' 농민들을 땅에 묶어두고 농민들에 대한 국가의 과세를 차단하면서 3세기에 획득한 권력을 여전히 놓지 않았다. 영지들이 갈수록 자급자족하게 되자 주변의 도시들은 점차 오그라들었고 무역과 제조업은 더 축소되었다. 가장 힘든 문제는 한마디로 어느 황제의 이해 범위도 넘어서는 것이었다. 황제가 무슨 말을 하고 무슨 일을 하든지 간에 기온과 강우량은 지속적으로 감소했다. 전염병은 여전히 사람들의 목숨을 앗아갔고 스텝 지대의 민족들은 계속해서 이동해왔다.

350년 무렵에 훈족이 카자흐스탄을 넘어 서쪽으로 이동해 사방으로 도미노효과를 불러일으켰다(지도 6.7). 그들이 어째서 그토록 공포를 불러일으켰는지는 논쟁거리다. 고대 작가들은 순전히 그들이 무시무시했기 때문이라고 말한다. 현대 학자들은 그보다는 그들이 사용한 강력한 활을 지적한다. 이번에도 우리로서는 결과를 살펴볼 수 있을 뿐이다. 훈족을 피해 달아난 유목민은 인도와 이란으로 침입하거나 서쪽으로 이동해 오늘날의 헝가리로 후퇴했다. 그 결과 3세기에 로마 제국을 습격하다가 오늘날 루마니아 땅에 농부로 정착한 고트족의 삶이 힘들어졌다. 열띤 내부 논쟁 끝에 고트족은 로마에 제국 내부의 피란처 마련해달라고 요청했다.

이러한 요청은 새로울 것이 없었다. 로마는 수시로 이주민을 받아들여 소규모 집단으로 쪼갠 뒤 군에 입대시키거나 농장에 정착시키거나 아니면 노예로 파는 방식으로 한나라의 이이제이 정책과 다소 유사한 정책을 발전시켜왔다. 이런 정책은 변경에 가해지는 압박을 완화하면서 동시에 병력과 과세 인구를 늘렸다. 이주민은 자연히 로마 정부와 생각이 달라서 제국 안에 한 집단으로 정착해 예전처럼 살아가는 편을 선호했다. 이를 방지하기 위해 로마는 이주민을 위압할 수 있는 충분한 병력을 언제든 수중에 보유하고 있어야 했다.

376년 여름 도나우 강 유역으로 이주한 고트족은 콘스탄티노플에서 동부 속주를 다스리던 발렌스 황제에게 어려운 결정을 요구했다. 한편으로는 마음을 놓기에 고트족이 너무 많았다. 다른 한편으로는 그렇게 많은 이주민을 받아들임으로써 얻을 수 있는 잠재적 이득이 엄청났고 발렌스의 정예군이 멀리 페르시아에서 싸우고 있는 상황에서 어쨌거나 그들을 막기는 어려웠다. 그는 고트족을 수용하기로 했지만, 고트족이 강을 건너자마자 이주민을 분산시키기보다는 그들로부터 이득을 취하는 데 관심이 더 많은 현지의 지휘관들은 통제력을 잃고 말았다. 굶어 죽기 직전인 고트족은 오늘날의 불가리아 땅을 약탈하고 제국 내의 근거지를 요구했다. 발렌스는 강경한 태도를 유지하며 협상을 거부했다. 그는 페르시아 전선에서 군대를 빼내 발칸으로 급파했지만 서부 속주의 공동 황제가 더 많은 지원군을 데려올 때까지 기다리지 않고 즉시 전투를 개시하는 또 한 번의 잘못된 결정을 내렸다.

약 1만 5000명의 로마 병사(그 가운데 다수는 게르만 이주민이었다)가

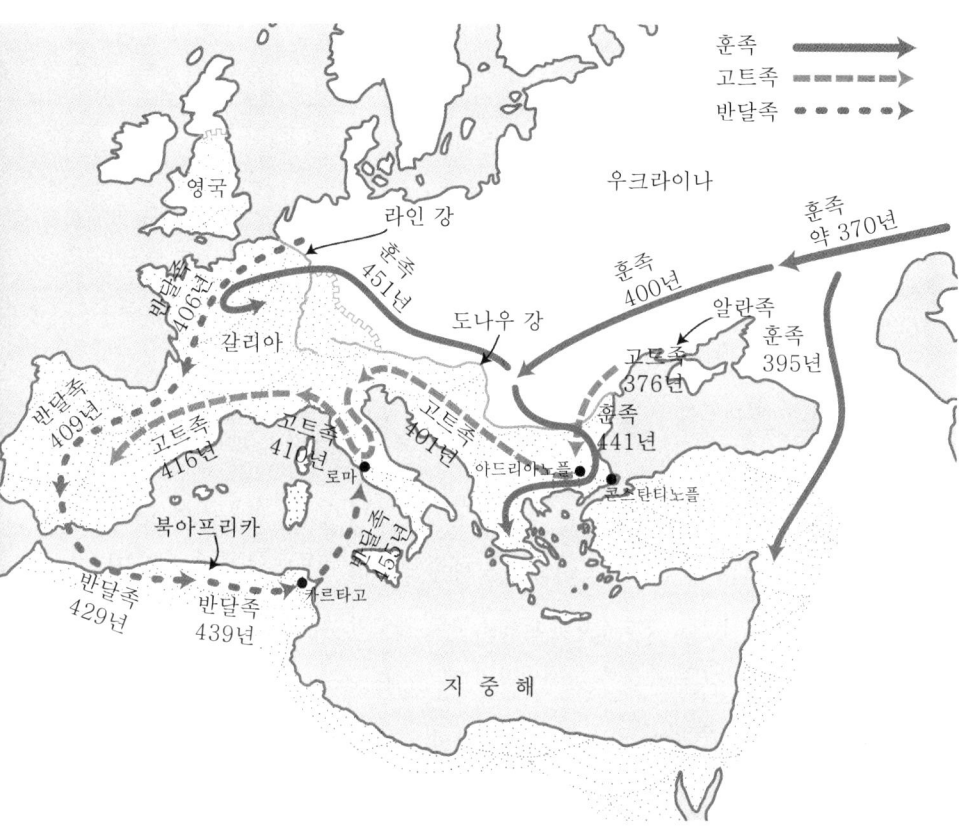

[**지도 6.7**] 신이 내린 천벌: 376~476년, 훈족의 도래와 서로마 제국의 몰락. 지도는 세 주요 침략 집단(훈족은 굵은 실선, 고트족은 파선, 반달족은 점선)과 그들의 주요 이동 연대를 보여준다. 여기에는 무수한 소규모 이주도 많았다.

378년 8월 아드리아노플에서 2만 명으로 추정되는 고트족과 맞붙었다. 발렌스를 비롯한 로마군의 3분의 2가 궤멸되었다. 옛날 아우구스투스 시절이라면 병사 1만 명을 잃는 것은 그다지 주목할 일도 아니었다. 로마는 더 많은 부대를 소집해 처절하게 응징했을 것이다. 그러나 378년이 되자 제국은 감당할 수 없을 만큼 너무 넓게 퍼져 있어서 이런 손실을 대체할 수 없었다. 고트족은 제국 안에 있었지만 통제를 벗어났다.

기묘한 고착 상태가 발전했다. 고트족은 재산을 강탈한 다음 스텝 지대로 돌아가는 흉노족 같은 유목민도 아니고 속주를 병합하려고 온 페르시아인 같은 제국주의자도 아니었다. 그들은 제국 안에 자신들만의 고립된 거주지를 원했다. 그러나 도시를 강습할 공성 기구도 없고 도시를 운영할 행정조직도 없는 상황에서 그들은 로마의 협조가 필요했다. 그리고 협조가 여의치 않자 발칸 일대를 휘젓고 다니며 콘스탄티노플을 협박해 자신들의 왕국을 얻어내려 했다. 그들을 쫓아낼 군대가 부족한 동로마 황제는 돈이 없다고 호소도 하고 고트족을 매수도 하고 그들과 간헐적인 소규모 교전도 벌이다가 결국 401년에 서쪽으로 이주하면 더 좋은 거래를 할 수 있을 거라고 고트족을 설득해냈다. 그럼 이제 그들은 그의 공동 황제의 골칫거리가 될 것이었다.

그러나 이 모든 영리한 외교술도 405년 훈족이 서쪽으로 이동을 재개하자 아무런 의미가 없어졌다. 더 많은 도미노효과가 잇따랐고 더 많은 게르만 부족이 로마의 변경을 압박했다. 이제 주로 게르만 이주민으로 충원되고 반#게르만 혈통의 장군들이 지휘하는 군대는 피비린내 나는 전투를 치르며 그들을 약화시켰고, 외교관들은 더 많은 계략을 꾸몄지만 406년 섣달 그믐날 수천 명의 게르만족이 얼어붙은 라인 강을 건너 쏟아져들어오자 로마는 결국 통제력을 상실했다. 그들을 저지할 군대가 더는 없었다. 이주민은 사방으로 퍼져나가 모든 것을 빼앗아갔다. 부자들 가운데서도 손꼽히는 부자인 시인 시도니우스는 게르만족 무리가 그의 영지로 들어왔을 때 겪어야 했던 수모를 장황하게 묘사했다. 그는 로마에 살고 있는 지인에게 쓴 편지에 "장발의 왁자한 무리 한가운데 꼼짝 않고 앉아 게르만 말을 참고 들으며, 머리에 썩은 버터를 바른 돼지 같은 부르군트인이 노래를 부르는 동안 태연한 얼굴을 하고 찬사를 보내야 하는데 비너스 찬가가 다 무슨 소용인가? (…) 자네는 열 끼 아침식사에 나오는 지독한 양파와 마늘 냄새가 이른 아침마다 얼굴에 확 끼치는 기분을 모를 테지?"[20]라고 썼다. 그래도 다수는 시도니우스의 처지를 부러워했으리라. 다른 목격자는 상황을 더 노골적으로 표현했다. "갈리아 지방 전역이 하나의 화장터에서 나오는 연기로 가득 찼다."[21]

브리튼에서는 군대가 반란을 일으켜 알아서 자신을 방어하기 시작했고 407년, 라인 지역 군대 가운데 남아 있던 병사들도 거기에 합류했다. 그즈음 모든 것이 무너지고 있었다. 그런 각종 재앙 한가운데서 서로마 황제의 주의를 끌어보려 애쓰던 고트족은 408년 이탈리아를 침공했고 410년 다름 아닌 로마를 약탈했다. 416년 마침내 그들은 서로마 황제를 도와 게르만족을 몰아내고 갈리아와 에스파냐의 찬탈자를 정리하면 그 영역 가운데 일부를 차지할 수 있다는 요구 조건을 얻어냈다.

로마의 변경은 중국의 변경처럼 야만족(두 제국이 외부인을 부르는 표현대로)이 정착한 뒤 밀려드는 더 많은 야만족에 맞서 제국을 방어하기 위해 제국으로부터 보수를 받는 곳이 되었다. 황제들로서는 어떻게 해도 손해를 보는 상황이었다. 429년 에스파냐에서 게르만 고트족(이제는 로마 편에서 싸우고 있는)이 게르만 반달족(로마에 맞서 싸우고 있는)을 물리치자 반달족은 북아프리카로 건너갔다. 믿기 어려울 수도 있지만 오늘날의 튀니지 사막이 당시에는 2만6000제곱킬로미터의 관개농지가 있고 50만 톤의 곡물을 매년 이탈리아로 송출하는 로마의 곡창지대였다. 이 식량이 없으면 로마 시는 아사하리라. 북아프리카 속주에서 오는 세수가 없으면 로마는 다른 게르만족에 맞서 싸우도록 고용한 게르만족에게 급료를 지불할 수 없으리라.

다음 10년 동안 뛰어난 로마 장군과 외교관들(그들 자신이 종종 게르만족 출신이었다)은 반달족을 억지하고 갈리아와 에스파냐 지방이 충성을 유지하도록 하는 데 가까스로 성공했지만, 439년 모든 것이 무너졌다. 반달족은 카르타고의 농촌 내륙 지역을 휩쓸었고 로마에게 최악의 시나리오가 갑작스레 현실화했다.

콘스탄티노플의 통치자들은 로마에 있는 잠재적 라이벌[서로마 황제들]이 고생하는 모습을 지켜보며 기뻐하곤 했지만 제국의 서부가 정말로 해체될지도 모른다는 전망은 보통 우려스러운 게 아니었다. 동로마 제국 황제 테오도시우스 2세는 오늘날 튀니지 땅을 해방시키는 데 지원하고자 대군을 동원했다. 그러나 441년 동로마 제국의 병사들이 집결하는 가운데 또 다른 불상사가 발생했다. 훈족의 새로운 왕 아틸라—로마 작가들이 부르는 표현에 따르면 '신이 내린 천벌'—가 흉포한 기병뿐 아니라 현대적인 공성 기구까지 이끌고 발칸으로 쳐들어온 것이다(콘스탄티노플에서 도망온 난민이 이러한 기술을 소개했을지도 모른다. 테오도시우스의 사신은 449년 아틸라의 궁정에서 그런 망명객과의 만남을 묘사했다).

훈족의 공성 망치 아래 자신의 도시가 하나씩 무너지는 것을 보자 테오도시우스는 반달족 공격 계획을 취소했다. 그는 콘스탄티노플을—아슬아슬하게—구해냈지만 이 시기는 로마 시에 암울할 나날이었다. 400년경에 도시에는 여전히 80만 명이 살았던 것으로 추정된다. 450년이 되자 4분의 3이 도시를 떴다. 세수가 말랐고 군대는 증발해버렸으며 설상가상으로 더 많은 찬탈자가 제위를 차지하려 들었다. 아틸라가 발칸 반도를 충분히 쥐어짰다고 판단한 순간은 바로 그때였고, 그래서 그는 서쪽으로 눈길을 돌렸다. 반半고트족 혈통을 타고난, 로마의 서부 군대 사령관은 아틸라도 그들의 적이라는 점을 고트족에게 설득시킬 수 있었고 거의 전적으로 게르만족으로 구성된 병력을 이끌고 아틸라에게 그의 경력에서 유일한 패배를 안겼다. 아틸라는 복수를 하기 전에 죽었다. 몇 번째인지 알 수 없는 자신의 결혼을 축하하는 질펀한 술자리에서 혈관이 파열되어 신이 내린 천벌로 저세상에 갔다.

아틸라가 사라지자 느슨한 훈 제국은 해체되었고 콘스탄티노플의 황제는 서로마 제국을 제자리로 되돌려놓기 위한 여력이 생겼지만 467년이 되어서야 모든 조건—돈과 배, 지지할 만한 로마인 실력자—이 맞아떨어졌다. 동로마 황제는 국고를 비워가며 1000척의 배와 함께 바실리스코스 제독을 파견해 북아프리카를 수복하고 서부 속주의 재정적 근간을 회복하려고 했다.

결국 제국의 운명은 바람으로 귀결되었다. 468년 여름, 바실리스코스가 카르타고에 접근하는 가운데 미풍이 북아프리카 해안을 따라 서쪽으로 불면서 바실리스코스의 배를 실어갔던 것이다. 그러나 마지막 순간 풍향이 바뀌면서 로마의 함대는 해안에 갇히고 말았다. 반달족은 1588년 잉글랜드가 에스파냐의 아르마다[무적함대]를 상대로 사용한 전술 그대로 로마 함대 쪽으로 화선을 내보냈다. 바싹 마른 밧줄과 나무 갑판, 천으로 된 돛으로 구성된 고대의 배는 삽시간에 불지옥으로 바뀔 수 있다. 다닥다닥 배치되어 있고 피할 곳이 없는 상황에서 허둥지둥 장대로 화선을 밀어내던 로마 병사들은 완전히 무질서해졌다. 반달족이 그들을 죽이기 위해 다가왔고, 모든 것이 끝장났다.

제5장에서 나는 역사의 사건을 만들어내는 것은 구세계 교환 같은 거대한 비인격적 힘이 아니라 이를테면 아시리아의 티글라트 필레세르 같은 유례없는 천재라고 주장하는 역사의 위인 이론을 언급했다. 위인 이론이

라는 동전의 뒷면은 역사의 한심한 멍청이 이론이다. 바실리코스가 해안에 갇히지 않을 만한 머리가 있었다면 역사는 어떻게 되었을까?* 그는 아마 카르타고를 탈환했을 테지만 그렇다고 이탈리아와 북아프리카 사이의 재정축이 회복되었을까? 반달족은 아프리카에 30년밖에 있지 않았으니 로마 제국은 경제구조를 재빨리 재건했을지도 모른다. 반대로 그렇지 않았을 수도 있다. 고트족의 왕이자 서유럽의 실력자 중 실력자라 할 수 있는 오도아케르가 이미 이탈리아에 눈독을 들이고 있었다. 476년 그는 콘스탄티노플의 제노 황제에게 서신을 보내 세상에는 더 이상 두 황제가 필요하지 않다고 주장했다. 그는 제노의 영광만으로 모두에게 충분하다고 말하며 한 가지 제안을 했다. 그가 제노를 대신해 이탈리아를—물론 충성스럽게—다스리겠다는 것이다. 제노는 오도아케르가 실제로는 이탈리아를 접수할 뜻을 밝히고 있다는 점을 잘 알고 있었지만, 이를 두고 왈가왈부해봐야 소용이 없다는 것도 알고 있었다.

그리하여 로마는 요란한 굉음이 아니라 작은 신음과 함께 끝이 났다. 바실리스코스가 카르타고를 회복했다면 제노는 476년의 실제 상황에서보다 이탈리아를 방어하기에 더 유리한 입지에 있었을까? 아니었을 것 같다. 이 시점이 되자 지중해 전역에 걸쳐 있는 제국을 보존하는 것은 누구의 능력에서도 벗어나는 일이 되었고 5세기의 미쳐 날뛰는 정치공작과 권모술수, 모살로는 경제적 쇠퇴와 정치적 와해, 이주의 현실을 거의 변화시킬 수 없었다. 고전기 세계가 막을 내렸다.

---

* 이 질문은 물론 바실리스코스가 진짜로 한심한 멍청이였다고 전제한다. 로마인은 음모론을 선호해서 바실리스코스가 뇌물을 먹었다고 비방하며 린치를 가해 거의 죽일 뻔했다.

더 작은 세계들

동양과 서양 핵심부는 각각 두 동강이 났다. 중국에서는 동진이 구제국의 남부를 지배했지만 자신들을 전 영역의 적법한 상속자라 여겼다. 마찬가지로 서양에서도 옛 로마 제국의 동부를 지배했던 비잔티움 제국(수도 콘스탄티노플이 이전의 그리스 도시 비잔티움 위에 세워졌기 때문에 그렇게 부른다)이 과거 로마 제국 전역에 대한 권리를 주장했다(지도 6.8).

동진과 비잔티움 제국은 관료와 세금, 봉급을 받는 군대가 있는 고가 국가였다. 둘 다 대도시와 박식한 학자들을 자랑했고 나일 강과 양쯔 강 유역의 농장은 어느 때보다도 풍요로웠다. 그러나 어느 쪽도 전성기 로마 제국이나 한나라에 비견될 수는 없었다. 중국 북부와 서유럽이 핵심부에서 빠져나가면서 그들의 세계는 줄어들었다.

질병과 이주, 전쟁은 이전 제국을 통일된 전체로 묶었던 관리자와 상인, 돈의 연결망을 무너뜨렸다. 4세기 중국 북부와 5세기 서유럽의 새로운 왕은 그들이 차지한 웅장한 연회장에서 장발의 전사 부족장들과 잔치를 즐기며 확고하게 저가 국가를 유지했다. 이들은 정복한 농민에게서 기꺼이 세금을 받았지만 봉급을 줘야할 군대가 없었으므로 이러한 세수가 절대적으로 필요하지는 않았다. 그들은 이미 부유했다. 그들은 확실히 힘이 셌다. 관료제를 운영하고 다루기 힘든 부하들로부터 정기적으로 세금을 뜯어내는 것은 가치가 있기보다도 수고스러워 보였다.

중국 북부와 서로마 제국의 오래되고 부유한 귀족 가문 다수가 귀중품을 챙겨 건강이나 콘스탄티노플로 도망쳤지만 더 많은 수가 어쩌면 시도니우스처럼 코를 감싸쥔 채 구제국의 잔재 가운데 머무르며 그들의 새로운 주인과 할 수 있는 한 거래를 계속했다. 그들은 비단옷을 양모 바지로, 고전 시가를 사냥으로 맞바꾸며 새로운 현실에 순응했다.

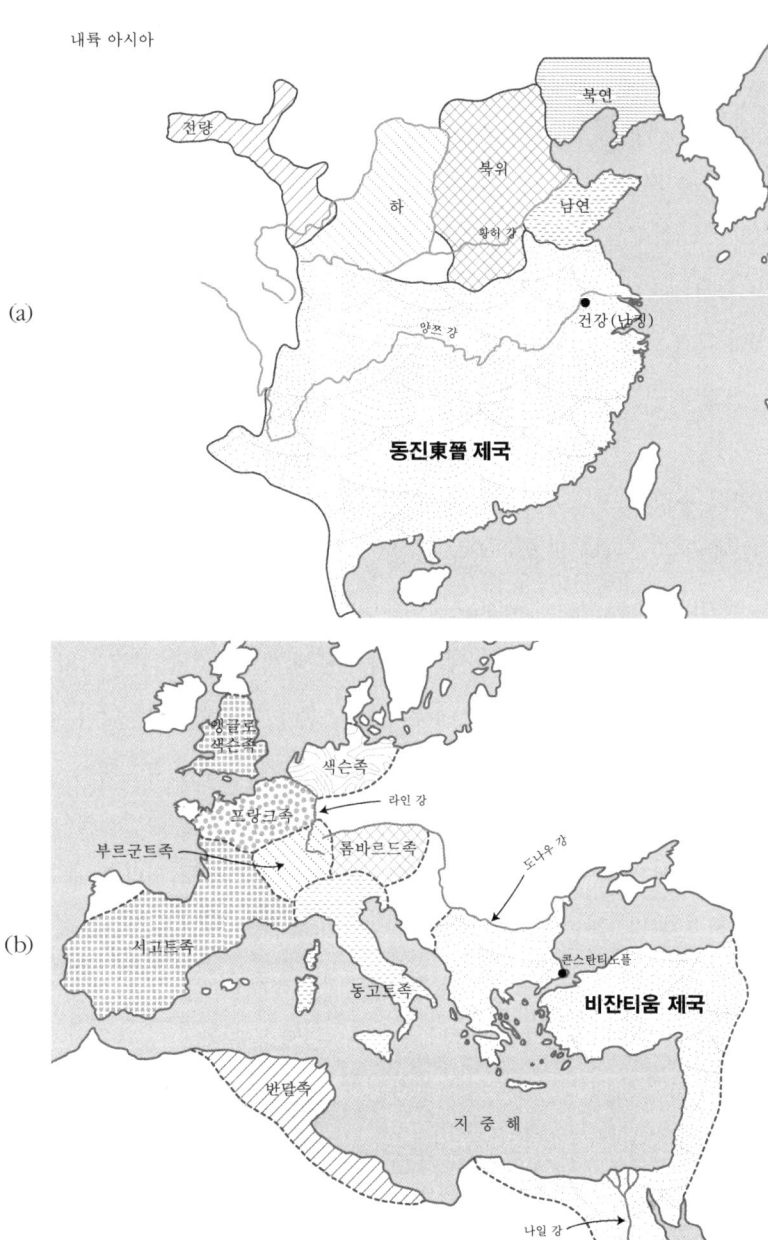

내륙 아시아

전량

하

북위

북연

황하 강

남연

양쯔 강

건강 (난징)

동진東晉 제국

(a)

앵글족·색슨족

색슨족

프랑크족

라인 강

부르군트족

롬바르드족

도나우 강

서고트족

동고트족

콘스탄티노플

비잔티움 제국

반달족

지중해

나일 강

(b)

[**지도 6.8**] 분열된 동양과 서양. (a) 400년경 동진과 중국의 주요 이주민 왕국. (b) 500년경 비잔티움과 유럽의 주요 이주민 왕국.

그러한 현실 가운데 일부는 썩 좋은 것으로 드러났다. 이전 시기 한나라와 로마 제국 전역에 영지가 흩어져 있던 초대형 갑부 귀족은 사라졌지만 비록 그들의 자산이 이제 한 왕국 안으로 한정되었다 할지라도 일부 4~5세기 지주는 여전히 어마어마한 부자였다. 옛 로마와 중국 지배층은 정복자와 통혼했고 무너져가는 도시에서 시골의 거대한 장원으로 옮겨갔다.

저가 국가로의 완만한 이행이 4세기 화북과 5세기 서유럽에서 가속화함에 따라 왕은 이전에 농민이 징세인에게 넘겨주었던 잉여생산물을 귀족이 지대로 가져가는 것을 허용했다. 이러한 잉여생산물은 인구가 감소하고 농장주들이 자신들의 노력을 최상의 토지에 집중할 수 있게 되면서 오히려 증가하고 있었을지도 모른다. 시골사람들은 오랜 세월에 걸쳐 배워온 기술을 거의 잊어버리지 않았고 실제로 몇 가지 새로운 기술을 추가하기도 했다. 양쯔 강 유역의 배수 기술과 나일 강 유역의 관개 기술은 300년 이후 향상되었다. 화북 지방에는 소가 끄는 쟁기가 많아졌고 파종기와 발토판[보습 위에 비스듬히 댄 넓적한 쇠]을 댄 쟁기, 물레방아가 서유럽에 퍼졌다.

그러나 귀족의 과시와 농민의 재간에도 불구하고 한나라와 로마 제국 아래서 강력하게 번영했던 관료, 상인, 관리4자 계층의 지속적인 감소는 유라시아 양단에서 거대했던 경제가 계속 안에서 붕괴하고 있음을 의미했다. 이 사람들은 흔히 부패하고 무능력했지만 실제로 편익을 **제공**했다. 상품을 운송함으로써 그들은 다양한 지역들의 이점을 포착했는데, 이러한 중개자들이 없어지자 경제는 갈수록 한 지방에 국한되고 자급자족의 방향으로 기울었다.

교역로가 축소되고 도시가 줄어들었다. 남쪽에서 온 방문객들은 화북지방 도시의 퇴락에 충격을 받았고 옛 로마 제국의 일부 지역에서는 쇠퇴가 너무 급격했기 때문에 시인들은 온통 허물어져가고 있는 주위의 거대한 석조물 폐허를 보면서 애초에 그것들이 과연 한갓 인간이 세울 수 있었던 것일까 의문을 품기도 했다. 700년경 어느 잉글랜드의 시가는 "무너진 마룻대, 쓰러질 듯한 탑, 거인들의 작품, 서리(곰팡이)가 문탑을 뒤덮고 절구를 뒤덮었네. 산산조각 난 방패, 무너진 지붕, 세월에 좀먹었네"[22]라고 표현한다.

1세기 아우구스투스 황제는 자신이 로마를 벽돌의 도시에서 대리석의 도시로 바꾸었다고 자랑했지만 5세기가 되자 유럽은 숲의 세계로, 무너져가는 옛 로마시대 주택의 잔해 사이로 단순한 판잣집이 휑한 벌판에 드문드문 박혀 있는 세계로 되돌아갔다. 이제 우리는 이 소박한 집에 대해 꽤 많은 것을 알고 있지만, 1970년대 내가 잉글랜드에서 발굴을 하러 다녔을 때 발굴자들은 이 중세 초기 가옥 가운데 무슨 흔적이든 복원할 수 있도록 세심한 발굴 기술을 발전시키고자 안간힘을 쓰곤 했다.

이 더 단순한 세계에서 화폐와 셈하기, 글쓰기는 쓸모가 없어졌다. 아무도 조폐창에 공급해줄 구리를 캐내지 않자 화북 지방의 왕은 처음에는 동전의 금속 비율을 낮추려고 했고(일부 주장에 따르면 동전이 너무 가벼워서 물에 뜰 정도였다고 한다[23]), 나중에 가서는 아예 동전을 찍어내지 않게 되었다. 회계와 인구조사 활동이 줄어들고 장서에는 곰팡이가 슬었다. 균일하지 않고 수 세기에 걸쳐 오랫동안 지속된 과정이었지만 화북 지방과 서유럽 대부분 지역에서 인구는 감소하고 엉겅퀴와 숲이 다시 들판을 차지했으며, 삶은 더 짧고 초라해졌다.

인내와 무기력

어떻게 이런 일이 일어날 수 있었을까? 대부분의 동양인과 서양인에게

답은 뻔했다. 옛 방식과 옛 신이 실패한 것이다.

중국에서는 변경 지대가 무너지자마자 비판가들이 한나라가 천명을 잃었다고 비난하기 시작했고 태평성대를 주장하는 민간치유신앙이 대륙을 뒤흔들었으며 교육받은 지배층 가운데 가장 창의적인 사람들은 유교적 확실성에 의문을 품기 시작했다. 경전을 공부하고 나라를 위해 일하기보다 대화와 시, 음악, 술, 약물에만 몰두한 채 세월을 보냈다는 3세기 자유사상가 집단인 '죽림칠현'은 새로운 감수성의 아이콘이 되었다. 한 일화에 따르면 칠현 가운데 한 명인 완적은 사회적 물의를 일으키는 결례(여자 친척과 단 둘이 길을 가고 있었다)를 저지른 모습이 포착되자 그저 웃기만 했다. "그대는 설마 내가 예禮—관습, 유교의 근간—에 **연연하리라고** 생각하지는 않겠지?" 그는 자신의 뜻을 더 상세히 설명했다.

> 그대는 바지 안에 살고 있는 이를 본 적 있는가? 그 녀석들은 솔기 깊숙이 들어가 바지 안에 덧댄 솜 안에서 숨어 살기 좋은 곳을 만났다고 생각하지. 걸을 때는 솔기 너머로까지 갈 엄두를 내지 않고 이동할 때는 바지 밖으로 나가지 않도록 조심하지. 자기들이 예법을 지키고 있다고 믿는 거야. 헌데 바지를 다릴 때가 되면 불길이 그 녀석들의 언덕을 침범하고 (…) 바지 안에 살던 녀석들은 도망갈 곳이 없다네.
> 좁은 세상 안에서 사는 선비와 바짓가랑이 안에 사는 이 사이에 무슨 차이가 있는가?[24]

한나라 조정 시인들의 진지한 도덕성은 이제 우스꽝스러워 보였다. 전원으로 물러나 정원과 숲을 서정적으로 노래하는 글을 짓거나 심지어 은자가 되는 편이 더 낫다고 새 세대는 말했다. 먼 산 속으로 물러갈 수 없을 만큼 바쁜 유미주의자들은 자신의 시골집 정원에서 은자 행세를 할 수도 있었고 그도 아니면—300년경 건강에 있는 조정의 대신이었던 왕도처럼—자신을 대신해 은자가 되어줄 사람을 고용할 수도 있었다. 화가들은 사람의 발길이 닿지 않은 산을 널리 그리기 시작했고 4세기의 대화가 고개지는 산수화를 주요 예술 형식으로 격상시켰다. 죽림칠현과 다른 이론가들은 글과 그림에 담긴 도덕적 교훈보다 화법과 필법을 연구하면서 내용보다 형식을 높이 쳤다.

전통에 대한 이 3세기의 반란은 적극적 대안을 제시한지 못한 채 관습을 조롱하고 거부하는 식으로, 대체로 부정적이었지만 3세기 말로 가면서 변화가 나타났다. 800년 전 유교와 도교가 중국에서 막 출현하는 동안 불교 역시 남아시아 전역으로 퍼져나가고 있었다. 구세계 교환은 중국인이 불교에 주목하게 만들었는데, 아마도 동양과 남아시아의 무역상이 중앙아시아의 오아시스에서 어울리면서 중국에 도입된 듯하다. 불교는 65년 중국 문헌에 처음 언급된다. 소수의 코스모폴리턴적 지식인들이 불교를 받아들였지만 중국에서 불교는 오랫동안 스텝 지대에서 밀려온 여러 이국적인 철학 가운데 하나였을 뿐이었다.

그러한 경향은 3세기 후반 바뀌었는데 대체로 중앙아시아 승려이자 번역가인 축법호['법호'는 산스크리트어 이름 '다르마라크샤'를 음역한 것이다] 덕분이었다. 그는 장안과 둔황의 대오아시스를 주기적으로 오가며 인도의 개념을 중국에서 통하는 언어로 옮긴 새로운 불교 경전 번역으로 중국 지식인들의 관심을 모았다. 대부분의 축의 현인처럼 부처는 아무런 글도 쓰지 않아 그의 메시지가 무엇인가를 두고 끊임없이 논쟁할 여지를 남겼다. 초기 불교는 철저하고 엄격한 명상과 자각을 강조했지만 축법호가 설파한 해석인 대승불교는 구원을 덜 힘든 일로 만들었다. 축법호는 부처를 영성의 구도자가 아니라 깨달음이라는 영원한 원리의 화신으로 그렸다. 원래 부처는 현세와 내세에 존재하는 일련의 부처들 가운데 첫 번째일뿐이라는 것이다. 이 부처들은 다른 천상의 존재들, 특히 보살들에 둘러싸여 있는데, 보살은 이미 깨달음의 경지로 나아가고 있으나 다른 중생들이 깨달음을 얻어 탄생과 고통의 윤회에서 벗어나는 것을 돕기 위해 열반을 미룬 존재다.

대승불교는 극단으로 갈 수도 있다. 대부분의 불교 종파는 언젠가 미륵('미래')불이 출현하여 중생을 해방으로 이끌 것이라고 믿었다. 401년 더 극단적인 중국인 신도들은 자신을 부처와 동일시하고 도적떼, 반항적인 농민, 불만에 찬 관료와 손을 잡고 일체 중생을 지금 당장 구제한다는 의도로 날뛰었다. 결국 모든 것은 피로 얼룩진 채 끝났다.

그러나 대승불교의 가장 중요한 공헌은 전통적인 불교의 부담스러운 요구를 단순화하고 모든 사람에게 구제의 길을 열었다는 것이다. 6세기가 되자 대중적인 '천인의 가르침'에서 신도들에게 요구하는 것은 부처상과 보살상 주변을 돌고 유물(특히 부처의 것이라고 알려진 많은 치아와 뼈, 탁발)을 숭배하며 염불을 외우고 자비를 행하고 이타를 실천하고 다섯 가지 계율(살인하지 말고 도적질하지 말고 간음하지 말고 술을 마시지 말고 거짓말을 하지 말라)을 따르는 것이 전부였다. 이를 설파한 스승들은 이것만으로는 열반에 이르지 못한다는 사실을 인정했지만 건강과 번영을 누리고 다음 생에서 더 높은 단계의 삶으로 환생하게 될 것이라고 주장했다. 정토종은 더나아가 신도가 죽으면 아미타불과 함께하는 관세음보살이 이승의 모든 번뇌를 벗어버리고 열반을 추구할 수 있는 서방정토, 즉 극락으로 그들을 인도한다고 주장하였다.

열반을 추구하는 인도의 구도자들은 탁발을 하며 수시로 길을 떠났다. 성스러운 유랑자들(유복한 은자나 시인들과 대립되는)은 중국 전통에 낯설어서 인기가 없었지만 깨달음으로 향하는 두 번째 인도의 길―승단 생활―은 인기를 끌었다. 365년 무렵 도안―중앙아시아 유민이 아니라 유학자로 교육받은 중국 출신 승려—은 중국 사회에 적합한 승려의 계율을 제정했다. 승려는 삭발을 해야 하며 승려와 비구니는 순결과 순종을 서약하고 노동을 통해 밥벌이를 하며 기도와 명상, 경전 연구를 통해 구원을 추구해야 한다. 승단 생활도 종말론적 미륵신앙만큼 극단으로 나가곤 했다. 많은 승려와 비구니는 스스로 몸에 상처를 내고—작은 방식으로—보살들의 이타행을 따라 했으며 극소수는 사람들의 죄를 대신하고자 때때로 수천 명의 군중 앞에서 분신하기도 했다. 그러나 도안의 큰 공로는 승단 생활을 4세기 국가제도의 붕괴로 말미암아 생긴 중국 사회 조직의 빈틈을 부분적으로 채워줄 수 있는 종교적 제도로 발전시켰다는 점이다. 사찰과 승원은 물레방아를 짓고 기금을 마련했으며 심지어 자체적인 방어체제도 조직했다. 사찰은 종교적 헌신의 중심일 뿐 아니라 안정성의 오아시스였고 부유한 신도들이 토지와 소작인을 시주하고 땅을 빼앗긴 농민들이 보호를 구하며 절을 찾아옴에 따라 심지어 부의 고도孤島가 되기도 했다. 509년 한 관리는 "요즘 절이 없는 곳이 없다"[25]고 썼다.

불교의 중국 정복은 놀라웠다. 65년에 중국에는 몇백 명의 불교도밖에 없었을 것이다. 6세기가 되자 대부분의 중국인—어쩌면 3000만 정도—은 불교도였다. 그러나 이것이 놀라울지라도 유라시아의 또 다른 끝에서는 또 다른 새로운 종교인 기독교가 그보다 더 빠르게 성장하고 있었다.

고전적 전통은 동양에서와 달리 서양에서 그렇게 일찍 무너지지 않았는데, 로마 제국의 변경 지대가 더 오래 버텼기 때문인 것 같다. 물론 서양에서도 160년대 전염병 창궐 이후 민간치유신앙이 등장했지만 중국에서 유행한 것과 같은 폭력적 혁명을 선호하지는 않았다. 그런 3세기의 혼란상은 서양에서 구시대의 방식을 흔들어놓았다. 제국 전역에 있는 조각상은 새로운 분위기를 말없이 증언하는데, 고전기 미술의 우아한 원칙 대신 왜곡된 신체 비율과 마치 다른, 더 좋은 곳을 응시하는 듯 커다란 눈이 위를

쳐다보는 모습이 인상적이다. 제국의 동쪽 변두리에서 온 새로운 종교들
―이집트에서 온 이시스 숭배, 시리아에서 온 무적의 태양신, 아마도 궁
극적으로 이란에서 유래한 것으로 추정되는 미트라교(미트라교 신도들은 지
하의 제실에서 황소의 피를 뒤집어썼다), 팔레스타인에서 온 기독교―은 영생
을 약속했다. 사람들은 이 어지러운 세상에 대한 합리적 설명이 아니라 이
들에게 구원을 요청하고 있었다.

일부 철학자는 가치관의 위기에 대응해 이전 세계의 학문이 여전히 유
효함을 보여주려고 애썼다. 새로운 시대에 맞춰 플라톤 전통을 재해석한
포르피리오스나 플로티누스(어쩌면 아리스토텔레스 이후 가장 위대한 서양철
학자) 같은 학자들은 당대 서양에서 명성이 자자한 인물이었지만 철학자
들은 점점 더 전적으로 새로운 답을 찾고 있었다.

기독교는 이 어지러운 시대에 모두에게 무언가를 제공했다. 대승불교
처럼 기독교 역시 옛 축의 시대 사고에 대한 새로운 비틀기로서, 당대의 필
요에 더 부합하는 새로운 버전의 축의 사상을 제공했다. 기독교는 기독교
의 창시자인 예수가 유대교의 성전에 예언된 메시아라고 선언하면서 유대
교의 성전을 계승했다. 대승불교와 기독교 모두 축의 종교 가운데 "제2의
물결"이라고 불러도 될 것 같은데, 둘 다 이전 버전인 제1의 물결보다 새로
운 종류의 구원을 더 많은 사람에게 제공하고 구원으로 가는 길을 더 쉽
게 했기 때문이다. 마찬가지로 중요한 것은 새로운 두 종교가 보편 종교였
다는 사실이다. 예수나 부처나 선택된 민족에 속하지 않았다. 그들은 모두
를 구원하러 왔다.

부처처럼 예수도 아무런 성전도 남기지 않았기에 일찍이 50년대에 사
도 바울(그는 결코 예수를 만난 적이 없다)은 기독교란 실제로 무엇인가를 정
하는 몇 가지 핵심 요점을 두고 기독교도들의 동의를 이끌어내려고 애썼
다. 대부분의 신도는 세례를 받고 하느님에게 기도하고 다른 신들을 부인

하며 일요일에는 함께 모여 식사하고 선행을 행해야 한다는 데 동의했지만 이러한 기본적 전제를 제외하고 거의 어느 것이나 가능했다. 일부는 구약성서의 하느님은 일련의 이전 신들 가운데 마지막 (그리고 가장 낮은 등급의) 신일뿐이라고 주장했다. 다른 이들은 세상은 악하므로 창조주인 하느님 역시 필시 사악하다고 생각했다. 아니 어쩌면 악의에 찬 유대의 신과 온전히 선한 (그러나 우리가 알 수 없는) 예수의 아버지 이렇게 두 명의 신이 존재할 수도 있다. 그도 아니면 십자가에서의 죽음에서 벗어난 영성의 예수, 십자가 위에서 죽은 육체의 예수, 이렇게 두 명의 예수가 존재할 수도 있다. 어떤 사람들은 어쩌면 예수는 여자였을지도 모르며 여자와 남자는 동등하다고 주장했다. 혹은 새로운 계시가 오래된 계시를 뒤집을 수도 있다. 예수의 재림이 임박한지도 모르는데, 그렇다면 기독교인은 성관계를 맺어서는 안 된다. 아니다. 끔찍한 방식으로 순교한 사람들만이 천국에 갈 것이며 그럴 경우 성교는 구원과 상관없다.

부처는 초월에 도달하기 위해 도움이 되는 생각은 무엇이든 이용하고 나머지는 무시하라고 사람들에게 권하며, 이 문제에서 실용적 태도를 보였다고 널리 믿어져 왔다. 열반에 이르는 길이 여러 가지라는 사실은 문제가 되지 않았다. 그러나 기독교도들에게 천국에 들어가는 길은 하느님과 예수가 누구인지를 알고 그들이 바란 대로 행하는 것에 전적으로 달려 있었기 때문에 해석상의 혼란상은 신도들이 너도나도 기독교에 대해 스스로 정의를 내리는 상황으로 이어졌다. 2세기 후반에 대부분의 신도는 최초 사도들의 후계자로서 예수의 뜻을 판단해주는 권위를 지닌 주교가 있어야 한다는 데 뜻을 모으게 되었다. 더 황당무계한 사상을 가르치던 설교자들은 잊히게 되었고 신약성서가 확정되었으며 계시를 드러내는 창은 닫혔다. 이제 주교가 인정하지 않는 한 아무도 성서를 마음대로 고칠 수 없고 아무도 성령의 계시를 들을 수 없었다. 주교가 바라지 않는 한 아무도 부부 사이의 성생활을 부정할 필요도, 순교를 당할 필요도 없었다.

이론의 여지가 여전히 많이 남아 있었지만, 200년이 되자 기독교는 구원에 관해 (상당히) 명확한 규칙이 있는 체계적인 신앙이 되었다. 대승불교처럼 기독교도 사람들의 주의를 끌만큼 다른 종교와 구별되었고 어지러운 시기에 구원으로 가는 실용적인 길을 제시했지만 아직 사람들이 이해할 수 있을 만큼 충분히 친숙하지는 않았다. 교양 있는 그리스인은 심지어 2차 축의 기독교가 1차 축의 사상과 결국 다르지 않았다고까지 주장했다. 플라톤(혹자들은 아테네의 모세라고 불렀다)은 진리에 이르는 길을 합리적으로 추구했고 기독교도들은 진리가 그들에게 드러나게 했지만, 결국에는 모두 같은 진리라는 것이다.

고가 국가의 제도가 붕괴하기 시작했을 때 주교들은 그로 인해 생겨난 빈자리에 들어서기에 좋은 위치에 있었고 신도들을 동원해 도시의 성벽을 재건하고 길을 고치고 게르만 침입자들과 협상했다. 시골에서는 눈에 띄는 성인들이 여느 불교도 못지않게 속세를 열렬히 부정하며 현지의 지도자가 되었다. 한 금욕주의자는 거친 천 옷만 걸친 채 이집트 사막의 무덤 안에 살면서 금식하고 사탄과 싸우면서 제국 전역에서 명성을 얻었다. 그를 가장 적극적으로 알린 사람은 그가 "물로 씻어 더러운 때를 벗기지도 않고 심지어 발도 씻지 않았다"[26]고 주장했다. 또 다른 성인은 1.5미터 돌기둥 위에 40년간 앉아 있었고 속세를 버린 다른 이들은 동물 가죽을 걸치고 풀만 먹으며 "예수를 위한 바보"로 (짐작컨대, 짧게) 살았다.

이 모든 것은 깔끔 떠는 로마 교양인의 눈에 괴상하게 비쳤고 기독교도들조차 광신적인 추종자를 낳은 채 하느님 이외의 누구에게도 응하지 않는 황야의 사람들을 우려했다. 320년 파코미우스라는 이집트의 한 성인이 자신의 엄격한 규율 아래서 노동과 기도를 통해 구원을 추구할 수 있도록 현지의 은자들을 기독교 최초의 수도원으로 불러모아 해법을 찾았다. 파코미우스와 중국의 도안은 분명히 서로를 몰랐을 테지만 그들의 수도원과 사찰은 굉장히 비슷한 사회적 결과를 가져왔다. 5세기 기독교의 수도원과 수녀원은 흔히 더 큰 구조물들이 무너진 상황에서 지역 경제의 중심축이자 고전적인 학문 연구가 쇠퇴함에 따라 배움의 중심이 되었고 평화를 유지하는 수도사로 구성된 민병대도 제공했다.

기독교는 불교보다 더 빠르게 퍼져나갔다. 32년경 예수가 죽었을 때 그의 추종자는 몇백 명에 불과했다. 그러나 391년 테오도시우스 황제가 기독교를 유일한 합법적 종교로 선포했을 때 3000만 명이 넘는 로마인이 이미 기독교로 개종한 생태였다. 물론 '개종'은 필연적으로 의미가 느슨한 단어다. 학식이 매우 높은 일부 남녀는 새로운 신앙을 받아들이기 전에 고도의 논리와 엄밀한 사고를 통해 교의의 함의를 따지는 고통스러운 회의의 과정을 거쳤지만 그들 주변의 수천 명은 기적을 행하는 기독교도나 불교도에 의해 반나절 만에 귀의할 수도 있었다. 그 결과, 모든 통계가 조잡해진다. 우리는 다시금 전기톱 예술을 해야만 한다. 한마디로 우리는 언제 어디서 개종의 속도가 빨라졌는지 언제 어디서 늦춰졌는지 모르며 아마 앞으로도 결코 모를 테지만, 기독교와 불교가 몇백 명의 추종자에서 시작하여 궁극적으로 3000만 명이 넘는 신도를 모으게 되었다는 것을 알기 때문에 도표 6.9는 중국 전역과 로마 전역에 걸쳐 이 기간 동안 두 종교의 **평균** 성장률을 보여준다. 평균적으로 중국의 불교는 매년 2.3퍼센트씩 성장해 30년마다 두 배가 되었고 기독교는 매년 3.4퍼센트씩 성장해 20년마다 두 배가 되었다.

도표 6.9의 두 그래프 선은 꾸준히 위로 올라가는 반면 도표 6.1의 사회 발전지수 그래프 선은 꾸준히 낮아진다. 당연히 따라오는 질문—양자 사이에 연관성이 있는가?—은 1781년에 이미 에드워드 기번의 머릿속에도 떠올랐다. 그는 "기독교의 (…) 도입이 로마 제국의 쇠망과 몰락에 얼마간

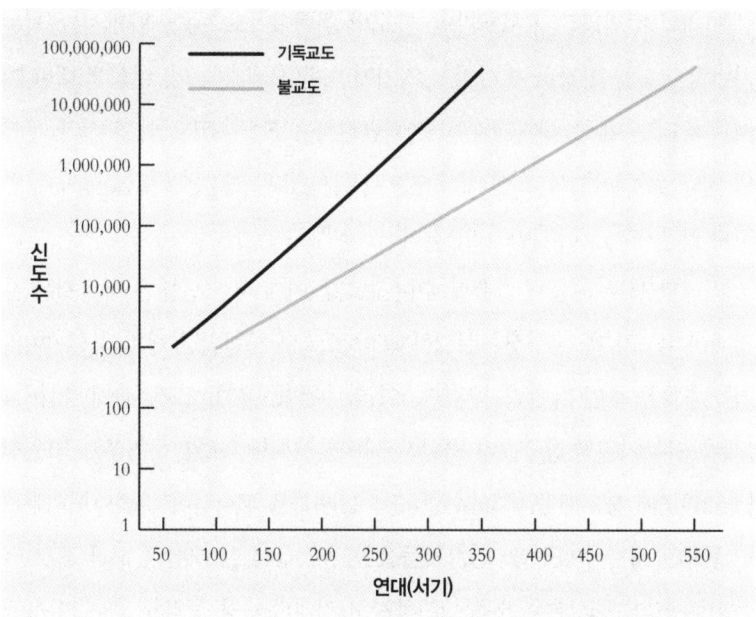

[도표 6.9] 신도 수: 일정한 변화율을 가정한 기독교도와 중국 불교도의 성장. 세로축은 도표 3.6과 3.7에서처럼 로그함수이며, 따라서 일정한 성장률(기독교 3.4퍼센트, 불교 2.3퍼센트)을 반영해 직선 그래프로 나타난다.

영향을 미쳤다는 말이 놀라움이나 물의를 불러일으키지는 않을 것이다"라고 썼다. 그러나 그 영향은 기독교인이 믿고 싶어하는 종류의 것은 아니다. 기번은 기독교가 제국의 활기를 감소시켰다고 주장한다.

성직자들은 인내와 무기력의 교의를 성공적으로 설교했다. 사회의 능동적 미덕이 좋지 않은 것으로 조장되었다. 그나마 남아 있던 상무尙武 정신은 수도원 안에 파묻히게 되었다. 공적이거나 사적인 재산 가운데 상당 부분이 자선과 헌신이라는 허울 좋은 요구에 따라 교회에 바쳐졌다. 병사들의 급료는 금욕과 정절만 내세우는 쓸모없는 남녀 무리가 탕진했다.[27]

인내와 무기력은 기독교만큼 불교의 미덕이기도 했다. 따라서 우리는 기번의 논의를 확장하여 사상— 정치에 대한 사제의 승리, 이성에 대한 계시의 승리—이 수 세기에 걸쳐 사회발전지수를 낮추고 동양과 서양 사이의 간극을 줄이면서 고전기 세계를 종결시켰다는 결론을 도출해도 무방하지 않을까?

이러한 질문을 쉽게 일축할 수는 없지만 이에 대한 답변은 나로서는 부정적이다. 1차 축의 사상처럼 2차 축의 종교도 사회발전 변화의 원인이라기보다는 결과에 가깝다. 유대교, 그리스 철학, 유가, 도가, 불교, 자이나교는 모두 기원전 600년과 기원전 300년 사이에, 서양 핵심부가 기원전 1200년경에 붕괴했을 때의 수준(대략 24점대)을 뛰어넘어 사회발전지수가 상승하던 시기에 출현했다. 그것들은 마술적 세계에 대한 각성과 고가 국가의 재조직화에 대한 반응으로 등장한 것이다. 2차 축의 종교는 그와 정반대 상황을 반영한다. 구세계 교환이 고가 국가의 안정을 위협하자 사람들은 1차 사상만으로 부족했고 구원의 종교가 간극을 메웠다.

평균으로 계산한 도표 6.9의 성장률이 현실과 그리 크게 벗어나는 것이 아니라면 기독교와 중국의 불교는 구세계 교환 이전에는 주변적 현상이었다. 그러나 250년이 되자 대략 100만 명이 기독교도였고(대략 로마인 40명 가운데 1명) 그 정도가 일종의 임계점이었던 것 같다. 기독교는 이제 황제를 심각하게 성가시게 했다. 기독교의 시기심 많은 신은 로마가 가장 암울한 시절에 세수를 놓고 경쟁했을 뿐 아니라, 통치자들이 권력을 정당화하는 데 오랫동안 도움이 된 '황제가 죽으면 신이 된다'는 타협점도 거부했다. 데키우스 황제는 고트족의 손에 죽임을 당하기 직전인 250년에 대규모 박해를 개시했다. 257년 발레리아누스는 또 다른 박해의 포문을 열었지만 그 역시 페르시아인의 손에 죽었다.

이러한 불길한 실례와 예수처럼 끔찍하게 죽는 것이 최고의 목표인 사람들을 위협하기 위해 무력을 사용하는 것은 실패할 수밖에 없다는 분명한 사실에도 불구하고 황제들은 다음 50년간 기독교를 근절하려는 간헐적인 노력을 경주했다. 그러나 신자가 매년 3.4퍼센트씩 성장하는 가운데 복리 계산의 기적에 따라 신도 수는 310년대에 로마인의 4분의 1인 약 1000만 명까지 증가한다. 아무래도 그때가 두 번째 임계점이었던 것 같다. 312년 내전의 한가운데에서 콘스탄티누스 황제는 하느님을 발견했다. 500년 전의 전임자들이 똑같이 전복적인 1차 축의 사상에서 타협점을 찾았듯이 콘스탄티누스는 기독교를 억압하는 대신 새로운 타협점을 찾았다. 그는 막대한 부를 교회에 이전하여 면세 대상으로 만들었고 교회의 권위를 인정했다. 그 대가로 교회도 콘스탄티누스를 인정했다.

다음 80년에 걸쳐 나머지 인구도 기독교로 개종했고 귀족은 교회에서 지도적 지위를 차지했으며 교회와 국가는 제국의 여러 이교도 신전을 약탈했는데, 어쩌면 그때까지 역사상 최대 규모로 행해진 부의 재분배였을 것이다. 기독교는 제 시대를 맞았다. 아르메니아의 왕은 310년대에 개종했으며 에티오피아의 통치자는 340년대에 기독교도가 되었다. 페르시아의 왕은 개종하지 않는데 이란의 조로아스터교도 어쨌거나 기독교와 유사한 노선을 따라 진화하고 있었기 때문이리라.

중국의 불교도 다소 유사한 임계점을 거쳤던 것 같다. 도표 6.9에서 불교도 수는 400년 부근에서 100만 명을 기록하지만 북부와 남부 사이의 여건이 너무나도 달랐기 때문에 신앙의 성장은 각 지역에 다른 결과를 낳게 된다. 불안정한 북부에서 불교도는 안전을 찾아 흔히 대도시로 모여들었기 때문에 왕실의 압력에 취약할 수밖에 없었다. 400년이 되자 가장 강력한 왕국인 북위는 조정에 불교도를 감독하는 부처를 설립했으며 446년 불교도를 탄압하기 시작했다. 반대로 중국 남부에서는 승려들이 수도인 건강에 집중되기보다는 양쯔 강 유역 전역에 흩어져 있으면서, 조정에 맞서 지방의 강력한 귀족의 보호를 구하며 황제로부터 양보를 얻어낼 수 있었다. 402년 한 황제는 심지어 승려는 자기 앞에서 절하지 않아도 된다고 인정했다.

도표 6.9는 500년이 되자 중국에 1000만 명의 불교도가 있었을 것이라고 말한다. 새로운 신앙이 이 두 번째 임계점에 도달하자 중국의 (남부와 마찬가지로 북부에서도) 통치자들도 콘스탄티누스와 동일한 결정을 내려, 이 신도의 지도자들에게 재산을 아낌없이 기부하고 세금을 면제해주는 등 각종 영예를 하사했다. 진정으로 독실한, 남조 양나라의 무제는 널리 불교 축제를 후원하고 동물의 살생을 금했으며(사람들은 대신 동물 모양으로 반죽한 것을 먹어야 했다) 불교 경전을 모으기 위해 인도로 사신을 파견했다. 이에 화답해 불교계의 고위층도 무제를 백성을 구제하고 구원하는 보살로 인정했다. 북위의 왕은 심지어 고승을 임명할 수 있는 권한을 주장하며, 임명한 승려들로 하여금 왕이 부처의 현신이라고 선언하게 함으로써 그보다 더 좋은 거래를 했다. 콘스탄티누스가 부러워하지 않았을까?

인내와 무기력은 동양이나 서양의 쇠퇴와 몰락을 야기하지 않았다. 그것을 야기한 것은 사회발전의 역설이다. 이 시기 쇠퇴와 몰락은 팽창하는 핵심부가 사건의 연쇄반응을 일으켜 아무도 통제할 수 없는 붕괴가 일어난 기원전 1200년경의 시나리오를 어느 정도 따르지만 160년까지 진행된 엄청난 규모의 사회발전은 동양과 서양을 중앙아시아를 통해 연결함으로써 지리의 의미를 변화시키고 미생물과 이주의 구세계 교환을 탄생시키면서 그 시나리오를 얼마간 고쳐썼다.

160년이 되자 고전기 세계의 제국들은 기원전 1200년 서양 핵심부의 왕국들보다 훨씬 크고 강력했지만, 그렇기에 그들의 원시적 버전의 세계화가 촉발한 파국 역시 마찬가지였다. 고전적 제국들은 그들이 풀어놓은 힘들에 대처할 수 없었다. 수 세기가 지나도록 사회발전 수준은 미끄러져 내려갔다. 문자, 도시, 세금, 관료제는 무가치해졌고 예전의 확실성은 더 이상 통용되지 않았으며 1억 명의 사람들이 고대의 지혜에 새로운 변형을 첨가함으로써 잘못 돌아가는 세상에서 벗어날 구원을 추구했다. 1차 축의 사상처럼 2차 사상들도 아내에 대한 남편의 권위, 빈자에 대한 부자의 권위, 백성에 대한 국왕의 권위에 도전하는 위험한 사상이었지만 다시금 권력자들은 전복적인 사상과 화해를 구했고 그 과정에서 권력과 부를 재분배했다. 500년이 되자 국가는 약해지고 교회는 강해졌지만 삶은 계속되었다.

만약 500년경에 이 책을 쓰고 있었다면 나는 아마도 장기고착이론가가 되었을지도 모른다. 대략 1000년마다 사회발전은 스스로를 저해하고 2~3보 전진할 때마다 1보 후퇴하는 것처럼 보였으리라. 파국은 이제 서양뿐만 아니라 동양까지 영향을 미치면서 갈수록 커졌지만 패턴은 뚜렷했다. 전진하는 동안 서양은 동양에서 멀어졌지만 후퇴하는 동안 격차는 줄어들었다. 그렇게 일련의 파도가 몰아치는 가운데 매번 파도는 이전 파도보다 높고 서양의 우위는 들쭉날쭉하지만 언제나 고착된 상태로 갈 것이었다.

그러나 만약 내가 1세기 뒤에 책을 쓰고 있었다면 상황은 완전히 달라 보였으리라.

동 양 의 7 시 대

동양이 주도권을 잡다

도표 7.1에 따르면 541년은 역사상 가장 유념해야 할 해가 될 것이다. 그해에 (혹은 사회발전지수 계산에서 일정한 오차를 감안한다면 어쨌거나 6세기 중반 무렵에) 동양의 사회발전지수는 서양을 앞지르면서 1만4000년에 걸친 오랜 패턴을 마감하고 서양의 지배를 설명하는 어느 단순한 장기고착이론도 틀렸음을 단번에 입증했다. 700년이 되자 동양의 점수는 서양보다 3분의 1 이상 높았고 1100년 양자 사이의 격차는 (서양이 우세했던) 지난 2500년 동안의 격차보다 — 40퍼센트 가까이 — 더 커지게 된다.

어째서 6세기에 동양이 앞서나가게 되었을까? 왜 다음 500년 동안 서양은 꾸준히 뒤처지는 가운데 동양의 사회발전지수는 그렇게 높이 치솟게 되었을까? 이러한 질문은 왜 현재 서양이 지배하는지를 설명하는 데 결정적이다. 이 장에서 그러한 질문에 해답을 구하는 동안 우리는 적잖은 영웅

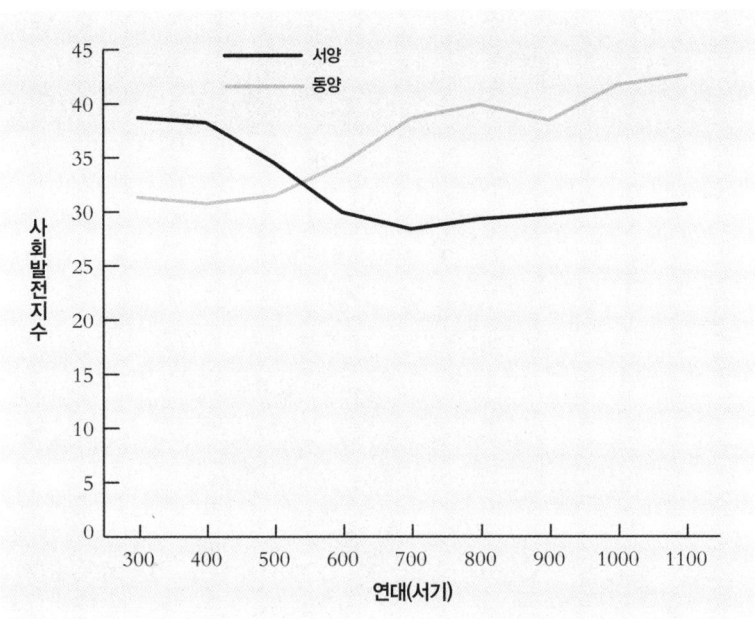

[도표 7.1] 대반전: 동양이 하향세를 역전하여 역사상 최초로 서양을 앞서나가다.

과 악당, 천재와 멍청이들을 만나게 될 것이다. 그러나 그 모든 드라마의 이면에는 이야기 내내 동양과 서양의 차이점을 추진하는 똑같이 단순한 요소, 즉 지리가 남는다는 사실을 발견하게 될 것이다.

전쟁과 쌀

동양의 사회발전지수는 100년 이전부터 낮아지기 시작해 400년까지 하락세가 지속되었는데, 저점에 이르렀을 때는 지난 5세기 동안보다 더 낮았다. 왕조가 무너지고 도시가 불탔으며—내륙 아시아에서 중국 북부로,

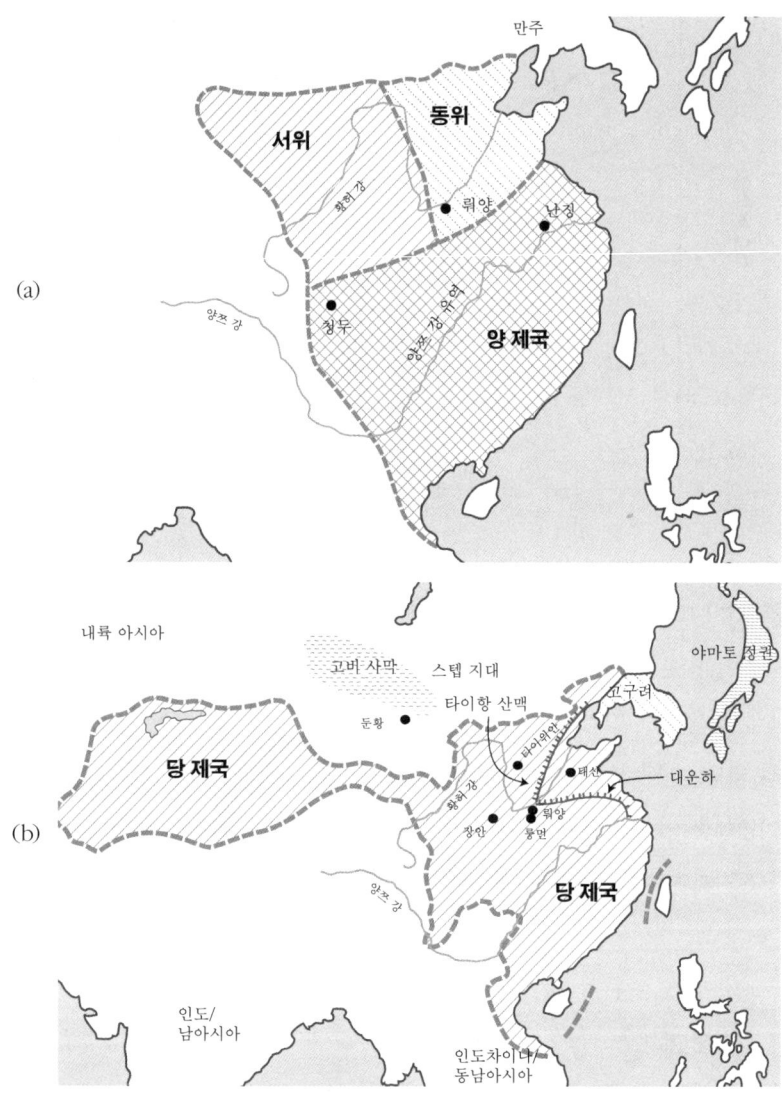

[**지도 7.2**] 400~700년. 동양이 전세를 회복하다. (a)는 541년 당시 서위[이어서 북주]와 동위[이어서 북제], 남조의 양나라[남북조 시대 강남에 건국된 세 번째 왕조]를 보여준다. 589년 수나라가 이 세 지역을 통일했다. (b)는 700년 무렵 당 제국의 최대 영역을 보여준다.

중국 북부에서 다시 남부로 이어지는—대이주는 전 핵심부를 뒤흔들었다. 동양의 부흥은 이러한 이민에서 시작되었다.

제4장에서 제6장까지 우리는 증가하는 사회발전지수가 지리를 변형시키고, 후진성에서 이점을 발견하고, 대양과 스텝 지대를 가로지르는 교통로를 만들어내는 것을 보았다. 그러나 3세기 이후 그러한 관계는 또한 거꾸로 작용할 수 있다는 사실도 드러났다. 사회발전지수가 하락하면 지리의 의미도 변했다. 로마와 중국 도시들의 축소와 문자해독능력의 감소, 군대의 약화와 생활수준의 하락 등으로 인해 핵심부 역시 지리적으로 수축했고, 이러한 수축 사이의 차이가 서양의 사회발전이 8세기에 이르기까지 계속 뒤처지는 동안 동양의 사회발전이 재빨리 추세를 회복한 이유를 대체로 설명한다.

우리는 또한 제6장에서 동양 핵심부에서도 황허 강 유역의 심장부가 300년 이후 상시적인 전쟁 상태의 여러 나라로 분열되면서 북부 사람들 수백만 명이 남쪽으로 도망쳤음을 살펴보았다. 민족의 대이동은 한나라 이래 저발전 주변부였던 양쯔 강 이남[강남] 지역을 새로운 변경 지대로 탈바꿈시켰다. 피란민들은 고온다습한 기후 탓에 주산물인 밀과 기장은 잘 자라지 않는 반면 쌀은 풍부한 낯선 환경에 들어서게 되었다. 이 지역 대부분은 인구밀도가 낮고 주민들의 관습과 언어는 북부에서 온 중국인[한족] 이주민들이 도입한 관습 및 언어와 크게 달랐다. 대부분의 식민지 토지 수탈을 특징짓는 각종 폭력과 가혹한 처우가 만연한 가운데 수적으로 우세하고 더 견고한 사회 조직을 갖춘 이주민이 서서히 이전의 정착민을 몰아냈다.

280년과 464년 사이에 강남에 등록된 납세자의 숫자는 네 배로 뛰었으나 이민은 더 많은 사람을 남쪽으로 데려오는 데 그치지 않았다. 이민은 신기술도 가져왔다.『제민요술』[북위의 가사협이 농업에 관해 쓴 책. 6세기 전반에 펴낸 것으로 보이며 오늘날 전하는 농서 가운데 가장 오래된 완본이다]이라는 농서에 따르면 530년대에 37종이나 되는 벼 품종이 알려졌으며 모내기가 일반화되었다. 모내기는 매우 고된 작업이지만 높은 수확률을 보장했다. 『제민요술』은 농부들이 거름 덕분에 휴한기 없이 농사를 계속 지을 수 있으며, 물레방아—특히 절 옆에 많이 세워졌는데, 절은 물살이 센 산속 개울 옆에 위치했으며 대규모 투자에 필요한 자본도 보유했다—덕분에 곡물을 밀가루나 쌀가루로 빻고 씨앗에서 기름을 짜내는 일이 훨씬 쉬워졌다고도 설명한다. 그 결과 로마인이 기원전 1세기 서유럽을 정복했을 시기의 사회발전과 다소 비슷하게 다양한 농경의 기회가 풍부한 새로운 변경 지대에서 점진적 발전이 이루어졌으며 강남 농촌의 후진성은 오히려 이점으로 전환되었다.

여기에 값싼 운송이 더해져 값싼 식량 공급이 가능해졌다. 중국의 강들은 여전히 지중해가 로마에 제공한 수로를 대신할 수는 없지만 인간의 창의력은 조금씩 이를 만회해나갔다. 수중水中고고학자들은 아직 로마의 난파선 통계 같은 자료를 제시하지는 못했지만, 각종 기록를 보면 중국의 배가 점점 크고 빨라졌음을 알 수 있다. 490년대 양쯔 강에는 외륜선이 등장했고 청두부터 건강까지 운반된 쌀은 성장하는 도시를 먹여 살렸으며 도시에 들어선 시장은 차(현존하는 문헌에는 270년경에 처음으로 언급되며 500년이 되면 널리 퍼진 사치품이 된다)와 같은 환금작물 재배를 촉진했다. 호족과 상인, 사찰들은 모두 양쯔 강 유역의 제분업과 운송업, 지대로 부유해졌다.

그러나 건강에서 강남을 다스리던 조정은 부유해지지 않았다. 이런 측면에서 중국의 상황은 로마 제국보다는 국가 대신 총독과 지주가 인구 성장과 무역 증가의 결실을 차지한 기원전 18세기 아시리아와 유사했다. 물론 아시리아의 경우 티글라트 필레세르가 등장해 상황을 완전히 뒤바꾸어놓는다. 그러나 중국의 강남에는 티글라트 필레세르 같은 이가 없었다. 이따금 황제는 귀족을 제어할 수 있었고 심지어 화북을 회복하려는 시도도 했지만 이러한 노력은 언제나 내전으로 물거품이 되었다. 317년부터 589년 사이에 다섯 왕조가 잇달아 등장해 건강에서 (얼마간) 중국을 다스렸다.

『제민요술』은 꽤 정교한 농업이 530년대까지 화북에 남아 있었다고 시사하지만 마적들이 화북을 휩쓸면서 530년대보다 훨씬 이전에 이미 장거리 교역과 심지어 주화마저 점차 자취를 감췄다. 처음에 이러한 붕괴는 남부에서보다 더 큰 정치적 혼란을 야기했으나 새로운 지배자들이 북부에 점차 질서를 세우기 시작했다. 그들 가운데 주요 민족으로는 만주 스텝 지대의 변방에서 온 선비족이 있었다. 6세기 전 이란을 침략한 파르티아처럼 선비족은 유목과 농업 전통을 결합했고 여러 세대 동안 농민들에게 보호금을 뜯어내며 기마 지배층으로서 활동해왔다.

선비족은 380년대 화북의 폐허 속에서 북위라고 하는 이름의 국가를 수립했다.* 중국 지배층을 단순히 약탈하는 대신 선비족은 그들과 거래를 하여 적어도 녹봉 관료들과 이전 고가 국가의 조세체계를 약간은 유지했다. 이러한 조치로 북위는 화북의 다른 나라들을 다스리던 무질서하고 다툼을 일삼는 모리배들에 비해 우위를 누렸는데, 사실 이 우위는 상당해서 439년 화북 전역을 통일했다.

그렇지만 북위가 옛 중국 귀족층의 잔존 세력과 맺은 거래는 다소 위태로웠다. 대부분의 선비족 전사는 문인과 환담을 나누기보다 가축을 모는

---

* 이번에도 혼란스러운 국호가 등장한다. 선비족은 제5장에서 언급된 고대 위나라(기원전 445~기원전 225)에서 국호를 빌려왔다. 선비족 나라와 이전의 위나라를 구별하기 위해 일부 역사가는 (그 나라를 다스리던 선비족 씨족의 이름을 따서) '탁발拓拔 위'라고 부르지만 다른 역사가들은 '북위'라는 용어를 선호하며 나도 후자의 용어를 따랐다.

편을 선호했고, 유목민은 정착한다 하더라도 중국 농민들과 어깨를 맞대는 일을 피하고자 일반적으로 자신들의 성을 쌓았다. 그들의 국가는 여전히 확고하게 저가 국가였다. 선비족이 계속해서 북부의 다른 강도 국가들과 싸우는 동안은 문제가 없었지만 450년 건강의 근교에 접근했을 때, 선비 기마병들은 비록 전투에서 승리하고 붙박이가 아닌 것은 뭐든 훔쳐갈 수 있지만 결코 진짜 도시를 위협할 수 없다는 사실을 깨달았다. 선박과 공성 기구, 보급 수레를 갖춘 제대로 된 고가 국가만이 그러한 일을 할 수 있었다.

고가 군대가 부족해 강남을 약탈할 수 없는 데다 그들이 이미 지배하고 있기 때문에 중국 북부를 약탈할 수 있는 기회도 사라지자 북위의 황제는 지지 세력의 충성을 매수할 수 있는 자원이 심각하게 부족해졌다. 이것은 저가 국가에서 잠재적으로 치명적인 약점이 된다. 480년 효문제는 한 가지 해법만이 남아 있음을 깨달았다. 고가 국가로 나아가는 것이다. 그는 맹렬하게 개혁을 추진했다. 모든 토지를 국유화하여 조세와 군역을 부담하고자 등록한 주민 모두에게 토지를 분배했으며—선비족이 고가 국가의 신민처럼 사고하고 행동하게 만들기 위해—전통에 대해 전면적 공격을 감행했다. 효문제는 선비족의 복장을 금지하고 이름을 중국식 성명으로 교체했으며 30세 이하의 모든 조정 관료에게 중국어로 말하도록 요구하고 수십만 명의 사람들을 분지 신도시인 뤄양으로 이주시켰다.

일부 선비족은 고래의 방식을 버리고 보통의 중국 귀족처럼 지배계급으로 자리잡았으나 다른 이들은 거부했다. 이 문화 전쟁은 내전으로 격화되어, 534년 북위는 동위(전통주의자)와 서위(개혁주의자)로 분열된다. 유목 생활방식을 고수한 전통주의자들은 스텝 지대의 기마병들을 계속해서 끌어들일 수 있었고, 이내 그들의 군사력은 효문제가 시작한 혁명을 압도할 것처럼 보였다. 그러나 절박함은 발명의 어머니다. 효문제가 선비족 전사들을 중국 선비로 변신시키려고 한 데 반해 그의 후계자들은 이제 반대로 중국 병사들에게 조세 우대 정책을 펴고 중국 선비들을 장군으로 임명했으며 중국 전사들이 선비족 이름으로 개명하는 것을 허용했다. 농민들과 식자층은 싸우는 법을 배웠고 577년 전세를 뒤집어 북제[동위의 후신]를 물리쳤다. 길고도 혼란스러운 과정이었지만 효문제가 제시한 비전의 새로운 버전은 마침내 결실을 맺었다.

그 결과는 뚜렷하게 양극화된 중국이었다. 북쪽에는 파편화되고 부진한 경제 꼭대기에 강력한 군대가 자리잡고 있는 고가 국가(581년 쿠데타 이후 수나라로 국호가 바뀌었다)가, 남쪽에는 허약한 국가 기구들이 급성장하는 경제의 산물을 이용하려고 하지만 대체로 실패하는 파편화된 국가가 등장했다.

이런 상황은 사회가 완전히 망가진 것처럼 보일 수도 있지만 사실 사회 발전의 시동을 걸기에 안성맞춤인 조건이었다. 589년 수나라의 초대 황제[수 문제]는 함대를 건설하고 양쯔 강 유역을 손에 넣었으며 거대한 군대(아마도 50만 명)를 건강에 투입했다. 북부와 남부 사이의 극단적인 군사적 불균형 탓에 도시는 몇 주 만에 함락되었다. 수 문제가 조세를 부과하려고 한다는 사실을 깨달았을 때 강남의 귀족들은 집단적으로 반발하여, 전하는 바에 따르면 수나라 성주들의 배를 갈랐다고 하지만—심지어는 시체를 먹기도 했다고 한다—그해에 패배하였다. 수 문제는 경제를 초토화하는 처절한 전쟁을 치르지 않고 남중국을 정복했고 동양의 부흥이 시작되었다.

측천무후의 세상

단일한 거대 제국을 다시 수립함으로써 수나라는 한꺼번에 두 가지 일을 했다. 첫째로 북부에 기반한 강한 국가가 남부의 새로운 경제적 개척지대에 접근할 수 있는 길을 열었고, 둘째로 남부의 경제성장이 중국 전역에 확산되는 계기를 마련했다.

이것이 완벽히 의도적인 것은 아니었다. 길이가 2400킬로미터에 달하고 폭이 40미터에 달하는 대운하라는 당대의 가장 기념비적 역사를 완성했을 때 수나라의 황제는 군대를 이동시킬 수 있는 초고속도로를 염두에 두었다. 그러나 한 세대 안에 대운하는 남부의 쌀을 북부의 도시로 실어나르는 중국 경제의 대동맥이 되었다. 7세기 학자들은 "타이항 산맥을 관통하는 운하를 파면서 수나라는 백성들에게 참을 수 없는 고초를 안겼다"고 불평하기를 좋아한다. 그러나 그들도 "운하가 백성들에게 끝없는 혜택을 가져왔다. (…) 그러한 혜택은 실로 어마어마했다"는 사실을 인정했다.[1]

대운하는 고대 로마가 누린 것과 같은 수로를 중국에 마침내 제공함으로써 동양의 지리를 변화시켜 인간이 만들어낸 지중해와 같은 역할을 했다. 저렴한 남부의 쌀이 북부 도시의 인구 폭발을 감당했다. 시인 백거이는 다시금 중국의 수도가 된 장안을 두고 "거대한 바둑판 같은 수백, 수천 채의 집"[2]이 들어섰다고 썼다. 장안은 "이랑을 따라 양배추가 줄줄이 심어진 광대한 밭처럼" 80제곱킬로미터에 걸쳐 뻗어 있었다. 100만 명의 주민이 뉴욕 5번가보다 다섯 배나 넓고 양옆으로 가로수가 늘어선 대로에 북적거렸다. 장안만 독보적인 것이 아니었다. 뤄양의 규모는 장안의 절반이었고 다른 십수 개의 도시도 수십만 명에 달하는 인구를 자랑했다.

그러나 중국의 회복은 양날의 검과 같았다. 북부의 국가권력과 남부 개척 지대에서 온 쌀의 결합은 상반된 결과를 낳았다. 한편으로는 급성장하는 관료제가 농민과 상인을 부유하게 살찌우는 도시의 시장을 조직하고 치안을 유지해 사회발전지수를 끌어올렸지만, 다른 한편으로는 과도한 행정이 상업 활동을 세세한 것까지 일일이 규제하면서 농민과 상인을 제약해 발전에 제동을 걸었다. 관리들은 가격을 고정시켰고 물건을 사고파는 시기를 지정했으며 심지어 상인들의 생활방식까지 규제했다(예를 들어 상인은 말을 탈 수 없었다. 말은 일개 행상인한테는 너무 품위 있는 교통수단이었다).

문관들은 툭하면 경제보다 정치를 우선시했다. 사람들이 토지를 사고팔 수 있게 허용하는 대신 그들은 효문제의 체제를 유지해서 모든 토지는 나라의 것이며 농민에게는 단순히 임대를 해준 것이라고 단언했다. 이러한 정책으로 국가는 농민으로 하여금 납세를 위해 토지대장에 등록하게 하고 강력한 지주들을 통제할 수 있었지만 관료적인 형식주의는 모든 것을 뒤죽박죽으로 만들었다. 오랜 세월 동안 역사가들은 이러한 토지법이 현실보다는 이데올로기를 더 반영한다고 의심해왔다. 학자들은 전근대 국가는 틀림없이 그렇게 어마어마한 서류 작업을 처리할 수 없다고 판단했다.* 그러나 고비사막 가장자리에 위치한 둔황의 건조한 기후에 의해 보존된 문서는 8세기 관리자들이 정말로 이러한 규정을 따랐다는 것을 보여준다.

농장주와 지주, 투기자들은 물론 이러한 규제를 빠져나갈 길을 찾았지만 행정기관은 꾸준하게 확대되어 산더미 같은 문서 작업을 헤쳐나갈 수 있었고 나름대로 혁명을 겪었다. 이론적으로 과거제는 한나라 이래로 행정기관을 중국에서 가장 뛰어나고 우수한 인재의 전유물로 만들었으나, 실질적으로는 귀족 가문이 언제나 높은 관직을 출생의 특전으로 만들 수 있었다. 그러나 7세기에 과거 성적은 실제로 성공을 위한 유일한 척도가

---

* '서류 작업'이라는 말은 딱 맞다. 한나라 때 발명된 진짜 종이는 7세기에 널리 퍼졌다.

되었다. (대다수가 그랬던 것처럼) 시를 짓고 고전의 문장을 인용하는 능력이 행정적 재능을 가리키는 좋은 지표가 된다고 간주하는 한 중국은 공무수행을 위한 역사상 알려진 가장 합리적인 선별 과정을 개발했다고 말해도 될 것이다.*

고위직에 대한 옛 귀족층의 장악력이 점차 느슨해지면서 관리에 임용되는 것은 사대부에게 부와 권세로 가는 가장 확실한 길이 되었고 관계官界에 진입하려는 경쟁은 치열해졌다. 몇 년 동안 100명 가운데 1명이 시험을 간신히 통과할까 말까 했으며 몇십 년에 걸쳐 계속해서 과거에 응시한 사람들에 대한 안타깝고도 우스꽝스러운 일화가 넘쳐났다. 야심이 넘치는 가문은 응시자를 걸러내는 인기 대학의 시험을 통과시키려는 오늘날의 부모처럼 개인교사를 고용했고, 새로이 발명된 활판은 무수한 시험문제집을 토해냈다. 어떤 응시자들은 소매 안쪽에 모범답안을 베껴놓은 '부정행위 저고리'를 입었다. 시험 성적이 문장력에 크게 좌우되었기 때문에 모든 젊은이가 앞다퉈 시인이 되었고 수많은 뛰어난 인재가 시를 지으면서, 이 시기는 중국 문학의 황금기가 되었다.

과거제는 식자 지배계층 사이에서 전례 없는 사회적 유동성을 창출했고 어떤 역사가들은 심지어 남녀관계에 확대된 새로운 개방성을 일종의 '프로토페미니즘protofeminism[현대의 페미니즘이라는 개념과 용어가 정립되기 이전 전통시대에서 발견되는 페미니즘의 원류를 가리킨다]'의 출현으로 이야기하기도 한다. 그러나 이러한 경향을 과장해서는 안 된다. 가장 많이 남아 있는 8세기의 책 가운데 『조부가훈』[『안씨가훈』을 말하는 듯하다]에서 나타

---

* 1880년대 공무원 조직을 개편하면서 영국은 의식적으로 중국과 유사한 시험 제도를 도입했다. 인도를 다스릴 영리한 젊은이들을 파견하기 전에 그리스와 라틴어 고전에 대한 지식을 평가하는 시험을 치렀고, 심지어 오늘날에도 영국의 공무원들은 여전히 '만다린'으로 알려져 있다. 19세기 보수파들은 시험 제도를 영국을 '중국화'하려는 악의적인 음모의 일환으로 보았다.

나는 여성에 대한 충고는 1000년 전의 누구에게도 충격적인 이야기가 아닐 것이다.

> 아내는 아버지를 섬기듯
> 남편을 섬긴다.
> 다른 이에게 목소리가 들려서도
> 몸이나 그림자가 보여서도 안 된다.
> 시아버지와 아주버니 앞에서는
> 말을 삼간다.[3]

반면 새로운 지참금 관례와 여성의 능력에 대한 불교의 자유로운(어쨌거나 유교적 사고에 비해서는) 태도는 부유한 여자들이 조부의 가훈을 무시할 수 있는 여지를 주었다. (열세 살에) 황제[당 태종]의 후궁이 되었다가 비구니로 잠시 출가한 뒤 다시 그 아들[당 고종]의 후궁이 된 측천무후를 보자. 측천무후는 아둔하고 태평한 남편보다 능력이 뛰어나서 소위 수렴청정을 했다. 683년 남편이 알아서 세상을 뜨자 전하는 말에 따르면 무후는 황태자를 독살했다고 하며 나중에는 자신의 다른 두 아들도 폐위시켰다(한 명은 6주, 다른 한 명은 6년 뒤에). 690년 그녀는 아예 수렴을 걷어치우고 스스로 제위에 오른 유일한 중국 여성이 되었다.

어떤 면에서 무후는 궁극의 프로토페미니스트였다. 그녀는 북문학사北門學士를 고용해 『열녀전』을 편찬하게 했고 중국에서 가장 신성한 제사인 태산에서 드리는 천제天際에 여성 행렬을 이끌어서 보수파들을 경악케 했다. 그러나 자매애에도 한계가 있기에 무후가 정상의 자리에 오르기 위해 교묘히 줄을 타는 동안 남편의 첫째 부인[왕황후]과 애첩[소숙비]이 위협이 되자 (이번에도 전하는 말에 따르면) 자기 아기를 목 졸라 죽인 다음 이를 라이별들이 한 짓이라고 꾸며서 그들의 팔다리를 자르고 술 항아리에 담가 처형했다고 한다.

무후의 불교 신앙은 그녀의 프로토페미니즘과 모순되었다. 그녀는 한때 푸줏간을 금했고 한번은 인도에서 불경을 수집하고 돌아오는 승려를 만나려고 장안의 경계 밖으로 나갈 만큼 확실히 불심이 깊었지만 정치적 목적을 위해 종교를 노골적으로 이용하는 것도 서슴지 않았다. 685년 그녀의 애인—또 다른 승려—이 뛰어난 능력의 여성이 출현해 천하를 다스리게 되리라 예언하는 대운경이라는 불경을 '발견했다'. 무후는 무비미륵불을 자처했고 전설에 따르면 룽먼의 아름다운 미륵불상은 무후의 얼굴을 반영한 것이라고 한다(도판 7.3).

무후는 관료들과도 똑같이 복잡한 관계를 유지했다. 그녀는 가문의 연줄보다는 과거제를 장려했지만 과거제를 통해 지배적 위치로 부상한 유학자들은 이 여자 통치자를 열렬히 증오했고 그녀도 비슷한 감정으로 대응했다. 무후는 학자들을 숙청했고 학자들은 공식 사서에서 그녀를 암탉이 울면 나라가 망한다는 속설의 원형으로 묘사해 보복했다.

그러나 그들도 무후의 치세가 누린 화려한 영광을 감출 수는 없었다. 그녀는 병력 100만의 군대를 통솔했으며 그러한 군대를 스텝 지대 내륙으로 파견할 수 있는 자원을 보유했다. 한나라보다는 로마 군대에 더 가까운 무후의 군대는 대체로 제국 내에서 병사를 모집했고 사대부 계층에서 장교를 충원했다. 이러한 시스템은 체제 내부의 경쟁자들을 위협할 수도 있었지만 정교한 예방조치로 지휘관들의 충성을 유지할 수 있었다. 어느 장교라도 허락 없이 열 명의 병사만 이동시켜도 1년 옥살이를 했다. 허락 없이 병력을 이동시키는 사람은 비단끈에 목이 감기는 것을 각오해야 했다.

군대는 이전 어느 때보다 더 깊숙이 동북아와 동남아, 중앙아시아로 중국의 지배를 확대하여 심지어 648년에는 인도 북부까지 개입했고 무후 시

[도판 7.3] 측천무후의 얼굴: 전설에 따르면 700년 무렵에 조각된 이 어마어마한 미륵불상은 자신의 이름으로 중국을 다스린 유일한 여성의 얼굴을 모델로 한 것이다.

절 중국의 '소프트' 파워는 그 너머까지 미쳤다. 2세기부터 5세기까지 승려와 무역상들이 불교를 널리 전파하고, 새롭게 형성된 동남아시아 국가들의 지배층이 종교뿐 아니라 인도식 복장과 문자도 채택하면서 인도는 문화적 무게중심으로서 줄곧 중국을 압도했다. 그러나 7세기가 되자 중국의 영향력 역시 감지되었다. 독특한 인도차이나 문명이 동남아시아에서 발전했고, 불교의 중국 종파들이 인도로 역수출되어 그곳의 사상을 구성했으며 한국과 일본에서 등장한 국가의 지배계급은 전적으로 중국으로부터 불교를 받아들였다. 그들은 중국식 복장과 도시 계획, 율령, 문자를 모방하고 중국 통치자들의 인정, 그들과의 혈통적 연계를 주장함으로써 권력을 뒷받침했다.

중국 문화의 매력은 부분적으로 외국의 사상에 개방적인 자세와 그러한 사상들을 혼합하여 새로운 무언가를 만들어내는 능력에 있었다. 무후 시절 중국의 최고권력자 가운데 많은 이는 족보를 따지면 중국으로 이주한 스텝 지대 유목민으로 거슬러올라갔으며, 그들은 동양과 서양을 잇는 초원길과의 연계를 계속 유지했다. 아시아 내륙의 무용수와 비파는 장안에서 폭발적 인기를 끌었고 장안에서 최신 유행을 따르는 여자들은 몸에 꼭 끼는 상의와 주름치마, 베일이 달린 페르시아풍 드레스를 입었다. 진정한 유행의 선도자는 문지기로 동아프리카 '귀신 노예'만을 썼다. 한 노예 주인은 "그놈들이 죽지만 않는다면 계속 데리고 있을 수 있고, 그렇게 한참 데리고 있다 보면 그놈들도 인간의 말을 하지는 못해도 알아듣기 시작한다"[4]고 냉랭하게 말했다.

중국 명문가의 자제는 유목민의 인기 게임인 폴로를 하다가 골절을 입었다. 모두가 방석이 아니라 중앙아시아 스타일로 의자에 앉는 법을 배웠다. 세련된 여성은 중국의 도시로 몰려든 중앙아시아, 이란, 인도, 아라비아 상인이 들여온 조로아스터교나 기독교 같은 이국적인 종교를 믿는 사당을 드나들었다. 2007년 한 DNA 조사는 592년 북중국 타이위안에 묻힌 유홍이라는 사람이 사실은 유럽인이었다는 사실을 밝혀냈다(그가 서양에서 스텝 지대의 동쪽 끝까지 그 먼 길을 이동해 중국에 정착하게 된 것인지 아니면 그의 선조들이 차츰차츰 이동해온 것인지는 분명하지 않다).

측천무후의 세상은 589년 남부에 강력한 국가를 낳았고 남부의 경제발전에 방대한 영역을 열어준 중국 통일의 산물이었다. 이는 어째서 동양의 사회발전지수가 그렇게 급속도로 증가했는지를 설명해준다. 그러나 어째서 동양과 서양의 점수가 541년경에 교차하게 되었는지를 절반만 설명해준다. 완벽한 대답을 얻기 위해서는 왜 서양의 사회발전지수가 계속 떨어졌는지를 알아야만 한다.

마지막 혈통

표면적으로는 적어도 6세기에 서양의 회복은 동양의 회복과 유사해 보였다. 양 핵심부에서 거대한 고대 제국이 붕괴되어 작은 제국이 과거의 영토 전체에 대해 합법적 지배를 주장하고 일단의 '야만족' 왕국들은 그러한 권리 주장을 무시하는 형국이었다(지도 7.4). 5세기의 재앙 이후 비잔티움 제국은 변경 지대를 떠받치는 버팀목이 되었고 비교적 평온을 누렸으며 유스티니아누스라는 새로운 황제가 제위에 오른 527년까지 모든 신호는 긍정적이었다.

역사가들은 종종 유스티니아누스를 마지막 로마인이라고 부른다. 그는 맹렬하게, 정력적으로 제국을 다스렸고 행정조직을 대대적으로 정비했으며 조세제도를 강화하고 콘스탄티노플을 재건했다. 그는 악귀 들린 사람처럼 일했다. 일부 비판가는 그가 **정말로** 악귀였다고 말했다. 그들은 할리

[지도 7.4] 마지막 혈통? 처음에는 비잔티움의 유스티니아누스가 그다음에는 페르시아의 호스로가 서양 핵심부의 재통일을 시도한다. 비잔티움의 헤라클리우스는 호스로에게 반격한다.

우드 영화의 흡혈귀처럼 유스티니아누스가 먹지도 마시지도 않았으며 잠도 자지 않았다고 주장했다. 물론 성욕은 왕성했지만 말이다. 심지어 일부는 유스티니아누스가 밤에 회랑을 배회할 때 그의 머리가 몸에서 떨어져 나와 공중을 둥둥 떠다니는 것을 목격했다고도 말했다.

소문에 따르면 유스티니아누스를 주로 움직이는 사람은 심지어 측천무후보다 세간의 평가가 더 나빴던 아내 테오도라 황후였다(도판 7.5). 테오도라는 유스티니아누스와 결혼하기 전에 배우(고대에는 흔히 매춘부에 대한 완곡한 표현이었다)였다. 소문에 따르면 테오도라의 성욕은 심지어 유스티니아누스도 능가해서 하루는 저녁 연회의 손님 모두와 동침하고 그들이 지치자 그들의 하인 37명과 동침했다고 하며, 또 신이 몸에 구멍을 세 군데밖에 만들어주지 않은 것을 불평했다고도 한다. 그렇다 하더라도 그녀는 황후로서 손색이 없었다. 532년, 유스티니아누스의 과세에 반발한 귀족들이 경기장의 폭도를 이용해 황제를 몰아내려고 하자 도망치려는 그를 막은 것은 테오도라 황후였다. 그녀는 남편에게 "사람이라면 누구나 죽을 수밖에 없어요. 사람들이 내게 '폐하'라고 불러주지 않는 날을 보느니 나라면 차라리 죽겠어요. 당신이 안전을 구한다면 그건 괜찮아요. (…) 하지만 나는 수의에는 자줏빛(국왕의 색깔)이 제일 잘 어울린다는 옛말을 따를래요"[5]라고 따졌다. 유스티니아누스는 다시 용기를 얻었고 군대를 내보냈으며 그후 승승장구했다.

바로 이듬해에 유스티니아누스는 벨리사리우스 장군을 파견해 반달족의 수중에서 북아프리카를 되찾았다. 65년 전 화선은 카르타고를 탈환하려는 비잔티움의 희망을 연기 속으로 날려버렸지만 이제 반달족이 무너질 차례였다. 벨리사리우스는 북아프리카를 휩쓴 다음 시칠리아로 건너가 고트족도 무너뜨렸다. 유스티니아누스의 장군은 536년 로마로 돌아와 크리스마스를 축하했다. 모든 일이 완벽하게 굴러갔다. 그러나 565년 유스티니

[도판 7.5] 측천무후보다 더한 악한(시각에 따라서는 더 훌륭한 여걸)? 547년 완공된 이탈리아 라벤나 성당의 모자이크화에 묘사된 테오도라 황후.

아누스가 죽을 무렵 재정복 사업은 막다른 길에 부닥쳤고 제국은 파산 상태였으며 서양의 사회발전지수는 동양보다 더 아래로 떨어졌다. 무엇이 잘못되었던 것일까?

『비사』라는 기록을 남긴 벨리사리우스의 비서 프로코피우스에 따르면 그 모든 것은 여자들의 잘못이었다. 프로코피우스는 측천무후의 유학자 문인들에 버금가는 비비 꼬인 음모론을 제시했다. 벨리사리우스의 아내 안토니나는 테오도라 황후의 절친한 친구이자 문란한 성 행각의 파트너였다는 것이다. 안토니나(그리고 자신)에 대한 소문들이 유감스럽게도 모두 사실이었기에 테오도라는 유스티니아누스의 주의를 돌리기 위해 벨리사리우스를 음해했다. 벨리사리우스가 반역을 꾸미고 있다고 확신한 유스티니아누스는 그를 소환했고 장군을 잃은 비잔티움 군대는 전투에서 패배할 수밖에 없었다. 유스티니아누스는 곤경을 모면하기 위해 벨리사리우스를 군대에 돌려보냈으나 곧 황제의 피해망상증이 되살아났고, 그 어리석은 일이 (수차례) 반복되었다.

프로코피우스의 이야기가 얼만큼 진실을 담고 있는지는 짐작만 할 수 있을 뿐이지만, 재정복 사업의 실패에 대한 진정한 설명은 6세기 동양과 서양 핵심부가 유사성에도 불구하고 차이점이 더 컸다는 사실에서 찾을 수 있다. 전략적으로 유스티니아누스의 위치는 중국을 통일할 때의 수 문제와 거의 정반대였다. 중국에서 북쪽의 '야만족' 왕국들은 577년에 모두 통일되었고, 수 문제는 북쪽의 통일 왕국을 이용해 부유하지만 허약한 남부를 정복할 수 있었다. 반대로 유스티니아누스는 부유한 비잔티움 왕국을 통해 대체로 가난하지만 강력한 다수의 '야만족' 왕국을 정복하려고 애쓰고 있었다. 589년의 수 문제처럼 단 한 차례의 원정으로 핵심부를 재통일하는 것은 불가능했다.

유스티니아누스는 또한 페르시아도 상대해야 했다. 훈족과의 일련의 전쟁, 조세를 둘러싼 갈등, 종교적 격변 탓에 한 세기 동안 페르시아는 군사적으로 조용했지만 로마 제국이 불사조처럼 다시 일어서기 위해서는 모종의 조치가 필요했다. 540년 페르시아 군대는 비잔티움의 약화된 방어선을 뚫고 시리아를 약탈하여 유스티니아누스는 두 전선에서 전쟁을 치러야 했다(안토니나의 어느 술수보다도 아마도 이러한 전황이 이탈리아에서 벨리사리우스를 소환한 것과 더 관계가 있을 것이다).

그리고 마치 이것으로는 충분하지 않다는 듯 새로운 질병이 541년 이집트에서 보고되었다. 사람들은 몸에 열이 나고 사타구니와 겨드랑이가 부어올랐다. 날포 만에 부종은 검게 변색되었고 병자들은 정신을 잃고 혼수상태에 빠졌다. 다시 하루 이틀 만에 대부분의 희생자는 고통 속에 몸부림치다 죽었다.

선페스트였다. 역병은 1년 뒤 콘스탄티노플에 도달해 대략 10만 명의 목숨을 앗아간 것으로 추정된다. 사망률이 매우 높아서 에페수스의 요한 주교의 말에 따르면 "아무도 목에 이름표를 걸지 않고는 문밖으로 나가려 하지 않았다".[6]

콘스탄티노플 사람들은 역병이 에티오피아에서 왔다고 말했고 대부분의 역사가도 이에 동의한다. 페스트균은 541년보다 훨씬 전에 아프리카 대호수 부근에서 진화하여 에티오피아 고원지대의 검은 쥐에 기생하는 벼룩을 통해 풍토병이 되었다. 홍해의 무역상들이 오랜 세월에 걸쳐 많은 에티오피아 쥐를 이집트로 옮긴 것이 틀림없는데, 보균 벼룩은 섭씨 15도부터 20도 사이에서만 활동하기 때문에 이집트의 열기는 530년대 후반까지는 전염병학상의 장벽을 생성했던 것 같다.

그다음 일어난 일은 논쟁거리다. 나이테는 여러 해 동안의 이상 저온을 가리키며, 비잔티움과 앵글로색슨족의 기록에는 하늘에 커다란 혜성이 출현했다고 나와 있다. 일부 역사가는 혜성의 꼬리가 먼지층을 생성해 기온을 낮춰 역병이 터져나왔다고 생각한다. 다른 역사가들은 화산재가 기온 하강의 원인이라고 추측한다. 그러나 또 다른 역사가들은 먼지층이나 화산은 아무 상관이 없다고 여긴다.

그러나 이러니저러니 해도 결국 6세기 서양의 사회발전지수를 낮춘 것은 혜성도 전략적 상황도 심지어 문란한 행실도 아니다. 전쟁과 질병의 충격이 사회발전에 어떻게 영향을 미치는지를 결정한 동양과 서양 사이 근본적 차이는 사내 녀석chap이 아니라 지도map에 있었다. 유스티니아누스의 경제는 잘 굴러가고 있었지만—이집트와 시리아의 농부는 어느 때보다 생산적이었고 상인은 여전히 곡물과 올리브기름을 콘스탄티노플로 실어왔다—서양은 벼논이 펼쳐진 동양의 폭발적인 새로운 개척 지대 같은 것이 없었다. 강남 지방을 정복했을 때 수 문제는 적어도 전장에 20만 명의 병력을 내보낼 수 있었다. 551년 이탈리아 전쟁이 한창일 때 유스티니아누스는 고작 2만 명의 병사를 구할 수 있을 뿐이었다. 승리를 통해 수 문제는 강남의 거대한 부를 손에 넣었지만 유스티니아누스는 그저 더 가난하고 흔히 전쟁의 화염이 휩쓸고 간 땅을 얻었을 뿐이었다. 여러 세대가 지나면 재통일된 로마 제국은 지중해를 다시 무역의 초고속도로로 탈바꿈시키고 새로운 경제적 개척 지대를 열어 사회발전 추세를 역전할 수 있었을지도 모른다. 그러나 유스티니아누스는 그러한 사치를 누릴 수 없었다.

지리는 유스티니아누스의 영웅적이고 허영기 다분한 재정복이 시작되기도 전에 애초부터 실패를 예정했고 그의 노력은 아마도 그러한 운명을 더 나쁘게만 만든 것 같다. 그의 병사들은 이탈리아를 황무지로 만들었고 병사들을 먹인 무역상들은 지중해 일대에 쥐와 벼룩, 죽음을 실어왔다.* 역병은 546년 이후 다소 완화되었지만 세균은 이 지역에 정착했고 약 750년까지 어디선가 역병이 창궐하지 않고 지나가는 해가 없었다. 인구가 급감했는데, 어쩌면 3분의 1 정도가 감소했다. 구세계 교환이 400년 전 전염병을 풀어놓았을 때 그랬던 것처럼 대규모 사망률은 처음에 일부 사람들에게는 오히려 이득이 되었다. 인력이 줄어들자 생존자의 임금은 상승했다. 물론 부유한 사람들에게는 더 힘든 시절이 될 수밖에 없었고(544년 에페수스의 주교 요한은 매우 기독교도답지 않은 여담에서 이런 떼죽음 탓에 세탁비가 터무니없이 올랐다고 불평했다) 유스티니아누스는 역병 이전 수준으로 임금을 고정시키는 것으로 대응했다. 이것은 분명 아무런 성과도 거두지 못했다. 땅은 버려지고 도시는 축소되고 세금은 감소하고 각종 조직은 무너졌다. 상황은 곧 모두에게 더 나빠졌다.

다음 두 세대에 걸쳐 비잔티움은 내부에서 붕괴했다. 브리튼과 갈리아 지방 대부분은 5세기에 서양 핵심부에서 떨어져나갔다. 전쟁으로 갈가리 찢긴 이탈리아와 에스파냐 여러 지역도 6세기에 같은 경로를 따랐다. 그다음 붕괴의 물결이 서북쪽에서 동남쪽으로 서서히 밀려와 비잔티움의 심장부 역시 에워쌌다. 콘스탄티노플 인구의 4분의 3이 사라졌고 농업과 상업이 붕괴해 세수가 급감했다. 종말이 가까워온 것 같았다. 600년이 되자 단 한 사람이 여전히 서양 핵심부의 재건을 꿈꾸는 것 같았다. 바로 페르시아의 호스로 2세였다.

따지고 보면 로마만이 재탄생할 수 있는 유일한 서양의 제국은 아니었다. 로마가 아직 후진 지역이었던 기원전 500년경에 페르시아는 서양 핵심부 대부분을 통일했다. 이제 비잔티움 제국이 기진맥진한 가운데 페르시아의 시대가 다시 찾아온 것처럼 보였다. 609년 호스로는 무너져가는 변경 지대의 요새들을 돌파했고 비잔티움의 군대는 와해되었다. 614년 그는 예루살렘을 점령했고 그와 더불어 기독교의 가장 성스러운 유물도 손

---

* 쥐가 아니라 인간이 역병을 퍼트렸다. 쥐는 2년을 사는 동안 평균 400미터 범위 너머로 이동하지 않는다. 쥐가 퍼트렸다면 역병은 1세기에 19킬로미터만 전파되었을 것이다.

에 넣었다. 바로 예수가 매달린 성 십자가의 파편, 그의 옆구리를 찔렀다는 성스러운 창, 예수의 입을 적신 성스러운 해면이었다. 5년이 지나자 호스로는 이집트를 손에 넣었고 유스티니아누스가 권좌에 오른 지 99년이 지난 626년에 호스로의 군대는 보스포루스 해협 너머 다름 아닌 콘스탄티노플을 바라보고 있었다. 호스로가 서부 스텝 지대로부터 얻은 동맹인 아바르인은 발칸 반도를 휩쓴 뒤 반대편 해안에서 콘스탄티노플을 공격할 태세였다.

그러나 호스로의 꿈은 심지어 유스티니아누스의 꿈보다 더 먼저 무너졌다. 628년에 그가 죽자 그의 제국도 산산조각 났다. 비잔티움의 황제 헤라클리우스는 콘스탄티노플 성벽 바깥에 있는 군대를 무시하고 교회에서 금과 은을 '빌려서' 코카서스로 출항, 그곳에서 교회에서 뺏은 전리품을 이용해 스텝 지대 튀르크계* 유목민 부족의 기병을 고용했다. 헤라클리우스는 문제는 기마병이라고 판단했다. 그리고 비잔티움에는 기마병이 거의 없었으므로 얼마간 빌려와야겠다고 생각한 것이다. 그가 고용한 튀르크인은 그들을 저지하기 위해 파견된 페르시아인을 격퇴했고 메소포타미아를 쑥대밭으로 만들었다.

이로 인해 붕괴의 해일이 페르시아까지 걷잡을 수 없이 밀려오게 되었다. 페르시아의 지배계급은 무너졌다. 다름 아니라 호스로의 아들이 그를 가두어 굶겨죽인 뒤 호스로가 정복했던 땅을 내주고 그의 아버지가 빼앗은 성스러운 유물을 돌려보냈으며, 심지어 기독교도 받아들였다. 페르시아는 와해되어 내전 상태에 빠졌고 5년 사이에 여덟 명이 페르시아 왕위를 거쳐가는 동안 헤라클리우스는 최고의 위인으로 칭송받았다. 당대의 한

---

* 역사가들은 '튀르크계'란 표현을 11세기에 이르러서야 오늘날 우리가 터키라고 부르는 지방으로 이주한 현대 튀르크인의 조상인 스텝 지대 유목민을 가리킬 때 쓴다.

사람은 "무한한 기쁨과 형용할 수 없는 행복이 전 세계를 사로잡았다"[7]고 찬사를 쏟아냈다. 또 다른 이는 "우리 모두 한목소리로 천상의 찬양을 부릅시다. 지극히 높은 곳에는 하느님께 영광이요, 땅에서는 기뻐하심을 입은 사람들 중에 평화로다"[8]라고 썼다.

533년 이후 한 세기 동안 운명의 부침은 고대 서양 제국들이 직면한 파국의 단말마였다. 중국의 경우와 같은 새로운 경제적 개척 지대가 부재한 가운데 유스티니아누스와 마찬가지로 호스로도 서양의 사회발전 추세를 반전시킬 수 없었고, 두 사람이 각자 애를 쓸수록 상황만 더 악화시킬 뿐이었다. 마지막 로마인과 마지막 페르시아인은 폭력과 역병, 경제적 쇠퇴로 점철된 한 세기 동안 서양 핵심부를 공동화했다. 630년 헤라클리우스가 성 십자가를 제자리에 돌려놓기 위해 말을 타고 예루살렘에 입성한 지 고작 10년 만에 그들의 온갖 승리와 비극은 더 이상 의미가 없어져버렸다.

선지자의 말씀

유스티니아누스와 호스로는 알지 못한 채 먼 옛날의 패턴을 따르고 있었다. 핵심부를 통제하려는 그들의 필사적 노력은 핵심부를 불안정하게 만들었고, 다시금 주변부의 사람들을 끌어당겼다. 호스로는 아바르인을 콘스탄티노플로, 헤라클리우스는 튀르크인을 메소포타미아로 끌어들였다. 두 제국은 사막 변경 지대를 지키기 위해 아랍 부족들을 고용했는데, 그쪽이 돈을 들여 제국의 수비대를 유지하는 것보다 더 싸게 먹혔기 때문이다. 로마의 국경 지대를 게르만화하고 중국의 국경 지대를 흉노화한 것과 동일한 사고가 이제 비잔티움과 페르시아의 상호 경계 지대를 아랍화했다. 6세기 내내 두 제국은 갈수록 아라비아와 결부되었고, 아랍인 종속

왕국을 설립했다. 페르시아는 남부 아라비아를 제국으로 흡수했으며 비잔티움의 에티오피아 동맹들은 여기에 균형을 맞추고자 예멘을 침공했다. 아라비아는 핵심부로 이끌리고 있었고 아랍인은 교역로를 따라 오아시스 도시를 세우고 기독교로 개종하면서 사막에 그들의 왕국을 수립했다.

페르시아와 비잔티움 사이의 거대한 전쟁들은 이 아랍 주변부를 뒤흔들었고 제국들이 분해되었을 때 아라비아의 유력자들은 제국의 잔해를 놓고 다퉜다. 서부 아라비아에서 메카와 메디나(지도 7.6)가 620년대 내내 교역로를 둘러싸고 다투는 동안 두 도시의 전사 집단은 사막을 가로질러 사방으로 뻗어나가면서 동맹을 찾고 상대방의 대상隊商을 습격했다. 제국의 예전 변경 지대는 이 게임에서 별로 의미가 없었고, 메디나의 지도자가 630년 메카를 함락했을 때에 이르자 그의 침략자는 이미 팔레스타인에서 싸우고 있었다. 그곳에서 메디나에 충성하는 아랍인이 메카에 충성하는 아랍인과 충돌하는 동안 콘스탄티노플이 돈을 대는 다른 아랍인은 양쪽 집단 모두와 싸웠다.

이러한 정세의 대부분은 이를테면 이집트와 바빌로니아의 제국들이 기원전 1200년 이후 붕괴했을 때 똑같은 사막 주변부에서 활동했던 아랍 부족민에게는 무척 익숙했을 것이다. 그것은 국가가 무너졌을 때 변경 지대에서 일어나는 일일 뿐인 것이다. 그러나 한 가지만은 아랍인에게 낯설었다. 바로 무함마드 이븐 압둘라라는 메디나의 지도자였다.

페르시아가 비잔티움과 대격변을 가져올 전쟁을 개시한 610년 무렵에 무함마드는 환영을 보았다. 대천사 가브리엘이 나타나 명령했다. "낭송하라!" 당연히 당황한 무함마드는 자신은 낭독자가 아니라고 주장했지만 가브리엘은 두 차례 더 그에게 명령했다. 그러자 말씀이 저절로 무함마드의 입에서 흘러나왔다.

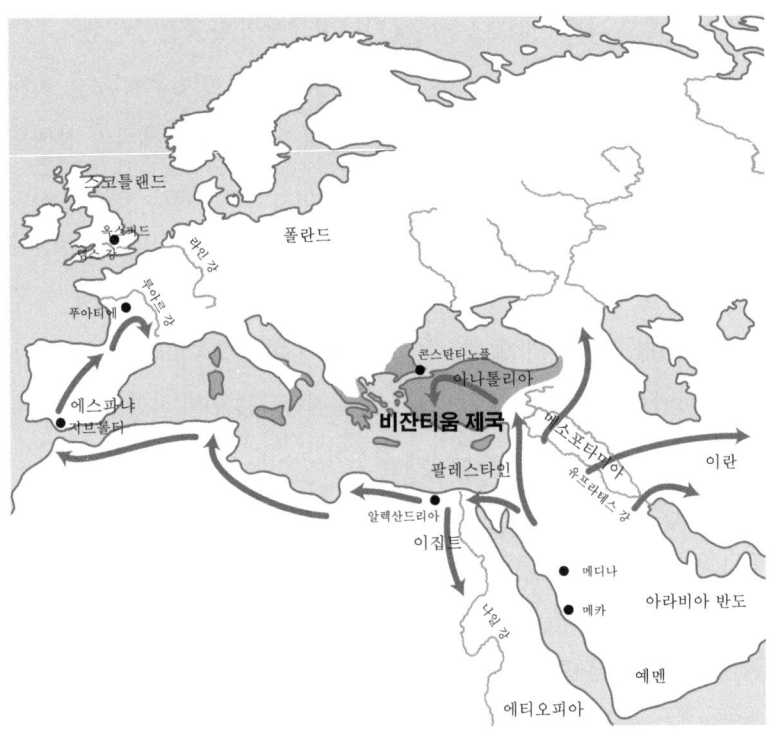

[지도 7.6] 지하드: 632~732년, 아랍인이 서양 핵심부를 거의 통일하다. 화살표는 아랍인의 주요 침공 경로를 보여준다.

낭송하라! 주의 이름으로 핏덩어리에서 인간을 창조하신 네 주의 이름으로.
낭송하라! 네 주는 인간이 모르는 것을 펜으로써 가르쳐주시는 가장 자비로
우신 분이다.[9]

무함마드는 자기가 미쳤거나 아니면 악귀가 들린 게 틀림없다고 생각했
지만 생각이 달랐던 그의 아내는 무함마드를 설득시켰다. 다음 22년에 걸
쳐 가브리엘은 계속 나타나 무함마드를 오한과 발열이 일어나는 발작과
혼수상태에 빠트렸고, 그때마다 예언자의 입에서는 신의 말씀이 거침없이
흘러나왔다. 그리고 그 말씀들이라니! 전승에 따르면 그 언어의 아름다움
은 말씀을 듣는 즉시 사람들을 개종시켰다. 가장 중요한 개종자 가운데
한 명인 우마르는 "가슴이 누그러지면서 나는 눈물을 흘렸다. 이슬람이
내 안에 들어왔다"[10]고 말했다.

이슬람—신의 뜻에 순종함—은 여러 측면에서 고전적인 2차 축의 종
교였다. 이슬람의 창시자는 지배층의 주변부 출신이자(그는 무역을 하는 신
흥 부자 가문의 사소한 인물이었다) 제국의 주변부 출신이었다. 그는 아무런
저술도 남기지 않았다('낭송'이란 뜻의 코란은 그의 사후에야 집대성되었다).
그는 인간이 신을 이해할 수 없다고 믿었다. 그리고 그는 이전 축의 사상
위에 새로운 종교를 세웠다. 그는 정의와 신 앞의 평등을 설파했고 약자
에 대한 연민을 부르짖었다. 이 모든 것을 이전 축의 사상가들과 공유했
다. 그러나 다른 측면에서 그는 완전히 새로운 소산이었다. 그는 축의 전
사였다.

불교나 유교, 기독교와 달리 이슬람교는 붕괴하는 제국의 가장자리에
서 탄생했고 지속적인 전쟁 상태 한가운데서 성장했다. 이슬람은 폭력의
종교가 아니었지만(코란은 구약성서보다 피비린내가 훨씬 덜 난다) 무슬림은
싸움에 초연할 수 없었다. "너에게 대적하는 자에 맞서 신을 위해 싸우라.

그러나 먼저 공격해서는 안 된다. 신은 공격자를 사랑하지 않는다"[11] 하고 무함마드는 말했다. 다음은 20세기 미국 무슬림 맬컴 엑스의 표현이다. "평화를 사랑하고 타인에게 공손하고 법을 지키고 모두를 존중하라. 그러나 누군가가 당신을 건드린다면 묘지로 보내버려라."[12] 포교에 강요가 설 자리는 없었지만 무슬림(신에 '순종하는 자')은 자신들의 신앙이 위협받을 때마다 신앙을 수호해야 했다. 그리고 그들이 붕괴하는 제국으로 밀고 들어와 약탈을 하고 그와 동시에 말씀을 전파하고 있었기 때문에 무력으로 신앙을 수호해야 하는 상황이 자주 일어날 가능성이 적지 않았다.

그리하여 아랍 이주민은 후진성에서 자신들만의 이점을 찾아냈다. 구원과 군사주의의 결합은 조직과 목적이 거의 부재한 세상에서 그들에게 그 둘 다를 가져다주었다.

핵심부에서 자기 자리를 찾는 많은 다른 주변부 민족처럼 아랍인도 자신들이 아브라함의 아들 이스마엘의 자손으로서 그러한 자리를 타고났다고 주장했다. 그들은 아브라함과 이스마엘이 메카의 가장 성스러운 성소, 카바 사원을 손수 쌓았다고 주장했다. 이슬람은 사실 아브라함의 원래 종교였고 유대교는 거기서 갈라져 나온 것이며, 한마디로 코란은 유대교를 이슬람교의 사촌으로 묘사했다. 코란은 "어리석은 자만이 아브라함의 믿음을 부인하리라"[13] 하고 말한다. 아브라함부터 예수까지 모든 선지자의 말은 옳고(비록 예수는 메시아가 아니지만) 무함마드는 신의 메시지를 확정하고 유대교와 기독교의 약속을 완수하는 마지막 선지자일 뿐이다. 무함마드는 "우리의 신과 너희의 신은 같다"[14]고 주장했다. 성전의 종교들 사이에서 필연적으로 갈등이 일어날 필요는 없었다. 사실 서양은 이슬람이 필요했다.

무함마드는 호스로와 헤라클리우스에게 서한을 보내 이 모든 것을 설명했지만 회신을 받지 못했다. 상관없었다. 어쨌거나 아랍인은 팔레스타인과 메소포타미아로 계속 진입하고 있었다. 그들은 군대가 아니라 전사 집단으로 왔고, 좀체 5000명을 넘지 않았으며 아마도 최대로 잡아 1만 5000명을 넘는 일은 없었을 것이다. 또 정식 전투를 치르기보다는 치고 빠지는 전략을 선보였다. 그러나 그들에게 맞선 얼마 안 되는 병력 역시 그보다 수가 많은 경우는 거의 없었다. 630년대의 제국들은 파산 상태였고 분열되어 있었으며 이렇게 혼란스러운 새로운 위협에 대처할 능력이 없었다.

사실, 대부분의 서남아시아 사람은 아랍 부족장이 비잔티움과 페르시아의 관리들을 대체하든 말든 신경쓰지 않은 것 같다. 몇 세기 동안 두 제국은 세세한 교리를 둘러싸고 수많은 기독교 신민을 박해했다. 한 예로 비잔티움 제국에서 451년 이래로 교회의 공식적 입장은 예수가 인성과 신성이라는 두 가지 본성을 한 몸 안에 모두 갖고 있다는 것이었다. 일부 이집트 이론가는 예수는 실제로는 한 가지 본성만 갖고 있다고 반박했고 630년대가 되자 너무나 많은 사람이 이 문제 때문에 죽었기 때문에 시리아와 이집트의 단성론[그리스도에는 신성만이 존재한다는 신학설. 정치적으로 이용되면서 비잔티움 제국 동방(이집트, 시리아)의 이반을 촉진했다]* 기독교인은 이슬람교를 환영했다. 예수의 본성을 놓고 성스러운 테러를 자행하는 같은 종교인보다는 그 문제가 아무런 의미가 없는 이교도 지도자들이 차라리 나았다.

639년 고작 4000명의 무슬림이 이집트를 침공했지만 알렉산드리아는 싸우지 않고 항복했다. 막강했던 페르시아 제국은 10년 내전의 여파로 휘청거리며 카드로 만든 집처럼 무너져내렸고 비잔티움 사람들은 아나톨리아로 물러나면서 제국의 조세 기반 4분의 3을 아랍인에게 헌납했다. 다음 50년에 걸쳐 비잔티움의 고가 제도는 차츰 사라져갔다. 제국은 군대를 일

---

* 단성론Monophysitism은 '하나의mono' '본성physis'을 뜻하는 그리스어에서 왔다.

으킬 때 현지 유력자들에게 의존하고 급료를 주는 대신 병사들이 농사를 지어 스스로 식량을 조달하는 방식으로, 오로지 잽싸게 저가 해법을 찾아냄으로써 연명했다. 700년이 되자 5만 명이 채 못 되는 주민만이 작물을 재배하기 위해 근교의 땅을 갈고 주화를 이용하는 대신 물물교환을 하면서 수입품도 없이 콘스탄티노플에서 살아갔다.

1세기 만에 아랍인은 서양 핵심부에서 가장 부유한 지역을 집어삼켰다. 674년 그들의 군대는 콘스탄티노플 성벽 아래 진을 쳤다. 40년 뒤 그들은 파키스탄의 인더스 강 강둑 위에 섰고 에스파냐로 건너갔으며, 732년 일단의 무슬림 전사들이 프랑스 중부 푸아티에 도달했다. 그후 사막에서 제국의 심장부로 향한 이주의 속도는 느려졌다. 1000년 뒤 기번은 이 현상을 다음과 같이 숙고했다.

> 승승장구하는 행렬은 지브롤터의 바위부터 루아르 강둑까지 1600킬로미터에 걸쳐 길게 이어져 있었다. 그 거리만큼 이동하면 사라센(북아프리카 무슬림)들은 폴란드 국경과 스코틀랜드의 고지까지 다다랐을 것이다. 라인 강은 나일 강이나 유프라테스 강 이상으로 건너기 힘들지는 않았을 테고, 아랍의 함대는 전투를 치르지 않고 템스 강 어귀로 들어왔을지도 모른다. 어쩌면 지금쯤 옥스퍼드의 대학에서는 코란을 가르치고 있을지도 모르며 그곳의 학생들은 할례를 받은 사람들(유대인들)에게 무함마드의 계시가 지닌 진실함과 신성함을 논증해보였을지도 모를 일이다.[15]

"그러한 비운으로부터 기독교권은 구원받았다"고 기번은 적잖이 비꼬면서 덧붙인다. 18세기 영국의 사회적 통념은 7세기의 콘스탄티노플에서와 마찬가지로 기독교를 서양을 규정하는 가치로, 이슬람을 그 안티테제로 간주했다. 아마도 핵심부의 지배자들은 주변부에서 들어온 사람들을 언제나 야만족으로 그렸을 테지만 기번은 아랍인이 사실은 기독교의 승리와 함께 시작된, 서양 핵심부를 변혁하는 더 거대한 축의 사상 제2의 물결임을 온전히 이해하고 있었다. 사실, 우리는 기번보다 한술 더 떠서 아랍인을 기원전 2200년 메소포타미아의 아모리인으로까지 거슬러올라가는 더 긴 전통 안에 위치시키고 그들이 스스로를 규정하는 대로 간주할 수도 있을 것이다. 핵심부의 갈등을 통해 이미 핵심부로 이끌리고 있던 사람들, 이제 핵심부의 꼭대기에서 그들의 합당한 자리를 요구하는 사람들로 말이다. 그들은 서양을 묻어버리기 위해서가 아니라 서양을 완성하기 위해 왔다. 유스티니아누스와 호스로의 야망을 좌절시키기 위해서가 아니라 완수하기 위해 왔다.

우리 세기의 정치 전문가 다수는 18세기 기번의 비판가들처럼 이슬람을 '서양'(그들에게는 일반적으로 서북유럽과 그 해외 식민지를 뜻한다) 문명에 반하고 그 외부에 존재하는 것으로 쉽게 상정한다. 그러나 그것은 역사적 현실을 무시하는 것이다. 700년이 되자 이슬람 세계는 이럭저럭 서양 핵심부였고 기독교권은 그 북쪽 가장자리를 따라 있는 주변부일 뿐이었다. 아랍인은 이전 로마 제국만큼 서양 핵심부의 상당 부분을 느슨하게 한 국가로 통합했다.

아랍인의 정복은 수 문제의 동양 정복보다는 오래 걸렸지만 아랍 군대는 매우 작았고 사람들의 저항도 매우 제한적이었기 때문에 그들은 정복한 땅을 거의 초토화하지 않았다. 그래서 8세기에 서양의 사회발전지수는 마침내 하락을 멈췄다. 어쩌면 이제 대체로 재통일된 서양 핵심부는 6세기 동양 핵심부처럼 다시 회복될 수 있을 테고 동양과 서양 사이의 격차는 다시 줄어들 수 있으리라.

중심은 지탱하지 못한다

그러나 도표 7.1이 뚜렷이 보여주다시피 그런 일은 일어나지 않았다. 비록 양 핵심부는 700년이 되자 대체로 재통일되었고 8세기와 10세기 사이에 유사한 정치적 행운을 누리거나 불운을 겪었지만 동양의 사회발전지수는 계속해서 서양에 비해 가파르게 상승했다.

재통일된 양 핵심부는 정치적으로 위태로운 것으로 드러났다. 동양과 서양 핵심부의 지배자들은 한나라와 로마 제국에 잘 알려진 교훈, 즉 제국은 타협과 임기응변을 통해 다스려야 한다는 교훈을 다시 배워야 했지만 수나라도 아랍인도 거기에 능하지 못했다. 한나라처럼 수나라도 유목민(이제는 흉노족보다는 튀르크족*)을 걱정해야 했지만 동양 핵심부의 성장에 따라 새롭게 들어선 국가들의 위협도 걱정해야 했다. 오늘날 한국 땅의 고구려가 중국을 침공하기 위해 튀르크족[중국 문헌에서는 흔히 '돌궐족'이라고 나온다]과 비밀 협상을 개시하자 수나라 황제는 행동에 나서야겠다고 결정했다. 612년 그는 고구려에 거대한 군대를 파견했지만 열악한 기상 조건과 그보다 더 열악한 병참 지원, 형편없는 지휘력 탓에 궤멸당하고 말았다. 그는 613년과 614년에도 연달아 군대를 파견했다. 그리고 그가 네 번째로 군사를 일으켰을 때 그의 요구에 들고일어난 반란은 제국을 갈가리 찢어놓았다.

한동안 묵시록의 기수가 다시금 풀려날 것만 같았다. 군벌들이 중국을 나눠가졌고 튀르크 부족장들은 군벌끼리 서로 싸우게 만들며 중국을 맘껏 유린했다. 기아와 질병이 퍼졌다. 한 전염병이 스텝 지대를 넘어 도착했

---

* 헤라클리우스가 620년대에 메소포타미아를 침략할 때 고용한 반대편 초원길에 있는 튀르크족의 먼 친척.

으며 선페스트처럼 보이는 기분 나쁜 또 다른 전염병이 바닷길을 따라왔다. 그러나 한심한 어리석음이 위기를 촉발하기에 충분한 것처럼 뛰어난 통솔력은 그러한 위기를 종결시키기에 충분했다. 당국공이라는 한 군벌이 주요 튀르크 부족장들을 구슬려 다른 군벌에 맞서 자신을 지지하게 만들었고 튀르크족이 실수를 깨달았을 때 그는 이미 당이라는 새로운 국호와 함께 스스로 황제라 선언했다. 630년 그의 아들은 튀르크족의 내전을 이용해 이전 어느 때보다 스텝 지대 깊숙이 중국의 지배 권역을 확대했다(지도 7.2b). 국가의 통제력이 회복되었고 유민과 기아, 전염병이 잦아들었다. 측천무후의 세상을 만들어낸 사회발전지수의 급증이 다시 본격적으로 진행되었다.

중심을 지탱하기 위해서는 한나라 때보다 더 확고한 통제가 필요했지만 인간인지라 그러한 통제가 언제나 가능하지는 않았다. 사실, 당 제국을 망친 것은 가장 인간적인 감정인 사랑이었다. 대시인 백거이에 따르면 740년—"경국지색을 탐한"[16]—현종 황제는 아들의 아내 양귀비*에 홀딱 빠져서 그녀를 자신의 후궁으로 삼았다. 이 이야기는 이보다 1500년 전 서주를 멸망시켰다고 하는 유왕과 뱀 여인 포사와의 사랑 이야기와 미심쩍을 만큼 비슷하게 들리지만, 여하간 전하는 말에 따르면 현종은 양귀비를 기쁘게 하기 위해서는 뭐든 할 태세였다고 한다. 그의 묘안 가운데 하나는 양귀비가 총애하는 사람들에게 영예를 하사하는 것이었는데 그중에는 중국 편에서 싸우고 있는 튀르크족 장군 안녹산도 있었다. 현종은 병권을 둘러싼 일반적인 안전장치를 무시하고 안녹산이 거대한 군대의 통솔권을 장악하는 것을 허용했다.

---

* 귀비는 사실 이름이 아니라 후궁의 작위 가운데 하나이며 양귀비의 본명은 양옥환이지만 양귀비라는 명칭이 고착되었다.

복잡한 궁중 암투를 고려해볼 때 안녹산이 조만간 총애를 잃게 되는 것은 불가피했다. 그리고 755년 그런 사태가 발생하자 안녹산은 당연한 움직임을 보였다. 그는 거대한 군대를 장안으로 향하게 했다. 현종과 양귀비는 도주했지만 그들을 호위하던 병사들은 내전의 책임을 양귀비 탓으로 돌리면서 그녀의 목숨을 요구했다. 병사들의 손에 애인을 내주지 않으려고 다급해진 현종은 흐느낀 채 우두머리 환관을 시켜 양귀비를 목 졸라 죽이게 했다. 백거이는 "꽃 비녀 땅에 떨어져도 줍는 이 아무도 없고"[17]라고 쓴다.

정인을 살릴 수 없는 황제는 얼굴만 가릴 뿐이네
고개를 들어보니 흐르는 피눈물은
차가운 바람에 실려온 흙먼지에 덮이네.

전설에 따르면 현종은 도사를 고용해 마법의 섬까지 양귀비의 혼령을 찾아갔다고 한다. 백거이의 시에서 양귀비는 황제에게 "우리의 영혼은 언제나 함께하니 어딘가에서, 언제든, 땅에서든 하늘에서든 우리는 분명 만날 것입니다"[18]라고 말한다.

그 사이 현종의 아들이 반란을 진압했다. 반란을 진압하기 위해 그가 쓴 방식─다른 절도사들에게 안녹산만큼 광범위한 권력을 부여하고 스텝 지대에서 튀르크족을 불러오는─은 추후의 재앙을 가져오는 해법이었다. 변경 지대가 붕괴하고 세수가 급감했으며 수 세대 동안 제국은 질서의 회복과 새로운 봉기, 침략, 반란 사이를 오락가락했다. 907년 한 군벌이 십대의 황제를 살해하여 마침내 당나라의 고통을 끝내주었다. 다음 50년 동안은 커다란 한 왕국이 중국 북부를 지배하고 8~10개의 군소 왕국이 남부를 지배했다[소위 5대10국 시대다].

현종은 중국의 근본적인 정치 문제를 노출했다. 강력한 황제는 권력을 너무 많이 갖고 있었고 조정의 여러 기관이 내린 결정을 무시할 수 있었다. 황제가 유능할 때는 문제가 없었지만 재능이 무작위로 분포한 상황과 거기서 생겨나는 광범위한 문제는 조만간 재난이 불가피할 수밖에 없다는 사실을 뜻했다.

서양 핵심부는 어떤 의미에서 정반대의 문제에 직면했다. 리더십이 너무 약했다. 거대한 아랍 제국에는 황제가 없었다. 무함마드는 선지자이지 왕이 아니었고 사람들은 그가 신이 원하는 바를 안다고 확신했기 때문에 그를 따랐다. 632년 무함마드가 죽자 무함마드가 아닌 다른 누구를 따라야 할 뚜렷한 근거는 없었고 무함마드의 아랍 동맹은 거의 와해될 뻔했다. 이를 방지하기 위해 그의 친구들 여러 명이 간밤을 새워 그들 가운데 한 명을 칼리파khalifa(보통 영어식으로 칼리프caliph라고 한다)로 선출했는데, 편리하게도 (신의) '대리인'이란 뜻과 (무함마드의) '후계자'란 뜻을 모두 갖고 있는 애매한 단어였다. 그러나 칼리프가 리더십을 주장할 수 있는 유일한 근거는 고인이 된 선지자 무함마드와 가깝다는 사실에서 나왔다.

아랍 부족장들의 까다로움을 고려해볼 때(일부는 페르시아와 비잔티움 제국을 약탈하기를 원했고, 일부는 제국을 조금씩 갈라서 지주로 정착하기를 원했으며, 또 다른 일부는 여전히 새로운 선지자를 지명하기를 원했다) 초기 칼리프들은 놀랍도록 잘했다. 그들은 대부분의 아랍인을 설득해 비잔티움과 페르시아 제국을 가능한 건드리지 않았고, 정복한 곳의 농민이 땅을 떠나지 않게, 지주가 영지를 버리지 않게, 경리 관료가 사무실을 떠나지 않게 잘 붙잡아두었다. 그들이 가져온 주요 변화는 제국의 세금을 자신들의 수중에 들어오게 하여, 정복한 땅의 전략 요충지에 아랍인으로만 구성된 요새 도시를 건설해 살아가면서 실질적으로 직업적인 신의 전사가 되도록 아랍인에게 급료를 지불한 것이었다.

그러나 칼리프 스스로가 칼리프란 대체 무엇인지를 둘러싼 애매함을 정리할 수는 없었다. 칼리프는 세수를 중앙으로 집중하고 명령을 내리는 국왕인가, 아니면 새롭게 정복한 지방의 독립적인 족장들에게 단순히 조언만 하는 종교적 지도자일 뿐인가? 칼리프는 이슬람 이전의 부족 지배층을 대변해야 하는가? 아니면 최초의 무함마드 추종자들이 뽑은 무슬림 대표를 의미하는가? 또는 평등한 신자 공동체의 수장이어야 하는가? 어느 칼리프도 모든 무슬림을 동시에 만족시킬 수는 없었고, 656년 제3대 칼리프가 죽임을 당했을 때 난관은 위기 수준에 봉착했다. 무함마드의 원래 친구들 가운데 여전히 살아 있는 사람은 거의 없었고 새롭게 칼리프로 선출된 사람은 무함마드의 한참 어린 사촌(이자 사위)인 알리였다.

알리는 자신이 생각하는 이슬람의 원래 정신을 회복하고 싶었지만 빈자를 옹호하고 세입을 병사들의 수중에 두고 전리품을 더 평등하게 공유하는 그의 전략은 이전 특권 집단의 분노를 샀다. 내전의 기운이 피어오르고 있었지만 아직까지 (그 시점에서는) 무슬림은 서로 죽이기를 꺼렸다. 661년 그들은 내전 직전까지 갔다 물러섰다. 전 아랍 세계를 전쟁으로 몰아넣는 대신 환멸을 느낀 알리의 지지자들이 그를 살해했다. 칼리프 직위는 이제 가장 큰 아랍 전사 집단의 수장에게 넘어갔다. 그는 다마스쿠스에 수도를 건설하고 중앙집권적인 조세제도와 관료제를 갖춘 전통적인 제국을 건설하려고 안간힘을 썼지만 그다지 성공을 거두지 못했다.

중국에서 현종의 사랑은 정치적 파국을 촉발했다. 서양에서 화를 초래한 것은 형제 간의 우애—그보다는 우애의 부재—였다. 750년 새로운 칼리프 왕조는 바그다드로 수도를 옮기고 더 효과적으로 중앙집권화를 추진했지만 809년 형제 간의 잇단 불화로 칼리프 알 마문의 세력은 심지어 아랍의 기준에서 봤을 때도 매우 미약했다. 그는 대담하게 곧장 문제의 핵심으로 들어가기로 했다. 문제의 핵심이란 바로 신이었다. 기독교도나 불교도와 달리 무슬림은 제도화된 교회 조직이 없었고 칼리프는 막강한 세속적 권력을 누렸지만 신이 원하는 바가 무엇인지 다른 누구보다 더 잘 안다고 주장할 근거가 없었다. 알 마문은 이슬람에서 옛 상처를 다시 들춰내어 이를 바꾸기로 했다.

과거 680년, 무함마드의 사촌이자 사위인 알리가 살해되고 20년도 채 지나지 않았을 때 알리의 아들 후세인이 칼리프에 맞서 반란의 기치를 들었다. 후세인이 패배하여 죽임을 당했을 때 대부분의 무슬림은 손 하나 까딱 안 했지만, 다음 100년에 걸쳐 현재의 칼리프는 알리를 살해해서 지금 지위를 얻었기 때문에 적법하지 않다고 믿는 한 분파(아랍어로 '시아shi'a')가 생겨났다. 이 분파 — 시아파 — 는 후세인과 알리, 무함마드의 피가 신에 대한 특권적 지식을 실제로 제공하며, 따라서 이러한 혈통의 후손들인 이맘[이슬람 교단 조직의 지도자를 가리키는 말]만이 이슬람을 이끌 수 있다고 주장했다. 대부분의 무슬림(수니파라고 하는데 수나sunna, 즉 관습을 따르기 때문이다)은 이 이야기가 어처구니없다고 여겼지만 시아파는 계속해서 자신들의 신학체계를 정교하게 가다듬었다. 9세기가 되자 일부 시아파는 이맘의 계보가 신의 왕국을 지상에 건립할 일종의 메시아인 마흐디로 이어지고 있다고 믿었다.

알 마문의 묘안은 현재의 이맘(후세인의 6대손)을 그의 후계자로 선정해 시아파를 자신의 분파로 만드는 것이었다. 그것은 비록 교활하지만 꽤 영리한 계책이었는데, 1년 만에 이맘이 죽어버리고 이맘의 아들은 알 마문의 술책에 관심이 없는 것으로 드러나면서 실현되지는 못했다. 이에 아랑곳하지 않고 알 마문은 플랜 B를 내놓았다. 그가 바그다드에서 고용한 종교 이론가들 가운데 일부는 그리스 철학에 영향을 받아서 코란은 (대부분의 무슬림이 생각하는 대로) 신의 정수 가운데 일부라기보다는 인간이 만들어낸 책이라고 기꺼이 이야기해주었다. 그렇기에 코란 — 그것을 해석하는 모든 사제 — 은 신의 지상 대리인인 칼리프의 권위 아래 들어온다. 알 마문은 이라크판 종교재판소*를 세워 다른 학자들도 이에 동의하도록 을러 멨지만 소수의 강경한 사제들은 그의 위협을 무시하고 신의 말씀인 코란은 알 마문을 포함해 모든 것의 우위에 있다는 주장을 굽히지 않았다. 대립은 848년까지 계속 됐고 마침내 칼리프는 패배를 인정했다.

알 마문의 플랜 A와 플랜 B에 대한 냉소주의는 칼리프의 권위를 약화시켰지만 그의 플랜 C는 얼마 남지 않은 권위마저 산산조각 내버렸다. 종교적 권위가 여전히 손에 잡히지 않자 알 마문은 더 노골적으로 나가기로 하고 튀르크 기병들을 노예 군대로 고용함으로써 문자 그대로 군사력을 사들이기 시작했다. 그러나 이전의 다른 지배자들처럼 알 마문과 그의 후계자들도 유목민은 기본적으로 통제가 불가능하다는 사실을 알게 되었다. 860년이 되자 칼리프는 자신이 만든 노예 군대의 인질이나 다름없었다. 군사력이나 종교적 뒷받침이 없이 그들은 더 이상 세금을 거둬들일 수 없었고, 결국 칼리프에게 세금을 일시불로 지불하고난 뒤로는 뜯어내는 만큼 세금을 챙기는 군사 총독인 아미르들에게 지방을 팔아넘기게 되었다. 945년 한 아미르가 바그다드를 장악했고 칼리프국은 십수 개의 독립 아미르국으로 분해되었다.**

그 무렵이면 동양과 서양 핵심부는 모두 여남은 국가로 분열되어 있었는데, 두 핵심부의 해체 사이에 존재하는 이러한 유사성에도 불구하고 동양의 사회발전지수는 계속 서양보다 더 빠르게 상승했다. 여기에 대한 설명은 다시금 역사를 만들어가는 이들은 황제나 지성인이 아니라 일을 하

---

* 앞서 언급했듯, 역사가들은 일반적으로 7세기 무슬림 정복 이후 티그리스 강과 유프라테스 강 사이 땅을 그리스어 지명인 메소포타미아에서 아랍어 지명인 이라크로 바꿔서 부른다.

** 칼리프는 1258년까지 바그다드에서 계속 통치했지만 (그리고 '그림자 칼리프'들은 그 이후에도 카이로에서 통치를 지속했다) 기원전 771년 이후 주나라 왕처럼 허수아비에 불과했다. 아미르는 보통 금요 예배에서 칼리프를 언급하기는 했지만 그때를 제외하고는 완전히 무시했다.

는 더 쉽고 더 이득이 많고 더 안전한 길을 찾는 게으르고 탐욕스러우며 겁에 질린 수백만 명의 사람들이라는 사실에서 찾을 수 있을 것 같다. 지배자들이 초래한 아수라장에도 아랑곳 않고 보통 사람들은 어려운 상황에서 최선을 다하면서 그럭저럭 헤쳐나갔다. 그리고 동양인과 서양인이 헤쳐나가는 지리적 현실은 크게 달랐기 때문에 각 핵심부에서 정치적 위기들 역시 매우 다른 식으로 귀결되었다.

동양에서 5세기 이래 양쯔 강 너머로 새로운 변경 지대를 창출한 내부 이주는 사회발전의 진정한 원동력이었다. 6세기 통일제국으로의 복귀는 발전 속도를 가속했고 8세기가 되자 상향 추세가 무척 확고했기 때문에 현종의 애정사가 미친 여파도 이겨냈다. 정치적 혼란은 확실히 부정적 결과를 가져왔다. 이를테면 900년 동양 핵심부 사회발전지수의 급락(도표 7.1)은 대체로 경쟁하는 군대들이 인구 100만의 장안을 싹 휩쓸어버린 탓이었다. 그러나 대부분의 싸움은 경제성장에 결정적인 논과 운하, 도시에서 멀리 떨어져서 진행되었고 사소한 것까지 간섭해 상업을 저해한 이전의 정부 관료를 제거함으로써 오히려 사회발전을 가속했을 수도 있다. 그런 험난한 시절에 국가 소유의 토지를 감독할 수 없었던 관리들은 전매사업과 교역에 대한 과세로 돈을 마련하기 시작했고 상인들에게 사업을 어떻게 하라고 지시하는 일은 그만두었다. 중국 북부의 정치적 중심지로부터 남쪽의 상인들에게로 권력의 이동이 일어났고 간섭을 받지 않게 된 상인들은 상업을 촉진할 더 많은 길을 모색했다. 북부의 해외무역 가운데 상당 부분은 중국 왕실과 일본, 한국의 통치자 사이에 이루어지는 국가 주도 무역이었고 755년 당 왕조의 정치적 권력이 붕괴한 뒤 이러한 연결고리는 사라졌다. 일부 결과는 긍정적이었다. 중국 모델로부터 차단되자 일본 지배층 문화는 독창적이고 주목할 만한 방향으로 발전하여 『겐지 이야기』나 『마쿠라노소시』 같은 여성 작가의 걸작이 쏟아져나오게 되었다. 그러나 대부분의 결과는 부정적이었다. 중국 북부와 한국, 일본에서 경제성장 둔화와 국가붕괴는 9세기에 나란히 일어났다.

반대로 남부에서는 독립적인 상인들이 국가권력으로부터의 자유를 만끽했다. 1990년대 이후 자바 해에서 발견되고 있는 10세기 난파선에는 중국 사치품 외에도 남아시아와 이슬람 세계에서 온 도자기와 유리도 실려 있어서, 이 지역 시장이 확대되고 있었음을 암시한다. 그리고 지방 지배층이 번영하는 무역상들에게 세금을 부과하면서 강력한 동남아시아 국가들이 오늘날의 수마트라와 캄보디아의 크메르에서 최초로 출현하게 되었다.

동양의 쌀 개척 지대와 같은 것이 부재한 서유라시아의 매우 다른 지리는 그곳의 정치적 와해 역시 다른 결과를 낳았다는 것을 뜻한다. 7세기 아랍의 정복은 로마 세계와 페르시아를 가르던 옛 경계선을 지웠고(지도 7.7) 무슬림 핵심부에 일종의 급성장을 촉발했다. 칼리프는 이라크와 이집트에서 관개농업을 확대했고 여행자들은 인더스 강에서 대서양으로 작물과 기술을 이전했다. 쌀, 설탕, 면화가 무슬림 수중의 지중해를 가로질러 퍼져나갔고 작물을 돌려 심어서 농부들은 밭에서 두세 차례 수확을 할 수 있었다. 시칠리아를 식민화한 무슬림은 파스타와 아이스크림 같은 고전적인 서양 음식을 발명하기도 했다.

그러나 로마와 페르시아 간 옛 장벽을 극복함으로써 얻은 이득은 지중해를 가로질러 이슬람권과 기독교권을 나누는 새로운 장벽에서 발생하는 손실로 갈수록 상쇄되었다. 남부와 동부 지중해가 갈수록 탄탄하게 이슬람 사회가 되어가고(750년까지도 아랍의 지배권에서 무슬림은 10명 중 1명이 될까 말까 했지만 950년이 되자 이제 10명 중 9명에 가까웠다) 아랍어가 공용어가 되어갈수록 기독교권과의 교류는 쇠퇴하였다. 900년 이후 칼리프국이 해체되고 아미르들이 이슬람권 안에도 장벽을 세우기 시작했다. 에스파냐나 이집트, 이란 같은 무슬림 핵심부 내의 일부 지역은 혼자서도 내부 수요로 살아갈 만큼 충분히 컸지만 다른 지역은 위축되었다.

　중국의 9세기 전쟁들은 전체적으로 보아 경제적 중심지를 비켜갔지만, 메소포타미아 지역 이라크의 취약한 관개농업 네트워크는 서로 다투는 튀르크 노예 군대와 시기에 따라 시인, 예언자, 알리의 후예를 자처한 지도자 아래 14년 동안 지속된 아프리카 대농장 노예의 봉기로 초토화되었다.

　동양에서는 중국 북부의 핵심부가 위기를 겪으면서 한국과 일본이 정치적 와해 상태에 빠져들었다. 서양에서는 무슬림 핵심부가 쪼개지는 동안 기독교 주변부의 분열 역시 심화되었다. 그 가운데에서도 비잔티움 사람들은 서로를 수천 명씩 학살했고 새로운 교리 문제(예수와 성모마리아, 성인들의 성상을 인정해야 하는지 여부를 둘러싸고 벌인)를 놓고 로마 교회와 갈라섰으며 게르만 왕국들은 그들만의 세계를 새로이 만들어나가기 시작했다.

　이 서쪽 끄트머리 가운데 일부 지역은 그들 나름대로 핵심부가 되기를 기대했다. 6세기 이래로 프랑크족은 지역 세력이 되었으며 사치품에 대한 프랑크 귀족들의 끝없는 수요를 충족시키기 위해 북해 주변에 작은 교역 도시들이 여기저기 들어섰다. 프랑크족의 국가들은 여전히 조세제도나 행정조직이 거의 없는 저가 국가였다. 걸핏하면 싸우려 드는 영주를 동원하는 데 능한 국왕들은 서유럽의 상당 부분을 차지하는, 거대하지만 연계가 느슨한 영역을 재빨리 하나로 합칠 수 있었지만 허약한 국왕 아래서는 마찬가지로 쉽게 해체될 수 있었다. 아들이 너무 많은 국왕들은 보통 왕국을 나눠서 물려주었고, 이는 흔히 상속 재산을 다시 합치려는 전쟁으로 이어질 뿐이었다.

　8세기 후반은 프랑크족에게 특히 좋은 시절이었다. 750년대에 로마의 황제는 현지의 완력가들에 맞서 프랑크족의 보호를 구했고 800년 크리스

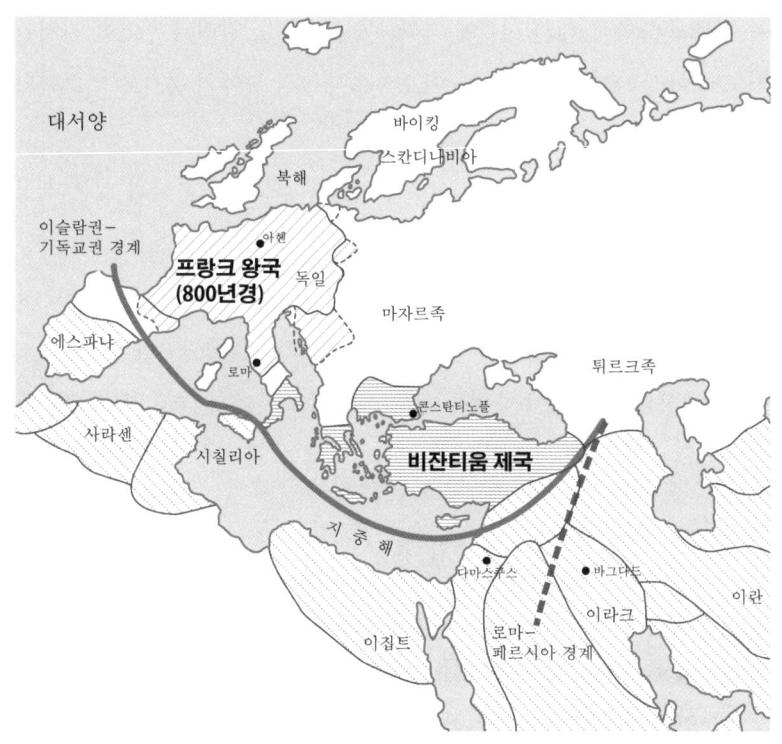

[**지도 7.7**] 단층선 이동: 굵은 점선은 기원전 100년부터 서기 600년까지 로마와 페르시아를 가르는 주요 경제, 정치, 문화적 단층선을 나타낸다. 굵은 실선은 650년 이후 이슬람 세계와 기독교권을 가르는 단층선을 보여준다. 지도 왼쪽 상단은 800년 무렵 프랑크 왕국의 최전성기를 보여주며 지도 하단은 945년 무렵 무슬림 세계의 정치적 분열상을 보여준다.

마스 아침에 프랑크 국왕 샤를마뉴*는 심지어 교황 레오 3세를 시켜 성베드로 성당에서 그 앞에 무릎을 꿇고 로마 황제의 관을 씌우도록 할 수 있었다.

샤를마뉴는 그가 주장한 칭호에 걸맞는 왕국을 세우기 위해 활발하게 노력했다. 그의 군대는 불과 검, 기독교를 동유럽으로 가져갔고 무슬림을 에스파냐로 밀어냈다. 한편 글을 읽고 쓸 줄 아는 그의 관료 집단은 약간의 세금을 거둬들이고 학자들을 아헨(그의 궁정 시인 가운데 한 명은 "미래의 로마"[19]라고 불렀다)으로 불러들였으며 안정적인 화폐를 만들었고 무역의 부흥을 관장했다. 나는 샤를마뉴를 그보다 3세기 전 북위를 중국의 거친 변경 지대에서 고가 국가로 탈바꿈시켜 동양 핵심부의 재통일로 이어지는 과정에 시동을 건 효문제와 비교하고자 한다. 샤를마뉴의 로마 대관식은 확실히 효문제만한 야심을 드러내보이며 그가 바그다드의 우호를 구하며 파견한 사절들도 마찬가지다. 프랑크족 역사서는 칼리프가 샤를마뉴가 보낸 사절들에 깊은 감명을 받아 답례로 코끼리를 보냈다고 전한다.

그러나 아랍 문헌은 프랑크족도, 코끼리도 언급하지 않는다. 샤를마뉴는 효문제가 아니었고, 칼리프의 자문 회의에서 별로 중요하게 취급되지 않았던 모양이다. 로마 황제를 자처한 샤를마뉴의 주장 역시 비잔티움의 이레네 황후**의 마음을 돌려 그에게 제위를 양도하도록 하지 못했다. 현실은 프랑크 왕국이 결코 고가 전략으로 멀리 나가지 못했다는 것이다. 샤를마뉴의 온갖 허세에도 불구하고 그는 핵심부를 재통일할 기회를 잡기는커녕 기독교 주변부를 단일한 국가로 전환하지도 못했다.

---

* 샤를마뉴의 실제 이름은 카롤루스다. 샤를마뉴는 '카롤루스 대제'라는 뜻의 카롤루스 마그누스의 프랑스어 표현이다.

** 이레네는 테오도라와 측천무후 못잖은 여걸이었다. 그녀는 자기 아들이 통치하지 못하도록 눈알을 도려낸 뒤 797년 제위를 찬탈했다.

샤를마뉴가 실제로 성취한 업적 가운데 하나는 안타깝게도 기독교 주변부 너머 주변부보다도 더 야생의 땅에서 그의 제국으로 침략자를 유인할 만큼 사회발전지수를 올려놓았다는 것이다. 814년 그가 죽었을 때 스칸디나비아에서 온 바이킹선은 강을 거슬러 제국의 심장부로 침투하고 있었고, 거칠고 작은 스텝 지대 조랑말에 올라탄 마자르족은 독일 지방을 약탈하고 있었으며, 북아프리카의 사라센 해적은 다름 아닌 로마를 약탈할 참이었다. 프랑크 왕국은 여기에 대응할 능력을 갖추지 못했다. 바이킹이 배를 뭍에 대고 마을을 불태웠을 때 국왕의 군대는 너무 늦게 오거나 아예 오지 않았다. 시골 주민들은 안전을 현지의 유력자에게 점점 더 의존했고 도시민들은 시장이나 도시 주교에게 의존했다. 샤를마뉴의 세 손자가 843년 제국을 분할했을 때 국왕은 백성에게 더 이상 별 의미가 없었다.

압박

이러한 곤경도 충분치 않다는 듯 900년 이후 유라시아는 새로운 종류의 압박—문자 그대로—을 받게 되었다. 지구의 궤도가 계속 이동하면서 광대한 땅덩어리에 대한 대기압이 증가해 대서양에서 유럽으로 불어오는 편서풍과 인도양에서 남아시아로 불어오는 몬순 계절풍이 약해졌다. 600년에서 1300년 사이에 유라시아 전역에서 기온은 아마도 평균 섭씨 0.56~1.11도 가량 올랐던 것 같고 강수량은 약 10퍼센트 감소했던 것으로 보인다.

언제나처럼 기후변화는 사람들이 생활방식을 바꾸도록 강요했지만 대체 어떻게 바꿀 것인지는 그들에게 맡겼다. 춥고 비가 잦은 북유럽에서는 이와 같은 이른바 중세 온난기가 흔히 환영받았고 인구가 1000년에서

1300년 사이에 아마도 두 배로 증가했다. 그러나 덥고 건조한 이슬람 핵심부에서는 기후변화가 그리 반갑지 않은 현상이었다. 무슬림 세계에서 전체 인구는 대략 10퍼센트 감소한 것 같지만 일부 지역, 특히 북아프리카는 번영을 누렸다. 908년 대략 오늘날의 튀니지에 해당하는 이프리키야*는 바그다드의 칼리프국에서 떨어져나갔다. 급진적 시아파**는 파티마 왕조로 알려진, 공식적으로 오류가 없는 칼리프-이맘 계보를 세웠는데, 자신들이 무함마드의 딸 파티마의 후손(이자 이맘)임을 주장했기 때문이다. 969년 이 파티마 왕조는 이집트를 정복한 뒤 카이로에 거대한 신도시를 건설하고 관개농업에 투자했다. 1000년이 되자 이집트는 서양에서 가장 높은 사회발전지수를 기록했고 이집트 무역상들은 지중해 전역으로 퍼져나갔다.

1890년에 카이로의 유대인 공동체가 그곳에 있는 900년 된 유대교 회당을 개보수하기로 하지 않았다면 우리는 이 무역상들에 대한 귀중한 사실을 거의 몰랐을 것이다. 많은 유대교 회당처럼 이 건물도 예배를 드리는 사람들이 어쩌면 신의 이름이 쓰여 있을지도 모르는 문서들을 파괴함으로써 신성모독을 저지르는 것을 피하고자 필요 없는 문서를 맡길 수 있는 보관소가 있었다. 일반적으로 보관소는 주기적으로 싹 비우게 되지만 이곳은 수 세기 동안 휴지 조각들을 보관하도록 내버려두었다. 개보수작업이 시작되자 고문서들이 카이로의 골동품 시장에 출현하기 시작했고, 1896년 봄 두 영국인 자매가 문서 한 뭉텅이를 케임브리지로 가져갔다. 그곳에서 그들은 두 가지 문서를 케임브리지대에서 탈무드를 강의하는 솔로

---

* 이프리키야는 튀니지를 가리키는 로마식 이름인 '아프리카'의 아랍어 버전이다.

** 여기서 '급진적'이란 "열두 이맘파" 시아파보다는 이스마일 시아파에 속했다는 뜻인데, 이스마일파는 정통성이 없다고 여긴 수니파 정권에 반대하여 종종 폭력도 불사한 반면 "열두 이맘파"는 평화롭게 숨은 열두 번째 이맘의 재림을 기다리는 쪽이었다.

[**지도 7.8**] 추운 나라에서 오다: 11세기, 서양 핵심부로 셀주크튀르크(굵은 실선)족의 이동과 바이킹/노르만족(점선)의 이동.

몬 섹터 박사에게 보여주었다. 처음에는 회의적이었던 섹터는 "세상에!"의 순간을 맞게 된다. 문서 가운데 하나는 구약성서 집회서의 히브리어 판본 일부였는데, 이전에는 오로지 그리스어 번역 판본만 알려져 있었다. 박식한 박사는 그해 12월 황급히 카이로로 가서 14만 장의 문서를 챙겨왔다.

그 가운데는 1025년부터 대략 1250년까지 저 멀리 에스파냐와 인도부터 카이로의 무역 사무소로 보내온 수백 통의 편지도 있었다. 아랍의 정복으로 형성된 이데올로기적 분리는 인구 성장이 시장과 이윤을 확대하면서 무너지고 있었고, 종교와 정치보다는 날씨와 가족, 부자가 되는 것에 더 관심이 많은 이 서신 교환자들 사이에서는 분명히 별로 중요하지 않았던 것 같다. 이 점에서 그들은 지중해 상인의 전형이었을지도 모른다. 비록 기록이 덜 남아 있긴 하지만 상업은 이프리키야와 시칠리아에서도 국제적이고 이문이 많이 남는 사업이었던 것 같고, 시칠리아에서는 무슬림 도시인 팔레르모가 북부 이탈리아의 기독교인과 무역을 하면서 신흥도시로 급성장했다.

심지어 지난 몇 년간 내가 발굴 작업을 한 시칠리아 오지 몬테폴리초도 이런 시류에 한몫 끼었다. 제5장에서 언급한 대로 나는 기원전 7세기와 기원전 6세기 페니키아인과 그리스인의 식민화 결과를 연구하러 갔지만 2000년에 발굴을 시작했을 때 우리는 고대 가옥 위로 제2의 마을을 발견했다. 이 두 번째 마을은 아마도 이프리키야에서 건너온 무슬림에 의해 1000년경에 세워졌으며 1125년경에 불에 탄 것 같다. 우리 연구 팀의 식물학자가 이 폐허에서 발굴한 탄화 종자를 정밀 조사했을 때 그는—모두가 놀랍게도—한 건물이 잡초가 거의 섞이지 않게 잘 탈곡한 밀 저장소였다는 사실을 발견했다.* 이것은 우리가 기원전 6세기 유적지에서 찾아낸

---

* 이 발견물들을 분석해준 한즈페터 슈티카 박사에게 다시금 감사드린다.

종자의 상태와 극명하게 대비되었는데, 기원전 6세기 종자에는 항상 잡초와 왕겨가 많이 섞여 있었다. 그런 밀로 구운 빵은 다소 거칠었을 텐데 자기 식탁에 올리기 위해 작물을 재배하고 가끔 가다 입 안에서 기분 나쁜 것이 씹혀도 크게 신경 쓰지 않는 소박한 농촌에서 기대할 만한 것이다. 반면에 12세기 밀에서 불순물을 모조리 걸러낸 습관적인 체질은 까다로운 도시민들에게 내다 팔기 위해 작물을 생산한 농부들한테 정확히 기대할 만한 것이다.

만약 자그마한 몬테폴리초도 국제적인 네트워크에 연계되어 있었다면, 지중해 경제는 과연 급성장하고 있었다. 그러나 서남아시아 무슬림 핵심부의 가장 오래된 지역은 그리 잘 되어가고 있지 않았다. 원래 이라크 칼리프들이 군대를 충원하기 위해 사들인 튀르크 노예들이 860년대 이후에 쿠데타를 일으켜 술탄을 자처하게 된 상황도 충분히 나빴지만 더 불길한 일이 기다리고 있었다. 7세기 이래로 무슬림 상인과 선교자들은 무함마드의 기쁜 소식을 스텝 지대의 튀르크 부족에게 설교해왔으며 960년 오늘날 우즈베키스탄 지역의 카를루크족—세간에 따르면 약 20만 가구—이 한꺼번에 이슬람으로 개종했다. 그것은 신앙의 승리였지만 정치가들에게는 삽시간에 악몽으로 변질되었다. 카를루크족은 그들만의 카라한 제국을 수립했고 또 다른 튀르크계 부족인 셀주크족은 개종과 더불어 이주를 개시해 이란 전역을 약탈하고 1055년 바그다드를 정복했다.* 1079년이 되자 셀주크족은 아나톨리아 대부분 지역에서 비잔티움 세력을 몰아냈고 시리아에서 파티마 왕조를 몰아냈다.

서남아시아 무슬림은 번영하는 지중해 이슬람권과 급속도로 분리되었

---

* 튀르크계 이름을 표기하는 방식에는 여러 가지가 있다. 일부 역사가는 'Karluk' 대신 'Qarluq'를, 'Karakhanid' 대신 'Qarakhanid'를, 'Seljuk' 대신 'Saljuq'를 선호한다.

다. 셀주크튀르크족은 거대한 제국을 수립했지만 그것은 이전의 칼리프국보다 엉망이었다. 1092년 셀주크튀르크 제국의 무시무시한 지배자가 죽은 뒤 그의 아들들은 스텝 지대의 전통에 따라 제국을 아홉 조각으로 나눠갖고 서로 싸우기 시작했다. 그들의 전쟁에서 결정적인 무기는 기병이었기에 셀주크 왕들은 기마병을 많이 제공할 수 있는 군벌에게 거대한 영지를 하사했다. 이 유목민 부족장들은 예상대로 행정과 무역이 쇠퇴하게 방치했고 심지어 화폐를 발행하는 것도 그만두었다. 도시가 줄어들고 관개용 운하는 토사로 막히고 한계지에 있던 마을들은 버려졌다. 중세 온난기의 덥고 건조한 기후에서 농부들은 그들의 소중한 농지가 다시 스텝 지대와 사막으로 되돌아가지 않게 막는 것만으로 한시도 쉴 틈이 없었지만 셀주크튀르크의 정책은 그들의 일을 더 어렵게 만들었다. 도시 생활양식보다 유목생활양식을 선호한 정복자는 농업의 쇠퇴를 반겼고 12세기가 저물어가면서 갈수록 더 많은 아랍인이 경작지를 떠나 가축을 모는 튀르크족에 합류했다.

이 어지러운 시기에 급진적 시아파 이론의 확산에 놀란 동부 이란의 학자들은 학교를 세워 일관된 수니파 교리를 발전시키고 이를 가르침으로써 시아파의 확산에 대응했고 12세기에 셀주크튀르크 지배자들은 수니파 교리를 열렬히 장려했다. 당시 연구를 대표하는 기념비적 업적―그리스 논리학을 가져와 이슬람 율법과 수피 신비주의, 무함마드의 계시 사이에서 조화를 꾀한 알 가잘리의 『종교학의 소생』 같은―은 오늘날까지도 수니파 사상의 토대로 남아 있다. 수니파 부흥이 매우 성공적이었기 때문에 사실, 일부 시아파 신도는 수니파 지도자들을 살해하는 것만이 실용적인 대응책이라고 생각했다. 이란의 산악 지대로 후퇴한 그들은 적에게 아사신Assassin으로 알려진 비밀결사를 만들었다(전설에 따르면 비밀결사 회원들이 살인을 하기에 적당한 심리적 상태가 되기 위해 해시시를 피웠기 때문에 이렇게 불렸다고 한다).

　살인은 수니파 부흥을 막을 수 없었지만 지적 운동 역시 셀주크 국가를 하나로 붙들어둘 수 없었고 파티마 왕조가 북아프리카에 제공한 것과 같은 종류의 정치적 조직이 부재한 상황에서 셀주크 영토는 중세 온난기의 압박 아래 축소되었다. 타이밍이 좋지 않았는데, 서남아시아에 그러한 난관들을 야기한 똑같은 기후가 무슬림 핵심부의 유럽 쪽 변경에서는 다루기 힘든 침입자와 무역상, 침략국들에게 기회를 만들었기 때문이다. 온난해진 기후 덕분에 북유럽에서는 작물의 생육 기간이 길어져서 수확량이 많아지고 이전의 한계지가 잠재적으로 이윤을 낼 수 있는 곳이 된 것도 중요하다. 중세 온난기가 서서히 마감될 무렵 농부들은 아마도 서유럽의 산림 절반을 쓰러트리며 한때 숲이었던 방대한 영역을 갈아엎었다.

　측면구릉지대로부터 농경의 확산 이래 팽창의 모든 에피소드와 마찬가지로 두 가지 과정이 결합하여 서유럽의 선진 농법이 동유럽으로 전파되었다. 첫째는 흔히, 일반적으로 변경 지대에서 유일하게 잘 조직된 기구인 교회가 주도한 식민화였다. "이 수도사들에게 벌거벗은 황무지나 야생의 숲을 주면 몇 년 뒤 아름다운 교회뿐만 아니라 그 주변에 사람들의 거주지도 발견하게 될 것이다"[20]라고 웨일스의 성직자 기랄두스 캄브렌시스는 썼다. 팽창은 주의 과업이었다. 1108년의 모집 운동에 따르면 "이교도들은 최악의 사람들이지만 고기와 꿀, 밀가루가 풍부한 그들의 땅은 최고다. (…) 여기서 너는 (이교도들을 개종시킴으로써) 너의 영혼을 구원할 수 있고, 원한다면 정착할 훌륭한 땅도 구할 수 있다".[21]

　때때로 이교도들은 달아났다. 때때로 그들은 굴복해서 노예보다 조금 나은 수준으로 전락했다. 그러나 수천 년 전 농부들과 직면한 수렵채집인이나 그리스 식민주의자와 직면한 시칠리아인처럼 그들도 조직을 꾸려 자기 땅에서 물러서지 않고 버텼다. 프랑크와 게르만 농부들이 나무를 베어

넘기고 목초지를 갈아엎으면서 동쪽으로 이동하자 보헤미아, 폴란드, 헝가리, 심지어 멀리 러시아의 일부 마을 주민들은 그들의 땅을 더 집약적으로 경작하기 위해 더 좋은 기후를 활용하면서 새로운 이주자들의 기술을 본받았다. 기독교도로 개종한 그들의 부족장은 주민들을 설득하거나 강제해 세금을 내는 신민으로 만들었고, 식민주의자들과 (그리고 그들끼리) 싸우도록 했다.

유럽에서 국가, 교회, 집약 농업의 확산은 5세기 이래 양쯔 강 이남에서 발달한 농업 개척 지대와 공통점이 컸지만 한 가지 결정적 측면에서 달랐다. 유럽은 새로운 농촌 변경과 구 도시 핵심부 사이에 주요 교역 통로를 창출하지 않았다. 중국의 대운하에 상응하는 것이 중부 유럽에 부재한 상황에서 폴란드의 곡물을 팔레르모나 카이로 같은 대도시로 실어나를 저렴한 수단이 존재하지 않았던 것이다. 서유럽의 도시들은 변경에 더 가까웠고 성장하고 있었지만 적절한 시장을 제공하기에는 수도 너무 적고 규모도 너무 작았다. 동유럽에서 식량을 수입하기보다는 이 서유럽 도시들은 일반적으로 현지 농업 생산을 집약화하고 새로운 에너지원을 활용함으로써 성장했다.

무슬림 핵심부에서 이미 흔한 물방앗간은 이제 기독교 변경에도 널리 퍼졌다. 프랑스 로베크 계곡에서 방앗간의 숫자는 10세기에서 13세기 사이에 네 배로 뛰었고 1086년에 편찬된 인구조사서 『둠스데이 북』은 잉글랜드에 5624개라는 대단히 많은 수의 방앗간이 있었다고 전한다. 농부들은 또한 소보다 더 많이 먹지만 쟁기를 더 빨리 끌고 더 오래 일하는 말의 장점을 알게 되었다. 말과 소 사이의 균형은 유럽인이 무슬림으로부터 마찰을 감소시켜주는 금속 편자를 도입하고—그 이유에 관해서는 제8장에서 다시 다룰 것이다—말의 목을 조르는 목줄과 뱃대끈을 연결한 어설픈 마구를 목사리[가슴걸이]로 대체해 말이 끄는 힘을 네 배로 증가시킨 1000년 이후 서서히 말 쪽에 더 유리하게 기울었다. 1086년에 영국 귀족의 영지에서 짐을 끄는 가축 20마리 가운데 1마리만이 말이었지만 1300년이 되자 5마리 가운데 1마리가 말이었다. (추가적인 거름은 말할 것도 없고) 이 추가적인 마력을 가지고 농부들은 매년 휴한지를 줄이면서 소유지에서 더 많은 것은 짜낼 수 있었다.

유럽의 농경은 이집트나 중국보다 여전히 생선성이 떨어졌지만 갈수록 도시에 내다팔 잉여생산물이 많아졌고 성장하는 도시는 새로운 역할을 떠맡았다. 다수의 서북부 유럽인은 자신들을 습격자들로부터 (그리고 다른 영주들로부터도) 보호해주는 영주의 땅에서 일하도록 법적으로 구속된 농노였다. 이론적으로 적어도 영주들은 국왕의 봉신이라는 지위를 보유했고, 따라서 무장 기사로서 국왕을 위해 싸울 의무를 졌으며 국왕은 자신의 지위를 교회에 신세 졌으며 교회는 국왕의 지위를 신의 이름으로 승인해주었다. 그러나 영주와 국왕, 교회는 모두 이제 도시에서 축적되고 있던 부에 접근하기를 원했고 도시민들은 부의 일부를 내주는 대가로 봉건적 의무에서 벗어날 자유를 협상할 수 있었다.

아시리아와 주나라로까지 거슬러올라가는 저가 전략 통치자들처럼 유럽의 국왕들은 실질적으로 보호금을 갈취하고 있었지만 그들의 버전은 선조들의 관행보다 더 뒤죽박죽이었다. 도시와 귀족, 군주, 교회는 끊임없이 서로의 일에 개입했고 진정한 중앙의 권위가 부재한 상황에서 갈등은 사실상 필연적이었다. 이를테면 1075년 교황 그레고리우스 7세는 독일 지방에서 모든 주교를 임명할 수 있는 권리를 주장했다. 그의 목표는 교회 지도자들의 부도덕성을 개혁하는 것이었는데, 주교직은 독일 땅의 방대한 영역을 다스렸기 때문에 이러한 교황의 움직임은 독일의 자원 기지 대부분을 교황이 통제할 수 있는 기분 좋은 부수적 효과도 가져오는 것이었다. 독일 황제 하인리히 4세는 경악했고 신앙의 수호자로서 그레고리우스를 폐위할 수 있는 권리가 있다고 응수했다. 하인리히는 "이제 그는 교황이 아니라 가짜 수도사일 뿐이며 (…) 나 하인리히는 하느님의 은총으로, 우리 모든 주교와 함께 너에게 말하노니, 가짜 수도사여 물러나라! 물러나라!"[22]고 주장했다.

보위에서 물러나는 대신 그레고리우스는 하인리히를 파문, 다시 말해 독일 황제를 기독교 신앙 밖으로 내쫓았다. 실질적인 의미에서는 독일의 봉건 제후들이 그들의 지배자인 황제를 법적으로 무시해도 된다는 소리였다. 이제 자신의 영토에서 아무것도 할 수 없게 되자 1년 만에 하인리히는 사흘 동안 알프스 산맥에 자리한 수도원 바깥 눈밭에서 맨발로 무릎을 꿇고 교황의 용서를 빌어야 하는 처지가 되었다. 용서를 얻고나서 그는 교황과 전쟁에 돌입했다. 어느 쪽도 이기지 못했다. 교황 그레고리우스는 그가 고용한 용병들이 보수를 받지 못해 로마를 약탈한 뒤 모두의 지지를 잃었다. 황제는 자기 아들한테서 도망치던 중에 생을 마감했다. 황제와 교황 간의 신학적 분쟁은 결코 해소되지 않았다.

11세기 유럽은 그러한 뒤엉킨 생사대결로 가득했지만 조금씩 그들의 분쟁을 해소하는 제도를 강화하고 점진적으로 각자의 권한과 책임 영역을 더 분명하게 만들었다. 국왕은 점점 더 성공적으로 자신들의 영토 내 주민들을 조직하고 동원하고 과세했다. 한 역사가는 이러한 과정을 "박해하는 사회의 형성"[23]이라고 불렀다. 국왕의 관료는 주민들이 스스로를 국민(영국인이나 프랑스인 등등)으로 여기도록 설득했다. 국민은 그들이 아닌 대상 즉, 역사상 최초로 체계적으로 보호를 박탈당하고 테러를 당한 유대인, 동성애자, 나병 환자, 이단과 같은 버림받은 사람들에 대항하여 규정되었다. 이러한 기분 나쁜 과정을 통해서 효율적인 국가가 차차 부상했다.

다른 역사가들은 외경심을 자아내는 기념물로서 유럽 전역에 우후죽순처럼 생겨난 "성당의 시대"[24]를 더 기분 좋게 언급한다. 프랑스에서만

80채의 성당과 500채의 수도원, 수천수만 채의 교구 교회가 1180년과 1270년 사이에 건립되었다. 100만 세제곱미터가 넘는 규모의 석재가 잘렸는데, 이집트의 대피라미드를 능가하는 규모다.

학문 연구는 로마 제국의 소멸과 함께 서유럽 전역에서 쇠퇴했고 샤를마뉴의 프랑스에서 부분적으로만 되살아났지만 1000년 이후 학자들은 새로운 성당 주변으로 모여 이슬람 세계의 독립적 율법학교와 다소 유사한 학교를 세우기 시작했다. 무슬림이 지배하는 에스파냐로 공부하러 간 기독교도는 아랍 궁정 학자들이 수 세기 동안 보존해온 논리학에 관한 아리스토텔레스의 저작 번역본을 가지고 돌아왔다. 이 모든 것은 기독교 세계의 지적인 삶을 강화했고 신학자들이 9세기 바그다드에서 알 마문의 이론가들과 똑같은 세련된 방식으로 신에 대해 생각할 수 있게 해주었지만 교육받은 지배층 내부에 새로운 갈등을 낳았다.

이러한 상황을 피에르 아벨라르보다 잘 예시해주는 이도 없다. 새로운 배움에 빠진 총명한 젊은이 아벨라르는 1100년 무렵에 파리에 출현했다. 학교에서 학교로 떠돌며 그는 아리스토텔레스 논리학으로 현학적인 교사들을 쓰러트리며 공개적으로 창피를 주었다. 성실하지만 꾸준히 책만 파는 교수들은 아벨라르와 같은 20대 풋내기들이 날카로운 토론 기술을 이용해 관습(과 잠재적으로는 만인의 영혼에 걸린 운명도)을 혼란에 빠트렸을 때 자신들의 커리어가 무너지는 것을 보았다. 지나치게 우쭐해진 아벨라르는 자기 학교를 세웠고 금방 학생 가운데 한 명인 10대 엘로이즈를 꾀어 임신시켰다. 망신살이 뻗친 엘로이즈의 가족은 반격했다. "어느 날 밤 내가 깊이 잠들어 있을 때 그들은 내 신체 가운데 그들이 증오한 행위를 저지른 기관을 잘라버렸다"[25]고 아벨라르는 소심하게 표현한다.

엘로이즈와 아벨라르는 수치심에 싸여 각자 신의 거처에 몸을 의탁했고 남자 쪽은 자기 변명조의, 여자 쪽은 가슴 절절하게 개인적인 편지를

20년간 주고받았다. 이 강요된 은둔 생활에서 아벨라르는 『예 그리고 아니오』라는, 기독교 신학의 모순적 논점에 논리학을 적용한 일종의 입문서를 썼다. 아벨라르의 이름이 새로운 배움의 위험성에 대한 대명사가 되었음에도 불구하고 그는 기독교 이론가들이 성서의 권위와 아리스토텔레스의 합리주의를 조화시킬 수밖에 없게 만들었다. 1270년 토마스 아퀴나스가 『신학대전』에서 이를 집대성했을 때 기독교 학문 연구는 수니파 부흥의 연구만큼 매우 정교해졌다.

다른 유럽인은 아벨라르와 반대되는 일을 했다. 무슬림 핵심부에서 기독교 주변부로 생각과 제도를 가져오는 대신 그들은 직접 무슬림 핵심부로 들어갔다. 베네치아와 제노바, 피사의 상인들은 물건을 사고팔거나 아니면 빼앗고 싸우면서 카이로와 팔레르모의 상인들과 이문이 많이 남는 지중해 무역을 두고 경쟁했다. 에스파냐에서는 점점 더 북적이는 서북유럽 이주민들이 현지 기독교도를 도와 무슬림을 몰아냈고, 지중해 곳곳에서 노르만족(혹은 북방민족)은 약탈과 정복의 일진광풍을 불러일으켰다.

노르만족은 스칸디나비아 이교도 바이킹의 후예였는데, 9세기 유럽의 서북쪽 변두리에서 침입자로 명성을 떨쳤으며 10세기에 그들의 도적질은 더 원대한 규모로 발전했다. 중세 온난기가 열리자 북대서양의 바닷물은 그들의 바이킹선을 아이슬란드와 그린란드, 심지어 북아메리카의 빈란드까지 데려갔다. 노르만족은 아일랜드와 브리튼, 북프랑스에 대규모로 정착했고, 그들의 우두머리 롤로는 912년 기독교를 채택하면서 (오늘날 노르망디 지방의) 정식 왕이 되었다.

노르만족은 931년 롤로의 장례식에서 100명의 포로를 희생시킬 만큼 기독교 신앙의 세부 사항에 대해서는 여전히 막연하게 이해하는 수준이었지만 그들의 폭력성은 유명해서 멀리 콘스탄티노플에서까지 그들을 용병으로 탐낼 정도였다. 1016년 남부 이탈리아를 둘러싼 끝없는 전쟁에서 양측 모두에 고용된 노르만 전사 집단은 더 나아가 자신들의 국가를 수립하기에 이르렀고, 1061년 시칠리아를 침공하면서 그곳 무슬림 거주민들을 상대로 인종학살에 가까운 전쟁을 벌였다. 오늘날 시칠리아를 방문하는 사람들은 2세기 동안의 이슬람 지배를 환기하는 기념물을 단 하나도 찾기 힘들 것이다. 이슬람의 지배 동안 시칠리아 섬은 지중해 세계의 경이였다.

노르만족이 이슬람에 특별히 적의가 있는 것은 아니었다. 그들은 동료 기독교도도 똑같이 무지막지하게 대우했다. 한 이탈리아 작가는 노르만족을 두고 "미개인, 성정이 잔혹한 야만적이고 끔찍한 족속"[26]이라고 불렀으며, 비잔티움의 공주 안나 콤네나는 그보다 더 질겁했다. 그녀는 "전투와 전쟁이 일어날 때마다 (노르만족) 가슴에는 포효가 들려왔고 그들을 제지할 수 없다. 병사들뿐 아니라 지도자들도 걷잡을 수 없이 적진을 향해 몸을 던졌다"[27]고 썼다.

비잔티움은 노르만족에 대해 값비싼 교훈을 얻었다. 9세기와 10세기에 무슬림이 서로 싸우면서 비잔티움은 다소간 세력을 회복했으며 975년 한 비잔티움 군대는 예루살렘이 시야에 들어오는 곳까지 진출했다(군대는 성도를 해방시키는 데는 실패했지만 예수의 샌들과 세례자 요한의 머리카락은 해방시켰다). 그러나 한 세기 만에 비잔티움은 위험천만할 정도로 노르만 용병에게 의존하게 되었고, 믿음직하지 못한(명성이 자자한 흉포함에도 불구하고 그들은 툭하면 전장을 버리고 떠났다) 노르만 용병은 1071년 튀르크족의 손에 처참한 패배를 당하는 데 일조했다. 20년 뒤 콘스탄티노플이 튀르크 군대에 포위되자 비잔티움 황제는 분명히 더 많은 용병을 고용할 수 있는 지원을 기대하며 로마의 교황에게 편지를 썼다. 그러나 교황에게는 다른 복안이 있었다. 유럽 국왕들과의 권력 투쟁에서 자신의 지위 강화를 추구하던 교황은 1095년 정상회담을 소집하여 원정이라는 발상을 내놓았다. 튀르크인을 예루살렘에서 몰아내는 십자군원정 말이다.

열광적인 호응이 뒤따랐다. 사실, 교황이나 비잔티움 사람들이 원했던 것보다 훨씬 큰 호응이었다. 수천수만 명의 사람들이 동쪽으로 걷기 시작해 도중에 중유럽을 약탈하고 유대인을 학살했다. 극소수만이 아나톨리아에 도달했는데 거기서 튀르크인에게 떼죽음을 당했다. 성지에 도착한 사람은 아무도 없었다. 노예로 끌려간 게 아니라면 말이다.

그나마 더 실질적인 쓸모가 있었던 것은 제노바 상인들의 후원을 받고 프랑스와 노르만 기사들이 참가한 세 군대로, 1099년 예루살렘에서 합류했다. 그들의 타이밍은 기가 막혔다. 셀주크튀르크는 자기들끼리 싸우느라 바빠서 별다른 저항을 할 수 없었고 심장이 멎는 각종 허장성세 끝에 십자군 전사들은 성도의 벽을 무너트렸다. 열두 시간 동안 그들은 유대인을 산 채로 불태우고 무슬림을 난자하면서 그들 사이의 노르만족도 깜짝 놀랄 정도로 엄청난 약탈과 살육을 저질렀다(한 유대 여인이 관찰한 바에 따르면 적어도 기독교도는 그들의 희생자를 죽이기 전에 먼저 강간하는 튀르크 관행을 따르지는 않았다). 마침내 동이 틀 무렵 정복자들은 발목까지 고인 흥건한 핏물 사이로 철벅철벅 걸어 성묘교회로 가서 신에게 감사드렸다.

그러나 핵심부에 대한 이 정면 공격은 굉장한 장관을 연출했을지라도 결코 이슬람을 심각하게 위협하지 못했다. 기독교도가 수립한 예루살렘 왕국은 꾸준하게 밀렸고 1187년 마침내 무슬림은 도시를 탈환했다. 다수의 십자군원정이 뒤따랐지만 대부분 처참하게 실패했다. 1204년, 배를 마련할 수 없었던 제4차 십자군은 결국 베네치아 금융가들의 폭력배로 고용되어 예루살렘이 아니라 콘스탄티노플을 약탈했다. 십자군운동도 비잔티움 제국도 이 수치스러운 행각에서 회복하지 못했다.

서양은 중세 온난기의 압력 아래서 변신하고 있었다. 무슬림 땅은 여전히 핵심부였지만 서남아시아에서 사회발전은 정체되었고 이슬람의 무게중심은 지중해로 옮겨갔으며, 심지어 지중해 권역 내부에서도 승자와 패자가 있었다. 이집트는 무슬림 왕관 한가운데 박힌 보석이 되었다. 로마 제국의 마지막 유물인 비잔티움은 최종적인 내리막길로 접어들었다. 투박하고 후진적인 서북 주변부가 가장 빠르게 팽창했다.

사악한 악마의 맷돌들*

　동양 핵심부에서는 문제가 너무도 달랐다. 907년 당나라가 와해되었지만 960년이 되자 중국은 이미 재통일되었다. 새로운 송나라의 초대 황제 태조는 거친 군인이었지만 중국 여러 지역 간의 경제적, 문화적 유대가 지난 몇 세기에 걸쳐 커짐에 따라 지배층도 이제 중국이 단일한 제국이어야 한다고 생각하는 사실에 주목했다. 적절한 조건만 제시된다면 지배층도 그와 싸우기보다는 자신에게 합류할 것이라고 추측했다. 군사가 요구될 때면 그는 쉽게 군대를 부릴 수 있었지만 대부분의 나라는 평화롭게 항복했고 송나라의 지배를 받아들였다.

　송 태조는 군 지휘관이 이전 대부분의 왕조를 멸망시켰다는 사실을 알고 있었고, 그래서 그들을 제거해버렸다. 그를 제위에 올린 장군들을 연회에 초대한 그는 공식 사서가 표현한 대로 "장군들의 병권을 한 잔의 술로 씻어버렸다".[28] 장군들이 정년퇴직할 때가 된 사실(장군들은 처음 듣는 소식이었다)에 공개적으로 축배를 든 다음 그는 그들을 모두 해임시켜버렸다. 다소 놀랍게도 송 태조는 이 무혈 쿠데타를 무사히 해냈고, 그 이후로 군대를 동원할 때마다 보통 자신이 직접 지휘했다.

---

* '예루살렘'으로도 알려진 윌리엄 블레이크의 시 「고대의 그 발걸음은And did those feet in ancient time」의 2연 4행에 나오는 구절이다(여기에 예루살렘이 세워졌단 말인가, 저 사악한 악마의 맷돌들 가운데?). 산업혁명 초기 등장한 증기기관 기계를 은유하는 것으로 흔히 해석된다.

군사정부에서 문민정부로의 이행은 평화와 통일을 바라는 더 넓은 열망을 활용하는 뛰어난 발상이었다. 한 가지 단점은 중국은 여전히 적이 있었다는 것인데, 특히 두 반⫛유목민 집단인 거란족과 탕구트족은 중국의 북부 변경 너머에 제국을 수립했다(지도 7.9). 이들은 술 한 잔으로 해소될 수 없었다. 군대를 잃고 황제도 생포될 뻔한 끝에 송나라는 선물로 평화를 사는 옛 정책을 다시 꺼내들었다.

어느 시점까지는 이 방식이 통해서 거란족과 탕구트족은 셀주크튀르크족이 서양에서 한 것과 달리 동양 핵심부를 침략하지 않았다. 화친책의 안 좋은 점은 실제로는 평화를 유지하지 못하는 수비대와 선물, 돈을 갖다바치다가 이전 왕조들처럼 곧 파산 상태에 빠지게 되었다는 것이다. 1040년대에 이르자 송나라는 100만 병력의 군대를 지탱하고 있었고 매달 수천 벌의 갑옷과 수백만 개의 화살촉을 구입했다. 이는 송 태조가 의도했던 바가 전혀 아니었다.

일부 장군은 기적의 신무기가 중국이 스텝 지대와의 오래된 교착 상태로 미끄러져 들어가는 것을 막을 수 있기를 꿈꿨다. 850년 무렵에 연단술사들이 (아이러니하게도 불로장생 비법을 찾다가) 조잡한 일종의 화약을 발견했다. 950년경의 회화는 사람들이 대나무관에 화약을 집어넣고 불을 붙인 폭죽을 쏘는 모습을 보여준다. 그리고 1044년 군사 교본은 종이나 대나무에 싼 뒤 투석기로 날리는 '화약'을 묘사한다. 그러나 화약은 적어도 아직까지는 그 파괴력보다는 굉음이 더 컸고 말을 놀라게 했지만 사람은 거의 다치게 하지 못했다.

기술적 돌파구가 없는 상황에서 송나라 군사력은 한마디로 그저 더 많은 돈이 필요했다. 도움은 의외의 방면에서 왔다. 하나는 중국의 지식인들이었다. 755년 안사의 난[당나라 중기 안녹산과 사사명의 반란. 당나라 전기와 후기를 나누는 계기가 된다]이 나라를 혼란으로 몰아넣은 뒤 많은 학자가 외

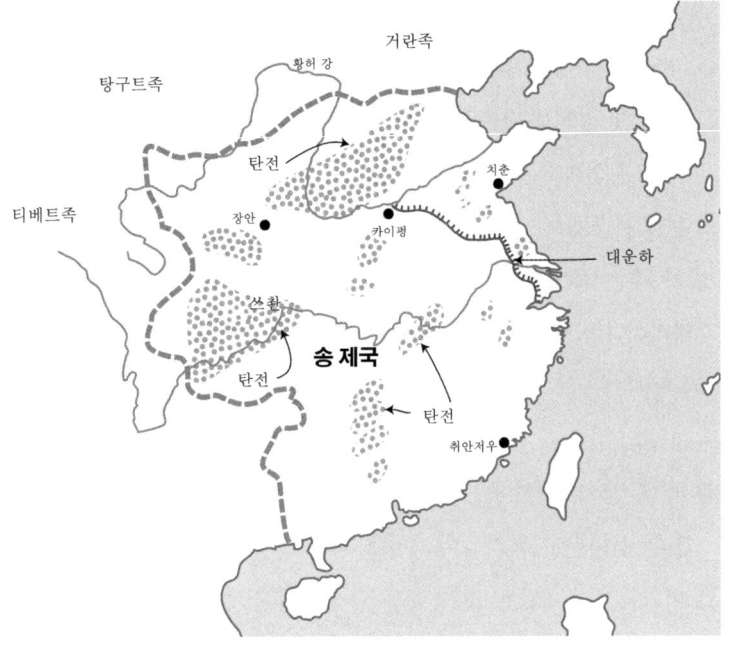

[**지도 7.9**] 문치주의 제국: 1000년 무렵 송나라, 탕구트족[서하], 거란족[요나라]로 분할된 중국. 주요 탄전은 점으로 표시되었다.

국 문물에 대한 열광에 의문을 제기해왔는데, 그들이 보기에 외국 열풍은 중국에 튀르크 장군들과 무질서만 초래했을 뿐이었기 때문이다. 한나라 멸망 이후의 5세기는 환멸을 느낀 많은 사대부에게 중국 전통을 타락시킨 야만적인 막간으로 비치기 시작했다. 그들은 중국을 좀먹는 낯선 수입품 가운데 주된 것은 불교라고 주장했다.

819년 유학자 한유는 한 절에서 부처의 유골로 알려진 (여러) 유골 가운데 하나를 이전할 때 터져나온 집단 광기를 보고 느낀 두려움을 표현한 글 「불골을 논하는 표」를 황제에게 올렸다. 한유는 "불교는 미개한 족속의 숭배에 지나지 않는다"고 단언했다. 그는 과거 불교가 중국을 홀렸을 때 "지식이 얕고 하찮은 관리들은 고대 왕들의 법도, 과거와 현재의 급선무를 온전히 이해할 수 없었고, 따라서 황제의 지혜를 수행하거나 시대를 타락에서 구할 수 없었다"[29]고 논했다. 그러나 이제 중국의 학문은 우월해졌다. 지식인들은 생각하고 그림을 그리고 무엇보다 옛사람들처럼 글을 쓰는 법을 배우고 있으며, 따라서 고래의 덕을 되찾고 나라를 구하고 있었다. 한유는 "산문은 법도의 전달 수단이 되어야 한다"고 촉구하며 고문古文이 지닌 고도로 도덕적인 어조와 간결함을 본받은 새로운 문체를 창안했다.

불교에 대한 반발은 논쟁적이었지만 편리했다. 절은 막대한 부를 축적했고 840년대 당나라 무종 황제가 불교를 탄압—승려를 환속시키고 절을 폐쇄하고 재물을 약탈하며—했을 때 학문적 비난보다는 재정적 압박이 더 크게 작용했을 것이다. 공식적 탄압은 한유와 같은 견해에 상당한 권위를 부여했다. 여전히 수백만 명의 불교도가 있었지만 이 수입 종교에 대한 회의로 가득한 그보다 더 많은 중국인은 부처의 커다란 물음—참된 나란 무엇인가? 나는 이 우주와 어떻게 조화를 이루는가?—에 대한 답이 자신들의 유교 경전 속 잘 안 보이는 곳에 감춰져 있을지도 모른다는 설에 기운을 얻었다.

‘신유학’ 운동이 사대부 계층을 휩쓸었고 거란족과 탕구트족이 압박해 오는 가운데 중국이 어려운 시기에 처하자 제국에서 가장 뛰어난 지성들이 공자를 본받아 통치자에게 조언을 하기 위해 나섰다. 그들은 환생과 불멸 따위는 잊으라고 주장했다. 지금, 여기만이 중요하며 자기완성은 세상에서 행동함으로써 이루어지는 것이었다. 한 학자는 “진정한 군자는 세상의 어려움을 먼저 근심하고 즐거움은 가장 나중에 구해야 한다”[30]고 단언했다.

신유학파는 고전 연구를 사회개량을 위한 프로그램으로 탈바꿈시켰다. 고대 문화를 올바르게 이해하기 위해 문헌학적이고 예술적인 기예를 갖춘 사람은 현 세계를 구하기 위해 고대의 미덕을 활용할 수 있다고 주장했다. 한 예로 소년 시절 우연히 한유의 글을 접한 구양수는 자신만의 ‘고문체’를 확립하여 시인이자 역사가, 2000년 된 청동 골동품 수집가로 이름을 날린 뒤 조정에서 높은 벼슬에 올라 재정과 군사개혁을 열렬히 지지했다.

마찬가지로 뛰어난 수십 명의 인재가 나라에 능력을 바쳤지만 가장 대단한 사람은 쟁쟁한 골동품 수집가이자 대문장가 겸 재상이었던 왕안석이었다. 왕안석의 많은 정적(그 가운데는 구양수도 있었다)은 그가 비위에 거슬리고 밉살스럽고 저열하다고 비난했고 결국에는 그를 실각시키고 좌천시켰지만 그의 급진적인 신법—뉴딜 정책과 레이거노믹스가 하나로 버무려진 11세기 버전—은 어느 정도 실질적 구제를 가져왔다. 왕안석은 세금을 삭감하고도 징수 과정을 더 공정하게 만들어 세수를 증가시켰다. 그는 대규모 공공사업에 출자했고 농민과 소상인들에게 자본을 빌려주는 ‘청묘법’으로 경제성장을 촉진했다. 그는 돈이 많이 드는 직업군인에서 비용이 저렴한 민병대로 정책을 전환하여 예산에 균형을 맞췄다. 보수적 행정가들이 반발하자 새로운 행정가들을 기용했다. 또 경제와 지리, 법률을 과거 시험 과목에 포함시켰고 이를 가르치는 새로운 학교를 설립했으며 시험을 통과한 사람들의 봉급을 인상했다.

신유학파의 업적이 대단하긴 하지만 같은 시기에 진행되던 제2의 경제 발전, 고대 로마에 버금가는 폭발적 성장에 비교하면 아무것도 아니었다. 중세 온난기는 거의 중국 전역에서 호재로 작용했다. 호수 퇴적물, 석순石 筍의 화학 성분, 문헌 기록도 모두 반半건조한 북부에는 그곳의 농부들이 원했던 바대로 더 많은 비가 내렸고, 습한 남부는 그 지역의 농부들에게 알맞도록 비가 덜 내렸다는 것을 가리킨다. 인구가 성장하여 1100년에는 어쩌면 1억 명에 달했을 수도 있다.

1100년이 되자 6세기 『제민요술』에 언급된 37가지 벼 품종은 그보다 수확량이 더 많은 품종으로 대체되었고, 농부들은 물을 대고 거름을 준 경지에 쌀과 밀을 번갈아 심음으로써 1년에 세 차례씩 수확할 수 있었다. 도로망이 확대되면서―도시에서는 흔히 석재로 마감되고 심지어 시골에서도 때때로 벽돌로 마감한 도로들―농산물을 항구로 실어나르기 쉬워졌고 수상 운송은 그보다 더 극적으로 개선되었다. 중국의 조선공들은 페르시아와 아랍, 동남아시아 선박에서 가장 좋은 점만을 취해서 수밀구획을 갖췄고 주 돛대가 네 개나 심지어 여섯 개까지 달렸으며 선원이 최대 1000명에 달하는 원양 항해가 가능한 정크선을 건조했다. 운임이 급락했고 상인들은 대규모 무역을 조직했다. 한 12세기 작가는 이렇게 기록했다.

강과 호수가 서로 연결되어 물길을 통해 어디든 갈 수 있다. 배가 나루터를 떠나면 천 리 길을 갈 동안 장애가 전혀 없다. 매년 양민들은 물길을 이용해 종자와 식량으로 쓰고 남는 곡물을 모두 내다판다. 거상들은 작은 가게들이 갖고 있는 것을 모은다. 작은 배들은 상당한 이익을 올리고자 곡물을 팔러 왕래하면서 큰 배들에 딸려 합동 교역에 참가한다.[31]

실제 배만큼 중요한 것은 화물을 사서 창고에 보관하고 돈을 대부해주며 배를 재빨리 회전시키는 운송 중개상이었다. 그러나 이 모든 활동에는 현금이 필요했고 경제가 성장하자 정부는 충분한 동전을 찍어내기 위해 안간힘을 썼다. 새로운 구리 공급원을 찾으려는 영웅적인 노력(그리고 납으로 화폐가치를 떨어트리는 그다지 영웅적이지 못한 노력도) 덕분에 통화 공급량은 983년 3억 개에서 1007년 18억3000만 개까지 증가했으나 여전히 수요에 못 미쳤다.

탐욕과 게으름이 문제를 해결했다. 9세기 차 무역이 성행하고 상업에 대한 국가의 감독이 느슨해졌을 때 쓰촨의 거래상들은 장안에 사무소를 차리기 시작했다. 그곳에서 상인들은 차를 팔아 받은 동전을 날아다니는 돈 즉, '비전飛錢'이라는 지불 증서와 교환했고, 쓰촨으로 돌아오면 회사의 본사에서 이 어음을 다시 현금으로 바꿨다. 비전 한 뭉치가 구리 동전 40자루에 해당한다고 보면 이점은 명백했고 상인들은 곧 이 신용 증서를 그 자체로 화폐로 사용하게 되었다. 그 가치가 금속 내용물보다는 발행자의 신용에 의존하는 명목화폐, 즉 신용화폐를 발명한 셈이었다. 1024년 국가는 논리적으로 당연한 다음 단계를 밟아 지폐를 찍어내기 시작했고 곧 동전보다 지폐를 더 많이 발행하게 되었다.*

지폐와 어음이 시골에 침투해 물건을 사고파는 것이 더 쉬워지자 더 많은 농민이 땅에서 잘 자라는 것은 무엇이든 재배해 판 뒤 그 돈으로 쉽게 재배할 수 없는 것은 무엇이든 구입했다. 한 승려는 오지 마을의 작은 장터에서 우연히 접한 모습을 이렇게 묘사했다.

---

* 송나라는 약 10억 개의 주화와 주화 12억5000만 개의 가치가 나가는 지폐를 발행했다. 지폐는 36억 개 주화 준비금으로 확실하게 보장되어 완전한 태환이 가능했다.

아침해는 아직 호수에서 떠오르지 않았고
찔레 가지는 한순간 소나무 문처럼 비치네.
노목 그늘 속에 가파른 절벽이 잠겨 있고
성성이의 적막한 울음소리가 떠돈다.

고개를 돌면 계곡이 펼쳐지고
저 멀리 마을이 보일 듯 말 듯 하구나.
오솔길을 따라 소리치고 웃으며
일손들이 얼마간 흥정을 하러
앞서거니 뒤서거니 장으로 길을 떠나네.

구름처럼 몰려 있는 가게와 집들.
장사치들은 아마포와 닥종이를 내놓거나
어린 닭과 쿵쿵거리는 돼지를 앞세우고 걷는다.
빗자루와 쓰레받기가 여기저기 쌓여 있고
집기가 너무 많아 일일이 이를 수도 없구나.
분주한 거래를 관리하는 어르신의
아주 자그마한 몸짓도 모두가 놓치지 않는다.
어르신은 한 자 한 자 재면서 꼼꼼하게 비교하고
물건을 찬찬히 뒤집어본다.[32]

도시의 시장은 물론 훨씬 더 크고 화려했고 대륙 절반의 공급자에게 의지할 수 있었다. 동남아시아의 무역상은 취안저우의 항구를 인도네시아의 말루쿠 제도[향신료 제도로도 알려져 있다]와 인도양의 거대한 부와 연결했고, 수입품은 그곳에서 송 제국의 모든 도시로 실려갔다. 수입품을 구입하

기 위해 가내 작업장에서는 비단과 도자기, 칠기, 종이를 만들어 내놓았
고 가장 번창한 곳은 공장으로 탈바꿈했다. 농촌 사람들도 책과 같이 이
전에는 사치품이었던 것을 살 수 있었다. 1040년이 되자 비교적 저렴한 책
이 목판으로 수백만 권 찍혀나와 꽤 소박한 구매자의 손에까지 들어가게
되었다. 문자해독률은 아마도 1000년 전 로마시대 이탈리아의 수준에 맞
먹었을 것이다.

그러나 가장 결정적인 변화는 직물과 석탄에서 일어났는데, 18세기 영
국의 산업혁명을 추진하게 될 바로 그 산업 분야였다. 11세기 직공들은 발
로 밟아 비단실을 뽑는 방적기를 발명했으며, 1313년 학자 왕정의『왕정농
서』에는 축력이나 수력을 이용할 수 있게 개조된 커다란 마방적기가 묘사
되어 있다. 왕정은 "이 방적기가 이전에 여자들이 돌리던 방적기보다 여러
배나 저렴"하고 "마를 제조하는 중국 북부 전역에서 쓰인다"[33]고 적었다.
이 기계의 신통한 능력에 감탄한 왕정은 기술적인 서술을 중단하고 갑자
기 시흥에 잠기기까지 한다.

실 잣는 사람이 백 근의 실을 자으려면 여러 날이 걸렸으나
물의 힘을 이용하니 놀라운 속도로 실을 잣는구나!
큰 바퀴와 작은 바퀴를 잇는 띠가 있으니
한 바퀴가 돌면 다른 바퀴도 함께 도는구나!
실패에서 꼬인 실이 고르게 풀려나오면
실타래가 얼레에서 저절로 감기는구나!

18세기 프랑스 아마방적기 설계도와 왕정의 14세기 방적기 도안을 비
교한 경제사학자 마크 엘빈은 "프랑스 방적기가 왕정의 기계와 무척 확연
히 닮아서 궁극적으로는 중국에서 유래한 것이 아닌가 하는 생각을 (…)

떨치기 힘들다"고 결론 내릴 수밖에 없었다. 왕정의 기계는 프랑스 기계보다 효율성이 떨어졌지만 엘빈은 "왕정의 방적기가 보여주는 발전 노선을 좀 더 추구했다면 중세 중국은 서양보다 400년 앞서 직물업에서 진정한 산업혁명을 겪었을지도 모른다"[34]고 결론 내린다.

송대의 직물 생산과 가격에 대해 아무런 통계가 남아 있지 않기에 우리는 이 이론을 쉽게 검증할 수 없지만 다른 산업에서는 정보를 갖고 있다. 소득 신고서는 철 생산량이 800년에서 1078년 사이에 약 12만5000톤까지 여섯 배 증가했음을 시사하는데, 1700년대 유럽 전체 생산량에 거의 맞먹을 정도다.*

제철소는 주요 시장인 인구 100만의 도시 카이펑 주변에 밀집해 있었는데, 그곳에서 철은 (다른 용도와 더불어) 군대가 요구하는 무수한 무기로 주조되었다. 대운하 주변에 편리하게 위치했기 때문에 수도로 선택된 카이펑은 일하는 도시였다. 도시에는 이전 수도들에서 볼 수 있는 가로수가 늘어선 대로, 우아한 궁궐, 역사는 없었지만 번잡하고 어수선하고 활기넘치는 메트로폴리스로 성장했다. 소란스러운 주점에서는 새벽까지 술을 대접했고** 50군데의 극장은 각각 수천 명의 관객을 끌어모았으며 늘어선 상점은 카이펑의 하나뿐인 대로를 점령했다. 그리고 도시를 둘러싼 성벽 너머에서는 사악한 악마의 맷돌들이 연기와 불을 내뿜고, 원광을 녹여서 철을 뽑아내기 위해 수만 그루의 나무를 먹어치우면서 주조소가 밤낮으로 불을 때고 있었다. 사실 나무가 매우 많이 필요해서 제철업자들은 산을 통째로 사들여서 싹 벌채해버렸고 일반 가정집에서는 도저히 감당할

---

* 11세기 조세 대장은 해석하기가 굉장히 힘들며 일부 역사가는 증가 규모가 더 작았다고 생각한다. 그러나 아무도 철 생산량이 상당히 증가했음을 부인하거나 제철업이 에너지 사용에서 초래한 결과를 반박하지는 않는다.

** 1063년 야간 통행금지령이 해제된 뒤.

수 없을 만큼 숯 가격이 올랐다. 얼어죽어가던 수백 명의 카이펑 시민들이 1013년 연료 폭동을 일으켰으나 진압당했다.

카이펑은 분명히 생태학적 병목 상태에 진입하고 있었다. 한마디로, 100만 인구를 따뜻이 하고 먹이며, 주조소가 수천 톤의 철을 계속 생산해 낼 수 있을 만큼 나무가 충분하지 않았다. 여기에는 두 가지 선택밖에 없었다. 주민들과 산업이 차츰 서로 떨어지든지 아니면 누군가가 혁신을 가져와 새로운 원료 공급원을 발견하든지, 둘 중 하나였다.

호모사피엔스는 의식주와 연료를 얻고자 언제나 동식물을 착취해 살아왔다. 오랜 세월에 걸쳐 인간은 훨씬 더 효율적인 기생동물이 되었다. 한 예로 1세기에 한나라와 로마 제국 사람들은 그보다 1만4000년 전 빙하기 선조들이 힘들게 모은 것보다 7~8배 더 많은 1인당 에너지를 소비했다.* 한나라와 로마 제국 사람들은 또한 동식물이 제공할 수 있는 것을 넘어서, 배를 움직이게 하기 위해 바람과 파도를 이용하는 법을 터득했고 제분기에 수력을 응용했다. 그러나 1013년 추위에 떨다 폭동을 일으킨 카이펑 주민들은 여전히 기본적으로는 다른 유기체에 의지해 살았고 석기시대 수렵채집인보다 에너지의 대사슬에서 약간 더 높은 단계에 서 있을 뿐이었다.

몇십 년 안에 그러한 상황이 변화하기 시작하면서 카이펑의 제철업자들은 저도 모르게 혁명가로 변신했다. 1000년 전 한나라 때 일부 중국인이 석탄과 가스에 손을 댔지만 이 에너지원은 분명한 용도가 거의 없었다. 게걸스러운 대장간이 따뜻한 가정집과 연료를 놓고 경쟁하게 된 지금에

---

* 동양에서 1인당 에너지 획득량은 기원전 1만4000년경(사회발전지수 4.29점) 1인당 1일 평균 대략 4000킬로칼로리(각종 용도를 모두 고려하여)에서 기원전/서기 1년(29.35점)에 2만7000킬로칼로리로 증가했다. 서양에서는 기원전 1만4000년경 대략 비슷한 수준에서 기원전/서기 1년(33.70점)에 대략 3만1000킬로칼로리로 증가했다.

이르러서야 산업가들은 고대 유기체 경제와 화석연료의 신세계 사이의 문을 열심히 밀기 시작했다. 카이펑은 중국 최대 석탄 매장지 두 곳(지도 7.9)과 가까이 있었고 황허에 접근하기도 쉬웠으므로 원광을 녹이기 위해 숯 대신 석탄을 이용하는 법을 알아내는 데는 천재가 따로 필요 없었다. 그저 탐욕과 필사적 노력, 시행착오만 있으면 되었다. 석탄을 찾아내 채굴하고 운반하기 위해서는 자본과 노동력도 필요했는데, 가정집(그러한 자원이 없는)이 아니라 기업가(자원을 보유한)가 이러한 움직임을 주도한 것은 그런 이유 때문일 것이다.

1080년 무렵에 쓰인 시 한 수를 보면 변화를 감지할 수 있다. 첫째 연은 연료가 너무 절실해서 땔감에 몸을 판 여인을 묘사한다. 둘째 연에서는 탄광이 이런 상황을 구제하는 모습을, 셋째 연은 거대한 용광로를 묘사한다. 넷째 연에서 사람들은 이제 두 마리 토끼를 다 잡을 수 있게 되어 안도한다. 커다란 무쇠 검도 주조할 수 있고 숲도 살아남을 수 있게 된 것이다.

눈과 비에 길손들의 발이 묶이고
칼바람이 성 안 사람들의 뼈를 깎는 지난겨울
젖은 땔감 한 묶음을 들고 '동틀 녘에 이부자리를 진' 여인을 보지 못했는가?*
어스름에 여인은 성문을 두드리지만 아무도 그녀의 일거리를 원하지 않았네.

저 산 속에 보물이 감춰져 있을 줄 누가 알았으랴?
만 대의 수레에 실어갈 수 있는 석탄이 검은 보석처럼 쌓여 있네.
넘쳐나는 은혜를 모두가 모르고 있었네.

---

* 매춘을 돌려 말한 것이다.

후끈한 바람이 — 쳉쳉* — 퍼져나간다.

일단 개시되면 (생산은) 끝이 없다.

만 명의 일꾼이 애를 쓰고 천 명의 사람이 감독한다.

원광을 펄펄 끓는 액체에 집어넣으면 더욱 환해지고

녹은 옥과 금, 왕성한 힘이 흘러나오네.

남산에서는 밤나무 숲이 이제 편하게 숨을 쉬고

북산에서 단단한 원광을 두들길 필요가 없네.

백 번 제련한 검을 만들어주리니

도적떼를 모조리 제압할 수 있으리라.[35]

 석탄 산업과 제철업은 갑자기 동시에 도약하게 되었다. 기록이 잘 남아 있는 한 주조소는 3만5000톤의 원광과 4만2000톤의 석탄을 매년 용광로에 집어넣었고, 그 결과 3000명의 일꾼을 고용해 1만4000톤의 선철을 얻어냈다. 1050년이 되자 굉장히 많은 양의 석탄이 채굴되어 가정에서 이용되었고, 1098년 정부가 구빈책을 일제히 정비했을 때 석탄은 관리들이 언급한 유일한 연료였다. 1102년과 1106년 사이에 카이펑에서는 20군데의 석탄 시장이 새롭게 열렸다.

 이 시기 동양의 사회발전 수준은 1000년 전 고대 로마의 전성기 수준까지 올라갔다. 무슬림 핵심부와 기독교 주변부로 쪼개진 서양은 이제 한참 뒤쳐졌고 18세기 영국 산업혁명 전야에 이르러서야 이 수준의 사회발전에 버금가게 된다. 사실 모든 지표는 중국의 산업혁명이 검댕으로 얼룩진 카이펑의 성벽 안에서 무르익고 있었고 사회발전에서 막강한 동양의 우위를

---

* 시인이 생각한 풀무 소리

동양의 지배로 전환하게 될 것을 가리켰다. 역사는 루티를 발모럴 성으로 데리고 가는 것이 아니라 앨버트를 베이징으로 데려가게 될 경로를 밟고 있는 듯보였다.

세   **8**계   화

세 가지 중요한 문제

중국에 관한 모든 것이 마르코 폴로를 감탄시켰다. 그곳의 궁전은 세계 최고였고 그곳의 지배자는 세계에서 가장 부자였다. 그곳의 강은 기독교권의 모든 바다와 물을 합친 것보다 더 많은 배를 떠받치며 어느 유럽인이 누군가가 먹으리라고 상상할 수 있는 것보다 더 많은 식량을 도시들로 실어날랐다. 그리고 그 음식들이라니! 그 진미를 맛보지 않은 유럽인은 도저히 믿을 수 없으리라. 중국의 여인은 누구보다 정숙하고 예의가 바르다. 중국인 부인은 천사 같고 항저우의 고급 기생의 환대를 한번 맛본 외국인은 결코 잊지 못한다. 그러나 그 가운데 가장 놀라운 것은 중국의 상업이다. 폴로는 "진실로 말하건대, 중국의 상업은 그렇게 엄청난 규모라 그것을 직접 두 눈으로 보지 않고 듣기만 한 사람은 도저히 믿을 수 없을 거라 장담한다"[1]라고 적었다.

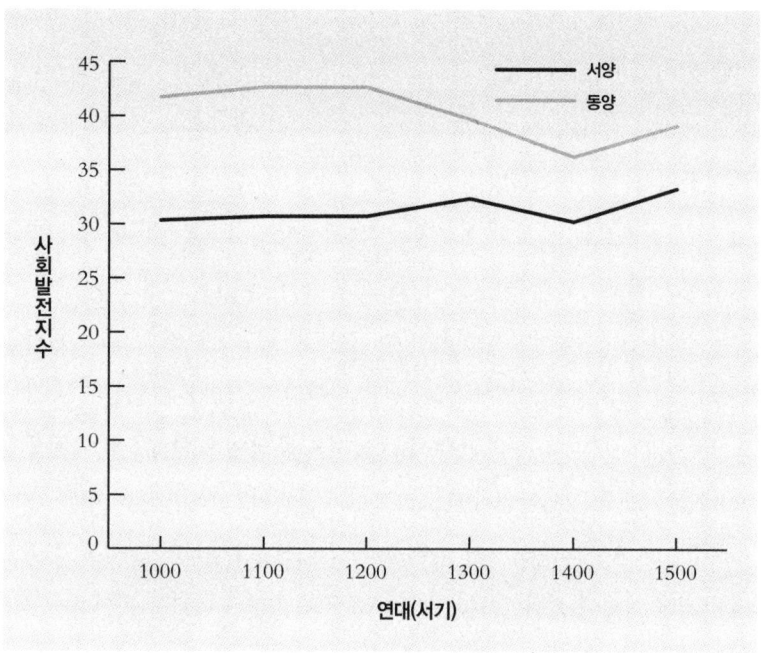

[도표 8.1] 좁아지는 세계에서 좁아지는 간격. 무역, 여행, 격동의 시대가 동양과 서양을 다시금 하나로 묶었다.

그것이 문제였다. 마르코 폴로가 1295년 베네치아로 돌아왔을 때 그의 이야기를 듣기 위해 몰려든 많은 사람은 정말로 믿지 않았다.* 그러나 이를테면 과일 가운데 4.5킬로그램이나 나가는 배처럼 이따금 등장하는 이상한 내용에도 불구하고 마르코 폴로의 이야기는 우리가 도표 8.1에서 보는 것과 상당히 일치한다. 그가 중국에 갔을 때 중국의 사회발전지수는 서양을 훨씬 앞서 있었다.

그러나 동양에서 경탄을 금치 못했을 때 그가 몰랐던 세 가지 중요한

---

* 심지어 오늘날에도 일부 학자는 여전히 마르코 폴로가 정말로 중국에 갔는지 의심한다.

포인트가 있었다. 첫째, 사회발전지수에서 동양의 우위는 1100년 거의 12점 차이에서 1500년 6점 차이로 차츰 줄어들고 있었다. 둘째, 제7장 말미에 예견된 시나리오—동양의 제철업자와 제분업자들이 화석연료의 위력을 폭발시키며 산업혁명을 시작하리라는 시나리오—는 일어나지 않았다. 마르코 폴로는 중국의 화로에서 불타는 "검은 돌"을 예찬했지만 중국의 통통한 물고기와 투명한 도자기도 그만큼 예찬했다. 그가 그린 땅은 그 모든 경이에도 불구하고 여전히 전통 경제였다. 그리고 셋째, 그가 거기에 있었다는 사실이야말로 앞으로 일어날 일들의 전조였다. 유럽인이 움직이고 있었다. 1492년 비록 자신은 죽는 날까지 중국에 도달했다고 확신했지만 어쨌든 또 다른 이탈리아인 크리스토퍼 콜럼버스가 아메리카에 도착하게 되고, 1513년 콜럼버스의 사촌 하파엘 페레스트렐루가 실제로 중국으로 항해한 최초의 유럽인이 됨으로써 가문의 혼란을 바로잡게 된다.

콜럼버스의 상륙부터 서양이 사회발전지수에서 다시 주도권을 쥐게 되기까지는 3세기가 더 흘러야 한다. 이 장에서 다루는 긴 기간은 동양의 시대의 끝이 아니었다. 심지어 끝의 시작도 아니었다. 그러나 의심의 여지없이 시작의 끝이었다.●

사탄의 종족

1127년 1월 9일 카이펑. 도시의 성벽은 공성 망치와 폭발하는 폭탄 아래 흔들리고 있었다. 흩날리는 눈발 속에서 무슨 일이 일어나고 있는지 아

● 1942년 아프리카 전선에서 연합군이 거둔 첫 승리의 의미를 설명하는 윈스턴 처칠의 연설 일부를 차용한 것이다. "이것은 끝이 아닙니다. 심지어 끝의 시작도 아닙니다. 어쩌면 시작의 끝이라고 할 수 있겠지요." 긴 여정 가운데 이제 첫 단계가 간신히 마무리되었음을 의미하는 표현이다.

무도 제대로 볼 수 없었지만 여전히 성곽 위 중국군 수비대는 자신들을 향해 다가오는 육중한 공성탑에 명중하기를 바라며 거대한 석궁에서 커다란 쇠 화살을 발사했고 불붙은 화약을 어둠 속에 뿌렸다. 중국 북부 국경 지대에 새로운 위협으로 등장한 여진족 금나라의 군사 3000명은 첫 번째 성벽 강습에서 쓰러졌지만—일부는 불에 타고 일부는 돌에 깔려 죽었지만 더 많은 수는 화살에 죽었다—여전히 공격하는 병사들은 시신을 거둔 뒤 재집결했다. 그들은 그보다 더 심한 것에도 익숙했다. 성벽 안쪽에서는 100명이 채 안 되는 사람이 쓰러졌으나 이만큼 널브러진 시신에도 수비군은 결의가 약해졌다. 지휘관들은 자취를 감췄고 흉흉한 소문이 퍼져나갔다. 너무도 빨리 되돌아온 공성탑의 삐걱거리는 소리는 눈발 속에서 약하게 들려왔고 수많은 치명적 화살이 쉬익 허공을 갈랐다. 정확히 어떻게 돌연한 공포가 삽시간에 퍼져나갔는지 알 수 없지만 갑자기 수만 명이 필사적으로 도망치려고 하면서 총안[몸을 숨긴 채로 총을 쏘기 위해 성벽이나 보루에 뚫어 놓은 구멍]을 낸 흉벽에서 물밀 듯이 빠져나왔다. 적은 성 안으로 들어와 약탈하고 불을 지르고 강간하고 살육했다. 대다수 궁녀가 앞에 기다리고 있는 끔찍한 운명을 겪기보다는 투신자살하는 쪽을 택했지만 황제는 붙들려 끌려가기를 그저 기다렸다.

　카이펑 함락은 송나라가 자초한 화였다. 11세기 경제의 번영에도 불구하고 북부 변경 지대에서 거란족과의 끝없는 전쟁은 송나라에 지속적인 재정적 출혈을 가져왔고, 황제들은 청구서를 지불하기 위한 새로운 길을 끊임없이 찾았다. 그 결과 1115년 만주의 '야인 여진'이 거란족과의 싸움에 도움을 제공했을 때 휘종은 이를 덥석 받아들였다(지도 8.2). 이 여진족이 20년 만에 산간벽지의 농부에서 무시무시한 기병으로 변신했다는 사실을 우려해야 했지만 휘종은 이를 간과했다. 휘종은 음악에 대한 감식안이 높고 이름난 화가였으며 천재적인 서예가였지만 정치가로서는 재능이 없었고 그의 자문관들은 대체로 냉엄한 현실을 직시하기보다는 책상머리 정치를 선호했다. 여진족을 지지함으로써 휘종은 처음에는 거란족을 그다음에는 자기 자신을 집어삼킬 괴물을 만들어냈다. 절망에 휩싸인 송나라 조정의 유신들이 배로 도주하지 않았다면 여진족은 그들 역시 해치웠을 터였다. 북부를 지배하는 여진족과 이제 항저우에 자리잡은 채 크게 줄어든 영토를 다스리는 송나라 간의 국경은 1141년이 되어서야 안정되었다.*

카이펑 함락과 그에 따른 북부와 남부 사이 무역의 단절은 12세기에 사회발전이 거의 증가하지 않았다는 것을 의미했다. 그러나 정체되기는 했을 망정 그렇다고 붕괴한 것은 아니었다. 카이펑은 약탈에서 금방 회복해 한동안은 심지어 금나라의 수도가 되기도 했으며 항저우는 마르코 폴로에게 깊은 인상을 남긴 메트로폴리스로 성장했다. 중국 남부의 탄전은 북부만큼 풍부하지는 않지만 여전히 충분했다. 12세기 기업가들은 제철 과정에서 더 값싸고 불순물이 많은 석탄을 이용하는 법을 터득했고, 심지어 제철 과정에서 발생하는 오염된 부산물로부터 구리를 추출하는 법도 익혔다. 무역과 지폐, 화석연료, 상품 생산은 계속 성장했고 1200년 중국판 산업 도약은 1세기 전만큼 여전히 가능성이 있어 보였다.

그 모든 것을 바꾼 사람은 테무진이라는 사나운 스텝 지대의 젊은이였다. 1162년 꽁꽁 얼어붙은 몽골 땅에서 태어난 테무진은 최악의 파탄 가정 출신이었다. 그의 아버지 예수게이는 테무진의 어머니 호엘룬을 원래 신랑한테서 납치하여 임신시켰고, 그렇게 태어난 아이의 이름을 자신이 죽인 남자의 이름을 따서 지었다. 테무진의 부모는 사이가 매우 소원해서

---

* 역사가들은 일반적으로 송대를 송 왕조가 카이펑에서 거의 중국 전역을 다스렸던 북송 시대(960~1127)와 항저우에서 남부만을 다스리던 남송 시대(1127~1279)로 구분한다.

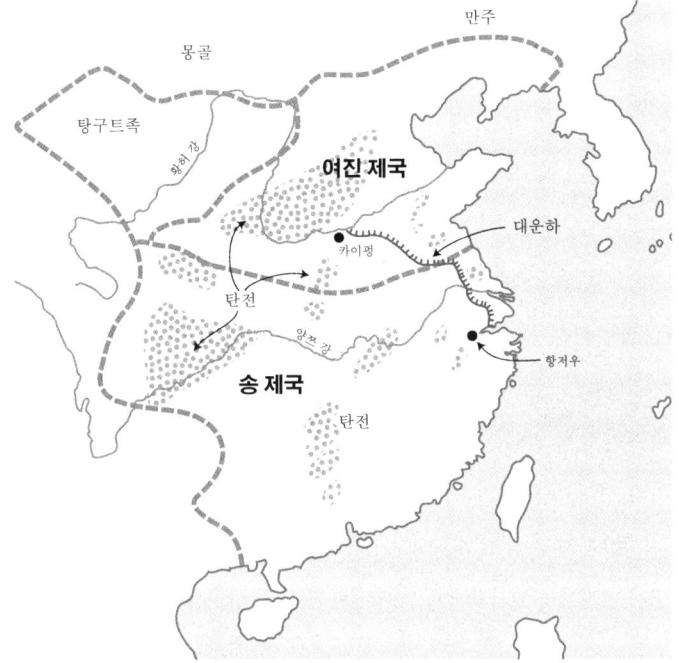

[**지도 8.2**] 괴물을 키우다: 1141년의 여진족과 송나라. 점으로 표시된 구역은 중국의 주요 탄전 지대를 가리킨다.

한번은 천막집을 이동할 때 그를 데려가는 것을 깜빡 잊어버렸고, 1년이 지나서야 그를 다시 데리러 왔다. 테무진이 여덟 살 때 그를 약혼시킨 예수게이는 살해되었고(아마도 때 이른 죽음은 아니었을 게다), 그의 동료 부족민들은 호엘룬을 배척해 그녀의 가축을 훔치고 굶어죽도록 방치했다. 테무진은 집으로 돌아와 쥐를 사냥해 어머니를 부양했다. 그는 이복형을 죽였는데, 형은 부족 법에 따라서 호엘룬과 결혼할 수 있는 권리가 있었기 때문이다. 그후 테무진은 노예로 팔렸다가 탈출했는데 이미 약혼자는 납치된 뒤였고 어쩌면 다른 남자의 아이를 배고 있었던 것 같다. 테무진은 납치한 사람들을 죽이고 약혼자를 되찾아왔다.

테무진은 냉혹한 사람이었지만 그가 그런 사람이 아니었다면 몽골족은 그에게—'두려움을 모르는 지도자'란 뜻의—칭기즈 칸이라는 칭호를 부여하지 않았을 것이며, 그는 역사상 가장 위대한 정복자가 되지 못했으리라. 심리치료사가 아니라고 해도 권력의 정상에 이르기 위해 그가 밟은 길(의형제 자무카*를 추적해 죽이고, 친족의 우선권을 무시함으로써 몽골족의 전쟁 수행방식을 변화시키고, 사사건건 다투고 걸핏하면 술만 마시는 아들들을 나몰라라 했다)이 어느 정도 어린 시절의 가족사에 기인한다는 사실을 짐작할 수 있으리라.

어떤 의미에서 2000년간 스텝 지대의 생존방식은 거의 변한 것이 없었다. 앞선 무수한 부족장처럼 칭기즈 칸은 부분적으로는 (중국에 대한) 두려움과 부분적으로는 (중국의 부에 대한) 탐욕에 자극받아 움직였다. 이 동기에 따라 북부의 금나라를 침략했고, 거기서 얻은 전리품으로 다른 몽골족장들을 구슬려 자신을 따르도록 만들었다. 그러나 다른 측면에서는 많

---

* 전설에 따르면 자무카가 그를 배신했기 때문이다. 자무카는 붙잡히자 테무진에게 자신을 처형해달라고 요청했다고 한다.

은 것이 변했으며 칸조차도 같은 강물에 두 번 발을 담글 수 없다는 역사의 법칙을 벗어날 수는 없었다. 500년 동안 중국인과 무슬림, 기독교도 정착민들은 마을과 관개시설, 쟁기를 스텝 지대로 들여오고 있었다. 농부들은 유목민으로부터 땅을 빼앗았지만 농부들로부터 유목민이 얻은 것은 그들의 무기와 생활방식에 대한 지식이었다.

곧 유목민이 더 좋은 거래를 했다는 것이 분명해졌다. 다시금 후진성의 이점이 작용하기 시작했고 칭기즈 칸—모든 유목민 족장 가운데 가장 뛰어난—은 도시 거주 기술자(공병)들을 자신의 기병 군대에 접목하는 법을 터득하여 전장에서 맞닥뜨린 어느 군대든 무찌를 수 있듯이 어느 요새든 쉽게 무너트릴 수 있었다. 그는 1227년 죽을 때까지 태평양부터 볼가 강까지, 한 페르시아 목격자의 표현에 따르면 앞을 가로막는 것은 뭐든 "마치 종이 위에 쓰인 글을 지우듯이" 쓰러트리면서 전역을 휩쓸었다(지도 8.3). 몽골족이 지나가고나면 "사람이 살던 곳은 올빼미와 까마귀의 거처가 되었다. 이곳에서는 가면올빼미가 서로의 울음에 답하며 저 텅 빈 저택에서는 휘몰아치는 바람소리만 들린다".**2**

칭기즈 칸은 중국이야말로 약탈의 노다지 땅이라는 사실을 가르쳐줄 사회발전지수가 필요하지 않았다. 우리가 아는 한 그는 모든 것을 약탈하고 땅에서 농민들을 몰아내고 중국 북부 전역을 그의 거친 스텝 지대 조랑말을 먹일 방목지로 바꿀 작정이었다. 1215년 그는 베이징이 한 달 동안 불타도록 방치한 채 90개가 넘는 도시를 파괴했다. 그러나 1227년 그가 죽은 뒤에는 농민들을 건드리지 않고 그들에게 과세하는 것이 더 큰 이익을 가져다줄 것이라는 보다 현명한 견해가 우세하게 되었다.

새로운 정책을 시도할 기회는 빨리 찾아왔다. 휘종이 거란족에 맞서 여진족과 맺은 동맹이 결국 여진족이 카이펑을 약탈하고 휘종을 포로로 끌고가는 사태로 귀결되었다는 사실에도 아랑곳하지 않고, 1234년 송나라

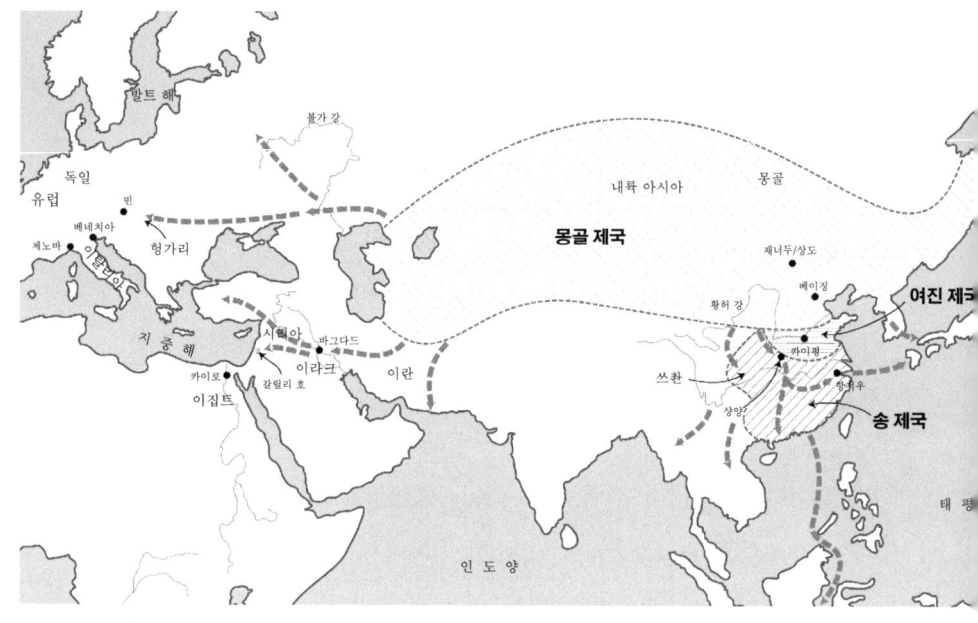

발트 해

독일

유럽

베네치아

제노바

이탈리아

형가리

지 중 해

카이로

이집트

갈릴리 호

시리아

바그다드

이라크

이란

불가 강

내륙 아시아

몽골

몽골 제국

재너두/상도

황허 강

메이징

여진 제국

쓰촨

상양

카이펑

항저우

송 제국

인 도 양

태 평

[**지도 8.3**] 유목민이 떠도는 곳: 1227년 칭기즈 칸이 사망했을 때 몽골 제국의 경계와 그의 사망부터 1294년까지 그의 아들과 손자들이 전쟁을 벌인 지역(점선 표시).

의 새로운 통치자는 여진족에 맞서 몽골족에게 유사한 동맹을 제안했다. 이번 결과는 더 끔찍했다. 몽골족은 여진족의 금나라를 집어삼키고 중국의 군대를 붕괴 직전으로 몰아갔다.

오로지 몽골 정치의 특이성이 1230년대 송나라가 멸망하는 것을 막았다. 1227년 칭기즈 칸이 죽었을 때 그의 아들 오고타이가 대칸의 직위를 계승했지만 칭기즈 칸의 손자들은 즉시 누가 오고타이를 계승할 것인지를 두고 일을 꾸미기 시작했다. 오고타이가 중국을 정복하게 내버려두면 그의 수중에 너무 많은 권력이 집중되고 후계 구도에서 그의 아들이 훨씬 유리해질 것이라 걱정한 일부는 몽골의 소부족장들을 압박해 중국 대신 먼 서쪽의 대규모 원정을 지지하게 만들었다. 1237년 그들은 뜻을 이뤘고 몽골 군대의 주력은 서쪽으로 급선회했다.

유럽인은 그들을 친 것이 대체 무엇인지 문자 그대로 전혀 몰랐다. 영국인 연대기 작가 매슈 패리스에게 침략자들은 완전히 수수께끼였다. 그는 "그들에게 접근할 수 있는 방법이 일체 없었고 그들도 모습을 드러내지 않았으므로 타인과의 흔한 교류를 통해 얻을 수 있는 그들의 습속이나 사람에 대한 지식이 전혀 허용되지 않았다"[3]고 적었다. 타타르(몽골족을 이르는 여러 명칭 가운데 하나)라는 이름을 지옥을 이르는 고대 그리스어 타르타로스로 잘못 해석한 패리스는 그들이 혹시 "가증스러운 사탄 종족의 거대한 무리"[4]는 아닌지 걱정했다. 그게 아니라면 어쩌면 그들은 '사라진 이스라엘 부족'[흔히 '잃어버린 10지파'라고 한다. 구약성서에 나오는 이스라엘의 12개 부족 가운데 행방이 알려지지 않은 10개 부족을 말한다]이 마침내 고향으로 돌아오는 중일 수도 있다고 추측했다. 몽골족이 히브리어로 말하지 않고 모세의 율법을 모르는 것 같다는 사실을 알아차렸음에도 불구하고 매슈는 이 추측이 틀림없이 맞는다고 결론 내렸다. 매슈는 모세가 십계명을 받기 전에 사라진 이들을 다음과 같이 묘사했다.

이방의 신들과 알려지지 않은 관습을 따르는 유대인이었다. 하나님의 복수 덕분에 이제 더욱 경이롭게도 그들은 다른 나라들에 전혀 알려지지 않았고 그들의 마음과 언어는 혼란스러우며 삶은 잔인하고 이치를 모르는 금수의 삶으로 바뀌었다.[5]

일부 기독교도는 잃어버린 10지파에 대한 논리적 대응은 현지 유대인을 학살하는 것이라고 판단했지만 그러한 조치는 예상대로 아무런 결과도 낳지 못했다. 몽골족은 밀집한 독일과 헝가리 기사들을 압도했고 빈까지 손길을 뻗었다. 그러나 그후 그들은—중국을 포기한 것처럼 똑같이 갑작스럽게—말머리를 돌려 포로들을 몰고 내륙 아시아로 돌아갔다. 유럽 침공의 핵심은 칸 직위의 승계에 영향을 미치기 위한 것이었고, 따라서 1241년 12월 11일 오고타이가 죽었을 때 유럽은 갑작스레 전혀 중요하지 않게 되었다.

다시 서쪽으로 눈길을 돌렸을 때 몽골족은 현명하게도 더 부유한 무슬림 핵심부를 표적으로 삼았다. 1258년 몽골족이 바그다드 성벽을 무너트리는 데는 2주밖에 걸리지 않았다. 그들은 마지막 칼리프에게 사흘간 음식과 물을 주지 않고 내버려둔 뒤 금덩어리를 던져주며 먹으라고 명령했다. 칼리프가 명령을 따르지 않자 그들은 칼리프와 그의 후손들을 깔개에 말아 짓밟아 죽였다.*

어느 이집트 군대가 마침내 1260년 갈릴리 해안에서 몽골족의 발길을 멈춰 세웠지만, 그 무렵이면 그들의 미친 듯한 파괴와 약탈은 이미 2세기에 걸친 이란, 이라크, 시리아 옛 무슬림 심장부의 경제적 쇠퇴에 확실한 마침표를 찍었다. 그러나 서양에 미친 몽골족의 가장 큰 영향은 그들이 하

---

* 몽골족은 이런 방식이 피를 흘리지 않기 때문에 명예로운 처형방식이라고 여겼다.

지 **않은** 것이었다. 그들이 카이로를 약탈하지 않았기 때문에 카이로는 서양에서 가장 크고 부유한 도시로 남았고, 그들이 서유럽을 침공하지 않았기 때문에 베네치아와 제노바는 서양 최대의 상업 중심지로 남을 수 있었다. 옛 무슬림 핵심부에서 사회발전지수는 추락했지만 이집트와 이탈리아에서는 꾸준히 상승해서 1270년대 마르코 폴로가 중국을 향해 출발할 때가 되자 서양 핵심부는 확고하게, 몽골족이 건드리지 않고 살려준 지중해 지역으로 이동했다.

또 한 명의 칸이 죽었을 무렵 몽골족은 서부 전쟁을 분명하게 포기했다. 그의 후계자이며, 약에 절은 영국 시인 콜리지의 환영 속 재너두Xanadu*의 궁전에서 불멸의 지위를 얻게 된(저 빛나는 돔이여! 저 얼음의 동굴들이여![6]) 쿠빌라이는 마침내 중국을 끝장낼 때가 왔다고 결심했다. 이 전쟁은 몽골족이 여태 치른 전쟁 가운데 가장 힘들었지만 가장 파괴적이었다. 커다란 요새 도시 샹양에서 중국인의 저항을 무너트리는 데 5년의 포위전이 소요되었고 1279년 쿠빌라이 칸이 송나라의 마지막 소년 황제를 바다까지 추격했을 때 중국을 산업혁명 직전까지 인도한 복합적 기반 시설은 붕괴되고 있었다. 동양의 사회발전지수는 추락했다.

자연재해도 분명히 여기에 일조했다. 여진족의 약탈에서 회복한 뒤 카이펑의 진정한 몰락은 1194년 황허 강이 범람해 제방이 무너지자, 도시를 먹여 살리고 석탄을 가져오며 상품을 실어가는 운하가 파괴되면서 시작되었다. 그러나 이전에도 황허 강은 수차례 범람했다. 큰 차이점은 이제 몽골족의 파괴가 자연의 재앙을 확대했다는 것이었다. 1230년대 기아와 전염병이 몽골 군대를 뒤따라 카이펑 인근의 주민 100만 명의 목숨을 앗아

---

* 이 유명한 이름은 사실 도시의 중국 이름 상도上都, Shangdu가 잘못 표기된 것이다. 쿠빌라이 칸의 궁전이 있던 곳은 현재 발굴중이다.

갔고 쓰촨 지방에서는 더 많은 사람이 죽었을 수도 있다. 1270년대 사망자 수는 그보다 더 심각했다. 전반적으로 13세기 중국에 만연한 묵시록의 네 기수—이주, 국가붕괴, 기아, 질병—는 어쩌면 인구를 4분의 1로 감소시 켰던 것 같다. 마르코 폴로의 감탄에도 불구하고 1290년대에 중국은 더 이상 산업적 도약으로 나가는 궤도에 있지 않았다. 사실 동양과 서양 간의 간격은 줄어들고 있었다.

포, 균, 무쇠

과거 1세기부터 4세기까지 동양의 사회발전이 뒷걸음질쳤을 때, 그것은 유라시아 차원의 역설 가운데 일부였다. 기원전 1000년대 사회발전의 급 격한 상승은 실질적으로 핵심부 간의 거리를 좁혔고 일단의 여행자와 무역 상, 침입자들은 스텝 지대와 인도양을 가로질러 무역과 여행의 중첩 지대 를 창출했다. 이 구세계 교환은 증가하는 사회발전의 결과였지만 그러한 발전을 저해하게 될 힘도 낳았고, 서양 핵심부가 43점 부근의 단단한 천장 을 돌파하는 데 실패했을 때 묵시록의 기수들은 두 핵심부를 끌어내렸다.

9세기가 되자 동양의 사회발전은 충분히 회복되어서 제2차 구세계 교 환을 촉발했다. 상인과 포교자, 이주민들은 다시금 스텝 지대와 인도양을 건너 접촉의 중첩 지대를 형성하고 있었다(지도 8.4). 칭기즈 칸의 어린 시 절 무렵 무역상들은 이미 향신료와 비단 같은 사치품만이 아니라 부피가 나가는 식량도 인도양을 통해서 로마인조차 부러워할 만큼 다량으로 실 어날랐고, 페르시아 만의 호르무즈부터 자바 섬의 마자파힛까지 국제적인 무역도시들이 번창했다.

몽골의 스텝 지대 정복은 동양과 서양을 잇는 제2의 동맥에 안정을 가

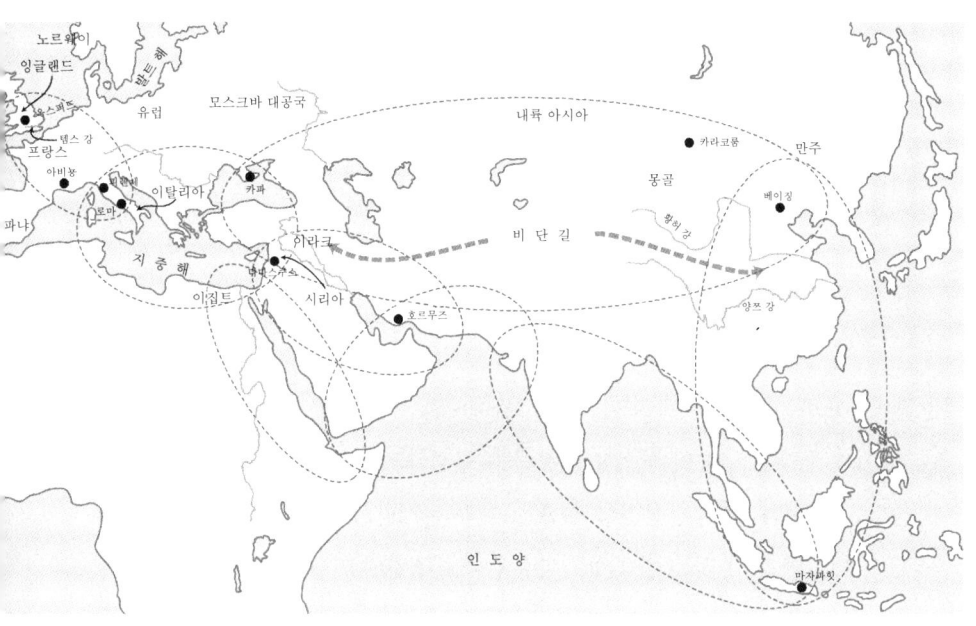

노르웨이
잉글랜드
노브고로드
유럽
모스크바 대공국
내륙 아시아
카라코룸
만주
몽골
황하 강
베이징
파리
프랑스
아비뇽
이탈리아
카파
베네치아
피렌체
로마
비 단 길
지 중 해
이라크
제노바
이집트
시리아
호르무즈
양쯔 강
인 도 양
마자파힛

[**지도 8.4**] 제2차 구세계 교환: 유라시아 끝에서 끝까지 진보와 재앙을 실어나른 무역과 여행의 중첩 지대
여덟 곳.

져왔고 카라코룸에 세운 새로운 수도를 제국의 메트로폴리스에 걸맞게 변신시키려고 열심인 오고타이 칸은 상인들이 부르는 값보다 무엇이든 10퍼센트씩 더 쳐주어서 상인들을 수도로 불러들였다고 한다. 페르시아 학자 라시드웃딘은 오고타이가 "식사를 마친 뒤 매일 궁정 밖 의자에 앉아 있었는데, 그곳에서는 세상에서 찾을 수 있는 모든 종류의 물건이 산더미처럼 쌓여 있었다"[7]고 적었다.

종교를 대하는 몽골족의 관대한 태도에 이끌려 성직자들도 상인들을 뒤따라왔다. 오고타이를 이은 칸은 한 기독교도에게 "열 손가락이 각자 다르듯이 신은 사람에게도 여러 방식을 내려주었다"[8]고 말했다. 이 여러 방식에 호기심을 느낀 칸은 1254년 불교도와 무슬림, 기독교도 사이의 공개 토론회를 열기로 했다. 카라코룸에서만 가능한 일이었으리라.

수많은 군중이 박식한 박사들을 구경하고자 몰려들었지만 실험은 성공적이지 못했다. 몽골의 전통을 따라 논쟁자들은 한 차례 토론이 끝날 때마다 말의 젖을 발효시킨 마유주를 대접받았고 날이 저물수록 그들의 논쟁은 초점을 잃었다. 변론 기술이 알코올에 무뎌진 기독교도는 찬송가를 부르기 시작했다. 그러자 무슬림은 코란의 구문을 암송했고 불교도는 조용한 명상에 빠져들었다. 결국 너무 취해서 그마저도 계속할 수 없게 된 기독교도와 무슬림도 불교도의 예를 따랐다.

종교 간 대화의 실패에도 불구하고 서양인은 계속 찾아왔다. 무슬림 무역상들은 동양의 상품을 크림 반도의 카파로 가져가 그곳에서 이탈리아인에게 팔았고, 이탈리아인은 북유럽인에게 상품을 팔기만 한 것이 아니라 (중국 비단은 1257년에 프랑스 시장에 처음 출현한다) 상품의 공급원을 찾아갔다. 마르코 폴로의 삼촌은 1260년 카파를 떠나 계속 이동해 마침내 베이징에 닿았고, 그다음 1274년에는 젊은 마르코를 데리고 두 번째 여행을 했다. 선교사들이 뒤따랐다. 1305년 베이징에 도착한 한 기독교 수도사는 초원길이 바닷길보다 더 빠르고 안전하다고 자랑하기도 했다.

제1차 구세계 교환은 유라시아의 끝과 끝을 잇는 가늘디가는 거미줄 몇 가닥을 뽑아냈지만, 제2차 교환은 많은 사람이 건너다니면서 1100년 이후의 몇 세기를 최초의 진정한 기술적 운송의 시대로 만들면서 진짜 그물을 자아냈다. 이것은 거의 전적으로, 후진적 서양에 이롭게 작용했다. 외바퀴 손수레처럼 무척 손쉬워 보이는 것도 1250년 무렵에야 유럽에 알려졌으며 5세기 이후 중국에서 죽 사용된 말의 목사리도 같은 시기에 유럽에 도달했다.

그러나 가장 중요한 기술 이전은 값싼 무쇠 연장이었다. 무쇠 연장은 기원전 6세기에 중국에 출현했고 기원전 1세기가 되면 흔해진다. 아랍인은 서기 11세기에 무쇠에 대해 알고 있었지만 유럽인은 1380년대가 되어서야 알게 된다. 쇠곡괭이와 쇠삽 없이 흙을 파나르려고 하는 사람은 무쇠 연장이 있고 없고가 얼마나 큰 차이를 낳는지 알게 될 것이다. 대학원생 시절 그리스에서 발굴 작업을 할 때, 한번은 저장실 열쇠가 사라져서 우리는 쇠 연장 없이 땅을 파야 한 적이 있었다. 1380년대 이전 유럽인처럼 작업에 임할 때면 흙이 굉장히 단단하고 무겁게 느껴졌다. 나는 제2차 구세계 교환이 서양의 에너지 획득에 혁명을 가져왔다고 장담할 수 있다.

정보기술 역시 마찬가지였다. 중국의 장인들은 105년에 뽕나무 껍질로 최초의 종이를 제작했으며 목재펄프로 만든 종이는 700년이 되자 흔해졌다. 아랍인은 750년 무렵 (전하는 이야기에 따르면 중앙아시아에서 중국인 제지기술자를 생포해서) 제지법을 배웠지만 이탈리아인은 1150년 이후에나 아랍인으로부터 종이를 구매하기 시작했고 1276년에야 직접 종이를 제작하기 시작했다. 그 무렵이면 중국의 출판업자들은 목각판으로 종이책을 찍어낸 지는 5세기, 가동 활자movable type를 사용한 지는 2세기가 지난 때였다. 유럽인은 1375년 무렵에야 가까스로 목판인쇄술을 전수받거나 개조했고 가동 활자는 1430년 즈음에 출현했다. 삭구[배에서 쓰는 로프나 쇠사슬 따위]와 조타술에서 중국과 인도의 혁신 역시 서쪽으로 이동해 아랍인의 손을 거쳐 12세기 후반 지중해로 건너갔다.

외바퀴 손수레와 같은 고대 기술과 더불어 서양인은 신기술도 획득했다. 중국 문헌에 1119년에 처음 등장하는 나침반은 1180년에 이르러 아랍인과 유럽인에게도 전파되었고, 포는 그보다 더 빠르게 이동했다. 13세기 몽골의 중국 침략기에 동양의 장인들은 단순히 불에 타기만 하는 것이 아니라 폭발할 수 있도록 화약을 빠르게 산화시키는 법을 알아냈고, 대나무 관에서 화살을 발사하는 데 이 고약한 새로운 비법을 이용하기 시작했다. 가장 오래된 진정한 포로 알려진 것—만주에서 발견된 30센티미터 길이 청동관으로 납탄을 발사할 수 있었다—은 1288년으로 거슬러올라간다. 한 세대도 채 지나지 않은 1326년, 피렌체의 필사본은 놋쇠 대포를 묘사하며, 이듬해 옥스퍼드의 필사본에 그려진 삽화는 조잡하지만 틀림없는 대포 두 문을 보여준다. 아랍인이 최초로 대포를 이용한 것으로 알려진 실례는 그 직후인 1331년 에스파냐에서 일어난 전쟁이다. 서유럽인이 스텝 지대에서 몽골족으로부터 직접 대포에 관해 배운 뒤 에스파냐 무슬림에게 전수했을 가능성이 가장 크다. 이후 또 한 세대가 지나 이 시끄러운 신무기는 1360년에 이집트에까지 전파된다.

다음 몇 세기에 걸쳐 대포는 서양에서 크게 변화하게 되지만 제2차 구세계 교환에서 이동한 가장 중요한 산물은 제1차 때와 마찬가지로 역시 균이었다. 아랍의 역사가 이븐 할둔은 다음과 같이 썼다. "파괴적인 전염병이 서양과 동양 양쪽을 엄습했고 인구가 전멸했다. 문명의 좋은 것들을 수없이 앗아가고 말살했다."9 흑사병*이 창궐한 것이다.

역병은 아마도 내륙 아시아에서 진화하여 비단길을 따라 전파되었던 것 같다. 한 아랍 학자(그 자신도 흑사병으로 죽었다)는 역병이 1331년 무렵 스텝 지대에서 시작되었다고 말하며, 같은 해에 이 유행병이 양쯔 강 중류 유역을 따라 창궐해 주민 열에 아홉을 몰살했다고 전했다. 우리는 이것이 다음 20년에 걸쳐 유라시아를 초토화한 균과 같은 것인지 알 수 없지만, 1338년과 1339년 몽골 묘비명에 언급되는 역병과 같은 것임은 거의 틀림 없다. 1340년부터 몇 년간은 역병의 활동을 찾아볼 수 없지만—갑작스레 —전역에서 동시다발적으로 출현한다. 질병은 1345년 중국 동해안을 휩쓸었고 이듬해 한 몽골 군대가 크림 반도의 카파, 거의 1세기 전 마르코 폴로의 삼촌들이 베이징으로 출발했던 바로 그 도시로 역병을 옮겨갔다.** 제2차 구세계 교환이 완벽히 한 바퀴를 돈 셈이다.

1347년 상인들은 역병을 지중해 항구 곳곳으로 퍼트렸다. 잉글랜드부터 이라크까지 선페스트의 전형적 증상이 나타났다. "겨드랑이나 사타구니, 많은 경우 양쪽 모두에 갑자기 종기가 생기는데, 이는 확실한 죽음의 신호"[10]라고 한 프랑스 연대기 작가는 1348년 기록했다. 기침을 통해 전파되는 폐렴성 변종은 더 치명적이었다. 다마스쿠스의 한 시인은 직설적으로 묘사했다. "사람들은 피가 섞인 가래를 뱉고 온몸이 부스럼으로 뒤덮여 죽는다."[11] 그는 1363년 역병으로 죽었다.

작가마다 가득 차서 더는 시신을 받을 수 없는 묘지와 종부 성사를 하다가 갑자기 쓰러져 죽은 사제들, 마을 전체가 텅 빈 모습을 묘사한다. 또 다른 다마스쿠스의 시인은 지적했다. "사람의 목숨은 아주 값싸졌다. (…) 목숨은 낟알 하나 값에 불과하다."[12] '곡식 낟알'과 선페스트의 첫 증상인

---

* 이 이름은 1832년에야 고안되었다. 14세기 유럽인은 '거대한 죽음'으로 부른 반면 중국인과 아랍인은 각자 대여섯 가지 병명을 사용했다.

** 연대기 작가 가브리엘레 데 무시(당시 이탈리아에 있었다)는 몽골인이 투석기를 이용해 역병이 들끓는 시체를 카파로 날려보냈다고 주장했다. 대부분의 역사가는—더 평범하게—쥐가 세균을 보유한 벼룩을 공성군의 진지에서 도시 안으로 날랐으리라 추측한다.

'농포'를 모두 뜻하는 단어인 '하바habbah'를 이용한 섬뜩한 말장난이었다.

1351년이 되자 질병은 서양 인구의 3분의 1이나 심지어 절반을 무덤으로 보낸 것으로 보이며 지중해에서 모스크바 대공국 주변부까지 진출해, 그곳에서 다시 무서운 속도로 중국으로 돌아갔다. 그해에 반란군과 싸우도록 황제가 내륙 아시아에서 데려온 "초록 눈의 서양인"[13]이 역병을 함께 가져왔다. 역병은 군대의 절반을 휩쓸었고 1360년까지 매년 중국을 유린했다. 정확한 사망자 수를 집계할 수는 없지만 참혹했음은 분명하다.

흑사병 같은 것이 인류를 찾아오기에 좋은 시기란 따로 없지만 1340년대보다 더 나쁜 시기를 생각하기도 힘들다. 이때 온화한 중세 온난기가 끝나가고 기후학자들이 흔히 소빙하기로 부르는 국면으로 접어들고 있었다. 노르웨이부터 중국까지 빙하가 성장했다. 그린란드와 아이슬란드를 분리하는 덴마크 해협은 1350년 뒤 주기적으로 얼어붙었다. 북방민족은 그린란드의 정착지를 버렸고 북극곰이 빙하 다리를 건너서 아이슬란드로 흘러들었다. 이제 아이슬란드는 북극곰이 서식하기 충분할 만큼 혹한이 찾아왔다. 발트 해는 1303년 얼어붙었고 1306~1307년에 또 얼었다. 1309~1310년 온화한 잉글랜드의 템스 강도 얼어붙었다. 1315년부터 1317년 사이 서북유럽에는 비가 너무 많이 내려서 작물이 땅에서 썩었고 ─참으로 놀라운 세부 사항인데─땅이 너무 질퍽거려서 기사들이 싸울 수가 없었다.

작황이 나쁘고 사랑하는 사람들이 죽어나가는 가운데 신이 메시지를 보내고 있다고 생각하지 않기란 힘들었다. 중국에서는 고질적인 비적질이 종교 반란으로 변모했고 반란의 화살은 주로 몽골 정복자들을 향했다. 이 방인 황제가 뱃놀이와 주지육림에서 도락을 찾는 동안 메시아적인 광신도 숭배 집단의 지도자들은 세상의 잘못을 바로잡고 모두를 극락으로 인도하고자 부처가 돌아올 것이라고 선언했다. 1350년이 되자 제국[원나라]은 해체되고 있었다.

　우리는 이라크의 옛 서양 핵심부에서의 사건에 대해서는 다소 조금만 알 뿐인데, 그곳의 몽골 지배자들도 중국의 몽골 지배자들만큼 무능력하기는 매한가지였지만 이집트와 시리아에서의 역병은 이슬람을 강화했을지도 모른다. 역병은 불신자만을 벌하는 것이라는 (신도들에게 역병에 의한 죽음은 신의 자비요 순교였다) 공식적 입장에 분명히 모두가 넘어간 것은 아니었기에, 이를테면 연대기 작가 알 와르디는 "우리는 나쁜 길로 들어선 우리 영혼에 대해 신께 용서를 구했다. 역병은 분명히 신의 처벌의 일부다"[14]라고 썼고 마술적 비책을 파는 약장수들은 대목을 누렸다. 그러나 가장 인기 있는 대응은 단연코 대규모 기도회와 성인들의 묘지를 향한 참배 행렬, 그리고 술과 도덕적 방종에 대한 더 엄격한 법률이었다.

　수많은 기독교도에게 상황은 훨씬 더 암울해보였다. 신이 그들을 벌하고 있는 것처럼 보였을 뿐 아니라―"신의 정의는 무한한 자비 가운데 인간들에게 행해진다는 문장을 쓰려고 하니 마음이 어지럽다"[15]며 한 이탈리아인은 한탄했다―교회 자체도 산산이 부서지고 있는 것 같았다. 1303년 프랑스 국왕은 교황을 구타하고 감옥에 처넣도록 했고 이내 교황청을 프랑스의 아비뇽으로 옮겼다. 그곳에서 교황청은 부패와 타락의 대명사가 되었다. 한 교황은 심지어 예수가 가난했다고 말하는 것을 불법으로 규정했다. 결국 일부 추기경이 로마로 도주하여 대립교황을 선출했고 대립교황은 생각할 수 있는 모든 쟁점마다 아비뇽 교황과 사사건건 다퉜다. 그리고 1409년 교황권이 극도로 쇠약했던 몇 년 동안은 사실, 각자 신의 지상 대리인이라고 주장하는 교황이 무려 세 명이나 존재했다.

　교회가 기대를 저버리자 사람들은 각자 알아서 문제를 처리하게 되었다. 가장 창의적인 이들은 채찍 고행자들이었다.

웃통을 벗은 그들은 여럿이 무리를 지어 도시와 넓은 마을의 네거리와 광장으로 행진했다. 그곳에 도착하면 둥그렇게 둘러서서 채찍으로 서로의 등을 때리며 크게 환호하며 찬송가를 불렀다. (…) 신분이 높은 여인과 독실한 부인 여럿도 남자들과 마찬가지로 마을과 교회로 노래를 부르며 행진하면서 이 채찍을 가지고 하는 고행에 참가했다는 사실을 덧붙여야겠다.[16]

다른 사람들은 유대인을 학살하는 것과 같은 더 전통적인 치료법을 선호했지만 물론 (1348년 한 교황이 지적한 대로) 유대인 역시 기독교도만큼 빠르게 죽어가고 있었다. 그러나 아무것도 효험이 없었고, 지중해 인근의 서양 핵심부에서 제2차 구세계 교환에 의해 전파된 대역병 시기 사회발전지수는 제1차 교환 때 전파된 대역병 시기만큼 빠르게 떨어졌다. 종말이 가까워보인 것도 당연하다.

다른 강물

역사는 반복되는 것처럼 보였다. 1세기 서양의 사회발전지수는 42점 부근의 천장까지 올랐고 그것을 뛰어넘고자 안간힘을 썼지만 수 세기에 걸친 구세계 차원의 붕괴를 촉발했다. 1100년 뒤에 동양의 사회발전지수는 유사한 수준까지 오르고나서 유사한 재앙을 촉발했다. 데니켄의 외계인이 1350년에 다시 지구 주변을 돌고 있었다면 그들은 아마 인류의 역사란 무너트릴 수 없는 단단한 천장에 맞고 튀면서 급등과 폭락을 어지럽게 반복하는 일련의 순환에 갇혀 있다고 짐작했을지도 모른다.

그러나 그렇다면 지금까지 내가 언급한 모든 우주인처럼 그들도 헛다리를 짚은 것인데, 또 다른 역사 법칙이 작동하고 있기 때문이다. 묵시록의 기수들조차도 같은 강물에 두 번 발을 담글 수는 없다. 제2차 구세계 교환 동안 기수들이 말을 달린 핵심부는 제1차 구세계 교환 때 그들이 짓밟은 핵심부와 매우 달랐다. 제2차 교환은 제1차 때와 현격히 다른 결과를 낳았다는 뜻이다.

가장 분명한 것은 1200년 무렵 제2차 교환이 강화되었을 때 양 핵심부는 제1차 때보다 지리적으로 더 컸다는 점이다. 크기는 중요했다(지도 8.5). 다른 한편으로 더 커진 핵심부는 더 큰 교란을 발생시켰다. 재앙을 정량화하기는 힘들지만 13세기에 시작된 역병과 기아, 이주는 2세기에 시작된 것보다 훨씬 더 심각했던 것 같다. 그러나 다른 한편으로 더 커진 핵심부는 충격을 흡수할 수 있을 만큼 더 깊어졌다는 것을 의미하며 회복을 앞당기는 예비 자원도 더 많이 보유했다는 것을 의미한다. 일본과 동남아시아, 지중해 분지, 그리고 유럽 대부분은 13세기 몽골의 유린을 피했다. 일본과 동남아시아는 14세기 흑사병도 피했다. 그리고 중국의 가장 심장부인 양쯔 강 삼각주 지역은 재난들을 놀라울 만큼 잘 이겨냈던 것 같다.

경제적 지리 역시 변화했다. 100년 무렵에 서양 핵심부는 동양 핵심부보다 더 부유하고 발전되어 있었지만 1200년이 되자 상황은 반대가 되었다. 서양이 아니라 동양 핵심부가 이제 단단한 천장을 향해 노력을 경주하고 있었고 동양의 상업적 연결망(특히 중국 남부와 동남아시아, 인도양을 연결하는)은 서양의 모든 것을 압도했다.

정치적 지리에서 변화는 경제를 강화했다. 100년에 각 핵심부에서 대부분의 무역은 단일한 대제국의 경계 안에서 이루어졌지만 1200년이 되자 이는 더 이상 사실이 아니었다. 두 핵심부는 고대보다 정치적으로 더 어지러워졌고 심지어 흑사병 이후 대제국들이 다시금 옛 중심부를 안정화했을 때에도 정치적 관계들은 매우 달랐다. 이제는 어느 대제국이라도 주변을 둘러싼 작은 국가들을 상대해야 했다. 동양에서는 관계들이 주로 상

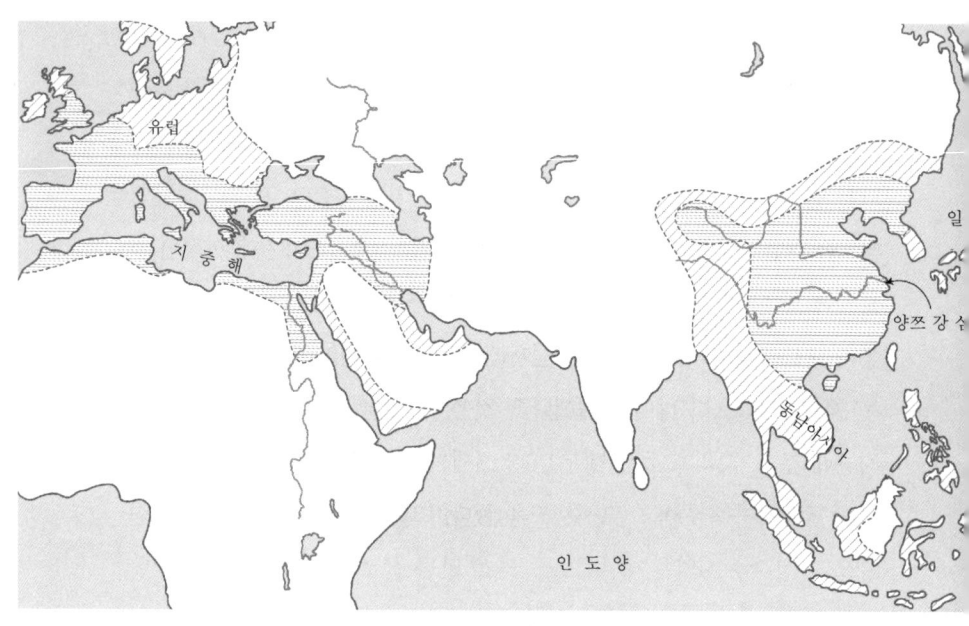

[**지도 8.5**] 크기는 중요하다: 가로선으로 채워진 지역은 최초의 구세계 위기 직전인 100년 안팎의 국가가 지배한 동양과 서양의 핵심부를 표시하며, 빗금으로 채워진 지역은 제2차 위기 직전인 1200년까지 국가가 확산된 곳을 가리킨다.

업적, 외교적이었다. 서양에서는 대체로 폭력적이었다.

종합하면, 이 변화들은 핵심부가 제1차 때보다 제2차 구세계 교환에서 더 빠르게 회복했을 뿐 아니라 매우 다른 식으로 회복했다는 것을 의미한다.

14세기 서양에서는 오스만튀르크가 옛 중심부에 재빨리 제국을 수립했다. 오스만 제국은 몽골족이 이전의 무슬림 왕국들을 쳐부순 뒤 1300년경에 아나톨리아에 정착한 수십 개의 튀르크계 부족 가운데 하나였을 뿐이지만(지도 8.6) 흑사병이 유행한 몇 년 만에 다른 경쟁상대들을 제치고 유럽 공략의 교두보를 마련하게 된다. 1380년대에 이르자 그들은 비잔티움 제국의 측은한 잔재들을 괴롭히고 있었고, 1396년에는 기독교권을 매우 두렵게 하여 티격태격하던 로마와 아비뇽의 교황들이 오스만 제국에 맞서 십자군을 파견하는 데 힘을 모으기로 잠시 뜻을 함께할 정도였다.

십자군은 대실패였지만 칭기즈 칸 정도는 양호한 것처럼 보이게 만드는 몽골 부족장 티무르가 스텝 지대에서 무슬림 세계로 새로운 침공을 이끌었을 때 기독교도들의 희망은 잠시 되살아났다. 1400년 몽골족은 다마스쿠스를 전멸시켰고 1401년 바그다드를 약탈했는데, 전하는 이야기에 따르면 폐허 주변에 일련의 탑을 세울 때 그곳 주민 9만 명의 해골을 벽돌로 사용했다고 한다. 1402년 티무르는 오스만 제국을 무찌르고 술탄을 우리에 처넣었는데 거친 환경에 노출된 술탄은 치욕을 견디지 못하고 건강이 악화되어 결국 우리 안에서 사망했다. 그후 기독교도들의 희망은 사라졌다. 계속 머무르면서 나머지 무슬림 땅을 초토화하는 대신 티무르는 저 멀리 중국의 황제가 자신을 모욕했다고 느끼고 말머리를 돌렸다. 1405년 그는 복수하려고 동쪽으로 달려가던 길에 사망했다.

마지막 순간 가까스로 구조된 오스만 제국은 20년 만에 다시 무대에 복

[**지도 8.6**] 서양의 재기, 1350~1500년. 빗금이 칠해진 지역은 1500년 오스만 제국의 최대 판도를 보여준다. 그 무렵이면 서양 핵심부는 확실하게 북쪽과 서쪽으로 이동하고 있었다.

귀했지만 발칸 반도를 관통해 전진하면서 그들은 몇몇 혹독한 교훈을 터득해야 했다. 1402년 몽골족이 그들을 무찔렀을 때 양 군대는 벌떼 같은 기마 궁수들이 더 느리게 움직이는 적을 에워싸고 화살 세례를 퍼붓는 식으로, 스텝 전사들이 지난 2000년간 해온 대로 싸웠다. 유럽의 군대는 이 경기병들 무리와 백병전에서 경쟁할 수 없었지만, 1444년 한 헝가리 군대가 오스만 제국 군대에 기분 나쁜 일격을 안겨줄 수 있을 만큼 이 신기한 포를 크게 향상시켰다. 마치 이동 보루처럼, 작은 대포를 실은 수레를 밧줄로 연결한 헝가리 군대의 화력은 튀르크 기병들을 멈춰세웠다. 성급하게 부하들을 앞서나가서 죽지만 않았어도 헝가리 국왕은 그날 전투에서 승리했을지도 모른다.

적응력이 좋은 튀르크인은 최상의 대응책을 생각해냈다. 유럽인의 화력을 사는 것이다. 이 신기술은 비쌌지만 베네치아나 제노바 같은 유럽에서 가장 부유한 국가도 술탄에 비교하면 가난뱅이였다. 이탈리아인을 제독과 공성 기술자로 고용하고 기독교 노예 소년들을 정예 보병군단으로 훈련시키고 유럽인 포수를 모집한 오스만 제국은 곧 다시 움직이기 시작했다. 1453년 여전히 지상에서 가장 강력한 요새이자 튀르크 세력의 주요 장애물이었던 콘스탄티노플에 대한 공격을 개시했을 때 튀르크인은 비잔티움에서 가장 실력이 뛰어난 한 헝가리 포수를 고용했다. 이 포수는 오스만 제국 군대에 임산부를 유산시킬 만큼(연대기 작가들의 표현) 엄청난 굉음과 함께 450킬로그램짜리 돌덩어리를 날려보내는 무쇠 대포를 만들어주었다. 사실 그 대포는 공성전 둘째 날 금이 갔고 넷째 날이나 다섯째 날이 되자 쓸 수 없었지만 헝가리 기술자는 거대한 대포를 이을 더 작고 실용적인 대포를 주조해주었다.

역사상 처음이자 유일하게 콘스탄티노플의 성벽은 무너졌다. 겁에 질린 수천 명의 비잔티움 사람들은 이교도가 성소피아 대성당—기번은 "지

상의 천국, 제2의 하늘, 지품천사의 도구, 신의 영광의 보좌"[17]라고 불렸다
―을 공격할 때 천사들이 손에 칼을 들고 내려와 로마 제국을 다시 세우
리라는 예언을 믿고 그곳으로 몰려들었다. 그러나 천사는 내려오지 않았
다. 콘스탄티노플은 함락되었다. 그리고 그와 더불어 로마 제국도 마침내
숨을 거두었다고 기번은 평가했다.*

튀르크인이 전진해오는 동안 유럽의 국왕들은 이교도에 맞서서뿐만 아
니라 자기들끼리 더 격렬하게 싸웠고 진정한 군비경쟁에 불이 붙었다. 프
랑스와 부르고뉴는 1470년대에 군비 경쟁을 주도하여 그들의 포병은 포신
이 더 두꺼운 대포를 주조하고 화약을 작은 알 모양으로 뭉쳐서 더 빨리
점화할 수 있게 했으며 돌덩어리 포탄 대신 쇠 포탄을 사용하기 시작했다.
그 결과 이전의 무기를 시대에 뒤떨어지게 만든 더 작고 강력하며 이동이
편한 대포가 탄생했다. 신형 대포는 값비싼 새로운 전함에 탑재할 수 있을
만큼 가벼웠는데, 새로운 전함은 노가 아니라 돛에 의해 추진되었고 쇠 포
탄이 딱 적선의 흘수선에 구멍을 낼 수 있도록 포문을 선체에 무척 낮게
뚫었다. 국왕이 아니고는 누구도 이런 종류의 신기술을 감당하기 힘들었
지만 서서히 그러나 분명하게 서유럽의 군주들은 영주와 독립 도시, 주교
들을 위협하기에 충분한 신무기를 사들였다. 이전의 유럽 국가들은 이들
의 관할권이 어지럽게 중복되고 뒤엉켜 있어서 그토록 허약할 수밖에 없
었다. 대서양 연안 지대를 따라 국왕들은 더 크고 강력한 국가―프랑스,
에스파냐, 잉글랜드―를 만들어냈고, 그 안에서 국왕의 법적 명령은 왕
국 전역을 다스렸으며 멀리 떨어진 귀족 가문이나 로마의 교황이 아니라

---

* 깐깐하게 따지는 사람은 이것이 로마 제국의 진짜 종말이 아니라고 반박할 수도 있을 것이다.
비잔티움의 마지막 전초기지 트라브존은 1461년까지 버텼고 샤를마뉴가 세운 신성로마제국은 더
오래 살아남아 이론상으로는 1806년 나폴레옹이 해체할 때까지 지속되었다. 그러나 대부분의 역
사가는 1453년에 로마 제국이 끝났다는 기번의 설명을 따른다.

국가가 사람들의 충성심을 가장 우선적으로 차지하게 되었다. 그리고 일단 영주들을 힘으로 내치자 국왕은 관료제를 확립하고 주민들에게 직접 과세하고 더 많은 대포를 살 수 있었다. 물론 이런 움직임은 이웃 국왕들도 더 많은 대포를 구입하도록 그리고 모두가 더 많은 돈을 조달하도록 강요했다.

다시금 후진성의 이점이 작용했고 국왕들 사이의 경쟁은 점차 서양의 무게중심을 대서양 쪽으로 이끌었다. 북부 이탈리아의 도시들은 오랫동안 유럽에서 가장 선진 지역이었지만 이제 선진성의 단점을 발견하게 되었다. 밀라노와 베네치아 같은 빛나는 도시국가들은 힘으로 위협해 이탈리아를 국민국가로 형성하게끔 강요하기에는 너무 부유하고 강력했지만 프랑스나 에스파냐 같은 진정한 국민국가에 홀로 맞설 수 있을 정도는 아니었다. 마키아벨리 같은 저술가들은 이러한 자유에 기뻐했지만 그 대가는 1494년 프랑스 군대가 이탈리아를 침공했을 때 극명하게 드러난다. 마키아벨리 자신이 인정한 대로 이탈리아의 전쟁 수행 능력은 "아무런 두려움 없이 전쟁이 개시되고 아무런 위험 없이 지속되며 아무런 손실 없이 종결되는 지경"[18]까지 완전히 썩어 있었다. 최신식 프랑스 대포 수십 문은 이제 앞길을 가로막는 것은 뭐든 날려버렸다. 프랑스군의 손실은 10명인 데 반해 이탈리아군은 700명이 살상되었고, 돌로 지은 거대한 몬테 산 조반니 성이 무너지는 데는 여덟 시간밖에 걸리지 않았다. 이탈리아 도시들은 프랑스같이 커다란 국가의 세수와 처음부터 경쟁할 수가 없었다. 1500년이 되자 서양 핵심부는 대서양 주변부에서 재정비되고 있었고 전쟁이 그 과정을 이끌었다.

반면에 동양 핵심부는 중국의 오랜 중심부로부터 재정비되고 있었고 비록 새로운 제국의 부상은 서양의 어느 전쟁 못지않게 끔찍한 유혈의 살육 속에서 시작되었지만, 궁극적으로는 상업과 외교가 그 과정을 주도했다. 중국을 재통일한 명나라의 창건자 주원장은 몽골 세력이 해체되고 있던 1328년 가난 속에서 태어났다. 그의 부모—세금 징수인한테서 도망쳐 나온 이민 노동자—는 자식을 부양할 수 없어 그의 네 형제자매를 내다 팔았고 막내 주원장도 불교도 대부에게 내맡겼다. 늙은 대부는 소년의 머릿속을 몽골의 지배에 반대해 싸우는 여러 저항 세력 가운데 하나인 홍건적의 메시아적 비전으로 채웠다. 노인은 종말이 가까웠다고 말했고 사악한 자들을 처단하기 위해 부처가 곧 극락정토에서 돌아올 것이라고 주장했다. 그러나 부처 대신 메뚜기떼와 가뭄이 할퀴고 간 1344년 여름 질병—흑사병일 가능성이 꽤 크다—이 주원장의 모든 가족을 앗아갔다.

십대였던 주원장은 불목하니로 절에 들어갔지만 승려들도 간신히 연명하는 처지였기 때문에 구걸하거나 도둑질로 살아가도록 그를 밖으로 내보냈다. 3~4년간 중국 남부의 시골 길을 떠돈 뒤에 그는 절로 돌아왔지만 때마침 몽골 제국의 붕괴와 더불어 시작된 거대한 내전에 휘말려 절간은 싹 불타버린 다음이었다. 달리 더 갈 곳이 없는 그는 연기 나는 잔해 주변을 배회하며 굶어죽어가던 다른 승려들에게 몸을 맡겼다.

주원장은 키가 크고 못생겼으며 턱이 길쭉하고 얼굴에 곰보 자국이 있는, 두려운 외양의 젊은이였다. 그러나 그는 영리하고 강인했으며 (승려들 덕분에) 글을 읽고 쓸 줄 알았다. 한마디로 어느 도적떼든 기꺼이 원하는 그런 사람이었다. 주변을 지나가던 홍건적에게 발탁된 그는 다른 건달과 예언자들에게 강한 인상을 심어주며 두목의 딸과 결혼했고 결국에는 패거리의 우두머리가 되었다.

십수 년간의 처절한 전쟁을 거치며 주원장은 그의 무뢰배들을 기강이 잡힌 군대로 탈바꿈시켰고 다른 반란군을 양쯔 강 유역에서 몰아냈다. 그만큼 중요한 일은 그가 홍건적의 황당무계한 예언과는 거리를 두고 제국을 운영할 수 있는 관료제를 조직했다는 점이다. 1368년 1월 마흔 살 생일을 막 앞두고 그는 스스로 홍무제('너른 군사력'이란 뜻)라고 칭하고 명나라를 개창했다.

　홍무제의 공식적 포고는 마치 그의 어린 시절 전체가 정처 없이 떠돌던 비참하고 폭력적인 어린 시절에 대한 반발이 아닐까 하는 생각을 들게 한다. 그는 중국을 차분하고 평화로운 마을들로 이루어진 목가적 낙원의 이미지로 그렸는데, 그곳은 덕망 높은 원로들이 자급자족하는 농민들을 지도하고 상인들은 현지에서 조달할 수 없는 물품을 거래하며—홍무제의 가족과 달리—아무도 떠돌지 않는 곳이다. 홍무제는 대다수의 사람은 집에서 13킬로미터 이상을 여행할 필요가 없다고 주장했고 허락 없이 56킬로미터 이상을 이동하는 사람은 태형을 당할 것이라고 말했다. 상업과 화폐가 안정적 사회관계를 좀먹을까 두려워한 그는 외국인과의 무역을 정부가 승인한 상인들에게만 허용하는 법령을 세 차례나 통과시켰고 중국인을 밀무역으로 유혹하지 못하도록 심지어 외국산 향수를 금지했다. 1452년까지 홍무제의 후계자들은 그의 법령을 세 차례 더 갱신했고 불필요한 상업을 용이하게 만들까봐 은화를 네 차례 금지했다.

　"서른한 해 동안 나는 두려움과 근심으로 괴로워하며 하루도 쉴 날이 없이, 천명을 따르고자 애썼다."[19] 홍무제는 유언장에서 그렇게 말한다. 그러나 우리는 홍무제의 투쟁이 대체 얼마나 그의 마음속에 자리잡고 있었는지 따져봐야 한다. 그는—그의 몽골 전임자들과 대조적으로—이상적인 유교 통치자로 비치기를 간절히 바랐지만 외국과의 무역을 실제로 금지하지는 않았다. 그의 아들 영락제는 성생활을 위해 열성적으로 한국의 처녀들을 수입하면서(그에 따르면 한국의 여인들이 그의 건강에 좋기 때문이다) 무역을 확대하기까지 했다. 그러나 명나라의 군주들은 지속적으로 무역을 공식적인 손에 맡겨야 한다고 고집을 피웠다. 그래야만 안정적 사회질서를 보호하고 외국인들이 마땅한 공경을 표한다고 거듭 주장했다. 한 통치자는 "나는 외국 문물을 좋아하지 않는다. 그들이 아주 멀리서 왔고 그 민족들이 진심을 표하기 때문에 그들의 선물을 받아들일 뿐이다"[20]라고 설명했다. '조공'(조정이 국경을 너머 이뤄지는 무역을 부르던 이름)이 제국의 궤짝을 채워주고 있다는 사실은 언급할 가치가 없었다.

온갖 무성한 말에도 불구하고 무역은 번창했다. 1488년 조난을 당해 중국에 떠내려온 한 한국인은 항저우 항구에 "외국의 배들이 머리빗의 이빨들처럼 빽빽하게 들어서 있다"[21]고 적었다. 수중고고학자들은 상선이 점점 커졌다는 사실을 밝혀냈고, 황제들이 밀무역에 관한 법령을 자꾸 갱신했다는 사실은 그만큼 사람들이 법령을 무시했다는 것을 강하게 암시한다.

상업 활동이 급증한 효과는 광범위했다. 농민들의 소득이 다시금 증가했고 가족이 확대되었으며 농부들은 새로운 땅을 개척하거나 도시에서 일하기 위해 농촌에서 몰려나왔다. 지역의 유지들은 앞선 수 세기 동안의 폭력 사태로 파괴된 도로와 다리, 운하를 보수했고 상인들을 보수된 교통망을 따라 식량을 운반했으며 사람들은 어디서나 시장으로 몰려들어 생산한 것은 싼값에 팔고 그 외의 것은 사들였다. 1487년이 되자 한 관리는 사람들이 "곡물을 현금으로 교환하고 다시 그것을 옷감과 식량, 일상 생필품으로 교환하고 (…) 이 땅에서 그렇게 하지 않는 사람은 없다"[22]는 것을 매우 당연하게 여겼다.

마치 전쟁이 서양 국가들을 서로 연결하듯이 상업은 확대된 동양 핵심부를 상호 연결하고 있었다. 인구, 농업, 금융, 이 모든 것이 14세기 일본에서 급속하게 확대되었고 명나라의 규제에도 불구하고 중국과의 무역은 꾸준하게 성장했다. 동남아시아와의 무역은 더 중요했다. 무역에서 얻은 수입은 향신료 무역을 독점한 자바의 마자파힛 같은 국가의 등장을 뒷받침했다. 많은 현지의 지배자들이 자신들의 왕위를 중국의 지원에 의존하게 되었다.

이 가운데 어느 것도 서양을 괴롭힌 끊임없는 폭력을 요구하지 않았고 베트남에 우호 정권을 세우려다 참사로 끝난 시도를 제외하고는 명나라 초기 군주들은 군사 활동을 스텝 변경 지대로 제한했다. 몽골족만이 여전히 왕조의 실질적 위협이었다. 티무르는 1405년에 죽지만 않았다면 명나라를 무너뜨렸을지도 모르며, 1449년 다른 몽골 부족은 실제로 명 황제를 사로잡기도 했다. 스텝 지대 전쟁을 추구하기 위해 명나라는 선진적인 총기보다는 어마어마한 보급 수레가 딸린 전통적인 군대가 필요하다고 생각했다. 예를 들어 1422년 스텝 지대를 침공했을 때 영락제는 2만2000톤의 군량을 끌 34만 마리의 당나귀와 11만7000개의 짐마차, 23만5000명의 수레꾼을 끌고갔다.

영락제는 움직임을 자제하면서 힘을 과시했다. 1405년 그는 상업을 외교의 그물과 결부시키면서 "황제의 명을 전달하고 포상을 내리기 위해 서쪽 대양(인도양)의 여러 외국 땅"[23]에 사신들을 보내겠다고 선언했고, 사신들과 더불어 여태까지 가장 거대한 함대도 파견했다. 함대를 건조하기 위해 그는 2만5000명의 장인을 불러모아 수도 난징에 방대한 새 조선소를 건설했다. 쓰촨의 벌목꾼들은 돛대에는 질 좋은 전나무를, 선체에는 느릅나무와 삼나무를, 키에는 참나무를 골랐고 삼림 전체를 싹 벌채한 다음 그렇게 베어낸 통나무를 양쯔 강에 띄워 조선공한테 보냈다. 일꾼들은 커다란 배를 건조할 수 있도록 수백 미터 길이의 거대한 건선거[큰 배를 만들거나 수리할 때 해안에 배가 출입할 수 있을 정도로 땅을 파서 만든 구조물]를 지었다. 아무리 사소한 사항이라도 그냥 넘어가지 않았다. 쇠못까지도 특별히 방수 코팅 처리되었다.

이것은 전투 함대가 아니었지만 충격과 경외감을 불러일으키도록 설계되었다. 함대 한가운데에는 길이가 76미터, 배수량이 2000톤에 달한 것으로 추정되는 역사상 가장 큰 목조선이 있었다. 함장은 역사상 가장 우람한 제독인 무슬림 환관 정화였는데, 그는 키가 2미터 10센티미터, 허리둘레는 150센티미터에 달했다고 한다(어떤 기록에서는 키가 2미터 75센티미터, 허리둘레가 230센티미터였다고 한다).*

300척이 넘는 배가 2만7870명을 태우고 출항했다. 그들의 계획은 인도양 인근의 부유한 도시들에 들이닥치는 것이었다. 어느 날 아침 일어난 제후들이 왕궁 너머 창 밖으로 중국 배들이 가득한 것을 보면 막대한 '조공'을 바칠 것이고, 그러면 무역은 공식적 경로를 통해서 이루질 것이다. 그러나 정화의 원정은 원대한 모험이기도 했다. 선원들은 일종의 환상 지대로 뛰어든다고 느꼈을 법 한데, 그곳에서는 무슨 일이든 가능했다. 스리랑카에서(지도 8.7) 현지 무슬림은 그들에게 성서 속 아담의 발자국을 보여주었고, 베트남에서 선원들은 일종의 여자 귀신인 "송장 머리가 달린 야만인"[24]을 피해 다녀야 한다고 생각했다.

사실 다른 인간과 다를 바 없는 여자로, 유일한 특이점은 눈에 동공이 없다는 것뿐이었다. 밤에 잠을 잘 때 그녀의 머리가 도망쳐나와 인간 아기들의 항문에 달린 변을 먹는다. 뱃속에 들어온 악한 기운에 영향을 받은 아기들은 필시 죽는다. 돌아다니는 머리는 돌아와서 이전과 똑같이 몸에 다시 붙는다. 만약 사람들이 이것을 눈치채고 머리가 도망갈 때까지 기다렸다가 몸을 다른 곳에 치우면 돌아온 머리는 몸과 다시 붙을 수 없어 여자 귀신은 죽는다.[25]

그러나 그들의 머릿속을 사납게 할 만한 이야기를 제외하면 선원들은

---

* 정화는 중국 남서쪽 끄트머리 출신인데 그곳에서는 아랍 상인들이 여러 사람을 이슬람으로 개종시켰다. 1381년, 명나라가 그 지역을 평정하기 위해 벌인 전쟁 당시 어린 나이에 붙잡힌 그는 황궁에 들어가 거세되어 환관이 되었다. 그는 이 모든 시련을 담담하게 잘 헤쳐나간 것 같다.

몽골

대운하   한국

명 제국

페이징

오리건

쓰촨   일본

샌프란시스코 만

양쯔 강   난징   대서양

아리카   메카   항저우   테노치티를란

베트남

모가디슈   페루

스리랑카   믈라카   동남아시아

마자파힛   자바   태평양

인도양/서쪽 대양

[**지도 8.7**] 중국에서 본 15세기 세계: 인도양에서 명나라가 취한 외교적 공세(실선)와 정화의 함대가 신세
계로 가는 데 이용했을지도 모를 항로(점선)를 보여준다.

위험을 거의 만나지 않았다. 1405년부터 1433년까지 일곱 차례 파견된 보선宝船[정화의 함대를 이르는 중국 명칭임]은 당시 역사상 가장 웅장하고 화려한 국가권력의 과시였다. 그들은 그때나 지금이나 세계에서 가장 번잡한 항로이자 해적이 들끓는 믈라카 해협을 무사히 지나가기 위해 세 차례 싸워야 했지만 스리랑카의 한 내전에 말려들어 한쪽 편을 들게 되었을 때를 제외하고는 무력을 사용하지 않았다. 중국 선원들은 모가디슈의 거리를 거닐었지만 그곳에서 별다른 감명을 받지 못했다("고개를 돌려보면 한숨 소리와 퉁한 표정의 사람들만 만날 뿐이다. 황량하다. 여기는 온통 언덕밖에 없다!"고 정화 휘하의 한 장수는 적었다). 반면 메카는 깊은 인상을 주었다(비록 한 장수는 불가사의하게도 이슬람의 가장 신성한 사원이 탑처럼 생겼다고 생각했지만).

정화의 함대는 남쪽과 서쪽으로 족히 1만4500킬로미터를 항해했지만 일부 연구자는 이것이 시작에 불과했다고 생각한다. 나침반과 해도, 마실 물이 가득한 식수선, 엄청난 식량을 비축한 정화의 배는 원한다면 어디든 갈 수 있었을 테고, 실제로 그렇게 했다는 것이 전직 잠수함 함장 개빈 멘지스가 그의 베스트셀러 『1421년 중국, 세계를 발견하다』에서 주장한 내용이다. 멘지스는 정화의 부관인 주만이 전인미답의 태평양에 뛰어들어 1423년 여름 미국 서해안 오리건 주에 상륙했다고 주장한다. 샌프란시스코 만에서 배 한 척을 잃었지만 주만은 굴하지 않고 멕시코 해안으로 진입했고 페루까지 간 뒤 바람을 타고 태평양을 가로질러 되돌아간다. 1423년 10월, 4개월의 우회 끝에 주만은 무사히 난징에 귀환한다.

멘지스는 전통적인 역사가들이 주만의 위업(과 더불어 대서양, 북극, 남극, 오스트레일리아, 이탈리아까지 간 정화의 다른 부관들의 더 놀라운 항해도)을 간과해왔다고 주장하는데, 정화의 공식 기록이 15세기에 사라졌기 때문이다. 그리고 항해에 관해 멘지스와 같은 실제적 지식을 갖고 있는 역사가가 드물기 때문에 15세기와 16세기 지도에 감춰진 단서들을 이해하지 못했다는 것이다.

그러나 역사가들은 여전히 멘지스의 주장에 설득되지 않았다. 그들도 정화의 항해 일지가 분실되었다는 멘지스의 주장은 인정하지만 역사가들의 반론은 다양하다. 왜 남아 있는 명대의 무수한 문헌―한 편도 아니고 두 편이나 되는 정화의 항해 목격담을 비롯해―은 정화의 함대가 겪은 이러한 발견을 전혀 언급하지 않는가? 어떻게 15세기 배들이 멘지스의 가설이 요구하는 속도대로 항해할 수 있었을까? 정화의 선원들은 어떻게 멘지스가 주장하는 대로 세계의 해안선 지도를 그릴 수 있었는가? 멘지스가 중국인들의 세계일주로 제시하는 실제 증거들이라는 것은 학문적 검증 앞에 왜 그렇게 약한가?

나는 회의론자들 쪽이라는 것을 인정해야겠다. 내 생각에 멘지스의 『1421년 중국, 세계를 발견하다』는 데니켄의 『신들의 전차』와 동급이다. 그러나 데니켄의 추측―서론에서 소개한 베이징의 앨버트 시나리오도 마찬가지인데―처럼 『1421년 중국, 세계를 발견하다』는 우리로 하여금 어째서 일이 그런 식으로 일어나지 않았는지 자문하게 만드는 데 쓸모가 있다. 이는 중대한 질문인데, 만약 멘지스가 말한 대로 일이 일어났다면 서양이 지금 세계를 지배하지 않을 수도 있기 때문이다.

테노치티틀란˙의 정화

1431년 8월 13일 테노치티틀란. 정화는 머리가 지끈거렸다. 그는 이런

• 아스테카 왕국의 수도로 1325년에 건설되었으나 1521년 에스파냐인에 의해 파괴되었다. 현재의 멕시코시티.

일을 떠맡기엔 이제 너무 늙었다. 그리고 너무 컸다. 온종일 그는 불타는 도시로 전령을 보내 동맹군에게 아즈텍족 학살을 중단하라고 요구했지만 연기 사이로 태양이 지자 모든 것을 포기해버렸다. 따지고 보면 이 학살이 내 탓은 아니지 않은가? 그는 스스로를 납득시키려고 열심히 되뇌었다. 이 사람들은 하늘의 뜻 혹은 인간의 도리도 모르고 예의도 없는 야만인들이었다. 그들은 청동이 뭔지도 거의 몰랐다. 그들이 관심 있는 거라곤 매끄러운 검은 돌조각으로 적의 가슴을 열어젖혀 여전히 뛰고 있는 심장을 떼어내는 것뿐이었다.

정화와 그의 부하들은 물론 아주 먼 옛날 고대 중국 상나라의 패덕한 통치자들이 인간을 희생 제물로 바쳤다는 이야기를 알고 있었고, 여기 동쪽 대양 너머에 똑같은 세계, 시간이 멈추고 상나라가 여전히 지배하고 있는 세계—송장 머리가 달린 야만인들보다 더 기이한—가 있다는 상상이 꼬리를 물었다. 정화의 부하들은 한때 유덕한 옛 주나라 왕들이 수행한 임무를 이제 하늘이 이 원정에 부여했음이 틀림없다고 짐작했다. 정화는 이 땅의 사악한 왕들한테서 천명을 거두고 새로운 황금시대를 열기 위해 온 새로운 주 무왕이었다.

황제가 동쪽 대양으로 항해하라는 명을 내렸을 때 정화는 이런 것을 전혀 예상치 못했다. 천자는 명령했다. "동쪽 대양 너머 봉래산으로 가라. 진시황제 이래로 사람들은 이 산을 찾아왔는데, 그곳에는 불사의 선인들이 금과 은으로 지은 궁전에 살며 그곳의 새와 짐승들은 모두 새하얗고 마법의 약초가 자란다. 10년 전 우리의 주만 제독이 이 신비의 땅에 발을 디뎠으니 이제 짐은 그대에게 불로불사의 약초를 가져오도록 명하노라."

정화는 지금까지 어느 누구보다도 세상 이곳저곳을 많이 봐왔다. 그는 이제 어떤 것에도 더는 놀라지 않았고, 옛 이야기들에서 말하는 대로 만약 그가 진짜로 용이나 거대한 상어와 맞닥뜨린다면 그저 그들을 처리했으리라. 그러나 그가 가장 기대한 것은 정확히 그가 처음에 발견한 대로 아무것도 발견하지 못하리라는 것이었다. 정화의 함대는 일본 해안을 따라 항해하면서 고분고분하지 않은 이곳의 군벌들에게 칭호를 수여하고 조공을 받은 뒤 하늘과 바다가 맞닿으며 한없이 멀어지는 푸른 수평선을 뒤쫓으며 두 달간 바람을 안고 항해했다. 그리고 반란 일보 직전인 선원들이 마침내 육지를 발견했을 때 그곳은 온통 나무와 비, 산밖에 없었다. 그곳은 그곳대로 아프리카보다 더 끔찍했다.

함대는 자신들을 보고 도망치지 않는 원주민을 발견하기까지 해안을 따라 몇 주를 더 표류해야 했다. 원주민들은 사실 배를 타고 그들을 맞으러 나왔고 전에 맛본 적 없는 놀라운 음식들을 가져왔다. 이 우호적인 반벌거숭이 야만인들에게는 비록 담배로 태우면 기분 좋게 사람을 취하게 하는 약초는 있었지만 불로초는 없었다. 금과 은으로 지은 궁전도 없었다. 그러나 그들은 그런 것들이 더 내륙에 있다고 말하는 것 같았다. 그래서 원주민 말을 약간 익힌 정화는 단지 몇백 명의 수하와 몇십 필의 말만 이끌고 불사의 존재를 찾아 출발했다.

때때로 그는 싸워야 했지만 화염탄은 유익한 효과가 있었고 미개인들은 대체로 버티지 못했다. 화약이 떨어진 뒤에도 말과 철검은 거의 그만큼 효과적이었다. 그러나 정화가 지닌 최고의 무기는 원주민들이었다. 원주민들은 보급품을 나르고 그들을 위해 싸우려고 몰려들면서 정화의 부하들을 신처럼 모셨다. 정화는 스스로를 푸레페차Purépecha라고 부르며 아즈텍이라는 이웃 야만인들에게 해묵은 원한을 키우고 있는 '그의' 야만인들을 도와주면서 이이제이라는 현명한 전통을 따르기만 하면 되었다. 정화는 원한이 대체 무엇인지 알아낼 수 없었지만 상관없었다. 야만인들의 내전은 한걸음 한걸음씩 그를 불멸의 존재에게로 가까이 데려갔다.

아스테카 왕국의 수도 테노치티틀란 바깥에서 동맹군에게 합류했을 때에야 비로소 정화는 불사의 존재가 없다는 사실을 인정할 수밖에 없었다. 넓고 곧게 뻗은 거리와 계단식 피라미드가 있는 테노치티틀란은 그 나름대로 웅장했지만 새하얀 동물, 금과 은으로 된 궁전은 없었고 확실히 불사의 삶을 약속하는 약초도 없었다. 사실 어디에나 있는 건 죽음이었다. 소름 끼치는 종기와 부스럼이 야만인들의 목숨을 수천 명씩 앗아가기 시작했고, 그들의 몸은 죽기도 전에 이미 썩기 시작했다. 정화는 역병이라면 많이 보아왔지만 이런 적은 없었다. 그의 부하들은 100명에 1명이 걸릴까 말까 했으니 정화의 임무에 신이 만족한다는 표시가 분명했다.

역병이 어느 쪽을 먼저 칠지, 정화의 야만인들이 너무 약해져서 테노치티틀란을 습격할 수 없게 될지 아니면 적들이 약해져서 그곳을 방어할 수 없게 될지 마지막 순간까지 아슬아슬한 상황이었다. 그러나 다시금 하늘은 정화의 편을 들어주었고 마지막 남은 화약과 석궁 화살의 도움 아래 그의 기병들은 둑길을 가로질러 테노치티틀란으로 돌격했다. 처절하지만 일방적인 시가전—아즈텍족의 돌칼과 솜을 넣은 갑옷에 맞선 중국인의 철검과 미늘 갑옷—끝에 저항은 무너졌고 푸레페차인은 고문과 강간, 약탈에 착수했다. 그들은 궁전의 문간에서 싸우다 무수한 화살을 맞은 아스테카 왕국의 마지막 왕 이츠코아틀을 불 속에 내던졌고 그가 죽기 전에 심장을 도려냈다. 그러고는—이렇게 끔찍할 수가!—그의 살점을 잘라내어 먹었다.

정화는 답변을 얻었다. 이 사람들은 불사의 존재가 아니다. 그도 새로운 유덕한 시대를 여는 무왕이 아니다. 유일하게 남은 질문은 사실, 어떻게 하면 이 모든 전리품을 난징으로 가져갈 수 있을까 하는 것이었다.

위인과 멍청이들

1848년의 사건이 이 책 서론에서 묘사한 대로 일어나지 않은 것처럼, 물론 실제로 사건은 이런 식으로 일어나지 않았다. 테노치티틀란은 실제로 약탈당했고 중앙아메리카의 이웃 부족들은 대부분의 싸움을 수행했고 외부에서 유입된 질병은 신세계의 주민 대다수의 목숨을 앗아갔다. 그러나 약탈은 1431년이 아니라 1521년에 일어났고, 그것을 이끈 사람은 정화가 아니라 에르난 코르테스이며 치명적인 세균은 아시아가 아니라 유럽에서 들어왔다. 멘지스가 주장한 대로 주만이 실제로 아메리카를 발견했으며 실제로 이야기가 앞에서 묘사한 대로 전개되었다면 멕시코는 에스파냐 제국이 아니라 명 제국의 일부가 되었을 테고 오늘날 세계의 모습은 매우 다르리라. 아메리카는 대서양이 아니라 태평양 경제에 묶여 있을지도 모르며 신세계에서 가져온 자원은 서양이 아니라 동양의 산업혁명에 기름을 부었을지도 모르고 루티가 발모럴 성에 오는 대신 앨버트가 베이징에 오게 되었을지도 모른다. 그리고 서양이 지배하지 않을지도 모른다.

그럼 왜 사건은 지금을 있게 한 역사대로 일어나게 되었을까?

선장들이 원하기만 했다면 명나라의 배들은 확실히 아메리카로 항해할 수 있었을 것이다. 정화 시대의 정크선을 그대로 복제한 배는 1955년 실제로 중국 – 캘리포니아 간 항해에 성공했고(비록 귀환은 못했지만) 2009년 또 다른 배 타이핑공주호는 한 화물선이 들이받아 배가 두 쪽 나기 전에 타이완 – 샌프란시스코 간 왕복 항해 완주를 32킬로미터 남겨두고 있었다.* 만약 이 배들이 해낼 수 있다면 정화의 함대라고 왜 불가능하겠는가?

---

* 선원들은 모두 생존했지만 몇 시간 동안 바닷물 안에 있었던 탓에 저체온증으로 치료를 받아야 했다.

가장 그럴싸한 답변은 15세기 중국 황제들이 해외로 배를 파견하는 데 흥미를 잃은 반면 유럽의 국왕들은(어쨌거나 그들 일부는) 그 문제에 매우 열중하게 되었기 때문에 역사는 오늘날과 같이 전개되었다는 것이다. 그리고 어느 정도까지는 그 답변이 분명히 맞다. 1424년 영락제가 죽었을 때 그의 후계자들이 한 첫 번째 행동은 장거리 항해를 금지하는 것이었다. 예측 가능한 대로 인도양의 제후들은 조공을 중단했으므로 선덕제는 1431년에 정화를 다시 페르시아 만으로 보냈지만 그의 후계자 정통제는 다시금 정책을 뒤집었다. 1436년 조정은 더 많은 장인을 보내달라는 난징의 조선소에서 보내온 거듭된 요청을 물리쳤고 십수 년에 걸쳐 대함대는 점차 썩어갔다. 1500년이 되자 원한다 하더라도 어떤 황제도 영락제의 항해를 재연할 수 없었다.

유라시아 반대편 끝에서는 국왕들이 정확히 반대로 행동하고 있었다. 포르투갈의 '항해왕' 엔히크는 탐험 계획에 자원을 쏟아부었다. 그의 동기 가운데 일부는 (아프리카 황금에 대한 열망처럼) 계산적이었고 일부는 (아프리카 어딘가에 프레스터 존Prester John이라는 불사의 기독교 국왕이 천국의 문을 지키고 있고 유럽을 이슬람의 손아귀에서 구해주리라는 믿음처럼) 공상적이었다. 아무튼 엔히크는 원정에 자금을 댔고 지도 제작자를 고용했으며 아프리카 서해안을 탐험하기에 안성맞춤인 새로운 선박 설계를 도왔다.

포르투갈인의 탐험은 확실히 모든 것이 순조롭지는 않았다. 1420년 사람이 살지 않는 마데이라 제도(지도 8.8)를 발견하자마자 항해를 맡은 선장 (크리스토퍼 콜럼버스의 장인이 되는 사람)은 어미 토끼와 새끼들을 여러 섬 가운데 가장 유망한 부동산인 포르투산투 섬에 풀어놓았다. 토끼답게 번식한 이 동물들은 모든 것을 먹어치웠고 사람들은 숲이 울창한 마데이라(포르투갈어로 '숲'이라는 뜻이다) 본 섬으로 이주할 수밖에 없었다. 식민 정착자들은 이 섬에 불을 질렀고 연대기 작가는 "남녀노소 모두 무시무시한 불길을 피해 바다로 피신했고 먹지도 마시지도 못한 채 물속에서 머리만 내놓고 이틀 밤낮을 지내야 했다"[26]고 전한다.

그러나 토착 생태계를 파괴한 뒤 유럽인은 이 불에 그슬린 신세계에서 사탕수수가 잘 자란다는 사실을 발견했고, 엔히크 왕자는 그곳에 제분소를 세울 수 있도록 자금을 댔다. 한 세대 만에 그들은 플랜테이션에서 일할 아프리카 노예를 수입해왔고 15세기 말엽이 되자 정착자들은 매년 600톤이 넘는 설탕을 수출했다.

대서양 깊숙이 뛰어든 포르투갈 항해가들은 아조레스 제도를 발견했고 아프리카 해안을 조심스레 더듬어가서 1444년 세네갈 강에 도달했다. 1473년 그들은 최초로 적도를 통과했고 1482년에는 콩고 강에 도달했다. 한동안은 이곳에서 맞바람 때문에 더 이상 남쪽으로 항해할 수 없었지만 1487년 바르톨로메우 디아스가 볼타 두 마르volta do mar 즉 "바다로 돌아오는" 방법을 생각해냈다. 대서양으로 멀리 돌아가 바람을 타서 그가 '폭풍우 곶'이라고 이름 붙인 아프리카 남단(오늘날에는 더 낙관적인 지명인 '희망봉'으로 알려져 있다)까지 항해했고 그곳에서, 겁에 질린 선원들은 반란을 일으켜 그에게 귀환을 강요했다. 디아스는 프레스터 존을 발견하지는 못했지만 동방 항로의 개척 가능성을 보여주었다.

영락제의 기준에서 포르투갈인의 원정은 어이없을 정도로 작았고(수천 명이 아니라 수십 명이 투입되었다) 품위가 없었지만(대제후들의 선물이 아니라 토끼와 설탕, 노예가 개입되었다) 지금 와서 보면 1430년대를 세계사의 결정적 한 순간—어쩌면 가장 결정적인—다시 말해, 서양의 지배가 가능해진 시기로 간주하기 쉽다. 해양 기술이 대양을 전 행성을 잇는 고속도로로 막 바꾸기 시작한 바로 그 순간 엔히크 왕자는 그 가능성을 포착했고 정통제는 거부해버렸다. 위인 대 한심한 멍청이 이론이 역사를 설명해주는 순간이 존재한다면, 바로 여기가 가장 많은 것을 설명해주는 순간인 것 같다.

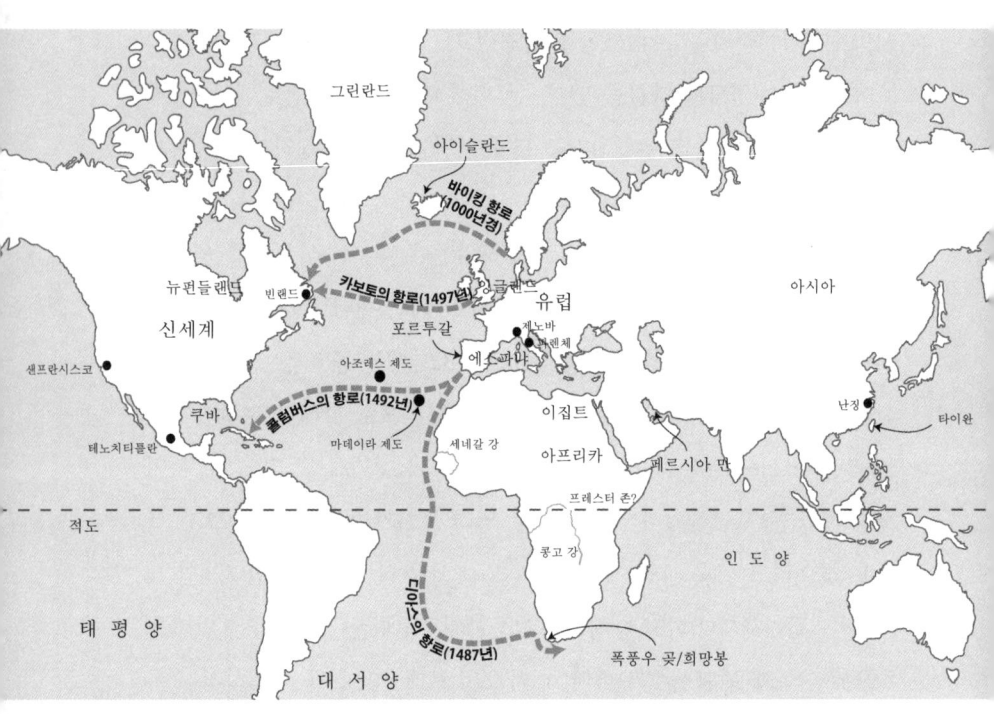

그린란드

아이슬란드

바이킹 항로
(1000년경)

뉴펀들랜드

빈랜드

카보토의 항로(1497년)

잉글랜드

유럽

신세계

포르투갈

제노바

샌프란시스코

아조레스 제도

에스파냐

아시아

쿠바

콜럼버스의 항로(1492년)

난징

테노치티틀란

마데이라 제도

세네갈 강

이집트

타이완

적도

아프리카

페르시아 만

프레스터 존?

콩고 강

인도양

태평양

디아스의 항로(1487년)

폭풍우 곶/희망봉

대서양

[**지도 8.8**] 유럽의 시각에서 본 세계와 15세기 유럽 탐험가들의 경로

전 지구의 운명이 이 두 사람이 내린 결정에 달려 있었던 것이다.

과연 정말일까? 엔히크의 선견지명이 인상적이긴 하지만 그래도 유례 없는 것은 아니었다. 다른 유럽 군주들도 그의 뒤를 바짝 뒤쫓고 있었고 사실, 통치자들의 일시적인 변덕만큼 무수한 이탈리아 항해가도 개인적인 모험사업을 통해 이러한 과정을 추진했다. 만약 엔히크 왕자가 항해 대신 동전 수집을 취미로 택했다면 다른 군주들이 그의 빈자리를 채웠을 것이다. 포르투갈의 주앙 국왕이 서쪽으로 항해하여 인도에 닿을 수 있다는 제노바의 모험가 크리스토퍼 콜럼버스의 미친 소리 같은 계획을 거절했을 때 카스티야의 이사벨라 여왕이 나섰다(물론 승락을 받아낼 때까지 여왕에게 세 차례나 건의해야 했지만). 콜럼버스는 1년 만에 돌아와 대칸의 땅에 도달했다고 밝혔다(그는 이중으로 착각했다. 첫째, 그곳은 사실 쿠바였다. 둘째, 몽골의 칸은 이미 1세기도 전에 중국에서 축출되었다). 카스티야가 아시아로 가는 새로운 항로를 발견했다는 소식에 당황한 잉글랜드의 헨리 7세는 1497년 피렌체의 상인 조반니 카보토*를 보내 북대서양에서 답을 구하도록 시켰다. 카보토는 얼어붙은 뉴펀들랜드에 도달했고—콜럼버스만큼 열정에 사로잡혀 갈피를 못 잡고—이곳 역시 대칸의 땅이라고 주장했다.

마찬가지로 정통제의 실수가 지금은 기가 막혀 보이지만, 1436년 난징의 조선소에 조선공들을 보내지 않기로 '결정'했을 때 황제가 고작 아홉 살이었다는 사실을 염두에 두어야 한다. 그의 자문관들이 그에게 이런 결정을 내려주었고, 그들의 후임들은 15세기 내내 이러한 결정을 되풀이했다. 한 이야기에 따르면 1477년 조정 신하들이 보선 계획을 부활시키자 일단의 비밀스러운 관리들이 정화의 항해 기록을 파기했다고 한다. 주모자인 유대하는 병부상서에게 이렇게 설명했다고 한다.

---

* 영국에서는 존 캐벗으로 알려져 있다.

서쪽 대양으로 향한 정화의 항해는 수백만 냥의 돈과 곡물을 허비했고, 더욱이 그 때문에 죽은 사람이 수만이 넘는다. (…) 이는 조정의 신하들이 강력히 반대해야 하는 나쁜 통치 행위에 불과하다. 비록 옛 기록들이 여전히 보존되어 있기는 하나 파기되어야 한다.[27]

속뜻을 알아차린—유대하가 의도적으로 문서를 '유실'해버렸다는—병부상서는 자리에서 일어나 감동해 외쳤다. "그대의 음덕이 적지 않소. 분명히 이 자리는 곧 그대의 것이 될 것이오!"

엔히크와 정통제가 다른 사람이었고 다른 결정을 내렸더라도 역사는 여전히 지금과 무척 비슷했을 것이다. 아마도 왜 특정 군주와 황제들이 다른 결정이 아니라 그런 결정을 내렸는지 묻는 대신 내향적인 보수주의가 중국을 덮치던 바로 그때에 왜 서유럽 사람들이 위험 부담을 각오했는지 물어야 할 것이다. 어쩌면 위인이나 한심한 멍청이가 아니라 문화가 정화 대신 코르테스를 테노치티틀란으로 보낸 게 아닐까?

다시 태어나기

"지금 이 순간 나는 다시 젊어지기를 바라고 싶을 정도일세." 네덜란드 학자 에라스뮈스는 1517년 친구에게 이렇게 썼다.* "다름이 아니라 바로 황금기가 가까워 오고 있음을 예감하기 때문이지."[28] 오늘날 우리는 이 '황금기'를 프랑스인이 붙인 이름인 르네상스, 즉 '재생'으로 알고 있다. 그리고 어떤 사람들이 보듯이 이 재생은 갑자기, 그리고 이전으로 결코 되돌

---

* 에라스뮈스는 당시 51세였는데 51세면 16세기에는 고령이었다.

릴 여지없이 유럽과 나머지 세계를 분리시켰으며 콜럼버스나 카보토 같은 사람들로 하여금 먼바다에서 모험을 감수하게 만든 바로 그 문화적 힘이었다. 대체로 이탈리아의 문화적 엘리트 계층의 창조적 천재성—한 19세기 역사가가 지칭한 대로 "근대 유럽의 자식들 가운데 첫째"[29]—은 코르테스가 테노치티틀란으로 가는 길을 놓았다.

역사가들은 보통 르네상스의 뿌리를 12세기, 북부 이탈리아 도시들이 독일과 교황의 지배를 떨치고 경제적 강국으로 부상한 시기로 잡는다. 외세에 종속된 최근의 역사를 거부한 지도자들은 어떻게 하면 그들의 도시국가를 독립적인 공화국으로서 스스로 통치할 수 있을까 고민하기 시작했고 점점 더, 고전 로마 문학에서 해답을 구할 수 있다는 결론을 내리게 되었다. 14세기가 되어 기후변화, 기아, 질병이 그토록 많은 옛 확실성의 기반을 침식할 때 일부 지식인은 고대의 고전에 대한 자신들의 해석을 사회 재생을 위한 포괄적인 비전으로 확장했다.

이 학자들은 고대란 낯선 나라라고 주장하기 시작했다. 고대 로마는 굉장한 지혜와 미덕의 땅이었지만 야만적인 중간 시대 즉 중세가 그때와 지금 사이에 끼어 있으면서 모든 것을 변질시켰다는 것이다. 새롭게 해방된 이탈리아의 도시국가들이 앞으로 나아가는 유일한 길은 뒤를 돌아보는 것이라고 이 지식인들은 제시했다. 우리는 고대인의 지혜가 다시 태어나도록 그리고 인간성이 완성될 수 있도록 과거로 통하는 다리를 놓아야 한다.

학문과 예술이 그 다리가 되리라. 소실된 문헌을 찾아 수도원을 뒤지고 로마인에 버금가게 철저하게 라틴어를 습득함으로써 학자들은 과거 로마인처럼 말하고 생각할 수 있게 되었다. 이에 따라 진정한 인문주의자(다시 태어난 사람들이 스스로를 부르던)들은 고대의 지혜를 다시 포착하게 될 것이다. 마찬가지로 고대 로마의 유적지를 파헤치고 다니면서 건축가들은 지고의 도덕적 삶을 구성하는 교회와 궁전을 짓고 고대의 물리적 세계를 되살릴 수 있었다. 연구하고 따를 수 있는 로마의 본보기가 없는 화가와 음악가들은 고대의 모델을 최대한 추측했고, 세계를 완벽하게 만들고 있는 것으로 비치고 싶어 안달이 난 통치자들은 인문주의자들을 자문관으로 기용했으며 자신들의 모습이 작품으로 영원히 남도록 예술가들에 작품을 의뢰하는 한편 로마의 유물을 수집했다.

르네상스에서 묘한 점은 고대를 재현하려는, 외관상으로는 반동적인 움직임이 사실 발명과 열린 마음으로 제한 없는 탐구를 추구하는 굉장히 비전통적인 문화를 낳았다는 사실이다. 더 급진적 사상가들을 추방시켜 망명 생활의 고배를 맛보게 하거나(마키아벨리의 경우처럼) 위협해서 침묵을 강요하는 식(갈릴레오의 경우처럼)으로 보수적인 목소리도 분명히 존재했지만 이 보수적 경향은 거세게 파고드는 새로운 사고의 예봉을 무디게 하지 못했다.

그 결과는 어마어마했다. 학문과 예술, 기예의 모든 분야를 그 밖의 분야들과 연결함으로써, 또한 고대의 관점에서 그 모든 것을 평가함으로써 미켈란젤로 같은 "르네상스맨"*은 갑자기 혁명을 가져왔다. 이 감탄스러운 인물들 가운데 레온 바티스타 알베르티 같은 이들은 창작뿐만 아니라 이론에도 똑같이 뛰어났으며 레오나르도 다빈치 같은 최고의 르네상스맨은 초상화부터 수학에 이르기까지 모든 것에 탁월했다. 그들의 창조 정신은 화실에서 권력의 회랑으로 무리 없이 옮겨다녔으며 이론을 세우다가도 시간을 내어 군대를 지휘하고 공직에 재직하고 통치자들에게 조언을 했다(마키아벨리는 『군주론』만 집필한 게 아니라 당대 최고의 희곡도 썼다). 방문객과 이주자들은 르네상스의 진원지인 피렌체로부터 저 멀리 포르투갈, 폴란드, 잉글랜드까지 새로운 사상을 전파했고 그 지역만의 독특한 르네상스

---

* 극소수이지만 르네상스'우먼'도 있었다.

가 꽃피었다.

　이것은 의심의 여지없이 역사에서 가장 놀라운 에피소드 가운데 하나다. 르네상스 이탈리아인은 로마를 되살리지 않았다. 1500년에도 서양의 사회발전지수는 여전히 1500년 전 로마가 정점을 찍었을 때보다 족히 10점은 낮았다. 이제 더 많은 이탈리아인이 로마 제국 전성기 때보다 글을 읽을 줄 알았지만 유럽에서 가장 큰 도시의 크기는 고대 로마 시의 고작 10분의 1에 불과했다. 유럽의 병사들은 대포로 무장했음에도 불구하고 카이사르의 군단을 무찌르려면 고생깨나 했을 것이다. 유럽에서 가장 부유한 고장은 여전히 로마의 가장 부유한 속주보다 생산성이 떨어졌다. 그러나 이러한 양적 차이 가운데 어떤 것도 그리 중요하지 않았다. 보수적인 동양인이 집에 머무는 동안 르네상스 이탈리아인이 진정으로 서양 문화를 철저하게 변혁시켜서 서양의 탐험가들에게 아메리카를 정복하도록 영감을 불어넣으며 유럽과 나머지 세계를 분리시켰다면 말이다.

　나는 중국 지식인들이 이런 이야기를 들었다면 깜짝 놀라지 않았을까 하는 생각이 든다. 그들이 벼루와 붓을 내려놓고, 이런 이론을 떠올린 19세기 유럽 역사가들에게 12세기 이탈리아인이 최근의 역사에 실망하여 현 시대를 개선할 길을 찾아 고대에 눈길을 돌린 최초의 사람들이 아니라는 점을 참을성 있게 설명하는 모습이 머릿속에 그려진다. 중국의 사상가들은―우리가 제7장에서 보았듯이―그보다 400년 전에 불교를 지나 더 옛 과거를 되돌아보고 한대의 문학과 그림에서 더 우수한 지혜를 찾으면서 이탈리아 르네상스와 매우 유사한 일을 했다. 이탈리아인은 고대를 15세기의 사회 재생을 위한 프로그램으로 탈바꿈시켰지만 중국인들이 이미 11세기에 그렇게 한 것이었다. 1500년의 피렌체는 문학과 예술, 정치 사이를 편안하게 오가는 천재들로 넘쳐났고 1100년의 카이펑도 마찬가지였다. 다빈치가 지닌 지식의 폭이 농업과 고고학, 지도제작, 기후변화, 경전,

민족지, 지질학, 수학, 약학, 야금술, 기상학, 음악, 회화, 동물학에 관해 쓴 심괄의 지식이 드러내는 폭보다 정말로 더 놀라운 수준이었을까? 피렌체의 어느 발명가들 못지않게 기계 제작에도 어려움을 느끼지 않았던 심괄은 운하의 갑문과 인쇄기 가동 활자의 원리와 작동법을 설명했고 새로운 종류의 물시계를 고안했으며 400제곱킬로미터의 늪지에 고인 물을 빼낸 펌프를 제작했다. 마키아벨리처럼 다재다능한 그는 천문대장을 역임했고 유목민과의 조약을 협상했다. 이 정도면 다빈치도 감명을 받았으리라.

르네상스가 유럽을 유례없는 길로 이끌었다는 19세기의 학설은 중국이 그와 굉장히 유사한 그들만의 르네상스를 4세기 전 경험했다고 한다면 설득력이 덜해 보인다. 어쩌면 중국과 유럽이 둘 다 축의 사상 제1의 물결과 제2의 물결을 경험했기 때문에 똑같이 르네상스를 경험했다고 결론 내리는 게 더 말이 될지도 모르겠다. 결국 모든 시대는 그 시대가 필요로 하는 사상을 얻기 때문이다. 똑똑하고 교육받은 사람들은 그들이 직면한 문제를 성찰하고 만약 그들이 유사한 쟁점에 맞부딪친다면 그들이 어디에 살고 또 언제 살았는지와 상관없이 역시 유사한 범위의 대응책을 내놓을 것이다.*

11세기 중국인과 15세기 유럽인은 다소 유사한 쟁점에 직면했다. 둘 다

---

* 여기에 모두가 동의하는 것은 아니다. 개빈 멘지스는 최신 저작 『1434년: 중국의 정화 대함대, 이탈리아 르네상스에 불을 지피다』에서 정화의 함대 일부가 1434년 베네치아를 방문해 알베르티를 비롯한 다른 사람들에게 앞선 시대에 있었던 중국 르네상스의 비결을 가르쳐줌으로써 이탈리아 르네상스를 촉발했다고 주장한다. 레오나르도의 폭넓은 창의성이 심괄과 그렇게 유사하게 보이는 까닭은 이탈리아인이 중국의 원형으로부터 영감을 받아 작업했기 때문인데, 특히 제7장에서 언급했던 『왕정농서』는 18세기 유럽의 방적기가 이전 시대 중국의 방적기와 그렇게 유사해 보이는 이유를 설명해줄 것이라고 말한다! 멘지스의 『1434년: 중국의 정화 대함대, 이탈리아 르네상스에 불을 지피다』는 그의 『1421년 중국, 세계를 발견하다』보다 심지어 더 많은 의혹을 제쳐둘 것을 요구하지만(다른 것은 차치하고라도 어째서 15세기 이탈리아의 풍성한 문헌에는 장대한 정화의 함대에 대한 언급이 전혀 없을까?), 나로서는 이것은 도저히 제쳐둘 수 없는 의혹이라는 것을 고백해야겠다.

사회발전지수가 상승하던 시기에 살았다. 둘 다 제2차 축의 사상이 부정적인 결과를 낳았다는(동양에서는 당나라의 멸망과 불교의 배척, 서양에서는 기후변화와 흑사병, 교회의 위기) 생각이 있었다. 둘 다 그들의 '야만적인' 가까운 과거를 넘어 제1차 축의 사상이 도래했던 영광스러운 고대를 되돌아봤다(동양에서는 한나라와 유교, 서양에서는 키케로와 로마 제국). 그리고 둘 다 가장 선진적인 학문 연구를 고대 문학과 예술에 적용하고 그 결과를 가지고 세계를 새로운 방식으로 해석하면서 유사하게 대응했다.

중국의 보수주의자들이 집에 머무는 동안 유럽의 르네상스 문화가 어째서 물불을 가리지 않는 모험가들을 테노치티틀란으로 보냈는지를 묻는 것은 어째서 서양의 통치자들은 위대했던 반면 동양인들은 한심하고 멍청했는지 묻는 것만큼 심각하게 핵심을 놓치고 있는 것 같다. 분명히, 질문을 새롭게 재정의할 필요가 있다. 만약 유럽의 15세기 르네상스가 정말로 대담한 탐험에 영감을 주었다면 어째서 중국의 11세기 르네상스는 그렇지 않았는가를 물어야 한다. 어째서 중국의 탐험가들은 심지어 멘지스가 상상한 것보다 더 이른 시기인 송대에 아메리카 대륙을 발견하지 못했는가?

가장 먼저 할 수 있는 대답은 르네상스 정신이 아무리 충만했을지라도 그들의 배가 그러한 항해를 할 수 없다면 송나라의 모험가들은 아메리카로 갈 수 없었으리라는 것이고, 11세기 중국 배들은 아마도 그럴 능력이 없었을 것이다. 일부 역사가는 의견이 다르다. 그들은 바이킹들이 1000년경에 중국의 정크선보다 훨씬 더 단순한 바이킹선을 타고 아메리카에 도달했다는 사실을 지적한다. 그러나 지구본(또는 지도 8.10)을 흘깃 보기만 해도 커다란 차이가 있다는 것을 알 수 있다. 페로 제도와 아이슬란드, 그린란드를 거쳐 항해한 바이킹은 아메리카에 도달할 때까지 망망대해를 800킬로미터 이상 건널 일이 없었다. 틀림없이 겁나는 일이긴 했겠지만 일본에서부터 구로시오 난류를 따라 항해하여 알류샨 열도를 지나 북캘리포니아에 상륙할 때까지 중국 탐험가들이 거쳐야 했을 8000킬로미터에 비하면 아무것도 아니다(적도반류를 타고 필리핀에서 니카라과로 가는 경로는 그보다 두 배나 더 긴 거리의 망망대해를 지나가야 한다). 물리적 지리—그리고 이 장 뒤에서 살펴보겠지만 다른 종류의 지리 역시—가 동양인이 태평양을 건너는 것보다 서유럽인이 대서양을 건너는 것을 더 쉽게 만들었을 뿐이다. 그리고 폭풍우가 이따금 중국 배를 멀리 아메리카까지 흘러가게 만들었을지라도*—그리고 적도반류가 그들을 도로 데려올 수 있었다고 가정하더라도—아무리 르네상스 정신에 의욕을 얻었다 한들 11세기 탐험가들이 아메리카를 발견하고 귀환해 이야기를 들려줄 가능성은 거의 없었다.

선박 건조술과 항해술이 더 발전한 12세기에 이르러서야 중국 배들은 난징부터 캘리포니아까지 왕복 거리 1만9000킬로미터를 어느 정도 믿음직하게 항해할 수 있었을 것이다. 그러나 물론 그때도 여전히 콜럼버스와 코르테스보다 400년이나 앞선 시기였다. 그렇다면 왜 12세기 중국에서는 콘키스타도르['정복자'를 뜻하는 에스파냐어로, 특히 16세기를 전후해 아메리카 대륙을 침입한 에스파냐인을 이르는 말]가 나오지 않았던 것일까?

어쩌면 정확히 무엇을 의미하든, 중국의 르네상스 정신이라는 것이 12세기에 이르러 후퇴하고 있었기 때문인지도 모른다. 12세기에 사회발전은 정체되었고 그후 13세기와 14세기에는 급격히 쇠락했으며 르네상스 문

---

* 일부 역사가는 진시황제가 불로초를 찾으라고 보낸 방사[신선의 술법을 닦는 사람] 서불이 기원전 210년경 아메리카 대륙 서해안에 도착했다고 믿는다. 그러나 그에 관한 실제 증거는 없으며 1993년 서불의 항해를 재현하려는 팀 세버린의 대담한 시도는—여러 현대적 이기의 도움에도 불구하고—그다지 고무적이지 않았다. 그는 아메리카까지 족히 1600킬로미터가 남은 상황에서 배를 버려야 했다. 토르 헤위에르달의 유명한 발사[열대 아메리카산 단단한 관목] 뗏목 콘티키 호도 대단한 믿음을 주지는 못했다. 헤위에르달은 페루부터 폴리네시아까지 태평양의 절반만 건넜을 뿐이며 그것도 적도반류에 실려 한 방향으로만 나아갔다. 아시아에서 페루까지의 여정은 훨씬 길고 험난하다.

화를 위한 전제 조건이 사라지자 지배층의 사고방식도 과연 점차 보수적으로 전환되었다. 일부 역사가는 1070년대 왕안석 신법의 실패가 신유학파 지식인들이 더 넓은 세상에 참여하는 것을 가로막았다고 생각한다. 일부는 1127년 카이펑 함락을 원인으로 지목한다. 다른 학자들은 완전히 다른 곳에서 원인을 찾는다. 그러나 그 시기 지식인들이 생각은 꾸준히 세계적으로 했지만 행동은 매우 지역적으로 하기 시작했다는 데는 거의 모두가 동의한다. 수도에서 벌어지는 정치적 내분에 목숨을 거는 대신 대부분은 집에 머물렀다. 일부는 향교를 조직해 강의를 하고 독서회를 운영했지만 국가시험을 위해 학생들을 가르치는 일은 사절했다. 다른 지식인들은 질서정연한 향촌과 가례를 위한 규약을 작성했고 다른 이들은 여전히 '좌정'과 사색을 통해 한 번에 삶의 완벽을 추구하면서 자기 수양에 초점을 맞췄다. 12세기 유학자 주희에 따르면,

> 만약 우리가 한 점의 미혹도 없이 마음을 바르게 세운다면 깨달음은 마치 거대한 강물이 터져나오듯 수월해질 것이다. (…) 그런고로 우리는 덕성을 함양하고 학문 연구에 정진하자. 우리가 학문을 연구하면서 게을리한 점은 없는지 덕성을 함양할 때 해이한 점은 없는지 매일 스스로에게 묻자. (…) 만약 우리가 이런 식으로 일 년 동안 스스로를 갈고 닦는다면 어찌 발전하지 않을 수 있겠는가?[30]

주희는 그 시대의 사람이었다. 그는 관직을 사절하고 향교에서 가르치고 책을 쓰고 사상을 토론하는 편지를 주고받는 과정에서 아래로부터 명성을 쌓으며 검소하게 살았다. 한 차례의 정계 진출은 유배와 함께 그의 필생의 위업을 '위학僞學'으로 낙인찍는 결과를 낳았다. 그러나 13세기 외부 위협이 증대되고 송나라의 관리들이 향신을 국가의 명분에 묶어둘 방

도를 찾아 눈길을 돌리면서 주희가 집대성한 철학적으로 흠잡을 데 없으나 정치적으로 위협적이지 않은 유학은 다소 유용해보이기 시작했다. 그의 사상은 복권되기 시작해 그다음에는 과거 시험에 포함되더니 마침내 관직 승진의 배타적 기반이 되었다. 주희의 사상은 정통 학설이 되었다. "주희 시대 이래로 사물의 이치가 분명하게 드러났다"고 1400년대 한 학자는 행복에 겨워 선언했다. "더 이상 글을 쓸 필요가 없다. 남은 일은 실천하는 것이다."[31]

주희는 흔히 중국 역사에서 (공자 다음으로) 두 번째로 막대한 영향력을 끼친 사상가로 불리며 관점에 따라 유학을 집대성한 사람으로 추앙받거나 중국을 정체와 현실 안주, 억압 상태에 빠트린 사람으로 비난받는다. 그러나 이것은 주희를 과도하게 칭송하거나 비난하는 것이다. 모든 최고의 이론가처럼 그도 그저 시대가 요구하는 생각을 제시했을 뿐이며 사람들은 각자 알맞게 여기는 대로 그의 생각을 이용했다.

이것은 가족의 가치에 대한 주희의 사고에서 가장 뚜렷하게 드러난다. 12세기가 되자 불교와 프로토페미니즘, 경제성장은 과거의 성 역할을 변화시켰다. 부잣집은 이제 흔히 딸도 가르쳤고 결혼할 때 더 많은 지참금을 주었으며, 더 많은 지참금은 다시 아내의 더 큰 영향력으로 전환되었다. 그리고 여성의 재정적 지위가 향상되면서 부잣집은 딸도 아들처럼 재산을 상속받아야 한다는 원칙을 확립했다. 심지어 가난한 집안에서도 상업적인 직물 생산은 여성에게 큰 경제력을 부여했고, 이는 다시금 강력한 여성의 소유권으로 이어졌다.

주희가 아직 젊을 때인 12세기에 부자들 사이에서 남성 반동이 시작되었다. 반동은 여성의 정조와 아내의 의존을 옹호하고 여자들이 집 안에만 머무를 것(정말로 밖에 나가야만 한다면 쓰개로 얼굴을 가리거나 휘장을 두른 가마를 타야 한다)을 강조했다. 비판가들은 특히 재산을 가지고 다른 집안으로 재가한 과부를 공격했다. 13세기에 주희의 사상이 복권되고 완벽한 유교 가족을 되살리려는 그의 경건한 이상이 이러한 사고방식에 철학적 형태를 입히는 유용한 수단처럼 보일 무렵과 14세기에 관료들이 여자를 지지하는 재산 관련 법률을 후퇴시키기 시작했을 때, 그들은 그 모든 것은 주자학의 이름으로 이루어진 것이라고 기꺼이 선언했다.

주희의 저작은 여자의 삶에서 이러한 변화를 야기하지 않았다. 그것들은 교육받은 문관들뿐 아니라 주희의 글을 읽었을 리가 없는 사람들까지 휩쓴 더 폭넓은 사회의 반동적 분위기 가운데 한 갈래였을 뿐이다. 한 예로 장인들이 여성미를 표현하는 수법은 이 시기 동안 극적으로 변화했다. 8세기, 불교와 프로토페미니즘의 전성기에 가장 인기를 끌었던 도자기 입상은 미술사가들이 다소 신사답지 못하게 '뚱보 여인들'이라고 부르는 양식이었다. 755년 안사의 난에 불을 댕긴 대단한 매력의 애첩 양귀비의 영향에서 기인한다고 알려진 이 양식은 가무부터 폴로에 이르기까지 못 하는 게 없는 루벤스의 모델로도 충분한 건장한 여인네들을 보여준다. 반면에 12세기 화가들이 그린 여성들은 불면 날아갈 것 같은 파리하고 가냘픈 인물로, 남자들을 대접하거나 나른하게 앉아 있거나 남자들이 집에 오기를 기다리는 모습이다.

호리호리한 미인은 어쩌면 서 있는 게 힘들어서 앉아 있었을지도 모른다. 악명 높은 전족 풍습—예쁘장하게 보이게 하려고 여자아이의 발을 헝겊으로 동여매서 발가락을 비틀고 부러트려 발 모양을 변형시키는 풍습—은 아마도 1100년 무렵에 시작된 것 같은데 주희가 태어나기 30년 전이다. 그 무렵 몇몇 시가 전족을 언급하고 있으며 1148년 직후 한 학자는 "최근에 여자들의 발을 묶는 풍습이 시작되었다. 이전 시대 어느 책에서도 찾아볼 수 없는 일이다"[32]라고 적었다.

전족에 대한 가장 이른 시기 고고학적 증거는 각각 1243년과 1274년에 이승의 번뇌를 벗은 황성과 주부인의 무덤에서 나온다. 둘 다 1미터 80센티미터 길이의 긴 헝겊 조각에 발이 묶인 채 땅에 묻혔고 비단신과 끝이 뾰족하게 위로 솟은 버선이 부장되었다(도판 8.9). 주부인의 유해는 보존 상태가 좋아서 그녀의 기형적 발이 버선과 신발에 잘 들어맞는다는 것을 확인할 수 있다. 발가락 여덟 개는 아래로 구부러졌고 엄지발가락 두 개는 위로 휘어서 주부인의 가느다란 발은 좁고 뾰족한 버선에 쏙 들어갔다.

12세기 중국이 여성의 발 변형 풍습을 발명해낸 것은 아니다. 여성의 걸음걸이를 개선하려는 강박은 어느 문화에나 거의 보편적인(남성 사이에서는 어쨌거나) 것 같다. 그러나 황성과 주부인이 겪은 고문은 다른 문화에서 강요한 것보다 몇 배나 큰 것이었다. 뾰족한 하이힐을 자주 신으면 건막류[엄지발가락이 바깥쪽으로 뒤틀리면서 안쪽에 혹이 생기는 증상]가 생긴다. 전족을 하면 휠체어 신세를 지게 된다. 이 관행이 야기하는 고통—요람부터 무덤까지 자나 깨나 지속되는—은 상상하기 힘들다. 주부인이 묻힌 바로 그해에 한 학자는 전족에 관해 최초로 알려진 비판을 내놓았다. "아직 너덧 살도 안 된 작은 여아들이 아무런 잘못을 저지르지도 않았는데 발이 작게 묶여서 끝없는 고통을 겪어야 한다. 대체 이 무슨 쓸데없는 일인가?"[33]

아닌 게 아니라 대체 무슨 쓸모가 있다는 걸까? 그러나 전족은 갈수록 흔해지고 더 끔찍해졌다. 13세기 전족은 발의 볼을 좁게 만들었다. 17세기 전족은 실제로 발을 더 짧게, 발가락을 발뒤꿈치 아래쪽으로 함몰시켜 '금련'이라고 알려진, 인대가 찢어지고 힘줄이 비틀린 동그란 불구의 발을 만들었다. 20세기 마지막 희생자들의 심하게 망가진 발을 찍은 사진은 차마 눈뜨고 보기 힘들다.*

이 모든 것을 주희 탓으로 돌리는 것은 지나친 일이리라. 그의 철학은

---

* 그의 과오가 무엇이든 간에 마오쩌둥은 1949년 권력을 잡은 즉시 전족을 폐지했다.

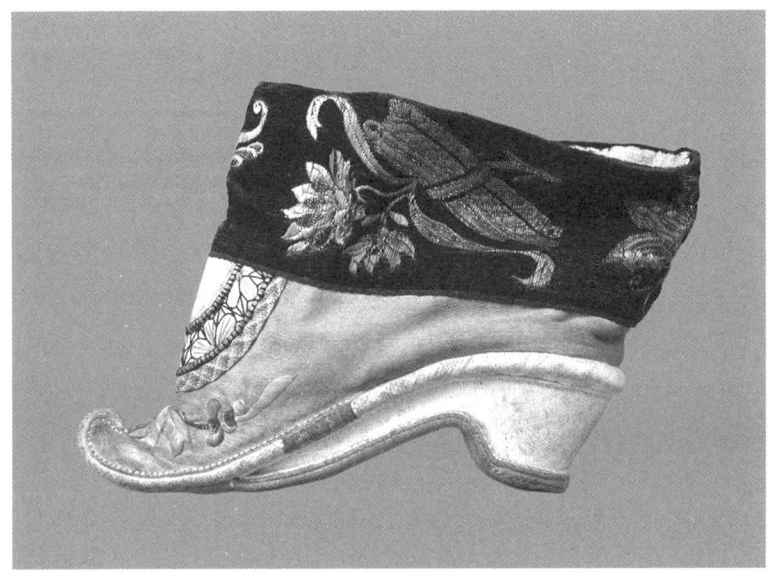

[도판 8.9] 작은 발: 역사상 최초로 확실하게 기록된 전족 여성인 열일곱 살 소녀 황성이 1243년에 묻힐 때 함께 묻힌 신발과 버선.

중국 지배층 문화가 점점 더 보수적으로 선회하게 만들지는 않았다. 오히려 문화적 보수주의가 그의 사상이 득세하게 만들었다. 주희의 사상은 군사적 패배와 긴축 분위기, 퇴보하는 사회발전에 대한 더 넓은 차원의 사회적 반응이 보인 가장 가시적인 요소이었을 뿐이다. 12세기에 세상이 어려워질 때 고대는 쇄신의 원천이라기보다는 도피의 원천이었고, 1274년 주부인이 죽었을 때 지구상 탐험을 추진했을지도 모를 일종의 르네상스 정신은 몹시 부족했다.

그럼 1100년 이후 사회발전의 정체와 이후의 퇴보는 왜 정화가 아니라 코르테스가 테노치티틀란으로 갔는지를 설명하는가? 음, 부분적으로는 그렇다. 그것은 12세기와 13세기에 탐험을 위한 대항해가 없었던 이유를 설명할 것이다. 그러나 1405년 정화의 첫 함대가 난징에서 출항했을 때 동양의 사회발전지수는 다시금 빠르게 상승하는 중이었다. 영락제가 정화를 인도양 너머로 계속 파견했다는 바로 그 사실이 팽창적인 태도를 가리킨다. 사회발전지수가 다시금 치솟으면서 15세기 지식인들은 주희 사상의 대안을 찾기 시작했다.

한 예로, 비범한 왕양명은 주희의 원칙을 따르려고 무던히 노력했다. 1490년대 왕양명은 주희가 권장한 대로 대나무 줄기를 응시하면서 일주일을 보냈지만 이치를 얻는 대신 앓아눕게 되었다. 바로 그때 왕양명은 성공을 구가하고 팽창하는 사회에 알맞은 일종의 현시를 체험했다. 그는 몇 년 동안 좌정하고 공자의 말씀을 연구하지 않아도 사람은 모두 직관적으로 이치를 알고 있다는 사실을 깨달았다. 우리는 모두 밖으로 나가 무언가를 실천한다면 지혜를 얻을 수 있는 것이다. 자신의 말에 충실하게 왕양명은 당대 최고 장군이자 행정가, 고대 문헌의 편집자, 시인 가운데 한 명으로 손꼽히는 르네상스맨이 되었다. 여전히 주희의 사상에 반기를 들고 있던 그의 제자들은 거리는 현자로 가득하며 누구든 스스로 옳고 그름을 따질 수 있고 부자가 되는 것은 나쁜 일이 아니라고 주장했다. 그들은 심지어—이런 끔찍한 일이 있을 수가!—양성평등을 옹호했다.

정화의 항해를 끝내기로 한 결정은 사실 문화적 위축이라는 사회적 배경에 반해서가 아니라 팽창과 혁신, 도전을 직면하고 극복한 사회적 배경에 반하여 내려졌다. 역동적인 르네상스 문화가 유럽인은 바다 너머로 이끈 반면 경직되고 내부 지향적인 태도가 15세기 중국의 탐험을 중단시켰다고 볼 만한 이유는 거의 없다. 그럼 대체 무엇이 그랬는가?

고립의 이점

우리는 이미 답을 안다. 이번에도, 사내 녀석chap들이 아니라 지도map가 중국과 서양이 다른 경로를 가게 만들었다. 그저 지리가 동양인보다 서양인이 아메리카 대륙에서 손을 씻는 것을 더 용이하게 한 것이다(지도 8.10).

유럽의 가장 명백한 지리적 이점은 물리적인 것이었다. 탁월풍[일정 기간 출현 빈도가 가장 높은 풍향의 바람. 열대 지방의 무역풍이나 중위도의 편서풍, 극지방의 편동풍이 대표적이다], 섬들의 위치, 대서양과 태평양의 규모 자체가 서양인에게 일을 더 쉽게 만들어줬다. 시간이 지나면 동아시아 탐험가들도 결국엔 분명히 태평양을 횡단했겠지만 다른 조건이 동일하다고 가정하면 중국인이나 일본인 뱃사람보다 바이킹이나 포르투갈 뱃사람이 신세계에 도달하는 것이 언제나 더 쉬울 수밖에 없었다.

물론 현실에서는 다른 조건들이 좀처럼 같지 않았고 15세기에 경제적, 정치적 지리는 서유럽이 물리적 지리로 얻은 이점들을 증대하는 방향으로 전개되었다. 동양의 사회발전지수는 서양보다 훨씬 높았고 마르코 폴로 같은 사람 덕분에 서양인도 그 사실을 알고 있었다. 서양인이 동쪽으로 가서 지상에서 가장 풍부한 시장에 접근할 경제적 유인이 충분했던 것이다. 반대로 동양인은 서쪽으로 갈 유인이 거의 없었다. 그들은 다른 사람들이 찾아오기를 기대할 뿐이었다.

아랍인은 비단길과 인도양 교역로의 서쪽 구간을 지배하기에 편리한 곳에 위치했고 동양과 서양을 잇는 동맥의 가장 끄트머리에 위치한 유럽인은 여러 세기 동안 대부분 집에 머무르면서 베네치아인이 아랍인의 식탁에서 집어다주는 부스러기에 만족해야 했다. 그러나 십자군운동과 몽골의 정복은 동방을 향한 유럽인의 접근을 용이하게 하면서 정치적 지형을 바꾸기 시작했다. 게으름과 두려움을 누르기 시작하면서 탐욕은 무역상들(특히 베네치아인)을 홍해를 따라 인도양으로 이끌거나 마르코 폴로 같은 이들을 초원길로 이끌었다.

서유럽 국가들이 흑사병 이후 고가 전략으로 옮겨가면서 전쟁이 심화되고 있을 때 정치적 지리는 경제적 유인에 힘을 보탰다. 대서양 변방에 위치한 통치자들은 더 많은 대포를 구입하기 위해 필사적이었던 반면 돈을 벌 수 있는 일반적 수단들(주민들에게 과세하는 관료제를 확대하고 유대인을 갈취하고 이웃 나라를 약탈하는 등)은 바닥나고 있었다. 그들은 새로운 조세 수입원을 제공할 수 있다면 누구든, 심지어 항구에서 어슬렁거리는 수상쩍고 탐욕스러운 인물이 하는 이야기라도 들을 준비가 되어 있었다.

대서양 연안 왕국들은 홍해와 비단길로부터 가장 멀리 떨어져 있었지만, 놀라운 신형 배에 자신만만한 온갖 선장들은—선물, 대부, 무역 독점권에 대한 대가로—이전까지 지리적 고립이었던 것을 이점으로 전환해주겠다고 제안했다. 그들은 동방으로 가는 대서양 항로를 찾아낼 것이었다. 어떤 이들은 베네치아인과 무슬림을 상대해야 하는 곤란한 상황을 피해 아프리카 남단을 돌아 인도양에 도달하는 길을 약속했다. 다른 이들은 그

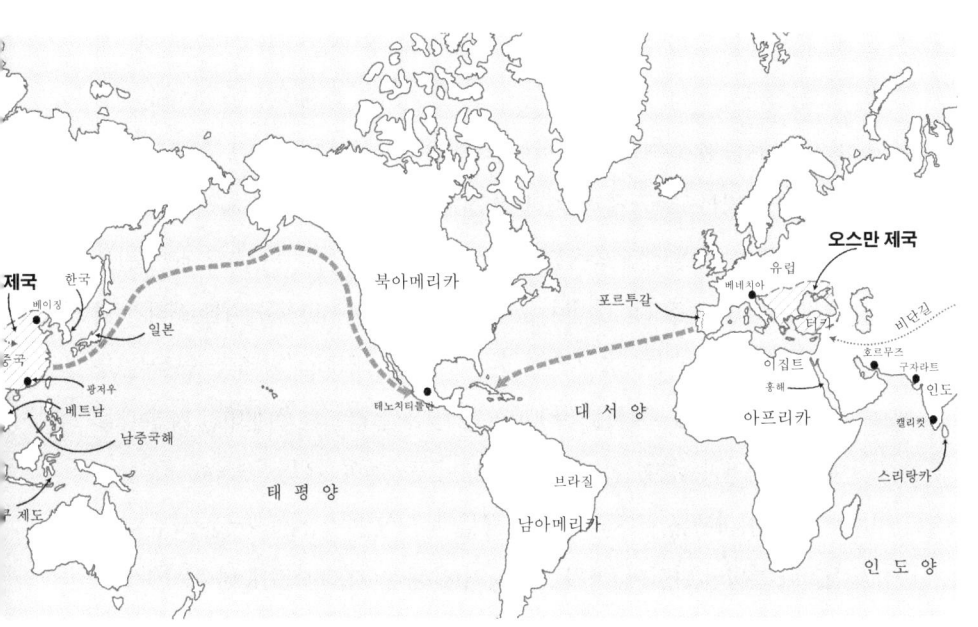

[**지도 8.10**] 세상을 보는 세 번째 방식: 서유럽부터 아메리카까지 거리는 4800킬로미터에 불과한 반면 운
없게도 중국은 신세계로부터 두 배나 멀리 떨어져 있는 것에서 보다시피 물리적 지리는 서유럽에 유리하게
작용했다.

낭 서쪽으로 계속 항해하면 지구를 빙 돌아 동양에 도달하게 된다고 주장했다.*(북극을 넘어 항해하는 세 번째 접근법은 당연한 이유로 별로 매력적이지 않았다.)

대부분의 유럽인은 서쪽보다는 남쪽으로 향하는 것을 선호했는데, 서쪽으로 가서 동양에 닿으려면 상당히 먼 거리를 항해해야 할 것이라—제대로—예상했기 때문이다. 이 이야기에서 한심한 멍청이를 위한 자리가 있다면 분명히, 지구 둘레 거리를 엄청나게 과소평가하고 자신이 계산을 잘못했다는 것을 절대 인정하지 않음으로써 테노치티틀란으로 가는 길을 연 콜럼버스의 차지일 것이다. 반대로 이 이야기에 위인을 위한 자리가 있다면 1430년대에 손익을 따져본 뒤 비현실적인 정화의 항해를 중단시키고 1470년대에 항해 기록을 '유실해버린' 명나라 황실의 현실적인 자문관들에게 돌아가야 한다.

조금쯤 서투른 일 처리는 때로 좋을 수도 있지만 현실에서는 서투른 일 처리나 현명한 판단이 별 차이를 낳지 않는데, 지도가 사내 녀석들에게 그들이 역사적으로 한 일 이외에 무언가를 할 여지를 거의 주지 않기 때문이다. 1402년 중국의 제위에 올랐을 때 영락제는 남아시아에서 중국의 위신을 회복할 필요가 있었다. 정화의 함대를 캘리컷과 호르무즈에 파견하는 것은 이를 달성하는 데 값비싼 방식이었지만 그래도 효과가 있었다. 그러나 정화를 망망대해로 내보내는 것은 그곳에 불로초가 아무리 많이 있다고 한들 애초에 논의의 사안이었다. 15세기 중국의 행정가들이 비용이 많이 드는 인도양 항해를 궁극적으로 중단시킬 가능성은 언제나 컸지만, 그들이 태평양으로 함대를 파견할 일은 거의 없었다. 경제적 지리 탓에 그러

---

* 후진적인 유럽에서도 많이 아는 사람들은 12세기 이후로 지구가 둥글다는 사실을 인식했다(고전기 그리스인은 이미 알고 있었다).

596

한 탐험은 비이성적일 수밖에 없었다.

마찬가지로 동양의 부로 데려다주는 항로를 찾아서 일단 대서양을 가로질러 나아가면 유럽의 뱃사람들이 아메리카를 그렇게 빨리 발견하지 않기란 힘들었을 것이다. 콜럼버스와 그의 부하들이 그들을 다시 집으로 데려다줄 또 다른 바람을 찾을 수 있다는 보장도 없이 바람을 안고서 미지의 바다로 뛰어들기 위해서는 굳건한 의지와 배짱이 필요했지만 그들이 주저했더라도 유럽의 항구는 또 다시 항해를 시도할 용감한 사람들로 널려 있었다. 그리고 만약 이사벨라 여왕이 1492년 콜럼버스의 세 번째 제안을 거절했더라도 유럽인은 서쪽으로 항해하는 것을 그만두지 않았을 것이다. 콜럼버스가 다른 후원자를 찾아냈든지 아니면 그저 우리가 다른 항해가들―카보토나 어쩌면 1500년 인도로 가는 길을 브라질이 막고 있다는 사실을 알아낸 포르투갈 항해가 페드루 알바르스 카브랄―을 위대한 발견자로 기억하고 있으리라.

지도는 대서양 변방의 겁 없는 뱃사람들이 일찌감치, 그들처럼 겁 없는 남중국해의 뱃사람들보다는 확실히 일찌감치 아메리카 대륙을 발견하게 되는 상황을 불가피하게―이를테면 농부들이 수렵채집인을 대체하거나 국가가 마을을 대체하게 된 상황만큼―만들었다.

그리고 그런 일이 일어나자 결과는 대체로 역시 예정되어 있었다. 유럽의 세균, 무기, 제도는 아메리카 원주민의 세균, 무기, 제도보다 훨씬 강력해서 원주민 인구와 국가는 쉽게 붕괴해버렸다. 몬테수마나 코르테스가 다른 결정을 내렸다면 콘키스타도르들은 테노치티틀란의 피로 물든 제단 위에서 죽음을 맞았을지도 모르고 그들의 심장은 여전히 몸부림치는 몸뚱어리에서 도려내져 신에게 바쳐졌을 수도 있지만, 그들 바로 뒤에는 여전히 많은 콘키스타도르가 있어서 천연두와 대포, 플렌테이션을 가져왔으리라. 700~800년 전 수렵과 채집을 하던 유럽 원주민들이 농부들을 막을 수 없었던 것처럼 아메리카 원주민은 유럽 제국주의자들을 막을 수 없었다.

지리는 유럽인이 아프리카 남단을 돌아 인도양으로 항해할 때도 그만큼 중요했지만 다른 방식으로 작용했다. 여기서 유럽인은 고래의 제국과 오래전에 자리잡은 무역 상사와 나름대로 치명적인 질병을 갖춘, 사회발전 수준이 더 높은 사회에 들어섰다. 거리와 비용—물리적 지리와 경제적 지리—때문에 유럽인은 아메리카에서 마찬가지로 아시아로의 침투를 최소한으로 유지할 수밖에 없었다. 1498년 아프리카를 돌아 인도로 가는 최초의 포르투갈 파견단의 배는 단 네 척뿐이었다. 선단의 사령관 바스쿠 다가마는 실패하리라는 예상 속에 뽑힌 별 볼 일 없는 인물이었다.

다가마는 선단을 아프리카 남단으로 실어갈 바람을 타기 위해 9600킬로미터의 대양을 달린 위대한 선장이었지만 정치가로서는 빵점이었다. 그는 그에 대한 사람들의 불신이 옳았음을 보여주는 행동이라면 거의 모두 저질렀다. 그는 툭하면 현지의 수로 안내인을 납치하고 매질해서 하마터면 아프리카를 떠나기도 전에 참사가 일어날 뻔했고 학대당한 안내인이 그를 인도로 데려가자 캘리컷의 힌두교도 통치자를 기독교도로 착각해 그들의 비위를 건드렸다. 그러고는 쥐꼬리만 한 선물을 내놓아 그들을 한층 모욕했고 마침내 원하던 향신료와 보석을 얻어낸 뒤 모든 충고를 무시하고 역풍에 돛을 올렸다. 그의 선원 가운데 거의 절반이 인도양에서 죽었고 생존자들은 괴혈병에 시달렸다.

그러나 아시아 향신료 무역의 이윤율은 100퍼센트를 넘었기 때문에 다가마는 온갖 패착에도 불구하고 여전히 큰돈을 만질 수 있었고, 그의 국왕에게도 한 재산을 벌어다줄 수 있었다. 수십 척의 포르투갈 배가 다가마의 뒤를 따랐고 그들이 갖고 있는 한 가지 이점을 철저히 활용했다. 바로 화력이었다. 상황에 따라 교역과 위협, 포격 사이에서 포르투갈인은 대포만큼 거래를 성사시키는 것도 없다는 사실을 깨달았다. 그들은 인도양 해안을 따라 있는 항구들을 무역 거점으로 장악하고 포르투갈로 후추를 실어보냈다.

포르투갈 배들의 자그마한 숫자는 그들이 콘키스타도르라기보다는 인도양의 대왕국들 주변에서 윙윙거리는 모기에 가까웠다는 것을 의미하지만 그들에게 근 10년을 물리자 ― 베네치아의 부추김을 받은 ― 튀르크와 이집트, 구자라트, 캘리컷의 술탄과 왕들은 참을 만큼 참았다고 생각했다. 1509년 100척이 넘는 배를 끌어모은 그들은 18척의 포르투갈 전함을 인도양 연안에 몰아넣고 적선을 들이받아 올라탈 요량으로 거리를 좁혀왔다. 포르투갈인은 그들을 산산이 날려버렸다.

한 세기 전 발칸 반도로 진출한 오스만 제국처럼 인도양 주변의 통치자들은 너도나도 유럽의 포를 모방하려고 했지만 포르투갈인을 능가하기 위해 대포만 있으면 능사가 아니라는 사실을 깨달았다. 그들은 군사 시스템 전체를 수입하고 새로운 종류의 전사가 출현할 수 있도록 사회질서를 변형시켜야 했는데, 그것은 3000년 전 서양 핵심부의 국왕들이 군대를 전차에 적응시키기 위해 안간힘을 썼을 때처럼 16세기 남아시아에서도 어려운 일이었다. 너무 늦게 움직인 지배자들은 사나운 침략자에게 항구를 차례차례 개방해야 했고, 1510년 포르투갈인은 말루쿠 제도로 이어지는 해협을 통제하는 믈라카의 술탄에게 무역권을 달라고 위협했다. 술탄이 기개를 되찾고 포르투갈인을 쫓아내자 그들은 도시 전체를 점령해버렸다. 믈라카의 초대 포르투갈 총독 토메 피르스는 "믈라카의 주인이 누구든지 간에 그는 베네치아의 목을 위협하고 있다"[34]고 주장했다.

1521

베네치아만이 아니었다. 피르스는 다음과 같이 말했다.

중국은 중요하고 매우 부유하고 좋은 나라다. 믈라카의 총독에게 중국을
포르투갈의 지배하에 두기 위해 사람들이 말하는 것만큼 많은 병력이 필요
하지는 않을 것이다. 중국인은 약해서 쉽게 이길 수 있다. 그곳에 자주 가본
주요 인사들은 믈라카를 정복한 인도 총독이 전함 열 척만 있으면 중국 연
안 전역을 손에 넣을 수 있다고 장담한다.[35]

1500년 이후 그 현기증 나던 시절에 대서양을 건너고 아프리카를 돈 모
험가들에게는 거의 모든 것이 가능해 보였다. 이제 여기 동양까지 왔으니
그냥 점령해버리면 어때? 그래서 1517년 포르투갈 국왕은 피르스의 이론
을 시험해 보기로 하고 "천조대국天朝大國"과의 강화와 무역을 제안하러 그
를 광저우로 보냈다. 안타깝게도 피르스의 외교적 수완은 다가마와 동급
이었다. 피르스는 알현을 요구하고 현지 관리들은 시간을 끄는 3년간의
대결이 전개되었다. 1521년 피르스는 마침내 바라던 것을 얻었는데, 그때
가 코르테스가 테노치티틀란에 들어간 바로 그해였다.

그러나 피르스의 이야기는 코르테스와 매우 다르게 끝났다. 베이징에
닿자마자 그는 알현을 위해 다시 몇 주를 기다려야 했지만 그다음 상황은
더 끔찍하게 돌아갔을 뿐이다. 피르스가 협상하고 있는 동안 자신의 왕위
를 빼앗았다고 포르투갈 사절단을 비난하는 믈라카 술탄의 서신이 도착
했다. 그다음 피르스가 광저우에서 비위를 거스른 관리들로부터 더 많은
서신이 쏟아져들어왔다. 그가 인육을 먹고 탐문 행위를 했다고 고발하는
내용이었다. 게다가 가능한 최악의 순간에 황제가 급사했다. 비난과 그에

맞선 비난이 난무하는 가운데 피르스 일행은 쇠고랑을 차게 되었다.

그후 피르스에게 무슨 일이 일어났는지는 확실치 않다. 그와 함께 수감된 한 선원의 편지에서는 그가 옥사했다고 나온다. 그러나 다른 기록에서는 그가 한 마을로 유배되었고 20년이 흘러 한 포르투갈 신부가 그의 딸을 만났다고 한다. 신부는 소녀가 주기도문을 포르투갈어로 암송하여 신분을 입증했으며 피르스는 부유한 중국 아내와 오래도록 살다가 최근에 죽었다는 이야기를 들려주었다고 주장했다. 그러나 대체로 보아, 피르스가 사절단의 나머지 사람들과 운명을 같이했을 가능성이 가장 크다. 그들은 목에 칼을 차고 공개적으로 조롱을 당한 뒤 처형되었고 시신은 훼손되었다. 성기가 잘려 입안에 쑤셔넣어졌고 절단된 다른 신체 부위는 창에 꽂혀 광저우 곳곳에 내걸렸다.

마지막 운명이 어떠했든지 간에 피르스는 그들의 대포에도 불구하고 세계의 진정한 중심인 이곳에서 유럽인은 여전히 대수롭지 않게 여겨진다는 값비싼 교훈을 얻었다. 그들은 아스테카 문명을 파괴하고 동양의 시장으로 대포를 쏘며 쳐들어왔지만 천자의 관심을 끌려면 그 이상이 필요했다. 동양의 사회발전지수는 여전히 서양보다 훨씬 앞서 있었고 유럽의 르네상스와 항해가들, 대포에도 불구하고 1521년에 서양이 격차를 상당한 수준으로 줄일 수 있으리라 보여주는 것은 거의 없었다. 정화가 아니라 코르테스가 테노치티틀란을 불태운 것이 어떤 차이를 가져왔는지가 분명해지려면 3세기가 더 흘러야 한다.

서 양 이 따 라 잡 다

밀물

"밀물은 모든 배를 들어올린다"[1]고 존 F. 케네디는 말했다. 이 말이 1500년부터 1800년까지 3세기 동안 서양과 동양의 사회발전지수가 나란히 상승한 때보다 더 잘 들어맞은 적도 없다(도표 9.1). 1700년이 되자 양쪽은 43점대의 단단한 천장을 향해 맹렬히 나가고 있었고 1750년이 되자 둘다 그 지점을 통과했다.

케네디의 이 유명한 말은 아칸소 주 히버 스프링스에서 새로운 댐의 완공을 축하하는 연설에서 나왔다. 케네디의 비판가들에게는 댐 공사가 선심성 지역 개발 사업의 최악의 실례로 비쳤다. 그렇다. 그 유명한 경구의 밀물이 모든 배를 들어올리긴 하지만 어떤 배는 다른 배들보다 더 빨리 떠오른다고 그들은 주장했다. 그 말 역시 1500년과 1800년 사이의 기간보다 더 잘 들어맞은 적도 없다. 그 사이에 동양의 사회발전지수는 25퍼센트 올

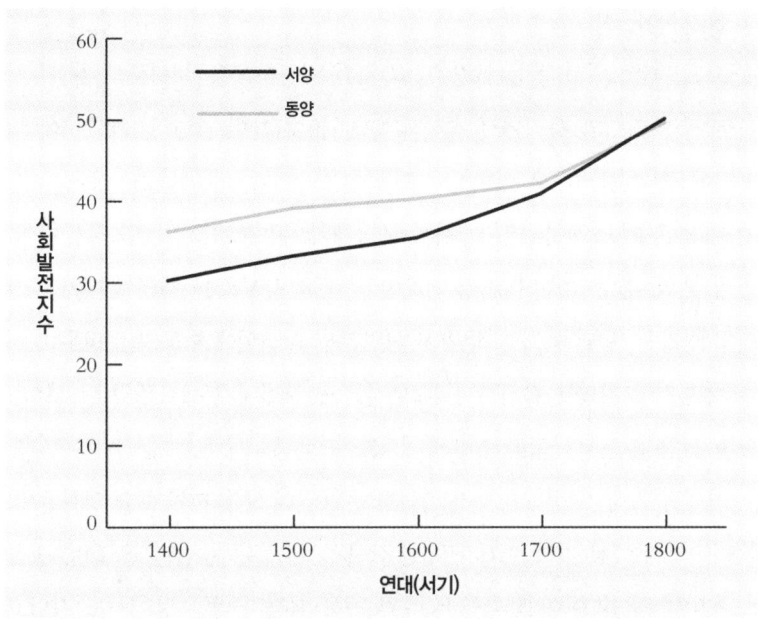

[도표 9.1] 어떤 배는 다른 배들보다 더 잘 뜬다. 18세기 사회발전의 밀물은 서양과 동양이 유기체 경제를 언제나 제약해온 천장을 뛰어넘게 했지만 서양을 더 세게, 더 높이, 더 빨리 들어올렸다. 사회발전지수에 따르면 1773년, 서양은 다시금 앞서나가기 시작했다.

랐지만 서양의 지수는 그보다 두 배 빠르게 올랐다. 1773년(타당한 오차 범위를 고려하면 대략 1750년과 1800년 사이에)에 서양의 사회발전지수는 동양을 추월하면서 1200년에 걸친 동양의 시대를 마감했다.

역사가들은 세계적인 밀물이 어째서 1500년 이후에 그렇게 높이 솟았는지, 어째서 서양의 배가 특히 잘 떴는지를 두고 격렬하게 논쟁한다. 이 장에서 나는 두 질문이 서로 연관되어 있으며 일단 이 질문들을 적절한 맥락, 즉 사회발전이라는 기나긴 무용담 안에 놓는다면 그에 대한 답변이 더 이상 그렇게 수수께끼 같지는 않다는 점을 보여주고자 한다.

헛간의 쥐

토메 피르스의 충격에서 회복되기까지는 시간이 걸렸다. 1557년이 되어서야 중국 관리들은 마카오에 정착한 포르투갈 무역상들을 눈감아주기 시작했고(지도 9.2), 1570년에 이르러 또 다른 포르투갈 무역상들이 멀리 일본의 나가사키까지 아시아 해안 곳곳에 사무소를 차리긴 했지만 그들의 숫자는 딱할 정도로 적었다. 대부분의 서양인에게 동방의 땅은 여전히 매혹적인 지명에 불과했다. 대부분의 동양인에게 포르투갈은 그조차도 아니었다.

이 유럽 모험가들이 16세기 평범한 동양인의 삶에 끼친 주요 영향은 그들이 신세계에서 가져온 기가 막힌 작물들 — 옥수수, 감자, 고구마, 땅콩 — 을 통해서였다. 이 작물들은 다른 것이 자라지 않는 땅에서도 자랐고 고약한 날씨를 이겨냈으며 농부들과 그들의 가축을 훌륭하게 살찌웠다. 16세기에 걸쳐 아일랜드부터 양쯔 강 유역까지 수만 제곱킬로미터의 땅에 심어졌다.

이 작물들은 어쩌면 딱 맞는 시기에 도착했는지도 모른다. 16세기는 동양 문화와 서양 문화의 황금기였다. 1590년대(자타가 공인하는 특히 좋았던 10년)에 런던 사람들은 셰익스피어의 『헨리 5세』『줄리어스 시저』『햄릿』 같은 새로운 연극을 보거나 존 폭스의 유혈이 낭자한 『순교자』처럼 신실한 사람들이 말뚝에 묶인 모습을 그린 목판화가 새로운 인쇄기로 수천 권씩 찍혀 나온 저렴한 종교 책자를 읽을 수 있었다. 유라시아 반대편 끝에는 베이징 사람들이 중국 역사상 가장 많은 이가 관람한 전통 가극인 20시간짜리 「모란정」을 감상하거나 『서유기』를 읽을 수 있었다.

그러나 번쩍거리는 겉모습 이면의 모든 것이 그리 좋지만은 않았다. 흑사병으로 서양과 동양 핵심부에서는 3분의 1이나 그 이상의 인구가 죽었

몽골

베이징

만리장성

황허 강

양저우

난징

명 제국

양쯔 강

묘족

광둥

마카오

조선

에도
일본

나가사키

[**지도 9.2**] 북적거리는 세계: 1500~1700년, 만조 시기의 동양.

으며 1350년 이후로도 흑사병은 한 세기 동안 주기적으로 재발하면서 인구 수준을 계속 낮은 상태로 유지했다. 그러나 1450년과 1600년 사이 배고픈 입의 숫자는 두 지역에서 대략 두 배가 되었다. "인구가 역사상 유례가 없을 정도로 크게 불어났다"[2]고 한 중국인 학자는 1608년 기록했다. 멀리 프랑스의 사정도 마찬가지였다. 사람들은 속담에서 말하는 대로 "헛간의 쥐"[3]처럼 불어나고 있었다.

두려움은 언제나 사회발전의 원동력이었다. 자식을 많이 낳자 땅은 잘게 분할되었고 상속에서 배제된 이들이 생겨 이전보다 갈등이 증폭되었다. 농부들은 잡초를 더 자주 뽑고 거름을 더 자주 주었으며 물길을 막고 우물을 파거나 더 많은 옷을 지어 팔려고 애썼다. 일부는 한계지에 정착해 그들의 부모라면 결코 관심을 두지 않았을 산비탈과 돌과 모래투성이 땅에서 근근이 연명했다. 다른 이들은 핵심부를 버리고 인구밀도가 낮은 야생의 변경 지대에 정착했다. 그러나 그들이 신세계에서 온 기적의 작물을 심었을 때조차도 사람들에게는 돌아오는 양은 충분하지 않았던 것 같다.

노동력은 부족하고 토지는 풍부했던 15세기의 기억은 갈수록 흐릿해져 갔다. 소고기와 맥주, 돼지고기와 포도주가 있던 행복한 시절이었다. 그때는 모든 것이 더 좋았다고 1609년 난징 근처 어느 현감은 말했다. "모든 가구마다 살 집과 경작할 땅, 땔감을 구할 야산, 채소를 기를 텃밭이 있어서 자급자족할 수 있었다." 그러나 이제 "열 집 가운데 아홉 집은 궁핍하다. (…) 탐욕은 끝이 없으니 살이 뼈를 해한다. (…) 오호통재라!"[4] 1550년경 어느 독일 여행자는 그보다 더 직설적이다. "옛날에는 농가에서 먹는 게 달랐다. 그때는 고기와 음식이 풍성했다." 그러나 이제 "모든 것이 진정으로 변했다. 가장 잘 사는 농민의 음식도 옛날의 날품팔이와 하인이 먹던 것보다 질이 떨어진다".[5]

영국의 민담 딕 휘팅턴 이야기(유사한 많은 이야기처럼 16세기로 거슬러올라간다)에서 가난한 소년과 고양이는 시골을 떠나 런던으로 갔다가 부자가 되지만 현실 세계에서 도시로 도망친 수백만 명의 가난한 사람들 다수는 불난 집에 기름 들고 뛰어든 격이었을 뿐이다. 도표 9.3은 1350년 이후 도시의 실질임금(즉 생필품을 구입할 수 있는 소비자의 능력을 인플레이션을 고려해 조정한 것) 변동 추이를 보여준다. 이 그래프는 통상적으로 혼란스러운 각종 언어로 기록되고 그보다 더 혼란스러운 각종 단위로 표기된 다바스러진 기록을 탐정처럼 해독한 경제사가들의 뼈를 깎는 다년간의 노고 덕분에 작성된 것이다. 유럽의 문서보관소는 14세기가 되어서야 소득을 이 정도 정확하게 계산할 수 있을 만한 자료를 제공하지만 중국에서는 1700년 이후에나 통계가 가능하다. 그러나 자료의 공백과 여러 선이 복잡하게 교차함에도 불구하고 적어도 서양의 추이는 뚜렷하다. 기본적으로, 흑사병 이후 한 세기 안에 우리가 증거를 입수할 수 있는 곳들의 임금은 모두 대략 두 배가 되었다. 그후 인구가 회복되자 대부분 지역의 임금은 흑사병 이전 수준으로 떨어졌다. 1420년대 석재를 끌고와서 브루넬레스키의 하늘로 치솟는 성당 돔을 올린 피렌체 사람들은 고기와 치즈, 올리브를 실컷 먹었다. 1504년 미켈란젤로의 다비드상을 끌어다가 세운 사람들은 빵으로 끼니를 때웠다. 한 세기 뒤에 그들의 증손들은 그것이라도 얻을 수 있으면 행복해했다.

그때가 되면 굶주림은 유라시아 한쪽 끝에서 반대편 끝까지 전역에 만연한다. 실망스러운 작황, 무분별한 결정, 혹은 단순한 불운 탓에 가난한 가구들은 먹을 것을 찾아 떠돌며 풀뿌리로 연명하는 상황으로 내몰리기 일쑤였다(중국에서는 왕겨와 콩깍지, 나무껍질과 잡초를, 유럽에서는 양배추 속대, 잡초와 풀). 재앙이 잇달아 터지면 수천 명의 사람이 먹을 것을 찾아 거리로 내몰렸고 가장 약자들은 아사했다. 유럽의 오래된 민담(딕 휘팅턴 이야기처럼)의 원본에서 농부 이야기꾼이 황금 달걀과 마법의 콩나무뿐만

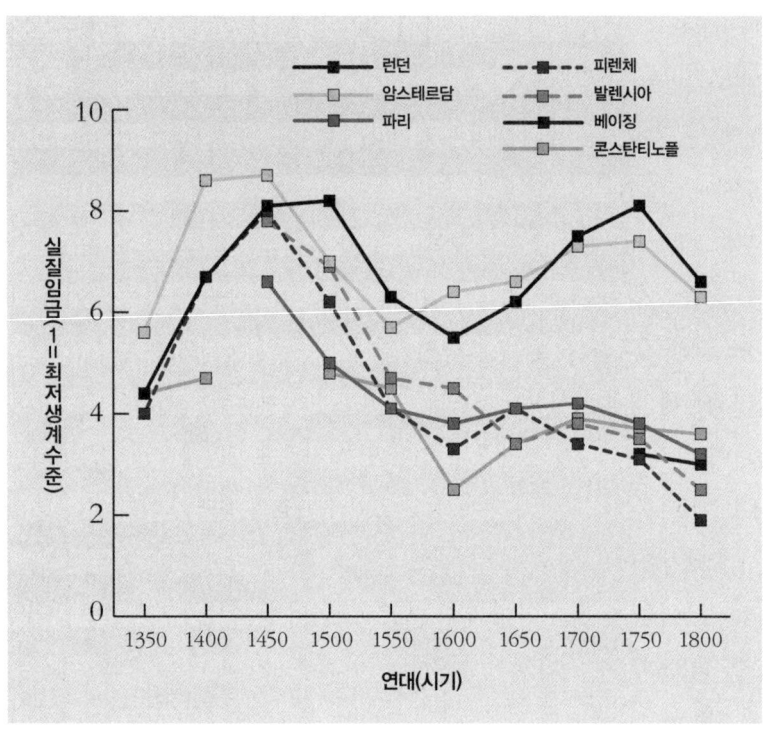

[도표 9.3] 부유할 때도 가난할 때도: 1350~1800년, 서양의 여섯 개 도시와 베이징의 비숙련 도시 노동
자의 실질임금. 도시마다 또 산업별로 각자 다른 사연이 존재하지만 우리가 측정할 수 있는 거의 모든 곳에
서 1350년과 1450년 사이에 노동자의 구매력은 두 배가 되었다가 1550년이나 1600년이 되면 다시 1350년
이전 수준으로 떨어진다. 이 장 뒤에 가면 이유가 분명해질 텐데, 1600년 이후 서북유럽의 도시들은 갈수
록 나머지 세계와 멀어지게 된다(파리와 발렌시아의 자료는 1450년 무렵부터 측정할 수 있으며 베이징은
1750년부터 가능하다. 그리고 콘스탄티노플의 수치는—당연한 일이지만—오스만 제국이 도시를 약탈한
1453년 부근에 공백이 있다). 이 자료는 로버트 앨런의 논문(2006), 두 번째 도판을 참고했다.

아니라 진짜 달걀과 콩을 꿈꾼 것도 우연의 일치가 아니다. 그들이 동화
속 소원의 요정으로부터 바라는 거라곤 배불리 먹는 것뿐이었다.

동양과 서양 양쪽에서 중간층은 차츰 모질어져서 부랑자와 거지들을
구빈원과 감옥으로 몰아넣거나 변경으로 실어보내거나 노예로 팔았다. 확
실히 무정한 태도이긴 하지만 형편이 약간 더 나은 사람들은 타인을 생각

하지 않더라도 자기들 앞가림만으로도 벅차다고 느꼈던 모양이다. 1545년 양쯔 강 삼각주 유역의 한 선비가 관찰한 대로, 시절이 어려울 때는 "황민荒民(즉 가장 가난한 사람들)은 세금에서 면제되지만 유복한 사람은 세금에 너무 시달려서 그들도 가난해졌다".[6] 계층의 하향 이동 가능성이 이전 양갓집 자식들에게도 불가피해졌다.

양반가 자제들은 전통을 무시함으로써 보수파들을 경악시키며 이 거친 세상에서 부와 권력을 두고 경쟁할 새로운 길을 찾았다. "사람들이 갈수록 희한한 차림새를 한다"고 한 중국 관리는 우려스러운 목소리로 말한다. "심지어 장사치가 된 사람마저 있다!"[7] 또 다른 관리는 그보다 더 나쁜 일이 횡행한다고 적는데, 이전에는 체통을 차리던 집안들마저도 변했다.

> 재물과 명성에 눈이 멀었다. (…) 그들은 송사를 하는 것을 낙으로 삼아 자기들 뜻을 관철하려고 권력을 동원하니 시비곡직을 가릴 수가 없다. 사치스럽고 화려한 차림새를 즐기는 이들이 하얀 비단옷을 끌며 활보하니 누가 귀하고 누가 천한지 분간할 수가 없다.[8]

중국에서는 관직이 특히 화약고가 되었다. 양반 계층은 불어났지만 벼슬자리는 늘지 않았고 까다로운 배움의 문턱이 높아지면서 부자들은 학식보다는 재산이 더 중요한 길을 찾았다. 한 지방의 관리는 "시험장에서 자리를 얻으려는 가난한 선비들은 관리들에게 기근에 떠도는 유민 취급을 당하며 쫓겨났다"[9]고 불평했다.

심지어 사회의 맨 꼭대기에 위치한 국왕에게도 조마조마한 시절이었다. 이론적으로 인구 증가는 통치자들에게 좋았지만—과세 인구와 입대시킬 병사가 늘어난다—실제로는 일이 그렇게 간단치 않았다. 구석에 몰린 가난한 농민들은 세금을 내는 대신 민란을 일으킬 수 있었고 말썽 많고 반목하는 귀족들은 종종 농민들에게 동조했다(과거에 낙방한 중국의 응시자는 특히 반란자로 다시 등장하는 습성이 있었다).

문제는 왕위 그 자체만큼 오래된 것이었고 16세기 왕 대부분은 중앙집권화와 팽창이라는 오래된 해법을 택했다. 일본은 아마도 가장 극단적인 경우일 것이다. 이곳에서 정치적 권위는 15세기에 완전히 붕괴해버려 농촌과 사찰, 심지어 도시 구역조차도 각자 정부를 세워서 스스로를 보호하거나 이웃을 약탈하기 위해 폭력배를 고용했다.* 16세기 인구 성장은 자원을 둘러싼 극심한 경쟁을 불러일으켰고 무수한 군소 영주에서 차차 소수의 대영주가 부상하게 되었다. 포르투갈제 총은 1543년 일본에 처음 출현했고 (포르투갈인의 도래보다 한 세대 앞선 것이었다) 1560년이 되자 추종 세력을 무장시킬 능력이 되는 이미 막강한 영주들이 더 막강해질 수 있게 때마침 일본의 장인들은 뛰어난 조총을 자체 기술력으로 제작했다. 1582년 도요토미 히데요시라는 단 한 명의 영주가 사실상 전 일본 군도를 지배하는 쇼군이 되었다.

도요토미는 걸핏하면 싸우는 일본인에게 쇠붙이로 녹여서 자유의 여신상보다 두 배나 큰 세계 최대의 불상을 짓는 데 쓰겠다고 약속하여 무기를 내놓게 설득했다. 그는 불상이 "현세의 사람들뿐만 아니라 내세의 사람들에게도 복을 가져다 줄 것"[10]이라고 설명했다. (한 기독교 선교사는 이 설명에 그다지 감복하지 않았다. 그는 도요토미가 "술책이 뛰어나고 믿기지 않을 만큼 교활하며 신심이라는 미명 하에 사람들한테서 무기를 몰수했다"[11]고 보고했다.)

도요토미 히데요시의 종교적 속내가 무엇이었든지 간에 사람들을 무장해제시킨 것은 확실히 중앙집권화로 가는 커다란 전진이었으며, 머릿수를

---

* 이런 상황이 고전이 된 구로사와 아키라 감독의 영화 「7인의 사무라이」(1954) 그리고─약간의 역사적, 지리적 자유를 허용하여 각색한─거의 원작만큼 고전이 된 존 스터지스 감독의 리메이크작 「황야의 7인」(1960)의 배경이다.

세고 토지를 측량하고 과세하고 군역을 부과하는 업무를 대단히 수월하게 만들었다. 도요토미가 아내에게 보낸 편지에 따르면 1587년이 되자 그는 팽창을 자신의 모든 문제에 대한 해법으로 보았고 중국을 정복하기로 작정했다. 5년 뒤 그의 군대는—최신 조총으로 무장하고 25만 명에 달한 것으로 추정되는 병력—조선에 상륙해 눈앞의 것을 모조리 쓸어버렸다.

도요토미는 팽창의 장점을 둘러싸고 깊이 분열된 중국 제국을 직면했다. 명나라 황제 가운데 일부는 일본의 도요토미처럼 삐걱거리는 제국의 재정을 대대적으로 정비하고 팽창을 추진했다. 그들은 새로운 호구조사를 명령하고 누가 어느 부문에서 세금을 내지 않는지를 파악함과 동시에 복잡한 부역과 공납을 단순한 은화 납세로 전환하려고 애썼다. 그러나 관리들은 펄펄 뛰며 이러한 움직임에 반발했다. 그들은 이상적인 통치자란 조용히 (그리고 돈을 쓰지 않고) 중앙에 앉아서 도덕적 솔선수범으로 백성을 지도해야 한다는 것을 장구한 전통이 보여준다고 지적했다. 성군은 전쟁을 하지 않으며 분명히, 다름 아닌 관료들의 출신 계층인 양반 지주층으로부터 세금을 짜내지도 않는다. 도요토미의 자랑거리인 호구조사와 조세대장 정리 따위는 무시해도 무방하다. 양쯔 강 유역의 한 현감이 1492년의 주민 수를 80년 전과 똑같이 보고한다해서 그것이 어떻단 말인가? 주민 수를 셀 수 있든 없든 종묘와 사직은 1000년을 갈 것이라고 유학자들은 주장했다.

나서기 좋아하는 몇몇 황제는 관료주의의 수렁에 빠져 허우적거렸다. 1517년 정덕제가 몽골족에 맞서 몸소 군대를 이끌겠다고 나서자 만리장성을 지키는 관리가 황제는 베이징에 머물러야 한다고 주장하며 황제가 통과하지 못하도록 관문 열기를 거부했을 때처럼 때때로 결과는 코믹했다. 그러나 정덕제가 완강한 고위 대신들의 고집을 꺾으려고 태형을 명령해 여러 명이 죽었을 때처럼 때로는 그렇게 코믹하지 않았다.

대부분의 황제는 정덕제처럼 정력적이지 않아서 관료와 지주들의 이해 관계에 도전하기보다는 조세대장에 좀이 슬어가도록 내버려두었다. 국고 가 바닥나자 황제들은 군대에 급료 지급을 중단했다(1569년 병조시랑은 명 부에 등록된 병사 가운데 4분의 1만을 찾을 수 있다고 털어놨다). 몽골족에게 뇌 물을 바치는 것이 싸우는 것보다 더 싸게 먹혔다.

황제는 수군에 돈을 대는 것도 중단했다. 원래 수군은 홍무제가 민간 해상무역을 금지한 14세기 이후 곳곳에 출현한 거대 암시장을 억제하기 위한 것이었다. 중국인과 일본인, 포르투갈인 밀수업자들은 해안을 따라 수익성이 좋은 사업을 운영해왔는데, 최신 조총을 구입, 해적으로 변신하 여 그들을 가로막는 해안경비대를 쉽게 해치웠다. 해안경비대가 실제로 단 속을 시도했다는 소리는 아니다. 밀수업자들한테 받는 사례금은 그들의 주요 특전 가운데 하나였다.

중국의 해안은 갈수록 더러운 돈이 폭력 범죄자와 지역 유지, 뒤가 구 린 정치가들 사이의 경계를 흐리는 「더 와이어」 같은 TV 경찰드라마를 닮 아갔다. 올곧지만 물정 모르는 도독은 실제로 규정에 따라 판관의 삼촌이 포함된 밀수업자 일당을 처형했다가 비싼 교훈을 얻었다. 막후에서 연줄 이 동원되어 도독은 파직당했고 황제가 그를 체포하라고 명하는 영장을 발부하자 스스로 목숨을 끊었다.

1550년대 명나라 조정은 실질적으로 해안에 대한 통제력을 상실했다. 밀수업자들은 20개 도시를 통제하고 심지어 난징의 왕릉 도굴 위협까지 제기하며 해적왕으로 탈바꿈했다. 결국 그들을 제압하기 위해서는 정치적 으로 요령이 있으면서도 결코 매수되지 않는 관리 집단이 통째로 동원되 어야 했다. 3000명의 조총수로 구성된 비밀수사대(이 '청백리' 가운데 가장 유명한 척계광의 이름을 따서 척가군으로 알려졌다)를 동원해 개혁가들은 때 로는 공식적 지원을 받으며, 때로는 공식적 지원 없이 현지 지배층으로부터 짜낸 세금을 비밀리에 건넨 양주 도독으로부터 자금 지원을 받아 음지에서 전쟁을 벌였다. 척가군은 의지만 있다면 명 제국이 여전히 도전자들을 분쇄할 수 있다는 것을 보여주었고, 해안 토벌의 성공은 (잠시나마) 개혁의 기운을 불어넣었다. 북쪽으로 발령을 받은 척계광은 장성 방위를 혁신하여 석재 망루를 세우고* 그곳에 잘 훈련받은 조총수를 배치했으며 1세기 전 헝가리인이 오스만 제국에 맞서 사용한 이동 보루처럼 대포를 수레에 탑재했다.

분명 중국 역사상 가장 유능한 행정가라 할 수 있는 장거정은 1570년대 재상을 역임하면서 세법을 정비하고 미불금을 징수했으며 군대를 혁신했다. 그는 척계광 같은 젊고 유능한 인재를 등용했으며 어린 황제 만력제의 교육을 개인적으로 관장했다. 국고가 다시 채워지고 군대가 되살아났지만, 1582년 장거정이 죽자 관료들의 반격이 시작되었다. 장거정은 사후에 명예가 실추되었고 그의 조력자들은 파직당했다. 고결한 척계광은 심지어 아내에게도 버림받고 무일푼이 되어 홀로 죽음을 맞이했다.

그의 뛰어난 재상이 세상을 뜨자 이제 무슨 일을 시도할 때마다 관료들의 반대에 좌절한 만력제는 인내심을 잃어버렸고 1589년 파업에 들어갔다. 정무에서 물러나 주색의 세계에 빠진 그는 의복에 재산을 탕진하고 너무 뚱뚱해져서 일어날 때는 부축이 필요했다. 25년간 조정에 나오지 않으며 대신과 사신들이 빈 옥좌에 머리를 조아리게 내버려두었다. 아무런 일도 할 수 없었다. 관리 임용이나 승진이 전혀 이뤄지지 않았다. 1612년이 되자 제국의 관직 절반이 공석이었고 형부에는 밀린 송사가 수년 동안 방치되어 있었다.

---

* 오늘날 관광객이 인파와 행상인을 뚫고 만리장성을 방문하면 거대한 석재 방벽이 베이징 인근의 야산을 가로질러 구불구불 뻗어 있는 것을 볼 수 있는데, 대체로 척계광과 그 당대인들의 작품이다.

1592년 도요토미가 손쉬운 승리를 예상한 것도 당연하다. 그러나 도요토미가 실수를 저질러서인지 아니면 조선 수군의 혁신 조치 때문이었는지, 그도 아니면 명나라 군대(특히 척계광이 설립한 포대)가 놀랄 만큼 잘 싸웠기 때문인지 일본군의 공격은 교착상태에 빠졌다. 일부 역사가는 도요토미가 1598년 죽지 않았다면 중국을 정복했으리라 생각하지만 어쨌든 그가 죽었기 때문에 그의 장군들은 즉시 팽창 정책을 재고했다. 조선을 포기한 그들은 서둘러 일본으로 돌아가 자기들끼리 싸우는 진지한 일에 돌입했고 만력제와 그의 관료들은 아무 일도 하지 않는 진지한 일에 복귀했다.

1600년 이후 동양 핵심부의 권력자들은 관료들이 옳다는 데 암묵적으로 동의했다. 중앙집권화와 팽창은 그들의 문제에 대한 해답이 아니라는 것이다. 스텝 지대 변경은 여전히 중국에 대한 도전으로 남아 있었고 유럽인 해적과 무역상들은 여전히 동남아 해안에서 문제를 야기하고 있었지만 일본은 외부 위협에 거의 직면하지 않았기에—세계사에서 유례가 없다—아예 화기 사용을 그만두었고 일본의 숙련 총기 제작자들은 칼(안타깝게도 보습은 아니었다) 만드는 일로 돌아갔다. 그러나 서양에서는 아무도 그런 사치를 누릴 수 없었다.

제국의 왕관

어떤 측면에서 16세기 서양 핵심부와 동양 핵심부는 다소 비슷해 보였다. 각각 거대한 제국이 전통적인 중심을 지배했고(동양은 황허 강과 양쯔 강 유역을 명나라가, 서양은 동부 지중해를 오스만 제국이 지배했다) 경제적으로 활동적인 작은 국가들은 제국의 가장자리에서 번영했다(동양에서는 일본과 동남아시아, 서양에서는 서유럽이 번영했다). 그러나 유사성은 거기서 끝이었다. 명나라에서 황제와 관료 사이 기 싸움과 대조적으로 오스만 제국의 술탄이나 관료들은 팽창이 문제에 대한 해답이라는 것을 의심한 적이 없었다. 콘스탄티노플은 1453년 약탈 이후 주민 수가 5만 명으로 감소했으나 다시금 대제국의 수도가 되면서 되살아났다. 1600년이 되자 콘스탄티노플에서는 40만 명의 도시민이 살았으며—수 세기 전의 로마 시처럼—그들을 먹이기 위해서는 지중해 전역의 산물이 필요했다. 고대 로마의 원로원 의원들처럼 튀르크의 술탄은 정복만이 이 모든 저녁식사를 확보하는 최상의 길이라고 판단했다.

술탄들은 한쪽 발은 서양 핵심부에, 다른 한쪽 발은 스텝 지대에 걸쳐 둔 채 복잡한 춤사위를 펼쳤다. 이것이 그들의 성공비결이었다. 1527년 술탄 술레이만은 자신의 군대 규모를 대부분은 전통적인 유목민 유형의 귀족 출신 궁수인 기병 7만5000명과 머스킷 보병으로 훈련받고 대포의 지원을 받는, 기독교도 노예로 구성된 예니체리 부대 2만8000명으로 추정했다. 기병들을 만족시키기 위해 술탄은 정복한 땅을 봉토로 나눠서 하사했다. 예니체리를 위해서는—다시 말해, 제때에 급료를 전액 지불하기 위해—도요토미도 감명시킬 만한 토지 조사를 실시하여 마지막 동전 한 닢까지 현금이 원활하게 흐르게 했다.

이 모든 일에는 뛰어난 경영 수완이 필요했고 꾸준하게 확대되는 관료제는 제국에서 가장 유능하고 뛰어난 인재를 끌어들이는 한편 술탄은 이해관계 집단이 서로 경쟁하게 만들도록 노련하게 처신했다. 15세기에 술탄은 흔히 예니체리의 편을 들었으며 정부를 중앙집권화하고 국제적 문화를 후원했다. 16세기에는 귀족 편으로 기울어서 권력을 이양하고 이슬람을 장려했다. 그러나 이러한 기민한 타협보다 더 중요한 것은 모든 것에 연료를 공급하는 약탈이었다. 오스만 제국은 전쟁이 필요했고 보통은 이겼다.

오스만 제국에게 가장 힘든 시련은 동부 전선에서 찾아왔다. 오랜 세월 동안 그들은 아나톨리아에서 저강도 반란에 직면해왔는데(지도 9.4) 그곳의 붉은 머리* 시아파 투사들은 오스만 제국의 술탄을 부패한 수니파 폭군이라고 비난했지만 이제 이 염증은 1501년 페르시아의 샤shah가 스스로를 알리의 후손이라 선언하면서 곪은 상처로 변했다. 시아파의 도전은 제국에서 굶주리고 짓밟히고 빼앗긴 자들에게 구심점을 제공했고, 이들의 분노에 찬 폭력 행각은 산전수전 다 겪은 병사들마저 충격에 빠트릴 정도였다. "그들은 모든 것을 파괴했다—남자, 여자, 아이들까지도"라고 한 병사는 반란군에 대해 기록했다. "그들은 고양이와 닭마저 몰살했다."[12] 튀르크의 술탄은 종교학자들을 압박해 시아파를 이단으로 선포하게 했고 16세기 내내 지하드는 거의 수그러들지 않았다.

우수한 화기 덕분에 우위를 보인 오스만 제국은 비록 페르시아를 완전히 격파하지는 못했지만 전쟁이 교착상태에 이를 때까지 싸웠고, 1517년에는 남서쪽으로 선회하여 가장 큰 전리품인 이집트를 손에 넣었다. 거의 9세기 전 아랍 정복 이후 처음으로, 배고픈 콘스탄티노플 시민들은 이제 나일 강의 곡창지대에 대한 접근권을 확보했다.

그러나 아시리아인 이래 모든 팽창주의자와 마찬가지로 오스만 제국은 전쟁에 승리하는 것은 또 다른 전쟁을 낳을 뿐이라는 사실을 깨달았다. 그들은 이집트-콘스탄티노플 간 곡물 무역을 복귀시키기 위해 수송선을 호위할 함대를 설립해야 했지만 지중해의 흉악한 해적들(무슬림과 기독교도 해적)을 상대로 한 승전은 튀르크 함대를 더 서쪽으로 이끌 뿐이었다. 1560년대가 되자 튀르크는 북아프리카 해안 전역을 통제했고 서유럽 해군

---

* 이상 시대가 오면 세상을 지배하리라는 열두 이맘을 상징해 열두 겹으로 접힌 붉은 모자를 썼기 때문에 그렇게 불렸다.

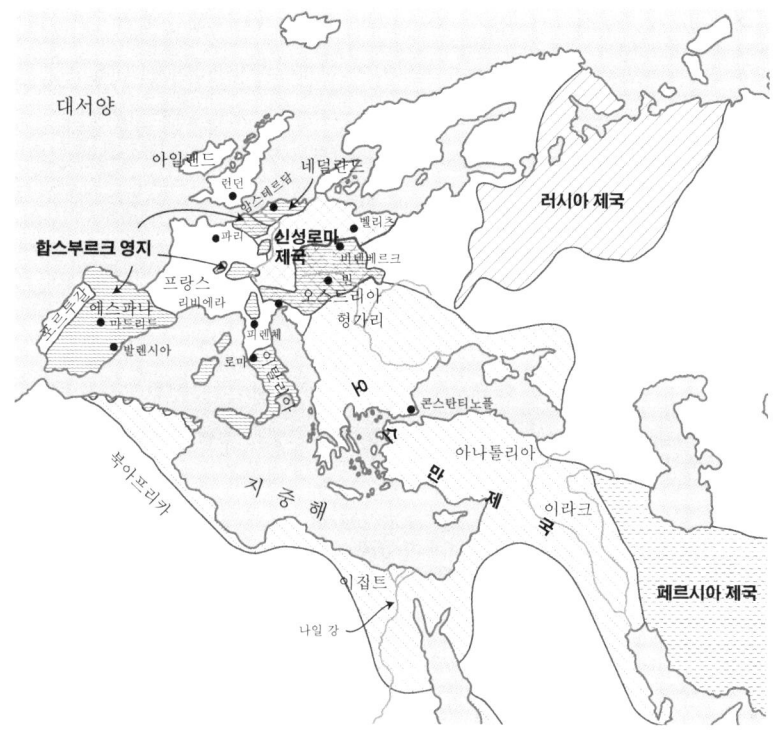

대서양

아일랜드
네덜란드
런던
암스테르담
벨리츠
합스부르크 영지
파리
**신성로마
제국**
뉘른베르크
프랑스
빈
리비에라
오스트리아
에스파냐
헝가리
마드리드
피렌체
발렌시아
로마
콘스탄티노플
북아프리카
아나톨리아
지중해
**오스만
제국**
이라크
러시아 제국
페르시아 제국
이집트
나일 강

[**지도 9.4**] 서양의 제국들: 1550년 무렵 합스부르크 제국, 신성로마제국, 오스만 제국, 러시아 제국.

과 싸우고 있었다. 또한 튀르크 군대는 유럽 깊숙이 침투했는데 1526년 사나운 헝가리인을 제압하며 헝가리 국왕과 헝가리 귀족 상당수를 죽였다.

1529년 술탄 술레이만은 빈 바깥에 진을 쳤다. 그는 도시를 함락할 수 없었지만 이 포위전은 기독교도를 오스만 제국이 곧 유럽 전체를 집어삼킬 것이라는 공포로 몰아넣었다. "(대전쟁)의 결과를 예상하면 몸서리치게 됩니다"라고 콘스탄티노플 주재 어느 대사는 본국에 이렇게 편지를 썼다.

> 저쪽에는 제국의 방대한 부와 손상되지 않은 자원, 전장 경험과 실전 능력, 역전의 병사들, 연전연승의 기록이 있는 반면 (…) 우리 쪽에는 텅 빈 국고와 사치스러운 습관, 고갈된 자원, 땅에 떨어진 사기만 찾을 수 있습니다. (…) 무엇보다도 우려스러운 점은 적은 승리에 익숙한데 우리는 패배에 익숙하다는 사실입니다. 결과가 어떨지 의심의 여지가 없습니다.[13]

그러나 어떤 유럽인은 결과를 의심했는데 특히 카를 5세가 그랬다. 그는 흑사병 시대 이래로 중부 유럽의 지배권을 놓고 다퉈온 여러 초대형 갑부 가문 가운데 하나인 합스부르크 가문의 수장이었다. 약삭빠른 정략결혼과 불가사의에 가깝게 기가 막힌 타이밍에 인척들이 죽은 덕분에 합스부르크 왕가는 도나우 강부터 대서양 연안에 이르기까지 널리 흩어져 있는 왕위들에 몸을 들이밀 수 있었고 1516년 왕가의 상속 영토 전체—오스트리아, 독일 지방 상당 부분, 오늘날의 체코 공화국과 남부 이탈리아, 에스파냐, 오늘날의 벨기에와 네덜란드—가 카를 5세에게 굴러들어왔다. 많은 왕관은 그에게 유럽 최고의 병사들과 유럽에서 가장 부유한 도시들, 주도적인 금융가들에게 접근할 수 있는 기회를 주었고 1518년 독일의 선제후들은 그를 신성로마제국 황제로 선출했다. 어지러웠던 중세 유럽의 기이한 유물인 그 제국의 왕관은 은총이자 저주였다. 1750년대에 볼테르가 언급해 널리 알려진 대로 신성로마제국은 "신성하지도 않고 로마답지도 않으며 제국도 아니었다".[14] 티격태격하는 제후들을 같은 방향으로 이끄는 일은 보통은 제위의 가치보다 더 비싸게 먹혔지만, 그럼에도 불구하고 신성로마제국의 제위에 앉은 사람은 누구든 원칙적으로는 샤를마뉴의 후계자였고, 그러한 위상은 튀르크에 맞서 유럽을 결집할 때 적지 않은 가치가 있었다.

다수의 관측통은 서유럽에 두 가지 대안밖에 없다고 내다봤다. 이슬람에 정복되거나 튀르크를 막을 수 있을 만큼 강력한 유일한 세력인 합스부르크 왕가에 예속되거나. 카를의 재상은 1519년 황제에게 보내는 편지에서 상황을 요약했다. "주님은 폐하께 매우 자비로우셨습니다. 주님은 폐하를 기독교 땅의 모든 왕과 제후들 위에 세우시고 선조이신 샤를마뉴 이래로 어느 군주도 누려본 적 없는 막강한 권력을 허락하셨습니다. 주님은 폐하를 세계 왕국으로, 한 명의 목자 아래 기독교권이 통합으로 나아가는 길 위에 놓으셨습니다."[15]

콘스탄티노플 주재 대사의 예측이나 재상의 예측이나 어느 쪽이든 맞았다면 서유럽은 단일 대제국에 의해 지배되면서 세계 핵심부의 다른 지역들과 더욱 비슷해지기 시작했을 것이다. 그러나 한 명의 목자에 의해 인도된다는 전망은 기독교권의 국왕과 제후들을 깜짝 놀라게 만들어서, 일부는 이를 방지하기 위해 카를을 상대로 선제공격을 감행했다. 프랑스는 심지어 합스부르크 왕가에 맞서 오스만 제국과 조약을 맺었고 프랑스-튀르크 합동 함대는 프랑스 리비에라 해안(당시에는 카를이 지배하는 영토였다)을 포격했다. 이러한 모든 움직임은 물론 기독교권의 인도자가 되려는 카를의 노력만 더 부추겼다.

카를과 그의 아들 펠리페 2세는 그들의 긴 치세* 대부분을 무슬림이 아니라 다른 기독교도와 싸우며 보냈지만 서유럽을 하나의 대륙 제국으로 바꾸는 대신 오랜 분열을 심화하고 새로운 분열을 만들어내면서 유럽을 더 갈라놓았다. 1517년 만성절 전야에 기독교의 관행들에 항의하는 95개조 반박문을 비텐베르크 성의 만인성자교회 정문에 내걸었을 때, 독일 수도사 마르틴 루터는 무슨 특별한 일을 한 것은 아니었다. 이것은 신학적 논쟁을 널리 알리는 전통적 방식이었다(그리고 흑사병 이후 교회에 대한 여러 비판가들과 비교할 때 루터는 굉장히 온건했다). 그러나 팽팽한 긴장이 감돌던 사회 분위기는 루터의 종교적 항의를 당대인이 수시로 튀르크의 수니파와 시아파의 분열에 비유하던 정치적이고 사회적인 대지진으로 탈바꿈시켰다.

루터는 카를이 자신을 지지해주기를 바랐지만 카를은 기독교권을 인도하기 위해서는 분열되지 않은 하나의 교회가 필요하다고 믿었다. 그는 루터에게 "만약 기독교도 전체의 의견에 반한다면 한 명의 수도사가 틀린 게 틀림없다. 거기에 나의 왕국, 영지, 친구들, 나의 피, 생명, 영혼 모두를 걸기로 결심했다"[16]고 말했다. 그리고 그는 정말로 그렇게 했다. 그러나 전 유럽이 합스부르크 왕가에 동조하거나 반대해 무기를 든 상황에서 기독교권 내부의 차이를 부정하는 것은 끔찍한 결정이었음이 드러났다. 때로는 원칙의 이유에서 때로는 협소한 이해관계 때문에 그리고 때로는 순전히 뭐가 뭔지 몰라서 수백만 명의 기독교도들이 로마 교회를 부인했다. 프로테스탄트와 가톨릭은 서로를 죽였다. 프로테스탄트는 다른 프로테스탄트를 죽였다. 그리고 항의에 대한 해석이 급증했다. 일부 프로테스탄트는 예수의 재림이나 자유연애, 공산주의를 부르짖었다. 많은 이가 피투성이가 된 채 죽거나 불길에 휩싸인 종말을 맞았다. 그리고 그들의 반대가 폭력적이든 숭고했든 간에 모두 합스부르크 왕가의 일을 더 힘들게, 말하자면 비

---

* 여러 복잡한 사정을 건너뛰고나면 두 사람은 합쳐서 1516년부터 1598년까지 통치했다.

용이 더 많이 들게 만들었다.

자신들의 적이 적그리스도의 대리인이라 믿는 사람들은 좀체 타협하려고 하지 않았고, 따라서 작은 갈등은 커다란 갈등으로 비화하고 커다란 갈등은 끝나기를 거부하며 비용이 한없이 급등했다. 결국 합스부르크 왕가에게 최종 결론은 말 그대로 최종적 손익계산 결과였다. 그들은 도저히 서유럽을 통합할 능력이 없었다.

자신의 투쟁에 낙담한 카를은 여러 왕위에서 물러나 영토를 사촌과 아들에게 분배했는데 사촌 페르디난트 1세는 오스트리아와 신성로마제국을, 아들 펠리페 2세는 에스파냐와 다른 서쪽 영토를 물려받았다. 이것은 영리한 수였다. 합스부르크 제국의 영토와 에스파냐의 영토를 동일하게 만듦으로써 펠리페 2세는 행정을 능률적으로 정비하고 진짜 쟁점, 즉 돈 문제에 집중할 수 있었다.

40년간 펠리페는 합스부르크 제국의 재정을 개혁하기 위해 헤라클레스의 노역을 마다하지 않았다. 그는 마드리드 바깥에 개인적으로 지은 건물[엘 에스코리알]에서는 놀랄 만큼 많은 시간을 보내면서도 정작 언제나 바빠서 자신의 속령을 방문할 시간은 없는 묘한 사람이었다. 비록 도요토미만큼 열성적으로 인구를 조사하고 과세했으며 세수를 증가시키고 프랑스와 오스만 제국에 확실한 패배를 안겼지만 서유럽을 통합할 최종적 승리는 결코 그의 손에 잡히지 않았다. 그의 징세인들이 더 열심히 쥐어짤수록 더 많은 문제가 생겨났다. 펠리페의 신민들은—헛간 속의 쥐처럼 불어나면서 기아와 국가 사이에 낀 이들은 자신들이 분담하는 세금이 알지도 못하는 먼 땅의 민족들과의 싸움에 허비된다고 생각했다—갈수록 반격을 해왔다.

1560년대에 펠리페는 심지어 하느님과 맘몬[성서에서 나오는 부와 재물의 신]을 한 편으로 만들었다. 보통은 둔감한 네덜란드 시민들이 프로테스탄티즘 때문에 합스부르크 왕가에 탄압받고 무거운 세금에 시달리자 결국 제단을 때려 부수고 가톨릭교회를 모독하는 폭동을 일으키게 되었다. 부유한 네덜란드 속령을 칼뱅주의자들의 근거지로 상실하는 상황은 도저히 생각할 수 없는 일이었고, 따라서 펠리페는 군대를 파견했지만 네덜란드인도 군대를 일으켰다. 펠리페는 전투에서는 계속 이겼지만 전쟁은 이기지 못했다. 네덜란드인은 합스부르크 왕가에 새로운 세금을 내려고 하지 않았지만 자신들의 신앙이 위협받자 신앙을 수호하기 위해서는 얼마든지 돈을 쏟아붓고 목숨을 바칠 각오가 되어 있었다. 1580년대가 되자 [네덜란드 독립]전쟁은 펠리페가 제국 전체에서 거둬들이는 수입보다 더 많은 비용을 잡아먹었고 패배를 감당할 능력도 승리를 이끌어낼 능력도 없던 그는 이탈리아 금융가들에게 더 막대한 자금을 빌려왔다. 그리고 병사들에게도 채권자들에게도 돈을 내줄 수 없는 지경에 이르자 파산을 선고했다. 그다음 재차 그리고 한 차례 더 파산을 선고했다. 급료를 받지 못한 병사들은 군사반란을 일으키고 자신들의 생존을 위해 주둔지를 약탈했으며 펠리페의 신용은 땅에 떨어졌다. 에스파냐는 1639년까지(바다에서) 그리고 1643년까지(육지에서) 결정적 패배를 당하지 않았지만 1598년 펠리페가 사망했을 때 제국은 이미 만신창이가 되었고 채무는 연간 수입의 열다섯 배에 달했다.

유럽 대륙 서부에 단일한 제국이 들어설 가능성이 다시금 감지될 때까지는 2세기가 더 흘러야 했고, 그때가 되면 다른 서유럽인은 세계를 탈바꿈시킬 산업혁명에 시동을 건다. 16세기 합스부르크 왕가나 오스만 제국이 유럽을 통합했다면 산업혁명은 일어나지 않았을지도 모른다. 어쩌면 우리는 서유럽 통합에 실패한 카를과 펠리페에서 아니면 서유럽 정복에 실패한 오스만 제국에서 마침내 역사의 경로를 바꾼 한심한 명칭이를 발견한 것인지도 모른다.

그렇지만 이번에도 이런 평가는 어느 한 사람에게 너무 많은 책임을 돌리는 것이리라. 오스만 제국의 정복을 그렇게 걱정했던 유럽인 대사는 "유일한 장애물은 페르시아인데 그들이 배후에 있기 때문에 (튀르크) 침략자들은 신중을 기할 수밖에 없다"[17]는 점에 주목했다. 페르시아와 시아파, 거기에 **유럽인까지** 모두 물리치는 것은 한마디로 튀르크의 능력 밖이었다. 마찬가지로 카를과 펠리페는 기독교권의 목자가 되는 데 실패했는데, 그들이 어떤 결정적 전투에서 패배하거나(사실 그들은 1580년대까지 거의 모든 전투에서 승리했다) 어떤 결정적 자원이 부족해서가 아니라(사실 그들은 행운과 재능, 신용을 과도하게 많이 갖고 있었다) 튀르크와 분열적인 기독교도들 거기에 다른 서유럽 국가들까지 모조리 물리치는 것은 그들의 부와 조직의 능력 밖이었기 때문이다. 그리고 만약 합스부르크 왕가가 그들의 모든 유리한 점에도 불구하고 서유럽을 통합할 수 없다면 그건 누구도 할 수 없는 일이었다. 서유럽은 튀르크부터 중국까지 뻗은 제국들과는 계속해서 다르게 남을 수밖에 없었다.

단단한 천장

제국의 이런 다양한 경험과 상관없이 사회발전지수는 양 핵심부에서 계속 상승했고 도요토미와 펠리페가 죽은 1598년 이후 수십 년 안에 발전의 역설이 다시금 작동할 조짐이 확연했다. 과거에도 흔히 그랬듯이 날씨가 커져가는 위기에 일조했다. 1300년 이래로 서늘한 기후는 이제 더 추워졌다. 어떤 기후학자들은 기후변화가 1600년 페루의 화산폭발 탓이라고 여기지만 다른 학자들은 태양 흑점 활동의 축소 탓으로 추측하기도 한다. 어쨌거나 대부분은 1645~1715년 시기가 구세계 대부분 지역에서 혹독하게 추웠다는 데 동의한다. 런던부터 광저우까지, 일기나 공식 문헌에는 눈과 얼음, 서늘한 여름에 대한 불평이 남아 있다.

추운 도시민과 땅에 굶주린 경작자들은 삼림이든 습지든 야생동물이든 식민지 원주민이든 간에 무방비 상태로 남겨진 이들의 17세기를 재앙으로 만드는 데 함께했다. 때로 양심의 가책을 느낀 정부는 이러한 희생자들을 보호하는 입법을 하기도 했지만 핵심부의 변경을 바깥으로 밀어젖히고 있는 식민주의자들은 그런 조치들에 좀처럼 주의하지 않았다. 중국에서는 이른바 판잣집 사람들이 산과 숲을 침범하여 고구마와 옥수수 농사로 취약한 생태계를 초토화했다. 그들은 묘족 같은 토착민 집단을 아사 직전으로 몰아갔지만 묘족이 반란을 일으키자 조정은 군대를 파견해 반란을 평정했다. 일본 북부의 아이누인과 잉글랜드의 가장 오래된 식민지인 아일랜드인, 북아메리카 동부의 원주민들도 똑같은 암울한 이야기를 전한다.

식민주의자들은 핵심부의 자원이 바닥나고 있었기 때문에 왔다. "한 자나 한 치의 땅뙈기에서도 약간의 소득이 있을 것이다"[18]라고 한 중국 관리는 주장했으며 유라시아의 양단에서 정부들은 덤불숲과 습지를 목초지와 농토로 전환하기 위해 개발자들과 손을 잡았다. 또 다른 중국인 관리는 1620년대의 이론적 근거를 다음과 같이 제시했다.

갈대밭과 풀밭 거주자들의 소소한 이득을 막아야 한다! (…) 미래에 대한 장기적 고려가 없는 일부 게으른 사람은 갈대의 작은 이득을 취하고 작물 경작의 커다란 보배를 거부한다. 그들은 개간을 추구하지 않을 뿐 아니라 다른 사람이 개간을 하는 것도 싫어한다. (…) 시장은 갈수록 사람의 발길이 끊기고 조정의 세수는 정기적 할당량에 한참 못 미친다. 이러한 상황에서 어떻게 이를 묵과할 수 있겠는가![19]

네덜란드와 잉글랜드의 모험적인 사업가들 역시 똑같이 열성적으로 습지를 공략했다. 국가가 후원하는 대형 배수 공사는 방대한 옥토를 제공했지만 원래 그곳에 살던 사람들은 법원과 거리에서 항의했다. 그들의 (대체로 익명의) 항의 노래는 가슴 저린다.

배수자排水子들이 지금 망가트리고 있는 위대한 설계를 보라

우리는 수척해지고 까마귀와 해로운 짐승들의 먹이가 될 거라네

저들이 모든 습지의 물을 빼고 정복할 작정이니까

모든 땅은 바짝 마르고 우리는 틀림없이 죽을 테지

에식스의 송아지들이 목초지를 원하니까

깃털 달린 새들은 다른 곳으로 도망칠 날개가 있지만

우리를 다른 곳으로 데려갈 날개는 없구나

우리는 뿔 달린 짐승과 가축떼에 땅을 내줘야 한다네 (오 통탄스럽다!)

우리가 합심해 싸워서 저들을 몰아낼 수 없다면[20]

침략적인 인간들은 마찬가지로 침략적인 동식물을 들여와 토착종을 밀어내거나 토착종을 사냥해 멸종 위기로 몰아넣는가 하면 서식지를 갈아엎고 삼림을 벌채했다. 1660년대 한 학자는 일본 산지의 5분의 4가 파괴되었다고 한탄했다. 잉글랜드와 스코틀랜드 국토의 10퍼센트만이 1550년 무렵에 여전히 수목이 무성했으며 1750년대가 되면 그 수목 가운데 절반 이상이 역시 사라졌다. 반면 아일랜드는 1600년에 여전히 숲이 국토의 12퍼센트를 차지했지만 1700년이 되면 식민주의자들은 그곳 수목 여섯 그루 가운데 다섯 그루를 베어냈다.

대도시에서는 목재 가격이 급증했고 사람들은 대안을 찾았다. 에도 인근에서 일본 제염업자와 제당업자, 도공들 그리고 궁극적으로는 가정집들

도 석탄을 때기 시작했으며 여건이 가능한 유럽인도 숯 대신 토탄과 석탄을 땠다. 500년 전의 카이펑 시민들처럼 런던 시민들도 비싼 가격 때문에 목재 시장에서 배제되자 화석연료를 두 손 들어 환영했다. 대부분의 잉글랜드 가구는 여전히 땔감을 구할 수 있었지만 1550년이 되자 일반적인 런던 시민들은 이미 매년 250킬로그램에 가까운 양의 석탄을 때고 있었다. 1610년에 그 수치는 세 배로 늘었고 1650년이 되면 영국의 연료 에너지의 절반 이상은 석탄에서 나왔다. "런던은 지독한 역청탄 연기에 휩싸여 있어서 지상에 지옥과 닮은 곳이 있다면 안개 자욱한 날의 이 화산 속에서 찾을 수 있을 것이다"[21]라고 1659년 한 거주민은 투덜댔다.

안타깝지만 그는 잘못 알고 있었다. 다른 유라시아인이 그보다 더 험악한 지옥을 제 스스로 만들고 있었기 때문이다. 기후변화는 고삐 풀린 묵시록의 기수 가운데 첫 번째일 뿐이었다. 자원에 대한 증가하는 압력은 체제들이 압력을 견디지 못하고 무너져내리면서 국가실패를 야기했다. 군주들은 비용을 삭감하면 관리와 병사들의 동조를 잃었고 납세자들을 더 많이 쥐어짜면 상인과 농부들의 지지를 잃었다. 빈곤층의 폭력적 항의는 국가가 발명된 이후로 언제나 어쩔 수 없는 삶의 현실이었지만 재산을 박탈당한 젠트리, 파산한 상인들, 급료를 받지 못한 병사들, 그리고 실패한 관리들이 빈곤층에 합세하면서 더 격렬해졌다.

시대가 험해질수록 서양의 통치자들은 자신들이 신의 의지를 구현하는 대표자라고 더 확고하게 주장함으로써 반란의 비용을 증가시키려고 애썼다. 오스만 제국의 술탄들은 더욱 공격적으로 종교학자들의 환심을 구했고 서유럽의 지식인들은 '절대주의' 이론을 발전시켰다. 그들은 국왕의 권위는 오로지 신이 내린 것이며 의회나 교회, 인민의지에 구속받을 수 없다고 주장했다. 프랑스 구호에 따르자면 "une roi, une foi, une loi", 즉 '하나의 국왕, 하나의 신앙, 하나의 법'이었다. 이 일괄 거래에서 어느 일부라도 이의를 제기하는 것은 선하고 순수한 모든 것에 도전하는 것이었다.

그러나 불만을 품은 다수의 신민은 바로 그렇게 할 태세였다. 1622년 튀르크의 술탄이자 칼리프로서 무함마드의 계승자이자 지상에서 신의 대표인 오스만 2세는 갈수록 돈을 많이 먹는 예니체리 부대를 감축하려고 했다. 그들은 술탄을 궁전에서 끌어내 목을 졸라 죽이고 그의 성스러운 신체를 절단하는 것으로 대응했다. 오스만의 뒤를 이은 그의 동생은 강경파 성직자들과 손을 잡고 심지어 커피를 금지하고 도락을 목적으로 담배를 피우는 사람에게 사형을 도입함으로써 상황을 회복하려고 했지만 1640년대 술탄의 정통성은 완전히 땅에 떨어진 뒤였다. 이제 성직자들과 한편이 된 예니체리 부대는 '광인' 술탄 이브라힘을 처형했고(그렇게 때 이른 죽음은 아니었으리라. 그는 '광인'이라는 별명을 얻을 만했다) 50년에 걸친 내전이 시작되었다.

1640년대는 거의 모든 곳의 국왕들에게 악몽의 시절이었다. 반反절대주의 반란이 프랑스를 마비시켰고 잉글랜드에서는 의회가 강압적인 국왕과 전쟁에 들어가 그의 목을 쳤다. 그 사건은 램프의 요정을 밖으로 나오게 한 꼴이었다. 신성한 국왕이 재판을 받고 처형될 수 있다면 이 세상에 불가능한 게 있을까? 고대 아테네 이후로 어쩌면 최초로 민주주의적 사고가 비등했다. 의회군의 한 대령은 "잉글랜드에서 가장 가난한 사람도 가장 힘 있는 사람과 똑같이 살아갈 삶이 있으며, 정부 아래서 살아가려는 사람은 누구든 먼저 그 자신의 동의에 의해서 그 정부 아래 들어가야 한다"[22]고 주장했다.

이러한 생각은 17세기에는 매우 과격한 이야기였지만 잉글랜드 급진주의 분파들은 그보다 더 나갔다. 그런 분파 가운데 하나인 수평파Levellers는 모든 사회적 구분을 거부했다. "아무도 등에 안장을 지고 이 세상에 태어나지는 않는다. 말을 탈 때 필요한 부츠나 박차도 마찬가지다"[23]라고 지적했다. 신분질서가 자연스럽지 않다면 재산도 마찬가지다. 국왕을 처형한지 1년 사이에 진정한 수평파를 자처하는 이들은 수평파에서 갈라져나와 열 군데의 공동체를 설립했다. 호통치는 무리라는 뜻의 또 다른 분파 랜터Ranters는 신을 "저 전능한 수평파"라고 불렀고 영구적 혁명을 부르짖었다. "뒤집어라, 뒤집어라, 뒤집어라. (…) 모든 것을 공동으로 소유하라. 그렇지 않으면 신의 역병이 네가 가진 모든 것을 집어삼키고 썩게 만들리라."[24]

모든 차이를 없애자는 사고의 전성시대였다. 한 예로 1644년 수평파들에 대한 한 보고를 보자.

> 이들은 곡괭이를 날카롭게 벼려 칼로 만들었고 자신들이 주인과 노비, 양반과 천민, 부자와 빈자 간의 구분을 없애고 있다고 선언하면서 스스로 '평왕'이라 칭했다. 소작인들은 그들의 주인이 가진 가장 좋은 옷을 입었고 (…) 주인에게 엎드려 술을 따르게 시킨다. 그리고 뺨을 때리면서 말한다. "우리는 같은 사람들이다. 네가 우리더러 노비라 부를 권리가 어디 있느냐?"[25]

그러나 이 수평파 군벌들은 영국인이 아니었다. 그들은 사실 중국의 동해안 일대를 휩쓸고 있었다. 동양과 서양 양쪽 모두에서—1490년대 중국에서 주희 사상에 대한 왕양명의 사상과 1510년대 유럽에서 가톨릭교회에 대한 마르틴 루터의 반발처럼—앞서 논의된 기존 위계질서에 대한 급진적 도전이 국가실패와 겹치면서 인간의 평등에 대한 새로운 사고를 낳았다. 그러나 앞으로 보게 되듯이 이러한 사고는 18세기에 매우 다른 운명을 맞았다.

중국에서 명나라는 국가재정의 파탄과 당파 싸움으로 마비되었고 1628년 기근—묵시록의 세 번째 기수—이 발생했을 때 황제는 천명을 잃은 듯했다. 반란자들은 갈수록 어느 행위도 지나치지 않다고 느꼈다. 1630년대 명나라는 다시 할거하는 군벌들로 와해되었다. 1644년 베이징이 함락되었다. 명나라의 마지막 황제는 궁궐 뒤 외로이 서 있는 나무에 목을 맸다. 그는 용포 자락에 유언을 썼다. "미약하고 부덕한 나는 천명을 거슬렀다. 조종을 뵈올 낯이 없는 나는 죽노라. 제관을 벗고 머리칼을 풀어헤친 채 내 너희에게 내 사지를 남기노니 반란자들은 백성을 해하지 말라!"[26]

황제의 유언은 헛되었다. 유럽의 국왕, 튀르크의 술탄 그리고 명나라의 황제와 마찬가지로 군벌들도 불어난 자신들의 군대에 줄 돈이 없었기에 민간으로부터 급료를 뜯어내도록 군대를 풀었다. 전쟁이라는 것이 시작된 이래로 군대는 항상 무고한 이들을 약탈해왔고 아마도 매우 초창기부터 가능한 모든 변주를 구사하면서, 그러한 잔학상을 이후 이어지는 참화의 시대 내내 요란한 대위법 속에서 단지 반복해왔을 뿐이다. 그러나 유라시아 전역에 걸쳐 탐욕스럽고 겁먹고 성난 병사들은 참혹한 17세기에 인간이 얼마나 잔인해질 수 있는지 새로운 바닥을 보여준 것 같았다. 고문과 대량 처형, 집단 강간이 우리가 보는 문헌을 채운다. 베이징이 함락되었을 때 백성들은 고난의 나날을 보냈다.

> 가지고 있는 은화를 모두 내놓도록 잔인하게 구타를 당했다. 어떤 사람들은 서너 차례나 손가락과 다리가 짓이겨지는 고문을 받았다. 그리고 몇 사람은 다른 이들도 연루시켜서 결국 수천 명의 양민들이 고통을 받았다. (…) 사람들은 살 의욕을 잃었다.[27]

이것이 끔찍하다고 해도, 서양에서 국가실패로 촉발된 폭력은 그보다 더 심각했다. 유럽의 종교전쟁은 1618년과 1648년 사이에 끔찍한 절정에 이르렀다. 기독교권 구석구석에서 엄청난 군대가 밀려왔다. 기껏해야 부정기적으로 급료를 받은 그들은 뜯어낼 수 있는 것은 뭐든 뜯어내며 자체적으로 생존을 유지했다. 남아 있는 문헌은 만행과 잔혹 행위에 대한 묘사로 넘쳐난다. 운 없게도 1637년 신성로마제국 황제의 군대가 지나가는 길목에 자리한 벨리츠라는 소도시는 가장 좋은(어쩌면 나쁜) 실례다. 한 세관원이 쓴 기록이다.

> 강도와 살인자들은 지역 주민들을 불러모은 뒤 이 가엾은 이들의 목구멍에 나뭇조각을 쑤셔넣어 휘젓고 물을 붓고 모래나 심지어 인분을 먹였다. 얼마 지나지 않아 죽은 다피트 외르텔이라는 벨리츠 시민의 경우에서처럼 돈을 내놓으라고 처참하게 고문했다.[28]

또 다른 병사 무리는 벨리츠 시민을 뜨거운 불 위에 매달아 그가 돈을 감춰둔 장소를 가르쳐줄 때까지 산 채로 구웠다. 그러자 동료들이 불에 그슬려 돈을 뜯어냈다는 말을 들은 다른 병사 무리가 그를 다시 불가로 데려가 그의 얼굴을 불에 "너무 오랫동안 갖다대는 바람에 죽고 말았으며 그의 살갗은 마치 도살된 거위 껍질처럼 떨어져나왔다".[29]

역사가들은 오랫동안 너무 끔찍해서 믿기지 않는 이런 이야기들을 종교적 프로파간다라고 여겼지만 최근의 연구는 이런 목격담들이 사실이었음을 시사한다. 200만 명 이상이 비참한 죽임을 당했으며(20세기 두 차례 세계대전 전까지는 역사상 유례가 없는 수치다) 어쩌면 그보다 열 배나 많은 수의 사람이 군대를 뒤따라온 기근과 질병—묵시록의 셋째와 넷째 기수—으로 죽은 것으로 추정된다. 중국과 중부 유럽에서 인구의 3분의 1이 감소한 듯한데, 인간의 만들어낸 흑사병이나 다름없었다.

새로운 형태로 다시 찾아온 극심한 역병도 여기에 일조했다. 50년 전의 실화를 소설화한 대니얼 디포의 『역병의 해 일지』는 1665년 런던을 휩쓴 소문과 공포, 비참한 실상을 생생하게 묘사하고 있다. 중국인 의사의 기록 역시 그만큼 생생하다. 1642년 양쯔 강 삼각주 유역의 어느 의원은 "때로는 모든 사람의 분비선이 부어오르고 때로는 모든 사람의 얼굴과 머리가 부어오른다"고 기록했다. "모두가 설사와 간헐적인 고열로 고생하기도 한다. 간혹 심한 경련이나 부스럼, 발진, 가려움, 옴, 종기일 때도 있다."[30]

묵시록의 다섯 기수 가운데 넷이 대거 말을 달렸지만 도표 9.1에서 보다시피 17세기에 붕괴는 없었다. 사회발전지수는 계속 상승해 로마 제국과 송나라가 전성기에 기록한 점수 43점을 동양에서는 1710년(사회발전지수 계산의 정확성을 감안하면 여기서 25년 안팎)에, 서양에서는 1723년(역시 그 근처에)에 넘어섰다. 1800년이 되자 서양과 동양은 모두 50점에 다가가고 있었다. 어째서 사회발전은 역사적 추세를 벗어났는가라고 자문해야 할 시점이다.

스텝 지대를 닫다

1689년 8월 22일, 네르친스크. 시베리아의 짧은 여름은 기이하게 아름다운 면이 있다. 매년 땅이 녹으면 짙은 새싹이 완만한 구릉을 온통 초록으로 뒤덮고 울긋불긋한 야생화와 나비들이 수를 놓는다. 그러나 이해 여름은 달랐다. 실카 강둑(지도 9.5)을 따라 천막촌이 들어섰고 수백 명의 중국인 협상가들이 기독교 선교사들을 통역 삼아 자신들의 조건을 라틴어로 제시하면서 희끗희끗한 수염의 러시아인과 마주 앉아 상호 국경선을 확정했다.*

러시아인은 본고장에서 멀리까지 나와 있었다. 1500년까지도 모스크

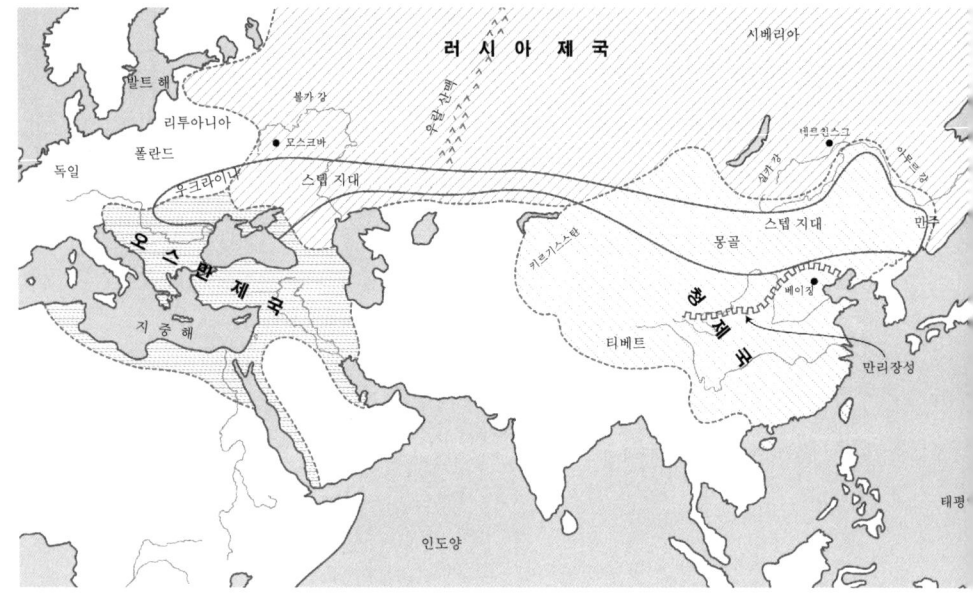

[**지도 9.5**] 스텝 지대의 종말: 제국의 역습. 1750년이 되자 러시아와 중국은 초원길을 폐쇄했다.

바는 스텝 지대로부터 침입하는 몽골족 그리고 폴란드, 독일, 리투아니아로부터 밀고 나오는 기사들 사이에서 운신할 공간을 찾아 애쓰는, 유럽의 거친 동부에 있는 여러 공국 가운데 하나일 뿐이었다. 거칠고 무식한 그곳의 제후들은 자신들을 차르(카이사르라는 뜻이다)라고 부르면서 비잔티움이나 심지어 로마의 후계자를 자처했지만, 유럽 스타일의 왕이 되기를 원하는지 아니면 몽골 스타일의 칸이 되기를 원하는지 종종 그들 스스로도 확신이 없는 것 같았다. 1550년대 이반 뇌제—러시아 지배자들의 심란한 기준에서 보더라도 새디스틱한—시절 이전까지 모스크바는 보잘것없었지만 이반은 잃어버린 시간을 금방 만회했다. 머스킷 총을 걸머진 모험가들이 우랄 산맥을 넘어 1598년 현지의 몽골족 칸을 무찌르면서 시베리아로 가는 길을 열었다.

오늘날 솔제니친의 강제노동수용소 이야기에서 꽁꽁 얼어붙은 배경으로 가장 잘 알려진 시베리아는 당시 러시아인에게 부자가 될 수 있는 땅으로 비쳤다. 모피 열풍이 러시아인을 사로잡았다. 오래전에 담비와 검은족제비, 흰족제비의 씨를 말린 유럽인은 이제 그것이 내놓는 털에 기꺼이 큰 돈을 지불하려고 했다. 러시아의 모피업자들은 이문이 많이 남는 이 모피 시장에 물건을 대기 위해 툰드라 지대를 달려 40년 만에 태평양 기슭에 서게 되었다. 그들은 시베리아의 얼어붙은 삼림 지대 가장자리로 가느다란 방책선을 이었고, 방책 밖으로 과감히 나아가 덫을 놓아 밍크를 잡거나 여전히 석기시대 생존방식을 유지하는 현지의 수렵인한테서 가죽을 갈취했다. 그리고 이 황무지는 술레이만이나 도요토미의 기준에서 볼 때 도저히 제국이라고 할 수 없었지만 모피에 붙는 세금은 여러 차르를 참사에서 건

---

* 그들은 협상 업무를 훌륭하게 처리했다. 국경선은 여전히 그들이 설정한 그대로, 아무르 강[헤이룽 강]을 따라 있다. 2008년 7월에 실시된 최근 협상에서 국경선은 강에 있는 섬을 가로질러 2.3킬로미터 정도 이동했을 뿐이다.

져주었다.

러시아의 덫사냥꾼들과 변경을 순찰하는 중국의 기병들은 곧 아무르 강 유역에서 충돌하게 되었지만 1680년대가 되자 양측은 협상을 할 자세가 되어 있었다. 양측은 상대방이, 판단을 그르친 이전의 무수한 군주들이 그랬던 것처럼 몽골족을 자기편으로 끌어들여 묵시록의 다섯 번째 기수, 즉 스텝 지대 대이동을 불러올까봐 두려워했다. 그래서 그들은 네르친스크로 왔다.

그해 여름 시베리아에서 맺은 중국과 러시아 간의 협정은 세계사에서 거대한 전환 가운데 하나를 공식화했다. 2000년 동안 스텝 지대는 거대한 농경 제국들의 통제를 대체로 벗어난 동서양 간의 고속도로였다. 이주민과 미생물, 사상과 발명품이 이 길을 따라 이동하면서 동양과 서양을 발전과 붕괴의 연결된 리듬 속에 하나로 묶었다. 페르시아의 다리우스 대왕이나 한 무제, 당 태종 같은 정복왕들은 커다란 희생을 치르고서 드물게 스텝 지대에 자신들의 의지를 관철했지만, 이들은 예외적인 경우였다. 보통은 농경 제국이 유목민이 요구하는 대로 뭐든 내어준 뒤 일이 잘 풀리기를 바라는 식이었다.

그러나 대포는 이 모든 것을 바꿔놓았다. 유목민은 수시로 화기를 사용했고(1288년으로부터 유래한 가장 오래된 것으로 알려진 대포는 만주의 유목민 지방에서 발견되었다*) 대포를 중국에서 서양으로 전한 이들도 아마도 몽골족일 것이다. 그러나 대포의 성능이 좋아지면서(더 멀리 더 빠르게 사격할 수 있었다) 제국은 점차 조직을 갖춰갔고 수만 명의 병사를 모집해 머스킷총과 대포로 무장시키고 연속 일제사격을 훈련시킬 능력이 있는 장군들은 유목민 기병들을 무찌르기 시작했다. 스텝 지대 기마 궁수들은 1500년

---

* 앞 552쪽을 보라.

경에 여전히 농경 제국의 보병들을 수시로 격퇴했다. 1600년이 되자 이따금 격퇴했다. 그러나 1700년이 되자 그런 경우는 거의 들어볼 수 없었다.

러시아인이 주도권을 잡았다. 1550년대 이반 뇌제의 대포는 볼가 분지에서 허약한 몽골의 한국汗國들을 싹 몰아냈고 다음 100년에 걸쳐 러시아인과 튀르크인, 폴란드인은 건조한 우크라이나 스텝 지대를 수비대와 해자, 말뚝 울타리로 꾸준히 에워쌌다. 머스킷 총으로 무장한 마을 주민들은 처음에는 유목민의 이동을 일정한 경로로 돌렸고, 마침내는 그들의 길목을 완전히 차단했다. 네르친스크에서 러시아와 중국은 그들의 허락 없이는 아무도—피란민, 무역상, 탈영병, 그리고 누구보다도 이동하는 유목민들도—스텝 지대를 따라 이동할 수 없다는 데 합의했다. 이제 모두가 농경 제국의 신민이 되리라.

1644년 내륙 아시아인의 마지막 등장은 얼마나 많은 것이 변했는지를 드러낸다. 중국의 명나라는 그해 군벌이 베이징을 함락하면서 무너졌고 내전이 걷잡을 수 없이 확대되자 이전 명나라의 한 장군은 장성 너머에서 만주족—만주 출신 반半유목민—을 불러들여 질서를 회복하는 게 그나마 차악이겠다고 판단했다. 중국의 지도자들은 제국의 내전에 내륙 아시아인을 불러들이는 오랜 전통이 있었고 일반적으로 처참한 결과를 가져왔다. 그러나 이전의 침입자들과 달리 만주족은 기마 유목민으로서 온 것이 아니라 머스킷 총을 사용하는 밀집 보병과 포르투갈 것을 모방한 대포에 기반한, 사실상 중국의 군대와 다르지 않은 군대로 진출한 것이었다.

만주족은 아무런 저지도 받지 않고 베이징을 점령했고 새로운 청 왕조를 개창한 다음 자신들의 권력을 확고히 하기 위해 거의 40년간을 싸웠다. 이러한 노력 역시 이전의 스텝 지대로부터 침공의 여파와 달랐다. 추운 지방에서 더 많은 유목민이 물밀듯이 밀려내려오도록 문을 여는 대신 청나라 군대는 힘겹고 기나긴 싸움을 통해 내륙 아시아인을 몰아낼 수 있었다. 1697년 청나라는 내몽고의 거대한 유목민 부대를 격파했고 1720년 중국의 세력권을 최초로 티베트 산악 지대까지 확대했다. 1750년대에 청나라는 오늘날 키르기스스탄 국경선 부근까지 대포와 화약, 포탄을 끌고 가 마지막 저항의 움직임을 분쇄하면서 유목민 문제에 최종 해결책을 시행했다.

17세기와 18세기에 농경 제국들—무엇보다도 러시아와 청나라—은 실질적으로 묵시록의 기수 가운데 하나를 제거했다. 이 때문에 단단한 천장에 부닥친 사회발전의 압력은 2세기나 12세기에 일어났던 것과 달리 스텝 지대 대이동의 물결을 촉발하지 않았다. 그리고 그렇기 때문에 국가실패와 기근, 질병, 기후변화가 결합한 압력조차도 핵심부를 붕괴로 몰아넣기에는 충분하지 않았던 것 같다. 초원길은 닫혔고 그와 더불어 구세계 역사의 한 장章도 닫혔다.

유목민에게 이것은 순전한 재앙이었다. 전쟁에서 살아남은 사람들은 갈수록 포위되었다. 생활방식의 토대인 자유로운 이동은 멀리 떨어진 황제들의 변덕에 좌우되었고 한때 자부심 강했던 스텝 지대 전사들은 18세기부터 점점 더 고용된 일꾼, 말을 듣지 않는 농민들을 진압하기 위해 배치된 코사크[카자흐스탄] 기병 같은 폭력배로 전락했다.

그러나 제국들에게 초원길을 닫은 것은 대단한 개가였다. 그렇게 오랫동안 위험의 근원이었던 내륙 아시아는 새로운 변경이 되었다. 유목민의 습격이 잦아들면서 100만에서 200만 명의 러시아인과 500만에서 1000만 명의 중국인이 북적거리는 핵심부에서 벗어나 스텝 변경 지대의 가장자리를 따라 있는 새로운 땅으로 옮겨왔다. 일단 그곳에 도착하자 성공할 만큼 강인한 사람들은 농사와 채굴, 벌목을 할 공간을 나눠가졌고 원자재와 세금을 제국의 심장부로 보냈다. 초원길을 닫은 것은 붕괴만 방지한 것이 아니었다. 수천 년 동안 사회발전지수를 40점대 초반으로 제한해온 단단한 천장에 금을 내면서 스텝 지대의 노다지도 캐기 시작한 것이다.

대양을 열다

러시아인과 중국인이 오랜 초원길을 닦고 있는 동안 서유럽인은 역사를 그보다 더 극적으로 변화시킬 새로운 대양의 고속도로를 열고 있었다.

서유럽인이 최초로 대서양을 건너고 인도양에 진입한 뒤 100년 동안 그들의 해상 제국은 그다지 독특할 게 없어 보였다. 13세기 이래로 베네치아인은 인도양 무역에 접근해 부를 쌓아왔다. 실랑이를 벌이며 오스만 제국을 가로질러 가는 대신 아프리카 남단을 돌아감으로써 포르투갈 뱃사람들은 같은 일을 더 싸고 빠르게 했을 뿐이다. 아메리카 대륙에서 에스파냐인은 전적으로 신세계에 진입했지만 그들이 거기서 한 일도 나중에 러시아인이 시베리아에서 하게 되는 일과 똑같았다.

에스파냐인과 러시아인은 가능한 모든 것을 외부에 위탁했다. 이반 뇌제는 스트로가노프 가문에 우랄 산맥 동쪽 지역에서 나는 것 일체에 대한 독점권을 부여하고, 그 대가로 수익의 일부를 배당받았다. 에스파냐 국왕들은 합스부르크 왕가가 수익의 20퍼센트를 갖는 한 아메리카 대륙에서 나는 것 일체를 가질 수 있는 권리를 요구하는 사람 누구에게든 대체로 부여했다. 시베리아와 아메리카에서 데스페라도, 다시 말해 겁 없는 무법자들의 작은 무리는 지도에 표시된 적 없는 상상조차 할 수 없는 광대한 땅(지도 9.6)에 자비로 띄엄띄엄 울타리를 세우며 널리 퍼져나갔고 더 많은 돈과 더 많은 유럽의 여인을 보내달라고 본국에 쉴 새 없이 편지를 보냈다.

러시아인을 움직인 것은 모피 열풍인 반면 에스파냐인을 움직인 것은 황금 열풍이었다. 1521년 코르테스는 테노치티틀란을 약탈하면서 에스

[**지도 9.6**] 1500~1750년 대양 제국. 화살표는 노예, 설탕, 럼, 식량, 공산품이 이동하는 대서양 주변의 주요 '삼각무역'을 보여준다.

파냐를 이러한 길로 이끌었고 프란시스코 피사로는 그 길을 따라가는 움직임을 가속화했다. 1533년 그는 잉카의 왕 아타우알파를 납치한 뒤 그의 백성에게 몸값으로 가로 3.6미터, 세로 6.7미터, 높이 2.7미터의 방을 금으로 채우라고 요구했다. 피사로는 이렇게 모은 안데스 문명의 예술적 위업을 녹여 주괴로 만들었고―금 6톤, 은 12톤―그다음 몸값과 상관없이 아타우알파를 목 졸라 죽였다.

1535년이 되자 상대적으로 쉽게 손에 넣을 수 있는 전리품은 바닥났지만 엘도라도의 꿈, 금은보화가 넘쳐나는 황금 왕국에 대한 꿈은 무자비한 살육자들을 여전히 아메리카로 불러들였다. "그들은 매일 금과 은, 페루 인디언의 재물 생각밖에 안 했다"고 한 연대기 작가는 한탄했다. "그들은 금은에 대한 탐욕에 사로잡혀 물불을 가리지 않고 완전히 미쳐서 정신이 나간 사람 같다."[31]

광기는 1555년 은 추출 기술의 향상으로 신세계의 은광 채굴이 갑자기 고수익 사업이 되면서 새로운 배출구를 찾았다. 채굴량은 어마어마했다. 대략 5만 톤의 아메리카 은이 1540년부터 1700년 사이에 유럽에 도달했고 그 가운데 3분의 2는 오늘날의 볼리비아에 있는, 사실상 산 전체가 순수 원광이나 다름없는 포토시 광산에서 나왔다. 1580년대가 되자 유럽의 은 보유고는 두 배가 되었고 합스부르크의 은 보유고는 열 배로 증가했다. 비록 1638년 포토시를 방문한 한 에스파냐인이 주목한 대로 "포토시에서 주조되는 페소 동전 하나당 인디언 열 명이 목숨을 잃었지만"[32] 말이다. 합스부르크 왕가가 러시아와 유사한 또 다른 점은 야생의 주변부에 대한 정복을 주로 유럽 대륙에 제국을 수립하기 위한 전쟁에 자금을 대는 수단으로 봤다는 것이다. "포토시는 에스파냐의 당당한 포부를 지탱하기 위해 살아간다"고 한 방문객은 썼다. "포토시는 튀르크인을 혼내주고 무어인의 콧대를 납작하게 하고 플랑드르를 벌벌 떨게 하고 잉글랜드를 겁주기 위해 일한다."[33]

합스부르크는 신세계에서 온 은 대부분을 이탈리아 금융가들에게 진 빚을 갚는 데 썼고, 대량의 은괴는 다시 그들의 손에서 폭발적으로 성장하는 경제가 구할 수 있는 모든 은화를 흡수하던 중국으로 흘러들어갔다. 어느 무역상은 "중국의 왕은 페루에서 중국으로 흘러들어간 은괴로 궁전을 지을 수 있다"[34]고 생각했다. 그러나 비록 합스부르크 제국이 은을 수출하고 명나라가 수입했지만, 그것만 제외한다면 경제의 파이 그 자체를 늘리기보다 그 파이에서 자기 몫을 늘리는 데 더 관심이 많다는 점에서 그들은 공통점이 많았다. 두 제국은 해외무역을 과세가 쉽고 국가가 후원하여 독점권을 누리는 선택된 소수에 국한했다.

이론상으로 에스파냐는 대서양을 횡단하는 은을 가득 실은 갈레온 선단을 매년 하나만 허용했고 (다시금 이론상으로는) 다른 상품들의 무역도 그만큼 엄격하게 제한했다. 그러나 현실적으로 이러한 제한의 결과는 말썽 많은 중국의 연안무역과 유사했다. 공식적 담합으로 무역에서 배제된 상인들은 거대한 암시장을 창출했다. 이 '무허가 영업자들'은 중국의 밀수 해적들처럼 세금을 내지 않았고, 따지는 사람은 누구든 쏴버림으로써 공식적 거래상들보다 더 싸게 팔았다.

1520~1530년대에 합스부르크 왕가가 벌인 유럽 전쟁의 중심 상대였던 프랑스가 이 난투극에 제일 먼저 뛰어들었다. 해적의 공격을 언급하는 가장 이른 시기의 기록은 1536년으로 거슬러올라간다. 1550년대가 되자 해적질은 흔해졌다. "아이티 해안 전역을 따라 프랑스인에게 약탈당하지 않은 마을이 단 하나도 없다"[35]고 1555년 한 관리는 넋두리를 늘어놓았다. 1560년대에 잉글랜드 밀수꾼들도 기회가 있을 때면 세금을 물지 않은 노예를 아메리카에 팔거나 내려놓았고 은을 운반하는 노새 행렬을 약탈했다. 벌이가 짭짤하자 20년 안에 서유럽에서 가장 거칠고 가장 무모한 사내

들이 (그리고 소수의 여자들도) 그들에 합류하기 위해 떼 지어 몰려들었다.

에스파냐는 중국처럼 느리게 그리고 건성으로 대응했다. 두 제국 모두 보통은 해적들을 무시하는 것이 그들과 싸우는 것보다 더 싸게 먹힌다는 것을 깨달았고, 1560년대가 되어서야 에스파냐는 중국처럼 진짜로 반격하기 시작했다. 수십 년에 걸친 해적과의 전 지구적 전쟁이 개시되었고, 중국부터 쿠바까지 (그리고 지중해에서도 오스만 제국에 의해서) 선원용 단검과 대포가 활개를 쳤다. 1575년에 에스파냐와 중국 배들은 필리핀 제도 앞바다에서 해적들에 맞서 협력하기도 했다.

그때가 되면 명나라와 오스만 제국은 그럭저럭 해적과의 전쟁에서 승리했지만 에스파냐는 사략 행위, 즉 국가 후원 해적질이라는 더 심각한 위협에 맞서 싸우느라 애를 먹고 있었다. 사략선 선장들은 그들의 통치자들로부터 사략 행위를 공식적으로 허가받고 에스파냐 선박을 약탈하도록 때로는 배까지 하사받은 사람들이었고 물불을 가리지 않는 배짱이 두둑한 이들이었다. 1550년대 흉악한 프랑스 사략선장 '의족' 르클레르크는 쿠바의 주요 도시를 약탈했고 1575년 잉글랜드의 존 옥슨엄은 카리브 해로 항해하여 파나마 인근 해변에 배를 댄 뒤 배에서 대포 두 문을 떼어내 파나마 지협을 가로질러 끌고갔다. 그렇게 해서 태평양 해안에 도착하자 나무를 베어내 새 배를 건조하고 도망 노예들을 선원으로 기용해서 무방비 상태의 페루 연안을 몇 주 동안 공포로 몰아넣었다.

옥슨엄은 결국 리마에서 교수대 올가미에 매달리는 말로를 맞았지만 4년 뒤 그의 옛 동료 선원이었던 프랜시스 드레이크—거짓말쟁이이자 도둑이자 대담한 비전으로 무장한, 한마디로 완벽한 해적—는 남아메리카 남단을 돌아 페루를 제대로 약탈하는 더 무모한 계획을 들고나왔다. 그가 끌고간 배 여섯 척 가운데 한 척만이 케이프 혼을 돌아가는 데 성공했지만 그 한 척의 배가 지닌 화력이 워낙 엄청났기 때문에 순식간에 태평양

일대에 잉글랜드의 제해권을 확보했다. 드레이크는 에스파냐 호송 선단 역사상 가장 많은 양의 금은(25톤이 넘었다)을 노획한 뒤 왔던 길로 되돌아가는 것이 불가능함을 깨닫자 침착하게 태평양을 건너 세계를 일주하여 전리품을 가지고 영국으로 귀환했다. 해적질은 짭짤했다. 드레이크의 투자자들은 4700퍼센트의 배당금을 받았고 엘리자베스 여왕은 자신이 받은 배당금의 4분의 3만으로 잉글랜드의 외채를 싹 갚았다.

성공에 고무된 에스파냐의 라이벌들은 콘키스타도르를 꿈꾸는 이들을 저마다 신세계로 파견했다. 그러나 생각만큼 성공적이지는 않았다. 경험보다는 무작정 희망에 의지한 프랑스는 황금과 향신료 발견을 기대하며 1541년 퀘벡에 식민지를 수립했다. 퀘벡에는 그 두 가지가 없었기에 식민지는 실패했다. 그다음 노력도 성공하지 못했다. 에스파냐인을 더 면밀히 모방한 프랑스 식민주의자들은 플로리다의 에스파냐 요새 바로 옆에 정착했지만 곧 학살당했다.

잉글랜드의 초창기 투기적 사업들도 비현실적이기는 마찬가지였다. 1579년 페루를 공포로 몰아넣은 프랜시스 드레이크는 아메리카 서해안을 따라 위로 이동하여 캘리포니아에(어쩌면 오늘날 드레이크만으로 알려진 샌프란시스코 인근의 그림 같은 만에?) 상륙했다. 그는 그곳 해변에서 만난 현지인들에게 그들의 고향은 이제부터 노바 알비온—즉 새로운 잉글랜드—이라고 불릴 것이며 엘리자베스 여왕의 것이라고 통고했다. 그러고는 배를 타고 떠나 다시는 돌아오지 않았다.

1585년 드레이크의 최대 라이벌 월터 롤리(그의 라이벌들이 즐긴 별명에 따르면 '월터 롤라이Raw Lie[세련되지 못한 거짓말이란 뜻]')는 오늘날의 노스캐롤라이나에 식민지 로어노크를 수립했다. 롤리는 드레이크보다는 더 현실적이었고 적어도 실제로 정착민들을 데려다놓기는 했지만 로어노크를 에스파냐 선박을 습격하는 해적들의 소굴로 활용하려는 그의 계획은 대실

642

패로 끝났다. 로어노크는 위치가 좋지 않았고 이듬해 드레이크가 그곳을 지나갔을 때 다 굶어죽어가던 그곳의 정착민들은 그의 배를 얻어타고 귀향했다. 롤리의 부관 가운데 한 명이 2차 정착민 무리를 로어노크에 떨어트려 놨다(그는 원래 이들을 체서피크 만에 위치한 입지가 더 좋은 쪽에 데려다주기로 했지만 길을 잃었다). 정착민한테 무슨 일이 일어났는지는 아무도 모른다. 1590년 그들의 총독이 돌아왔을 때 모두가 사라지고 딱 한마디—로어노크에 정착민들이 붙인 이름 '크로아탄'—가 새겨져 있는 나무만 발견되었다.

변경 지대는 사람 목숨이 파리 목숨에 불과한 폭력적인 곳이었지만 아메리카 원주민의 목숨은 식민지 정착민들보다 언제나 더 헐값이었다. 에스파냐인은 멀리 마드리드에 있는 제국의 지배자들이 하도 비효율적이어서 "만약 죽음이 에스파냐에서 찾아온다면 우리는 영원히 죽지 않을 것"[36]이라고 농담하기를 좋아했지만 아메리카 원주민들은 그 농담이 그렇게 웃기다고 느끼지 않았을 것이다. 그들에게 죽음은 정말로 **에스파냐에서** 찾아왔다. 대서양과 태평양으로 차단된 그들은 구세계 세균에 대한 면역체계가 발달하지 못했고 콜럼버스의 상륙 이후 몇 세대 만에 원주민 인구는 적어도 4분의 3이 감소했다. 이것이 제6장에서 언급한 '콜럼버스 교환'이다. 그 교환으로 유럽인은 신대륙을 얻었고 아메리카 원주민은 천연두를 얻었다. 비록 유럽 식민주의자들은 그들과 조우하는 사람들에게 이따금 무시무시한 잔악 행위를 저질렀지만 죽음은 대체로 눈에 보이지 않게, 내쉬는 입김이나 체액 안에 포함된 미생물 형태로 찾아왔다. 병균이 가져온 죽음은 또한 유럽인의 이동 자체보다 훨씬 멀리까지 미쳤는데, 식민지 정착민들로부터 감염된 원주민이 여전히 건강한 다른 원주민을 만날 때마다 내륙으로 퍼져나갔기 때문이다. 그 결과 아메리카에 얼굴을 내비쳤을 때 백인들은 급속하게 줄어든 이 원주민 인구를 축출하는 데 좀체 어려움을 겪지 않았다.

땅이 좋은 곳마다 식민주의자들은 역사가이자 지리학자인 앨런 크로 즈비가 '네오—유럽'이라고 부른 것을 창조했다. 익숙한 작물과 잡초, 동물 을 고스란히 갖춘 그들의 고향 땅을 그대로 이식한 것이다. 그리고—에스 파냐 부왕副王이 주장한 것처럼 "벌거벗은 사람들과 가짜 산호 조금, 조약 돌 네 알밖에 없는"[37] 뉴멕시코처럼—식민주의자들이 토지를 원하지 않 는 곳에서는 생태제국주의(크로즈비가 만들어낸 또 다른 훌륭한 용어)가 어쨌 거나 그곳을 변형시켰다. 아르헨티나부터 텍사스까지 소와 돼지, 양이 무 리에서 달아나 야생으로 돌아가고 대량으로 번식해 수백만 마리로 불어 나면서 평원을 차지했다.

또한 식민주의자들은 **개량된** 유럽을 창조했는데, 그곳에서는 퉁명스 러운 농민들로부터 지대를 쥐어짜내는 대신 남아 있는 원주민들을 예속 상태로 옭아매거나—원주민을 구할 수 없으면—아프리카 노예를 실어 올 수 있었다(아프리카 노예에 관한 최초 증거는 1510년으로 거슬러올라간다. 1650년이 되면 그들의 수는 에스파냐령 아메리카에서 유럽인 수를 능가했다). "아 무리 가난한 사람이라도 이곳에서는 에스파냐에서보다 더 잘 살 수 있다" 고 한 정착민은 멕시코에서 고향으로 편지를 써보냈다. "여기서는 개인적 으로 일을 할 필요가 없이 언제나 누군가를 부릴 수 있고 항상 말에 올라 타 있기 때문이다."[38]

개량된 유럽을 건설함으로써 식민주의자들은 지리의 의미에서 또 하나 의 혁명을 가져왔다. 16세기에 전통적인 사고방식의 유럽 제국주의자들 이 신세계를 일차적으로 유럽에서 대륙 제국을 건설하기 위한 투쟁에 자 금을 대는 약탈의 대상으로 취급했을 때는 구세계로부터 신세계를 분리 하는 대양이 성가신 장애물에 불과했다. 그러나 17세기에 지리적 분리는 플러스 요인으로 보이기 시작했다. 식민주의자들은 신세계와 구세계 간의 생태학적 차이를 활용하여 유럽에 존재하지 않거나 본국보다 아메리카 대륙에서 더 잘 자라는 상품을 생산한 다음 이를 다시 유럽의 시장에 판매할 수 있었다. 대서양은 더 이상 장애물이 아니라 무역상들이 서로 다른 세계들을 결합하게 해주는 고속도로로 비치기 시작했다.

1608년 프랑스 정착민들은 퀘벡에 돌아왔다. 이번에는 보물 사냥꾼이 아니라 모피 무역상으로 왔다. 그들은 번영을 구가했다. 제임스타운의 잉글랜드 정착민들은 1612년 버지니아에서 담배가 잘 자란다는 것을 발견하지 전까지는 굶어죽을 지경이었다. 담뱃잎은 카리브 해 지역에서 에스파냐인이 재배하는 것만큼 품질이 뛰어나지는 않았지만 값쌌기 때문에 이내 이윤이 쌓였다. 1613년 네덜란드 모피 무역상들은 맨해튼에 정착한 다음 섬 전체를 사들였다. 1620년대에는 잉글랜드를 떠나 매사추세츠에 정착한 종교적 난민들도 이내 선박의 돛대로 쓸 목재를 본국에 실어보내면서 식민지 사업에 한몫 끼었다. 1650년대가 되자 그들은 설탕―하얀 황금―이 매우 새로운 광란을 불러일으키고 있는 카리브 해 지역으로 말린 생선과 축우를 보내고 있었다. 정착민과 노예들이 대서양을 건너 처음에는 조금씩, 나중에는 물밀듯이 서쪽으로 밀려들어왔고 이국적인 상품과 세금이 동쪽으로 흘러들어갔다.

어느 시점까지 새로운 변경 지대의 정착민들이 하는 일은 항상 이와 비슷했다. 서부 지중해에 정착한 고대 그리스인은 본국으로 밀을 보냈다. 양쯔 강 유역에 정착한 중국인은 대운하를 통해 쌀을 실어보냈다. 스텝 지대 가장자리를 따라 정착한 식민주의자들은 이제 목재와 모피, 광물을 모스크바와 베이징으로 보내고 있었다. 그러나 대서양 연안의 생태학적 적소들과 어마어마한 다양성과 대양의 크기―넓기는 하지만 현대적인 해운 활동의 정교한 능력이 뒷받침된다면 여전히 감당할 수 있는―는 서유럽인이 자못 새로운 것, 다시 말해 중첩적인 삼각무역 네트워크를 통해 연결된 상호의존적인 대륙 간 경제를 창출하게 만들었다(지도 9.6).

A지역에서 B지역으로 단순히 상품을 운송하는 대신 무역상들은 서유럽인이 제조한 상품(직물, 대포 등등)을 서아프리카로 가져가서 이윤을 남기고 노예로 교환할 수 있었다. 그다음 그들은 카리브 해로 노예를 싣고 가서 (이번에도 이윤을 남기고) 설탕으로 교환할 수 있었다. 최종적으로 그들은 설탕을 유럽으로 가져와 거기서 더 많은 이윤을 남기고 판 다음 새로운 탁송 완제품을 구입해 다시 아프리카로 출발했다. 반대로 북아메리카에 정착한 유럽인은 럼을 아프리카로 가져가서 노예와 바꿀 수 있었다. 그다음 노예를 카리브 해로 실어와서 당밀로 교환하고, 당밀을 북아메리카로 가져와 다시 럼을 더 많이 생산한다. 어떤 이들은 북아메리카에서 카리브 해로 식량을 실어온 다음(사탕수수를 재배하는 그곳의 땅은 노예를 먹일 식량을 재배하는 데 쓰기에는 너무 소중했다) 설탕을 구입해 서유럽으로 가져가고, 최종적으로 북아메리카에 완제품을 싣고 돌아왔다.

후진성의 이점 역시 일조했다. 16세기 유럽에서 막강한 제국인 에스파냐는 유럽에서 절대왕정이 가장 발달해 있었고, 일반적으로 상인들은 적당히 위협하면 요구한 대로 돈을 토해내는 현금인출기처럼, 식민지는 약탈의 대상으로 취급했다. 합스부르크 왕가가 다른 유럽 라이벌들을 강압해 단일한 유럽 대륙 제국을 수립하는 데 성공했다면, 대서양 경제는 분명히 17세기 넘어서까지 이런 식으로 지속되었을 것이다. 그러나 그 대신에 국왕의 권력이 더 약한, 유럽에서 상대적으로 후진적인 서북부 변두리에서 온 상인들은 상황을 다른 방향으로 이끌어갔다.

그들 가운데 가장 앞서간 이들은 네덜란드인이었다. 14세기 네덜란드는 여러 도시국가로 분열되어 있고 자주 침수되는 주변부에 불과했다. 이론적으로 네덜란드는 합스부르크 왕가에 충성할 의무가 있었지만 현실적으로 자기 일에 바쁜 먼 곳의 지배자들은 멀리 떨어진 서북부에 자신들의 의지를 관철하는 것이 득보다 실이 많다는 것을 깨달았고, 그곳의 통치를 현지 도시의 유력자들에게 맡겼다. 오로지 생존을 위해서 네덜란드 도시들은 혁신을 할 수밖에 없었다. 나무가 부족했기 때문에 그들은 토탄을 에너지원으로 발전시켰고 식량이 부족했기 때문에 북해에서 조업을 했다. 그렇게 잡은 것을 발트 해 인근에서 곡물과 교환했다. 간섭하는 왕과 귀족이 없었기 때문에 부유한 도시민들은 시정을 사업에 친화적으로 운영했다. 건전한 자금과 더 건전한 정책들은 더 많은 돈을 끌어당겼고 16세기 후반이 되자 이전에 후진적이었던 네덜란드는 유럽의 금융 허브가 되었다. 저금리로 돈을 빌릴 수 있는 네덜란드는 도저히 끝날 기미가 보이지 않는 뼈 빠지는 소모전에 계속 돈을 댈 수 있었고 [네덜란드 독립]전쟁은 에스파냐의 국력을 서서히 갉아먹었다.

잉글랜드 역시 꾸준하게 네덜란드와 같은 방향으로 나아갔다. 흑사병 이전에 영국은 이미 진정한 왕국이었지만 폭발적인 양모 무역 덕분에 영국의 상인들은 네덜란드를 제외한 유럽의 어느 지역 상인들보다 더 큰 영향력을 행사할 수 있었다. 무역상들은 17세기에 왕권에 반대하여 싸웠고, 마침내 상대적으로 허약한 군주의 머리를 자르는 데 주도적 역할을 한 뒤 최첨단의 대규모 함대를 건설하는 방향으로 정부를 이끌었다. 1688년 쿠데타/무혈 침공으로 네덜란드 군주가 잉글랜드 왕위에 올랐을 때 상인들은 명예혁명의 주요 수혜자 가운데 하나였다.

1600년 이후 에스파냐의 통제력이 약해지면서 네덜란드와 잉글랜드 상인들은 대서양으로 공격적으로 밀고들어왔다. 도표 9.3이 보여주듯이 1350년대 이미 보통 사람들의 임금은 더 부유하나 인구가 밀집한 이탈리아 도시들보다 유럽의 서북부 변두리 잉글랜드와 네덜란드에서 약간 더 높았다. 그러나 1600년 이후 임금 격차는 갈수록 더 벌어졌다. 다른 곳에서는 배고픈 입들의 가차 없는 압력이 임금을 흑사병 이전 수준으로 돌려

놓고 있었지만 서북부에서는 임금 수준이 다시 15세기 황금기 수준에 근접했다.

이는 에스파냐가 한 것처럼 단순히 아메리카 대륙에서 부를 뽑아내 유럽으로 실어간 결과가 아니다. 서북부에 새롭게 축적된 부 가운데 식민화와 무역에서 직접적으로 얼마나 유래했는지를 둘러싸고 전문가들의 논쟁이 분분하지만, 가장 높은 추정치도 15퍼센트 이하로 잡는다(가장 낮은 추정치는 5퍼센트에 불과하다). 대서양 경제에서 혁명적인 것은 그것이 사람들이 일하는 방식을 바꾸었다는 사실이다.

나는 앞서 역사의 원동력은 두려움과 게으름, 탐욕이라고 여러 차례 주장했다. 두려움은 흔히 게으름을 이기기에 1450년 이후 인구가 성장하자 유라시아 전역에서 사람들은 지위를 잃거나 굶주리거나 심지어 아사하지 않기 위해 행동에 뛰어들었다. 그러나 1600년 이후 대서양 경제의 생태학적 다양성, 저렴한 운송, 열린 시장이 서북부 유럽의 보통 사람들이 손을 뻗으면 닿을 수 있는 범위 안에 소소한 사치품의 세계를 열어주면서 탐욕역시 게으름을 이기기 시작했다. 18세기가 되면 호주머니에 얼마간 여분의 돈이 있는 사람은 그저 빵 한 덩이를 더 사는 것 이상을 할 수 있었다. 차, 커피, 담배, 설탕 같은 수입품이나 우산, 사기 파이프, 신문 같이 국내에서 생산된 놀라운 품목을 살 여유가 있었다. 그리고 이러한 풍성한 선물을 만들어낸 바로 그 대서양 경제는 그런 구매자에게 필요한 돈을 기꺼이 지불할 준비가 된 사람들을 만들어냈다. 무역상들은 모자나 대포, 담요 등 아프리카나 아메리카로 실어갈 수 있는 것은 기꺼이 구입하려고 했고, 그에 따라 제조업자들은 그러한 제품을 만드는 사람들에게 기꺼이 돈을 지불하려고 했기 때문이다. 일부 농부는 가족에게 방적과 방직을 시켰다. 다른 농부들은 작업장에 들어갔다. 일부는 농사를 아예 그만두었다. 다른 이들은 이 배고픈 노동자들을 먹이기 위해 땅에 울타리를 치고 물을 빼내고 더 집약적으로 거름을 주고 더 많은 가축을 사들이는 것이 경제적으로 타당성이 있을 만큼 안정적인 시장이 형성되었다고 생각했다.

세부적 차이는 있지만 서북부 유럽인은 점점 더 자신들의 노동력을 팔고 더 오랜 시간 일하게 되었다. 그리고 그들이 더 많이 일할수록 더 많은 설탕과 차, 신문을 살 수 있었다. 더 많은 노예가 대서양 너머로 끌려왔고, 플랜테이션 농장이 들어서기 위해 더 넓은 땅이 개간되었으며, 더 많은 공장과 상점이 열렸다는 소리다. 판매량이 증가했고 규모의 경제가 실현되었으며 가격이 하락하면서 이 상품의 세계가 더 많은 유럽인 앞에 열렸다.

좋든 나쁘든 1750년이 되자 세계 최초의 소비자 문화가 북대서양 연안에 생겨났고 수백만 명의 삶을 변화시키고 있었다. (집에 찾아온 손님에게 차를 내놓을 때 설탕을 넣지 말라고 아내에게 말하는 것은 고사하고) 가죽 신발과 회중시계로 단장하지 않으면 감히 커피숍에 얼굴을 내비치지 않을 남자들은 수십 일의 종교상 축일을 휴일로 세지 않거나 일요일의 숙취를 잠으로 해소하기 위해 쉬는 '성 월요일' 같은 오랜 전통을 지키지 않게 되었다. 그렇게나 살 것이 많을 때 시간은 곧 돈이었다. 소설가 토머스 하디는 "바늘 하나짜리 시계는 더 이상 하루를 충분하게 세분하지 못한다"[39]고 한탄했다.

시계태엽장치처럼

바늘이 둘 달린 시계는 사실 이 신시대가 만들어내고 있는 수요 가운데 가장 적었다. 서양인은 파종기와 삼각 보습, 진공펌프와 보일러, 바늘이 두 개 달렸을 뿐 아니라, 지구상 저 반대편에 가져가도 시간을 정확하게 알려주어 바다 위의 선장들이 경도를 계산할 수 있게 해주는 시계에 대해 알고 싶어했다. 2000년 동안—사실, 사회발전지수가 40점대 초반의 단단한 천장을 압박했던 마지막 시기 이래로—고대인의 오래된 현명한 목소리는 인생의 화급한 질문들 대부분에 길잡이가 되었다. 그러나 이제 고전은 사람들이 알아야 하는 것에 대해 가르쳐줄 수 없다는 사실이 분명해지고 있었다.

1620년에 나온 프랜시스 베이컨의 『노붐 오르가눔(새로운 방법)』이라는 책 제목은 모든 것을 말해준다. 오르가눔은 철학자들이 논리학에 관한 아리스토텔레스의 책 여섯 권에 붙인 딱지였다. 베이컨은 그것들을 대체하려고 나섰다. 베이컨은 "고대인에게 마땅히 돌아가야 할 영예와 경의는 조금도 줄거나 훼손되지 않았다"고 강조한다. 그의 목표는 "길을 가리키는 길잡이가 되는 것뿐"이다. 그러나 일단 우리가 그가 제시한 길을 따라가기 시작하면 거기에는 "오직 한 가지 길 (…) 과학과 예술, 인간의 모든 지식을 적절한 토대 위에 올려놓고 완전히 재구성하는 작업을 시작하는 길밖에 없음을" 깨닫게 될 것이라고 주장한다.[40]

그러나 무엇이 그러한 토대를 제공할 것인가? 베이컨은 (그리고 점점 많아지던 그의 동료들은) 간단하다고 말한다. 관찰이다. 그들은 책에만 얼굴을 파묻고 있지 말고 주위의 다른 것들, 다시 말해 별과 곤충, 대포와 노, 떨어지는 사과와 흔들리는 샹들리에에 눈길을 돌려야 한다고 말한다. 그리고 대장장이와 시계공, 기계공, 사물이 어떻게 작동하는지를 아는 이들에게 말을 걸어야 한다.

베이컨과 갈릴레오, 프랑스 철학자 르네 데카르트와 그보다 덜 저명한 무수한 학자들은 그렇게 했을 때 그들이 동일한 결론에 도달하는 것을 도저히 피할 수 없었다. 고대인 대다수가 이야기한 것과 반대로 자연은 살아 있거나 숨을 쉬는 유기체, 의도와 욕구를 가진 존재가 아니었다. 자연은 실제로는 기계적이었다. 사실, 시계와 정말 비슷했다. 신은 자연을 돌아가게 하는 서로 맞물린 장치들을 처음 작동시킨 다음 뒤로 물러나 개입하지 않는 시계공이었다. 그리고 그렇다면 인간은 자연의 작동방식을 다른 기계의 메커니즘만큼 손쉽게 파헤칠 수 있을 것이다. 결국엔 "이런저런 종자에서 자라난 나무가 특정한 열매를 맺는 것은 필수적인 태엽을 갖춰 만들어진 시계가 시간을 가리키는 것만큼 자연스럽지 않느냐"[41]고 데카르트는 숙고했다.

자연에 대한 이 태엽장치 모델—과 더불어 극도로 영리한 몇몇 실험과 추론 과정—은 굉장한 결과를 낳았다. 시간의 여명 이래로 감춰져 있던 비밀들이 갑자기 놀랍도록 드러났다. 공기는 알고 보니 실체가 없는 것이 아니라 물질이었다. 심장은 마치 수력 풀무처럼 몸 곳곳에 피를 내보낸다. 그리고 가장 어리둥절하게도 지구는 우주의 중심이 아니다.

고대인의 생각과 심지어 성서에도 모순되는 이 모든 발견은 엄청난 비판의 소용돌이를 불러왔다. 하늘을 관찰한 갈릴레오가 받은 보답은 1633년 종교 법정 앞에 끌려나와 자신이 사실이라고 알고 있는 것을 철회하도록 협박받은 것이었다. 그러나 그러한 온갖 위협이 실제로 달성한 성과는 새로운 생각들이 옛 지중해 핵심부에서 사회발전지수가 가장 빠르게 상승하고 있으며 고대인의 사고가 지닌 결점이 가장 뚜렷하게 드러나 보이고 권위에의 도전에 대한 불안이 가장 덜한 서북부로 이동하는 것을 가속화한 것뿐이었다.

서북부 유럽인은 고대 속에서 답을 찾는 대신 고대를 거부함으로써 르네상스를 거꾸로 뒤집기 시작했고 사회발전지수가 로마 제국 치하에서 기록한 정점에 육박하게 된 1690년대에 파리의 교양 있는 신사들은 이제 현대인이 고대인을 능가했는지를 두고 정식으로 논쟁했다. 그때가 되자 대답은 눈이 달린 사람에게는 누구에게나 뻔해 보였다. 기계적인 천체 모델을 수학적으로 표현하기 위해 자신이 직접 개발한 미적분법을 사용한 아이작 뉴턴의『자연철학의 수학적 원리』는 1687년 출간되었다.* 1905년 아인슈타인의 일반상대성이론이 처음 발표되었을 때처럼『자연철학의 수학적 원리』는 (교양 있는 독자들도) 이해할 수 없었지만 그래도 모두가 (상대성이론에 대해서 동의하게 되듯이) 그것이 새로운 시대를 열었다는 데 동의했다.

그런 위대한 정신의 기념비에는 과장된 찬사라는 게 있을 수 없었다. 뉴턴의 이름을 영원히 기려달라는 부탁을 받았을 때 영국의 첫째가는 시인 알렉산더 포프는 이렇게 외쳤다.

> 자연과 자연의 법칙들은 어둠 속에 감춰져 있었으나
> 신께서 뉴턴이 있으라 하시매 온 세상이 밝아졌도다.[42]

사실, 어둠에서 밝음으로의 이동은 그렇게 급작스럽지 않았다. 뉴턴의『자연철학의 수학적 원리』는 잉글랜드에서 마녀가 마지막으로 교수형을 당한 지 5년 만에 그리고 매사추세츠 주 세일럼에서 마녀재판이 시작되기 5년 전에 나왔다. 뉴턴 자신은 1936년 그의 개인 서신 수천 통이 경매에 나왔을 때 분명해졌듯이 중력만큼 연금술에도 상당히 열성이었고 죽을 때까지 납을 금으로 바꿀 수 있으리라 확신했다. 그가 오늘날 우리가 보기에 매우 독특한 견해를 견지한 유일한 17세기 과학자도 아니었다. 그러나 서양인은 정령과 마귀들을 수학으로 쫓아내면서 점진적으로 세계에서 마법을 제거하고 있었다. 숫자는 현실의 잣대가 되었다.

---

* 그러니까 1670년대에 유사한 수학적 방법을 연구하고 있던 독일 철학자 고트프리트 라이프니츠가 미적분법을 먼저 개발하고 뉴턴은 그냥 훔쳐간 것이 아니라면 말이다. 두 사상가가 미적분법을 독자적으로 발명했을 가능성이 가장 크지만 표절을 둘러싼 상호 비방은 결국 두 사람의 관계를 해쳤다.

갈릴레오는 생각했다.

> 진리는 우리의 시선을 향해 끊임없이 열려 있는 우주라는 이 장엄한 책에 쓰여 있다. (…) 이 책은 수학의 언어로 쓰여 있고, 그 기호들은 삼각형과 원, 다른 기하학적 도형이며 이러한 도형 없이는 인간이 우주의 언어를 한 자라도 이해하는 것조차 불가능하다. 수학적 도형 없이는 우리는 어두운 미로를 헤매게 된다.[43]

그리고 몇몇 과학자는 자연에 진리인 것은 사회에도 진리가 아닐까 생각했다. 어느 시점까지 정부 관리들—특히 재무 담당자들—은 이러한 사고를 환영했다. 국가도 기계로 간주될 수 있다. 통계학자들은 정부의 세수 흐름을 계산할 수 있고 관료들은 정부의 정교한 장치들을 조정할 수 있다. 그러나 새로운 사고방식은 우려스러운 점도 있었다. 자연과학은 고대의 권위가 자의적임을 폭로함으로써 새로운 전환을 맞았다. 사회과학도 국왕과 교회에 똑같은 일을 하지 않을까?

만약 과학자들이 맞고 관찰과 추론이 진정으로 신의 의지를 이해하는 데 최상의 도구라면 그것들이 정부를 운영하는 데도 역시 최상의 도구라는 것이 이치에 맞다. 마찬가지로 최초에 신은 인간에게 특정한 자연권이라는 것을 부여했다고 영국의 철학자 존 로크는 주장했다. 그는 "인간은 본래 (…) 타인의 위해와 공격에 맞서 자신의 소유물—즉 자신의 생명과 자유, 재산—을 보전할 힘을 갖고 있다"고 추론했다. 따라서 로크는 "인간이 모여서 국가commonwealth를 이루고 스스로 정부의 통치 아래 들어가게 되는 (…) 가장 크고 주요한 목적은 소유물의 보전이다"라고 결론 내렸다. 그리고 그것이 사실이라면 인간은 "본래 자유롭고 평등하고 독립적이며 아무도 이러한 상태에서 강제로 벗어나서 그의 동의 없이 타인의 정치

적 권력에 종속될 수 없다".[44]

이러한 사상은 담쟁이덩굴로 뒤덮인 대학 교정 안에서 라틴어로 토론하는 지식인들에게만 국한되어 있었더라도 충분히 골칫거리였을 것이다. 그러나 이런 생각은 교정에만 국한되지 않았다. 부유한 여자들은 처음에는 파리에서 그다음에는 더 넓은 지역에서 살롱을 후원했는데, 그곳에서 학자들은 권력자들과 어울렸고 새로운 생각들이 오갔다. 비전문가들은 토론 클럽을 결성해 새로운 생각들을 설명하고 실험을 실제로 시연해줄 강연자를 초청했다. 저렴한 인쇄술과 더 개선된 보급 여건, 문자해독률의 증가 덕분에 보도와 사회논평, 독자 투고가 결합한 새로운 간행물들은 무수한(수만 명의) 독자에게 사회적 흥분을 퍼트리는 것을 가능하게 만들었다. 스타벅스 출현 3세기 전에 진취적인 커피숍 주인들은 공짜 신문과 편안한 의자를 제공하면 손님들이 그곳에 —신문을 읽고 토론을 하고 커피를 사 마시면서— 하루 종일 있을 것이라는 사실을 깨달았다. 뭔가 새로운 것이 생겨나고 있었다. 여론이었다.

여론 형성자들은 계몽주의가 수 세기에 걸친 미신으로 흐릿해진 어두운 구석에 깨달음의 빛을 밝게 비추면서 유럽 전역에 퍼져나가고 있다고 말하기를 좋아했다. 그러나 대체 계몽이란 무엇인가? 독일 철학자 임마누엘 칸트는 딱 잘라 말했다. "감히 알려고 하라! 용기를 내어 자신의 인식능력을 이용하라!"[45]

기존 권위에 대한 도전이 빤히 보였지만 맞서 싸우는 대신 대다수의 18세기 군주는 타협을 했다. 그들은 자신들이 언제나 공동선을 추구하며 이성적으로 통치하는 계몽 전제군주였다고 주장했다. "철학자들은 세상의 스승이자 군주들의 스승이 되어야 합니다"라고 프로이센 국왕은 편지에 썼다. "그들은 논리적으로 사고해야 하고 우리는 논리적으로 행동해야 합니다."[46]

그러나 실제적으로 군주들은 종종 신민의 논리가 성가시다고 느꼈다. 영국*에서 국왕은 그냥 견디는 수밖에 없었고 에스파냐에서 국왕은 비판의 목소리를 잠재울 수 있었지만 프랑스는 계몽된 비판가들이 바글거릴 만큼 '아방가르드'하면서도(따지고 보면 프랑스어에서 온 표현이다) 동시에 비판가들을 투옥시키고, 이따금 그들의 책을 금지시킬 만큼 충분히 절대왕정이 발달해 있었다. 역사가 토머스 칼라일은 프랑스 왕정이 "경구들로 완화된 전제주의"[47]라고 생각했다. 그것은 프랑스를 계몽주의가 꽃피기에 완벽한 정원으로 만들었다.

1750년대 파리를 들뜨게 한 온갖 책과 기지 넘치는 발언 가운데 어느 것도 공격적으로 계몽적인 『백과전서: 과학과 예술, 기술에 관한 합리적 사전』에 필적하지는 못했다. 이 책의 편집자 가운데 한 명은 "모든 것을 예외 없이, 대담하게 검사하고 들춰내야 한다"고 썼다. "옛 어리석음을 모조리 짓밟아야 한다. 이성에 의해 세워지지 않은 장애물을 모두 걷어내야 한다. 과학과 예술에 소중한 자유를 회복시켜야 한다."[48] 가발을 쓴 반항아들이 차례차례 노예제, 식민주의, 여성과 유대인의 법적 불평등은 자연과 이성에 반한다고 주장했고 1760년대 스위스의 망명지에서 최고의 지성인 볼테르는 심지어 그가 "악명 높은 것"이라고 부른 교회와 국왕의 특권에도 도전했다.

볼테르는 유럽인이 더 계몽된 본보기를 찾기 위해 정확히 어디로 눈길을 돌려야 하는지 알고 있었다. 바로 중국이었다. 바로 거기서, 합리적인 문관과 상의하여 통치하고 무의미한 전쟁과 종교적 박해를 자제하는 진정으로 현명한 전제군주를 찾으리라. 그들은 또한 유교가 (기독교와 달리) 이

---

* 1707년 연합법이 잉글랜드와 웨일스, 스코틀랜드를 영국[그레이트브리튼]이라는 단일 왕국으로 통합했다. 1800년 개별 법안이 왕국에 아일랜드를 추가했다.

성의 종교이며 미신과 바보 같은 전설에서 자유로운 종교라는 것을 발견하게 되리라.

볼테르가 전적으로 틀리지는 않았는데, 중국의 지식인들은 그가 태어나기 전 이미 한 세기 동안 절대주의에 반발해왔기 때문이다. 중국의 인쇄술은 새로운 사상에 대해 서유럽에서보다 훨씬 더 폭넓은 독자층을 창출했고 사설 학문 연구기관이 되살아났다. 그 가운데 가장 유명한 것은 심지어 볼테르보다 더 직접적으로 그 '악명 높은 것'에 맞선 동림서원東林書院이었다. 1630년대 동림서원의 원장은 학자들에게 옛 문헌에서가 아니라* 자신의 판단을 통해 답을 구하도록 촉구하면서 독립독행을 강조했고, 동림서원의 학자들은 차례차례 명나라 조정을 비판한 죄로 투옥되거나 고문을 당하거나 처형되었다.

1644년 정복왕조인 청나라가 들어서자 지식인들의 비판은 더욱 격렬해졌다. 수백 명의 학자가 만주족 아래서 일하기를 거부했다. 그런 학자 가운데 한 명이 고염무였는데, 그는 최고급 시험에 통과하지 않은 말단 관리였다. 고염무는 폭군의 오명이 미치지 못하도록 먼 변경 지대를 떠돌았다. 그곳에서 그는 12세기 이래로 지성계를 지배해온 형이상학적 공리공론에 등을 돌리고 영국의 프랜시스 베이컨처럼 사람들이 실제로 행하는 물리적 활동을 관찰함으로써 세계를 이해하고자 했다.

고염무는 근 40년 동안 여행하며 농사와 채광, 금융에 대한 상세한 기술로 공책을 가득 메웠다. 그가 유명해지면서 많은 이가 그를 본받았는데 1640년대 전염병 앞에서 자신들의 무력함에 경악한 의사들이 특히 두드러졌다. 의사들은 실제로 아픈 사람들의 병력을 수집하고 실제 병력에 대조하여 이론을 시험해야 한다고 주장했다. 1690년이 되자 황제조차도 "문

---

* 동림서원의 원장 진자룡은 이 책 592쪽에서 언급된 왕양명의 논의에서 영감을 얻었다.

제의 근원을 연구하고 문제를 양민들과 논의한 다음 해결하는 것"[49]의 이점을 선언할 정도였다.

18세기 지식인들은 이러한 접근법을 '증거에 입각한 연구'라는 뜻으로 고증학이라고 불렀다. 고증학은 추측이 아닌 사실을 강조하고 수학이나 천문학, 지리학, 언어학, 역사학처럼 다방면에 치밀하고 엄격한 접근법을 도입하면서 증거를 평가하는 규칙을 지속적으로 발전시켰다. 고증학은 서양의 과학혁명에 모든 면에서 상응하지만 한 가지 예외가 있다. 고증학은 자연에 대한 기계적 모델을 발전시키지 않았다.

서양인처럼 동양의 학자들도 종종 사회발전지수가 마지막으로 43점 부근 단단한 천장에 부딪혔을 때(그들의 경우, 11세기와 12세기 송대) 물려받은 학문에 종종 실망했다. 그러나 정신(氣)이 원인이 되는 우주에 대한 기본 전제를 거부하고 기계처럼 돌아가는 우주를 상상하는 대신 동양인은 대부분 그보다 더 유서 깊은 권위, 즉 고대 한나라 때의 고문을 찾아 눈길을 돌렸다. 고염무조차도 채광과 농업만큼 고대 비문에도 열광했고 환자들의 병력을 수집한 의사들 상당수도 그러한 사례로 사람을 치료하는 것만큼 한대의 의서의 의미를 밝힐 수 있다는 사실에도 크게 기뻐했다. 르네상스를 거꾸로 뒤집는 대신 중국의 지식인들은 제2차 르네상스를 택했다. 다수가 뛰어난 학자였지만 그들의 선택 탓에 아무도 갈릴레오나 뉴턴이 되지는 못했다.

볼테르는 바로 여기서 틀렸다. 그는 중국이 더 이상 본보기를 제공하지 않는 그 순간에 중국을 본보기로 치켜세웠다. 사실 정확히 그 순간에 그의 라이벌 가운데 일부는 유럽의 살롱에서 중국에 대해 정반대의 결론을 이끌어내고 있었다. 비록 그들은 서양의 사회발전이 동양과의 격차를 조금씩 줄여왔다는 것을 보여줄 지수 따위는 없었지만 중국이 결국엔 이상적인 계몽 제국은 아니라고 판단했다. 그보다는 중국은 유럽적인 모든 것의 안티테제였다. 유럽인은 고대 그리스로부터 역동성과 합리성, 창조성을 배웠고 이제 스승을 넘어서고 있는 반면 중국은 시간이 정지해 있는 곳이었다.

이렇게 해서 서양의 우월성에 관한 장기고착이론이 탄생했다. 몽테스키외 남작은 기후가 궁극적인 설명 요인이라고 결론 내렸다. 상쾌한 기후는 유럽인에게 "몸과 마음에 어떤 원기를 주었고 그 덕분에 유럽인은 끈기있고 대담무쌍하며 힘든 모험을 추구할 수 있는" 반면 "더운 지방의 사람들의 유약함은 그들을 항상 노예로 만든다. (…) 그곳 아시아에서는 굴종정신이 지배하며 그들은 그런 노예 정신을 결코 떨쳐내지 못한다".[50]

다른 유럽인은 한술 더 떴다. 중국인은 비굴하기만 한 게 아니라고 그들은 주장했다. 중국인은 아예 인종이 다르다. 유전학의 시조인 카롤루스 린나이우스[식물학자 칼 폰 린네가 생전에 사용한 라틴어식 이름이다]는 인종을 백인 유럽인, 황인 아시아인, 홍인 아메리카인, 흑인 아프리카인, 이렇게 네 가지로 분류할 수 있다고 주장했다. 그리고 1770년대 철학자 데이비드 흄은 백인종만이 진정한 문명을 이룰 수 있다고 판단했다. 심지어 칸트는 황인종이 온전한 인종의 하나로 분류될 수 있을지 의심했다. 어쩌면 그들은 그저 인도인과 몽골인 사이의 이종교배를 통한 단순한 잡종 후예가 아닐까 추측했다.

감히 알고자 하는 자세는 백인 유럽인에게만 해당되는 것 같았다.

망원경 대결

1937년 과학자가 되기 위해 수련중인 세 젊은이가 중국의 수도 난징에서 영국으로 가는 배에 올랐다. 떠들썩하고 소란스러운 고향(푹푹 찌는 무더위 때문에 중국의 '네 불가마' 가운데 한 곳으로 알려진)을 뒤로하고, 숨죽인 회랑들 사이로 가랑비가 그치지 않고 살을 에는 바람이 몰아치는 케임브리지로 가는 것은 어느 상황에서라도 쉽지 않았을 테지만 그해 여름의 상황은 특히 어려웠다. 세 사람은 가족과 친구들을 다시 볼 수 있을지 앞날을 장담할 수 없었다. 일본군이 난징으로 다가오고 있었다. 그해 12월이면 일본군은 30만 명의 난징 시민을 참혹하게 학살하여 심지어 이 대참사에 말려든 나치 관리마저 충격을 받을 정도였다.

세 난민은 영국에 도착했을 때 별반 환대를 기대할 수도 없었다. 오늘날 케임브리지의 실험실은 중국인 학생들로 바글거리지만 1937년에는 흄과 칸트의 유산이 여전히 강했다. 세 사람은 학내에 적지 않은 동요를 불러일으켰고 생화학 연구소의 떠오르는 별이었던 조지프 니덤은 다른 누구보다도 동요했다. 세 학생 가운데 한 명인 루구이전은 "우리에 대해 알수록 그는 과학적 이해와 지적 통찰 측면에서 우리가 자기와 똑같다는 것을 알게 되었다. 그리고 이로부터 그의 탐구 정신은 그렇다면 어째서 근대 과학이 서양에서만 시작된 것일까 자문하는 쪽으로 이어졌다"[51]고 썼다.

니덤은 언어나 역사학을 공부하지 않았지만 예리한 지성과 괴짜로 유명한 대학에서도 가장 예리하고도 기발한 인물이었다. 루구이전은 니덤의 연인이 되었고 그가 중국어와 중국 역사에 통달하도록 도와주었다. 니덤은 루구이전의 고국에 흘딱 빠져서 사실, 1942년 안전한 교정을 버리고 중국 대학들이 일본과의 비참한 전쟁에서 살아남는 것을 돕기 위해 충칭 주재의 외무성 자리에 지원했다. BBC는 그에게 그곳의 인상을 기록해달라고 요청했는데 니덤은 그 이상의 일을 했다. BBC와 주고받은 편지 여백에 그는 그의 일생을 바꿀 질문을 끼적였다. **"중국에서의 과학 일반 — 왜 발달하지 않았는가?"**[52]

이 질문 — 그렇게 수 세기 동안 중국의 과학이 월등하게 앞서나갔지만 어째서 근대 과학이 생겨난 곳은 17세기 서양인가?─은 오늘날 일반적으로 "니덤의 문제"[53]로 알려져 있다. 40년이 지나 내가 니덤을 알게 되었을 때 그는 여전히 그 문제와 씨름하고 있었다(내 아내는 루구이전─여전히 니덤의 연인이었다─이 연구원으로 있는 케임브리지대에서 인류학을 공부하고 있었고 우리는 그분의 집 2층에 세를 들었다). 그는 결코 그의 문제를 풀지 못했지만 대체로, 중국의 과학적 업적을 빠트리지 않고 정리한 수십 년에 걸친 그의 작업 덕분에 이제 우리는 1930년대보다 과거에 일어난 일을 더 잘 이해할 수 있는 위치에 있다.

제7장에서 보았듯이 중국은 이전 11세기, 사회발전지수가 단단한 천장을 압박하던 시기에 과학과 기술 분야에서 특히 급속한 진보를 이룩했지만 이러한 진보는 사회발전이 붕괴했을 때 단절되고 말았다. 진짜 문제는 사회발전지수가 17~18세기에 다시 단단한 천장을 압박하고 있을 때 어째서 중국의 지식인들은 유럽인과 달리 자연에 대한 기계적 모델을 창조해 그 비밀을 풀지 않았는가 하는 것이다.

이에 대한 대답은 다시금 지식인들은 사회발전이 그들에게 강요하는 질문을 한다는 것이다. 각 시대는 그 시대가 필요로 하는 사고를 얻는다. 대양 너머에 새로운 변경을 창출한 서유럽인은 공간과 시간, 돈에 대한 표준화된 정밀한 측정 방법이 필요했고, 바늘 두 개짜리 시계가 당연해진 시점에 자연 자체가 기계가 아닐까 생각하지 않았다면 유럽인은 굉장히 둔한 사람들일 것이다. 마찬가지로 서양의 지배계급이 별스럽고 예측 불가능한 사상가들에게 약간의 자유를 허용하지 않을 만큼 과학적 사고에서 충분한 이점을 보지 못하려면 그보다 더 둔해야 했으리라. 앞선 축의 사상이 일으킨 1~2차 물결 그리고 르네상스와 마찬가지로 원래 과학혁명과 계몽주의는 상승하는 서양의 사회발전지수의 원인이라기보다는 결과였다.

동양도 물론 스텝 지대에 새로운 변경이 있었지만, 이곳은 대서양보다는 더 전통적인 종류의 변경이었고 새로운 사상에 대한 필요성은 그만큼 덜 절실했다. 중국의 자연철학자와 사회철학자들도 서유럽인과 같은 질문을 던졌지만 기계적 우주 모델의 관점에서 사상을 재주조할 필요성은 뚜렷하지 않았다. 그리고 청나라의 통치자들한테 급진적 사상을 허용했을 때의 위험성은 그러한 사상의 잠재적인 어느 이점보다도 훨씬 컸다.

청나라 조정은 사설 연구기관으로 은거하거나 사실을 수집하러 먼 곳을 주유하는 학자들을 다시 관직으로 불러들이기 위해 가능한 모든 수단을 동원했다. 특별 과거[박학홍사과]를 실시하여 보상을 후하게 내렸으며 학자들을 아낌없이 치켜세웠다. 젊은 황제 강희제는 특별한 학자 집단을 불러들여 함께 고전을 연구했고 1670년 학문에 대한 자신의 진지함을 보여주는 '신성한 칙서'를 반포하면서 부지런히 자신을 유학자로 내세웠다. 그는 방대한 백과사전(그의 사망 직후에 나온 『고금도서집성』은 80만 쪽에 달한다)* 편찬 작업을 후원했지만 당대의 프랑스 백과전서처럼 모든 것을 뒤흔들어놓는 대신 이 책들은 아무것도 뒤흔들지 않는 것을 목표로 했고, 고대의 문헌을 충실하게 보전하며 충직한 학자들에게 한직을 제공했다.

청나라의 전략은 놀라운 성공을 거두었고 차차 관직으로 되돌아오면서 지식인들은 고증학 자체를 출셋길을 여는 수단으로 탈바꿈시켰다. 과거 응시자들은 고증 능력을 과시해야 했다. 좋은 서고에 접근할 수 있는 학자만이 고증에 정통할 수 있었고, 극도로 제한된 엘리트를 제외한 나머지는 높은 점수를 획득할 기회가 실질적으로 차단되었다. 수지 높은 틈새시장으로서 관직의 유혹은 관습적 사고에 대한 강력한 유인이 되었다.

나는 가장 중요한 질문, 즉 더 많은 시간이 주어졌다면 중국의 지식인

---

* 1782년 편찬된 후속작 『사고전서』는 3만6000권이라는 어마어마한 분량을 자랑한다.

들이 독자적인 과학혁명을 일으켰을 것인가라는 질문을 제10장까지 미룰 것이다. 실제 역사를 보다시피 서양인은 동양인에게 시간을 주지 않았다. 예수회 선교사들은 1750년대 이래로 마카오에서 중국으로 침투하고 있었으며, 비록 그들은 과학을 홍보하러 온 것이 아니라 영혼을 구원하러 왔지만 좋은 선물이 있어야 환대를 받는다는 것을 알고 있었다. 그들이 가져온 서양의 시계는 큰 인기를 끌었다. 안경도 마찬가지였다. 오래전에 시력이 나빠진 중국의 위대한 시인 가운데 한 명은 안경을 썼을 때의 기쁨을 이렇게 표현했다.

> 서쪽 대양 너머의 맑은 유리가
> 마카오를 통해 들어왔다.
> 동전처럼 커다랗게 깎인 이 유리는
> 안경테로 시야를 감싼다.
> 안경을 끼니 갑자기 사물이 또렷해 보인다.
> 하나하나까지 다 볼 수 있도다!
> 어둑한 창가 옆에서 자잘한 글자를
> 마치 젊은 시절처럼 읽을 수 있구나.[54]

그러나 예수회 선교사들이 가져온 가장 큰 선물은 역법, 즉 천문학이었다. 선교사들은 중국에서 달력이 매우 중대한 사안이라는 것을 알아냈다. 동지를 틀린 날짜에 쇠는 것은 기독교권에서 부활절 날짜를 틀리는 것만큼 우주의 질서를 뒤죽박죽으로 만들 수 있었다. 중국의 관리들은 이 문제를 얼마나 심각하게 여겼는지 이방인들—대부분 아랍인과 페르시아인—이 중국인보다 천체에 대해 더 잘 안다는 것이 입증되면 흠천감[명대와 청대에 천문을 관측하고 길흉을 점치던 관청]에 기꺼이 외국인을 고용할 정도였다.

현명한 예수회원들은 이것이 중국의 통치자에게 접근하는 최상의 통로라고 생각했다. 예수회 소속 수학자들은 1580년대 가톨릭교회의 달력을 개혁하는 데 깊이 간여해왔고, 비록 그들의 천문학은 서북부 유럽인의 기준에서는 시대에 뒤떨어졌지만(그들은 지구가 중심인 우주 모델을 꿋꿋하게 고집했다) 중국에서 얻을 수 있는 어느 것보다 더 뛰어났다.

처음에는 모든 일이 순조롭게 진행되었다. 1610년이 되자 예수회가 전해준 수학에 감명받은 여러 고위 관료가 은밀히 기독교로 개종했다. 그들은 공공연하게 서학이 중국의 학문보다 우수하다고 치켜세웠고 유럽의 저작들을 번역했다. 더 전통적인 학자들이 때로 이러한 비애국적 태도에 기분이 상하자 1630년대에 예수회의 주요 지지자는 좀 더 미묘한 노선을 추구하기 시작했다. 그는 "서학의 내용과 재료를 (전통적인 중국의) 대통력 틀 안에 녹여낼 것"[55]이라고 동료들을 안심시켰다. 심지어 그는 어쩌면 서양의 학문이 사실은 지난날 중국이 낳은 지혜에서 파생되어 나온 것일 수도 있다고 주장했다.

만주족이 1644년 베이징을 함락했을 때 예수회 선교사들은 일식을 예측하는 공개 시합을 제안해 승리했다. 그들의 위상은 어느 때보다 높았고 1656년 승리감에 고취된 몇 달 동안 황제가 기독교로 개종할 것처럼 보이기도 했다. 승리가 눈앞에 온 것 같았지만 결국 십대의 황제는 기독교도는 첩을 둘 수 없다는 것을 알게 되었다. 황제는 기독교 대신 불교로 돌아섰다. 그다음 전통주의자들이 반격을 개시해 예수회의 지도자를 밀정으로 고발했다.

1664년 예수회원과 흠천감, 무슬림 천문학자에게 곧 있을 일식의 시각을 예측하는 또 다른 망원경 시험을 실시하라는 명령이 떨어졌다. 흠천감은 2시 15분, 무슬림 천문학자는 2시 30분, 예수회 선교사들은 3시라고 예측했다. 어두운 방안에 태양의 이미지를 투사할 렌즈가 설치되었다. 2시 15분이 되었지만 태양에는 아무런 변화가 없었다. 2시 30분에도 여전했다. 그러나 거의 3시가 되자 이글거리는 원반 위로 그림자가 생기기 시작했다.

그러나 재판관들은 그것만으로 충분하지 않다고 판단했고 기독교를 금지시켰다.

그걸로 끝인 것 같았다. 마음 한구석에 중국의 달력이 여전히 틀렸다는 꺼림칙한 사실이 남아 있다는 것만 제외하면 말이다. 그래서 1668년 제위에 오르자마자 강희제는 재시합을 실시했다. 이번에도 예수회원들이 이겼다. 예수회원들의 우월함을 확신한 강희제는 몸소 그들의 가르침에 뛰어들었고 하루에도 몇 시간씩 그들과 앉아 그들의 산술과 기하학, 역학力學을 배웠다. 심지어 하프시코드까지 연주했다. 황제는 "서양의 수학이 쓸모가 있다는 것을 깨달았노라"고 썼다. "이후 순행 때 나는 이 서양의 방법을 가지고 신하들에게 하천 정비 계획을 세울 때 더 정확히 계산을 하는 법을 보여주었다."

강희제는 "계산의 '신법'에서는 기본적 오류가 불가능"하며 "서양 역법의 일반적 원리는 오류가 없다"는 것을 인식했지만 서양의 과학과 신에 대한 예수회의 더 폭넓은 주장은 여전히 거부했다. 황제는 "일부 서양의 방법은 우리의 방법과 다르고 심지어 더 뛰어날 수도 있지만 그것들 가운데 새로운 것은 거의 없다"고 결론 내렸다. "수학의 원리는 모두 『주역』에서 나오며 서양식 방법들의 기원은 중국이다. (…) 결국엔 그들은 내가 아는 것의 극히 일부만 알 뿐이다."[56]

1704년 교황은 예수회가 기독교보다 천문학을 더 열성적으로 포교하고 있는 것은 아닌지 걱정하며 그들을 감시하기 위해 베이징에 특사를 파견했고, 이것이 반란 선동에 해당한다고 걱정한 강희제는 선교사들을 추방했다. 그는 중국인 과학자들이 예수회의 영향에서 벗어나 천문학과 수학을 연구할 수 있도록 새로운 과학한림원(파리에 있는 프랑스의 과학 아카데미를 대략 본뜬 것이다)을 설립했다. 얕은 수준의 대수학과 더 얕은 수준의 미적분학이 예수회원들이 가르치고 있던 수학이었는데, 서북유럽의 수학에는 이미 몇십 년이나 뒤쳐져 있었다. 강희제가 서양 과학과의 이러한 연계를 끊기 무섭게 동서양 간 학문적 간극은 크게 벌어졌다.

강희제(도판 9.7)를 니덤의 문제에 대한 해답으로 제시하는 것, 다시 말해 강희제를 중국의 과학을 18세기로 가져갈 수 있었지만 그렇게 하지 않은 한심한 바보로 간주하는 것은 꽤 그럴싸해 보인다. 그러나 강희제는 분명히 천조대국의 제위에 올랐던 모든 남자들(그리고 한 여자도 포함한) 가운데 그러한 꼬리표가 가장 부당한 사람이다. 예수회원들이 그가 아는 것의 극히 일부만 알 뿐이라는 발언은 겸손하지 못했지만 완전히 틀린 말도 아니었다. 강희제는 진정한 지식인이자 강력한 지도자였고 (56명의 자식을 낳은 것을 비롯해) 정력적인 활동가였다. 그는 서양인을 더 넓은 맥락에서 바라보았다. 2000년 동안 중국의 황제는 유목민의 전쟁 수행 능력이 자신들보다 우수하다는 것을 인식했고 보통은 이 기마병들에게 평화를 사는 것이 그들과 싸우는 것보다 위험 부담이 덜 하다는 것을 발견했다. 그러한 상황이 변했을 때 강희제는 변화를 처음 인식한 사람이었으며 1690년대 초원길을 폐쇄하기 시작한 원정을 직접 이끌었다. 서양인과는 상황이 반대로 돌아갔다. 1660년대 이래 강희제는 서양인과 교류해왔지만 1704년 이후에는 그들을 무시해서 발생하는 위험성이 줄어드는 것 같았다. 16세기에 몇몇 동남아의 통치자도 동일한 결론에 도달했고 1613년 일본의 쇼군들도 이러한 움직임을 따랐다. 1637년 일본에서 발생한 기독교 색채를 띤 폭력적인 민란은 서양과의 연결을 단절하는 이러한 결정의 현명함을 확인해줄 뿐인 듯했다. 이러한 맥락에서 강희제의 결정은 전혀 한심하지

[**도판 9.7**] 역사상 가장 큰 실수를 저지른 사람? 중국의 강희제. 1700년경 이탈리아 화가 조반니 게라르디가 그린 초상화.

않았다.

그리고 어쨌거나 우리는 또 다른 질문을 던져야 한다. 설사 강희제가 서양 과학이 어디로 이어질지 내다보고 장려했다 할지라도 18세기에 동양이 서양보다 사회발전을 우위를 점한 채 유지할 수 있었을까?

대답은 거의 확실하게 '아니오'다. 중국은 서북유럽과 동일한 문제들 일부에 실제로 직면했고 중국의 사상가들 일부는 실제로 유사한 방향으로 나갔다. 1750년대에 한 예로, 대진(고염무처럼 한 번도 고급 과거에 합격하지 않은 하급 관리였다)은 의도나 목적도 없이 작동하며 경험적 분석에 열려 있는 서양의 기계적 자연관과 유사한 자연관을 제시했다. 그러나 탁월한 문헌학자인 대진은 자신의 주장을 언제나 고대 문헌을 근거로 들어 뒷받침했다. 결국 중국에서는 과거의 영광을 보존하는 것이 지구적 팽창이 서양인에게 주의를 강요하던 것과 같은 종류의 질문을 던지는 것보다 더 중요한 것 같았다.

대서양 변경이 제기한 도전은 새로운 종류의 질문에 해답을 부르짖는 서양인을 낳았다. 그러한 질문에 대답한 뉴턴과 라이프니츠들은 이전의 어느 과학자도 상상할 수 없던 명성과 부를 누렸고, 로크나 볼테르와 같은 새로운 종류의 이론가들은 사회질서에서 이러한 진보의 함의를 그려보였다. 반면 중국의 새로운 스텝 변경 지대는 훨씬 온건한 도전을 낳았다. 강희제의 과학 연구기관에서 잘 대접받고 있는 학자들은 미적분법을 발견하거나 지구가 태양 주위를 돈다는 것을 알아낼 필요성을 못 느꼈다. 수학을 —의학처럼—고전 연구의 한 분과로 전환하는 게 훨씬 더 유리해보였다.

동양과 서양은 각자 자신들에게 필요한 사상을 얻은 것이다.

철칙

1722년 강희제가 죽었을 때 사회발전지수는 그 어느 때보다 높이 올라가고 있었다. 과거에 두 번, 100년경 로마 제국 때 그리고 1000년 뒤 중국 송나라 때 지수는 43점에 도달했지만 다시금 점수를 끌어내릴 재난을 야기했을 뿐이었다. 1722년이 되자 초원길은 닫혔다. 묵시록의 기수 가운데 하나가 사라졌고 사회발전은 단단한 천장을 쳤을 때 붕괴하지 않았다. 스텝 지대 가장자리를 따라 뻗어있는 새로운 변경은 동양의 사회발전지수의 상승 추세를 계속 유지했고 중국과 러시아 제국에 의해 스텝 지대 이민 물결로부터 보호된 서북부 유럽인은 대서양 연안에 자신들의 새로운 변경 지대를 열었다. 서양의 사회발전지수는 동양보다 더 빠르게 상승해 1773년(이나 그 무렵에) 동양의 점수를 능가했다. 유라시아 양쪽 모두에서 새로운 시대였다.

과연 그럴까? 만약 로마나 송나라 사람 누군가를 18세기 런던이나 베이징에 떨어뜨려놨다면 틀림없이 그는 보고 놀랄 것이 많았으리라. 이를테면 대포 같은 것들. 아니면 아메리카 대륙이나 담배, 커피, 초콜릿에 놀랐으리라. 그리고 패션에 관해서라면, 분을 뿌린 가발? 변발? 코르셋? 전족? 키케로가 말하기 좋아한 대로, 오 템포라, 오 모레스!O tempora, O mores! ("오 세월이여! 오 풍습이여!")[57]

그러나 많은 것, 사실은 훨씬 더 많은 것이 로마나 송나라 사람에게 익숙했으리라. 화약에 기반한 근대 세계의 거대한 군대는 확실히 고대의 군대보다 강력했으며 더 많은 사람이 그 어느 때보다 글을 읽을 줄 알았지만 동양이나 서양이나 고대 로마나 중세의 카이펑처럼 인구 100만의 도시를 자랑하지는 못했다.* 그러나 가장 중요한 것은 따로 있다. 과거에서 온 방문객은 비록 사회발전지수가 어느 때보다 높이 올라가고 있었지만 사람들이 점수를 밀어올리는 방식은 로마인과 또 송대 중국인과 **거의 다르지 않다는 것**을 알아차렸으리라. 농부들은 더 많은 거름을 주고 도랑을 더 많이 팠으며 윤작을 하고 휴한지를 줄여나가고 있었다. 직공들은 더 많은 금속을 주조하기 위해 더 많은 나무를 태우고 있었고 나무가 귀해지자 석탄에 눈길을 돌렸다. 기계 장치를 돌리고 무거운 짐을 들어올리고 평탄해진 길을 따라 더 좋은 수레를 끌기 위해 보다 큰 동물들이 더 많이 사육되었다. 원광을 쪼개고 곡물을 빻고 더 반듯하게 정비된 강과 인공 운하를 따라 더 많은 배를 띄워보내기 위해 풍력과 수력이 더 효율적으로 이용되었다. 그러나 송나라와 로마의 방문객은 1세기나 11세기에 비해 18세기에 많은 것이 더 좋아지고 커졌다는 것은 인정했겠지만 상황이 근본적으로 달라졌다는 데는 동의하지 않을 것이다.

그것이 문제였다. 스텝 지대와 대양을 정복한 것은 로마와 송나라가 43점 부근에서 맞닥뜨린 단단한 천장을 부수지 못했다. 새로운 정복은 천장을 더 높이 밀어올렸을 뿐이며 1750년이 되자 사회발전이 다시금 천장의 압력 아래 한계에 다다랐다는 우려스러운 신호들이 보였다. 실질임금을 보여주는 도표 9.3의 우측은 보기 좋은 그림이 아니다. 1750년이 되자 생활 수준은 어디서나, 심지어 유럽의 역동적인 서북부에서도 하락하고 있었다. 동양과 서양의 핵심부가 단단한 천장을 밀어올리기 위해 안간힘을 쓰고 있는 동안 시절은 점점 더 힘들어지고 있었다.

무엇을 해야 할까? 베이징의 관리와 파리의 살롱 출입자들 그리고 그 사이에 있는, 자고로 지식인이라면 누구든 이론을 내놓았다. 어떤 이들은 모든 부는 농업에서 나온다고 주장하면서 늪지의 물을 빼거나 산비탈

---

* 1722년, 동양에서는 베이징의 인구가 약 65만 명이었고 에도(오늘날의 도쿄)는 그보다 약간 더 많았을 것이다. 서양에서는 런던의 인구가 60만 명 정도였고 이스탄불/콘스탄티노플은 70만 명에 달했을 수도 있다.

을 계단식으로 개간하는 농부들에게 조세 우대 조치를 베풀어야 한다고 통치자들을 설득하고 나섰다. 윈난부터 테네시까지 오두막과 통나무집이 후진적인 공동체가 수렵으로 살아가던 숲을 야금야금 잠식했다. 다른 이론가들은 모든 부는 무역에서 나온다고 주장했고, 따라서 통치자들은(흔히 앞의 통치자들과 동일한 이들) 이웃 국가의 상업을 약탈함으로써 그들을 빈털터리로 만드는 데 심지어 더 많은 자원을 쏟아부었다.

커다란 변형들이 존재했지만 전반적으로 서양의 통치자들(15세기 이래로 그렇게 격렬하게 싸워온)은 전쟁이 자신들의 문제를 해결해준다고 생각한 반면 동양의 통치자들(일반적으로 서양인보다 격렬한 싸움을 자제해온) 그렇지 않다고 생각했다. 일본은 극단적인 실례였다. 1598년 조선에서 물러난 일본의 지도자들은 정복에서 얻을 것이 없다고 판단했고 1630년대가 되자 심지어 해외무역은 은이나 구리 같은 귀중한 자원만 상실하고 있다고 결론 내렸다. 중국과 네덜란드 상인들(1640년까지 일본에서 무역이 허용된 유일한 유럽인)은 나가사키의 자그마한 고립지구 안에 머물러 있어야 했고 그들과 접촉할 수 있는 유일한 여자들은 일본인 매춘부였다. 당연하게도 외국과의 무역은 쇠퇴했다.

넓고 푸른 바다가 외침으로부터 보호해준 일본은 1720년 무렵까지 번영했다. 인구는 두 배로 증가했고 에도는 아마도 세계 최대 도시로 성장했던 것 같다. 쌀과 생선, 콩이 대부분의 밥상에서 값싼 음식을 대체했다. 세상은 평화로 가득했다. 과거 1587년에 도요토미에게 총포를 넘겨준 뒤 평범한 일본인들은 다시 무장하지 않았다. 성마른 사무라이조차도 검술만으로 다툼을 해결하기로 합의해서 1850년대 무렵으로 일본에 들어온 서양인을 아연하게 만들었다. "이 사람들은 화기 사용법을 거의 모르는 것 같았다. 어린 시절부터 아이들이 총을 쏘는 미국인에게 무기에 대한 무지는 원시적 순수함과 이상향의 단순함을 가리키는 비정상처럼 느껴진

다."⁵⁸

그러나 1720년 이후 분위기는 점점 어두워졌다. 일본은 사람으로 가득 찼다. 기술적 돌파구 없이는 북적거리는 풍경에서 더 많은 식량과 연료, 의복, 집을 짜낼 방법이 없었고 무역을 하지 않고는 그런 것을 더 들여올 방도가 없었다. 일본의 농부들은 놀라운 재간을 발휘했고 일본의 관리들은 연료에 대한 수요가 숲에 끼치는 해를 깨닫고 적극적으로 숲을 보호했다. 일본의 엘리트 문화는 자원을 보존하는 소박하고 아름다운 미니멀리즘으로 방향을 틀었다. 그러나 여전히 식량 가격은 상승했고 기근이 증가했으며 배고픈 군중은 거리에서 항의했다. 이곳은 이상향이 아니었다.

일본이 이렇게 극단적인 길을 갈 수 있었던 유일한 이유는 자국의 안전을 위협할 가능성 있는 유일한 나라인 중국도 같은 방향으로 움직였기 때문이다. 중국의 넓게 펼쳐진 변경 지대는 인구가 18세기 넘어서까지 죽 성장할 수 있음을 뜻했지만 청나라 역시 대양 너머의 위험한 세계를 갈수록 차단했다. 1760년 외국과의 무역은 광저우 한 곳으로 제한되었고 1793년 영국의 동인도회사가 매카트니 경을 보내 통상 제한에 불만을 표시하자 건륭제는 고압적으로 대답했다. "우리는 정교한 물건을 귀히 여기지 않으며 너희 나라의 제품이 조금도 필요하지 않다." 추가적인 무역은 "천조대국의 법규와 맞지 않으며 (…) 너희 나라에도 이롭지 않다"⁵⁹고 결론 내렸다.

고립에 대한 건륭제의 신뢰를 공유한 서양 통치자들은 거의 없었다. 그들이 사는 세상은 청나라 같은 거대한 단일 제국에 지배되지 않았다. 그보다는 끝없이 다투면서 지속적으로 권력의 균형점이 이동하는 곳이었다. 대부분의 서양 통치자가 사태를 파악한 대로, 비록 세상의 부가 고정되어 있다고 할지라도 한 나라가 언제든지 전체 파이에서 더 큰 조각을 집을 수 있다. 전쟁에 들어가는 플로린[독일어권과 네덜란드에서 통용되었던 주화], 프랑, 파운드는 마지막 한 닢까지 본전을 뺄 것이고 일부 통치자가 계속 그렇게 생각하는 한 모든 통치자는 언제든 싸울 태세가 되어 있어야 했다. 서유럽의 군비경쟁은 결코 중단된 적이 없었다.

유럽의 '죽음의 상인'들은 지속적으로 자신들의 장사 밑천을 향상시켜왔지만(성능이 더 뛰어난 총검, 미리 포장된 약포, 사격 속도를 높이는 메커니즘) 진정한 돌파구는 폭력을 더 과학적으로 조직화함으로써 찾아왔다. 규율—제복, 공인된 계급, 자기들 하고 싶은 대로 한 장교에 대한 총살형(반면 일반 사병은 잔혹하게 처벌받았다)—은 기적을 낳았고 연중 훈련이 더해지면서 복잡한 기동을 수행하고 무기를 안정적으로 발사하는 싸움 기계들이 탄생했다.

그러한 기강이 잡힌 전쟁의 하수인들은 같은 돈으로 더 많은 전사자 수를 달성했다. 처음에는 네덜란드, 그다음 그의 경쟁상대들은 오합지졸 살인자들을 고용해 급료를 띄엄띄엄 주거나 아니면 아예 안 준 다음 민간인들로부터 수입을 뜯어내도록 풀어놓는 개인 도급업자들에게 전쟁을 위탁하는 값싸지만 고약한 전통을 없앴다. 전쟁은 여전히 지옥이었지만 적어도 약간의 제한을 받게 되었다.

바다에서도 이야기는 마찬가지였는데, 사람들을 널빤지 위에서 바다로 빠트리고 보물을 땅에 파묻는 해적의 시대는 막을 내렸다. 잉글랜드는 흥미진진한 모험이 가득한 16세기 중국의 경우 못지않게 부패로 가득한 해적과의 새로운 전쟁을 주도했다. 악명 높은 모건 선장이 잉글랜드와 에스파냐 간의 평화 조약을 무시하고 1671년 카리브 해의 에스파냐 식민지를 약탈했을 때 그의 고위급 후원자들은 그가 기사 작위를 받고 자메이카의 총독이 되는 것을 도왔다. 그러나 1701년이 되자 똑같이 악명 높은 키드 선장은 단지 잉글랜드 선박을 약탈했다는 이유로 런던으로 압송되었고 도착하자마자 (국왕을 비롯하여) 요직에 있는 후원자들이 자신을 도울 수 없거나 도우려 하지 않는다는 것을 알게 되었다. 마지막 동전 한 닢을 럼주에 쓴 키드 선장은 교수대로 끌려가며 "나는 누구보다도 결백해!"[60]라고 악을 썼지만 올가미 줄만 끊어졌을 뿐이다. 옛날이라면 그런 사고가 그를 구했을 수도 있지만 지금은 아니었다. 두 번째 올가미가 일을 끝냈다. 영국 해군이 검은 수염(에드워드 티치)의 포위망을 좁혀온 1718년이 되자 아무도 그를 도우려는 노력조차 하지 않았다. 검은 수염은 키드보다 죽이는 데 힘이 더 들었지만—머스킷 총알 다섯 발과 스물다섯 차례 칼질—선원들은 어쨌거나 그를 죽였다. 그해에 카리브 해에는 해적들의 습격이 50차례 있었다. 1726년이 되자 여섯 차례밖에 없었다. 난동의 시대는 끝났다.

이 모든 일은 돈이 들었고 조직화의 진보는 재정에서의 더 큰 진보에 의존했다. 어느 정부도 실제로 1년 내내 병사와 선원들을 먹이고 급료를 주고 물자를 댈 수는 없었지만 이번에도 네덜란드는 해법을 발견했다. 돈을 버는 데는 돈이 필요하다. 네덜란드는 무역에서 매우 안정적인 수입이 있었고, 또 거기서 들어오는 현금을 취급할 무척 견실한 은행들이 있었다. 네덜란드의 상인 통치자들은 돈을 헤프게 쓰는 경쟁상대들보다 더 큰 돈을 더 빨리 더 낮은 이자율로 빌릴 수 있었고 매우 장기에 걸쳐서 갚을 수 있었다.

다시금 잉글랜드는 네덜란드의 선도적 움직임을 뒤좇았다. 1700년이 되자 두 나라에는 국립은행이 있었는데 증권거래소에서 장기 채권을 팔아서 공채를 관리하고, 정부가 채권의 이자를 지불하기 위해 특정 세금을 투입하여 안절부절 못하는 채권자들의 불안감을 달래주는 방식이었다. 결과는 기가 막혔다. 대니얼 디포(새로운 바닷길을 다룬 장편 모험담 『로빈슨 크루소』의 저자)가 설명한 대로,

신용 대출이 전쟁을 낳고 평화를 가져오며 군대를 일으키고 해군의 장비를 갖추고 전투를 수행하며 도시를 포위한다. 그리고 한마디로 돈 자체보다 더

전쟁의 동력이라 불릴 만하다. (…) 신용은 병사들이 급료를 받지 않고도 싸우게 하며 군대가 보급품이 없어도 행군하게 하고 (…) 요구만 있으면 원하는 대로 수백만 냥의 돈을 국고와 은행에 채운다.[61]

무한 신용은 무한 전쟁을 뜻했다. 영국은 네덜란드로부터 무역 파이의 가장 큰 조각을 빼앗기 위해 20년간 싸워야 했지만, 그 승리는 그보다 더 큰 경쟁을 위한 길을 닦았을 뿐이다. 프랑스의 통치자들은 합스부르크 왕가가 결코 손에 쥐지 못한 일종의 대륙 제국을 수립하는 데 열중한 것 같았고, 영국의 정치가들은 "프랑스가 대륙에서 두려워할 것이 사라지면 바다에서 우리를 이기게 될 것"[62]이라고 두려워했다. 영국의 수상 윌리엄 피트(大 피트)는 유일한 해답은 "독일을 통해 아메리카를 정복하는 것"[63]이라고 주장하며 영국이 프랑스의 해외 식민지를 채가는 동안 프랑스를 유럽에 묶어두도록 대륙의 동맹국을 재정적으로 지원했다.

영국과 프랑스 사이의 전쟁들은 잉글랜드를 침공하려는 프랑스의 첫 시도가 수포로 돌아간 1689년부터 웰링턴이 마침내 워털루에서 나폴레옹을 격파한 1815년까지 기간을 절반 넘게 차지한다. 이 기나긴 투쟁은 유럽 핵심부의 지배권을 놓고 다툰 그야말로 서양의 전쟁War of the West이었다. 대규모 군대가 독일에서 일제사격을 주고받고 일제히 돌격을 했으며 플랑드르에서 참호를 팠다. 전함들은 폭풍우 치는 프랑스 해안 앞바다에서 일제히 포격을 퍼붓고 선원들은 상대방의 뱃전으로 뛰어올랐다. 캐나다와 오하이오의 숲에서, 카리브 해의 플랜테이션 농장에서 벵골과 서아프리카의 정글에서 유럽인과 (특히) 현지 동맹 세력들은 수십 차례 자기들끼리 혹독한 작은 전쟁을 치르면서 서양의 전쟁을 최초의 세계 전쟁으로 만들었다. 무수한 책을 채우고 남을 무용담과 배신 행위가 넘쳐났지만 진짜 이야기는 파운드와 실링, 펜스로 쓰여졌다. 신용은 끊임없이 영국의 군대와 함대를 보충했지만 프랑스는 청구서를 지불할 수 없었다. 1759년 한 고위 영국인은 "승리를 축하하는 타종으로 우리의 종은 닳았다"[64]고 떠벌렸고 1763년 기진맥진한 프랑스는 해외 제국의 영토 대부분을 영국에 넘겨주는 데 서명할 수밖에 없었다(지도 9.8).

그러나 서양의 전쟁은 간신히 절반이 끝났을 뿐이었다. 영국도 재정적 압박을 느끼고 있었고 아메리카 식민지에게 전쟁 비용의 일부를 떠넘기려는 단순한 계획이 1776년 반란을 촉발했을 때, 프랑스는 현금과 배를 가지고 그곳에 나타나 독립전쟁의 승패에 중요한 영향을 미쳤다. 영국의 신용조차도 본국에서 5000킬로미터 떨어진 의지 결연한 반란군, 거기다 **다른 강대국까지** 제압할 수는 없었다.

그러나 재정은 패배의 아픔을 경감시켰다. 합리적인 세상이라면, 자신들의 행복추구를 프랑스 계몽주의의 영감을 받은 언어로 축하하는 혁명가들에게 아메리카를 잃는 것은 영국의 대서양 경제를 파탄내고 유럽에 프랑스의 지배를 예고해야 했으리라. 피트는 만약 영 제국이 진다면 잉글랜드의 모든 신사가 재산을 팔아치운 뒤 배를 타고 아메리카로 떠날 것이라고 경고하며 크게 두려워했지만 무역과 신용은 다시금 구세주가 되었다. 영국은 빚을 상환했고 항로를 순찰하는 함대를 계속 유지했으며 아메리카 사람들이 여전히 필요한 상품을 계속 실어날랐다. 1789년이 되자 영국과 아메리카 간 무역은 독립혁명 이전 수준으로 복귀했다.

그러나 프랑스에게 1789년은 참담했다. 미국독립전쟁을 이기기 위해 루이 16세는 자신이 갚을 수 없는 빚을 쌓았기 때문에 귀족과 성직자, 부유한 평민들을 소집해 새로운 세금을 요구했지만, 평민들은 이번에는 계몽주의의 포문을 그를 향해 돌렸다. 남성의 권리를(그리고 2년 뒤에는 여성의 권리도) 선언한 부유한 평민들은 예측 불가능한 봉기와 내전을 반쯤은 조장하고 반쯤은 그 소용돌이에서 발을 빼기 위해 애쓰고 있었다. 급진파

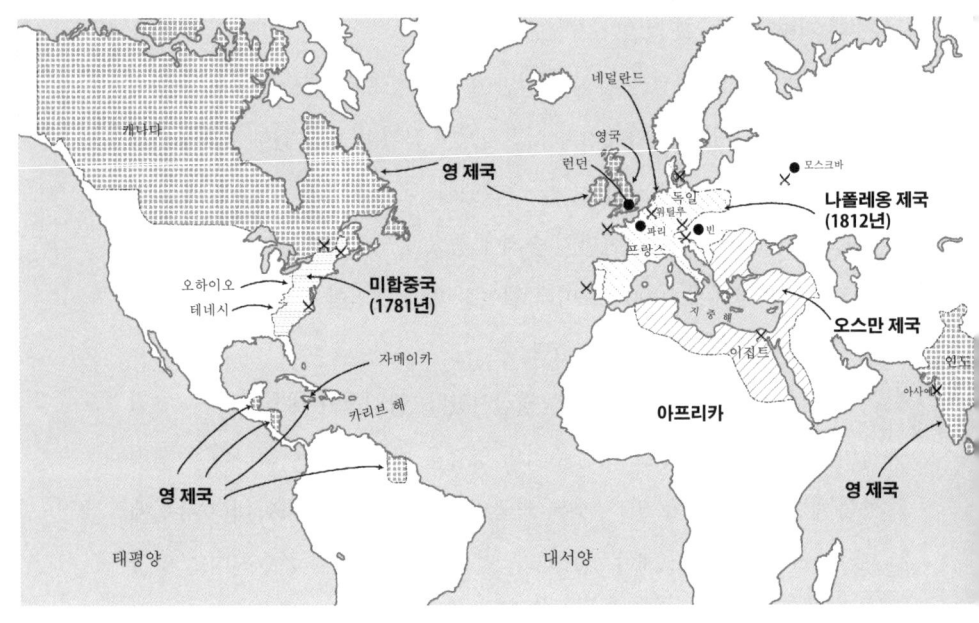

[**지도 9.8**] 온 세상이 무대: 1689년부터 1815년까지 영국과 그 동맹국이 프랑스에 맞서 싸운 서양의 전쟁의 전 지구적 배경. 십자 표시는 주요 전투지를 표시한다. 1815년 당시 영 제국은 점으로 표시되었다.

는 "공포가 지배하게 하라!"[65]고 외쳤고 국왕과 그 가족, 그리고 수천 명의 동료 혁명가를 처형했다.

다시금 합리적인 예상은 좌절되었다. 영국이 서양의 주인이 되는 대신에 혁명은 새로운 형태의 대량 전쟁의 길을 열었고 황홀한 승리에 도취된 몇 년 동안 혁명이 낳은 천재적인 장군 나폴레옹이 마침내 유럽 대륙에 제국을 수립할 것처럼 보였다. 1805년 나폴레옹은 그랑 아르메Grande Armée[1805~1807년 명성이 높았던 나폴레옹의 주력 육군부대]를 동원해 1689년 이래 프랑스의 네 번째 영국 침공을 시도했다. "여섯 시간 동안만 영국 해협의 주인이 되면 우리는 전 세계의 주인이 되리라"[66]라고 그는 병사들을 독려했다.

결국 나폴레옹은 그 여섯 시간을 얻지 못했고 영국 선박에 대해 대륙의 모든 항구를 봉쇄함으로써 영국 무역상들로서는 최악의 악몽을 현실화했지만, 결코 영국의 재정력을 무너트리지는 못했다. 1812년 나폴레옹은 유럽 인구의 4분의 1을 지배했고 프랑스 군대는 모스크바에 있었다. 2년 뒤 상황은 역전되어 그는 권좌에서 쫓겨났고 러시아 군대(영국이 재정을 보조하는)가 파리에 주둔해 있었다. 1815년 빈 회의에 참석한 외교관들은 다음 90년 동안 서양의 전쟁을 가라앉힐 조건을 궁리했다.

그렇다면 이 모든 전쟁은 큰 차이를 가져왔을까? 어느 면에서는 그랬다. 1683년 영국과 프랑스 간 대립의 전야에 빈은 다시금 튀르크 군대에 의해 포위되었지만 1815년 명사와 거물들이 그곳에 모인 때가 되면 서양의 전쟁은 서유럽의 화력과 규율, 재정을 지상의 그 어느 것보다 앞서게 만들었고 튀르크 군대는 더 이상 오지 않았다. 1798년 나폴레옹이 이집트를 침공했을 때 오스만 제국은 프랑스군을 몰아내기 위하여 영국에 의존해야 했고 1803년 5000명이 채 못 되는 영국군(절반은 현지에서 모집하여 유럽식 머스킷 사격 훈련을 받은 병사들)은 아사예에서 그보다 열 배 많은 남아시아인을 쫓아냈다. 군사력의 균형추가 서유럽 쪽으로 어마어마하게 기울었다.

그러나 다른 측면에서는 그렇지 않았다. 그 모든 전투와 포격에도 불구하고 실질임금은 1750년 이후 계속 하락했다. 1770년대부터 정치경제학자를 자처하는 새로운 종류의 학자들이 과학과 계몽주의의 모든 도구를 이 문제에 집중했다. 그들이 연구 끝에 내놓은 결과는 달갑지 않았다. 정치경제학자들은 인류를 지배하는 철칙이 있다고 주장했다. 첫째, 비록 제국과 정복은 생산성과 소득을 증가시킬 수 있지만 사람들은 언제나 잉여의 부를 더 많은 갓난아기로 전환하는 경향이 있다. 그럼 아기들의 빈 배를 채우기 위해 모든 잉여의 부가 소비된다. 더 나쁜 점은 이들이 자라서 직업이 필요하게 되었을 때 그들의 경쟁이 임금을 아사 직전의 수준으로 끌어내린다는 것이다.

이 잔인한 순환에서 벗어날 길은 없는 것 같았다. 정치경제학자들이 사회발전지수를 알았다면 그들은 아마도 비록 단단한 천장이 약간 더 밀려 올라가긴 했지만 변함없이 단단하다는 사실을 지적했으리라. 또 서양의 점수가 1773년에 동양을 따라잡았다는 사실을 흥미로워했을 수도 있지만, 철칙에 따라 동서양의 점수가 그 이상으로 많이 올라가는 것은 불가능하기 때문에 그 문제는 그리 중요하지 않다고 분명히 주장했을 것이다. 정치경제학은 아무것도 바뀔 수 없다는 것을 과학적으로 입증했다.

하지만 그러고 나서 상황은 바뀌었다.

서 양 의 **10** 시 대

온 세상이 원하는 것

이따금 단 한 해 만에 우리가 발 딛고 있는 토대가 바뀌는 것 같다. 서양에서 1776년은 그런 순간이었다. 미국에서는 세금에 반발한 반란이 혁명으로 탈바꿈했다. 글래스고에서는 애덤 스미스가 정치경제학 최초이자 최고의 저작인 『국부론』을 탈고했다. 런던에서는 에드워드 기번의 『로마 제국 쇠망사』가 서점가를 강타해 하룻밤 사이에 돌풍을 불러일으켰다. 위대한 사람들이 위대한 일을 하고 있었다. 1776년 3월 22일 제임스 보즈웰 — 애플렉의 9대 지주이자 좌절한 문필가, 부자와 저명인사들 주변을 맴도는 야심에 찬 추종자 — 은 재담이 넘치는 어느 살롱이 아니라 진흙탕을 튀기며 잉글랜드 미들랜드의 버밍엄 외곽에 있는 소호 지구를 향해 달려가는 마차 안에 몸을 싣고 있었다(지도 10.1).

소호 지구로 말하자면, 먼발치에서는 시계탑, 마차가 다니는 길, 팔라

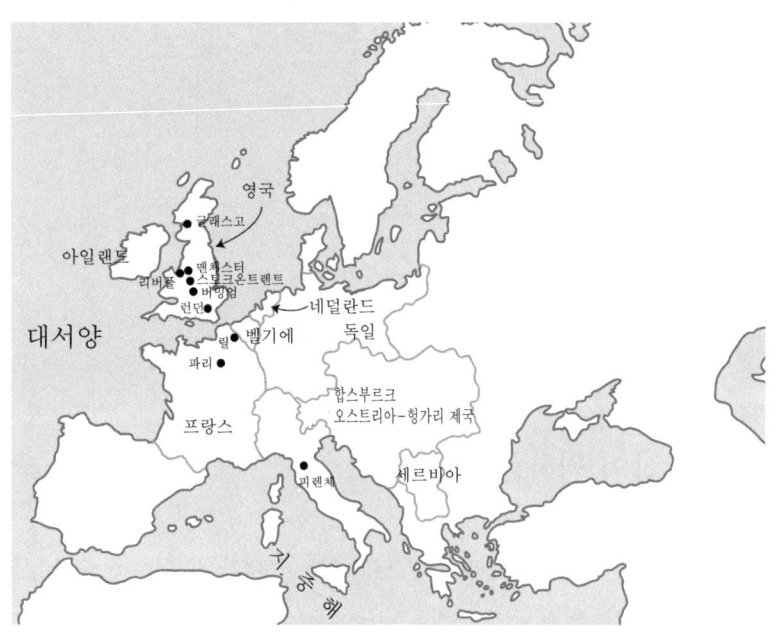

[**지도 10.1**] 동력을 팝니다: 19세기 산업혁명의 요람

디오 양식의 건물 외벽 덕분에 보즈웰이 차와 다과를 들러 방문하고 싶을 만한 시골 별장처럼 보일 수도 있었지만, 가까이 다가가면 망치를 두들기는 소리와 선반[나무나 쇠붙이 등을 절단하는 기계]에서 나는 귀청 찢는 듯한 소음, 노동자들의 욕지거리가 귀를 먹먹하게 만들면서 그러한 착각을 깨끗하게 날려버리는 곳이었다. 소호는 제인 오스틴 소설의 배경이 아니다. 그곳은 바로 공장이었다. 그리고 보즈웰은 귀족으로서의 위신과 허세에도 불구하고 그곳을 구경하고 싶었다. 이 세상 어디에도 소호 같은 곳은 없으니까.

소호의 모든 것이 보즈웰의 기대에 부응했다. 수백 명의 인부, "몇몇 기계의 어마어마한 크기와 복잡한 장치들" 그리고 무엇보다도 그곳의 주인 매슈 볼턴(보즈웰은 그를 "철의 족장"이라고 불렀다)이 인상 깊었다. 보즈웰은 일기에 "볼턴 씨의 표현을 결코 잊지 못할 것이다. '선생, 이곳에서 나는 온 세상이 손에 넣기를 원하는 것을 팝니다. 바로 **힘**이지요'"라고 썼다.[1]

볼턴 같은 사람들이 정치경제학자들의 암울한 예측을 거짓으로 바꾸었다. 1776년 보즈웰과 볼턴이 만났을 때 서양의 사회발전지수는 빙하기 수렵채집인이 한 끼 식사를 찾아 툰드라 지대를 배회하던 이래로 겨우 45점까지 힘겹게 기어올라와 있었다. 그러나 다음 100년 만에 **100점** 이상 치솟게 된다. 이러한 변화는 도저히 믿기지 않는다. 새로운 변화는 세상을 완전히 뒤집어놓았다. 1776년 동양과 서양은 오랜 43점대의 단단한 천장을 간신히 넘긴 가운데 여전히 막상막하였다. 한 세기가 지나 서양의 우위는 서양의 지배로 바뀌었다. 1805년 시인 워즈워스는 말했다.

그때는 정녕
전 세계의 격동기였기에, 가장 온순한 사람들마저 동요했고
소란과 열정과 의견의 충돌이

평화로운 집안을 어지러운 소리로 채웠네.

그때 평범한 삶의 토양은

너무 뜨거워 디딜 수 없었지.

그때 나는 말하곤 했지. 또 지금도 곧잘.

"이 얼마나 역사를, 그리고 과거와 미래를 한갓 조롱거리로 만드는 일인가!"[2]

아닌 게 아니라 과연 조롱거리가 되었다. 적어도 과거는. 그러나 사실, 미래는 조롱거리가 되지 않았다. 사실, 세계적인 흥분은 막 시작되고 있었고, 다음 한 세기에 걸쳐 서양의 사회발전지수는 극단적으로 (도표 10.2처럼) 치솟는다. 현재 서양의 906점을 세로축에 표시할 수 있는 그래프는 이 책의 제1장부터 제9장까지를 채운 모든 흥망성쇠, 우위와 뒤처짐, 승리와 비극들을 무의미하게 만들어버린다. 그리고 이 모든 게 볼턴이 팔고 있는 것 덕분이었다.

증기가 가져온 기쁨

세상에는 물론 볼턴 이전에도 동력이 있었다. 그가 판 것은 **더 좋은** 동력이었다. 수백만 년 동안 물건을 움직이는 거의 모든 힘은 근력에서 나왔다. 근력은 경이적인 일을 해낼 수 있기도 하지만—피라미드를 건설하고 대운하를 파며 시스티나 성당의 벽화를 그렸다—한계가 있다. 가장 분명한 사실은 근력은 동물의 일부이며 동물은 음식과 살 곳, 흔히 연료와 옷도 필요하다는 것이다. 이 모든 것은 식물이나 다른 동물에서 나오며 그것들 역시 음식과 살 곳, 기타 등등이 필요하다. 그리고 이 연쇄에서 모든 것은 궁극적으로 땅을 요구한다. 그래서 18세기 핵심부에서 땅이 갈수록 희

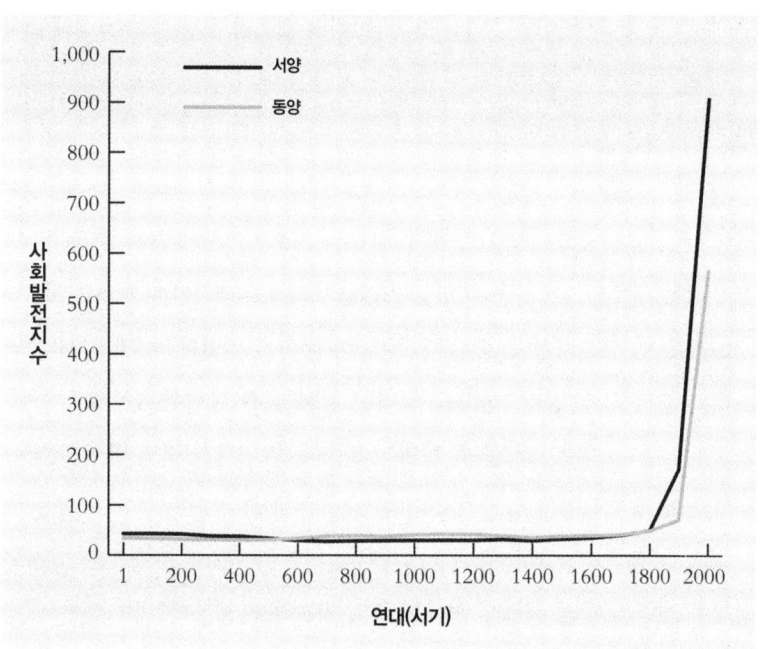

[도표 10.2] 전 세계의 격동: 지난 2000년에 걸친 사회발전지수. 1800년 이후 서양이 주도하는 도약이 이전 시기 세계 역사의 모든 드라마를 조롱거리로 만들어버린 것을 보여준다.

소해지자 근력도 비싸졌다.

수 세기 동안 풍력과 수력은 배를 밀어 움직이고 맷돌을 돌림으로써 근력을 확대시켜왔다. 그러나 풍력과 수력에도 한계는 있다. 풍력과 수력은 특정한 장소에서만 얻을 수 있다. 개울은 겨울에 얼어붙거나 여름에 말라버릴 수 있다. 그리고 바람 한 점 없이 가라앉은 날씨에는 풍차의 날개도 멈춘다.

필요한 것은 동력이 있는 곳에 일감을 가져가는 대신 작업장으로 가져올 수 있는 휴대 가능한 동력, 날씨에 좌우되지 않고 언제든 의지할 수 있는 동력 그리고 수천 제곱킬로미터의 숲과 토지를 소모하지 않아 공간에 구애받지 않는 동력이었다. 11세기 카이펑의 제철업자들은 석탄이 해답이라고 봤지만 이것 역시 한계가 있었다. 석탄은 에너지를 열의 형태를 통해서만 방출할 수 있었다.

돌파구—열에너지를 운동에너지로 전환하는—는 18세기에 나왔고 바로 탄광에서 시작되었다. 탄광의 침수는 지속적인 골칫거리였고 근력과 양동이는 갱도의 물을 뺄 수 있었지만(한 머리 좋은 영국인 탄갱 소유주는 말 500마리를 양동이 사슬에 연결했다) 굉장히 비싸게 먹혔다. 이제 와서 보면 해법은 분명한 것 같다. 식량을 축내는 동물 대신 탄광에서 나오는 석탄을 '먹는' 동력 기관으로 물을 빼내는 것이다. 그러나 이것도 말이 쉬웠을 뿐 실제로 실행하기는 훨씬 어려웠다.

서양과 동양 핵심부는 둘 다 18세기에 석탄이 필요했고 갱도가 침수되었지만 해답을 찾은 이들은 영국의 동력 기관 제작자들이었다. 제9장에서 본 대로 이곳 서북유럽의 가장 변두리에서 대서양 경제는 준準과학적인 실험과 시도에 대한 보상이 풍부했다. 이러한 풍토는 그 문제가 요구하는 꼭 그런 종류의 사람들 다시 말해 사업적 감각과 금속에 대한 실제적 경험 그리고 물리학에 대해 어느 정도 기본적 이해가 있는 사람들을 배출했다. 그들은 중국과 일본에서도 존재했지만 드물었고 우리가 아는 한 그 가운데 아무도 석탄을 연료로 움직이는 동력 기관을 시도조차 하지 않았다.

최초로 작동한 서양의 펌프, '광부의 친구'는 1698년 잉글랜드에서 특허를 받았다. 석탄을 때서 물을 끓인 다음 증기를 진공펌프에 압축한 뒤 기사가 밸브를 열면 진공펌프가 갱도의 물을 빨아올렸다. 그다음 밸브를 잠그면 인부들은 빨아올린 물을 끓여서 역시 증기로 전환하기 위해 석탄을 땠다. 중력을 거부하는 가열과 압축 과정이 끝없이 반복되었다.

광부의 친구는 작동이 느리고 물을 12미터밖에 끌어올리지 못했으며 자꾸만 폭발하는 참으로 친구답지 못한 경향이 있었지만, 그래도 (보통은)

수백 마리의 말을 먹이는 것보다는 싸게 먹혔다. 또한 더 많은 실험을 자극했지만 향상된 기관조차도 여전히 끔찍하게 연료 낭비가 심했다. 동일한 실린더를 사용해 물을 끓였다가 식혀서 진공펌프를 만들었기 때문에 피스톤이 움직일 때마다 매번 실린더를 재가열해야 했다. 가장 성능이 뛰어난 기관조차도 석탄에 담긴 에너지의 1퍼센트도 물을 끌어올리는 힘으로 전환하지 못했다.

수십 년 동안 이 비효율성 때문에 증기력은 탄광의 물을 빼는 단 하나의 작업에 국한되었고 그조차도 한 탄광주는 "이 기관들의 엄청난 연료 소모는 우리 탄광의 수익에 막대한 손실이며 (…) 이 무거운 부담 탓에 사실상 기관을 사용할 수 없을 지경"[3]이라고 불평을 터트렸다. 탄광에서 공장으로 석탄을 실어와야 하는 일체의 작업장에서 증기기관은 한마디로 매우 비쌌다.

그러나 증기기관은 교수들에게는 오락거리였다. 글래스고대는 증기기관의 축소모형을 구입했지만 학자들 가운데 증기기관을 작동시킬 수 있는 사람은 아무도 없었고, 결국 기계는 1765년 글래스고대 소속 수학 기계 제작자 제임스 와트의 작업장으로 흘러들어갔다. 와트는 증기기관을 작동시켰지만 그 비효율성은 기능공다운 그의 영혼에 어긋났다. 다른 업무를 하는 틈틈이 그는 물을 증발시켜 압축하는 더 나은 방법을 찾아 씨름했다.

화창한 안식일 오후에 산책을 나갔다가 (…) 갑자기 한 가지 생각이 떠올랐다. 증기는 탄력성이 있으므로 진공관 안으로 신속하게 빨려들어갈 것이다. 만약 가열된 실린더와 공기를 빼낸 용기[콘덴서]를 연결할 수 있다면 증기는 그 안으로 쇄도할 테고 그러면 실린더를 냉각하지 않고 그 안에서 압축될 수 있을 것이다. 골프 하우스까지밖에 걸어오지 않았는데 이미 전 과정이 머릿

속에 그려졌다.[4]

그날은 일요일이었기 때문에 독실한 와트는 가만히 앉아 있을 수밖에 없었지만 다음날 아침 그는 콘덴서와 증기 실린더를 분리한 새로운 모델을 서둘러 뚝딱 만들어보았다. 하나의 실린더를 가열했다가 식히기를 반복하는 대신 보일러는 이제 계속 뜨거운 채로 있고 콘덴서는 계속 차갑게 식은 상태로 유지되자 석탄 소모량은 거의 5분의 4만큼 감소했다.

와트의 모델은 새로운 문제를 다수 낳았고 와트는 여러 해 동안 묵묵히 그 문제에 매진했다. 아내가 죽었고 후원자는 파산했다. 그러나 그는 아직도 증기기관을 안정적으로 작동시킬 수 없었다. 그러나 1774년 와트가 더 안정된 직업을 위해 실험을 포기하려던 바로 그 순간에 철의 족장 매슈 볼턴이 구원자로 나서 빚에 시달리는 와트의 후원자에게 돈을 주고 여기서 손을 떼게 만든 뒤 이 증기기관 제작자를 버밍엄으로 잽싸게 데려갔다. 볼턴은 자금과 뛰어난 금속공 '아이언 매드(철에 미친)' 윌킨슨을 투입했다(윌킨슨은 자신의 관을 비롯해 모든 것은 철로 만들어져야 한다고 생각했다).

단 6개월 뒤에 와트는 그의 아버지에게 보내는 편지에—내게는 역사상 두 번째로 대단한 절제 화법으로 느껴지는(최고의 절제 화법은 이 장 뒷부분에 소개하겠다) 표현으로—그의 증기기관이 이제 "제법 성공적"[5]으로 작동한다고 썼다. 1776년 3월 성대한 공개 시연회에서 와트와 볼턴의 증기기관은 이전 기계보다 석탄을 4분의 1만 소모하면서 딱 60분 만에 갱도에서 물을 18미터 끌어올렸다.

그 달 보즈웰이 소호를 방문했을 때 볼턴이 그렇게 스스럼없이 이야기를 할 만한 기분이었던 것도 무리가 아니다. 이제 비용면에서 효율적인 증기기관이 탄광 밖에 서 있으니 한계란 없었다. 볼턴은 와트에게 보낸 편지에 "만약 우리가 (…) 작은 증기기관 100대와 (…) 커다란 증기기관 20대를 제작한다면 쉽게 다 팔아치울 수 있소. 지금의 호기를 놓치지 맙시다"[6]라고 썼다.

그래서 그들은 때를 놓치지 않고 증기기관을 여러 대 제작했다. 물론 그들조차도 물건을 사겠다고 찾아온 일부 고객을 보고 놀랐으리라. 증기력을 이용한 최초의 공장주들은 면직물 제조업자들이었다. 목화는 서유럽에서 자라지 않았으며 17세기까지 영국인은 보통 까끌까끌하고 땀이 나는 양모를 1년 내내 입었고 일반적으로 속옷은 없이 지냈다. 무역상들이 가볍고 선명하게 염색된 면직물을 인도에서 들여오기 시작하자 당연히 엄청난 인기를 끌었다. 1708년 대니얼 디포는 "인도산 면포는 우리의 집안과 옷장, 침실을 파고들었다. 커튼과 쿠션, 의자 그리고 마침내 이부자리도 오로지 캘리코나 인도산 직물로만 만들어졌다"[7]고 회고했다.

수입상들은 큰돈을 벌었으나 인도산 면직에 나간 돈은 물론 영국산 모직에 나간 돈이 아니었다. 따라서 대형 양모 상인들은 의회에 로비를 하여 면직물 수입을 금지시켰지만, 그러자 다른 영국인들은 원면을 수입해(원면 수입은 여전히 합법이었다) 직접 면직을 짰다. 안타깝게도 영국에서 짠 면직은 인도산 면직만큼 품질이 뛰어나지 않았고 1760년대까지도 영국산 면직 시장 규모는 영국산 양모 시장의 13분의 1에 불과했다.

그렇지만 면직에는 한 가지 장점이 있었다. 면화에서 섬유를 뽑아내 실로 꼬는 고된 작업이 기계화를 촉진한 것이다. 1만 년 동안 방직업은 양털 다발이나 면섬유를 꼬아서 물레 가락에 걸치는 데 손재주가 좋은 여자들(남자는 드물었다)에게 의존했다. 우리는 제7장에서 1300년이 되자 중국의 방적공들이 생산성을 높이기 위해 수력이나 축력을 이용한 기계를 사용했다는 사실을 살펴보았다. 이 기계들은 꾸준히 생산량을 증가시키면서 다음 세기에 걸쳐 더 흔해졌지만 영국인이 이룬 기계화로 인해 예부터 내려오던 기술들은 갑자기 모두 쓸모가 없어져버렸다. 1700년 페달을 밟아 물레를 돌리는 방적공이 450그램의 실을 잣는 데는 200시간이 걸렸다.*
1800년이 되자 비상한 기계들이 더 비상한 이름들—하그리브스의 제니,
아크라이트의 스로슬, 크럼프턴의 뮬[각각 암탕나귀, 개똥지빠귀, 노새란 뜻]
—을 달고 나타나 동일한 작업을 3시간 만에 수행했다(1824년 발명된 로버
츠의 자동 뮬 방적기는 실 450그램을 잣는데 1시간 20분밖에 걸리지 않았다). 방
적기의 반복 동작은 증기력과 대규모 공장으로의 집중화에 안성맞춤이었
고 전적으로 증기력(당연히 볼턴과 와트가 공급했다)으로 돌아가는 최초의
방적 공장은 1785년에 문을 열었다.

기계는 영국산 면직을 심지어 인도산보다 더 값싸고 촘촘하고 튼튼하
고 균일하게 만들었고, 영국산 면직 완제품 수출량은 1760년과 1815년
사이에 100배 성장하여 면직업을 보잘것없는 산업에서 국민소득의 거의
12분의 1을 차지하는 대규모 소득원으로 바꿔놓았다. 수십만 명의 남자,
여자 그리고 (특히) 아이들이 하루에 12시간 이상, 일주일에 6일을 일하며
어마어마한 양의 면포를 시장에 쏟아내자 방사 가격은 1786년 450그램당
38실링에서 1807년 7실링 이하까지 떨어졌다. 그러나 가격이 떨어지자 시
장이 확대되었다. 이윤은 계속 폭발적으로 증가했다.

지리적 요인 덕분에 면은 영국에 이상적인 산업이었다. 면의 원자재는
해외에서 재배되었기 때문에 본국에서 땅을 두고 경쟁하지 않았다. 그 대
신 영국의 현금을 간절히 원하는 미국인이 수천 제곱킬로미터의 땅을 목
화 농장으로 바꾸어 그곳에서 무수한 노예를 부렸다. 목화솜 생산량은
1790년 3000포대[한 포대는 대략 230킬로그램]에서 1810년 17만8000포대
로, 다시 1860년 450만 포대로 치솟았다. 방적 산업에서 영국의 혁신은 목

---

* 물레는 12세기 유럽에 도달했다. 물레를 사용하지 않으면 450그램의 실을 잣는 데 약 500시간
이 걸렸다.

688

화 농장에서 미국의 혁신을 자극해서 노예들의 손가락 노동보다 심지어 더 저렴하게, 끈적끈적한 목화씨에서 목화솜을 분리해내는 엘리 휘트니의 코튼 진cotton gin(진은 '엔진engine'을 줄인 표현이다) 같은 기계가 출현했다. 미국의 목화 공급은 영국의 수요에 부응하여 가격을 계속 낮은 수준으로 유지했고 공장주와 농장주를 부유하게 만들었으며 대서양 양안에 방대한 새로운 노동자 집단을 창출했다.

다시 영국에서 기술혁신이 한 산업에서 다른 산업으로 이동하면서 더 많은 기술혁신을 자극했다. 가장 중요한 도약은 다른 신산업들이 사용하는 자재를 생산하는 제철업에서 일어났다. 영국의 제철 장인들은 1709년 이래로 코크스[석탄으로 만든 연료의 일종]로 철을 제련하는 법을 알았지만 (중국의 야금업자들보다 7세기 뒤처진 것이었다) 코크스를 녹이기 위해 용광로를 계속 뜨겁게 유지하는 데 어려움을 겪었다. 1776년 볼턴과 와트의 증기기관은 강력한 바람을 안정적으로 제공함으로써 이 문제를 해결했고, 10년 만에 헨리 코트의 퍼들링 앤드 롤링 공정(방적 산업의 여느 기계 못잖게 멋진 이름이다)●은 남아 있던 기술적 어려움을 해소했다. 제철업은 면직업과 동일한 경로를 밟으며 인건비가 곤두박질치는 대신 고용과 생산성, 이윤은 폭발적으로 증가하는 현상을 목격했다.

볼턴과 그의 경쟁자들은 지금까지 숨어 있던 에너지 획득의 비결을 드러냈다. 그들의 혁명이 전개되기까지는 수십 년이 걸렸지만(1800년 영국의 제조업자들은 여전히 증기기관보다 물레방아에서 얻는 동력이 세 배 많았다), 그럼에도 불구하고 이것은 세계 역사상 가장 거대하고 신속한 변화였다. 3세대 만에 기술적 변화는 단단한 천장을 부수었다. 1870년이 되자 영국

● 선철 즉 무쇠를 이겨서puddle 연철로 만들고 더 부드러워진 연철을 두 개의 롤 사이로 통과시켜 눌러 펴서roll 판이나 봉, 관 등 여러 가지 형태로 만드는 공정.

의 증기기관은 400만 마력, 즉 4000만 인력에 버금가는 양의 동력을 생산했는데—만약 산업이 여전히 근력에 의존하고 있었다면—이 인력은 영국의 전체 밀 생산량의 세 배를 먹어치웠을 것이다. 화석 연료는 불가능을 가능케 했다.

거대한 분기

주민들은 곧잘 잉글랜드 미들랜드에 위치한 내 고향 마을 스토크온트렌트를 산업혁명의 요람이라고 부른다. 내 고향의 명성은 영국 요업의 중심지였다는 데서 기인하는데 1760년대 이곳에서 조사이어 웨지우드가 꽃병 제작을 기계화했다. 산업적 규모의 도기 제조는 스토크의 구석구석까지 스며들어 있었다. 심지어 십대 시절 내 최초의 고고학적 경험은 거의 2세기 전에 웨지우드가 기술을 배웠던 휠던 공장 뒤편 드넓은 쓰레기장에서 실패한 도자기 조각을 뒤지면서 웨지우드의 그림자를 찾아가는 것이었다.

스토크는 석탄과 철, 점토 위에 세워졌고 내가 어렸을 적 대부분의 노동자는 여전히 동이 트기 전에 일어나 탄광이나 제철소, 도자기 공장으로 향했다. 내 할아버지는 제철소 직공이었고 내 아버지는 열네 살 생일이 되기 직전에 학교를 그만두고 탄광에 들어갔다. 학창시절 우리는 우리 선조들의 근성과 배짱, 재간이 영국을 위대하게 만들고 세계를 변화시켰다는 이야기를 귀에 못이 박히도록 들었다. 그러나 내가 기억하는 한 아무도 우리에게 어째서 다른 어딘가, 다른 누군가의 언덕과 계곡이 아니라 바로 이곳 우리의 언덕과 계곡이 유치산업[성장은 기대되지만 지금은 수준이 낮아 국가의 보호가 필요한 산업]의 요람이 되었는지는 이야기해주지 않았다.

그러나 이 질문은 서양과 동양 사이 거대한 분기에 관한 논쟁에서 최전선을 차지한다. 산업혁명이 서양의 다른 지역이 아니라 영국(사실 더 정확히는 스토크온트렌트와 그 주변)에서 일어나리라는 것은 필연적이었을까? 그게 아니라면 다른 곳이 아니라 서양에서 일어나는 것은 필연적이었을까? 아니—그렇다면—산업혁명이 일어나리라는 것 자체가 필연적이었을까?

나는 서론에서 이러한 질문들이야말로 서양의 지배가 먼 과거에 고착된 것이었는지를 둘러싼 진정한 질문임에도 불구하고 거기에 대답하는 전문가들이 좀처럼 400~500년 정도밖에 거슬러올라가지 않는다고 투덜거렸다. 나로서는 이 책에서 아홉 장에 걸쳐 개략적으로 그려낸 장기적인 역사적 전망 속에 산업혁명을 위치시키는 것이 더 좋은 답변을 내놓을 것이라는 내 주장이 지금쯤이면 제대로 입증되었기를 바란다.

산업혁명은 사회발전을 얼마나 많이 그리고 얼마나 빠르게 추진했는가라는 측면에서는 유례가 없지만 그것만 뺀다면 이전 역사에서의 상향 운동과 별로 다를 바가 없었다. (비교적) 급속한 사회발전 상승의 이전 모든 에피소드와 마찬가지로 산업혁명도 중심 줄거리에서 최근까지 다소 곁가지였던 지역에서 일어났다. 농경의 시작 이래로 주요 핵심부는 식민화와 모방의 다양한 결합을 통해 팽창해왔고, 주변부의 인구들은 핵심부에서 유효한 것들을 채택하거나 변두리의 매우 다른 환경에 적합하게 변형시켜왔다. 때로 이 과정은 후진성의 이점을 드러내주기도 한다. 기원전 5000년대 농부들이 메소포타미아에서 살아갈 수 있는 유일한 길은 관개농업이라는 사실을 깨닫고 관개사업 과정에서 메소포타미아를 새로운 핵심부로 탈바꿈시킨 것이나 기원전 1000년대에 도시와 국가가 지중해 분지로 확장되면서 새로운 패턴의 해상무역이 발달한 것, 서기 400년 이후 중국 북부의 농부들이 남쪽으로 피란을 가서 양쯔 강 이남 지역을 새로운 쌀 개척지대로 전환한 사례들이 그 예다.

서기 1000년대에 서양 핵심부가 지중해 심장부에서 북쪽과 서쪽으로 팽창했을 때 궁극적으로 서유럽인은 새로운 해양 기술이 오랫동안 후진성의 원인이었던 그들의 지리적 고립을 이점으로 바꿀 수 있다는 사실을 발견했다. 서유럽인은 계획보다는 우발적 사건에 의해 새로운 종류의 해양 제국을 탄생시켰고 그들의 새로운 대서양 경제는 사회발전을 추진하면서 전적으로 새로운 도전들을 제기했다.

유럽인이 이러한 도전을 만나리라는 보장은 없었다. 로마인(서기 1세기)도 송대 중국인(11세기)도 단단한 천장을 돌파할 방법을 찾지 못했다. 모든 표지는 근력이 궁극적인 동력원이며 인구의 10~15퍼센트 이하만 글을 읽을 줄 알며 도시와 군대는 100만 명 이상으로 성장할 수 없고—그에 따라—사회발전지수는 40점대 초반을 결코 넘어갈 수 없다고 가리켰다. 그러나 18세기 서양인은 이러한 한계들을 가볍게 일축했다. 동력을 판매함으로써 그들은 지금까지 일어난 모든 일을 조롱거리로 만들었다.

서유럽인은 로마인과 송나라 사람들이 실패한 곳에서 성공했는데, 세 가지가 변했기 때문이다. 첫째, 기술이 계속 축적되었다. 일부 기술은 사회발전이 붕괴할 때마다 유실되었지만 대부분은 보존되었고 다음 세기를 거치면서 새로운 기술이 추가되었다. 그러므로 같은 강물에 두 번 발을 담글 수 없다는 원칙은 계속 작동하고 있었다. 1세기와 18세기 사이에 단단한 천장을 압박했던 사회들은 각각 그 이전의 사회와는 달랐다. 각자 이전에 존재했던 사회보다 더 많은 것을 알았고 더 많은 것을 할 수 있었다.

둘째, 대체로 기술이 누적되었기 때문에 농경 제국은 이제 효과적인 대포를 갖게 되었고 러시아와 청나라는 스텝 지대 초원길을 닫을 수 있었다. 그 결과 17세기에 사회발전이 단단한 천장을 압박했을 때 묵시록의 다섯 번째 기수—이주—는 나타나지 않았다. 힘든 싸움이었지만 핵심부들은 다른 네 기수에 대처할 수 있었고 붕괴를 피했다. 이러한 변화가 없었다면

18세기는 3세기나 13세기만큼 재앙으로 넘쳐났을지도 모른다.

셋째, 다시금 대체로 기술이 축적되었기 때문에 배는 이제 원하는 대로 어디든 갈 수 있었고, 서유럽인은 이전에 보지 못한 새로운 대서양 경제를 창출했다. 로마인이나 송나라 사람들은 그러한 방대한 상업적 성장의 엔진을 건설할 위치에 있지 않았고, 따라서 어느 쪽도 17세기와 18세기 서유럽인이 주목할 수밖에 없는 그런 종류의 문제들에 직면할 필요가 없었다. 뉴턴과 와트 그리고 그들의 동료들이 아마도 키케로와 심괄 그리고 그들의 동료들보다 더 영리하지는 않았을 것이다. 그들은 그저 다른 것들을 사고했을 뿐이다.

18세기 서유럽은 단단한 천장을 일소하기에 이전의 다른 어느 사회보다 더 좋은 위치에 있었다. 서유럽 안에서도―왕권이 미약하고 상인들이 더 자유로운―서북부가 남서부보다 더 좋은 위치에 있었다. 그리고 그 서북부 안에서도 영국이 가장 좋은 위치에 있었다. 1770년이 되자 영국은 어느 곳보다도 더 높은 임금과 더 많은 석탄, 더 탄탄한 재정, 그리고 분명히 더 개방적인 제도(어쨌거나 중간계급과 상류층에게는)를 보유했을 뿐 아니라―네덜란드 그리고 프랑스와의 전쟁에서 승리한 덕분에―식민지와 무역 시장, 전함도 더 많이 보유했다.

여타 지역보다 영국에서 산업혁명이 일어나기 쉬웠지만, 그렇다고 영국이 산업화로 나가는 길에 처음부터 고착되어 있었던 것은 아니다. 만약― 어느 일이든 쉽게 일어날 수 있었다―1759년 승리를 자축하는 타종으로 영국이 아니라 프랑스의 종이 닿았다면, 그리고 만약 영국이 아니라 프랑스가 영국의 해군과 식민지, 시장을 빼앗았다면 어른들은 어떻게 해서 스토크온트렌트가 산업혁명의 산파가 되었는지를 설명하는 이야기를 들려줄 수 없을 것이다. 어쩌면 똑같이 검댕 연기를 뒤집어쓴 릴 같은 프랑스 도시의 어른들이 그런 이야기를 줄줄이 읊고 있었을지도 모른다. 따지고 보면 프랑스에도 무수한 발명가와 진취적 사업가들이 많았다. 국가적 재능에서 약간의 변화나 국왕 또는 장군들의 사소한 의사 결정이 큰 차이를 가져왔을지도 모른다.

위인과 한심한 멍청이들, 뜻밖의 행운은 왜 산업혁명이 프랑스가 아닌 영국에서 일어났는지와는 관련이 크지만, 왜 애초에 서양에서 산업혁명이 일어났는지를 설명할 때는 별로 관계가 없다. 그것을 설명하기 위해서는 더 큰 힘들을 살펴보아야 한다. 일단 충분한 기술이 축적되고, 초원길이 닫히고 새로운 대양의 고속도로가 열리자—이를테면 1650년이나 1700년까지—**서유럽 어딘가**에서 산업혁명이 일어나는 것을 무엇이 막을 수 있었을까 상상하기는 어렵다. 영국 대신 프랑스나 플랑드르 지방이 세계의 공장이 되었다면 산업혁명은 더 느리게 촉발되었을지도, 어쩌면 1770년대가 아니라 1870년대에 시작되었을지도 모른다. 오늘날 우리가 사는 세계의 모습은 달라졌을 테지만 서유럽은 여전히 최초 산업혁명의 진원지일 것이며, 여전히 서양이 세계를 지배할 것이다. 나는 여전히 이 책을 쓰고 있겠지만 영어가 아니라 프랑스어로 쓰고 있을지도 모른다.

그러니까 동양이 독자적으로 먼저 산업화하지 않았다면 말이다. 만약 서양의 산업화가 더 느렸다면 동양의 독자적 산업화가 가능했을까? 물론 이 지점에서 나는 가정에 가정을 거듭하고 있지만 여기에 답변은 여전히 꽤나 분명한 것 같다. 비록 동양과 서양의 사회발전지수는 1800년까지 막상막하였지만, 서양의 개입이 없었다 해도 19세기 동안 독자적인 산업적 도약을 개진할 만큼 동양이 신속한 산업화로 나가고 있다는 신호는 거의 없었다.

동양에도 넓은 시장과 활발한 무역 활동이 존재했지만 서양의 대서양 경제처럼 돌아가지는 않았고 동양의 평범한 사람들은 애덤 스미스가 『국부론』에서 주장한 것처럼("중국 하층민의 빈곤 수준은 유럽에서 가장 가난한 국가의 빈곤 수준을 크게 능가한다"[8] 빈곤하지는 않았지만 도표 10.3은 그렇다고 그들이 부유하지도 않았다는 것을 보여준다. 베이징 시민*은 피렌체 시민보다 더 못살지 않았지만 런던 시민보다는 훨씬 못살았다. 중국과 일본에서 (그리고 남유럽에서도) 노동력이 그렇게 싼 상황에서 볼턴처럼 기계에 투자하려는 사람이 나타날 유인은 미약했다. 1880년까지도 중국에서 600명의 인부를 고용해 탄광을 여는 선수금은 약 4272달러로 추정되었는데, 대략 증기펌프 한 대 값이었다. 그들에게 다양한 선택지가 있을 때조차도 수완 좋은 중국인 투자자들은 흔히 값싼 근력을 비싼 증기력보다 선호했다.

실험과 시도에서 이득이 거의 없는 상황에서 동양의 모험적 사업가와 국가 학술원의 학자들이 제니나 스로슬, 퍼들링은 고사하고 보일러와 콘덴서에 별반 관심을 보일 리 없었다. 독자적인 산업혁명이 일어나기 위해서 동양은 높은 임금과 새로운 도전을 낳고 과학적 사고와 기계적 실험, 값싼 동력 전체를 한꺼번에 자극하는 대서양 경제에 상응하는 것이 필요했을 것이다.

시간이 주어졌다면 그것 역시 나타났을지도 모른다. 이미 18세기 동남아시아에 중국인 디아스포라[집단 이주민]가 번성하고 있었다. 다른 조건이 동일하다면 대서양 경제를 특징짓는 지리적 상호의존성과 같은 것이 19세기에 이곳에도 출현했을 수 있다. 그러나 다른 조건이 동일하지 않았다. 서양인이 제임스타운에서 제임스 와트로 건너가기까지는 200년이 걸렸다. 만약 동양이 명예로운 고립 상태를 유지했다면, 만약 서양과 동일한 경로를 밟아서 19세기와 20세기에 걸쳐 지리적으로 다각화된 경제를 창출하

※ 도쿄, 쑤저우, 상하이, 광저우의 노동자는 모두 18세기와 19세기 내내 베이징 시민보다 소득 수준이 약간 더 낮았다.

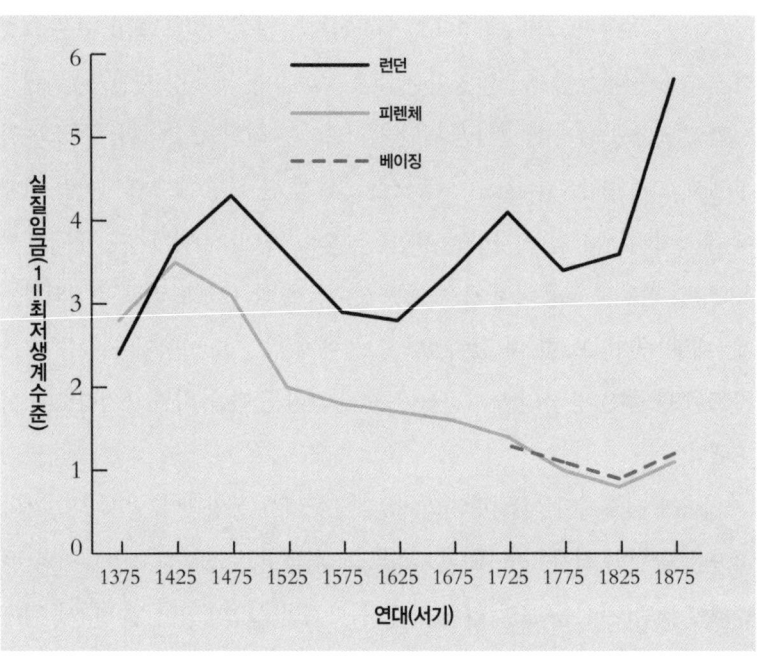

[도표 10.3] 갈라진 세계의 노동자들: 그들의 비참한 현실에도 불구하고 1780년과 1830년 사이에 영국 노동자들은 외국 노동자들보다 훨씬 많이 벌었고 1830년 이후에도 여전히 더 잘 벌었다. 그래프는 런던과 피렌체(남유럽의 전형적인 저임금을 대변), 베이징(중국과 일본의 임금을 예시)의 미숙련 노동자의 실질임금을 비교한다.

는 방향으로 나갔다면, 만약 서양과 대략 동일한 보조로 움직였다면 중국인 와트나 일본인 볼턴은 바로 지금 이 순간에 그의 첫 증기기관을 상하이나 도쿄에서 선보이고 있을 것이다. 그러나 그러한 **만약**들은 일어나지 않았다. 일단 시작되자, 서양의 산업혁명이 세계를 집어삼켰기 때문이다.

그래드그라인드들

1750년까지도 동양과 서양 핵심부 간의 유사성은 여전히 상당했다. 둘 다 복잡한 분업과 광범위한 무역 네트워크, 성장하는 제조업 부문이 존재하는 선진 농업 경제였다. 유라시아 양단의 부유한 토지를 소유한 지배층은 사회질서의 안정성과 전통, 가치를 확신했으며 그들의 눈길이 미치는 모든 것의 주인이었다. 양 지역의 지배층은 사회적 예법과 존경으로 이뤄진 정교한 규칙들로 자신들의 지위를 수호했고 둘 다 굉장히 세련되고 정묘한 문화를 생산하고 소비했다. 문체와 서사의 명백한 온갖 차이를 걷어치우고 나면 새뮤얼 리처드슨의『클라리사』나 조설근의『홍루몽』같이 방만하게 늘어지는 18세기 소설의 기법 사이에 어떤 친연성이 있음을 부인하기 어렵다.

1850년이 되자 이 모든 유사성은 한 가지 거대한 차이점에 의해 말끔히 지워졌다. 바로 서양에서 새로운 계급, 증기력에 기반한 철의 족장 계급, 이 신흥계급의 가장 유명한 비판가들에 따르면 "인간을 '본래부터 우월한 이들'에게 옭아매던 잡다한 봉건적 속박을 가차 없이 산산조각 낸" 계급의 부상이다. 마르크스와 엥겔스의 비판은 계속된다. 이 신흥계급은 "종교적 열정과 기사도적 열광, 저속한 감상주의라는 지고의 황홀경을 이해타산이라는 얼음장 같은 물에 익사시켰다".[9]

이 신흥계급이 정확히 무엇을 하고 있었는지에 관해서는 의견이 ― 격렬하게 ― 엇갈리지만 대체 이 신흥계급이 무엇이었든지 간에 모든 것을 변화시키고 있었다는 데는 대부분 동의한다. 동력을 발견해 판매하는 백만장자들은 "건전한 판단에 인도된 정력과 끈기가 당연한 보상을 가져왔을 [뿐인]" 영웅이었다. 빅토리아시대의 고전『자조론』의 저자 새뮤얼 스마일스는 그렇다고 말한다. 스마일스는 "이전 시대에는 숙련 노동의 산물이 대부분 소수를 위한 사치품이었지만 이제—산업의 역군들 덕분에—가장 정교한 도구와 동력 기관이 사회의 다수를 위한 일반 소비 품목을 생산하는 데 이용된다"고 설명한다.[10]

그러나 어떤 이들에게 산업가는 딱딱한 표정에 프록코트를 걸친 냉혹한 인간, 디킨스의 소설 『어려운 시절』에 등장하는 그래드그라인드 씨 같은 사람들이었다. 그래드그라인드는 "인생에서 필요한 것은 사실뿐"이라고 주장한다. "사실이 아닌 다른 것은 심지 마라. 다른 것은 모조리 뿌리를 뽑아버려."[11] 디킨스는 아버지가 채무자 감옥에서 썩어가는 동안 구두약 공장에서 일하면서 산업혁명에서 비싼 교훈을 얻었고 그래드그라인드들에 대해 확고한 견해가 있었다. 그가 본 대로 그들은 인생에서 아름다움을 싹 뽑아내고 노동자들을 그의 소설 속 도시 코크타운 같은 영혼을 파괴하는 도시로 몰아넣는 이들이었다. 코크타운은 "사실의 승리, (…) 기계와 우뚝 솟은 굴뚝의 도시, 그 굴뚝에서 끝없는 연기가 구불구불 한없이 피어오르는 도시"[12]였다.

확실히 현실 세계에는 그래드그라인드들이 많이 있었다. 젊은 프리드리히 엥겔스는 1840년대에 맨체스터에서 그런 사람을 우연히 만나 그에게 이 현실의 코크타운에서 살아가는 노동자들의 곤경을 일장 연설했던 일화를 묘사한다. "그는 참을성 있게 내 이야기를 들었다. 그러고는 우리가 길모퉁이에서 헤어질 때 이렇게 말했다. '그렇지만 여기서는 큰돈을 벌 수 있지요. 안녕히 가시오, 선생!'"[13]

그 사업가의 말이 맞았다. 화석연료 안에 갇혀 있던 에너지에 접근함으로써 볼턴과 와트의 증기기관은 돈벌이 광풍을 불러일으켰다. 그러나 엥겔스도 맞았다. 그 돈을 벌어다주던 노동자들은 돈 구경을 거의 못했다. 1780년과 1830년 사이에 노동생산성은 25퍼센트가 증가했지만 임금은 5퍼센트도 오르지 못했다. 나머지는 이윤으로 뽑혀나갔다. 빈민가에서는 분노가 쌓여갔다. 노동자들은 조합을 설립하고 인민헌장을 요구했다. 급진주의자들은 정부를 날려버릴 음모를 꾸몄다. 탈곡기로 생계를 위협받게 된 농장 일꾼들은 1830년에 기계를 때려부수고 건초더미를 불태웠으며 지주들을 위협하는 편지에 해적처럼 들리는 '스윙 선장'이라는 서명을 남겼다. 치안판사와 성직자들은 어디에서나 자코뱅주의(프랑스 스타일 폭동을 싸잡아 이르는 그들의 표현)의 기운을 감지했고 자산가들은 국가권력을 총동원하여 거기에 맞섰다. 기병대가 시위자들을 짓밟았고 조합원들은 투옥되었으며 기계를 파괴한 자들은 제국의 가장 먼 변방의 유형지로 보내졌다.

마르크스와 엥겔스에게 과정은 명명백백해 보였다. 서양의 산업화는 사회발전을 그 어느 때보다 빠르게 추진하고 있었지만 발전의 역설을 초광속도로 초래하고 있었던 것이다.* 사람을 단순한 '일손', 공장 안의 피와 살이 있는 톱니로 바꿈으로써 자본가들은 또한 그들에게 공동의 대의를 마련해주고 그들을 혁명가로 만들고 있었다. "부르주아지들이 만들어내고 있는 것은 무엇보다도 바로 그들의 무덤을 파는 이들이다"라고 마르크스와 엥겔스는 결론 내렸다. 그리고 "지배계급이 공산주의 혁명 앞에 떨게 하라. 프롤레타리아들이 얻을 것은 전 세계요, 잃을 것은 쇠사슬뿐이다. 만국의 노동자여 단결하라!"고 외쳤다.[14]

마르크스와 엥겔스는 시골에 울타리를 치고 토지를 빼앗긴 사람들을 도시로 몰아넣어 임금의 노예로 만듦으로써 자본가들이 이러한 일을 스스로 초래했다고 믿었지만 그들은 실상을 잘못 파악하고 있었다. 시골 사람들을 땅에서 몰아낸 것은 부유한 지주들이 아니었다. 그것은 성性이 한

---

* 마르크스와 엥겔스는 물론 다른 용어를 사용했다. 두 사람은 봉건적 생산양식에서 자본주의적 생산양식으로의 전환은 잉여노동의 착취를 증가시키지만 토대와 상부구조 간의 모순도 심화시킨다고 설명했다.

일이었다. 19세기의 집약 농업은 실제로는 더 적은 수가 아니라 더 많은 수의 농장 일꾼을 요구했다. 사람들이 농장을 버리고 도시로 간 진짜 이유는 생식이었다. 기대수명은 1750년과 1850년 사이에 약 3년 증가했다. 역사가들은 어째서 이 시기 기대수명이 증가했는지를 둘러싸고 의견이 엇갈리지만, 기대수명만큼 추가된 가임 기간은 여성이 더 늦게 결혼하거나 성생활방식을 바꾸거나 아이를 낙태시키지/굶겨죽이지 않는다면 더 많은 아이를 키워야 한다는 것을 뜻했다. 여성들은 실제로 행동양식을 바꿨지만 더 연장된 수명을 상쇄하기에는 충분하지 않았고 영국의 인구는 1780년과 1830년 사이에 대략 두 배로(약 1400만 명까지) 증가했다. 이 증가한 인구 가운데 약 100만 명은 농촌에 머물렀지만 600만 명은 도시에서 일자리를 구했다.

이 생식의 냉엄한 현실은 산업혁명의 유리잔이 절반 비었다기보다는 절반만 차 있는 것처럼 보이게 만든다. 산업화는 굉장히 고통스러운 경험이었지만 다른 대안은 더 끔찍했다. 16세기에 인구가 성장하면서 임금은 서양 전역에서 하락하고 있었지만 영국의 임금은 실제로 1775년 이후 상승했고 그 밖의 다른 지역의 수준과 격차가 점점 벌어졌다(도표 10.3). 1840년대 참혹한 아일랜드 기근으로 영국인이 대량 아사했을 때, 기근은 탐욕스러운 지주와 멍청한 정치가들과 더 관련이 있었지 산업화 탓이 아니었다(산업은 아일랜드에 두드러지게 부재했다).

아이러니한 사실은 국면이 노동자들에게 호의적으로 전환되던 바로 그 시점에 마르크스와 엥겔스가 그들의 강령을 체계화했다는 것이다. 1780년 이래로 자본가들은 많은 이윤을 시골 저택과 귀족 작위 등 벼락출세자들이 빠지게 마련인 각종 오류에 낭비했지만 새로운 기계와 공장에 그보다 더 많이 재투자했다. 1830년이 되자 이 투자는 더럽고 영양 상태가 나쁘고 제대로 교육을 받지 못한 '일손'들의 기계적으로 확대된 노동에서 매우 많은 이윤을 낳고 있었기에 사장들은 파업 노동자들을 해고하고 새로운 일손을 찾아 다른 사장들과 경쟁하는 대신 타협하는 쪽을 흔히 택했다. 다음 50년 동안 임금은 이윤만큼 빠르게 증가했고 1848년 마르크스와 엥겔스가 『공산당선언』을 출간했을 때 영국 노동자들의 임금은 흑사병 이후 도달했던 정점을 마침내 회복했다.

다른 모든 시대와 마찬가지로 1830년대도 그 시대가 필요로 하는 사상을 얻었고 노동자들의 가치가 점점 더 커지자 중간계급은 짓밟힌 사람들에게—일종의—공감을 느꼈다. 한편으로 실업은 철저하게 사악한 것으로 비쳤고 극빈자들은 구빈원에 수용되었다(물론 그들을 위한 일이라고 중간계급은 말했다). 다른 한편으로 바로 그 구빈원에 대한 디킨스의 생생한 묘사는 『올리버 트위스트』를 베스트셀러로 만들었고 개혁은 시대의 표어가 되었다. 공공조사위원회는 불결한 도시환경을 성토했고 의회는 9세 이하 아동의 공장 노동을 금지했으며 13세 이하 아동의 주당 노동시간을 48시간으로 제한했다. 그리고 대중 교육으로 향하는 첫 발걸음을 어렵사리 떼기 시작했다.

이 빅토리아시대 초기 개혁가들은 오늘날 눈에 위선적으로 보일 수도 있지만, 빈민의 삶을 개선하기 위해 실질적인 조치를 취한다는 생각 자체가 혁명적이었다. 동양 핵심부와의 대조는 특히 뚜렷하다. 중국에서 그래드그라인드나 코크타운, 공장의 일꾼들은 여전히 현저히 드물었고 학식 있는 선비들은 유토피아적 개혁 방안에 관해 손으로 쓴 상소문을 조정에 올리는 유서 깊은 전통을 이어나갔고 조정의 관료들은 상소를 무시하는 똑같이 오랜 전통을 이어나갔다. 개혁가 지망자들은 계속해서 대체로 지배층의 변방에서 나왔다. 거의 틀림없이 가장 건설적인 사회 비판가인 홍양길(사회적 쟁점에 대한 정부의 무능을 질타했다가 '극도로 무례'하다는 이유로 사형선고를 받았다)과 공자진(옷을 이상하게 입고 제멋대로인 서체를 구사하며 미친 듯이 도박을 한 괴짜)은 고급 관리가 되기 위한 과거에서 여러 차례 낙방했고 사회에 큰 충격에 미치지 못했다. 대운하를 따라 수송하다 쌀이 썩거나 부패하는 것을 방지하기 위해 바닷길로 베이징까지 쌀을 운송하는 1820년대 방안처럼 대단히 실용적인 계획도 그냥 방치되었다.

다른 곳을 제외한 오로지 서양에서만 석탄과 철의 멋진 신세계가 태어나고 있었고, 역사상 최초로 가능성은 진정 무한한 것 같았다. "우리는 이 세기의 처음 50년과 운명을 같이 한 것을 행복이자 특권으로 여긴다"라고 1851년 영국 잡지 『이코노미스트』는 열광적으로 말했다. "우리는 지난 50년 동안 **앞선 모든** 세기보다 더 급속하고 놀라운 진보를 목격했다. 문명화된 유럽에 국한하는 한 여러 결정적 부문에서 18세기와 19세기 간 차이는 1세기와 18세기 간 차이보다 더 크다."[15] 나머지 세계를 한참 뒤에 남겨둔 채 시간은 서양에서만 빠르게 흘러가고 있었다.

하나의 세계

1872년 10월 2일 저녁 7시 45분, 런던. 유명한 장면이 펼쳐진다. "여러분, 제가 왔습니다!"[16] 필리어스 포그가 개혁 클럽으로 성큼성큼 걸어들어오면서 자신의 도착을 알린다. 이집트에서는 은행 강도로 오인받고 네브래스카에서는 수sioux족의 공격을 받고 인도에서는 자살을 강요받은 아름다운 미망인을 구출하는 일에 말려들었음에도 불구하고(지도 10.4) 포그는 그가 장담한 일을 해냈다. 그는 정확히 1초를 남겨두고 80일 만에 세계를 일주했다.

허구적 장면이지만 쥘 베른의 다른 이야기와 마찬가지로 『80일간의 세계일주』는 확고하게 사실에 바탕을 두었다. 조지 트레인이라는 적절한 이

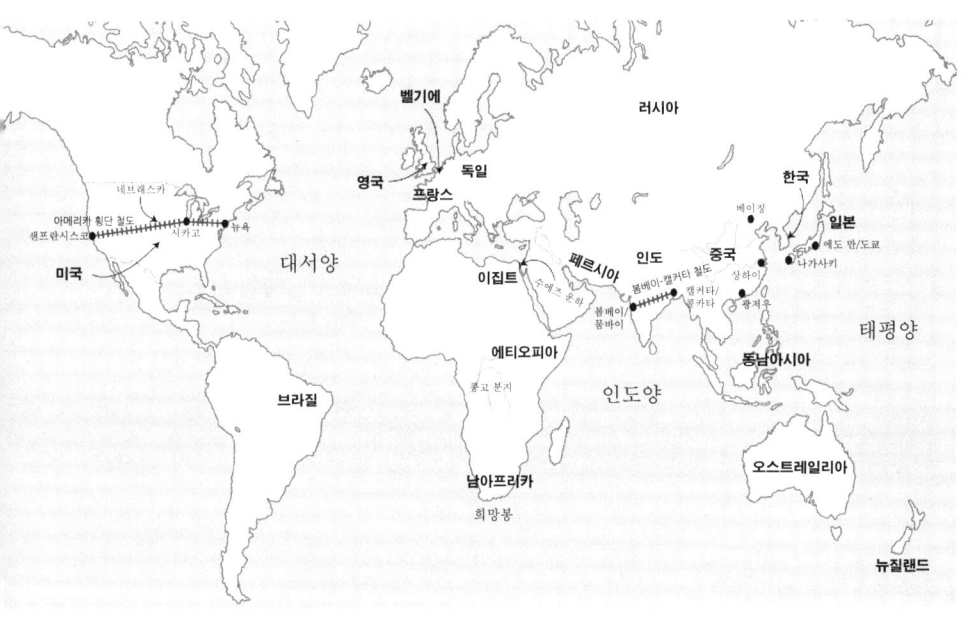

[**지도 10.4**] 세계일주: 서양의 지배가 세계를 축소시키다.

름의 남자[성姓이 '기차train'다]가 실제로 1870년에 80일 만에 세계를 일주했고, 비록 허구의 필리어스 포그는 신기술이 그의 기대를 저버릴 때마다 코끼리, 눈썰매, 범선에 의존했지만* 포그나 트레인이나 수에즈 운하(1869년 개통), 샌프란시스코–뉴욕 횡단 열차(같은 해 완공), 봄베이–캘커타 노선(1870년 완공)**이라는 최첨단 기술력의 승리가 없었다면 여행을 완수할 수 없었을 것이다. 세계는 포그가 출발하기 전에 공언한 대로 예전처럼 크지 않았다.

식민주의자들이 새로운 생활양식을 밖으로 가져가고 주변부의 사람들이 그들을 모방하거나 그들에게 저항하거나 혹은 그들로부터 도망치면서 사회발전의 증가와 핵심부의 팽창은 언제나 병행해왔다. 19세기는 규모와 속도 면에서만 다를 뿐이지만, 이러한 차이들은 역사의 경로를 바꿨다. 19세기 이전 대제국들은 세계의 이 지역이나 저 지역을 자신들의 의지에 복속시키면서 지배해왔지만 신기술은 모든 한계를 제거했다. 역사상 최초로 사회발전에서의 우위가 전 지구적 지배로 전환될 수 있게 되었다.

화석연료 에너지를 운동에너지로 전환한 것은 거리를 없앴다. 일찍이 1804년에 한 영국 기술자가 가벼운 고압 엔진이 철로를 따라 차량을 끌수 있다는 것을 보여주었고, 1810년대가 되자 유사한 증기기관이 외륜선을 움직였다. 다시 한 세대 동안 영감에 찬 각종 실험과 시도 끝에 조지 스티븐슨의 유명한 기관차 로켓호가 리버풀–맨체스터 구간을 연기를 내뿜으며 시속 46킬로미터로 주파했고*** 증기선이 대서양을 횡단했다. 사회발

---

* 그러나 열기구는 타지 않았다. 그 교통수단은 데이비드 니븐이 출연한 1956년의 근사한 영화판에서 추가된 것이다.

** 오늘날의 뭄바이와 콜카타.

*** 물론 이 속도는 아무것도 싣지 않았을 때였다. 13톤을 완전 적재했을 때는 더 장중한 시속 19킬로미터를 기록했다.

전은 지리를 그 어느 때보다 빠르게 변형시켰다. 바람과 파도에서 자유로워진 배는 어디든 갈 수 있을 뿐 아니라 언제든 갈 수 있었고 누군가가 철로를 까는 한 화물은 수상만큼 저렴하게 육상에서도 운송될 수 있었다.

기술은 식민화 과정도 바꿔놓았다. (2700만 가운데) 500만 이상의 영국인이 1851년과 1880년 사이에 해외로 이주했는데, 대부분은 궁극의 새 개척 지대인 북아메리카로 갔다. 1850년과 1900년 사이, 역사가 니얼 퍼거슨이 부른 대로, 이 "백인 역병"[17]은 70만 제곱킬로미터의 아메리카 삼림을 벌채했는데, 영국에서 경작 가능한 토지의 열 배가 넘는 규모다. 이미 1799년에 한 여행자는 아메리카의 개척자들이 "나무에 대해 도저히 꺾기 힘든 지독한 적대감을 품고 있다. (…) 그들은 자기들 앞에 있는 것은 가차없이 베어넘긴다. (…) 모두가 똑같은 운명을 겪고 똑같은 파괴에 휘말린다"[18]고 적었다. 100년 뒤 그들의 적대감은 둥치까지 잘라내는 기계와 화염방사기, 다이너마이트에 힘입어 더 커졌을 뿐이다.

전례 없는 농업의 성장은 마찬가지로 경이적인 도시들을 먹여 살렸다. 1800년에 뉴요커는 7만 9000명이었다. 1890년에는 250만 명이었다. 그동안 시카고는 세계의 경이가 되었다. 1850년 인구 3만 명이 살던 북미 대평원의 도시는 1890년이 되자 100만 명을 자랑하는 지상에서 여섯 번째 대도시가 되었다. 시카고에 비하면 코크타운은 점잖을 정도였다. 경악한 한 비판가는 이렇게 썼다.

이곳에서 미국의 중부와 거대한 서북부의 교통과 산업이 만나 굉음을 일으켰다. 제재소가 날카로운 소리를 내며 돌아갔다. 공장이 쿵쾅거리며 불길을 뿜었다. 바퀴가 돌아가고 피스톤이 실린더 안에서 격렬하게 움직였다. 톱니와 톱니가 맞물렸다. 벨트 장치가 거대한 바퀴의 활차를 꼭 붙들고 철공소의 전로轉爐가 자욱한 연기 속으로 용해된 쇳덩어리의 거센 숨결을 쏟아냈다.

그것은 제국이었다.[19]

모방은 유럽을 가로질러 동쪽으로 산업화를 전파하는 데 식민화보다 더 많은 일을 했다. 1860년에는 세계의 철강과 직물의 절반을 생산하는 영국만이 여전히 유일하게 철저한 산업 경제였지만 벨기에(질 좋은 석탄과 철을 보유했다)와 그 뒤를 이어 프랑스 북부로부터 둥그렇게 원호를 그리며 독일과 오스트리아를 거쳐 산업화가 전파되면서 증기와 석탄의 시대가 본격적으로 막을 열었다. 1910년이 되자 이전의 주변부였던 독일과 미국은 후진성에서 이점을 발견하며 그들의 스승을 능가했다.

영국보다 석탄이 풍부하지 않은 독일은 연료를 더 효율적으로 사용하는 법을 찾았고 언제 밸브를 잠그고 언제 보빈을 조여야 할지를 육감으로 아는ㅡ수 세대에 걸친 현장 훈련으로 길러진ㅡ숙련노동자가 부족한 현실을 기술교육으로 대체했다. 자본을 축적한 오래된 가족 기업이 부족한 미국은 다른 이점을 발견했다. 대규모의 현대적 사업을 위한 자금을 마련하고자 주식을 판매하자 소유주와 고용된 경영자 간의 분리가 사실상 이루어졌고, 경영자는 시간ㅡ동작 연구[작업 시간과 작업 동작과의 상관관계 연구]와 조립라인, 경영이라는 새로운 학문을 가지고 자유롭게 실험할 수 있었다. 이러한 책을 보고 배우는 지식은 영국인에게 다소 우스워보였지만 광학이나 화학 같은 새로운 하이테크 산업에서 약간의 과학과 경영이론을 아는 것은 감으로 하는 것보다 더 좋은 결과를 낳았다. 1900년이 되자 임기응변과 비조직적으로 어찌어찌 해내거나 영감에 찬 아마추어에 대한 신념을 여전히 간직한 영국이 우스워보이기 시작했다.

독일과 미국은 기술에 과학을 더 체계적으로 응용하면서 역사가들이 흔히 제2차 산업혁명이라고 부르는 분야를 주도했다. 그들은 20세기를 석유와 자동차, 비행기의 시대로 바꾸면서 필리어스 포그의 위업을 금세 구태의연하게 보이게 만들었다. 1885년 고틀리프 다임러와 카를 벤츠는 가솔린(이전에는 램프에 사용되는 등유의 저가 부산물에 불과했다)을 내연기관에서 효율적으로 연소시키는 방법을 알아냈고 같은 해 영국의 기술자들은 자전거를 개량했다. 튼튼한 새 구조틀에 가벼운 엔진을 장착하자 자동차와 비행기가 탄생했다. 1896년 자동차는 여전히 매우 느려서 미국의 첫 자동차 경주에서 훼방꾼들은 "말이나 타라!"[20]라고 고함을 쳤지만 1913년 미국은 100만 대의 자동차를 시장에 내놓았다. 그 무렵 노스캐롤라이나 출신 자전거 정비공 라이트 형제는 가솔린 엔진에 날개를 달아 비행에 성공했다.

석유는 지리를 변형시키고 있었다. "내연기관의 발전은 지금까지 세계가 목격한 것 중 최고다"라고 한 영국의 석유 사업가는 1911년 열변을 토했다. "석유는 곧 증기를 대체할 것이다. 그것도 거의 끔찍할 만큼 빠른 속도로."[21] 석유는 석탄보다 더 가볍고 더 많은 동력을 생산하고 운송 수단을 더 빠르게 가게 만들었기 때문에 증기기관을 고수하는 사람은 새로운 엔진에 투자한 사람에게 필연적으로 밀릴 수밖에 없었다. "무엇보다도 가장 필수적인 것은 **속도**"[22]라고 영국의 최고위 해군 자문관은 1911년 주장했고, 필연성을 따라 영국의 젊은 해군 장관—윈스턴 처칠—은 영국 해군의 주력 연료를 석탄에서 석유로 전환했다. 영국의 무한정한 석탄 매장량은 러시아와 페르시아, 동남아시아 그리고 무엇보다도 미국의 유전에 대한 접근성보다 덜 중요해지기 시작했다.

통신기술 역시 그만큼 신속하게 변화하고 있었다. 1800년에 세계에 메시지를 보내는 가장 빠른 길은 편지를 배에 실어보내는 것이었지만, 1851년이 되자 영국인과 프랑스인은 해저 케이블을 통해 보낸 전기신호로 메시지를 교환할 수 있었다. 1858년 영국 여왕과 미국 대통령은 대서양을 가로질러 전기신호를 교환했고 『80일간의 세계일주』에서는 몇 차례나 모든 일이 때맞춰 도착한 전보에 달려 있었다. 1866년과 1911년 사이에 대서양 횡단 전보 비용은 99.5퍼센트 감소했지만 그때가 되면 그런 절감은 당연하게 여겨졌다. 최초의 전화기는 1876년에 울렸는데 위의 책이 나오고 딱 3년 뒤였다. 1895년에는 무선전신이, 1906년에는 라디오가 나왔다.

빨라진 운송과 통신은 시장의 폭발적 성장을 견인했다. 과거 1770년대에 애덤 스미스는 부富가 시장의 규모와 노동 분업에 달려 있음을 깨달았다. 만약 시장이 크면 모두가 그들이 가장 싸게 잘 만드는 것을 생산한 다음 팔 수 있고, 그 수익으로 그 밖에 자신들이 필요한 것을 뭐든 살 수 있다. 스미스는 그렇게 하는 것이 모든 물건을 각자 스스로 생산하는 것보다 모두가 더 잘 사는 길이라고 판단해 열쇠는 자유화라고 주장했다. 경제적 논리는 사람들을 분리하는 장벽을 허물 것을, 그리고 "물건을 나르고 거래하고 교환하는 성향을 마음껏 추구하도록 내버려둘"[23] 것을 요구했다.

그러나 말은 쉽지만 실행은 어려운 일이었다. 영국의 산업가들처럼 세상에서 가장 저렴한 상품을 생산하는 사람들은 자유 시장에 대찬성했지만 경쟁력이 없고 가격이 비싸게 매겨진 상품을 생산하는 사람들—영국의 농장주 같은—은 흔히 의회에 로비를 해서 더 효율적인 경쟁상대에게 관세를 매기는 것이 새로운 직종으로 전환하는 것보다 더 남는 장사였다. 영국의 통치자들이 보호주의를 포기하기까지는 유혈사태와 정권의 몰락, 기근의 조짐이 필요했지만 그들이 보호주의를 포기하자 (그리고 수입품에 대한 평균 관세가 1825년 무렵 50퍼센트 이상에서 50년이 지나 10퍼센트 이하로 떨어지면서) 세계 시장이 급격하게 성장했다.

어떤 이들에게는 자유 시장에 대한 열풍이 광기처럼 보였다. 영국의 제조업자들은 기차와 배, 기계를 수출했고 영국의 금융가들은 외국인에게 그것들을 살 돈을 빌려주었다. 사실상 영국은 영국의 경제적 지배에 도전하게 될 외국 산업을 건설하고 있었다. 그러나 자유무역 옹호자에게는 광기에도 이치가 있는 법이었다. 모든 곳에, 심지어 경쟁상대에게도 물건을 팔고 돈을 빌려줌으로써 영국은 어마어마하게 커다란 시장을 창출해서 가장 큰 이윤을 낳는 산업 (그리고 갈수록 금융) 기술들을 집중할 수 있었다. 그뿐이 아니었다. 영국의 기계는 미국인과 유럽인이, 영국인이 구입해야 하는 식량을 생산하는 것을 도왔고 외국인이 영국에 식량을 수출하면서 얻는 이윤은 그들이 더 많은 영국 상품을 구입하는 것을 가능케 했다.

자유무역 옹호자들은 모두—어쨌거나 냉엄한, 그래드그라인드적인 자유화의 논리를 기꺼이 인정하는 모두—가 이기는 게임이라고 생각했다. 영국처럼 자유무역에 열성적인 나라는 거의 없었지만(독일과 미국은 특히 자신들의 유치산업을 영국과의 경쟁으로부터 보호했다), 1870년대가 되자 서양 핵심부는 실질적으로 단일한 금융체제로 묶였다. 그곳의 다양한 통화들은 금을 본원통화로 하여 일정 환율로 고정되어, 교역을 더욱 예측 가능하게 하고 정부가 시장의 규칙에 따라 움직이도록 만들었다.

그러나 그것은 시작에 불과했다. 자유화는 국내 장벽들을 건드리지 않은 채 국가 간 장벽만 일소하며 국경선에서 멈출 작정이 아니었다. 자유화는 마르크스와 엥겔스가 가장 분명하게 파악한 것처럼 일괄 거래였다.

지속적인 생산의 변혁, 모든 사회 조건에 대한 끊임없는 동요, 끝나지 않은 불확실성과 소요는 부르주아 시대를 이전 모든 시대와 구별한다. 붙박이로 딱딱하게 굳어진 관계들은 줄줄이 엮인 케케묵은 편견 및 의견들과 더불어 모조리 일소되며 새롭게 형성된 모든 관계는 완전히 굳어지기도 전에 한물간 것이 된다. 모든 견고한 것은 녹아 허공 속에 사라지고, 모든 신성한 것은 더럽혀지고, 인간은 마침내 말짱한 정신으로 자신의 삶의 실제 조건과 그와 동류인 사람과의 관계에 직면할 수밖에 없다.[24]

만약 사람들이 옷을 어떻게 입고 어떤 신을 섬기고 어떤 일을 해도 되는지를 규정하는 전통적인 규칙과 규제가 생산성과 시장의 성장에 간섭한다면, 그러한 전통들도 폐기되어야 한다. "집단적으로든 개인적으로든 다른 사람의 행동의 자유에 간섭하는 데 인간에게 허용된 유일한 목적은 자기 방위다"라고 자유주의 이론가 존 스튜어트 밀은 결론 내렸다. "그 자신에 대해, 그의 신체와 정신에 대해 개인은 주인이다."[25] 그 외 모든 것은 누구나 차지할 수 있다.

농노제, 길드, 이동과 직업에 대한 다른 법적 규제는 무너졌다. 1865년 미국이 노예제를 종식하기 위해서는 전쟁을 치러야 했지만 노예를 보유한 서양의 다른 국가들은 입법을 통해 한 세대 만에 그 해묵은 제도에 평화적인(그리고 흔히 유익한) 종식을 가져왔다. 고용주는 점점 더 노동자와 타협했고 1870년 뒤 대부분의 나라는 노동조합과 사회주의정당을 합법화하고 남성보통선거권을 도입했으며 무상 초등의무교육을 실시했다. 임금이 상승하자 일부 정부는 은퇴를 대비한 저축 계획, 공중보건 프로그램, 실업 보험 등을 제공했다. 그 대가로 노동자들도 병역에 동의했다. 결국엔 지켜야 할 것이 그렇게 많은데 누군들 기꺼이 싸우지 않겠는가?

자유화는 심지어 케케묵은 편견들도 잠식했다. 기독교도는 2000년 가까이 유대인과 예수를 제대로 따르지 않는 사람들을 박해해왔으나, 갑자기 다른 사람들의 신앙은 그들이 알아서 할 일로 여겨졌고 확실히 그들이 재산을 소유하거나 투표를 하는 것을 막을 이유는 아니었다. 사실, 점점 더 많은 사람에게 신앙은 아예 그다지 중요한 관심사가 아니었고 사회주의나 진화론, 민족주의 같은 새로운 신조들이 종교가 오랫동안 차지해왔던 자리를 채웠다. 그리고 신을 권좌에서 몰아낸 것도 충분하지 않다는 듯 가장 견고한 편견, 여성의 열등한 지위도 공격을 받았다. 밀은 "여성과 남성 사이 기존 사회관계를 규정하는 원리들—여성이 남성에 법적으로 예속되는 것—은 그 자체로 틀렸으며, 이제 인류 발전의 주요한 장애 가운데 하나다. 아내만큼 그렇게 오랜 기간 동안, 그렇게 온전한 의미에서 노예인 노예도 없다"[26]고 썼다.

영화와 소설들은 흔히 빅토리아시대를 촛불과 따뜻한 난롯가, 제 분수를 아는 사람들의 아늑한 세상으로 그리지만 당대 사람들은 빅토리아시대를 매우 다르게 경험했다. 마르크스와 엥겔스는 19세기 서양을 "자신이 주문으로 불러들인 지하 세계의 힘을 더 이상 통제할 수 없는 마법사"[27] 같다고 생각했다. 예술가와 지식인들은 거기에 환호했다. 보수주의자들은 반발했다. 교회는 (일부는 요령 없게, 일부는 영리하게) 사회주의와 물질만능주의, 과학에 반대했다. 지주 귀족층은 그들 계층의 특권을 옹호했다. 반유대주의와 노예제가 때로 새로운 가면을 쓰고 다시 고개를 쳐들었다. 대립은 폭력적일 수도 있었다. 마르크스와 엥겔스는 사실, 1848년에야 가까스로 자신들의 사상을 『공산당선언』에 종합할 수 있었는데, 그때 혁명이 유럽의 거의 모든 수도를 뒤흔들고 있었고 종말의 시간이 가까워온 것 같았기 때문이다.

서양 사회는 최근인 1750년까지도 동양과 그렇게 닮아보이던 특징을 급속하게 벗어버리고 있었다. 흔히 그렇듯이 이것을 소설만큼 뚜렷하게 보여주는 것도 없다. 19세기 중국 문학에서 당시 유럽 소설에 넘쳐나던 자기주장이 강한 여주인공을 찾아봐야 헛수고다. 여성의 예속에 대한 항의에 그나마 가장 가까운 작품은 이여진의 기괴한 풍자소설 『경화연』인데, 그 속에서 남자 상인은 억지로 여성이 되어 심지어 전족까지 하게 된다("그의 발은 원래 모습을 거의 잃었다. 피와 살은 눌려서 너덜너덜해졌고 남아 있는 일부는 뼈와 피부밖에 없었으며, 아닌 게 아니라 앙증맞은 크기로 쪼그라들었다"[28]) 디킨스 소설에서 신분이 상승한 남자 주인공들도 마찬가지로 찾기 어렵고 새뮤얼 스마일스의 자수성가 인간은 더욱 찾기 어렵다. 심복이 쓴 『부생육

기』의 정서—낭만적이고도 감동적인, 그러나 완고한 사회질서에 의해 좌절된 정서—가 훨씬 더 전형적이다.

그러나 서양이 진정으로 새로운 것은, 갈수록 속도를 올리면서 나머지 세계가 한가롭게 거니는 길과는 완전히 다른 길을 따라 질주할수록, 나머지 세계가 자신이 가는 방향으로 숨 가쁜 보조로 따라올 것을 강제한다는 점이었다. 시장은 잠들 수 없다. 갈수록 더 많은 활동을 통합하면서 팽창해야 한다. 그렇지 않으면 게걸스러운 산업의 야수는 죽고 만다. 부식성을 띤 서양의 자유주의가 내뿜는 산성은 사회 간 장벽과 사회 내 장벽을 침식했고, 아무리 많은 관습과 전통, 황제의 칙서로도 심복을 그렇게 짓눌렀던 오래된 질서를 보존할 수 없었다. 준비가 되었든 안 되었든 이제는 하나의 세계였다.

네메시스

세계화는 그 시대의 비밀을 드러냈다. 이 새로운 세계에서 서양이 단순히 사회발전에서 **앞서나가고 있다**는 말은 말장난에 불과하다는 것을. 수천 년 동안 최초의 농경 핵심부는 대체로 지구의 여러 지역에서 독자적으로 팽창해왔지만 사회발전의 상향운동은 세계의 핵심부들을 서로 연결하며 꾸준하게 지리를 변형시켰다.

이미 16세기에 새로운 종류의 원양 항해선은 유럽인이 아즈텍인과 잉카인을 제압하는 것을 가능케 했고 과거 독자적이었던 신세계의 핵심부를 훨씬 확대된 서양의 멀리 뻗은 주변부로 전환시켰다. 18세기에 유럽인은 남아시아 핵심부 역시 그러한 주변부로 전환시켰고 19세기에 기선과 철도, 전신은 서양이 전 세계에 도달할 수 있게 하며 다시금 지리를 변형시켰다. 서양의 최강대국인 영국은 지구상 거의 어느 곳에서나 자신들의 의지를 행사할 수 있었고, 서양인이 환경에서 더 많은 에너지를 추출했다. 그렇게 뽑아낸 에너지를 전쟁에 투입하는 비율은 급증했다. 서양의 에너지 획득은 1800년과 1900년 사이 2.5배 증가했지만 군사력은 10배 증가했다. 산업혁명은 사회발전에서 서양의 우위를 서양의 지배로 전환시켰다.

그러므로 동양의 강대국들이 서양의 상인들을 광저우와 나가사키의 자그마한 고립지구에 제한하면서 이러한 현실을 무시하기로 한 것은 짜증나는 일이었다. 제9장에서 언급한 대로 영국의 매카트니 경이 1793년 베이징에 가서 문호 개방을 요구했을 때 건륭제는 일언지하에 거절했다. 비록 매카트니가 그의 일기에 신랄하게 기록한 대로 중국인들은 "하나같이 장사꾼 기질을 타고났고, 우리가 정박한 항구들에서는 우리의 배가 자주 입항하는 것만큼 더 기분 좋은 일도 없는 것 같았지만"[29] 말이다.

1830년대 이 문제는 전면에 부상했다. 원래 서양의 상인들은 광저우로 와서 중국 관리들이 원하는 것 가운데 자신들이 갖고 있는 유일한 품목인 은을 차, 비단과 교환해왔다. 1780년이 되자 700톤에 가까운 서양의 은이 매년 광저우로 유입되었다. 그러나 영국의 동인도회사는 관료들이 뭐라고 하든지 간에 다수의 중국인은 아편, 즉 인도에서 재배되는 기적의 약에도 관심이 많다는 것을 발견했다. 서양의 거래상들(특히 영국 거래상들)은 아편을 열심히 들이밀었다. 1832년이 되자 충분한 양―거의 1200톤―의 아편이 광저우로 쏟아져들어와 200만~300만에 달하는 중독자들을 1년 내내 마약에 취하게 해주었다(도표 10.5). 마약 대금을 지불하자 중국으로의 은 유입은 400톤가량의 순유출로 바뀌었다. 이 정도면 많은 양의 마약이자 많은 양의 돈이었다.

거래상들은 아편이 "중국 사회 상류층에, 브랜디와 샴페인이 영국 사회 상류층에 하는 일과 같은 일을 할 뿐"[30]이라고 주장했지만, 이는 사실이

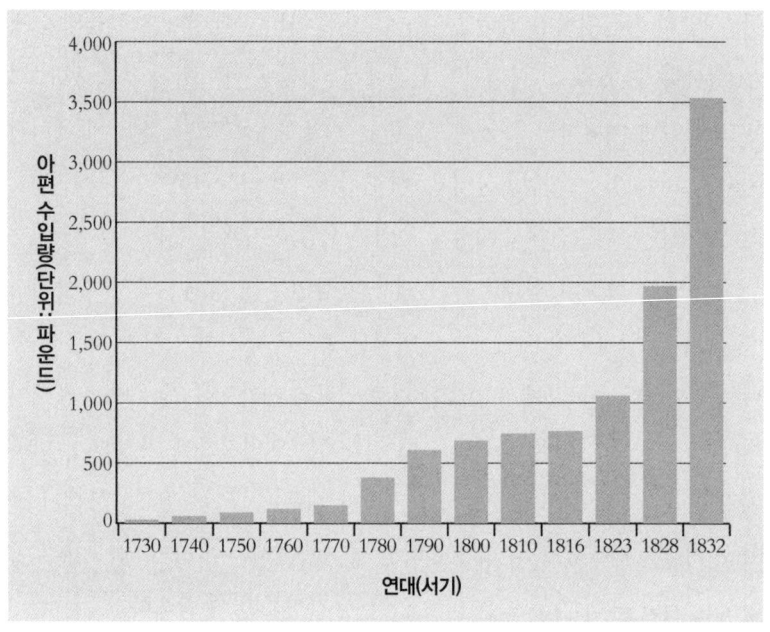

아니었고 그들도 알고 있었다. 아편은 오늘날 도심 슬럼가에서 볼 수 있는 암울한 실상과 다르지 않게 사람들의 인생을 줄줄이 망가트렸다. 게다가 아편 장죽이라고는 구경도 안 해본 농민들의 삶까지 힘들게 했다. 마약상들에게 은이 유출되면서 은의 가치가 올라가자 농부들은 세금을 내기 위해 필요한 은화를 마련하고자 더 많은 소출을 팔아야 했다. 1832년이 되자 세금은 실질적으로 50년 전보다 두 배나 올랐다.

도광제의 신료들 가운데 일부는 냉정한 시장의 해법을 권유했다. 아편을 합법화하자. 그러면 국산 양귀비[아편의 원료]가 영국 수입산 아편을 잠식하여 은의 유출을 막고 세수도 늘어날 것이다. 그러나 도광제는 공자의 가르침을 따르는 선량한 황제였고 백성들의 타락한 욕망에 굴복하는 대신 그들을 그들 자신들로부터 구해주고 싶었다. 1839년 그는 마약과의 전쟁을 선포했다.

나는 서론에서 마약과의 이 첫 번째 전쟁[이른바 제1차 아편전쟁. 정식 명칭은 제1차 중영전쟁이다]에 대해 몇 마디 설명했다. 처음에는 일이 잘 굴러갔다. 도광제의 마약 단속 총책은 수백 톤의 아편을 몰수해 불태우고 바다에 버렸다(물론 바다에 버리기에 앞서 바다를 오염시킨 데 대해 해신에게 용서를 구하는 적절한 고전적인 시를 지어 바쳤다). 그러나 그 뒤의 일은 그만큼 잘 돌아가지 않았다. 시장의 마법이 통하지 않는 곳에서는 대포의 마법이 더 잘 통하리라는 것을 알아차린 영국의 무역감독관은 내켜하지 않는 본국 정부를 중국과의 총격전에 끌어들였다.

다음에 일어난 일은 산업시대 전쟁의 힘을 적나라하게 과시한 것이었다. 영국의 비밀 무기는 선체 전부를 철판으로 만든 최신형 기선 네메시스호였다. 영국 해군조차도 그렇게 앞서나간 무기에 대해서는 의구심을 품었다. 네메시스호의 함장도 인정했듯이 "나무는 물에 **뜨는** 성질 때문에 형태나 구조에 상관없이 배를 건조하는 데 가장 자연스러운 재료지만 쇠는 **가라앉는** 성질 때문에 그와 유사한 목적에는 매우 적합하지 않은 것처럼 보인다".[31]

이러한 걱정들은 근거가 충분한 것 같았다. 철로 된 선체는 나침반을 고장 냈다. 네메시스호는 잉글랜드를 떠나기도 전에 바위와 부딪혔고 희망봉 앞바다에서는 두 동강이 날 뻔했다. 강풍이 몰아치는 가운데 배 밖에 대롱대롱 매달려 뱃전에서 몇몇 잡다한 목재와 철판을 접합한 뒤에야 함장은 간신히 네메시스호를 바다 위에 떠 있게 할 수 있었다. 그렇지만 광저우에 도착하자 모든 것이 용서되었다. 네메시스호는 목조선은 갈 수 없는 얕은 여울을 증기력으로 거슬러올라가 앞을 가로막는 것을 모두 산산이 날려버리면서 이름값을 했다[네메시스Nemesis는 그리스신화에서 인과응보,

천벌을 의인화한 여신].

　1842년 영국 배들은 대운하를 봉쇄하여 베이징을 아사 직전으로 몰아갔다. 강화조약을 책임진 광저우의 지사 기영은 "소小를 버리고 대大를 취할 수 있다"[32]고 황제를 안심시켰지만 실제로는 영국—그 뒤 차례로 미국, 프랑스, 다른 서양 국가들—이 요구한 대로 중국의 항구를 개방했다. 그리고 이 서양 오랑캐(도판 10.6)들에 대한 중국인의 적대감 때문에 이렇게 얻어낸 특권이 기대만큼 이익을 가져오지 않자 서양인은 더 많은 것을 내놓으라고 졸랐다.

　상업적 경쟁상대가 다른 무역상들을 새로운 시장에서 배제할 어떤 특권을 얻어낼까 두려워한 서양인은 자기들끼리도 엎치락뒤치락했다. 1853년 그들의 드잡이는 일본으로 번졌다. 매슈 페리 부제독은 기선을 끌고 에도 만으로 진입해 중국으로 가는 미국 기선들이 그곳에서 연료를 재보급할 수 있는 권리를 요구했다. 그는 현대적 전함을 단 네 척 끌고 왔을 뿐이었지만 일본 전역의 대포를 합친 것보다 더 큰 화력을 과시했다. 간담이 서늘해진 목격자는 전함을 가리켜 "물 위를 자유롭게 떠다니는 성채"라고 말했다. "우리가 바다 위에서 화재가 났다고 생각했던 것은 사실 [그들의 기선] 굴뚝에서 나오는 검은 연기였다."[33] 일본은 미국에 두 개항장에서 무역 권한을 주었다. 영국과 러시아도 뒤질세라 같은 것을 요구했고 물론 얻어냈다.

　좋은 자리를 차지하려는 몸싸움은 거기서 그치지 않았다. 1842년 중국과 체결한 조약 부칙에서 영국인 변호사들은 '최혜국'이라는 새로운 지위를 발명해냈는데, 중국이 다른 서양 강대국에게 주는 특권은 무엇이든 영국한테도 주어야 한다는 뜻이었다. 1843년 미국이 중국과 체결한 조약에는 12년 뒤 재교섭 조항이 포함되어 있었기에, 1854년 영국 외교관들은 똑같은 권리를 요구했다. 청나라가 구실을 대며 요구를 회피했고 영국은

[도판 10.6] 문화 충돌: 불을 뿜는 영국인 선원을 묘사한 1839년 중국의 그림.

다시 전쟁에 돌입했다.

영국 의회마저도 이것은 좀 너무하다고 생각했다. 의회는 파머스턴 수상에 대한 불신임을 결의했고 그의 내각은 붕괴했지만, 곧 이은 총선거에서 유권자들은 오히려 야당과의 의석 차이를 벌려주며 수상을 복귀시켰다. 1860년 영국과 프랑스는 베이징을 점령하고 원명원을 불태웠으며 루티를 발모럴 성으로 보냈다. 이에 뒤질세라 미국 총영사는 미국 이외의 유일한 대안은 영국의 선박들이 쳐들어와 일본에 아편을 들여놓게 되는 것이라고 협박하여 일본과 새로운 조약을 체결했다.

1860년 서양은 거인처럼 세계를 주름잡고 있었고 그들의 세력 범위는 무한한 것 같았다. 고작 한 세기 전 세계에서 가장 높은 사회발전지수를 자랑하던 고대 동양의 핵심부는 남아시아와 아메리카 대륙의 이전 핵심부처럼 서양 핵심부의 새로운 주변부가 되어갔다. 이제 유럽인이 다수 정착한 북아메리카는 그 자신이 핵심부로 밀고들어오고 있었다. 이 거대한 지리의 재편에 대응하여 유럽인은 여전히 더 새로운 변경 지대를 열었다. 그들의 증기선은 정착민이라는 백인 역병을 남아프리카와 오스트레일리아, 뉴질랜드로 실어갔고 짐칸에는 곡물과 양을 잔뜩 실어 돌아왔다. 1870년까지 서양의 지도에서 여전히 빈 공간이었던 아프리카는 1900년이 되자 거의 전적으로 유럽의 지배 아래 놓이게 되었다.

1919년에 이 시절을 회고하면서 존 메이너드 케인스는 그 시절을 황금기로 기억했다.

그 시절에 (서양의) 중간계급과 상류층은 저렴한 비용과 최소한의 수고로 다른 시대의 가장 부유하고 강력한 군주도 누리지 못한 편의와 안락, 오락을 즐겼다. 런던 거주자들은 침대에 앉아 아침 차를 홀짝거리면서 전화로 전 지구상의 다양한 상품을 주문할 수 있었고 (…) 주문 상품이 조만간 문간에 도착할 것이라 예상하는 것도 지나친 기대는 아니었다. 그는 동시에 동일한 수단을 이용해 세계 어느 지역이든 새로운 사업과 천연자원에 재산을 투자할 수도 있었다. (…) 원한다면 어느 나라나 어느 기후대로도 여권이나 다른 공식적 절차 없이 당장 갈 수 있을 만큼 편안하고 저렴한 이동 수단을 확보하는 것이 어렵지 않았다. (…) 타지방의 종교나 언어, 관습에 대한 지식 없이 현금을 챙겨서 국외로 나갈 수 있었고 여행에서 만나는 최소한의 장애에도 크게 놀라거나 굉장히 고생했다고 느꼈으리라.[34]

그러나 1890년 대부분을 콩고 분지에서 보낸 조지프 콘래드에게는 상황이 꽤 다르게 보였다. "지구상에서 정복이라고 하는 것은 대부분 우리와는 피부색이 다르고 우리보다는 코가 약간 낮은 사람들을 약탈하는 것을 뜻하니, 그 행위를 곰곰이 들여다보면 그리 보기 좋은 일이 못 된다"[35]고 그는 탈식민주의의 고전인 『어둠의 심연』에서 생각했다.

콩고는 확실히 극단적인 경우였다. 벨기에의 레오폴드 국왕은 콩고를 개인 재산으로 소유했고, 그에게 고무와 상아를 바치도록 다른 이들을 독려하기 위해 500만이나 그 이상의 콩고 사람들을 고문하고 토막 내고 살해하여 억만장자가 되었다. 그렇다고 그게 유례없는 일은 전혀 아니었다. 북아메리카와 오스트레일리아에서 백인 정착민은 원주민을 전멸하다시피 했고, 일부 역사가는 1876~1879년과 1896~1902년의 약한 몬순의 날씨가 초래한 재앙을 유럽 제국주의 탓으로 돌리기도 한다. 비록 흉년이 들었지만 지주들은 계속해서 식량을 서양의 시장에 수출했고 중국부터 인도와 에티오피아, 브라질까지 배고픔은 기근으로 바뀌었다. 이질과 천연두, 콜레라, 그리고 흑사병이 뒤따라 약 5000만 명의 쇠약한 사람들의 목숨을 앗아갔다. 일부 서양인은 굶어죽어가는 사람들을 구호했다. 어떤 이들은 아무 일도 일어나지 않은 척했다. 그리고 어떤 이들은 『이코노미스트』

처럼 기아 구호 활동은 배고픈 사람들에게 "그들의 생존을 유지시키는 것은 정부가 할 일"[36]이라는 것을 가르쳐줄 뿐이라고 툴툴거렸다. 콘래드가 그린 사악한 천재, 정글에서 자신만의 왕국을 세운 커츠가 죽어가면서 속삭인 말이 유럽 제국주의의 묘비명이 된 것도 당연하다. "끔찍하다! 끔찍해!"*[37]

동양은 최악은 피했지만 여전히 서양인의 손에 패배와 굴욕, 착취를 당했다. 중국과 일본은 잡다한 애국자와 반체제 인사, 범죄자들이 모든 것을 정부 탓으로 돌리면서 무기를 들고 싸우는 바람에 사분오열되었다. 종교적 광신도와 의용군들은 요새화된 외국인 거주지를 벗어난 서양인과 이 침입자들에게 유화적인 관료들을 살해했다. 서양의 해군은 보복으로 해안 도시를 포격했다. 경쟁 분파들은 서양인 간의 대립을 이용했다. 유럽 무기가 일본에 쇄도했고 1868년 영국의 지지를 받는 분파가 합법적 정부를 전복했다. 중국에서 내전은 2000만 명의 목숨을 앗아갔고, 마침내 서양의 금융가들이 정권 교체는 자신들의 이익에 해가 될 것이라고 판단하자 미국과 영국의 군 장교들, 그들이 가져온 포함砲艦의 도움을 받은 '상승군'이 청 왕조를 구했다.

서양인은 동양의 정부에 할 일을 지시했고 그들의 자산을 점유했으며 회의실을 외국 고문관으로 채웠다. 당연한 일이지만 이들은 서양 수입품에 대한 관세와 서양인이 구입하기를 원하는 상품의 가격을 억제했다. 때로는 서양인조차 그러한 과정을 불편해했다. 1879년 율리시스 S. 그랜트는 일본 천황에게 "유럽의 강대국들이 아시아 나라들에 굴욕감을 안기려는 모습을 목격하면서 피가 끓은 적이 한두 번이 아니었다"[38]라고 말했다.

---

* 오늘날에는 아마도 프랜시스 포드 코폴라 감독이 『어둠의 심연』을 1960년대 베트남을 배경으로 다시 그린 영화 「지옥의 묵시록」에서 말런 브랜도의 대사로 잘 알려져 있을 것이다.

그러나 대부분의 서양인에게 사태는 지극히 정상인 것 같았고 동양의 몰락이라는 배경 속에서 서양의 지배를 설명하는 장기고착이론이 굳어졌다. 부패한 황제와 굽실거리는 유학자들, 10억 명의 빈사 상태 막일꾼들이 있는 동양은 언제나, 역동적인 서양에 종속될 운명이었다. 세계는 최종적인, 예정된 형태에 도달하고 있는 것 같았다.

동양의 전쟁

오만하고 자화자찬하는 19세기 장기고착이론의 옹호자들은 한 가지 커다란 사안을 간과했다. 바로 그들의 시장 주도 제국주의의 논리 말이다. 시장이 영국 자본가들로 하여금 미국과 독일에서 막강한 경쟁상대의 산업 기반 시설을 건설하도록 이끈 것처럼, 이제 시장은 자본과 발명품, 노하우를 동양에 쏟아부은 서양인에게 보답했다. 서양인은 가능할 때마다 자신들에게 유리하게 손을 썼지만 새로운 이윤을 끊임없이 추구하는 자본은 붙들 준비가 된 동양인에게도 기회를 제공했다.

동양인이 기회를 붙든 속도는 놀라웠다. 1860년대 중국의 '자강' 운동이나 일본의 '문명개화' 운동은 과학, 정부, 법률, 의학에 관한 서양의 저작을 중국어와 일본어로 번역하고 서양의 문물을 직접 살펴보기 위해 서양으로 대표단을 파견하면서 그들이 보기에 서양에서 가장 좋은 것들을 본받는 데 앞장섰다. 서양인은 앞다퉈 동양인에게 그들의 최신 기계를 팔았고 중국과 일본의 그래드그라인드들은 시골을 공장으로 더럽혔다.

어떤 면에서 이것은 전혀 놀랍지 않았다. 동양인이 서양의 사회발전 수준을 그렇게 높이 끌어올린 도구를 집어들었을 때 그들은 6세기 전 서양인이 나침반과 주철, 화포와 같은 동양의 도구를 가지고 했던 것과 똑같은 일을 하고 있었을 뿐이다. 그러나 다른 측면에서는 무척 놀라웠다. 서양의 지배에 대한 동양의 반응은 이전 3세기에 걸쳐 서양의 주변부로 흡수된 신세계와 남아시아의 이전 핵심부들에서의 반응과 뚜렷하게 달랐다.

아메리카 원주민들은 토착 산업을 발달시키지 못했고 남아시아에서의 토착 산업 발전은 동아시아보다 훨씬 느렸다. 일부 역사가는 문화가 이러한 차이를 설명한다고 생각한다. (다소간 암묵적으로) 서양 문화는 근면성과 합리성을 강력하게 북돋우는 반면 동양의 문화는 미약하게만 고무할 뿐이며 남아시아 문화는 그보다 약하고 다른 문화들은 전혀 그렇지 않다고 주장하는 식이다. 그러나 이러한 식민주의시대 사고방식의 유산은 맞을 리가 없다.

우리가 서양의 지배에 대한 반응들을 더 긴 시간대에서 살펴보면 사실, 두 가지 현격한 상관관계를 볼 수 있다. 첫째, 동양 핵심부처럼 서양의 지배 이전에 비교적 높은 사회발전 수준에 도달한 지역들은 비교적 사회발전지수가 낮은 지역들보다 더 빠르게 산업화하는 경향이 있다. 둘째, 직접적인 유럽의 식민화를 피한 지역은 식민지가 된 지역보다 흔히 더 빠르게 산업화했다. 일본은 1853년 이전에 높은 사회발전지수를 기록했고 식민지가 되지 않았다. 일본의 근대화는 1870년대 본격적으로 시작되었다. 중국은 사회발전 수준이 높았고 부분적으로 식민지가 되었다. 중국의 근대화는 1950년대 본격적으로 전개되었다. 인도는 사회발전 수준이 중간 정도였고 완전히 식민지가 되었다. 인도의 근대화는 1990년대가 되어서야 본격적으로 시작되었다. 사하라 이남 아프리카는 사회발전 수준이 낮고 완전히 식민지가 되었으며 이제야 근대화를 따라가고 있다.

19세기 동양이 (산업화 이전 기준에서 볼 때) 선진적인 농업과 대도시, 높은 문자해독률, 강력한 군대가 있는 세계였기 때문에 동양의 주민들은 서양의 방법들을 새로운 배경에 맞게 조정할 길을 찾을 수 있었다. 동양인은 제국주의를 둘러싼 서양인의 대립까지 채택했다. 동양의 자본가마다 "비실용적인 아름다움은 옛 삶에서 한 자리를 차지했지만 새로운 삶은 오로지 추한 유용성만을 요구한다"[39]고 투덜거리는 늙어가는 사무라이가 있었고, 비록 실질임금은 도시에서 1900년이 되자 서서히 오르는 중이었지만 중국과 일본의 반체제 인사들은 열심히 사회주의정당을 설립했다. 1920년이 되자 그러한 당원 가운데에는 젊은 마오쩌둥도 있었다.

산업화를 둘러싼 동양의 논쟁은 나라마다 달랐다. 서양에서 일어난 것과 똑같이, 위인과 한심한 멍청이, 문화, 혹은 뜻밖의 행운은 일단 산업적 도약의 가능성이 나타나면 그것을 막기 위해 할 수 있는 일이 거의 혹은 전혀 없었고—역시 서양에서와 유사하게—이러한 힘들은 어느 나라가 동양의 산업화를 주도할 것인지를 결정하는 문제와는 크게 상관이 있었다.

1885년 윌리엄 길버트와 아서 설리번이 런던에서 코믹 오페라 「미카도」를 선보였을 때 그들은 일본을 이국적 동양의 전형, 아가씨들이 사랑 때문에 죽고 최고 사형집행관이 자기 목을 베어야 하는, 딱 그런 곳으로 삼았다. 그러나 실제로는 일본은 이미 역사상 어느 사회보다 더 빠르게 산업화하고 있었다. 내전을 끝낸 뒤 1868년 기민하게 젊은 새 천황을 옹립한 도쿄의 영리한 위정자들은 일본을 서양 강대국과의 전쟁에 말려들지 않게 하는 데 성공했고 대체로 토착 자본을 가지고 산업화를 추진했으며 성난 사람들이 외국인들을 자극하는 공격을 하지 못하도록 만류했다. 그러나 베이징의 서투른 위정자들은 반대로 선교사들에 대한 폭력을 묵인하거나 심지어 부추겼고 1884년 어리석게 프랑스와의 전쟁에 빠져들었으며(한 시간 만에 비싼 새 함대를 거의 다 잃었다) 감당할 수 없는 규모의 외채를 빌렸다 (그리고 횡령도 했다).

일본의 엘리트들은 자유화가 일괄 거래라는 사실까지 인정했다. 그들은 실크해트를 쓰거나 크리놀린을 입었다. 어떤 이들은 로마자 채택을 논의했고 어떤 이들은 영어 공용화를 원했다. 그들은 일본에 효과가 있는 것이라면 뭐든 고려해볼 태세였다. 그러나 청나라의 통치자들은 반대로 사분오열되었다. 46년 동안 서태후는 수렴청정을 하면서 청 왕조를 위협할지도 모를 어떠한 근대화에도 반대했다. 서양식 문물에 대한 그녀의 유일한 접촉은 함대 재건에 들어갈 돈을 유용해 미시시피 강 위에 떠 있는 기선의 모형을 대리석으로 만들어 자신의 여름 궁전을 장식한 것이었다(모형은 여전히 그곳에 있고 한번 구경할 만하다). 조카인 광서제가 1898년 (행정제도를 정비하고 과거제를 개혁하고 근대식 학교와 대학을 설립하고 수출용 차와 비단 생산을 조정하고 광산 채굴과 철도 부설을 촉진하고 군대를 서양화하는) 무술변법을 단행하려고 하자 서태후는 광서제가 자신을 다시 섭정으로 불러들였다고 공표한 뒤 조카를 궁중에 가두고 근대화를 추진한 신료들을 처형했다. 광서제는 최후까지 개혁가였지만, 1908년 서태후도 죽음을 눈앞에 둔 가운데 비소에 독살당했다.

중국이 근대화로 간신히 몇 발짝을 떼는 동안 일본은 내달렸다. 1889년 일본은 부자들에게 선거권을 주었고 서양식 정당을 허용했으며 근대적 정부 부처를 수립하는 헌법을 제정했다. 중국은 서태후 임종 무렵에야 입헌을 허용하여 1909년 남성제한선거권을 부여했다. 일본은 대중교육을 최우선 과제로 삼았다. 1890년이 되자 일본 남아 3분의 2와 여아 3분의 1이 무상으로 초등교육을 받았지만 중국은 대중을 교육하기 위해 사실상 아무것도 하지 않았다. 두 나라는 1876년 최초로 자국에 철도를 부설했지만 상하이의 총독은 1877년 반군이 사용할 것으로 두려워한 나머지 철도를 뜯어냈다. 1896년 일본에는 3700킬로미터의 철도가 부설되었지만 중국의 철도는 600킬로미터에 불과했다. 제철과 석탄, 증기, 전신선에서도 사정은 마찬가지였다.

인류 역사에서 핵심부의 팽창은 흔히 변두리의 어느 부분이 강대국에 대한 저항(혹은 동화)을 주도할 것인지를 결정하는 격렬한 주변부 전쟁을 촉발했다. 예를 들어 기원전 1000년대 아테네와 스파르타, 마케도니아는 한 세기 반 동안 페르시아 제국의 변두리에서 전쟁을 벌여왔다. 그리고 초나라와 오나라, 월나라는 황허 강 유역의 핵심부가 팽창하면서 중국 남부에서 똑같은 일을 했다. 19세기에 그 과정은 동양이 서양의 주변부가 되면서 되풀이되었다.

1590년대 중국을 정복하려는 일본의 계획이 무산된 이래로 동양 핵심부의 통치자들은 국가 간 전쟁의 비용이 이득을 능가한다고 여겨왔지만 서양이 도래하면서 그러한 가정을 뒤집었다. 어느 동양 국가든 가장 먼저 산업화하고 국가를 재조직하고 재무장하면 서양 제국주의자들을 물리칠 뿐만 아니라 나머지 동양을 제압할 수 있으리라.

궁극적으로는 영국의 전함이 아니라 일본의 산업화가 중국의 네메시스였다. 일본은 자원이 부족했고 중국은 풍부했다. 일본은 시장이 필요했고 중국은 시장이 넘쳐났다. 무엇을 해야할 것인가를 둘러싼 도쿄에서의 논쟁은 격렬하고 심지어 무시무시하기까지 했지만 두 세대 걸쳐 일본은 서서히 자원과 시장을 찾아 중국으로 밀고들어갔다. 1930년대가 되자 일본에서 가장 호전적인 장교들은 동양 핵심부 전체를 장악해 중국과 동남아시아를 식민지로 삼고 서양 제국주의자들을 축출하기로 결심했다. 동양의 전쟁War of the East이 시작되었다.

이 동양의 전쟁과 18세기 서양의 전쟁 사이의 큰 차이점은 동양의 전쟁은 이미 서양이 지배하는 세계에서 일어났다는 것이다. 이 때문에 모든 일이 복잡해졌다. 1895년 일본이 중국의 저항을 가볍게 제압하고 조선에 진출했을 때 독일 황제 빌헬름 2세는 사촌인 러시아 황제 니콜라이 2세에게

「황화」라는 다소 형편없는 그림을 보내면서(도판 10.7) "아시아 대륙을 개화하고 거대한 황인종의 침투로부터 유럽을 수호하자"[40]고 촉구했다. 니콜라이는 일본이 중국으로부터 할양받은 영토의 상당 부분을 몰수하는 것으로 화답했다.

그러나 다른 서양인은 자신들의 이해관계에 맞게 동양의 질서를 유지하기 위해서 급성장하는 일본 세력을 이용해 그들과 협력하는 편이 유리하다고 봤다. 첫 기회는 1900년, 의화단이라는 중국의 비밀결사가 서양 제국주의에 맞서 일어났을 때에 찾아왔다(의화단의 주장 가운데에는 100일간 무공을 연마하면 총알에도 끄덕하지 않게 된다는 것도 포함되어 있었다). 그들을 진압하기 위해 외국 병사 2만 명이 투입되었고, 병사들 대부분은—서양 측 진술로는 (특히 1963년 할리우드 블록버스터 영화 「북경의 55일」로는) 알아차릴 수 없겠지만—일본군이었다. 이 결과에 매우 만족한 영국은 1902년 동양에서 일본의 강대국 지위를 인정하는 해군 동맹을 체결했다. 영국의 중립을 자신한 일본은 1904년 러시아 극동함대를 침몰시키고 그때까지 최대 규모의 육지전에서 적을 제압하면서 러시아에 복수했다. 니콜라이 황제는 전세를 만회하기 위해 구세계 3만2000킬로미터를 돌아 주력 함대를 파견했지만 일본의 전함은 그것마저 침몰시켰다.

루티가 런던에 새집을 얻은 지 50년도 지나지 않았지만 옛 동양 핵심부가 워낙 역동적으로 대응했기 때문에 이미 서양의 제국 하나는 패배시킬 수 있었다. 수모를 당한 러시아 함장 알렉세이 니콜라예비치 쿠로팟킨은 "1904~1905년에 (…) 일어난 일은 전위 부대의 산발적 교전에 불과했다. (…) 아시아의 평화를 유지하는 것이 유럽 전체에 중요한 문제라는 것을 모두가 인식할 때만 (…) 우리는 '황화'를 막을 수 있다"[42]고 판단했다. 그러나 유럽은 그의 충고를 무시했다.

[도판 10.7] 「황화」: 빌헬름 2세의 1895년 스케치를 바탕으로 한 그림. 황제는 "불교와 이교 신앙, 야만주의의 침투에 맞서 십자가를 수호하기 위해 단결"[41]하자고 유럽인에게 촉구하는 의미에서 그렸다고 설명했다.

세계의 전쟁들

1914년과 1991년 사이 서양 핵심부는 역사상 가장 커다란 전쟁들을 치렀다. 그 전쟁들은 각각 1914년부터 1918년까지 독일이 유럽 대륙에 제국을 수립할 것인지를 결정하는 제1차 세계대전과 1939년부터 1945년까지 역시 같은 문제를 두고 싸운 제2차 세계대전 그리고 1947년부터 1991년까지 미국과 소련이 전리품을 어떻게 나눌 것인지를 결정하기 위해 치른 냉전이었다(지도 10.8). 이 전쟁들이 합쳐져 18세기 버전을 압도하는 새로운 서양의 전쟁이 되었다. 서양의 전쟁은 동양의 전쟁을 포괄하고 1억 명의 목숨을 앗아갔으며 인류의 생존 자체를 위협했다. 1991년 서양은 여전히 세계를 지배했지만 많은 이에게 쿠로팟킨의 염려는 마침내 현실이 되고 있는 것 같았다. 동양이 서양을 추월할 태세라는 것 말이다.

새로운 서양의 전쟁이 어떻게 시작되었는지에 대한 사연은 흔히 논의되어 왔다. 오스만 제국의 긴 쇠퇴가 어떻게 발칸 반도를 테러리스트/자유의 투사들로 채우게 되었는지, 불운과 서투른 일 처리가 맞물려 어떻게 흑수단이라는 폭력 집단이 1914년 6월 오스트리아 합스부르크 왕위 계승자를 살해하게 되었는지(첫 번째 암살 미수범이 던진 폭탄은 페르디난트 대공의 차를 맞고 튕겨나왔지만 운전수가 방향을 잘못 틀어 차를 후진하는 바람에 두 번째 암살자 코앞에 차가 멈췄고, 그는 실수하지 않았다), 그리고 유럽의 평화를 유지하기 위한 의도로 체결된 조약들이 난마처럼 뒤얽혀 어떻게 그 모두를 벼랑 끝으로 몰아갔는지 말이다.

그다음에 일어난 일도 마찬가지로 잘 알려져 있다. 유럽의 근대화된 국가들이 어떻게 젊은이들을 전례 없는 규모로 동원하여 역시 전례 없는 무기들로 무장시켜 그들의 어마어마한 에너지를 전례 없는 살육에 쏟아부었는지 말이다. 1914년 이전에 일부 지식인은 세계경제가 이제 아주 긴밀

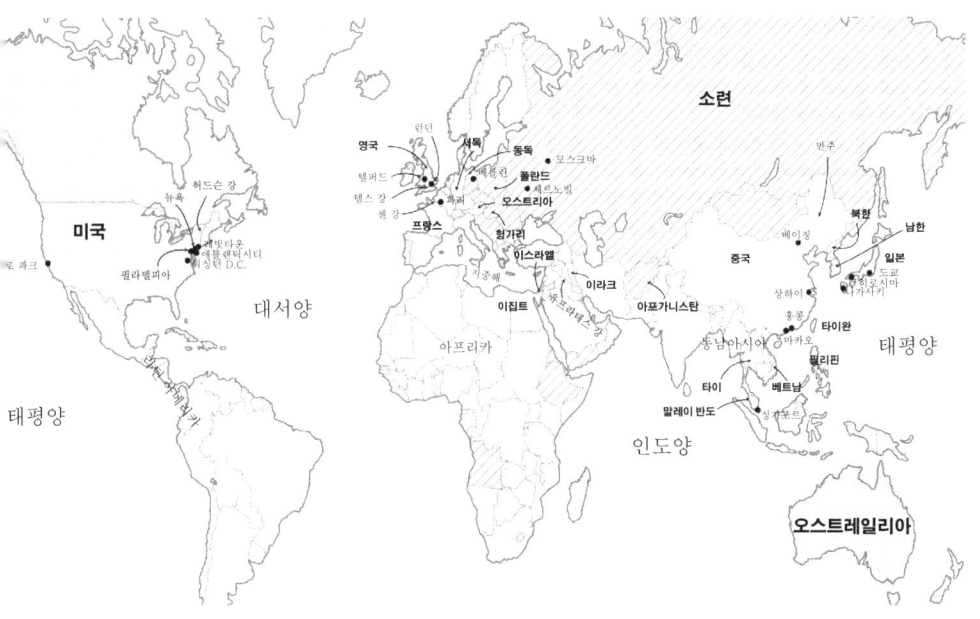

[**지도 10.8**] 전쟁 중인 세계, 1914~1991년. 회색으로 어둡게 칠한 부분은 1980년 무렵 미국과 미국의 주요 동맹국을 보여준다. 소련과 소련의 주요 동맹국은 빗금으로 표시했다.

하게 연결되어 있기 때문에 전쟁이 일어나자마자 모두가 붕괴하여 대립이 끝날 수밖에 없으니 강대국 간 전쟁은 불가능해졌다고 주장했다. 그러나 1918년이 되자 제1차 세계대전에서 얻은 교훈은 방대하고 복잡한 경제를 효과적으로 통제한 국가만이 20세기 총력전의 부담을 이겨낼 수 있다는 것인 듯했다.

제1차 세계대전은 시민들이 전쟁에 가장 철저하게 투신한 자유민주주의 국가들이 유리하다는 것을 보여준 듯했다. 과거 기원전 1000년대에 동양인과 서양인은 모두 왕조 제국이 전쟁을 수행하기에 가장 효과적인 조직이라는 것을 배웠다. 그러나 이제 단 10년 만에 그들은 이 왕조 제국들 —아시리아와 페르시아, 그리고 진나라로부터 면면히 이어져온 유산이자 역사에서 가장 오래 살아남은 정부 형태—이 더 이상 전쟁과 양립 불가능하다는 것을 깨달았다.

가장 먼저 사라진 것은 중국의 청 왕조였다. 부채와 패배, 무질서의 수렁에 빠진 소년 황제 푸이[선통제]의 대신들은 이미 1911년에 군대에 대한 통제를 잃었지만 1916년 반란 장군 위안스카이가—지난 2000년 동안 반란 장군들이 해온 대로—황제를 자처했을 때 그 역시 나라를 하나로 뭉칠 수 없다는 것을 깨달았다. 또 다른 군 파벌이 1917년 푸이를 복위시켰지만 결과는 더 나을 것도 없었다. 중국에서 제국의 역사는 며칠 뒤에 잦아드는 신음이 아니라면 적어도 매우 작게 '쾅' 하는 소리와 함께 끝났다. 비행기 한 대가 베이징의 자금성에 폭탄을 떨어트렸고 푸이는 다시 폐위되었으며 나라는 무정부 상태로 빠져들었다.

다음 차례는 러시아의 로마노프 왕조였다. 일본에게 당한 패배는 1905년 니콜라이 황제를 무너트릴 뻔했지만, 제1차 세계대전이 일을 끝냈다. 1917년 자유주의자들은 니콜라이의 가족을 권좌에서 싹 몰아냈고 1918년 볼셰비키는 그들을 총살했다. 곧이어 독일의 호엔촐레른 왕가와 오스트리아의 합스부르크 왕가의 몰락이 뒤따랐는데, 이들은 고국에서 도망침으로써 가까스로 로마노프 왕가의 운명을 피할 수 있었다. 터키에서는 오스만 제국이 목숨을 부지했지만 그것도 1922년까지였다.

엄청난 파괴에도 불구하고 제1차 세계대전은 유럽의 구닥다리 왕조 제국들을 일소하고 중국을 어느 때보다 약화시키면서 서양의 지배를 강화했다. 가장 커다란 승자는 프랑스와 누구보다도 영국인 것 같았는데, 영국은 독일의 식민지를 병합하고 해양 제국을 더 멀리 아프리카와 태평양, 옛 오스만 제국의 유전 지대로까지 확대했을 뿐 아니라 동양의 동맹국 일본에 압력을 넣어 일본이 점령한 독일 식민지 대부분을 넘겨받았다. 1919년이 되자 세계 육지의 3분의 1 이상과 세계 인구의 거의 3분의 1이 영국이나 프랑스의 지배를 받았다.

그러나 내가 학창시절에 보았던 낡은 지도들에서 이 제국들을 색칠해 표시한 넓은 면적은 실상을 호도했다. 전쟁은 서양의 권력을 강화함과 동시에 재분배했다. 유럽은 그들의 능력 범위를 넘어선 채 싸웠고 전비 청구서는 영국의 신용마저 압도했다. 1920년 인플레이션은 22퍼센트를 찍었다. 이듬해 실업률은 11퍼센트를 넘었다. 8600만 근무일수가 파업으로 사라졌다. 영 제국에서 태양은 여전히 지지 않았지만 계속 영업을 유지하기 위해 안간힘을 쓰고 있었다.

영국은 부채를 갚기 위해 자산을 크게 잃었고 그 대부분은 대서양 너머로 흘러들어갔다. 전쟁은 지옥이었지만 미국은 세계의 공장이자 은행가로 부상하면서 전쟁의 덕을 톡톡히 누렸다. 과거 15세기에 서양 핵심부는 지중해에서 서유럽으로 이동했고 17세기에 다시 서북부의 해양 제국으로 이동했다. 이제 20세기에 서북유럽의 파산한 해양 제국들이 북아메리카의 제국에게 밀려나면서 다시 한 번 이동했다.

미국은 새로운 종류의 조직, 아대륙[대륙보다는 작지만 섬보다는 큰 땅] 제국이라 할 만한 것으로 변신했다. 전통적인 왕조 제국들과 달리 미국은 고래의 귀족계급이 없었다. 또 유럽의 해양 제국들과 달리 작고 자유주의적이고 산업화된 본국이 '종려나무와 소나무가 자라는 땅을 지배하고 있는'● 형태가 아니었다. 그보다는 유럽계 미국인이 원주민 인구를 거의 몰살하고 참혹한 내전을 치르고 수백만 명의 이전 노예들을 사실상 농노 신분으로 몰아넣은 뒤 민주주의적 시민권을 대서양에서 반짝이는 태평양 연안까지 전파하는 한편, 번영하는 농장주들이 북동부 주와 중서부 주 북부의 거대한 산업 심장부를 먹여 살리고 그곳에서 만들어진 상품을 구입하는 형태였다. 1914년이 되자 이 아메리카 아대륙 제국은 이미 유럽의 해양 제국들의 경쟁상대가 되었고 1918년 이후 미국의 사업가들은 전 세계로 뻗어나갔다.

유럽의 부가 미국으로 빨려들어가는 요란한 소리는 당대인을 경악시켰다. 한 미국 국무장관은 "유프라테스 강에서 템스 강과 센 강으로 이동하기까지 수천 년이 걸렸던 세계 금융의 중심이 하루 만에 허드슨 강으로 건너온 것 같았다"[43]라고 말했다. 1929년이 되자 미국은 150억 달러 이상을 해외에 투자하고 있었는데, 1913년 영국이 소유한 규모와 거의 비슷했고 미국의 무역 규모는 1913년 영국보다 거의 50퍼센트 더 컸다.

지구적 자본주의의 황금기가 미국의 주도 아래 되살아난 것 같았지만 결정적 차이가 있었다. 케인스는 1914년 이전에는 "전 세계에 걸쳐 신용조건에 대한 영국의 영향력이 아주 막강했기 때문에 잉글랜드 은행은 국제적 오케스트라의 지휘자라 할 수 있을 정도"[44]였지만 1918년 이후의 미국은 그 임무를 떠맡으려 하지 않았다. 1918년 이후에, 미국의 정치가들은 전염성이 있는 유럽의 전쟁들과 대립에서 발을 빼고 지휘자 단상을 공

● 러디어드 키플링의 시 「퇴장Recessional」 1연 4행에 나오는 구절이다.

석으로 놔둔 채 18세기 중국이나 일본에 버금가는 정치적 고립을 택했다. 시절이 괜찮을 때 오케스트라는 즉흥연주를 하면서 그럭저럭 해나갈 수 있었지만 시절이 나빠지자 그들의 음악은 불협화음으로 바뀌었다.

1929년 10월 약간의 어설픈 일 처리와 많은 불운, 그리고 지휘자의 부재가 겹치자 미국 주식시장의 거품 붕괴는 국제적인 금융 위기로 바뀌었다. 파급효과는 자본주의 세계 전체를 휩쓸었다. 은행이 도산하고 신용거래는 하루아침에 허공에 증발했으며 통화가 붕괴했다. 굶어죽은 사람은 거의 없었지만 1932년 크리스마스가 되자 미국인 노동자 넷 가운데 한 명은 무직이었다. 독일에서는 둘 중 한 명에 가까웠다. 어두운 얼굴의 실직자들이 길게 늘어선 채 "덫에 갇힌 동물이 놀라서 얼빠진 것과 똑같은 표정으로 자신들의 운명을 응시"하고 있다고 영국의 언론인 조지 오웰은 생각했다. "그들은 자신들에게 대체 무슨 일이 일어나고 있는지 이해할 수 없었다."[45]

적어도 1930년대 중반까지는 자유민주주의 정부들이 내놓은 모든 조치가 사태를 더욱 나쁘게 몰아가기만 하는 듯했다. 사회발전의 역설은 서양 핵심부를 무너트리는 일만 하고 있지 않았다. 후진성의 이점은 다른 곳에서도 작동하고 있는 듯했다. 수 세기 동안 다소 후진적인 주변부였던 러시아가 소비에트사회주의공화국연방, 즉 소련으로 재편되었다. 미국처럼 소련도 급성장하는 산업 핵심부와 방대한 농업 배후지를 결합했지만 미국과 달리 국유화와 집단농장, 중앙집중식 계획경제를 추진했다. 소련은 인민들을 옛 왕조 제국보다는 현대적인 서양 국가에 가깝게 동원했지만 그곳의 전제자 레닌과 스탈린은 민주국가의 대통령보다는 차르에 가깝게 통치했다.

소련은 일종의 반反아메리카였다. 아대륙 제국이지만 단호하게 반자유주의적이었다. 스탈린은 평등을 역설했지만 수백만의 '동무'를 자신의 제국 곳곳으로 강제 이주시키고 또 다른 수백만 명을 굴라크에 가둠으로써 중앙집권적 경제체제를 수립했다. 이데올로기적으로 의심스러운 종족 집단과 적대계급(흔히 동일했다)은 숙청되었다. 그리고 실패를 거듭하고 있는 자본주의 경제와 달리 성공을 구가하던 소련은 1000만 명의 주민을 아사시켰다. 그러나 스탈린은 분명히 뭔가 맞는 일을 하고 있었고 1928년과 1937년 사이에 자본주의 산업이 붕괴하고 있는 동안 소련의 생산량은 네 배로 증가했다. 언론인 링컨 스테펀스는 소련을 방문한 뒤 동료 미국인에게 "나는 미래를 보았고 그것은 잘 돌아간다"[46]는 유명한 말을 했다.*

1930년이 되자 많은 사람에게 제1차 세계대전의 진짜 교훈은 자유민주주의는 미래의 모습이 아니라는 것 같았다. 영국-프랑스-미국 동맹은 자유주의 덕분이 아니라 자유주의에도 불구하고 전쟁을 이겼다는 것이다. 진짜 해답은 아대륙 제국이었고 자유주의적이지 않을수록 더 좋았다. 자유주의 모델을 따라서 많은 것을 얻었던 일본은 세계 시장과 무역 지향적인 경제체제가 추락하자 자유주의를 포기했다. 실업률이 치솟고 민주주의 정부는 허둥대고 공산주의 소요가 증가하는 가운데 약탈할 수 있는 제국을 부르짖으며 군국주의자들이 전면에 나섰다. 일본 육군부—특히 과격한 하급 장교들—는 서양 민주주의 국가들의 혼란과 중국의 내전을 틈타 만주를 병합하고 베이징으로 밀고들어가면서 통제할 수 없게 되었다. 한 중령은 "일본과 만주의 협력, 일본-중국 간 우호를 달성함으로써만이 일본 국민들은 아시아의 지배자가 되고 여러 백인종과 최후의 결정적 전쟁을 준비할 수 있다"[47]고 설명했다.

어느 정도까지는 군국주의가 먹혔다. 일본 경제는 1930년대에 72퍼

---

* 스테펀스는 1919년에 소련을 방문했지만 이 지지 발언은 분명히 그곳을 방문하기 이전에 작성되었다. 그러나 그러한 세부 사항에 구애받지 않은 1930년대 유럽과 미국의 공산주의자들은 이 발언을 주문처럼 되뇌었다.

센트 성장했다. 철강 생산량은 18배 증가했다. 그러나 다시금 성장의 비용은 높았다. '협력'과 '우호'는 흔히 예속과 학살을 뜻했고 부정하고 저열한 1930년대 기준에서 보더라도 일본의 잔학성은 충격적이었다. 게다가 1940년이 되자 전쟁이 자원을 획득하는 것보다 더 빠르게 소모하면서 정복이 일본의 문제를 해결주지 못한다는 것이 분명해졌다. 전함과 폭격기가 연소하는 석유 5갤런당 4갤런은 서양인한테서 구입해야 했다. 중국이 수렁이 되면서 육군의 계획―계속 정복하는 것―도 위기를 완화하지 못하자 그보다 더 우려스러운 해군 계획이 관심을 끌었다. 동남아시아를 침략해서 그곳의 석유와 고무를 서양 제국주의자 손에서 해방시키자는 것이다. 비록 그것이 미국과의 전쟁을 의미할지라도 말이다.

그러나 가장 우려스러운 계획은 독일에서 나왔다. 패전과 실업, 금융위기가 괴테와 칸트의 후예들을 너무도 심하게 할퀴고 지나갔기 때문에 그들은 유대인에게 모든 잘못을 돌리고 정복을 만병통치약으로 팔아먹는 미치광이의 말이라도 기꺼이 들을 태세였다. 아돌프 히틀러는 독일의 유대인 사업가 계층을 제거하고 노동조합원들을 감옥으로 처넣으면서 그의 재무장관에게 "마르크화를 안정시키는 첫 번째 수단은 집단 수용소"[48]라고 장담했다. 히틀러의 광기에는 조리가 있었다. 적자 지출과 국유화, 재무장은 실업을 일소했고 1930년대 동안 독일의 산업 생산량은 두 배로 증가했다.

히틀러는 해양 제국들을 무찔러 독일의 서쪽 측면을 확보한 뒤 동유럽의 슬라브족과 유대인을 건장한 아리아 인종 농부들로 대체하겠다는 자신의 계획을 공공연하게 떠벌렸다. 독일을 중심으로 한 그의 아대륙 제국에 대한 비전은 반자유주의적인 것을 넘어 순전한 인종 학살로 흘렀다. 그리고 대다수의 서양인은 그가 진심이라고는 도저히 믿을 수가 없었다. 그들의 자기기만은 그들이 가장 피하고 싶었던 것, 바로 또 한 차례의 전면전을 야기했다. 전황이 암울한 몇 달간은—1812년 이래 처음으로—단일한 대륙 제국이 결국엔 유럽을 통일할 것처럼 보였지만 히틀러는 섬뜩할 만큼 나폴레옹과 유사하게 영국 해협과 모스크바의 설원, 이집트의 사막에서 반격을 받았다. 과잉 팽창한 그는 일본이 치르고 있는 동양의 전쟁을 그의 서양의 전쟁에 끌어들이려 했지만 영국을 전쟁에서 떨어져나가게 하는 대신 오히려 미국을 참전시켰을 뿐이었다. 전쟁은 자유주의 미국 제국과 반자유주의 소련 제국을 거북한 동반자로 만들었고, 독일과 일본은 유럽과 동양의 광물자원과 노동력을 약탈했음에도 불구하고 두 제국의 자금력과 인력, 생산 능력을 당해낼 수 없었다.

1945년 4월 미국과 소련 병사들은 독일에서 서로 포옹하고 축배를 들고 함께 춤을 추며 손을 잡았다. 며칠 뒤 히틀러는 권총으로 자살했고 독일은 항복했다. 8월에 하늘에서 불이 비 오듯 쏟아지고 원자폭탄이 히로시마와 나가사키를 잿더미로 만들자 신적 지위에 있는 일본의 국왕은 모든 전통을 깨고 그의 백성에게 직접 말했다. 천황은 내가 역사상 최고의 절제화법으로 꼽은 표현을 구사해 일본 국민에게 "전황이 호전된 것만은 아니었다"[49]라고 알렸다. 심지어 그때조차도 완강한 장군들은 싸움을 계속하기를 꿈꾸며 쿠데타를 시도했지만 9월 2일 일본 역시 항복했다.

1945년은 동양의 전쟁에서 승리하고 서양 제국주의자를 축출하려는 일본의 시도와 독일의 시도를 동시에 무산시켰지만 한편으로 유럽의 해양 제국들도 종식시켰다. 총력전으로 출혈이 너무 커서 민족주의 반란을 더 이상 막아낼 수 없는 이 제국들은 한 세대 만에 사라졌다. 유럽은 산산조각 났다. 1945년 한 미국인 장교는 유럽의 "경제적, 사회적, 정치적 붕괴는 로마 제국의 쇠망으로 거슬러올라가지 않는다면 역사상 전례가 없는"[50] 것 같다고 생각했다.

그러나 서양의 사회발전은 1945년에 붕괴하지 않았는데, 핵심부가 이

제 너무 커져서 역사상 최대의 전쟁조차도 그 모든 것을 망가트릴 수는 없었기 때문이었다. 소련은 독일의 손이 닿지 않는 곳에 산업을 재건했고 폭탄은 미국을 거의 건드리지 않았다.* 반면 일본이 중국을 유린하고 미국이 일본에 막대한 피해를 입히면서 동양 핵심부는 몽땅 파괴되었고 그 결과 제2차 세계대전은—제1차 세계대전처럼—서양의 지배를 강화했다. 서양의 지배가 지속되리라는 것은 의심의 여지가 없었다. 문제는 그 지도자가 소련이 될 것인가 미국이 될 것인가였다.

이 두 제국은 독일을 양분하면서 옛 유럽 핵심부를 나눠가졌다. 그다음 미국의 금융가들은 자본주의를 위한 새로운 국제금융체제를 협의했고 어쩌면 역사상 가장 깨인 이기심의 발로라 할 수 있는 마셜플랜을 고안했다. 만약 유럽인이 호주머니에 돈이 있다면 미국의 식량을 사고, 산업을 재건하기 위해 미국의 기계를 수입할 것이며—무엇보다도 가장 중요하게도—공산당에 투표하지 않을 것이다. 그래서 미국은 유럽에 1948년 미국 국민 총생산의 13분의 1에 달하는 130억5000만 달러를 무상으로 지원했다.

서유럽은 대부분 미국의 돈을 덥석 받아들였고 미국의 군사적 리더십을 용인했으며 민주적이고 무역 친화적인 유럽연합에 가입하거나 가까워졌다.** (미국이 서독의 산업적 주도 아래 단일한 대륙 제국의 어렴풋한 버전으로 나가도록 유럽인을 부추겼다는 아이러니는 아무도 놓치지 않았다.) 동유럽은 소련의 군사적 리더십과 공산권의 상호경제원조협의회CMEA, Council for

---

* 진주만 공격을 제외하면 미국 영토에 대한 유일한 공격은 1942년 오리건 주 브루킹스를 폭격한 일본 비행기(잠수함에서 출격한) 한 대뿐이었다.

** 유럽연합EU, European Union은 1948년에 창설된 유럽경제협력기구OEEC, Organization for European Economic Cooperation와 1952년에 창설된 유럽석탄철강공동체ECSC, European Coal and Steel Community에서 시작되었다. 이 두 조직은 1958년 유럽경제공동체ECC, European Economic Community로 재창설되었고, 1993년 마스트리흐트 조약에 따라 유럽연합으로 변신했다.

Mutual Economic Assistance를 받아들였다. 동유럽으로 자원을 쏟아붓고 민주주의를 후원하는 대신 소련은 자원을 퍼내가고 반대자들을 투옥하거나 처형했지만, 그렇다 하더라도 동유럽의 생산량은 1949년이 되자 전쟁 이전 수준을 회복했다. 서구권에서는 상황이 더 잘 굴러가 투옥이나 처형을 대단히 자제하면서도 1948년과 1964년 사이에 생산량이 두 배가 되었다.

서양 핵심부를 나눠가진 나라가 미국과 소련 제국이 처음은 아니었지만 핵무기 때문에 두 나라는 이전의 모델들과 달랐다. 소련은 1949년 원자폭탄을 처음 실험했고 1954년이 되자 양측 모두 히로시마를 홀랑 태운 무기보다 1000배는 강한 수소폭탄을 보유했다. 처칠은 그의 일기에 수소폭탄을 가리켜 "다름 아닌 원자폭탄이 활과 화살과 한참 멀어진 것만큼"[51] 원자폭탄에서 한참 멀어진 무기라고 적었다. 크렘린의 보고서는 전쟁이 "지구 전역에 생명체가 살 수 없는 환경을 만들어낼 수도 있다"[52]고 결론 내렸다.

그러나 버섯구름 사이로도 한줄기 햇살은 비쳤다. 처칠은 의회에서 "이상하게 들릴 수도 있지만 우리는 잠재적 파괴의 보편성에 희망과 심지어는 믿음을 품고 기대를 걸어볼 수 있을 것 같습니다"[53]라고 연설했다. 상호확증파괴의 원칙이 생겨났고 비록 일련의 아슬아슬한 착오들이 세계를 여러 차례 아마겟돈 직전까지 몰아갔지만 결국에 서양은 제3차 세계대전을 치르지 않았다.

대신 서양은 제3세계에서 서유럽 제국들과 일본 제국의 유물을 놓고 대체로 대리인을 통해 전쟁을 벌였다(흔히 농촌 지역의 혁명가들은 소련을 대신해 그리고 폭력배 같은 독재자들은 미국을 대신해 싸웠다). 언뜻 보면 이 전쟁은 한 세기 전 영국보다 더 거인처럼 전 세계를 주름잡은 미국의 낙승이 되어야 했다. 특히 동양에서 미국은 모든 패를 쥐고 있는 듯했다. 일본에 5억 달러를 퍼준 미국은 충성스럽고 번영하는 동맹국을 탄생시켰고, 미국의 든든한 지원을 받은 국민당 군대는 마오쩌둥의 공산당을 물리치고 중국의 내전을 끝낼 참인 듯했다.

1949년 국민당의 급작스러운 몰락은 모든 것을 바꿔놓았고 동양은 이제 서양의 냉전에서 가장 뜨거운 분쟁 지대로 바뀌었다. 스탈린은 북한이 미국에 의존한 남한을 침략하도록 부추겼고 전황이 북한에게 불리하게 돌아가자 마오쩌둥도 합세했다. 1953년 싸움이 교착상태에 빠졌을 무렵, 400만 명이 죽었고(그 가운데에는 마오쩌둥의 아들도 있었다) 게릴라 전쟁이 필리핀과 말레이 반도, 인도차이나에서 격렬히 진행되고 있었다. 미국의 대리인들은 앞의 두 곳과 인도네시아의 대립에서 승리했지만, 1968년에는 50만 명의 미국인이 직접 베트남 전장에 나갔다. 게다가 그들은 지고 있었다.

이 무력 충돌들은 소련-미국 간 서양의 전쟁의 전선임과 동시에 민족해방전쟁이었지만 어떤 의미에서도 새로운 동양의 전쟁의 재발은 아니었다. 동양의 강대국인 중국과 일본은 1945년 이후 팽창에서 별로 득 볼 것이 없다고 봤다. 중국은 내부 문제로 충분히 골치를 썩고 있었고 일본은 —유럽에서 서독의 성공만큼 상당히 기묘한 아이러니인데—1941년에 폭력적으로 추구했던 여러 목표들을 평화적으로 달성하느라 여념이 없었다. 미국의 지원을 탁월하게 활용한 일본은 예전 산업의 파괴를 기회로 삼아 산업구조를 재조직, 기계화하고 수익성 있는 틈새시장을 개척했다. 1969년이 되자 일본의 경제는 서독을 따라잡았고 1970년대 내내 꾸준하게 미국 경제에 근접해 갔다.

그즈음 미국은 여러 전선에서 수행되는 냉전에 부담을 느끼고 있었다. 제2차 세계대전 당시 독일에 떨어트린 것보다 더 많은 폭탄을 베트남에 투하했음에도 불구하고 미국은 자국의 여론을 양분시키고 해외에서의 영향력에 상처를 입으면서 굴욕적인 패배를 겪었다. 소련의 대리인들이 아프리카와 아시아, 라틴아메리카에서 전쟁을 이기기 시작했고 심지어 미국의 성공들마저 허사가 되었다. 미국이 그렇게 열심히 건설했던 동양의 의존국들이 이제 매우 잘나가고 있어서 미국 시장을 공략해오고, 그렇게 많은 비용을 들여 보호했던 유럽의 동맹국들은 이제 군비축소와 비동맹을 이야기했다. 미국은 이스라엘을 의존국으로 만들면서 아랍 국가들을 소련 쪽으로 몰아넣었다. 그리고 1973년 이스라엘이 아랍의 침공을 격퇴했을 때 아랍의 석유 수출 중단과 가격 급등은 스태그플레이션—동시적인 스태그네이션(경기침체)과 인플레이션(물가상승)—이라는 새로운 괴물을 풀어놓았다.

십대 시절인 1970년대 영국에서 나는 친구들과 미국 청바지를 입고 앉아 미국 영화를 보고 미국산 기타를 치면서 미국이 곧 무너질 거라고 아무렇지도 않게 이야기했다. 내가 기억하는 한 우리 가운데 아무도 여기서 모순을 느끼지 못했고 미국 제국의 몰락을 목격하고 있기는커녕 우리가 실은 미국이 서양의 전쟁에서 승리하는 데 우리의 본분을 다하고 있다는 생각은 추호도 하지 못했다고 꽤 확신한다. 곧 부상하게 될 결정적 전선은 베트남이나 앙골라에 있지 않았다. 전선은 쇼핑몰에 있었다.

모든 것의 시대

"솔직히 말해봅시다." 1957년 영국 수상은 유권자들에게 말했다. "우리 대다수가 이보다 더 잘 살았던 적은 없어요."[54] 영국은 제국을 잃었고 새로운 세계에서 역할을 찾는 데 실패했는지 몰라도 점점 더 늘어가는 다른 세계 인구와 마찬가지로 적어도 많은 것을 소유했다. 1960년대가 되자 한 세기 전에는 아예 존재하지도 않았던 사치품들—라디오, 텔레비전, 녹음기, 자동차, 냉장고, 전화기, 전등 (그리고 내가 가장 잘 기억하는 플라스틱 장난감들)— 이 서양 핵심부의 일상 용품이 되었다(도판 10.9).

어떤 사람들에게는 이 시대가 어느 시인이 표현한 대로 천박한 시대였다.

(…) 운치 없는 주택단지에서 온 거주자들이
납작한 트롤리버스를 타고 곧게 뻗은 길을 달려와
커다란 유리문을 열고 들어가 원하는 것을 찾아간다.
— 값싼 양복, 주방 용품, 뾰족 구두, 아이스캔디
전기 믹서, 토스터, 세탁기, 건조기 —
세일즈맨과 친척만이 찾아오는 곳에 거주하는,
도회적이면서도 단순하고
할인된 가격의 군중.[55]

미국의 레빗타운부터 영국의 텔퍼드까지 교외 지구와 위성 도시가 도로 나들목과 샛길 주변마다 들어서면서 단조로운 상자 모양으로 유미주의자들의 미감을 해쳤다. 그러나 주택단지는 우리가 원하는 것을 주었다. 자그마한 공간, 실내 배관, 우리의 반짝반짝 빛나는 포드 자동차를 넣을 차고를.

20세기는 모든 것의 시대, 탐욕이 꿈꾸는 이상으로 물질적 풍요의 시대였다. 저렴한 석탄과 석유는 엔진을 켜고 스위치 움직임 하나만으로 집안의 불을 켜는, 모두를 위한 전력을 발생시켰다. 2000년도 더 전에 아리스토텔레스는 오토마톤—자동 장치—이 없는 한 우리를 대신해 일을 해줄 노예들이 언제나 우리 곁에 함께할 것이라고 생각했다. 전기가 우리 가운데 가장 변변찮은 사람에게조차도 오락과 난방—그리고 특히 음식—에 대한 우리의 온갖 요구를 들어주는 수십 명의 노예에 상응하는 것을 제공

[도판 10. 9] 이렇게 좋았던 적은 없어: 1964년 크리스마스, 나와 나의 장난감들

함에 따라 이제 아리스토텔레스의 환상은 현실이 되었다.

이 에너지 혁명은 끝없는 잔치라는 16세기의 동화를 현실로 바꿨다. 1500년과 1900년 사이 밀 수확량은 더 잘 조직된 농경과 더 많은 가축과 거름 덕분에 서양 핵심부에서 대략 두 배 증가했지만 1890년대가 되자 농부들은 창의력의 한계에 도달하고 있었다. 더 많은 가축을 투입하는 것은 생산성을 끌어올리는 데 한계가 있었고 1900년이 되자 북아메리카의 농지 가운데 4분의 1은 말을 먹이는 데 쓰이고 있었던 것이다. 그 후 가솔린이 구세주로 등장했다. 미국에서 최초 트랙터 공장은 1905년에 문을 열었고 1927년이 되자 트랙터는 미국의 농장에 말만큼 많은 에너지를 제공했다.

그러나 고통 없이 얻는 것은 없었다. 1875년 미국인 절반이 땅에서 일했지만 1세기가 지나자 50분의 1만이 농촌에서 일했다. 이제 몇몇 고용 일꾼들과 디젤 엔진만으로 더 큰 수익을 거둘 수 있게 되면서 기계는 경작 가능한 토지에서 공동체를 갈아엎으면서 사람들을 먹어치웠다. 소설가 존 스타인벡은 트랙터를 두고 "먼지를 일으키며 주둥이를 처박은 채 농촌을 따라, 시골을 가로질러, 울타리를 넘어, 앞마당을 지나, 일직선을 따라 도랑을 넘나드는 납작코 괴물"[56]이라고 불렀다.

스타인벡은 비참한 대지의 사람들이 들고일어나 혁명을 일으키리라고 예견했지만 농업 이주 노동자들을 서쪽으로, 목화 따는 흑인들을 북쪽으로 휩쓸며 그들을 땅에서 몰아낸 해일이 물러가자 대부분의 이주민은 그들이 빠져나온 시골의 노역에서보다 보수가 더 좋은 일자리를 도시에서 얻었다. 그들을 쫓아낸 영농 기업가들은 이제 그들에게 저렴한 식품을 팔았고 화학 비료와 제초제, 마른 땅에 물을 대는 전기 양수기, 궁극적으로는, 거의 어느 환경에도 견딜 수 있는 유전자 변형 작물에 이윤을 투자했다. 2000년이 되자 미국의 농지는 약 4000제곱미터당 1900년보다 80배 많은 에너지를 흡수하고 4배 많은 식량을 산출했다.

미국이 오늘 가는 길은 세계가 내일 따르는 길이었다. '녹색혁명'은 세계 식량 생산을 1950년과 2000년 사이에 네 배 증가시켰다. 식량 가격은 꾸준히 떨어졌고 육류 식단이 곡류 식단을 대체했으며—재난과 우둔함, 잔인성이 개입할 때를 제외하고는—기아는 점점 사라졌다.

모든 생물과 마찬가지로 인류는 잉여 에너지를 자손으로 전환했고 세계 인구는 20세기 식량 공급과 나란히 거의 네 배 증가했다. 그러나 다른 측면에서 인간은 예외적이었다. 추가적인 에너지 전체를 신생아로 모조리 바꾸는 대신 그들은 그 가운데 일부를 신체에 축적했다. 평균적으로 성인은 2000년이 되자 1900년 시기 성인보다 50퍼센트 거대해졌다. 그들은 10센티미터 더 컸고 몸집이 더 비대해졌으며 일할 때 더 많은 에너지를 쏟을 수 있었다. 장기가 더 튼튼해지고 지방이 더 많이 축적되면서(몇몇 선진국에서는 너무 많이 축적하게 되었다), 더 커진 인간들은 질병과 각종 육체적, 정신적 상해를 더 잘 견디게 되었다. 오늘날 미국인과 서유럽인은 일반적으로 그들의 증조부모보다 30년을 더 살고 그들의 눈과 귀, 다른 장기가 쇠약해지고 관절염으로 관절이 굳어지기 전까지 10년이나 20년의 인생을 더 즐길 수 있게 되었다. 중국과 일본을 비롯한 세계 나머지 지역 대부분에서 수명은 40년 가까이 늘어났다. 심지어 에이즈와 말라리아에 시달리는 아프리카에서도 2009년 평균 기대수명은 1900년 무렵보다 20년이 늘어났다.

인간의 신체는 이전 5만 년보다 지난 100년 동안 더 많이 변화했고—특히 선진국에서는—사람들은 남아 있던 신체적 결함들을 교정하기 위해 개입하는 법을 터득했다. 유럽인은 1300년 이래로 안경을 착용해왔지만 안경은 이제 지구 전체에 퍼졌다. 의사들은 새로운 기술을 개발해 청력을 회복하고 심장을 계속 박동하게 하고 떨어진 팔다리를 다시 붙이고 심지어 세포에도 개입했다. 공중보건 프로그램은 대량 치사 질병인 천연두와 홍역을 박멸했다. 쓰레기 수거와 깨끗한 식수는 더 큰 역할을 했다.

미국 퇴역 군인들이 겪은 만성질환을 보여주는 도표 10,10을 보면 인류의 건강이 얼마나 크게 개선되었는지 감을 잡을 수 있다. 퇴역 군인들은 직무 활동의 폭력성을 고려할 때 인간을 연구하는 데 이상적인 하위 집단은 아니겠지만, 군대의 강박적인 기록 관리 덕분에 그들은 우리가 얻을 수 있는 최상의 하위 집단이며 이들의 건강 증진 수준은 굉장하다.

이 군인들은 대부분 남자였지만 여성의 삶은 그보다 더 극적으로 변화했다. 지금까지 역사에서 여성은 애 낳는 기계였다. 갓난아기의 절반이 태어난 첫 해에 죽고(사실 대부분은 출생 첫 주에 죽었다) 살아남은 아이들 가운데 절반만이 마흔 살 생일을 맞을 수 있었기 때문에 일정한 인구를 유지하기 위해서(다시 말해 자식 두 명이 장성해 어머니와 아버지를 대체하려면) 여성은 평균적으로 다섯 차례 출산해야 했고 성인의 삶 대부분을 임신과 양육으로 보냈다. 그러나 20세기에 이 높은 사망률과 낮은 기술 수준의 세계는 무너졌다.

1900년 이전에도 영양 상태가 좋고 튼튼한 여성은 더 튼튼한 아이를 출산해 더 잘 먹이고 더 청결하게 키웠다. 그런 아이는 대부분 어린 나이에 죽지 않았고 따라서 인구는 폭발적으로 성장했다. 여성이 출산을 통제하기 전까지는. 사람들은 항상 수정을 피할 방법을 찾았고(전설에 따르면 18세기 난봉꾼 카사노바는 레몬을 반으로 잘라 콘돔으로 썼다고 한다) 1900년이 되자 가장 부유한 나라에서는 출산율이 떨어지고 있었지만 이 문제를 성공적으로 극복한 것은 역시 20세기 미국의 기술이었다. 1920년 라텍스 콘돔이, 1960년 경구피임약이 나왔다. 그리고 선진국에서는 출생률이 부부 한 쌍당 자식 두 명이라는 인구 대체 수준 아래로 떨어졌다.

건강한 아이들과 피임약은 여성을 출산의 인생에서 해방시켰고, 다리

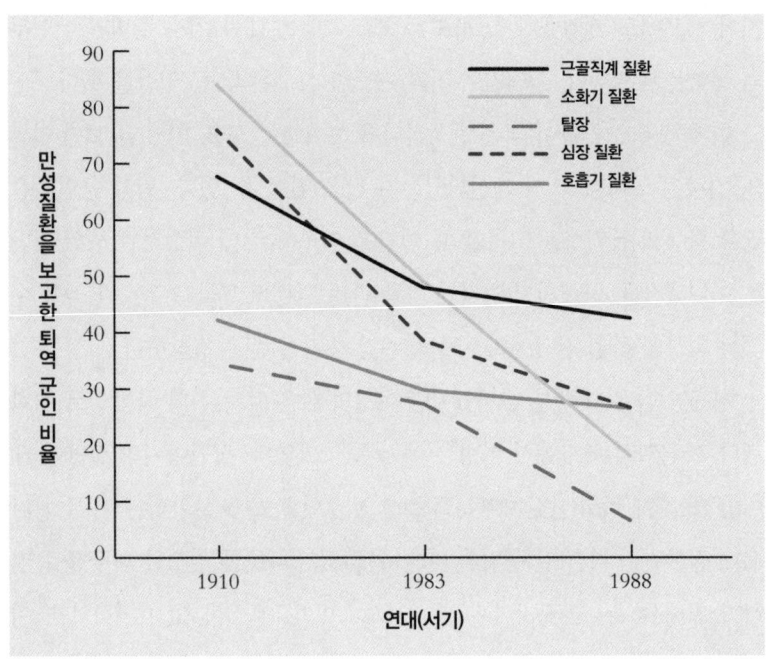

[도표 10.10] 당신의 모든 가능성을 실현하라[1980~1990년대 미국 군대의 모병 표어였다]: 미국 군인들의 건강 상태. 1910~1988년.

미와 토스터에 들어가는 저렴한 전기 열선, 세탁기와 진공청소기에 들어가는 작은 모터는 그들을 단조롭고 고된 가사에서 해방시켰다. 버튼 하나를 누르는 것만으로 예전에는 몇 시간이나 지루한 노동이 필요했던 일들이 해결되었다. 여자의 집안일은 여전히 끝나지 않았지만 1960년이 되자 그들은 자동차(거의 모든 미국의 가정이 소유했다)를 몰고 슈퍼마켓(미국 식품의 3분의 2가 그곳에서 팔렸다)으로 가서 구매한 식품들을 냉장고(미국 가정의 98퍼센트가 소유했다)에 저장한 뒤 두세 명의 아이들이 학교에서 귀가해 텔레비전 앞에 앉기 전에 빨래를 널 수 있었다.

이러한 변화들은 블루칼라 노동자들을 내보내고 핑크칼라 근로자들에게 문을 열어젖힘으로써, 제조업에서 서비스업으로 급속하게 변해가는 경제에서 집 밖에서 일할 수 있도록 여성을 해방시켰다. 최선진국에서 고등교육을 받은 직장 여성의 비율은 1960년대 이후에 꾸준히 증가했고, 이전의 모든 시대와 마찬가지로 이 시대 역시 시대에 필요한 사상을 얻었다. 『여성의 신비』나 『성 정치학』 같은 책은 미국 중산층 여성에게 전통적인 역할에서 벗어나 자아실현을 추구하도록 촉구했다. 1968년 시위자 100명이 애틀랜틱시티에서 벌어진 미스 아메리카 선발대회를 중단시켰다. 1990년이 되자 남성은 실제로 가사와 양육을 분담했다(비록 일반적으로 아내와 여자 친구들이 여전히 더 많이 하고 있지만).

일찍이 1951년에 데이비드 리스먼이라는 미국 사회학자는 사태가 어디로 향하고 있는지를 내다봤다. 그는 '나일론 전쟁'이라는 제목의 이야기에서 미국의 소비주의를 예찬함과 동시에 조롱하면서 대통령에게 "미국의 풍요를 맛볼 기회가 생긴다면 러시아 사람들은 진공청소기 대신 탱크와 스파이를 내놓는 주인을 오래 참아주지 않을 것"[57]이라고 권고하는 전략가를 묘사한다. 이 이야기에서 미국이 소련에 스타킹과 담배를 투하하자 공산주의는 즉시 붕괴한다.

현실은 거의 허구만큼 기이했다. 1958년 산업력으로 각자 상대방을 위압할 수 있다고 자신한 소련과 미국은 상대방의 나라에서 산업엑스포를 여는 데 동의했다. 먼저 뉴욕에서 열리는 엑스포에 소련은 트랙터와 트럭, 실물 크기 로켓 모형을 보내 자본가들에게 저항은 헛되다는 것을 확신시키려고 했다. 1959년 미국은 멋지게 반격했는데, 리처드 닉슨(당시 부통령)을 모스크바로 보내 롱아일랜드의 새로운 규격형 주택과 똑같은 모델 하우스를 비롯해 미국 가정용 전기제품으로 꾸민 4650제곱미터 넓이의 전시장을 감독하게 했다. 어리둥절한 모스크바 시민들이 전시장을 구경하는 동안 닉슨과 흐루쇼프는 웨스팅하우스 세탁기를 사이에 두고 입씨름을 벌였다.

"여자의 일을 덜어주는 것은 뭐든 좋은 겁니다"라고 닉슨이 입을 열자 흐루쇼프도 지지 않았다. 그는 "당신네들은 여자들을 계속 주방에 가둬 두고 싶은 모양이군요. 우리는 여자들을 그런 식으로 간주하지 않습니다. 우리는 여자들을 더 높이 삽니다"라고 맞받아쳤다. 어쩌면 그럴지도. 소련 여성은 미국 여성보다 밖에서 더 많이 일했다. 그렇지만 다른 한편으로는 소련 가구의 절반이 세탁기를 들여놓기까지는 10년이 더 흘러야 했다. 공장에서 일을 끝내고 버스를 타고 귀가한 전형적인 소련 아내들은 주당 28시간의 가사 노동을 했다. 아파트 여덟 가구 가운데 하나에만 진공청소기가 있었다. 훌륭한 공산주의자답게 모두가 공유했을지도 모를 일이다.

닉슨은 자유기업가 정신에 대한 찬가로 맞받아쳤다. "우리는 정부 부처 꼭대기에서 하나의 결정을 내려줄 필요가 없습니다. 미국에는 다양한 업체가 있고 다양한 종류의 세탁기가 있어서 주부들이 하나를 고를 수 있죠. (…) 로켓의 성능보다는 세탁기의 상대적 장점을 두고 경쟁하는 게 더 낫지 않을까요? (…) 그것(우리의 생활방식)을 소련에 강요할 생각은 없어요. 하지만 당신의 손자들은 알게 되겠죠."58

닉슨이 맞았다. 1959년 흐루쇼프는 미국 노동자가 그런 집에 산다는 사실을 단순히 부정해버렸지만 1980년이 되자 그의 손자들은 자신들이 속고 있다는 것을 알 수 있었다. 어떤 의미에서는 사회발전의 역설 탓이었다. 대부분의 소련 시민은 세탁기와 진공청소기가 없었지만 라디오와 텔레비전, 암시장에서 나온 록음악 음반들을 갖고 있었다. 그들은 미국인이 훨씬 더 앞서나가고 있다는 것을 눈으로 똑똑히 볼 수 있었다. 우스갯소리가 떠돌기 시작했다. 기차가 이전 소련 지도자들을 싣고 스텝 지대를 가로질러 가고 있는데 갑자기 멈춰섰다. 예상한 대로 스탈린이 벌떡 일어나 외친다. "기관사를 매질해!" 기관사는 매를 맞았지만 기차는 여전히 움직이지 않는다. 그러자 흐루쇼프가 명령한다. "기관사를 되살려내!" 이 명령 역시 실행되지만 여전히 아무 일도 일어나지 않는다. 그러자 브레즈네프가 빙그레 웃으며 말한다. "그냥 기차가 움직이고 있는 척합시다."[59]

소련 제국의 국민이 텔레비전을 켜면 청바지를 입고 기타를 든 나 같은 사람들을 볼 수 있다는 것만으로도 충분히 힘들었지만 진정으로 끔찍한 것은 정보기술에 의해 추진되는 전적으로 새로운 산업혁명의 국면이 철의 장막 오른쪽의 사람들에게 더 큰 부를 가져다주는 모습을 지켜볼 수 있다는 것이었다. 1946년 최초의 미국 컴퓨터인 전자적분계산기ENIAC, Electronic Numerical Integrator and Calculator가 공개되었다. 에니악은 30톤이 나가고 전력을 너무 많이 소요했기 때문에 스위치를 켰을 때 필라델피아 전역의 불빛이 흐릿해졌다. 다음 30년에 걸쳐 아이비엠IBM이 더 작지만 여전히 무시무시하게 큰 기계들을 서양의 회사들에 팔았지만 진짜 변혁은 1971년 마이크로프로세서의 발명에서 시작되었다.

흔히 그렇듯이 혁신가들은 엘리트 계층의 변두리에서 나왔다. 이 경우에는 아이비엠 같은 잘나가는 기업이 아니라, 캘리포니아 교외 메늘로 파크 같은 곳에 위치한 차고에서 스티브 워즈니악이 등장했다. 자본금 단돈 9만1000달러를 가지고 몇몇 괴짜 친구들과 함께 사업을 시작한 워즈니악과 그의 사업 파트너 스티브 잡스는 1976년 초소형 컴퓨터 애플 원Apple I을 세상에 내놓았다. 1982년이 되자 애플 사의 판매액은 5억8300만 달러에 달했고, 아이비엠은 애플과 경쟁할 개인용 컴퓨터를 선보였다. 그 무렵 하버드 중퇴생 빌 게이츠와 폴 앨런이 마이크로소프트를 창립해 미국 서해안으로 이전했다. 컴퓨터 작업은 모든 사무실과 가정에 침투했고 매년 쉽고 저렴해졌다. 심지어 재미있어지기까지 했다.

컴퓨터는 서양 핵심부가 여흥을 즐기고 사업을 하고 전쟁을 수행하는 방식을 변화시켰다. 1985년이 되자 서양의 각계에 컴퓨터가 닿지 않는 부분은 없었다. 소련 제국만 빼고. 기차가 움직이고 있는 척하는 것은 더 이상 선택지가 될 수 없었다.

인민의 낙원

미국의 의존국들이 공산주의 중국에서 급속도로 멀어지고 있는 동양에서도 사정은 마찬가지였다. 일본과 그 뒤를 이은 타이완과 한국은 경제의 먹이사슬에서, 1960년대 내가 그렇게 좋아했던 플라스틱 장난감에서 중공업과 전자산업으로 신속하게 옮겨갔고, 그들이 먹이사슬의 위로 이동하는 동안 다른 동양 국가들(싱가포르, 말레이시아, 타이)도 사다리의 아랫단을 차지했다. 동양 전역에서 임금이 올랐다. 수명이 늘어나고 아이들이 통통해졌으며 커다란 아파트에 각종 기기들이 들어찼다. 중국에는 소련보다 텔레비전이 더 없었지만 베이징의 정책 결정자들은 자신들의 동해안 주변에 있는 번영의 전초기지에서 제기되는 위협들을 빤히 알 수 있었다. '아시아의 호랑이'로 알려진 이 나라들은 중국에 대한 모욕이었다. 모두가 다소간 일당 지배 체제였고 중국과 더불어 유교와 불교 전통을 공유했다. 권위주의 체제나 동양의 문화적 전통이 비약적 성장을 막는 게 아니라면 공산주의가 아닌 다른 어디에 문제의 근원이 있겠는가?

1840년대부터 1940년대까지 한 세기에 걸친 내전과 내분은 중국이 일본의 급속한 산업화의 뒤를 따르는 것을 저해했지만, 1949년 승리 이후 마오쩌둥은 재빨리 레닌의 예를 본받아 그의 영토를 아대륙 제국으로 재조직했다. 평화는 커다란 이득을 가져왔고 6세기에 수나라가, 10세기에 송나라가, 14세기에 명나라가 중국을 통일했을 때처럼 경제가 부흥했다. 한국전쟁이 흐지부지 마무리되었을 때 마오쩌둥이 착수한 소비에트식 5개년

계획은 아시아 호랑이들의 자본주의보다 훨씬 비효율적이었지만, 그래도 여전히 산업 생산량을 두 배 이상 증가시켰고 실질임금을 3분의 1 증가시켰다. 기대수명은 1950년 36세에서 1957년 57세로 치솟았다.

만약 마오쩌둥이 그대로 내버려두었다면 중국 경제가 1960년대와 1970년대에 지속적으로 강력하게 성장했으리라고 추측할 만한 근거가 충분하지만 이전의 무수한 중국 황제처럼 마오쩌둥은 그의 관료들을 신뢰하지 않았다. 그는 허위적인 경제법칙은 진정한 마르크스주의 법칙으로 대체되어야 한다고 주장했지만—계산자와 그래프로 무장한—그의 계획 입안자들은 매우 부르주아처럼 보였다. 마오쩌둥은 굽힐 줄 모르는 인민의 의지가 발휘될 때만이 인민의 낙원이 건립되리라고 주장했다.

마오쩌둥은 1910년대에 마르크스(와 스펜서)를 읽으며 지적으로 성장했다. 그는 동양의 열세가 수 세기 전에 이미 확고해졌다고 확신한 장기고착 이론가였다. 해답은 "사구四舊[네 가지 구습]"—옛 관습, 옛 습관, 옛 문화, 옛 사고방식—를 일소하는 것이었다. 심지어 가족제도마저 사라져야 했다. 중국청년보는 "세상에서 가장 소중한 사람은 부모다. 그러나 그분들도 우리에게 모든 것을 주는 (…) 마오쩌둥 주석과 공산당에 비할 수는 없다"[60]고 설명했다. 마오쩌둥은 중국이 서양을 따라잡을 '대약진운동'을 선언하면서 인구의 99퍼센트를 수천 명으로 구성된 집단농장으로 조직했다. 일부 지역에서는 유토피아주의가 극성을 부렸다.

1958년 10월, 쓰촨성 캉딩의 당 간사는 11월 7일에 사회주의가 끝나고 11월 8일부터 공산주의가 시작될 것이라고 선언했다. 당원 회의가 끝나자마자 모두가 거리로 나가 상점의 물건을 집어가기 시작했다. 선반이 비자 그들은 다른 사람들 집으로 가서 닭과 채소를 가져갔다. 사람들은 심지어 누가 누구 아이인지 구별하는 것도 그만두었다. 아내들만이 이런 공유에서 안전했는

데, 당 간사가 이 문제에 대해서는 자신이 없었기 때문이다.[61]

다른 지역에서는 냉소주의가 판쳤다. 일부는 이 시기를 '깡그리 먹어치우는 시기'였다고 부른다. 일하고 저축할 유인이 박탈되자 많은 사람이 일도 저축도 하지 않았다.

흉년이 들었는데도 더 많은 수확량을 보고하도록 상부로부터 압력을 받은 당 간부는 그렇게 보고한 뒤 숫자를 맞추기 위해 소출에서 더 많은 양을 징발했다. "식량이 부족하다는 것은 틀린 말입니다." 한 정치위원은 주장했다. "곡식은 많지만 인민의 90퍼센트가 이데올로기적으로 문제가 있을 뿐입니다."[62]

설상가상으로 마오쩌둥은 흐루쇼프와 사이가 틀어졌다. 소련으로부터 원조가 끊기자 그는 서양의 철강 생산량에 필적하고자 4000만 명의 농민들을 토지에서 끌어내 집 뒷마당에 주물공장을 세우고 현지에서 구할 수 있는 원광이면 뭐든 제련하고, 심지어 냄비와 솥까지 녹여 가내 철강을 생산하도록 지침을 내렸다. 그들이 생산한 철강 가운데 쓸 만한 것은 거의 없었지만 아무도 감히 그렇다고 말하지 못했다.

시골 풍경은 갈수록 초현실적으로 변했다. 한 기자는 "작업 현장은 위에 설치된 확성기에서 쏟아져나오는 현지 가극의 고음 선율로 가득 찼고 송풍기 돌아가는 소리와 가솔린엔진의 소음, 무거운 짐을 적재한 대형 화물차의 경적 소리, 원광과 석탄을 끄는 소의 울음소리로 뒤섞였다"[63]고 말했다.

농민들은 "공산주의는 낙원, 인민공사People's Commune는 낙원으로 이어지는 다리"[64]라는 노래를 불러야 했다. 그러나 이 낙원에는 문제가 있었다. 노래를 부르지 않을 때, 사람들은 아사하고 있었다. 감정이 배제된 말투는 아래의 회고를 괴이하게 만든다.

우리 가족은 아무도 죽지 않았다. 1960년 2월이 되자 할아버지의 다리가 퉁퉁 부어올랐다. 머리카락이 다 빠지고 온몸이 종기로 뒤덮였다. 할아버지는 몹시 쇠약해져서 입을 벌리지도 못했다. 한 친구가 종기를 일부 째서 조금 나아지셨다. 우리는 아직 작은 염소 세 마리를 데리고 있어서 친척 아주머니가 할아버지에게 드리려고 그 가운데 두 마리를 몰래 잡았다. 불행하게도 기간요원이 그걸 알아채서 도축한 고기를 가져가버렸다.[65]

그래도 이 할아버지는 운이 좋았다. 다른 회고자에 따르면 더욱 처참한 일도 있었다.

대기근 때 일어난 일 가운데 제일 나쁜 것은 이거다. 부모들은 큰애와 작은애 가운데 어느 애가 먼저 죽을지 결정해야 했다. (…) 어머니가 딸에게 이렇게 말한다. "하늘 나라로 할머니를 만나러 가거라." 그러고는 딸들한테 음식을 주지 않았다. 그냥 물만 줬다. (…) 한 여자는 그걸로 고발되어서 공안부에 체포되었다. 몇 년 뒤 노동수용소에서 돌아왔을 때 마을 사람 누구도 그 여자를 비난하지 않았다.[66]

1958년과 1962년 사이에 약 2000만 명이 아사했다. 마오쩌둥 사후 중국 공산당 중앙위원회는 '위대한 조타수'가 그의 생애 동안 70퍼센트는 옳았고 30퍼센트 틀렸다고 공식적으로 결론 내렸지만 1960년 무렵의 공산당은 거기에 별로 확신이 없었다. 기술관료적인 파벌이 마오를 밀어내고 약간의 사유재산제를 도입했다. 1965년이 되자 수확량은 1957년 수준을 회복했다.

그러나 마오쩌둥은 패배하지 않았다. 서양처럼 중국도 전후 베이비붐을 겪어서 엄청난 수의 안달이 난 십대 무리를 쏟아냈다. 자유주의 서양 핵심부의 부족할 것 없는 젊은이들은 그들의 구매력을 이용해 자신들의 음악과 의복, 성 풍속을 중심으로 사회의 취향을 새롭게 바꿨지만 중국에서는 마오쩌둥이 성난 젊은이들의 취향을 자기 쪽으로 돌렸다. 1966년 영구적인 '위대한 프롤레타리아 문화혁명'을 역설하면서 그는 모든 것을 공격하도록 젊은이들을 선동했다.

학교와 대학을 떠난 수백만 명의 청소년들이 처음에는 자신들의 선생들에게 뭇매를 때리고 그다음에는 반동적으로 보이는 사람은 누구든 두들겨 패면서 광란의 홍위병이 되었다. 서양의 젊은이들이 혁명에 대해 노래하는 동안 중국 젊은이들은 실제로 혁명을 체험했다. 한 문학청년은 대자보에 당당하게 적었다.

> (나의 급우) 리젠핑을 규탄하게 만들고 군중을 그러한 일반적 분노로 몰아간 것은 계급적 증오이다. 사람들은 곤봉으로 그녀—그렇게 오랜 세월 동안 옛 시당市黨의 비호를 받은 반혁명분자—를 때려죽였다. 혁명적 인민과 혁명의 순교자들을 위해 복수하는 아주 기분 좋은 사건이었다. 다음에는 반역자들을 비호하는 놈들을 처단할 것이다.[67]

마오쩌둥은 이러한 분노를 그의 정적들에게 향하게 하려고 했지만 제대로 통제하지 못했다. 누구도 반혁명분자라는 공개 고발에서 안전하지 못한 가운데 사람들은 너도나도 자신들이 먼저 고발하려고 했다. 많은 이에게 이런 상황은 그저 어안이 벙벙할 뿐이었다. 한 화장실 청소부는 너무나도 많은 교수가 재교육의 일환으로 화장실을 청소하도록 명령 받아서 일자리를 잃었다고 투덜거렸다. 그러나 상당수는 매우 신이 난 듯했다. 젊은 노동자들이 학생들에게 가세했고 공장이 멈춰섰다. 홍위병은 영화 촬영진을 불러 자신들이 불상과 공자 사당, 한나라 때 유물들을 때려부수는 모습을 찍게 했다. 한 무리는 심지어 외무부를 점거해 자기들만의 제대로 된 프롤레타리아 외교관을 임명했다.

1969년, 사태가 대약진운동에 버금가는 규모의 참사로 흘러가는 가운데 마오쩌둥조차 기가 죽었다. 수천 명이 죽고 수백만 명의 삶이 망가졌다. 아시아의 호랑이들은 꾸준히 중화인민공화국으로부터 멀어지고 있었다. 소련과의 관계는 매우 나빠서 국경 충돌에서 중국인 800명이 사망했다. 마오쩌둥은 뒤늦게 과격주의자들과 거리를 두고 생명줄을 찾았다.

마오쩌둥을 구한 밧줄은 어쩌면 지구상에서 가장 아닐 법한 사람한테서, 바로 극렬 반공주의자인 미국의 대통령 리처드 닉슨한테서 내려왔다. 닉슨은 중국과의 협상이 냉전에서 소련의 허를 찌르는 길이라고 봤고, 1972년 적지 않은 막후 외교 끝에 마오쩌둥과 악수하러 베이징으로 날아갔다. 그는 "세계를 바꾼 한 주였습니다"[68]라고 자찬을 늘어놨고 어떤 면에서는 맞는 소리였다. 워싱턴-베이징 연합의 전망은 브레즈네프를 경악시켰고 중국에 간 지 석 달 만에 닉슨은 브레즈네프와 회담을 하기 위해 모스크바로 날아갔다.

마오쩌둥도 그에 못지않게 득을 봤다. 닉슨을 만남으로써 그는 서양의 기술을 절실히 갈망하던 실용주의자들에게는 지지를, 중국에서 지식인 계급을 깡그리 몰아낸 과격파들에게는 반대 신호를 보냈다. 어느 학생은 "오랫동안 편하게 살아오며 실용적 일은 전혀 하지 않은 책벌레들"[69]보다 혁명적 순수성이 훨씬 소중하다고 주장하는 글과 함께 백지 답안을 제출함으로써 모두가 탐내던 대학의 한 자리를 차지했다. 반지성주의의 유명한 일화다. 급진파 유력 인사들은 소련 재담가들이라면 환영할 만한 화려한 수사를 써가며 "시간표보다 늦은 사회주의 열차가 정시에 맞춘 수정주의 열차보다 낫다"[70]고 주장했다.

1972년 이후 실용주의자들이 반격해왔고 비록 1976년 마오쩌둥이 사망한 다음부터이긴 하지만 어쨌든 형세는 결정적으로 실용주의자들에게 유리하게 바뀌었다. 우편향자로 마오쩌둥 아래서 두 차례 축출되었다가 두 차례 복권된 덩샤오핑은 이제 그의 정적들을 축출하고 본색을 드러냈다. "사실에서 진실을 구하라"는 마오쩌둥의 오랜 주문을 표어로 삼아 덩샤오핑은 중국에서 가장 불편한 진실과 정면으로 맞섰다. 인구가 경제보다 더 빠르게 성장하고 있다는 진실을. 매년 구직 시장에 진입하는 굶주린 배를 모두 채워주기 위해서 중국 경제는 적어도 한 세대 동안 매년 7퍼센트씩 성장해야 했다. 그렇지 않으면 대약진운동 시기도 압도할 기아가 발생할 수도 있었다.

지금까지의 모든 경험은 평화와 통일 정부가 주어진다면—두 가지 모두 1840년대 이래로 대체로 부재했다—중국 역시 서양이 지배하는 세계경제 안에서 번영할 수 있다는 것을 시사했고, 덩샤오핑은 중국을 세계경제와 통합하기 위해 적극적으로 이끌면서 한 발 더 나갔다. 자원에 대한 압력을 완화하기 위해 그는 (이론적으로는) 이미 아이를 둘 낳은 여성은 불임 시술을 받아야 하는 악명 높은 한 자녀 정책을 적극 추진하고* 가용 자원을 증가시키기 위해 세계경제를 적극적으로 껴안았다. 중국은 세계은행과 국제통화기금에 가입했고 마카오와 홍콩, 타이완으로부터 자본가들을 유인하기 위해 경제특구를 개방했으며 심지어 상하이에 코카콜라 공장 설립도 허용했다.

1983년이 되자 덩샤오핑은 마오쩌둥의 인민공사를 사실상 폐지했다. 농민들은 개인 소득을 올리기 위해 '가외' 활동을 추구했고 사업가들은 이

---

* 이 정책이 실제로 얼마나 효과를 보았는지는 분명하지 않다. 1974년 평균 출산율은 여성 1인당 4.2명이었다. 정책이 제대로 자리를 잡은 1980년이 되자 이 수치는 2.2명으로 떨어졌다. 그후 출산 감소 경향은 완화되어 1인당 1명으로 떨어지기까지는 다시 15년이 걸렸다. 중국의 인구는 2015년경에 정점에 달할 것으로 예상된다.

윤의 일부를 소유할 수 있었다. 농지는 여전히 집단 소유였지만 개별 가구는 이제 소小부지를 30년 동안 임대해 개인적으로 경작할 수 있었다. 더 오랜 기간 임차할 수 있는 도시의 재산은 심지어 저당을 잡힐 수도 있었다. 생산량이 급증했고 비록 자유화는 보수파를 경악시켰지만 이제는 돌이킬 수 없었다. 덩샤오핑은 선언했다.

> 문화대혁명 동안 가난한 공산주의가 부유한 자본주의보다 낫다는 견해가 있었다. (⋯) 그 견해를 반박했기 때문에 나는 권좌에서 쫓겨났다. (⋯) (그러나) 사회주의의 주요 임무는 생산력을 발전시키고 꾸준하게 인민의 삶의 질을 높이고 물질적 부를 증가시키는 것이다. (⋯) 부자가 되는 것은 죄가 아니다.[71]

유사한 생각이 6500킬로미터 떨어진 모스크바에서 공산주의자들을 괴롭혔다. 닉슨의 중국 방문 충격 이후 1970년대는 소련에게 다소 잘 굴러갔다. 아랍 국가들이 석유 가격을 인상했을 때 대량 수출국인 소련도 득을 봤고 돈이 굴러들어오면서 모스크바는 일련의 대리전에 자금을 대 승리를 거둔 데다 1978년 핵무기 경쟁에서 미국을 앞질렀다. 그러나 그때가 공산주의의 절정기였다. 아프가니스탄에서 괴뢰정권을 수립하기 위한 개입은 1980년대까지 질질 끄는 출혈이 큰 전쟁으로 바뀌었다. 석유 가격은 3분의 1 수준으로 하락했고 미국은 급격하게 군비, 특히 하이테크 무기에 지출을 늘렸다.

정치 관료들은 이미 일반 러시아인이 자신들의 열차가 여전히 서 있다는 사실을 알 수 있다는 점을 걱정했다. 국영 경제는 탱크와 칼라시니코프 반자동소총을 찍어냈지만 컴퓨터와 자동차는 내놓지 못했다(여기서 또다른 농담 하나. "라다*의 값을 두 배로 올리는 방법은?" 답: "연료통을 가득 채워라."[72]) 체제에 대한 반대가 어디서나 부글부글 끓고 있었다. 새로운 군비 경쟁에 대한 생각은 소련 제국 통치자들을 두려움에 떨게 만들었다.

1985년 미하일 고르바초프는 정원을 거닐면서 "계속 이런 식으로 살 수는 없어"[73]라고 아내 라이사에게 속내를 털어놓았다. 고르바초프는 몇 시간 내로 소련의 서기장으로 지명될 예정이었지만 정원이 그가 몰래 기웃거리는 스파이들의 눈길을 피할 수 있는 유일한 곳이었다. 덩샤오핑처럼 고르바초프는 자신이 현실을 직시해야 한다는 것을 알았다. 1986년 체르노빌에서 낡은 핵 반응기가 폭발한 사건은 소련이 뒤떨어지고 있을 뿐만 아니라 실제로 산산이 부서지고 있다는 것을 만천하에 드러냈고, 고르바초프는 개혁(페레스트로이카)과 개방(글라스노스트)에 박차를 가했다가 마르크스와 엥겔스가 이미 한 세기 반 전에 알던 사실을 새삼 깨달았다. 자유화는 우리가 싫어하는 것뿐만 아니라 단단히 붙박이고 굳어진 관계들을 모조리 일소한다는 사실을.

견고한 모든 것은 허공 속에 녹아 사라졌고 덩샤오핑과 고르바초프는 경제적 자유는 정치적 자유에 대한 욕망을 부추길 뿐이라는 것을 알게 되었다. 덩샤오핑은 반체제 시위자들이 때로는 강경 공산주의자들에 맞서는 유용한 우군이라고 느꼈지만 때로는 그들을 탄압했다. 그러나 고르바초프는 무력을 사용하려는 시도는 정권 전체의 붕괴를 야기할 수 있다고 생각했다. 1989년 봄 그가 인민대표회의에 자유선거를 허용했을 때 대의원들은 텔레비전 생중계에서 그에게 야유하는 것으로 화답했지만 그는 인민대표회의 산회를 거부했다. 그 대신 그는 베이징으로 날아갔고 일당 지배에 반대하는 중국인 시위자들의 환호를 받았다. 한 학생의 대자보에는 "소련에는 고르바초프가 있다. 중국에는 누가 있는가?"[74]라고 쓰여 있었다.

---

* 소련 자동차 이름.

언짢아진 덩샤오핑은 고르바초프가 떠난 이튿날 계엄령을 선포했다. 1989년 6월 초순 백만 명의 시위자들이 톈안먼 광장에 몰려들었다. 일부는 노래하고 춤을 추었고 일부는 단식투쟁을 벌이며 죽어갔다. 덩샤오핑은 이들을 "사회의 쓰레기들" "서양에 전적으로 의존하는 부르주아 공화국을 건설"[75]하려고 작정한 사람들이라고 낙인찍고 군대를 출동시켰다. 갈가리 찢긴 시신들과 짓밟힌 자전거, 다가오는 탱크의 길목을 홀로 막아선 무명의 시위자를 찍은 사진들이 전 세계를 떠돌았다.

중국에서는 탄압이 승리했지만 헝가리와 폴란드가 다당제 선거를 선언했을 때도 고르바초프는 여전히 덩샤오핑의 본보기를 거부했다. 한 장관이 시내트라 독트린이라고 부른 것을 따라 그는 소련 위성국가들이 제 갈 길을 가게 내버려 두었다. 새로이 선출된 폴란드 수상은 몹시 놀라서 자기 취임식에서 기절할 정도였다. 한계를 시험하듯 헝가리 병사들은 오스트리아와 국경을 가르는 철조망을 걷어냈다. 헝가리로 '휴가를 온' 수천 명의 동독인은 차를 버리고 자유를 찾아 걸어서 국경선을 넘었다.

그런데도 고르바초프는 여전히 아무것도 하지 않았다. 그해 10월 그가 베를린을 방문했을 때 군중은 다시금 그에게 환호를 보냈고 그곳에 머물러달라고 요청했다. 다음 몇 주 걸쳐 동독인은 베를린장벽 위에서 춤을 추고 망치와 끌을 가지고 장벽을 깎아내기 시작했다. 아무도 그들에게 총을 쏘지 않자 수천 명이 장벽을 넘어 서베를린으로 건너갔다. 당황하고 무능력한 동독 정권이 와해되었다. 다음 몇 달에 걸쳐 공산주의 독재자들이 동유럽 전역에서 똑같은 전철을 밟았고 소련으로 묶여 있던 나라들은 독립을 선언하기 시작했다. 새로운 러시아 연방의 대통령마저 소비에트 연합에서 빠지겠다는 의사를 표명했을 때 고르바초프는 더 이상 존재하지 않는 제국의 서기장 신세가 되었다. 1991년 크리스마스 날 그는 소련 해체를 공식적으로 선언하는 법령에 서명하라는 압력에 굴복했다. 소련의 마지막은 완벽하다시피 했다. 고르바초프의 소련제 펜이 말을 듣지 않아 그는 CNN 카메라맨한테 펜을 빌려야 했다.

미국은 서양의 전쟁에서 승리했다.

동풍, 서풍

왕조 제국들이 총력전에 대처할 수 없다는 것이 입증되어 1917년과 1922년 사이에 지상에서 사라지다시피 했을 때 미국은 매우 내켜 하지 않는 리바이어던으로 드러났지만, 1989년과 1991년 사이에 공산주의가 똑같이 부적절하다는 것이 입증되었을 때 미국인은 정치적 진공을 매울 준비가 되어 있었다. 미 국방부는 2년마다 국방계획지침서라는 보고서를 통해 총괄 전략을 검토한다. 소련이 붕괴한 지 3개월 만인 1992년 3월 예정의 보고서 초안은 대담한 전망을 내놓았다.

우리의 첫째 목표는 이전 소련에 의해 제기된 것과 유사한 위협을 제기하는 새로운 경쟁상대가 이전 소련 영토나 이외의 곳에서 재부상하는 것을 방지하는 것이다. 이를 위해서 (…) 우리는 어느 적대 세력이, 강화된 통제 아래서 세계적 강대국으로 성장하기에 충분한 자원이 있는 한 지역에서 우세해지는 것을 방지하는 데 전력해야 한다. 이러한 지역들로는 서유럽, 동아시아, 이전 소련 영토, 서남아시아가 있다.[76]

(『뉴욕타임스』가 표현한 대로) "이 탈냉전 전략 논쟁이 공적 영역에서 수행되어야 한다고 믿는 한 관리"[77]가 이 초안을 유출했을 때 미국 정부는 재빨리 논조를 완화했지만, 그럼에도 불구하고 미국이 유일한 초강대국으

로 존재하는 원안과 매우 유사한 세계가 탄생했다.

구소련은 세계의 자원을 차지하려는 쟁탈전에서 내파했다. 붕괴는 로마노프 왕조의 몰락에 뒤이은 내전만큼 심각하지는 않았지만 소련의 주요 승계국인 러시아는 그럼에도 불구하고 1990년대에 생산량이 40퍼센트 감소했고 실질임금은 45퍼센트 하락했다. 1970년대 소련 시민은 서유럽 평균보다 4년 이른 평균 68세에 사망했지만 2000년이 되자 러시아인 평균 사망 연령은 유럽연합 평균보다 12세나 이른 66세였다. 그래도 러시아는 방대하고 자원이 풍부하며 세계에서 핵무기를 가장 많이 보유한 강국이었고 2008년이 되자 강력한 정부가 복귀해 에너지 가격이 상승하면서 구소련 공화국들을 무력으로 위압하고 유럽연합을 협박할 만큼 대담해졌다. 그러나 국방계획지침서가 바랐던 대로 러시아는 여전히 구소련과 같은 위협을 제기하지 못했다.

유럽연합도 미국의 서양 핵심부 지배에 도전하지 않았다. 일부 관측자에게는 경제적, 정치적 통합으로 향하는 (또 그랬다가 멀어지는) 유럽의 갈지자 행보가 강력한 아대륙 제국으로 나가는 발걸음처럼, 즉 합스부르크 왕가와 부르봉 왕가, 나폴레옹과 히틀러가 무력으로 달성하지 못한 것을 마침내 평화적으로 실현하는 것처럼 보였다. 하지만 실제로는 계속되는 분열, 더딘 경제성장, 인구노령화, 허약한 군사력 탓에 초강대국 지위와는 한참 멀었다.

1992년 국방계획지침서 입안자들이 서남아시아를 두드러지게 염두에 둔 것은 대체로 1990년 이라크가 시도했던 것처럼 적대국가가 그 지역의 유전 지대를 장악할 가능성을 염려했기 때문이다. 그들은 1970년대 이래로 성장하고 있던 이슬람 극단주의자들을 간과했고 (다른 거의 모든 사람과 마찬가지로) 2001년 9월 11일에 미국을 상대로 한 공격에서 허를 찔렸다. 그러나 입안자들의 가정이 그야말로 빗나간 곳은 동양이었다. 국방기획지침서가 언론에 유출된 지 몇 주 안에 동양에서 미국의 주요 동맹국인 일본은 불황에 빠져들었고 동양의 주요 라이벌인 중국이 도약했다.

서양이 옛 동양 핵심부를 주변부로 바꾼 지 150년이 흘렀고 교훈은 눈이 달린 사람들 모두에게 분명했다. 평화와 책임감 있는 정부, 자진해 서구 열강을 따를 의지만 있다면 동양인은 19세기 서양인에게 동양의 후진성의 증거로 비쳐진 거대한 인구와 학식 있는 엘리트들을 경제성장의 엔진으로 전환하면서 자본주의 세계경제를 자신들의 목표에 부합하게 활용할 수 있었다. 1840년대 이래로 중국은 평화와 책임성, 유연성을 거의 누리지 못했지만 1990년대가 되자 세계질서에서 적절한 지위를 찾기 시작했다.

테마파크 한가운데 골프 카트 뒷좌석이라는 어울리지 않는 연단에서 덩샤오핑은 "경제개혁은 더 이상 전족을 한 여자처럼 느릿느릿 진행되지 않을 것이며 (…) 새로운 길을 열고 대담하게 헤쳐나갈 (것이다)"[78]라고 선언했다. 붉은 자본주의를 가로막던 장애물은 무너졌다. 마오쩌둥과 닉슨이 1970년대 초반에 만났을 때 전형적인 미국의 노동자는 전형적으로 자본투자가 부족한 중국인 노동자보다 20배 가까이 생산성이 높았고, 중국이 세계 상품의 5퍼센트를 생산할 때 미국은 22퍼센트를 생산해냈다. 다음 30년에 걸쳐 미국의 생산성은 계속 증가했지만 투자는 중국의 생산성을 3배 빠르게 끌어올렸다. 2000년이 되자 미국 근로자들의 생산성은 이제 중국 노동자들의 생산성보다 7배가 채 못 된다. 세계 생산에서 미국의 차지하는 비율은 21퍼센트로 거의 변하지 않았지만 중국의 비율은 14퍼센트까지 3배 가까이 성장했다.

중국은 이러한 성장을 위해 처절한 대가를 치렀다. 사실상 규제를 받지 않는 공장들은 폐기물을 마음대로 버리며 주요 강들을 오염시켰다. 이 수로들을 따라 있는 지역에서 암 발병률은 중국 전체 평균의 흔히 두 배였다. 마찬가지로 규제되지 않는 농업에 이용된 다른 강들은 전부 말라버렸다. 벌목이 도를 넘었고 사막이 1970년대 이전보다 두 배 빠른 속도로 늘어났다. 정부의 무능과 고질적 부패에 대한 시위는 갈수록 폭력적으로 흘렀다. 2000년 이래 거의 매년 경찰 당국은 2만5000건의 '대중 소요'와 그보다 훨씬 많은 소규모 시위를 보고했다.

그러나 그 대가로 덩샤오핑의 계획은 기아를 막고 커다란 소득을 가져왔다. 여전히 중국 인구의 3분의 2를 차지하는 시골 주민들의 실질임금은 매년 6퍼센트씩 상승했다. 그러나 이득은 동해안 지방에 집중되었고, 마오쩌둥이 실시했던 기초적인 수준의 무상 교육과 무상 의료가 축소되면서 찢어지게 가난한 내륙 농촌은 종종 그러한 이득마저 누리지 못했다. 한 가지 결과는 역사상 최대 규모의 이주였다. 1990년대 이래로 1억5000만 명의 주민이 도시로 이주해 매년 새로운 시카고를 탄생시켰다. 도시로의 이주는 일반적으로 농민의 소득을 50퍼센트 증가시키면서, 동시에 선진국에서 드는 비용의 극히 일부에 지나지 않는 비용으로 공장에 노동력을 공급했다.

1992년과 2007년 사이에 중국의 수출량은 열두 배 증가했고 대미 무역 흑자는 180억 달러에서 2330억 달러로 눈덩이처럼 불어났다. 2008년이 되자 월마트 같은 미국의 할인점에서 중국산 제품은 일반적으로 상품 진열대의 90퍼센트를 차지했다. 매일 아침 중국산 의복을 최소한 한 장 걸치지 않은 미국인은 드물었다. 『비즈니스위크』는 "중국산 가격"이 "미국 산업에서 가장 무서운 두 단어가 되었다"[79]고 말했다. 중국산 가격과 경쟁할 수 없는 회사는 망했다. 19세기 영국과 20세기 미국처럼 중국도 세계의 공장이 되었다. 금융저널리스트 제임스 킹은 이탈리아의 기차간에서 우연히 들은, 흡사 디킨스의 소설책에서 그대로 튀어나온 그래드그라인드 같은 두 중국인 사업가의 대화를 묘사한다.

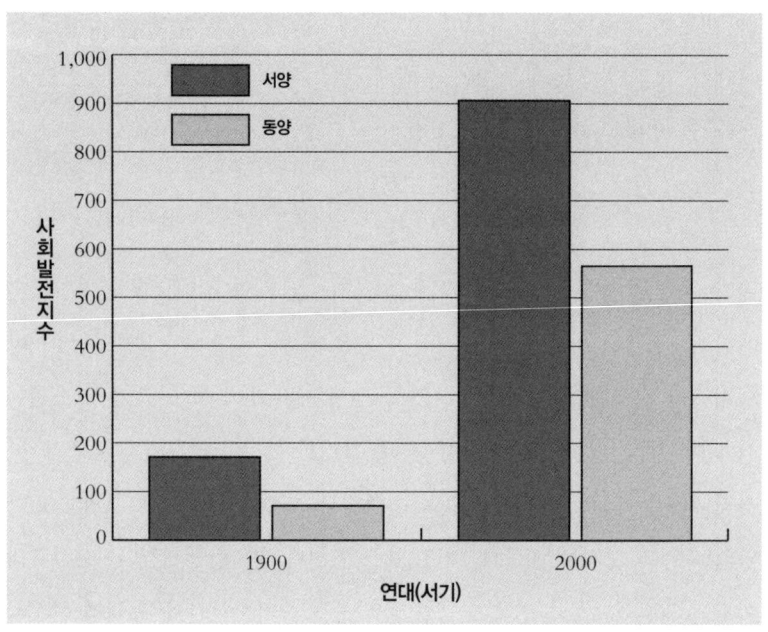

[도표 10.11] 풍향 파악하기: 20세기는 서양 지배의 정점이자 종점인가? 사회발전에서 동서양 점수 차는 1900년의 101점에서 2000년의 336점으로 늘어났지만, 동서양 간 점수 비율은 1900년 2.4:1에서 2000년 1.6:1로 3분의 1 감소했다.

상사는 한 시간 반 동안 기차를 타고 가는 동안 공장 한 채를 구경하지 못했다고 언급했다. 젊은 부하 직원이 "외국인들은 경치 감상을 좋아합니다"라고 대답했다. 상사는 잠깐 생각하더니 "경치와 생산 가운데 뭐가 더 중요하지?"라고 물었다. (…) 상사의 호기심은 주제를 가리지 않았다. (…) 외국인들은 왜 그렇게 게으른가? 유럽은 제조업이 별로 남아 있지 않게 되면 어떻게 할 작정인가? 진짜로 경제를 서비스업에만 의존해 운영할 수 있을까? 유럽 소에는 정말로 농가 보조금으로 매일 2달러가 들어가는가?[80]

반세기 전에 마오쩌둥은 "세계의 풍향은 바뀌었다. (…) 지금 서풍이 동양에서 우세한 것이 아니라 동풍이 서양에서 우세하다"[81]고 주장했다. 당시 그는 스스로를 기만하고 있었다. 1950년대 동양은 소련권과 미국권으로 분리되어 전적으로 서양의 영향 아래 있었다. 그러나 2000년이 되자 비록 그가 의도한 것과는 다른 방식으로지만 마오쩌둥의 말은 현실이 되고 있었다. 서양의 사회발전은 그 어느 때보다 동양에 앞서 있었지만 ─300점 넘게─ 서양과 동양의 점수 간 비율은 1900년 약 2.5 대 1에서 2000년이 되자 1.5 대 1이 조금 넘을 뿐이었다. 20세기는 서양의 시대의 정점이자 동시에 그 끝의 시작이었다.

왜　서　양　이　지　배　하　는　가

제3부

/

제 1 1 장
왜 서양이 지배하는가

제 1 2 장
당분간은

부 록
사회발전에 관해

/

왜 서양이 지배하는가

　서양은 지리 때문에 지배한다. 생물학은 왜 인류가 사회를 발전시키는 지 우리에게 가르쳐준다. 사회학은 인류가 어떻게 사회를 발전시키는지(사 회가 후퇴하지 않을 때를 제외하고) 가르쳐준다. 그리고 지리는 왜 다른 지역 이 아니라 서양이 지난 200년 동안 세계를 지배해왔는지 가르쳐준다. 생 물학과 사회학은 모든 시공간의 모든 인류에게 적용되는 보편적 법칙을 제공하고 지리는 그 차이를 설명한다.

　생물학은 우리가 동물이며 다른 모든 생명체와 마찬가지로 우리가 오 로지 우리의 주변 환경으로부터 에너지를 획득하기 때문에 살아간다는 사실을 말해준다. 에너지가 부족할 때 우리는 행동이 굼떠지고 죽는다. 에너지로 가득할 때 우리는 번성하고 널리 퍼져나간다. 다른 동물들처럼 우리는 호기심이 많지만 탐욕스럽고 게으르며 두려움에 떨기도 한다. 우리는 이러한 의향과 감정을 추구하는 데 동원하는 도구 — 진화가 우리에게 선사한 회전이 더 빠른 두뇌, 더 유연한 목, 마주보는 엄지손가락 — 측면에서만 여느 동물들과 다르다. 이 도구들을 사용해 우리 인간은 훨씬 많은 에너지를 획득하고 조직하고 마을과 도시, 국가, 제국을 지구 전체에 퍼트리면서 우리 의지를 여느 동물들과는 매우 다른 방식으로 환경에 관철해왔다.

19세기와 20세기 초에 많은 서양인은 생물학이 왜 서양이 지배하는지에 대한 온전한 대답이라고 생각했다. 그들은 백인 유럽 인종은 다른 누구보다도 고도로 진화했다고 주장했다. 하지만 그것은 착각이다. 앞서 내가 제1장에서 논의한 유전적, 해부학적 증거들은 명백하다. 한 종류의 인류가 10만 년 전 아프리카에서 서서히 진화한 뒤 전 지구에 퍼졌고 더 오래된 종류의 인류를 멸종시켰다. 세계 각지의 현생인류 간의 유전적 차이는 사소하다.

다음으로 만약 서양인이 정말로 유전적으로 다른 누구보다 우월하다면 제4장에서 제10장을 채우는 사회발전 그래프들은 매우 달라질 것이다. 서양은 처음부터 주도권을 잡은 다음 계속 앞서나갔을 것이다. 그러나 물론 그런 일은 일어나지 않았다(도표 11.1). 서양은 빙하기 말에 기선을 제압했지만 어느 시기에는 우위가 커졌고 어느 시기에는 줄어들었다. 550년경 서양의 우위는 완전히 사라지고, 다음 1200년 동안 동양이 사회발전을 주도했다.

오늘날 극소수의 학자만이 서양인이 유전적으로 다른 누구보다도 우수하다는 인종주의 이론을 설파하지만 이 노선을 취하고 싶다면 서양인의 패기가 어떻게 해서 6세기에 싹 빠져나갔다가 18세기에 다시 생겨났는지 혹은 어떻게 해서 동양인이 6세기에 우월하게 되었다가 18세기에 다시 유전적 우수성을 잃었는지를 입증해야 할 것이다. 그러한 작업은 극히 조심

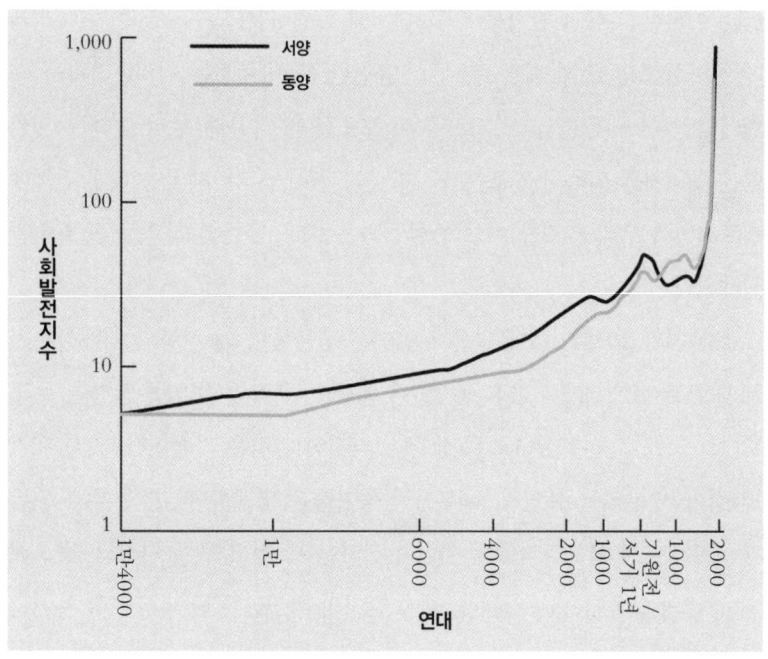

[도표 11.1] 다시 살펴본 역사의 추이: 기원전 1만4000년~서기 2000년, 동양과 서양의 사회발전지수와 단단한 천장.

스럽게 말해도 힘든 작업이 될 것이다. 모든 것은 우리가 어디를 들여다보든 간에 사람들은—커다란 집단으로서—대체로 모두 비슷하다는 것을 시사한다.

우리는 생물학에서 시작하지 않고는 왜 서양이 지배하는지를 설명할 수 없는데, 생물학은 왜 사회발전 수준이 계속 올라가는지를 설명하기 때문이다. 그러나 생물학만이 답은 아니다. 다음 단계는 사회발전이 **어떻게** 그렇게 크게 증가하는지를 설명하는 사회학을 가져오는 것이다.

도표 11.1이 보여주듯이 사회발전은 순조로운 과정이 아니었다. 서론에서 나는 역사의 전 과정을 설명하기 위해 (위대한 SF작가 로버트 하인라인

의 아이디어를 확장해) '모리스 이론'을 제안했다. 즉 변화는 게으르고 탐욕스럽고 겁에 질린 (그리고 자신들이 무엇을 하고 있는지 거의 모르는) 사람들이 일을 할 때 더 쉽고 더 이득이 크고 더 안전한 길을 찾음으로써 야기된다고. 제2장부터 제10장까지 제시된 증거들이 이 이론을 입증했기를 바란다.

우리는 사람들이 지속적으로 실험과 시도를 거듭하고 그들의 삶을 더 편하거나 풍족하게 하거나 혹은 상황이 변했을 때 이미 갖고 있는 것을 유지하기 위해 안간힘을 쓰는 모습을 보았고, 그 과정에서 일반적으로 사회발전은 증가한다. 그러나 사회발전에서 커다란 변혁들 ― 농경의 기원, 도시와 국가의 부상, 다종다양한 제국의 생성, 산업혁명 ― 은 단순한 실험과 시도에 불과하지 않았다. 각각은 절박한 수단을 요구하는 절박한 시대의 산물이었다. 빙하기 말 수렵채집인은 매우 성공적이어서 그들을 지탱하는 자원에 대한 압력을 증가시켰다. 식량을 구하려는 추가적인 노력에 따라 채집인은 자신들이 의존하는 동식물 일부를 변형, 가축과 작물로 품종을 개량시켰고 그들 가운데 일부는 농부로 변신했다. 일부 농부는 무척 성공적으로 변신해서 다시금 자원에 새로운 압력을 가했고 생존을 위해 ―특히 기후가 그들에게 불리해졌을 때―마을을 도시와 국가로 변신시켰다. 일부 도시와 국가는 상당히 성공했고 그들 역시 자원 문제에 부닥쳐 이번에는 제국으로(처음에는 육지에 바탕을 둔, 나중에는 스텝 지대와 해양에 바탕을 둔) 변신했다. 이 제국들 가운데 일부는 자원에 새로운 압력을 가하고 산업 경제로 변신하여 동일한 순환을 반복했다.

역사는 산 넘어 산의 연속이 아니다. 사실, 역사는 늘 똑같은 이야기의 끝없는 반복이다. 언제나 한층 새로운 적응을 요구하는 새로운 문제를 야기하는 세계에 적응해가는 거대하고 간단없는 단일한 과정이다. 이 책 내내 나는 이 과정을 발전의 역설이라고 불렀다. 증가하는 사회발전은 사회발전을 저해하는 바로 그 힘들을 생성한다.

사람들은 매일 그러한 역설에 직면하고 해소하지만 한 번씩 역설은 진정으로 변혁적인 전환에만 굴복하는 단단한 천장을 생성한다. 그러한 전환을 위해 어떻게 해야 할지는커녕 무엇을 해야 할지조차 좀체 분명하지 않은 가운데 사회가 이러한 천장에 접근하면 발전과 붕괴 사이에 일종의 경주가 시작된다. 사회들이 천장에 부닥쳤을 때 사회발전이 몇 세기 간 변화하지 않은 채 그냥 제자리에 머무는 경우란 좀처럼—어쩌면 결코—없다. 그보다는 사회가 이 단단한 천장을 어떻게 부숴야 할지 방법을 짜내지 못하면 문제는 걷잡을 수 없이 커진다. 내가 묵시록의 다섯 기수라고 부른 것들 일부나 전부가 풀려나오고 기아와 질병, 이주, 국가붕괴—특히 기후변화 시기와 일치하면—가 사회발전을 때로는 수 세기 동안 끌어내려 암흑기에 접어든다.

이러한 천장 가운데 하나는 사회발전지수상에서 24점 부근에 존재한다. 이것은 서양의 사회발전이 막다른 길에 부닥친 다음 기원전 1200년 이후에 붕괴한 지점이다. 그러나 가장 중요한 천장은 내가 단단한 천장이라고 부르는 것으로 43점 부근에 생긴다. 서양의 사회발전은 서기 1세기에 처음으로 이 천장을 친 다음 붕괴했다. 동양의 사회발전은 대략 1000년 뒤에 동일한 과정을 거쳤다. 이 단단한 천장은 농경 제국이 할 수 있는 것에 엄격한 한계를 설정한다. 이 천장을 부수는 유일한 길은 1750년 이후 서양인이 한 것처럼 화석연료를 활용하는 것이다.

사회학을 생물학에 추가하는 것은 사람들이 어떻게 사회발전을 위로 끌어올리고 왜 사회발전이 어느 시기에는 빨리 또 어느 시기에 느리게 증가하는지, 그리고 왜 때로는 감소하는지를 말해주며 역사의 많은 부분을 설명해준다. 그러나 우리가 사회학과 생물학을 결합한다 해도 그 두 가지는 왜 서양이 지배하는지를 말해주지 않는다. 그 문제를 설명하기 위해서는 지리가 필요하다.

나는 사회발전과 지리 간의 양방향적 관계를 강조했다. 물리적 환경은 사회발전의 변화 과정을 결정하지만 사회발전에서 변화는 물리적 환경에 새로운 의미를 부여한다. 탄전 지대 위에서 사는 것은 2000년 전에는 별 의미가 없었지만 200년 전에는 매우 중요해졌다. 석유 이용으로 사회발전은 그 어느 때보다 빠르게 증가했고, 너무 빠르게 증가하다 못해 1900년 이후 곧 새로운 연료들이 석탄을 대체하기 시작했다. 지리의 의미를 포함해 모든 것은 변화한다.

그럼 나의 테제에 대한 정리는 이쯤에서 마무리하자. 나는 이 장의 대부분을 내 테제에 대한 가장 명백한 이의들 가운데 일부를 다루는 데 할애하려 한다. 그 문제로 돌아가기 전에 제2장부터 제10장을 채운 이야기 가운데 주요 세부 사항의 개요를 다시 제시하는 것이 유용할 듯하다.

1만5000년 전 빙하기 말 지구온난화는 잠재적으로 가축화와 작물화에 유리한 동식물이 풍부하게 진화한 행운의 위도대(구세계의 북위 20~35도대와 신세계의 남위 15도부터 북위 20도대)를 형성했다. 이 넓은 지대 안에서 한 지역, 서남아시아의 이른바 측면구릉지대는 그중에서도 가장 운 좋은 곳이었다. 그곳에 잠재적 작물과 가축이 가장 집중적으로 분포했기 때문에 그곳 주민들은 다른 지역의 주민들보다 농부가 되기 쉬웠다. 사람들은 (커다란 집단으로) 대체로 비슷하기에 측면구릉지대 사람들은 기원전 9000년 이전에 마을에 정착하여 동식물을 길들인 최초의 사람들이 되었다. 이 최초의 농부들로부터 서양의 사회들이 유래했다. 그로부터 약 2000년 뒤에 오늘날의 중국에 해당하는 곳 — 그곳에도 잠재적으로 가축화와 작물화가 가능한 동식물이 측면구릉지대만큼은 아니지만 풍부했다 — 의 사람들도 같은 방향으로 움직였다. 그들로부터 동양의 사회들이 유래했다. 다음 몇천 년에 걸쳐 대략 다른 여섯 군데에서도 사람들은 독자적으로 동식물을 길들이면서 그때마다 새로운 지역적 전통을 탄생시켰다.

서양인이 가장 먼저 농경을 시작했기 때문에, 그리고 사람들은 (커다란 집단으로) 대체로 비슷하기 때문에 서양인은 진지하게 발전의 역설을 체험한 최초의 사람들이며 내가 후진성의 이점이라고 부르는 것을 깨달은 최초의 사람들이었다. 사회발전의 증가는 더 큰 인구와 더 정교한 생활양식, 더 큰 부와 더 강력한 군사력을 의미했다. 식민화와 모방의 다양한 결합을 통해 상대적으로 사회발전 수준이 높은 사회는 사회발전 수준이 낮은 사회를 희생시키며 팽창했고 농경이 전파되었다. 메소포타미아의 무더운 계곡 지대처럼 새로운 땅에서 농사를 짓기 위해 농부들은 실질적으로 농경을 재발명해야 했고 관개농업을 탄생시키는 과정에서 이 다소 후진적인 변경을 측면구릉지대의 최초 농경 핵심부보다 더 생산적인 곳으로 탈바꿈시킬 만한 이점을 찾아냈다. 그리고 기원전 4000년 이후, 인구가 밀집한 측면구릉지대에서 가장 커다란 농촌들이 생존을 위해 몸부림치고 있는 동안 메소포타미아 사람들은 스스로를 조직하여 도시와 국가로 성장했다. 약 1200년이 지나 발전의 역설은 황허 강 분지의 발전에 영향을 미친 유역들에 메소포타미아에서와 다소 유사한 후진성의 이점을 노정하였고, 동일한 과정이 동양에서도 진행되었다.

새롭게 출현한 국가들은 새로운 방식으로 이웃들과 상호작용해야 했는데, 이들은 변경 지대를 따라 더 심각한 혼란을 초래하는 발전의 역설을 야기했다. 국가들은 발전의 역설에 대처하는 법을 터득해야 했다. 그리고 제대로 대처하지 못했을 때—어쩌면 기원전 3100년경 메소포타미아의 우루크와 기원전 2300년경 중국의 타오쓰에서 일어난 것처럼, 그리고 기원전 2200년 이후와 기원전 1750년 이후에 서양에서 분명히 일어난 것처럼—사회는 대혼란 속에서 붕괴했다. 각각의 붕괴는 기후변화 시기와 일치하며 내가 보기에 기후변화는 인간이 만들어낸 네 기수와 더불어 다섯 번째 묵시록의 기수인 것 같다.

사회발전의 증가는 더 심각한 혼란과 붕괴를 낳았지만 또한 더 큰 탄성력과 회복력도 낳는다. 기원전 1550년 이후에 서양의 도시와 국가들은 재앙에서 회복하여 지중해 동해안을 중심으로 팽창했다. 그다음 동서양 간두 번째 커다란 지리적 차이가 작동했다. 동양은 저렴하고 손쉬운 운송이 가능한 이 굉장한 내해 같은 것이 없었다. 그러나 다른 많은 것처럼 지중해 역시 기회와 도전을 동시에 제공하는 역설적인 대상이었다. 사회발전이 24점에 도달했을 때 발전을 저해하는 힘들은 이 드넓은 변경을 따라 걷잡을 수 없이 퍼져나왔고, 기원전 1200년경 묵시록의 기수들이 다시 말을 달렸다(아니, 약간의 은유를 섞자면 돛을 펴고 달렸다). 서양 핵심부는 그 이전보다 더 극적으로 붕괴했고 수 세기에 걸친 암흑기가 열렸다.

발전의 역설 탓에 빙하기 말의 지리가 서양에 부여한 사회발전상의 우위는 장기적이긴 했지만 고착되지는 않았다. 붕괴는 예측 불가능하다. 때로는 몇 가지 다른 결정이나 약간의 행운이 재앙을 연기하거나 줄이거나 심지어 방지하기도 한다. 우리의 선택은 차이를 만들어낼 수 있다. 24점대 천장을 돌파하기 위해 국가들은 스스로를 재조직하고 세계에 대해 완전히 새로운 사고방식을 발전시킬 필요가 있었고, 우리가 축의 사상 가운데 제1의 물결이라고 부를 만한 것을 탄생시켰다. 서양인이 기원전 1200년경에 재조직하고 새롭게 사고하는 데 실패했기 때문에 사회발전에서 동서양간 격차는 줄어들었다. 그리고 서양인과 동양인은 둘 다 기원전 1000년대에 사회발전이 증가하면서 불가피해진 적응에 성공했기 때문에 그들은 1000년 동안 계속 막상막하였다.

서양인과 동양인은 모두 더 중앙집권적인 국가를, 그다음에는 본격적인 제국을 창출했고 기원전 200년 이후에 다시금 지리의 의미를 바꾸기 시작하는 수준에 도달했다. 서양에서 로마 제국은 다루기 힘든 지중해 지역을 통제하게 되었고, 사회발전은 40점을 통과해 급증했다. 서기 1세기가 되자 사회발전은 단단한 천장을 압박하고 있었다. 그러나 그와 동시에 로마 제국과 한나라의 부상은 동양과 서양을 분리하는 광대한 공간의 의미를 바꾸었다. 유라시아 양단에 그렇게 커다란 부가 자리한 상황에서 무역상들과 스텝 지대 유목민들은 동서양을 왕래할 새로운 이유가 생겼고, 양 핵심부를 조심스럽게 연결해 제1차 구세계 교환을 개시했다. 접촉은 동양과 서양의 사회발전을 더 높이 끌어올렸지만 동시에 전례 없는 혼란도 촉발했다. 상품과 사상만이 아니라 미생물도 교환하면서 묵시록의 다섯 기수는 최초로 두 핵심부를 연결했다. 단단한 천장을 돌파하는 대신 로마 제국과 한나라는 둘 다 150년 이후에 해체되었다.

동양과 서양은 둘 다 새로운 암흑기에 접어들었고 그 가운데 축의 사상 제2의 물결(기독교, 이슬람, 새로운 형태의 불교)은 옛 1차 사상들을 대체했지만 다른 측면에서 그들의 붕괴는 퍽 달랐다. 서양에서는 게르만 침략자들이 서부 지중해 주변 로마 제국의 후진적 지역을 분할했고, 핵심부는 동부 지중해 주변의, 오래되고 더 선진적인 중심부로 후퇴했다. 동양에서는 내륙 아시아의 침략자들이 황허 강 유역에 위치한 과거 한나라 영토의 더 오래되고 선진적인 지역을 분할했고, 핵심부는 양쯔 강 너머의 후진적인 지역으로 후퇴했다.

이 지리적 차이는 천양지차였다. 450년이 되자 새로운 벼농사 개척 지대가 양쯔 강 유역 주변에 급성장하기 시작했다. 600년이 되자 중국은 재통일되었다. 다음 세기 동안 양쯔 강과 황허 강을 잇는 대운하는 중국에 과거 지중해가 고대 로마 제국에 제공한 것과 상당히 유사한 역할을 하는 내륙 수로 시스템을 제공했다. 그러나 아랍 침략자들이 옛 지중해 핵심부를 해체할 만큼 강력하지만 그것을 재탄생시킬 만큼 강력하지는 않은 서양에서는 사회발전지수가 700년까지 계속 하락했다.

541년경 동양의 사회발전지수는 (서양의 지배가 결코 고착되지 않았다는 것을 의심의 여지없이 입증하면서) 서양을 넘어섰고 1100년이 되자 단단한 천장을 압박하고 있었다. 경제성장이 자원을 초과하자 제철공들은 화석연료를 활용했고 발명가들은 새로운 기계를 제작했으며 송나라의 지식인들은 진정한 중국 르네상스에 돌입했다. 그러나 1000년 전의 로마처럼 송나라는 단단한 천장을 부술 수 없었다.

어느 정도는 서기 1000년대 초반의 상황들은 동양과 서양의 위치가 뒤바뀐 것만 빼고 서기 200년대 전후의 상황과 유사하게 흘러갔다. 사회발전의 증가는 제2차 구세계 교환을 촉발했고 다시금 다섯 기수를 풀어놨다. 사회발전 수준은 양 핵심부에서 모두 하락했지만 동양에서 가장 오래, 가장 크게 하락했다. 서양에서는 지중해 동부의 선진적인 무슬림 중심부가 가장 큰 피해를 입었고, 1400년이 되자 새로운 핵심부가 서유럽에서 형성되어 독자적인 르네상스를 경험했다.

이 파편화된, 과거 주변부였던 유럽 땅은 이제 후진성에서 이점을 찾아냈다. 서유럽인이 제2차 구세계 교환 동안 동양으로부터 배운 선박 건조술과 포술을 비롯한 각종 기술은 대서양을 바다의 고속도로로 바꾸는 것을 가능케 하며 다시금 지리의 의미를 변화시켰다. 동양의 부에 접근하려는 욕심에 서양의 항해가들은 사방으로 퍼져나갔고―뜻밖에도―아메리카와 맞닥뜨렸다.

동양인은 15세기에 아메리카를 **발견할 수도 있었을 테지만** (어떤 사람들은 발견했다고 믿는다) 지리 때문에 서양인이 그곳에 먼저 도달할 가능성이 실은 더 컸다. 동양인은 망망대해인 태평양으로 항해하는 것보다 인도양의 부를 찾아 항해함으로써, 그리고 2000년 가까이 그들의 안전에 최대 위협이었던 내륙의 스텝 지대로 밀고들어감으로써 얻을 게 더 많았다.

17세기에 핵심부들의 팽창은 그 어느 때보다 지리의 의미를 극적으로 변화시켰다. 머스킷 총과 대포를 보유한 중앙집권적인 제국들은 내륙 아시아 스텝 지대의 고속도로를 폐쇄하며 유목민 이주의 물결을 종식시키고 묵시록의 기수 가운데 하나를 실질적으로 제거했다. 대서양에서는 반대로 서유럽의 상인들이 연 대양의 고속도로가 새로운 종류의 시장에 기름을 붓고 자연계가 작동하는 방식에 대해 전적으로 새로운 질문을 제기했다. 1700년이 되자 사회발전은 다시 단단한 천장을 압박했다. 하지만 이번에는 묵시록의 기수들이 전원 달려나올 수 없었기에, 재앙은 서유럽의 모험적 기업가들이 석탄과 증기의 어마어마한 능력을 풀어놓음으로써 대양의 고속도로의 유인에 반응하기에 충분할 만큼 오랫동안 저지되었다.

충분한 시간이 있었다면 동양인도 똑같은 발견을 했을 테고 독자적인 산업혁명에 착수했을 테지만 지리는 서양인에게 더 유리하게 작용했다. 사람들이 (커다란 집단으로서) 대체로 비슷하기 때문에 서양인이 산업혁명을 먼저 했다는 소리다. 앨버트를 베이징으로 데려가는 대신 루티를 발모럴 성으로 데려간 것은 지리였다.

왜 서양이 지배하는지를 설명하지 않는 것들

독자들은 '그렇다면 사람들은?'이라고 반문할지도 모르겠다. 이 책은 위인들과 한심한 멍청이들, 그리고 그들이 제기하는 신념들과 그들의 끊임없는 갈등으로 넘쳐난다. 그러한 것들은 결국 전혀 중요하지 않단 말인가?

그렇기도 하고 아니기도 하다. 우리는 모두 자유의지를 지니고 있으며 내가 되풀이해서 강조했듯이, 우리의 선택은 실제로 세계를 바꾼다. 우리의 선택 대다수가 세계를 그다지 많이 바꾸지 않을 뿐이다. 예를 들어, 나는 지금 당장 이 책을 쓰는 것을 집어치우고 직장도 그만두고 수렵채집인이 될 수 있다. 그것은 확실히 차이를 만들어낼 것이다. 나는 집을 잃을 테고 사냥이나 채집에 대해 아는 게 별로 없으니 잘못해서 스스로를 해치게 되거나 굶어죽게 될지도 모른다. 내 주변의 몇몇 사람은 내 죽음에 큰 영향을 받겠지만 그보다 훨씬 많은 사람은 미미한 영향만 받을 것이다. 이를테면, 지금 이 책을 읽고 있는 독자들은 다른 읽을거리를 찾아야 할 것이다. 그러나 그런 것을 제외한다면 세상은 계속 굴러갈 것이다. 내가 내릴 수 있는 어떤 결정도 서양의 지배 여부를 바꾸지는 않을 것이다.

물론 수백만 명의 미국인도 평범한 직장 생활을 때려치우고 수렵채집의 길로 나선다면 나의 이상한 개인적 결정은 정신 나간 개인적 일탈에서 진정으로 차이를 만들어내는 (그러나 여전히 이상한) 대중운동의 일부로 탈바꿈할 것이다. 그러한 대중 선택의 예는 많다. 예를 들어, 제2차 세계대전이 끝나고 5억 명의 여성은 그들의 어머니보다 더 젊은 나이에 결혼해서 애를 더 많이 낳기로 결정했다. 인구는 급증했다. 30년이 지나 그들의 딸 10억 명은 그 반대로 하기로 결정했고 인구 성장 속도는 느려졌다. 이러한 선택들은 집단적으로 현대사의 경로를 바꿨다.

그러나 그러한 선택은 개인의 일시적인 기분에 따른 것이 아니다. 카를 마르크스는 한 세기 반 전에 핵심을 파고들었다. 그는 "인간은 자신의 역사를 만든다. 그러나 그들이 원하는 대로 역사를 만들어가지는 못한다. 인간은 스스로 선택한 상황 아래 역사를 만들지는 못한다"[1]고 주장했다. 아이를 더 많이 낳는 쪽으로(그리고 나중에는 덜 낳는 쪽으로) 결정할 만한 이유가 너무도 많았기 때문에 20세기 여성은 흔히 그 문제에서 선택의 여지가 전혀 없다고 느꼈다. 1만 년 전 농경을 하기로 결정한 사람들이나 5000년 전 도시로 이주하기로 결정한 사람들이나 200년 전 공장에서 직업을 얻기로 결정한 사람들처럼 진짜 대안은 없다고 느꼈음이 틀림없다.

우리 모두는 현실에 순응하는 선택을 하도록 강한 압력을 받는다. 또 이러한 압력을 무시하고 그래도 별난 결정을 내리는 사람들을 알고 있다. 종종 우리는 이러한 급진주의자, 반란자, 낭만주의자들을 찬탄하지만 그들의 예를 따르는 경우는 거의 없다. 우리 대부분은 안나 카레니나보다 예측 가능한 순응주의자가 대체로 더 잘 산다는 것(여기서 잘 산다는 것은 식량과 주거, 배우자를 얻을 수 있는 기회가 더 많다는 의미다)을 안다. 진화는 우리가 상식이라고 부르는 것을 선택한다.

그렇기는 해도 별난 선택은 분명히 놀라운 결과를 낳을 수 있다. 어쩌면 가장 극단적인 경우인 무함마드의 경우를 보자. 이 딱히 특출할 것 없는 아랍 상인은 서기 610년경 대천사 가브리엘과의 만남을 위장 장애나 수천 가지 말이 되는 다른 원인 탓으로 돌리면서 상식적으로 행동할 수도 있었다. 그렇지만 그는 천사의 방문이 진짜라고 주장하는 아내의 말을 듣는 편을 택했다. 오랫동안 무함마드는 조롱과 경멸, 망각이라는 대부분의 예언자와 같은 길을 갈 것처럼 보였지만, 그 대신 그는 아랍인을 하나로 뭉쳤다. 그를 계승한 칼리프들은 페르시아를 파괴하고 비잔티움을 무너트렸으며 서양 세계를 둘로 쪼갰다.

무함마드가 위대한 사람이었다는 데 모두가 동의한다. 역사에 그보다 더 큰 영향을 미친 사람도 드물 것이다. 그러나 그렇다 하더라도 7세기와 그 이후 서양 핵심부의 변형을 전적으로 그의 유별남으로 돌릴 수는 없다. 아랍인은 새로운 버전의 유일신교를 발명하고 있었고 가브리엘이 무함마드를 방문하기 얼마 전에 사막에서 이미 자신들의 국가를 수립하고 있었다. 비잔티움과 페르시아는 무슬림 전사 집단이 국경선을 넘어오기 한참 전부터 이미 절망적인 위기에 처해 있었고 지중해 지역은 3세기 이래로 계속 해체되는 와중이었다.

만약 무함마드가 다른 선택을 했다면 7세기 기독교도는 아랍인 침략자가 아니라 자기들끼리 싸웠을지도 모른다. 무함마드가 없었다면 서양 사회발전은 750년 이후에 더 빠르게 회복했을지도 모르고 어쩌면 그렇지 않았을지도 모르지만, 동양을 따라잡기까지는 여전히 여러 세기가 걸렸으리라. 서양 핵심부는 무함마드가 무엇을 했든지 간에 동부 지중해에 머물러 있었으리라. 튀르크족은 여전히 11세기에 서양 핵심부를 휩쓸었을 테고 몽골족은 13세기에(그리고 다시 1400년 무렵에) 서양에 출현했으리라. 핵심부는 여전히 서쪽으로 이동하여 처음에는 이탈리아로 15세기와 그 이후에는 대서양으로 갔으리라. 무함마드가 더 정상적이었다면 지금쯤 초승달 대신 십자가가 모로코부터 말레이시아까지 분포한 신도들을 고무할지도 모를 일이다. 결코 사소한 차이는 아니다. 그러나 유럽인이 여전히 아메리카 대륙을 정복했을 거라거나 서양이 지금 세계를 지배할 거라는 사실을 의심할 이유는 없다.

이처럼 무함마드에게 들어맞은 사실은 아마도 우리가 지금까지 만난 다른 위인들에게는 더욱 잘 들어맞을 것이다. 아시리아의 티글라트 필레세르 3세와 진시황제는 둘 다 무시무시한 중앙집권적 고가 고대 제국을 창출했다. 유럽의 합스부르크 왕가와 일본의 도요토미는 둘 다 16세기에 거대한 대륙 제국을 수립하는 데 실패했다. 1688년 잉글랜드의 명예혁명과 1976년 마오쩌둥의 죽음은 둘 다 개혁가 파벌이 집권하게 만들었다. 그러나 이러한 위인들과 한심한 멍청이들이 한 일 대부분은 이미 진행 중인 과정을 가속화하거나 늦춘 것뿐이다. 누구도 진짜로 완전히 새로운 경로를 따라 역사와 씨름하지는 못했다. 어쩌면 가장 과대망상적인 마오쩌둥조차도 중국을 변화시킨 위대한 인물로 기억될 기회를 덩샤오핑에게 넘기면서, 중국의 산업 도약을 지연시키기만 했을 뿐이다. 만약 우리가 실험에서처럼 다른 모든 조건을 동일하게 놔둔 채 한심한 멍청이들을 위인들로(그리고 그 반대로) 교체하여 과거를 되돌린다면 비록 사건들은 약간 다른 속도로 전개될 수도 있지만 결과는 대체로 똑같을 것이다. 위인들은 자신들이 의지력만으로 세계를 바꾸고 있다고 생각하기를 좋아하지만, 착각한 것이다.

이것은 정치 내부만이 아니라 외부에도 적용된다. 예를 들어 제임스 와트와 매슈 볼턴의 경우, 전자는 세계를 진정으로 변화시킨 기계를 발명하고 후자는 그것을 시장에 내놓았다는 점에서 확실히 위인이었다. 그러나 1876년 2월 14일, 엘리샤 그레이가 자신이 새로이 발명한 전화기의 특허 신청을 낸 바로 그날에, 역시 자신이 새로이 발명한 전화기 특허를 신청한 알렉산더 그레이엄 벨이 **유일무이한 위인이 아닌 만큼** 와트와 볼턴도 유일무이한 위인은 아니다. 마찬가지로 스웨덴의 한 화학자가 산소를 발견한 1년 뒤인 1774년에 산소를 발견한, 볼턴과 와트의 지인인 조지프 프리스틀리가 유일무이하지 않은 것만큼 그들도 유일무이한 위인이 아니다. 또 1611년 개별적으로 흑점을 발견한 네 명의 유럽인과 마찬가지로 그들도 유일무이한 위인이 아니다.

역사가들은 거의 똑같은 순간에 여러 사람의 머리에서 아이디어가 떠오르면서 발명이 한꺼번에 이루어지는 경향에 흔히 놀란다. 위대한 아이디어는 흔히 탁월함의 산물이라기보다는 동일한 질문과 방법을 공유하는 일단의 사상가들이 존재하는 데 따른 당연한 귀결인 것 같다. 17세기 초반의 유럽 지식인의 경우도 마찬가지다. 일단 누군가가(아홉 명의 사람들이 각자 자기가 발명했다고 주장했다) 망원경을 발명했는데도 천문학자 여럿이 재빨리 흑점을 **발견하지 않았다면** 그것이야말로 놀라운 일이었을 것이다.

굉장히 많은 근대의 발명이 서로 다른 사람들에 의해 여러 차례 이루어졌다. 통계학자 스티븐 스티글러는 어느 발견도 진짜 발견자의 이름을 따서 지어지지 않는다는 법칙을 제시하기까지 했다(그에 따르면 스티글러의 법칙은 실제로 25년 전 로버트 머튼이라는 사회학자에 의해 발견되었다). 볼턴과 와트는 (동일한 노선을 추구하던) 무리 가운데 가장 앞서 있었지만 실제로 그런 **무리**가 존재했고, 만약 볼턴과 와트가 상대적으로 연료 효율이 높은 증기기관을 1770년대에 시장에 내놓지 않았다면 그들의 여러 경쟁상대 가운데 하나가 틀림없이 곧 내놓았을 것이다. 사실 와트가 다른 경쟁자들을 그 분야에서 모조리 배제하는 기가 막힌 특허를 속임수를 써서 얻어내지 않았다면 그들이 훨씬 더 빨리 성공했을지도 모른다.

위인과 한심한 멍청이들은 그 시대의 산물이다. 그럼 우리는 일종의 시대정신이 때로는 위대성을 유도하는 분위기를 만들어내고 때로는 일을 망치는 문화를 만들어냄으로써 역사의 모습을 결정한다고 결론 내려야 할까? 어떤 역사가들은 그렇다고 생각한다. 예를 들어 그들은 서양이 지배하는 진짜 이유는 중국 문화가 14세기에 세계를 포기하고 내부 지향으로 돌아선 반면 유럽 문화는 외부 지향으로 돌아서서 탐험가들을 대양 너머로 내몰아 마침내 아메리카에 발을 담그게 된 것이라고 생각한다.

나는 이러한 견해에 제8장 일부를 할애했는데, 내가 보기에 이러한 견해는 사실들을 제대로 설명해주지 못한다. 문화는 우리에게 무엇을 하라고 명령하는 머릿속 목소리보다는 오히려 여러 선택지를 두고 논쟁하는 주민 회의에 가깝다. 각 시대는 지리와 사회발전이 강요하는 종류의 문제들에 좌우되어, 시대가 필요로 하는 사상을 얻는다.

이것은 왜 동양과 서양의 사상의 역사들이 지난 5000년 동안 전반적으로 유사했는지를 설명해줄 것이다. 서양에서는 기원전 3500년경, 동양에서는 기원전 2000년 이후, 최초로 등장한 양 핵심부의 국가들은 신성한 왕권의 성격과 한계에 대한 논쟁을 불러일으켰다. 국가들이 관료제를 더 갖춰가자 서양에서는 기원전 750년 이후에, 동양에서는 기원전 500년 이후에, 이러한 논의들은 개인적 초월의 성격과 개인적 초월이 세속 권력과 맺는 관계를 다루는 제1차 축의 사상으로 대체되었다. 서기 200년 무렵이 되자 거대한 한나라와 로마 제국은 해체되었고 이러한 질문들은 다시, 제도화된 조직을 갖춘 교회가 혼란스럽고 위험한 세상에서 어떻게 신도들을 구원할 수 있을지를 논의하는 제2차 축의 사상에 길을 터줬다. 그리고 사회발전이 회복되었을 때 중국에서는 1000년이 되자, 이탈리아에서는 1400년이 되자 르네상스라는 문제―어떻게 하면 실망스러운 가까운 과거를 건너뛰고 제1차 축의 사상 시대의 잃어버린 지혜들을 되찾을 수 있을지를 논의하는―가 더 큰 관심사가 되었다.

동양과 서양의 사상들은 오랫동안 그렇게 유사하게 발전해왔는데, 사회발전이 계속 증가하는 경로는 결국 하나뿐이었기 때문이 아닌가 한다. 24점의 천장을 돌파하기 위해서 동양인과 서양인은 둘 다 국가를 중앙집권화했고, 이러한 현상은 필연적으로 지식인들을 제1차 축의 사상으로 이끌었다. 이 국가들의 쇠퇴는 제2차 축의 사상을 가져왔다. 축의 사상의 부흥은 거의 필연적으로 르네상스로 이어졌다. 각각의 커다란 변화는 사람들로 하여금 시대가 필요로 하는 사상을 생각하도록 이끌었다.

그렇다면 서유럽인은 과학적 사고로 이동한 반면 동양인은(그리고 대서양 연안의 핵심부 바깥에 살았던 서양인도) 이동하지 않았던 1600년의 무렵의 거대한 분기는 어떻게 설명할 수 있을까? 이 획기적인 사고의 전환은 단순히 시대가 필요로 하는 사상을 얻는 것이라기보다 동양인과 서양인 사이의 깊은 문화적 차이를 반영하는 것이 아닐까?

일부 (서양의) 사회학자는 그렇다고 생각한다. 심리학자들은 머리를 MRI 기기에 연결한 뒤 문제를 풀도록 시켰을 때 서양인 피실험자들은 사실을 배경으로부터 분리하여 독립적으로 처리할 것을 요구한 질문보다 정보를 더 넓은 맥락에 위치시킬 것을 요구하는 질문에서 전두엽과 두정엽 부위가 더 밝아졌다는(문제를 풀기 위해 머리를 더 열심히 쓰고 있다는 것을 가리킨다) 사실을 지적했다. 동양인을 상대로 한 실험에서는 결과가 반대로 나타났다.

이러한 차이는 무엇을 의미하는가? 사실을 맥락에서 분리하여 독립적으로 처리하는 것은 근대과학의 전형적 특징이다(우리가 논증에서 흔히 쓰는 "다른 조건들이 모두 동일하다고 할 때"라는 표현처럼). 어떤 이론은 두뇌 활동에서의 차이는 서양인이 한마디로 동양인보다 더 논리적이고 과학적이라는 것을 의미한다고 주장한다.

하지만 아닐 수도 있다. 이 실험은 동양인이 배경으로부터 사실을 **분리할 수 없거나** 서양인이 정보들을 상대적인 맥락 속에서 **이해할 수 없다는** 사실을 보여주는 것이 아니다. 각 실험 집단이 그러한 방식으로 사고하는 데 익숙하지 않으며 따라서 문제를 해결하기 위해 머리를 더 써야 했다는 것만을 보여주었을 뿐이다. 두 집단은 모두 두 종류의 작업을 수행할 수 있고 또 수시로 수행한다.

모든 시대마다 그리고 모든 곳에서 우리는 합리주의자와 신비주의자, 개별사항들로부터 추상화하는 사람과 복잡성을 한껏 즐기는 사람, 심지어 이 모든 일을 한꺼번에 하는 소수의 사람을 찾을 수 있다. 달라지는 것은 그들이 직면하는 도전들이다. 1600년 무렵, 대서양 경제를 창출했을 때 유럽인은 자신들에게 새로운 문제를 부과했고 기계적, 과학적 현실 모델이 이러한 문제를 가장 잘 해결하는 것으로 드러났다. 다음 400년에 걸쳐 이러한 사고방식은 서양의 교육 과정에 확고하게 자리잡았고 갈수록 서양인의 기본적인 사고양식이 되었다. 대서양 경제가 창출한 종류의 도전이 19세기 넘어서까지 그렇게 긴급하지 않은 동양에서는 이러한 과정이 그렇게 깊숙이 진행되지 않았다.

최근인 1960년대까지도 서양 사회학자들은 동양 문화—특히 유교 문화—가 경제적 성공에 필수적인 경쟁과 혁신의 기업가적 정신 발달을 저해해왔다고 주장했다. 1980년대 일본의 경제적 성공이라는 부인할 수 없는 사실에 직면하여 새로운 세대의 사회학자들은 권위를 존중하고 집단에 대한 자기희생을 강조하는 유교적 가치가 자본주의 발전을 억제하지 않는다고 결론 내렸다. 오히려 유교적 가치는 일본의 성공을 설명하는 요인이었다. 사람들은 자신들의 문화를 사회발전의 요구에 맞게 조정하고, 따라서 20세기 후반에 자유주의 자본주의 외에 유교 자본주의와 공산주의 자본주의도 탄생했다는 것이 더 합당한 결론이리라.

우리가 필요로 하는 사상을 얻는다는 결론은 심리학자들이 플린 효과라고 부르는 또 다른 기이한 현상을 설명할 수도 있다. 지능검사가 시작된 이래로 평균 점수는 꾸준히 올라갔다(10년마다 3점씩). 우리가 갈수록 영리해지고 있다니 고무적인 일이지만 그보다는 우리가 이러한 지능검사가 측정하는 현대적, 분석적인 방식으로 사고하는 데 더 익숙해졌을 뿐일 가능성이 더 크다.

책을 읽는 행위는 이야기를 들려주는 행위보다 우리를 더 현대적인 인간으로 만들며, (많은 교육자에게 경악스럽겠지만) 컴퓨터 게임을 하는 것 또한 아무래도 우리를 더욱 현대적인 인간으로 만드는 것 같다.

모든 문화가 변화하는 상황에 똑같이 민감하게 반응하지 않는다는 것은 물론 사실이다. 한 예로 이슬람권이 민주 정부나 노벨상 수상 과학자, 다각적인 현대적 경제체제를 별로 탄생시키지 못했다는 것은 잘 알려진 사실이다. 일부 비非무슬림은 이슬람은 수백만 명의 사람들을 미신 속에 빠트린 몽매한 신앙임이 틀림없다고 결론 내린다. 그러나 그것이 사실이라면 어째서 1000년 전에는 세계 최고의 과학자, 철학자, 기술자 다수가 무슬림이었는지, 또 왜 무슬림 천문학자들이 16세기까지 다른 경쟁자들을 모두 능가했는지를 설명하기 힘들 것이다.

그보다는 13세기와 14세기, 많은 중국 유학자의 경우처럼 1700년 이래로 많은 무슬림이 군사적, 정치적 패배에 대한 반응으로 내부 지향으로 돌아섰기 때문은 아닐까? 이슬람 진영의 스펙트럼은 여전히 폭넓다. 한 극단에는 근대화를 매우 효과적으로 추진하여 유럽연합 가입이 유력한 터키가 있다. 다른 극단에는 공공장소에 얼굴을 드러내보였다고 여성을 죽이는 탈레반 같은 사람들을 만날 수 있다. 그러나 전반적으로 무슬림 세계가 서양 핵심부라는 지위에서 착취되는 주변부의 지위로 전락하면서 그곳의 사회발전은 피해의식 속에서 정체되어 있다. 그러한 상황을 끝내는 것은 현대 이슬람이 짊어진 큰 짐이다. 그리고 그러한 과정에서 무슬림 세계가 자신들의 후진성에서 어떤 이점을 발견하게 될지 누가 알겠는가?

문화와 자유의지는 변화란 게으르고 탐욕스럽고 겁에 질린 (그리고 자신들이 무엇을 하고 있는지 좀체 모르는) 사람들이 더 쉽고 이득이 크고 안전한 길을 찾음으로써 야기된다는 모리스 이론을 복잡하게 만드는 와일드카드, 즉 예측 불가능한 요소이다. 문화와 자유의지는 변화하는 상황에 대한 우리의 대응을 가속화하거나 늦춘다. 단순한 이론을 거부하고 복잡하게 만든다. 그러나 ─제1장부터 제10장을 채운 이야기가 너무도 명백하게 보여주듯이─ 문화와 자유의지는 결코 생물학과 사회학, 지리를 오랫동안 능가하지 못한다.

백 투 더 퓨처

서양의 지배를 설명하는 원인들은 장기적이기도 하고 단기적이기도 하다. 그러나 서양의 지배 그 자체는 끊임없이 변하는 지리와 사회발전 간의 상호작용 안에서 결코 장기적이지도 우연적이지도 않다. 아마도 그럴 개연성이 컸다는 것, 대부분의 역사 내내 지리가 서양 쪽에서 유리한 패를 내준 게임에서 가능성이 가장 큰 결과였다고 말하는 것이 이치에 맞을 것이다. 서양의 지배는 흔히 승산이 큰 내기였다고 말해도 될 것이다.

이 다소 수수께끼 같은 표현들을 설명하기 위해 나는 로버트 저메키스의 1985년 코미디 영화 「백 투 더 퓨처」로부터 한 가지 방법을 빌려오고자 한다. 영화 초반에 미치광이 교수는 커다란 기타 앰프와 훔쳐온 플루토늄, 들로리언 스포츠카를 합쳐서 타임머신을 만든다. 테러리스트들이 교수를 죽이자 십대 소년 마티 맥플라이(마이클 J. 폭스가 연기했다)는 추격전을 벌이고 타임머신/스포츠카는 그를 1955년으로 날려보낸다. 거기서 그는 아직 십대인 미래의 부모를 만났다가 뜻밖의 말썽이 일어난다. 미래의 아버지와 사랑에 빠지는 대신 이 미래의 어머니는 다름 아닌 마티에게 홀딱 빠진 것이다. 역사라는 태피스트리에서 작은 한 땀이 빠진 것에 불과하다고 할 수 있겠지만 마티에게는 매우 중요한 일이다. 영화가 끝나기 전까지 과거를 바로잡지 않는다면 그는 결코 태어나지 못할 것이다.

처음에서 시작해서 우리 시대에 도달할 때까지 순서대로 이야기하는 역사가의 평범한 방법을 따르는 대신 나는 맥플라이처럼 과거로 건너뛴 다음 마치 영화에서 그런 것처럼 미래—2000년이라고 하자—가 대충 지금과 같이 되는 것을 막기 위해 그때 어떤 일이 일어날 수 있었을까 묻는 것이 유용할 것이라 생각한다.

2세기 전, 1800년에서 시작하겠다. 제인 오스틴의 시대에 내린 우리는 2000년에 이르면 서양이 세계를 지배하고 있을 가능성이 그때에 이미 압도적으로 크다는 사실을 발견할 것이다. 영국의 산업혁명은 한창 진행중이고 과학이 승승장구하고 있으며 유럽의 군사력은 다른 지역의 군사력을 초라하게 만들었다. 물론 어느 것도 완전히 확실하지는 않았다. 운이 약간 더 좋았다면 나폴레옹은 전쟁에서 승리했을 수도 있고 운이 없었다면 영국의 지배자들은 산업화의 도전에 엉망으로 대응했을지도 모른다. 어느 쪽 가정이든 간에, 영국의 도약은 더 늦어지거나—내가 제10장에서 제시한 대로—산업혁명의 진원지는 북부 프랑스로 옮겨갔을지도 모른다. 온갖 종류의 가능성이 있다. 그러나 1800년 이후에 일어날 수 있는 일 가운데 어느 것이 서양에서 산업혁명이 아예 일어나지 않게 막을 수 있었을지 생각하기란 매우 어렵다. 그리고 일단 산업화가 진행되기 시작하면 마찬가지로 대체 그 무엇이 만족할 줄 모르는 시장이 세계화되는 것을 막을 수 있었을지 상상하기란 어렵다. 1793년 중국 정부가 영국의 무역 사절단을 거부했을 때 매카트니 경은 식식거리며 말했다. "인간 지식의 진보를 막으려는 시도는 (…) 소용없다"[2]라고. 무게 잡는 표현인지도 모르지만 그의 말은 일리가 있었다.

우리가 아무리 서양 쪽에 불리하게 조건을 달아도, 이를테면 산업화가 100년 지연되고 20세기까지 유럽의 제국주의적 팽창이 활발하지 않았다는 식으로 조건을 바꿔도 여전히 20세기 이전에 동양에서 독자적인 산업혁명이 일어났을 것이라고 볼 만한 뚜렷한 근거는 없다. 그러한 동양의 도약은 아마도 서양인이 대서양 연안에 창출한 것과 같은 다각적인 지역 경제의 출현을 요구했을 것이고, 그런 경제를 건설하는 데는 여러 세기가 걸렸을 것이다. 2000년이 되었을 때 서양의 지배는 100퍼센트 확실하다는 의미에서 1800년에 고착되어 있지는 않았지만 적어도 95퍼센트의 개연성은 있지 않았을까 싶다.

만약 우리가 1800년에서 다시 150년을 더 건너뛰어 뉴턴이 아직 아기였을 때인 1650년에 도착하면 2000년에 서양이 지배할 가능성은 1800년보다 떨어지지만 여전히 크다. 대포는 스텝 지대를 폐쇄하고 있었고 배들은 대서양 경제를 창출하고 있었다. 산업화는 아직 꿈꿀 수 없었지만 산업화를 위한 전제 조건은 서유럽에서 자리를 잡아가고 있었다. 1650년대에 만약 네덜란드가 잉글랜드와의 전쟁에서 승리했다면, 만약 1688년 네덜란드가 지원한 쿠데타가 잉글랜드에서 실패했다면, 아니면 1689년에 프랑스가 영국 침공에 성공했다면 볼턴과 와트를 육성한 특정 제도들이 나타나지 않았을지도 모른다. 그 경우에 산업혁명은 내가 앞서 주장한대로, 몇 십 년 뒤에 일어나거나 서유럽이 아닌 다른 곳에서 일어났을지도 모른다. 그러나 다시금 1650년 이후에 일어날 수 있을 법한 일 가운데 대체 무엇이 산업혁명이 아예 일어나지 않게 막았을지 생각하기는 어렵다. 어쩌면 서양의 산업화가 늦춰지고 청나라의 통치자들도 다르게 행동했다면 17세기와 18세기에 중국은 서양의 과학을 더 빨리 따라잡았을지도 모르지만, 제9장에서 본 바대로 동양이 먼저 산업화하기 위해서는 그 이상이 필요했을 것이다. 1650년의 상황을 봤을 때 서양이 지배하는 2000년은 1800년을 돌이켜봤을 때보다는 덜 확실하지만 여전히 가장 가능성이 큰 결과, 어쩌면 80퍼센트 정도 확실한 결과였다.

다시 150년을 더 거슬러올라가 1500년이 되면 예측은 훨씬 불투명해진다. 서유럽은 신세계로 갈 수 있는 배를 가지고 있었지만 애초에 그들의 본능은 단순히 그곳을 약탈하는 것이었다. 만약 합스부르크 왕가가 실제보다 운이 더 좋았다면(어쩌면 루터가 아예 태어나지 않았거나 카를 5세가 그와 손을 잡았거나 에스파냐 무적함대가 1588년 잉글랜드를 상대로 승리하고 네덜란드 반란이 무너졌다면) 어쩌면 그들은 정말로 기독교권의 목자가 되었을 것이다. 그랬다면 에스파냐 종교재판소가 뉴턴이나 데카르트 같은 급진적인 목소리를 잠재웠을지도 모르고, 자의적인 과세가 실제 역사에서 에스파냐 상업을 파괴한 것처럼 네덜란드와 잉글랜드, 프랑스의 무역을 파괴했을지도 모른다. 비록 가정에 가정을 거듭한 것이긴 하지만, 우리가 아는 모든 역사적 사실에도 불구하고 합스부르크 제국은 더 많은 청교도를 대서양 너머로 내몰아서 산 위에 동네•를 짓고 대서양 경제와 과학혁명을 대서양 반대편에서 시작하게 하는 정반대의 효과를 가져왔을 수도 있다.

반대로 합스부르크 왕가는 실제 역사에서보다 쉽사리 나쁜 결과에 빠졌을 수도 있다. 만약 오스만 제국이 시아파 페르시아를 더 철저하게 격퇴했다면 1529년에 빈을 함락했을지도 모른다. 미너렛[회교 사원의 첨탑]과 무에진[첨탑에서 기도 시간을 알리는 사람]의 목소리가 잉글랜드의 하늘을 갈랐을지도 모르고, 기번이 말한 대로 지금 옥스퍼드의 대학에서는 코란 해석을 가르치고 있을지도 모른다. 튀르크의 승리는 어쩌면 대서양 경제가 차츰 쇠퇴하게 내버려둔 채로 서양의 무게중심을 지중해 지역에 계속 붙들어두었을지도 모른다. 그러나 한편으로 내가 잠시 전에 상상한 합스부르크의 승리처럼 튀르크의 승리는 더 강력한 대서양 세계를 자극했을 수도 있다. 또 다른 가능성도 있다. 만약 오스만튀르크와 러시아가 17세기에 더 격렬하게 싸웠다면 그 둘의 세력이 너무 약화되어서 유목민을 상대로 서양의 스텝 지대를 폐쇄할 수 없었을지도 모른다. 그 경우 17세기와 18세기, (유목민을 상대로 한) 청나라의 승리는 몽골족을 유럽으로 내몰아서 서양의 17세기 위기를 로마 제국 최후의 나날에 버금가는 암울한 시기로 바꾸었을지도 모른다. 서양이 새로운 암흑기에 빠져 있는 가운데 충분한 세기가 흐른 뒤, 사회발전이 단단한 천장을 압박하는 동안 중국은 독자적인 과학혁명과 산업혁명을 겪었을지도 모른다. 누가 알겠는가? 그러나 한 가지는 분명하다. 2000년이 되었을 때 서양이 지배할 가능성은 1650년보다 1500년에 훨씬 낮다는 것이다. 어쩌면 그 가능성은 50대 50이 채 안 될 수도 있다.

다시 150년을 건너뛰어 1350년 흑사병이라는 어두운 시절로 가면 그 시점에서 2000년이 되었을 때 서양의 지배 가능성은 솔직히 별로 없어 보이리라. 1350년과 그 무렵에서 가장 예측 불가능한 와일드카드는 중앙아

● 「마태복음」 5장 14절 "너희는 세상의 빛이라 '산 위의 동네city upon a hill'가 숨겨지지 못할 것이요"에서 나온 표현이다. 1630년 청교도 설교자 존 윈스럽은 이 구절을 인용하면서 매사추세츠에 들어설 청교도 공동체가 성경에 나오는 '산 위의 동네'가 될 것을 촉구했다. 미국은 '신의 땅 God's country'라는 청교도의 신념이 담긴 표현이다.

시아에서 급작스레 출현하여 인도와 페르시아를 짓밟은 뒤 1402년 오스만 제국을 박살낸 몽골 정복자 티무르다. 그 당시 티무르는 중국의 황제로부터 받았다고 생각한 약간의 모욕에 복수하고자 동쪽으로 기수를 돌렸지만 목적지에 도달하기 전에 죽었다. 만약 그가 1402년 이후에도 계속 서쪽으로 말을 달렸다면 그는 이탈리아도 유린하면서 이탈리아 르네상스를 도중하차시키고 서양의 사회발전을 수 세기 지체시켰을지도 모른다. 다른 한편으로, 만약 동쪽으로 향하다가 1405년에 죽는 대신 몇 년을 더 살았다면 티무르는 쿠빌라이 칸의 참혹한 중국 정복을 되풀이하며 서양이 아니라 동양의 사회발전을 몇 세기 지체시켰을지도 모른다.

이것 말고도 일은 얼마든지 다른 식으로 일어날 수 있다. 명나라의 창업자 홍무제는 내전을 끝내고 중국을 재통일하는 데 얼마든지 실패할 수도 있었고, 따라서 15세기 동양 핵심부에는 단일 제국이 아니라 서로 다투는 여러 국가가 난립했을 수도 있다. 그럼 어떤 결과가 나왔을지 누가 알 것인가? 아수라장이 펼쳐졌을 수도 있지만 어쩌면 명나라 전제정의 강압적 개입이 사라져 오히려 해상무역을 더 활발하게 자극했을 수도 있다. 나는 제8장에서 명나라 중국은 훗날 서양의 대서양 무역에 해당하는 동양 버전을 창출할 수 없었을 것이라고 주장했지만—그러기에는 지리적 요소가 크게 역행했다—명나라가 없었다면 동양의 식민주의자와 상인들은 동남아시아와 말루쿠 제도에 긴밀하게 연결된 더 작은 규모의 대서양 스타일의 경제를 만들었을지도 모른다. 그러나 요점은 1350년에는 1500년보다 열려 있는 선택지가 훨씬 더 많았다는 것이다. 서양이 지배하는 2000년은 여러 가능성 가운데 하나일 뿐이며 그 가능성은 기껏해야 25퍼센트에 지나지 않았을 것이다.

게임을 더 밀고 나갈 수도 있다. '만약에' 게임을 하는 것은 재미있다. 그러나 핵심은 아무래도 분명한 것 같다. 2000년이 되었을 때 서양이 세계를 지배하고 있을지 여부는 가능성의 문제이지 고착이나 우연한 사건의 문제가 아니며, 우리가 더 멀리 거슬러올라갈수록 예측 불가능한 와일드카드는 많아진다. 1800년에는 다른 결정이나 문화적 추세, 우연한 사건이 서양의 지배를 2000년 이후로 지연할 가능성이 별로 없다. 1350년에는 그러한 결과가 충분히 가능하다. 그러나 1350년 이후에 일어날 수 있는 어떤 일도 동양이 서양보다 먼저 산업화하도록 이끌거나 아니면 서양의 산업화를 완전히 저지하리라고 생각하기는 힘들다.

동양이 지배하는 2000년으로 이어질 **가능성**이 제법 있는 과거를 찾으려면 9세기를 거슬러올라가 1100년에 도착해야 한다. 그때 송나라 황제 휘종이 여진족 문제를 더 잘 처리해 1127년 카이펑을 구했다면 혹은 아기 테무진의 부모가 정말로 그를 깜빡 잊고 초원에 방치해버렸다면, 그는 칭기즈 칸으로 성장하는 대신 그냥 죽었을 테고 그럼 역사가 어떻게 되었을지 누가 알 것인가? 아마 거리상 문제와 당대 해양 기술 수준 때문에 18세기 유럽이 대서양 경제를 통해 밟아간 산업화 경로가 태평양 버전으로 재연되는 것은 배제되었겠지만, 유사한 경제가 다른 수단을 통해 창출될 수 있었을지도 모른다. 만약 중국이 여진족과 몽골족의 유린을 피했다면 송대의 르네상스 문화는 자족감과 전족으로 시들어가는 대신 과학혁명으로 열매를 맺었을지도 모른다. 수백만 명의 중국인으로부터 나오는 내부 수요, 농업 기반 남부와 산업 기반 북부 간의 교역, 동남아시아의 식민화는 국면을 전환시키기에 충분했을지도 모른다. 물론 그렇게 되지 않았을 수도 있다. 스텝 지대를 폐쇄할 수 있는 군대와 대포를 보유하기 전까지 중국은 제국을 유린하는 유목민 이주에 노출되어 있었다. 중국 관리들이 그런 아슬아슬한 상황을 한없이 잘 유지해나갈 수 있으리라 생각하는 것은 너무 낙관적인지도 모른다. 내 생각에 12세기 동양의 도약 가능성은 매우 적은 것 같다.

만약 우리가 타임머신을 타고 마지막으로 여행을 떠나 송나라보다 1000년 전의 시대로 뛰어든다면 커다란 질문은 다시금 변한다. 이제 우리는 동양이 2000년에 세계를 지배하고 있을지를 묻기보다는 로마 제국이 실제 역사에서 서양이 1700년 이후에 돌파한 것처럼 단단한 천장을 돌파할 수 있었을까 물어야 한다. 솔직히 나로서는 어떤 식으로든 그런 일이 일어나리라고 생각할 수 없다. 송나라처럼 로마는 대서양 경제의 혜택 없이 단단한 천장을 돌파할 방도를 찾아야 할 뿐만 아니라 묵시록의 다섯 기수를 피할 엄청난 행운도 누려야 하기 때문이다. 중국의 한나라가 3세기에 무너졌을 때 로마는 약화된 상태로 어찌어찌 버텨나갔지만 결국 5세기에 무너졌다. 로마가 고트족과 그 일파들을 물리치고 계속 버텨나갈 길은 확실히 있었지만 그렇더라도 7세기의 위기에는 대처할 수 있었을까? 그리고 비록 다소 더 큰 로마 제국이 살아남았다 하더라도 서양 사회발전의 오랜 후퇴를 어떻게 피할 수 있었을까? 100년 이후의 로마 산업혁명은 1100년 이후 송나라의 도약보다 더 가능성이 없어 보인다.

이 모든 이야기를 종합하면 결론은 서기 2000년, 서양의 지배는 장기 고착도 단기우연적 사건의 결과도 아니라는 것이다. 그것은 장기 가능성에 가까웠다. 1100년에도 동양이 먼저 산업화에 착수해 자신들의 힘을 전 세계적으로 행사하고, 나중에 서양이 하게 되는 것처럼 사회발전에서의 우위를 지배로 전환할 가능성은 별로 크지 않았다. 그러나 누군가가 결국에는 스텝 지대를 폐쇄할 능력이 있는 대포와 제국 그리고 대양을 열어젖힐 수 있는 배와 시장을 발달시킬 가능성은 **항상** 있었다. 그리고 일단 그런 일이 일어나자 새로운 지리적 이점이 서양인을 동양인보다 앞서 산업혁명으로 이끌 가능성은 갈수록 커졌다. 그런 일을 저지했을 만한 유일한 것은 진정한 해질녘의 순간, 제2장에서 이야기한, 아이작 아시모프가 동명의 단편 소설에서 묘사한 재난과 같은 순간이 아닐까? 문명을 파괴하고 인류를 원점으로 되돌리는 파국의 순간 말이다.

해질녘

그러나 그런 순간이 일어날 가능성 역시 매우 적었다. 서양의 지배 시대 이전에 세계가 해질녘에 가장 접근했던 순간은 기원전 1만800년 무렵으로, 막대한 호수의 얼음물이 북대서양으로 흘러들어가 멕시코만류를 차단할 만큼 기온을 떨어트렸을 때다. 영거 드라이아스기라고 알려진 1200년간의 소빙하기가 뒤따라와 사회발전을 중단시키고 측면구릉지대에서 시작됐던 정착 생활과 초기 농경이라는 최초 실험의 불씨들을 껐다. 영거 드라이아스기 앞에서 그 이후에 일어난 지구냉각화의 모든 에피소드는 스웨터를 껴입을 거리도 안 된다.

지난 몇천 년 동안 어느 시대에든 영거 드라이아스기 규모의 사건이 일어났다면 결과는 너무 끔찍해서 오래 생각하기도 힘들다. 세계적으로 작황은 매년 나빴을 것이며 수백만 명이 아사했을 것이다. 대규모 이주로 유럽과 북아메리카, 중앙아시아 상당 부분이 텅 비었을 것이다. 그에 따른 전쟁과 국가실패, 전염병은 지금까지 알려진 어느 것도 가볍게 압도할 것이다. 마치 묵시록의 다섯 기수가 말 대신 탱크를 타고 나타난 격이었으리라. 추위에 떠는 소규모 인구는 행운의 위도대 주변의 마을들에 모여 살면서 비를 기원하며 건조한 토양에서 근근이 연명했을 것이다. 수천 년간의 사회발전이 그래프 상에서 싹 지워졌을 것이다.

다른 해질녘의 경로도 상상할 수 있다. 소름 끼치는 가능성에 이끌리는 천문학자들은 지름이 1.6킬로미터인 소행성이 지구와 부딪힐 경우 폭발력은 1000억 톤의 TNT가 한꺼번에 터지는 것과 맞먹을 것이라고 계산했다. 폭발의 결과가 얼마나 처참할지에 대해서는 의견이 제각각이다. 틀림없이 일시적으로는 초고층대기가 먼지로 가득 차서 태양광선을 차단하고, 수백만 명이 아사할 것이다. 다량의 질소산화물이 방출되어 오존층이 오염되고 생존자들은 살인적인 태양 복사에 노출될 수도 있다. 오히려 지름이 3.2킬로미터인 소행성과의 충돌 모델은 예측이 더 쉽다. 이때 충격은 2조 톤의 TNT 폭발에 맞먹으며 아마도 전 인류를 몰살시킬 것이다.

다행한 소식은—알다시피—그런 돌덩어리들은 우리의 궤도상에 있지 않다는 것이고 따라서 대체 상황이 얼마나 끔찍할까 추측하며 우울해할 필요는 없다. 소행성 충돌과 빙하기는 전쟁이나 문화와 같지 않다. 그것들은 인간의 통제를 벗어난다(어쩌면 최근까지는 '벗어나 있었다'고 말해도 될 것 같다). 어느 한심한 바보나 문화적 추세, 혹은 우연한 사건도 멕시코만류를 차단할 만큼 엄청난 양의 얼음물을 또 한 번 방출할 수는 없고, 따라서 새로운 영거 드라이아스기는 불가능하다는 소리다. 그리고 전망이 가장 비관적인 천문학자도 지구와 지름이 1.5킬로미터 이상인 소행성과의 충돌은 몇십만 년에 한 번 일어날 것이라고 추측한다.

사실, 한심한 멍청이와 기타 등등이 인류사의 어느 시기에든 저지를 수 있었던 일 가운데 해질녘의 순간을 가져왔을 만한 것은 거의 없다. 심지어 우리 스스로 초래한 가장 피비린내 나는 전쟁들, 20세기의 세계 전쟁들도 이미 진행되고 있던 추세들을 확인했을 뿐이다. 1900년에, 산업 핵심 지역을 보유한 새로운 종류의 아대륙 제국 미국은 이미 서유럽의 해양 제국들에 도전하고 있었다. 두 차례 세계대전은 대체로, 누가 서유럽을 대체할 것인지를 결정하는 투쟁이었다. 미국? 아니면 1930년대가 되자 빠르게 산업화하고 있었던 소련? 1940년대에 유럽 아대륙 제국을 수립하려고 한 독일? 동양에서는 1930~1940년대에 일본이 아대륙 제국을 정복하고 산업화해서 서양을 축출하려고 했다. 일본의 시도가 실패했을 때 중국은 이미 존재하던 아대륙 제국을 산업화했다. 1950년대와 1960년대의 산업화는 처참했지만 1980년대 이후에는 눈부셨다. 유럽의 해양 제국들이 그러한 경쟁에서 어떻게 살아남을 수 있었을지 생각하기란 어렵다. 여기에 아프리카부터 인도차이나까지 부상하는 민족주의 조류와 도전자들에 비하여 상대적으로 인구와 산업이 꾸준하게 감소한 서유럽의 상황까지 고려한다면 특히 그렇다.

만약 유럽의 강대국들이 1914년과 1939년에 스스로 절벽에 몸을 내던지지 않았다면 그들의 해양 제국들은 분명히 더 오래 지속되었을 것이다. 만약 미국이 1919년에 세계적 책임을 회피하지 않았다면 해양 제국들은 더 빨리 붕괴했을 수도 있다. 만약 히틀러가 처칠과 스탈린을 격파했다면 사태는 달라졌을지도 모른다. 하지만 반대로 별로 달라지지 않았을 수도 있다. 로버트 해리스의 소설 『당신들의 조국』은 멋진 예시를 제시한다. 『당신들의 조국』은 1964년 독일을 배경으로 한 살인사건을 다루는 추리소설이다. 그러나 ─금방 드러나게 되듯이─ 여기서 독일은 제2차 세계대전에서 승리한 독일이다. 모든 것은 으스스할 만큼 정반대다. 히틀러는 유럽의 유대인을 대부분이 아니라 모조리 죽였다. 건축가 알베르트 슈페어는 그의 주인 히틀러의 망상을 현실화하여 베를린을 재건축했는데, 그곳에서는 파리의 샹젤리제 거리보다 두 배 긴 개선대로가 세계 최대의 건물로 이어지며 너무 높아서 안에 비구름이 낄 정도인 그곳의 돔 천장 아래에서는 총통이 연설중이다. 그렇지만 이야기가 계속 전개되면서 풍경은 더 으스스하게 친숙한 모습을 띠기 시작한다. 미국과 동유럽에 기반한 거대하고 삐걱거리는 두 전체주의 제국 간에 냉전이 진행중이다. 두 제국은 핵미사일 울타리 뒤에서 서로를 노려보면서 제3세계에서 대리전을 벌이고 의존국들을 조종하며 긴장 완화로 서서히 나아가고 있다. 어떤 의미에서 사태는 역사적 현실과 결국 그렇게 다르지 않다.

20세기 세계 전쟁들이 지금과는 판이하게 다른 결과를 이끌어낼 가능성이 있는 유일한 길은 전면 핵전쟁에 빠져드는 것이었다. 히틀러가 원자폭탄을 개발했다면 그는 틀림없이 사용했겠지만, 사실상 1942년에 핵무기 프로그램을 취소했기 때문에 그런 전면 핵전쟁은 일어날 가능성이 없었다. 그래서 미국은 걱정 없이 일본에 원자폭탄 두 기를 떨어트릴 수 있었다. 그러나 일단 소련이 1949년에 최초 핵무기 실험을 하자 해질녘 순간의 가능성은 점점 커졌다. 핵무기 경쟁이 최고조에 달한 1986년에도 전 세계의 핵탄두를 모조리 합쳤을 때 파괴력은 지름 3.2킬로미터 운석과의 충돌이 가져올 파괴력의 8분의 1밖에 안 되었지만 현대 문명을 전멸시키기에는 충분했다.

핵전쟁의 발생 가능성을 조금이나마 맑짱한 정신으로 태연하게 생각할 수 있는 사람들—마오쩌둥 의장 같은—을 이해하기는 힘들다. 1957년에 마오쩌둥은 세계 공산주의 지도자들에게 "한번 예상해보자"고 말했다.

만약 전쟁이 터진다면 사람이 얼마나 많이 죽을까요? 현재 전 세계 인구는 27억 명입니다. (…) 만약 최악의 사태가 발생한다면 절반은 죽겠지요. 그러나 아직도 절반이 남아 있습니다. 제국주의는 완전히 분쇄될 것이고 전 세계는 사회주의가 될 것입니다. 오랜 세월이 지나면 세계 인구는 다시 27억 명에 도달할 것이며, 분명 그보다 더 커질 것입니다.[3]

우리 모두에게는 다행스러운 일이지만 1950년대 소련과 미국에서 실제로 결정을 내린 사람들은 핵무기를 취급하는 유일한 방식은 상호확증파괴, 즉 한 번의 잘못된 행동은 곧 주위 모두의 절멸이라는 극단적인 독트린이라는 것을 깨달았다. 이 게임을 어떻게 수행해야 하는지에 대한 세부 사항들은 여전히 조마조마할 만큼 애매했고 몇 차례의 위기일발 상황이 존재했는데, 존 F. 케네디와 니키타 흐루쇼프가 이 게임의 법칙을 알아내려고 한 1962년 가을이 특히 일촉즉발의 순간이었다. 미국의 무력시위에 놀란 흐루쇼프는 소련의 미사일을 쿠바에 설치했고 이를 걱정한 케네디는 쿠바를 봉쇄했다. 소련의 전함이 미국의 해상 봉쇄선 몇 킬로미터 안에 접근했다. 케네디는 이들을 차단하기 위해 항공모함을 파견했다. 이 시점에서 케네디는 참사가 일어날 가능성이 3분의 1이나 심지어 2분의 1에 접근하고 있다고 추측했다. 그다음 10월 24일 수요일 아침 10시 무렵에 가능성은 급격하게 커졌다. 케네디와 그의 가장 가까운 자문관들이 긴장된 침묵 속에 앉아 있는 가운데 소련의 잠수함이 미국 항공모함의 항로를 막아섰다는 소식이 들어왔다. 공격하겠다는 것이 아니라면 대체 무슨 의도일까? 케네디는 "얼굴을 감싸쥐고 입을 가렸다"고 그의 동생은 기억했다. "그는 주먹을 쥐었다가 폈다. 얼굴은 까칠한 것 같았고 잠을 설쳐 따끔거리는 눈은 흐릿하다시피 했다."[4] 케네디의 다음 조치는 핵탄두 4000기를 발사하는 것이었으리라. 그러나 소련 잠수함은 발포하지 않았다. 시계는 계속 가고 있었고 10시 25분에 소련 전함들은 속도를 늦춘 다음 되돌아갔다. 해질녘은 찾아오지 않았다.

30년 동안 벼랑 끝 전술과 어리석은 실수들은 이 세상을 저 바깥의 암흑을 잠시 엿보게 하며 속이 타들어가는 순간들을 낳았지만 최악의 사태는 발생하지 않았다. 1986년 이래로 전 세계 핵탄두의 숫자는 3분의 2 감소했고 대규모 추가 감축이 2010년에 합의되었다. 미국과 러시아가 여전히 보유한 수천 기의 무기는 지구상의 모두를 죽이고도 남을 만큼 파괴력이 크지만 해질녘의 가능성은 이제 상호확증파괴의 지난 40년 동안보다 훨씬 줄어든 것 같다. 생물학과 사회학, 지리는 계속해서 얼기설기 그물을 짜고, 역사는 계속된다.

파운데이션

아시모프의 단편 「해질녘」은 적어도 지금까지는 역사의 전진을 설명하는 그리 좋은 모델을 제공하지 못했지만 어쩌면 그의 장편소설 『파운데이션』은 더 좋은 설명 모델을 제공할 수도 있겠다. 머나먼 미래에 해리 셀던이라는 젊은 수학자가 우주선을 타고 1만2000년이라는 세월을 견뎌온 은하 제국의 막강한 수도, 트랜터로 간다. 거기서 그는 10년마다 한 번씩 열리는 수학자 총회에 참석해 심리역사학이라는 새로운 학문의 이론적 태도를 설명하는 학술 논문을 발표한다. 셀던은 원론적으로는 우리가 일반 역사와 대중 심리학, 고급 통계학을 결합하면 인류를 추진하는 힘들을 파악할 수 있고, 그것을 미래에 적용해 미래를 예측할 수 있다고 주장한다.

촌스러운 고향 행성을 뒤로하고 트랜터 행성의 최고 대학에서 한 자리를 꿰차게 된 셀던은 심리역사학의 방법론을 고안해낸다. 그의 주요 결론은 은하 제국은 곧 몰락할 것이며 3만 년간의 암흑기가 이어진 뒤 제2의 제국이 출현한다는 것이다. 은하 제국 황제는 셀던을 수상으로 승진시키고 그 지체 높은 자리에서 그는 파운데이션이라는 싱크탱크 집단을 기획한다. 파운데이션의 학자들은 우주의 모든 지식을 은하 백과사전에 집대성하면서 단 1000년 만에 제국을 재건할 비책을 짜낼 것이다.

파운데이션 시리즈는 지난 50년간 SF 팬들을 즐겁게 해주었지만 전문 역사가들 사이에서 해리 셀던은 우스갯소리의 단골 소재다. 역사학자들은 이미 일어난 일들을 통해 앞으로 무슨 일이 일어날지를 아는 것은 아시모프의 열에 들뜬 상상 속에서만 가능한 일이라고 주장한다. 많은 역사가는 과거에서 우리가 찾아낼 만한 커다란 패턴이 있다는 주장을 거부하며, 그러한 패턴이 있을지도 모른다고 생각하는 학자들도 그러한 패턴을 찾아내는 것은 우리의 능력을 벗어난다고 흔히 생각한다. 예를 들어, 케임브리지대 현대사 석좌교수를 역임한, 역사와 관련한 모든 사안에 뚜렷한 견해를 품고 있는 것으로 유명한 제프리 엘턴은 아마도 역사학자 다수의 의견을 대변할 것이다. 그는 "기록된 역사는 기껏 200세대에 지나지 않는다. 역사에 더 큰 목적이 있다 하더라도 현재로서는 우리가 아는 약간의 역사적 단편들로부터 역사의 목적을 도출해내기를 기대해서는 안 된다고 말할 수밖에 없다"[5]고 주장했다.

나는 이 책에서 역사가들이 스스로를 과소평가하고 있다는 것을 보여주려고 했다. 우리는 사람들이 기록을 남기기 시작한 200세대에 역사를 국한할 필요가 없다. 시야를 넓혀 고고학과 유전학, 언어학—이 책의 초반부 몇 장을 지배하는 증거들과 같은 종류의 증거들—을 아우른다면 우리는 훨씬 더 커다란 전체적 역사를 얻을 수 있다. 사실, 그 정도면 500세대를 거슬러올라가기에 충분한 역사다. 그렇게 커다란 시간의 덩어리로부터 우리는 정말로 약간의 패턴들을 도출할 수 있다. 그리고 셸던처럼 이제 나는 일단 우리가 패턴을 도출했으니 이제 과거를 이용해 미래를 예측할 수 있다고 주장하려 한다.

역사의 묘지에서

제3장 말미에 우리는 스크루지가 아무도 돌보지 않는 자신의 묘비를 겁에 질려 응시하게 놔둔 채 그 자리를 떴다. 미래의 크리스마스 유령의 손을 붙들고 그는 외친다. "이것들은 앞으로 닥칠 일의 환영인가 아니면 일어날지도 모를 일의 환영일 뿐인가?"

나는 만약 동양과 서양의 사회발전이 20세기와 같은 속도로 계속 증가하면 동양이 2103년에 다시 앞서나갈 것이라고 보여주는 도표 12.1에 대해서 똑같은 질문을 던져도 좋을 것 같다고 주장했다. 그러나 사회발전의 증가 속도는 17세기 이래로 가속되고 있으므로 도표 12.1은 사실 보수적인 추정치다. 2103년은 아마도 서양의 시대가 끝나게 될 **가장 늦은** 시점이라고 해석하는 것이 타당할 것 같다.

동양의 도시들은 이미 서양 도시들만큼 크고 중국과 미국의 총생산(어쩌면 가장 예측하기 쉬운 변수) 간 격차는 급속하게 줄어들고 있다. 미국 국가정보위원회의 전략가들은 중국의 총생산이 2036년에 미국을 따라잡으리라고 내다본다. 골드만삭스의 은행가들은 2027년으로 잡는다. 회계법인 프라이스워터하우스쿠퍼의 회계사들은 2025년으로 예상한다. 경제협력개발기구의 앵거스 매디슨 같은 경제전문가들과 노벨상 수상자 로버트 포겔은 시기를 더 가깝게 잡는다(각각 2020년과 2016년). 동양의 전쟁 수행 능력과 정보기술, 1인당 에너지 획득량이 서양을 따라잡는 데는 시간이 더 걸리겠지만 2050년 이후에는 동양의 사회발전이 금방 따라잡으리라고 추측하는 게 합리적인 듯하다.[1]

그러나 몇 가지 의심이 여전히 우리를 괴롭힌다. 위에서 언급한 모든 전문가의 예상은 2006~2007년에, 금융 위기가 터지기 직전에 제시된 것이고 이 은행가와 회계사, 경제 전문가들은 위기를 예견하는 데 실패했다. 그리고 우리는『크리스마스 캐럴』의 주제, 스크루지의 운명은 확실하게 결정된 것이 아니라는 것을 마음에 새겨두어야 한다. 스크루지는 유령에게 "지금까지 걸어온 길에서 벗어난다면 결말은 바뀔 것"이라고 장담한 뒤 아니나 다를까 크리스마스 날 아침에 완전히 새 사람이 되어 침대에서 뛰쳐나온다. 디킨스는 "그는 그리운 세상의 다른 어느 그리운 도시나 마을이나 읍이 아는 바와 같이 좋은 친구이자 인자한 주인, 선한 사람이 되었다"고 말한다.[2]

서양은 스크루지처럼 21세기에 면모를 일신하여 계속 정상에 머무를 수 있을까? 이 마지막 장에서 나는 이 질문에 꽤 놀라운 답변을 제시하려고 한다.

나는 이 책에서 내내 왜 서양이 지배하는지를 설명하고 앞으로 어떻게 될지를 예견하려는 대부분의 시도에는 커다란 약점이 있다고 주장했다. 그러한 예언자들이 역사가 우리에게 무엇을 가르쳐주는지 설명하기 전에

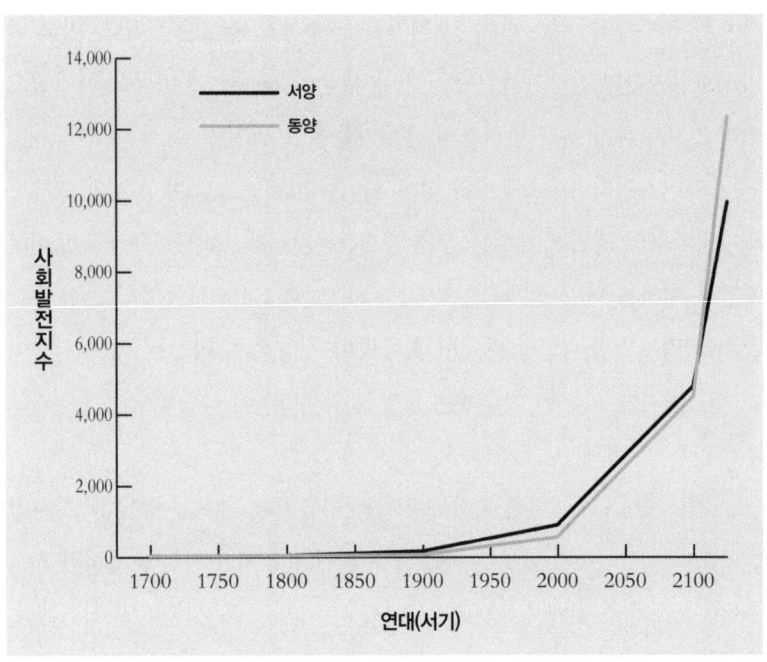

[도표 12.1] 비석에 새겨졌나? 만약 동양과 서양의 사회발전지수가 20세기에서와 같은 속도로 계속 증가
한다면 서양의 지배는 2103년에 끝나게 된다.

일반적으로 시야를 짧게 한정하여 단지 몇백 년만을 되돌아보기 때문이
다. 그건 마치 스크루지가 현재의 크리스마스 유령과만 이야기해서 교훈
을 얻으려고 하는 것 같다.

　그보다는 과거의 크리스마스 유령의 말에 매달렸던 스크루지의 실제
방법을 따르거나 아니면 은하 제국의 미래를 내다보기 전에 수천 년의 역
사를 조사한 해리 셀던을 본받는 게 나을 것 같다. 스크루지와 셀던처럼
현 추세가 우리를 어디로 데려갈지 뿐만 아니라 이러한 추세들이 그것들
을 저해하는 힘들을 발생시키고 있지는 않은지도 알아내야 한다. 우리는
발전의 역설을 고려하고 후진성의 이점을 파악해야 하며 지리가 사회발전

을 어떻게 바꿀지 뿐만 아니라 사회발전이 어떻게 지리의 의미를 바꿀지도 예견해야 한다. 그리고 이 모든 일을 했을 때 우리는 이야기의 결말에는 여전히 반전이 남아 있음을 발견하리라.

차이메리카 이후

우리는 흥미로운 시대를 살아가는 사나운 운명을 타고났다.

대략 2000년 이후로 매우 기묘한 관계가 서양 핵심부와 동양 주변부 사이에 발달해왔다. 과거 1840년대에 서양 핵심부는 자신들의 힘을 세계 구석구석까지 행사하면서 세계로 진출했고 이전에 독립적인 동양 핵심부를 서양의 새로운 주변부로 전환시켰다. 이후 서양 핵심부와 동양 주변부 간의 관계는 (비록 더 큰 규모이긴 하나) 역사상 핵심부와 주변부 간의 관계와 매우 비슷하게 흘러가서 동양인은 자신들의 값싼 노동력과 천연자원을 활용해 더 부유한 서양 핵심부와 교역했다. 주변부에서 흔히 볼 수 있는 대로 일부는 후진성의 이점을 발견했고 일본은 다시 태어났다. 1960년대에 여러 동아시아 나라들도 일본을 따라 미국이 지배하는 세계시장에 진입해 번영을 구가했으며, 1978년 이후에 마침내 평화와 책임성, 유연성에 정착한 중국도 마찬가지였다. 과거 서양 관찰자들에게 후진성의 원인으로 비쳤던 동양의 방대하고 가난한 인구와 토착 지식인들은 이제 커다란 이점으로 비치기 시작했다. 산업혁명은 마침내 동양으로 퍼져나갔고 동양의 기업가들은 공장을 짓고 서양에(특히 미국에) 저가 상품들을 판매해왔다.

이 이야기에 특별히 새로운 내용은 없으며 십수 년 동안 모든 것은 잘 굴러갔다(저비용 동아시아 상품들과 경쟁하려고 했던 서양인만 제외하고). 그러나 1990년대가 되자 중국의 제조업자들은—그 이전의 많은 주변부 사람들이 그랬던 것처럼—아무리 부유한 핵심부라도 주변부가 잠재적으로 수출할 수 있는 모든 것을 다 사줄 능력은 안 된다는 사실을 발견했다.

이 동서양 관계에서 상당히 이례적인 것은 2000년 이후에 등장한 이 문제에 대한 해법이다. 미국인은 중국인 노동자보다 평균 열 배 가까이 소득이 더 많았지만 중국은 동양의 물건을 살 수 있도록 서양인에게 실질적으로 돈을 빌려주었다. 이 대부는 중국이 거대한 경상수지 흑자의 일부를 미국의 국고 채권과 같은 달러화로 표시된 증권에 투자함으로써 가능했다. 중국은 수천억 달러를 사들임으로써 위안화의 가치를 달러화에 대비해 인위적으로 계속 낮게 유지하여, 중국의 상품을 서양인에게 더욱 싸게 팔 수 있었다.

경제전문가들은 이 관계가 한쪽 배우자는 저축과 투자를 하는 반면 다른 쪽 배우자는 소비만 하지만 어느 쪽도 감히 이혼을 할 수는 없는 결혼 생활과 유사하다는 것을 깨달았다. 만약 중국이 달러를 사들이는 것을 그만둔다면 달러화는 붕괴할지도 모르며 중국이 이미 보유하고 있는 8000억 달러는 휴지조각이 될 것이다. 다른 한편으로 만약 미국인이 더 이상 중국 상품을 구입하지 않는다면 그들의 생활수준은 내려갈 것이며 그들의 손쉬운 신용 대출은 더 이상 불가능하게 될 것이다. 미국인의 불매는 중국을 산업적 대혼란에 빠트릴 수도 있지만 중국은 달러를 팔아치워 미국 경제를 망가트리는 보복을 할 수 있다.

역사가 니얼 퍼거슨과 경제전문가 모리츠 슐라리크는 이 기이한 커플에 "차이메리카"[3]라는 이름을 붙여주었다. 차이나와 아메리카를 합성한 이 단어는 비약적 경제성장을 가져왔지만 동시에 키메라 같은, 세계가 결국에는 깨어나야 할 미몽 같은 존재였다. 미국인이 언제까지고 중국의 돈을 빌려 중국의 물건을 살 수는 없다. 저리 금융이라는 차이메리카 대양은 경주마부터 부동산까지 모든 종류의 자산 가치를 부풀렸고, 2007년에 그 거품이 꺼지기 시작했다. 2008년에 서양 경제가 추락하면서 나머지 세계의 경제도 같이 끌어내렸다. 2009년이 되자 13조 달러의 소비 자산이 공중으로 증발했다. 차이메리카는 붕괴했다.

2010년 초가 되자 신속한 정부 개입은 1930년대 대공황이 재연되는 것은 막았지만 차이메리카 붕괴의 결과는 여전히 엄청났다. 동양에서는 실업이 급증했고 주식시장이 폭락했으며, 2009년 중국 경제의 성장은 2007년의 절반에 채 못 미치는 수준이었다. 그렇지만 2009년 중국의 7.5퍼센트 성장률은 서양 핵심부 경제가 최고 호황기에 기대할 수 있는 수준을 한참 상회한 것이었다. 중국은 경기부양을 위해 5680억 달러의 자금을 마련해야 했지만 적어도 그만큼을 감당할 만한 보유고가 있었다.[4]

그러나 서양에서는 손실이 훨씬 심각했다. 미국은 산더미 같은 기존 부채에다가 7870억 달러의 경기부양자금을 쏟아붓고도 2009년 경제 규모는 2퍼센트 이상 축소되었다. 국제통화기금은 그해 여름, 2010년 중국의 경제성장률은 8.5퍼센트로 반등하겠지만 미국은 간신히 0.8퍼센트를 달성하리라고 발표했다. 무엇보다 우려스럽게도, 미국 의회예산국은 미국이 빌린 경기부양자금을 2019년까지 갚지 못할 것이라고 전망했는데, 그때가 되면 미국의 노령화 인구에 대한 사회보장 지원 혜택들은 미국 경제를 더 끌어내릴 것이다.[5]

위기에 대한 대응 방안을 모색하고자 세계 주요 20개국의 지도자들이 2009년 4월에 만났을 때 새로운 재치 있는 표현이 떠돌았다. "1989년(톈안먼 사태) 후에는 자본주의가 중국을 구했다. 2009년 이후에는 중국이 자본주의를 구했다."[6] 여기에는 많은 진실이 담겨 있지만 2009년에 대한 더 적절한 비유는 1918년일 것이다. 1918년은 파산한 유럽의 옛 핵심부의 권력과 부가 대서양을 건너 번창하는 새로운 핵심부 미국으로 빨려들어가는 소리를 부인할 수 없게 된 해였다. 2009년은 파산한 미국으로부터 번창하는 중국으로, 태평양을 건너 부가 유출되는 소리가 똑같이 잘 들리게 된 해로 드러날 수도 있다. 차이메리카는 동양의 지배로 가는 길의 중간 기착지일 뿐일지도 모른다.

물론 모두가 이러한 예측에 동의하지는 않는다. 일부 전문가는 미국이 이미 여러 차례 스크루지처럼 철저하게 자신을 일신해왔다고 지적한다. 1930년대 대공황 그리고 1970년 스태그플레이션 때 그렇게나 많은 비판가가 미국은 끝났다고 평가했지만 미국은 되살아나 1940년대에는 나치를 1980년대에는 소련을 물리쳤다. 낙관주의자들은 미국의 기업가와 과학자들이 뭔가 해법을 찾아낼 것이며, 미국이 2010년대에 위기에 빠져들더라도 2020년대에는 중국을 능가할 것이라고 주장한다.

다른 전문가들은 중국 역시 문제를 안고 있음을 강조한다. 가장 분명한 것은 경제적 성공이 임금을 끌어올리면서 중국이 후진성의 이점을 얼마간 상실하고 있다는 것이다. 1990년대 저가 제조업 일자리는 중국의 연안 지방에서 내륙으로 이전하기 시작했으며, 이제 아예 중국을 벗어나 베트남처럼 임금이 더 낮은 국가로 옮겨가고 있다. 대부분의 경제전문가는 이러한 현상이 중국이 세계경제로 통합되어가는 자연스러운 경로라고 보지만 소수의 사람들은 중국이 이점을 잃어가는 첫 신호로 보기도 한다.

다른 중국 비판가들은 인구가 가장 큰 문제라고 본다. 낮은 출산율과 이민율 덕분에 중국의 평균 연령은 미국보다 더 빠르게 상승하고 있으며, 2040년이 되면 노령 인구의 사회보장 혜택은 미국보다 중국 경제에 더 큰 부담이 될 것이다. 중국의 천연자원 부족도 경제성장을 늦출지 모르며 급성장하는 도시와 쇠락해가는 농촌 간의 갈등이 악화될 수도 있다. 만약 이러한 예측 가운데 어느 것이라도 실제로 현실화되면 대중 소요(이미 증가하고 있다)가 걷잡을 수 없이 터져나올 수도 있다. 소수민족의 봉기 그리고 부패와 환경 재앙에 대한 반발은 과거에도 여러 중국 왕조를 무너트렸다. 어쩌면 가까운 미래도 또 그런 일이 일어날 수도 있다. 그리고 만약 중국 공산당이 무너진다면 한, 당, 원, 청 왕조가 멸망했을 때처럼 나라 전체가 분해될 수도 있다. 2020년의 중국에 대한 가장 적절한 비유는 결국, 옛 핵심부의 부를 빨아들이던 1920년대 미국이 아니라 내전으로 치닫던 1920년대 중국 자신일지도 모른다.

다른 한편으로, 영향력 있는 서양의 팡글로스 무리는 이러한 추측들이 모두 중요하지 않다고 주장하는데, 아무래도 상관없이 결국 모든 것이 최선일 것이기 때문이다. 20세기에 부와 권력이 대서양 너머로 빠져나가는 것을 지켜봤음에도 불구하고 2000년에 일반적인 서유럽인은 위풍당당한 유럽 제국주의가 기세가 절정에 달했을 때인 그들의 선조들보다 더 잘 살고 있는데, 자본주의의 밀물이 모든 배를 들어올렸기 때문이다. 21세기 태평양 너머로의 유출은 모두의 배를 그보다 더 높이 들어올릴지도 모른다. 앞서 중국의 GDP가 2020년에 미국의 GDP를 따라잡을 것이라고 말한 앵거스 매디슨은 중국의 1인당 국민소득이 2003년과 2030년 사이에 세 배(평균 1만8991달러까지) 증가할 것이라고 내다본다. 그는 미국의 1인당 소득은 50퍼센트만 증가할 것이라고 예상하지만, 미국인은 이미 높은 수준에서 출발했기 때문에 2030년에 평범한 미국인은 평범한 중국인보다 세 배 많은 5만8722달러를 벌어들일 것이라고 예상했다. 중국의 경제가 2016년에 미국을 능가할 것이라고 생각하는 로버트 포겔은 그보다 더 낙관적이다. 그는 2040년이 되면 중국의 소득수준이 8만5000달러라는 엄청난 수준에 도달할 것이라고 예측했다. 그러나 그때가 되면 미국인은 평균 10만7000달러를 벌어들이고 있을 것이다.*[7]

이러한 예측 가운데 가장 팡글로스적인 것은 언론인 제임스 만이 "안도

---

* 모든 수치는 구매력 평가를 반영하기 위해 2000년 미국 달러화 가치로 조정한 것이다.

시키는 시나리오"[8]라고 부른 것으로 무슨 일이 생기든 간에 번영은 동양을 서양화하리라는 주장이다. 그때가 되면 서양이 여전히 지배하고 있을 것인지를 묻는 것은 무의미해질 텐데, 전 세계가 서양이 되어있을 테니까 말이다. 조지 W. 부시는 1999년에 이렇게 촉구했다. "중국과 자유롭게 교역하라. 그러면 시간은 우리 편이다."[9]

이 같은 견해는 현대 세계경제에서 번영하는 유일한 길은 자유민주주의가 되는 길, 그러니까 서양 핵심부에 가깝게 되는 길뿐이라고 주장한다. 일본과 타이완, 남한, 싱가포르는 모두 1당 지배체제에서 점차 부유해지면서 20세기 후반 다소간 민주적 지배체제로 이행했다. 만약 중국 공산당이 자본주의를 수용할 수 있다면 민주주의를 수용하는 것도 가능하리라. 세계 무역에 가장 깊숙이 개입한 지역들은 이미 그렇게 하고 있는 듯하다. 예를 들어, 광둥 성과 푸젠 성에서는 많은 지역 관리가 요즘 직접 선출된다. 물론 전국 정치는 여전히 권위주의적이지만 베이징의 지배자들은 자연재해와 공중보건의 위기, 부패에 대한 대중의 우려에 대해 확연히 더 민감해졌다.

그러나 동양에서 얼마간 머무른 적이 있는 많은 서양인은 동양이 세계를 지배할 권력을 획득한 바로 그 시점에 문화적으로 서양화할 것이라는 생각에 별로 설득되지 않는다. 따지고 보면 미국인 역시 서양 핵심부에서 우세 지역으로서 유럽을 대체하고 나서 더 유럽인에 가깝게 행동하기 시작하지는 않았다. 그보다는 유럽인이 유럽 문화의 미국화에 대해 불평하기 시작했다.

중국의 도시 엘리트들은 1980년대 미국이 지배하는 세계경제에 진입하면서 서양 문화에서 좋아할 만한 것을 다수 발견했다. 그들은 인민복을 벗어던지고 영어 학교를 열었으며 심지어 (잠깐 동안) 자금성 안 스타벅스 매장에서 라떼를 마시기도 했다. 베이징 허우하이 지구의 터무니없이 비싼 서양식 술집에는 뉴욕이나 런던의 20대들처럼 휴대전화로 주식 시세를 확인하는 매우 활동적인 20대들이 넘쳐난다. 그러나 문제는 권력과 부가 계속 태평양을 건너간다면 서양화가 지속될 것인가이다.

언론인 마틴 자크는 아니라고 본다. 그에 따르면 동양인과 남아시아인이 19세기 서양 핵심부에서 발명된 산업주의, 자본주의, 자유주의를 자신들의 필요에 맞게 적응시키면서 우리는 그가 "경쟁하는 근대성들"[10]이라고 부르는 것을 이미 목도하고 있다. 자크는 21세기 전반기에 서양의 지배가 다수의 통화 지대(달러존, 유로존, 위안화존)와 경제적/군사적 세력권(유럽과 서남아시아 어쩌면 남아시아도 포함한 미국권과 동아시아와 아프리카의 중국권)이 각각 자기들만의 문화적 전통(유럽-아메리카 전통, 유교 전통 등등)의 지배를 받는 다원화된 세계질서로 대체될 것이라고 추측한다. 그러나 21세기 후반부는 결국 머릿수로 좌우될 것이라고 예측한다. 중국이 지배하고 세계는 동양화할 것이란 말이다.

자크는 1990년대 이래 중국이 힘을 어떻게 사용해왔는지 각종 사례로부터 추론하여 21세기 말 중국 중심 세계는 19세기와 20세기 서양 세계와 퍽 다를 것이라고 주장한다. 즉, 외국인은 중국에 조공을 바치는 간청자로 접근해야 한다는 옛 중국 사고방식이 국가와 기구들 간의 명목상 평등을 거론하는 서양의 이론을 대체한 훨씬 더 위계적인 세계가 될 것이다. 보편적인 인간의 가치를 이야기하는 서양의 수사를 내던진 더 반자유주의적인 세계, 정치적 지배자의 권력에 대한 반대를 용납하지 않는 국가 통제적인 세계가 될 것이다. 전 세계에 걸쳐 사람들은 유럽과 아메리카가 과거에 누렸던 영광을 잊게 될 것이다. 그들은 영어가 아니라 중국어를 배우고 콜럼버스가 아니라 정화를 기념하고 플라톤 대신 공자를 읽고 레오나르도 다빈치 같은 이탈리아의 르네상스맨 대신 심괄 같은 중국의 르네상스맨에 감탄하게 되리라.

일부 전략가는 중국의 세계 지배가 평화로운 치국책이라는 공자의 전통을 따라 서양의 세계 지배보다 군사적으로 덜 공격적이리라고 내다본다. 다른 전략가들은 이에 동의하지 않는다. 중국의 역사는 뚜렷한 안내를 제공하지 않는다. 정책 수단으로 전쟁에 반대한 중국인 지도자들이 분명히 존재했지만(특히 향신과 관료층에서) 송나라를 제외한 사실상 모든 왕조의 초대 황제를 비롯해 선뜻 무력을 사용한 사람들도 많았다. '현실주의자'라 자칭하는 국제관계 이론가들을 한국전쟁 이후로 중국의 신중함은 공자보다는 군사적 약세에 더 기인한다고 주장한다. 중국의 군비 지출은 2006년 이후로 매년 16퍼센트 넘게 증가해왔고 2020년대에 미국의 지출과 맞먹는 것을 목표로 삼고 있다. 미래의 지도자들이 내릴 결정에 따라 21세기 세계 지배를 향한 동양의 부상은 19세기와 20세기 서양의 부상보다 더 유혈이 낭자할 수도 있다.

그러니까 문제는 이렇다. 어쩌면 위인들이 미국을 구하러 와서 서양의 지배를 몇 세대 더 지속할 것이다. 어쩌면 한심한 멍청이들이 중국의 부상을 한동안 가로막을 것이다. 어쩌면 동양이 서양화되거나 아니면 서양이 동양화될 것이다. 어쩌면 우리는 지구 마을에서 하나가 되거나 아니면 문명의 충돌로 와해될 것이다. 어쩌면 모두가 더 부유해지거나 아니면 제3차 세계대전으로 스스로 재로 화하리라.

이 모순적인 어지러운 예측들은 무엇보다도 내가 제4장에서 언급한, 자기들이 완전히 다른 것을 만지고 있다고 생각한 장님들과 코끼리 이야기를 연상시킨다. 그때 나는 왜 서양이 지배하는지를 설명하는 유일한 방법은 사회발전지수를 이용해 상황을 이해하는 데 약간의 실마리를 던져주는 것이라고 주장했다. 이제 나는 똑같은 접근법이 지금부터 100년 뒤에 코끼리가 어떻게 생겼을지 이해하는 데 도움을 준다고 주장하고자 한다.

2103

그럼 도표 12.1, 특히 동양과 서양의 선이 2103년에 교차하는 지점을 다시 들여다보자. 세로축은 그때가 되면 사회발전지수가 5000점을 넘으리라는 것을 가리킨다.

이것은 대단한 수치다. 빙하기 말부터 서기 2000년까지 1만4000년 사이에 사회발전지수는 900점 상승했다. 그런데 도표 12.1은 다음 100년 사이에 **4000점 이상** 오를 것이라고 한다. 900점은 우리를 알타미라 동굴벽화에서 원자폭탄의 시대로 데려왔다. 다음 4000점은 우리를 어디로 데려갈까? 내 생각엔 이것이 진짜 문제인 것 같다. 만약 우리가 먼저 5000점일 때 세상이 어떤 모습일지 이해할 수 없다면 우리는 차이메리카 이후에 무엇이 올지 이해할 수 없다.

2000년 한 인터뷰에서 경제전문가 제러미 리프킨은 "우리의 생활방식은 이전 수천 년보다 다음 수십 년 사이에 더 근본적으로 변화할 가능성이 크다"[11]라고 주장했다. 극단적으로 들리지만 도표 12.1이 실제로 미래의 모습을 보여준다면, 리프킨의 전망은 사실 심하게 줄잡아 말한 것이다. 그래프에 따르면 2000년과 2050년 사이에 사회발전은 이전 1만5000년보다 두 배 빠르게 증가할 것이고, 2103년이 되면 다시금 두 배가 될 것이다. 이 얼마나 역사에 대한 조롱인가!

여기가 바로 내가 앞서 언급한 온갖 예측이 실패하는 지점이다. 모두가 현재를 바탕으로 가까운 미래를 추정하며, 따라서 모두가—놀랄 일도 아니지만—미래가 더 부유한 중국의 것이라는 점만 빼면 현재와 매우 비슷하리라 결론 내린다. 만약 우리가 이 질문에 답하기 위해 전 역사의 무게를 고려한다면—그러니까, 만약 우리가 과거의 크리스마스 유령과 이야기하고자 한다면—앞으로 사회발전의 급증이 얼마나 전례 없을지 인정할 수밖에 없다.

사회발전지수 5000점의 의미는 충격적이라 믿기 힘들 정도다. 논의를 위해서 만약 2103년 전체 사회발전지수에서 에너지 획득과 도시화, 정보 기술, 전쟁 수행 능력의 비율이 2000년과 대략 같다고 가정하면,* 지금으로부터 한 세기 뒤에는 1억4000만 명이 거주하는 도시들이 있고(도쿄, 멕시코시티, 뉴욕, 상파울루, 뭄바이, 델리, 상하이가 그렇게 커진다고 상상해보라) 그곳의 시민들은 평균적으로 1인당 130만 킬로칼로리의 에너지를 매일 소비할 것이다.

전쟁 수행 능력이 다섯 배 증가한다는 것은 상상하기가 더 힘들다. 우리는 이미 세계를 여러 번 파괴하고도 남을 무기를 갖고 있으며 단순히 핵탄두와 폭탄, 총포의 숫자가 늘어나는 대신, 기관총이 머스킷 소총을 한물가게 만든 것처럼 21세기에는 아마도 20세기 무기들을 한물가게 만들 기술 향상을 목도하게 될 것이다. 1980년대 이래로 미국 과학자들이 연구 중인 대탄도요격미사일 보호 프로그램인 "스타워즈"와 같은 일이 분명히 현실이 될 것이다. 로봇들이 우리 대신 싸울 것이다. 사이버 전쟁이 극도로 중요해질 것이다. 나노테크놀로지가 일상의 소재들을 꿰뚫을 수 없는 방호구나 살인적인 무기로 바꿀 것이다. 그리고 새로운 형태의 공격은 각기 똑같이 정교한 방어체계를 요구할 것이다.

그러나 도표 12.1에서 암시된 가장 아찔한 변화는 정보기술 분야에서 나타날 것이다. 20세기에 우리는 조잡한 라디오와 전화기에서 인터넷으로 옮겨갔다. 21세기는 선진 핵심부에 사는 모두 사람들의 두뇌가 거대한 컴퓨터처럼—혹은 거대한 컴퓨터 속—네트워크로 연결되어 우리 시대의

---

* 만약 우리가 각 요소 간 비율이 변한다고 가정해 한 요소에서는 극적인 변화가 덜하다면 물론 다른 요소에서는 훨씬 더 기막힌 변화를 가정해야 할 것이다.

모든 두뇌와 기계를 합친 것보다 몇조 배나 더 큰 작업 처리 능력을 보유함으로써, 세상의 모든 정보에 대한 즉각적인 접근과 완전한 기억 능력을 누리게 되리라는 전망도 그리 허황되지는 않을 것이다.

물론 이 모든 일은 말도 안 되는 것처럼 보인다. 1억4000만 명이 거주하는 도시는 분명히 제대로 돌아갈 수 없다. 수십억 명의 인구에게 매일 130만 킬로칼로리의 에너지를 공급하기에는 석유와 석탄, 가스, 우라늄이 충분하지 않다. 나노전쟁, 사이버전쟁, 로봇전쟁은 우리를 전멸시킬 것이다. 그리고 우리의 정신을 기계와 융합하면, 우리는 더 이상 인간이 아닐 것이다.

그리고 내 생각엔 그것이 바로 도표 12.1의 가장 주요하고 불편한 함의인 것 같다.

나는 이 책에서 두 가지 포괄적인 주장을 제시했다. 첫째는 생물학과 사회학, 지리가 합쳐져 사회발전의 역사를 설명한다는 것이다. 즉, 생물학은 사회발전을 끌어올리고 사회학은 사회발전이 어떤 식으로 증가하는지(혹은 증가하지 않는지)를 구체적으로 결정하며, 지리는 어느 지역의 사회발전이 가장 빠르게 증가하는지(혹은 감소하는지)를 결정한다. 둘째는 지리가 어느 지역의 사회발전이 증가하거나 감소하는지를 결정하는 한편 사회발전 또한 지리가 의미하는 바를 규정한다는 것이다. 나는 이제 이러한 논의를 확장하려 한다. 21세기는 사회발전이 생물학과 사회학이 의미하는 바역시 변화시킬 만큼 매우 높게 증가할 것이라고 약속한다. 혹은 위협한다. 우리는 역사상 가장 커다란 단절에 다가가고 있다.

발명가이자 미래학자인 레이 커즈와일은 이것을 특이점Singularity ─ "기술 변화의 속도가 대단히 빠르고 그 충격이 매우 깊어서 (…) 기술이 무한 속도로 확장하는 것처럼 보이는 미래 시기"[12] ─ 이라고 부른다. 그의 논의의 근거 가운데 하나는 기술자인 (그리고 미래의 인텔 회장인) 고든 무어가 1965년에 피력한 유명한 관찰인 무어의 법칙, 즉 매년 컴퓨터 칩의 크기는 줄어드는 반면 제작비용은 대략 절반 감소하고 처리 속도는 두 배로 늘어난다는 법칙이다. 40년 전 거대한 메인프레임은 일반적으로 초당 몇 십만 회의 연산을 수행하고 수백만 달러가 들었지만 지금 내가 두들기고 있는 1000달러짜리 자그마한 랩톱컴퓨터는 초당 20~30억 회의 연산을 처리할 수 있다. 가격 대비 성능이 천만 배 향상된 셈, 즉 무어가 예견한 대로 18개월마다 성능이 두 배 개선된 셈이다.

커즈와일은 이러한 추세가 계속된다면, 대략 2030년에 컴퓨터들은 인간의 두뇌 안 220억 개 뉴런 사이에서 매초 지나가는 1경京에 달하는 전자 신호를 재현하는 프로그램을 운영할 만큼 강력해질 것이라고 말한다. 이 컴퓨터들은 일반적으로 인간의 두뇌가 저장하는 10조 개 기억 정보를 저장하는 기억장치를 갖게 될 것이다. 그때가 되면 스캔 기술이 매우 정교해져서 인간 두뇌의 뉴런 하나하나를 지도로 그릴 수 있을 것이다. 테크놀로지 선전가들의 말에 따르면 실제 인간의 정신을 기계에 업로드할 수 있다는 소리다. 대략 2045년이 되면 커즈와일은 컴퓨터가 세계의 모든 정신을 호스트할 수 있게 되어 탄소 기반 지능과 실리콘 기반 지능을 사실상 단일한 전 지구적 의식으로 융합할 것이라고 생각한다. 이것이 특이점이 될 것이다. 현대인이 신체를 구성하는 개별적 세포들의 합을 능가하는 것처럼 우리는 생물학을 초월해 호모사피엔스를 훨씬 능가하는 새로운 융합된 존재로 진화할 것이다.

커즈와일의 열광적 비전은 커다란 찬사와 더불어 그만큼 조롱도 자아내며(혹자들은 "너드Nerd[테크놀로지 마니아]들을 위한 황홀경"[13]이라고 부른다)―그에 앞선 모든 예언자와 마찬가지로―그가 틀릴 가능성은 맞을 가능성보다 훨씬 크다. 그러나 커즈와일이 분명히 맞는 한 가지는 그가 "쉽사리 믿지 않는 데서 기인하는 비판"[14], 즉 그렇게 특이한 일이 일어날 수 있다는 것에 대한 단순한 불신은 제대로 된 반론이 아니라는 것이다. 노벨상 수상 화학자 리처드 스몰리가 즐겨 말하는 대로 "뭔가가 가능하다고 말할 때 과학자들은 그런 일에 시간이 얼마나 걸릴지 과소평가할 수도 있겠지만, 그것이 불가능하다고 말하는 것은 아마도 틀릴 것이다".[15] 인간은 이미 그런 종류의 특이점을 향해 걸음마를 떼고 있고 정부와 군수업체들은 관련 계획에 착수할 만큼 특이점에 대한 전망을 진지하게 고려하고 있다.

어쩌면 우리는 이러한 걸음마들이 무엇을 초래했는지를 벌써 보고 있는지도 모른다. 나는 제10장에서 산업혁명이 인간이란 존재의 의미에 대하여 농업혁명이 가져온 변화보다 훨씬 더 큰 변화를 촉발했다고 지적했다. 세계 여러 곳에서 더 좋은 식단으로 이제 인간은 고조부모보다 두 배 오래 살고 15센티미터 더 크다. 이제 대부분의 여성은 이전 어느 시기와 비교하더라도 임신과 육아에 인생의 상당 시간을 보내지 않으며, 이제 영아기에 죽는 경우는 거의 없다. 최선진국들에서는 의사들이 기적을 행할 수 있는 것처럼 보이기도 한다. 그들은 우리를 젊어보이게 만들 수 있고(2008년, 미국에서 보톡스 시술은 500만 회를 기록했다) 우리의 기분을 통제할 수 있으며(미국인 열 명 가운데 한 명이 프로작[항우울증제의 하나]을 복용한다), 연골부터 발기(2005년 미국 의사들은 비아그라와 레비트라, 시알리스[세 가지 모두 발기부전 치료제]를 1700만 건 처방했다)에 이르기까지 모든 것을 강화할 수 있다. 늙어가던 고대의 황제들은 이 작은 각종 알약이 커즈와일의 특이점 가운데 어느 것 못지않게 대단하다고 생각했을 것이다.

21세기 유전공학 연구는 우리 세포 내의 복제 오류를 수정하고 우리가 타고난 장기들이 말을 듣지 않을 때 새로운 장기를 복제하는 식으로 인간을 더 변형할 것이라고 약속한다. 일부 과학자는 우리가 '부분적 영생'으로 나아가고 있다고 생각한다. 에이브러햄 링컨의 유명한 도끼처럼(자루는 세

번 갈고 날은 두 번 갈았다) 우리가 한없이 생명을 연장하면서 우리 신체의 각 부분을 지속적으로 교체할지도 모른다.

고장 난 것을 고치는 데서만 끝날까? 1970년대 텔레비전 시리즈 「600만 불의 사나이」를 기억할지 모르겠다. 드라마는 (리 메이저스가 연기한) 스티브 오스틴이라는 비행사가 비행기 사고로 팔 하나와 눈 한 쪽, 양 다리를 잃은 것으로 시작한다. "우리는 그를 다시 조립할 수 있습니다. 우리에겐 그럴 기술이 있습니다"[16]라는 내레이션이 흘러나온 다음 오스틴은 금세 자동차보다 빨리 달리고 팔에는 가이거 계기판이 달리고 눈에는 줌 렌즈가 부착된 생체공학 인간으로 다시 나타나는데, 나중에 가서는 (린지 와그너가 연기한) 생체공학 여자 친구도 생긴다.

30년이 흐른 지금 운동선수들은 이미 생체공학 인간이 되어 있다. 2005년 시력 교정 수술을 했을 때 골프 선수 타이거 우즈는 정상 시력보다 더 좋은 1.3으로 시력을 높였고, 2008년 국제육상연맹은 오스카 피스토리우스가 올림픽에 출전하는 것을 일시적으로 금지했는데, 그의 의족이 진짜 다리로 뛰는 다른 달리기 선수들보다 유리한 것처럼 보였기 때문이다.*

2020년대가 되면 선진 핵심부의 중년은 젊었을 때보다 더 멀리 보고 더 빨리 달리고 더 좋아 보일지도 모른다. 그러나 다음 세대만큼 시력이 뛰어나고 재빠르고 아름답지는 못할 것이다. 유전자 검사는 이미 부모들에게 바람직하지 못한 결함이 나타날 수 있는 태아를 낙태시킬 기회를 제공하며, 우리가 특정 유전자를 조절하는 데 능숙해지면 부모들이 원하는 형질에 맞춰 조작된 이른바 맞춤아기는 선택사항이 될지도 모른다. 혹자는 묻는다. 만약 약간의 손보기로 원하는 아기를 얻을 수 있다면 왜 자연의 유

---

* 결국엔 10분의 7초 차이로 본선 통과에 실패했다.

전자 도박에 모험을 하는가?

이에 대해 우생학은—히틀러 같은 인종차별 미치광이에 의해 추진되든 아니면 소비자 선택에 의해 추진되든—비윤리적이기 때문이라는 대답이 있다. 게다가 위험할 수도 있다. 생물학자들은 "진화는 우리보다 똑똑하다"고 말하기를 좋아하는데, 어느 날 우리는 멍청함, 추함, 게으름, 비만 같은 형질들을 도태시킴으로써 자연을 능가하려고 한 것에 대가를 치르게 될지도 모른다. 비판가들은 생물학을 초월하는 이러한 온갖 이야기가 단지 신 흉내 놀음을 하고 있는 것뿐이라고 비난한다. 인간게놈지도를 해독한 최초의 과학자 가운데 한 명인 크레이그 벤터는 이렇게 응수했다고 한다. "우리는 놀고 있는 것이 아니다"[17]라고.

논쟁은 계속되지만 우리 시대 역시 이전의 그토록 많은 시대와 마찬가지로 결국에는 우리 시대가 필요로 하는 사상을 얻게 되지 않을까 싶다. 1만 년 전 어떤 사람들은 양을 길들이고 밀을 작물로 개량하는 일이 자연에 반한다고 걱정했을지도 모른다. 200년 전 어떤 이들은 증기기관을 두고 분명 그렇게 느꼈다. 그런 꺼림칙함을 떨쳐낸 사람들은 번영을 구가했지만 그렇지 못한 사람은 번영하지 못했다. 치료 목적의 생물 복제와 모두를 미인을 만들어주는 의술, 생명 연장 시도 등을 불법화하려는 시도는 성공할 것 같지 않으며, 자연을 조작해 군사적 용도로 이용하는 것을 금지하려는 시도는 더욱 가망이 없다.

미국 국방고등연구기획국DARPA, United States Defense Advanced Research Projects Agency[이하 '다르파']은 인간을 수정하는 연구에 가장 많은 자금을 제공하는 기관 가운데 하나다. 1970년대 우리에게 인터넷(그때는 아르파넷 Arpanet이라고 불렸다)을 가져다준 곳도 다르파이고, 다르파의 브레인 인터페이스[두뇌 접속] 프로젝트는 이제 실리콘 대신 효소와 DNA분자로 만들어 병사들의 머리에 이식될 수 있는 분자 크기 컴퓨터를 바라보고 있다.

최초의 분자 컴퓨터는 2002년에 공개되었고 2004년이 되자 더 향상된 버전들이 암과의 싸움을 도왔다. 그러나 다르파는 더 발전된 모델이 시냅스[신경세포, 즉 뉴런 간 접합 부위] 연결 속도를 증가시키고 기억 용량을 추가하고 심지어 무선 인터넷 접속 기능도 제공함으로써 병사들에게 기계의 이점을 어느 정도 제공할 것이라고 내다본다. 유사한 방식으로 다르파의 무성 대화 프로젝트는 신체에 이식되어 발화 이전에 뇌 속의 전기신호를 해독한 뒤 해독한 신호를 인터넷으로 보내 병사들이 라디오나 이메일 없이 의사소통을 할 수 있게 돕는 장치를 연구하고 있다. 미국 국가과학재단의 한 보고서는 그러한 "네트워크로 가능한 텔레파시"[18]가 2020년대에는 현실이 될 것이라고 주장한다.

커즈와일의 특이점 가운데 마지막 요소인 생물학적 두뇌의 활동을 재현할 수 있는 컴퓨터들은 더 빠르게 미래로 나아가고 있다. 2007년 4월 아이비엠의 연구자들은 블루 진/L 슈퍼컴퓨터를 생쥐의 두뇌 기능 모방 프로그램을 운영할 수 있는 육중한 피질 병행 시뮬레이터로 전환했다. 프로그램은 진짜 생쥐 두뇌의 복잡성에 절반밖에 미치지 못했고 생쥐의 두뇌 활동 속도의 10분의 1로만 작동되었지만, 그해 11월이 되자 같은 연구소는 더 복잡한 쥐의 두뇌를 흉내낼 수 있는 프로그램으로 벌써 업그레이드했다.

둔화된 쥐의 뇌 절반은 정상 속도로 작동하는 인간의 온전한 뇌와는 거리가 한참 멀다. 연구소팀은 사실 인간 시뮬레이션은 이것보다 400배 더 강력한 컴퓨터가 필요하며 그런 컴퓨터는 2007년의 기술로는 취급하기 힘든 에너지와 냉각기, 공간을 요구한다고 추정했다. 그러나 2008년에 이미 비용은 급격하게 감소했다. 아이비엠은 2011년에 선을 보여 가동될 블루 진/Q 슈퍼컴퓨터는 적어도 목표의 4분의 1 지점을 달성하리라 예측했다. 그보다 더 야심찬 프로젝트 키티호크는 수천 대의 블루 진을 연결해 2020년대에 목표에 더 근접할 것이다.

이것이 2045년까지 커즈와일의 특이점이 되리라 주장하는 것은 성급하리라. 그렇지만 우리가 거대한 단절로 접근하고 있다는 사실을 부정하는 것은 더욱 성급하리라. 어디를 둘러보든 과학자들은 생명 활동의 한계를 공격하고 있다. 생명을 합성하려는 야심찬 시도가 크게 선전되면서 크레이그 벤터는 '프랑켄슈타인 박사'라는 별명을 얻었지만 2010년 그의 연구팀은 단순한 박테리아의 게놈을 전적으로 인공화합물로 만들어낸 뒤 세포벽에 이식해 지구 역사상 최초의 인공 자기복제 생물인 JCVI-syn1.0을 창조하는 데 성공했다. 유전학은 유전학 버전 무어의 법칙인 칼슨 곡선조차 갖고 있다.* 1995년과 2009년 사이에 DNA 합성 비용은 기본 한 쌍당 1달러에서 0.1센트 이하로 떨어졌다. 일부 유전학자는 2020년이 되면 완전히 새로운 유기체를 만들어내는 일이 흔해지리라 생각한다. 이런 전망들에 정신을 차리기 힘들지만, 지난 2~3세기의 추세는 사회발전지수 5000점에 암시된 광대한 도시, 놀라운 에너지 수준, 파괴적인 무기, SF에서나 가능한 정보기술을 가능케 하면서 인간이라는 존재의 의미 변화로 나아가고 있다.

이 책은 사회발전이 치솟으며 이전 세대의 삶을 지배해온 많은 문제를 없던 것으로 만들어버린 변혁으로 가득 차 있다. 호모사피엔스의 진화는 이전의 모든 원인을 지구상에서 싹 지워버렸고 농경의 발명은 수렵채집인의 삶에 긴급한 쟁점들 다수를 무의미하게 만들어버렸으며 도시와 국가의 등장은 선사시대 마을 주민들의 걱정을 중요하지 않게 만들어버렸다. 초원길을 닫고 대양의 바닷길을 연 것은 2000년 동안 구세계 사회발전을 제한해온 현실을 종식시켰고 물론 산업혁명은 그 이전의 모든 역사를 한낱 조롱거리로 만들었다.

---

* 유전학자 로버트 칼슨의 이름을 딴 것이다.

이러한 혁명들은 켜켜이 쌓이면서 매번 사회발전을 더 멀리 더 빠르게 끌어올리며 가속화해왔다. 만약 사회발전이 도표 12.1이 예측한 대로 21세기에 4000점 뛰어오른다면 이 진행중인 혁명은 가장 거대하고 가장 빠른 혁명이 될 것이다. 많은 전문가는 혁명의 핵심은 유전학과 로봇공학, 나노테크놀로지, 컴퓨터공학이 서로 연결된 변혁에 존재하며 혁명의 결과는 우리가 여태 알아온 수많은 것을 전복시킬 것이라는 데 동의한다.

그런데 도표 12.1은 분명히 동양의 사회발전지수가 서양의 점수를 추격하고 있다는 것을 보여주지만, 내가 이 장에서 언급한 모든 사례는—다르파, 아이비엠, 「600만 불의 사나이」—미국의 사례라는 것을 알아차렸을지 모르겠다. 동양의 과학자들은 신기술에 많은 공헌을 해왔지만(예를 들면, 일본과 한국의 로봇공학은 어느 지역보다도 앞선다) 현재까지 기술 혁명은 압도적으로 서양 중심이다. 이것은 미국의 몰락과 중국 시대의 부상을 가리키는 전문가들이 결국엔 틀렸다는 것을 의미할 수도 있다. 만약 미국이 2세기 전 영국이 산업혁명의 기술들을 철저하게 지배했듯 신기술을 지배한다면 유전공학/나노테크놀로지/로봇공학 혁명은 산업혁명 때보다 부와 권력을 더 확연하게 서양 쪽으로 옮겨놓을 수도 있다.

다른 한편으로 서양에서 동양으로 부가 근본적으로 이동하는 현상은 현재 미국의 지배가 20세기로부터의 지연에 불과하며, 2020년이 되면 커다란 발전이 동양의 실험실에서 일어나리라는 것을 의미할 수도 있다. 중국은 이미 아낌없는 자금을 투입해 최고의 과학자들을 미국으로부터 다시 불러들이고 있다. 어쩌면 아이비엠이 아니라 레노보가 2040년대에 전지구적 의식을 호스트할 메인프레임을 제공할 것이며, 도표 12.1은 결국엔 그럭저럭 맞을지도 모른다.

그것이 아니면 어쩌면 특이점은 1만 년이 된 '동양'과 '서양' 같은 범주 구분을 완전히 무용지물로 만들어버릴 수도 있다. 지리 개념을 변형하는 대신 아예 폐기해버릴 수도 있다. 인간과 기계의 융합은 새로운 방식의 에너지 획득과 사용, 새로운 방식의 공존, 새로운 방식의 싸움, 새로운 방식의 의사소통을 의미하리라. 그것은 새로운 방식으로 일하고 생각하고 사랑하고 웃는 것을 의미하리라. 새로운 방식의 탄생과 노화, 죽음을 의미하리라. 심지어 이 모든 활동의 종식과 향상되지 않은 우리의 단순한 생물학적 두뇌가 상상하는 것을 넘어서는 세계의 탄생을 의미할 수도 있다.

그 가운데 어느 것 또는 그 모든 것이 일어날지도 모른다.

물론 뭔가가 방해만 하지만 않는다면 말이다.

최악의 시나리오

2006년 말에 아내와 나는 '위기에 처한 세계'라는 스탠퍼드대의 학회에 초대되었다. 세계 정상급 정책결정자들을 포함해 내로라하는 참석자들로 붐비는 이벤트는 화창한 어느 겨울날 열렸다. 우리가 회의장으로 가는 동안 따사로운 태양이 맑고 푸른 하늘에 빛났다. 주식시장, 주택 가격, 실업, 소비자신뢰지수는 사상 최고치거나 최고치에 가까웠다. 미국의 아침이었다.

아침 식탁에서 우리는 전직 국무장관과 국방장관들로부터 우리가 직면한 핵 위협과 생물학적 위협, 테러리스트의 위협에 관해 들었다. 점심 전에 우리는 충격적 규모의 환경오염과 국제 안보가 붕괴할 위험성이 크다는 사실을 알게 되었고, 점심을 들면서 지구적 유행병은 사실상 불가피하다는 말을 들었다. 그다음 사태는 내리막길이었다. 우리는 침울한 전망이 쌓여가는 가운데 아찔한 현기증을 느끼며 한 세션에서 다음 세션으로 넘어갔고 파국을 이야기하는 전문가들의 거세지는 잇단 전망에 정신을 차릴 수 없었다. 회의는 그야말로 최고였지만 만찬 직후 연설자가 우리가 테러와의 전쟁에서 지고 있다고 발표했을 무렵 청중은 거의 반응을 보일 수조차 없었다.

이 절망의 날은 내게 (완곡하게 말하자면) '생각해볼' 계기가 되었다. 서기 1세기와 다시금 그후 1000년이 지나 사회발전은 단단한 천장에 부닥쳤고, 사회발전 자체가 만들어낸 혼란을 초래하는 힘들은 구세계 전체를 아우르는 붕괴를 촉발했다. 우리는 지금 사회발전지수 1000점 근처 어딘가에서 새로운 단단한 천장을 발견하고 있는 것일까? 심지어 독자들이 이 글을 읽고 있는 순간에도 묵시록의 기수들의 말발굽 소리가 특이점을 향하는 우리의 걸음마를 따라잡고 있는 것은 아닐까?

친숙한 다섯 멤버—기후변화, 기아, 국가실패, 이주, 질병—가 모두 돌아온 것 같다. 이 가운데 첫째인 지구온난화는 아마도 사회발전의 역설의 궁극적 실례일 텐데, 1800년 이래로 사회발전의 도약을 추진한 그 화석연료가 또한 대기를 탄소로 채워 열을 가두고 있기 때문이다. 우리의 플라스틱 장난감과 냉장고는 세계를 온실로 바꾸었다. 기온은 1850년 이후 섭씨 0.56도 상승했는데 대부분의 온도 상승은 지난 30년 사이에 일어났고 지금도 온도계의 수은주는 올라가는 중이다.

과거에 더 높은 기온은 흔히 더 많은 수확량과 사회발전의 증가를 의미했지만(로마 온난기와 중세 온난기처럼) 이번에는 다를지도 모른다. 유엔 기후변화에 관한 정부간 협의체IPCC은 2007년에 "극단적 이상기후 현상의 빈도와 강도가 변하면서 해수면 상승과 더불어 자연계와 인간계에 대체로 불리한 효과를 가져올 것으로 예상된다. (…) 온난화는 급작스럽거나 회복 불가능한 충격으로 이어질 수 있다"[19]고 밝혔다. 그리고 그것은 조심스러운 표현일지도 모른다. IPCC 보고서의 작은 글자 부분은 그보다 더 충격적이다.

만년설 안의 공기 방울은 이산화탄소 농도가 지난 65만 년에 걸쳐 빙하기 대기의 분자 100만 개당 이산화탄소 분자 180개부터 따뜻한 간빙기에 290개(ppm)에 이르기까지 지속적으로 변동했다는 것을 보여준다. 이산화탄소 농도는 300ppm에 도달한 적이 없었다. 1958년까지는. 2010년 5월이 되자 이산화탄소 농도는 393ppm을 기록했고 IPCC는 현재 추세가 저지되지 않고 계속되면 2050년에 이르러 550ppm에 달할 것으로 추정하며 —지구 역사 2400만 년 내 최고 수준이다— 평균기온은 섭씨 2.78도 상승할 것으로 내다본다. 그리고 에너지 획득이 도표 12.1이 함축한 대로 지속적으로 증가하면 세계는 훨씬 빠른 속도로, 훨씬 더 뜨거워질 것이다.

비록 우리가 오늘 당장 온실가스 배출을 중단하더라도 이미 대기에는 탄소가 많아서 온난화는 계속될 것이다. 우리는 대기의 화학성분을 바꿔놓았다. 지금 우리가 무엇을 하든 북극은 녹아내릴 것이다. IPCC 보고서 같은 보수적인 추정치는 빙하가 2100년이면 다 사라진다고 전망한다. 가장 극단적인 전망은 2013년이 되면 북극의 여름에 빙하가 사라질 것이라고 주장한다. 대부분의 과학자는 2040년 무렵으로 추정한다.

극지방의 빙하가 녹으면서 해수면이 상승할 것이다. 해수면은 이미 1900년보다 13센티미터 높아졌고 IPCC는 2100년까지 60센티미터 더 상승하리라고 예측한다. 극지방 빙하 용해에 대한 가장 비관적 예측은 IPCC 추정치에 450센티미터를 추가하여 수백만 제곱킬로미터에 달하는 지구상의 가장 비옥한 농경지와 가장 부유한 도시들이 물에 잠길 것으로 내다본다. 세계는 우리가 생각하는 것보다 더 다양한 방식으로 줄어들고 있다.

그러나 이 차가운 빙하가 녹은 물에도 불구하고 바다는 대기에서 열을 흡수하면서 계속 따뜻해질 것이고 대양은 겨울에 이전보다 덜 냉각되기 때문에 허리케인과 사이클론 기간이 더 길어지고 극심해질 것이다. 습한 지역은 한층 격렬한 폭우와 홍수가 자주 발생하면서 더욱 습해지고, 건조한 지역은 들불과 황사가 자주 발생하면서 더 건조해질 것이다.

　우리들 가운데 대부분은 이미 지구온난화가 남의 일이 아님을 느끼는 정신이 바짝 드는 순간을 경험했다. 나는 2008년에 경험했다. 캘리포니아 산불 기간이 정상적으로 시작되기 한참 전에 집 근처 숲이 타면서 공기가 재로 탁해졌다. 하늘은 섬뜩한 오렌지색으로 물들었고 우리의 목소리는 소방 헬리콥터 날개가 돌아가는 소리에 파묻혔다. 더 이상 불길이 번지지 않게 집 주변으로 넓은 방화선이 둘러쳐졌고 결국에는 비가 내리기 전까지 딱 한 번 진짜 아슬아슬한 순간을 맞았다. 아니 비가 '마침내' 내리기 전까지라고 말해야 할지도 모르겠다. 미국 서부에서 산불 활동 기간은 이제 1970년대보다 78일 더 길다. 전형적인 산불은 30년 전보다 다섯 배 더 오래 지속된다. 게다가 소방관들은 상황이 악화되리라 전망한다.

　이 모든 일은 언론인 토머스 L. 프리드먼이 "우리가 이미 아는 정말 겁나는 일들"에 들어간다. 훨씬 나쁜 상황을 그는 "우리가 아직 모르는 더 겁나는 일들"이라고 부른다. 프리드먼은 우리가 직면한 진짜 문제는 지구온난화가 아니라 "지구 이상화global weirding"라고 설명한다.[20] 기후변화는 비선형적이다. 모든 것은 다른 모든 것과 연결되어 있고 극히 정신없을 정도로 복잡하게 길항작용을 하기 때문에 모델로 정립할 수 없다. 환경이 갑작스레 되돌릴 수 없게 변화하는 임계점이 존재할 테지만 우리는 그 임계점이 어디인지, 임계점에 도달했을 때 무슨 일이 일어날지 알 수 없다.

　우리가 아직 모르는 가장 겁나는 일은 인간이 어떻게 반응할지다. 과거 기후변화의 모든 에피소드와 마찬가지로 이번에도 기후변화 자체가 직접적으로 붕괴를 초래하지는 않을 것이다. 2006년에 영국의 연구서 『스턴 리뷰』는 우리가 2100년까지 종전과 같이 경제 활동을 지속한다면 기후변화는 경제 생산량을 현 수준에서 20퍼센트 감소시킬 것이라고 추정했다. 암울한 전망이지만 우리가 아는 세상의 종말은 아니다. 그리고 기온이 섭씨

5.56도 상승해 가장 비관적인 전망이 현실이 된다 해도 인류는 그럭저럭 생존해나갈 것이다. 진짜 우려스러운 사안은 기후 자체가 아니라 2100년이 되기 훨씬 전 기후변화에 대한 사람들의 대응이 묵시록의 다른 기수들을 풀어놓으리라는 것이다.

가장 분명한 것은 기근이다. 인구 성장 속도보다 더 빠르게 식량 생산을 증가시킨 녹색혁명은 아마도 20세기 최대 위업일 것이다. 2000년이 되자 독재자와 군벌의 사악함과 어리석음을 억제할 수만 있다면 기아가 사라질 수 있을 것처럼 보였다. 그러나 10년이 흐른 지금 그런 일은 요원한 것 같다. 다시금 발전의 역설이 작동하고 있는 것이다. 부가 증대하면서 농부들은 우리가 비싼 고기를 사먹도록 가축에 갈수록 다량의 저렴한 곡물을 먹이거나, 우리가 기름을 태우지 않고 차를 운전할 수 있도록 더 많은 땅을 바이오연료 재배로 전환한다. 그 결과 기초 식량 가격이 2006년과 2008년 사이 2~3배 뛰었고, 배고픈 군중은 아프리카와 아시아 곳곳에서 폭동을 일으켰다. 역사상 최대 곡물 수확량(23억 톤)과 금융 위기가 겹쳐 2009년에는 다시 가격이 하락했지만 유엔식량농업기구는 세계 인구가 90억 명에 달하는 2050년에 이르면 식량 가격 변동과 식량 부족 현상은 심화될 것이라 전망했다.

지리는 21세기에도 여전히 불공평할 것이다. 지구온난화는 러시아와 캐나다처럼 춥고 부유한 나라의 작물 수확량을 증가시키겠지만 미국 국가정보위원회가 "불안정 원호 지대arc of instability"[21]라고 부른 아프리카부터 아시아에 이르는 지역에서는 반대 결과를 초래할 것이다(지도 12.2). 세계에서 가장 가난한 인구 대다수가 이 지역에 거주한다. 수확량 감소는 잠재적으로 묵시록의 나머지 세 기수를 풀어놓을 수 있다.

국가정보위원회는 2008년과 2025년 사이에 식량이나 물 부족을 직면할 인구수가 6억 명에서 14억 명으로 뛸 것이라고 추정하는데, 대부분 이 원호 지대에 산다. 이 종말론적인 예측에 뒤질세라 『스턴 리뷰』는 2050년이 되면 기근과 가뭄이 2억 명의 "기후 이민"[22]을 촉발할 것이라고 결론 내렸다. 2008년 전 세계 난민 숫자의 다섯 배에 달하는 수치다.

비록 3세기 전 스텝 지대 초원길을 닫은 이후로 이민은 사회발전에 위험이라기보다는 흔히 원동력이었음에도 불구하고 이미 서양 핵심부의 많은 사람들은 이민을 위협으로 간주한다.* 2006년 갤럽 여론조사는 미국인이 (이라크 전쟁 다음으로) 이민을 미국에서 두 번째로 심각한 문제로 생각한다고 보고했다. 많은 미국인에게 마약을 밀수하고 일자리를 꿰차는 멕시코인이 제기하는 위험은 모든 혜택을 능가하는 것 같다. 많은 유럽인에게 이슬람 테러리스트에 대한 두려움은 그만큼 크게 다가온다. 두 지역에서 이민 배척주의자들은 새로운 정착민들이 동화하는 것은 특히 어렵다고 주장한다.[23]

지구온난화는 반이민활동가들의 가장 야단스러운 전망까지도 2020년대가 되면 현실이 될 것처럼 위협하고 있다. 세계에서 가장 굶주리고 절박하고 성난 수천만 명의 사람들이 무슬림 세계를 떠나 유럽으로, 라틴아메리카를 떠나 미국으로 올 수도 있다. 그러한 인구 이동은 역사상 어느 이주도 압도하면서 초원길이 제기한 종류의 문제를 부활시킬 것이다.

묵시록의 네 번째 기수인 질병은 그러한 문제 가운데 하나일 것이다. 스텝 지대를 가로지르는 이민은 2세기와 14세기에 역병을 퍼트렸고 20세기 최대의 세계적 유행병 '1918년 H1N1 인플루엔자(일명 스페인 독감)'는 미국과 유럽 사이에서 젊은 군인들의 이동 물결로 전파되었다. H1N1은 1년 사이에 한 세기 동안 흑사병에 의한 사망자보다 더 많은 수의 사람—

---

* 가장 분명한 실례는 미국이다. 미국은 대서양을 건너온 수백만 명의 유럽인과 아프리카 노예, 그리고 태평양을 건너온, 적지만 무시할 수 없는 중국인과 일본인의 이민 덕분에 강대국으로 부상할 수 있었다.

[**지도 12.2**] 커다란 갈증: 미국 국가정보위원회가 지정한 "불안정 원호 지대"(아프리카부터 아시아까지 뻗어 있는)가 2025년에 이르면 물 부족을 겪을지 모르는 지역들과 함께 표시되어 있다. 가장 어두운 부분은 수자원의 75퍼센트 이상이 농업과 산업, 가정 용수로 쓰이면서 '물리적 부족'을 겪을 것이다. 다음으로 어두운 부분은 수자원의 60퍼센트가 위에서 말한 용도로 쓰이면서 '물리적 부족에 근접'할 것이고, 가장 밝은 부분은 수자원의 25퍼센트 이상이 위의 용도로 쓰이면서 '경제적 부족'을 겪을 것이다. 미국과 캐나다처럼 부유한 나라들은 송수관을 설치해 풍부한 지역의 물을 건조한 지역으로 보낼 수 있지만 가난한 나라들은 그런 일이 불가능하다.

5000만 명으로 추정—의 목숨을 앗아갔다. 지난 30년간 에이즈에 의한 사망자 수보다 2~3배 더 큰 규모다.

비행기 여행은 질병 전파를 억제하는 것을 더 어렵게 만들었다. 적어도 1959년 이래로 아프리카에 잠복해 있던 에이즈는 1980년대 다른 네 대륙에서 폭발적으로 증가했고 중증 급성 호흡기 증후군 사스SARS는 2003년 중국 남부에서 진화한 지 몇 주 만에 37개국으로 퍼져나갔다. 유전학자들은 사스 발생 31일 만에 바이러스의 DNA 배열을 해독했고(에이즈를 일으키는 HIV의 DNA 배열을 해독하는 데는 15년이 걸렸다) 공격적인 국제적 조치는 전염병 발생 초기에 사스가 더 이상 전파되는 것을 막았다. 그러나 전염병학자들이 2009년에 이른바 돼지 독감(1918년 인플루엔자와 구별하기 위해 '신종 H1N1'으로 알려진)을 확인했을 때는 이미 너무 널리 퍼져 억제할 수가 없었다.

돼지 독감[신종 플루]이나 그와 유사하게 우려스러운 조류 독감이 1957년 100만~200만 명을 죽인 H2N2 바이러스처럼 활동한다면 세계보건기구는 200만~740만 명의 사망자를 낳을 것으로 내다본다. 만약 1918년 인플루엔자처럼 활동한다면 2억 명의 사망자가 발생할 수도 있다. 세계는 1918년보다 유행병에 맞설 준비가 더 잘 되어 있지만, 그러한 규모의 10분의 1 수준의 사망자조차도 2007~2009년 금융 위기는 시시해 보일 정도의 단기적 경제 붕괴를 야기할 수 있다. 세계은행은 전염병의 범유행pandemic•은 세계경제 규모를 5퍼센트 축소시킬 것이라는 추측을 내놓았다. 세계보건기구 웹사이트에 올라온 "범유행 인플루엔자에 대해 알아야 할 열 가지"는 더 충격적이다.

■ 세계는 또 다른 전 세계적인 유행병이 창궐할 위기에 처해 있을 수도 있다.
■ 모든 국가가 영향을 받을 것이다.

■ 의료 지원이 부족할 것이다.

■ 사망자가 대량 발생할 것이다.

■ 사회적, 경제적 혼란이 클 것이다.[24]

과거에 묵시록의 기수들이 말을 달렸을 때처럼 기후변화와 기근, 이주, 질병은 서로에게 피드백 작용을 하면서 다섯 번째 기수인 국가실패를 초래할 것이다. 불안정 원호 지대는 세계에서 가장 위태로운 정권들의 근거지이며 압력이 쌓이면 여러 정권이 아프가니스탄이나 소말리아처럼 완전히 붕괴하여 주민들의 고통을 증가시키고 테러리스트들에게 더 많은 근거지를 제공할 것이다. 이 지역의 자원에 경제가 철저하게 얽혀 있는 핵심부도 그러한 불안정성에 휘말리게 된다면 우리는 최악 중의 최악의 시나리오로 미끄러져갈지도 모른다.

일찍이 1943년에 페르시아 만에 파견된 미국 사절단은 주요한 문제를 확인하며 "이 지역의 석유는 역사상 가장 큰 전리품이다"[25]라고 보고했다. 서양 핵심부의 부유한 나라들은 곧 자신들의 거대 전략을 페르시아 만의 석유를 중심으로 재조정했다. 1950년대에 서유럽의 강대국들이 쇠퇴하자 미국이 대놓고 또는 은밀하게 우방국을 돕는 한편 적국에는 해를 입히는 식으로 개입하면서 원호 지대에 대한 접근을 유지했다. 비록 페르시아 만의 석유에 대한 의존이 덜하지만 소련 역시 미국의 이해관계를 저지하기 위해 열성적으로 개입했고 1990년대 러시아의 영향력이 후퇴했을 때 중국 역시 석유에 대한 의존 때문에(2000년 이래 전 세계 석유 수요 증가의 40퍼

● 세계보건기구가 지정한 전염병 유행 정도 1~6단계 가운데 최고 단계인 6단계를 가리킨다. 전염병이 특정 지역을 넘어 세계적으로 확산된 상태다.

센트를 차지한다) 그레이트 게임●에 가담할 수밖에 없었다.

자원에 대한 중국의 갈망(콩, 철, 구리, 코발트, 목재, 천연가스와 석유)은 2010년대에 불안정 원호 지대에서 서양의 이해관계와 지속적인 충돌을 예정한다. 중국 외교관들은 중국의 "평화로운 부상"(일부는 그보다 어조를 완화해 "평화로운 발전"이라고 한다)[26]을 강조하지만 서양의 불안감은 1990년대 이래로 꾸준히 커졌다. 한 예로 2004년에 중국이 필사적으로 철을 구하면서 언론들이 재빨리 "대大하수구 강도great drain robbery[영화 「대열차 강도Great Train Robbery」의 제목을 패러디한 것]"[27]라고 이름 붙인 현상이 나타났는데, 녹여서 쓸 수 있게 세계 전역에서 도둑들이 맨홀 뚜껑을 훔쳐 중국에 보낸 것이다. 시카고 한 군데에서만 한 달 새 150개의 맨홀 뚜껑이 사라졌다. 서양인은 물었다. 이 도둑질이 어디서 끝날 것인가? 오늘은 맨홀 뚜껑이지만 내일은 세계가 될 수도 있다. 2005년 한 여론조사에 따르면 미국인의 54퍼센트가 중국의 부상이 "세계 평화에 위협"[28]이라는 데 동의했다. 2007년 여론조사에서 미국인은 중국이 이라크 다음으로 세계 안정에 큰 위협이라고 답변했다.[29]

중국도 화답했다. 나토 비행기들이 1999년 베오그라드의 중국 대사관을 폭격해 기자 세 명이 죽었을 때 성난 군중은 베이징의 서양 대사관에 돌을 던졌고 청두의 영사관에는 화염병이 날아들었다. 『차이나 데일리』는 "범죄적 행위에 인민들 분노하다"[30]라는 헤드라인을 실으며 펄펄 뛰었다. 2004년에 공산당은 여전히 "중국을 서양화하고 분열시키려는 적대 세력의 전략적 음모"[31]의 현실이 존재한다고 주장했다.

1914년 유럽 강대국들이 몰락한 오스만 제국의 잔해를 놓고 발칸 반도

● 중앙아시아에서 벌어지는 전략적 이해와 주도권을 둘러싼 강대국 및 지역 세력 간의 각축전을 가리킨다. 본래 19세기에 중앙아시아를 둘러싼 영국과 러시아 제국 간의 경쟁관계를 지칭하는 표현이었다.

에서 대립했을 때 세르비아의 테러 집단 흑수단이 제1차 세계대전을 촉발하는 데는 피스톨 한 자루로 충분했다. 2008년 미국의 한 위원회는 "대량살상무기가 2013년 말까지 세계 어딘가에서 테러리스트의 공격에 사용될 공산이 크다"[32]라고 평가했다. 강대국들이 불안정 원호 지대에서 유럽 제국들의 잔재를 놓고 정면 대결하는 지금 알카에다나 헤즈볼라가 그러한 무기로 야기할 대혼란은 상상하기조차 힘들다.

원호 지대의 얽히고설킨 이해관계는 한 세기 전 발칸의 복잡한 이해관계보다 훨씬 더 무서운데, 이곳의 갈등은 쉽사리 핵전쟁으로 치달을 수 있기 때문이다. 이스라엘은 1970년대 이후로 거대한 무기고를 구축해왔다. 1998년 인도와 파키스탄은 원자폭탄 실험을 강행했다. 2005년 이래로 유럽연합과 미국은 이란이 동일한 목표를 추구하고 있다고 비난해왔다. 대부분의 관측통은 이란이 2010년대 언제쯤이면 핵 능력을 보유할 것이라고 내다본다. 이란의 움직임은 대여섯 개의 다른 무슬림 국가들*도 핵 억지력을 추구하는 방향으로 몰아갈 수 있다. 이스라엘은 이란이 2011년까지 핵무기로 무장하리라 예측하지만 그때까지 기다리지 않을 수도 있다•. 이스라엘 전투기들은 이미 이라크와 시리아의 핵 반응기를 파괴한 전력이 있으니 만약 이란의 핵 프로그램이 계속 진행되면 새로운 공격이 뒤따를 수도 있다.

미국의 어느 행정부도 불안정 원호 지대에서 가장 가까운 우방국과 최대 적국 사이의 핵 대결에서 중립을 유지할 수 없다. 러시아와 중국도 가만있을 수 없으리라. 이란의 핵 야심에 반대해온 그들도 중앙아시아에서 미국의 이해관계에 대체로 반대하는 활동을 하는 느슨한 조직인 상하이

---

* 이집트, 리비아, 사우디아라비아, 시리아, 터키, 아랍에미리트가 가능성이 크다.
• 이 책의 원서는 2010년에 출간되어 그후의 사정은 담지 못했다. 이스라엘의 예측은 빗나갔다.

협력기구*에 가입 신청한 이란을 받아들였다.

전면적 동양–서양 전쟁은 물론 파국을 몰고올 것이다. 중국에게는 자살이나 다름없으리라. 미국은 핵탄두에서 중국을 20대 1로 앞서며, 적의 영토에 도달이 가능한 장거리 미사일에서는 100대 1로 앞서는 것으로 추정된다. 중국은 2010년 1월 미사일 요격 미사일을 시험했지만 미국의 능력에는 한참 뒤떨어진다. 미국은 항공모함 전대가 전혀 없는 중국에 비하여(물론 중국도 2009년에 첫 항공모함을 건조하기 시작했다)● 열한 대를 보유하고 있으며 군사기술 분야에서 압도적인 우위를 누린다. 미국은 중국을 정복해 점령할 수 없고, 또 그런 일을 원할 리도 없지만 우리가 상상할 수 있는 사실상 어떤 형태의 전쟁이든 간에 미중 전쟁은 중국의 굴욕적 패배와 공산당의 몰락, 어쩌면 중국의 해체로 끝날 것이다.

그렇다 하더라도 전쟁에서 승리하는 것은 패전이 중국에게 끔찍한 만큼 미국에게도 끔찍할 것이다. 저강도 갈등도 무지막지한 비용을 초래할 것이다. 차이메리카가 급작스레 앙심을 품고 갈라선다면 두 동반자 모두에게 재정적 재앙을 의미하리라. 핵무기를 주고받게 되면 북미 서해안과 중국 대부분을 방사능 오염 지대로 바꾸고 수억 명의 사망자를 낳은 뒤 세계 경제를 추락시키면서 더 끔찍한 결과를 낳을 것이다. 최악의 경우는 미중 전쟁이 쉽사리 러시아를 끌어들일 수 있다는 사실인데, 러시아는 여전히 세계 최대 핵무기 보유국이다.**

---

* 1996년 중국, 카자흐스탄, 키르기스스탄, 러시아, 타지키스탄으로 구성된 '상하이 5개국'에 우즈베키스탄이 추가되어 2001년 설립되었다. 파키스탄도 가입에 관심을 표명했다.

● 우크라이나의 미완성 항공모함을 도입해 개조한 랴오닝호가 2012년 9월에 취역해 중국의 첫 항공모함이 되었다.

** 러시아의 핵미사일들이 여전히 작동한다면 말이다. 미사일이 여러 차례 발사에 실패하자 2009년 러시아의 전략 핵미사일 사령관은 전격 해임되었다.

어떻게 봐도 전면전은 미친 짓이다. 다행스럽게도 전문가 집단의 다수 저술은 세계화된 세상에서 그러한 미친 짓은 불가능하다고 우리를 안심시킨다. "어떠한 물리력도 신용의 힘을 무시할 수 없다"[33]고 한 권위자는 말한다. 다른 권위자의 말에 따르면 "자본의 국제적 이동은 세계 평화의 가장 커다란 보증인이다".[34] 또 다른 권위자 역시 전쟁은 "틀림없이 막대한 자금 소모와 크나큰 무역 혼선을 빚을 것이므로 전쟁이 일어나면 신용과 산업의 (…) 완전한 붕괴를 동반하거나 초래할 것이다"[35]라고 덧붙인다. 전쟁은 "완전한 고갈과 빈궁을 의미하고 산업과 무역이 망가지고 자본의 힘이 파괴될 것이다".[36]

이런 말들은 위안이 된다. 이 전문가들이 2010년대 미중 갈등의 위험에 대해 이야기하고 있는 것이 아니라는 점만 제외하면 말이다. 사실 위 전문가들의 의견은 모두 현대 세계의 복잡한 무역망과 금융망은 유럽에서 강대국 간의 전쟁 가능성을 배제한다고 주장하며 1910년과 1914년 사이에 피력된 것들이다. 우리 모두 그러한 전망이 결국 어떤 결과로 드러났는지 알고 있다.

어쩌면 세계의 정치가들은 계속되는 위기 상황의 낭떠러지에서 우리를 확 잡아당길지도 모른다. 우리는 또 다시 한 세대 동안, 어쩌면 50년 동안 핵무기 버전의 1914년을 피할 수 있을지도 모른다. 그러나 우리가 원자폭탄을 테러리스트와 불량 국가의 손아귀에 들어가지 않게 영원히 지킬 수 있다고 생각하는 것이 현실적일까? 국가 이해에 상관없이, 모든 지도자들이 핵전쟁이 최상의 선택지라고 결단하지 않게 막을 수 있다고 생각하는 것이 현실적일까? 우리가 핵 확산을 현재 속도에 제한한다 하더라도 2060년이 되면 20개국 가까운 핵보유국이 생길 것이고 그 가운데 여러 나라는 불안정 원호 지대에 있을 것이다.

우리가 해마다 아마겟돈을 피해갈수록 묵시록의 기수들의 위협은 쌓여간다. 자원에 대한 압력이 증대되고 새로운 질병이 진화하고 핵무기가 확산되고— 무엇보다, 눈에 띄지 않게 서서히 일어나지만 가장 위협적인 —지구 이상화는 예측할 수 없는 방식으로 우리의 계산을 수정할 것이다. 우리가 이 모든 위험을 가지고 한없이 곡예를 펼칠 수 있다고 생각하는 것은 너무 낙관적인 것 같다.

우리는 새로운 단단한 천장에 다가가고 있는 듯 보인다. 로마인이 서기 1세기에 최초의 단단한 천장에 부닥쳤을 때 그들은 두 가지 가능한 결과에 직면했다. 돌파구를 찾는다면 사회발전은 치솟을 것이고 찾지 못한다면 묵시록의 기수들이 사회발전을 끌어내릴 것이었다. 그들의 실패는 6세기 동안의 쇠퇴의 문을 열며 서양의 사회발전을 3분의 1 이상 감소시켰다. 11세기에 똑같은 천장에 도달했을 때 송나라 역시 돌파에 실패했고 동양의 사회발전지수는 1200년과 1400년 사이에 6분의 1 가까이 떨어졌다.

21세기에 새로운 단단한 천장을 압박하면서 우리는 똑같지만 더 극명한 형태의 선택에 직면해 있다. 로마와 송나라가 해법을 찾는 데 실패했을 때 그들은 여러 세기에 걸쳐 서서히 쇠퇴하는 상대적 사치를 누렸지만 우리는 그렇게 운이 좋지 않으리라. 우리의 미래가 따라갈 여러 가능한 경로가 존재하지만 그 길들이 얼마나 굽이굽이 휘어지든 간에 대부분은 궁극적으로 동일한 지점으로 이어지는 것 같다. 해질녘의 순간 말이다.

특이점이 서양의 지배에 무엇을 의미할지는 논란의 여지가 있지만 해질녘이 무엇을 의미할지는 분명한 듯하다. 과거 1949년에 아인슈타인은 한 언론인에게 이렇게 말했다. "제3차 세계대전이 어떻게 진행될지는 모르지만 사람들이 제4차 세계대전에서 어떻게 싸울지는 말해줄 수 있습니다. 우리는 돌멩이로 싸우게 될 겁니다."[37] 해가 진 뒤에는 아무도 지배하지 않을 것이다.

대경주

과거의 크리스마스 유령과 이야기하는 것은 충격적인 결론으로 이어진다. 21세기는 경주의 시대가 될 것이다. 한쪽 레인에는 일종의 특이점이 있다. 다른 쪽 레인에는 해질녘의 순간이 있다. 한쪽이 이기고 한쪽은 질 것이다. 은메달은 없다. 우리는 곧(어쩌면 2050년 이전에) 산업혁명보다 더 심대한, 현재 우리의 문제들 대부분은 무의미하게 만들 변혁을 시작하든지 아니면 둘도 없는 붕괴로 휘청거리며 나아갈 것이다. 어떠한 중간 결과— 이를테면 모두가 조금 더 부유해지고 중국이 점진적으로 서양을 추월하고 그 밖에 다른 상황들은 대체로 이전처럼 진행되는 타협적 결과—가 가능할지 생각하기 힘들다.

이것은 다음 40년이 역사상 가장 중요하리라는 것을 의미한다.

세계가 해질녘을 방지하기 위해 필요한 것은 딱히 수수께끼가 아니다. 최우선 과제는 전면적 핵전쟁을 피하는 것이며, 그러기 위해서는 강대국들이 핵무기를 감축해야 한다. 역설적이게도 완전한 비핵화를 추구하는 것은 더 위험스러운 경로가 될 수도 있는데, 이미 핵무기가 발명된 이상 이전 상태로 되돌릴 수는 없기 때문이다. 강대국들은 언제든지 서둘러 새로운 원자폭탄을 제조할 수 있고 진짜 나쁜 녀석들은—테러리스트와 불량국가의 통치자들—어쨌거나 모든 협정을 무시할 것이다. 핵 확산은 다음 30년에서 40년 사이에 전쟁이 핵전쟁으로 치달을 위험성을 증가시킬 것이지만, 가장 안정적인 상황은 강대국들이 공격을 억지하기에는 충분하나 인류를 전멸시키기에는 충분하지 않은 무기를 보유하는 것이다.

핵 보유국들—미국, 러시아, 영국, 프랑스, 중국—은 1980년대 이래로 이러한 방향으로 줄곧 이동해왔다. 냉전 동안 수학자이자 평화주의자, 그리고 (자신의 기상 연구가 공군에 얼마나 큰 도움을 주는지를 깨닫고 연구를 그만두기 전까지) 기상학자였던 루이스 프라이 리처드슨은 널리 인용된 계산을 한 바 있다. 리처드슨의 계산에서 2008년 이전에 핵전쟁이 발발할 가능성은 15~20퍼센트였다. 그러나 2008년이 되자 에너지 과학자인 바슬라프 스밀은 제2차 세계대전 규모의 충돌(사망자 5000만 명)이 2050년 이전에 일어날 가능성은 1퍼센트 이하라는 대단히 장밋빛 전망을 내놓았고, 2010년 1월 『원자력 과학자 회보』는 유명한 "지구 종말 시계"—우리가 해질녘에 얼마나 가까이 다가와 있는지를 가리키는—의 분침을 자정 5분 전에서 6분 전으로 이동시켰다고 발표했다.[38]

두 번째 급선무는 지구 이상화를 늦추는 것이다. 이 부분은 일이 잘 돌아가고 있지 않다. 1997년 세계의 정상과 유력 인사들이 교토에 모여 해법을 모색했고 2012년까지 온실가스 배출량을 1990년 수준보다 5.2퍼센트 이하로 감축하는 데 합의했다. 그러나 제안된 감축량은 대체로 서양 선진국들에게 할당되었고 미국—1990년대 세계 최대의 이산화탄소 배출국—은 의정서 비준을 거부했다. 많은 비판가에게 (한 인도 관리가 표현한 대로) 미국의 행동은 "지독한 비만인 사람이 수척한 티를 이제 막 벗은 사람들에게 다이어트에 돌입하라고 말하는"[39] 격이었지만 미국의 정책결정자들은 인도와 중국(2006년 미국을 제치고 세계 최대 배출국이 되었다)도 감축하지 않는 한 이산화탄소 배출량을 제한할 수 없다고 맞받아쳤다.

2008년이 되자 미국과 중국은 감축에 관심을 더 보였지만 포괄적 합의에 필요한 정치적 의지는 여전히 부족한 것 같았다. 『스턴 리뷰』의 저자는 탄소 농도를 450ppm으로 유지함으로써 재앙을 방지할 수 있는 저탄소 기술 개발과 삼림 보존, 에너지 효율 추구에 약 1조 달러가 소모될 것이라고 내다봤다. 수수방관의 대가에 비하면 미미한 비용이지만 2007~2009년 경제 위기로 재정이 거덜이 난 정부들은 이산화탄소 배출량 감축을 위한 고비용의 계획에서 뒷걸음질 쳤고 2009년 코펜하겐 정상회담은 아무런 구속적 합의도 도출하지 못했다.

명백한 차이에도 불구하고 핵전쟁과 지구 이상화는 사실 대체로 비슷한 문제를 제기한다. 5000년 동안 국가와 제국들은 지구상에서 가장 효과적인 기구였지만 사회발전이 지리의 의미를 바꾸면서 이러한 조직은 효력이 떨어지게 되었다. 토머스 프리드먼은 그러한 현상을 깔끔하게 요약한다. 그는 1999년 "지구화의 첫 시대(대략 1870~1914)는 세계를 '라지'에서 '미디엄' 사이즈로 줄였지만 현재의 세계화 시대(1989년 이래로)는 세계를 '미디엄'에서 '스몰' 사이즈로 줄였다"[40]고 지적했다. 지구의 축소 과정은 계속 진행되어 프리드먼은 6년 뒤에 완전히 새로운 국면인 "세계화 3.0"을 확인했다. 그는 이 국면이 "세계를 '스몰' 사이즈에서 '엑스스몰' 사이즈로 줄이고 있으며 동시에 활동 무대를 평평하게 만들고 있다"[41]고 주장했다. 이 작고 평평한 세계에 숨을 곳은 없다. (테러리즘과 질병, 이민, 재정, 식량과 물 공급은 말할 것도 없고) 핵무기와 기후변화는 지구적 해법을 요구하는 지구적 문제다. 주권이 자국 영토 안에 제한되는 국가와 제국은 이 문제들을 효과적으로 다룰 수 없다.

아인슈타인은 원자폭탄이 1945년 히로시마와 나가사키를 파괴한 지 한 달도 지나지 않았을 때 이미 분명한 해법을 지적했다. 그는 『뉴욕타임스』와의 인터뷰에서 "인류와 문명을 구할 유일한 길은 세계정부의 창설에 달려 있다"[42]고 말했다. 아인슈타인은 자신이 잘 모르는 문제에 개입하는 순진한 과학자로 공개적으로 조롱받자 자신의 주장을 더 직설적으로 개진했다. "세계정부라는 생각이 그다지 현실적이지 않다면 우리 미래에는 단 하나의 현실적 전망만 있을 뿐이다. 바로 인간에 의한 인간의 전면적 파괴."[43]

지난 1만5000년 역사를 되돌아보면 아인슈타인이 인류 역사의 방향을 제대로 판단했던 것 같다. 신석기시대 마을로부터 우루크와 상나라 같은 초기 국가를 거쳐 아시리아와 진나라 같은 제국, 그리고 영국 같은 해양 제국에 이르기까지 점점 더 큰 정치 단위로 나아가는 뚜렷한 추세가 존재해왔다. 논리적 귀결은 21세기 초반 미국이 세계 제국으로 부상하는 것인 듯하다. 아니면 경제적 균형점이 동양으로 기우는 상황에서 21세기 중반이나 후반에 중국이 세계 제국으로 부상하는 것이거나.

그러나 이 역사적 논리에서 문제는 이러한 더 큰 정치 단위들이 거의 언제나, 아인슈타인의 세계정부가 미연에 방지해야만 하는 바로 그 전쟁의 결과로 수립되었다는 것이다. 핵전쟁을 피할 유일한 길이 세계정부라면, 그리고 세계정부를 수립하는 유일한 길이 미중 핵전쟁이라면 전망은 암울하다.

그러나 사실, 이 전제 가운데 어느 것도 전적으로 사실은 아니다. 1945년 이래로 비정부기구는 갈수록 더 많은 역할을 떠맡아왔다. 이러한 조직들은 국가의 엄호 아래 활동하는 자선단체와 민간 다국적 기업부터 국가 주권에 영향을 미치는 유럽연합이나 유엔, 세계무역기구 같은 연합체에 이르기까지 다양하다. 확실히 국가는 여전히 안보와 재정을 담보하는 주체이고(유엔은 전쟁을 막는 데 국제연맹보다 더 나을 게 없었다. 그리고 2008~2009년에 자본주의를 구하기 위해 구제금융을 실시한 것은 정부였다) 금방 사라지지 않을 것이다. 그러나 다음 40년간 해질녘을 저지하는 가장 효과적인 길은 정부가 독자적으로 달성할 수 없을지도 모르는 해법들에 대한 대가로 주권의 일부를 포기하는 식으로, 국가를 비정부기구들과 더 긴밀하게 결합하는 것을 통해서 가능할지도 모른다.

그것은 골치 아픈 작업일 테고 과거에도 흔히 그랬던 것처럼 새로운 도전들은 새로운 사고를 요구할 것이다. 그러나 비록 우리가 다음 반세기 동안 지구적 문제에 지구적 해법을 찾을 수 있는 제도를 수립하는 데 성공한다고 하더라도, 이는 특이점이 경주를 이기는 데 충분조건이 아니라 필요조건에 불과할 것이다.

현재의 상황을 사회발전이 43점대의 단단한 천장을 압박한 1세기, 11세기, 17세기의 상황과 비교해봐도 괜찮을 것 같다. 나는 제11장에서 로마 제국과 송나라가 1세기와 11세기에 천장을 돌파할 수 있는 유일한 길은 17세기에 유럽과 중국이 한 일을 통해서 가능했으리라고 주장했다. 다시 말해 스텝 지대 초원길을 닫고 대양의 고속도로를 열어 지리를 재편하는 것이다. 그런 다음에야 그들은 이주으로부터 안전을 구하고 과학혁명을 요구하는 그런 종류의 질문들을 제기하고 산업혁명을 촉발할 유인을 창출하기 시작했을 것이기 때문이다. 로마 제국과 송나라 어느 쪽도 물론 지리를 재편할 할 수 없었고 몇 세대 만에 이주과 질병, 기근, 국가실패가 기후변화와 결합하여 유라시아 차원의 붕괴를 불러일으켰다.

유럽인과 중국인이 17세기에 지리를 재편했을 때 그들은 비록 우리가 제9장에서 본 바와 같이 단단한 천장을 부수지는 못했지만 대신 천장을 밀어올렸다. 1750년이 되자 문제들이 다시 쌓이기 시작했지만 그때가 되자 영국의 기업가들은 지리적 재편이 벌어들인 시간을 활용해 에너지 획득에서 혁명을 시작했다.

21세기에 우리도 유사한 경로를 따라야 한다. 첫째, 우리는 전쟁과 지구 이상화를 늦출 수도 있는 일종의 지구적 기구를 수립하기 위한 공간을 마련하도록 정치적 지리를 재편해야 한다. 그다음 우리는 그러한 기구가 번 시간을 이용해 에너지 획득에서 새로운 혁명을 수행하여 화석연료의 천장을 부숴야 한다. 우리가 20세기에 했던 식으로 석탄과 석유를 계속 태우는 것은 심지어 탄화수소가 바닥나기도 전에 해질녘을 초래할 것이다.

일부 환경론자는 다른 접근법을 권고하여 우리가 지구 이상화를 중단시킬 만큼 에너지 사용을 대폭 줄이는 더 단순한 생활양식으로 돌아갈 것을 촉구하는데, 이것이 대체 어떻게 가능할지는 생각하기 어렵다. 세계 인구는 30억 명이 더 늘어나 2050년 무렵에 90억 명에 달할 것으로 전망되는데, 이 인구 가운데 수억 명이 극단적 빈곤 상태에서 빠져나올 것이며, 그러는 과정에서 더 많은 에너지를 사용할 것이다. 선마이크로시스템스 사社의 지속가능성 최고책임자 데이비드 더글러스는 이 새로운 인구가 각각 60와트 백열등을 하나씩만 갖고 하루에 네 시간만 사용한다고 해도 여전히 세계는 가동중인 500메가와트 규모 발전소가 60기 가량 더 필요할 것이라고 지적한다. 국제에너지기구는 세계 석유 수요가 2007년 일일 8600만 배럴에서 2030년에 1억1600만 배럴로 증가하리라고 예측한다. 그리고 그때에도 세계 인구 14억 명은 여전히 전기 없이 생활할 것이라고 내다본다.

세계의 빈곤층이 증대하고, 늘어나는 빈곤층이 빈곤에서 벗어나는 이중의 악영향 때문에 다음 50년 사이에 에너지 획득이 감소할 가능성은 매우 희박하다. 만약 우리가 비료나 식량을 운송하는 연료에 에너지를 덜 쓴다면 수억 명의 빈곤층이 아사할 것이며, 그러한 상황은 아마도 그 무엇보다 해질녘의 순간을 더 빠르게 초래할 것이다. 그러나 아사하지 않는다면 사람들은 점점 더 많은 에너지를 요구할 것이다. 중국에서만 1만4000대의 새 자동차가 매일 거리로 쏟아져나온다. 2000년부터 2030년 사이에 4억 명(미국 전체 인구보다 더 많은 숫자다)이 에너지 소비가 적은 농촌을 떠나 에너지 소비가 많은 도시로 옮겨갈 것이다. 비행기 연료를 소모하고 호텔에서 머물며 해외에서 휴가를 보내는 여행자의 숫자는 2006년 3400만 명에서 2020년 1억1500만 명으로 증가할 것이다.[44]

파국이 우리에게 강요하지 않는 한 우리는 에너지 획득을 줄이지 않을 것이다. 자원이 바닥나고 지구를 오염시키는 것을 피할 유일한 길은 깨끗한 재생에너지를 활용하는 것이라는 뜻이다.

원자력은 아마도 여기서 큰 부분을 차지할 것이다. 방사능에 대한 두려움은 1970년대 이래로 원자력 프로그램을 구속해왔지만 새로운 시대가 새로운 사상을 얻으면서 두려움도 점차 사라질지 모른다. 또는 태양열 발전이 더 중요해질 수도 있다. 태양이 방출하는 에너지 가운데 20억분의 1만이 지구에 도달하며 그 가운데 대략 3분의 1은 반사된다. 그렇다 하더라도 인류가 현재 필요로 하는 1년치를 모두 충족시키기에 충분한 양의 태양에너지가 매시간 지구에 도달한다. 물론 우리가 태양에너지를 효과적으로 활용할 수 있다면 말이다. 태양 에너지 대신에 나노테크놀로지와 유전학이 근본적으로 새로운 에너지 공급원을 가져올 수도 있다. 이러한 이야기 가운데 상당 부분은 물론 SF처럼 들린다. 확실히 그렇게 풍부한 깨끗한 에너지의 시대가 오려면 엄청난 기술적 도약이 필요할 것이다. 그러나 만약 우리가 그러한 도약을—그것도 곧—하지 못한다면 해질녘의 순간이 경주에서 이길 것이다.

특이점이 경주에서 이기기 위해서 우리는 전화의 가능성을 계속 통제하고 지구 이상화를 적절히 조절하며 에너지 획득에서 혁명을 이뤄내야 한다. 모든 것이 제대로 굴러가야 한다. 해질녘이 이기기 위해서는 한 가지만 잘못되어도 된다. 전망이 그리 밝아보이지는 않는다.

앞으로의 모습

일부 과학자는 정답은 별들에 쓰여 있기 때문에 누가 경주에서 이길지 이미 알고 있다고 생각한다. 1950년 무렵 어느 날(아무도 정확히 언제인지는 기억하지 못한다) 물리학자 엔리코 페르미와 그의 동료 세 명은 미국 뉴멕시코 주에 있는 로스앨러모스 국립천문대에서 만나 점심을 들었다. 비행접시를 그린 『뉴요커』의 카툰을 보고 한바탕 웃음을 터트린 그들은 외계 생명체에 대한 이야기를 이어가다가 더 일반적인 과학 주제로 넘어갔다. 갑자기 페르미가 외쳤다. "그런데 그들은 어디에 있지?"[45]

페르미가 여전히 우주인을 걱정하고 있다는 것을 친구들이 깨닫기까지는 잠시 시간이 걸렸다. 식사를 하면서 머릿속으로 약간의 계산을 해 본 결과, 비록 우리 은하의 2500억 개 항성 가운데 생명체가 살 수 있는 환경의 행성이 존재할 비율이 거의 0에 가깝다 하더라도* 우주 공간은 여전히 외계인들로 바글바글할 것이다. 50억 년이 채 못 되는 지구는 상대적으로 젊은 행성이며, 따라서 이러한 외계인들 가운데 일부는 우리보다 훨씬 오래되고 더 발전했을 것이다. 비록 그들의 우주선이 우리 것처럼 느리다고 하더라도 은하계 전체를 탐사하는 데는 기껏해야 5000만 년이면 족할 것이다. 그럼 그들은 어디에 있는가? 왜 아직까지 우리와 접촉하지 않았는가?

1967년 천문학자 이오시프 시클롭스키와 칼 세이건은 페르미의 역설에 대해 정신이 번쩍 나는 해법을 내놓았다. 만약 항성 100만 개 가운데 하나에 생명체가 살 수 있는 행성이 하나씩만 딸려 있다고 가정하면 은하계에만 약 100만 개의 외계 문명이 잠재적으로 존재한다는 계산이 나온다. 그런데 우리가 아직까지 외계 문명에 대해 들어본 적 없다는 사실**은 선진 문명은 언제나 스스로를 파괴한다는 것을 의미한다. 두 천문학자는 심지어 핵무기를 발견하면 한 세기 안으로 어김없이 그럴 수밖에 없다고 주장했는데, 그렇지 않다면 외계인들이 우리가 알아차릴 신호로 우주 공간을

---

* 2009년 8월에 국제천문연맹은 1995년 첫 발견 이후 지금까지 우리 태양계 밖에서 360개의 행성을 발견했다고 보고했다. 어느 것도 생명체가 살 만한 것 같지 않지만 프랑스 우주국 행성 탐색 프로그램의 국장은 연맹에 "다음 2년 안으로 지구와 유사한 행성을 발견하리라고 확신한다"고 밝혔다.

** 페르미의 역설은 물론 데니켄의 우주인이나 UFO 목격담, 외계인 납치 등등 특정 신문을 채우는 이야기들이 사실에 바탕을 둔 것이 아니라고 가정한다.

채울 시간은 충분할 것이기 때문이다. 모든 증거는 (아니 엄밀히 말해 증거의 부재는) 따라서 2045년, 히로시마와 나가사키 원폭 투하 100주년을 해질 녘의 순간으로 가리킨다(약간 오싹한 우연의 일치로 2045년은 커즈와일이 특이 점의 순간으로 지목한 해이기도 하다).

교묘한 논증이긴 하지만 언제나처럼 셈을 하는 데는 여러 방식이 있기 마련이다. 100만 개의 문명이 해질녘으로 돌진한다는 것은 추측일 뿐이며, 드레이크 방정식*(은하계에 존재하는 문명의 수를 계산하기 위해 1961년 천문학자 프랭크 드레이크가 고안한 대략적인 계산식)의 해법 대부분은 사실 그보다 훨씬 적은 숫자를 내놓는다. 드레이크 자신은 우리 은하가 은하계 전체 역사를 통틀어 선진 문명을 딱 열 개만 배출했다고 계산했는데, 그렇다면 ET는 우리의 존재를 모른 채 우주 공간 저 너머에 있을 수도 있다.

결국 페르미의 역설은 그리 도움이 되지 못한다. 대경주가 어떻게 될지에 대한 답은 항성이 아니라 우리 자신의 과거에 달려 있기 때문이다. 비록 역사는 아시모프가 『파운데이션』에서 상상한 것 같은 정확한 예측 수단을 제공하지는 못하지만 다소 탄탄한 힌트를 몇 가지 제공한다. 이것들 이야말로 우리가 미래를 내다보는 데 기댈 수 있는 진정하고 유일한 파운데이션[토대]이다.

단기적으로 볼 때 과거에 확립된 패턴들은 서양에서 동양으로의 부와

---

* $N = R^* \times f_p \times n_e \times f_l \times f_i \times f_c \times L$에서
N은 은하계에서 커뮤니케이션이 가능할지도 모를 문명의 수
R^*은 은하계에서 항성이 생성되는 평균 속도
f_p는 그러한 항성 가운데 행성이 있는 별의 비율
n_e는 행성을 갖고 있는 항성당 생명체가 생존 가능한 행성의 평균 수
f_l은 그러한 행성 가운데 실제로 생명체가 진화한 행성의 비율
f_i는 지능을 갖도록 진화한 생명체의 비율
f_c는 자신들의 존재를 포착할 수 있는 신호를 보낼 만한 기술을 발전시킨 문명의 비율
L은 그러한 문명이 포착 가능한 신호를 우주 공간에 방출하는 기간

권력 이동이 불가피하다는 것을 시사한다. 19세기 옛 동양 핵심부가 서양 주변부로 전환되자 동양은 자신의 후진성에서 이점을 찾을 수 있었고, 이러한 이점 가운데 가장 마지막 것은—중국의 방대하고 빈곤한 노동력이 세계 자본주의 경제에 편입된 것—여전히 작동하고 있다. 패착과 내부 분열, 외부와의 전쟁은 1840년대와 1970년대 사이에 자주 그랬던 것처럼 중국의 발전을 저지할 수도 있지만 조만간—2030년이 되면 아마도, 2040년이 되면 거의 확실히—중국의 GDP는 미국의 GDP를 능가할 것이다. 21세기 어느 시점에 중국은 후진성의 이점이 바닥나겠지만 그때가 되면 세계의 경제적 무게중심은 아마도 여전히 동양에 머무를 것이며 팽창하여 남아시아와 동남아시아를 포괄하게 될 것이다. 21세기 서양에서 동양으로의 부와 권력 이동은 아마도 19세기에 일어난 동양에서 서양으로의 이동만큼 불가피할 것이다.

서양에서 동양으로의 이동은 분명히 이전 역사에서의 어느 이동보다 더 빠르게 일어날 것이지만, 옛 서양 핵심부는 현재 1인당 에너지 획득, 기술, 군사적 능력에서 커다란 우위를 누리고 있고 이번 세기 전반기 내내 어떤 형태로든 지배를 유지할 것이 거의 확실하다. 미국이 세계의 경찰로 활동할 만큼 강력한 한 19세기 영국이 세계의 경찰이었을 때처럼 대규모 전쟁은 드물 것이다. 그러나 2025년과 2050년 사이 어느 지점에서 시작하여 나머지 세계에 대한 미국의 우위는 대략 1870년대 이후 영국의 우위가 약화된 것처럼 점차 약해질 것이며 새로운 세계대전의 위험성은 커질 것이다.

기술 변화의 속도는 하이테크 무기에 대한 접근을 손쉽게 함으로써 불안정성을 더할 수도 있다. 미국 육군대학원의 스티븐 메츠 교수에 따르면 "비록 동일한 기술이 아니더라도 그와 상응하는 기술이 (미국 바깥에서) 개발되는 것을 목격하게 될 텐데, 무기 기술은 특히나 재고가 풍부한 특성이 있기 때문이다. 우리는 악당들이 기술을 개발할 필요가 없는 시점에 도달했다. 그들은 대신 그냥 사들이기만 하면 된다".[46] 심지어 2001년에 랜드 코퍼레이션[미국의 대표적인 민간 연구개발기관]의 한 보고서는 "미국과 미군은 2020년까지 중국이 군사적, 기술적으로 더 선진적인 상황에서 벌어질 수도 있는 군사적 충돌 가능성을 계획에 포함해야 한다"[47]고 주장하기도 했다.

미국은 아마도 대미사일 방어체제와 더불어 인간 전투원을 시대에 뒤떨어지게 할 로봇과 나노 무기, 적의 컴퓨터와 로봇을 무력화하거나 통제할 수 있는 사이버테크놀로지, 우주 공간을 군사화할 위성을 개발하는 첫 나라가 될 것이다. 한 가지 위험성은 만약—십중팔구 그럴 듯한데—미국이 이러한 경이적 무기 일부나 전부를 2040년 이전에 배치할 수 있다면 미국의 정치 지도자들이 미국의 장기적인 전략적 쇠퇴 추세를 뒤집기 위해 일시적이나마 압도적인 기술적 우위를 활용하고 싶은 유혹을 받지 않을까 하는 점이다. 그러나 그런 일이 일어날 가능성은 크지 않은 것 같다. 심지어 1950년대 초반 과열된 분위기에서도 미국은 핵무기를 구축하기 전에 소련을 쳐야 한다는 유혹을 뿌리쳤다. 진짜 위험은 다음 몇십 년 사이에 미국의 군사적 비약을 두려워하는 다른 나라들이 미국에 훨씬 더 뒤처지기 전에 선제공격을 감행하는 쪽을 택할 수도 있다는 것이다. 그런 종류의 사고가 1914년 독일이 전쟁에 뛰어드는 데 커다란 역할을 했다.

혼란스러운 21세기에 평화를 유지하기 위해서는 뛰어난 정치 지도력이 발휘되어야 할 것이다. 나는 이 책 전반에 걸쳐서 위인과 한심한 멍청이는 역사를 형성하는 데 자신들이 믿는 것만큼 그렇게 커다란 역할을 하지 않았다고 주장했다. 사내들이 할 수 있는 일 대부분은 역사의 경로를 바꾸기보다는 지도에 의해 추진되는 더 심오한 과정을 가속화하거나 늦추는 것이었다. 심지어 530년과 630년 사이에 페르시아의 호스로와 비잔티움의 유스티니아누스가 감행한 전쟁처럼 가장 화를 자초하는 결정조차도 이미 진행중이던 붕괴를 가속화했을 뿐이다. 유스티니아누스나 호스로의 전쟁이 없었다면 서양의 사회발전은 더 일찍 회복되기 시작했을 수도 있지만, 그러한 전쟁을 겪고도 사회발전은 실제로 결국 회복되었다.

그러나 1945년 이후 지도자들은 실제로 역사를 바꿀 능력을 얻었다. 흐루쇼프와 케네디는 1962년에 하마터면 그럴 뻔했다. 핵무기는 과오를 허용할 수 있는 한계나 제2의 기회를 주지 않는다. 실수는 쇠퇴와 몰락을 야기하곤 했으나 이제 실수는 해질녘을 불러올 수 있다. 역사상 최초로 지도자들은 정말로 결정적인 존재가 되었다. 이전 대부분의 시대와 마찬가지로 우리 시대도 우리 시대가 필요로 하는 사상을 얻기를 바랄 뿐이다.

나는 제11장에서 왜 서양이 지배하는지에 대한 설명들은 확실성이 아니라 가능성의 문제로 표현되어야 한다고 결론 내렸는데, 이것은 21세기의 대경주에 더욱 잘 들어맞는다. 현재, 승산은 우리에게 희박해 보이지만 특이점의 순간이 승리하는 쪽으로 점차 이동할지도 모른다.

만약 다음 50년에 걸쳐 재생 가능한 깨끗한 에너지원이 탄화수소 에너지원을 대체한다면 강대국들이 불안정 원호 지대의 갈등에 휘말려들어가거나 자원을 두고 다투게 될 위험성을 (비록 확실히 제거하지는 못하겠지만) 감소시킬 것이다. 지구 이상화 과정을 늦추면서 불안정 원호 지대의 압력을 감소시키고 산업혁명이 그랬던 것보다 더 극적으로 식량 생산을 증대할지도 모른다. 많은 과학자가 예견하는 대로 로봇이 발전한다면 지능을 갖춘 기계가 노령화 인구가 필요로 하는 노동력과 각종 서비스를 값싸게 제공하여 부유한 유럽과 일본을 인구학적 재난에서 구원할지도 모른다. 그와 유사하게 나노테크놀로지가 과대 선전에 실제로 부응한다면 심지어 우리는 2040년대에 이르러 대기와 해양의 오염을 제거하기 시작할 수도 있다.

그러나 결국 우리가 믿을 수 있는 예측은 단 하나, 해질녘이나 특이점이나 사실은 대경주에서 승리하지 못하리라는 것이다. 이 경주에는 결승선이 없을 것이기 때문이다. 2045년(커즈와일이 추정한 특이점의 도착 순간이자 시클롭스키와 세이건이 가장 늦게 잡은 해질녘의 순간, 즉 히로시마와 나가사키로부터 1세기가 지난 시점)에 도달했을 때, 역사의 종말을 선언하고 승자를 발표하게 되지는 않을 것이다. 만약 내가 짐작하는 대로 21세기 중반에도 우리가 여전히 해질녘의 순간을 저지하고 있으며, 사회발전이 2000점을 넘어 치솟고 있다면 부상하는 특이점은 경주를 끝내기보다는 경주를 변화시킬 것이다. 그리고 무엇보다도 인류를 변화시킬 것이다.

진정으로 장기적 관점에서 바라볼 때 오늘날 우리를 그토록 두렵게 하는 위협들은 과거에 진화를 가속화한 힘들과 매우 유사한 것 같다. 환경에서 상대적으로 급작스러운 변화들은 매번 변종이 번성하는 조건을 창출하면서 유전자 풀을 변화시켰다. 약 180만 년 전 동아프리카가 건조해지면서 숲이 사라진 사건은 뇌가 큰 기형들이 호모하빌리스보다 더 잘 생존하게 만들었던 것 같다. 약 1만 년 전 빙하기의 혹독한 국면은 호모사피엔스가 빛날 수 있는 유사한 기회를 제공했는지도 모른다. 이제 21세기에 그와 유사한 무언가가 어쩌면 다시 일어나고 있는지도 모른다.

대량 멸종은 이미 진행중이며 2분마다 육지 동물이나 식물 종 하나가 사라지고 있다. 2004년의 한 연구서에서 그나마 가장 낙관적인 전망도 전 세계의 1000만 종의 식물과 육상 동물 가운데 9퍼센트가 2050년까지 멸종에 직면할 것이라고 추정했고, 다수의 생물학자는 생물다양성이 3분의 1이나 절반으로 감소할 것이라고 내다본다. 일부는 2100년까지 지구상의 생물 종 가운데 3분의 2가 멸종하는 제6의 멸종을 이야기하기도 한다.* 인간도 그중 하나가 될 수 있다. 그러나 단순히 호모 속을 지구상에서 싹 일소하는 대신 21세기의 혹독한 조건은 1800만 년 전이나 10만 년 전처럼 작용하여 새로운 종류의 두뇌를 지닌 생명체—이 경우에는 인간과 기계가 융합된 두뇌—가 이전 존재를 대체할 기회를 제공할지도 모른다. 우리를 짓밟기는커녕 묵시록의 기수들이 지닌 말발굽은 특이점으로 향하는 우리의 걸음마를 새로운 거대한 도약으로 탈바꿈시키는 데 일조할 수도 있다.

그러나 특이점은 해질녘과 조금도 다르지 않게 무시무시할지도 모른다. 커즈와일의 비전에서 특이점은 인간과 기계의 지능이 2040년대에 융합되는 것으로 정점에 달하며 우리 가운데 거기에 도달할 만큼 오래 사는 사람은 사실상 영원히 살 수 있을지도 모른다. 그러나 이 분야에 가장 경험이 많은 사람 가운데 일부는—미국 군대의 테크놀로지 전문가들—은 상황이 거기서 멈추지 않으리라 본다. 한 예로 퇴역 대령 토머스 애덤스는 기계들이 "너무 신속해지고 작아지고 많아지고 (…) 인간이 감독하기에는 너무 복잡한 환경을 만들어내면서" 전쟁이 이미 "인간의 영역"을 넘어서 이동하고 있지는 않은지 의심한다. 그는 기술이 "급속도로 우리가 가기를 원하지 않을 수도 있지만 피할 수도 없는 곳으로 우리를 데려가고 있다"[48]고 주장한다. 인간과 컴퓨터의 융합은 호모사피엔스가 이전의 모든 원인을 완전히 대체한 것처럼, 우리가 여전히 우월의식을 품으며 '인공' 지능이라고 부르는 것이 호모사피엔스를 철저히 대체하기 전의 짧막한 국면에 불과할 수도 있다.

만약 특이점이 21세기 후반에 우리를 그런 곳으로 데려간다면 그것은 우리가 아는 생물학의 종말을 의미할 것이며, 그와 더불어 역사의 원동력으로 작용해온 게으름과 두려움, 탐욕도 종말을 맞게 될 것이다. 그럴 경

---

* 지금까지 '대멸종'은 다섯 차례 일어났다. 오르도비스기 말(약 4억4000만 년 전), 데본기 후기(3억6500만 년 전), 페름기 말(2억2500만 년 전), 트라이아스기 말(2억1000만 년 전), 백악기 말(6500만 년 전). 대멸종 때마다 지구상의 종 가운데 적어도 65퍼센트가 멸종했다.

우 나의 모리스 이론—변화는 게으르고 탐욕스럽고 겁에 질린 사람들(스스로는 무엇을 하고 있는지 좀체 의식하지 못하는)이 일을 하는 데 더 쉽고 이득이 크고 안전한 길을 찾음으로써 야기된다는—도 마침내 그 한계에 도달하게 되리라.

우리가 아는 사회학도 같은 길을 가게 되겠지만 어떤 종류의 법칙이 로봇 사회를 지배하게 될지는 아무도 모른다. 그리고 특이점은 분명히 오랜 지리 구분을 없애리라. 동양과 서양이라는 해묵은 구분은 로봇에게 아무런 의미가 없으리라.

2103년에 역사가들이 (만약 그런 존재가 여전히 존재한다면) 탄소 기반 지능에서 실리콘 기반 지능으로의 이동을 되돌아봤을 때, 그 이동이 불가피한 것으로 느껴질 수도 있다. 사실, 내가 채집 생활에서 농경으로, 마을에서 도시로, 농업에서 산업으로, 과거의 이동들이 불가피했다고 주장한 것처럼 말이다. 빙하기 말 이래 최초의 농경 핵심부들로부터 성장한 지역적 전통들이 인류 이후의 단일한 세계 문명 속에 융합될 수밖에 없는 것 역시 당연할지도 모른다. 왜 서양이 지배하는지 그리고 계속 지배하게 될지에 대한 21세기 초반의 걱정도 조금은 우스꽝스러워 보일지도 모른다.

둘은 만나리

이 모든 것에는 어떤 아이러니가 있다. 나는 만약 중국 제국이 1848년에 앨버트 공을 인질로 삼아 베이징으로 데려갔다면 어떻게 되었을까라는 만약의 이야기로 이 책을 시작한 뒤 열한 장에 걸쳐 왜 그러한 일이 일어나지 않았는지를 설명했다. 그리고 나의 결론에서 이 책의 중심 질문에 대한 대답은 지리였다. 사내chap들이 아니라 지도map가 앨버트를 베이징으로 보내는 대신 강아지 루티를 발모럴 성으로 보냈다.

이 장에서 나는 논의를 더 밀고 나가 왜 서양이 지배하는지를 설명하는 것은 앞으로 무슨 일이 일어날지에 대해 적지 않은 답을 제시한다고 주장했다. 서양의 지배를 결정한 만큼 분명하게 지리는 또한 동양이 서양의 사회발전을 능가할 때까지 동양이 지닌 후진성의 이점을 활용하여 서양을 따라잡으리란 것도 결정한다. 그러나 여기서 우리는 또 다른 아이러니를 만난다. 사회발전의 증가는 언제나 지리의 의미를 변화시켜왔지만 21세기에 사회발전은 매우 크게 증가하여 지리는 더 이상 무의미해질 것이다. 중요한 것은 오로지 특이점과 해질녘 사이의 경주일 것이다. 해질녘을 저지하기 위해 우리가 우리의 관심사를 세계화할수록 지구상 어느 부분이 사회발전 수준이 가장 높은지에 관한 논의는 점점 더 중요하지 않게 될 것이다.

그러므로 가장 심대한 아이러니가 발생한다. 책의 첫 번째 질문(왜 서양이 지배하는가)에 답하는 것은 상당 부분 두 번째 질문(앞으로 어떻게 될 것인가)에 대한 답변도 되지만 두 번째 질문에 답하는 것은 첫 번째 질문의 의미를 상당 부분 앗아가는 것이다. 다가오는 미래를 이해하는 것은 어쩌면 지금까지 죽 명백했지만 우리가 놓치고 있었던 것을 드러낸다. 진짜로 중요한 역사는 동양과 서양, 혹은 인류의 다른 어느 하위 항목에 관한 것이 아니라는 점 말이다. 중요한 역사는 지구적인 진화의 역사, 우리가 어떻게 단세포 생물에서 특이점까지 가게 되었는지를 들려주는 역사다.

나는 이 책 전체에 걸쳐 장기고착이론이나 단기우연이론 모두 역사를 잘 설명하지 않는다고 주장했지만 이제 다시 한 번 논의를 더 밀고 나가야겠다. **진정으로** 장기적인 관점에서 진화의 역사가 밟아온 시간대에서 볼 때, 장기고착이론이나 단기우연이론이나 사실 그렇게 중요하지는 않다고 말이다. 1만5000년 전 빙하기가 끝나기 이전에 동양과 서양이란 구분은 별로 의미가 없었다. 이제부터 한 세기 안에 그러한 구분은 다시금 의미를 잃게 되리라. 그 사이에 놓인 시대에서 그러한 구분의 중요성은 최초의 농부들이 사회발전지수를 끌어올려 6점을 지난 시대와 기존의 생명 활동 이후 기계로 향상된 '생물'들이 사회발전을 5000점 넘게 끌어올린 시대 사이에 지리가 만들어낸 부수적 효과였을 뿐이다. 사회발전이 5000점에 도달하는 시기에 이르면―2045년과 2103년 사이 어느 때가 되지 않을까 예상하는데―지리는 더 이상 의미가 없으리라. 동양과 서양이라는 구분은 우리가 지나온 하나의 국면에 지나지 않았음이 드러나게 되리라.

비록 이 국면에서 모든 것이 상상할 수 있을 만큼 다르게 진행되었다 하더라도―이를테면 정화가 정말로 테노치티틀란에 도달했거나, 새로운 대서양 경제 대신 새로운 태평양 경제가 구축되었거나, 영국의 산업혁명 대신 중국의 산업혁명이 일어나 루티가 발모럴 성으로 가는 대신 앨버트가 베이징으로 갔더라도―생물학과 사회학, 지리의 근저에 깔린 힘은 여전히 역사를 지금과 비슷한 방향으로 이끌었으리라. 아메리카(아니 어쩌면 지금 우리는 정랜드Zhengland라고 부르고 있을지도 모른다)는 서양 핵심부가 아니라 동양 핵심부의 일부가 되었을 것이고 지금과 반대로 서양이 동양을 따라잡고 있을 것이지만 세계는 여전히 라지 사이즈에서 스몰 사이즈로 축소되었을 테고 이제는 엑스스몰 사이즈로 축소되는 중이리라. 21세기는 여전히 차이메리카에 의해 지배되고 있을 테고 차이메리카가 무너지든 무너지지 않든 해질녘과 특이점 간의 경주는 여전히 진행되고 있으리라. 그리고 동양과 서양 간의 구분은 여전히 그 의미를 잃어가고 있으리라.

이것이 충격적인 결론이 될 필요는 없다. 일찍이 1889년에, 세계가 여전히 라지 사이즈에서 미디엄 사이즈로 줄어들고 있던 시절에 러디어드 키플링이라는 젊은 시인은 이미 그와 같은 진실의 일부를 이해했다. 오지의 제일선에서 런던으로 갓 돌아온 키플링은 「동양과 서양의 발라드」라는 제국주의의 무용담으로 가득 찬 재미난 이야기로 명성을 얻을 기회를 잡았다.* 키플링의 시는 영국인 대령의 암말을 훔친 변경의 습격자 카말의 이야기를 들려준다. 대령의 아들도 자기 말에 올라타 카말을 좇아 사막을 통과해 장대한 추적을 벌인다("그들은 하늘에 낮게 깔린 달 위로 달렸고 말발굽소리는 새벽을 깨웠다/암갈색 수말은 상처 입은 황소처럼 내달렸지만 암말은 놀란 어린 사슴처럼 내달렸다"). 그러나 마침내 영국인은 말에서 내동댕이쳐진다. 카말이 소총을 들어올리고 그에게 돌진한다. 그러나 모든 것은 좋게 끝난다. 두 사내는 "서로의 미간을 노려보았고 아무런 잘못도 볼 수 없었다/그들은 누룩 넣은 빵과 소금을 걸고 의형제의 맹세를 했다".

장쾌한 작품이지만 온통 주목받은 부분은 시의 첫 행―"오, 동양은 동양이고 서양은 서양, 그 둘은 결코 만나지 못하리라"―이며 일반적으로 19세기 서양의 참기 힘든 자기만족의 예로 인용되곤 한다. 그러나 그것은 키플링이 바란 효과가 결코 아니다. 그가 실제로 쓴 시는 이렇다.

오, 동양은 동양이고 서양은 서양, 그 둘은 결코 만나지 못하리라,
땅과 하늘이 머잖아 신의 위대한 심판의 자리 앞에 설 때까지는.
그러나 동양도 서양도 경계도 혈통도 출생도 없다,
힘센 두 사내가 서로 마주설 때는.
비록 그들이 세상 끝에서 왔을지라도![49]

키플링이 본 대로 사람들은(어쨌거나 진짜 남자들)은 엇비슷하다. 단지 지리가 우리로 하여금 세상을 이해하기 위해 지구 끄트머리까지 긴 여행을 하게 만들면서 진실을 흐릴 뿐이다. 그러나 21세기에 치솟는 사회발전

---

* 키플링의 시에서 동양은 사실 인도다. 그는 남아시아와 동아시아를 세세하게 구분하지 않았다. 모두 영국의 동쪽에 있었다.

과 줄어드는 세계로 인해 그러한 여행은 불필요해졌다. 우리가 기존의 생명 활동을 초월하게 될 때면 동양도 서양도 경계도 혈통도 출생도 없어질 것이다. 만약 우리가 그때까지 해질녘을 연기할 수만 있다면 그 둘은 마침내 만나리라.

우리가 그렇게 할 수 있을까? 나는 그렇다고 생각한다. 우리가 오늘날 직면한 도전과 1000년 전 단단한 천장을 압박하고 있을 때 송나라를 좌절시키고 또 그보다 1000년 전 로마 제국을 좌절시켰던 도전 사이의 커다란 차이는 바로 이제 관련된 사안들에 대해 훨씬 더 많이 알고 있다는 것이다. 로마나 송나라와 달리 우리 시대는 어쩌면 우리 시대가 필요로 하는 생각을 앞으로 얻을지도 모른다.

생물학자이자 지리학자인 재러드 다이아몬드는 그의 책『문명의 붕괴』의 마지막 페이지에서 세계를 파국에서 구할 수 있는 존재가 둘 있다고 주장했다. 하나는 고고학자들(앞선 사회가 저지른 실수의 세부 사항을 밝혀내는 사람들)이고 하나는 텔레비전(그들이 발견한 사실을 알리는 매체)이다.[50] 텔레비전을 많이 보는 고고학자로서 나는 그의 주장에 확실히 동의하지만 거기에 세 번째 구원자, 역사를 추가하고 싶다. 역사가만이 사회발전의 거대한 서사를 하나로 모을 수 있다. 역사가만이 인류를 나누는 차이점을 설명하고, 그러한 차이가 우리를 파괴하는 것을 인류가 어떻게 막을 수 있을지 설명할 수 있다.

이 책이 그러한 과정에 약간의 보탬이 되길 바란다.

고고학자와 역사학자들이 축적한 사실을 총괄하는 사회발전지수는 이 책의 근간이다. 지수 자체는 왜 서양이 지배하는지를 설명하지 않지만, 그 질문에 답하기 전에 먼저 설명할 필요가 있는 역사의 모습을 보여준다. 지수 계산에 적용한 세부 증거와 방법들에 관심이 있는 독자를 위해 자세한 설명은 웹사이트에 올려났다. 이 부록은 주요 기술적 난관과 기본적 계산 결과들에 관한 간단한 요약에 불과하다.

네 가지 반론

나는 사회발전지수에 네 가지 당연한 반론이 제기된다고 본다.

반론 1. 다른 시대와 장소의 사회발전을 수량화하고 비교하는 것은 인간을 비인간화하므로 그렇게 하지 말아야 한다.

반론 2. 사회를 수량화하고 비교하는 것은 타당한 과정이지만 내가 정의한 의미에서 사회발전(일을 처리해내는 능력)은 측정 대상이 아니다.

반론 3. 내가 정의한 의미에서 사회발전은 동양과 서양을 비교하기에 유용한 방법이지만 사회발전을 측정하기 위해 내가 활용한 네 가지 특징(에너지 획득, 조직화/도시화, 전쟁 수행 능력, 정보기술)은 최상의 특징이 아니다.

반론 4. 이 네 가지 특징은 사회발전을 측정하기에 좋은 방법이지만 내가 증거로 사용한 사실에는 틀린 부분이 있고 측정을 잘못했다.

나는 반론 1에 관해서 제3장에서 다뤘다. 사회발전을 수량화하고 비교하는 것이 전혀 도움이 되지 않는 역사학적 질문과 인류학적 질문은 많지만, 왜 서양이 지배하는가라는 질문은 본질적으로 비교와 수치를 요구하는 질문이다. 우리가 거기에 대답하고자 한다면 반드시 수량화하고 비교해야 한다.

나는 제3장에서 반론 2에 관해서도 몇 마디 언급했다. 어쩌면 사회발전보다 더 효과적으로 다른 것들을 측정하고 비교할 수도 있을 것이다. 그러나 나는 그런 것으로 뭐가 있는지 모르겠다. 다른 대상을 설정해 측정하고 그것들이 더 좋은 결과를 낸다는 것을 보여주는 작업은 다른 역사가와 인류학자들에게 맡기겠다.

반론 3은 세 가지 형태를 띨 수 있다. 첫째, 우리가 선택한 네 가지 특징에 더 많은 특징을 추가해야 한다. 둘째, 다른 특징을 선택해야 한다. 셋째, 살펴볼 특징의 수를 줄여야 한다. 나는 이 책을 쓰면서 다른 여러 특징을 살펴보았지만 모두가 증거에 심각한 문제가 있거나 상호독립성의 시험을 통과하지 못했다. 어쨌거나 대부분의 특징은 역사 전반에 걸쳐 높은 수준의 중복성을 보이고 어느 특징이든 적절하게 조합하면 최종 결과는 대체로 비슷한 경향을 띨 것이다.

중복성 원칙에는 사소한 여러 예외와 커다란 두 가지 예외가 있다. 첫 번째 커다란 예외는 우리가 '유목민 변칙'이라고 부르는 것이다. 스텝 지대 사회는 일반적으로 에너지 획득과 조직화, 정보기술 부문에서 낮은 점수를 기록하는 반면 전쟁 수행 능력에서는 높은 점수를 기록한다. 이 변칙적 현상은 왜 진정한 유목 사회들이 제국을 무찌르는 데는 그렇게 뛰어나면서도 제국을 운영하는 데는 그렇게 형편없는지를 설명하며,* 마땅히 광범위한 연구를 할 만한 주제지만 이 책에 등장하는 동양과 서양 핵심부의 정착 농경 제국들을 비교하는 데는 직접적으로 영향을 미치지 않는다.

반론 3의 또 다른 버전은 조직화, 전쟁 수행 능력, 정보기술을 분석에서 제외하고 오로지 에너지 획득에만 집중해야 한다는 것인데, 조직화와 전쟁 수행, 정보기술은 에너지를 활용하는 여러 방식에 불과할 뿐이라는 근거에서다. 도표 A.1은 에너지 획득만을 표시한 지수가 어떤 형태를 띠는지 보여준다. 도표 3.3의 (네 가지 특징을 모두 조합한) 완전한 지수 그래프와 다르지만 크게 다르지는 않다. 에너지만 표시한 그래프에서도 완전한 사회발전 그래프처럼 여전히 서양은 90퍼센트에 이르는 대부분의 기간 동안 동양을 앞선다. 동양은 대략 550년과 1750년 사이에 서양을 능가하고, 사회발전을 가로막는 단단한 천장은 100년과 1100년 부근(1인당 1일 3만 킬로칼로리를 간신히 넘긴 지점)에 존재하며 산업혁명 이후의 점수는 이전 시기 점수를 압도하고 2000년에 서양은 여전히 세계를 지배한다.

에너지에만 초점을 맞추는 것은 사회발전에 대한 네 가지 특징을 가지

---

* 파르티아나 선비족, 오스만튀르크, 만주족 같은 반유목민 정복 왕조들은 제국의 통치자로서 성공했지만 흉노나 훈족, 셀주크튀르크 같은 완전한 유목민족은 제국으로 성공하지 못했다. 그나마 예외에 가장 근접한 예는 완전한 유목민족인 몽골족인데, 제국의 통치자로서 그들의 성적도 확실히 고르지 못하다.

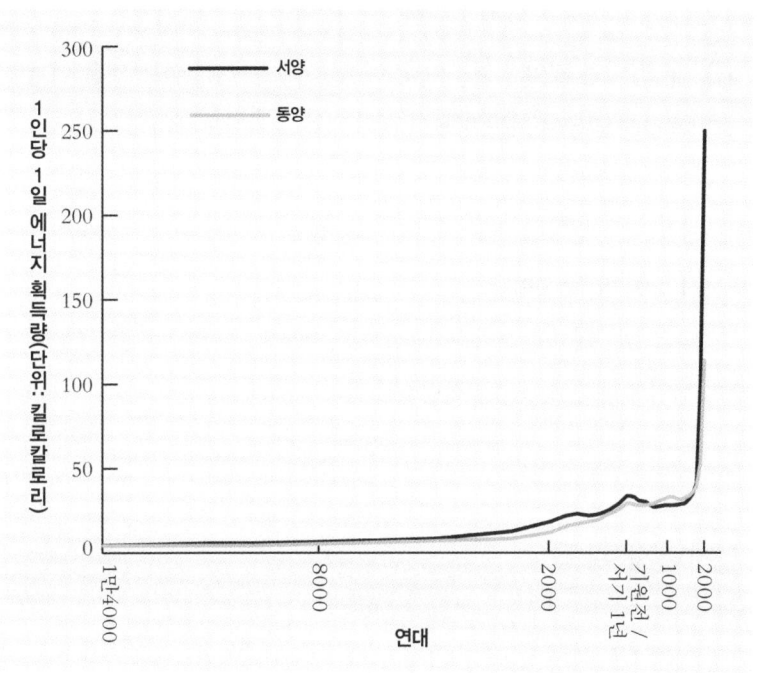

[도표 A.1] 에너지 획득만 표시: 1인당 에너지 획득 능력만으로 동양과 서양을 비교한 그래프.

고 접근한 나의 방식보다 더 경제적이라는 이점이 있지만 한 가지 커다란 결점도 있다. 바로 중복성 원칙에 대한 두 번째 커다란 예외로서 산업혁명 이후로 특징들 간의 관계가 비선형적이 되는 현상이다. 새로운 기술 덕분에 도시 크기는 20세기에 걸쳐 4배 커졌고 전쟁 수행 능력은 50배 증가했으며 정보기술은 80배 치솟은 반면 1인당 에너지 획득은 2배 늘어났을 뿐이다. 에너지 획득만 살펴보는 것은 **너무** 단순하며 역사의 모습을 왜곡한다.

반론 4는 매우 다른 쟁점을 제기하는데, 내가 증거들을 잘못 이해했거나 부적절한 방법을 사용했는지 판단할 수 있는 유일한 길은 내가 지난

1만6000년에 걸쳐 동양과 서양의 점수를 계산하는 데 사용한 모든 정보원을 재검토하는 것이기 때문이다. 이 부록에서 재검토하는 것은 이미 긴 책을 더 길게 만들어 너무 비용이 많이 드는 일이기에 내가 활용한 정보들을 앞서 언급한 웹사이트에 올려놓았다. 시간과 의향이 있는 독자는 웹사이트에서 내가 정확히 어떤 정보를 사용했고 모호한 증거는 어떻게 평가했는지 알 수 있을 것이다.

이하에서는 자료를 요약하고, 점수를 어떻게 계산했는지를 약술한 뒤 오차 범위에 대해서 가볍게 설명하겠다.

에너지 획득

에너지 획득을 가장 먼저, 가장 길게 논의하려고 한다. 네 가지 특징 가운데 수량적으로 가장 중요하기 때문이다. 한참 멀리로 거슬러올라가면 도시화나 전쟁 수행 능력, 정보기술 점수는 모두 0점에 수렴하는데, 인간 활동이 너무도 미미한 수준이기 때문에 지수상에서 0.01점 이하의 점수를 낸다. 반면 에너지 획득은 결코 0점으로 떨어지는 법이 없다. 에너지를 획득하지 못하면 죽기 때문이다. 인간이 온전히 심신을 유지하는 데는 대략 하루에 2000킬로칼로리가 소모되며 현대 서양의 에너지 획득은 1인당 1일 22만8000킬로칼로리(=250점)이므로 이론상 가장 낮은 점수는 2.19점이 된다. 현실적으로 에너지 획득은 빙하기 말 이후로 언제나 4점 이상인데 인간이 사용하는 에너지의 대부분은 비식량 형태(의복, 주거, 물건, 연료 등등)이기 때문이다. 산업혁명 때까지 에너지 획득 점수는 전형적으로 전체 사회발전지수의 75~90퍼센트를 차지한다. 2000년에도 여전히 서양 사회발전지수의 28퍼센트, 동양 사회발전지수의 20퍼센트를 차지한다.

에너지 획득의 증거는 현대의 각종 통계 개요부터 농업과 산업, 생활방식에 관한 문헌 기록, 식단과 수공예, 삶의 질에 관한 고고학적 증거에 이르기까지 광범위하다. 그러한 다양한 자료를 결합하는 것은 만만찮은 작업이지만 다른 연구와 마찬가지로 이전 연구자들의 공헌을 바탕으로 자료를 구축할 수 있었다. 제3장에서 설명했듯이 얼 쿡의 1971년 에너지 흐름 연구는 다른 추정치와 지속적으로 비교, 대조할 수 있는 편리한 출발점을 제공한다. 이 모든 추정치는 서양 핵심부의 현재 에너지 획득 수준인 1인당 1일 23만 킬로칼로리로 수렴하는데, 쿡은 이 수치를 대략 사료/식량(인간과 더불어 가축도 포함), 가정/상업, 산업/농업, 운송이라는 네 가지 범주로 나누었다.

바츨라프 스밀(1991, 1994)은 비식량 에너지 소비를 바이오매스 연료와 화석연료로 유용하게 나누고 시간에 걸쳐 서양 핵심부에서 두 연료의 개발을 그래프로 그려보인다. 그의 데이터를 서양의 에너지 획득 점수로 전환하기 위해서는 여러 단계를 거쳐야 하지만 계산 결과는 대략 1900년에 1인당 1일 9만3000킬로칼로리, 1800년에 3만8000킬로칼로리로 나오면서 1860년 산업화한 유럽을 대상으로 한 쿡의 추정치 7만7000킬로칼로리를 깔끔하게 포괄한다.

1800년 이전으로 거슬러갈수록 구할 수 있는 정부의 통계자료는 줄어들지만, 경제가 점점 더 바이오매스 연료에 의존할수록 공식 기록 대신 경제사가와 인류학자들이 수집한 정보를 더 많이 발견할 수 있다. 1700년에 서양 핵심부에서 사람은 하루에 평균 3만~3만5000킬로칼로리의 에너지를 소비했음이 틀림없다. 서양 사회들에 관해 우리가 찾은 증거들은 몇천 년 전으로 거슬러올라갈수록 에너지 획득 수치가 떨어진다는 것을 분명하게 보여주지만* 각종 비교 증거들은 또한 서양의 에너지 획득이 결코 1인당 1일 3만 킬로칼로리 이하로 떨어질 리는 없었음도 보여준다. 논쟁의 여지가 있지만, 중세 서양의 에너지 획득이 심지어 8세기에도 1인당 1일 2만 5000킬로칼로리 이하로 떨어진 적이 있을지는 의심스럽다. 이하에서 다시 설명할 이유 때문에 나는 이러한 추정이 5~10퍼센트 이상 오차가 날 수는 없다고 본다.

당당한 로마시대의 가옥과 기념비적 유적들, 난파선 숫자, 공예품의 양, 얼음 코어에 나타난 인공적 오염 수준, 거주지에서 출토된 엄청난 수의 동물 뼈는 서양의 에너지 획득 수준이 8세기나 심지어 13세기보다 1세기에 더 높았음을 분명하게 보여주지만, 과연 얼마나 더 높았을까? 경제사가들의 영리한 계산은 답을 제시한다. 로버트 앨런(2007a)은 300년에 서양 핵심부의 실질임금(전근대사회 대부분의 가난한 사람의 에너지 소비를 밀접하게 반영한다)이 8세기 남유럽의 실질임금과 비슷하다는 것을 보여준다. 월터 샤이델(2008)은 로마시대 임금이 중세 유럽 지역 대부분의 임금보다 월등히 높았다는 것을 밝혀냈다. 제프 크론(2005)과 니콜라 쾨프케/외르그 바텐(2005, 2008)이 수집한 자료는 1세기와 18세기 사이 임금 수준에 거의 변화가 없음을 가리키며, 크론(근간)은 고대 가옥이 18세기 유럽의 가장 부유한 지역의 가옥보다 일반적으로 더 좋았다는 점을 시사한다. 나는 기원전/서기 1세기에 에너지 획득을 1인당 1일 대략 3만1000킬로칼로리로 추정하며, 500년까지 서서히 줄어들다가 그다음 700년까지 빠르게 줄어들었다고 본다.

기원전 1000년경 서양 핵심부에서 에너지 획득 수준은 로마시대보다

※ 중세 연구자들은 도표 A. 2에서 서양의 점수가 1000년과 (잘 알려진 대로) 서유럽 사회가 왕성하게 팽창하고 있던 1400년 사이에 1인당 1일 2만6000킬로칼로리에 머물러 있음을 보고 놀랄지도 모른다. 그러나 이 시기 서양의 점수는 사실, 이 시기에 정체기를 경험한(제7장에서 묘사한 대로) 동부 지중해의 무슬림 핵심부를 나타낸다. 서유럽의 에너지 획득은 해당 세기 내내 1인당 1일 2만5000킬로칼로리 이하에 머물렀고 15세기에야 지중해 무슬림 사회를 따라잡았다.

연대	서양	동양
2000 (서기)	230	104
1900	92	49
1800	38	36
1700	32	33
1600	29	31
1500	27	30
1400	26	29
1200	26	30.5
1000	26	29.5
800	25	28
600	26	27
400	28	26
200 (서기)	30	26
1 (기원전/서기)	31	27
200 (기원전)	27	24
400	24	22
600	22	20
800	21	18
1000	20	17
1200	21	17
1500	20.5	15
2000	17	11
2500	14	9.5
3000	12	8
3500	11	7.5
4000	10	7
5000	8	6.5
6000	7	6
8000	6	5
1만	5.5	4
1만2000	4.5	4
1만4000 (기원전)	4	4

[도표 A.2] 1인당 1일 에너지 획득량 (단위: 1000킬로칼로리)

낮았을 뿐 아니라 틀림없이 8세기보다도 낮았을 것이다. 가장 급격한 증가 시기는 기원전 300년 이후인데, 이 시기 지중해가 더 큰 정치적, 경제적 단위로 통합되는 한편 로마 온난기가 생산량을 증가시켰지만, 다량의 고고학 자료는 더 이전 시기인 기원전 600년 이후에도 급격한 성장세가 있었음을 보여준다. 나는 기원전 1000년에 에너지 획득이 1인당 1일 2만 킬로칼로리로, 기원전 2000년대 후반보다 살짝 감소한 수준이지만 기원전 3000년대보다는 여전히 높다고 조심스레 점쳤다.

그 이전의 선사시대 점수들은 그보다 더 낮다. 영거 드라이아스기 채집인들은 아마도 대략 하루에 5000킬로칼로리로 살아갔을 테지만, 기후가 따뜻해지고 동식물을 길들여 식량으로 이용하고 동물을 축력으로 활용하면서 이 수치는

(그 이전과 비교할 때 상대적으로) 급격하게 증가했다. 기원전 3000년이 되자 측면구릉지대에 정착한 마을 주민들은 비록 식단이 4000년 전보다 더 나아지지는 않았을지라도 의복과 연료, 농장의 가축, 가옥, 가내 물품, 각종 기념물로 1인당 1일 1만2000킬로칼로리를 소비했을 것이다.

동양의 점수를 계산하는 것은 더 어려운데, 부분적으로 쿡과 스밀 같은 학자들이 지역별 비교보다는 에너지 획득이 가장 높은 지역에만 집중했기 때문이다. 그러나 우리는 서기 2000년에 일본인이 하루에 평균 10만4000킬로칼로리(서양 수준의 절반에 못 미친다)를 소비한다는 유엔의 통계자료(2006)에서 실마리를 찾을 수 있다. 1900년에 동양 핵심부는 여전히 대체로 농업 경제였으며 일본의 석유 사용과 심지어 석탄을 원료로 한 산업도 아직 걸음마 수준이었다. 일본의 에너지 획득은 1인당 1일 4만9000킬로칼로리 정도였을 것이다(역시 서양 수준의 절반에 못 미쳤다). 앞선 5세기 동안 석탄 사용과 농업 생산량은 꾸준하게 증가했다. 1600년에 양쯔 강 삼각주 지역의 생산성은 서양의 어느 지역보다 높았지만 1750년이 되자 네덜란드와 잉글랜드의 농업은 양쯔 강 유역의 생산성을 따라잡았고, 동양의 실질임금은 부유한 북유럽보다는 남유럽 수준과 비슷했다. 나는 동양 핵심부의 1인당 1일 에너지 획득량을 1400년에 2만9000킬로칼로리로, 18세기에 상당량이 증가하여 1800년에는 3만6000킬로칼로리로 추정했다.

1200년 이후의 위기가 중국의 에너지 사용량에 얼마나 악영향을 끼쳤는지에 관해서는 논쟁이 있지만, 적어도 1인당 1일 3만 킬로칼로리를 넘어섰던 송대의 정점보다는 살짝 감소했을 것이다.

서양에서와 마찬가지로 고고학적 증거는 동양의 에너지 획득이 1000년대 중반에 저점을 통과했다는 것을 분명히 보여주지만 감소가 어느 정도 급격했는지는 알기 힘들다. 제5장에서 검토한 증거는 한나라 때 에너지 소비가 동양에서 이전 어느 시기보다 높았지만 당대 로마나 후대의 송나라 때보다는 낮았다는 것을 시사한다. 나는 기원전/서기 1세기 1인당 1일 에너지 획득이 2만7000킬로칼로리였으며 약간의 감소를 거쳐 서기 700년이 되면 동일한 수준으로 회복했다고 추정했다.

다시금 서양과 유사하게 기원전 1000년대 동양의 에너지 획득은 꾸준하게 증가했다. 기원전 500년 이후 빠르게, 운하망과 무역, 금속 도구의 확산에 힘입은 기원전 300년 이후에는 더 급격하게 증가했다. 기원전 1000년에 평균 에너지 획득은 1인당 1일 대략 1만7000킬로칼로리였을 것이고 진시황제 시절이 되면 2만6000킬로칼로리에 가까웠을 것이다.

선사시대 동양의 에너지 획득은 서양과 유사한 문턱을 통과했던 것 같지만 일반적으로 서양보다 1000~2000년 뒤처진 채 증가했다.

조직화

산업화 이전의 역사 내내 조직화는 언제나 사회발전지수에서 두 번째로 큰 구성 요소였다. 나는 이 특징을 제3장에서 주요 예시로 들어서 왜 가장 큰 도시 규모를 사회발전의 대용물로 사용했는지 설명했다. 자료에서 모호한 점이 많고 용어 정의상의 융통성이 커서 전문가들은 각각의 시기마다 도시 크기에 대해 의견이 엇갈리기에 웹사이트에서 내가 산정한 것을 상세히 설명했다. 도표 A. 3은 주요 계산 일부를 요약한 것이다.

전쟁 수행 능력

문자가 발명된 이래로 사람들은 전쟁을 기록해왔고 선사시대 초기 이

연대	서양	동양
2000 (서기)	16,700 (뉴욕)	26,700 (도쿄)
1900	6,600 (런던)	1,750 (도쿄)
1800	900 (런던)	1,100 (베이징)
1700	600 (런던, 콘스탄티노플)	650 (베이징)
1600	400 (콘스탄티노플)	700 (베이징)
1500	100 (콘스탄티노플)	600 (베이징)
1400	125 (카이로)	500 (난징)
1200	250 (바그다드, 카이로, 콘스탄티노플)	800 (항저우)
1000	200 (코르도바)	1,000 (카이펑)
800	175 (다마스쿠스)	1,000 (장안)
600	125 (콘스탄티노플)	250 (다싱청)*
400	500 (로마)	150 (뤄양)
200 (서기)	800 (로마)	120 (뤄양)
1 (기원전/서기)	1,000 (로마)	500 (장안)
200 (기원전)	300 (알렉산드리아)	125 (린쯔)
500	150 (바빌론)	80 (뤄양, 린쯔)
1000	25 (수사)	35 (치)
1200	80 (바빌론, 테베)	50 (안양)
1500	75 (우루크, 테베)	35 (정저우, 옌스)
2000	60 (멤피스)	15 (얼리터우)
3000	45+ (우루크)	2 (다디완)
4000	5 (우루크, 텔 브라크)	<1 (시포? 다디완?)
6500	3 (차탈회위크)	
7500 (기원전)	1 (베이다, 바스타, 차탈회위크)	

* 7세기에 장안으로 개명됨

[도표 A.3] 각 핵심부에서 최대 거주지의 인구수(단위: 1000명)

연대	서양	동양
2000 (서기)	250.0	12.5
1900	5.0	1.0
1800	0.50	0.10
1700	0.35	0.15
1600	0.18	0.12
1500	0.13	0.10
1400	0.11	0.11
1200	0.08	0.09
1000	0.06	0.08
800	0.04	0.07
600	0.04	0.09
400	0.09	0.07
200 (서기)	0.11	0.07
1 (기원전/서기)	0.12	0.08
200 (기원전)	0.10	0.07
400	0.09	0.05
600	0.07	0.03
800	0.05	0.02
1000	0.03	0.03
1200	0.04	0.02
1500	0.02	0.01
2000	0.01	0
2500	0.01	0
3000 (기원전)	0.01	0

[도표 A.4] 사회발전지수 위에 점수로 표현된 전쟁 수행 능력.

래로 죽은 사람들을 흔히 무기와 함께 묻었다. 그 결과 우리는 전근대 전투에 관해서도 놀랄 만큼 많은 것을 알게 되었다. 전쟁 수행 능력을 점수화하는 데 주요 난관은 경험적 데이터 부족의 문제라기보다 개념적인 문제다. 흔히 이전 시스템과 비교가 불가능하도록 의도된, 근본적으로 다른 전투 시스템을 어떻게 비교할 수 있을까? 가장 유명한 예를 들어보자. 1906년 영국이 전함 드레드노트 호를 진수했을 때 깔린 발상은 순전히, 전함을 무장한 초대형 함포와 중기갑 때문에 제아무리 많은 1890년대식 전함이라도 1906년 이후의 전함 한 대를 당할 수 없게 되리라는 것이었다.

그러나 현실에서는 일이 그렇게 단순하게 풀리지 않는다. 급조한 폭발물은 적당한 상황 아래에서 최고의 하이테크 군대와 대등하게 맞설 수도 있다. 원칙적으로 우리는 매우 판이한 군사 시스템에 동일 척도로 점수를 매길 수 있다. 비록 전문가들은 그 점수를 어떻게 매겨야 할지를 두고 논쟁하겠지만 말이다.

2000년을 기준으로 서양의 전례 없는 군사력은 250점을 얻으며 동양의 군사력보다 월등히 강하다. 일부 동양의 군대의 규모는 크지만 규모보다 훨씬 더 중요한 것은 무기 시스템이다. 미국과 중국 간 국방예산 비율은 10 대 1, 항공모함 전대는 11 대 0, 핵탄두는 26 대 1이다. 미국의 주력 전차 M1 탱크와 정밀 무기 그리고 중국의 구식 무기 시스템 간의 질적 차이는 더 크다. 서양 대 동양의 점수 비율을 10 대 1로 낮게 잡거나 50 대 1로 높게 잡는 것은 둘 다 극단적인 듯하며, 나는 20 대 1로 잡아서 2000년 서양의 250점에 비해 동양에는 12.5점을 부여했다.

2000년의 점수를 이전 시기의 점수와 비교하는 것은 더 힘들지만 병력의 변화와 이동 속도, 병참술, 타격력의 범위와 파괴력, 이용 가능한 보호 장비와 방어 시설에서의 변화를 살펴봄으로써 어림짐작을 할 수 있다. 한 계산에 따르면 포격의 유효성은 1900년과 2000년 사이에 20배 증가했고 대전차 화력의 효과는 60배 증가했다고 한다. 20세기에 걸친 다른 모든 변화를 고려하여 나는 2000년과 1900년 사이 서양의 전쟁 수행 능력 비율을 50 대 1로 잡았는데, 1900년의 서양은 2000년 서양의 250점에 비하여 5점을 얻는다는 뜻이다.

1900년 서양의 군사력은 동양보다 훨씬 강했지만 양자 간 격차는 확실히 2000년 때만큼 크지는 않을 것이다. 1902년 영국 해군은 일본 해군보다 총배수량(중량 톤수)에서 여섯 배 더 나갔고 유럽 강대국 중 어느 나라도 일본보다 병사가 많았다. 나는 1900년 서양 대 동양 비율을 5 대 1로 잡았는데, 1900년 동양은 (1900년 서양의 5점과 2000년 동양의 12.5점에 비하여) 단 1점을 얻는 데 그친다는 뜻이다.

계산에서 이와 같은 수준의 주관성을 모두가 쉽사리 납득하지는 못할 것이다. 요는 2000년 서양의 군사력이 워낙 막강해서 다른 모든 점수가 필연적으로 미미할 수밖에 없고, 그 결과 추정에서의 오차는 별로 의미가 없다는 것이다. 우리가 1900년까지 각 시기의 전쟁 수행 능력 점수 전체나 어느 시기 점수 일부를 두 배로 늘리거나 반으로 줄이더라도 사회발전 총점에서 현저한 변화는 없다.

서양의 전쟁 수행 능력에서 1800년과 1900년간의 격차는 1900년과 2000년간의 격차만큼 크지는 않지만 여전히 어마어마하다. 이 시기에 서양은 범선과 기병대 돌격, 전장식 활강 머스킷 총의 시대에서 포탄과 석유로 움직이는 장갑 전함 그리고 기관총의 시대로, 탱크와 비행기가 출현하기 직전인 시대로 옮겨간다. 19세기는 서양의 전쟁 수행 능력을 한 자릿수 끌어올렸을 것이며, 따라서 나는 1800년 서양의 전쟁 수행 능력을 단 0.5점으로 잡았다. 그 시점에 서양의 전쟁 수행은 동양보다 훨씬 효과적이었으며 그 시기 동양은 어쩌면 0.1점에 불과했을 것이다.

1500년과 1800년 사이 유럽은 역사가들이 흔히 '군사혁명'이라고 부르는 것을 겪었는데, 군사혁명을 거치면서 유럽의 전쟁 수행 능력은 대략 네 배 증가했을 것이다. 반면 동양의 전쟁 수행 능력은 사실 1700년(강희제가 스텝 지대를 정복하기 시작했을 때)과 1800년 사이에 후퇴했다. 현존하는 위협이 부재한 상황에서 중국의 통치자들은 병력을 감축하고 비용이 많이 드는 기술적 진보들은 무시함으로써 수시로 평화 배당금을 추구했다. 전쟁 수행에서 1800년 동양은 1500년보다 현저하게 유능해지지 않았으며 1700년보다는 능력이 훨씬 **떨어졌다.** 이는 1840년대 영국군이 1840년대 중국군을 왜 그렇게 쉽게 물리칠 수 있었는지를 설명한다.

14세기 화약 무기의 도래는 동양과 서양에서 전쟁 수행 능력을 증가시켰지만 19세기와 20세기의 발명만큼 극적인 증가를 가져오지는 않았다. 유럽에서 1500년경 최고의 군대(특히 오스만튀르크의 군대)는 아마도 5세기 전 군대보다 다섯 배 더 효과적이었을 텐데, 이는 화력보다는 군대의 규모와 병참술과 관련이 컸다.

1500년경 서양의 전쟁 수행 능력과 거대하고 고도로 조직적이지만 화약 도입 이전인 로마 제국의 군사력 간의 관계는 평가하기가 더 어렵다. 한 연구는 2000년경의 제트 폭격기 한 대는 로마군단 한 개의 살상 능력의 50배에 달한다고 추정했는데,[1] 우리는 이러한 결론을 기원전/서기 1세기 서양의 점수가 0.0005점이라는 뜻으로 받아들일 수 있다. 그러나 물론 로마는 미국의 제트 폭격기 수보다 더 많은 군단을 갖고 있었고 나는 현대 서양 대 로마시대 전쟁 수행 능력을 2000대1에 가까웠을 것이라 추정하여 기원전/서기 1세기 서양의 점수를 0.12점으로 잡았다. 그에 따라 전성기의 로마 군대는 대포를 보유하지 않았음에도 불구하고 15세기 유럽 육군과 해군의 진지한 경쟁상대가 되지만 '군사혁명' 시대의 군대에는 비할 바가 못 된다. 이는 또한 절정기 로마의 전쟁 수행 능력은 몽골족과 겨룰 수 있었을지도 모르며 당나라 시대 중국의 전쟁 수행 능력보다 우월했다는 뜻이다.

기원전 200년까지도 청동 무기가 여전히 일반적이었다면 동양에서 한나라(기원전 200~서기 200) 군대는 로마보다 덜 유능했던 것 같지만 구세계 교환 이후에 중국의 군사력은 서양의 경우와 달리 쇠퇴가 심각하지 않았다. 6세기 중국을 재통일하기 위해 수 문제가 동원한 군대는 당대 서양의 어느 군대보다 더 강력했으며 700년경 측천무후 시대에 서양과 동양의 군사력 격차는 엄청났다.

기원전의 군대는 로마 제국이나 한나라의 군대보다 훨씬 약했다. 동양에서 나는 기원전 1900년 얼리터우 시기 이전의 어느 군대도 0.01점을 획득할 만큼 유능하지 않았다고 추정하며, 서양에서는 기원전 3000년경이 되면 이집트와 메소포타미아 군대가 아마도 0.01점을 획득했을 것으로 본다.

정보기술

고고학적 정보와 문헌은 다양한 시기에 어떤 종류의 정보기술이 존재했는지를 보여주며 이러한 매체들이 얼마나 많은 정보를 어느 속도로, 어느 거리만큼 전달했는지를 추정하는 것은 그리 어렵지 않다. 진짜 문제는 여러 정보기술이 어느 정도 사용되었는지 추정하는 것인데, 이는 결국 대부분의 역사 동안 얼마나 많은 사람이 얼마나 능숙하게 글을 읽고 쓸 줄 알았는지를 추정하는 것과 직결된다.

무어의 법칙—정보기술의 비용-효과는 1950년대 이래로 18개월마다 두 배로 증가해왔다—은 2000년의 점수가 1900년보다 10억 배 더 높다는 뜻인 듯하고 그럴 경우 1900년 서양의 점수는 0.00000025점이다. 물론 이는 인쇄된 책(디지털 미디어가 이제 와서야 진지하게 위협하기 시작한)과 같은 구식 정보 저장 형식의 유연성과 시간이 흐르면서 선진적인 기술에 대한 접근성에서 일어난 변화를 간과하는 것이리라.

현대와 이전 정보기술 간의 적절한 비율은 10억 대 1보다는 훨씬 작지만 여전히 엄청나므로 1900년 이전의 점수는(그리고 1900년 이전의 점수에서 오차 범위는 더욱이) 전쟁 수행 능력의 경우보다 더 미미하다. 다른 한편으로 얼마나 많은 사람이 다양한 정도로 읽고 쓰고 셈을 할 줄 알았는지에 관한 증거는 전쟁에 관한 증거보다 훨씬 모호하기에 나의 어림짐작은 앞서보다 더욱 인상에 의존한다.

도표 A.5에서 나는 정보기술을 수량화하고자 여러 단계로 접근했다. 첫째, 역사가들의 관행을 따라 나는 읽고 쓰는 능력 수준을 고급, 중급, 초급으로 나눴다. 각 등급의 기준은 낮게 잡았다. 문자해독능력 측면에서 초급은 이름을 읽고 쓸 줄 아는 수준, 중급은 단순한 문장을 읽고 쓸 줄 아는 수준, 고급은 좀 더 길게 연결된 문장을 읽고 쓸 줄 아는 수준이다.

1950년 중국 공산당의 문자해독률 증진운동에서 정의한 내용(고급은 한자 1000자를 이해할 수 있는 수준, 중급은 500~1000자를 이해할 수 있는 수준, 초급은 300~500자를 이해할 수 있는 수준)도 다소 유사하다.

둘째, 이용할 수 연구에 의존하여 나는 여러 시기의 성인 남성 인구를 이 세 등급으로 나누었다. 그다음 고급 범주에 들어가는 남자 1퍼센트마다 0.5점을, 중급 범주에 들어가는 1퍼센트마다 0.25점을, 초급 범주에 들어가는 1퍼센트마다 0.15점을 부여했다. 성인 여성에게도 똑같은 점수체계를 부여했다. 여성의 문자해독능력에 관한 증거는 남성의 경우보다 더 빈약하지만, 물론 20세기까지 글을 읽고 쓸 줄 아는 여성이 남성의 경우보다 (일반적으로 훨씬) 적었다는 것은 분명하다. 비록 최근 이전의 경우는 기본적으로 추측에 의존했기에 자신은 없지만, 나는 정보기술을 이용한 여성의 비율을 정보기술을 이용한 남성의 1퍼센트로 어림짐작했다.

2000년에 서양과 동양 핵심부 양쪽에서 남성과 여성 모두 100퍼센트 고급 수준에 속하므로* 두 지역 모두 정보기술 점수 100점을 얻는다. 1900년 서양 핵심부에서 거의 모든 남성이 어느 정도 글을 읽고 쓸 줄 알았으며(50퍼센트는 고급, 40퍼센트는 중급, 7퍼센트는 초급) 여성도 거의 그만큼 교육을 잘 받았기에 이 시기 서양의 정보기술 점수는 63.8점이다. 동양에서도 문자해독능력은 남성 사이에 널리 퍼져 있었지만 서양만큼 높은 수준은 아니었고(나는 15퍼센트는 고급, 60퍼센트는 중급, 10퍼센트는 초급으로 추정했다) 글을 읽고 쓸 줄 아는 여성은 전체의 4분의 1 정도밖에 안 되었을 것이다. 따라서 동양은 정보기술 점수 30점을 얻는다. 이러한 계산을 역사를 거슬러올라가 계속 반복하면 내 추정치에 가능한 오차 범위는 꾸

준하게 증가하지만 글을 읽고 쓸 줄 아는 인구가 워낙 극소수라 이러한 오차의 영향 역시 매우 미미하다.

셋째 단계는 의사전달기술의 속도와 도달 범위의 변화를 고려한 배수를 적용하는 것이다. 우선 정보를 처리하는 최첨단 기술을 세 가지 넓은 범주로 나눴다. 전자적electronic 기술(2000년에 이르러 서양과 동양에서 모두 이용하고 있는 기술), 전기적electrical 기술(1900년이 되자 서양에서 이용하던 기술), 전前전기적preelectrical 기술(서양에서는 아마도 1만1000년 동안, 동양에서는 아마도 9000년 동안 이용된 기술)이 그것이다.

대부분의 역사가와 달리 나는 인쇄 시대와 인쇄 이전 시대를 뚜렷하게 구분하지 않았다. 인쇄술의 주요 기여는 전신이나 인터넷이 한 것처럼 커뮤니케이션 방식을 변형시키기보다는 더 많고 더 저렴한 커뮤니케이션 재료를 만들어낸 것이었고, 이 양적 변화는 점수체계 안에 이미 반영되어 있다. 전자적 기술에는 2000년 서양과 동양에서 컴퓨터와 브로드밴드 통신망 이용 가능성을 고려하여 두 지역의 점수에 각각 2.5와 1.89의 배수를 곱했다. 1900년에 이르러 서양에 약간의 영향을 미친 전기적 기술에는 0.05의 배수를 부여했고 나머지 모든 시기에 사용된 전전기적 기술에는 동양과 서양에 각각 0.01의 배수를 부여했다. 그 결과 2000년 서양은 사회발전에서 최대 가능 점수인 250점을 얻고(정보기술 점수 100점×2.5) 동양은 189점을 얻는다(정보기술 점수 100점×1.89). 1900년 서양은 3.19점(63.8점×0.05), 동양은 0.3점(30점×0.01)을 얻는다. 이런 식으로 계산해나가면 사회발전지수에 표시 가능한 최소 수준(다시 말해 0.01점)에 서양은 기원전 3300년경에 도달하고 동양은 기원전 1300년경에 도달한다.

서양 핵심부

연대	남성(퍼센트)			남성 점수	여성 (남성 대비 비율)	문자해득능력 점수	배수	총점
	고급 (퍼센트=0.5점)	중급 (퍼센트=0.25점)	초급 (퍼센트=0.15점)					
2000(서기)	100 (50)	0	0	50	100% = 50	100.0	x 2.5	250.0
1900	40 (20)	50 (12.5)	7 (1.05)	33.6	90% = 30.2	63.8	x 0.05	3.19
1800	20 (10)	25 (6.25)	20 (3)	19.3	50% = 9.65	28.95	x 0.01	0.29
1700	10 (5)	15 (3.75)	25 (3.75)	12.5	10% = 1.25	13.75	x 0.01	0.14
1600	5 (2.5)	10 (2.5)	10 (1.5)	6.5	2% = 0.13	6.63	x 0.01	0.07
1500	4 (2)	8 (2)	6 (0.9)	4.9	2% = 0.10	5.0	x 0.01	0.05
1400	3 (1.5)	6 (1.5)	4 (0.6)	3.6	1% = 0.04	3.64	x 0.01	0.04
1300	3 (1.5)	6 (1.5)	4 (0.6)	3.6	1% = 0.04	3.64	x 0.01	0.04
1200	3 (1.5)	6 (1.5)	4 (0.6)	3.6	1% = 0.04	3.64	x 0.01	0.04
1100	2 (1)	4 (1)	2 (0.3)	2.3	1% = 0.02	2.32	x 0.01	0.02
1000	2 (1)	4 (1)	2 (0.3)	2.3	1% = 0.02	2.32	x 0.01	0.02
600-900	2 (1)	2 (0.5)	1 (0.15)	1.65	1% = 0.02	1.67	x 0.01	0.02
300-500(서기)	3 (1.5)	4 (1)	3 (0.45)	2.95	1% = 0.03	2.98	x 0.01	0.03
100(기원전)-200(서기)	4 (2)	6 (1.5)	5 (0.75)	4.25	1% = 0.04	4.29	x 0.01	0.04
500-200(기원전)	2 (1)	3 (0.75)	2 (0.3)	2.05	1% = 0.02	2.07	x 0.01	0.02
900-600	1 (1)	2 (0.5)	1 (0.15)	1.65	1% = 0.02	1.67	x 0.01	0.02
1100-1000	1 (1)	1 (0.25)	1 (0.15)	1.4	1% = 0.01	1.41	x 0.01	0.01
2200-1200	1 (1)	2 (0.5)	1 (0.15)	1.65	1% = 0.02	1.67	x 0.01	0.02
2700-2300	1 (1)	1 (0.25)	1 (0.15)	1.4	1% = 0.01	1.41	x 0.01	0.01
3300-2800	0 (1)	1 (0.25)	2 (0.3)	0.55	1% = 0	0.56	x 0.01	0.01
6000-3400	0	0	1 (0.15)	0.15	1% = 0	0.15	x 0.01	0
9000-6100	0	0	0	0	0	0	x 0.01	0
9300-9000(기원전)	0	0	1 (0.15)	0.15	1% = 0	0.15	x 0.01	0

통양 핵심부

연대	남성(퍼센트)			남성 점수	여성 (남성 대비 비율)	문자해독능력 점수	배수	총점
	고급 (퍼센트=0.5점)	중급 (퍼센트=0.25점)	초급 (퍼센트=0.15점)					
2000 (서기)	100 (50)	0	0	50.0	100% = 50	100.0	x 1.89	189.0
1900	15 (7.5)	60 (15)	10 (1.5)	24.0	25% = 6	30.0	x 0.01	0.3
1800	5 (2.5)	35 (8.75)	10 (1.5)	12.75	5% = 0.64	13.39	x 0.01	0.13
1700	5 (2.5)	20 (5)	10 (1.5)	9	2% = 0.18	9.18	x 0.01	0.09
1600	4 (2)	15 (3.75)	10 (1.5)	7.25	2% = 0.15	7.4	x 0.01	0.07
1500	3 (1.5)	10 (2.5)	10 (1.5)	5.5	2% = 0.11	5.61	x 0.01	0.06
1400	3 (1.5)	10 (2.5)	10 (1.5)	5.5	2% = 0.11	5.61	x 0.01	0.06
1300	3 (1.5)	5 (1.25)	5 (0.75)	3.5	1% = 0.04	3.54	x 0.01	0.04
1200	3 (1.5)	5 (1.25)	5 (0.75)	3.5	1% = 0.04	3.54	x 0.01	0.04
1100	2 (1)	2 (0.5)	3 (0.45)	1.95	1% = 0.02	1.97	x 0.01	0.02
600(기원전)~1000(서기)	2 (1)	2 (0.5)	2 (0.3)	1.8	1% = 0.02	1.82	x 0.01	0.02
1000~700(기원전)	2 (1)	1 (0.25)	1 (0.15)	1.4	1% = 0.01	1.41	x 0.01	0.01
1300~1100	1 (0.5)	1 (0.25)	1 (0.15)	0.9	1% = 0.01	0.91	x 0.01	0.01
7000~1400(기원전)	0	0	1 (0.15)	0.15	1% = 0	0.15	x 0.01	0

[도표 A.5] 정보기술 점수

오차 범위

나는 앞서 추정과 추측을 거듭 언급했는데 추측과 추정을 하지 않고는 사회발전지수를 만들 도리가 없기 때문이다. 그에 따라 우리가 '맞다'는 단어를 모든 세부 사항 하나하나가 틀림이 없다는 엄밀한 의미로 받아들이든 아니면 모든 전문가가 동일한 추정을 하리라는 뜻의 약한 의미로 받아들이든 간에 결국 어느 지수도 결코 '맞을' 수는 없다. 따라서 내가 계산한 사회발전지수가 맞는지 틀렸는지를 묻는 것은 의미가 없다. 내 계산 결과는 물론 틀렸다. 진짜 문제는 이것이다. **얼마나** 틀렸는가? 계산 결과가 너무 틀려서 제4장~제10장의 그래프에 나타난 사회발전 역사의 기본적 모습 자체가 왜곡되었는가? 다시 말해 이 책 전체에 치명적인 오류가 있는가? 아니면 이 오차들은 사실 상대적으로 사소한 것인가?

원칙적으로 이 질문에는 쉽사리 답할 수 있다. 우리는 a) 이 책에서 제시된 논의들이 설득력이 없도록 과거의 모습을 매우 다르게 바꾸려면 점수를 얼마나 바꿔야 하는지 그리고 b) 그러한 점수 변동이 설득력이 있는지를 묻기만 하면 된다.

궁극적으로 이 질문에 답하는 길은 내가 한 각각의 계산이 맞는지 웹사이트에 올린 증거들을 일일이 검토하는 것이지만 여기서는 체계적 오류가 역사의 전반적 모습에 관한 내 주장을 약화시킬 가능성만을 간단하게 다루고자 한다. 내 지수에 따르면(도표 3.7에서 로그함수 그래프로 표현된) 서양은 기원전 1만4000년 이후부터 우위를 보인다. 동양은 서서히 서양을 따라잡고 기원전 1000년대 대부분의 기간 동안 동서양간 격차는 좁혀진다. 기원전 100년경에 서양은 격차를 벌리지만 서기 541년부터는 동양이 앞서나간다. 그다음 1773년까지 동양의 우위가 지속된다. 그후 서양이 우위를 되찾고 만약 20세기의 추세가 지속된다면 2103년까지 계속 우위를 유지할 것이다. 서양의 사회발전은 빙하기 말부터 전체 기간의 92.5퍼센트 동안 동양보다 높았다.

나는 제3장에서 내가 산출한 점수 전반이 이러한 역사적 패턴을 바꾸지 않은 채 10퍼센트까지 오류가 날 수 있다고 주장했다. 도표 A.6(a)는 만약 내가 지금까지 서양의 사회발전지수를 지속적으로 10퍼센트 과소평가했고 동양의 사회발전지수를 지속적으로 10퍼센트 과대평가했다면, 원래 맞는 역사적 추세는 어떨지를 보여준다. 도표 A.6(b)는 만약 내가 동양의 사회발전지수는 지속적으로 10퍼센트 과소평가했고 서양의 점수는 10퍼센트 과대평가했다면, 본래 맞는 계산 결과는 어떨지를 보여준다.

먼저 주시할 점은 이 점수들이 심각하게 신뢰도의 한계를 시험한다는 것이다. 서양의 점수를 10퍼센트 올리고 동양의 점수를 10퍼센트 깎은 도표 A.6(a)는 우리로 하여금 정화가 인도양으로 항해하기 직전인 서기 1400년에 서양이 동양보다 더 발전했다고 믿으라고 요구한다. 이 그래프에는 기원전 218년 한니발이 코끼리를 이끌고 로마를 공격했을 때 서양의 사회발전 수준이 이미 정화시대 동양보다 더 높았다는 의미도 담겨 있다. 마치 그것만으로는 충분하지 않다는 듯 이 그래프는 율리우스 카이사르가 기원전 44년에 암살되었을 때의 서양이 청나라의 건륭제가 1793년 매카트니 경의 무역 사절단을 거부했을 때의 동양보다 더 발전했다는 이상한 의미도 추가로 담고 있다.

도표 A.6(b)는 그보다 더 이상한 것 같다. 한 예로, 아랍인이 다마스쿠스에서 광대한 칼리프령을 다스리던 700년에 서양의 점수는 공자시대 동양의 점수보다 더 낮은데, 이런 평가는 도저히 맞을 수가 없다. 그리고 이 그래프에 따르면 이미 산업혁명이 진행중인 1800년 서양의 사회발전지수는 1000~1200년 송대 동양의 점수보다 더 낮은데, 이건 그보다 설득력이 더 떨어진다.

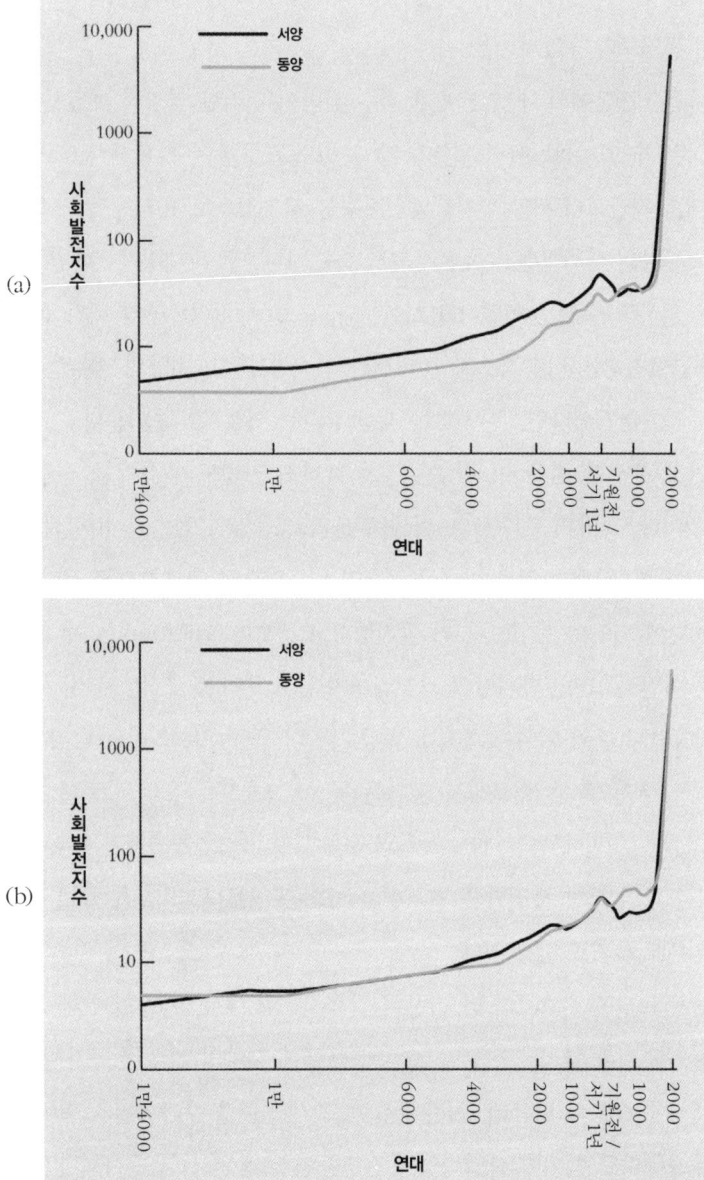

[도표 A. 6] 오류가 드러나다: 사회발전지수에서 체계적 오류의 함의. (a)는 서양의 사회발전지수를 모두 10퍼센트 올리고 동양의 사회발전지수는 모두 그만큼 깎은 결과다. (b)는 동양의 모든 사회발전지수를 10퍼센트 올리고 서양의 사회발전지수는 모두 그만큼 깎은 결과다.

그러나 역사가들이 그런 이상한 결론을 받아들인다 하더라도 도표 A.6에 나타난 역사의 모습은 설명이 필요한 기본적 패턴을 변형시킬 만큼 도표 3.7에 나타난 모습과 그렇게 다르지 않다. 단기우연이론들은 이 그래프들에서도 여전히 부적절한데 도표 A.6(b)에서도 서양의 점수는 여전히 대부분의 시간 동안(여기서 '대부분'은 92.5퍼센트가 아니라 56퍼센트란 뜻이다) 동양보다 높다. 장기고착이론 역시 설득력이 없는데, 도표 A.6(a)에서도 동양은 여전히 700년 동안 우위를 누리기 때문이다. 생물학과 사회학은 사회발전이 간간이 중단을 겪으면서 증가하는 경향을 여전히 가장 그럴 듯하게 설명하며, 지리는 왜 서양이 지배하는지에 대한 여전히 가장 설득력 있는 설명 근거다.

근본적인 패턴을 바꾸려면 나의 추정치가 20퍼센트는 빗나가야 한다. 도표 A.7(a)는 만약 내가 서양의 사회발전지수를 지속적으로 20퍼센트 과소평가했고 동양의 사회발전지수는 그만큼 과대평가했다면, 본래의 역사는 어떤 모습일지를 보여준다. 도표 A.7(b)는 만약 내가 동양의 사회발전지수를 20퍼센트 과소평가했고 서양의 점수를 그만큼 과대평가했다면 원래 맞는 계산 결과는 뭔지를 보여준다.

이번에는 패턴들이 매우 다르다. 도표 A.7(a)에서 서양의 점수는 항상 동양보다 높아서 장기고착이론이 타당함을 입증하며, 사회발전이 지리의 의미를 변화시킨다는 나의 주장이 틀렸음도 입증한다. 반대로 도표 A.7(b)는 나의 실제 사회발전지수의 결론을 실질적으로 뒤집어서 빙하기 이래로 동양이 전체 기간의 90퍼센트 동안 우위를 유지한다.

만약 도표 A.7(a)나 A.7(b)가 맞는다면 여러분이 지금까지 이 책에서 읽은 것은 모두 틀렸다. 그러나 우리는 맞는다고 안심할 수 있다. 서양의 점수를 20퍼센트 높이고 동양의 점수를 20퍼센트 낮춘 도표 A.7(a)는 기원전/서기 1세기 로마 제국의 사회발전 수준이 1900년 산업화한 일본보다

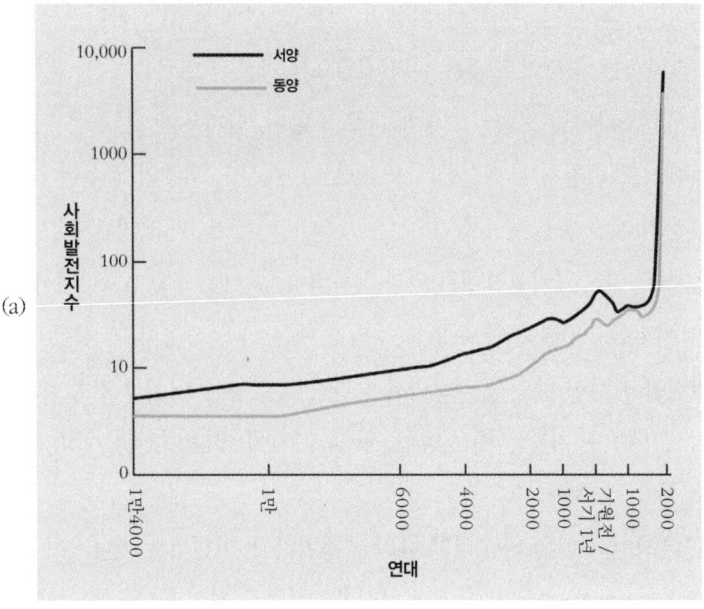

(a)

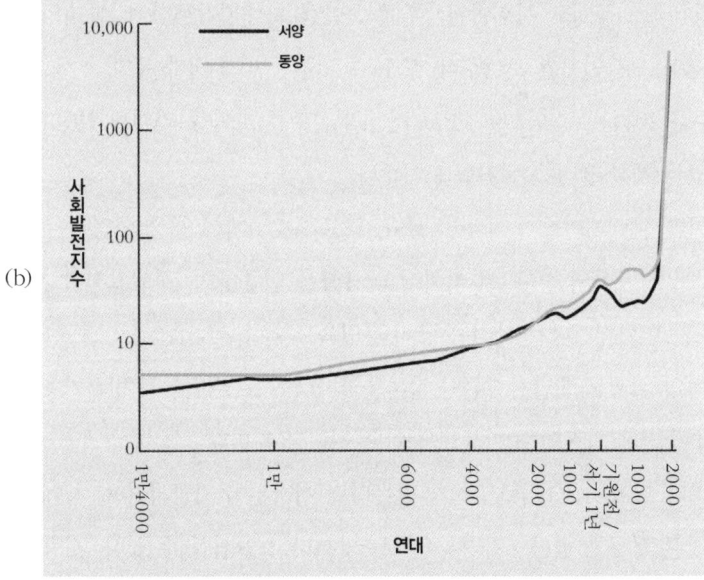

(b)

[도표 A. 7] 오류가 드러나다: (a)는 서양의 사회발전지수를 모두 20퍼센트 올리고 동양의 사회발전지수는 모두 그만큼 깎은 결과다. (b)는 동양의 모든 사회발전지수를 20퍼센트 올리고 서양의 사회발전지수는 모두 그만큼 깎은 결과다.

높다고 말하는데 사실일 리 없다. 반면 동양의 점수를 20퍼센트 높이고 서양의 점수를 20퍼센트 낮춘 도표 A.7(b)는 상나라 이전 시대 동양의 사회발전 수준이 페르시아 제국 지배하의 서양보다 더 높다는 것을 뜻한다. 그리고 아편전쟁 전야인 1828년에야 서양이 동양을 따라잡고 서양의 지배가 이미(2003년에) 끝났다는 것도 뜻한다. 하나같이 믿기 힘든 소리다.

따라서 제3장에서 나는 (a) 내 추정치의 오차 범위는 10퍼센트 이하일 것이고 분명 20퍼센트보다는 낮으며 (b) 비록 오차 범위가 10퍼센트까지 이른다 해도 내가 설명하려고 한 역사의 기본적 패턴은 여전히 유효하다고 주장했던 것이다.

결론

나는 제3장에서 사회발전지수를 작성하는 것은 전기톱 예술이라고 여러 차례 언급했다. 지수가 할 수 있는 최상의 일은 우리에게 지수를 설계한 사람의 추정을 명쾌하게 제시하면서 대략적이고도 적절한 근사치를 제공하는 것이다. 나는 우리가 오랫동안 왜 서양이 지배하는지를 설명하는 데 실패한 주요 이유는 논쟁 참여자들이 각각의 용어를 각자 다른 방식으로 정의하고, 서로 다른 부분에 집중하기 때문이라고 주장해왔다. 따라서 지수를 작성하는 단순한 행위는 논쟁을 전진시켜야 한다. 이 부록 서두에 열거된 반론 1―수량적 비교는 우리를 비인간화하기 때문에 받아들일 수 없다―을 제기하는 이 책의 비판가들은 왜 서양이 지배하는지를 설명하는 다른 방식을 찾아내거나 왜 우리가 그러한 질문을 애초에 던지지 말아야 하는지를 보여주어야 하는 반면, 반론 2~4―내가 사회발전을 잘못 정의했거나 잘못된 특징을 골랐다거나 증거를 잘못 이해했다―를 제기하는 비판가들은 그들만의 더 좋은 지수를 들고나와야 할 것이다. 그렇다면 우리는 논의에서 진정한 진전을 이룰 수 있으리라.

본문에 언급된 인용문과 저작의 출전을 제시한다. 출전은 저자나 편집자의 이름과 출판 연도로 표기했다.

온전한 세부 사항은 뒤의 참고문헌에서 확인할 수 있다. 지난 100년 사이에 나온 저작의 출전은 정확한 쪽수를 밝혔다. 다양한 판본으로 여러 차례 재간되어 쪽수가 제각각인 오래된 저작은 문헌의 제목과 인용문을 따온 장이나 문단의 소제목을 밝혔다. 다른 언급이 없는 인용문의 번역은 내가 한 것이다. 이 책을 쓰면서 내가 특별히 도움을 받은 책과 논문은 더 읽을거리에서 소개했다.

서론

1   Shad Kafuri(August 1994), Jacques 2009, p. 113에서 인용.
2   Hilaire Belloc, *The Modern Traveler*(1898), part 6.
3   Winston Churchill, http://quotationsbook.com/quote/40770/에서 인용.
4   Frank 1998, pp. 2, 116.
5   Ibid., p. 37.
6   William III of England(1690), Goldstone 2006, p. 171에서 인용.
7   Crosby 2004, p. 42. 강조는 원저자.
8   Bierce 1911, p. 51.
9   Heinlein 1973, p. 53.
10   Bentley 1905, p. 1.

11 Herodotus, *History* 9.122.

12 E. Huntington 1915, p. 134.

13 Ibid.

14 Samuel Johnson, *Lives of the Most Eminent English Poets*(1780), section on Milton.

15 Gerschrenkon 1962.

제1장 동양과 서양 이전에

1   Samuel Johnson, in James Boswell, *Life of Johnson*(1791), vol. 3, entry for September 20, 1777.

2   Arthur Young(1761), Briggs 1994, p. 196에서 인용.

3   Adam Smith, *Wealth of Nations*(1776), book I, chapter 8.

4   Davies 1994, p. 25.

5   Gould 2007. 이 표현은 1972년 굴드가 나일스 엘드리지와 함께 발표한 논문으로까지 거슬러올라간다.

6   Richard Klein, "Scientists in Germany Draft Neanderthal Genome," *New York Times*, February 12, 2009, http://www.nytimes.com/2009/02/13/science/13neanderthal.html?_r=1&partner=rss&emc=rss에서 인용.

7   William Shakespeare, *Hamlet*, Act 2, scene 2.

8   A. C. Clarke 1968, p. 16.

9   Ibid., p. 17.

10 Cann et al. 1987.

11 "Stirring Find in Xuchang," *China Daily*, January 28, 2008, http://www.chinadaily.com/cn/opinion/ 2008−01/28/content_6424452.htm.

12 Ke et al. 2001, p. 1151.

13 1923년 마리아 산스 데 사우투올라가 허버트 쿤과 한 인터뷰에서 한 말이다. Kuhn 1955, pp. 45−46.

14 Ibid., p. 46.

제2장 서양이 앞서나가다

1   Pinker 1997, p. 193(핑커 자신은 이 이론에 동의하지 않는다).

2   Fuller 2007.

3   헤라클레이토스(기원전 500년경에 활동)의 저작 가운데 지금까지 남아 있는 것은 없다. 기원전 4세기 초에 플라톤은 *Cratylus* 402A에서 이 문장을 인용했다.

4   Sahlins 2005, p. 209.

5   Quattrocchi and Nairn 1968, pp. 17, 30에서 인용.

6   Ibid.

7   Ibid.
8   Marshall Sahlins, "The Original Affluent Society"(1968년 프랑스어로 발표). 인용문은 1972년 출간된 영어판 Sahlins 1972, p. 39와 재판된 Sahlins 2005, p. 134에서 가져왔다.
9   Salins 1972, p. 37; Salins 2005, p. 133.
10 Barker 2006, p. 414.
11 *War and Peace*(1869), Epilogue, Part II, chapter 11. 인용문은 http://www.gutenberg.org에서 다소 변형해 가져왔다.

제3장 과거를 평가하는 방법

1   Spencer 1857, p. 465.
2   Max Weber, Gerth and Mills 1946, p. 66, 주에서 인용.
3   Charles Darwin, *The Voyage of the Beagle*(1882)
4   Carneiro 2003, pp. 167-168.
5   Sahlins 2005, pp. 22-23.
6   Shanks and Tilley 1987, p. 164.
7   Ortner 1984, p. 126.
8   Lord Robert Jocelyn, cited from Waley 1958, p. 109.
9   Armine Mountain, cited from Fay 1997, p. 222.
10 흔히 이 말이나 그와 유사한 이야기를 아인슈타인이 했다고들 하지만 아직까지 아무도 정확한 출전을 제시하지 못했다. 그나마 가장 근거가 있는 주장은 한 웹사이트에서 본 것인데(http://www.onedegree.ca/2005/04/08/making-einstein-simple), 이 표현이 실제로는 일반상대성이론에 대한 『리더스 다이제스트』의 요약 설명에서 나왔다는 것이다. 그렇다면 이 표현은 아인슈타인이 결코 말한 적 없는(하지만 말하는 것이 마땅한) 가장 중요한 이야기이리라.
11 Arthur Eddington, Isaacson 2007, p. 262에서 인용.
12 United Nations Development Programme 2009, Table H, pp. 171, 174(http://hdr.undp.org/en/).
13 L. White 1949, p. 368.
14 1937년 5월에 마오쩌둥이 쓴 소고 "On Protracted War", Short 1999, p. 368에서 인용.
15 Naroll 1956, p. 691.
16 Popper 1963, p. 43.
17 Albert Einstein, quoted in ibid., p. 42.
18 마크 트웨인은 이 표현을 벤저민 디즈레일리의 덕으로 돌렸다(Twain 1924, p. 246).
19 Charles Dickens, *A Christmas Carol in Prose*(1843), stave 4.

제4장 동양이 따라잡다

1 Plutarch, *Life of Alexander* 64.
2 「창세기」 47장 27절, *The New Oxford Annotated Bible*(1994), p. 63 OT에서 인용.
3 *Sumerian King List*, Kramer 1963, p. 330의 번역을 인용.
4 *The Lamentation over Ur*, lines 390-394, Michalowski 1989의 번역을 인용.
5 Treaty between the Hittites and Amurru, late thirteenth century BCE, Beckman 1999, p. 107의 번역을 인용.
6 람세스 2세의 승전 비문 번역은 Lichtheim 1973-1980, vol. II, p. 62.
7 Lu Buwei, *Springs and Autumns of Mr. Lü* 3.5, de Bary and Bloom 1999, p. 239의 번역을 인용.
8 *Zuozhuan Commentary*, Duke Zhao Year 1, Legge 1872, p. 578의 번역을 인용.
9 Chang 1989, p. 42.
10 Lu Buwei, *Springs and Autumns of Mr. Lü*, p. 239.
11 *Classic of Odes*, Waley 1937, no. 240의 번역을 인용.
12 *Jiaguwen heji* 6,664 front, de Bary and Bloom 1999, p. 12의 번역을 인용.
13 Pylos tablet An 657, Chadwick 1987, pp. 40-42의 번역을 인용.
14 Ugarit tablets RS 20.212, Astour 1965, p. 255의 번역을 인용.
15 Ugarit tablets RS 18.147, Astour 1965, p. 255의 번역을 인용.
16 람세스 3세의 메디넷 하부 비문 번역은 Pritchard 1969, pp. 262-263을 인용.
17 무르실리 2세의 태양신에 대한 기도(*CTH* 376), Pritchard 1969, p. 396의 번역을 인용.
18 Merneptah, Poetical Stela, Lichtheim 1973-1980, vol. II, p. 77의 번역을 인용.
19 「사사기」 21장 25절, *New Oxford Annotated Bible*, p. 331 OT의 번역을 인용.
20 *Classic of Odes*, Waley 1937, no. 246의 번역을 인용.
21 G. E. Smith 1915.

제5장 막상막하

1 *Mencius* 7B/4, Lau 2003, p. 158의 번역을 인용.
2 *Maizun* inscription, Shaughnessy 1991, p. 207의 번역을 인용.
3 *Bamboo Annals* 4.4.5, Legge 1865, Prolegomena p. 149의 번역을 인용.
4 Childe 1942, p. 183.
5 Ashur-dan II, Grayson 1991, pp. 134-135의 번역을 인용.
6 Ashurnasirpal II, Luckenbill 1926, paragraphs 433, 445, 455, 472의 번역을 인용.
7 Bradley 1999, p. 15.
8 Homer, *Odyssey* 15.415-416.
9 Sima Qian, *Basic Annals* 4.148, Nienhauser 1994, p. 74의 번역을 인용.
10 Lord Byron, "The Destruction of Sennacherib"(1815), stanza 1에서 따옴.
11 「이사야서」 44장 28-45.1, *New Oxford Annotated Bible*, p. 927 OT의 번역을

인용.
12 Herodotus 3.89.
13 *Zuozhuan*, Duke Xuan 2nd year, Watson 1989, p. 76의 번역을 인용.
14 Hesiod, *Works and Days*, lines 174–176, 197–201.
15 Jaspers 1953, p. 1.
16 Confucius, *Analects* 9.11 and 12.3, R. Dawson 1993, pp. 32, 44의 번역을 따름.
17 Plato, *Republic* 506e.
18 Laozi, *Daodejing* 1, de Bary and Bloom 1999, pp. 79–80의 번역을 인용.
19 Confucius, *Analects* 7.1, 12.1, 7.30, R. Dawson 1993, pp. 24, 44, 26의 번역을 인용.
20 *Mozi* 39.2 and 15.11–15, Bloodworth and Bloodworth 2004, p. 31의 번역을 인용.
21 *Zhuangzi* 7, 26, 33, Palmer et al. 2006, pp. 63–64, 239, 299–300의 번역을 가져왔다.
22 Ibid.
23 *Book of Lord Shang* 8.8 and 20, Duyvendak 1928의 번역을 인용.
24 *Stratagems of the Warring States*(*Zhanguoce*) chapter 24, p. 869, M. Lewis 2007, p. 40의 번역을 인용.
25 Polybius 1.1.
26 Sima Qian, *Shiji* 68, p. 2230, M. Lewis 2007, p. 30의 번역을 인용.
27 윈스턴 처칠의 1954년 6월 26일 백악관 연설. *New York Times*, June 27, 1954, p. 1에서 인용.
28 *Stratagems of the Warring States*(*Zhanguoce*), chapter 24, p. 869, M. Lewis 2007, p. 40의 번역을 인용.
29 Paludan 1998, p. 17.
30 Tertullian, *Apology* 33, Jerome, *Letters* 39.2.8(Beard 2007, pp. 85–92의 논의와 함께 인용).
31 Polybius 10.15.
32 Fan Ye, *History of the Later Han*, Leslie and Gardiner 1996, p. 43을 재인용.
33 Wheeler 1955, pp. 170–173.
34 Ibid.
35 Ibid.
36 Ammianus Marcellinus, *Histories* 31.2.
37 Herodotus 1.106.
38 Herodotus 1.212.

제6장 쇠퇴와 몰락

1 Voltaire, *Candide*(1759), chapter 1 and passim.
2 한나라 시인, Lovell 2006, p. 83.
3 Aelius Aristides, *To Rome* 29, 109.

4 Sima Qian, *Shiji* 48, Watson 1993, pp. 2-3의 번역을 인용.

5 Leo Tolstoy, *Anna Karenina*(1875), part I, chapter 1, http://www.gutenberg. org의 번역을 인용.

6 Suetonius, *Life of Vespasian* 23.

7 *Monty Python's Life of Brian*(1979).

8 Chuci, Paludan 1998, p. 49에서 인용.

9 Crosby 1972.

10 Crosby 2004, p. 215.

11 He Gong, McNeill 1976, p. 118에서 인용.

12 Wang Fu, *Discourses of a Hidden Man*, p. 258, M. Lewis 2007, p. 259의 번역을 인용.

13 Fan Ye, *History of the Later Han* 71, p. 2299, Twitchett and Loewe 1986, p. 338에서 인용.

14 Fan Ye, *History of the Later Han* 72, p. 2322, M. Lewis 2007, p. 262에서 인용.

15 Cao Cao, M. Lewis 2007, p. 28.

16 *History of the Jin Dynasty*, chapter 107, pp. 2791-2792, Graff 2002, p. 63의 번역을 인용.

17 Gibbon, *History of the Decline and Fall of the Roman Empire*, vol. 3(1781), subchapter "General Observations on the Fall of the Roman Empire in the West."

18 Gibbon, *Decline and Fall*, vol. 1(1776), chapter 1.

19 Tacitus, *Histories* 1.4.

20 Sidonius Apollinaris, *Poems* 12.

21 Orientus, *Commonitorium* 2.184.

22 *The Ruin*(anon.), Dixon 1992, p. 146에서 인용.

23 Dien 2007, p. 217.

24 Ruan Ji, "Biography of Mr. Greatman," Balazs 1964, p. 238의 번역을 인용.

25 *History of Wei* 114.3,045, Gernet 1995, p. 7.

26 Athanasius, *Life of Saint Antony* 27.

27 Gibbon, *Decline and Fall of the Roman Empire*, vol. 3(1781), subchapter "General Observations on the Fall of the Roman Empire in the West."

제7장 동양의 시대

1 Pi Rixiu, *Quan Tang wen* 797.8363b, Xiong 2006, p. 93.

2 Bai Juyi, Waley 1961, p. 161의 번역을 인용. 이 시는 827년에 쓰인 것을 추정된다.

3 *Family Instructions of the Grandfather*, Ebrey 1996, p. 127.

4 Zhu Yu, *Conversations in Pingzhou* 1,119, Duyvendak 1949, p. 24의 번역을 인용.

5 Procopius, *History of the Wars* 1.24. 악마가 들렸다는 유스티니아누스와 테오도

라의 '구멍'에 관한 풍문은 같은 저자의 비사(*Secret History*) 12.20 and 9.18에서 가져옴.

6 John of Ephesus, quoted in *Pseudo-Dionysus, Chronicle of Zuqnin 5*, Witakowski 1996, p. 93의 번역을 인용.

7 작자 미상, "Return of the Relics of the Holy Martyr Anastasius the Persian from Persia to His Monastery" 1.99, Kaegi 2003, p. 206.

8 Sebeos of Armenia, *History* 36, Thomson 1999, p. 73의 번역을 인용.

9 Koran 96.1–5. 소수의 학자들은 낭송 첫 마디가 실제로는 현재 코란의 74연이라고 생각한다.

10 'Umar, cited by Ibn Ishaq, *Sira* 228, Guillaume 1971, p. 158의 번역을 인용.

11 Koran 2.190.

12 Malcolm X, "Message to the Grassroots," November 1963, DeGroot 2008, p. 117에서 인용.

13 Koran 2.130.

14 Ibid., 29.46.

15 Gibbon, *Decline and Fall of the Roman Empire*, vol. 5(1788), chapter 52.

16 Bai Juyi, *Everlasting Wrong*, Witter Bynner in Birch 1965, pp. 266, 269의 번역을 인용.

17 Ibid.

18 Ibid.

19 Anon., *Karolus Magnus et Leo Papa*, line 97, Godman 1985, p. 202.

20 Gerald of Wales, cited from Fagan 2008, p. 36.

21 작자 미상의 문서, cited in Bartlett 1993, pp. 136–137.

22 1076년 1월 24일 하인리히 4세가 그레고리우스 7세에게 보낸 서신, Mommsen and Morrison 1962, pp. 151–152의 번역을 인용.

23 R. Moore 1987.

24 Duby 1981.

25 Peter Abelard, *Story of My Misfortunes*, Muckle 1964, p. 38의 번역을 인용.

26 William of Apulia, *La geste de Robert Guiscard* II. 427–428, Bartlett 1993, p. 86의 번역을 인용.

27 Anna Comnena, *Alexiad* 11.6.3, Bartlett 1993, p. 86의 번역을 인용.

28 Bi Yuan, *Continuation of the Comprehensive Mirror for Aid in Government*(1797), year 2, Mote 1999, p. 103의 번역을 인용.

29 Han Yu, "Memorial on the Bone of the Buddha"(819), de Bary and Bloom 1999, pp. 583–584의 번역을 인용.

30 Fan Zhongyan, *On Yueyang Tower*, Hucker 1975, p. 364의 번역을 인용.

31 Ye Shi, Shiba and Elvin 1970, p. 76의 번역을 인용.

32 Daoqian, "On the Way to Guizong Monastery," Shiba and Elvin 1970, p. 357의 번역을 인용.

33 Wang Zhen, *Treatise on Agriculture* 19.13a, 22.4a, Elvin 1973, pp. 195, 198의 번역을 인용.

34 Elvin 1973, p. 198.

35 Su Shi, "Stone Coal"(c. 1080), Wagner 2001b, pp. 51-52의 번역을 인용. 이 시를 두고 나와 함께 토론해준 와그너 교수와 네이선 시빈 교수에게 감사한다.

제8장 세계화

1 Marco Polo, *The Travels*, Latham 1958, p. 223의 번역을 인용. 궁전에 관한 묘사는 125-126쪽을, 막대한 부는 149쪽을, 양쯔 강은 209쪽을, 다리는 163쪽을, 음식은 215쪽을, 젊은 여인들은 196쪽을, 부인들은 217쪽을, 기생들은 216쪽을, 배는 215쪽을, 검은 돌은 156쪽을, 통통한 생선은 215쪽을, 도자기는 238쪽을 보라.

2 Yaqut al-Hamawi, Browne 1902, vol. 2, p. 437의 번역을 인용.

3 Matthew Paris, *English History*, Giles 1852, vol. 1, p. 314의 번역을 인용.

4 Ibid.

5 Ibid.

6 Samuel Taylor Coleridge, *Kubla Khan*(1797), line 47.

7 Rashid al-Din, *Assembly of Histories*, Boyle 1971, p. 84의 번역을 인용.

8 William of Rübruck[루이 9세의 궁정에서 활동한 13세기 플랑드르 출신 프란체스코파 수도사다. 그의 몽골 여행기는 마르코 폴로의 『동방견문록』과 더불어 중세 유럽 지리지의 대표작이다]을 알현한 자리에서 Mongke Khan의 발언. C. Dawson 1955, p. 195의 번역을 인용.

9 Ibn Khaldun, *The Muqaddimah*, vol. 1, page 64, Dols 1976, p. 67.

10 Jean de Venette, *Chronicle*, 1348, Kirchner and Morrison 1986, p. 455의 번역을 인용.

11 as-Safadi, cited in Dols 1976, p. 80.

12 Ibn Nubatah, as quoted by al-Maqrizi, *as-Suluk li-ma'rifatduwal al-muluk*, part II, vol. 3, page 790, cited from Dols 1976, p. 174.

13 Chuan Heng, *Unofficial History of the Last Yuan Emperor* 23a-b, cited in Dardess 1973, p. 105.

14 Ibn al-Wardi, *Risalat an'naba'*, cited from Dols 1976, p. 114.

15 Matteo Villani, *Chronicles*, 1348, Kirchner and Morrison 1986, pp. 448-449의 번역을 인용.

16 Jean de Venette, *Chronicle*, 1349, Kirchner and Morrison 1986, pp. 457-458의 번역을 인용.

17 Gibbon, *Decline and Fall of the Roman Empire*, vol. 6(1788), chapter 68.

18 Niccolò Machiavelli, *Florentine Histories*(1520-1525), Book 5, Chapter 1, http://www.gutenberg.org의 번역을 인용.

19 Hongwu, Carrington-Goodrich 1976, p. 390의 번역을 인용.

20 선덕제, *Xuanzong shilu*(1438) 105, Levathes 1994, p. 173에서 인용.

21 Ch'oe Pu, *Diary*, Meskill 1965, p. 135.

22 Qiu Jun, *Supplement to "Expositions on the Great Learning"*(1487) 25.19b,

Brook 1998, p. 103에서 인용.

23 1405년 영락제의 칙서. Ma Huan, *Overall Survey of the Ocean's Shores*(1416), Foreword, Mills 1970, p. 69의 번역을 인용.

24 Ma Huan, *Overall Survey*, pp. 5-6, translated in Mills 1970, p. 84. 1409년부터 정화의 원정에 참여한 비신費信도 유사한 이야기를 전한다(Mills and Ptak 1996, pp. 35-36에 실려 있다).

25 Fei Xin, *Overall Survey of the Star Raft*(1436), Duyvendak 1949, p. 31의 번역을 인용. 카바에 대한 묘사는 Mills and Ptak 1996, p. 105를 보라.

26 Gomes Eannes de Azurara, *The Chronicle of the Discovery and Conquest of Guinea* II.99, cited from Crosby 2004, p. 76.

27 Gu Qiyuan, *Idle Talk with Guests*(1617), p. 1, cited from Levathes 1994, pp. 179-180.

28 Erasmus, Letter 522, Nichols 1904, p. 506의 번역을 인용.

29 Burckhardt 1958(1860), p. 143.

30 Zhu Xi, *Reflections on Things at Hand*(1176), cited from Hucker 1975, p. 371.

31 Xuexuan, translated in Hucker 1975, p. 373.

32 Zhang Bangji, *Mozhuang manlu* 8.5a-b, cited from Ko 2007, p. 111.

33 Che Ruoshui, *Jiaoqiji* 1.221, cited from Ebrey 1993, p. 40.

34 Tomé Pires, *Suma Oriental*, Cortesao 1944, pp. lxxvii, 123의 번역을 인용.

35 Ibid.

제9장 서양이 따라잡다

1 John F. Kennedy, 1963년 10월 3일, 아칸소주 히버 스프링스 연설(http://www.presidency.ucsb.edu/ws/index.php?pid=9455).

2 Xie Zhaozhe, *Wuza zu* 4.34a(1608), cited from Ho 1959, p. 262.

3 랑그도크 지방의 표현으로 Le Roy Ladurie 1972, p. 53에서 인용.

4 Zhang Tao, *Gazetteer of She County*(1609) 6.10b-12a, cited from Brook 1998, pp. 1, 4.

5 Heinrich Müller(1560), cited in Braudel 1981-1984, vol. 1, pp. 194-195.

6 Wang Wenlu, "Letter to Master Wei of Chengsong"(1545), cited from Brook 1998, p. 106.

7 *Gazetteer of Shaowu Prefecture*(1543) 2.43b, cited from Brook 1998, p. 144.

8 *Gazetteer of Chongwusuo Citadel*(1542), pp. 39-40, cited from Brook 1998, p. 149.

9 Zhang Tao, *Gazetteer of She County*(1609) 3.9a, cited from Brook 1998, p. 258.

10 Toyotomi Hideyoshi, "Sword Collection Edict"(1588) 2, Tsunoda et al. 1964, p. 320의 번역을 인용.

11 Jesuit Annual Letter(1588), cited from Perrin 1979, p. 27.

12 Sergeant Iskender(1511), cited from Finkel 2005, p. 99.

13   Ogier Ghiselin de Busbecq, Letter 3(1560), cited from Ross and McLaughlin 1953, p. 255.

14   Voltaire, *Essay on General History and on the Manners and Spirit of the Nations*(1756), chapter 70.

15   Mercurino Gattinara, letter to Charles V, July 12, 1519, cited from Brandi 1939, p. 112.

16   Charles V, Edict of Worms, April 19, 1521, cited from Brandi 1939, p. 132.

17   Ogier Ghiselin de Busbecq, Letter 3(1560), cited from Ross and McLaughlin 1953, p. 255.

18   Chang Ying, "Remarks on Real Estate"(c.1697), cited from John Richards 2003, p. 119.

19   Official proclamation, seventeenth century, cited from John Richards 2003, p. 120.

20   작자 미상의 노래(1661), cited from Wiesner-Hanks 2006, p. 409.

21   John Evelyn, *A Character of England*(1659), cited from John Richards 2003, p. 235.

22   Colonel Thomas Rainsborough, spoken at Putney Church, October 29, 1647, cited from Woodhouse 1938(http://oll.libertyfund.org/?option=com_staticxt&staticfile=show.php%3Ftitle=2183).

23   리처드 럼볼드의 처형 직전 연설(London, 1685), cited from Hill 1984, p. 37.

24   Abiezer Coppe, *A Fiery Flying Roll* I(1649), pp. 1-5, cited from Hill 1984, p. 43.

25   cited from Elvin 1973, p. 246.

26   숭정제의 유서(1644), cited from Paludan 1998, p. 187.

27   Liu Shangyou, *A Short Record to Settle My Thoughts*(1644 or 1645), Struve 1993, p. 15의 번역을 인용.

28   Peter Thiele, *Account of the Town of Beelitz in the Thirty Years' War,* cited from C. Clark 2006, pp. 32-34.

29   Ibid.

30   Spence 1990, pp. 23-24에서 인용.

31   Felipe Guaman Poma, *New Chronicle and Good Government*(1614), cited from Kamen 2003, p. 117.

32   Antonio de la Calancha(1638), cited from Hemming 2004, p. 356.

33   Kamen 2003, p. 286에서 인용.

34   Ibid., p. 292.

35   Lane 1998, p. 18에서 인용.

36   이 표현의 출처에 대해서는 의견이 분분하지만 앙투안 페르노 드 그랑블 추기경이 1573년 5월 11일자 편지에서 매우 유사한 표현을 쓴 바 있다. Kamen 1999, p. 252에서 인용.

37   Letter to Juan de Oñate(1605), cited from Kamen 2003, p. 253.

38   Settler's letter home to Spain, cited from Kamen 2003, p. 131.

39   Thomas Hardy, *Tess of the D'Urbervilles*(1891), Phase the First, chapter 3.

40 Francis Bacon, *Novum Organum*(1620), preface.

41 René Descartes, *Principles of Philosophy*(1644), chapter 203.

42 Alexander Pope, "Epitaph: intended for Sir Isaac Newton"(1730). 한 재담가가 나중에 두 행을 추가했다: '그것은 영영 가지는 못했으니 악마가 "보라, / 아인슈타인이 있으라!" 외치자 상황은 복귀되었도다.'(J. C. Squire, "In Continuation of Pope on Newton"(1926))

43 Galileo Galilei(1605), Drake 1957, pp. 237-238의 번역을 인용.

44 John Locke, *Second Treatise of Civil Government*(1690), chapter 7, section 87; chapter 9, section 124; and chapter 8, section 95.

45 Immanuel Kant, "An Answer to the Question: What is Enlightenment?"(1784) (http://www.english.upenn.edu/~mgamer/Etexts/kant.html).

46 Frederick II, letter to Christian Wolff(1740), cited from Upton 2001, p. 307.

47 Thomas Carlyle, *History of the French Revolution*(1837), vol. 3, book 7, chapter 7.

48 Denis Diderot, "Encyclopedia [Philosophy]"(1751), http://www.hti.umich.edu/d/did에서 필립 스튜어트의 번역을 보라.

49 Emperor Kangxi, *Kangxi's Conversations with His Sons* 71b-72(1730), Spence 1974, p. 72의 번역을 인용.

50 Baron de Montesquieu, *The Spirit of the Laws*(1748), Book 17, http://www.constitution.org/cm/sol11_17.htm#002의 번역을 인용.

51 Lu Gwei-djen, cited from Winchester 2008, p. 37.

52 Joseph Needham(1942), cited from Winchester 2008, p. 57.

53 Boulding 1976, p. 9.

54 Kong Shangren, *Trying On Glasses*(c. 1690), Strassberg 1997, p. 204.

55 Xu Guangqi(1631), cited from Elman 2006, p. 30.

56 강희제의 다양한 저술, Spence 1974, pp. 72-75에서 인용.

57 Cicero, *Against Catiline*(63 BCE) 1.1.

58 존 로저스 함장이 해군 장관에게 보낸 보고서(1865), Perrin 1979, p. 4.

59 건륭제가 영국의 조지 3세에게 보낸 서신(1793), Cranmer-Byng 1963, p. 340에서 인용.

60 William Kidd(1701), Herman 2004, p. 247에서 인용.

61 Daniel Defoe, *The Complete English Tradesman*(1725), vol. 1, chapter 27.

62 The Duke of Newcastle(1742), P. Kennedy 1987, p. 98에서 인용.

63 William Pitt the Elder(1757), Herman 2004, p. 279.

64 1759년 10월 21일 호레이스 월폴이 조지 몬터규에게 보낸 편지, W. S. Lewis 1941, pp. 250-251에서 인용.

65 M. 바레르의 1793년 9월 5일 국민공회 연설, Baker 1987, p. 351의 번역 인용.

66 나폴레옹 보나파르트의 불로뉴 연설(1805), J. R. Green 1879, p. 171에서 인용.

제10장 서양의 시대

1 James Boswell, *Life of Samuel Johnson*(1791), vol. 2. Entry for March 22nd, 1776. 강조는 원문.
2 William Wordsworth, *The Prelude*(1805), Book 9, lines 161-169. 워즈워스는 구체적으로 프랑스혁명을 말하고 있었다.
3 *Mineralogia Cornubiensis*(1778), Landes 2003, pp. 99-100.
4 1817년 제임스 와트가 로버트 하트에게 한 말(산책은 1765년의 일이다), Uglow 2002, p. 101.
5 1774년 12월 11일 와트가 아버지에게 보낸 편지(James Watt Papers, Birmingham City Archives, 4/60), Uglow 2002, p. 248.
6 1776년 여름, 매슈 볼턴이 제임스 와트에게 보낸 편지, Uglow 2002, p. 256.
7 Daniel Defoe, *Weekly Review*, January 31, 1708, Ferguson 2003, p. 17.
8 Adam Smith, *Wealth of Nations*(1776), book 1, chapter 8.
9 Karl Marx and Friedrich Engels, *The Communist Manifesto*(1848), chapter 1.
10 Samuel Smiles, *Industrial Biography*(1863), pp. 325, 332.
11 Charles Dickens, *Hard Times*(1854), chapter 1.
12 Ibid., chapter 5.
13 Friedrich Engels, *The Condition of the Working Class in England*(1844), chapter 12.
14 Marx and Engels, *Communist Manifesto*, chapters 1, 4.
15 저자 미상, "The First Half of the Nineteenth Century," *The Economist* 9(1851), p. 57.
16 Jules Verne, *Around the World in Eighty Days*(1873), chapter 37.
17 Ferguson 2003, p. 59.
18 Isaac Weld, *Travels Through the States of North America and Provinces of Upper and Lower Canada During the Years 1795, 1796, and 1797*, vol. 1(1799), pp. 232-233, cited from Williams 2003, p. 310.
19 Frank Norris, *The Pit*(1903), p. 57.
20 Yergin 1992, p. 79에서 인용.
21 1911년 11월, 마커스 새뮤얼이 존 피셔 제독에게 보낸 편지, Yergin 1992, pp. 154-155에서 인용.
22 1911년 존 피셔 제독이 윈스턴 처칠에게 보낸 편지, Yergin 1992, p. 155.
23 Smith, *Wealth of Nations*(1776), chapter 2.
24 Marx and Engels, *Communist Manifesto*, chapter 1.
25 John Stuart Mill, *On Liberty*(1859), chapter 1.
26 John Stuart Mill, *The Subjection of Women*(1869), chapter 1.
27 Marx and Engels, *Communist Manifesto*, chapter 1.
28 Li Ruzhen, *Flowers in the Mirror*(1810년대 출간), T. Lin 1965, p. 113의 번역을 인용.
29 Lord Macartney(1793), from Cranmer-Byng 1963, p. 153.

30 제임스 매시선이 J. A. 스미스에게 보낸 편지의 일부(1839년 9월 24일), Fay 1997, p. 191에서 인용.

31 Bernard and Hall 1844, p. 6.

32 Governor−General Qiying(1842), cited from Spence 1990, p. 164.

33 일본의 목격자(1853), cited from Feifer 2006, p. 5.

34 John Maynard Keynes, *The Economic Consequences of the Peace*(1919), chapter 1.

35 Joseph Conrad, *Heart of Darkness*(1902), chapter 1.

36 *The Economist* 32(July 1874), p. 802, cited from Davis 2001, p. 37.

37 Conrad, *Heart of Darkness*, chapter 3.

38 President Ulysses S. Grant(1879), Feifer 2006, p. 322.

39 스기모토 에츠 이나가키가 1870년대의 대화를 회고하며 한 말, Feifer 2006, p. 310.

40 빌헬름 2세(1895), Ferguson 2007, p. 44.

41 빌헬름 2세가 니콜라이 2세에게 보낸 편지(1895년 9월 26일)(http://wwi.lib.byu.edu/index.php/VI_Jagdhaus_Rominten_26/IX/95).

42 알렉세이 니콜라예비치 쿠로팟킨 장군의 발언(1905), Ferguson 2007, p. 53.

43 국무장관 존 헤이의 발언, Frieden 2006, p. 141.

44 Keynes 1930, vol. 2, pp. 306−307.

45 George Orwell, *The Road to Wigan Pier*(1937), pp. 85−86.

46 Lincoln Steffens(1919), Steff ens 1938, p. 463.

47 Lieutenant−Colonel Ishiwara Kanji(1932), Totman 2000, p. 424.

48 아돌프 히틀러가 얄마르 샤흐트에게(1936), Frieden 2006, p. 204.

49 히로히토 천황(1945년 8월 15일 방송), R. Frank 1999, p. 320.

50 John J. McCloy(1945), Judt 2005, p. 39에서 인용.

51 처칠의 발언, Reynolds 2000, p. 36.

52 크렘린 내부 문건(1953년), Holloway 1994, p. 337에서 인용.

53 1955년 처칠의 하원 연설, Gaddis 2005, p. 65.

54 해럴드 맥밀런 수상의 베드퍼드 연설(1957년 7월 20일), Sandbrook 2005, p. 80.

55 Philip Larkin, “Here”(1964), Larkin 2004, p. 79에서 인용.

56 John Steinbeck, *The Grapes of Wrath*(1939), chapter 5.

57 Riesman 1964(초판 1951), p. 64.

58 리처드 닉슨과 레오니트 브레즈네프의 대화, “부엌 논쟁”(1959년 7월 24일, 모스크바), http://teachingamericanhistory.org/library/index.asp?document=176에서 인용.

59 Reynolds 2000, p. 541n.

60 중국청년보(1958년 9월 27일), Becker 1996, p. 106에서 인용.

61 Bo Yibo, *Retrospective of Several Big Decisions and Incidents*(1993), Becker 1996, pp. 107−108에서 인용.

62 Lu Xianwen(1959년 가을), Becker 1996, p. 113.

63 장시성에서 전해온 소식(1958년 가을), Spence 1990, p. 580.

64   Song by Kang Sheng(1958), Becker 1996, p. 104.

65   Becker 1996, p. 136에서 인용.

66   Becker 1996, p. 138에서 인용.

67   "리 XX"가 서명한 베이징 대자보(1966 9월 2일), MacFarquhar and Schoenhals
     2006, p. 127에서 인용

68   리처드 닉슨 대통령의 상하이 만찬 연설(1972년 2월 27일), Reynolds 2000, p. 329에
     서 인용.

69   Zhang Tiesheng(1973), Spence 1990, p. 638에서 인용. 1976년 "4인방"(마오쩌둥
     의 미망인을 포함한 극좌파)은 이 일화 전체를 날조했다는 비난을 받았다.

70   4인방이 내세웠다는 표어(1976년), Spence 1990, p. 651에서 인용.

71   덩샤오핑 연설(1986년 9월 2일), Gittings 2005, p. 103에서 인용.

72   "Soviet Cars: Spluttering to a Halt," The Economist, July 10, 2008.

73   미하일 고르바초프의 개인적 대화(1985), Gorbachev 1995, p. 165.

74   Gorbachev 1995, p. 490에서 인용.

75   덩샤오핑, 당 지도자와 군 장교들에게 한 연설(1989년 6월 9일), Spence 1990, p.
     744에서 인용.

76   Zalmay Khalilzad, Defense Planning Guidance, FY 1994–1999, Section IB,
     http://www/gwu.edu/~nsarchiv/nukevault/ebb245/index.htm(2008년 10월
     17일 접속).

77   Patrick Tyler, New York Times(1992년 3월 8일자), p. I1, J. Mann 2004, p. 210에
     서 인용.

78   덩샤오핑, 선전 시 민속촌 연설(1992), Gittings 2005, p. 252에서 인용.

79   Business Week(December 6, 2004), p. 104.

80   Kynge 2006, pp. 89–90.

81   마오쩌둥의 모스크바 연설(1957년 11월), Schram 1969, p. 409.

제11장 왜 서양이 지배하는가

1   Marx, The Eighteenth Brumaire of Louis Napoleon(1852).

2   Lord Macartney(1793), Cranmer–Byng 1963, p. 191에서 인용.

3   1957년 11월 18일 마오쩌둥의 모스크바 연설, Short 1999, p. 489.

4   R. F. Kennedy 1969, p. 71.

5   Elton 1967, p. 62.

제12장 당분간은

1   National Intelligence Council 2008, p. 6; Wilson and Stupnytska 2007;
    Hawksworth and Cookson 2008; Maddison 2006; Fogel 2007.

2   Dickens, Christmas Carol, Staves 4 and 5.

3   Ferguson and Schularick 2007; Ferguson 2009.

4   International Monetary Fund 2009, Table 1.1.

5   Douglas Elmendorf, "Falls the Shadow:The Deficit and Health Care," *The Economist*, 2009년 7월 25일자, p. 25(http://www.economist.com).

6   "May the Good China Preserve Us," *The Economist*, 2009년 5월 23일자, p. 47(http://www.economist.com).

7   2030년과 2040년 국민소득 예상은 Maddison 2006, Table 5, and Fogel 2007, Tables 1, 2에서 인용. 매디슨은 GDP를 1990년 미국 달러화 가치로 표시했고 나는 그것을 노동통계국(http://stats.bls.gov/) 가치 척도를 이용해 2000년 기준으로 환산했다.

8   J. Mann 2007, p. 1.

9   조지 W. 부시, 캘리포니아 주 시미밸리, 로널드레이건도서관 연설(1999년 11월 19일), Dietrich 2005, p. 29에서 인용.

10 Jacques 2009, p. 100.

11 제러미 리프킨의 2000년 인터뷰, Singer 2009, p. 105.

12 Kurzweil 2005, pp. 5, 24.

13 SF 작가 켄 맥클라우드의 소설 *The Cassini Division*(1998)에서 나온 표현.

14 Kurzweil 2005, p. 432.

15 Nicholas Thompson, "Downsizing: Nanotechnology—Why You Should Sweat the Small Stuff," *Washington Monthly*, 2000년 10월호(http://washingtonmonthly.com/features/2000/0010.thompson.html)에서 인용한 리처드 스몰리의 언급.

16 *The Six Million Dollar Man*, ABC Television, 1974-1978.

17 Craig Venter, cited from Carr 2008.

18 Roco and Bainbridge 2002, p. 19.

19 Intergovernmental Panel on Climate Change 2007, pp. 12-13.

20 T. Friedman 2008, pp. 117, 122, 133. 프리드먼은 '지구 이상화'라는 표현을 로키마운틴인스티튜트의 공동 창립자인 헌터 로빈스의 덕으로 돌린다.

21 National Intelligence Council 2008, p. 61.

22 Stern 2006.

23 "Don't Drink the Water and Don't Breathe the Air," *The Economist*, January 26, 2008, pp. 41-42(http://www.economist.com).

24 World Health Organization, "Ten Things You Need to Know About Pandemic Influenza," http://www.who.int/csr/disease/influenza/pandemic10things/en/index.html(2008년 11월 29일 접속).

25 *Summary of Report on Near Eastern Oil*, 800.6363/1511-1512(워싱턴 시 국무성 국립 문서고) 1943, 2월 3일, Yergin 1992, p. 393에서 인용.

26 B. Zheng 2005.

27 Kynge 2006, p. xiii에서 인용.

28 입소스레이드 여론조사(2005년 4월), "Balancing Act: A Survey of China," *The Economist*, Special Report, 2006년 5월 25일자 p. 20에서 인용(http://www.

economist.com/specialreports).

29 갤럽 여론조사(2007년 10월), "After Bush: A Special Report on America and the World," *The Economist*, 2008년 3월 29일자, p. 9에서 인용(http://www. economist.com/specialreports).

30 1999년 5월 『차이나 데일리』 헤드라인, Hessler 2006, p. 20에서 인용.

31 중국 공산당 결의대회(2004), "Balancing Act: A Survey of China," *The Economist*, Special Report, 2006년 3월 15일자, p. 15(http://www.economist. com/specialreports에서 볼 수 있다).

32 Graham and Talent 2008, p. xv.

33 Norman Angell, *The Great Illusion*(1910), cited from Ferguson 1998, p. 190.

34 Jean Jaurès, Ferguson 1998, p. 190에서 인용.

35 1914년 7월 영국 외무장관 에드워드 그레이 경이 영국 주재 오스트리아 대사와 나눈 대화, Ferguson 1998, p. 191에서 인용.

36 그레이 경이 1914년 7월 24일 독일 주재 영국 대사에게 보낸 편지, Ferguson 1998, p. 191에서 인용.

37 아인슈타인, 앨프리드 워너와의 인터뷰, *Liberal Judaism*(April-May 1949), Isaacson 2007, p. 494에서 인용.

38 Richardson 1960; Smil 2008, p. 245, http://www.thebulletin.org/content/ doomsday-clock/overview.

39 인도 외무부 관리, "Melting Asia," *The Economist*, June 7, 2008, p. 30(http:// www.economist.com)에서 인용.

40 T. Friedman 1999, p. xix.

41 T. Friedman 2005, p. 10.

42 앨버트 아인슈타인, *New York Times*, 1945년 9월 15일자, Isaacson 2007, pp. 487-488에서 인용.

43 앨버트 아인슈타인의 영화 *Where Will You Hide?*(1948년 5월)에 대한 논평, Albert Einstein Archives(Hebrew University, Jerusalem) 28-817, Isaacson 2007, p. 494에서 인용.

44 이 문단과 다음 문단의 통계들은 T. Friedman 2008, pp. 31, 73, 59-60에서 인용.

45 1950년경 로스앨러모스에서 엔리코 페르미의 발언 Jones 1985, p. 3에서 인용.

46 스티븐 메츠, 2006년 9월 19일 피터 싱어와의 인터뷰, Singer 2009, p. 240에서 인용.

47 Roger Cliff, *The Military Potential of China's Commercial Technology*(2001), Singer 2009, p. 246에서 인용.

48 Adams 2001.

49 Rudyard Kipling, "The Ballad of East and West," *MacMillan's Magazine*, December 1889.

50 Diamond 2005, p. 525.

부록

1   Sean Edwards, "Swarming and the Future of Warfare"(Pardee Rand Graduate School, 2005, 미출간 박사 논문), p. 136, Singer 2009, p. 100에서 인용.

이 책을 쓰면서 산더미 같은 자료를 수집하고 분석하고 해석한 앞선 여러 세대 학자들의 노고에 크게 빚졌다. 동서양 역사에 관한 연구 문헌은 사실상 끝이 없고, 또한 굉장히 논쟁적인 내용이 많아서 어느 중요 쟁점이든 간에 그와 관련한 진술에서 전문가의 반박이 따라오지 않는 경우란 드문 실정이다. 비록 그 모든 문헌을 다 읽을 시간적 여유가 내게 허락된다 해도 지면 문제로 이러한 논쟁을 총망라한 참고문헌 목록을 제시하기는 불가능하다. 따라서 여기서는 내 생각에 가장 크게 영향을 미친 저작들만을 열거했다.

여기에 언급된 저작은 일반 독자를 겨냥한 입문서와 학술적인 개론서, 내게 특히 유용했던 상세한 연구 결과가 결합된 것들이다. 그 가운데에서도 가능한 한 역시 상세한 참고문헌 목록이 포함된 최근 저작들 위주로 골랐다. 최근에 나온 책은 시중에서 구할 수 있고 다수의 논문은 온라인으로 찾아볼 수 있지만 당분간 이러한 연구서들 대부분은 전문 연구자를 위한 도서관에서만 찾아볼 수 있는 것이 현실이다. 여기에 언급한 참고문헌은 되도록이면 영어로 된 저작에 한정하려고 했다.

시사잡지의 짤막한 기사를 제외하면 모든 저작은 저자나 편집자의 이름과 출판 연도로 표기했다. 온전한 세부 사항은 뒤의 참고문헌 목록에서 확인할 수 있다.

앞선 무수한 역사가처럼 나도 세계 각지의 역사를 아우르는 케임브리지대 출판부의 여러 권짜리 역사 총서에서 큰 도움을 얻었다. 이 총서는 흔히 기본 사실을 확인하기에 가장 좋은 출발점인데, 이 책들을 거듭해서 언급하기보다는 내가 가장 집중적으로 이용한 총서는 아래에 한꺼번에 소개하겠다.

The Cambridge Ancient History (2nd ed., 14 volumes, 1975~2001)
The Cambridge History of China (10 volumes, 1979~)

The Cambridge History of Egypt (2 volumes, 1980~1999)
The Cambridge History of Iran (8 volumes, 1968~1991)
The Cambridge History of Islam (2 volumes, 1970)
The Cambridge History of Japan (6 volumes, 1988~1999)
The New Cambridge Medieval History (7 volumes, 1995~2006)
The New Cambridge Modern History (12 volumes, 1957~1990)
The Cambridge History of Southeast Asia (2 volumes, 1993)

이 총서와 더불어 케임브리지대 출판부에서 단행본으로 나온 여러 역사서도 유용했는데, 이하에서 편집자의 이름과 출판연도로 표기했다.

서론

기영호의 영국 도착을 묘사할 때 의존한 주요 출전은 "The Chinese Junk, 'Keying,'" *Illustrated London News* 12, no. 340, April 1, 1848, pp. 220, 222다. 1830년대와 1840년대 영중 관계는 Fay 1997, Waley 1958을 보라. 홍수전은 Spence 1996[『신의 아들』, 2006]을 보라.
서양 지배의 성격에 대해서는 Mandelbaum 2005, 중국의 경제 도약은 Jacques 2009[『중국이 세계를 지배하면』, 2010]를 보라.
16세기 중국과 유럽 간 관계는 Spence 1983[『마테오 리치, 기억의 궁전』, 1999], 서양의 지배에 대한 동양의 이론들에 관해서는 Fukuzawa 1966 (초판 1899)[『후쿠자와 유키치 자서전』, 2006]과 Y. Lin 1979를 보라.
서양인은 18세기 이래로 수백 가지의 장기고착이론을 내놓았다. Diamond 1997[『총, 균, 쇠』, 2005], S. Huntington 1996[『문명의 충돌』, 1997], Landes 1998[『국가의 부와 빈곤』, 2009]은 그 문제에 대한 현대적 접근의 뛰어난 실례들이다.
Torr 1951에는 중국과 관련한 카를 마르크스의 저술이 모두 수록되어 있다.
정화와 콜럼버스에 관해서는 제8장을 보라. Menzies 2002[『1421 중국, 세계를 발견하다』, 2004]는 정화가 세계일주를 했다는 논제를 제시한다. Chiasson 2006은 (더욱 놀랍게도) 노바스코샤 주의 케이프브레턴 섬에서 중국인 식민지를 발견했다고 주장한다. 1763/1418년 지도에 관해서는 http://news.nationalgeographic.com/news/2006/01/0123_060123_chinese_map.html을 보라. 15세기 중국 지도는 R. Smith 1996을 보라.
Goldstone 2009[『왜 유럽인가』, 2011], Lee and Wang 1999, Pomeranz 2000, Wong 1997은 단기우연적 사건 이론을 제시한 오렌지 카운티 학파의 고전이다. Arrighi 2007[『베이징의 애덤 스미스』, 2009]은 이러한 단기이론들의 함의를 살펴본다. A. G. Frank 1998[『리오리엔트』, 2003]은 급진적 단기이론 가운데 가장 영향력 있는 저작이다. Goody 2004와 Hobson 2004[『서구 문명은 동양에서 시작되었다』, 2005]는 단기이론 가운데 가장 극단적인 경우일 것이다. Allen et al. 2005와 Bengtsson et al. 2005는 계량적 증거를 제시한다.
캘리포니아 학파를 둘러싼 논쟁과 관련해서는 *Journal of Asian Studies* 61, 2002, pp.

501~662와 *Canadian Journal of Sociology* 33, 2008, pp. 119~167에 수록된 논문들이 훌륭한 실례를 제공한다.

생물학, 사회학, 지리학에 관한 연구 가운데 내 생각을 형성하는 데 가장 큰 영향을 미친 저작은 (생물학 분야 가운데서는) Conway Morris 2003, Coyne 2009, Dawkins 2009[『지상 최대의 쇼』, 2009], Ehrlich and Ehrlich 2008, Maynard-Smith and Dawkins 2008이다. 사회과학/사회학 분야에서는 Boserup 1965, Gerring 2001, North et al. 2009, Smelser and Swedberg 2005, J. Wood 1998이 있다. 생물학과 사회과학의 접점을 다룬 저술로는 Konner 2002, Vermeij 2004, E. O. Wilson 1975를 보라. 지리학 분야에서는 Castree et al. 2005, de Blij 2005, Martin 2005, Matthews and Herbert 2004를 보라. Acemoglu et al. 2002는 지리학이 서양의 지배 이유를 설명한다는 주장에 가장 강력한 반론을 제시한다. 관련 쟁점들에 관해 나와 토론해준 짐 로빈슨에게 감사의 말을 하고 싶다.

제1장 동양과 서양 이전에

서양을 정의하는 문제는 Pomeranz 2000, pp. 3~10을 보라. 우주의 역사에 관해서는 Steinhardt and Turok 2007을, 우주에서 인류의 위상에 관해서는 Christian 2004, Morowitz 2002를 보라.

Klein 2009는 이 장에서 논의된 주제들을 모두 아우르는 인류 진화에 관한 연구서의 결정판이며, Wrangham 2009[『요리 본능』, 2011]는 가장 읽기 쉬운 간략한 연구서다. 일반적인 진화의 원리에 관해서는 Coyne 2009[『지울 수 없는 흔적』, 2011]를 보라.

두뇌의 기능은 Zeman 2008을, 언어장애와 FOXP2 유전자는 P. Lieberman, 2007을 보라.

모비어스 라인은 Norton and Bae 2008과 Petraglia and Shipton 2008을 보라. 드마니시는 Lordkipanidze et al. 2007을 보라.

저우커우덴은 Boaz and Ciochon 2004를, 플로레스 석기는 Brumm et al. 2010을, 플로레스의 호빗족은 Morwood and van Osterzee 2009, Tocheri 2007, Jungers et al. 2010을 보라. 침팬지의 지능은 Savage-Rumbaugh and Lewin 1994를, 중앙아시아의 예티는 Krause et al. 2010을 보라.

네안데르탈인은 Mithen 2005[『노래하는 네안데르탈인』, 2008]를, 이들의 분포에 관해서는 Krause et al. 2007a를 보라. 골절 패턴과 로데오 기수는 Berger and Trinkaus 1995를 보라. FOXP2 유전자는 Krause et al. 2007b를 보라. 『동굴 곰의 씨족』은 Auel 1980을, 지브롤터는 Finlayson et al. 2006을, 종교 생활은 Renfrew and Morley 2009를 보라.

호모사피엔스는 Mithen 1996과 Fleagle and Gilbert 2008을 보라. 아프리카 이브는 Cann et al. 1987과 Ingman et al. 2000을 보라. 아프리카 아담은 P. Underhill et al. 2001을 보라.

인간 몸에 기생하는 이에 대해서는 Kittler et al. 2003을 보라. 그러나 새로운 DNA 연구(Kitchen et al. 2010)는 이가 19만 년 전에 네안데르탈인과 함께 진화했다고 주장한다.

아기 걸음마에 관해서는 McBrearty and Brooks 2000과 더불어 새로운 증거가 제시된

Bouzouggar et al. 2007, Morean et al. 2007, Morgan and Renne 2008, Vanaeren et al. 2006을 보라. 인구 동태와 완전한 현생 인류 문명은 Powell et al. 2009를 보라. 호모사피엔스와 네안데르탈인 간의 교배에 대한 반론으로는 Krings et al. 1997, Caramelli et al. 2003이 있다. 이종교배론을 지지하는 쪽은 Zilhao 2006이 있고, 게놈 증거에 관해서는 R. Green et al. 2010을 보라. 인류 진화의 지속에 관해서는 Cochran and Harpending 2009[『1만 년의 폭발』, 2010], Jakobsson et al. 2008, Voight et al. 2006, E. Wang et al. 2007을 보라. 아프리카에서 기원한 인류 이동은 Gunz et al. 2009를, 이동 연대는 Endicott et al. 2009, O'Connell and Allen 2004를 보라. 중국 최초의 현생 인류는 Shen et al. 2002, 2007, Shang et al. 2007을 보라.
다지역 기원설은 Wolpoff 1996, Wolpoff and Caspari 2002, Cochran and Harpending 2009를 보라. 저우커우뎬에서 새롭게 발굴된 증거는 Shang et al. 2007을, 쉬창에서 새롭게 발견된 증거는 http://www.chinadaily.com/cn/opinion/2008_01/28/content_6424452.htm을 보고 이 문제에 대한 논평은 http://afp.google.com/article/ALeqM5inq53Ltnn7sNiN7mspQ6tDxCqQOA를 참고하라. 유골에 대한 통계적 분석은 Manica et al. 2007을 보라.
아메리카 최초의 인류는 Dillehay et al. 2008과 Gilbert et al. 2008, Goebel et al. 2008을 보라.
고대 기후는 N. Roberts 1998을, 얼음 코어 데이터는 EPICA 2004를 보라. Lewis-Williams 2002는 빙하기 동굴 미술에 관해 적극적인 해석을 제시하며, Bahn and Vertut 1997은 수집한 증거를 뛰어난 일러스트와 함께 제공한다. 알타미라 자료들은 http://www.timesonline.co.uk/tol/travel/specials/artistic_spain/article5904206.ece를 보라. 홀레 펠스 조각상은 Conrad 2009를, 쉬창의 새 조각상은 http://news.xinhuanet.com/english/ 2009_04/28/content_11274877.htm을 보라.

제2장 서양이 앞서나가다

농경의 기원과 관련해서는 방대한 양의 문헌이 존재한다. 반가운 소식은 고고학자들이 최근에 전 세계적인 발굴 조사를 바탕으로 한 뛰어난 연구서를 내놓았다는 것이고(특히 Mithen 2003, Bellwood 2005, Barker 2006, Fuller 2007, Cohen et al. 2009를 보라), 이 연구서들은 내가 이 장에서 언급한 유적지 대부분을 논의한다. 한편으로 (어쨌거나 어떤 의미에서) 유감스러운 소식은 이 분야가 매우 빠르게 바뀌기 때문에 이러한 연구 결과들이 벌써 시대에 뒤처진다는 것이다. 이하는 더 세세한 사항을 다루거나 발굴 조사를 업데이트한 추가적인 저작들이다.
흑해 홍수는 Major et al. 2006와 Yanko-Hombach et al. 2007을 보라.
에너지와 역사는 Smil 1994가 여전히 고전으로 통한다. 식물과 광합성은 Morton 2007을 보라.
사라진 문명은 Hancock 2003[『신의 봉인』, 2004]을 보라.
인류 문명 초기 토기는 Boaretto et al. 2009와 Kuzmin 2006을 보라.
혜성과 영거 드라이아스기는 Kennett et al. 2009을 보라.
「해질녘」은 Asimov 1941를 보라.

측면구릉지대는 위에서 이미 언급한 연구서 외에 Cappers and Bottema, eds. 2002, Akkermans and Schwartz 2003, Bar-Yosef 2004를 보라.

개의 가축화는 Savolainen et al. 2002를 보라. 쓰레기와 정착화 과정은 Hardy-Smith and Edwards 2004를, 동양의 정착화 과정은 Liu 2010을 보라.

아부 후레이라는 A. Moore et al. 2000을, 호밀과 영거 드라이아스기는 Hillman et al. 2001과 Willcox et al. 2008을 보라.

종교에 관한 고고학적 연구는 Renfrew 1985를, 종교에 관한 진화심리학은 Boyer 1999와 Dennett 2007[『주문을 깨다』, 2010]을 보라.

문명 초기 측면구릉지대의 종교 유적지는 Baumgarten 2005를, 룽왕찬은 X. Wang 2008을 보라.

무화과나무는 Kislev et al. 2006을, 초창기 곡식 창고는 Kuijt and Finlayson 2009를 보라.

농경과 임신 간격은 Bocquet-Appel and Bar Yosef 2008을 보라.

차탈회위크는 Hodder 2006과 http://www.catalhoyuk.com을 보라. 인간이 스스로를 길들이는 과정은 Hodder 1990을 보라.

결혼과 재산 상속, 농경에 관해서는 Goody 1976이 여전히 고전이다.

선사시대 폭력은 LeBlanc and Register 2003과 Otterbein 2004를 보라. 예리코 요새는 McClellan 2006을 보라. 최초 풍요 사회에 대한 의문점은 D. Kaplan 2000을 보라.

유럽 내 농경의 전파 과정에서 식민화를 강조하는 견해는 Renfrew 1987, Cavalli-Sforza et al. 1994, Bellwood 2005를 보라. Renfrew and Boyle 2000에 실린 몇몇 논문과 Bellwood and Renfrew 2003은 점차 의견이 일치하는 방향으로 나아가고 있다.

농경의 불가피성은 Richerson et al. 2001을 보라.

가축화와 작물화에 관해서는 Diamond 1997이 고전적 저작이며 Fuller 2007은 가장 최신 논의를 다룬다. 페루는 Dillehay et al. 2007을, 오악사카는 Pohl et al. 2007을, 인더스 강 유역은 Fuller 2006을, 뉴기니는 Denham et al. 2005를, 사하라는 Marshall and Hildebrand 2002를 보라. 호리병박은 Erickson et al. 2005를 보라.

동아시아는 전 세계적인 발굴 조사 연구서와 더불어 L. Liu 2004와 Chang and Xu 2005, pp. 27-83, Stark 2006, pp. 77-148을 보라. Chang의 *Archaeology of Ancient China*(1986)는 오랫동안 이 분야에 관해 상세한 서술이 딸린 유일한 개설서였지만, 이제 Liu and Chen 2010이 Chang 1986을 대신한다. 일본은 Habu 2004, 한국은 Nelson 1993을 보라. Barnes 1999는 중국과 한국, 일본 지역을 모두 다룬다. 칼턴대의 Bryan Gordon은 쌀의 기원에 관한 웹사이트(http://http-server.carleton.ca/~bgordon/Rice/paper_database.htm)를 제공한다.

양쯔 강 삼각주 유적지는 Jiang and Liu 2006과 Jiang 2008을 보라. 돼지는 Yuan and Flad 2002와 Yuan 2008을 보라. 웨이허 강 유역에서 출토된 농기구는 Chang and Xu 2005, pp. 60-64를 보라. 나는 중국에서 가축화와 작물화에 대해서 대체로 Fuller 2007과 Fuller et al. 2007의 논의를 따랐지만 G. Lee et al. 2007과 Liu et al. 2007은 위 책들의 논의에 반론을 제시한다(이를 둘러싼 논쟁은 *Antiquity*의 2008년 온라인판에서 계속되었다).

논은 Zong et al. 2007을 보라.

자후는 J. Zhang et al. 2004와 X. Li et al. 2003을 보라. 중국의 초기 문자에 관해서

는 Keightley 2006을 보라. 아인 가잘은 Schmandt-Besserat 1998을, 샤먼은 Chang 1983을, 타림 분지 미라는 Barber 1999를, 조상 숭배는 Liu 2000을 보라.
동아시아에서 농경의 확대는 Bellwood 2005, pp. 128-145, Barker 2006, pp. 199-230, Stark 2006, pp. 77-118, Sanchez-Mazan 2008을 보라.
최초의 농부들의 유골은 C. Larsen 1995, 2006과 Armelagos and Harper 2005를 보라. 엘리트 계층의 조리법은 Goody 1982를 보라.
Malinowksi의 *A Diary in the Strict Sense of the Term*(1976)은 트로브리안드 군도에서 보낸 시절을 묘사하며 Kuper 1983[『인류학과 인류학자들』, 2005]은 인류학사에서 말리노프스키의 위상을 설명한다.

제3장 과거를 평가하는 방법

허버트 스펜서는 Francis 2007을 보라. Trigger 1995[『브루스 트리거의 고고학사』, 2010]는 고고학의 역사에 관한 최상의 해설서다. 고고학과 사회진화론 일반에 관해서는 Sanderson 2007과 Trigger 1998을 보라. Pluciennek 2005는 진화론에 대한 반론을 제시한다.
Talcott Parsons의 *Societies: Evolutionary and Comparative Perspectives*(1966)는 신사회진화론에서 가장 중요한 연구서지만 고고학자들은 Service 1962와 Fried 1967을 더 많이 거론한다. 사회발전지수는 Naroll 1956과 Carneiro 1962, 1968, 1970을 보라. 에딩턴의 실험은 Isaacson 2007, pp. 256-262를 보라.
항목과 지수를 평가하는 기준은 Naroll 1956, Gerring 2001을 보라.
유엔 인간개발지수 프로그램의 연례보고서는 http://hdr.undp.org/에서 내려받을 수 있다. Ray 1998, pp. 27-29는 이에 대한 비판을 깔끔하게 요약한다.
현재의 통계 수치들은 United Nations Organization 2006, Food and Agriculture Organization 2006, Institute for International Strategic Studies 2009를 보라. 초기 에너지 획득에 대한 통계는 매우 산재한 데이터를 바탕으로 하지만 Maddison 2003, Allen 2006b, Allen et al. 2005와 2007는 유용하다. 농업에 관해서는 Perkins 1969와 Slicher van Bath 1963이 요긴하다. 초기 제조업은 Crafts 1985, Mokyr 1999, Morris-Suzuki 1994를 보라. Smil 1991과 1994는 탁월한 개관을 제공한다. 이 주제 전반에 관해서는 http://www.ianmorris.org를 보라.
로마시대 오염 수준에 관해서는 de Callataÿ 2005가 당시 입수 가능한 증거들을 요약했으며 다양한 증거를 아우르는 최근의 연구서로는 Boutron et al. 2004, Kylander et al. 2005, Schettler and Romer 2006 등이 있다.
1960년대에 나온 Robert Hartwell의 논문들은 여전히 중국의 철과 석탄에 대한 권위 있는 논의를 제공한다. 특히 Hartwell 1967을 참고하라. Donald Wagner(2001a, 2001b, 2008)는 Hartwell의 가설과 증거를 다루는 방식을 비판하지만 전반적으로는 그의 결론을 받아들인다. 이 쟁점과 관련하여 나와 논의해준 와그너 교수에게 감사한다.
로마인의 소비 생활은 Jongman 2007a를 보라.

제4장 동양이 따라잡다

여기에 관해서는 최근 탁월한 개설서가 몇 권 나왔다. 메소포타미아는 van de Mieroop 2007과 Snell 2007을 보라. 이집트는 Kemp 2005를 보라. Kuhrt 1995는 양 핵심부를 모두 다룬다. 중국은 Liu 2004, Chang 1986, Chang and Xu 2005가 매우 유용하다. 더 세부적인 주제에 집중한 연구서는 다음과 같다.

서양: 초기 메소포타미아는 Postgate 1993을, 수사와 에리두는 Potts 1999와 Pollock 1999를, 우루크는 Liverani 2006과 Rothman 2001을, 텔 브라크는 Ur et al. 2007을, 초기 이집트는 Wilkinson 2003과 Wengrow 2006을 보라. 피라미드는 Lehner 1997을, 아카드는 Liverani 1993을 보라. 시리아는 Akkermans and Schwartz 2003을, 히타이트는 Bryce 1998, 2002를, 에게 해 지역은 Shelmerdine 2008을, 트로이 전쟁은 Latacz 2004와 Strauss 2006[『트로이 전쟁』, 2010]을 보라. 국제적 시대는 Liverani 2001을, 유럽 주변부는 Kristiansen and Larsson 2005를 보라.

동양: 3왕조 연대기 프로젝트는 Y. K. Lee 2002와 X. Zhang et al. 2008을 보라. 산둥 발굴 조사는 A. Underhill et al. 2002를, 중국의 음악은 von Falkenhausen 1993a를, 샤머니즘은 Chang 1983, 1989, 1994를, 타오쓰 기념물은 He 2005를 보라. 하왕조를 둘러싼 논쟁은 von Falkenhausen 1993b와 Liu and Xu 2007을 보라. 얼리터우 문화와 초기 상나라는 Liu and Chen 2003을, 환경 변화는 Qiao 2007과 A. Rosen 2007을, 상나라는 Thorp 2006을, 안양의 청동 주조소는 Yinxu Team 2008을 보라. 갑골은 Keightley 2000(동일 저자의 다른 여러 중요 연구서에 대한 언급도 포함된)과 Flad 2008과 A. Smith 2008을 보라. Peter Hessler의 *Oracle Bones*(2006)는 (특히 갑골에 관하여) 역사적 분석과 예리한 보고를 솜씨 좋게 엮은 중국에 대한 개인적 이야기를 담고 있는 멋진 책이다. 상나라의 왕권에 관해서는 Puett 2002의 제1장이 여러 경쟁 이론을 논의하고 있다. 전차에 관해서는 커다란 논쟁이 존재하는데, 나는 전반적으로 Shaughnessy 1988을 따랐다.

『신들의 전차』는 von Däniken 1968을 보라.

말의 가축화는 A. Outram et al. 2009를 보라.

붕괴 전반에 관해서는 Diamond 2005[『문명의 붕괴』, 2005]를 보라. McAnany and Yoffee 2010은 반대 시각을 제시한다. G. Schwartz 2006은 기원전 2200년~기원전 1200년 시기 여러 붕괴들을 검토한다. Sing 2007은 서양의 모든 붕괴가 생태학적 요인에 기인한다고 주장한다.

서양의 붕괴는 동양의 붕괴보다 더 많이 연구되었지만 Liu 2004의 제2장은 중국의 기후 기록을 검토하고 제6장과 제7장은 사례 연구를 살펴본다. 기원전 2200년~기원전 2000년 서양의 붕괴는 Dalfes et al. 1997을 보라. Weiss et al. 1993은 텔 레일란의 사례를 논의한다. Cooper 2006은 기후변화의 영향력을 더 낮게 평가한다. 기원전 1750년 ~기원전 1550년은 Drews 1988을 보라. 후르리인은 Wilhelm 1989를, 힉소스인은 Redford 1992를 보라. 기원전 1200년~기원전 1000년 군사적 요인에 관해서는 Drews 1993을, 지진에 관해서는 Nur and Cline 2000을 보라. Fagan 2004a[『기후, 문명의 지도를 바꾸다』, 2007]의 제9장과 Sing 2007, pp. 84-89에는 기후를 둘러싼 무수한 논의와 관련한 참고문헌 목록이 포함되어 있다.

제5장 막상막하

초기 국가에 관해서는 방대한 분량의 문헌이 존재한다. 나는 특히 North 1981, Tilly 1992, Turchin 2009와 Scheidel 2013에 의존했다.

이 시기 동양을 개관하려면 M. Lewis 2007, F. Li 2006과 2009, Nylan and Loewe 2010, von Falkenhausen 2006, 그리고 출간 예정인 Zhao를 참고하라. 서양에 대한 개관은 *Cambridge Ancient History*, vol. III–IX가 방대한 세부 지식을 제공하며 Kuhrt 1995의 제2권은 서아시아에 대한 지식을 제공한다.

이하에 소개하는 보다 전문적인 연구서도 유용하다.

동양: Hsu and Linduff 1988, X. Li 1985, Z. Wang 1982는 꼼꼼하나 논의가 다소 시대에 뒤떨어진다. X. Yang 2004는 최신 논의를 부분적으로 업데이트했다. 주나라 청동기는 Rawson 1990과 J. So 1995를 보라. 주나라의 사회 조직은 F. Li 2003과 Chu, Cook and Major 1999를 보라. 『춘추좌씨전』은 Pines 2002를 보라. 철은 Wagner 1993, 2001c, 2008을 보라. 전쟁은 Kiser and Cai 2003과 2004, M. Lewis 1990, Yates et al. 2009, Zhao 2004를 보라. 문자는 M. Lewis 1999[『고대 중국의 글과 권위』, 2006]를, 진나라의 법은 Hulsewé 1985를, 기념물은 Wu 1995를, 진나라와 한나라는 M. Lewis 2007, Loewe 2006, Portal 2007을 보라. Hui 2005는 진나라와 근대 초기 유럽에서 국가 형성 과정을 흥미롭게 비교한다.

서양: 철에 관해서는 아직까지 Wertime and Muhly 1980을 대신할 책이 없다. 초기 이스라엘과 관련한 주제에는 항상 커다란 논쟁이 따른다. Provan et al. 2003은 전반적으로 성서의 기록을 지지하지만 Finkelstein and Silberman 2001과 2006, Liverani 2005는 더 비판적이다. 아시리아에 관한 일반서는 마땅치 않은 실정이지만 Yamada 2000은 9세기에 관해, Mattila 2000은 귀족에 관해 Oded 1979는 강제 이주에 관한 연구를 제공하며 Bedford 2009, M. Larsen 1979, Liverani 1995, Parpola 1997 등은 제국을 다룬다. 우라르투는 Zimansky 1985를, 페니키아는 Aubet 2001을, 그리스는 Morris and Powell 2009를, 지중해 식민화는 Hodos 2006과 Dietler 2010을 보라. 몬테폴리초는 Morris and Tusa 2004와 Mühlenbock 2008을, 페르시아는 Bedford 2007과 Briant 2002를 보라. 알렉산드로스는 Bosworth 1988을, 로마는 Eich and Eich 2005와 Eckstein 2007을, 문자해독능력은 W. Harris 1989를, 초기 문자 생활 전반에 관해서는 B. Powell 2009를 보라. 서양 제국들 간의 비교연구는 Morris and Scheidel 2009를 보라.

마피아 조직과 국가 간 차이점으로서 합법성은 Gambetta 1994를 보라.

기후변화는 Bao et al. 2004, Garcia et al. 2007, Issar 2003, Issar and Zahor 2005, Kvavadze and Connor 2005, P. Zheng et al. 2008을 보라. 계절별 사망률은 Shaw 1996, Scheidel 2001을 보라.

『강대국의 흥망』은 P. Kennedy 1987[『강대국의 흥망』, 1997]을 보라.

축의 시대에 관해서는 Jaspers 1949[『역사의 기원과 목표』, 1986]가 토대가 되는 연구서다. B. Schwartz 1975는 가장 명료한 입문서이고 Armstrong 2006[『축의 시대』, 2010]은 가장 쉽게 읽히는 연구이지만, Bellah 2005는 가장 통찰력 있는 비교연구다. Hall and Ames(1995a, 1995b) 같은 일부 연구자는 동서양 사상 간의 유사성보다 장기적 차이를 강조하지만 B. Schwartz 1985와 Roetz 1993 같은 이들은 양자 간 통일성에 더 주목한다. 나는 후자의 접근법(특히 Puett 2002에서 발전된)이 더 설득력 있다고 본다. 유가에 대한 배경지식은 Shaughnessy 1997과 von Falkenhausen 2006을, 법가는 Fu 1996을 보라. 중국 사상들 간의 연관성은 K. Holloway 2009를 보라. 초기 그리스 철학은 Graham 2006을, 그리스 민주정과 그에 대한 비판가들은 Ober 1998을 보라. 그리스와 중국 사상을 비교한 훌륭한 저작은 많다(예를 들어, Lloyd 2002, Lloyd and Sivin 2002, T. Martin 2009, Shankman and Durant 2000, Sim 2007 등이 있다). 아크나톤과 모세는 Freud 1955[『종교의 기원, 2004』에서 '인간 모세와 유일신교']와 Assmann 2008을 보라.

로마와 중국 간 접촉은 Leslie and Gardiner 1996과 Mair 2006을 보라. 바그나리 DNA는 2010년 인디펜던트 1월 26일자 기사(http://www.independent.co.uk/news/science/archaeology/news/ambassador-or-slaveeast-asian-skeleton-discovered-in-vagnari-roman-cemetery-1879551.html)를 보라. 이집트에서 발견된 증거는 Cappers 1999를, 아리카메두의 증거는 Begley 1996을 보라. 『홍해 항해』는 Casson 1989를 보라. 비단길은 F. Wood 2002를, 박트리아는 Holt 1999를 보라. 스텝 지대 초원길은 Beckwith 2009, Christian 1998, Kohl 2007, Koryakova and Epimakhov 2007을 보라. 파르티아는 Curtis and Stewart 2007을, 유목민과 중국은 Barfield 1989와 Di Cosmo 2002, Lovell 2006[『장성, 중국사를 말하다』, 2007], pp. 66-116을 보라.

제6장 쇠퇴와 몰락

이 시기 동양에 대해 개관하려면 M. Lewis 2007과 2009a를 보라. 서양 쪽에서는 Garnsey and Saller 1987이 로마 제국 초기에 관해 여전히 최상의 개설서이며 Cameron 1993a와 1993b는 제국 후기를 살펴보는 데 유용하다. 1960년대 이래 많은 로마사 연구자는 로마 후기 역사에서 쇠망 이론을 거부했지만(특히 Brown 1971, 1978을 보라) 더 최근의 역사가와 고고학자들은 (예를 들어 Goldsworthy 2009[『로마 멸망사』, 2012], Heather 2005[『로마 제국 최후의 100년』, 2008], Jongman 2007b, McCormick 2001, Ward-Perkins 2005) 내가 여기서 주장한 것처럼 서기 200년 이후 사회발전 수준의 하락을 강조한다.

한나라와 로마에서 신성한 왕위는 Puett 2002와 Price 1984를, 로마의 개선식은 Beard 2007을 보라. 유교의 도덕 함양은 Ivanhoe 2000을 보라.

Adshead 2000, pp. 4-21은 한나라와 로마 제국을 흥미롭게 비교한다. Mutschler and Mittag 2009와 Scheidel 2009a는 영어로 쓰인 최초의 체계적인 연구서다.

동양의 경제성장은 Bray 1984, Hsu 1980, Peng 1999, Wagner 2001c를 보라. 서양의 경제성장은 Bowman and Wilson 2009, de Callatay 2005, Manning and Morris 2005, Scheidel et al. 2007, Scheidel 2009, A. Wilson 2009, 그리고 현재 진행중인 옥스퍼드 로마 경제 프로젝트(http://oxrep.classics.ox.ac.uk/index.php)를 참고하라. 로마와 한나라의 경제성장 비교는 Scheidel 2009b를, 그리스와 로마의 생활수준은 Morris 2004와 Saller 2002를 보라. 한나라의 주거는 Guo 2010을, 로마와 한나라의 주거 비교는 Razeto 2008을 보라.

도표 6.2와 도표 6.6의 출전은 A. Parker 1992와 Kylander et al. 2005다.
몬테테스타초는 http://ceipac.gh.ub.es/MOSTRA/u_expo.htm(2007년 12월 4일에 참고함)을 보라. 서양의 황금기는 Scheidel 2007, Jongman 2007a를 보라.
콜럼버스 교환은 Crosby 1972를 보라. 질병의 역사에 대한 최고의 책은 여전히 McNeill 1976[『전염병의 세계사』, 2005]이다. 로마의 전염병은 Scheidel 2002와 Sallares 2007을, 기원전 430년 아테네의 역병은 Papagrigorakis et al. 2006을 보라.
기후변화는 제5장에 언급된 저작들과 더불어 Bao et al. 2004, Garcia et al. 2007, Ge et al. 2003, B. Yang et al. 2002를 보라.
강족은 M. Wang 1999를 보라. 중국 변경에 대한 연구는 Lattimore 1940이 여전히 고전이며 로마의 변경은 Whittaker 1994를 보라.
한나라 이후 중국은 De Crespigny 1984와 A. Dien 1990, 2007, Eberhard 1965, M. Lewis 2009a, S. Pearce et al. 2001, L. Yang 1961을 보라. 등자는 A. Dien 1986을 보라. 로마시대 동물 뼈는 Jongman 2007b와 Ikeguchi 2007을 보라. 서양의 전반적인 경제적 쇠퇴는 McCormick 2001, pp. 25~119와 MacMullen 1988, pp. 1~57을 보라. 사산 왕조 페르시아는 Daryaee 2009를, 로마와 페르시아는 Dignas and Winter 2007을 보라. 로마의 고트족 전쟁은 Kulikowski 2006을 보라. 5세기 갈리아족은 Drinkwater and Elton 1992를, 서로마 제국의 멸망은 Goldsworthy 2009, Heather 2005, Kelly 2009, Ward-Perkins 2005를 보라. 로마 제국 이후 서유럽은 Cameron 1993b, McCormick 2001, McKitterick 2001, Wickham 2005를 보라.
3세기 중국 문화는 Balazs 1964, pp. 173~254와 Holcombe 1994를 보라. 중국의 불교는 Gernet 1995, X. Liu 1988, Zürcher 2007을 보라. 기독교의 도래는 Brown 1971, 1978, Lane Fox 1986을 보라. Johnson and Johnson 2007은 불교와 기독교(와 더불어 이슬람교)를 비교한다. 로마 후기 예술은 Elsner 1999와 Trimble 2009를, 수도원 생활은 Bechert and Gombrich 1984와 Dunn 2000을, 개종은 MacMullen 1984와 Morrison 1992를 보라. 도표 6.9는 Hopkins 1998의 접근법을 토대로 한 것이다. 기독교가 제국에 수용되어 변화하는 과정은 Brown 1992와 Fowden 1993을 보라.

제7장 동양의 시대

수나라 이전 동양에 대한 개관은 A. Dien, 1990, 2007, Eisenberg 2008, Gernet 1995, Graff 2002, M. Lewis 2009a, Pearce et al. 2001을 보라. 수나라는 Wright 1978과 Xiong 2006을, 당나라는 Adshead 2004, M. Lewis 2009b, Perry and Smith 1976, Rozman 1973, Wright and Twitchett 1973, Xiong 2000을 보라. 5호16국시대는 G. Wang 2007을, 북송은 Haeger 1975, Hymes and Schirokauer 1993, D. Kuhn 2009를 보라. 900~1100년 시기 전반은 Mote 1999를 보라.
『제민요술』은 Bray 2001을, 동양사 전반에서 쌀에 관해서는 Bray 1984, 1986을 보라.
측천무후는 Guisso 1978, D. Dien 2003, Barrett 2008을 보라.
유홍의 DNA 연구는 Xie et al. 2007을 보라.
중국의 배는 Needham 1971과 McGrail 2001, pp. 346~393을 보라.
과거제와 행정은 Chaffee 1985, Kracke 1968, McMullen 1988을 보라.

동양의 팽창은 Abramson 2007, Holcombe 2001, Piggott 1997, von Glahn 1987, von Verschuer 2006을 보라.
7세기 중국의 전염병은 Twitchett 1979를 보라.
자바 앞바다 난파선은 Flecker 2002와 V. Lieberman 2003을 보라.
Elvin 1973, Hartwell 1967과 1982, Shiba and Elvin 1970은 11세기 중국의 급속한 경제성장을 주장한다. 반면 Golas 1988, P. Smith 1994, Smith and von Glahn 2003은 이러한 견해의 일부 측면에 의문을 제기한다. 금융은 von Glahn 1996, 2004를, 석탄과 철은 Golas 1999, Wagner 2001a, 2008을, 무역은 P. Smith 1991을, 직물업은 Bray 1997, Chao 1977, Mokyr 1990, pp. 209–238을 보라. 11세기 신유학은 Bol 1992와 2009, X. Ji 2005, D. Kuhn 2009, T. Lee 2004를 보라.
900년까지 서양의 사회적, 경제적 추세는 McCormick 2001, Wickham 2005와 2009를 보라.
유스티니아누스는 Maas 2005와 O'Donnell 2008을, 비잔티움의 경제(특히 이집트)는 Banaji 2001, Hickey 2007, Laiou and Morrison 2007, Sarris 2006을 보라. 로버트 그레이브스의 1938년 역사 소설 *Count Belisarius*는 여전히 일독할 만한 책이다. 역병은 Keys 2000, Little 2007, S. Rosen 2007, Sarris 2002, Stathakopoulos 2004를 보라. 호스로와 헤라클리우스는 Dignas and Winter 2007, Haldon 1997, Kaegi 2003, Whittow 1996을 보라.
아라비아 역사에 대한 개설서로는 Hourani 2003과 Lapidus 2002가 있다. 이슬람 이전의 아라비아는 Hoyland 2001을, 무함마드는 M. Cook 1983, Mattson 2007, Peters 1994를 보라. 무슬림의 정복은 Donner 1981, Kaegi 1992, Pourshariati 2008을, 칼리프국은 Crone and Hinds 1986, H. Kennedy 2004a, 2004b, 2007, Madelung 1997, Walmsley 2007을 보라. 알 마문은 Cooperson 2005를 보라.
이집트는 Walker 2002를, 카이로 무역 문서는 Goitein 1967–1988을 보라. Ghosh 1992는 유쾌한 개인적 이야기를 들려준다.
9세기 튀르크 노예 군대는 M. Gordon 2001을, 셀주크족은 D. Morgan 1988을 보라.
이슬람 경제는 A. Watson 1982를 보라.
샤를마뉴는 Barbero 2004, Hodges and Whitehouse 1983, Verhulst 2002를 보라. Sypeck 2006은 재미난 비교연구다. 8세기 서양 일반은 Hansen and Wickham 2000을 보라.
유럽의 팽창은 Bartlett 1993, Jordan 2001, McKitterick 2001, R. Moore 2000을 보라. 하인리히 4세와 그레고리우스 7세는 Blumenthal 1988을, 박해하는 사회는 R. Moore 1987을, 성당의 시대는 Duby 1981을, 기독교의 학문 연구는 Colish 1997을 보라. 바이킹은 Christiansen 2006을, 이탈리아의 노르만족은 Matthew 1992와 Loud 2000, Norwich 1992의 생생한 기술을 보라. 이탈리아 도시국가는 D. Waley 1988을, 십자군 운동은 Maalouf 1984[『아랍인의 눈으로 본 십자군 전쟁』, 2002]와 Tyerman 2006을, 구세계 이주 전반에 관해서는 A. Lewis 1988을 보라.
중세 온난기는 Fagan 2008[『뜨거운 지구, 역사를 뒤흔들다』, 2011]이 읽을 만하다. Kerr et al. 2005는 기후변화의 원인을 다룬다. 기온은 Oppo et al. 2009를, 중국은 Chu et al. 2002와 J. Ji et al. 2005, Qian and Zhu 2002, D. Zhang 1994, P. Zheng et al. 2008을 보라.

제8장 세계화

마르코 폴로는 Haw 2006과 Jackson 1998을, 카이펑 함락은 Lorge 2005, pp. 51-54를 보라. 여진족은 Tillman and West 1995를, 휘종은 Ebrey and Bickford 2006을 보라. 몽골족은 Allsen 2004, Amitai-Rice and Morgan 2001, di Cosmo et al. 2009, Rossabi 1988을 보라. 몽골 지배 아래의 중국은 Langlois 1981, Smith and von Glahn 2003, Brook 2010을 보라. 몽골족에 대한 최근의 연구는 그들의 침략으로 아시아 지역이 광범위하게 초토화되었다는 부정적 결과보다 동서양 간 교류가 활발해졌다는 긍정적 결과를 강조하는 경향이 있다.

비단길과 인도양을 통한 이동은 Abu-Lughod 1989, Chaudhuri 1985와 1990, Wood 2002를 보라. S. Gordon 2006은 개별적 여행자들을 묘사한다.

1954년부터 출간되기 시작해 지금도 나오고 있는 Joseph Needham et al. *Science and Civilisation in China*[『중국의 과학과 문명』, 2000]은 방대한 (사실, 기가 죽을 만큼) 저작으로 동서양 간 기술 이전에 관한 명시적인 논의와 더불어 중국의 과학과 기술을 총망라한다. Hobson 2004는 주요 기술 이전을 간략하게 묘사하는데, 서양의 기술 차용을 다소 과장하는 듯하다. 이슬람의 기술은 Hassan and Hill 1986을, 대포와 배는 Lorge 2005, McNeill 1982[『전쟁의 세계사』, 2005], Needham et al. 1986을 보라.

유럽의 흑사병에 관해서는 방대한 문헌이 존재한다. Benedictow 2004는 사망률을 다루며 Herlihy 1997은 흑사병이 초래한 결과를 살펴보고 Ziegler 1969와 Hatcher 2008은 쉽게 읽힌다. 무슬림 세계(Dols 1976이 고전이다)나 동양의 흑사병에 관한 저작은 구하기 어렵다. McNeill 1976이 여전히 최상의 비교연구서다.

소빙하기의 시작은 Bond et al. 2001, X. Liu et al. 2007, Mangini et al. 2005와 2007, Qian and Zhu 2002, E. Zhang et al. 2004, P. Zheng et al. 2008을 보라. Fagan 2004b[『기후는 역사를 어떻게 만들었는가』, 2002]는 이 시기를 개괄적으로 서술한다. Jordan 1996은 서유럽에 초점을 맞춘다.

기독교 교회의 위기는 Oakley 1979를, Tuchmann 1978은 14세기 유럽을 생생하게 묘사한다.

티무르는 Manz 1989를 보라.

오스만튀르크 제국 초기는 Barkey 1997, Finkel 2005, Imber 2004, Inalcik and Quataert 1994를 보라. 콘스탄티노플 함락은 Nicolle et al. 2007, Runciman 1990을 보라.

동남아시아의 성장은 Christie 1998과 V. Lieberman 2003을 보라.

명나라의 등장은 Dreyer 1982를, 정화는 Levathes 1994와 Dreyer 2006을 보라. 배에 대해서는 McGrail 2002, pp. 380-381과 390-392를 보라.

15세기 멕시코는 Pollard 1993과 M. Smith 2003을 보라.

다수의 르네상스라는 개념은 Goody 2010을 보라.

개빈 멘지스의 주장은 Menzies 2002와 2008[『1434』, 2010], www.1421.tv와 www.gavinmenzies.net을 보라. 역사가들의 반응은 Finlay 2004를 보라. 관련한 많은 논의는 온라인에서 찾아볼 수 있다(이를테면 http://en.wikipedia.org/wiki/1421_hypothesis와http://www.dightonrock.com/commentsandrebuttalsconcering142.htm을 보라).

타이핑공주호는 http://www.chinesevoyage.com을, 난파에 관해서는 http://www. chinapost.com.tw/taiwan/national/national-news/2009/04/27/205767/Princess-Taiping.htm을 보라.

항해왕 엔히크는 Russell 2000을 보라.

홍무제는 Farmer 1995를, 영락제는 Tsai 2001을 보라.

신유학파의 문화는 Bol 1992, Hymes and Schirokauer 1993, Ivanhoe 2009, Mote 1999, T. Lee 2004를 보라.

중국의 남녀관계와 전족 문화는 Birge 2002, Ebrey 1993, Ko 2007을, 전족한 발을 찍은 사진은 al-Akl 1932를 보라.

포르투갈인의 항해는 Fernandez-Armesto 2006을 보라. 16세기 초 포르투갈인이 인도양에 얼마나 큰 충격에 미쳤는지에 관해서는 논쟁이 분분하다. Bethencourt and Curto 2007과 Subrahmanyam 2007의 논의를 비교해보라.

제9장 서양이 따라잡다

이 시기 배경 전반에 관해서는 Brook 1998과 2010, Mote 1999, Rowe 2009, Spence 1990[『현대 중국을 찾아서』, 1998]의 전반부를 보라. 중국은 Struve 2004를, 동남아시아는 V. Lieberman 2003을, 일본은 Cullen 2003과 Totman 1993을 보라. Braudel 1972와 1981-1984[『물질문명과 자본주의1~3』, 1995~1997], Wiesner-Hanks 2006은 유럽의 상황을 읽기 쉽게 서술한다. Barkey 2008과 Finkel 2006은 오스만튀르크 제국을 살펴본다. 이 시기를 연구하는 역사가들은 훌륭한 동서양 비교연구서를 내놓았다(Brook 2008, Darwin 2008, A. G. Frank 1998, Goldstone 2009, V. Lieberman 1999, Maddison 2005, Pomeranz 2000, Robinson 2010, Wong 1997 등을 보라). Wills 2002는 1688년의 세계에 대한 흥미진진한 여행을 제공한다.

실질임금은 Allen 2001과 2003a, Angeles 2008, Broadberry and Gupta 2006, Pamuk 2007을 보라.

인구 증가는 Ho 1959, Le Roy Ladurie 1972[『랑그도크의 농민들1~2』, 2009]를 보라.

유럽의 민담은 Darnton 1984[『고양이 대학살』, 1996], pp. 9-72를 보라.

도요토미 히데요시는 Berry 1989와 Swope 2005, 2009를 보라.

만력제와 장거정은 R. Huang 1981[『1587 만력 15년 아무일도 없었던 해』, 2013]을 보라.

해적과의 전 세계적 전쟁은 Earle 2003, Lane 1998, K. So 1975를 보라.

합스부르크 제국은 Ingrau 2000, Kamen 1999, Kann 1980, G. Parker 2001을 보라.

프로테스탄트 종교개혁은 Fasolt 2008, MacCullagh 2003[『종교개혁의 역사』, 2011]을 보라. Elton 1963은 여전히 가장 읽기 쉬운 간략한 개설서다.

네덜란드 공화국은 Israel 1995, Tracy 2008, van Bavel and van Zanden 2004, van Zanden 2002를 보라.

생태학은 Allen 2003b, Marks 1998, John Richards 2003을 보라.

17세기 위기론은 G. Parker 2009를, 수평파는 Hill 1984와 Mendle 2001을 보라.

30년 전쟁은 G. Parker 1997과 P. Wilson 2009를 보라.

명청 교체기는 Struve 1993을 보라.

스텝 지대 폐쇄는 Perdue 2005[『중국의 서진』, 2012], Stevens 1995를, 이반 뇌제는 de Madriaga 2008을 보라.

에스파냐령 아메리카는 Elliott 2006, Kamen 2003을, 은銀은 D. Flynn 1996, Flynn et al. 2003, von Glahn 1996을 보라. 콜럼버스 교환은 Crosby 1972을, 생태제국주의는 Crosby 2004[『생태제국주의』, 2000]를 보라. 제임스타운과 초기 노예제는 E. Morgan 1975가 탁월하다. 대서양 노예 무역 전반은 Blackburn 1997, Inikori 2002와 2007, Mintz 1985를 보라.

산업혁명은 de Vries 2008, Mazumdar 1998, Voth 2001를 보라. 소비 생활은 Brewer and Porter 1993과 Clunas 1991를 보라.

시계는 Landes 1983를 보라.

과학혁명에 관해서는 Dear 2001[『과학혁명』, 2011], Shapin 1994와 1996[『과학혁명』, 2002]이 뛰어난 연구서다. Kuhn 1962[『과학혁명의 구조』, 2002]는 여전히 고전이다. Saliba 2007은 유럽이 무슬림 과학에서 받은 영향을 논의한다. Crosby 1997과 Huff 2003은 12세기 이후 유럽의 발전을 강조한다. 커피하우스와 과학혁명은 Stewart 1992를 보라.

계몽주의는 D. Outram 2005와 Youlton 1992가 믿음직하고 명쾌한 입문서다. Gay 1966–1969[『계몽주의의 기원』, 1998]는 고전이다.

동림서원은 Dardess 2002를 보라. 청대 학문 연구와 과학은 Elman 2001과 2006, Sivin 1982를 보라.

조지프 니덤과 루구이전은 Winchester 2008을 보라.

예수회 선교사들은 Brockey 2007을 보라.

강희제는 Spence 1974[『강희제』, 2001]를, 18세기 중국 사회는 Naquin and Rawski 1987을, 중국의 고립은 Johnston 1995를, 건륭제는 Elliott and Stearns 2009[『건륭제』, 2011]를 보라.

유럽의 군사혁명은 Black 2006, P. Kennedy 1987, McNeill 1982, G. Parker 1996, Rogers 1995를 보라. 오스만튀르크의 전쟁방식은 Murphey 1999를, 중국의 전쟁방식은 Lorge 2005와 Yates et al. 2009를, 일본과 대포는 Perrin 1979를 보라.

금융 위기와 재정혁명은 Bonney 1999, Goldstone 1991을 보라.

영국과 네덜란드의 상업과 제도는 Brenner 2003, H. Cook 2008, de Vries and van der Woude 1997, Jardine 2008, Pincus 2009를 보라.

영국과 프랑스 간 무역과 전쟁은 Findlay and O'Rourke 2007과 Simms 2008을 보라. 중상주의는 Tracy 1990과 1991을 보라.

정치경제학의 고전적 저작은 Adam Smith의 *Wealth of Nations*(1776)[『국부론』, 2008 등], Thomas Malthus의 *Essay on the Principle of Population*(1st ed., 1798)[『인구론』, 2011 등], David Ricardo의 *Principles of Political Economy and Taxation*(1817)[『정치경제학과 과세의 원리에 대하여』, 2010]이며 모두 여러 차례 출판되었다.

제10장 서양의 시대

Bayly 2004, Darwin 2008과 2009는 전 지구적 규모를 고찰한 뛰어난 최근의 연구서지만, Eric Hobsbawm의 네 권짜리 저작(1964, 1975, 1987, 1994)[『혁명의 시대』, 1998, 『자본의 시대』, 1998, 『제국의 시대』, 1998, 『극단의 시대』, 1997]은 여전히 내가 가장 선호하는 책이다. 경제성장에 대한 추정은 Maddison 1995와 2001을 보라. 서양의 군사적, 재정적 추세는 P. Kennedy 1987을, 중국 일반은 Rowe 2009와 Spence 1990을, 일본은 Cullen 2003과 Jansen 2000을, 동남아시아는 Owen et al. 2005를 보라.

18세기 과학과 산업은 Jacob 1997, Jacob and Stewart 2004, Mokyr 2002와 2010, R. Porter 2003을 보라. 기술은 Mokyr 1990, Smil 2005와 2006을 보라. Uglow 2002는 볼턴과 와트, 그 주변 인물을 다룬 굉장히 읽기 쉬운 책이다.

서양의 산업혁명은 여전히 논쟁거리다. Acemoglu et al. 2005, Landes 2003(1969), Mokyr 1999, Allen 2009를 비교해보라. Floud and McCloskey 1994는 가장 뛰어난 참고도서다. 점진주의자들의 견해는 Wrigley 2000과 Bayly 2004를 보라.

실질임금은 Allen 2001, 2007b, 2007c와 Allen et al. 2007을 보라.

면화 가격은 Harley 1998을 보라.

산업화에 대한 저항을 다룬 고전적 저작들은 Thompson 1963[『영국노동계급의 형성』, 2000]과 1993, (스윙 선장을 다룬) Hobsbawm and Rudé 1969가 있는데 위에서 언급한 더 최근의 저작들과 함께 읽는 것이 좋다.

문화와 후진성의 이점에 관해서는 Weber 1905[『프로테스탄티즘과 자본주의 정신』, 2010 등]가 고전적 이론을 제시한다. Landes 1998과 G. Clark 2007은 더 정교한 판본의 이론을 제시하며 Acemoglu et al. 2002는 제도의 역할을 강조한다.

동양이 1800년 무렵에 독자적인 산업혁명에 근접했는지에 관해서는 Goldstone 2009, Maddison 2005, Pomeranz 2000, Sivin 1982, Tetlock et al. 2006, Wong 1997에서 매우 다른 논의들을 만날 수 있다. 동양이 필연적으로 따라잡을 수밖에 없었다는 것은 Sugihara 2003을 보라.

1880년 중국 탄광의 비용은 Golas 1999, p. 170을 보라.

19세기 미국의 팽창은 Howe 2007, R. White 1993을, 환경에 미친 충격은 Williams 2003을 보라.

석유는 Yergin 1992를, 자유무역은 Irwin 1996을, 모더니즘과 가속화된 세계는 Kern 1983, Gay 2008을 보라.

19세기 후반 제국주의에 관한 이론은 극과 극을 달린다. Cain and Hopkins 2000, Darwin 2009, Davis 2001, Ferguson 2003[『제국』, 2006], A. Porter 2001로 이 분야에 대한 감을 잡을 수 있을 것이다. Hochschild 1998[『레오폴드왕의 유령』, 2003]은 콩고에 대한 끔찍한 이야기를 묘사한다. 1876~1879년과 1896~1902년의 기근은 Davis 2001과 Cane 2010을 보라.

아편전쟁은 서론에 언급된 책들을 보라.

일본의 문호 개방은 Feifer 2006이 읽기 좋다. 19세기 일본의 변혁은 Duus 1976과 Jansen 2000을 보라. 메이지 천황은 Keene 2002[『메이지 천황』, 2002]를, 일본의 제국주의는 Beasley 1987을, 중일전쟁은 Paine 2003을, 광서제의 죽음은 http://www.cnn.com/2008/WORLD/asiapcf/11/04/china.emperor/index.html을 보라.

의화단운동은 Preston 1999가 쉽게 읽힌다.

1914~1991년 사이 무력 충돌 분류는 Ferguson 2007[『증오의 세기』, 2010]을 보라. 20세기 경제 전반은 Frieden 2006을 보라. 제1차 세계대전은 Ferguson 1998,

Stevenson 2004, Strachan 2005를, 전후 처리는 MacMillan 2002를 보라. 대공황은 Eichengreen 1992와 Shlaes 2007을 보라. 소련의 반응은 Conquest 1986, Figes 1996, Fitzpatrick 1999, Applebaum 2003을 보라. 일본은 Harries and Harries 1991과 Iriye 1987을 보라. 나치 독일은 R. Evans 2005와 Tooze 2006을 보라. 제2차 세계대전은 Dower 1986과 Ferguson 2007, Overy 1995, A. Roberts 2009, Weinberg 2005를 보라. 냉전은 Behrman 2008, Eichengreen 2007, Gaddis 2005[『냉전의 역사』, 2010], Judt 2005[『포스트워 1945~2005』, 2008], Reynolds 2000, Sheehan 2008, Westad 2005를 보라. 상호확증파괴는 Krepon 2008을, 탈식민화는 Abernethy 2000, Brendon 2008, P. Clarke 2008, Darwin 2009를 보라. 유럽연합은 Gillingham 1991과 2003을, 물질적 풍요는 de Grazia 2005, Fogel 2004, Grigg 1992, Sandbrook 2005를 보라. 기대수명의 증가는 Riley 2001을 보라. 『여성의 신비』는 Friedan 1963[『여성의 신비』, 2005]을, 『성 정치학』은 Millett 1970[『성 정치학』, 2009]을 보라. 미국의 교외 지구는 Hayden 2002를, 1980년 경제 부흥은 Yergin and Stanislaw 2002를 보라.

옥스퍼드 미국사 총서 *Oxford History of the United States* (D. Kennedy 1999, Patterson 1997, 2005)는 훌륭한 20세기 미국사다. 미국의 지리적 이점은 Cumings 2009[『미국 패권의 역사』, 2011]를 보라.

컴퓨터와 1970~1980년대 서양 핵심부는 Castells 1996~1998과 Saxenian 1994, 그리고 Wozniak and Smith 2007의 유쾌한 이야기[『스티브 워즈니악』, 2008]를 참고하라.

전후 일본은 Dower 2000[『패배를 껴안고』, 2009]과 D. Smith 1995를 보라. 마오쩌둥의 중국은 Becker 1996, P. Clark 2008, MacFarquhar and Schoenhals 2006, Short 1999를 보라. 마오쩌둥 이후의 중국은 Gittings 1995, Greenhalgh 2008, Y. Huang 2008, Naughton 1995, Walder 2009, L. Zhang 2008을 보라. 닉슨과 중국은 Nixon 1967과 MacMillan 2008을 보라.

소련의 몰락과 소련 이후 러시아는 Gaidar 2008과 Goldman 2008을 보라. 1990년대 일본은 Amyx 2004와 Hutchison and Westermann 2006을 보라. 1992년 국방계획지침서와 추후 미국의 정책은 J. Mann 2004를 보라.

1990년대 이래 폭발적 경제성장을 경험한 중국이 치른 대가들은 Chen and Wu 2006, Chen 2009, Economy 2004, Goldman 2005, Shapiro 2001을 보라. 중국의 무역 초강대국으로의 성장에 관해 이야기하는 많은 책 가운데는 Kynge 2006 and Fishman 2006이 가장 뛰어나다.

제11장 왜 서양이 지배하는가

유전적 우월성에 관해서 일부 경제학자는 실제로 유럽의 산업혁명이 자연선택의 결과라고 주장한다. Galor and Moav 2002가 가장 노골적이며 G. Clark 2007도 영국의 경우에 그와 가까운 논제를 제시한다.

과학적 발명은 Merton 1957과 Stigler 1980, 그리고 Malcolm Gladwell의 무척 읽기 쉬운 칼럼 "In the Air," *The New Yorker*, May 12, 2008, pp. 50-60(http://www.newyorker.com/archive)을 보라.

동서양의 심리학적 차이는 Hedden et al. 2008을 보라. 동양의 비합리성에 관해서는

Nisbett 2003[『생각의 지도』, 2004], Ho and Yan 2007, McGilchrist 2009를 비교해보라. Lloyd 2007은 인지적 다양성에 관해 균형 잡힌 논의를 보여준다. 이 쟁점을 두고 나와 토론해준 니스벳 교수에게 감사하다.

플린 효과는 Neisser 1998, J. Flynn 2007과 Malcolm Gladwell의 칼럼 "None of the Above: What IQ Doesn't Tell You About Race," *The New Yorker*, December 17, 2007(http://www.newyorker.com/archive)을 보라.

유교와 일본의 실패는 J. Hall 1966을, 유교와 일본의 성공은 Morishima 1982를 보라.

'만약에' 게임에 관해서는 Tetlock et al. 2006 중에서 특히 Goldstone, Pestana, Pomeranz, Mokyr 등이 쓴 장을 참고하라. 반사실적 분석의 원리는 Ferguson 1997과 Tetlock and Belkin 1996을 보라. 내 접근법은 Morris 2005에서 더 자세히 설명했다.

어리석은 실수들에 관해서는 Tuchmann 1984[『독선과 아집의 역사』, 1997]가 필독서다.

해질녘의 순간과 관련하여 영거 드라이아스기는 제2장을 참고하고, 소행성은 Brown et al. 2002, Toon et al. 1997, Ward and Asphaug 2000을 보라. 재난 일반은 Smil 2008을, 1980년대 핵탄두는 Sakharov 1983을 보라.

히틀러가 제2차 세계대전에서 승리했다는 가정은 Rosenfeld 2005를, 『당신들의 조국』은 R. Harris 1992[『당신들의 조국』, 2006]를 보라. 핵무기는 Gaddis et al. 1999를, 쿠바는 Fursenko and Naftali 1997을 보라.

『파운데이션』과 관련하여, 아시모프는 1942년 5월부터 1950년 1월까지 *Astounding Magazine*에 여덟 편의 단편을 발표한 뒤 1951년과 1953년 사이에 출판한 세 권의 책에 수록했다. 그는 1980년대와 1990년대에 후속작 두 편과 앞 내용을 다룬 속편 두 편을 썼다. 역사심리학에 관한 그의 가장 온전한 설명은 *Foundation*(1951)과 *Prelude to Foundation*(1988)[『파운데이션』, 2003]을 보라.

제12장 당분간은

21세기 중국의 권력은 Jacques 2009와 Halper 2010[『베이징 컨센서스』, 2011]을 보라.

차이메리카는 Ferguson and Schularick 2007과 Ferguson 2009, 그리고 "A Wary Respect: A Special Report on China and America," *The Economist*, October 24, 2009(http://www.economist.com/specialreports)를 보라.

미국이 일신하는 문제는 Jack Welch의 칼럼 "Who Will Rule the 21st Century?" *Business Week*, July 2, 2007 (http://www.kurzweilai.net/meme/frame.html?main=memelist.html?m=7%23713)을 보라.

중국의 문제는 Goldman 2005와 Shirk 2007을 보라.

밀물이 모든 배를 들어올린다는 것은 Fogel 2007, Maddison 2006, 2007을 보라.

위안이 되는 시나리오는 J. Mann 2007을, 중국과 민주주의는 Y. Zheng 2004와 2010을 보라.

서양의 동양화는 Kurlantzick 2007을 보라.

국제관계에서 현실주의자들의 견해는 Johnston 1995를 보라.

에너지는 Smil 2006을 보라.

특이점은 Kurzweil 2005[『특이점이 온다』, 2007]와 http://www.singularity.com, http://www.kurzweilAI.net, http://www.singularitysummit.com을 보라. 그에 대한 비판은 Lanier 2000, Richards et al. 2002, McKibben 2003을 보라. 무어의 법칙은 G. Moore 1965, 1999, 2003을 보라. 두뇌 지도 그리기는 http://www.loni.ucla/ICBM/과 http://www.brainmapping.org가 지속적으로 업데이트하고 있다.

타이거 우즈와 오스카 피스토리우스는 http://www.slate.com/id/2116858/과 http://www.slate.com/id/2191801/을 보라.

우생학 논쟁과 관련하여 강화된 신체와 두뇌를 다룬 글들은 지나치게 낙관적이거나(예를 들어 Naam 2005, R. Green 2007) 정체성의 보존에 관해 지나치게 우려하는 경향(Fukuyama 2002[『Human Future』, 2003]와 S. Rose 2006)이 있다. Rifkin 1998[『바이오테크 시대』, 1999]은 이제 다소 시대에 뒤떨어지긴 했으나 더 균형 잡힌 책이다.

브레인 인터페이스 프로젝트는 http://www.wired.com/dangerroom/2009/05/pentagonpreps-soldier-telepathy-push)와 Singer 2009, pp. 72-74를 보라. 분자컴퓨터는Benenson et al. 2004를 보라.

IBM 블루 진 컴퓨터에 관해서는 http://www.research.ibm.com/journal/rd49-23.html을, 쥐 두뇌 시뮬레이션은 Frye et al. 2007과 Ananthanarayanan and Modha 2007, 그리고 http://p9.hostingprod.com/@modha.org/blog/2007/11/faq_anatomy_of_a_cortical_simu.html을 보라. 컴퓨터 가동에 들어가는 에너지와 냉각 장치는 The Economist Technology Quarterly, December 6, 2008, pp. 6-8(http://www.economist.com/specialreports에서 볼 수 있다)을 보라. 키티호크 프로젝트에 관해서는 Appavoo et al. 2008을 보라.

인공 합성 생물은 Gibson et al. 2010(http://www.sciencemag.org/cgi/content/abstract/science.1190719)을 보라.

칼슨 곡선은 Robert Carlson, "Open Source Biology and its Impact on Industry," IEEE Spectrum, May 2001(http://synthesis.cc/Biol_Tech_2050.pdf로 볼 수 있다)과 Carlson 2010을 보라.

Freeman-Spogli Institute의 '위기에 처한 세계' 학회는 http://fsi.stanford.edu/events/2006_fsi_international_conference_a_world_at_risk/를 보라.

최악의 시나리오 일반은 Diamond 2005, Smil 2008, Sunstein 2007을 보라.

기후변화는 Intergovernmental Panel on Climate Change 2007, Smil 2008을 보라. 극지방의 빙하가 녹는 속도에 대한 추정은 http://news.bbc.co.uk/2/hi/science/nature/7139797.stm을, 지구 이상화는 T. Friedman 2008을, 급작스러운 변화는 Pearce 2008을, 『스턴 리뷰』는 Stern 2006을 보라.

기후와 식량은 Easterling 2007, Battisti and Naylor 2009, Lobell and Burke 2010을 보라. 식량은 http://www.fao.org/worldfoodsituation/en/, http://www.fao.org/docrep/011/ai474e/ai474e13.htm, http://en.wikipedia.org/wiki/Food_crisis를 보라. 지역적 충격은 Bättig et al. 2007을, 수자원은 Pearce 2007을 보라.

미국과 서유럽으로의 이민에 관해서는 방대한 문헌이 존재하는데 상당수가 대단히 편파적이다. Swain 2007과 이민과 관련한 2008년 1월 5일자 『이코노미스트』의 탐사 기사("Open Up: A Special Report on Immigration" http://www.economist.com/specialreports), Caldwell 2009과 R. Hsu 2010은 관련 사안의 모든 측면을 다루기 위해 노력한다. 2008년 이후의 추세는 Papademetriou and Terrazas 2009를 보라.

이주와 질병은 http://www.cdc.gov/ncidod/dq/을, 인플루엔자는 Barry 2005, MacKellar 2007, Davis 2006, http://www.flutrackers.com/forum/index.php와 http://www.who.int/en/을 보라.

불안정 원호 지대에서 강대국의 개입은 G. Friedman 2004와 Oren 2007을 보라. 중국과 자원은 Zweig and Bi 2005를, 평화로운 부상은 B. Zheng 2005를 보라. 테러리스트의 위협은 Graham and Talent 2008을, 이스라엘과 이란은 "The Gathering Storm," *The Economist*, January 7, 2010(http://www.economist.com에서 볼 수 있다)을 보라. 21세기의 무력충돌 가능성은 G. Friedman 2009[『100년 후』, 2010], Fukuyama 2008, Khanna 2008, Krepinevich 2009, Zakaria 2008을 보라. 중국과 미국의 군사력은 R. Kaplan 2005를 보라. 중국의 미사일 시험은 http://news.xinhuanet.com/english/2010-01/11/content_12792329.htm을 보라. 중국의 항공모함은 http://www.cbsnews.com/stories/2009/04/22/world/main4960774.shtml?source=RSSattr=HOME_4960774를 보라.

핵무기 감축은 George Schultz et al., "A World Free of Nuclear Weapons," *Wall Street Journal*, January 4, 2007, p. A15 (http://www.fcnl.org/issues/item.php?item_id=2252&issue_id=54)와 "Toward a Nuclear-Free World," *Wall Street Journal*, January 15, 2008 (http://online.wsj.com/public/article_print/SB120036422673589947.html), Perkovich and Zaum 2008과 Sagan and Miller 2009-2010을 보라. 군축은 Norris and Kristensen 2008, 2009a, b, 2010을 보라. 지구 종말 시계는 http://www.thebulletin.org/content/ media-center/announcements/2010/01/14/ it-6-minutes-to-midnight를 보라.

소비 감소는 McKibben 2010과 Wells 2010을 보라.

교토의정서 전문은 http://unfccc.int/kyoto-protocol/items/2830.php를, 1990년 이래 이산화탄소 배출 자료는 http://unfccc.int/files/inc/graphics/image/gif/total_excluding_2008.gif와 http://co2now.org/를 보라. 비용 추정은 Juliette Jowit and Patrick Wintour, "Cost of Tackling Global Climate Change Has Doubled, Warns Stern," *The Guardian*, June 26, 2008(http://www.guardian.co.uk/environment/2008/jun/26/climatechange.scienceofclimatechange)을 보라. 일부 경제학자는(한 예로 Nordhaus 2007) 비판적이지만 오스트레일리아의 한 보고서(Garnaut 2008)는 Stern과 유사한 결론을 내린다.

비정부기구는 T. Friedman 1999[『렉서스와 올리브나무』, 2009]과 van Creveld 1999를 보라.

에너지 이슈는 Smil 2006을 보라.

페르미의 역설은 E. Jones 1985와, Webb 2002를 보라. 외계생명체 탐사는 Impey 2007과 P. Davies 2010을 보라.

100만 개의 외계 문명은 Shklovskii and Sagan 1968, p. 448을 보라. 드레이크 방정식은 http://en.wikipedia.org/wiki/Drake_equation을 보라.

하이테크 무기는 Adams 2008과 Singer 2009를 보라.

멸종은 Thomas et al. 2004를, 제6의 멸종은 Leakey and Lewin 1995[『제6의 멸종』, 1996]를 보라.

Abernethy, David. *The Dynamics of Global Dominance: European Overseas Empires, 1415–1980*. New Haven, CT: Yale University Press, 2000.

Abramson, Marc. *Ethnic Identity in Tang China*. Philadelphia: University of Pennsylvania Press, 2007.

Abu-Lughod, Janet. *Before European Hegemony. The World System AD 1250–1350*. New York: Oxford University Press, 1989.

Acemoglu, Daron, Simon Johnson, and James Robinson. "Reversal of Fortune: Geography and Institutions in the Making of the Modern World Income Distribution." *Quarterly Journal of Economics* 118 (2002), pp. 1231–94.

——. "The Rise of Europe: Atlantic Trade, Institutional Change, and Economic Growth." *American Economic Review* 95 (2005), pp. 546–79.

Adams, Thomas. "Future Warfare and the Decline of Human Decisionmaking." *Parameters: Journal of the US Army War College* 31.4 (2001), p. 57 (15).

——. *The Army After Next: The First Postindustrial Army*. Stanford: Stanford University Press, 2008.

Adshead, Samuel. *China in World History*. 3rd ed. London: Longmans, 2000.

——. *Tang China*. London: Longmans, 2004.

Akkermans, Peter, and Glenn Schwartz. *The Archaeology of Syria*. Cambridge, UK: Cambridge University Press, 2003.

al-Akl, F. M. "Bound Feet in China." *American Journal of Surgery* 18 (1932), pp.

545–50.

Allen, Robert. "The Great Divergence in European Wages and Prices from the Middle Ages to the First World War." *Explorations in Economic History* 38 (2001), pp. 411–48.

———. "Poverty and Progress in Early Modern Europe." *Economic History Review* 56 (2003a), pp. 403–43.

———. "Was There a Timber Crisis in Early Modern Europe?" In *Economia e energia secc. xiii–xviii, Serie II–Atti delle "Settimane di Studi" e altri Convegni*, pp. 469–82. Prato: 34 Istituto Internazionale di Storia Economica "F. Datini," 2003b.

———. "The British Industrial Revolution in Global Perspective: How Commerce Created the Industrial Revolution and Modern Economic Growth." 2006a. http://www.nuffield.ox.ac.uk/General/Members/allen.aspx.

———. "Agricultural Productivity and Rural Incomes in England and the Yangtze Delta, c. 1620–c. 1820." 2006b. http://www.nuffield.ox.ac.uk/General/Members/allen.aspx.

———. "How Prosperous Were the Romans? The Evidence of Diocletian's Price Edict (301 AD)." Oxford University Department of Economics Working Papers 363, 2007a. http://www.nuffield.ox.ac.uk/General/Members/allen.aspx.

———. "Pessimism Preserved: Real Wages in the British Industrial Revolution." Oxford University Department of Economics Working Papers 314, 2007b. http://www.nuffield.ox.ac.uk/General/Members/allen.aspx.

———. "Engels' Pause: A Pessimist's Guide to the British Industrial Revolution." Oxford University Department of Economics Working Papers 315, 2007c. http://www.nuffield.ox.ac.uk/General/Members/allen.aspx.

———. *The British Industrial Revolution in Global Perspective*. Cambridge, UK: Cambridge University Press, 2009.

Allen, Robert, et al. "Wages, Prices, and Living Standards in China, Japan, and Europe, 1738–1925." 2007. http://www.nuffield.ox.ac.uk/General/Members/allen.aspx.

Allen, Robert, Tommy Bengtsson, and Martin Dribe, eds. *Living Standards in the Past: New Perspectives on Well-Being in Asia and Europe*. Oxford: Oxford University Press, 2005.

Allsen, Thomas. *Culture and Conquest in Mongol Eurasia*. Cambridge, UK: Cambridge University Press, 2004.

Amitai–Rice, Reuven, and David Morgan. *The Mongol Empire and its Legacy*. Leiden: E. J. Brill, 2001.

Amyx, Jennifer. *Japan's Financial Crisis*. Princeton: Princeton University Press, 2004.

Ananthanarayanan, Rajagopal, and Dharmendra Modha. "Anatomy of a Cortical Simulator." Paper given at the International Conference for High Performance Computing, Networking, Storage, and Analysis, Reno, NV (November 11, 2007). Available at http://sc07.supercomp.org/schedule/event_detail.php?evid=11063.

Angeles, Luis. "GDP Per Capita or Real Wages? Making Sense of Conflicting Views on Pre−Industrial Europe." *Explorations in Economic History* 45 (2008), pp. 147−63.

Appavoo, Jonathan, Volkmar Uhlig, and Amos Waterland. "Project Kittyhawk: Building a Global−Scale Computer. Blue Gene/P as a Generic Computing Platform." *ACM Sigops Operating System Review*, January 2008. Available at http://domino.research.ibm.com/comm/research_projects.nsf/pages/kittyhawk. index.html.

Applebaum, Anne. *Gulag: A History of the Soviet Camps*. New York: Penguin, 2003.

Armelagos, George, and Kristin Harper. "Genomics at the Origins of Agriculture." *Evolutionary Anthropology* 14 (2005), pp. 68−77, 109−21.

Armstrong, Karen. *The Great Transformation: The Beginning of Our Religious Traditions*. New York: Knopf, 2006.

Arrighi, Giovanni. *Adam Smith in Beijing: Lineages of the Twenty-First Century*. London: Verso, 2007.

Asimov, Isaac. "Nightfall." *Astounding Science Fiction*, September 1941 issue. Cited from Isaac Asimov, *The Complete Short Stories* I, New York: Bantam, 1990, pp. 330−62.

———. *Foundation*. New York: Bantam, 1951.

———. *Prelude to Foundation*. New York: Bantam, 1988.

Assmann, Jan. *Of God and Gods: Egypt, Israel, and the Rise of Monotheism*. Madison: University of Wisconsin Press, 2008.

Astour, Michael. "New Evidence on the Last Days of Ugarit." *American Journal of Archaeology* 69 (1965), pp. 253−58.

Aubet, Maria Eugenia. *The Phoenicians in the West*. 2nd ed. Cambridge, UK: Cambridge University Press, 2001.

Auel, Jean. *The Clan of the Cave Bear*. New York: Crown, 1980.

Bagnall, Roger. *Egypt in Late Antiquity*. Berkeley: University of California Press, 1993.

Bahn, Paul, and Jean Vertut. *Journey Through the Ice Age*. Berkeley: University of California Press, 1997.

Baker, Keith, ed. *The Old Regime and the French Revolution*. Chicago: University of Chicago Press, 1987.

Balazs, Etienne. *Chinese Civilization and Bureaucracy*. New Haven, CT: Yale

University Press, 1964.

Banaji, Jairus. *Agrarian Change in Late Antiquity: Gold, Labour, and Aristocratic Dominance.* Oxford: Oxford University Press, 2001.

Bao, Yang, et al. "Evidence for a Late Holocene Warm and Humid Climate Period and Environmental Characteristics in the Arid Zones of Northwest China During 2.2 ~ 1.8 kyr BP." *Journal of Geophysical Research* 109 (2004), 10.1029/2003JD003787.

Barber, Elizabeth. *The Mummies of Ürümchi.* New York: Norton, 1999.

Barbero, Alessandro. *Charlemagne: Father of a Continent.* Berkeley: University of California Press, 2004.

Barfield, Thomas. *The Perilous Frontier: Nomadic Empires and China, 221 BC–AD 1757.* Oxford: Blackwell, 1989.

Barker, Graeme. *The Agricultural Revolution in Prehistory: Why Did Foragers Become Farmers?* Oxford: Oxford University Press, 2006.

Barkey, Karen. *Bandits and Bureaucrats: The Ottoman Route to State Centralization.* Ithaca, NY: Cornell University Press, 1997.

———. *Empire of Difference: The Ottomans in Comparative Perspective.* Cambridge, UK: Cambridge University Press, 2008.

Barnes, Gina. *The Rise of Civilization in East Asia.* London: Thames and Hudson, 1999.

Barrett, T. H. *The Woman Who Discovered Printing.* New Haven, CT: Yale University Press, 2008.

Barry, John. *The Great Influenza.* New York, Penguin, 2005.

Bartlett, Robert. *The Making of Europe: Conquest, Colonization and Cultural Change 950–1350.* Princeton: Princeton University Press, 1993.

Bar–Yosef, Ofer, ed. *East to West— Agricultural Origins and Dispersal into Europe.* Special section of *Current Anthropology* volume 45, 2004.

Bättig, Michèle, et al. "A Climate Change Index: Where Climate Change May Be Most Prominent in the 21st Century." *Geophysical Research Letters* 34 (2007), 201705.

Battisti, David, and Rosamund Naylor. "Historical Warnings of Future Food Insecurity with Unprecedented Seasonal Heat." *Science* 32 (2009), pp. 240–44.

Baumgarten, Jürgen, ed. *The Early Neolithic Origin of Ritual Centers.* Special issue of *Neo-Lithics* 2/05, 2005.

Bayly, Christopher. *The Birth of the Modern World 1780–1914.* Oxford: Blackwell, 2004.

Beard, Mary. *The Roman Triumph.* Cambridge, MA: Harvard University Press, 2007.

Beasley, William. *Japanese Imperialism, 1894–1945.* Oxford: Oxford University

Press, 1987.

Bechert, Heinz, and Richard Gombrich, eds. *The World of Buddhism: Buddhist Monks and Nuns in Society and Culture.* New York: Facts on File, 1984.

Becker, Jasper. *Hungry Ghosts: Mao's Secret Famine.* New York: Owl Books, 1996.

Beckman, Gary. *Hittite Diplomatic Texts.* 2nd ed. Atlanta: Scholars Press, 1999.

Beckwith, Christopher. *Empires of the Silk Road: A History of Central Eurasia from the Bronze Age to the Present.* Princeton: Princeton University Press, 2009.

Bedford, Peter. "The Persian Near East." In Walter Scheidel et al., eds., *The Cambridge Economic History of the Greco-Roman World*, pp. 302–29. Cambridge, UK: Cambridge University Press, 2007.

———. "The Neo–Assyrian Empire." In Ian Morris and Walter Scheidel, eds., *The Dynamics of Ancient Empires*, pp. 30–65. New York: Oxford University Press, 2009.

Begley, Vimala. *The Ancient Ports of Arikamedu.* Pondicherry/Arikamedu: École française de l'extrême orient, 1996.

Behrman, Greg. *The Most Noble Adventure: The Marshall Plan and How America Helped Rebuild Europe.* New York: Free Press, 2008.

Bellah, Robert. "What Is Axial About the Axial Age?" *Archives européenes de sociologie* 46 (2005), pp. 69–87.

Bellwood, Peter. *First Farmers: The Origins of Agricultural Societies.* Oxford: Blackwell, 2005.

Bellwood, Peter, and Colin Renfrew, eds. *Examining the Farming/Language Dispersal Hypothesis.* Cambridge, UK: Cambridge University Press, 2003.

Benedictow, Ole. *The Black Death 1346–1353: The Complete History.* Rochester, NY: Boydell Press, 2004.

Benenson, Yaakov, et al. "An Autonomous Molecular Computer for Logical Control of Gene Expression." *Nature* 429 (2004), pp. 423–29.

Bengtsson, Tommy, C. Campbell, and James Lee, eds. *Life Under Pressure: Mortality and Living Standards in Europe and Asia, 1700–1900.* Cambridge, MA: Harvard University Press, 2005.

Bentley, Edmund. *Biography for Beginners.* London: T. W. Laurie, 1905.

Berger, Thomas, and Erik Trinkaus. "Patterns of Trauma Among the Neandertals." *Journal of Archaeological Science* 22 (1995), pp. 841–52.

Bernard, W. D., and W. H. Hall. *Narrative of the Voyages and Services of the Nemesis, 1840 to 1843*, vol. 1. London: H. Colburn, 1844.

Berry, Mary. *Hideyoshi.* Cambridge, MA: Harvard University Press, 1989.

Bethencourt, Francisco, and Diogo Ramada Curto, eds. *Portuguese Oceanic Expansion, 1400–1800.* Cambridge, UK: Cambridge University Press, 2007.

Bierce, Ambrose. *The Devil's Dictionary.* New York: Neale Publishing, 1911.

Reissued by Dover, 1993.

Birch, Cyril, ed. *Anthology of Chinese Literature* I: *From Early Times to the Fourteenth Century*. New York: Columbia University Press, 1965.

Birge, Bettina. *Women, Property, and Confucian Reaction in Sung and Yuan China*. Cambridge, UK: Cambridge University Press, 2002.

Black, Jeremy. *Warfare in the Eighteenth Century*. London: Cassell, 2006.

Blackburn, Robin. *The Making of New World Slavery, from the Baroque to the Modern, 1492–1800*. London: Verso, 1997.

Bloodworth, Dennis, and Ching Ping Bloodworth. *The Chinese Machiavelli: 3000 Years of Chinese Statecraft*. 2nd ed. New Brunswick, NJ: Transaction Books, 2004.

Blumenthal, Uta–Renate. *The Investiture Conflict: Church and Monarchy from the Ninth to the Twelfth Century*. Philadelphia: University of Pennsylvania Press, 1988.

Boaretto, Elisabetta, et al. "Radiocarbon Dating of Charcoal and Bone Collagen Associated with Early Pottery at Yuchanyan Cave, Hunan Province, China." *Proceedings of the National Academy of Sciences* 106 (2009), doi: 10.1073/pnas.0900539106.

Boaz, Noel, and Russell Ciochon. *Dragon Bone Hill: An Ice-Age Saga of Homo erectus*. New York: Oxford University Press, 2004.

Bocquet–Appel, Jean–Pierre, and Ofer Bar–Yosef, eds. *The Neolithic Demographic Transition and its Consequences*. Amsterdam: Springer, 2008.

Bol, Peter. *"This Culture of Ours": Intellectual Transitions in Tang and Sung China*. Stanford: Stanford University Press, 1992.

———. *Neo-Confucianism in History*. Cambridge, MA: Harvard University Press, 2009.

Bond, Gerard, et al. "Persistent Solar Infl uence on North Atlantic Climate during the Holocene." *Science* 294 (2001), pp. 2130–36.

Bonney, Richard. *The Rise of the Fiscal State in Europe, c. 1200–1815*. Oxford: Oxford University Press, 1999.

Boserup, Esther. *Conditions of Agricultural Growth*. Chicago: Aldine, 1965.

Bosworth, Alan. *Conquest and Empire: The Reign of Alexander the Great*. Cambridge, UK: Cambridge University Press, 1988.

Boulding, Kenneth. "Great Laws of Change." In Anthony Tang, Fred Westfi eld, and James Worley, eds., *Evolution, Welfare, and Time in Economics*. Lexington, MA: Lexington Books, 1976.

Boutron, C., et al. "Anthropogenic Lead in Polar Snow and Ice Archives." *Comptes Rendus Geoscience* 336 (2004), pp. 847–67.

Bouzouggar, Abdeljalil, et al. "82,000–Year–Old Shell Beads from North Africa."

Proceedings of the National Academy of Sciences 104 (2007), pp. 9964–69.

Bowman, Alan, and Andrew Wilson, eds. *Quantifying the Roman Economy: Methods and Problems.* Oxford: Oxford University Press, 2009.

Boyer, Pascal. *Religion Explained.* New York: Basic Books, 1999.

Boyle, John, trans. *The Successors of Genghis Khan.* New York: Columbia University Press, 1971.

Bradley, Raymond. *Paleoclimatology.* New York: Academic Press, 1999.

Brandi, Karl. *The Emperor Charles V.* Trans. C. V. Wedgwood. New York: Knopf, 1939.

Braudel, Fernand. *The Mediterranean and the Mediterranean World in the Age of Philip II.* 2 vols. Trans. Siân Reynolds. London: Fontana, 1972.

――――. *Civilization and Capitalism, 15th–18th Century.* 3 vols. Trans. Siân Reynolds. New York: Harper and Row, 1981–84.

Bray, Francesca. *Science and Civilisation in China* VI: *Biology and Biological Technology.* Part 2: Agriculture. Cambridge, UK: Cambridge University Press, 1984.

――――. *The Rice Economies: Technology and Development in Asian Societies.* Oxford:
Oxford University Press, 1986.

――――. *Technology and Gender: Fabrics of Power in Late Imperial China.* Berkeley: University of California Press, 1997.

――――. "The *Qimin yaoshu* (Essential Techniques for the Common People)." Unpublished paper, 2001.

Brendon, Piers. *The Decline and Fall of the British Empire.* New York: Vintage, 2008.

Brenner, Robert. *Merchants and Revolution: Commercial Change, Political Conflict, and London's Overseas Traders, 1550–1653.* London: Verso, 2003.

Brewer, John, and Roy Porter, eds. *Consumption and the World of Goods.* London: Routledge, 1993.

Briant, Pierre. *From Cyrus to Alexander: A History of the Persian Empire.* Winona Lake, IN: Eisenbrauns, 2002.

Briggs, Asa. *A Social History of England.* London: Penguin, 1994.

Broadberry, Stephen, and Bishnupriya Gupta. "The Early Modern Great Divergence: Wages, Prices and Development in Europe and Asia, 1500–1800." *Economic History Review* 59 (2006), pp. 2–31.

Brockey, Liam. *Journey to the East: The Jesuit Mission to China, 1579–1724.* Cambridge, MA: Harvard University Press, 2007.

Brook, Timothy. *The Confusions of Pleasure: Commerce and Culture in Ming China.* Berkeley: University of California Press, 1998.

—————. *Vermeer's Hat: The Seventeenth Century and the Dawn of the Global World.* New York: Vintage, 2008.

—————. *The Troubled Empire: China in the Yuan and Ming Dynasties.* Cambridge, MA: Harvard University Press, 2010.

Brown, P., et al. "The Flux of Small Near–Earth Objects Colliding with the Earth." *Nature* 420 (2002), pp. 294–96.

Brown, Peter. *The World of Late Antiquity.* London: Thames and Hudson, 1971.

—————. *The Making of Late Antiquity.* Berkeley: University of California Press, 1978.

—————. *Power and Persuasion in Late Antiquity.* Madison: University of Wisconsin Press, 1992.

Browne, Edward. *The Literary History of Persia.* 2 vols. London: Unwin, 1902.

Brumm, Adam, et al. "Hominins on Flores, Indonesia, by One Million Years Ago." *Nature* 464 (2010), pp. 748–52.

Bryce, Trevor. *The Kingdom of the Hittites.* Oxford: Oxford University Press, 1998.

—————. *Life and Society in the Hittite World.* Oxford: Oxford University Press, 2002.

Burckhardt, Jacob. *The Civilization of the Renaissance in Italy.* New York: 1958. 2 vols. First published in German, 1852.

Cain, P. J., and A. G. Hopkins. *British Imperialism, 1688–2000.* New York: Longmans, 2002.

Caldwell, Christopher. *Reflections on the Revolution in Europe: Immigration, Islam, and the West.* New York: Doubleday, 2009.

Cameron, Averil. *The Later Roman Empire.* London: Routledge, 1993a.

—————. *The Mediterranean World in Late Antiquity, AD 395–600.* London: Routledge, 1993b.

Cane, Mark. 2010. "Climate in the Currents of History." In Robinson, ed., 2010.

Cann, Rebecca, et al. "Mitochondrial DNA and Human Evolution." *Nature* 325 (1987), pp. 31–36.

Cappers, René. "Archaeobotanical Evidence of Roman Trade with India." In Himanshu Prabha Ray, ed., *Archaeology of Seafaring*, pp. 51–69. New Delhi: Pragati Publications, 1999.

Cappers, René, and Sytze Bottema, eds. *The Dawn of Farming in the Near East.* Leiden: Brill, 2002.

Caramelli, D., et al. "Evidence for a Genetic Discontinuity between Neandertals and 24,000–Year–Old Anatomically Modern Humans." *Proceedings of the National Academy of Sciences* 100 (2003), pp. 6593–97.

Carlson, Robert. *Biology Is Technology: The Promise, Peril, and Business of Engineering Life.* Cambridge, MA: Harvard University Press, 2010.

Carneiro, Robert. "Scale Analysis as an Instrument for the Study of Cultural Evolution." *Southwestern Journal of Anthropology* 18 (1962), pp. 149-69.

―――. "Ascertaining, Testing, and Interpreting Sequences of Cultural Development." *Southwestern Journal of Anthropology* 24 (1968), pp. 354-74.

―――. "Scale Analysis, Evolutionary Sequences, and the Rating of Cultures." In Raoul Naroll et al., eds., *A Handbook of Method in Cultural Anthropology*, pp. 834-71. New York: Natural History Press, 1970.

―――. *Evolutionism in Cultural Anthropology*. Boulder, CO: Westview Press, 2003.

Carr, Geoffrey. "Shocking Science." In *The World in 2009*, p. 26. London: *The Economist* special publication, 2008.

Carrington-Goodrich, L., ed. *Dictionary of Ming Biography* I. New York: Columbia University Press, 1976.

Casson, Lionel. *The Periplus Maris Erythraei*. Princeton: Princeton University Press, 1989.

Castells, Manuel. *The Information Age: Economy, Society, and Culture*. 3 vols. Oxford: Blackwell, 1996-98.

Castree, N., A. Rogers, and D. Sherman, eds. *Questioning Geography: Fundamental Debates*. Oxford: Blackwell, 2005.

Cavalli-Sforza, Luigi, Paolo Menozzi, and Alberto Piazza. *History and Geography of Human Genes*. Princeton: Princeton University Press, 1994.

Chadwick, John. *Linear B and Related Scripts*. London: British Museum, 1987.

Chaffee, John. *The Thorny Gates of Learning in Sung China: A Social History of Examinations*. 2nd ed. Albany: State University of New York Press, 1995.

Chang, Kwang-chih. *Art, Myth, and Ritual*. Cambridge, MA: Harvard University Press, 1983.

―――. *The Archaeology of Ancient China*. 4th ed. New Haven, CT: Yale University Press, 1986.

―――. "An Essay on *Cong*." *Orientations* 20 (1989), pp. 37-43.

―――. "Shang Shamans." In Willard Peterson et al., *The Power of Culture*, pp. 10-36. Hong Kong: Chinese University Press, 1994.

Chang, Kwang-chih, and Xu Pingfang, eds. *The Formation of Chinese Civilization*. New Haven, CT: Yale University Press, 2005.

Chao, Kang. 1977. *The Development of Cotton Textile Production in China*. Cambridge, MA: Harvard University Press, 1977.

Chaudhuri, K. N. *Trade and Civilisation in the Indian Ocean*. Cambridge, UK: Cambridge University Press, 1985.

―――. *Asia Before Europe*. Cambridge, UK: Cambridge University Press, 1990.

Chen, Gang. *Politics of China's Environmental Protection: Problems and*

Progress. Beijing: World Scientific Publishing Company, 2009.

Chen, Guidi, and Wu Chuntao. *Will the Boat Sink the Water? The Life of China's Peasants.* New York: Public Affairs, 2006.

Chiasson, Paul. *The Island of Seven Cities: Where the Chinese Settled When They Discovered America.* New York: St. Martin's Press, 2006.

Childe, V. Gordon. *What Happened in History.* London: Penguin, 1942.

Christian, David. *A History of Russia, Central Asia, and Mongolia* I: *Inner Eurasia from Prehistory to the Mongol Empire.* Oxford: Blackwell, 1998.

——. *Maps of Time: An Introduction to Big History.* Berkeley: University of California Press, 2004.

Christiansen, Eric. *Norsemen in the Viking Age.* Oxford: Blackwell, 2006.

Christie, Jan. "Javanese Markets and the Asian Sea Trade Boom of the 10th to 13th Centuries AD." *Journal of Economic and Social History of the Orient* 41 (1998), pp. 344–81.

Chu, Guoqing, et al. "The 'Medieval Warm Period' Drought Recorded in Lake Huguagyan, Tropical South China." *The Holocene* 15 (2002), pp. 511–16.

Clark, Christopher. *Iron Kingdom: The Rise and Downfall of Prussia, 1600–1947.* Cambridge, MA: Harvard University Press, 2006.

Clark, Gregory. *A Farewell to Alms: A Brief Economic History of the World.* Princeton: Princeton University Press, 2007.

Clark, Paul. *The Chinese Cultural Revolution.* Cambridge, UK: Cambridge University Press, 2008.

Clarke, Arthur C. *2001: A Space Odyssey.* New York: New American Library, 1968.

Clarke, Peter. *The Last Thousand Days of the British Empire: The Demise of a Superpower, 1944–47.* New York: Allen Lane, 2008.

Clunas, Craig. *Superfluous Things: Material Culture and Social Status in Early Modern China.* Cambridge, UK: Cambridge University Press, 1991.

Cochran, Gregory, and Henry Harpending. *The 10,000 Year Explosion: How Civilization Accelerated Human Evolution.* New York: Basic Books, 2009.

Cohen, Mark Nathan, ed. *Rethinking the Origins of Agriculture.* Special section of *Current Anthropology* volume 50, 2009.

Colish, Marcia. *Medieval Foundations of the Western Intellectual Tradition, 400–1400.* New Haven, CT: Yale University Press, 1997.

Conquest, Robert. *Harvest of Sorrow: Soviet Collectivization and the Terror-Famine.* New York: Oxford University Press, 1986.

Conrad, Nicholas. "A New Figurine from the Basal Aurignacian of Hohle Fels Cave in Southwestern Germany." *Nature* 459 (2009), pp. 248–52 (doi: 10.1038/nature07995).

Conway Morris, Simon. *Life's Solution: Inevitable Humans in a Lonely Universe.*

Cambridge, UK: Cambridge University Press, 2003.

Cook, Constance, and John Major, eds. *Defining Chu: Image and Reality in Ancient China.* Honolulu: University of Hawaii Press, 1999.

Cook, Earl. "The Flow of Energy in an Industrial Society." *Scientific American* 225 (1971), pp. 135-44.

Cook, Harold. *Matters of Exchange: Commerce, Medicine, and Science in the Dutch Golden Age.* New Haven, CT: Yale University Press, 2007.

Cook, Michael. *Muhammad.* Oxford: Oxford University Press, 1983.

Cooper, Lisa. *Early Urbanism on the Syrian Euphrates.* London: Routledge, 2006.

Cooperson, Michael. *Al Ma'mun.* Oxford: Oneworld, 2005.

Cortesão, Armando. *The Suma Oriental of Tomé Pires.* 2 vols. London: Hakluyt Society, 1944.

Coyne, Jerry. *Why Evolution Is True.* New York: Viking, 2009.

Crafts, Nicholas. *British Economic Growth During the Industrial Revolution.* London: Clarendon Press, 1985.

Cranmer-Byng, J. L., ed. *An Embassy to China: Lord Macartney's Journal, 1793–1794.* London: Longmans, 1963.

Crone, Patricia, and G. Hinds. *God's Caliph: Religious Authority in the First Centuries of Islam.* Cambridge, UK: Cambridge University Press, 1986.

Crosby, Alfred. *The Columbian Exchange: Biological and Cultural Consequences of 1492.* Westport, CT: Westview Press, 1972.

———. *The Measure of Reality: Quantification and Western Society, 1250–1600.* Cambridge, UK: Cambridge University Press, 1997.

———. *Ecological Imperialism: The Biological Expansion of Europe, 900–1900.* 2nd ed. Cambridge, UK: Cambridge University Press, 2004.

Cullen, L. M. *A History of Japan, 1582–1941. Internal and External Worlds.* Cambridge, UK: Cambridge University Press, 2003.

Cumings, Bruce. *Dominion from Sea to Sea: Pacific Ascendancy and American Power.* New Haven, CT: Yale University Press, 2009.

Curtis, Vesta Sarkhosh, and Sarah Stewart, eds. *The Age of the Parthians.* London: I. B. Tauris, 2007.

Dalfes, Nuzhet, et al., eds. *Third Millennium BC Climate Change and Old World Collapse.* Berlin and New York: Springer, 1997.

Dardess, John. *Conquerors and Confucians: Aspects of Political Change in Late Yüan China.* New York: Columbia University Press, 1973.

———. *Blood and History in China: The Donglin Faction and its Repression, 1620–1627.* Honolulu: University of Hawaii Press, 2002.

Darnton, Robert. *The Great Cat Massacre and Other Essays in Cultural History.* New York: Vintage, 1984.

Darwin, John. *After Tamerlane: The Global History of Empire Since 1405.* New York: Allen Lane, 2008.

———. *The Empire Project: The Rise and Fall of the British World-System, 1830–1970.* Cambridge, UK: Cambridge University Press, 2009.

Daryaee, Touraj. *Sasanian Persia.* London: I. B. Tauris, 2009.

Davies, Norman. *Europe: A History.* Oxford: Oxford University Press, 1994.

Davies, Paul. *The Eerie Silence: Reviewing Our Search for Alien Intelligence.* New York: Houghton Mifflin Harcourt, 2010.

Davis, Mike. *Late Victorian Holocausts: El Niño Famines and the Making of the Third World.* New York: Verso, 2001.

———. *The Monster at Our Door: The Global Threat of Avian Flu.* New York: New Press, 2006.

Dawkins, Richard. *The Greatest Show on Earth: The Evidence for Evolution.* New York: Simon and Schuster, 2009.

Dawson, Christopher. 1955. *The Mongol Mission: Narratives and Letters of the Franciscan Missionaries in Mongolia and China in the Thirteenth and Fourteenth Centuries.* New York: Sheed and Ward, 1955.

Dawson, Raymond. *Confucius: The Analects.* Harmondsworth, UK: Penguin, 1993.

Dear, Peter. *Revolutionizing the Sciences: European Knowledge and Its Ambitions, 1500–1700.* Princeton: Princeton University Press, 2001.

de Bary, Theodore, and Irene Bloom, eds. *Sources of Chinese Tradition* I. 2nd ed. New York: Columbia University Press, 1999.

de Blij, Harm. *Why Geography Matters.* New York: Oxford University Press, 2005.

de Callataÿ, François. "The Graeco–Roman Economy in the Super–Long Run: Lead, Copper, and Shipwrecks." *Journal of Roman Archaeology* 18 (2005), pp. 361–72.

de Crespigny, Rafe. *Northern Frontier: The Policies and Strategy of the Later Han Empire.* Canberra: Australian National University, 1984.

de Grazia, Victoria. *Irresistible Empire: America's Advance through 20th Century Europe.* Cambridge, MA: Harvard University Press, 2005.

DeGroot, Gerard. *The Sixties Unplugged: A Kaleidoscopic History of a Disorderly Decade.* Cambridge, MA: Harvard University Press, 2008.

de Madriaga, Isabel. *Ivan the Terrible.* New Haven, CT: Yale University Press, 2005.

Denham, Tim, et al. "New Evidence and Revised Interpretations of Early Agriculture in Highland New Guinea." *Antiquity* 79 (2005), pp. 839–57.

Dennett, Daniel. *Breaking the Spell: Religion as a Natural Phenomenon.* New York: Penguin, 2007.

de Vries, Jan. *The Industrious Revolution: Consumer Behavior and the Household Economy, 1650 to the Present.* Cambridge, UK: Cambridge University Press, 2008.

de Vries, Jan, and Ad van der Woude. *The First Modern Economy: Success, Failure, and Perseverance in the Dutch Economy, 1500–1815.* Cambridge, UK: Cambridge University Press, 1997.

Diamond, Jared. *Guns, Germs, and Steel: The Fates of Human Societies.* New York: Norton, 1997.

Di Cosmo, Nicola. *Ancient China and Its Enemies.* Cambridge, UK: Cambridge University Press, 2002.

Di Cosmo, Nicola, Allen Frank, and Peter Golden, eds. *The Cambridge History of Inner Asia: The Chingissid Age.* Cambridge, UK: Cambridge University Press, 2009.

———. *Collapse: How Societies Choose to Fail or Succeed.* New York: Viking, 2005.

Dien, Albert. "The Stirrup and its Eff ect on Chinese History." *Ars Orientalia* 16 (1986), pp. 33–56.

———, ed. *State and Society in Early Medieval China.* Stanford: Stanford University Press, 1990.

———. *Six Dynasties Civilization.* New Haven, CT: Yale University Press, 2007.

Dien, Dora. *Empress Wu Zetian in Fiction and in History: Female Defiance in Confucian China.* Hauppauge, NY: Nova Science, 2003.

Dietler, Michael. *Archaeologies of Colonialism: Consumption, Entanglement, and Violence in Ancient Mediterranean France.* Berkeley: University of California Press, 2010.

Dietrich, John, ed. *The George W. Bush Foreign Policy Reader.* New York: Michael Sharpe, 2005.

Dignas, Beate, and Engelbert Winter. *Rome and Persia in Late Antiquity.* Cambridge, UK: Cambridge University Press, 2007.

Dillehay, Tom, et al. "Preceramic Adoption of Peanut, Squash, and Cotton in Northern Peru." *Science* 316 (2007), pp. 1890–93.

———. "Monte Verde: Seaweed, Food, Medicine, and the Peopling of North America." *Science* 320 (2008), pp. 784–86.

Dixon, Philip. " 'The Cities Are Not Populated as Once They Were,' " in John Rich, ed., *The City in Late Antiquity,* pp. 145–60. London: Routledge, 1992.

Dols, Michael. *The Black Death in the Middle East.* Princeton: Princeton University Press, 1976.

Donner, Fred. *The Early Islamic Conquests.* Princeton: Princeton University Press, 1981.

Dower, John. *War Without Mercy.* New York: Pantheon, 1986.

————. *Embracing Defeat: Japan in the Wake of World War II*. New York: Norton, 2000.

Drake, Stillman. *Discoveries and Opinions of Galileo*. New York: Doubleday, 1957.

Drews, Robert. *The Coming of the Greeks*. Princeton: Princeton University Press, 1988.

————. *The End of the Bronze Age*. Princeton: Princeton University Press, 1992.

Dreyer, Edward. *Early Ming China*. Stanford: Stanford University Press, 1982.

————. *Zheng He: China and the Oceans in the Early Ming Dynasty, 1405–1433*. New York: Pearson Longman, 2006.

Drinkwater, John, and Hugh Elton, eds. *Fifth-Century Gaul: A Crisis of Identity?* Cambridge, UK: Cambridge University Press, 1992.

Duby, Georges. *The Age of Cathedrals: Art and Society, 980–1420*. Chicago: University of Chicago Press, 1981.

Dunn, Marilyn. *Emergence of Monasticism from the Desert Fathers to the Early Middle Ages*. Oxford: Blackwell, 2000.

Duus, Peter. *The Rise of Modern Japan*. Boston: Houghton Mifflin, 1976.

Duyvendak, J. J. L. *The Book of Lord Shang*. London: A. Probsthain, 1928.

————. *China's Discovery of Africa*. London: A. Probsthain, 1949.

Earle, Peter. *The Pirate Wars*. New York: St. Martin's, 2003.

Easterling, William, ed. "Climate Change and Food Security." *Proceedings of the National Academy of Sciences* 104 (2007), pp. 19679–714.

Eberhard, Wolfram. *Conquerors and Rulers: Social Forces in Medieval China*. Leiden: E. J. Brill, 1965.

Ebrey, Patricia. *The Inner Quarters: Marriage and the Lives of Chinese Women in the Sung Period*. Berkeley: University of California Press, 1993.

————. *The Cambridge Illustrated History of China*. Cambridge, UK: Cambridge University Press, 1996.

Ebrey, Patricia, and Maggie Bickford, eds. *Emperor Huizong and Late Northern Song China*. Cambridge, MA: Harvard University Press, 2006.

Eckstein, Arthur. *Mediterranean Anarchy, Interstate War, and the Rise of Rome*. Berkeley: University of California Press, 2007.

Economy, Elizabeth. *The River Runs Black: The Environmental Challenge to China's Future*. Ithaca, NY: Cornell University Press, 2004.

Ehrlich, Paul, and Anne Ehrlich. *The Dominant Animal: Human Evolution and the Environment*. New York: Island Press, 2008.

Eich, Armin, and Peter Eich. "War and State–Building in Roman Republican Times." *Scripta Classica Israelica* 24 (2005), pp. 1–33.

Eichengreen, Barry. *Golden Fetters: The Gold Standard and the Great*

Depression, 1919–1939. New York: Oxford University Press, 1992.

────. *The European Economy Since 1945.* Princeton: Princeton University Press, 2007.

Eisenberg, Andrew. *Kingship in Early Medieval China.* Leiden: E. J. Brill, 2008.

Elliott, J. H. *Empires of the Atlantic World: Britain and Spain in America, 1492–1830.* New Haven, CT: Yale University Press, 2006.

Elliott, Mark, and Peter Stearns. *Emperor Qianlong: Son of Heaven, Man of the World.* London: Longman, 2009.

Elman, Benjamin. *From Philosophy to Philology: Intellectual and Social Aspects of Change in Late Imperial China.* 2nd ed. Los Angeles: University of California Asian Pacific Monograph Series, 2001.

────. *A Cultural History of Modern Science in China.* Cambridge, MA: Harvard University Press, 2006.

Elsner, Jas. *Imperial Rome and Christian Triumph: The Art of the Roman Empire AD 100–450.* Oxford: Oxford University Press, 1999.

Elton, Geoffrey. *Reformation Europe.* London: Fontana, 1963.

────. *The Practice of History.* London: Fontana, 1967.

Elvin, Mark. *The Pattern of the Chinese Past.* Stanford: Stanford University Press, 1973.

Endicott, Phillip, et al. "Evaluating the Mitochondrial Timescale of Human Evolution." *Trends in Ecology and Evolution* 24 (2009), pp. 515–21.

EPICA Community Members. "Eight Glacial Cycles from an Antarctic Ice Core." *Nature* 429 (2004), pp. 623–28.

Erickson, David, et al. "An Asian Origin for a 10,000–Year–Old Domesticated Plant from the Americas." *Proceedings of the National Academy of Sciences* 102 (2005), pp. 18315–20.

Evans, Richard. *The Third Reich in Power.* New York: Penguin, 2005.

Fagan, Brian. *The Long Summer: How Climate Changed Civilization.* New York: Basic Books, 2004a.

────. *The Little Ice Age.* New York: Basic Books, 2004b.

────. *The Great Warming: Climate Change and the Rise and Fall of Civilizations.* New York: Bloomsbury Press, 2008.

Farmer, Edward. *Zhu Yuanzhang and Early Ming Legislation: The Reordering of Chinese Society Following the Eras of Mongol Rule.* Leiden: E. J. Brill, 1995.

Fasolt, Constantin. "Hegel's Ghost: Europe, the Reformation, and the Middle Ages." *Viator* 39 (2008), pp. 345–86.

Fay, Peter Ward. *The Opium War, 1840–1842.* 2nd ed. Chapel Hill: University of North Carolina Press, 1997.

Feifer, George. *Breaking Open Japan: Commodore Perry, Lord Abe, and*

American Imperialism in 1853. New York: Smithsonian Books, 2006.

Ferguson, Niall, ed. *Virtual History*. New York: Basic Books, 1997.

———. *The Pity of War: Explaining World War I*. New York: Basic Books, 1998.

———. *Empire*. New York: Basic Books, 2003.

———. *The War of the World: Twentieth-Century Conflict and the Descent of the West*. New York: Penguin, 2007.

———. "What 'Chimerica' Hath Wrought." *The American Interest*, January–February 2009, http://www. the–american–interest.com/article.cfm?piece=533.

Ferguson, Niall, and Moritz Schularick. " 'Chimerica' and the Global Asset Market Boom." *International Finance* 10.3 (2007), pp. 215–39.

Fernandez–Armesto, Felipe. *Pathfinders: A Global History of Exploration*. New York: Norton, 2006.

Figes, Orlando. *A People's Tragedy: The Russian Revolution, 1891–1924*. New York: Penguin, 1996.

Findlay, Robert, and Kevin O'Rourke. *Power and Plenty: Trade, War, and the World Economy in the Second Millennium*. Princeton: Princeton University Press, 2007.

Finkel, Caroline. *The History of the Ottoman Empire: Osman's Dream*. New York: Basic Books, 2005.

Finkelstein, Israel, and Neil Silberman. *The Bible Unearthed: Archaeology's New Vision of Ancient Israel and the Origin of Its Sacred Texts*. New York: Free Press, 2001.

———. *David and Solomon*. New York: Free Press, 2006.

Finlay, Robert. "How Not to (Re)Write World History: Gavin Menzies and the Chinese Discovery of America." *Journal of World History* 15 (2004), pp. 299–42.

Finlayson, Clive, et al. "Late Survival of Neanderthals at the Southernmost Extreme of Europe." *Nature* 443 (2006), pp. 850–53.

Fishman, Ted. *China, Inc.* New York: Scribner, 2005.

Fitzpatrick, Sheila. *Everyday Stalinism: Ordinary Life in Extraordinary Times— Soviet Russia in the 1930s*. Oxford: Oxford University Press, 1999.

Flad, Rowan. "Divination and Power: A Multiregional View of the Development of Oracle Bone Divination in Early China." *Current Anthropology* 32 (2008), pp. 403–37.

Fleagle, John, and Christopher Gilbert, eds. "Modern Human Origins in Africa." *Evolutionary Anthropology* 17.1 (2008), pp. 1–80.

Flecker, Michael. *The Archaeological Excavation of the Tenth-Century Intan Shipwreck*. Oxford: British Archaeological Reports, 2002.

Floud, Roderick, and Donald McCloskey, eds. *The Economic History of Britain Since 1700*. 2 vols. 2nd ed. Cambridge, UK: Cambridge University Press, 1994.

Flynn, Dennis. *World Silver and Monetary History in the 16th and 17th Centuries*. Aldershot, UK: Variorum, 1996.

Flynn, Dennis, Arturo Giráldez, and Richard von Glahn, eds. *Global Connections and Monetary History, 1470–1800*. Aldershot, UK: Ashgate, 2003.

Flynn, James. *What Is Intelligence? Beyond the Flynn Effect*. Cambridge, UK: Cambridge University Press, 2007.

Fogel, Robert. *The Escape from Hunger and Premature Death, 1700–2100: Europe, America, and the Third World*. Cambridge, UK: Cambridge University Press, 2004.

———. "Capitalism and Democracy in 2040: Forecasts and Speculations." National Bureau of Economic Research Working Paper 13,184, 2007.

Food and Agriculture Organization. *Statistical Yearbook*, vol. 2, part 1. Rome: Food and Agriculture Organization of the United Nations, 2006.

Fowden, Garth. *Empire to Commonwealth: Consequences of Monotheism in Late Antiquity*. Princeton: Princeton University Press, 1993.

Francis, Mark. *Herbert Spencer and the Invention of Modern Life*. Ithaca, NY: Cornell University Press, 2007.

Frank, Andre Gunder. *ReOrient: Global Economy in the Asian Age*. Berkeley: University of California Press, 1998.

Freud, Sigmund. *Moses and Monotheism*. New York: Vintage, 1955. First published in German, 1939.

Fried, Morton. *The Evolution of Political Society*. New York: Random House, 1967.

Friedan, Betty. *The Feminine Mystique*. New York: Dell, 1963.

Frieden, Jeffrey. *Global Capitalism: Its Fall and Rise*. New York: Norton, 2006.

Friedman, George. *America's Secret War: Inside the Hidden Worldwide Struggle Between America and Its Enemies*. New York: Doubleday, 2004.

———. *The Next Hundred Years: A Forecast for the Twenty-First Century*. New York: Doubleday, 2009.

Friedman, Thomas. *The Lexus and the Olive Tree*. New York: Anchor, 1999.

———. *The World Is Flat: A Brief History of the Twenty-First Century*. New York: Farrar, Straus and Giroux, 2005.

———. *Hot, Flat, and Crowded: Why We Need a Green Revolution*. New York: Farrar, Straus and Giroux, 2008.

Frye, James, Rajagopal Ananthanarayanan, and Dharmendra Modha. "Towards Real–Time, Mouse–Scale Cortical Simulations." IBM Research Report RJ10404 (A 0702–001), 2007. Available from http://www.modha.org/papers/rj10404.pdf.

Fu, Zhengyuan. *China's Legalists: The Earliest Totalitarians and Their Art of Ruling*. Armonk, NY: Michael Sharpe, 1996.

Fukuyama, Francis. *Our Posthuman Future*. New York: Picador, 2002.

————, ed. *Blindside: How to Anticipate Forcing Events and Wild Cards in Global Politics.* Washington, DC: Brookings Institution, 2008.

Fukuzawa, Yukichi. *The Autobiography of Yukichi Fukuzawa.* New York: Columbia University Press, 1966. Originally published in Japanese in 1899.

Fuller, Dorian. "Agricultural Origins in South Asia." *Journal of World Prehistory* 20 (2006), pp. 1–86.

————. "Contrasting Patterns in Crop Domestication and Domestication Rates." *Annals of Botany* 2007, pp. 1–22.

Fuller, Dorian, Emma Harvey, and Ling Qin. "Presumed Domestication? Evidence for Wild Rice Cultivation and Domestication in the 5th Millennium BC of the Lower Yangtze Region." *Antiquity* 81 (2007), pp. 316–31.

Fursenko, Aleksandr, and Timothy Naftali. *"One Hell of a Gamble": Khrushchev, Castro, and Kennedy, 1958–1964.* New York: Norton, 1997.

Gaddis, John Lewis. *The Cold War: A New History.* New York: Penguin, 2005.

Gaddis, John Lewis, et al., eds. *Cold War Statesmen Confront the Bomb: Nuclear Diplomacy Since 1945.* New York: Oxford University Press, 1999.

Gaidar, Oleg. *Collapse of an Empire.* Berkeley: University of California Press, 2008.

Galor, Oded, and Omer Moav. "Natural Selection and the Origin of Economic Growth." *Quarterly Journal of Economics* 117 (2002), pp. 1133–91.

Garcia, María José, et al. "Late Holocene Environments in Las Tablas de Daimiel(South Central Iberian Peninsula, Spain)." *Vegetation History and Archaeobotany* 16 (2007), pp. 241–50.

Garnaut, Ross. *Garnaut Climate Change Review: Final Report.* 2008. Available at http://www.garnautreview.org.au.

Garnsey, Peter, and Richard Saller. *The Roman Empire.* London: Duckworth, 1987.

Gay, Peter. *The Enlightenment: An Interpretation.* 2 vols. New York: Knopf, 1966–69.

————. *Modernism: The Lure of Heresy.* New York: Norton, 2008.

Ge, Quansheng, et al. "Winter Half–Year Temperature Reconstruction for the Middle and Lower Reaches of the Yellow River and Yangtze River, China, During the Past 2000 Years." *The Holocene* 13 (2003), pp. 933–40.

Gernet, Jacques. *Buddhism in Chinese Society. An Economic History from the Fifth to the Tenth Centuries.* New York: Columbia University Press, 1995.

Gerring, John. *Social Science Methodology.* Cambridge, UK: Cambridge University Press, 2001.

Gerschrenkon, Alexander. *Economic Backwardness in Historical Perspective.* Cambridge, MA: Harvard University Press, 1962.

Gerth, H. H., and C. Wright Mills, eds. *From Max Weber.* New York: Oxford University Press, 1946.

Ghosh, Amitav. *In an Antique Land: History in the Guise of a Traveler's Tale.* New York: Vintage, 1992.

Gibson, Daniel, et al. "Creation of a Bacterial Cell Controlled by a Chemically Synthesized Genome." *Science* 328 (May 20, 2010), doi: 10.1126/science.1190719.

Giles, J. A., ed. *Matthew Paris's English History from the Year 1235 to 1273.* London: H. G. Bohn, 1852.

Gilbert, M. Thomas, et al. "DNA from Pre−Clovis Human Coprolites in Oregon, North America." *Science* 320 (2008), online edition, 120b.

Gillingham, John. *Coal, Steel, and the Rebirth of Europe, 1945–1955.* Cambridge, UK: Cambridge University Press, 1991.

———. *European Integration, 1950–2003: Superstate or New Market Economy?* Cambridge, UK: Cambridge University Press, 2003.

Gittings, John. *The Changing Face of China: From Mao to Market.* Oxford: Oxford University Press, 2005.

Godman, Peter. *Poetry of the Carolingian Renaissance.* Norman: University of Oklahoma Press, 1985.

Goebel, Ted, et al. "The Late Pleistocene Dispersal of Modern Humans in the Americas." *Science* 319 (2008), pp. 1497–1502.

Goitein, Shlomo. *A Mediterranean Society: The Jewish Communities of the Arab World as Portrayed in the Documents of the Cairo Geniza.* 5 vols. Berkeley: University of California Press, 1967–88.

Golas, Peter. "The Sung Economy: How Big?" *Bulletin of Sung-Yuan Studies* 20 (1988), pp. 90–94.

———. *Science and Civilization in China* V: *Chemistry and Chemical Technology.* Part 13: *Mining.* Cambridge, UK: Cambridge University Press, 1999.

Goldman, Marshall. *Petrostate: Putin, Power, and the New Russia.* New York: Oxford University Press, 2008.

Goldman, Merle. *From Comrade to Citizen: The Struggle for Political Rights in China.* Cambridge, MA: Harvard University Press, 2005.

Goldstone, Jack. *Revolution and Rebellion in the Early Modern World.* Berkeley: University of California Press, 1991.

———. "Europe's Peculiar Path: Would the World be 'Modern' if William III's Invasion of England in 1688 Had Failed?" In Tetlock et al., eds., 2006, pp. 168–96.

———. *Why Europe? The Rise of the West in World History, 1500–1850.* Boston: McGraw−Hill, 2009.

Goldsworthy, Adrian. *How Rome Fell: Death of a Superpower.* New Haven, CT: Yale University Press, 2009.

Goody, Jack. *Production and Reproduction: A Comparative Study of the Domestic Domain.* Cambridge, UK: Cambridge University Press, 1976.

———. *Cooking, Cuisine, and Class.* Cambridge, UK: Cambridge University Press, 1982.

———. *Capitalism and Modernity: The Great Debate.* Cambridge, UK: Cambridge University Press, 2004.

———. *Renaissances: The One or the Many?* Cambridge, UK: Cambridge University Press, 2010.

Gorbachev, Mikhail. *Memoirs.* New York: Doubleday, 1995.

Gordon, Matthew. *The Breaking of a Thousand Swords: A History of the Turkish Military of Samarra (AH 200–275/815–889 CE).* Albany: State University of New York Press, 2001.

Gordon, Stuart. *When Asia Was the World.* New York: Da Capo, 2008.

Gould, Stephen Jay. *Punctuated Equilibrium.* Cambridge, MA: Harvard University Press, 2007.

Graff, David. *Medieval Chinese Warfare, 300–900.* London: Routledge, 2002.

Graham, Bob, and Jim Talent. *World at Risk: The Report of the Commission on the Prevention of Weapons of Mass Destruction Proliferation and Terrorism.* New York: Vintage, 2008. Available at http://documents.scribd.com/ocs/2avb51ejt0uadzxm2wpt.pdf.

Graham, Daniel. *Explaining the Cosmos: The Ionian Tradition of Scientific Philosophy.* Princeton: Princeton University Press, 2006.

Graves, Robert. *Count Belisarius.* London: Literary Guild, 1938.

Grayson, Kirk. *Assyrian Rulers of the Early First Millennium BC* I. Toronto: University of Toronto Press, 1991.

Green, John Richard. *A History of the English People*, vol. 8. London: Macmillan, 1879.

Green, Richard, et al. "A Draft Sequence of the Neandertal Genome." *Science* 328 (May 7, 2010), pp. 710–22.

Green, Ronald. *Babies by Design: The Ethics of Genetic Choice.* New Haven, CT: Yale University Press, 2007.

Greenhalgh, Susan. *Just One Child: Science and Policy in Deng's China.* Berkeley: University of California Press, 2008.

Grigg, David. *The Transformation of Agriculture in the West.* Oxford: Blackwell, 1992.

Guillaume, Alfred. *The Life of Muhammad.* Lahore: Oxford University Press, 1969.

Guisso, R. *Wu Tse't'ien and the Politics of Legitimation in T'ang China.* Bellingham: University of Western Washington Press, 1978.

Gunz, Philipp, et al. "Early Modern Human Diversity Suggests Subdivided

Population Structure and a Complex Out-of-Africa Scenario." *Proceedings of the National Academy of Sciences* 106 (2009), doi: 10.1073/pnas.0901515106.

Guo, Qinghua. *The* Mingqi *Pottery Buildings of Han Dynasty China, 206 BC–AD 220.* Eastbourne, UK: Sussex Academic Press, 2010.

Habu, Junko. *Ancient Jomon of Japan.* Cambridge, UK: Cambridge University Press, 2004.

Haeger, John, ed. *Crisis and Prosperity in Sung China.* Tucson: University of Arizona Press, 1975.

Haldon, John. *Byzantium in the Seventh Century.* 2nd ed. Cambridge, UK: Cambridge University Press: 1997.

Hall, David, and Roger Ames. *Anticipating China: Thinking Through the Narrative of Chinese and Western Culture.* Albany: State University of New York Press, 1995a.

————. *Thinking from the Han: Self, Truth, and Transcendence in Chinese and Western Culture.* Albany: State University of New York Press, 1995b.

Hall, John. "Changing Conceptions of the Modernization of Japan." In Marius Jansen, ed., *Changing Japanese Attitudes Toward Modernization.* Princeton: Princeton University Press, 1966.

Halper, Stefan. *The Beijing Consensus: How China's Authoritarian Model Will Dominate the Twenty-first Century.* New York: Basic Books, 2010.

Hancock, Graham. *Underworld: The Mysterious Origins of Civilization.* London: Three Rivers Press, 2003.

Hansen, Ilse, and Chris Wickham, eds. *The Long Eighth Century.* Leiden: E. J. Brill, 2000.

Hardy-Smith, Tania, and Phillip Edwards. "The Garbage Crisis in Prehistory." *Journal of Anthropological Archaeology* 23 (2004), pp. 253–89.

Harley, Knick. "Cotton Textile Prices and the Industrial Revolution." *Economic History Review,* New Series 51 (1998), pp. 49–83.

Harries, Meirion, and Susie Harries. *Soldiers of the Sun: The Rise and Fall of the Imperial Japanese Army, 1868–1945.* London: Heinemann, 1991.

Harris, Robert. *Fatherland.* New York: Book Club Associates, 1992.

Harris, William. *Ancient Literacy.* Cambridge, MA: Harvard University Press, 1989.

Hartwell, Robert. "A Cycle of Economic Change in Imperial China: Coal and Iron in Northeast China, 750–1350." *Journal of the Economic and Social History of the Orient* 10 (1967), pp. 102–59.

————. "Demographic, Political, and Social Transformation of China, 750–1550." *Harvard Journal of Asiatic Studies* 42 (1982), pp. 365–442.

Hassan, Ahmad, and Donald Hill. *Islamic Technology.* Cambridge, UK:

Cambridge University Press, 1986.

Hatcher, John. *The Black Death: A Personal History.* New York: Doubleday, 2008.

Haw, Stephen. *Marco Polo's China: A Venetian in the Realm of Khubilai Khan.* London: Routledge, 2006.

Hawksworth, John, and Gordon Cookson. *The World in 2050: Beyond the BRICs.* London: PricewaterhouseCoopers, March 2008. Available at www.pwc.co.uk/economics.

Hayden, Dolores. *Building Suburbia: Green Fields and Urban Growth.* New York: Pantheon, 2002.

He, Nu. "Monumental Structure from Ceremonial Precinct at Taosi Walled Town." *Chinese Archaeology* 5 (2005), pp. 51–58.

Headrick, Daniel. *Power over Peoples: Technology, Environments, and Western Imperialism, 1400 to the Present.* Princeton: Princeton University Press, 2010.

Heather, Peter. *The Fall of the Roman Empire.* Oxford: Oxford University Press, 2005.

Hedden, Trey, et al. "Cultural Influences on Neural Substrates of Attentional Control." *Psychological Science* 19 (2008), pp. 12–17.

Heinlein, Robert. *Time Enough for Love.* New York: Ace Books, 1973.

Hemming, John. *The Conquest of the Incas.* New York: Penguin, 1970.

Herlihy, David. *The Black Death and the Transformation of the West.* Cambridge, MA: Harvard University Press, 1997.

Herman, Arthur. *To Rule the Waves: How the British Navy Shaped the Modern World.* New York: Harper, 2004.

Hessler, Peter. *Oracle Bones.* New York: Harper, 2006.

Hickey, Todd. "Aristocratic Landholding and the Economy of Byzantine Egypt." In Roger Bagnall, ed., *Egypt in the Byzantine World*, pp. 288–308. Cambridge, UK: Cambridge University Press, 2007.

Hill, Christopher. *The Experience of Defeat: Milton and Some Contemporaries.* New York: Penguin, 1984.

Hillman, Gordon, et al. "New Evidence of Lateglacial Cereal Cultivation at Abu Hureyra on the Euphrates." *The Holocene* 11 (2001), pp. 383–93.

Ho, Mun Chan, and Hektor Yan. "Is There a Geography of Thought for East–West Differences? Why or Why Not?" *Educational Philosophy and Theory* 39 (2007), pp. 383–403.

Ho, Ping–ti. *Studies on the Population of China, 1368–1953.* Cambridge, MA: Harvard University Press, 1959.

Hobsbawm, Eric. *The Age of Revolution, 1789–1848.* New York: Vintage, 1964.

———. *The Age of Capital, 1848–1875.* New York: Vintage, 1975.

———. *The Age of Empire, 1875–1914.* New York: Vintage, 1987.

———. *The Age of Extremes: A History of the World, 1914–1991*. New York: Vintage, 1994.

Hobsbawm, Eric, and George Rudé. *Captain Swing*. London: Penguin, 1969.

Hobson, John. *The Eastern Origins of Western Civilisation*. Cambridge, UK: Cambridge University Press, 2004.

Hochschild, Adam. *King Leopold's Ghost*. New York: Mariner, 1998.

Hodder, Ian. *The Domestication of Europe*. Oxford: Blackwell, 1990.

———. *The Leopard's Tale: Revealing the Mysteries of Çatalhöyük*. London: Thames and Hudson, 2006.

Hodges, Richard, and David Whitehouse. *Mohammad, Charlemagne, and the Origins of Europe*. London: Routledge, 1983.

Hodos, Tamar. *Local Responses to Colonization in the Iron Age Mediterranean*. London: Routledge, 2006.

Holcombe, Charles. *In the Shadow of the Han: Literati Thought and Society at the Beginning of the Southern Dynasties*. Honolulu: University of Hawaii Press, 1994.

———. *The Genesis of East Asia, 221 BC–AD 907*. Honolulu: University of Hawaii Press, 2001.

Holloway, David. *Stalin and the Bomb: The Soviet Union and Atomic Energy, 1939–1956*. New Haven, CT: Yale University Press, 1994.

Holloway, Kenneth. *Guodian: The Newly Discovered Seeds of Chinese Religious and Political Philosophy*. Oxford: Oxford University Press, 2009.

Holt, Frank. *Thundering Zeus: The Making of Hellenistic Bactria*. Berkeley: University of California Press, 1999.

Hopkins, Keith. "Christian Number and its Implications." *Journal of Early Christian Studies* 6 (1998), pp. 185–226.

Hourani, Albert. *A History of the Arab Peoples*. 2nd ed. New York: Warner, 2003.

Howe, Daniel. *What Hath God Wrought: The Transformation of America, 1815–1848*. New York: Oxford University Press, 2007.

Hoyland, Robert. *Arabia and the Arabs: From the Bronze Age to the Coming of Islam*. London: Routledge, 2001.

Hsu, Cho-yun. *Han Agriculture. The Formation of Early Chinese Agrarian Economy (206 BC–AD 220)*. Seattle: University of Washington Press, 1980.

Hsu, Cho-yun, and Kathryn Linduff. *Western Chou Civilization*. New Haven, CT: Yale University Press, 1988.

Hsu, Roland. *Ethnic Europe: Mobility, Identity, and Conflict in a Globalized World*. Stanford: Stanford University Press, 2010.

Huang, Ray. *1587, a Year of No Significance: The Ming Dynasty in Decline*. New Haven, CT: Yale University Press, 1981.

Huang, Yasheng. *Capitalism with Chinese Characteristics: Entrepreneurship and *the State*. Cambridge, UK: Cambridge University Press, 2008.

Hucker, Charles. *China's Imperial Past*. Stanford: Stanford University Press, 1975.

Huff , Toby. *The Rise of Early Modern Science: Islam, China, and the West*. 2nd ed. Cambridge, UK: Cambridge University Press, 2003.

Hui, Victoria. *War and State Formation in Ancient China and Early Modern Europe*. Cambridge, UK: Cambridge University Press, 2005.

Hulsewé, A. *Remnants of Ch'in Law*. Leiden: E. J. Brill, 1985.

Huntington, Ellsworth. *Civilization and Climate*. 1st ed. New Haven, CT: Yale University Press, 1915.

Huntington, Samuel. *The Clash of Civilizations and the Remaking of World Order*. New York: Simon and Schuster, 1996.

Hutchison, Michael, and Frank Westermann, eds. *Japan's Great Stagnation*. Cambridge, MA: Harvard University Press, 2006.

Hymes, Robert, and Conrad Schirokauer, eds. *Ordering the World: Approaches to State and Society in Sung Dynasty China*. Berkeley: University of California Press, 1993.

Ikeguchi, Mamoru. "The Dynamics of Agricultural Locations in Italy." Unpublished PhD dissertation, King's College, London, 2007.

Imber, Colin. *The Ottoman Empire, 1300–1650: The Structure of Power*. London: Palgrave, 2002.

Impey, Chris. *The Living Cosmos: Our Search for Life in the Universe*. New York: Random House, 2007.

Inalcik, Halil, and Donald Quataert, eds. *An Economic and Social History of the Ottoman Empire, 1300–1914*. Cambridge, UK: Cambridge University Press, 1994.

Ingman, Max, et al. "Mitochondrial Genome Variation and the Origin of Modern Humans." *Nature* 408 (2000), pp. 708–13.

Ingrau, Charles. *The Habsburg Monarchy, 1618–1815*. 2nd ed. Cambridge, UK: Cambridge University Press, 2000.

Inikori, Joseph. *Africans and the Industrial Revolution in England*. Cambridge, UK: Cambridge University Press, 2002.

——— . "Africa and the Globalization Process: Western Africa, 1450–1850." *Journal of Global History* 2 (2007), pp. 63–86.

Institute for International Strategic Studies. *The Military Balance 2009*. London: Institute for International Strategic Studies, 2009.

Intergovernmental Panel on Climate Change. *Fourth Assessment Report*. Cambridge, UK: Cambridge University Press, 2007. http://www/ipcc.ch/.

International Monetary Fund. *World Economic Outlook Update*, July 8, 2009 (http://www.imf.org/external/pubs/ft/weo/2009/update/02).

Iriye, Akira. *The Origins of the Second World War in Asia and the Pacific*.

London: Longman, 1987.

Irwin, Douglas. *Against the Tide: An Intellectual History of Free Trade.* Princeton: Princeton University Press, 1996.

Isaacson, Walter. *Einstein: His Life and Universe.* New York: Simon and Schuster, 2007.

Israel, Jonathan. *The Dutch Republic: Its Rise, Greatness, and Fall, 1477–1806.* Oxford: Oxford University Press, 1995.

Issar, Arie. *Climate Changes During the Holocene and their Impact on Hydrological Systems.* Cambridge, UK: Cambridge University Press, 2003.

Issar, Arie, and Mattanyah Zahor. *Climate Change— Environment and Civilization in the Middle East.* New York: Springer, 2005.

Ivanhoe, Philip. *Confucian Moral Cultivation.* 2nd ed. Amsterdam: Hackett, 2000.

———, ed. *Readings from the Lu-Wang School of Neo-Confucianism.* Amsterdam: Hackett, 2009.

Jackson, Peter. "Marco Polo and his 'Travels.' " *Bulletin of the School of Oriental and African Studies* 61 (1998), pp. 82–101.

Jacob, Margaret. *Scientific Culture and the Making of the Industrial West.* New York: Oxford University Press, 1997.

Jacob, Margaret, and Larry Stewart. *Practical Matter: Newton's Science in the Service of Industry and Empire.* Cambridge, MA: Harvard University Press, 2004.

Jacques, Martin. *When China Rules the World: The Rise of the Middle Kingdom and the End of the Western World.* London: Allen Lane, 2009.

Jakobsson, Mattias, et al. "Genotype, Haplotype and Copy–Number Variation in Worldwide Human Populations." *Nature* 451 (2008), pp. 998–1003.

Jansen, Marius. *The Making of Modern Japan.* Cambridge, MA: Harvard University Press, 2000.

Jardine, Lisa. *Going Dutch: How England Plundered Holland's Glory.* New York: Harper, 2008.

Jaspers, Karl. *The Origin and Goal of History.* New Haven, CT: Yale University Press, 1953. First published in German, 1949.

Ji, Junfeng, et al. "Asian Monsoon Oscillations in the Northeastern Qinghai–Tibet Plateau Since the Late Glacial as Interpreted from Visible Reflectance of Qinghai Lake Sediments." *Earth and Planetary Science Letters* 233 (2005), pp. 61–70.

Ji, Xiao–bin. *Politics and Conservatism in Northern Song China: The Career and Thought of Sima Guang (AD 1019–1086).* Hong Kong: Chinese University Press, 2005.

Jiang, Leping. "The Shangshan Site, Pujiang County, Zhejiang," *Chinese*

Archaeology 8 (2008), pp. 37–43.

Jiang, Leping, and Li Liu. "New Evidence for the Origins of Sedentism and Rice Domestication in the Lower Yangzi River, China." *Antiquity* 80 (2006), pp. 355–61.

Johnson, Donald, and Jean Johnson. *Universal Religions in World History: The Spread of Buddhism, Christianity, and Islam to 1500.* New York: McGraw–Hill, 2007.

Johnston, Alastair. *Cultural Realism: Strategic Culture and Grand Strategy in Ming China.* Princeton: Princeton University Press, 1995.

Jones, Eric. 1985. " 'Where is Everybody?' An Account of Fermi's Question." Los Alamos Technical Report LA–10311–MS. Available at http://library.lanl.gov/infores/reports/.

Jongman, Willem. "The Early Roman Empire: Consumption." In Walter Scheidel et al., eds., *The Cambridge Economic History of the Greco-Roman World*, pp. 592–618. Cambridge, UK: Cambridge University Press, 2007a.

———. "Gibbon Was Right: The Decline and Fall of the Roman Economy." In Olivier Hekster, Gerda de Kleijn, and Daniëlle Slootjes, eds., *Crises and the Roman Empire*, pp. 183–99. Leiden: E. J. Brill, 2007b.

Jordan, William Chester. *The Great Famine.* Princeton: Princeton University Press, 1996.

———. *Europe in the High Middle Ages.* London: Penguin, 2001.

Judt, Tony. *Postwar: A History of Europe Since 1945.* New York: Penguin Press, 2005.

Jungers, William, et al. "Long–Bone Geometry and Skeletal Biomechanisms in *Homo floresiensis*." Paper delivered at the 79th Annual Meeting of the American Association of Physical Anthropologists, April 2010, *Abstracts of AAPA Poster and Podium Presentations*, pp. 143–44. http://physanth.org/annual–meeting/2010/79th–annual–meeting–2010/2010%20AAPA%20Abstracts.pdf.

Kaegi, Walter. *Byzantium and the Early Islamic Conquests.* Cambridge, UK: Cambridge University Press, 1992.

———. *Heraclius, Emperor of Byzantium.* Cambridge, UK: Cambridge University Press, 2003.

Kamen, Stanley. *Philip of Spain.* New Haven, CT: Yale University Press, 1999.

———. *Empire: How Spain Became a World Power, 1492–1763.* New York: Harper, 2003.

Kann, Robert. *A History of the Habsburg Empire, 1526–1918.* Berkeley: University of California Press, 1980.

Kaplan, David. "The Darker Side of the 'Original Affluent Society.' " *Journal of Anthropological Research* 56 (2000), pp. 301–24.

Kaplan, Robert. "How We Would Fight China." *The Atlantic* 295.5 (June 2005), pp. 49–64.

Ke, Yuehai, et al. "African Origin of Modern Humans in East Asia: A Tale of 12,000 Y Chromosomes." *Science* 292 (2001), pp. 1151–53.

Keene, Donald. *Emperor of Japan: Meiji and His World, 1852–1912.* New York: Columbia University Press, 2002.

Keightley, David. *The Ancestral Landscape: Time, Space, and Community in Late Shang China (ca. 1200–1045 BC).* Berkeley: University of California Press, 2000.

———. "Marks and Labels: Early Writing in Neolithic and Shang China." In Stark, ed., 2006, pp. 177–201.

Kelly, Christopher. *The End of Empire: Attila the Hun and the Fall of Rome.* New York: Norton, 2009.

Kennedy, David. *Freedom from Fear: The American People in Depression and War, 1929–1945.* New York: Oxford University Press, 1999.

Kennedy, Hugh. *The Prophet and the Age of the Caliphates.* 2nd ed. London: Longmans, 2004a.

———. *When Baghdad Ruled the Muslim World: The Rise and Fall of Islam's Greatest Dynasty.* New York: Da Capo, 2004b.

———. *The Great Arab Conquests.* London: Da Capo, 2007.

Kennedy, Paul. *The Rise and Fall of British Naval Mastery.* London: Allen Lane, 1976.

———. *The Rise and Fall of the Great Powers.* New York: Vintage, 1987.

Kennedy, Robert F. *Thirteen Days: The Cuban Missile Crisis.* New York: Norton, 1969.

Kennett, Douglas, et al. "Nanodiamonds in the Younger Dryas Boundary Sediment Layer." *Science* 323 (2009), p. 94.

Kerr, Richard, et al. "Atlantic Climate Pacemaker for Millennia Past, Decades Hence?" *Science* 309 (2005), pp. 41–42.

Keynes, John Maynard. *A Treatise on Money.* London: Macmillan, 1930.

Keys, David. *Catastrophe: An Investigation into the Origins of Modern Civilization.* New York: Ballantine, 2000.

Khanna, Parag. *The Second World: Empires and Influence in the New Global Order.* New York: Random House, 2008.

Kirchner, Julius, and Karl Morrison, eds. *Medieval Europe.* Chicago: University of Chicago Press, 1986.

Kiser, Edgar, and Yong Cai. "War and Bureaucratization in Qin China." *American Sociological Review* 68 (2003), pp. 511–39.

———. "Early Chinese Bureaucratization in Comparative Perspective: Reply to Zhao." *American Sociological Review* 69 (2004), pp. 608–12.

Kislev, Mordechai, et al. "Early Domesticated Fig in the Jordan Valley." *Science* 312 (2006), pp. 1372–74.

Kitchen, Andrew. "Genetic Analysis of Human Head and Clothing Lice Indicates an Early Origin of Clothing Use in Archaic Hominins." Paper delivered at the 79th Annual Meeting of the American Association of Physical Anthropologists, April 2010. *Abstracts of AAPA Poster and Podium Presentations*, p. 154. http://physanth.org/annual–meeting/2010/79th–annual–meeting–2010/2010%20AAPA%20Abstracts.pdf.

Kittler, Ralf, et al. "Molecular Evolution of *Pediculus Humanus* and the Origin of Clothing." *Current Biology* 13 (2003), pp. 1414–17.

Klein, Richard. *The Human Career*. 3rd ed. Chicago: University of Chicago Press, 2009.

Ko, Dorothy. *Cinderella's Sisters: A Revisionist History of Footbinding*. Berkeley: University of California Press, 2007.

Koepke, Nikola, and Joerg Baten. "The Biological Standard of Living in Europe During the Last Two Millennia." *European Review of Economic History* 9 (2005), pp. 61–95.

———. "Agricultural Specialization and Height in Ancient and Medieval Europe." *Explorations in Economic History* 45 (2008), pp. 127–46.

Kohl, Philip. *The Making of Bronze Age Eurasia*. Cambridge, UK: Cambridge University Press, 2007.

Konner, Melvin. *The Tangled Wing: Biological Constraints on the Human Spirit*. 2nd ed. New York: Holt, Reinhart, and Winston, 2002.

Koryakova, Ludmila, and Andrej Epimakhov. *The Urals and Western Siberia in the Bronze and Iron Ages*. Cambridge, UK: Cambridge University Press, 2007.

Kracke, Edward. *Civil Service in Sung China: 960–1076*. Cambridge, MA: Harvard University Press, 1968.

Kramer, Samuel Noah. *The Sumerians*. Chicago: University of Chicago Press, 1963.

Krause, Johannes, et al. "Neanderthals in Central Asia and Siberia." *Nature* 449 (2007a), pp. 902–904.

———. "The Derived FOXP2 Variant of Modern Humans Was Shared with Neanderthals." *Current Biology* 17 (2007b), pp. 1908–12.

———. "The Complete Mitochondrial DNA Genome of an Unknown Hominin from Southern Siberia." *Nature* 64 (2010), pp. 894–97.

Krepinevich, Andrew. *7 Deadly Scenarios: A Military Futurist Explores War in the 21st Century*. New York: Bantam, 2009.

Krepon, Michael. *Better Safe Than Sorry: The Ironies of Living with the Bomb*. Stanford: Stanford University Press, 2008.

Krings, Matthias, et al. "Neanderthal DNA Sequences and the Origin of Modern Humans." *Cell* 90 (1997), pp. 19–30.

Kristiansen, Kristian, and Thomas Larsson. *The Rise of Bronze Age Society.* Cambridge, UK: Cambridge University Press, 2005.

Kron, Geof. "Anthropometry, Physical Anthropology, and the Reconstruction of Ancient Health, Nutrition, and Living Standards." *Historia* 54 (2005), pp. 68–83.

———. "The Use of Housing Evidence as a Possible Index of Social Equality and Prosperity in Classical Greece and Early Industrial England." Forthcoming.

Kuhn, Dieter. *The Age of Confucian Rule: The Song Transformation of China.* Cambridge, MA: Harvard University Press, 2009.

Kuhn, Herbert. *On the Track of Prehistoric Man.* New York: Random House, 1955.

Kuhn, Thomas. *The Structure of Scientific Revolutions.* Chicago: University of Chicago Press, 1962.

Kuhrt, Amelie. *The Ancient Near East.* 2 vols. London: Routledge, 1995.

Kuijt, Ian, and Bill Finlayson. "Evidence for Food Storage and Predomestication Granaries 11,000 Years Ago in the Jordan Valley." *Proceedings of the National Academy of Sciences* 106 (2009), doi: 10.1073/pnas.0812764106.

Kulikowski, Michael. *Rome's Gothic Wars: From the Third Century to Alaric.* Cambridge, UK: Cambridge University Press, 2006.

Kuper, Adam. *Anthropology and Anthropologists.* 2nd ed. London: Routledge, 1983.

Kurlantzick, Joshua. *Charm Offensive: How China's Soft Power Is Transforming the World.* New Haven, CT: Yale University Press, 2007.

Kurzweil, Ray. *The Singularity Is Near: When Humans Transcend Biology.* New York: Vintage, 2005.

Kuzmin, Yaroslav. "Chronology of the Earliest Pottery in East Asia." *Antiquity* 80 (2006), pp. 362–71.

Kvavadze, Eliso, and Simon Connor. "*Zelkova Carpinifolia* (Pallas) K. Koch in Holocene Sediments of Georgia— an Indicator of Climatic Optima." *Review of Palaeobotany and Palynology* 133 (2005), pp. 69–89.

Kylander, M., et al. "Refining the Pre–Industrial Atmospheric Pb Isotope Evolution Curve in Europe Using an 8000–Year–Old Peat Core from NW Spain." *Earth and Planetary Science Letters* 240 (2005), pp. 467–85.

Kynge, James. *China Shakes the World: A Titan's Rise and Troubled Future.* New York: Houghton Miffl in, 2006.

Laiou, Angeliki, and Cécile Morrisson, eds. *The Byzantine Economy.* Cambridge, UK: Cambridge University Press, 2007.

Landes, David. *Revolution in Time: Clocks and the Making of the Modern World.* Cambridge, MA: Harvard University Press, 1983.

——. *The Wealth and Poverty of Nations: Why Some Are So Rich and Some Are So Poor.* New York: Norton, 1998.

——. *The Unbound Prometheus: Technological Change 1750 to the Present.* Rev. ed. Cambridge, UK: Cambridge University Press, 2003.

Lane, Kris. *Pillaging the Empire: Piracy in the Americas, 1500–1750.* Armonk, NY: M. E. Sharpe, 1998.

Lane Fox, Robin. *Pagans and Christians.* New York: Harper and Row, 1986.

Langlois, John, ed. *China Under Mongol Rule.* Princeton: Princeton University Press, 1981.

Lanier, Jaron. "One Half of a Manifesto." *The Edge,* 2000 (http://www.edge.org/3rd_culture/lanier/lanier_index.html).

Lapidus, Ira. *A History of Islamic Societies.* 2nd ed. Cambridge, UK: Cambridge University Press, 2002.

Larkin, Philip. *Collected Poems.* New York: Farrar, Straus and Giroux, 2004.

Larsen, Clark. "Biological Changes in Human Populations with Agriculture." *Annual Review of Anthropology* 24 (1995), pp. 185–213.

——. "The Agricultural Revolution as Environmental Catastrophe." *Quaternary International* 150 (2006), pp. 12–20.

Larsen, Mogens, ed. *Power and Propaganda: A Symposium on Ancient Empires.* Copenhagen: Akademisk Forlag, 1979.

Latacz, Joachim. *Troy and Homer.* Oxford: Oxford University Press, 2004.

Latham, Ronald, trans. *Marco Polo: The Travels.* Harmondsworth, UK: Penguin, 1955.

Lattimore, Owen. *Inner Asian Frontiers of China.* New York: American Geographical Society, 1940.

Lau, D. C. *Mencius.* 2nd ed. Harmondsworth, UK: Penguin, 2003.

Leakey, Richard, and Roger Lewin. *The Sixth Extinction: Patterns of Life and the Future of Mankind.* New York: Doubleday, 1995.

LeBlanc, Steven, and Katherine Register. *Constant Battles: Why We Fight.* New York: St. Martin's Press, 2003.

Lee, Gyoung–ah, et al. "Plants and People from the Early Neolithic to Shang Periods in North China." *Proceedings of the National Academy of Sciences* 104 (2007), pp. 1087–92.

Lee, James and Wang Feng. *One Quarter of Humanity: Malthusian Mythology and Chinese Realities.* Cambridge, MA: Harvard University Press, 1999.

Lee, Thomas, ed. *The New and the Multiple: Sung Senses of the Past.* Hong Kong: Chinese University Press, 2004.

Lee, Yun Kuan. "Special Section: The Xia–Shang–Zhou Chronology Project." *Journal of East Asian Archaeology* 4 (2002), pp. 321–86.

Legge, James, ed. *The Chinese Classics* III: *The Shoo King*. London: Trübner, 1865. Repr. Hong Kong: Hong Kong University Press, 1960.

———. *The Chinese Classics* V: *The Ch'un Ts'ew and the Tso Chuen*. London: Trubner, 1872. Repr. Hong Kong: Hong Kong University Press, 1960.

Lehner, Mark. *The Complete Pyramids*. London: Thames and Hudson, 1997.

Le Roy Ladurie, Emmanuel. *The Peasants of Languedoc*. Trans. John Day. Urbana: University of Illinois Press, 1972.

Leslie, D. D., and K. J. H. Gardiner. *The Roman Empire in Chinese Sources*. Rome: Bardi, 1996.

Levathes, Louise. *When China Ruled the Seas: The Treasure Fleet of the Dragon Throne, 1405–1433*. New York: Oxford University Press, 1994.

Lewis, Archibald. *Nomads and Crusaders, A.D. 1000–1368*. Bloomington: Indiana University Press, 1988.

Lewis, Mark. *Sanctioned Violence in Early China*. Albany: State University of New York Press, 1990.

———. *Writing and Authority in Early China*. Albany: State University of New York Press, 1999.

———. *The Early Chinese Empires: Qin and Han*. Cambridge, MA: Harvard University Press, 2007.

———. *China Between Empires: The Northern and Southern Dynasties*. Cambridge, MA: Harvard University Press, 2009a.

———. *China's Cosmopolitan Empire: The Tang Dynasty*. Cambridge, MA: Harvard University Press, 2009b.

Lewis, W. S., ed. *Horace Walpole's Correspondence* I. New Haven, CT: Yale University Press, 1941.

Lewis–Williams, David. *The Mind in the Cave*. London: Thames & Hudson, 2002.

Li, Feng. "Feudalism and the Western Zhou." *Harvard Journal of Asiatic Studies* 63 (2003), pp. 115–44.

———. *Landscape and Power in Early China: The Crisis and Fall of the Western Zhou, 1045–771 BC*. Cambridge, UK: Cambridge University Press, 2006.

———. *Bureaucracy and the State in Early China: Governing the Western Zhou*. Cambridge, UK: Cambridge University Press, 2009.

Li, Xueqin. *Eastern Zhou and Qin Civilization*. New Haven, CT: Yale University Press, 1985.

Li, Xueqin, et al. "The Earliest Writing?" *Antiquity* 77 (2003), pp. 31–44.

Lichtheim, Miriam, ed. *Ancient Egyptian Literature*. 3 vols. Berkeley: University of California Press, 1973–80.

Lieberman, Philip. "The Evolution of Human Speech." *Current Anthropology* 48 (2007), pp. 39–66.

Lieberman, Victor. *Beyond Binary Histories: Re-imagining Eurasia to c. 1830.* Ann Arbor: University of Michigan Press, 1999.

———. *Strange Parallels: Southeast Asia in Global Context, c. 800–1830.* Cambridge, UK: Cambridge University Press, 2003.

Lin, Tai–yi, trans. *Li Ju-chen, Flowers in the Mirror.* Berkeley: University of California Press, 1965.

Lin, Yusheng. *The Crisis of Chinese Consciousness: Radical Antitraditionalism in the May Fourth Era.* Madison: University of Wisconsin Press, 1979.

Little, Lester, ed. *Plague and the End of Antiquity: The Pandemic of 541–750.* Cambridge, UK: Cambridge University Press, 2007.

Liu, Li. "Ancestor Worship: An Archaeological Investigation of Ritual Activities in Neolithic North China." *Journal of East Asian Archaeology* 2 (2000), pp. 129–64.

———. *The Chinese Neolithic.* Cambridge, UK: Cambridge University Press, 2004.

———. "The Emergence of Sedentism in China." In Markus Reindel et al., eds., *Sedentism: Worldwide Research Perspectives for the Shift of Human Societies from Mobile to Settled Ways of Life.* Wiesbaden: Harrassowitz, 2010.

Liu, Li, and Xingcan Chen. *State Formation in Early China.* London: Routledge, 2003.

———. *The Archaeology of China.* Cambridge, UK: Cambridge University Press, 2010.

Liu, Li, and Hong Xu. "Rethinking Erlitou: Legend, History, and Chinese Archaeology." *Antiquity* 81 (2007), pp. 886–91.

Liu, Li, et al. "Evidence for the Early Beginning (c. 9000 cal. BP) of Rice Domestication in China." *The Holocene* 17 (2007), pp. 1059–68.

Liu, Xiaohong, et al. "Dendroclimatic Temperature Record Derived from Tree–Ring Width and Stable Carbon Isotope Chronologies in the Middle Qilian Mountains, China." *Arctic, Antarctic, and Alpine Research* 39 (2007), pp. 651–57.

Liu, Xinru. *Ancient India and Ancient China: Trade and Religious Exchanges 100–600.* Oxford: Oxford University Press, 1988.

Liverani, Mario, ed. *Akkad, the First World Empire.* Padua: Sargon, 1993.

———, ed. *Neo-Assyrian Geography.* Rome: Eisenbrauns, 1995.

———. *International Relations in the Ancient Near East, 1600–1100 BC.* New York: Palgrave, 2001.

———. *Israel's History and the History of Israel.* London: Equinox, 2005.

———. *Uruk: The First City.* London: Equinox, 2006.

Lloyd, Geoffrey. *The Ambitions of Curiosity: Understanding the World in Ancient Greece and China.* Cambridge, UK: Cambridge University Press, 2002.

———. *Cognitive Variations: Reflections on the Unity and Diversity of the Human Mind.* New York: Oxford University Press, 2007.

Lloyd, Geoffrey, and Nathan Sivin. *The Way and the Word: Science and Medicine in Early China and Greece.* New Haven, CT: Yale University Press, 2002.

Lobell, David, and Marshall Burke, eds. *Climate Change and Food Security: Adapting Agriculture to a Warmer World.* Amsterdam: Springer, 2010.

Loewe, Michael. *The Government of the Qin and Han Empires, 221 BCE–220 CE.* Indianapolis: Hackett, 2006.

Lordkipanidze, David, et al. "Postcranial Evidence from Early *Homo* from Dmanisi, Georgia." *Nature* 449 (2007), pp. 305–10.

Lorge, Peter. *War, Politics and Society in Early Modern China, 900–1795.* London: Routledge, 2005.

Loud, G. *The Age of Robert Guiscard: Southern Italy and the Norman Conquest.* London: Longman, 2000.

Lovell, Julia. *The Great Wall: China Against the World, 1000 BC–AD 2000.* London: Atlantic Books, 2006.

Luckenbill, D. D. *Ancient Records of Assyria and Babylonia* I. Chicago: University of Chicago Press, 1926.

Maalouf, Amin. *The Crusades Through Arab Eyes.* New York: Shocken, 1984.

Maas, Michael, ed. *The Cambridge Companion to the Age of Justinian.* Cambridge, UK: Cambridge University Press, 2005.

MacCullagh, Diarmaid. *The Reformation: A History.* New York: Penguin, 2003.

MacFarquhar, Roderick, and Michael Schoenhals. *Mao's Last Revolution.* Cambridge, MA: Harvard University Press, 2006.

MacKellar, Landis. "Pandemic Influenza: A Review." *Population and Development Review* 33 (2007), pp. 429–51.

MacMillan, Margaret. *Paris 1919: Six Months That Changed the World.* New York: Random House, 2002.

––––––. *Nixon and Mao: The Week That Changed the World.* New York: Random House, 2008.

MacMullen, Ramsay. *Christianizing the Roman Empire.* New Haven, CT: Yale University Press, 1984.

––––––. *Corruption and the Decline of Rome.* New Haven, CT: Yale University Press, 1988.

Maddison, Angus. *The World Economy: Historical Statistics.* Paris: Organisation for Economic Co-operation and Development, 2003.

––––––. *Growth and Interaction in the World Economy: The Roots of Modernity.* Washington, DC: American Enterprise Institute Press, 2005.

––––––. *Asia in the World Economy 1500–2030.* Canberra: Australian National University Press, 2006.

––––––. *Chinese Economic Performance in the Long Run: 960–2030.* 2nd ed.

Paris: Organisation for Economic Co—operation and Development, 2007.

Madelung, Wilferd. *The Succession to Muhammad: A Study in the Early Caliphate*. Cambridge, UK: Cambridge University Press, 1997.

Mair, Victor, ed. *Contact and Exchange in the Ancient World*. Honolulu: University of Hawaii Press, 2006.

Major, Candace, et al. "The Co—Evolution of Black Sea Level and Composition Through Deglaciation and Its Paleoclimatic Significance." *Quaternary Science Reviews* 25 (2006), pp. 2031–47.

Malinowksi, Bronislaw. *A Diary in the Strict Sense of the Term*. New York: Harcourt, Brace, and World, 1967.

Mandelbaum, Michael. *The Case for Goliath: How America Acts as the World's Government in the 21st Century*. New York: Public Affairs, 2005.

Mangini, A., et al. "Reconstruction of Temperature in the Central Alps During the Past 2000 yr from a 18O Stalagmite Record." *Earth and Planetary Science Letters* 235 (2005), pp. 741–51.

———. "Persistent Influence of the North Atlantic Hydrography on Central European Winter Temperature During the Last 9000 Years." *Geophysical Research Letters* 34 (2007), pp. 10.1029/2006GL028600.

Manica, Andrea, et al. "The Effect of Ancient Population Bottlenecks on Human Phenotypic Variation." *Nature* 448 (2007), pp. 346–48.

Mann, James. *Rise of the Vulcans: The History of Bush's War Cabinet*. New York: Penguin, 2004.

———. *The China Fantasy*. New York: Penguin, 2008.

Manning, J. G., and Ian Morris, eds. *The Ancient Economy: Evidence and Models*. Stanford: Stanford University Press, 2005.

Manz, Beatrice Forbe. *The Rise and Rule of Tamerlane*. Cambridge, UK: Cambridge University Press, 1989.

Marks, Robert. *Tigers, Rice, Silk, and Silt: Environment and Economy in Late Imperial South China*. Cambridge, UK: Cambridge University Press, 1998.

Marshall, Fiona, and Elisabeth Hildebrand. "Cattle Before Crops." *Journal of World Prehistory* 16 (2002), pp. 99–143.

Martin, Geoffrey. *All Possible Worlds: A History of Geographical Thought*. 4th ed. New York: Oxford University Press, 2005.

Martin, Thomas. *Herodotus and Sima Qian: The First Great Historians of Greece and China*. New York: Bedford/St. Martin's, 2009.

Matthew, Donald. *The Norman Kingdom of Sicily*. Cambridge, UK: Cambridge University Press, 1992.

Matthews, John, and David Herbert, eds. *Unifying Geography*. London: Routledge, 2004.

Mattila, Raiji. *The King's Magnates: A Study of the Highest Officials of the Neo-Assyrian Empire*. Helsinki: Neo–Assyrian Text Corpus Project, 2000.

Mattson, Ingrid. *The Story of the Qur'an*. Oxford: Blackwell, 2007.

Maynard–Smith, John, and Richard Dawkins. *The Theory of Evolution*. 3rd ed. Cambridge, UK: Cambridge University Press, 2008.

Mazumdar, Sucheta. *Sugar and Society in China: Peasants, Technology, and the World Market*. Cambridge, MA: Harvard University Press, 1998.

McAnany, Patricia, and Norman Yoffee, eds. *Questioning Collapse: Human Resilience, Ecological Vulnerability, and the Aftermath of Empire*. Cambridge, UK: Cambridge University Press, 2010.

McBrearty, Sally, and Alison Brooks. "The Revolution That Wasn't: New Interpretation of the Origin of Modern Human Behavior." *Journal of Human Evolution* 39 (2000), pp. 453–563.

McClellan, Thomas. "Early Fortifications: The Missing Walls of Jericho." *Baghdader Mitteilungen* 18 (2006), pp. 593–610.

McCormick, Michael. *Origins of the European Economy: Communications and Commerce, AD 300–900*. Cambridge, UK: Cambridge University Press, 2001.

McGilchrist, Iain. *The Master and His Emissary: The Divided Brain and the Making of the Western World*. New Haven: Yale University Press, 2009.

McGrail, Séan. *Boats of the World from the Stone Age to Medieval Times*. Oxford: Oxford University Press, 2004.

McKibben, Bill. *Enough: Staying Human in an Engineered Age*. New York: Times Books, 2003.

————. *Eaarth: Making Life on a Tough New Planet*. New York: Times Books 2010.

McKitterick, Rosamund. *The Early Middle Ages: Europe, 400–1000*. Oxford: Oxford University Press, 2001.

McMullen, David. *State and Scholars in T'ang China*. Cambridge, UK: Cambridge University Press, 1988.

McNeill, William. *Plagues and Peoples*. New York: Viking, 1976.

————. *The Pursuit of Power*. Chicago: University of Chicago Press, 1982.

Mendle, Michael. *The Putney Debates of 1647: The Army, the Levellers and the English State*. Cambridge, UK: Cambridge University Press, 2001.

Menzies, Gavin. *1421: The Year China Discovered the World*. New York: Bantam, 2002.

————. *1434: The Year a Magnificent Chinese Fleet Sailed to Italy and Ignited the Renaissance*. New York: Bantam, 2008.

Merton, Robert. "Priorities in Scientific Discovery: A Chapter in the Sociology of Science." *American Sociological Review* 22 (1957), pp. 635–59.

Meskill, John, ed. *Ch'oe Pu's Diary: A Record of Drifting Across the Sea*. Tucson:

University of Arizona Press, 1965.

Michalowski, Piotr. *The Lamentation Over the Destruction of Sumer and Ur.* Winona Lake, IN: Eisenbrauns, 1989.

Millett, Kate. *Sexual Politics.* New York: Abacus, 1970.

Mills, J. V. G., ed. *Ma Huan, "Overall Survey of the Ocean's Shores" [1433].* Cambridge, UK: Cambridge University Press, 1970.

Mills, J. V. G., and Roderich Ptak, eds. *Hsing-Ch'a Sheng-Lan, The Overall Survey of the Star Raft by Fei Hsin.* Wiesbaden: Harrassowitz Verlag, 1996.

Mintz, Sidney. *Sweetness and Power: The Place of Sugar in Modern History.* New York: Viking, 1985.

Mithen, Steven. *The Prehistory of the Mind: The Cognitive Origins of Art and Science.* London: Thames & Hudson, 1996.

——. *After the Ice: A Global Human History, 20,000–5000 BC.* Cambridge, MA: Harvard University Press, 2003.

——. *The Singing Neanderthals: The Origin of Music, Language, Mind and Body.* London: Weidenfeld and Nicholson, 2005.

Mokyr, Joel. *The Lever of Riches: Technological Creativity and Economic Progress.* New York: Oxford University Press, 1990.

——. "Editor's Introduction: The New Economic History and the Industrial Revolution." In Joel Mokyr, ed., *The British Industrial Revolution: An Economic Perspective,* pp. 1–127. Boulder, CO: Westview Press, 1999.

——. *The Gifts of Athena: Historical Origins of the Knowledge Economy.* Princeton: Princeton University Press, 2002.

——. *The Enlightened Economy: An Economic History of Britain, 1700–1850.* New Haven, CT: Yale University Press, 2010.

Momssen, Theodor, and Karl Morrison. *Imperial Lives and Letters of the Eleventh Century.* New York: Columbia University Press, 1962.

Moore, Andrew, Gordon Hillman, and A. J. Legge. *Village on the Euphrates.* New York: Oxford University Press, 2000.

Moore, Gordon. "Cramming More Components onto Integrated Circuits." *Electronics* 38.8 (April 19, 1965), pp. 114–17. Available at ftp://download.intel.com/research/silicon/moorespaper.pdf.

——. "Our Revolution." 1999. Available at http://www. sia–online.org/downloads/Moore.pdf.

——. "No Exponential Is Forever . . . But We Can Delay 'Forever.' " Paper presented at the International Solid State Circuits Conference, February 10, 2003. Available at ftp://download.intel.com/research/silicon/Gordon_Moore_ISSCC_021003.pdf.

Moore, Robert. *The Formation of a Persecuting Society: Power and Deviance in*

Western Europe, 950–1250. Oxford: Blackwell, 1987.

———. *The First European Revolution, c. 970–1215*. Oxford: Blackwell, 2000.

Morean, Curtis, et al. "Early Human Use of Marine Resources and Pigment in South Africa During the Middle Pleistocene." *Nature* 449 (2007), pp. 905–908.

Morgan, David. *Medieval Persia 1040–1797*. London: Longman, 1988.

Morgan, Edmund. *American Slavery, American Freedom*. New York: Norton, 1975.

Morgan, Leah, and Paul Renne. "Diachronous Dawn of Africa's Middle Stone Age: New 40Ar/39Ar Ages from the Ethiopian Rift." *Geology* 36 (2008), pp. 967–70.

Morishima, Michio. *Why Has Japan "Succeeded"?* Cambridge, UK: Cambridge University Press, 1982.

Morowitz, Harold. *The Emergence of Everything: How the World Became Complex*. New York: Oxford University Press, 2004.

Morris, Ian. "Economic Growth in Ancient Greece." *Journal of Institutional and Theoretical Economics* 160 (2004), pp. 709–48.

———. "The Athenian Empire (478–404 BC)." Princeton/Stanford Working Papers in Classics no. 120508, 2005. http://www.princeton.edu/~pswpc/index.html.

Morris, Ian, and Barry Powell. *The Greeks: History, Culture, and Society*. 2nd ed. Upper Saddle River, NJ: Prentice–Hall, 2009.

Morris, Ian, and Walter Scheidel, eds. *The Dynamics of Ancient Empires*. New York: Oxford University Press, 2009.

Morris, Ian, and Sebastiano Tusa. "Scavi sull'acropoli di Monte Polizzo, 2000–2003." *Sicilia Archeologica* 38 (2004), pp. 35–90.

Morrison, Karl. *Understanding Conversion*. Charlottesville: University of Virginia Press, 1992.

Morris–Suzuki, Tessa. *The Technological Transformation of Japan: From the Seventeenth to the Twenty-First Century*. New York: Cambridge University Press, 1994.

Morton, Oliver. *Eating the Sun: How Plants Power the Planet*. New York: Harper, 2007.

Morwood, Mike, and Penny van Oostersee. *A New Human: The Startling Discovery and Strange Story of the "Hobbits" of Flores, Indonesia*. New York: Left Coast, 2007.

Mote, Frederick. *Imperial China, 900–1800*. Berkeley: University of California Press, 1999.

Muckle, Peter, trans. *The Story of Abelard's Adversities*. Toronto: Pontifi cal Institute of Mediaeval Studies, 1964.

Muhlenbock, Christian. *Fragments from a Mountain Society: Tradition,*

Innovation, and Interaction at Archaic Monte Polizzo, Sicily. Gothenburg: University of Gothenburg Press, 2008.

Murphey, Rhoads. *Ottoman Warfare.* London: Routledge, 1999.

Mutschler, Fritz–Heiner, and Achim Mittag, eds. *Conceiving the Empire: China and Rome Compared.* New York: Oxford University Press, 2009.

Naam, Ramez. *More Than Human: Embracing the Promise of Biological Enhancement.* New York: Broadway, 2005.

Naquin, Susan, and Evelyn Rawski. *Chinese Society in the Eighteenth Century.* New Haven, CT: Yale University Press, 1987.

Naroll, Raoul. "A Preliminary Index of Social Development." *American Anthropologist* 58 (1956), pp. 687–715.

National Intelligence Council. *Mapping the Global Future.* Washington, DC: Government Printing Office, 2004. Available at http://www.foia.cia.gov/2020/2020.pdf.

———. *Global Trends 2025: A Transformed World.* Washington, DC: Government Printing Office, 2008. Available at http://www.dni.gov/nic/NIC_2025_project.html.

Naughton, Barry. *Growing Out of the Plan: Chinese Economic Reform, 1978–1993.* Cambridge, UK: Cambridge University Press, 1995.

Needham, Joseph. *Science and Civilisation in China* IV: *Physics and Physical Technology.* Part 3: *Civil Engineering and Nautics.* Cambridge, UK: Cambridge University Press, 1971.

Needham, Joseph, Ho Ping–yü, Lu Gwei–djen, and Wang Ling. *Science and Civilisation in China* V. *Chemistry and Chemical Technology.* Part 7: *Military Technology; The Gunpowder Epic.* Cambridge, UK: Cambridge University Press, 1986.

Neisser, Ulric, ed. *The Rising Curve: Long-Term Gains in IQ and Related Measures.* New York: American Psychological Association, 1998.

Nelson, Sarah. *The Archaeology of Korea.* Cambridge, UK: Cambridge University Press, 1993.

Nichols, F. M. *The Epistles of Erasmus* II. London: Longmans, Green, 1904.

Nicolle, David, Stephen Turnbull, and John Haldon. *The Fall of Constantinople: The Ottoman Conquest of Byzantium.* London: Osprey, 2007.

Nienhauser, William. *The Grand Scribe's Records* I. Bloomington: Indiana University Press, 1994.

Nisbett, Richard. *The Geography of Thought: How Asians and Westerners Think Differently . . . and Why.* New York: Free Press, 2003.

Nixon, Richard. "Asia After Viet Nam." *Foreign Affairs* 46 (1967), pp. 111–45.

Nordhaus, William. "A Review of the *Stern Review* on the Economics of Climate."

Journal of Economic Literature 45 (2007), pp. 686-702.

Norris, Robert, and Hans Kristensen. "Chinese Nuclear Forces, 2008." *Bulletin of the Atomic Scientists* 64.2 (2008), pp. 42-45.

———. "Worldwide Deployments of Nuclear Weapons, 2009." *Bulletin of the Atomic Scientists* 65.6 (2009a), pp. 74-81.

———. "US Nuclear Warheads, 1945-2009." *Bulletin of the Atomic Scientists* 65.4 (2009b), pp. 72-81.

———. "Russian Nuclear Forces, 2010." *Bulletin of the Atomic Scientists* 66.1 (2010) pp. 74-81.

North, Douglass. *Structure and Change in Economic History.* New York: Norton, 1981.

North, Douglass, John Wallis, and Barry Weingast. *Violence and Social Orders: A Conceptual Framework for Interpreting Recorded Human History.* Cambridge, UK: Cambridge University Press, 2009.

Norton, Christopher, and Kidong Bae. "The Movius Line Sensu Lato (Norton et al., 2006) Further Assessed and Defi ned." *Journal of Human Evolution* 55 (2008), pp. 1148-50.

Norwich, John Julius. *The Normans in Sicily.* London: Penguin, 1992.

Nur, Amos, and Eric Cline. "Poseidon's Horses: Plate Tectonics and Earthquake Storms in the Late Bronze Age Aegean and Eastern Mediterranean." *Journal of Archaeological Science* 27 (2000), pp. 43-63.

Nylan, Michael, and Michael Loewe, eds. *China's Early Empires: A Re-Appraisal.* Cambridge, UK: Cambridge University Press, 2010.

Ober, Josiah. *Political Dissent in Democratic Athens.* Princeton: Princeton University Press, 1998.

O'Connell, J., and F. Allen. "Dating the Colonization of Sahul (Pleistocene Australia-New Guinea): A Review of Recent Research." *Journal of Archaeological Science* 31 (2004), pp. 835-53.

Oded, B. *Mass Deportations and Deportees in the Neo-Assyrian Empire.* Wiesbaden: Harrassowitz Verlag, 1979.

O'Donnell, James. *The Ruin of the Roman Empire.* New York: Ecco, 2008.

Oppo, Delia, et al. "2,000-Year-Long Temperature and Hydrology Reconstructions from the Indo-Pacific Warm Pool." *Nature* 460 (2009), pp. 1113-16 (doi: 10.1038/nature08233).

Oren, Michael. *Power, Faith, and Fantasy: America in the Middle East, 1776 to the Present.* New York: Norton, 2007.

Ortner, Sherry. "Theory in Anthropology Since the Sixties." *Comparative Studies in Society and History* 26 (1984), pp. 126-66.

Otterbein, Keith. *How War Began.* College Station: Texas A&M University Press,

2004.

Outram, Alan, et al. "The Earliest Horse Harnessing and Milking." *Science* 323 (2009), pp. 1332–35.

Outram, Dorinda. *The Enlightenment.* 2nd ed. Cambridge, UK: Cambridge University Press, 2005.

Overy, Richard. *Why the Allies Won.* New York: Norton, 1995.

Owen, Norman, et al. *The Emergence of Modern Southeast Asia.* Honolulu: University of Hawaii Press, 2005.

Paine, S. C. M. *The Sino-Japanese War of 1894–1895.* Cambridge, UK: Cambridge University Press, 2003.

Palmer, Martin, Elizabeth Breuilly, Chang Wei Ming, and Jay Ramsay. *The Book of Chuang Tzu.* Harmondsworth, UK: Penguin, 2006.

Paludan, Ann. *Chronicle of the Chinese Emperors.* London: Thames & Hudson, 1998.

Pamuk, Sevket. "The Black Death and the Origins of the 'Great Divergence' Across Europe, 1300–1600." *European Review of Economic History* 11 (2007), pp. 289–317.

Papademetriou, Demetrios, and Aaron Terrazas. *Immigrants and the Current Economic Crisis: Research Evidence, Policy Challenges, and Implications.* Washington, DC: Migration Policy Institute, 2009. Available at www.migrationpolicy.org.

Papagrigorakis, Manolis, et al. "DNA Examination of Ancient Dental Pulp Incriminates Typhoid Fever as a Probable Cause of the Plague of Athens." *International Journal of Infectious Diseases* 10 (2006), pp. 206–14.

Parker, A. J. *Ancient Shipwrecks of the Mediterranean and Roman Provinces.* Oxford: British Archaeological Reports, 1992.

Parker, Geoffrey. *The Military Revolution: Military Innovation and the Rise of the West, 1500–1800.* 2nd ed. Cambridge, UK: Cambridge University Press, 1996.

———. *The Thirty Years' War.* 2nd ed. Cambridge, UK: Cambridge University Press, 1997.

———. *The World Is Not Enough: The Imperial Vision of Philip II of Spain.* Waco, TX: Baylor University Press, 2001.

———. *The World Crisis, 1635–1665.* New York: Basic Books, 2009.

Parpola, Simo, ed. *Assyria 1995: Proceedings of the Tenth Anniversary Symposium of the Neo-Assyrian Text Corpus Project.* Helsinki: Neo–Assyrian Text Corpus Project, 1997.

Parsons, Talcott. *Societies: Evolutionary and Comparative Perspectives.* Englewood Cliffs, NJ: Prentice–Hall, 1966.

Patterson, James. *Grand Expectations: The United States, 1945–1974.* New York:

Oxford University Press, 1997.

──── . *Restless Giant: The United States from Watergate to Bush vs. Gore.* New York: Oxford University Press, 2005.

Pearce, Fred. *When the Rivers Run Dry. Water— the Defining Crisis of the 21st Century.* Boston: Beacon Press, 2007.

──── . *With Speed and Violence: Why Scientists Fear Tipping Points in Climate Change.* Boston: Beacon Press, 2008.

Pearce, Scott, Audrey Spiro, and Patricia Ebrey, eds. *Culture and Power in the Reconstitution of the Chinese Realm, 200–600.* Cambridge, MA: Harvard University Press, 2001.

Peng, Ke. "Coinage and Commercial Development in Classical China, 550–221 BC." Unpublished PhD dissertation, University of Chicago, 1999.

Perdue, Peter. *China Marches West: The Qing Conquest of Central Eurasia.* Cambridge, MA: Harvard University Press, 2005.

Perkins, Dwight. *Agricultural Development in China 1368–1968.* Chicago: Aldine, 1969.

Perkovich, George, and Dominick Zaum. *Abolishing Nuclear Weapons.* London: International Institute for Strategic Studies, Adelphi Paper 396, 2008.

Perrin, Noel. *Giving Up the Gun: Japan's Reversion to the Sword, 1543–1879.* Boston: Godine, 1979.

Perry, John, and Bardwell Smith, eds. *Essays on T'ang Society.* Leiden: E. J. Brill, 1976.

Peters, Francis. *Muhammad and the Origins of Islam.* Albany: State University of New York Press, 1994.

Petraglia, Michael, and Ceri Shipton. "Large Cutting Tool Variation West and East of the Movius Line." *Journal of Human Evolution* 55 (2008), pp. 962–66.

Piggott, Joan. *The Emergence of Japanese Kingship.* Stanford: Stanford University Press, 1997.

Pincus, Steve. *1688: The First Modern Revolution.* New Haven: Yale University Press, 2009.

Pines, Yuri. *Foundations of Confucian Thought: Intellectual Life in the Chunqiu Period, 722–453 BCE.* Honolulu: University of Hawaii Press, 2002.

Pinker, Steven. *How the Mind Works.* New York: Norton, 1997.

Pluciennik, Mark. *Social Evolution.* London: Duckworth, 2005.

Pohl, Mary, et al. "Microfossil Evidence for Pre–Columbian Maize Dispersals in the Neotropics from San Andrés, Tabasco, Mexico." *Proceedings of the National Academy of Sciences* 104 (2007), pp. 6870–75.

Pollard, Helen. *Tariacuri's Legacy: The Prehispanic Tarascan State.* Norman: University of Oklahoma Press, 1993.

Pollock, Susan. *Ancient Mesopotamia*. Cambridge, UK: Cambridge University Press, 1999.

Pomeranz, Kenneth. *The Great Divergence: China, Europe, and the Making of the Modern World Economy*. Princeton: Princeton University Press, 2000.

Popper, Karl. *Conjectures and Refutations*. London: Routledge, 1963.

Portal, Jane, ed. *The First Emperor: China's Terracotta Army*. London: British Museum, 2007.

Porter, Andrew, ed. *The Oxford History of the British Empire* III: *The Nineteenth Century*. Oxford: Oxford University Press, 2001.

Porter, Roy, ed. *The Cambridge History of Science* IV: *The Eighteenth Century*. Cambridge, UK: Cambridge University Press, 2003.

Postgate, Nicholas. *Early Mesopotamia: Society and Economy at the Dawn of History*. Cambridge, UK: Cambridge University Press, 1993.

Potts, Dan. *The Archaeology of Elam: Formation and Transformation in an Ancient Iranian State*. Cambridge, UK: Cambridge University Press, 1999.

Pourshariati, Parvaneh. *The Decline and Fall of the Sasanian Empire*. London: I. B. Tauris, 2008.

Powell, Adam, Stephen Shennan, and Mark Thomas. "Late Pleistocene Demography and the Appearance of Modern Human Behavior." *Science* 324 (2009), p. 1298 (doi: 10.1126/science.1170165).

Powell, Barry. *Writing: Theory and History of the Technology of Civilization*. Oxford: Blackwell, 2009.

Preston, Diana. *The Boxer Rebellion*. New York: Berkley Books, 1999.

Price, Simon. *Rituals and Power: The Roman Imperial Cult in Asia Minor*. Cambridge, UK: Cambridge University Press, 1984.

Pritchard, James B., ed. *Ancient Near Eastern Texts Relating to the Old Testament*. 3rd ed. Princeton: Princeton University Press, 1969.

Provan, Iain, V. Philips Long, and Tremper Longman. *A Biblical History of Israel*. Louisville, KY: Westminster John Knox Press, 2003.

Puett, Michael. *To Become a God: Cosmology, Sacrifice, and Self-Divinization in Early China*. Cambridge, MA: Harvard University Press, 2002.

Qian, Weihong, and Zhu, Yafen. "Little Ice Age Climate Near Beijing, China, Inferred from Historical and Stalagmite Records." *Quaternary Research* 57 (2002), pp. 109–19.

Qiao, Yu. "Development of Complex Societies in the Yiluo Region: A GIS-Based Population and Agricultural Area Analysis." *Bulletin of the Indo-Pacific Prehistory Association* 27 (2007), pp. 61–75.

Quattrocchi, Angelo, and Tom Nairn. *The Beginning of the End: France, May 1968*. London: Penguin, 1968.

Rawson, Jessica. *Western Zhou Ritual Bronzes from the Arthur M. Sackler Collections.* 2 vols. Cambridge, MA: Harvard University Press, 1990.

Ray, Debraj. *Development Economics.* Princeton: Princeton University Press, 1998.

Razeto, Anna. 2008. "Life in the Ghetto: Urban Living in Han China and the Roman Mediterranean." Unpublished paper delivered at the conference "State Power and Social Control in Ancient China and Rome," Stanford University, March 19, 2008.

Redford, Donald. *Egypt, Canaan, and Israel in Ancient Times.* Princeton: Princeton University Press, 1992.

Renfrew, Colin. *The Archaeology of Cult.* London: British School at Athens, 1985.
———. *Archaeology and Language.* London: Pelican, 1987.

Renfrew, Colin, and Katie Boyle, eds. *Archaeogenetics.* Cambridge, UK: Cambridge University Press, 2000.

Renfrew, Colin, and Iain Morley, eds. *Becoming Human: Innovation in Prehistoric Material and Spiritual Culture.* Cambridge, UK: Cambridge University Press, 2009.

Reynolds, David. *One World Divisible: A Global History Since 1945.* New York: Norton, 2000.

Richards, Jay, et al. *Are We Spiritual Machines? Ray Kurzweil vs. the Critics of Strong A.I.* Seattle: Discovery Institute, 2002.

Richards, John. *Unending Frontier: An Environmental History of the Early Modern World.* Berkeley: University of California Press, 2003.

Richardson, Lewis Fry. *Statistics of Deadly Quarrels.* Pacific Grove, CA: Boxwood Press, 1960.

Richerson, Peter, Robert Boyd, and Robert Bettinger. "Was Agriculture Impossible During the Pleistocene but Mandatory During the Holocene?" *American Antiquity* 66 (2001), pp. 387–411.

Riesman, David. *Abundance for What?* Garden City, NY: Doubleday, 1964.

Rifkin, Jeremy. 1998. *The Biotech Century: Harnessing the Gene and Remaking the World.* New York: Tarcher, 1998.

Riley, James. *Rising Life Expectancy: A Global History.* Cambridge, UK: Cambridge University Press, 2001.

Roberts, Andrew. *The Storm of War: A New History of the Second World War.* London: Allen Lane, 2009.

Roberts, Neil. *The Holocene.* Oxford: Blackwell, 1998.

Robinson, James, ed. *The Emergence of the Modern World: Comparative History and Science.* New York: Cambridge University Press, 2010.

Roco, Mihail, and William Bainbridge. "Converging Technologies for Improving

Human Health: Nanotechnology, Biotechnology, Information Technology, and Cognitive Science." Washington, DC: National Science Foundation, 2002 (http://www.wtec.org/ConvergingTechnologies/1/NBIC_report.pdf).

Roetz, Heiner. *Confucian Ethics of the Axial Age.* Albany: State University of New York Press, 1993.

Rogers, Clifford, ed. *The Military Revolution Debate.* Boulder, CO: Westview Press, 1995.

Rose, Steven. *The Future of the Brain: The Promise and Perils of Tomorrow's Neuroscience.* Oxford: Oxford University Press, 2006.

Rosen, Arlene. "The Role of Environmental Change in the Development of Complex Societies in Early China." *Bulletin of the Indo-Pacific Prehistory Association* 27 (2007), pp. 39–48.

Rosen, Stanley. *Justinian's Flea: Plague, Empire, and the Birth of Europe.* New York: Viking, 2007.

Rosenfeld, Gavriel. *The World Hitler Never Made.* Cambridge, UK: Cambridge University Press, 2005.

Ross, James Bruce and Mary Martin McLaughlin, eds. *The Portable Renaissance Reader.* New York: Penguin, 1953.

Rossabi, Morris. *Khubilai Khan: His Life and Times.* Berkeley: University of California Press, 1988.

Rothman, Mitchell, ed. *Uruk Mesopotamia and Its Neighbors.* Santa Fe, NM: School of American Research, 2001.

Rowe, William. *Saving the World: Chen Hongmou and Elite Consciousness in Eighteenth-Century China.* Stanford: Stanford University Press, 2001.

———. *China's Last Empire: The Great Qing.* Cambridge, MA: Harvard University Press, 2009.

Rozman, Gilbert. *Urban Networks in Ching China and Tokugawa Japan.* Princeton: Princeton University Press, 1973.

Runciman, Steven. *The Fall of Constantinople, 1453.* Cambridge, UK: Cambridge University Press, 1990.

Russell, Peter. *Prince Henry "The Navigator": A Life.* New Haven, CT: Yale University Press, 2000.

Ryan, William, and Walter Pitman. *Noah's Flood.* New York: Simon and Schuster, 1999.

Sagan, Scott, and Steven Miller, eds. *The Global Nuclear Future. Daedalus* 138,4 (2009), pp. 7–171, and 139.1 (2010), pp. 7–140. Cambridge, MA: MIT Press.

Sahlins, Marshall. "La première société d'abondance." *Les temps modernes* 268 (1968), pp. 641–80.

———. *Stone Age Economics.* Chicago: Aldine, 1972.

────. *Culture in Practice*. New York: Zone Books, 2005.

Sakharov, Andrei. "The Danger of Thermonuclear War." *Foreign Affairs* 61 (1983), pp. 1001–1016.

Saliba, George. *Islamic Science and the Making of the European Renaissance*. Cambridge, MA: Harvard University Press, 2007.

Sallares, Robert. 2007. "Ecology." In Walter Scheidel et al., eds., *The Cambridge Economic History of the Greco-Roman World*, pp. 15–37. Cambridge, UK: Cambridge University Press, 2007.

Saller, Richard. "Framing the Debate on the Ancient Economy." In J. G. Manning and Ian Morris, eds., *The Ancient Economy*, pp. 223–38. Stanford: Stanford University Press, 2005.

Sanchez—Mazas, Alicia, ed. *Past Human Migrations in East Asia: Matching Archaeology, Linguistics, and Genetics*. London: Routledge, 2008.

Sandbrook, Dominic. *Never Had It So Good: A History of Britain from Suez to the Beatles*. London: Abacus, 2005.

Sanderson, Stephen. *Evolutionism and Its Critics*. Boulder, CO: Westview Press, 2007.

Sarris, Peter. "The Justinianic Plague: Origins and Effects." *Continuity and Change* 17 (2002), pp. 169–82.

────. *Economy and Society in the Age of Justinian*. Cambridge, UK: Cambridge University Press, 2006.

Savage—Rumbaugh, Sue, and Roger Lewin. *Kanzi: The Ape at the Brink of the Human Mind*. New York: Wiley, 1994.

Savolainen, Peter, et al. "Genetic Evidence for an East Asian Origin of Domestic Dogs." *Science* 298 (2002), pp. 1610–13.

Saxenian, AnnaLee. *Regional Advantage: Culture and Competition in Silicon Valley and Route* 128. Cambridge, MA: Harvard University Press, 1994.

Scheidel, Walter. *Death on the Nile: Disease and the Demography of Roman Egypt*. Leiden: E. J. Brill, 2001.

────. "A Model of Demographic and Economic Change in Roman Egypt After the Antonine Plague." *Journal of Roman Archaeology* 15 (2002), pp. 97–114.

────. "A Model of Real Income Growth in Roman Italy." *Historia* 56 (2007), pp. 322–46.

────. "Real Wages in Ancient and Medieval Economies: Evidence for Living Standards from 2000 BCE to 1300 CE," 2008. http://www.princeton.edu/~pswpc/index.html.

────, ed. *Rome and China: Comparative Perspectives on Ancient World Empires*. New York: Oxford University Press, 2009a.

────. "The Monetary Systems of the Han and Roman Empires." In Walter

Scheidel, ed., *Rome and China*, pp. 137–207. New York: Oxford University Press, 2009b.

———. "In Search of Roman Economic Growth." *Journal of Roman Archaeology* 22, 2009c, pp. 46–70.

———. "Studying the State." In Peter Bang and Walter Scheidel, eds., *The Oxford Handbook of the State in the Ancient Near East and Mediterranean*. Oxford: Oxford University Press, 2013.

Scheidel, Walter, Ian Morris, and Richard Saller, eds. *The Cambridge Economic History of the Greco-Roman World*. Cambridge, UK: Cambridge University Press, 2007.

Schettler, G., and R. Romer. "Atmospheric Pb–Pollution by Pre–Medieval Mining Detected in the Sediments of the Brackish Karst Lake An Loch Mor, Western Ireland." *Applied Geochemistry* 21 (2006), pp. 58–82.

Schmandt–Besserat, Denise. " 'Ain Ghazal 'Monumental' Figures." *Bulletin of the American Schools of Oriental Research* 310 (1998), pp. 1–17.

Scholz, Christopher, et al. "East African Megadroughts Between 135 and 75 Thousand Years Ago and Bearing on Early–Modern Human Origins." *Proceedings of the National Academy of Sciences* 104 (2007), pp. 16416–21.

Schram, Stuart. *The Political Thought of Mao Tse-Tung*. New York: Praeger, 1969.

Schwartz, Benjamin. *The World of Thought in Ancient China*. Cambridge, MA: Harvard University Press, 1985.

Schwartz, Benjamin, ed. *Wisdom, Revelation, and Doubt: Perspectives on the First Millennium BC*. Special edition of *Daedalus*, spring 1975.

Schwartz, Glenn, ed. *After Collapse*. Tucson: University of Arizona Press, 2006.

Service, Elman. *Primitive Social Organization*. 1st ed. New York: Random House, 1962.

Shang, Hong, et al. "An Early Modern Human Tooth from Tianyuan Cave, Zhoukoudian, China." *Proceedings of the National Academy of Sciences* 104 (2007), pp. 6573–78.

Shankman, Steven, and Stephen Durant, eds. *The Siren and the Sage: Knowledge and Wisdom in Ancient Greece and China*. London: Cassell, 2000.

Shanks, Michael, and Christopher Tilley. *Social Theory and Archaeology*. Cambridge: Polity Press, 1987.

Shapin, Steve. 1994. *A Social History of Truth: Credibility and Science in Seventeenth-Century England*. Chicago: University of Chicago Press, 1994.

———. *The Scientific Revolution*. Chicago: University of Chicago Press, 1996.

Shapiro, Judith. *Mao's War Against Nature: Politics and the Environment in Revolutionary China*. Cambridge, UK: Cambridge University Press, 2001.

Shaughnessy, Edward. "Historical Perspectives on the Introduction of the

Chariot into China." *Harvard Journal of Asiatic Studies* 48 (1988), pp. 189–237.

———. *Sources of Western Zhou History: Inscribed Bronze Vessels.* Berkeley: University of California Press, 1991.

———. *Before Confucius: Studies in the Creation of the Chinese Classics.* Albany: State University of New York Press, 1997.

Shaw, Brent. "Seasons of Death: Aspects of Mortality in Imperial Rome." *Journal of Roman Studies* 86 (1996), pp. 100–138.

Sheehan, James. *Where Have All the Soldiers Gone?* Boston: Houghton Mifflin, 2008.

Shelmerdine, Cynthia, ed. *The Cambridge Companion to the Aegean Bronze Age.* Cambridge, UK: Cambridge University Press, 2008.

Shen, Guanjen, et al. "U–Series Dating of Liujiang Hominid Site in Guangxi, Southern China." *Journal of Human Evolution* 43 (2002), pp. 817–29.

———. "Mass Spectrometric U–Series Dating of Liabin Hominid Site in Guangxi, Southern China." *Journal of Archaeological Science* 34 (2007), pp. 2109–14.

Shiba, Yoshinobu, and Mark Elvin. *Commerce and Society in Sung China.* Ann Arbor: University of Michigan Press, 1970.

Shklovskii, Iosif, and Carl Sagan. *Intelligent Life in the Universe.* San Francisco: Holden–Day, 1966.

Shlaes, Amity. *The Forgotten Man: A New History of the Great Depression.* New York: HarperCollins, 2007.

Short, Philip. *Mao: A Life.* New York: Owl Books, 1999.

Sim, May. *Remastering Morals with Aristotle and Confucius.* Cambridge, UK: Cambridge University Press, 2007.

Simms, Brendan. *Three Victories and a Defeat: The Rise and Fall of the First British Empire.* New York: Basic Books, 2008.

Sing, Chew. *The Recurring Dark Ages.* Walnut Creek, CA: AltaMira Press, 2007.

Singer, P. W. *Wired for War: The Robotics Revolution and Conflict in the 21st Century.* New York: Penguin, 2009.

Sivin, Nathan. "Why the Scientific Revolution Did Not Take Place in China— Or Didn't It?" *Chinese Science* 5 (1982), pp. 45–66.

Slicher van Bath, B. H. *The Agrarian History of Western Europe, AD 500–1850.* London: Arnold, 1963.

Smelser, Neil, and Richard Swedberg, eds. *The Handbook of Economic Sociology.* 2nd ed. New York: Russell Sage Foundation, 2005.

Smil, Vaclav. *General Energetics: Energy in the Biosphere and Civilization.* New York: Wiley, 1991.

———. *Energy in World History.* Boulder, CO: Westview Press, 1994.

———. *Creating the Twentieth Century: Technical Innovations of 1867–1914 and*

Their Lasting Impact. New York: Oxford University Press, 2005.

———. *Transforming the Twentieth Century: Technical Innovations and Their Consequences.* New York: Oxford University Press, 2006.

———. *Global Catastrophes and Trends: The Next Fifty Years.* Cambridge, MA: MIT Press, 2008.

———. *Why America Is Not a New Rome.* Cambridge, MA: MIT Press, 2010.

Smith, Adam. "Writing at Anyang." Unpublished PhD dissertation, University of California–Los Angeles, 2008.

Smith, Dennis. *Japan Since 1945: The Rise of an Economic Superpower.* London: St. Martin's Press, 1995.

Smith, Grafton Elliot. *The Migrations of Early Culture.* Manchester, UK: Manchester University Press, 1915.

Smith, Michael. *The Aztecs.* 2nd ed. Oxford: Blackwell, 2003.

Smith, Paul. *Taxing Heaven's Storehouse: Bureaucratic Entrepreneurship and the Sichuan Tea and Horse Trade, 1074–1224.* Cambridge, MA: Harvard University Press, 1991.

———. "Do We Know as Much as We Need to About the Song Economy? Observations on the Economic Crisis of the Twelfth and Thirteenth Centuries." *Journal of Sung-Yuan Studies* 24 (1994), pp. 327–33.

Smith, Paul, and Richard von Glahn, eds. *The Song-Yuan-Ming Transition in Chinese History.* Cambridge, MA: Harvard University Press, 2003.

Smith, Richard. *Chinese Maps: Images of "All Under Heaven."* New York: Oxford University Press, 1996.

Snell, Daniel, ed. *A Companion to the Ancient Near East.* Oxford: Blackwell, 2007.

So, Jenny. *Eastern Zhou Ritual Bronzes from the Arthur M. Sackler Collections.* Washington, DC: Smithsonian Institution, 1995.

So, Kwan–wai. *Japanese Piracy in Ming China During the 16th Century.* East Lansing: Michigan State University Press, 1975.

Spence, Jonathan. *Emperor of China: Self-Portrait of K'ang-hsi.* New York: Vintage, 1974.

———. *The Memory Palace of Matteo Ricci.* New York: Penguin, 1983.

———. *The Search for Modern China.* New York: Norton, 1990.

———. *God's Chinese Son.* New York: Norton, 1996.

Spencer, Herbert. "Progress: Its Law and Cause." *Westminster Review* 67 (1857), pp. 445–85.

Stark, Miriam, ed. *Archaeology of Asia.* Oxford: Blackwell, 2006.

Stathakopoulos, Dionysios. *Famine and Pestilence in the Late Roman and Early Byzantine Empire.* Burlington, VT: Ashgate, 2004.

Steffens, Lincoln. *The Letters of Lincoln Steffens* I. New York: Harcourt, Brace, & Co., 1938.

Steinhardt, Paul, and Neil Turok. *Endless Universe: Beyond the Big Bang.* New York: Broadway Books, 2007.

Stern, Nicholas. *The Economics of Climate Change: The Stern Review.* Cambridge, UK: Cambridge University Press, 2006. Available at http://www.occ.gov.uk/activities/stern.htm.

Stevens, Carol. *Soldiers on the Steppe: Army Reform and Social Change in Early Modern Russia.* DeKalb: Northern Illinois University Press, 1995.

Stevenson, David. *Cataclysm: The First World War as Political Tragedy.* New York: Basic Books, 2004.

Stewart, Larry. *The Rise of Public Science.* Cambridge, UK: Cambridge University Press, 1992.

Stigler, Stephen. "Stigler's Law of Eponymy." In Thomas Gieryn, ed., *Science and Social Structure*, pp. 147–57. New York: New York Academy of Sciences, 1980.

Strachan, Hew. *The First World War.* New York: Penguin, 2005.

Strassberg, Richard. "Trying On Glasses." In Ronald Pittis and Susan Henders, eds., *Macao: Mysterious Decay and Romance*, pp. 204–205. Hong Kong: Oxford University Press, 1997.

Strauss, Barry. *The Trojan War.* New York: Simon and Schuster, 2006.

Struve, Lynn. *Voices from the Ming-Qing Cataclysm.* New Haven, CT: Yale University Press, 1993.

———, ed. *The Qing Formation in World-Historical Time.* Cambridge, MA: Harvard University Press, 2004.

Subrahmanyam, Sanjay. "The Birth–Pangs of Portuguese Asia: Revisiting the Fateful 'Long Decade,' 1498–1509." *Journal of Global History* 2 (2007), pp. 261–80.

Sugihara, Kaoru. "The East Asian Path of Economic Development: A Long–Term Perspective." In Giovanni Arrighi, Takeshi Hamashita, and Mark Selden, eds., *The Resurgence of East Asia: 500, 150, and 50 Year Perspectives*, pp. 78–123. New York: Routledge, 2003.

Sunstein, Cass. *Worst-Case Scenarios.* Cambridge, MA: Harvard University Press, 2007.

Swain, Carol, ed. *Debating Immigration.* Cambridge, UK: Cambridge University Press, 2007.

Swope, Kenneth. "Crouching Tigers, Secret Weapons: Military Technology Employed During the Sino–Japanese–Korean War, 1592–1598." *Journal of Military History* 69 (2005), pp. 11–42.

———. *A Dragon's Head and a Serpent's Tail: Ming China and the First Great East Asian War, 1592–1598.* Norman: University of Oklahoma Press, 2009.

Sypeck, Jeff. *Becoming Charlemagne: Europe, Baghdad, and the Empires of A.D. 800.* New York: Harper, 2006.

Tetlock, Philip, and Aaron Belkin, eds. *Counterfactual Thought Experiments in World Politics.* Princeton: Princeton University Press, 1996.

Tetlock, Philip, Richard Ned Lebow, and Geoffrey Parker, eds. *Unmaking the West: "What-If" Scenarios That Rewrite World History.* Ann Arbor: University of Michigan Press, 2006.

Thomas, Chris, et al. "Extinction Risk from Climate Change." *Nature* 427 (2004), pp. 145–48.

Thompson, E. P. *The Making of the English Working Class.* London: Penguin, 1963.

———. *Customs in Common: Studies in Traditional Popular Culture.* London: Merlin, 1991.

Thomson, R. W. *The Armenian History Attributed to Sebeos.* Liverpool, UK: Liverpool University Press, 1999.

Thorp, Robert. *China in the Early Bronze Age.* Philadelphia: University of Pennsylvania Press, 2006.

Tillman, Hoyt, and Stephen West, eds. *China Under Jurchen Rule.* Albany: State University of New York Press, 1995.

Tilly, Charles. *Coercion, Capital, and European States, AD 990–1990.* Oxford: Blackwell, 1992.

Tocheri, Matthew, et al. "The Primitive Wrist of *Homo floresiensis* and Its Implications for Hominin Evolution." *Science* 317 (2007), pp. 1743–45.

Toon, O., et al. "Environmental Perturbations Caused by the Impact of Asteroids and Comets." *Review of Geophysics* 35 (1997), pp. 41–78.

Tooze, Adam. *The Wages of Destruction: The Making and Breaking of the Nazi Economy.* New York: Penguin, 2006.

Torr, Dona, ed. *Marx on China, 1855–1860: Articles from the "New York Daily Tribune."* London: Lawrence & Wishart, 1951.

Totman, Conrad. *Early Modern Japan.* Berkeley: University of California Press, 1993.

———. *A History of Japan.* Oxford: Blackwell, 2000.

Tracy, James, ed. *The Rise of Merchant Empires: Long-Distance Trade in the Early Modern World, 1350–1750.* Cambridge, UK: Cambridge University Press, 1990.

———, ed. *The Political Economy of Merchant Empires.* Cambridge, UK: Cambridge University Press, 1991.

———. *The Founding of the Dutch Republic: War, Finance, and Politics in Holland, 1572–1588.* Oxford: Oxford University Press, 2008.

Trigger, Bruce. *A History of Archaeological Thought.* 2nd ed. Cambridge, UK:

Cambridge University Press, 1995.

——. *Sociocultural Evolution.* Oxford: Blackwell, 1998.

Trimble, Jennifer. *Replicating Women in the Roman Empire.* Cambridge, UK: Cambridge University Press, 2009.

Tsai, Shih−shan. *Perpetual Happiness: The Ming Emperor Yongle.* Seattle: University of Washington Press, 2001.

Tsunoda, Ryusaku, William de Bary, and Donald Keene, trans. *Sources of Japanese Tradition.* 2 vols. New York: Columbia University Press, 1964.

Tuchmann, Barbara. *The Guns of August.* London: Macmillan, 1962.

——. *A Distant Mirror: The Calamitous Fourteenth Century.* New York: Ballantine, 1978.

——. *The March of Folly: From Troy to Vietnam.* New York: Ballantine, 1984.

Turchin, Peter. "A Theory for Formation of Large Empires." *Journal of Global History* 4 (2009), pp. 191−217.

Twain, Mark. *Autobiography* I. New York: Harper, 1924.

Twitchett, Denis. "Population and Pestilence in T'ang China." In Wolfgang Bauer, ed., *Studia Sino-Mongolica: Festschrift für Herbert Franke*, pp. 35−68. Wiesbaden: Harrassowitz Verlag, 1979.

Twitchett, Denis, and Michael Loewe, eds. *The Cambridge History of China*, vol. 1. Cambridge, UK: Cambridge University Press, 1986.

Tyerman, Christopher. *God's War: A New History of the Crusades.* Cambridge, MA: Harvard University Press, 2006.

Uglow, Jenny. *The Lunar Men.* New York: Farrar, Straus and Giroux, 2002.

Underhill, Anne, et al. "Regional Survey and the Development of Complex Societies in Southeast Shandong, China." *Antiquity* 76 (2002), pp. 745−55.

Underhill, Peter, et al. "The Phylogeography of Y Chromosome Binary Haplotypes and the Origins of Modern Human Populations." *American Journal of Human Genetics* 65 (2001), pp. 43−62.

United Nations Human Development Programme. *Human Development Report 2009. Overcoming Barriers: Human Mobility and Development.* New York: United Nations Development Programme, 2009. http://hdr.undp.org/en/.

United Nations Organization. *2003 Energy Statistics Yearbook.* New York: United Nations Organization, 2006.

Upton, Anthony. *Europe, 1600–1789.* London: Arnold, 2001.

Ur, Jason, et al. "Early Urban Development in the Near East." *Science* 317 (2007), pp. 1188−89.

Vanaeren, Marian, et al. "Middle Paleolithic Shell Beads in Israel and Algeria." *Science*
312 (2006), pp. 1785−88.

van Bavel, Bas, and Jan Luiten van Zanden. "The Jump−Start of the Holland Economy During the Late−Medieval Crisis, c. 1350−c. 1500." *Economic History Review* 57 (2004), pp. 502−32.

van Creveld, Martin. *The Rise and Decline of the State.* Cambridge, UK: Cambridge University Press, 1999.

van de Mieroop, Marc. *A History of the Ancient Near East.* 2nd ed. Oxford: Blackwell, 2007.

van Zanden, Jan Luiten. "The 'Revolt of the Early Modernists' and the 'First Modern Economy': An Assessment." *Economic History Review* 55 (2002), pp. 619−41.

Verhulst, Adriaan. *The Carolingian Economy.* Cambridge, UK: Cambridge University Press, 2002.

Vermeij, Geert. *Nature: An Economic History.* Princeton: Princeton University Press, 2004.

Voight, Benjamin, et al. "A Map of Recent Positive Selection in the Human Genome." *Public Library of Science Biology* 4 (2006), e72.

von Däniken, Erich. *Chariots of the Gods? Was God an Astronaut?* New York: Putnam's, 1968.

von Falkenhausen, Lothar. *Suspended Music: Chime Bells in the Culture of Bronze Age China.* Berkeley: University of California Press, 1993a.

——— . "On the Historiographical Orientation of Chinese Archaeology." *Antiquity* 67 (1993b), pp. 839−49.

——— . *Chinese Society in the Age of Confucius (1000–250 BC): The Archaeological Evidence.* Los Angeles: Cotsen Institute of Archaeology, 2006.

von Glahn, Richard. *The Country of Streams and Grottoes: Expansion, Settlement, and the Civilizing of the Sichuan Frontier in Song Times.* Cambridge, MA: Harvard University Press, 1987.

——— . *Fountain of Fortune: Money and Monetary Policy in China, 1000–1700.* Berkeley: University of California Press, 1996.

——— . "Revisiting the Song Monetary Revolution." *International Journal of Asian Studies* 1 (2004), pp. 159–78.

von Verschuer, Charlotte. *Across the Perilous Sea: Japanese Trade with China and Korea from the Seventh to the Sixteenth Centuries.* Ithaca, NY: Cornell University Press, 2006.

Voth, Hans−Joachim. "The Longest Years: New Estimates of Labor Inputs in England, 1760−1830." *Journal of Economic History* 61 (2001), pp. 1065−82.

Wagner, Donald. *Iron and Steel in Ancient China.* Leiden: E. J. Brill, 1993.

——— . "The Administration of the Iron Industry in Eleventh−Century China." *Journal of the Economic and Social History of the Orient* 44 (2001a), pp. 175−97.

――. "Blast Furnaces in Song–Yuan China." *East Asian Science, Technology, and Medicine* 18 (2001b), pp. 41–74.

――. *The State and the Iron Industry in Han China.* Copenhagen: Nordic Institute of Asian Studies, 2001c.

――. *Science and Civilisation in China* V. *Chemistry and Chemical Technology.* Part 11: *Ferrous Metallurgy.* Cambridge, UK: Cambridge University Press, 2008.

Walder, Andrew. *Fractured Rebellion: The Beijing Red Guard Movement.* Cambridge, MA: Harvard University Press, 2009.

Waley, Arthur. *The Book of Songs.* New York: Houghton Miffl in, 1937.

――. "The Fall of Lo–yang." *History Today* 1 (1951), pp. 7–10.

――. *The Opium War Through Chinese Eyes.* London: George Allen & Unwin, 1958.

――. *Chinese Poems.* London: Unwin, 1961.

Waley, Daniel. *The Italian City-Republics.* 3rd ed. London: Weidenfeld and Nicolson, 1988.

Walker, Paul. *Exploring an Islamic Empire: Fatimid History and its Sources.* London: I. B. Tauris, 2002.

Walmsley, Alan. *Early Islamic Syria.* London: Routledge, 2007.

Wang, Eric, et al. "Recent Acceleration of Human Adaptive Evolution." *Proceedings of the National Academy of Sciences* 104 (2007), pp. 20753–58.

Wang, Gungwu. *Divided China: Preparing for Reunification, 883–947.* Singapore: National University of Singapore University, 2007.

Wang, Mingke. "From the Qiang Barbarians to the Qiang Nationality: The Making of a New Chinese Boundary." In Shu–min Huang and Cheng–kuang Hsu, eds., *Imagining China: Regional Division and National Unity,* pp. 43–80. Taipei: Academica Sinica, 1999.

Wang, Xiaoqing. "The Upper Paleolithic Longwangcan Site at Yichuan in Shaanxi." *Chinese Archaeology* 8 (2008), pp. 32–36.

Wang, Zhongshu. *Han Civilization.* New Haven, CT: Yale University Press, 1982.

Ward, Steven, and Erik Asphaug. "Asteroid Impact Tsunami: A Probabilistic Hazard Assessment." *Icarus* 145 (2000), pp. 64–78.

Ward–Perkins, Bryan. *The Fall of Rome and the End of Civilization.* Oxford: Oxford University Press, 2005.

Watson, Andrew. *Agricultural Innovation in the Early Islamic World.* Cambridge, UK: Cambridge University Press, 1982.

Watson, Burton. *The Tso Chuan.* New York: Columbia University Press, 1989.

――. *Records of the Grand Historian: Han Dynasty* I. Rev. ed. New York: Columbia University Press, 1993.

Webb, Stephen. *If the Universe Is Teeming with Aliens . . . Where is Everybody?*

Fifty Solutions to Fermi's Paradox and the Problem of Extraterrestrial Life. New York: Springer, 2002.

Weber, Max. *The Protestant Ethic and the Spirit of Capitalism*. New York: Scribner's, 1958. First published in German, 1905.

Weinberg, Gerhard. *A World at Arms: A Global History of World War II*. 2nd ed. Cambridge, UK: Cambridge University Press, 2005.

Weiss, Harvey, et al. "The Genesis and Collapse of North Mesopotamian Civilization." *Science* 261 (1993), pp. 995–1004.

Wells, Spencer. *Pandora's Seed: The Unforeseen Cost of Civilization*. New York: Random House, 2010.

Wengrow, David. *The Archaeology of Early Egypt*. Cambridge, UK: Cambridge University Press, 2006.

Wertime, Theodore, and James Muhly, eds. *The Coming of the Age of Iron*. New Haven, CT: Yale University Press, 1980.

Westad, Odd Arne. *The Global Cold War*. Cambridge, UK: Cambridge University Press, 2005.

Wheeler, Mortimer. *Still Digging: Adventures in Archaeology*. London: Pan, 1955.

White, Leslie. *The Science of Culture*. New York: Farrar, Straus, 1949.

White, Richard. *"It's Your Misfortune and None of My Own": A New History of the American West*. 2nd ed. Norman: University of Oklahoma Press, 1993.

Whittaker, C. R. *Frontiers of the Roman Empire*. Baltimore: Johns Hopkins University Press, 1994.

Whittow, Mark. *The Making of Byzantium, 600–1025*. Berkeley: University of California Press, 1996.

Wickham, Chris. *Framing the Early Middle Ages: Europe and the Mediterranean 400–800*. Oxford: Oxford University Press, 2005.

———. *The Inheritance of Rome: Illuminating the Dark Ages, 400–1000*. New York: Viking, 2009.

Wiesner–Hanks, Merry. *Early Modern Europe 1450–1789*. Cambridge, UK: Cambridge University Press, 2006.

Wilhelm, Gernot. *The Hurrians*. Warminster, UK: Aris and Philips, 1989.

Wilkinson, Toby. *Genesis of the Pharaohs*. London: Routledge, 2003.

Willcox, George, et al. "Early Holocene Cultivation Before Domestication in Northern Syria." *Vegetation History and Archaeobotany* 17 (2008), pp. 313–25.

Williams, Michael. *Deforesting the Earth*. Chicago: University of Chicago Press, 2003.

Wills, John. *1688: A Global History*. New York: Norton, 2002.

Wilson, Andrew. "Indicators for Roman Economic Growth." *Journal of Roman Archaeology* 22, 2009, pp. 46–61.

Wilson, Dominic, and Anna Stupnytska. *The N-11: More Than an Acronym.* Goldman Sachs Global Economics Paper no. 153, March 28, 2007. Available at https://portal.gs.com.

Wilson, Edward O. *Sociobiology: The New Synthesis.* 25th anniversary ed. Cambridge MA: Harvard University Press, 2000.

Wilson, Peter. *The Thirty Years War: Europe's Tragedy.* Cambridge, MA: Harvard University Press, 2009.

Winchester, Simon. *The Man Who Loved China.* New York: Harper, 2008.

Witakowski, Witold. *Pseudo-Dionysius of Tel-Mahre,* Chronicle III. Liverpool: Liverpool University Press, 1996.

Wolpoff , Milford. *Human Evolution.* New York: McGraw–Hill, 1996.

Wolpoff , Milford, and Rachel Caspari. *Race and Human Evolution: A Fatal Attraction.* New York: Simon and Schuster, 2002.

Wong, Bin. *China Transformed: Historical Change and the Limits of European Experience.* Ithaca, NY: Cornell University Press, 1997.

Wood, Frances. *The Silk Road: Two Thousand Years in the Heart of Asia.* Berkeley: University of California Press, 2002.

Wood, James. "A Theory of Preindustrial Population Dynamics." *Current Anthropology* 39 (1998), pp. 99–135.

Woodhouse, A. S. P., ed. *Puritanism and Liberty.* Chicago: University of Chicago Press, 1938.

Wozniak, Steve, and Gina Smith. *iWoz: Computer Geek to Cult Icon.* New York: Norton, 2007.

Wrangham, Richard. *Catching Fire: How Cooking Made Us Human.* New York: Basic Books, 2009.

Wright, Arthur. *The Sui Dynasty: The Unification of China, AD 581–617.* New York: Knopf, 1978.

Wright, Arthur, and Denis Twitchett, eds. *Perspectives on the T'ang.* New Haven, CT: Yale University Press, 1973.

Wrigley, E. A. *Continuity, Chance, and Change: The Character of the Industrial Revolution in England.* Cambridge, UK: Cambridge University Press, 2000.

Wu, Hung. *Monumentality in Early Chinese Art and Architecture.* Stanford: Stanford University Press, 1995.

Xie, C. Z., et al. "Evidence of Ancient DNA Reveals the First European Lineage in Iron Age Central China." *Proceedings of the Royal Society B: Biological Sciences* 274 (2007), pp. 1597–1601.

Xiong, Victor. *Sui-Tang Chang'an: A Study in the Urban History of Medieval China.* Ann Arbor: University of Michigan Press, 2000.

———. *Emperor Yang of the Sui Dynasty.* Albany: State University of New York

Press, 2006.

Yamada, Shigeo. *The Construction of the Assyrian Empire*. Leiden: E. J. Brill, 2000.

Yang, B., et al. "General Characteristics of Temperature Variation in China During the Last Two Millennia." *Geophysical Research Letters* 29 (2002), 10.1029/2001GL014485.

Yang, Liensheng. "Notes on the Economic History of the Chin [Jin] Dynasty." In Liensheng Yang, *Studies in Chinese Institutional History*, pp. 119–97. Cambridge, MA: Harvard University Press, 1961.

Yang, Xiaoneng, ed. *New Perspectives on China's Past: Chinese Archaeology in the Twentieth Century*. 2 vols. New Haven, CT: Yale University Press, 2004.

Yanko–Hombach, Virginia, et al., eds. *The Black Sea Flood Question: Changes in Coastline, Climate, and Human Settlement*. Leiden: E. J. Brill, 2007.

Yates, Robin, et al. *Military Culture in Imperial China*. Cambridge, MA: Harvard University Press, 2009.

Yergin, Daniel. *The Prize: The Epic Quest for Oil, Money, and Power*. New York: Free Press, 1992.

Yergin, Daniel, and Joseph Stanislaw. *The Commanding Heights: The Battle for the World Economy*. Rev. ed. New York: Free Press, 2002.

Yinxu Archaeological Team. "The Shang Bronze Foundry–Site at Xiaomintun in Anyang City." *Chinese Archaeology* 8 (2008), pp. 16–21.

Youlton, John, ed. *The Blackwell Companion to the Enlightenment*. Oxford: Blackwell, 1992.

Yuan, Jing. "The Origins and Development of Animal Domestication in China." *Chinese Archaeology* 8 (2008), pp. 1–7.

Yuan, Jing, and Rowan Flad. "Pig Domestication in Ancient China." *Antiquity* 76 (2002), pp. 724–32.

Zakaria, Fareed. *The Post-American World*. New York: Norton, 2008.

Zeman, Adam. *A Portrait of the Brain*. New Haven, CT: Yale University Press, 2008.

Zhang, De'er. "Evidence for the Existence of the Medieval Warm Period in China." *Climatic Change* 26 (1994), pp. 289–97.

Zhang, E., et al. "Quantitative Reconstruction of the Paleosalinity at Qinghai Lake in the Past 900 Years." *Chinese Science Bulletin* 49 (2004), pp. 730–34.

Zhang, Juzhong et al. "The Early Development of Music. Analysis of the Jiahu Bone Flutes." *Antiquity* 78 (2004), pp. 769–78.

Zhang, Lijia. *"Socialism Is Great!" A Worker's Memoir of the New China*. New York: Anchor, 2008.

Zhang, Xuelian, et al. "Establishing and Refining the Archaeological

Chronologies of Xinzhai, Erlitou and Erligang Cultures." *Chinese Archaeology* 8 (2008), pp. 197–211.

Zhao, Dingxin. "Spurious Causation in a Historical Process: War and Bureaucratization in Early China." *American Sociological Review* 69 (2004), pp. 603–607.

———. *The Rise of the Qin Empire and Patterns of Chinese History.* Forthcoming.

Zheng, Bijian. "China's 'Peaceful Rise' to Great–Power Status." *Foreign Affairs* 84.5 (2005), pp. 18–24.

Zheng, Pingzhong, et al. "A Test of Climate, Sun, and Culture Relationships from an 1810–Year Chinese Cave Record." *Science* 322 (2008), pp. 940–42.

Zheng, Yongnian. *Will China Become Democratic? Elite, Class and Regime Transition.* Singapore: East Asian Institute, 2004.

———. *The Chinese Communist Party as Organizational Emperor: Culture, Reproduction, and Transformation.* London: Routledge, 2010.

Ziegler, Philip. *The Black Death.* New York: Harper, 1969.

Zilhao, João. "Neandertals and Modern Humans Mixed, and It Matters." *Evolutionary Anthropology* 15 (2006), pp. 183–95.

Zimansky, Paul. Ecology and Empire: *The Structure of the Urartian State.* Chicago: University of Chicago Press, 1985.

Zong, Yeng et al. "Fire and Flood Management of Coastal Swamp Enabled First Rice Paddy Cultivation in Eastern China." *Nature* 449 (2007), pp. 459–63.

Zürcher, Erik. *The Buddhist Conquest of China: The Spread and Adoption of Buddhism in Early Medieval China.* 3rd ed. Leiden: E. J. Brill, 2007.

Zweig, David, and Bi Jianhai. "China's Global Hunt for Energy." *Foreign Affairs* 84.5 (2005), pp. 25–38.

감사의 말

대부분의 책처럼 이 책 역시 필자뿐만 아니라 다른 많은 사람의 노고가 없었다면 쓸 수 없었을 것이다. 학문 간의 전통적 경계에 크게 신경 쓰지 않는 스탠퍼드대 인문과학연구소의 열린 분위기에서 오랫동안 지내지 않았다면 이런 책을 쓸 생각을 하지 못했을 것이다. 오랜 세월 동안 나와 대화하며 끈기 있게 격려하고 지원해준 스티브 하버, 이언 호더, 에이드리언 메이어, 조시 오버, 리처드 샐러, 월터 샤이델, 특히 캐시 세인트존에게 감사드리고 싶다.

재러드 다이아몬드, 콘스탄틴 파졸트, 니얼 퍼거슨, 잭 골드스톤, 존 할던, 이언 호더, 아그네스 수, 마크 루이스, 바너비 마시, 닐 로버츠, 리처드 샐러는 모두 내가 이 책을 집필하는 동안 원고를 일부 읽어주었고 에릭 친스키, 대니얼 크루, 알 디엔, 도라 디엔, 마틴 루이스, 에이드리언 메이어, 조시 오버, 마이클 푸에트, 짐 로빈슨, 캐시 세인트존, 월터 샤이델은 원고 전체를 읽어주었다. 그들의 지적과 충고에 대단히 감사하며, 지적과 충고를 이해하지 못하거나 받아들이지 않고 내 주장을 고집한 부분에 대해서는 미안한 마음을 전한다.

밥 벨라와 프란체스카 브레이, 마크 엘빈, 이언 호더, 리처드 클라인, 마크 루이스, 리 류, 톰 매클렐런, 더글러스 노스, 월터 샤이델, 네이선 시빈, 애덤 스미스, 리처드 스트라스버그, 도널드 와그너, 배리 웨인개스트, 장쉐렌은 아직 출간하지 않았거나 최근에 출간된 저작을 읽도록 허락해주었고 내가 이미 언급한 모든 이와 더불어 칩 블랙커, 데이비드 크리스천, 폴 데이비드, 랜스 데이비스, 폴 에를리히, 피터 건지, 데이비드 그라프, 데이비드 케네디, 크리스티안 크리스티안센, 데이비드 레이틴, 제프리 로이드, 스티브 미슨, 콜린 렌프루, 마셜 살린스, 짐 시핸, 스티브 셰넌, 피터 테민, 로타어 폰 팔켄하우젠, 크리스 위컴, 왕궈빈, 개빈 라이트, 빅터 슝, 샤오닝 양, 딩신 자오, 이천 저우와 나눈 대화도 이 책에서 제시된 다양한 아이디어를 깊이 생각해보는 데 큰 도움이 되었다. 스탠퍼드에서 열린 '고대 지중해와 중국 제국들' '최초의 대분기' 학회와 아부다비, 애너하임, 아테네, 오스틴, 빅스카이(미국 몬태나 주), 케임브리지(미국 매사추세츠 주와 영국 모두), 로스앤젤레스, 메드퍼드, 몬트리올, 뉴헤이븐, 시애틀, 스탠퍼드, 빅토리아(캐나다 브리티시컬럼비아 주)에서 열린 강연의 참석자들도 내 주장의 일부를 듣고 유용한 제안을 해주었다.

스탠퍼드대의 인문과학연구소는 내가 이 책을 끝마치도록 재정적으로 지원해주었다. 지도와 그래프의 최종본을 그려준 미셸 에인절과 이전에 다른 책에서 출판된 텍스트와 도판들을 게재할 수 있게 승인을 받아준 팻 파월에게도 고맙다는 말을 하고 싶다.

마지막으로 가장 중요한 인사가 남았다. 샌디 데이크스트라와 샌드라 데이크스트라 문학 에이전시팀의 격려가 없었다면 이 책은 결코 쓰이지 못했으리라. 파라 스트로스 앤드 기룩스 출판사의 담당 편집자 에릭 친스키와 프로파일 북스의 대니얼 크루, 파라 스트로스 앤드 기룩스의 유지니 차에게 감사의 말을 전한다.

　이언 모리스의『왜 서양이 지배하는가』는 제목 그대로, 왜 서양 사회가 오늘날 세계를 지배하는지를 설명하려는 대담한 시도다.

　저자는 세 가지 도구, 즉 생물학과 사회학, 지리학을 가지고 이 문제에 접근한다. 생물학은 유적 존재로서의 인간, 사회학은 사회적 동물로서 인간이 모여 구성하는 집단, 지리학은 그러한 인간이 살아가는 환경을 설명한다. 이 가운데 생물학과 사회학은 인간 사회의 유사성을, 지리학은 차이점을 밝힌다. 즉, 전자가 인간 사회가 대체로 비슷한 경로로 발전해온 과정을 입증하는 반면 후자는 특정 사회가 다른 사회보다 더 발전하게 된 이유를 입증하는 것이다. 그런 의미에서 얼핏 보면 이 책의 논제 역시 이 분야의 고전적 저작인『총, 균, 쇠』의 계보를 잇는 지리결정론이라고 할 수 있다. 그러나 저자는 지리 그 자체는 고정적이지 않으며 사회가 발전함에 따라 그 의미가 지속적으로 변하기 때문에 역사를 고착된 결정론이 아닌 개연성의 시각에서 바라볼 것을 주장한다. 따라서 저자가 생각하는 역사는 우연적 사건의 연속도 지리적 환경에 이미 내재된 결과의 단순한 발현도 아닌, 인간-사회-지리 간 상호작용의 역사라고 할 수 있다. 저자의 논지는 명쾌하며 동양과 서양의 사회발전 정도를 직접 고안한 '사회발전지수'로 정량화하여 비교하는 설명은 설득력이 있다.

역사학에서 거대 담론이나 일반화, 법칙은 인기가 없다. 일반적 테제가 제시되는 즉시 반박 사례가 여기저기서 쏟아지면 테제는 '수정주의의 길'을 걷게 되기 일쑤다. 그럼에도 불구하고 역사에서 커다란 질문은 언제나 우리의 흥미를 자극한다. 오늘날 서양의 지배라는 문제는 자본주의의 발전, 근대 세계체제의 형성, 유럽의 과학혁명과 산업혁명 혹은 그 반대로 중국에서 과학혁명과 산업혁명의 부재와 같은 주제와 관련하여 다양한 형태로 제기되어 왔다. 이 책이 이 오랜 질문에 대해 반드시 최종 답변이 될 필요는 없으며 저자도 그렇게 주장하지는 않는다. 그러나 '역사의 통일장 이론'이라는 니얼 퍼거슨의 표현처럼 적어도 지금까지 제시된 답변 가운데 가장 정답에 근접한 것이 아닐까 싶다. 앞으로 서양의 지배를 둘러싼 논의에서 이 책의 주장을 반박하지 않고 새로운 설명을 내놓는 일은 불가능할 것이다.

지면을 빌려서 도움을 주신 분들께 감사의 말을 전한다. 이 책의 번역을 의뢰해주신 최연희 선생님과 번역 원고를 꼼꼼하게 다듬어준 편집자 박민수씨께 특히 감사드린다. 또 이 책을 번역하는 동안 언제나처럼 격려와 지원을 해준 가족과 친구들에게도 고마움을 전한다.

딩하이(중국) 210, 213, 216~217

| ㄹ |

라시드웃딘Rashīd u'd-Dīn 550
라이트 형제Wright brothers 707
람세스 11세(파라오) Ramses XI,
Pharaoh 312
람세스 2세(파라오) Ramses II, Pharaoh
283~284, 306, 310, 313
람세스 3세(파라오) Ramses III, Pharaoh
308, 310
랜즈, 데이비드Landes, David 34
러시아(소련도 함께 참고) 35, 231, 301,
515, 633~636, 639, 668, 692, 707, 716,
725~726, 730, 759, 761, 791, 799, 827,
831, 832, 833~834, 837
런던 14~15, 18~19, 22, 33, 36, 64,134,
138, 197, 213, 217~218, 222~223, 604,
607, 624, 626, 631, 668, 669, 672, 679,
695, 702, 718, 723, 811, 853
레닌Lenin, V. I. 32, 733, 750
레바논 245, 269, 271, 339
레반트 270, 353
레오 3세(교황)Leo III, Pope 507
레오폴드Leopold 719
렌프루, 콜린Renfrew, Colin 165, 167
렘브란트Rembrandt 216
로마 시 409, 420, 444~445, 583, 615
로마 온난기 410, 420, 423, 508, 824
로마 제국 30, 201, 231, 242, 368, 397,
399, 405, 407~408, 411, 418, 421, 433,
440, 446~447, 449~450, 459, 468, 484,
485, 495~496, 518, 532, 562, 583, 585,
631, 651, 668, 736, 775~776, 784, 791,
794, 841, 855, 870, 879

로마노프 왕조/왕가 730, 731
로어노크 642~643
로크, 존Locke, John 653, 667
롤로Rollo 519
롤리, 월터Raleigh, Walter 642~643
롱왕찬(중국) 146
루구이전魯桂珍 659~660
루이 16세Louis XVI 675
루터, 마르틴Luther, Martin 620, 628,
790
룽먼(중국) 476
뤄양(중국) 345, 357, 423, 425, 427, 430,
470, 472
류장(중국) 103
르네상스 580~586, 592~593, 657, 660,
777, 784, 792~793, 811
르클레르크Le Clerc 641
리스먼, 데이비드Riesman, David 747
리처드슨, 루이스 프라이Richardson,
Lewis Fry 838
리처드슨, 새뮤얼Richardson, Samuel
697
리프킨, 제레미Rifkin, Jeremy 813
린나이우스, 카롤루스(칼 폰 린네)
Linnaeus, Carolus 658
린쯔(중국) 357, 866

| ㅁ |

마데이라 제도 576
마르크스, 카를Marx, Karl 32, 40, 697,
699~701, 709, 711, 735, 751, 779
마사게타이 392~394
마셜플랜 737
마오쩌둥毛澤東 32, 96, 219, 590, 723,
739, 750~756, 762, 765, 781, 798

판룽청(중국) 300, 304
팔레르모(이탈리아) 511, 515, 519
팔레스타인 455, 489, 492
팔루던, 앤Paludan, Anne 401
팔미라(시리아) 438
패리스, 매슈Paris, Matthew 545
퍼거슨, 니얼Ferguson, Niall 705, 806
펀자브(인도) 384
펑터우 산(중국) 179
페니도 벨로(에스파냐) 407~408, 436
페니키아 339~342, 346, 355, 511
페레스트렐루, 하파엘Perestrello, Rafael 538
페루 37, 55, 130, 171, 174~175, 177, 570, 586, 623, 639~642
페르미, 엔리코Fermi, Enrico 843~845
페르시아 125, 203, 266, 350, 353~355, 359, 361, 378~382, 391, 393~394, 413, 416, 437~440, 442, 461, 478, 480, 483~484, 486~489, 493, 499, 504, 506, 527, 543, 548, 550, 576, 616, 623, 634, 662, 707, 725, 730, 780, 790, 792, 831, 847, 881, 899
페리, 매슈Perry, Matthew 25, 31, 716
페피 2세Pepy II 275~276
펠로폰네소스 전쟁 380
펠리페 2세(에스파냐 왕) Philip II 619 621~623
평왕(주나라)周平王 344~345, 628
포겔, 로버트Fogel, Robert 803, 809
포르투갈 57, 80, 93, 576~577, 579, 582, 593, 597~601, 604, 610, 612, 635, 637
포르피리오스Porphyrios 455
포머런츠, 케네스Pomeranz, Kenneth 36, 39~40, 65~66, 230, 242, 244
포사褒姒 343~344, 497
포토시(볼리비아) 639

포퍼, 칼Popper, Karl 228
포프, 알렉산더Pope, Alexander 652
폴 포트Pol Pot 32
폴란드 168, 197, 494, 515, 582, 633, 635, 759
폴로, 마르코 Polo, Marco 37, 536~538, 540, 547~548, 550, 553, 593~594
폴리비오스Polybius 375, 383
푸아티에(프랑스) 494
푸이溥儀 730
프랑스(프랑스혁명, 갈리아도 함께 참고) 25, 29, 31, 33, 39, 57, 75, 88, 93, 106, 111, 113, 115, 117~119, 142, 145, 159, 202, 301, 368, 388, 410, 418, 438, 494, 515, 517~519, 521, 530~531, 550, 553, 555, 562~563, 580, 606, 619, 621, 626~627, 640~642, 645, 650, 655, 661, 665, 674~677, 693~694, 706~707, 716, 718, 723, 731, 734, 788~789, 790, 837, 844
프랑스, 아나톨France, Anatole 85
프랑스혁명 368, 675, 699
프랑크, 안드레 군더Frank, Andre Gunder 36~37, 39~40
프레스터 존Prester John 576~577
프로이트, 지그문트Freud, Sigmund 371
프로코피우스Procopius 483
프로타고라스Protagoras 369
프로테스탄티즘/프로테스탄트 38 620~622
프로토페미니즘 474~476, 588~589
프리기아 392~393
프리드먼, 토머스 L. Friedman, Thomas L. 826, 839, 895
플라톤Plato 216, 364, 369, 455, 457, 811
플로레스 82~84, 85, 93
플로티누스Plotinus 455

이언 모리스 Ian Morris

스탠퍼드대 역사학과 교수이자 고전학과 윌러드 석좌교수다. 영국 출신으로 버밍엄대에서 고대사와 고고학을 전공한 뒤 케임브리지대에서 고전고대 고고학으로 박사 학위를 받았다. 1995년부터 스탠퍼드대에서 세계사, 고고학, 고전학을 가르치고 있다. 고전학과 학과장, 문리대 선임 부학장, 고고학센터 센터장, 사회과학역사연구소 소장 등을 역임하며 강의와 연구 활동을 활발히 펼치고 있다. 2009년 '최우수 강의상'을 받았으며, 2000년부터 2006년까지 이탈리아 몬테폴리초에서 발굴 조사단을 이끌었다.

빙하기 이후 현재에 이르기까지 장기적 관점에서 세계사를 분석하고, 이를 토대로 미래를 예측하는 데 관심을 갖고 연구중이다. 특히 생물학, 사회학, 지리학이 인류 역사를 어떻게 형성해왔는지가 주된 관심사다. 이러한 그의 연구 성과를 집대성한 결과물인 이 책은 '2010 『이코노미스트』가 선정한 올해의 책' '2011 『뉴욕타임스』가 선정한 올해의 주목할 책' '2011 라이어널 겔버 상 최종 후보' '2011 갯앱스트랙트 선정 올해의 책' '2011 국제펜클럽 미국본부 선정 창의적 논픽션상' 등에 이름을 올리면서 광범위하게 조명을 받았으며, 네덜란드어, 프랑스어, 독일어, 일본어, 중국어, 포르투갈어, 루마니아어, 러시아어, 에스파냐어, 터키어 등으로 번역 출간되었다.

주요 저서로는 『문화사로서의 고고학: 철기 시대 그리스의 말과 사물』 『매장과 고대 사회: 그리스 도시국가의 발흥』 『고대 그리스: 역사, 문화, 그리고 사회』(공저), 『고대 제국의 역학관계: 아시리아부터 비잔티움까지의 국가권력』(편저) 등이 있으며, 「디스커버리」 「히스토리」 「내셔널지오그래픽」 등에 출연해 전공 지식을 나누기도 했다.

왜 서양이 지배하는가

1판 1쇄	2013년 5월 27일
1판 16쇄	2023년 3월 13일
2판 1쇄	2026년 1월 27일

지은이	이언 모리스
옮긴이	최파일
펴낸이	강성민 이은혜
독자모니터링	황치영
마케팅	정민호 박치우 한민아 이민경 박진희 황승현 김경언
브랜딩	함유지 박민재 이송이 박다솔 조다현 김하연 이준희
제작	강신은 김동욱 이순호

펴낸곳	(주)글항아리	출판등록 2009년 1월 19일 제406-2009-000002호
주소	10881 경기도 파주시 문발로 214-12, 4층
전자우편	bookpot@hanmail.net
전화번호	031-955-2689(마케팅) 031-941-5161(편집부)

| ISBN | 979-11-6909-500-6 03900 |

geulhangari.com